Das Buch vom Buch

schlütersche

Marion Janzin   Joachim Güntner

Das Buch vom Buch

5000 Jahre Buchgeschichte

3., überarbeitete und erweiterte Auflage

auctor. l Se se attol.i
auras. S. Ostendit neq
huiliorib': neq maiorib'
illã parcere. m Ingre
ditureq solo. S. nec huili
parcit fortunç: nec supio
ri. n Parês. S. generatr
oim rerũ. o Irritata.
S. Amphibolon est: vtrũ
sua ira ppter extinctos gi
gantes: an ira deorũ q ex
tinxerat gigantes.
p Extremã. S. Post oes
gigantes: Na ad illorũ vl
tionẽ nata ẽ. Vt extremã:
pessimã. Nam qui de me
dicina tractant: dicũt in
utiliores esse q nascũt vl
timi. q Vt phibet. S.
cum fabulosum aliquid
refert: dicit vt sama est:
nunc de fama loqns miī
re dixit. vt perhibent.
r Pedibus ce. S. Conuer
tit epitheta: nã pedũ est
pernix: vt pnicibus ignea
plantis. Celeritas penna
rũ. vt. Celeriq suga sub
sydera lapsç. s Cor.

¶ Extemplo lybiç magnas it sama per vrbes:
Fama malum: quo non aliud vele tius vllum
Mobilitate viget: viresq acquirit eundo:
Parua metu primo: mox se se attollit in auras:
Ingreditq solo: & caput inter nubila condit:
Illam terra parens: ira irritata deorum
Extremam (vt phibent) cço enceladoq sororẽ
progenuit: pedibus celerem: & pnicibus alis:
Mõstrũ horrẽdũ ingẽs: cui qt sunt corpe plu/
Tot vigiles oculi subter (mirabile dictu) mç
Tot liguç: totidẽ ora sonat: tot surrigit aures:
Nocte volat cœli medio: terreq p vmbram
Stridens: nec dulci declinat lumina somno:

pore plu. S. Non ipsi': sed
omnıũ: Est enim exagge
ratio: ac si diceret: qt sunt
areņ. t Oculi subter.
S. aduerbiũ: ac si diceret:
Non sub plumis: sed sub
ipsa. v Tot. linguç. S.
Quot ẽm sunt homies in
quib' sama est: tot ora hæ
bet quç sunt hominum.
x Surrigit. C. Nã bruta
cũ attente audiunt: aures
erigunt. y Nocte vo.
cœli. S. Nam qnto magi
celatum: tanto magis cõ
queris: et certe incipis sa
ma semp obscura est: q
deuulgata q quiescit: vn
de. luce sedet. z Cur
stos. S. Speculatrix.
a Summi culmie tecti
S. per domos nobilium.
b Turrib'. S p domos
regũ. c Magnas vr
S. Magnos pplos: & di
cit plebeios d Ficti
prauiq. C. Nam multa
sunt sicta q nõ sunt pra
ua: vt. Pocmata sicta sũt

SO VERLEBT ICH VIELE JAHRE   SEHNEND MICH NACH BESSERM LOS

SAH DIE WIEGE UND DIE BAHRE   SCHAUKELND IN DES SCHICKSALS SCHOSS

ALS ICH ZOG VOM LIEBEN DÖRFLEIN   IN DIE WEITE WELT HINEIN

Zur 3. Auflage

Für diese Auflage gilt wie für die vorige: Ergänzungen im alten Text waren nur soweit möglich, wie sie das Layout nicht gefährdeten. Allerdings hat sich seit Erscheinen der 2. Auflage 1997 doch einiges im Buchgewerbe getan. Die Digitalisierung schreitet fort, das Buch hat sich neue Trägermedien jenseits des Buchkörpers erschlossen, der Konzentrationsprozeß im Buchmarkt erzeugt Verlagsriesen und Großbuchhandlungen. Den Umbrüchen trägt das Kapitel »An der Wende zum 21. Jahrhundert« Rechnung. Es ist als notwendige Erweiterung zum *Buch vom Buch* neu hinzugekommen.

Marion Janzin   September 2006
Joachim Güntner

Zur 2. Auflage (März 1997)

Im Dezember 1995 erschien die Neuausgabe, nun geht *Das Buch vom Buch* in die 2. Auflage. Die wohlwollende Aufnahme bei den Lesern und die rege Nachfrage geben zu der schönen Hoffnung Anlaß, daß es um die Lebenskraft des Buches, allen Neuerungen auf dem Gebiet der elektronischen Medien zum Trotz, weit besser bestellt ist, als Kulturpessimisten und Grabredner der Druckkunst wahrhaben wollen. Wir sehen es mit Freude.

Aus ihren Anfängen, als sie bloß eine Hilfsdisziplin der Historiker war, hat sich die Buchwissenschaft längst befreit. Sie ist ein Fach für sich geworden, mit eigenen Lehrstühlen und Spezialisten, und trägt auf ihre Art bei zu der großen Explosion des Wissens. Vor diesem Hintergrund ist *Das Buch vom Buch* zu sehen: als Dienst am Leser, nicht als zusätzlicher Beitrag zur Wissenschaft, und so ist es auch von einer verständigen Kritik begrüßt worden. Wer heute eine allgemeine Geschichte des Buches verfaßt, muß seine wissenschaftlichen Ansprüche zügeln – das Streben nach Vollständigkeit ist Bürde genug. Zu weitläufig bietet sich das Gebiet der Forschung dem Betrachter dar, als daß eine kulturgeschichtliche Gesamtschau von 5000 Jahren Buchvergangenheit auf die Vorarbeiten Dritter verzichten könnte. Eine Darstellung wie die vorliegende kann erst geschrieben werden, wenn die Kärrnerarbeit in den Archiven bereits geleistet worden ist. Ohne Konsultation einschlägiger Sekundärliteratur, ohne Anlehnung an Autoritäten geht es nicht. Daß *Das Buch vom Buch* dabei nicht nur an den Verdiensten, sondern zuweilen auch an den Fehlern der vorangegangen Forschung partizipiert und diese ungewollt fortschreibt, gehört zu den ärgerlichen, aber wohl nur langfristig ausräumbaren Mißlichkeiten.

Vorwort

Wir sind von Büchern umgeben, aber die Geschichte des Buches kennen nur die wenigsten, und auch deren Kenntnis beschränkt sich meist auf Ausschnitte. Man mag dies leicht erklärlich finden: Schriftsteller verstehen sich aufs Schreiben, Typographen auf den Umgang mit Schriften und die Buchgestaltung, Buchhändler auf Vertrieb, Sortiment und Verkauf. Antiquare und Bibliothekare wissen Bücher sachgerecht einzuordnen und zu qualifizieren. Auch denen, die alltäglich mit der Buchherstellung in Verlagen, Setzereien, Druckereien befaßt sind, macht niemand so schnell etwas vor. Ein jeder überblickt seinen Wirkungskreis – aber wie sollte er *alles* sehen können, wo doch das Buch so viele Aspekte umgreift? Eine fünftausendjährige Geschichte wäre zu vergegenwärtigen, ein Wandel nicht nur der Buchformen und Materialien, der Herstellung, des Schmucks und der Verbreitung, sondern auch ein Wandel unserer Einstellung zum Buch. Die Buchgestalt ist eines, der Inhalt ein anderes, die Wirkungsgeschichte ein drittes. Träger der Überlieferung, Gegenstand von Verehrung und Verfolgung, Mittel der Unterhaltung, Belehrung und Aufklärung, politische Waffe, Ratgeber und Kunstwerk – all dies ist das Buch gewesen oder ist es noch.

Unsere Buchgeschichte will dem Buchfreund Einblicke geben, vor allem aber soll sie Zusammenhänge aufzeigen und Überblick verschaffen. Als Leser stellen wir uns einen neugierigen Grenzgänger vor. Jemanden, dem es gefällt, von technischen Fragen der Buchherstellung in ein Kapitel über Illustrationskunst hinüberzuwechseln. Der etwas über Schriftentstehung erfahren will, aber ebenso über die Geschichte des Buchhandels, über räuberischen Nachdruck, über Honorarstreit und »Lesesucht« oder auch über das Bibliothekswesen – und dies möglichst immer kurz und bündig: faktenreich, aber nicht ausufernd; gedrängt auf das Wesentliche, aber nicht oberflächlich. Vorkenntnisse muß der Leser nicht mitbringen. Bei unverständlichen Fachbegriffen hilft das Register mit einem Verweis auf die Stelle, wo das Wort zum ersten Mal vorkommt. Dort ist es auch erklärt.

Das Buch vom Buch ist auch ein Bilderbuch. Bilderbücher liest niemand in einem Zug von der ersten bis zur letzten Zeile. Der Leser wird blättern, er wird bei manchen Abbildungen verweilen, Passagen überfliegen und im Text kreuz und quer springen, sich hie und da festlesen. Die Gliederung erlaubt ein fakultatives Lesen, den raschen Zugriff auf ein ganz bestimmtes Thema. Uns lag daran, die aspektreiche Geschichte des Buches erkennbar zu strukturieren, sie nicht, wie in älteren Darstellungen, grob nach Jahrhunderten zu unterteilen, sondern nach thematisch konzentrierten Abschnitten, die von einer enger eingekreisten Fragestellung ausgehen.

Welche Abschnitte und Unterabschnitte dabei schließlich entstanden, ergab sich aus der Sache selbst. Es ist die Folge davon, daß wir eine Buchgeschichte, keine Buchkunde, geschrieben haben. Zwei Möglichkeiten standen vorab zur Wahl: Entweder die Orientierung an Sachgebieten. Dann hätte es ein großes Kapitel über den vollständigen Werdegang der Beschreibstoffe gegeben, ein entsprechendes über den Buchdruck, ein anderes über Bucheinbände, das nächste über Illumination und Illustration und so weiter, jedes für sich in der Manier eines Nachschlagewerkes. Das wäre eine Buchkunde gewesen. Oder aber man hält sich an die Chronologie, nimmt eine Einteilung nach Epochen vor und liefert Querschnitte, die das Buch und seine Teile so zeigen, daß sie als Einheit vor einem geschichtlichen Hintergrund zu sehen sind, eingebettet in die Zeit. Dafür haben wir uns entschieden. Buchgeschichte ist Kulturgeschichte. Viel mehr als eine streng systematische Darstellung des Stoffes interessierte uns daher die Frage: Wenn man auf das jeweils Zeittypische achtet, welche Muster zeigen sich dann in dem großen Gewebe der historischen Entwicklung? Das Inhaltsverzeichnis spiegelt das Resultat dieser Betrachtung wider: Die Überschriften, unter die wir dort die einzelnen Kapitel und Abschnitte gestellt haben – sie bezeichnen unsere »Muster«.

Sie zeigen allerdings auch, was diese Darstellung nicht leisten kann: Dem Titel nach verspricht *Das Buch vom Buch* eine Universalgeschichte. Und als solche beginnt die Darstellung tatsächlich und verfolgt, grenzübergreifend, die Schrift- und Buchentwicklung bei den Sumerern, Ägyptern, Griechen und Römern. Aber was für die Frühzeit möglich und zwingend ist, die Einbeziehung ferner Länder, wäre für die jüngere Vergangenheit, erst recht für die Gegenwart, eine unbezwingbare Aufgabe. Unser Kapitel über das 20. Jahrhundert ist von allen das umfangreichste geworden, und dennoch beschränkt es sich, von Ausnahmen abgesehen, auf die deutschen Verhältnisse. Hier schrumpft die universale zur nationalen Buchgeschichte. Das ist unvermeidlich, im Zeitalter der Globalisierung vielleicht aber auch nicht weiter schlimm. Zumindest was die Technik angeht, ist das Nationale vom Internationalen längst ununterscheidbar. Die Digitalisierung der Druckschriften und der Lichtsatz beispielsweise sind deutsche so gut wie englische, französische oder amerikanische Phänomene.

Das Buch vom Buch ist in der Schlüterschen Verlagsanstalt und Druckerei schon einmal, 1978, erschienen. Autor war Helmut Presser, der langjährige Direktor des Gutenberg-Museums in Mainz. Von ihm übernehmen wir den Titel und die Entscheidung für eine chronologische Darstellung. So bleibt er der Begründer dieser Buchgeschichte, auch wenn daraus, bedingt durch die Umstände, ein völlig anderes Buch geworden ist.

Vom Bild zur Schrift

Hunderttausende von Jahren ist der Mensch ohne Schrift ausgekommen. Es hat lange gedauert, bis er erste Schriftzeichen gebrauchte, und noch länger, bis den Kulturen der schriftliche Ausdruck selbstverständlich wurde. Noch für Platon, der im Griechenland des 4. Jahrhunderts v. Chr. seine philosophischen Dialoge schrieb, war die mündliche Tradition so lebendig, daß er den Nutzen der Schrift geringer veranschlagte als ihre Nachteile. Der *Phaidros*-Dialog betont die Vorzüge von Gespräch und Vortrag gegenüber der Lektüre. Im Wechselspiel von Rede und Gegenrede sind Nachfragen und Erläuterungen möglich, und die Sprechenden stehen mit ihrer Person für das Gesagte ein. Verglichen damit ist ein geschriebener Text stumm, uneindeutig, unwahrhaftig. Selbst den Nutzen der Schrift als Gedächtnisstütze – sich nicht merken zu müssen, was man einmal aufgeschrieben hat – mochte der Philosoph nicht loben. Schrift, urteilte Platon, schwäche das Gedächtnis, da mit ihr das Erinnerungsvermögen aus der Übung komme.

Die alten, vor-schriftlichen Gesellschaften besaßen ihre eigenen Hilfsmittel zur Bewahrung von Wissen, Sitte und Geschichte. Um Mythen, Gebete, Gesetze oder Beschwörungsformeln zuverlässig von einer Generation an die nächste zu übergeben, wurde der Wortlaut ritualisiert und einem Versmaß unterworfen. Gesang und Tanz begleiteten die Rede. Rhythmus, Melodie und Sprachhöhe waren abhängig von dem Anlaß, zu dem gesprochen wurde. Die mündlichen Kulturen hatten Spezialisten, die mit der Pflege der Überlieferung betraut waren und über ein großes Repertoire an Erinnerungstechniken verfügten. Diese »Sänger« füllten eine besondere soziale Rolle aus; sie bildeten einen Berufsstand für sich.

Abgesehen von einigen entlegenen Weltgegenden lebt heute niemand mehr in einer mündlichen Kultur. Wir sprechen, reden, plaudern zwar, aber treffend bemerkt der Literaturwissenschaftler Heinz Schlaffer: »Alles, womit es uns ernst ist – Religion, Recht, Wissen –, legen wir schriftlich nieder, genauer: es begegnet uns immer schon als Niederschrift. Soll Gesprochenes bedeutungsvoll sein, etwa in politischen Reden oder bei Aussagen vor Gericht, so geht ihm Schrift als Konzept voraus oder folgt ihm als Protokoll nach.« Ohne Schrift wäre das formale logische Denken kaum entstanden. Der Siegeszug der Wissenschaften hätte nicht stattgefunden. Buchstaben sind in unserem Leben allgegenwärtig. Man denke sich unsere Welt einmal ohne sie: keine oder

doch gänzlich andere Bücher, keine Briefe, keine Zeitungen, die Schilder unbeschrieben, die Archive leer, Gesetze und Vorschriften nur mündlich verbürgt und daher zwangsläufig von lokal beschränkter Geltung. Unser Dasein verliefe in anderen Bahnen.

Die Anfänge

Am Anfang war das Bild. So könnte eine Erzählung vom Entstehen der Schrift beginnen, auch wenn sich in unseren Buchstaben ein derartiger Ursprung nicht mehr entdecken läßt. Die Wissenschaft von der Schrift zieht eine Linie zurück bis zu den gut 40 000 Jahre alten Darstellungen der Altsteinzeit, jenen aufsehenerregenden Höhlen- und Felsmalereien, die in allen Kontinenten der Erde entdeckt worden sind. Zwar sind dies Bilder, keine Schriften. Doch für die nachfolgenden, wesentlich späteren Symbolschriften der Jungsteinzeit ist das zeichnerische oder malerische Bild eine Art Urform gewesen.

Ganz allgemein läßt sich am Fortgang der Schriftentwicklung ein Zug zur Vereinfachung bemerken. Die Zeichen streifen ihre Bildlichkeit ab. Sie werden schematischer, ihre Formen reduzierter, ihr Charakter abstrakter. In dieser Perspektive wundert es nicht, daß der französische Forscher Edouard Piette (1827–1906) vermeinte, auf Elemente eines Zahlen- und Buchstabensystems gestoßen zu sein, als er 1887 in der *Höhle von Mas d'Azil* in Südfrankreich eine große Menge Kiesel fand, die mit äußerst formalisiert wirkenden Zeichen bemalt waren. »Die Höhle von Mas d'Azil erscheint uns wie eine große Schule, wo man Lesen, Rechnen, Schreiben und die religiösen Symbole des Sonnengottes lernte«, schrieb Piette 1896. Doch seine enthusiastische Annahme, in deren Konsequenz die erste Buchstabenschrift auf Ausgang der Altsteinzeit und damit um einige tausend Jahre hätte vordatiert werden müssen, konnte nicht erhärtet werden. Völkerkundliche Vergleiche weisen darauf hin, daß die Kiesel aus dem nördlichen Vorland der Pyrenäen im Dienst eines Ahnenkultes standen und mit Buchstaben nicht vergleichbar sind.

Rein praktisch gedacht, lassen sich auch Wegweiser, Grenzmarken oder Grabsteine zu den Vorläufern der Schrift rechnen. Desgleichen die uralten, noch im 19. Jahrhundert gebräuchlichen Kerbhölzer, die Schulden dokumentierten, indem der Betrag ins Holz gekerbt wurde – woher die auf den Schuldner gemünzte Wen-

Im Durchschnitt 9 bis 10 cm lang und mit rätselhaften Zeichen in rotbrauner Eisenoxydfarbe bemalt sind die Kiesel aus der Altsteinzeit (12 000–8000 v. Chr.), die nördlich der Pyrenäen in der Höhle von Mas d´ Azil (Département Ariège) neben steinzeitlichen Waffen und kleinen Geräten gefunden wurden.

dung rührt: »Er hat etwas auf dem Kerbholz.« Bei den Botenstäben, wie sie die Ureinwohner Australiens bis in die Gegenwart hinein benutzten, konnten die Kerben beides sein: Sowohl Gedächnisstütze für den Überbringer einer Botschaft als auch die sich dem Empfänger erschließende Nachricht selbst, zum Beispiel die Mitteilung über Zeit und Ort eines Treffens. Den Inkas dienten Knotenschnüre bei der Verwaltung ihres Staatswesens. Jedem Sachgebiet entsprach eine besondere Schnurfarbe, die *Quipus* (Quipu = Knoten) hielten Zahlengrößen fest. Geburts- und Sterbefälle, Ernteerträge, die Höhe des Steueraufkommens oder die Zahl der Opfertiere wurden so archiviert.

Alle genannten Beispiele teilen mit der Schrift das Bestreben, Informationen Dauer zu verleihen, das Flüchtige festzuhalten und die Mitteilung von der Anwesenheit eines Mitteilenden unabhängig zu machen. Warum gerade das so wichtig ist, leuchtet ein: Gesprochene Worte verhallen, Erinnerungen verblassen, Boten reisen wieder ab – man steht da und hat nichts in der Hand. Insofern sind Wegweiser, Kerbhölzer, Knotenschnüre und dergleichen wie feste Inseln im Strom der Zeit. Sie leisten, was auch die Schrift leisten soll. Dennoch bleibt der für Dinge dieser Art verbreitete Sammelbegriff »Gegenstandsschrift« schief; denn zum Sinn des Wortes *schriftlich* gehört, was hier fehlt, ein mittelbarer Bezug zum Mündlichen. Schrift ist wesentlich Wiedergabe gesprochener Sprache – gleichsam das Mündliche in anderer Gestalt. Davon kann jedoch selbst bei einem so ausgeklügelten Zeichensystem wie den *Quipus* nicht die Rede sein.

Zwei Wege:
Logographie oder Phonographie

Das Problem des schriftsprachlichen Ausdrucks hat in den Zivilisationen der Welt unterschiedliche Lösungen gefunden. Grundsätzlich gibt es zwei Möglichkeiten, wie Geschriebenes das Gesprochene wiedergeben, »repräsentieren« kann. Entweder hält man sich an den Inhalt der Sprache oder an den Klang.

Im ersten Fall wird die Sprache in Sinn- bzw. Bedeutungseinheiten zergliedert und für jede von ihnen ein Zeichen geschrieben. Dann steht jedes Zeichen für ein Wort, einen Begriff. So hat die chinesische Bilderschrift jedem Begriff ein Bildzeichen reserviert.

Der zweite Fall, die Zergliederung nach Klangeinheiten, führt zunächst auf die Silben, dann auf die Einzellaute. Der Silbenschrift bedient sich, zumindest teilweise, das Japanische. Die Schreibung nach Einzellauten ist die in unserem Kulturkreis geläufigste: es ist die Buchstabenschrift.

In der ältesten Entwicklungsphase der Schrift kommt die *phonetische Schreibweise*, die Orientierung an der Lautstruktur, nicht vor. Sie ist eine historisch späte Erscheinung. Die *logographische*, Bedeutung repräsentierende Schreibung geht ihr voraus. Die ersten als Schrift deutbaren Bildsymbole, wie sie die steinzeitlichen Funde zutage förderten, werden als *Ideenschrift* bezeichnet. Ideenschriften erhielten sich vor allem bei den indianischen Volksstämmen Nordamerikas. Ein Beispiel gibt die Zeichnung.

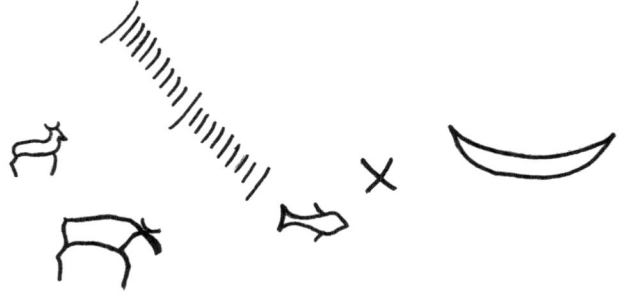

Sie dokumentiert einen Tauschhandel. Symbol des Tauschens sind zwei gekreuzte Arme in der Mitte, um die herum sich die Objekte des Handels gruppieren: Rechts ein Kanu, links ein Reh, ein Elch sowie ein Fisch mit zwanzig Strichen, die die Anzahl festlegen. Auffällig ist die unterschiedliche Natur der Bildzeichen. Kanu, Elch, Reh und Fisch wird man mehr oder weniger auf Anhieb erkennen, trotz der sehr schematischen Darstellung. Das ist einfach eine Frage der Ähnlichkeit von Bild und Ding. Wie aber ist das Kreuz zu deuten, als Abbildung gekreuzter Arme? Denn die Arme sollen nicht bloß als Arme »gelesen« werden, sondern den Tauschvorgang festhalten. Einmal also hat man es mit Zeichen zu tun, deren Sinn sich darin erschöpft, Abbild zu sein, ein andermal mit darüber hinausreichenden Symbolisierungen.

Die Forschung unterscheidet daher *Piktogramme* und *Ideogramme*. Als Piktogramme werden die unmittelbar abbildenden Bildelemente bezeichnet. Von Ideogrammen spricht man dort, wo die Bedeutung assoziiert werden muß. Das ist der Fall bei dem Kreuz, das hier aufhört, ein Bild gekreuzter Arme zu sein, und statt dessen den Vorgang des Tausches markiert. Ebenso sind die Striche nicht gegenständlich, als eine Reihe von Stöcken etwa, aufzufassen, sondern als Mengenangabe. Wichtig ist, daß dem Ideogramm seine spezielle Bedeutung aufgrund des Zusammenhangs zufällt, daß sich der Sinn dieser »Schrift« nicht am einzelnen Bildsymbol, sondern über die Gesamtschau – die Idee – erschließt. Daher der Name dieser Urform aller Schriften: Ideenschrift.

Der Schritt von der Ideen- zur *Wortschrift*, der historisch nächsten Stufe, ist getan, wenn die einzelnen Pikto- oder Ideogramme auch außerhalb einer solchen ideellen Gesamtschau in ihrer Funktion als Schriftzeichen bestimmbar sind, wenn es sich eingebürgert hat, daß das Kreuz soviel heißt wie »Tausch« oder »tauschen«. Die Bedeutung des Schriftzeichens muß dann nicht mehr aus dem Zusammenhang gefolgert werden. Auch isoliert wird es verstanden, gerade so, wie ein Wort.

Wie die Zeichen einer Wortschrift aussehen, ob sie Bilder oder abstrakte Symbole sind, ist im übrigen ganz gleichgültig. Wortschrift meint nur, daß man sich beim Schreiben an Worte im Sinne von »Bedeutungseinheit« oder »Begriff« gehalten und dann für jedes von ihnen ein Zeichen gesetzt hat (das logographische Prinzip). Daher kann man das Chinesische in einem Atemzug sowohl als Bild- wie auch als Wortschrift bezeichnen. Das erscheint verwirrend, doch die Verwirrung löst sich, wenn man sieht, daß zweierlei Dinge gemeint sind, die sich miteinander verbinden: Einmal das äußere Schriftbild, die Gestalt, zum anderen das innere Verknüpfungsprinzip von Schrift und Sprache. Wappen, Zunftzeichen, Tätowierungen, die seit der Antike gebräuchlichen Brandmarken für das Vieh oder die Clanzeichen, die schon der steinzeitliche Mensch an die Höhlenwand malte – all diese Symbole, wie bildähnlich auch immer sie aussehen, gehören zu den Wortschriften. Denn sie stehen unmittelbar für Wort*bedeutung*, nicht für den Wort*klang*. Sie sind logographischer, nicht phonetischer Schreibart.

Logographie und Phonographie bieten ein schönes Beispiel dafür, wie das, was auf den ersten Blick als das Kompliziertere erscheint, auf lange Sicht das Einfachere und Effektivere sein kann. Ist es nicht komplizierter, den Weg über den Klang statt unmittelbar über die Bedeu-

tung zu gehen, jedes Wort extra in Silben oder Einzellaute zu zerlegen und ihnen Zeichen zuzuordnen? Das tut die Phonographie, aber sie hat den unschätzbaren Vorteil für sich, daß sie mit einer geringen Anzahl von Lautzeichen, den Buchstaben, eine unendliche Zahl von Wörtern schöpfen kann: allein durch Kombination. Hier zeigt sich das Dilemma der Logographie, die jeder Bedeutung ein eigenes Zeichen zuweist. Folglich muß es so viele Zeichen geben, wie es Bedeutungen gibt. Also: Jedem Wort seine nur ihm allein zugehörige Schriftgestalt. Deshalb verfügt die chinesische Schrift über rund 44 000 Zeichen, von denen allerdings nur 3000 bis 4000 in allgemeinem Gebrauch sind, auch das noch eine einschüchternde Zahl. Kein Wunder, daß nur die wenigsten Menschen alle Zeichen beherrschen.

Bereits aus den Anfängen der Schriftverwendung in Sumer sind 1600 bis 1800 Einzelsymbole bekannt. Manche Quellen sprechen gar von einem raschen Anstieg auf 2000, eben weil die Altsumerer bis etwa 2550 v. Chr. nach dem logographischen Prinzip verfuhren. Verglichen mit dem Bedeutungsreichtum des Mündlichen sind das immer noch geringe Zeichenmengen. Man begnügte sich mit einer Darstellung von Schlagworten, nicht aus Unvermögen, sondern um den Bestand an elementaren Symbolen klein zu halten. Dazu trug auch das Verfahren bei, die Grundelemente zu kombinieren.

Einfache Bildzeichen (Piktogramme)

| Kopf | Wasser | Auge | Himmel | Frau | Gebirge |

Zusammengesetzte Bildzeichen (Ideogramme)

| Trinken | Weinen | Regen | Sklavin |

Statt ein drittes und neues Zeichen festzulegen, wurden, um den Schriftausdruck »Sklavin« zu bilden, die zwei bereits vorhandenen Zeichen »Frau« und »Berg« verbunden. Das Arsenal der Schriftformen vergrößerte sich also nicht. Es erleichtert das Verständnis allerdings sehr, zu wissen, daß Sklaven vornehmlich aus den Bergvölkern kamen. Eine Bilderschrift aus Ideogrammen ist ohne Vorwissen nicht mehr verständlich. Erst recht gilt dies für eine ausgereifte Bilderschrift wie das Chinesische, die den Weg der formvereinfachenden Schematisierung längst gegangen und schon wegen ihrer Abstraktion nur noch für Eingeweihte lesbar ist. Nur den ursprünglichen Bilderschriften, wie sie die obere Beispielreihe zeigt, scheint es möglich zu sein, ihre Verständlichkeit durch Darstellungstreue zu gewährleisten: Was diese (Piktogramm-)Schriften bedeuten, fällt mit dem zusammen, was sie – erkennbar – abbilden. Dadurch kann sie jeder mehr oder weniger verstehen, und daher erklärt sich auch ihre Renaissance im öffentlichen Raum unserer Städte. Piktogramme informieren »auf einen Blick«; helfen dem sprachfremden Ausländer und den einheimischen »Analphabeten« gleichermaßen.

Doch man täusche sich nicht, selbst diese Form von Schrift stößt schnell an ihre Grenzen. Auch Bilderlesen will gelernt sein. Gegenstände abzubilden fällt leicht, Vorgänge und Tätigkeiten weit weniger, und mit dem Erkennen des Abgebildeten steht es genauso: was auf den ersten Blick als Bild einer Sache erscheint, kann in Wirklichkeit auf einen Namen verweisen oder auf einen abstrakten Begriff – so sind die Erforscher der Hieroglyphen manchen Irrweg gegangen. Zum eindeutigen Verständnis bedarf es einer stillschweigenden Konvention, einer Sprachsitte. Es wäre Mythologie, wollten wir die Bedeutung von Wörtern, wollten wir überhaupt das Funktionieren von Sprache auf Abbildungsverhältnisse gründen. Die angeblich innere Verbindung zwischen Wort und Gegenstand ist in Wirklichkeit eine ganz äußerliche: Sie beruht auf der im Ursprung willkürlichzufälligen, dann historisch verfestigten Vereinbarung von Menschen darüber, wie sie bestimmte Zeichen gebrauchen wollen.

Altertum

Zu den ältesten Schriftträgern zählen die Tontafeln der Babylonier und Assyrer. Die Funde belegen in ihrer Mehrzahl das Übergewicht wirtschaftlicher Dokumentationszwecke. Ein Vertrag, ein Brief oder eine Urkunde fanden oft auf einer einzigen Tafel Platz, es gab jedoch auch Werke, die trotz platzsparender kleiner Schrift über 100 Tafeln beanspruchten. Um ihre Geschlossenheit als Korpus zu sichern, faßte man sie zu einer durchnumerierten Serie zusammen. Außerdem trug jede Tafel unter dem Text einen separaten Vermerk mit der Anfangszeile der folgenden Tafel, der Nummer innerhalb der Serie und dem Serientitel – Organisationsmittel, wie sie uns im Buch mit Seitenzahl und Kolumnentitel in ähnlicher Weise begegnen.

Keilschrift und Tontafel, Tafelhäuser und Berufsschreiber

Im Schwemmlandgebiet von Euphrat und Tigris waren Lehm und Ton im Überfluß vorhanden. Der vorgetrocknete geglättete Ton wurde zu Tafeln unterschiedlicher Größe geformt: Formate von 3 × 5 cm waren üblich, für längere Texte auch 10,5 × 11 cm. Die mittelassyrischen Tafeln für Gesetzestexte besaßen mit ihren 21 × 32 cm annähernd die Größe einer heutigen DIN-A4-Seite. Dokumente von besonderem Rang konnten diese Maße überschreiten. Der Vertrag zwischen dem Assyrerkönig Asarhaddon und dem Mederfürsten Ratamaja ist auf einer Tontafel festgehalten, die 30 × 45,8 cm mißt.

Beschrieben wurden Vorder- und Rückseite der 2 bis 4 cm starken Tafeln, waren sie breit genug, auch die Seitenflächen. Daneben dienten tönerne Zylinder, Kegel oder Prismen als Schriftträger. Der an der Luft oder in der Sonne getrocknete Ton erwies sich als dauerhafter Beschreibstoff – zum Glück für die Nachwelt, denn ohne die Aufzeichnungen der Tontafeln wüßten wir heute wenig über das kulturelle und politische Leben im Altertum. Im Gegensatz zu den vergänglichen Schriftträgern Holz, Rinde, Palmblatt, Leder, Papyrus oder Pergament konnten sie die Zeit fast unbeschadet überdauern. Wichtige Texte konnte man durch das Brennen besonders haltbar und vor allem »dokumentenecht« machen. Auf ungebranntem Ton läßt sich Schrift manipulieren, der Text fälschen.

Die babylonischen Tontafeln künden von einer neuen Schreibtechnik: der *Keilschrift*, auf deren Zeichen der Italiener Pietro della Valle 1621 in den Ruinen des Königspalastes von Persepolis stieß. Lange Zeit sah man in der Keilschrift das erste wirkliche Schriftsystem überhaupt. Jüngste Forschungen widersprechen dem unter Hinweis auf die im Donauraum beheimatete *Vinca-Kultur* (ca. 5300–3500 v. Chr.), jedoch blieben die auf diese Kultur beschränkten Frühformen für die Schriftentwicklung folgenlos. Die Keilschrift hingegen war ausgesprochen wirkungsmächtig. Im 2. vorchristlichen Jahrtausend stieg sie zur Verkehrsschrift zwischen den Völkern des Alten Orients auf, war dort so weit verbreitet wie keine andere und blieb so lange im Gebrauch, daß sie noch in den babylonischen Astronomenschulen im 1. Jahrhundert n. Chr. gepflegt wurde. Die Keilschrift ist aus der Bilderschrift der Sumerer hervorgegangen, die sich in der Zeit um 2450 v. Chr. wesentlich änderte. Waren die alten Bildzeichen geritzt worden, so wurden sie nun in die Tontafeln gedrückt, wobei sich ihre Linien und Kurven zu *geraden* pfeilförmigen Kerben wandelten. Der dazu verwendete Griffel soll aus Bambusrohr hergestellt worden sein

	Ende des 4. Jahrtausends v. Chr.	Anfang des 3. Jahrtausends v. Chr.	ca. 2500 v. Chr.	ca. 1800 v. Chr.
Kopf				
Wasser				
Fuß, gehen				
Frau				
Gebirge				
Sklavin				

Entwicklung der altsumerischen Bildzeichen zur Keilschrift

und konnte einen recht- oder dreieckigen Querschnitt haben. Vorn war er angeschrägt. Übereck in den noch weichen Ton gedrückt, erzeugte er die neuen stilisierten Zeichen, die aus einer Kombination senkrechter, waagerechter und schräg verlaufender Keilstriche bestehen, die der Schrift den Namen geben.

Der Schritt vom Bild zum abstrakten Zeichen war damit getan. Parallel dazu vollzog sich der Übergang von der Wort- zur Lautschrift. Eine allmähliche Phonetisierung war bereits bei der sumerischen Bilderschrift eingetreten. Diese Verwandlung bedeutete, daß künftig ein pikto- bzw. ideogrammatisches Zeichen als Laut zu lesen war. Einem Bild war ein Klang zuzuordnen. Durch die Einsilbigkeit aller sumerischen Begriffe wurde das begünstigt. Zur reinen Silbenschrift aber wurde die sumerische Keilschrift erst bei Nichtsumerern, bei fremden Völkern mit anderer Sprache, die diese Aufzeichnungsart den lautlichen Bedürfnissen ihres eigenen Idioms anpaßten.

Seit den Anfängen und bis um die Wende zum 3. Jahrtausend v. Chr. diente die sumerische Schrift als ein Hilfsmittel bei der Verwaltung der großen Tempel. Damals besaßen ihre Zeichen noch starke Bildähnlichkeit. Sie gehorchten dem logographischen Prinzip der Wortschrift, Bedeutungen zu repräsentieren, nicht Laute. Als dann mit fortschreitender Phonetisierung sich auch die äußere Gestalt der Bildzeichen änderte und die Keilschrift entstand, erweiterte sich der Anwendungsbereich: Weihe- und Bauinschriften entstanden, die ersten Zeugnisse literarischer Schöpfung. Ihnen folgten rasch historische Inschriften, dann Beschwörungstexte, Hymnen, Königsinschriften. Das 18. vorchristliche Jahrhundert – da ist das Sumerische als lebendige Volkssprache bereits durch das Akkadische verdrängt – sieht die Meister der sumerischen Schrift auf der Höhe ihrer Kunst. Dieser Zeit verdanken wir die meisten der überlieferten literarischen Texte. Man weiß von Beschwörungstexten, die zu großen Serien zusammengefaßt waren, von

18 *Diskos von Phaistos*, um 1600 v. Chr., Ø 16–16,5 cm, gefunden an der Stätte des minoischen Palastes von Phaistos auf Kreta.

Lieder- und Klagensammlungen, Epen, Lehrgedichten und Sprichwörtern.

Die Erschließung der Keilschrift leitete 1802 der Göttinger Gymnasiallehrer Georg Friedrich Grotefend (1775–1853) ein. Er sah die These des dänischen Archäologen Friedrich Christian Münter bestätigt, wonach die Funde Pietro della Valles aus der Zeit der persischen Achämenidenkönige stammten und eine sich mehrfach wiederholende Zeichengruppe den Titel »König« wiedergab. Grotefend schloß, das jeweils auf den Titel Folgende könnten die Königsnamen sein, die auch in der Bibel überliefert sind, gab ihnen ihre altpersische Fassung und besaß so einen Schlüssel. Drei Textvarianten lagen ihm vor, zwei deutete er scharfsinnig als Silben-, die dritte als Buchstabenschrift. Der Grundstein für die Entzifferung der bekannten babylonischen und assyrischen Schriften war gelegt, aber erst 50 Jahre später konnte man alles übersetzen. Immerhin handelte es sich trotz der Einzellautschreibung in Buchstaben um ein kompliziertes System: Es besaß 500 Zeichen und war damit von unserem Alphabet noch weit entfernt.

Während die Keilschrift heute gelesen werden kann, gibt eine 1908 in Phaistos auf Kreta gefundene Tonscheibe noch immer Rätsel auf. Sie stammt aus der Zeit um 1600 v. Chr. und wird aufgrund ihrer Form als *Diskos von Phaistos* bezeichnet. Vorder- und Rückseite sind spiralförmig in 61 Abschnitten mit Bildzeichen besetzt. Die einzelnen Bilder sind durch Querstriche voneinander getrennt. Der Diskos von Phaistos gilt als frühe Vorstufe der Druckkunst. Denn seine Zeichen sind weder geritzt noch mit einem Griffel geschrieben, sondern jeweils einzeln mit einem Stempel in den weichen Ton gedrückt worden.

Nahezu 500 000 Tontafeln aus dem Vorderen Orient haben Ausgrabungen und Funde der Nachwelt erhalten. Überdurchschnittlich hoch ist dabei der Anteil, der die Schriftkultur Babyloniens bezeugt. Allein in Nippur fand eine amerikanische Forschergruppe in den Jahren von 1898 bis 1900 rund 54 000 meist ungebrannte Tafeln, darunter medizinische, astrologische und mathematische Texte, sogar Wörterbücher und Grammatiken, Erzählungen und Gedichte.

In der Regel zeigen die bisher aufgedeckten Tontafelsammlungen Kleinasiens kein so breites literarisches Spektrum. Außer Fragmenten von Epen und Mythen enthalten sie in der Hauptsache Wirtschaftstexte: Urkunden, Kaufverträge, Briefe und dergleichen. Sie sind eigentlich Archive, anders als die etwa im Jahre 2700 v. Chr. errichtete Priesterbibliothek in Nippur, dem damaligen geistigen Zentrum Sumers. Ihre Keilschrifttafeln befinden sich heute in Philadelphia und in Istanbul. Das Tontafelarchiv der Stadt Mari wurde um 1920 v. Chr. angelegt. Von dem seit 1933 ausgegrabenen Bestand ist noch längst nicht alles vollständig entziffert.

In Mari haben sich die einzigen bekannten Beispiele für Schreibschulen mit Sitzbänken, Tintenfässern und Übungsmaterialien erhalten. Das heißt nun nicht, daß Schulen selten waren. Sie waren ja schon allein deshalb notwendig, weil die mündliche Umgangssprache eine andere war als die Schriftsprache: so sprach man beispielsweise in Mesopotamien zeitweilig Akkadisch, schrieb jedoch Sumerisch. Diese Zweiteilung hatte einen doppelten Grund. Zum einen rührte sie daher, daß man die Schrift desjenigen Volkes anzunehmen pflegte, dessen Kultur man als höherstehend empfand oder auch als höherstehend zu empfinden gezwungen war, weil man einen Krieg verloren hatte und nun der Sieger seine eigene Schrift den Besiegten aufzwang. Zum anderen fielen gesprochene und geschriebene Sprache auseinander, weil das Mündliche nur regional galt, die Schrift hingegen ein überregionales, über weite Gebiete hin taugliches Verständigungsmittel war. Ihre Existenz begünstigte Handel und Verkehr. Dies allein lieferte schon Gründe genug, in Schulen das Schreiben zu lehren. Die Ausbildungzeit in den allenthalben verbreiteten *Tafelhäusern* dürfte die in unseren Schulen nur leicht unterschritten haben, sie dauerte der Überlieferung zufolge »vom Kindesalter bis zur Zeit der Mannbarkeit«. Wer als »Schreiber« das Tafelhaus verließ, besaß nicht etwa nur ein Fachwissen und die Fähigkeit, mit dem Griffel umzugehen, er verfügte über eine solide Allgemeinbildung, die eine Kenntnis der geistigen Überlieferung einschloß. Ein Rätsel aus dieser Zeit drückt das gut aus: Welches ist das Haus, so fragt es, »das ein Blinder betritt, ein Sehender verläßt«? Die Antwort lautet: Das Tafelhaus.

Die gesellschaftliche Stellung derjenigen, die das Schreiben erlernt und die Schreibkunst als Beruf ausgeübt haben, war in den verschiedenen Kulturen sehr unterschiedlich. In den alten mesopotamischen Reichen genossen sie großes Ansehen, denn die Ausbildung erforderte ein langjähriges Studium. Die Schulen befanden sich oft in der Nähe der Tempel. Das frühe sumerische Schriftsystem mit seinen Hunderten von Zeichen und Tausenden Zeichenverbindungen war kompliziert. Welche Bedeutung Schreiben und Schriftkunde besaßen, wird daran deutlich, daß man einen eigenen Schriftgott, *Nebo*, kannte und in *Niseba* die Göttin der Schrift verehrte.

Ähnliches Ansehen genossen die Schreiber Ägyptens. Sie waren geachtete Beamte, beschäftigt vom Pharao und eigens an Hofschulen ausgebildet. In Ägypten galt seit der frühen 4. Dynastie die Schreiberstatue als bevorzugte Darstellung eines ranghohen Beamten oder Intellektuellen.

In späteren Kulturen wie der des antiken Griechenlands läßt sich ein Statuswandel erkennen. Die Griechen kannten bereits Staatsschreiber, einesteils Freie, die in Verwaltungen als Vertrauenspersonen ein einträgliches

Auskommen fanden, daneben aber auch Sklaven, die ihrem Rang entsprechend als Unterschreiber, als Bücherschreiber und Kalligraphen arbeiteten.

Vergleicht man endlich die Wertschätzung der Römer für ihre Schreiber mit derjenigen der alten Ägypter, so ist der Niedergang unübersehbar. Die römischen Schreiber genossen nur geringes Ansehen. Es waren fast immer Sklaven, oft gebildete, in Gefangenschaft geratene Griechen. Zwar konnten viele freie begüterte Römer lesen und schreiben, aber die Handarbeit des Schreibens galt ihnen gering und unter ihrer Würde. Caesar soll gleichzeitig vier bis sieben Schreiber beschäftigt haben. Ob tatsächlich nach Diktat gearbeitet wurde, oftmals sogar in Gruppen von mehreren, gilt nicht als gesichert.

Erste Spuren eines Buchhandels führen in das Athen des ausgehenden 5. Jahrhunderts v. Chr. zurück. In Aristophanes' Komödie *Die Vögel*, aufgeführt im Jahre 414 v. Chr., heißt es von den Athenern, sie gingen gleich nach dem Frühstück zu den Buchläden, um sich über Buchneuigkeiten zu unterhalten, an anderer Stelle ist gar

Ägyptischer Schreiber: *Amenophis, Sohn des Hapu.* 14. Jahrhundert v. Chr. In der rechten Hand hält er die Schreibbinse, seine linke umspannt die Papyrusrolle. Daneben ist die Muschelschale für rote und schwarze Farbe zu sehen. Über der linken Schulter hängt die Schreibpalette. Die drei Fettfalten der Brust sind nicht als realistische Darstellung aufzufassen, sondern Ausdruck der Amtswürde und des wirtschaftlichen Wohlergehens des Schreibers. Die Statue trägt auf dem rechten Oberarm und der Brust den Ringnamen Amenophis III. Gefunden wurde sie von dem französischen Ausgräber G. Legrain vor dem Amun-Tempel. Die Sockelinschrift »...*Komm zu mir, damit ich das, was mir gesagt wurde, Amun-Re in Karnak vorlege*« belegt die Mittlerfunktion für Bitten und Wünsche der Tempelbesucher an die Gottheit. Schwarzer Granit, 130 cm hoch.

von einem »Bouquinistenviertel« in Athen die Rede. Auch Sokrates, der 399 v. Chr. den Schierlingsbecher trank, scheint diesen Sachverhalt zu bestätigen. In seiner von Platon überlieferten Verteidigungsrede wehrt er sich gegen den Vorwurf, Frevel an den Göttern zu üben und die Jugend zu verführen, es würde dies doch längst von anderen Philosophen besorgt, deren Schriften die Jugend »für höchstens eine Drachme in der Orchestra kaufen« könne. Xenophon schließlich, ein Schüler des Sokrates, weiß von der Ausfuhr beschriebener Buchrollen aus Athen zu berichten.

Allerdings sollte man diese Quellen nicht strapazieren. Der frühe Buchhandel dürfte noch wenig ausgeprägt gewesen sein, ohne gewerbliche Bedeutung. Eine echte Kommerzialisierung setzte etwa um 100 v. Chr. ein. Von da an gab es Verleger, die Lohnschreiber und Korrektoren beschäftigten und Manuskripte vervielfältigen ließen. Die Verfasser der Texte erhielten in der Regel kein Honorar. Wohlhabenden Autoren wie Tacitus, Cicero oder Plinius d. Ä. war Bezahlung unwichtig. Von Plinius weiß man, daß er ein Angebot von 400 000 Sesterzen für seine Stoffsammlung abgelehnt hat. Wie aber hielten sich die Autoren über Wasser, die auf Einkünfte angewiesen waren? Viele hofften durch die Widmung ihres Werkes einen Gönner zu gewinnen, der die Arbeit fördern würde. Gaius Maecenas, der Vertraute von Kaiser Augustus, freigebiger Förderer und Freund von Horaz, Vergil und Properz, ist zum Vorbild aller späteren Sponsoren der schönen Künste geworden. Horazens Widmungsode an diesen Gönner hat dessen Namen zum Begriff werden lassen. So ehrt denn die Nachwelt in Maecenas den Stammvater aller *Mäzene.*

Eine der größten Bibliotheken des Altertums ist die Sammlung des assyrischen Königs Assurbanipal (669–627 v. Chr.), der bei den Griechen Sardanapal hieß. In Ninive, der Hauptstadt des Reiches, versammelte dieser »erste große Bibliophile« (R. Mummendey) alle erreichbaren literarischen Zeugnisse seiner Zeit. An die Macht gekommen, plünderte der einstige Priesterschüler die mesopotamischen Archive und Bibliotheken und verleibte die Schätze seiner großen Bibliothek ein. Assurbanipal ist berüchtigt dafür, daß er diese Inventarisierung mit ähnlicher Sorgfalt betrieb wie die Marter seiner besiegten Feinde – ein denkwürdiges Beispiel für die Verträglichkeit von Grausamkeit und hoher Bildung. Viele der Tontafeln ließ er bereits systematisch katalogisieren; zusammenhängende Werke, die auf einer Reihe von Tafeln niedergeschrieben waren, numerieren. Am Textende verkündete ein frühes »Exlibris«, ein Siegel, wessen Eigentum die Tafeln waren: *Assurbanipals, des Königs der Welt, Königs von Assyrien.*

Entdeckt wurde die Sammlung in den Jahren 1845 bis 1847 von dem englischen Archäologen Austen Henry Layard (1817–1894) in den Überresten des Palastes von König Sanheri auf dem Ufer des Tigris gegenüber der Stadt Mossul in Kujundschik (dem früheren Ninive). Als der Löwensaal bei Ausgrabungen freigelegt wurde, fand man den ersten Teil der Bibliothek Assurbanipals. 1853 grub der syrische Assyrologe Hormuzd Rassam, ein früherer Gehilfe Layards, in unmittelbarer Nähe eine zweite Keilschriftensammlung aus.

Die einzelnen Tafeln haben etwa die Größe eines Schulhefts. Über ihre Anzahl gibt es höchst abweichende Angaben. Manche Quellen sprechen von 5000, andere von bis zu 26 000 gefundenen Tafeln (oder auch nur Tafelfragmenten). Den überwiegenden Teil bewahrt heute das Britische Museum in London auf. Darunter befinden sich auch die erhaltenen Teile des berühmten, auf sumerische Vorlagen zurückgehenden babylonischen *Gilgamesch-Epos*, jener sagenhaften Erzählung um die Heldentaten von König Gilgamesch, der in der südbabylonischen Doppelstadt Uruk-Kullab gelebt und versucht haben soll, den Göttern ein ewiges Leben abzutrotzen. Die auf zwölf Tafeln geschilderten Abenteuer Gilgameschs und seines Freundes Enkidu verteilten sich in der sumerischen Ursprungsversion auf fünf Einzeldichtungen. Erst in der späten akkadischen Fassung sind sie zu einer Einheit zusammengefügt. Nicht einbezogen war die Sintfluterzählung, die deutliche Parallelen zum Bericht im Alten Testament aufweist, ohne daß allerdings eine direkte literarische Abhängigkeit nachgewiesen ist. Für die Literaturhistoriker ist das *Zwölftafelepos* das erste Großepos der Weltliteratur.

Das Alte Testament berichtet, wie Mose vom Berg Sinai die von Gott empfangenen Zehn Gebote mitbrachte: auf zwei Tafeln. Es war in Ägypten und Kleinasien üblich, Gesetze, das Zeugnis der Taten der Herrscher oder Erinnerungen an siegreiche Schlachten in Stein einzugraben. Die Griechen und Römer, die keine Tontafeln brannten, benutzten später geweißte Holztafeln, um Staatsurkunden und Gesetze zu veröffentlichen. So waren die Gesetzestafeln Solons an hölzernen Stäben drehbar aufgehängt oder auf Holzpfeilern in der Form einer dreiseitigen Pyramide zu lesen. Im republikanischen Rom waren die geweißten hölzernen Tafeln eine ständige Einrichtung, Manifestationen der Tagespolitik, anders als die mit Ewigkeitsanspruch auftretenden Inschriften in Stein.

1902 machten französische Archäologen im Ruinenfeld von Susa, Hunderte Kilometer von Babylon entfernt, einen atemberaubenden Fund. Sie stießen auf eine 2,25 m hohe Steinsäule aus schwarzen Basalt: die *Gesetzesstele des Hammurabi*. Mit beinahe dreihundert Paragraphen, sorgfältig in Keilschrift in den Stein eingemeißelt, vereinigt die Stele die lokalen altsumerischen Rechte und Vorschriften zu einem übergeordneten Gesetz. Erstaunlich modern erscheint die scharfe Betonung juristischer Standpunkte. Die Blutrache zum Beispiel, die selbst in manchen Teilen Europas noch heute

Gesetzesstele des Hammurabi mit dem Originaltext der Gesetze und Vorschriften zur Rechtsprechung, sorgfältig in Keilschrift in den schwarzen Basalt eingemeißelt. Am Kopf der 2,25 m hohen Stele ist halbplastisch Hammurabi, von 1728 bis 1686 v. Chr. König von Babylon und bedeutendster Herrscher der 1. Dynastie, dargestellt, wie er vom Gott des Lichtes und des Rechts Samas die 282 Gesetze empfängt. Zahlreiche Kopien sind nach diesem Original auf Tonzylinder übertragen worden und dienten, im königlichen Hoheitsgebiet aufgestellt, als Gesetzbuch.

lebendig ist, wurde durch Hammurabis Gesetze nahezu abgeschafft. Zwar blieben die Strafen drakonisch, und neu aufgenommen wurde das unerbittliche Prinzip der Amoriter »Auge um Auge, Zahn um Zahn«. Aber Strafe ist nicht Rache. Nunmehr trat der Staat, eine überpersönliche Gewalt, als Verfolger des Unrechts an die Stelle des Individuums.

Dadurch wird, auch wenn es ältere Gesetzessammlungen gibt, Hammurabi zum Ahnherrn des Rechts, zum ersten wahren Gesetzgeber. »Daß der Starke den Schwachen nicht schädige, um Waise und Witwe recht zu leiten, hat er in Babylon, und zwar im Tempel E-sagila seine kostbaren Worte auf eine Stele geschrieben und sie vor sein ihn als König der Gerechtigkeit darstellendes Bildnis aufgestellt«, heißt es. Von 1728 bis 1686 v. Chr. war Hammurabi König von Babylon. Er wurde der bedeutendste Herrscher der 1. Dynastie. Seine Gesetzessammlung entfaltete noch lenkende Kraft, als das babylonische Reich längst zerfallen war. Halbplastisch ist am Kopf der Stele zu sehen, wie Hammurabi von Samas, dem Gott des Lichtes und des Rechts, die 282 Gesetze empfängt. Zahlreiche Kopien sind nach diesem Original auf Tonzylinder übertragen worden und dienten in seinem Hoheitsgebiet aufgestellt als Gesetzbuch. Nach Susa gelangte die Stele 1160 v. Chr. als Beute des Elamiterkönigs Sutruk-Nahunte. Heute befindet sie sich im Louvre in Paris.

Die Hieroglyphen

Die Hieroglyphen waren ursprünglich eine rein logographische Bilderschrift, die sich im Laufe der Jahrhunderte zur Silben- und in einigen Fällen, besonders bei der Schreibung von Königsnamen, zu einer phonetischen Buchstabenschrift weiterentwickelt hat. Dabei

Detail von der Rückseite der *Narmer-Palette*. Eine noch rebusartige Bilderschrift, die entschlüsselt sinngemäß lautet: »Horus bringt dem Pharao 6000 Gefangene.«

ging der Bildcharakter der Zeichen immer mehr verloren. Aus den alten, dann nach und nach verwandelten Hieroglyphen entwickelte sich nach und nach eine Schreibschrift, eine kursive Form, die sogenannte *hieratische* Schrift, die später ihrerseits abgeschliffen und weiter verkürzt, bei einer Gebrauchsschrift endete, dem *Demotischen*.

Heute sieht man diese Entwicklungslinie, und man sieht bei aller Veränderung auch die Kontinuität darin – daß nämlich die Hieroglyphen von Anbeginn als vollwertiges Schriftsystem zu gelten haben. Als jedoch um die Wende zum 19. Jahrhundert, ausgelöst vom Feldzug Napoleons 1798/99 in Ägypten, bei Archäologen und Sprachwissenschaftlern ein verstärktes Interesse für die Hieroglyphen erwachte, versperrte ihnen zunächst der bildliche Charakter der ägyptischen Zeichen den Blick auf deren wahre Natur. Eine Schrift? Höchstens eine Bilderschrift, dazu eine unverständliche, lautete das allgemeine Urteil.

Lange Zeit vermutete die Forschung in den Hieroglyphen lediglich kultische Bilder, denen kein Text zugrunde liege. Dazu bewog sie, daß es vor allem Tempel- und Grabanlagen waren, die die Ägypter mit den rätselhaften Zeichen geschmückt hatten. Man kam im Verständnis nicht weiter als der ägyptische Priester Horapollon, der bereits im 4. Jahrhundert n. Chr. die Hieroglyphen als nur symbolischer Deutung zugängliche Bilder beschrieben hatte. Der Abbé Tandeau de St. Nicolas verfaßte gar eine Broschüre, die beweisen sollte, daß von Schrift überhaupt keine Rede sein könne, sondern nur von einem Dekorationsmittel. Es war der junge französische Forscher Jean François Champollion (1790–1832), der die kühne Vermutung, es handle sich bei den hieroglyphischen Bildern um Buchstaben, die, »ohne streng alphabetisch zu sein, dennoch lautlich« sein könnten, in Gewißheit überführte.

In den ersten Hieroglyphen können wir deutlich Tiere, Pflanzen, eine Hand, ein Auge oder zwei gehende

	hieroglyphische Inschrift 2700–2600 v. Chr.	hieroglyphische Buchschrift um 1500 v. Chr.	Hieratisch um 1200 v. Chr.	Demotisch 400–100 v. Chr.
Wedel, Fächer				
Gefäß, Flüssigkeit				
Schreiben				
Buch schreiben				

Entwicklung der Hieroglyphe zur hieratischen und demotischen Schrift

Füße erkennen. Die ältesten Funde stammen aus der 1. Dynastie (um 3100 v. Chr.). Es ist die Zeit des Menes (Narmer), des geheimnisumwobenen ersten ägyptischen Pharaos, von dem die Forschung nicht sagen kann, ob er wirklich gelebt hat oder aber eine Legendengestalt der Ramseszeit ist. Als frühestes erhaltenes Dokument gilt die *Narmer-Palette* vom Beginn des 3. Jahrtausends v. Chr., eine kleine, 64 cm hohe Tafel aus grauem Schiefer, auf deren Vorder- und Rückseite sich bildhafte Motive, lesbar als Schrift, zu einer Bilderzählung zusammenfügen. Ob sie den Sieg des von Narmer regierten Oberägypten über Unterägypten darstellen oder aber einen anderen militärischen Triumph, kann hier dahingestellt bleiben. Für Schriftforscher ist bedeutsam, wie sich schon hier zeigt, daß die Hieroglyphe als Bildzeichen zugleich Lautzeichen ist. So steht der göttliche Horus-Falke, das Symbol des Pharao, oben rechts auf der Rückseite der Palette, über sechs Lotosblumen. Lotos hieß im Altägyptischen »Kha«. Ein Zeichen mit dem Lautwert »Kha« bedeutete aber ebenso die Zahl 1000. Sechs Lotosblumen entsprächen demnach der Zahl 6000, und da der Falke zugleich einen spitzbärtigen Kopf am Seil führt, ließe sich die Szene lesen als: »Horus bringt dem Pharao 6000 Gefangene.«

Wie schwierig es war, nur eine einzige Hieroglyphe zu übertragen, belegt eine Übersetzung des deutschen Polyhistors und Gelehrten Athanasius Kircher aus dem Jahre 1628. Er entzifferte: »Das Leben von Dingen nach

dem Sieg über Typhon, die Feuchtigkeit der Natur, durch die Wachsamkeit des Anubis.« Nachdem Jean François Champollion 1822 mit dem *Stein von Rosette* die Entschlüsselung der Hieroglyphen gelungen war, übersetzte man schlicht: »Osiris sagt«. Das verdankte der junge Franzose einem Zufallsfund:

Im Jahre 1799 stießen Soldaten Napoleons, die sich im Krieg gegen die Engländer befanden, in der Nähe der Nilstadt Rosette beim Ausheben eines Grabens auf eine glattpolierte mit Schriftzeichen bedeckte Basaltplatte. Der *Stein von Rosette* stammt aus dem Jahr 196 v. Chr. Er enthält drei Textblöcke, jeder in einer anderen Schriftsprache: in ägyptischen Hieroglyphen, in demotischer Volksschrift und in griechischem Alphabet. Die Mutmaßung, daß es sich dabei um drei Fassungen eines sinngleichen Textes handelte, half Champollion bei der Entzifferung der Hieroglyphen maßgeblich, denn das griechische Gegenstück war ja lesbar. Jedoch hätte dieser Umstand allein ihm nichts genützt. Hinzu mußte kommen, daß in den hieroglyphischen Zeremonialtexten bestimmte Zeichenkombinationen durch eine Umrahmung, eine sogenannte Kartusche, von anderen Hieroglyphen abgesetzt werden. Ganz richtig vermutete Champollion, die Kartusche müsse eine Form der Würdigung sein. Und was, wenn nicht die Namen der Könige, wäre einer solchen Hervorhebung würdig? Champollion setzte folglich den im griechischen Text gefundenen Königsnamen Ptolemaeus Epiphanes mit der Kartusche parallel. Damit hatte er einen Fall von klar

Vorder- und Rückseite der *Narmer-Palette*, einer kultischen Schminkpalette aus der Ramseszeit, etwa zu Beginn des 3. Jahrtausends v.Chr. Der Name des Königs befindet sich in dem rechteckigen Rahmen mittig am oberen Rand der Tafel. Er ist durch die Hieroglyphen »Fisch« und

»Meißel« wiedergegeben, die für die Silben »nar« und »mer« stehen. Die Schieferplatte ist 64 cm hoch. In der Vertiefung auf der Vorderseite konnte Farbe angerührt oder gemischt werden.

24 Der für die Entschlüsselung der Hieroglyphen bedeutsame *Stein von Rosette* aus dem Jahr 196 v. Chr. Die Inschrift preist den ägyptischen König Ptolemaeus V. Der schwarze Granit mißt 82 × 114 cm.

»Das zweite Zeichen, das eines liegenden Löwen, das das erste in *Cleopatra* wiedergibt, ist genau das gleiche wie das vierte Zeichen im Namen *Ptolemaeus*. Das fünfte Zeichen in *Cleopatra*, das für ein p stehen muß, ist das erste im hieroglyphisch geschriebenen Namen *Ptolemaeus*«, erläuterte Champollion vor der Académie Française. Mit der Entdeckung dieser Übereinstimmung hatte er den entscheidenden Schritt zur Entschlüsselung der Hieroglyphen getan.

Ptolemaeus

Cleopatra

abgegrenzter, direkter Entsprechung vorliegen, der zeigte, welcher griechische Buchstabe zu welcher Hieroglyphe paßte. Als dann im Jahre 1815 der *Obelisk von Philä*, ebenfalls mit hieroglyphisch-griechischer Inschrift, gefunden wurde, konnte Champollion sein System erneut erproben. Diesmal kam zu Ptolemaeus ein zweiter Königsname, Cleopatra. Das Arsenal der Entsprechungen war nun groß genug, um die reiche ägyptische Literatur zu erschließen, die Papyri und in Stein gemeißelten Inschriften zu entziffern.

Die Hieroglyphen sind als Zeremonialschrift des Gottkönigtums der Pharaonen entstanden. *Hieros* heißt »heilig«, *glyphein* bedeutet »einschneiden«. Hieroglyphen wurden, ihrer sakralen Würde gemäß, vor allem für Monumentalinschriften in Stein verwendet. Schon recht früh, mit Beginn der dynastischen Periode, trat die hieratische Schrift ergänzend hinzu. Mit dieser in ihrer Bildhaftigkeit vereinfachten Gebrauchsschrift beschrieben die Ägypter neben den teuren Papyri auch Keramik- und Tonscherben *(Ostraka)*. Das später von den Griechen geprägte Wort Ostrakon bedeutet Scherbe, davon abgeleitet ist die Rede vom »Scherbengericht« *(Ostrakismos)*. Gemeint ist der in Athen gepflegte Brauch, die mit Tinte beschriebene oder eingeritzte Scherbe als Stimmzettel zu benutzen, mit dem man auf Bürgerversammlungen über die Verbannung von Politikern entschied, die des Versuchs der Errichtung einer Tyrannis verdächtigt wurden. Das übliche Strafmaß im Athen des 5. Jahrhunderts v. Chr. lautete auf zehn Jahre, wobei jedoch dem Verbannten die bürgerlichen Rechte nicht aberkannt wurden. Das erste Opfer des Scherbengerichts war 487 v. Ch. Hipparchos. Die Ostraka waren lange ein verbreitetes Schreibmaterial, man nutzte sie als Merkzettel und Quittungen, in Schulübungen für Notizen und für Abstimmungen. In Ägypten und Griechenland sind beschriftete Tonscherben in großen Mengen gefunden worden.

Daß im Gegensatz zur Hieroglyphe die hieratische Schrift anfangs gänzlich für den alltäglichen Gebrauch bestimmt war, wird aus ihrem Namen nicht mehr deutlich. Denn diesen Namen haben später die Griechen geprägt. Sie aber sprachen von *Hieratikà grámmata*, und das meint soviel wie »heilige« oder »priesterliche Schrift«. Dazu wurde das Hieratische aber erst, nachdem in der Mitte des 7. Jahrhunderts v. Chr. eine noch größere Vereinfachung und Verkürzung in Form der demotischen Schrift auftrat, die die hieratische Schrift aus dem Alltagsleben in den kultischen Bereich verdrängte. Im 3. Jahrhundert n. Chr. verlor das Demotische seine Bedeutung an die *koptische Schrift*, die sich aus dem griechischen Alphabet und sechs demotischen Schriftzeichen zusammensetzte. Sie breitete sich mit dem Christentum in Ägypten aus.

Papyrus und Buchrolle

Es scheint, als seien alle in der Natur vorkommenden und dazu geeigneten Materialien einmal beschrieben worden. Die Findigkeit der Schreiber, einen Stoff zu bearbeiten, der als Schriftträger dienen konnte, war groß. In Indien beschrieb man Palmblätter, die zusammengeheftet sogar zu schmalen Büchern gebunden wurden. Im antiken Griechenland wurden zuerst die Baumblätter zu einem Beschreibstoff. In Korea, Japan und China ritzte man vor der Erfindung des Papiers Schriftzeichen in Bambusbrettchen.

Zu jener Zeit, als im mesopotamischen Zweistromland und seinen Anrainern Tontafeln mit Keilschriftzeichen beschrieben wurden, pflegte man in Ägypten die Kunst, Hieroglyphen auf Papyrus zu schreiben. Papyrus, der dem heutigen Papier den Namen gab, war über Jahrtausende der meistgebrauchte Beschreibstoff der Ägypter. Der bekannteste Schriftträger des Altertums wurde aus der Papyrusstaude gewonnen, die besonders üppig im weiten Delta des Nil wuchs. Die Herstellungstechnik reicht, wie ägyptische Darstellungen belegen, bis etwa 4000–3000 v. Chr. zurück. Vermutlich lag die Papyrus-Herstellung in Ägypten noch bei den Tempelgemeinschaften, die darauf ein Privileg hatten.

Für die griechisch-römische Zeit weiß man von einer fabrikmäßigen Produktion. Die 3 bis 4 m langen, armdicken Pflanzenstengel wurden vom äußeren Bast befreit und in etwa 40 cm lange Abschnitte geteilt. Das helle Mark schnitt man längs in möglichst breite Streifen und legte sie auf einer glatten Unterlage in zwei Schichten übereinander, eine längs, die andere quer. Wurde das Material mit einem Schlegel beklopft, trat Pflanzensaft aus und verband als natürlicher Klebstoff die Schichten unlösbar miteinander. Das so gewonnene Blatt mußte mit einem Leim aus Mehl, Wasser und Essig getränkt werden, damit später beim Beschreiben die

Tinte nicht verlaufen konnte. Nach dem Trocknen folgte die Politur: Glättstein oder Muschel sorgten für eine ebenmäßige Oberfläche.

Je nach Farbe, Feinheit und Verarbeitungsgüte wurde Papyrus in verschiedenen Qualitäten gehandelt. Plinius d. Ä. nennt in seiner *Historia naturalis* (im Jahre 77) sechs verschiedene Sorten: der feinste, glatteste Papyrus von fast weißer Farbe in Rollen von 13 Fingern (= 20,3 cm) Breite wurde nach Kaiser Augustus *augusta* genannt, die zweite Qualität hieß nach seiner Gemahlin *liviana*. Die Benennung weiterer Sorten orientierte sich an den ägyptischen Fabrikationsstätten: *amphitheatrica* aus der Nähe des Amphitheaters von Alexandria; *saitica* kam aus Sais im Nildelta. Den einfachsten, groben Kaufmannspapyrus, der als Packpapier benutzt wurde, nannte man *taeneotica* oder *emporitica*. Kaiser Claudius ließ eine neue Qualität einführen, bei der nur die obere, zum Beschreiben gedachte Lage aus der glatteren *augusta* bestand, für die untere wurde *liviana* verwendet. Dieser als *charta claudia* bezeichnete Papyrus war widerstandsfähiger als der *augusta* und wurde ihm bald vorgezogen.

Die sauber beschnittenen Einzelblätter maßen gewöhnlich 20 × 25, höchstens 30 × 40 cm. Sorgfältig aneinandergeklebt ergab sich eine in der Regel 6 bis 10 m lange, nur selten längere Papyrusbahn, die aufgerollt wurde. Einige bemerkenswerte Ausnahmen von diesem Maß haben die Zeit überdauert: 46 m lang ist der um 1200 v. Chr. beschriebene *Papyrus Harris* des Britischen Museums, eine Chronik aus der Zeit Ramses II.; ihm folgt der *Greenfield-Papyrus*, ein Totenbuch in hieratischer Schrift, mit 42 m Länge. Ein Papyrus mit medizinischem Inhalt, der *Papyrus Ebers* in Leipzig, ist 30 cm

breit und 20,30 m lang. Er stammt aus dem Jahre 1650 v. Chr. Noch wesentlich früher entstand das älteste erhaltene Rollenbuch, der *Papyrus Prisse*. Er wurde in Theben gefunden, ist 7 m lang, und befindet sich heute in der Bibliothèque Nationale in Paris. Diese Weisheitslehrensammlung wurde im 3. Jahrtausend v. Chr. in hieratischer Schrift verfaßt und mit schwarzer und roter Tinte geschrieben. Das Rot mischte man aus hellrotem Ocker, der fein gemahlen und mit Wasser und Leim verrührt wurde. Die schwarze Tusche wurde aus Ruß oder Holzkohle gewonnen, der man flüssigen Leim beimischte. Sie hat Jahrtausende in überraschender Frische überdauert. Als Schreibinstrument dienten schräg angeschnittene Binsen. Je nachdem, wie man sie hielt, aufsetzte oder drehte, ließ sich die Strichstärke variieren. Einen noch feineren Strich ermöglichte der *Calamus*, der im 3. Jahrhundert v. Chr. die Binse verdrängte. Das schräg zugeschnittene Schreibrohr besaß, modernen Stahlfedern ähnlich, eine gespaltene Spitze. Der ägyptische Schreiber bewahrte sein Werkzeug in einer länglichen »Palette« aus Holz oder Elfenbein auf, in die für die Calami und die Farbsteine sowie zum Anmischen der Tinte verschiedene Vertiefungen eingeschnitten waren. Die Tinte wurde mit Wasser angemischt.

Totenbücher in Rollenform, um sie den Verstorbenen als Wegweiser für das Jenseits in die Grabkammer mitzugeben, kamen erst um die Mitte des 2. Jahrtausends v. Chr. auf. Frühere Dynastien kannten zwar, wie die Grabkammer des Königs Unas (5. Dynastie, um 2300 v. Chr.) belegt, ausführliche Spruchsammlungen, die das Beisetzungsritual des Toten begleiteten und die viel-

26 *Bastbuch der Batak* aus Sumatra, um 1800, in der Form eines Leporellobuches. Die Batak-Schrift, in der es geschrieben ist, gehört zu den indischen Schriften. Maß einer Seite: 17 × 20 cm.

fältigen Möglichkeiten seines Schicksals in der Unterwelt erläuterten. Aber diese Texte wurden noch nicht auf Papyri geschrieben, sondern auf die Außen- und Innenwände der kastenförmigen Sarkophage. Schriftrollen wurden nötig, als am Ende der sogenannten 2. Zwischenzeit die kastenförmigen durch menschenförmige Sarkophage ersetzt wurden, deren Flächen nicht mehr

genug Platz für die zahlreichen Totensprüche boten. Fortan beschrieb und bemalte man lange Papyri, rollte sie zusammen und legte sie dem Toten in den Sarg. Der ägyptische Ausdruck für diese Totenbücher bedeutet übersetzt: »Herausgehen am Tage«, was auf die Wiedergeburt zu einem Leben im Jenseits zielt. Von der Hoffnung auf eine solche Auferstehung, auf Teilnahme

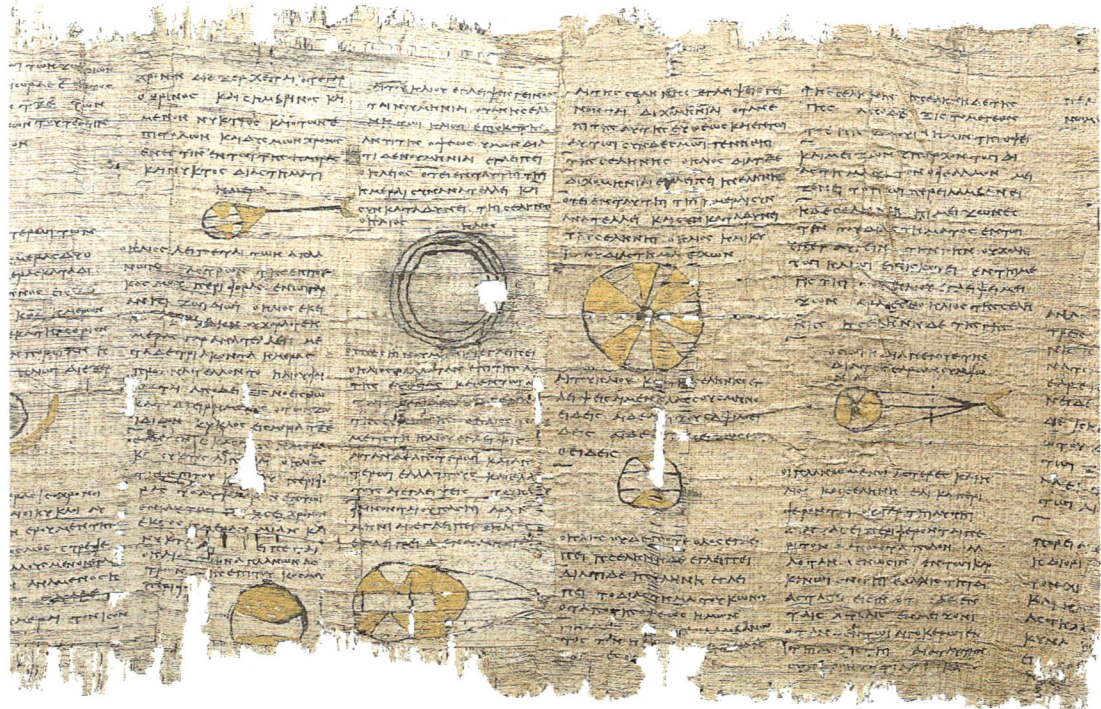

Papyrus Letronne. 165 v. Chr. Unter den raren Zeugnissen antiker Buchmalerei ist dieser astrologische Papyrus die älteste bekannte illustrierte Papyrusrolle in griechischer Sprache.

Das Totenbuch der *Nehem-es-Ra-Tâui*, einer Amun-Sängerin, wurde in Theben gefunden. Es stammt aus der ptolemaeischen Zeit um 200 v. Chr. und hat sich in einer Länge von 1,64 m und einer Höhe von durchschnittlich 21 cm erhalten. Der Ausschnitt zeigt das Totengericht. Die Tote tritt von zwei Göttinnen geleitet vor die Waage, auf der Horus und Anubis ihr Herz wiegen. Der ibisköpfige Thot führt Buch darüber.

Vor dem thronenden Osiris stehen auf einer Papyrusblüte vier Horuskinder (Eingeweidegötter), daneben das leichenfressende Ungeheuer ´Am´am, dem anheimfällt, wer die Prüfung nicht besteht. Typisch für die späten Totenbücher ist der Verzicht auf farbige Bemalung zugunsten einer klar konturierenden Figurenzeichnung mit schwarzer Tinte.

27

am göttlichen, unvergänglichen Wesen des Osiris handeln alle Sprüche und Spruchsammlungen. Sie enthalten Ritualtexte, Götterhymnen und Selbstbekenntnisse der Verstorbenen. Dazu zählte insbesondere die in einer Art Litanei vorgetragene Versicherung, keine der 42 Todsünden begangen zu haben – ein zentraler Bestandteil des Totengerichts und seiner vielen Kreuzverhöre.

Die Totenbücher sind in Hieroglyphen geschrieben, ihre Texte in nebeneinanderstehenden Kolumnen angeordnet. Hervorhebungen in roter Farbe *(rubrum)* verweisen auf Kapitelanfänge; sie gliedern den Text. Auch den Besitzereinträgen steht auf den Papyri ein Rubrum voran. In aufgefundenen Totenbüchern ist der Platz für

den Besitzernamen – der am Tag des Todes eingetragen wurde – zuweilen leer geblieben. Die Ägyptologen folgern daraus, es habe bereits eine Totenbuchproduktion auch ohne persönliche Bestellung gegeben, als »manufakturmäßige Vorfabrizierung« (Rosemarie Drenkhan). Besondere Aufmerksamkeit verdient die Rollenausstattung aus einem weiteren Grund: Zum ersten Mal werden hier Texte in größerem Umfang mit Bildern illustriert. Entweder am oberen oder unteren Rand fortlaufend oder zwischen die Kolumnen sind Bilderfolgen eingefügt, teils sparsam koloriert, teils prächtig mit leuchtenden Farben. Die Totenbuch-Papyri der späten ptolemaeischen Zeit um 200 v. Chr. hingegen kenn-

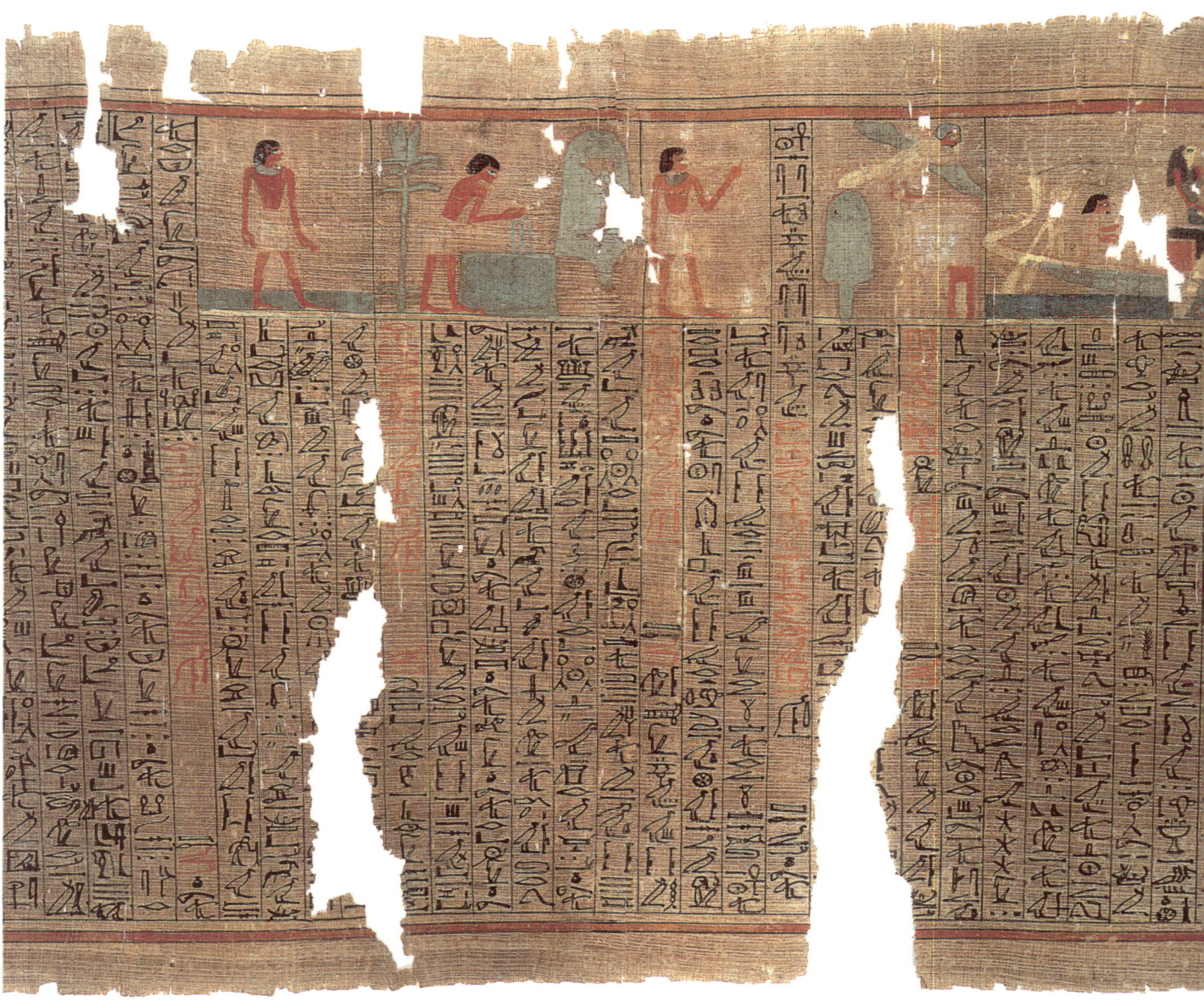

28 Das Totenbuch *Brocklehurst* nennt an einer Stelle den Namen des Toten: Bak-su, Reinigungspriester des Königs Amenophis I. Der Papyrus aus der Zeit um 1500 bis 1450 v. Chr. wurde 1883 in Theben gefunden und ist ca. 3,90 m lang und durchschnittlich 33 cm hoch.

zeichnet, daß auf farbige Bemalung zugunsten einer klar konturierten Figurenzeichnung in schwarzer Tinte verzichtet wird. Stets wiederkehrendes Motiv ist das Totengericht des Osiris. Es wird in der Mitte der Rolle dargestellt. In den altägyptischen Totenbüchern begegnen wir den ältesten illustrierten Büchern überhaupt. Beispiele sind der *Hunefer-Papyrus* und der *Ani-Papyrus* (British Museum), der *Brocklehurst* und das jüngere Totenbuch der *Nehem-es-Ra-Tâui*. Ein seltenes erhaltenes Exemplar eines Papyrus des 2. Jahrhunderts v. Chr., der *Papyrus Letronne*, gibt Zeugnis von der Illustration wissenschaftlicher Texte. Dieser griechische Papyrus enthält die astronomische Schrift des Eudoxos von Knidos

(um 407–355 v. Chr.). Die Erläuterungen zu den Himmelskörpern sind in schmalen Spalten geschrieben, die Illustrationen in den Text eingestreut.

Die Buchrolle aus Papyrus verbreitete sich von Ägypten aus in der gesamten antiken Welt. Umschlagplatz war die altsyrische Hafenstadt Byblos (das heutige Jebail, etwa 40 km nördlich von Beirut). Von Byblos, dem berühmten Zentrum des Papyrushandels, leitet sich unser Wort *Bibel* ab, das wiederum auf griechisch *biblion*, später *biblos* = Buch, zurückgeht. Erst in christlicher Zeit wurde der Beschreibstoff Papyrus vom Pergament verdrängt.

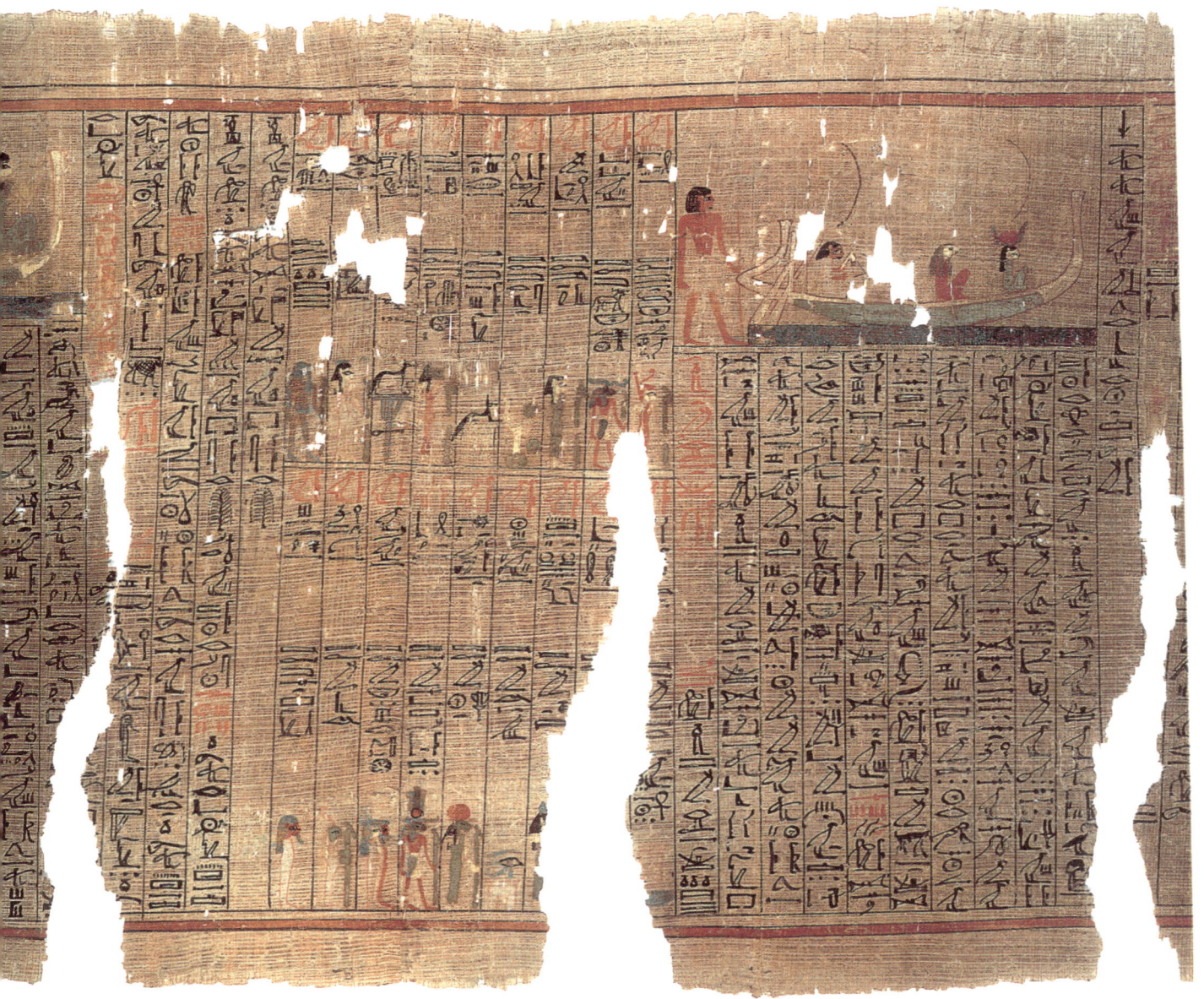

Antike Büchersammler
und Bibliotheken

Schon im klassischen Griechenland, zur Zeit der Herrschaft Athens von 500–338 v. Chr., kam den Papyrusrollen ein bedeutender Rang zu. Sammlungen entstanden. Um 540 v. Chr. hatte Peisistratos (reg. 560–527 v. Chr.) in Athen eine große öffentliche Bibliothek gestiftet, die von seinen Söhnen Hippias und Hipparchos fortgeführt wurde. Auf Peisistratos Veranlassung wurden von Onomakritos die Epen Homers aufgezeichnet.

Vor allem die Existenz von Privatsammlungen ist überliefert. Von Euripides (ca. 485–406 v. Chr.), der als erster moderner Dichter gelten darf, wissen wir, daß er eine umfangreiche Schriftensammlung besessen hat. Das Leben eines von der Welt zurückgezogenen und dennoch gewerbsmäßigen Dichters unterschied ihn von anderen zeitgenössischen Schriftstellern. Seine Bücherleidenschaft wird in Aristophanes' Komödie *Die Frösche (Batrachoi)* zum Gegenstand des Spottes: »Jeder hat ein Buch und lernt gelehrtes Zeug.« Auch Euklid von Megara und Platon (427–347 v. Chr.) besaßen eigene Bibliotheken. Platon, berühmtester Schüler des weisen Sokrates, gründete um 387 v. Chr. im Haine Akademos eine Schule, deren Schüler *Akademiker* genannt wurden. Die Sammlung des Philosophen Aristoteles (384–322 v. Chr.), Erzieher Alexanders des Großen und Begründer der Akademie in Lykeum, kann als erste wissenschaftliche Bibliothek angesehen werden. Denn Aristoteles, der als der Begründer strengen wissenschaftlichen Philosophierens angesehen wird, war dabei planvoll um Vollständigkeit und Systematik bemüht.

Die wohl bedeutendste Sammlung des Altertums war die große Bibliothek von Alexandria. Sie wurde 286 v. Chr. von Ptolemaeus I. nach dem Vorbild der Athener Bibliothek der aristotelischen Schule gegründet. Die Pflege von Kunst und Wissenschaft rechnete das Staatsoberhaupt zu seiner vornehmsten Aufgabe. Sein Bestreben war, die gesamte griechische Literatur dem »Museion« (Haus der Musen), der ersten Hochschule des Altertums, anzugliedern. Im Gründungsjahr enthielt die Sammlung bereits 200 000 Rollen; eine zweite, wesentlich kleinere, die Serapeionsbibliothek, war im Serapis-Tempel untergebracht. Auf Soter, den ersten Ptolemäer, folgte Philadelphos, mit königlichem Namen Ptolemaeus II. (reg. 283–247 v. Chr.). Er setzte die Sammeltätigkeit erfolgreich fort und erweiterte die Bestände auf jenes Niveau und Maß, das den bis in die Neuzeit nachwirkenden Ruhm der Bibliothek erklärt. Philadelphos' Maxime, möglichst alle erreichbaren Werke des Kulturkreises in Originalen oder wenigstens als Abschriften verfügbar zu haben, wurde dann von Ptolemaeus III. Euergetes auf energische, um nicht zu sagen hemmungslose Weise beherzigt. Der hochkultivierte Herrscher verfuhr bei der Beschaffung ähnlich rigoros (wenn auch wohl nicht ganz so blutig) wie seinerzeit Assurbanipal, der Gründer der großen Tontafelbibliothek von Ninive. Die mitgeführten Texte der in Ägypten ankommenden Schiffsreisenden ließ er beschlagnahmen und eilig kopieren. Mit den schnöden Abschriften durften die ehemaligen Eigentümer vorliebnehmen, die Originale (denen er eine Abteilung »von den Schiffen« einrichtete) fand Euergetes in seinem Hause weit besser aufgehoben, ebenso wie die Handschriften der Dramen des Aischylos, Euripides und Sophokles, die ihm der athenische Staat unklugerweise geliehen hatte. Zwar gegen ein Pfand von 15 Talenten, ein kleines Vermögen – doch was sind schon Geld und Gold für einen echt königlichen Büchernarren!

700 000 Papyrusrollen nannte die Bibliothek ihr eigen, als Teile von ihr im Winter 48/47 v. Chr. bei der Eroberung Ägyptens durch die Römer unter Caesar in Flammen aufgingen. Das Ende der Bibliothek kam mit der Eroberung und Zerstörung durch Kaiser Aurelian (reg. 270–275). Das Serapeion übernahm in der Folgezeit die Aufgabe der Museionsbibliothek und sicherte Alexandrias Stellung als Zentrum der Wissenschaft, bis ein kaiserlicher Erlaß im Jahre 391 n. Chr. die Umwandlung der alten Tempel in christliche Gotteshäuser befahl. Für die Sammlung im Serapis-Tempel war dies das Ende, sie wurde in alle Winde zerstreut.

Wenn schon die Anzahl der Schriftrollen im alexandrinischen *Museion* erstaunt, so muß noch mehr verwundern, wie die Bibliothek den wissenschaftlichen Ansprüchen genügen konnte. Denn dazu war ein System erforderlich, das es den hellenistischen *poetae docti*, den gelehrten Dichtern, ermöglichte, einzelne Werke aufzufinden. Der Bibliothekar Kallimachos (ca. 300–245 v. Chr.) entwickelte mit seinen *Pinakes* (wörtlich: Tafeln, Schilder) die früheste Form einer Bibliographie. Er legte ein Verzeichnis der Autoren und ihrer authentischen Schriften mit genauer Angabe der Zeilenzahl und des Gesamtumfangs der einzelnen Werke an, was einen gewissen Schutz vor verfälschenden Ergänzungen und Auslassungen bot. Den Gelehrten ermöglichten die Verzeichnisse die wissenschaftliche Bearbeitung der Texte nach philologischen Methoden. Dieser Katalog des Kallimachos war nach Literaturgattungen wie Epik, Lyrik, Rhetorik, Drama geordnet, die jeweils in alphabetischer Folge die Autoren mit kurzer Biographie nannten, dem folgten die einzelnen Werke, jeweils mit Anfangswort und Gesamtzeilenzahl. Der umfangreiche Katalog bestand aus 120 Rollen.

Um Schriftrollen handlich zu halten, war man bemüht, die Rollenlänge auf 6 oder 7 m zu beschränken, die Rolle hatte dann einen Durchmesser von 5 bis 6 cm. Die Höhe variierte stärker; sie konnte 12, 15, 20 oder auch 30 cm betragen. Kurze Texte waren in Sammelrollen zusammengefaßt, umfangreiche Werke wurden auf mehrere Schriftrollen verteilt. Von Kallimachos ist die Einschätzung überliefert: »méga biblíon, méga kakón – großes Buch, großer Ärger«.

Alexandrias Sammlung überstrahlte alles – und forderte zur Nachahmung heraus. Die schärfste Konkurrenz erwuchs ihr durch Eumenes II. (197–159 v. Chr.), der in Pergamon eine Bibliothek einrichten ließ, die es alsbald auf einen Bestand von 200 000 Rollen brachte. Daneben existierten ähnlich ausgerichtete kleinere Sammlungen in Antiochia, Kos, Rhodos und Smyrna. Indessen blieb Alexandrias Wirkung nicht auf den Einflußbereich Griechenlands und die Zeit seiner Vorherrschaft beschränkt. Der Aufstieg Roms zum Imperium ließ zwar die Griechen als politisch-militärische Verlierer zurück, aber deren Kultur vermochten die Sieger nicht zu zerstören, im Gegenteil. Die römische Oberschicht übernahm die Bildungstradition der überlegenen griechischen Kultur einschließlich ihrer Hochsprache. Griechische Gelehrte, die als Sklaven und Flüchtlinge nach Rom kamen, trugen dazu bei, daß die hellenistische Schule – Grundschule, höhere Schule, schließlich Ausbildung beim Redelehrer – bestimmend für die römische Kaiserzeit (31 v. Chr.–Ende 2. Jahrhundert) wurde. Auch Alexandrias Ruhm war ungebrochen. Zwanzig Jahre nach dem Brand des legendären Museion rief Kaiser Augustus im Jahre 28 n. Chr. eine griechisch-römische Doppelbibliothek im Apollo-Tempel auf dem Palatin ins Leben. Dem alexandrinischen, im Serapeion zu jener Zeit noch lebendigen Vorbild verpflichtet, sollte sie selbst für zahlreiche spätere Einrichtungen maßgeblich werden.

Zur Kriegsbeute der Römer hatten von Beginn an neben unschätzbaren Kunstwerken auch Büchereien gehört, darunter die des Mithridates von Pontos, die des mazedonischen Reiches und jene Athens. Nach der Schlacht von Pydna im Jahre 168 v. Chr. führten ihre Feldherren ganze Bibliotheken aus Griechenland im Triumphzug nach Rom. Im Jahre 84 v. Chr. erbeutete Sulla Bücherschätze, die von Aristoteles zusammengetragen worden waren und die später noch Cicero begeistern sollten. Cicero besaß in Rom und in seiner Landwohnung in Tusculum eine erlesene Bibliothek. Plutarch überliefert Ciceros Bekenntnis: »Die Bücher sind die besten Freunde des unterrichteten, tätigen Mannes … Seine Bibliothek ist ihm ein Ort des Genusses, des Selbstvergessens und der Kontemplation, kurz: das Heiligtum seiner Gedanken.«

Die Bücherliebe eines Cato oder Cicero war sprichwörtlich. Den Ausstattungen ihrer Bibliotheken und dem Bestand ihrer Sammlung galt ihre ganze Sorge. Reiche Sammlungen schmückten die Villen und Landhäuser von Lucullus und Sulla. Diese umfänglichen Privatbibliotheken waren oft schon mit einem alphabetischen Katalog, einem Index, versehen. So mancher repräsentationssüchtige, aber ungebildete Buchbesitzer mußte

mit dem Spott leben, nicht einmal die *indices* seiner Bibliothek zu kennen, geschweige denn die Bücher selbst gelesen zu haben.

Dem republikanischen Selbstverständnis Roms entsprach der Gedanke einer öffentlichen, allgemein zugänglichen Bibliothek. Schon 39 v. Chr. wurde er von Gaius Asinius Pollio verwirklicht. Der gebildete Historiker und Freund Caesars gründete im Atrium Libertatis, dem großen Amtsgebäude beim Forum, die erste öffentliche Bibliothek der Stadt Rom. Das war aus heutiger Sicht ein bedeutender Schritt, wenn man bedenkt, daß nach der Ausbreitung des Christentums von dieser Errungenschaft wenig übrigblieb, denn die Klosterbibliotheken des Mittelalters standen nur den Mönchen und dem Klerus offen. Natürlich blieb es nicht allein bei den übernommenen griechischen Büchersammlungen, auch solche in lateinischer Sprache und Schrift entstanden. Die zehn Bibliotheken des alten Roms der Kaiserzeit sollen sich bis zur Zeit Konstantins des Großen, also etwa bis zur Mitte des 4. Jahrhunderts, auf 28 vermehrt haben.

Der Gebrauch des Papyrus, der Baumrinde, Bleirollen oder Leinwände als Beschreibstoff ablöste, beschleunigte die römische Schriftstellerei. Wiederum waren es Griechen, die aus ihrer Heimat eine Neuerung mitbrachten und als erste in Rom einen lebhaften Buchhandel betrieben. Anfänglich waren Kopist und Verkäufer ein und dieselbe Person. Sklaven, die jene für den Handel bestimmte Rollen schrieben, nannte man *servi litterati* oder *scriptores, amanuenses* oder *librarii*. Der »Schreiber literarischer Texte« hieß zunächst *librarius*, der »Schreiber alter Texte« *antiquarius*. Beide Bezeichnungen wurden später allgemein für Buchhändler gebraucht, nachdem *librarius* bald auch auf den Besitzer einer Schreiberwerkstätte, der Texte von Sklaven kopieren ließ, übertragen worden war. Seneca verwandte *librarius* bereits im Sinne von »Buchhändler«.

Pomponius Atticus, der Freund Ciceros, kann als einer der ersten Verleger Roms gelten. Zahlreiche Kopisten, von ihm selbst ausgebildet und angeleitet, fertigten nicht nur Buchrollen für seine eigene Bibliothek an, sondern auch Abschriften der Werke Ciceros für den Verkauf. Autorenrechte kannte man nicht; Pomponius Atticus muß gut an Cicero verdient haben. Im Argiletum, der Straße der Buchhändler gegenüber dem Caesarforum in Rom, betrieb unter anderem Atrectus einen Buchladen, und Secundus, ein freigelassener Sklave, verkaufte hinter dem Tempel der Pax in seiner *taberna* Pergamentcodices. Sie lagen auf Auslagetischen, wurden flach liegend in Schränken (*armaria*) oder in Regalen mit einzelnen Fächern (*nidi*) gestapelt. Ein Schild am Türpfosten vor dem Laden zeigte die verkäuflichen Werke mit den Autorennamen an.

Freigelassene Sklaven wie Secundus hatten in Rom den Buchhandel maßgeblich in der Hand und betrieben

31

ihr Geschäft bald über die Grenzen der Stadt hinaus, so daß sich im ersten Jahrhundert der Kaiserzeit ein durch alle Länder des Imperium Romanum verzweigter Weltbuchhandel entwickelte. Zentrum blieb zunächst die römische Kapitale, von wo aus die Bücher versandt wurden. Mit dem 2. Jahrhundert regten sich dann auch in den Provinzen buchhändlerische Kräfte und entfalteten Selbständigkeit.

Das Alphabet, eine revolutionäre Vereinfachung

Vermutlich waren es die Phönizier, ein für Handel und Seefahrt berühmtes Volk der Antike, die eine Urform unseres Alphabets im Mittelmeerraum verbreiteten. Sie erkannten, aus wie wenigen Einzellauten sich der Wortbestand der Sprache zusammensetzt und schrieben für jeden Laut ein einfaches lineares Zeichen. Alle 22 Buchstaben hatten den Lautwert von Konsonanten, Vokale fehlten. Die Buchstabenschriften des Vorderen Orients sind ursprünglich für semitische Sprachen geschaffen worden. Das Phönizische war die wichtigste, und ihr Vorläufer ist wohl in der Sinai-Schrift zu suchen. Einflüsse der ägyptischen Schriftkultur wie auch der kretischen Systeme sind unverkennbar, werden aber nicht als dominant betrachtet.

Gegenüber den alten Schriften mit ihren Hunderten verschiedener Zeichen ist das Alphabet ein leicht zu erlernendes und einfach zu handhabendes System. Für Herodot, den im 5. Jahrhundert v. Chr. lebenden griechischen Historiker, stand fest, daß die Phönizier seinem Volk die Schrift vermittelt hatten. Den Weg nahmen die Zeichen über Kreta, wo die älteste Variante einer euro-

päischen Alphabetschrift ausgebildet wurde. Die Umformung des phönizischen zum griechischen Alphabet war höchstwahrscheinlich gegen Ende des 9. Jahrhunderts v. Chr. und damit bereits 150 Jahre nach seiner Übernahme abgeschlossen. Als wahrhaft schöpferisch, vor allem historisch folgenreich erwies sich die Einführung der Vokalbezeichnungen, die eigentliche Leistung der Griechen, wodurch die Buchstabenschrift zur vollkommenen Lautschrift entwickelt wurde. Die indogermanischen Weltsprachen ließen sich nun in einem einheitlichen Zeichensystem wiedergeben, »verschriftlichen«.

Einen wesentlichen Schritt zur Bestandssicherung bedeutet die Normierung des Alphabets im Jahre 403 v. Chr., wodurch die regionalen Schriftvarianten einander angeglichen werden sollten. Es war die erste Schriftreform in Europa. Der Regent Eukleides folgte damals dem athenischen Politiker Archinos, der in einer Denkschrift für den literarischen Gebrauch des ionischen Alphabets im Schulunterricht und in der Amtssprache plädiert hatte. Das Ionische wurde so zum klassischen Alphabet der Griechen. Es besteht aus 24 Großbuchstaben *(Majuskelschrift)*. Älteste Zeugnisse sind als Monumentalschriften, in Stein gemeißelt, erhalten. Auf Papyrus existiert der im Inschriftenstil geschriebene kitharodische Nomos *Persai (Die Perser)* des Timotheos von Milet, eine Art historische Ballade auf die gefeierte Seeschlacht bei Salamis (480 v. Chr.). Die 1902 in einem Grab des Dorfes Abusir in Unterägypten gefundene Rolle aus dem späten 4. Jahrhundert v. Chr. gilt als das älteste erhaltene griechische Buch.

Für die an den Inschriften *(Epigraphik)* orientierte formvollendete griechische Buchschrift ist charakteristisch, daß die einzelnen Buchstaben unverbunden, zu-

	Ägyptische Hieroglyphen	Kretische Schriftzeichen	Sinai-Schrift	Früh-Phönizische Schrift	Archaisch-Griechische Schrift	Lateinisches Alphabet
Stier				Aleph	Alpha	A
Haus				Beth	Beta	B
offene Hand				Kaph	Kappa	K
Kopf				Resch	Rho	P

32 Entwicklung der Buchstaben aus den Hieroglyphen bis zum lateinischen Alphabet der Römer.

dem ohne Wort- und Satztrennung und in gleichbleibenden Zwischenräumen nebeneinander stehen. Von ihr unterscheidet sich die abgerundete Kursivschrift für Briefe und Urkunden. *Unziale* werden die spezifischen Rundformen des 4. Jahrhunderts genannt, die bis ins 12. Jahrhundert hinein in Gebrauch waren. Aus der Handelsschrift der byzantinischen Zeit entstand mit der Bildung von Ober- und Unterlängen im 9. Jahrhundert die Kleinbuchstabenschrift *(Minuskelschrift)*. Diese bildet die Grundlage der noch heute verwendeten griechischen Groß- und Kleinbuchstaben-Schrift.

Zu dem uns vertrauten lateinischen Alphabet führt der Weg über das Alphabet der Etrusker. Aus Kleinasien oder der westlichen Ägäis kommend, waren die Etrusker etwa um 1000 v. Chr. nach Mittelitalien eingewandert. Ihr technisches und wirtschaftliches Geschick war den Einwohnern Latiums überlegen, und sie lehrten sie Lesen und Schreiben. Wie die auf das 8. Jahrhundert v. Chr. zu datierende *Schreibtafel von Marsiliana d'Albegna* (Museo Archeologico, Florenz) zeigt, ist das frühetruskische Alphabet weitgehend dem Griechischen ähnlich. Die Tafel ist das älteste bekannte Dokument mit etruskischen Schriftzeichen; diese sind linksläufig angeordnet – stehen also für unsere Begriffe genau verkehrt herum: Ⴀ Ⴈ statt E B – und zeigen so an, daß sie von rechts nach links gelesen werden müssen. Ob die Etrusker zunächst das griechische Alphabet übernommen haben und sich daraus die dann von den Römern benutzte lateinische Schrift entwickelt hat, oder ob der direkte griechische Einfluß auf das Lateinische stärker gewirkt hat als der »Umweg« über die Etrusker, ist unklar. Die Einwohner Latiums lebten zwischen zwei kulturell überlegenen Nachbarn, den Etruskern im Norden und den Griechen im Süden, die Sizilien und Süditalien kolonisiert hatten.

Die erste lateinische Inschrift wurde 1899 aus dem Untergrund des Forum Romanum ans Tageslicht gefördert. Sie stammt aus der Zeit um 600 v. Chr., ähnelt auffällig den frühetruskischen Schriftzeugnissen, ist aber wegen ihrer Beschädigung heute nur noch stückweise zu entziffern. Der Schriftträger, bekannt als *Lapis niger* (»schwarzer Stein«), ist ein vierkantiger Tuffsteinblock. Er wurde *furchenwendig*, d. h. wechselnd von rechts nach links und von links nach rechts, beschrieben. Das aus dem Griechischen kommende Fachwort für diese Schriftläufigkeit lautet *bustrophedon*: »nach der Ochsenwendung«. So, wie der Ochsenpflug auf dem Feld seine Furchen zog, sind auch die Schriftzeilen zu verfolgen. Aus dem Jahre 186 v. Chr. ist uns eine Bronzetafel mit einer römischen Inschrift, dem *Senatus consultum de Bacchanlibus*, erhalten. Dieser Gesetzestext *(acta)*, der die Bacchanalien verbietet, gilt als älteste bekannte römische Staatsurkunde.

Die Gestalt der 24 Buchstaben des lateinischen Alphabets wird etwa seit der Zeitenwende, mit Beginn der römischen Kaiserzeit, vollendet worden sein. Es ist zugleich die Geburtsstunde der *Capitalis*, einer mit Recht klassisch zu nennenden Monumentalschrift, die aus Großbuchstaben gleicher Höhe besteht. Sie ist als Vorbild durch die Jahrhunderte für die lateinische Schrift gültig geblieben und kaum verändert worden. Die Römer benutzten diese wohlausgewogene Monumentalschrift für Inschriften an Gebäuden und Grabdenkmälern. Das heute berühmteste Beispiel dafür gibt die Inschrifttafel der Trajanssäule in Rom; schön zu sehen ist die *Capitalis* auch auf Votivsteinen des Römisch-Germanischen Museums in Köln.

Neben der Kapitalschrift mit monumentalem Charakter entwickelten sich Gebrauchsschriften. Zu nennen wären die *Capitalis quadrata*, eine in Handschrift übertragene Kapitalschrift, sowie die *Capitalis rustica*, die mit der Rohrfeder geschriebene Schrift des 4. Jahrhunderts, die zierlicher war und eine freiere Formgebung zuließ. Für Briefe und überhaupt den alltäglichen Gebrauch setzte sich eine *Kursivschrift* durch, von deren flüssigem Duktus zahlreiche Papyri, Wachstafeln und Wandkritzeleien in Pompeji Zeugnis geben. Wie bei den Griechen entwickelte sich bei den Römern eine Form der *Unziale*. Wie jene zeichnet sich diese durch ihr Ebenmaß aus, rundet die eckigen Formen und erhält in den Per-

Votivstein aus Kalkstein mit *Römischer Capitalis* aus dem 2. Jahrhundert. 103 × 65,5 × 34 cm

PRAETEREA I AMSVN I A
HAEDORVMQ. DIESS
QVAMQVIB· IN PATRI

Capitalis quadrata

AON IAS I N· MON TIS·
VTQ:VI RO? HOEBICH
VT·LINVS·HA I CILLI·D

Capitalis rustica

TIS UT FACIANT UOBIS h
ETUOS FACITE EIS   hAE
LEX ET PROPhETA

Unziale

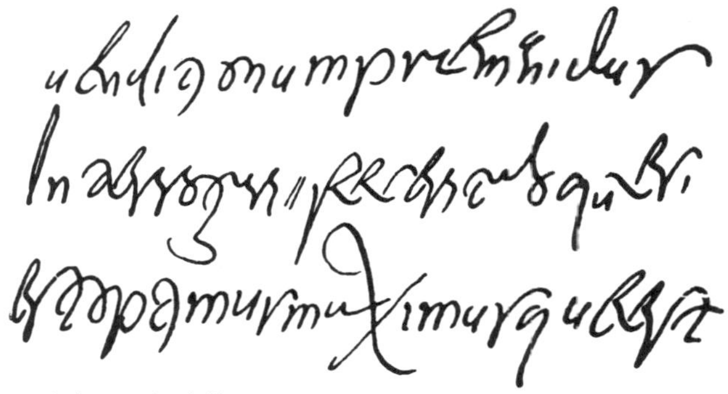

Römische Kursivschrift

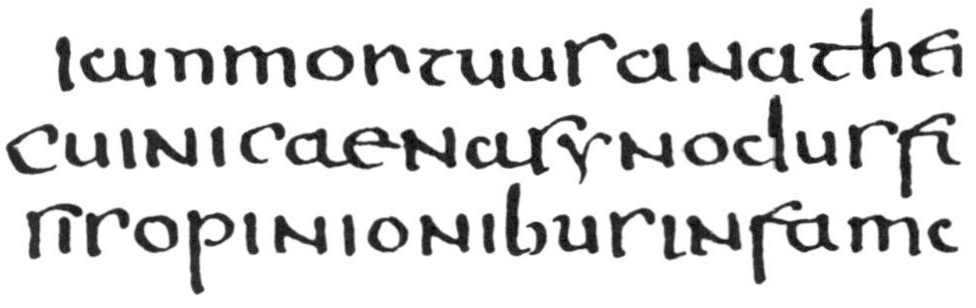

lcunmortuuranathei
cuinicaenarynodurfi
firopinioniburinfame

Halbunziale

gamentcodices eine vollendete Durchbildung. Ihre Nachfolgerin, die sogenannte *Halbunziale*, besitzt bereits Ober- und Unterlängen und weist voraus auf die karolingische Minuskelschrift des Mittelalters.

Mit dem Schriftforscher Harald Haarmann ließe sich resümieren: »Die Entwicklung des Alphabets von der phönizischen Buchstabenschrift zur Lateinschrift war ein langwieriger Prozeß, der sich über einen Zeitraum von mehr als tausend Jahren und über mehrere Vermittlungsstufen hinzog. Die Ausbreitung der Lateinschrift über Europa und andere Kontinente der Erde seit der Zeit der römischen Klassik war im Unterschied dazu gradlinig, denn das lateinische Alphabet entpuppte sich als konsequente Begleiterscheinung des römischen Kulturerbes.«

Runenschrift

Lange Zeit hatte man die griechische Schrift für das Vorbild der germanischen Runen gehalten. Erst nach dem Fund der ältesten uns bekannten Runeninschrift auf einem Bronzehelm aus Negau (Steiermark) aus dem 2. Jahrhundert v. Chr. ließ sich ihre Entstehungsgeschichte nachvollziehen.

Das 24 Zeichen umfassende *germanische Futhark* war vom 1. bis 8. Jahrhundert in Gebrauch. Nur etwa 220 Inschriften dieser Form sind bekannt, möglicherweise, weil die Schrift nur von wenigen Schriftkundigen beherrscht wurde. Von einer jüngeren Variante, dem *nordischen Futhark*, das aus nur 16 Zeichen besteht, haben sich wesentlich mehr Inschriften erhalten. Es wurde zwischen dem 9. und 12. Jahrhundert in den nordischen Ländern verwendet. Hier finden sich allein 3000 der etwa 5000 bekannten Aufzeichnungen. Der Name »Rune« (urgerman. *runo*, altnord. *rún*, mittelhochdeutsch *rûne*) bedeutet »Mysterium, Geheimnis«. Unser »Raunen« leitet sich davon ab und hat noch etwas von diesem Sinn bewahrt. Dem entspricht die vornehmlich kultisch-mystische Funktion der Schriftzeichen. In ihren Anfängen dienten die Runen noch nicht der alltäglichen Kommunikation oder Informationsübermittlung. Zwar können die alten Inschriften Wort für Wort übersetzt werden, ihr Sinn jedoch bleibt dunkel. Unter dem Einfluß des Christentums veränderte sich die jüngere Runenschrift. Zu Beginn des 10. Jahrhunderts entstanden in Skandinavien sogar christliche Texte in *Futhark*. Seit dem 13. Jahrhundert wurde das traditionelle Runenalphabet von der Lateinschrift völlig verdrängt.

Die Runennamen des jüngeren *Futhark* sind durch nordische und angelsächsische Fassungen der Runengedichte überliefert. Die Abbildung gibt ihre Rekonstruktion auch für die gemeingermanische Runenschrift wieder.

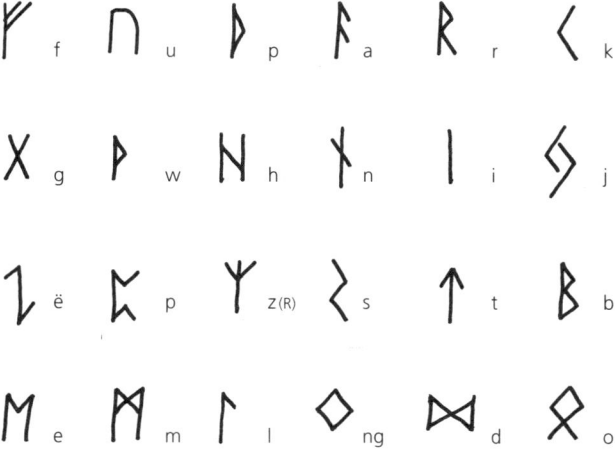

Die früheste bekannte Runenschrift aus dem 2. Jahrhundert v. Chr. wurde 1812 auf einem Bronzehelm aus der Steiermark (Negau) entdeckt. Linksläufig zu lesen, lautet ihr Text: *harigasti teiwai*, »*dem Gotte Harigast*« (Wodan). Die Sprache der Bronzehelminschrift ist Germanisch, die Schriftzeichen entstammen dem sogenannten alpinen Alphabet, einem Schriftableger des etruskischen. Damit ist der Bronzehelm ein Schriftdenkmal, denn seine Inschrift belegt, daß die Schrift der Etrusker nicht nur für das lateinische Alphabet Vorbild war, sondern auch für die germanische Runenschrift.

Das ältere Runenalphabet

Anders als die Bezeichnung unseres Alphabets, das nach den ersten beiden griechischen Buchstaben *Alpha* und *Beta* benannt wurde, bildet man den Namen der Runenschrift *Futhark* aus ihren ersten sechs Buchstaben (F, U, TH, A, R, K). Ihre Reihenfolge ist beispiellos und ohne jede Übereinstimmung mit einem anderen Alphabet.

Worauf man in Europa schrieb

Jede der beiden antiken Schreibformen, die der Babylonier und die der Ägypter, ist eng verbunden mit einem ihr eigenen Schriftträger: Keilschrift und Tontafel, Hieroglyphe und Papyrus wirken wie aufeinander bezogene, sich wechselweise begünstigende Paare. Für die Alphabet-Schriften gibt es eine ähnliche Bindung an einen besonderen Schreibgrund nicht. Die Griechen verwendeten Papyrus, den sie aus Ägypten bezogen und nach dem dafür zentralen Handelshafen benannten: Papyrus hieß für sie schlechterdings Biblos, was zugleich ja auch »Buch« bedeutet. Das noch nicht beschriebene Papyrusblatt nannten sie *chartes*, das im Lateinischen zu *charta*, im Italienischen zu *carta* (Papier) wurde. Auch die deutsche »Karte« leitet sich davon her.

Die ältesten uns bekannten griechischen Papyri stammen aus dem 4. Jahrhundert v. Chr. Daß keine älte-

ren existieren, dürfte an der, verglichen mit Ägypten, hohen Luftfeuchtigkeit des Landes liegen, die den Zerfallsprozeß beschleunigte. Bis zu zwanzig Blätter *(kollemata)* wurden in aller Regel für eine Rolle aneinandergeklebt. Die Griechen nannten die Schreibrolle *kylindros* und bezogen sich damit auf ihre zylindrische Form; die Römer sprachen von *volumen*, wegen des Hin- und Herrollens (lat. *volvere*) beim Lesen. Im Lateinischen kam das Wort für »Buch«, *liber*, hinzu, und im Spätlateinischen wurde aus der Rolle der *rotulus*. Die römische Bezeichnung *Volumen* ist noch heute für einen Einzelband bei mehrbändigen Werken gebräuchlich.

Papyrusrollen wurden beschrieben, indem man sie quer vor sich legte und einzelne Kolumnen (lat. *columna*, griech. *selis*) nebeneinanderschrieb, und zwar auf die Innenseite (recto-Seite), wo der horizontale Zeilen- mit dem Faserverlauf übereinstimmte, und so das Schreibrohr den geringsten Widerstand fand. Die Zeilenlänge bestimmte der 17silbige Hexameter mit 35 bis 36 Buchstaben; bei Texten von Rednern waren die Zeilen kürzer. Die Zahl der Zeilen *(versus)* pro Kolumne schwankte zwischen 25 und 45. Die Gesamtsumme der Zeilen wurde am Rollenende vermerkt, denn danach richtete sich die Bezahlung der Schreiber. Großzügiger Abstand der Kolumnen und ein ausreichender oberer und unterer Rand waren Qualitätsmerkmale. »Wie heute noch bei bibliophilen Publikationen galt der Grundsatz: Je breiter der Rand, um so eleganter die Ausgabe!« (Herbert Hunger). Eine Rolle bis allzu dicht an den oberen oder unteren Rand zu beschreiben, vermied man schon deshalb, weil der brüchige Papyrus beim Auf- und Zurollen an den Kanten leicht zu beschädigen war.

Das erste Blatt nannte man *protokollon*. Es diente als Schutzumschlag und blieb innen unbeschrieben. Umgekehrt an die Rolle geklebt, zeigte es einen Faserverlauf quer zu den übrigen Blättern: horizontal auf der Außen-, senkrecht auf der Innenseite. Das letzte Blatt hieß *eschatokollon*. Aus Sparsamkeitsgründen wurden für den Privatgebrauch zuweilen Rollen auch *opistographon*, auf der Rückseite (verso-Seite), beschrieben. Die Form der Rolle zwang die antiken Dichter bei der Textgestaltung zu vergleichsweise kurzen Abschnitten. Die Einteilung der Werke in »Bücher« und die Kürze des einzelnen Buches bei der überwiegenden Zahl der römischen Autoren wie Horaz, Vergil, Ovid, Martial, Tibull oder Properz hat hierin seinen Grund. Ein Text, der heute, nicht zu eng und auf einem normal großen Format gedruckt, 10 Buchseiten beansprucht, hätte auf einer 1 m langen Rolle Platz gefunden. Das Geschichtswerk des Thukydides war nicht in die uns geläufigen 8 Bücher aufgeteilt, sondern besaß ursprünglich eine Gliederung in 21 Bücher, also Rollen.

Man las, indem man die eine Rollenhälfte mit der rechten Hand ab-, die andere mit der linken aufrollend, gerade die zu lesende Kolumne offenhielt. (Weshalb unsere steingewordenen, auf Sockel postierten Dichter und Denker die Rolle in der Linken halten: der Betreffende, gebildet wie er ist, hat die Lektüre nicht vor, sondern bereits hinter sich.) Anfangs waren Lesehilfen selten. Die Gliederung von Texten der römischen Antike geschah nach rhetorischen Gesichtspunkten. Es gab kaum Worttrennungen, selten Akzente und Interpunktion, nur bei längeren Pausen oder Absätzen steht ein kurzer Strich (paragraphos) unter der Linie. Erst 205 n. Chr. führten die Griechen Komma, Punkt und Bindestrich ein.

Nach dem Lesen mußte, um wieder zum Anfang zu kommen, das Ganze zurückgerollt werden. Zum Zusammenrollen diente ein Holz-, Bein- oder Elfenbeinstab, »Nabel« genannt (griech. omphalos, lat. umbilicus), der lose in der Papyrusrolle steckte. Häufig besaß der dünne Stab einen gebogenen Griff, ein »Horn« (cornu) aus Elfenbein, Gold, Silber oder sogar mit Edelsteinen geschmückt, je nach Bedeutung und Wert des Textes. Bei kleinen Rollen konnte auf einen Stab verzichtet werden, sie wurden nur mit einer Verstärkung am hinteren Rand versehen.

Titel in unserem Sinne hatten die alten Texte noch nicht. In den Indices und später in den Katalogen bezeichnete man sie mit dem Namen des Verfassers und ihrem Anfangswort oder den ersten im Text auftauchenden Eigennamen. Die Rolle selbst trug diese Form des Titels an zwei Stellen: einmal hinter der letzten Kolumne als Explicit, als Hinweis zugleich auf das Rollenende, und dann zum zweiten auf der Außenseite, wo er wiederholt wurde, da das Explicit bei zusammengerollter Rolle nicht zu lesen war.

Papyrusrollen wurden aufgerollt auf Tischen und in Regalen liegend oder stehend in zylindrischen Tongefäßen und Holzschachteln (cista oder capsa) aufbewahrt. Zum Schutz vor Insekten behandelte man die Gefäße mit Zedernöl. Capsae dienten während der Antike stets auch zum behutsamen Transport der Rollen, sei es auf Reisen oder im Alltag. Um sie vor unbefugten Neugierigen zu sichern, konnten die Rollen verschnürt und versiegelt werden. Das »Buch mit sieben Siegeln« aus der Apokalypse des Johannes war eine solche verschnürte und versiegelte Rolle.

Als man begann, Bücherrollen in Fächern aufeinanderzuschichten, wurde eine zusätzliche Kennzeichnung des Werktitels nötig. Man befestigte am Rand der Rolle einen kleinen Pergamentstreifen (sillybos), der, wenn die Rolle im Fach lag, über den Schnitt herabhing und gelesen werden konnte. Von Cicero weiß man, daß er Büchergestelle benutzte, bei denen es sich um offene Regale gehandelt haben muß. Aber es gab auch das geschlossene scrinium, einen »Schrein« bzw. ein »Archiv«, um Rollen, Gefäße und Codices aufzubewahren. Dem lateinischen scrinium entspricht das griechische pandectae oder bibliotheca. Hiervon stammt die Bezeichnung Bibliothek für ganze Büchersammlungen.

Bevor Pergament und Papyrus als Beschreibstoffe dienten, verwendete man im Orient Leder, das auch aufgerollt wurde. Der älteste bekannte mathematische Text, der aus dem Ägypten der Zeit um 2200 v. Chr. stammt, gibt dafür ein Beispiel. Über die Perser scheint das Leder als Beschreibstoff zu den Ioniern und dann zu den übrigen Griechen gekommen zu sein. Die Spartaner übermittelten geheime Nachrichten, indem sie Häute in lange Streifen zerschnitten, spiralförmig um einen Stock wickelten, quer zum Verlauf beschrieben und abgelöst dem Empfänger übersandten, der einen Stock gleicher Größe und Stärke zum Entziffern besitzen mußte. Von den alten Bewohnern Italiens wird berichtet, daß sie ihre Verträge auf Kuhhäuten niederschrieben – wovon sich möglicherweise unser »Das geht auf keine Kuhhaut« herleitet. Noch heute sind die Thora-Rollen der Juden häufig aus Leder. Das älteste erhaltene (und nach wie vor in Gebrauch befindliche) Exemplar bewahren die Samaritaner in Nablus in Palästina.

Zu einem bedeutenden Beschreibstoff aus tierischer Haut wurde das Pergament. Die Häute der Schafe, Ziegen, Kälber oder auch Esel wurden einige Tage in ein Kalkbad gelegt, um sie von Haaren und Fleischresten zu befreien. Verbliebene Überreste schabte man ab, reinigte die Haut gründlich und spannte sie zum Dehnen und Trocknen in einen Holzrahmen. War sie hornartig fest geworden, wurde die Oberfläche mit Bimsstein geglättet und mit Kreide behandelt, damit sie schön weiß wurde. Die Haarseite der Haut blieb zwar auch nach dieser Prozedur als solche erkennbar und war etwas rauher als die besonders zarte Fleischseite, ließ sich deswegen jedoch kaum schlechter beschreiben. Ein Vorzug gegenüber dem Papyrus ist beim Pergament das Fehlen jeglicher Faserstruktur, nichts stört die vollendet glatte Fläche. Je dünner und weniger durchblutet das Fell war, desto feiner war es, desto kostbarer auch, weshalb man nicht davor zurückschreckte, die Häute neu- oder ungeborener Lämmer und Kälber zu charta virginea non nata, zu »Jungfernpergament«, zu verarbeiten.

Einen Aufstieg erlebte das Pergament um 200 v. Chr., nachdem Ptolemaeus II. von Ägypten ein Ausfuhrverbot von Papyrus nach Pergamon verhängt hatte, weil er die Konkurrenz der Bibliothek des Eumenes von Pergamon für die große Bücherei von Alexandria fürchtete. Pergamon wurde so für lange Zeit ein Zentrum der Herstellung des Pergaments, das dem Ort seinen Namen verdankt. Als Konkurrenz zu Alexandria gründete das Herrscherhaus der Attaliden, möglicherweise bereits mit Attalos I. im Jahre 202 v. Chr., in Pergamon eine Bibliothek, deren Bestand aus Pergamentrollen viele Gelehrte anzog. Wenngleich sie nie den Umfang des alexandrischen Museion erreichte, so erfreute sie sich doch unter den Wissenschaftlern der Zeit besonderer Zustimmung, denn anders als der ägyptische Nebenbuhler stand die pergamenische Bibliothek einem interessierten Publikum offen. Vitruv überliefert: »Die attalischen Könige, angezogen vom großen Reiz der Literatur, gründeten die ausgezeichnete Bibliothek von Pergamon zum allgemeinen Genuß.«

Das große Zeitalter des Pergaments war noch nicht die Antike. Nahezu konkurrenzlose Wertschätzung erlangte dieser Beschreibstoff im europäischen Mittelalter. Bis ins 15. Jahrhundert hinein war er das wichtigste Material, und wir kennen auch noch aus späteren Jahrhunderten kostbare Pergamenthandschriften. Eine Anzahl bedeutender Frühdrucke ist auf Pergament gedruckt worden, so auch ein Teil der Bibeln Gutenbergs. Für den meist stark beanspruchten Meßkanon in den sonst auf Papier gedruckten Missalen wurde fast immer Pergament verwendet.

Der Codex

Im 4. Jahrhundert wurde die Schriftrolle allmählich von einer Frühform des Buches verdrängt: dem *Codex*. Hier begegnet dem Leser die heute vertraute Seitenbildung, die zum Blättern nötigt, während die Rolle aus einer fortlaufenden Bahn besteht. Außerdem hat der Codex einen festen Einband, auch dies eine Neuerung gegenüber der relativ ungeschützten Buchrolle. Die dreizehn koptischen Papyruscodices aus dem 4. Jahrhundert, die 1945/46 bei Nag Hammadi in Ägypten gefunden wurden, waren teils in Ziegen-, teils in Schafleder eingeschlagen. Die Haarseite des Leders wies nach außen,

innen hatte man es mit einer Kartonage aus aufeinandergeklebten Papyrusblättern verstärkt.

Im Aufbau des Codex lassen sich zwei Grundformen unterscheiden. In der frühesten Version wurden mehrere Papyrusbögen in der Mitte gefaltet und übereinander gelegt. Mit einem Faden wurde dieser Packen an der Falzlinie vernäht. Diese Konstruktion einer einzigen Lage, wie man sie auch heute noch von einem einfachen Schulheft kennt, ist bisher nur an Papyruscodices beobachtet worden. Sie hat große Nachteile: Ist die Lage zu dick, schließt das Buch schlecht, die Heftung reißt schnell aus, die inneren Blätter stehen entweder an der Buchkante vor oder die inneren Seiten sind, falls der Buchblock beschnitten wurde, kleiner als die äußeren. Bei der anderen Codexform wurden die Nachteile dadurch vermieden, daß mit *mehreren* Lagen aus jeweils wenigen Einzelbögen gearbeitet wurde. Jede Lage wurde separat geheftet, aufeinandergelegt und miteinander verbunden – ein Prinzip, das sich durchgesetzt hat. Die antiken Mehrlagencodices waren meist aus Lagen zu je 4 Bögen *(Quaterniones)* zusammengebunden. Die Formate waren im 2. und 3. Jahrhundert lange Zeit hochrechteckig, seit dem 4. Jahrhundert überwiegend quadratisch. Die Bibelcodices besitzen Seitengrößen von 26 × 32 cm wie im *Codex Alexandrinus* oder 38 × 43 cm, wofür der *Codex Sinaiticus* ein Beispiel ist. Aber auch kleinformatige Pergamentcodices sind bekannt. Im Besitz der Universitätsbibliothek Köln befindet sich der winzige *Mani-Codex*, eine Lebensbeschreibung des Religionsstifters Mani (4.–6. Jahrhundert); er umfaßt 192 Seiten und mißt nur 38 × 45 mm.

Frühe Papyruscodices sind schon für die Zeit etwa 700 Jahre v. Chr. nachweisbar, ihre Wurzeln liegen im Vorderen Orient. Von der Realgeschichte dieser Buchform ist die Namensgeschichte zu unterscheiden. *Caudex* im Lateinischen meint den Holzblock oder Klotz. Davon leitet sich die Gattungsbezeichnung des Codex her, denn noch nachdem es die ersten Papyrusbögen mit Kettenstichheftung gab, übte man das Prinzip, in eine Anzahl hölzerner Tafeln Löcher zu bohren und sie mit Schnüren oder Ringen zu verbinden. Zwei Holztafeln ergaben ein *Diptychon*, drei ein *Triptychon*, waren es mehr, spricht man vom *Polyptychon*. Im sechsten Gesang der Ilias Homers wird erzählt, wie König Proitos von Korinth, aufgehetzt von seinem Weib, den unglückseligen Gast Bellerophon mit einem »Uriasbrief« zu Iobates nach Kleinasien schickt: »Zwar vermied er den Mord, denn diesen scheut' er im Herzen / Aber er sandt' ihn gen Lykia hin, und verderbliche Zeichen / Gab er ihm, Todeswinke, *geritzt auf gefaltetem Täflein:* / Daß er dem Schwäher den Brief überbrächte, sich selbst zum Verderben.« Die verderbenbringenden Zeilen hatte Proitos demnach auf einem verschließbaren Diptychon geschrieben. Wie die Buchrolle pflegte man auch Tafeln wichtigen Inhalts zu verschnüren und zu versiegeln.

Diptychon mit Stilus. Nachbildung, 9,2 × 17,5 cm

37

Bei einem Wachscodex wurden die gegenüber dem Tafelrand tiefer liegenden Flächen mit Wachs überzogen. Mit der Spitze eines Metallgriffels, dem *Stilus*, konnte der Schreiber Notizen in die weiche Oberfläche ritzen. Das breite andere Ende wurde dazu benutzt, das Geschriebene zu löschen. *Vertere stilum,* »Umdrehen des Stilus«, wurde die römische Bezeichnung für »radieren«. Wachstafeln waren neben den Tonscherben und gegenüber Papyrus und Pergament ein billiger Beschreibstoff für Notizen und Konzepte, der im täglichen Leben von jedermann benutzt wurde. Ob Politiker, Dichter, Gelehrter, Kaufmann oder Schüler – sie alle bedienten sich im Altertum der Wachstafel.

Nach dem Vorbild der Papyrusbücher wurden in der Folge auch Codices aus in Lagen gefaltetem Pergament angefertigt. Pergament ließ sich leichter als Papyrus falten und besser beidseitig beschriften, eignete sich also besonders gut für diese Form. Wie beim Beschreiben der Rollen teilte man die Seite in – meist zwei – Kolumnen. Verfasser-, Schreiber- und Korrektorname finden sich am Schluß des Buches. Gegenüber der Rolle besaß der Codex mehrere Vorteile. Weil Vorder- und Rückseite beschreibbar sind, konnte der Platz besser ausgenutzt werden und die Bücher wurden handlicher. Auch waren sie übersichtlicher, man konnte in ihnen blättern, Textstellen ließen sich leichter wiederfinden, Textvergleiche waren unkomplizierter. Schon der römische Dichter Martial (43–104) äußerte sich bewundernd über die Vorzüge des Codex gegenüber der Rolle, selbst bei kleinem Format ließen sich so umfangreiche Werke wie die Ilias oder die Odyssee, der ganze Vergil oder die 142 Bücher des Titus Livius in wenigen Bänden unterbringen. Den Codex könne man bequem mit einer Hand halten, weshalb er ideal auf Reisen sei, zudem seien Codices in Bibliotheken übersichtlich aufzubewahren.

Literarische Überlieferungen bezeugen, daß bereits am Ende des 1. Jahrhunderts Homer- und Vergiltexte in Codexform existierten, und ein Codex-Fragment der *Kreter* des Euripides hat sich aus dem 2. Jahrhundert erhalten. Als der Sohn des Kaisers Maximinus Thrax, der von 235 bis 238 regierte, seinem Griechischlehrer übergeben wurde, soll ihm eine Verwandte die Schriften Homers als Prachtausgabe geschenkt haben: geschrieben mit Goldtinte auf purpurfarbenem Grund. Da purpurn gefärbte Papyri sich nirgendwo haben nachweisen lassen, muß es sich um einen Pergamentcodex gehandelt haben. Doch solche Luxusausgaben waren anfänglich selten. Die frühen Christen, für deren Schriften der Codex das bevorzugte Medium schlechthin wurde, benutzten überwiegend die gering geschätzten und billigen Codices. Das waren die unscheinbaren Bücher einer Untergrundbewegung und der kleinen Leute. Historiker neigen zu der Ansicht, daß die Christen den Codex bevorzugten, um ihren Protest gegen die heidnische Papyrusrolle und die jüdische Thora-Rolle zu bekunden.

Solche demonstrative Haltung erübrigte sich, als Kaiser Konstantin im Jahre 313 n. Chr. mit dem *Mailänder Toleranzedikt* das Christentum schützte, was für die Aufwertung des Pergamentcodex als Buchform gegenüber der Papyrusrolle nicht folgenlos bleiben konnte.

Für die Überlieferung der antiken Texte und die Entwicklung des ganzen europäischen Geisteslebens war der Wandel der Buchform von zentraler Bedeutung. Wäre man nicht vom Papyrus zum Pergament übergegangen, wäre von dem antiken Schrifttum sicherlich noch weniger erhalten geblieben. Denn Papyrus ist ein vergänglicher Schriftträger, er leidet bei starkem Gebrauch, wird porös, brüchig und zerfällt. Die größte Gefährdung geht von Feuchtigkeit aus, weshalb auf griechischem Boden so gut wie keine Schriften erhalten geblieben sind. Nur im trockenen Klima Ägyptens konnte eine Vielzahl der empfindlichen Papyri die Jahrhunderte überstehen. Daß uns die Werke antiker Schriftsteller und Philosophen bekannt sind, ist eine Folge ihrer Wertschätzung im 4. und 5. Jahrhundert und der günstigen klimatischen Bedingungen in Ägypten. Was damals wichtig schien und verbreitet werden sollte, übertrug man auf Pergament. Die Ablösung der Rolle durch den Codex bedeutete zugleich die Erhaltung antiken Geistesgutes für die Nachwelt.

Neben dem Codex blieb die Buchrolle im Mittelalter weiterhin gebräuchlich. Selbst in der Gegenwart begegnet man, freilich nur noch als Relikt, zuweilen Pergamentrollen für Urkunden, liturgische und literarische Texte. Stamm- und Steuerrolle, Zunft- und Bürgerrolle bewahren den Begriff. Sie blieben geläufige Bezeichnungen, als die Dinge selbst längst schon Aktenform angenommen hatten. Nicht zu vergessen sind die Spuren, die die Rolle im Geistesleben hinterlassen hat. Noch heute spricht man auf dem Theater davon, »die Rollen zu verteilen«, gerade so, als stünden die Texte, die ein jeder Schauspieler zu lernen hat, immer noch auf ihnen geschrieben.

Beschrieben wurden die Pergamentrollen im Gegensatz zu den Papyrusrollen nicht im Quer-, sondern meist im Längsformat, so daß sie zum Lesen hochkant gehalten werden mußten. Statt mehrerer Kolumnen nebeneinander gab es nur eine einzige Kolumne, deren erste Zeile parallel unter die Anfangskante des Rollenpergaments gesetzt wurde. So, wie Rolle und Codex bei den Römern lange Zeit fast gleichwertig nebeneinander bestanden, so kannten und pflegten die Chinesen gleichzeitig Rolle, Block- und Leporellobuch. Durchgesetzt hat sich als gebräuchlichste Form der Codex. Sein Prinzip steht heute synonym für »das Buch«.

Das Buch im antiken Christentum: Die Bibel

Kein Schriftwerk hat wie die Bibel auf Zivilisation und Kultur gewirkt. Ihr Einfluß reicht über Juden- und Christentum weit hinaus und wird an Intensität und Dauer von keinem anderen Werk übertroffen. Die Bezeichnung »Bibel« stammt vom griechischen *byblos*. Erst seit dem 5. Jahrhundert betont die Bezeichnung der kanonischen Schriften des Christentums *(ta biblia)* die absolute Autorität des »Buchs der Bücher«.

Die Bibel war nicht von Anbeginn der feststehende Kanon »Heilige Schrift«, als den wir sie heute kennen, sondern eine Sammlung von Büchern, die unabhängig voneinander über einen Zeitraum von mehr als tausend Jahren entstanden und in der »Heiligen Schrift« zusammengefaßt worden waren. Bei dieser Zusammenfassung wurden die Schriften nicht in geschichtlicher Reihenfolge, sondern nach Hauptgruppen geordnet: Geschichtsbücher, Lehrbücher, prophetische Bücher. Innerhalb der Hauptgruppe gliederte man nach Umfang und religiöser Bedeutung. Nahezu alle traditionellen Literaturgattungen finden sich hier nebeneinander: Chronik, Gesetzbuch, Prophetie, Erzählung, Spruch, Lied, Biographie, Dialog, Traktat, Brief. Als historisches Zeugnis betrachtet, beschreibt die Bibel – im Alten Testament – die Geschichte der Stämme Israels, im Neuen Testament Leben und Wirken Jesu von Nazareth und die Ausbreitung seiner Lehre in Palästina und im Römischen Reich. *Testamentum* ist lateinisch und entspricht dem griechischen *diatheke* (Vertrag, Vermächtnis, Zeugnis). Damit ist der »Bund« gemeint, der durch Mose am Berg Sinai zwischen Jahwe und den Stämmen Israels geschlossen wurde. *Novum Testamentum* ist der »Neue Bund«, den Gott auf Golgatha durch Jesus mit den Menschen eingegangen ist.

Das Alte Testament

Über die Entstehung der Schriften des Alten Testaments ist wenig bekannt. Meist gaben die Verfasser weder ihren Namen noch den Zeitpunkt der Niederschrift an. Kein biblisches Buch ist in der Urschrift erhalten. Immer und immer wieder wurden vorliegende Texte abgeschrieben.

So gilt ganz allgemein für die Überlieferung: Die Abschriften wurden in jüngerer Zeit durch übernommene Fehler vorhergehender Abschriften immer ungenauer. Ältere und älteste Schriften gingen verloren, und

nur glückliche Zufallsfunde geben einen Einblick in frühere Fassungen.

Die Bücher des Alten Testaments sind ursprünglich hebräisch, in Teilen auch aramäisch geschrieben. Der Urtext wurde allein in der jüdischen Religion gebraucht, wohingegen die christliche Kirche nur Übersetzungen benutzte. Weil aber nach jüdischem Glauben die Heiligkeit der Schrift es gebot, sie nur in unversehrten Abschriften im Gottesdienst zu verwenden, wurden die vom Gebrauch zerschlissenen, beschädigten Exemplare ausgeschieden und in *Genizas* gelagert. In diesen Kammern, die sich neben den Synagogen befanden, blieben sie vor frevlerischem Zugriff verborgen *(geniz)*. Von Zeit zu Zeit wurde dann der angesammelte Inhalt feierlich bestattet. So hat die jüdische Hochachtung vor der Schrift, verbunden mit der Sorge, der geschriebene Name Gottes könne mißbraucht werden, dazu geführt, daß erhaltene hebräische Handschriften viel seltener sind als griechische und lateinische. In Gershom Sholems Schrift über die Kabbala und ihre Symbolik finden wir jene Ehrfurcht und Sorge in einem Bericht des Rabbi Meir aus dem 2. Jahrhundert illustriert. Dieser erzählt: *»Als ich bei Rabbi Akiba lernte, pflegte ich Vitriol in die Tinte zu tun, und er sagte nichts. Als ich aber zu Rabbi Ismael kam, fragte er mich: Mein Sohn, was ist deine Beschäftigung? Ich erwiderte ihm: Ich bin (Thora-)Schreiber. Da sprach er zu mir: Mein Sohn, sei vorsichtig bei deiner Arbeit, denn sie ist eine Gottesarbeit; wenn du nur einen Buchstaben ausläßt oder einen Buchstaben zuviel schreibst, zerstörst du die ganze Welt …«*

Im Jahr 1900 entdeckte man in der Esra-Synagoge in Kairo eine frühmittelalterliche Geniza. Hunderte alttestamentlicher Texte und andere Handschriften kamen ans Licht, die neue Erkenntnisse zur biblischen Textüberlieferung ermöglichten. Unter ihnen befand sich auch der hebräische Urtext des Buches Jesus Sirach. Bedauerlicherweise sind die größten Teile des Fundes bis heute nicht veröffentlicht.

Das älteste Dokument mit einem Fragment des Alten Testaments stammt aus dem *Qumran*-Fund. 1947 machte ein arabischer Hirtenjunge durch Zufall eine Entdeckung, die als spektakulär in die Geschichte der Schriftenfunde eingegangen ist. In einer Höhle in der Nähe von Chirbet qumran, einer Ruinenstätte nordwestlich des Toten Meeres, fand er eine Reihe von Tonkrügen, die, in Leinen gehüllt und mit Wachs überzogen, Schriftrollen enthielten. Die nach ihrem Fundort benannten *Qumran-Rollen* entstammen der Zeit 250 vor bis 65 n. Chr. In der Folge entdeckte man in weiteren Höhlen über 900 Dokumente von ganz unterschiedlichem Zustand. Unter einer Vielzahl vor- und außermasoretischer Fassungen des hebräisch-aramäischen Alten Testaments befand sich eine nahezu vollständig erhaltene Jesaja-Handschrift. Sie ist im »Schrein der Bücher« in Jerusalem ausgestellt. Nachforschungen förderten in elf Höhlen der Umgebung weitere Funde zutage, Abschriften und Kommentare alttestamentlicher Bücher, die ein neues Licht auf die Gestalt des hebräischen Bibeltextes werfen und der Wissenschaft einen neuen Zugang zu den Quellen ermöglichen. So befindet sich unter ihnen das älteste Dokument des Alten Testaments von etwa 250 v. Chr. Mit ihm besaß man plötzlich den hebräischen Bibeltext in einer mehr als tausend Jahre älteren Gestalt, als ihn die bekannten mittelalterlichen Handschriften boten. Vollständig wiedergegeben wird das Alte Testament erst in einer Handschrift aus dem Jahre 1008, dem *Petersburger Codex* (zwischenzeitlich *Codex Leningradensis*). Die in der Petersburger Bibliothek aufbewahrte Handschrift gehört zu jenen raren Exemplaren, die von ihrem Schreiber datiert wurden.

Wie kam es, daß die christliche Kirche auf andere als hebräische Bibeltexte zurückgreifen konnte? Die historische Antwort darauf muß wohl lauten: Das hat mit der Zerstreuung der Juden zu tun. Mit ihr, vom 3. vorchristlichen Jahrhundert an, begann die Verbreitung des Alten Testaments in anderen Sprachkulturen. Um dessen wichtigsten Teil, die in den fünf Büchern Mose enthaltenen Gesetze, unter den Bedingungen des Exils lebendig zu erhalten, war eine Übersetzung in die neue Muttersprache der Exilierten notwendig. Das betraf zumal die griechisch sprechenden Juden in der Diaspora. Die Juden in Alexandria verständigten sich in der *Koiné*, der griechischen Umgangssprache. Für sie wurde die *Septuaginta* geschaffen, die Grundlage aller späterer Übersetzungen des jüdischen Kanons ins Griechische. *Interpretatio septuaginta virorum* heißt: *Übersetzung der siebzig Männer;* abgekürzt wird oft mit der einfachen Zahlbezeichnung *LXX*. Der Legende zufolge, die der *Aristeas-Brief* (ein Roman in Briefform um 100 v. Chr.) erzählt, sollen die fünf Bücher Mose von siebzig oder zweiundsiebzig jüdischen Gelehrten, vom Hohepriester in Jerusalem aus den zwölf Stämmen Israels ausgewählt, auf der Insel Pharos in 72 Tagen für die alexandrinische Bibliothek des Ptolemaeus II. Philadelphos (283–247 v. Chr.) angefertigt worden sein. Das Wundersame daran: Obgleich ein jeder für sich allein gearbeitet habe, habe ihre Übersetzung in allen Einzelheiten übereingestimmt. Der Bibelforscher Oscar Paret vermutete, daß die ägyptischen Juden durch diese Legende nachweisen wollten, daß die Übersetzung der Bibel in die heidnische Weltsprache ein gottgewolltes Werk gewesen sei.

Um 130 v. Chr. lag das ganze Alte Testament griechisch vor, und die Bezeichnung *Septuaginta*, ursprünglich nur für die fünf Bücher Mose, wurde nun auf die gesamte Übersetzung übertragen. Ihre Verbreitung und Beliebtheit bei den Juden war groß, verlor sich jedoch in dem Maße, wie die Benutzung durch die Christen wuchs. Als nach der Zerstörung Jerusalems (70 n. Chr.) der hebräische Text der Bibel überprüft und neu kanonisiert wurde, lehnten die Juden die *Septuaginta* als Verfälschung des ursprünglichen Schriftwortes ab. Bei den griechischen und lateinischen frühchristlichen Schriftstellern hingegen genoß die *Septuaginta* großes Ansehen und war die meistbenutzte Vorlage für neuzeitliche Übersetzungen des Alten Testaments, bedeutend bis in unsere Tage. Für Augustinus war die Autorität der *Septuaginta* unbestritten, so daß er Rückgriffen aufs Hebräische reserviert gegenüberstand und sich von ihnen nichts für eine neue Übertragung in das Lateinische versprach.

Zu denen, die bestrebt waren, den ursprünglichen Wortlaut des Alten Testaments zu rekonstruieren, gehört Origenes (185–254). Der Philosoph und Bibelforscher war zunächst Lehrer an der ältesten christlichen Katechetenschule in Alexandria. Nachdem man ihn wegen Ketzerei angegriffen hatte, ging er nach Caesarea (Palästina) und gründete dort im Jahre 231 eine Schule nach alexandrinischem Vorbild. Die ihr angeschlossene Bibliothek und das Scriptorium erlangten für die griechische christliche Literatur eine ähnliche Bedeutung wie die Bibliothek von Alexandria für die klassisch griechische. Origenes schloß die existierenden griechischen Bibelfassungen in seinen textkritischen Untersuchungen zusammen. Damals gab es vier Fassungen: die Septuaginta, eine Übertragung von Aquila von Sinope von 130 n. Chr, eine weitere von Theodotion von Ephesus aus der Mitte des 2. Jahrhunderts n. Chr, ferner die des Symmachus aus Samaria aus dem 2. Jahrhunderts n. Chr. Diese vier stellte Origenes neben den hebräischen Text und dessen Umschrift in griechische Buchstaben, wodurch er sechs parallele Kolumnen erhielt, die dem Ganzen den Namen gaben: *Hexapla*, was »sechsfach« bedeutet. So angeordnet, ließen sich die Texte vergleichen und ihre Verhältnisse aufdecken. Es entstand ein fünfzigbändiges Werk, das wohl umfangreichste der frühchristlichen Theologie. Noch Anfang des 7. Jahrhunderts bezeugten Gelehrte die Existenz des Werkes in der Bibliothek von Caesarea. Vermutlich ging es bei einem Angriff der Araber im Jahre 638 unter.

Nach der Anerkennung der christlichen Religion durch die römische Staatsgewalt 313 n. Chr. unter Konstantin dem Großen wurden die Kirchenbibliotheken umfangreicher. Der Kaiser selbst trug dazu bei, indem er für die Kirchen der im Jahre 330 nach ihm benannten Stadt Konstantinopel fünfzig kostbare Bibeln in den berühmten Scriptorien Caesareas bestellte. Anstelle des leichtvergänglichen Papyrus wurden die kaiserlichen Geschenke auf dauerhaftes Pergament geschrieben. Jede Bibel bestand aus drei oder vier Teilbänden, prächtig verzierte Einbanddecken schmückten sie.

Das Neue Testament

Obwohl sie teilweise 500 Jahre jünger sind als die Schriften des Alten Testaments, ist für die *Evangelien* und die *Apostelgeschichte* bisher noch nicht schlüssig beantwortet, wer ihre Autoren waren. Kein anderes Werk der christlichen Antike ist so oft abgeschrieben worden wie das Neue Testament. Seine in der griechischen Umgangssprache *(Koiné)* verfaßten Bücher sind sämtlich Abschriften. Anders jedoch als beim Alten Testament gibt die Dokumentenlage des Neuen Testaments kaum Rätsel auf. Hier haben die Abschriften den originalen Text von Beginn an erstaunlich genau überliefert, wie man dank der in den vergangenen fünfzig Jahren überraschend aufgefundenen Papyri inzwischen weiß.

Bei Justin dem Märtyrer erfährt man, daß um das Jahr 150 im Gottesdienst neben den Schriften der Propheten auch die Evangelien gelesen wurden. Nur hießen sie da noch anders, nämlich »Denkwürdigkeiten der Apostel«. Das liturgische Vorlesen hatte einen feststehenden Text zur Voraussetzung. Von da an haben, wie man heute annimmt, die Lektoren der christlichen Gemeinden auf Genauigkeit der Handschriften geachtet. Möglich war das, weil zu den Gemeinden berufsmäßige Schreiber gehörten. Sie befleißigten sich in den christ-

lichen Papyri eines Urkundenstils, eines »reformed documentary style«, wie Colin Roberts ihn genannt hat. Dieser Stil fand in Dokumenten oder Steuererklärungen Verwendung. Es waren wahrscheinlich kleine Leute, die ihn beherrschten und die – anders als literarische Schreiber – nicht gebildet genug waren, um von sich aus in theologische Texte einzugreifen, wenn Stellen der Interpretation bedürftig schienen. Stilistische Verfeinerungen oder theologische Korrekturen lagen ihnen fern. Das könnte ein Grund für das Fehlen großer theologischer Varianten und für eine entsprechende Überlieferungstreue in den frühen Papyri sein.

Mit Ausnahme des aramäisch geschriebenen Matthäus-Evangeliums wurde das Neue Testament in griechischer Sprache verfaßt. Heute sind rund 5400 griechische Handschriften bekannt. Die älteste überlieferte Handschrift des Neuen Testaments enthält Verse aus dem Johannes-Evangelium. Das von der Forschung als P52 bezeichnete Fragment, ein unscheinbares, kaum handgroßes Papyrusblättchen, erwies sich nach genauer Untersuchung der Schrift und des Textes als ein Bruchstück aus einem Codex des Neuen Testaments der Zeit um 125 n. Chr. Es entstand also nur zwei bis drei Jahrzehnte später, als die Erinnerungen der Evangelisten niedergelegt worden waren. Diese Kostbarkeit befindet sich heute in der John Rylands Library in Manchester.

Aus der Zeit von Kaiser Konstantin stammen fünfzig der heute bekannten Papyri, darunter sechs große Papyri, die einen guten Einblick in die frühe Textgestalt geben. Größere Bruchstücke bieten die etwas jüngeren *Chester Beatty Papyri*, benannt nach einem amerikanischen Sammler, der sie 1930 im Altertumshandel in Kairo erworben hatte. Die von ägyptischen Fellachen hundert Kilometer südlich von Kairo gefundenen, in einem Krug aufbewahrten *griechischen Papyruscodices* enthalten Teile des Alten und des Neuen Testaments, letztere in drei Codices, die wie alle Papyri des Neuen Testaments numeriert wurden. Nach wissenschaftlicher Bezeichnung wären so zu nennen: P45 aus dem 3. Jahrhundert mit Teilen der Evangelien und der Apostelgeschichte; P46 aus der Zeit um 200 mit Abschriften der Paulus-Briefe, und P47 aus dem 3. Jahrhundert mit Teilen der Offenbarung.

Gemessen an den vorherigen bescheidenen Funden biblischer Papyri übertraf der Umfang der *Chester Beatty Codices* die Hoffnungen der Forschung. Aber auch diese waren nur Bruchstücke. Erst zwei Jahrzehnte später, in den Jahren nach 1950, schloß ein weiterer Fund die Lücken. Mit den *Bodmer Papyri* kam unsere Kenntnis des griechischen Textes des Neuen Testaments weiter voran. Im einzelnen sind es: P66, geschrieben um 200, mit dem Johannes-Evangelium; P72, aus der Wende vom 3. zum 4. Jahrhundert, mit den Judas- und Petrus-Briefen; und P75 vom Beginn des 3. Jahrhunderts mit dem Johannes-Evangelium. Sie sind sehr gut erhal-

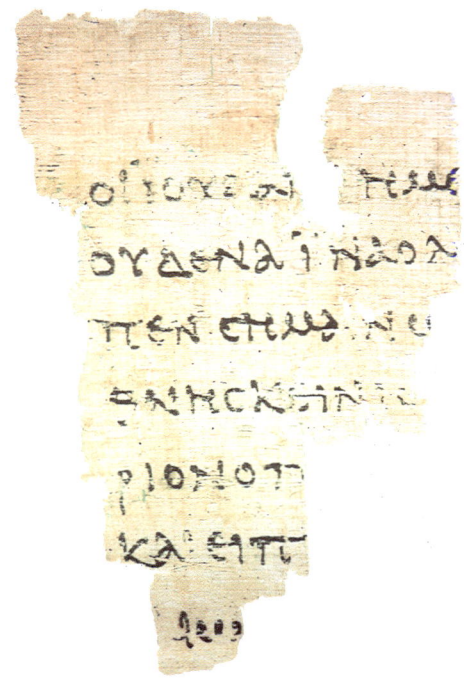

Ältester Beleg des Neuen Testaments. *Papyrus Rylands 457* (P52), ca. 6 × 9 cm. Bruchstück eines Papyrus mit griechischer Schrift. Geschrieben um das Jahr 125 n. Chr.

ten, erlauben Schlüsse auch auf die *Chester Beatty Papyri* und bereiten der Entschlüsselung weit weniger Probleme als alle Vorgänger. P75 gleicht dem *Codex Vaticanus* so, daß man ihn, den Pergamentcodex aus dem 4. Jahrhundert, für eine Abschrift des über 100 Jahre älteren Papyrus halten könnte.

Wenden wir uns nach den Papyri nun den vier großen Pergamenthandschriften der Bibel zu. Unter ihnen sind der *Codex Sinaiticus* (350 n. Chr.) und der *Codex Vaticanus* (325 n. Chr.) die bedeutendsten. Durch sie ist das Neue

Testament erstmals vollständig belegbar. Vom Alten Testament findet sich im *Codex Sinaiticus* (Aleph) ein Drittel. Er wurde vierspaltig beschrieben und umfaßt 393 Doppelblätter, für die dieselbe Anzahl von Antilopenfellen verwendet worden sein dürfte. Der evangelische Theologe Constantin von Tischendorf entdeckte ihn in einzelnen Teilen 1844 bzw. 1859 im Katharinenkloster auf dem Berg Sinai. Die losen Blätter der vorzüglich erhaltenen Handschrift wurden erst im Jahre 1935 in zwei Lederbände gebunden. Auf der Grundlage des Sinaiticus veröffentlichte Tischendorf eine große

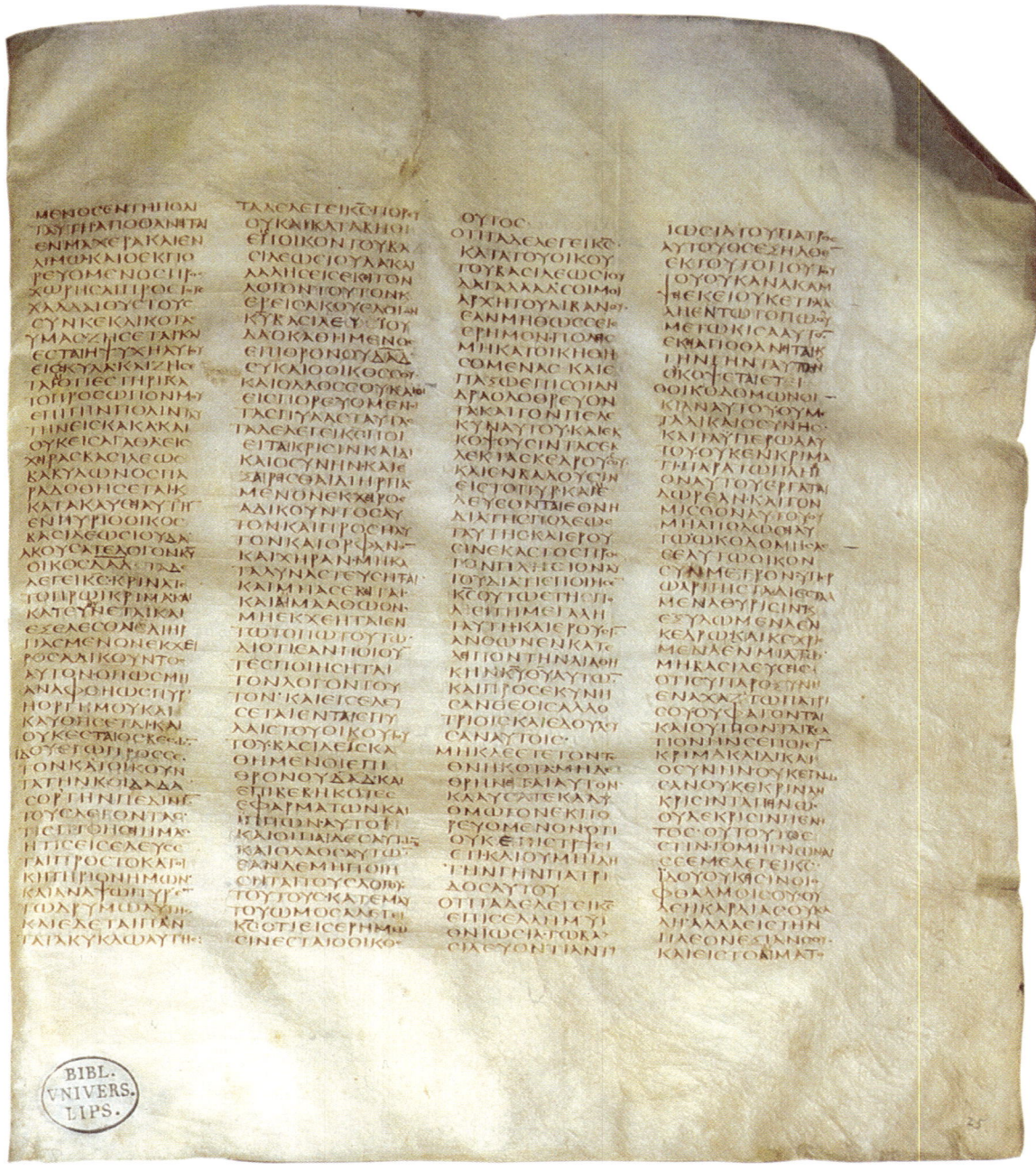

42   Der *Codex Sinaiticus* (Aleph) ist eine der wenigen fast vollständig erhaltenen spätantiken Prachtausgaben der Bibel. Er stammt aus der Mitte des 4. Jahrhunderts und enthält etwa ein Drittel des Alten Testaments sowie das ganze Neue Testament in griechischer Sprache. 393 der ursprünglich 720 Pergamentblätter sind erhalten.

Bei seinem ersten Besuch im Katharinenkloster im Jahr 1844 hatte Tischendorf zunächst nur die 43 Blätter des Alten Testaments entdeckt. Dieser Teil befindet sich heute als *Codex Friderico-Augustinus* in der Universitätsbibliothek in Leipzig. Den größeren zweiten Fund bewahrt die British Library London auf. 38 × 43 cm.

Bibelausgabe von 1869 bis 1872 in 8 Auflagen, die alle bekannten Bibelhandschriften verwertete. 1881 folgten die Engländer Westcott und Hort mit einer griechischen Textausgabe des Neuen Testaments, die auf der Grundlage des *Codex Vaticanus* (Codex B) basierte. Auch dieser Codex stammt aus dem 4. Jahrhundert, war jedoch der Wissenschaft weit länger bekannt und befindet sich bereits seit dem 15. Jahrhundert im Besitz des Vatikans. Dreispaltig beschrieben, enthält der *Codex Vaticanus* die ganze Bibel – bis auf einige fehlende Blätter von Anfang und Ende.

Ein Zweispalter ist der *Codex Alexandrinus* (Codex A), der dritte große antike Pergamentcodex. Er stammt aus der ersten Hälfte des 5. Jahrhunderts. Seit 1098 im Besitz des Patriarchen von Alexandria, kam er 1621 nach Konstantinopel und wurde im Jahre 1627 dem englischen König Karl I. von Kyrillus Lukaris zum Geschenk gemacht. Seitdem befindet er sich in London (British Library). Inhalt des Codex ist das fast vollständige (10 Blätter fehlen) Alte Testament im Text der Septuaginta und das lückenhafte Neue Testament (37 Blätter Verlust).

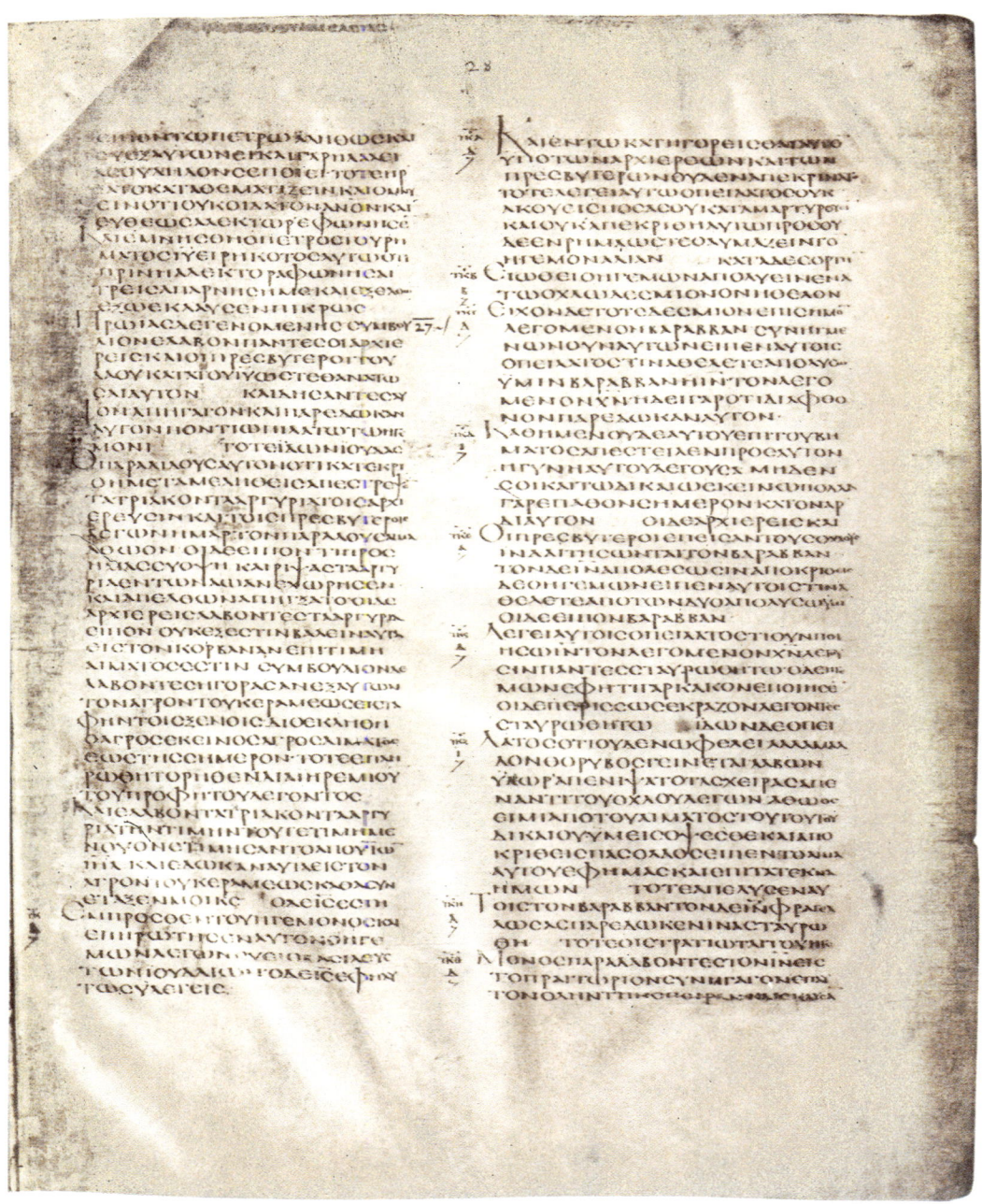

Codex Alexandrinus (Codex A). Der große Pergamentcodex stammt aus der ersten Hälfte des 5. Jahrhunderts. Er enthält das Alte Testament im Text der Septuaginta, das Neue Testament mit Clemensbriefen. Von den ursprünglich wohl 820 Blättern sind 773 erhalten. Sie besitzen eine Größe von 26 × 32 cm und sind in zwei Spalten mit je 49 bis 51 Zeilen in griechischer Sprache beschrieben.

Palimpsest

Schon im Altertum war es vielfach geübte Praxis, die Schrift auf einem Pergament durch Abschleifen mit dem Bimsstein oder Abschaben mit dem Messer zu tilgen. Besonders in der Zeit des 7. bis 9. Jahrhunderts, als das Pergament extrem rar und teuer war, radierten die Mönche neben heidnisch-antiken Texten auch christliche Schriften aus, die entweder mehrfach vorhanden waren oder ihnen von geringerer Bedeutung zu sein schienen – eine Wertschätzung, die der heutigen oft entgegensteht. Allein im Kloster Bobbio bei Genua haben sich 22 Palimpseste gefunden, die zeigen, auf was man glaubte verzichten zu können, darunter Werke von Livius und Seneca, Cicero und Lucan, C. Plinius Secundus, Gaius, Symmachus, Hieronymus und Boëthius. Großes Aufsehen erregte Kardinal Angelo Mai (1782–1854), Präfekt der Mailänder Ambrosiana, als er im Jahre 1820 unter einem Text Augustins aus dem 7. Jahrhundert umfängliche Fragmente von Ciceros *De re publica* aus dem 4. Jahrhundert aufspürte. Das Werk des Römers über den Staat war nach immer wieder vergeblicher Suche schon verloren gegeben worden. Angelo Mais Fund hat uns nicht wieder in den vollständigen Besitz des Textes gesetzt: der Palimpsest enthielt große Teile des ersten und zweiten Buches, einiges vom dritten, ganz wenig vom vierten und fünften und nichts vom sechsten. Leider ist mancher Versuch der ersten Palimpsest-Entdecker, die Texte sichtbar zu machen, kläglich fehlgeschlagen. Mai zerstörte bei seiner Methode, bei der er Galläpfel verwendete, zahlreiche aus dem Kloster Bobbio bei Genua stammende Palimpseste derart, daß eine Nachprüfung angezweifelter Lesarten nicht mehr möglich ist.

In der benediktinischen Erzabtei Beuron existiert heute ein *Palimpsest-Institut*. Hier erzielt man gute Erfolge mit Infrarot-Photographie, Durchleuchtungsverfahren und einer Fluoreszenzmethode. Eine Reihe antiker Schriftwerke, die schon als verloren galten, wurde lesbar gemacht, so der *Phaeton* des Euripides, Reden Ciceros, Gaius' *Institutiones*, Stellen aus Plautus und Licinianus, Briefe Frontos, das 91. Buch des Livius, eine gotische Bibelübersetzung. Sie sind als Palimpseste, oft allerdings nur fragmentarisch, der Nachwelt erhalten geblieben.

Den vierten der berühmten Codices, den *Codex Ephraemi Rescriptus* (Codex C) zu entdecken, erforderte ein detektivisches Vermögen philologischer Art. Er ist ein *Palimpsest*, der berühmteste unter den griechischen Palimpsesten der Bibel. Im 12. Jahrhundert wurde sein Text abgeschabt und die Blätter mit Abhandlungen des syrischen Kirchengelehrten Ephraem wiederbeschrieben. Obwohl die Urschrift neben der neuen sichtbar blieb, war ihre Entzifferung lange Zeit schwierig. Die Echtheit des alten Textes wurde zunächst angezweifelt. Erst in den Jahren 1840/42 gelang es, den Text Wort für Wort zu entziffern. Auch hier stand Tischendorf Pate. Seiner Ausdauer und Findigkeit ist es zu danken, daß die blassen griechischen Buchstaben, die sich unter der Schrift des 12. Jahrhunderts schwach abzeichneten, zu neuem Leben erweckt wurden. Der Ertrag lohnte die Mühe: eine vollständige Bibel aus dem 5. Jahrhundert war entdeckt.

Die Vulgata

Vom 2. Jahrhundert an wuchs der Bedarf an lateinischen Bibelübersetzungen. Von Nordafrika ausgehend, entstanden in den Gebieten des Römischen Reiches – Italien, Spanien, Gallien – zahlreiche anonyme und ziemlich freie Übersetzungen, die in den Anfängen *Itala* genannt und später unter der Bezeichnung *Vetus Latina* zusammengefaßt wurden. Der Geist, nicht der Buchstabe zählte. Der Text des Alten Testaments wurde nicht aus dem Hebräischen, sondern aus der griechischen *Septuaginta* übertragen.

Das änderte sich, als die römische Synode von 382 einen neuen Kanon der Heiligen Schrift festlegte – ein Jahr, nachdem das Christentum zur Staatsreligion erklärt worden war. 383 wurde der spätere Kirchenvater Hieronymus (ca. 348–420) von Papst Damasus mit einer Revision der altlateinischen Bibelfassungen *(Vetus Latina)* zu einem einheitlichen allgemeingültigen Text beauftragt. Der damals berühmteste Bibelwissenschaftler – sozusagen der Philologe unter den Kirchenvätern – legte seiner Bearbeitung der Evangelien eine Version der Itala zugrunde und verbesserte sie vor allem sprachlich. Für das Alte Testament griff er auf den hebräischen Urtext zurück, reiste nach Palästina, um die *Hexapla* des Origenes studieren zu können und setzte als Klostervorsteher in Bethlehem seine Übertragung anhand hebräischer und aramäischer Texte fort. Die von ihm geschaffene *Vulgata* (»die allgemein verbreitete«), die als eine der bedeutendsten Gelehrtenleistungen der Antike gilt, wurde für lange Zeit der einzig gültige Bibeltext der römisch-katholischen Kirche. Sie wurde in unzähligen Abschriften verbreitet und diente den meisten Übersetzungen in neue Sprachen als Vorlage. Durch fehlerhafte Kopien und willkürliche Veränderungen verlor sich im

Laufe der Jahrhunderte jedoch ihr ursprünglicher Glanz immer mehr. In Reaktion darauf gab es allein im 16. Jahrhundert drei Anläufe, eine bereinigte lateinische Urform zu erarbeiten. Von ihren Resultaten hat allein die *Sixto-Clementinische Vulgata* von 1592, eine stark redigierte Fassung der schnell verworfenen, nur drei Jahre zuvor veröffentlichten *Biblia Sixtina*, dauerhafte Verbindlichkeit innerhalb der römisch-katholischen Kirche erreichen können. Auf dem Latein der Vulgata basierte die Gelehrtensprache des Mittelalters.

Wulfilas Bibelübersetzung: Der *Codex Argenteus*

Noch in die Spätantike gehört die Übertragung der Bibel ins Gotische durch Wulfila, der damit die früheste germanische Bibelübersetzung schuf. Die auf dem Gebiet des heutigen Bulgarien siedelnden Westgoten waren der erste germanische Stamm, der christianisiert wurde. Wulfila (318–388), der auch unter dem griechischen Namen Ulfilas bekannt ist, war der Sohn eines freien Goten und einer christlichen Sklavin aus Kleinasien. Um 340 wurde er zum Bischof der Donaugoten geweiht, seine Bibelübersetzung dürfte zwischen 350 und 380 entstanden sein. Gemeinhin wird sie nicht unter philologischen oder exegetischen Gesichtspunkten gewürdigt, denn vor allen Fragen nach Sprachkraft und Texttreue stellte sich Wulfila ein dringlicheres Problem: Er mußte, da das Gotische noch keine Schrift besaß, eine solche erschaffen. Für dieses neue, dem gotischen Lautstand angepaßte Alphabet wählte er im wesentlichen Formen der griechischen Unziale sowie einige lateinische Buchstaben für Laute, die im Griechischen fehlen. Von dem dritten der seinerzeit meistverbreiteten Schriftsysteme, den germanischen Runen, übernahm er nur zwei Zeichen (für U und O). Das Ergebnis war eine stark vom Griechischen beeinflußte Schreibung und eine Literatursprache, die im Volk kaum Aufnahme fand. Wie das Vaterunser in Wulfilas Gotisch geklungen haben mag, verrät die nachfolgende Umschrift:

Atta unsar thu in himinam, weihnai namo thein.
Quimai thiudinassus theins.
Wairthai wilja theins, swe in himina jah ana airthai.
Hlaif unsarana thana sinteinan gif uns himma daga.
Jah aflet uns thatei skulans sijaima,
swaswe jah weis afletam thaim skulam unsaraim.
Jah ni briggais uns in fraistubnjai,
ak lausei uns af thamma ubilin,
unte theina ist thiudangardi jah mahts jah wulthus in aiwins.
Amen.

Größere Fragmente der Wulfilas-Übersetzung, vor allem die vier Evangelien, sind im *Codex Argenteus* enthalten, einer Prachthandschrift, die im frühen 6. Jahrhundert in Ravenna, vielleicht auch in Brescia für König Theoderich angefertigt wurde. Von den im Jahre 1553 im Kloster Werden an der Ruhr aufgefundenen 330 Blättern des Codex sind nur 187 erhalten. Heute werden sie in der Universitätsbibliothek von Uppsala aufbewahrt. Die Schrift des Codex ist silberfarben, die erste Zeile jedes Abschnitts ist in goldenen Buchstaben auf purpurfarbenes Pergament geschrieben. Sie ist so gleichmäßig, daß man eine Zeitlang sogar die Verwendung von Stempeln für möglich hielt. Heute unterscheidet die Forschung zwei Schreiber, den des Matthäus- und Johannes-Evangeliums und den der anderen beiden Evangelien. Im 17. Jahrhundert erhielt der Codex einen Einband aus getriebenem Silber.

Vaterunser aus dem auch auf Seite 2 abgebildeten *Codex Argenteus*

Vom frühmittelalterlichen Klosterwesen zur karolingischen Reform

Die Zeit zwischen 350 und 700 war geprägt von radikalem Umbruch. Der Zerfall des weströmischen Reiches schuf für seine Bewohner bedrückende Verhältnisse. Neue Herren traten auf, deren nordische Herkunft, Sprache und Lebensweise auf das mediterrane Gemüt barbarisch wirken mußten. Ein öffentliches Rechtssystem kannten die Eroberer nicht. Die politischen und militärischen Wirren brachten eine für jedermann fühlbare Unsicherheit mit sich; Brücken waren zerstört, Römerstraßen unpassierbar, der Fernhandel schrumpfte (wodurch Papyrus zum seltenen Luxusgut wurde), die Produktivität im städtischen Handwerk und in der Landwirtschaft brach ein. Die Folgen für das kulturelle Leben, ja überhaupt die allgemeine Denkungsart waren gravierend.

Während ringsumher die Institutionen zerfielen, gewann die Bibel an institutioneller Kraft. Sie wurde das Buch des Mittelalters. Fast scheint es, als habe sich das Bedürfnis nach etwas, woran man sich halten kann, an ihr ganz gegenständlich festgemacht. In der christlichen Welt des Mittelalters war das »Buch der Bücher« nicht einfach ein Medium oder Dokument des göttlichen Wortes, so, als könne man sich Gottes Wort auch auf andere Weise niedergelegt denken. Das Buch selbst, als Gegenstand, drückte das Heilsversprechen aus, es hatte Symbolwert kaum minder als das Kreuz. Zwischen Buch und Botschaft wurde nicht mehr unterschieden. Zu sagen, es enthielte den Text des Evangeliums, wäre eine bloß äußerliche Auffassung. Es *war* das Evangelium.

Scriptorium und Klosterbibliothek

Im Jahre 529 gründete Benedikt von Nursia auf dem Monte Cassino das erste Benediktiner-Kloster. Im gleichen Jahr schloß die Platonische Akademie für immer ihre Pforten. Kaum etwas könnte für den Wandel, die Abkehr vom antiken Geist, bezeichnender sein als diese beiden Ereignisse. Zum klassischen Bildungsideal gehörte die Muße, Wissenschaft als Lust des Denkens. Für Benedikt hingegen war die *lectio*, die Lesung im Kreis der Klosterbrüder, gleichbedeutend mit weltflüchtiger Meditation, eine Übung in Frömmigkeit. Dem Studium in Rom entlaufen, suchte er die Einsamkeit des Monte Cassino nicht, um dort Bildungsideale zu verwirklichen. Sein Rückzug hinter Klostermauern, auf die Höhen des Apennin, fernab von Rom, war die Reaktion auf eine aus den Fugen geratene Zeit. Wenn es noch möglich war, ein geordnetes Leben zu führen, dann hier. Vom Bücherkopieren und von der Bewahrung der Literatur ist in seiner *Regula Benedicti*, den im Gründungsjahr 529 niedergelegten Ordensregeln, nicht die Rede, dafür um so mehr von der Notwendigkeit, anders als fahrende Mönche im Heimatkloster zu bleiben und sich vom weltlichen Leben abzuwenden. Von eigener Hände Arbeit solle man sich nähren, Askese die innere Sammlung fördern. Schreibstube und Bibliothek erhielt das Kloster Monte Cassino, ohne daß dies zunächst von Benedikt vorgesehen war. Erst als nach der Zerstörung des Klosters durch die Langobarden im Jahre 581 die Mönche nach Rom flohen, hat sie Papst Gregor der Große auf die Studien verwiesen. Der große, auf der Gelehrsamkeit seiner Mitglieder beruhende Ruf des Benediktinerordens entstand in späterer Zeit. Vielen Klöstern wuchs erst in einem langen, Jahrhunderte währenden Prozeß die Aufgabe zu, Bücher zu sammeln und die Werke heidnischer Schriftsteller wissenschaftlich zu erschließen, als sie die Überlegenheit der antiken und arabischen Philosophie, ihrer Medizin und Naturforschung erkannten. Das Mönchswesen der Anfänge aber war nicht selten bildungsfeindlich.

Vielleicht tritt darum die Gestalt des Cassiodor (490–583) um so strahlender hervor. Cassiodor, Sproß einer vornehmen römischen Familie, Konsul unter dem Gotenkönig Theoderich, Historiker und politischer Schriftsteller, gab 538 seine Staatsämter auf. Zunächst versuchte er, mit päpstlicher Unterstützung in Rom eine Hochschule ins Leben zu rufen. Nach dem Scheitern des Plans gründete er 555 das Kloster Vivarium in Kalabrien – beinahe zeitgleich mit Benedikt, doch in gänzlich anderem Geist. Cassiodor war ein leidenschaftlicher Büchersammler. Bestrebt, das Erbe der Antike zu erhalten, richtete er im Vivarium eine Bibliothek und eine Schreibstube *(Scriptorium)* ein. Er verband das klassische Bildungsinteresse mit dem religiösen und pries das Bücherabschreiben hymnisch: *»Eine fruchtbare Anspannung, ein löbliches Bemühen, den Menschen mit der Hand zu predigen, mit den Fingern Zungen zu öffnen, schweigendes Heil den Sterblichen zu geben und gegen die unerlaubten Anfechtungen des Teufels mit Rohr und Tinte zu fechten! So viele Wunden nämlich empfängt Satan, wie der Archivar Worte des Herrn abschreibt!«*

Entscheidend für die nichtchristlichen Schriften war, daß Cassiodor, der schon als Politiker das Studium der alten Autoren als notwendig erachtet und dem Senat empfohlen hatte, die freien Künste als Ergänzung der Theologie beschrieb. Überzeugt, daß die christliche Bildung auf der untergegangenen römischen Kultur gründe und gedeihe, forderte er die Mitglieder seiner Klosterakademie auf, die klassische Literatur zu pflegen und sich in der lateinischen Grammatik zu üben. Cassiodor besaß in seiner umfangreichen Sammlung noch die griechischen und lateinischen Klassiker, die Schriften von Platon, Aristoteles, Hippokrates, von Cicero, Horaz oder Seneca. Mit dem Vivarium hat Cassiodor das Modell der mittelalterlichen Klosterbibliothek schlechthin geschaffen. Seine unter dem Titel *Institutiones divinarum ac saecularium litterarum* versammelten Unterweisungen gaben dazu die theoretische Grundlage ab. Die Schrift führte die Werke auf, die er für eine Bibliothek als wünschenswert und notwendig erachtete, sie war darüber hinaus als Anleitung zum Studium für die Mönche gedacht und wurde später »ein Grundbuch der mittelalterlichen Bildung« (E. R. Curtius) auch jenseits des kleinen Klosterkreises.

Es waren die Klöster, die als einzige Institutionen im frühen Mittelalter wissenschaftliche Belange wahrnahmen, indem sie Bücher, Handschriften, Literatur aller Art sammelten und bewahrten. *»Claustrum sine armario est quasi castrum sine armamentario«*, lautete eine mittelalterliche Redensart: »Ein Kloster ohne Bücherschrank ist wie eine Festung ohne Waffen.« Noch bis in die Zeit um 1100 war fast alle geistige Kultur Europas Klosterkultur, alle Bildung Klosterbildung. Das Christentum ist wesentlich Buchreligion, und so verbreiteten die Mönche mit der Lehre Jesu auch die Ehrfurcht vor dem Buch. Die christliche Prägung des Mittelalters ging von den Klöstern aus, sie wurden zu Ausbildungsstätten und Bildungsmittelpunkten, die nicht nur aus Büchern lehrten, sondern diese auch herstellten. Da die Christianisierung des nördlichen und mittleren Europa durch schottische und irische Mönche erfolgte, haben diese sich um die Entwicklung der mittelalterlichen Bibliotheken verdient gemacht. Mit ihrer über das Theologische hinausgreifenden Liebe zur Literatur pflegten sie die Ideale der Buchmalerei und Schreibkunst. *Scriba*, Schreiber, war ein Ehrentitel. Vor dem italienischen Bobbio (gegr. 612) hatte Kolumban, der gebürtige Ire und Missionar der Schotten, bereits in Frankreich die Klöster Anegray, Fontaines und Luxeuil gegründet. An ihnen wiederum orientierte sich das in Süddeutschland gelegene Kloster Reichenau. Kloster Lorsch in Hessen verdankt seine Existenz irischer Missionarstätigkeit, ebenso das von dem Iren Gallus gegründete Kloster St. Gallen. In Fulda wirkte der Angelsachse Winfried, besser bekannt unter seinem lateinischen Mönchsnamen Bonifatius.

Das Kopieren und Illustrieren von Handschriften gehört zu den bedeutendsten Kulturleistungen der Klöster. Was uns von der griechischen und lateinischen Literatur, den historischen Quellen und großen Teilen der Volksliteraturen erhalten blieb, wurde durch Klöster überliefert. Bibliothek und Schreibstube, von Cassiodor im Vivarium vorbildlich eingerichtet, wurden von den meisten Benediktinerklöstern nachgeahmt. Die Schreiber und Buchmaler von Tours, Fleury, Corbie, Trier, Köln, Regensburg, Reichenau, St. Albans, Winchester waren schon im frühen Mittelalter berühmt. Bei den Benediktinern wurde gemeinsam in großen Arbeitsräumen geschrieben, bei anderen Orden, etwa den Zisterziensern und Kartäusern, dienten kleinere Zellen als Scriptorien.

Das Handwerk der Buchmalerei war häufig arbeitsteilig. Man unterschied die Buchmaler *(miniatores)* von den Schreibern. Die *Rubrikatoren* hatten die Kapitel und Abschnitte durch Überschriften in roter Farbe *(rubrum* = rot) kenntlich zu machen. Unverzierte Großbuchstaben der Kapitelanfänge wurden mit roter und blauer Farbe hervorgehoben. Bis zum 6. bzw. 7. Jahrhundert schrieb man mit der Rohrfeder, dem Calamus, dann kamen Vogelfedern von Gänsen, Straußen und Schwänen, vor allem der Gänsekiel, in Gebrauch.

Die Federzeichnung auf Pergament zeigt die Entstehung eines Buches in Szenen. Gezeichnet wurde sie im Benediktinerkloster Michelsberg in der zweiten Hälfte des 12. Jahrhunderts. Ambrosius, *De officiis ministrorum.* 14,4 × 26,8 cm.

47

Rabenfedern dienten vorrangig zum Zeichnen und Feinschreiben. Sie alle wurden mit dem *scalprum librarium* oder auch *temperatorium* genannten »Federmesser« angespitzt. Der Schreiber besaß ferner ein Kratzmesser *(rasorium)* zum Ausradieren der Schrift. Zeilen und Randlinien wurden mit Lineal *(regula)* und Falzbein oder Falzblei *(plumbum)* gezogen, wobei die geritzte Vertiefung auch auf der Rückseite zu sehen und zu nutzen war, so daß die Schriftzeilen sich decken konnten.

Im Kloster gab es häufig alle Berufe, die zur vollständigen Buchherstellung nötig waren. Auch das Pergament, das sich seit dem 3. und 4. Jahrhundert immer mehr durchgesetzt hatte, stellte man in Klosterwerkstätten her. Hier wurden die Bögen geschnitten und gefalzt und nach dem Beschreiben gebunden. Die Einbandkunst muß im 6. Jahrhundert schon recht weit entwickelt gewesen sein, denn Cassiodor bemerkt, er habe dem Kloster Vivarium nicht nur Buchbinder zugeführt, sondern auch ein von ihm selbst gezeichnetes Einband-Musterbuch bereitgestellt. Die Klöster waren der Hort vieler Handwerkskünste, hier befaßten sich die Mönche auch mit Architektur, Skulptur, Glas- und Wandmalerei, arbeiteten als Goldschmiede und Emailleure, betrieben Seidenweberei und Teppichwirkereien, richteten Glashütten und keramische Werkstätten ein, bevor sich in den wachsenden Städten eine Handwerkerschicht bildete.

Lehrbild und Schmuckbild – Erbschaft antiker Buchmalerei

Mit Blick auf die zahlreichen Palimpseste könnte die Widerstandsfähigkeit des Pergaments, das robust genug war, um radiert oder beschabt zu werden, wohl als zweifelhafter Vorzug erscheinen, wäre es nicht eben die Qualität dieses Beschreibstoffes, der wir es verdanken, daß sich überhaupt Teile der antiken Schriften erhalten haben. Nur weil sie im großen Stil von der Papyrusrolle, die der Feuchtigkeit europäischer Breiten nicht zu trotzen vermochte, auf den Pergamentcodex umgeschrieben worden waren, haben sie als Zeugnis überdauert. Berühmtes naturwissenschaftliches Beispiel einer solchen Umschrift ist der mal nach seinem Aufbewahrungs-, mal nach seinem Entstehungsort benannte *Wiener Dioscurides (Codex Constantinopolitanus)*, ein Arznei- und Kräuterbuch, das den orientalischen Ärzten noch zu Beginn unseres Jahrhunderts »als der Inbegriff alles pharmakologischen Wissens« galt. Er enthält 400 naturalistisch ausgeführte Miniaturen von Pflanzen, je 25 von Schlangen und Insekten und 47 von Vögeln. Um 512 in Konstantinopel auf Anregung der Prinzessin Juliana Anicia geschrieben und illustriert, geht das lexikalische Werk auf die fünf Bücher *Über Arzneimittel (Peri Hyles Iatrikes)* von Pedanios Dioskurides aus Anazarbos in Kilikien zurück. Dessen Sammlung entstand 77/78 n. Chr. und hat seinerseits Vorgänger: Die Illustrationen beruhen auf Vorlagen des Krateus aus dem 1. Jh. v. Chr., die wissenschaftlichen Beobachtungen lassen sich bis in das 4. Jh. v. Chr. zurückdatieren.

Dioskurides traf eine sachlich-systematische Einteilung der Bücher in mehrere Abteilungen: 1. Duft- und Salböle und Bäume, 2. Tiere und Tierprodukte (Milch, Honig, Fett), dazu Getreide, Gemüse und Gartenkräuter, 3. und 4. die Heilkräuter und -wurzeln im engeren Sinne, 5. Weine, Getränke und Mineralien. Gewinnung und Wirkung der heilenden Stoffe wurde detailliert beschrieben, ihre Herkunft benannt. Viel Lob haben zumal die Lehrbilder erfahren. Ihre Darstellungsweise verrät deutlich den antiken Ursprung, anders als in genuin mittelalterlichen Illustrationen sind die Pflanzen nicht zu Ornamenten stilisiert, sondern wirken wie naturgetreue Nachahmungen. Die Bilder begründeten den Ruf der Sammlung, außerordentlich zuverlässig und detailreich zu sein, und ließen sie schon kurz nach Fertigstellung zum Standardwerk der Arzneimittelkunde werden. In Übersetzungen, Umarbeitungen und arabischen Versionen kursierend, blieb der *Dioscurides* das ganze Mittelalter hindurch im Abend- und Morgenland in seinem Ansehen unbestritten. Umfassend resümiert er die antike Pharmakologie, zeigt sie als hochentwickelten Forschungszweig und bezeugt, wie differenziert die damalige Methodik der Beobachtung und Analyse war – im ganzen eine noch heute eindrucksvolle Darstellung.

Nicht illustriert, aber auf seine Weise ein origineller Nachfolger im Geiste des Dioskurides ist die älteste medizinische Handschrift Deutschlands, das *Lorscher Arzneibuch*. Auch sie beruft sich auf antike Ärzte wie Hippokrates, Galenus (Galen) und Plinius. Die 75 Pergamentblätter aus der Benediktinerabtei Lorsch, unweit von Worms gelegen, stammen aus dem 8. Jahrhundert. Für nahezu 500 Krankheiten und Gebrechen wußte das Arzneibuch Rat: eingeträufelte Ziegengalle beispielsweise verbessere ein schlechtes Gehör, um »Bocksgestank« zu lindern, empfiehlt die mittelalterliche Schrift die Asche eines Wiesels mit Ei aufzustreichen, und gegen Magengeschwüre wird empfohlen: »Man esse 100 rohe Linsen, das ist ein probates Mittel.« Kurz und bündig ist der Rat an den Arzt, die Kosten der Behandlung festzulegen: »Ist einer reich, möchte es eine rechte Gelegenheit zum Gewinn sein, ist er arm, laß dich mit einer Winzigkeit abfinden.« Die Bamberger Staatsbibliothek bewahrt die Schrift auf.

Mit seinen Lehrbildern, die nicht schmücken, sondern den Text veranschaulichen sollen, gilt der Dioscurides als typisch für die griechische Haltung gegenüber der Buchillustration. Eine Neigung zum Schmuckbild wird eher den Römern zugesprochen, wiewohl die dekorative Miniatur auch bereits in der hellenistischen, der sogenannten zweiten Blüte der griechischen Klassik

48

Gold- oder Wucherblume aus dem *Wiener Dioscurides*. Von der Rückseite des Blattes schimmert die Schrift des Textes durch, eine griechische Unziale. Das Arznei- und Kräuterbuch entstand um das Jahr 512. Für Cassiodor zählte es zu den Werken mit vorbildlicher Ausstattung, und so preist er es in den *Institutiones* seinen Schülern an: »Vor allem habt ihr das Herbarium des Dioskurides, der die Pflanzen der Felder mit bewundernswerter Charakteristik schilderte und abmalte.« 491 Blätter, 30 × 36,5 cm.

49

vorkommt. Unbestritten ist das Lehrbild die ältere Form. Seine Vorbilder lassen sich anhand von Verweisen bis ins 6. vorchristliche Jahrhundert zurückverfolgen. Handschriften aus jener Zeit haben sich indes nicht erhalten. Der Pariser Louvre besitzt mit dem *Papyrus Letronne* (s. S. 27) eine Kostbarkeit aus dem Jahre 165 v. Chr. Diese Rolle mit astrologischem Inhalt ist die älteste bekannte illustrierte Papyrusrolle in griechischer Sprache.

Nicht allein in konservatorischer Hinsicht, auch für die buchkünstlerische Gestaltung war der Übergang von der Papyrusrolle zum Pergamentcodex im 4. Jahrhundert von grundlegender Bedeutung. Indem das Einzelblatt die fortlaufende Rolle ablöste, veränderte sich die Fläche, eine starke Trennung von Bild und Schrift trat ein. Die Umwandlung der Miniatur in ein geschlossenes, vom Rahmen her bestimmtes Bild wurde dabei wesentlich gefördert. In ihrer Raum- und Figurenauffassung setzte diese spätantike oder frühchristliche Miniaturmalerei die Überlieferung der antiken Wandmalerei fort. Zu ihren bedeutenden Beispielen zählen die Illustrationen der *Quedlinburger Itala*, die dem Kreis der altlateinischen Bibelübersetzungen zugehört und in Unzialschrift verfaßt wurde. Die sechs erhaltenen Blätter wurden auf abenteuerliche Weise seit 1865 in Quedlinburg aufgefunden. Die *Itala*-Fragmente waren als Einbandbezugsmaterial für Akten verwendet wor-

den. Sie stammen aus dem 4. Jahrhundert und enthalten 14 mehrfigurige Miniaturen zu den Samuel- und Königsbüchern des Alten Testaments. Die *Quedlinburger Itala*-Fragmente gelten als älteste Zeugnisse der christlichen Buchmalerei und der Bibelillustration. Sie befinden sich heute in der Berliner Staatsbibliothek. Die Miniaturen sind bereits auf codextypische Weise umrahmt, mit den im ausgehenden Altertum bevorzugten Deckfarben (Wachsfarben) bemalt, leider aber schlecht erhalten. Trotz ihres christlichen Inhalts folgen sie stilistisch dem Vorbild spätantiker Kunst.

Für die spätantike römische Buchillustration zeugen zwei Vergil-Handschriften, die im Vatikan aufbewahrt werden. Der ältere vatikanische Vergil (*Vergilius Vaticanus*) aus dem 4. Jahrhundert weist in seinen Darstellungen ähnliche Stilmerkmale auf wie die *Itala*-Fragmente. Dagegen zeigen die Illustrationen des jüngeren vatikanischen Vergil (*Vergilius Romanus*) mit seinen abstrakteren dekorativen Elementen eine Abwendung vom klassischen Formenkanon. Antikisierend wirken die berühmten Illustrationen der aus einer Ilias-Handschrift herausgeschnittenen, heute aus 52 Einzelblättern bestehenden *Ilias Ambrosiana (Ilias picta)*, die im Besitz der Mailänder Ambrosiana sind. Diese Bilder werden in das 4./5. Jahrhundert datiert und ähneln in ihrer der pompejanischen Wandmalerei nachempfundenen Darstellungsart dem *Vergilius Vaticanus*.

50 *Vergilius Vaticanus*. Ende des 4. Jahrhunderts vermutlich in Rom entstanden. Die fünfzig Miniaturen des Codex zeigen in ihren Landschaftsdarstellungen den Einfluß der spätantiken Freskomalerei. Der Illustrator rahmte sie, um einen paneelartigen Eindruck zu erreichen. Motiv: Aeneas verläßt Dido. Capitalis rustica, lateinischer Text. 76 Blätter, 19,6 × 21,9 cm.

Die Quedlinburger Itala-Fragmente, 4. Jahrhundert, stammen aus einer Handschrift der biblischen Königsbücher. Zwischen 1865 und 1930 wurden fünf Blätter sowie ein sechstes, nur in Überresten erhaltenes Blatt an Einbänden von Quedlinburger Archivalien entdeckt.

Der Quedlinburger Buchbinder Asmus Reitel hatte die Blätter 1619 als Makulatur zum Einbinden benutzt. Die Seite zeigt in vier Szenen die Begegnung Sauls mit Samuel nach dem Sieg über die Amalekiter (1. Samuel 15, 13–33). 20,5 × 30,5 cm.

51

Wandlungen der Miniatur in vorkarolingischer Zeit

Bei Miniaturen denkt man zunächst an ein kleines Format, nicht daran, daß Miniaturen Bilder sind, die einen Buchtext erhöhen, schmücken, aufwerten sollen. Die Bilder in den religiösen Handschriften dienten zu mehr als im Wortsinne illustrierenden, den Text »erhellenden« Zwecken. Sie waren Abglanz des Heiligen, *vera ikon* = wahres Bild Christi, das, wie man glaubte, auf den Betrachter von seiner Heiligkeit etwas abgab. Miniaturen mit heiligen Darstellungen erhöhten den Wert, die Heiligkeit einer Handschrift im liturgischen Gebrauch.

Miniaturmalerei ist Buchmalerei. Der Name hat ursprünglich nichts mit dem lateinischen »diminuere«, verkleinern, zu tun, sondern kommt von *minium*, was auf deutsch Mennige heißt und Bleirot meint. Aus diesem Pigment stellte man im frühen Mittelalter die rote Farbe her, mit der der Miniator oder Rubrikator die Kapitelüberschriften, Randleisten und Initialen schrieb. Mit dem Siegeszug des Codex setzte sich auch die ganzseitige Miniatur im Buch durch. Erst im 17. Jahrhundert erhielt der Begriff »Miniatur« seinen übertragenen, uns geläufigen Sinn. Wer in der Miniaturmalerei nur die Kleinausgabe der Tafelmalerei sieht, ignoriert ihren buchtypischen Charakter. Buchschmuck kennt Formen, die der Malerei großer Formate unbekannt sind: Initialen, Bordüren, Kanonbögen und – seit mit dem gedruckten Buch Titelblätter üblich wurden – künstlerisch gestaltete Titel.

Was ist ein *Kanonbogen*? Wie auf Seite 68 zu sehen: die schmückende Kuppel über einer Evangelien-Konkordanz. Die Einteilung der einzelnen biblischen Schriften in Kapitel, wie wir sie kennen, ist erst spätmittelalterlichen Datums, sie geht auf Stephen Langton, den 1228 verstorbenen Erzbischof von Canterbury zurück. Vordem wurde in kleineren Schritten gezählt. Der Kirchenvater Eusebius (260–339) hatte die vier Evangelien in Abschnitte geteilt, deren Ziffern er in 10 Tafeln *(canones)* zusammenstellte. Um auf einen Blick ihre Konkordanzen, also die einander entsprechenden Abschnitte erkennen zu lassen, wurden sie in Tabellenform nebeneinander aufgeführt, jede Zeile eine Abschnittsnummer, jede Spalte einem Evangelisten zugehörig. Zwischen die so entstandenen Kolumnen setzte der Buchmaler dekorative Trennungen, Säulen, die oben nach Art einer Arkade geschlossen wurden. Diese Abschlußwölbungen sind die Kanonbögen.

Von den illustrierten Prachtcodices des 6. Jahrhunderts sind uns nur wenige erhalten: Berühmt geworden ist die *Wiener Genesis* mit ihren 48 prächtigen szenischen Bildern, eine Handschrift des ersten Buches Mose auf purpurgefärbtem Pergament, geschrieben in einer gold-

und silberfarbenen Unziale. Besonders kultiviert wurde die gold- und silberfarbene Schrift in Byzanz. Die mittelalterlichen Prachtcodices der Bibel nahmen dies als Bereicherung begierig auf, mochte auch der Kirchenvater Hieronymus den Prunk tadeln: »Man färbt das Pergament mit Purpur, schreibt Lettern mit Gold und schmückt die Bücher mit Edelsteinen, während Christus nackt vor euren Türen steht und stirbt.« Die in der Österreichischen Nationalbibliothek in Wien befindliche Wiener Genesis zählt zu jenen Stücken, in denen noch antike Stilelemente überwiegen. Eine Abkehr von der realistisch anmutenden Szenerie altertümlicher Bilderfolgen zeigen die stilisierten Illustrationen des *Codex Rossanensis.* Das griechische Lektionar des Domarchivs in Rossano (Biblioteca Arcivescovile, Kalabrien, in Italien) gilt als früheste bekannte Illustration zum Neuen Testament. Es stammt aus dem 6. Jahrhundert und wurde in Antiochia oder Caesarea geschrieben. Sehr ähnlich, auf Purpur, ist der *Codex Sinopensis,* der aus Sinope am Schwarzen Meer stammt (Bibliothèque Nationale, Paris). Den Codices *Sinopensis* und *Rossanensis* ist eine mehr statische, monumentale Darstellungsform gemeinsam, die sich von den lebendigen Figurenillustrationen der *Wiener Genesis* unterscheidet. In den ornamentalen Kanonbögen des Rabbula-Evangeliars erkennt man die Umorientierung der Buchmalerei jener Zeit. Denn etwa seit dem 6. Jahrhundert geht die Betonung des Räumlichen und die Illusion plastischer Körperlichkeit, wie sie die antike Malerei herzustellen suchte, immer mehr zurück. Die Miniatur wird flächenhaft, die Linie gewinnt an Geltung und Ausdruck.

Zu voller Kraft gelangt diese Tendenz im 7. Jahrhundert, als, ausgehend vom fränkischen Reich, Italien und Spanien, ein neuer Stil in der Buchmalerei entsteht. Zu jenen Anfängen gehören die seltenen merowingischen Codices mit floralen und abstrakten Ornamenten. Beliebt sind in jener Zeit zoomorphe (tiergestaltige) Initialen. Besonders verbreitet ist das *Fisch-Vogel-Ornament.* Einzelne Buchstaben, manchmal sogar Wortgruppen, werden aus den Leibern von Fisch und Vogel gebildet. Erfindungsreich werden komplizierte vegetabile Elemente eingeführt. Ranken- und Blattschlingwerk bilden Arkaden. Aus kunstvoll ausgeführten Flecht- und Bandmustern entstehen Zierleisten. Die Kloster-Scriptorien von Luxeuil, Fleury und Corbie sind führend bei der Entwicklung solcher Motive. Dort dominiert die Ausrichtung auf das Ornament; selbst die Evangelistenbilder, in denen die menschliche Gestalt kalligraphisch umgesetzt wird, unterwerfen sich der Abstraktion. Ziel ist die Stileinheit von Schrift und Bild. Die *Initialen* treten immer mehr in den Vordergrund.

Wenn wir feststellen, daß die vorkarolingische Buchmalerei, wie sie sich in den Schreibstuben der Klöster im 7. Jahrhundert herauszubilden begann, fast ausschließlich Initialornamentik war, so ist doch auch

Wiener Genesis, 6. Jahrhundert, vermutlich vor der Zerstörung Antiochias im Jahre 540 im syrischen Raum entstanden. Farbschwankungen von Hell- bis Dunkel-Purpurviolett weisen auf eine Verwendung von künstlichem und echtem Purpur bei der Pergamentfärbung hin. Stilkundlich bedeutsam ist die Verarbeitung unterschiedlicher Traditionen. Die Miniaturen, an denen bis zu acht, vielleicht auch nur drei Illuminatoren mit jeweils einem Schüler gearbeitet haben, zeigen syrische, hellenistisch-alexandrinische und jüdische Einflüsse. Von der beidseitig beschriebenen und bemalten Purpurhandschrift haben sich 48 Miniaturen mit 125 Einzelszenen erhalten, was etwa einem Viertel des ursprünglichen Umfangs entsprechen dürfte. Im 14. Jahrhundert befand sich die Wiener Genesis in Venedig. 1664 kam sie aus der Sammlung des verstorbenen Erzherzogs Leopold Wilhelm in die Hofbibliothek in Wien. 24,5/26,5 × 30,4/32,6 cm.

älteren Zeiten die Initiale als solche nicht unbekannt. Allerdings nicht in dieser Form der Ausschmückung. Geschaffen von den Schreibern der Antike, hatte es zunächst allein praktische Gründe ihrer Verwendung gegeben. Die Initiale sollte den Anfang eines Textes oder Abschnitts besonders hervorheben, wozu ursprünglich ein kleiner, zwischen die Zeilen eingeschobener Trennungsstrich, der *Paragraphos*, oder ein einfacher Haken, die *Koronis*, gedient hatten. Wie nützlich die Zeichen waren, wird deutlich, wenn man bedenkt, daß antike Texte weder Worttrennungen noch Interpunktion kannten. Viele Übersetzungen kranken an Mißverständnissen, die sich durch solche Engschreibung erklären lassen. Es macht ja, um ein deutsches Beispiel zu geben, einen Unterschied, ob man liest »er folgte« oder »erfolgte«.

Im antiken Buch ist die Initiale ein reines Merkzeichen, ein vergrößerter und dadurch auffälliger Anfangsbuchstabe, der aus der Schriftkolumne herausgerückt wurde, um einen Absatz hervorzuheben. Gut erkennen läßt das noch der *Codex Alexandrinus* (s. S. 43) vom Anfang des 5. Jahrhunderts. Die Absatzzeichen treten hier, wie man es ursprünglich zu tun pflegte, nur als Endzeichen, als Explicits auf, nicht als Incipits. Die Titelangabe findet sich erst am Schluß. Schon für die Zeit um 600 hingegen finden sich frühe Beispiele für die künftige Richtung: Die Initiale wird zum bevorzugten Gegenstand der Buchmalerei, zur Betonung durch Größe kommen Farbe und Verzierung. Sie steht nicht mehr wie ein Fremdkörper am Rand, sondern wird in den Text eingerückt – eine Verschmelzung, um die sich besonders die irischen Schreiber bemühten.

In den irischen Schreibstuben hatte sich ein abstraktornamentaler, zeittypischer, eigener Stil entwickelt. Die Unabhängigkeit vom Festland zeigt sich im Motivschatz, der eine andernorts fremde Variationsbreite von Formen aufweist. Flecht- und Bandwerk, Spiralmuster *(scrolls)*, Rosetten, Stufen- und Karreemotive schmücken überreich die liturgischen Bücher; Incipitseiten, Kanonbögen und Evangelistendarstellungen bestechen durch Detailreichtum und aufwendige Verzierung.

Charakteristisch für die irische Buchkunst ist das *Book of Durrow*, eine Evangelienhandschrift des späten 7. Jahrhunderts. Als Teppichseite bezeichnet man ihre dicht mit ornamentalen Mustern besetzten Schmuckseiten. An Pracht übertroffen wird sie vom *Book of Kells*, der zweiten berühmten Evangelienhandschrift aus einer irischen Klosterwerkstatt. Das Book of Kells entstand zu Ende des 8. Jahrhunderts im Kloster Iona, einer kleinen Insel vor der schottischen Küste. Die vor den Wikingern fliehenden Mönche nahmen die Handschrift mit nach Kells in die irische Grafschaft Meath. Sie ist die am reichsten verzierte Bilderhandschrift der insularen Buchmalei. Ihre Schrift, eine vollrunde Halbunziale, erscheint als eng mit dem Buchschmuck verwoben. Das Ornament ist überbordend und die Bildthemen werden erweitert, denn neben die herkömmlichen Zierseiten und Evangelistenbilder treten nun Szenen aus dem Leben Christi und Marias. Die ursprüngliche Funktion der Initiale, als Gliederungshilfe des Textes zu dienen, wird zurückgedrängt. Sie verrätselt, anstatt zu erhellen. Im Book of Kells nimmt die Initiale die gesamte Textseite ein. Das Wort ist zum Bild geworden, zum magischen Zeichen.

Weniger eigenständig, auch nicht so einheitlich wie die irische Buchmalerei zeigt sich die angelsächsische. Während die Buchmalerei im Norden Englands von den missionierenden irischen Mönchen beeinflußt wurde, bewirkten die Missionare des Festlands im Süden der britischen Insel einen davon unabhängigen Stil. Das vielleicht berühmteste Beispiel, der *Codex Amiatinus* der

54 *Book of Durrow*, um 680. 248 Folioblätter, 14,5 × 24,5 cm. Nach irischer Sitte wurden die vier Evangelien durch die Symbole der Evangelisten eingeleitet, wobei die Menschenfigur für Matthäus stand, der Adler (hier zu sehen) für Markus, der Stier für Lukas und der Löwe für Johannes. Damit weicht das *Book of Durrow* von der Ordnung des Hl. Hieronymus ab, die den Adler mit Johannes und den Löwen mit Markus identifiziert.

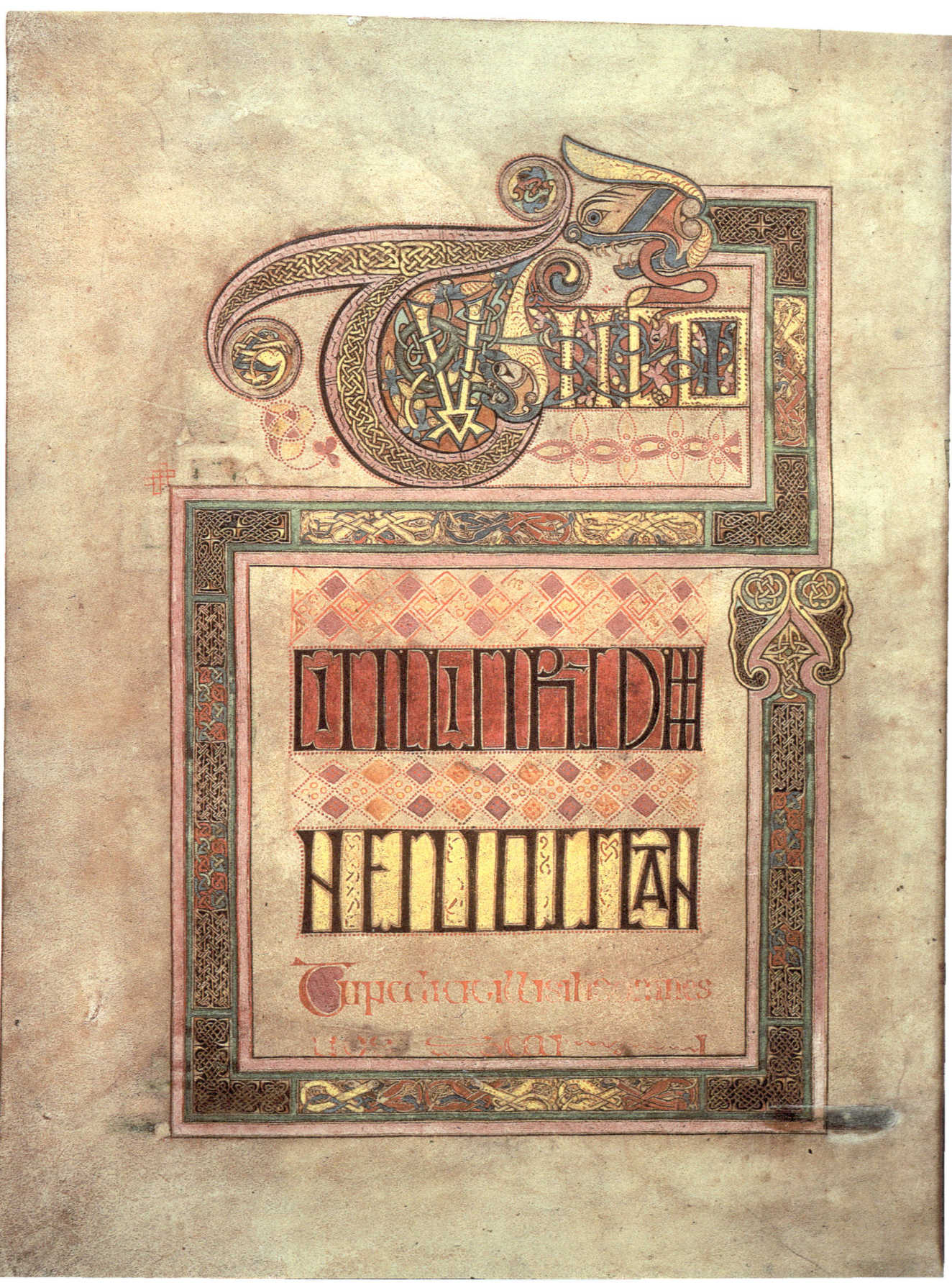

Book of Kells, nach 800. Versoseite mit ornamentiertem Text aus dem Matthäus-Evangelium. Unter allen insularen Manuskripten findet sich im *Book of Kells* der größte Reichtum an Illustrationen und Schmuckformen. Spiralen, Flechtmuster, Tiere und Pflanzen tauchen sowohl in den großen Miniaturen wie auch innerhalb des Textes auf.

Der Aufwand an linearen Formelementen ist ungeheuer, kunstvolle Verschlingungen pressen ein Maximum an Bewegung in ein Minimum an Raum. Um besondere Farb- und Lichteffekte zu erzielen, wurden bei der Kolorierung verschiedene Farbschichten übereinander aufgetragen. 340 Folioblätter, 25 × 33 cm.

vereinigten Klöster Wearmouth-Jarrow, weist römische Einflüsse auf. Heute befindet sich der großformatige Codex (34 × 50,5 cm) in der Laurenziana in Florenz. Das *Evangeliar von Lindisfarne* wird als das Hauptwerk der angelsächsischen Buchmalerei angesehen. Es entstand vor 698 in der Diözese von Lindisfarne, einer kleinen Insel vor der Nordwestküste Englands und befindet sich heute in der British Library. Der allgemeine Zug zum Flächig-Ornamentalen ist hier gemildert, die Evangelistenbilder lassen antike Vorbilder erkennen. Angelsächsische Prägung verrät auch das Ende des 7. Jahrhunderts von missionierenden Mönchen geschriebene *Echternacher Evangeliar* (Bibliothèque Nationale), das mit anderen irisch-schottischen Handschriften vom Wirken der missionierenden Mönche kündet.

Rezeptbücher, die bis in die Antike zurückreichen, überliefern Anweisungen zur Herstellung der Farben. Das *Lucca-Manuskript*, um 800 entstanden, oder die *Schedula diversarum artium* des Theophilus Presbyter aus dem 12. Jahrhundert nennen die Rohstoffe, aus denen die Farben gewonnen wurden. Neben Mennige und Ruß werden aus dem Bereich der Mineralien genannt: Alaun, Bolus (Tonerde), Bleiweiß, Eisenoxyd, grüne Erde, Ockererde, Zinnober, Grünspan, Kupfervitrol, Quecksilbersulfid, Roteisenstein, Silber, Kupfer und Gold. Aus dem Bereich der pflanzlichen Stoffe kamen: Brasilholz, Drachenblut, Essig, Färberröte, Flechten, Galläpfel, Harze, Heidelbeeren, Kornblumen, Mohn, Krebskraut, Nachtschattengewächse. Eine dritte Gruppe bilden die Farbstoffe aus dem tierischen Bereich. Dazu gehörten das Rotbraun der Farblaus und das Rot der Purpurschnecke, außerdem Eiweiß, Galle, Milch, gemahlene Knochen und Muscheln. Die Farbe wurde mit feinen Pinseln aus Marder- oder Eichhörnchenhaar aufgetragen. Eine Grundierung war nicht nötig, die Bindemittel der Farbe sorgten für das Haften. Allein das Blattgold brauchte einen Untergrund von Fischleim, Honig, Kreide oder Bolus.

Schriftformen des Frühmittelalters

Als die Völkerwanderungen zu Beginn des 8. Jahrhunderts zur Ruhe kamen, hatte sich das politische Zentrum Europas vom Mittelmeer zum Norden und in den Westen verlagert. Auch die Sprachsituation hatte sich verändert. Dem Machtverlust der Römer entsprach die Schwächung des Lateinischen, dessen Alleinherrschaft durch gotische, fränkische und langobardische Zungen gebrochen war, aber dennoch das maßgebliche überregionale Verständigungsmittel blieb. Ähnlich war es um den schriftlichen Ausdruck bestellt. Eine Reihe von regionalen Schriftformen hatte sich zur gleichen Zeit herausgebildet, stark abweichend in der Gestalt, ohne daß es sich bei ihnen um eigenständige Schöpfungen han-

Frühmittelalterliche regionale Schriftformen:

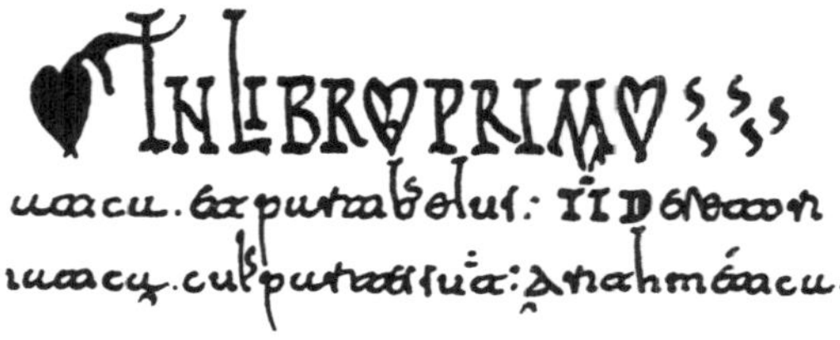

westgotische Schrift

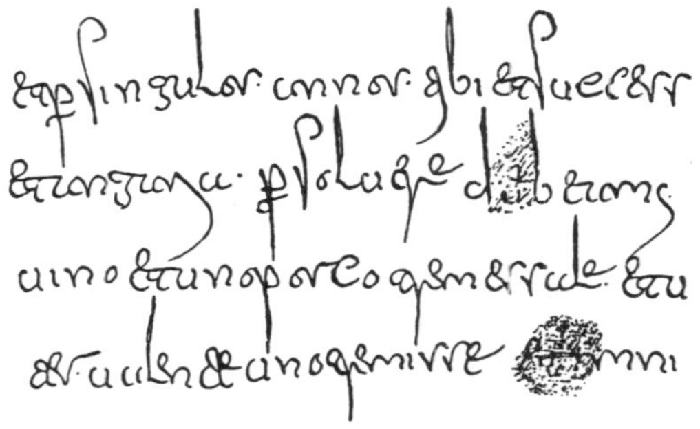

langobardische Schrift

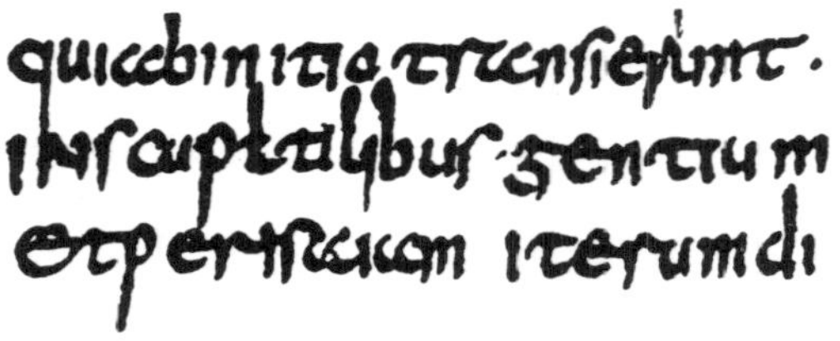

merowingische Schrift

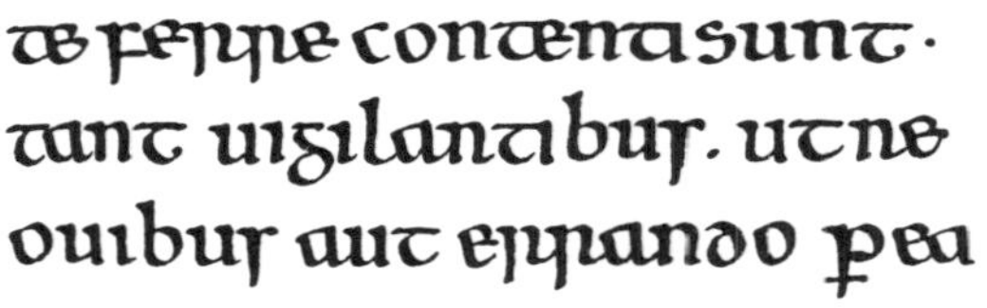

Irische Halbunziale

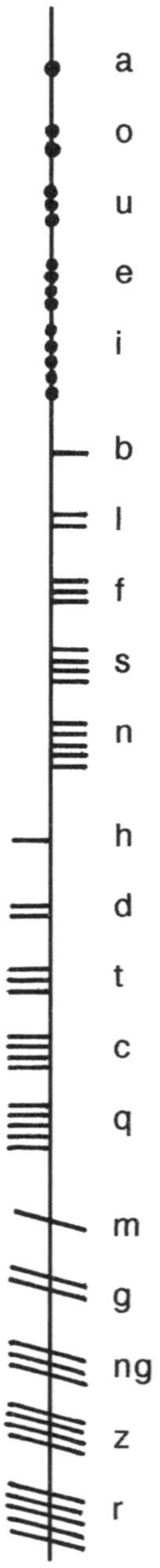

Ogham-Schrift

delte. Betrachten wir noch einmal kurz die Entwicklung der lateinischen Schrift, so zeigt sich, daß aus der für Monumentalinschriften verwendeten *Capitalis* des 1. Jahrhunderts drei Jahrhunderte später zwei Buchschriften entstanden waren: die *Capitalis quadrata* mit runden Formen, und die zierlichere *Capitalis rustica*. Die ältesten erhaltenen, aus dem 4. bis 6. Jahrhundert stammenden Codices lateinischer Schriftsteller sind in diesen Majuskelschriften – in Großbuchstaben – geschrieben worden. Dabei wurden zunächst die Worte nicht durch Zwischenräume getrennt. Das Schriftbild veränderte sich mit der *römischen Halbunziale*. Sie besitzt schon Ober- und Unterlängen und steht an der Schwelle zu den Schriften mit Groß- und Kleinbuchstaben. Überschritten wird die Schwelle mit der *jüngeren römischen Kursive*, einer kleinformatigen, vereinfachten Minuskelschrift mit Ober- und Unterlängen, die sich aufgrund ihres flüssigen Verlaufs leichter und schneller schreiben ließ und als Gebrauchsschrift Verwendung fand. Von ihr leiten sich einige zuvor erwähnte Regionalschriften ab: die *westgotische, langobardische* und *merowingische,* außerdem einige eigens von der päpstlichen Kurie ausgeprägte Schriftformen wie die *Kuriale*: die damit verwandte *römische Notariatsschrift* und die *beneventanische* Schrift, eine besondere Schrift des Benediktinerordens, die sich in Süditalien bis in das 12. Jahrhundert hinein hielt.

Ihres individuellen Schriftbildes wegen hat man den mittelalterlichen Regionalschriften früher eigene, gar »nationale« Ursprünge zugesprochen, was aber unberechtigt war. Eine Ausnahme machte Irland. Bis zur Christianisierung besaß Irland eine eigene Schrift, *Ogham*, ein System aus Strichen (bzw. Kerben) und Punkten. Diese an indianische Knotenschnüre erinnernde, von den irischen Kelten entwickelte Schrift ließ nur sehr kurze Mitteilungen zu, sie war zu kompliziert, um über Grabinschriften und kaufmännische Notizen hinaus geschichtliche Aufzeichnungen oder gar Literatur zu ermöglichen. So erlitt sie ein ähnliches Schicksal wie die Runenschrift der Nordländer und wurde bedeutungslos, als sich, wenngleich spät, mit dem Christentum eine spezifische lateinische Form entwickelte. Zwar existierten vom 5. bis zum 7. Jahrhundert Ogham und Lateinschrift nebeneinander. Doch nach 650 dominierte die lateinische Schrift und ersetzte schließlich die einheimische durch die *Halbunziale* des 5. Jahrhunderts, die vom südlichen Gallien aus durch missionierende Mönche nach Irland gelangte. Originell, abweichend vom Festland, bleibt der Schriftstil dieser Halbunziale. Sie besitzt als *irische Rundschrift* einen runderen Duktus, wenig ausgebildete Ober- und Unterlängen und eigentümlich gebogene b- und l-Formen. Prominentes Beispiel dafür ist das *Book of Kells*. Aus der irischen und der römischen Kolonialschrift entwickelte sich als Mischtypus die *angelsächsische Halbunziale*, die in England nach der Missionierung vom 6. Jahrhundert an entstand.

Karolingische Schriftreform

Die Bildung des ersten Kaiserreiches in Europa unter Karl dem Großen, der von 768 bis zu seinem Tod im Jahre 814 herrschte, beendete die Jahrhunderte der Instabilität. Politisch, wirtschaftlich und kulturell begann eine neue Zeit. Zu Recht rühmt man Karls Bemühungen als *karolingische Reform*. Seine Verdienste um die Hebung des Bildungsniveaus werden nicht dadurch geschmälert, daß damit auch ganz handfeste politische Beweggründe verbunden waren. Das weitverzweigte Reich benötigte, um regierbar zu sein, eine gut ausgebildete und verläßliche Führungsschicht, einen verbesserten Gebrauch der lateinischen Sprache im gesamten Imperium und vor allem eine einheitliche Schrift. Die verschiedenen Regionalschriften hatten in ihrer Entwicklung und ihrem Gebrauch häufig an Lesbarkeit verloren. Der angelsächsische Abt Alkuin (Alchwine, um 735–804) leitete im Auftrag Karls eine Schriftreform ein.

Eine entscheidende Rolle fiel den Schreibschulen zu, die bewußt und planmäßig die älteren Schriftformen durch neue ersetzten. Besonders die Scriptorien von Corbie und Tours haben sich hierbei hervorgetan. Für Corbie lassen sich früh Tendenzen der Vereinheitlichung nachweisen, etwa in den unter Abt Maurdramnus († 780) geschriebenen Bibeln, die schon zahlreiche Charakteristika der künftigen Schrift aufweisen. In Tours gelang es Alkuin, der vor seiner Berufung durch Karl den Großen die Kathedralschule und -bibliothek in York geleitet hatte, eine Schreibschule höchster Qualität aufzubauen. Heute sind über hundert Handschriften bekannt, die bis zur Mitte des 9. Jahrhunderts in Tours entstanden, darunter etwa 40 Bibeln und Bibelteile, aber auch Bücher zur Grammatik, zur Geschichte und Philosophie. Der rege Austausch von Codices unter den Scriptorien verstärkte die regulativen Bemühungen um eine einheitliche Schrift, indem er die Schreibstile miteinander konfrontierte und in dieser Auseinandersetzung für die definitive Festsetzung des Schriftcharakters sorgte. Aus der zugrunde gelegten Halbunziale entstand die *karolingische Minuskel*, eine klar lesbare, regelmäßige Schrift aus Kleinbuchstaben, mit deutlichen Worttrennungen und wenigen Ligaturen. Sie wurde nicht nur im Frankenreich Karls des Großen geschrieben, sondern später auch in allen anderen Teilen des Reiches.

Karolingische Minuskel

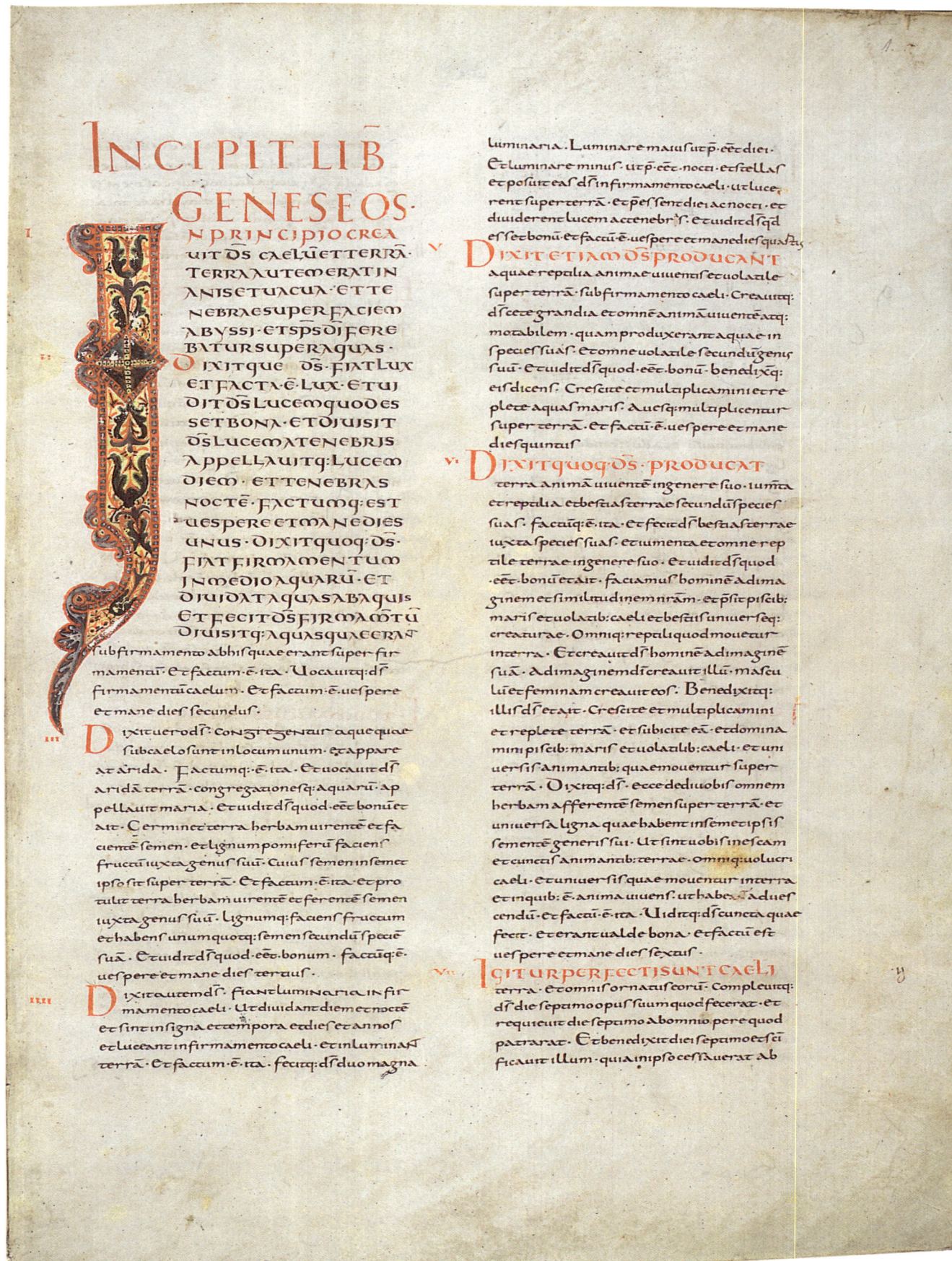

Karolingische (»Alkuin-«) Bibel. Text der Vulgata auf Pergament, in Tours um 825/30 in karolingischer Minuskel geschrieben. Die Überschrift ahmt die *römische Capitalis quadrata* nach, in der Mitte die gerundete *Unziale,* darunter im Haupttext die *karolingische Minuskel.* Die abgebildete Seite gibt 1. Mose 1,1-2,3 wieder. 35,8 × 48,4 cm.

Ein buchhistorisches »Monument der Minuskelschrift« (Martin Germann), wie sie sich um 825/830 herausgebildet hatte, ist die *Karolingische Bibel aus Tours*, besser bekannt als *Alkuin-Bibel*. Sie entstand wahrscheinlich in den fruchtbarsten Jahren des Scriptoriums, während der Abtszeit von Fridugisus, dem Lieblingsschüler Alkuins, der das Kloster St. Martin in Tours von 807 bis 834 leitete. Alkuin hat also die sorgfältige philologische Arbeit am Vulgata-Text dieser Bibel nicht mehr begleiten können, ebensowenig ihre Ausgestaltung zum Prachtcodex, aber ihre Konzeption als Bibel in einem einzigen Band großen Formats *(Pandekt)* geht auf ihn zurück. Über das in Zürich aufbewahrte Exemplar schreibt Martin Germann: »Für die Gestaltung standen verschiedene Schriften zur Verfügung: verzierte Initialbuchstaben für den Buchbeginn, die Unzialschrift für die Eingangszeilen, Halbunziale für die erste Textzeile; eine römische Majuskel diente als Anfangsbuchstabe jedes Abschnitts, die Capitalis rustica für Seitentitel und Textbeigaben.« Trotz dieser Vielfalt der Formen wirken die Seiten der Bibel klar und geordnet. Der Schmuck ist funktional, er leitet als Wegmarke den Leser, und die für den Haupttext verwendete neue Minuskelschrift erreicht ein Regelmaß, das kaum noch erkennen läßt, wie viele Schreiberhände an der *Alkuin-Bibel* beteiligt waren.

Zwar war die karolingische Minuskel als Buchschrift ausgebildet worden, aber sie drang alsbald auch in die Kanzleien ein, wodurch sie die herkömmliche Trennung von kursiver Gebrauchsschrift und formierter Buchschrift überwand. Mit ihr begann die moderne Schriftentwicklung. Vom Zerfall des karolingischen Reichs blieb sie unbehelligt. Ihre starke Durchformung verhinderte, daß sie das Schicksal der frühmittelalterlichen Schriften erfuhr und sich in regionale Separatformen zerstreute. Als man daran ging, die wichtigsten religiösen und weltlichen Texte des Altertums in mittelalterliche Handschriften zu übertragen, geschah dies in karolingischer Minuskelschrift. Über vier Jahrhunderte blieb sie in Gebrauch. Die italienischen Humanisten des 14. und 15. Jahrhunderts griffen auf sie zurück, sie diente in ihrer humanistischen Abwandlung der Antiqua als Grundlage und scheint als Urform selbst in unserer heutigen Schrift noch durch.

Lateinisch die Schrift, deutsch die Sprache – damit dürfte das nie ganz erreichte Ideal Karls des Großen wohl am besten bezeichnet sein. Er selbst, der sich mit dem Plan zu einer Grammatik des Deutschen trug, wollte seine Sprache zum Träger einer einheitlichen Laienkultur machen, die Staatsverfassung und Recht, Geschäftsverkehr und Gesellschaftsformen neu ordnete. Die »Namen der Winde«, die offizielle Benennung der Himmelsrichtungen, setzte er, wie sein Biograph Einhart überliefert, so verbindlich in germanischen Worten fest, daß sie sich in fast allen Sprachen Europas bis heute in

großer Ähnlichkeit gehalten haben. Im Zentrum und im Osten des Reiches wurde Deutsch die Volks- und Verwaltungssprache, *theodisce* genannt, im Unterschied zur amtlichen Kirchensprache, dem *latine*. Des Kaisers andere Versuche dieser Art gingen aber mit dem Verlust der karolingischen Reichseinheit wieder unter. Von den germanischen Heldenliedern aus der Völkerwanderung, die Karl nach Einharts Zeugnis aus der Mündlichkeit in die Schrift übertragen wollte, ist schließlich nur das *Hildebrandslied* überliefert, eingeschrieben in eine lateinische Handschrift aus dem Kloster Fulda und abgefaßt in einer seltsamen sächsisch-bairischen Sprachmischung:

Ik gihorta dat seggen,
dat sih urhettun aenon muotin,
Hiltibrant enti Hadubrant untar heriun tuem
sunufatarungo iro saro rihtun,
garutun se iro gudhamun gurtun sih iro suert ana
helidos, ubar hringa do sie to dero hiltiu ritun.

Ich hörte das wahrlich sagen, daß sich Streiter allein begegneten, Hildebrand und Hadubrand zwischen zwei Heeren, Sohn und Vater; sie bereiteten ihre Kampfhemden, sie gürteten sich ihre Schwerter an, die Helden über die Brünnenringe, als sie zum Kampf ausritten.

Der Verfasser ist nicht überliefert. 68 Stabreimlangzeilen dieses einzigen erhaltenen Heldenliedes in deutscher Sprache sind auf der ersten und letzten Seite des Fuldaer Codex notiert, unvollständig, der Schluß fehlt. Die Aufzeichnung bricht auf dem Höhepunkt der Schilderung ab, und so bleibt unbekannt, wie der Kampf zwischen Vater und Sohn, die sich nach dreißigjähriger Trennung als Angehörige zweier feindlicher Armeen begegnen, endet.

Zahlzeichen

Bis zum 13. Jahrhundert kamen in den lateinischen Manuskripten des Mittelalters fast ausschließlich römische Zahlzeichen vor, wie sie bereits in der Zeit des vorchristlichen römischen Imperiums in Gebrauch waren. Die wahrscheinlich ältesten Symbole waren I, V und X. Es liegt nahe, in diesen Schriftzeichen abstrakte Darstellungen des ausgestreckten Fingers für die Eins, der gespreizten Hand für die Fünf und der beiden Hände für die Zehn zu sehen. Der Buchstabe M für den Zahlwert tausend ist nicht römischen Ursprungs, sondern hat sich erst im Mittelalter entwickelt, und zwar unter Rückgriff auf das Wort für tausend, »mille«. Die römischen Zahlen wurden in den mittelalterlichen Scriptorien üblicherweise in Großbuchstaben geschrieben, mit Ausnahme der Zahl V, die man in der karolingischen Minuskel meist als u wiedergab.

Die ersten arabischen Ziffern tauchten in Europa im 10. Jahrhundert auf, in zwei lateinischen Codices von 976 und 992 in der Bibliothek Escorial, stärker jedoch verbreiteten sie sich erst später, ungefähr zeitgleich mit dem Papier (das seinen Weg ebenfalls über Arabien nahm). Eigentlich sind die Ziffern indischen Ursprungs.

	1	2	3	4	5	6	7	8	9	0
Sanskrit Handschrfit 2. Jh.	٦	?	३	४	५	८	?	٢	?	०
Indische Devangari Ziffern 5. Jh.	१	२	३	४	५	६	७	८	९	०
Westarabische Ziffern 10. Jh.	١	٢	٣	٤	٥	٦	٧	٨	٩	०
Deutsche Handschrift 15. Jh.	١	٢	٣	٤	٥	٦	٧	٨	٩	०

Sie wurden von den Anfangsbuchstaben der Zahlen im Sanskrit abgeleitet. Von Indien gelangten sie zu den Arabern, die sie seit dem 8. Jahrhundert in ihren arithmetischen Traktaten verwendeten und nach Europa mitbrachten, zuerst nach Spanien. Auch der Begriff »Ziffer« gelangte auf dieser Route zu uns. Die Null hieß bei den Indern *sunjall*, »leer«, und die Araber übernahmen den Begriff wörtlich als *as-sifre*, »die Leere«. Die Italiener schließlich machten daraus *cifra* und *cephirum*.

Die erste systematische Rechenkunde in arabischen Zahlen – und mit den vier Grundrechenarten – verfaßte der Pisaner Leonardo Fibonacci am Hof Kaiser Friedrichs II. Der Erfolg seines *Liber abaci* von 1202 beschleunigte die Verbreitung der neuen Ziffern, die sich bis dahin nur mühevoll und oft gemischt mit den herkömmlichen römischen Ziffern hatten durchsetzen können. Die modernen Ziffernformen sind nicht älter als 500 Jahre. Besonders die 2, 3, 4, 5 und 7 wurden je nach Zeit und Ort verschieden geschrieben. »Allgemein bürgerten sich arabische Ziffern erst im 15. Jahrhundert ein«, hält Giulia Bologna in ihrer Betrachtung über das Buch vor Gutenberg fest, »waren aber dann noch lange Zeit in offiziellen Rechnungsbüchern verboten, weil man glaubte, sie seien leicht zu fälschen.«

Eine Vereinheitlichung, die dem Regionalismus der Formen und dem irritierenden Formenwandel der Ziffern entgegentrat, brachte das Aufkommen gedruckter Lehrbücher für das praktische Rechnen, zumal die Werke von Adam Riese (1492–1559) aus Annaberg. Sein Lehrbuch für Anfänger, *Rechnung auf der Linie*, erschien 1522. 1525 folgte *Rechnung auf der Linie und Feder*, gedacht für Fortgeschrittene. Beide Bücher erschienen zuerst bei Mathes Maler in Erfurt und kamen sehr bald auch bei Andreas Eichhorn in Frankfurt an der Oder heraus. *Rechnung auf der Linie und Feder* erlebte bis Mitte des 17. Jahrhunderts gut 90 Ausgaben.

Buchhandel und Buchverehrung im frühen Mittelalter

Die serienmäßige Herstellung und der kommerzielle Vertrieb von Buchhandschriften waren dem Mittelalter zunächst unbekannt. Verleger und Buchhändler waren verschwunden, und mit ihnen die gewerbsmäßige Verbreitung des Buches. Einen dürftigen Ersatz boten die private Einzelabschrift und die Weitergabe von Person zu Person. Die Klöster liehen untereinander Handschriften aus, um in den Scriptorien Abschriften anzufertigen. Wurden Bücher aus den Beständen der Klosterbibliothek verkauft, mußte ihr Erlös für den Erwerb anderer Schriften verwendet werden.

Einen Buchhandel wie in der Antike trieb man im frühen Mittelalter nicht. Nur Italien machte eine Ausnahme; dort überlebten eine regional selbständig gewordene Buchproduktion und -verbreitung den Zusammenbruch des Römischen Reiches. Soweit das frühe Mittelalter »internationale« Beziehungen zwischen Bibliotheken pflegte, waren diese nicht kommerzialisiert. Die Buchpreise waren hoch, die Bibliotheken klein, selbst die größten von ihnen haben in der Regel nicht viel mehr als einige hundert, höchstens gut tausend Bände beherbergt. Als Reginbert, der berühmteste Schreiber und Bibliothekar des Klosters Reichenau, im Jahre 822 eine Bestandsaufnahme durchführte, zählte er 415 Exemplare – eine seinerzeit stolze Sammlung. 200 Schafen, oft auch mehr, entsprach der Wert eines pergamenten Codex.

Blickt man auf die Periode des Umbruchs zwischen 400 und 800 zurück, begegnet man einer Zeit politischer Instabilität, umherstreifender Völkerschaften, großer Epidemien (Pest) und langer Hungerperioden. Franken, Westgoten, Ostgoten gründeten ihre Reiche. Italien überstand die Herrschaft der Ostgoten glimpflich und erfreute sich unter Theoderich dem Großen sogar einer Erneuerung des Bildungswesens. »Noch im 6. Jahrhundert«, urteilt Carl Christ, »muß es in Italien in Laienhänden zahlreiche Bücher und auch Sammlungen von solchen gegeben haben.« Zu großen Bücherverlusten kam es im Zuge der Verheerung Roms, als Justinian von Byzanz aus die Wiedereroberung Italiens gelang. Nun erstarben die antiken Studien und die griechische Philologie, die die römische Bildungsschicht auch dann noch betrieben hatte, als sie längst christlich geworden war.

Auf den Niedergang der abendländischen Buchkultur in der Nachantike folgte nur in wenigen Fällen eine christlich inspirierte Blüte. Um die Pflege der Literatur stand es lange schlecht, das geistige Leben der frühmittelalterlichen Christenheit war ohne Glanz, die Liebe zu den Handschriften wenig ausgeprägt. Besser standen die Dinge in Irland, wovon Kolumban und seine bibliothekarisch bedeutsamen Klostergründungen zeugen, sowie in Spanien, das von den Westgoten beherrscht wurde und mit Isidor von Sevilla (570–636) einen großen Bibliothekenfreund und Bewunderer Cassiodors besaß.

Und Byzanz, das Rom des Ostens? Immerhin sind Glanzstücke des 6. Jahrhunderts wie die *Codices Rossanensis* und *Sinopensis*, wie der *Dioscurides* und der *Rabula-Codex*, auf byzantinischem Boden entstanden. Politisch und kulturell ging Byzanz, beginnend mit der Alleinherrschaft Konstantins im 4. Jahrhundert, eigene Wege. In der Textgeschichte jedoch hebt die eigentliche byzantinische Blüteperiode erst mit der Minuskelzeit an, mit dem 9. Jahrhundert. Zwischen ihr und der literarischen Regsamkeit des ausklingenden Altertums klafft eine zweihundertjährige Lücke von etwa 650 bis 850, »eine Zeit der Erschlaffung und Verödung« (Hartmut Erbse), in der nur die theologische Literatur und Bildung gedieh. Kaiser Leo III. verteidigte zwar in seiner Regierungszeit (717–741) das oströmische Reich erfolgreich vor den Heeren der Araber, aber er schloß die Hochschule von Konstantinopel und entfachte mit seinem Verbot der Bilderverehrung im Jahre 726 einen bis 842 währenden Bildersturm, der auch mancher Bibliothek übel mitspielte. Als mehr als hundert Jahre später von Photios, dem Patriarchen von Konstantinopel, die Universität wiedereröffnet und das Studium der Klassiker neu belebt wurde, hatte sich der innige Bund, den die griechische Bildung mit der lateinischen eingegangen war, aufgelöst. Die griechische Literatur fand nur noch im oströmischen Reich eine Heimstatt, während im Westen vornehmlich die lateinischen Autoren überliefert wurden.

In Anbetracht der allgemeinen Dürftigkeit und Wirrnis, die das Ende der antiken Welt begleiteten, mag die Pracht erstaunen, die für die Handschriften und ihre Illustrationen aufgewendet wurde. Das reiche Buch in dürftiger Zeit – darin steckt kein Widerspruch, sondern ein Hinweis auf eine uns heute kaum noch nachvollziehbare Wertschätzung. Der Dienst am Buch war zugleich Gottesdienst. Die Heiligkeit des Textes erstreckte sich über dessen immateriellen Wert hinaus auf die Materie des Buches selbst: auf die Züge der mit Sorgfalt aufgetragenen Buchstaben, die mit Gold- oder Silbereinlagen geschmückten Initialen, die reich kolorierten Illustrationen. Zudem war die Verehrung der missionierten Völker für das Buch eher größer, wenn ihrer Kultur Bücher bisher unbekannt gewesen waren. Das Zeugnis des göttlichen Wortes, das ein Missionar mitgebracht, aus dem er gelehrt und bekehrt hatte, umgab eine besondere Weihe. Das Evangeliar des Augustinus von Canterbury wurde jahrhundertelang nicht etwa in der Bibliothek der Christchurch in Canterbury aufbewahrt, sondern immer auf dem Altar der Kirche, wie ein Reliquiar oder das Kreuz.

Welten trennen unseren profanen Begriff vom Buch von der Auffassung jener Zeit.

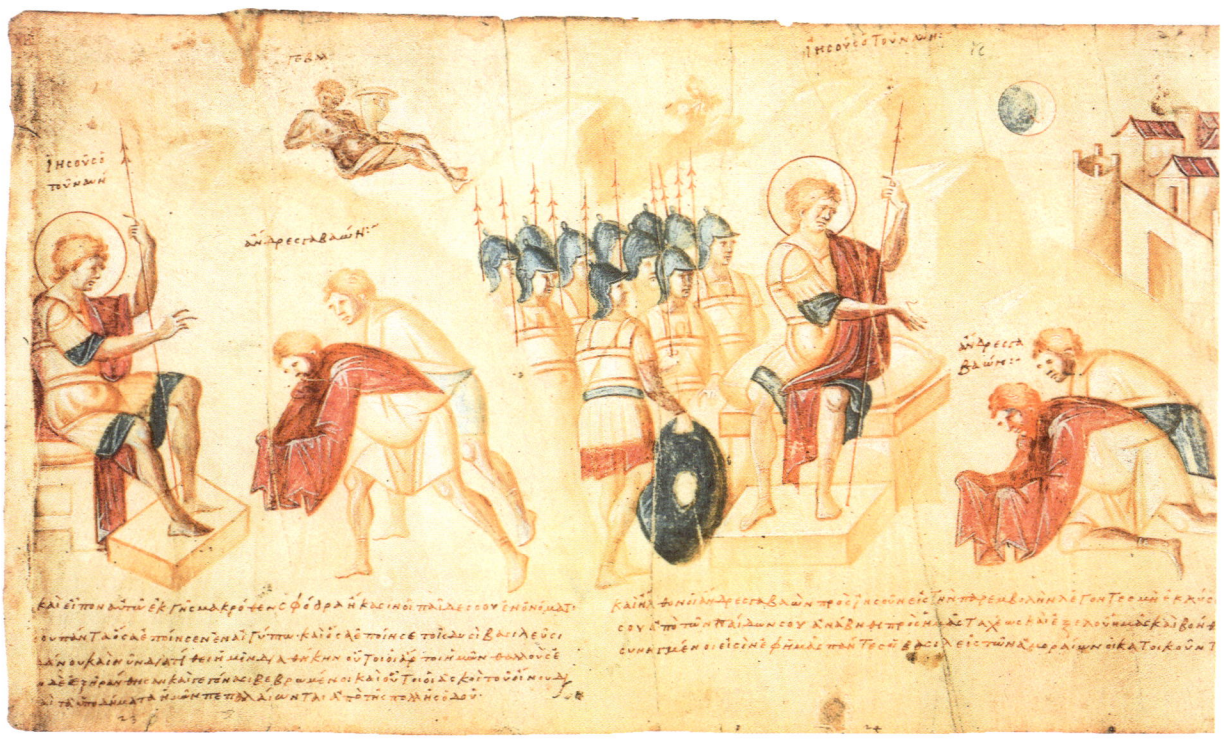

Josua-Rolle, 10. Jahrhundert, Byzanz. Heute ist der Rotulus in 15 Tafeln zerteilt, die eine Gesamtlänge von 10,6 m haben. Die Rolle war, da Anfang und Ende fehlen, ursprünglich länger. Die Höhe beträgt im Durchschnitt 31 cm. Die *Josua-Rolle* ist eines der Hauptdenkmäler der Makedonischen Renaissance. In 36 Szenen werden die Ereignisse des Buches Josua erzählt. Die begleitenden Textpassagen stammen aus der Septuaginta. Die Forschung ist uneins darüber, ob bereits das antike, verlorengegangene Urbild von Beginn an auf die Erzeugung einer kontinuierlichen Erzählung angelegt war, wie sie hier im Nebeneinander der Szenen entsteht, gleichsam als eine Vorwegnahme des modernen Comic strip. Möglicherweise handelte es sich zuerst um Einzelepisoden, die nachträglich aneinandergereiht worden sind.

Karolinger, Ottonen
und die Buchkunst der Romanik

Als Karl der Große im Jahre 800 von Papst Leo III. die Kaiserkrone empfing, wodurch er vom germanischen König zum christlichen Herrscher und Schutzherrn des Glaubens und der Kirche wurde, war die Christianisierung der Reichsgebiete im großen und ganzen abgeschlossen. Unter seiner Regierung wurde die Verbreitung der christlichen Lehre zu einer kulturellen Mission; die Klöster, denen dabei eine wichtige Aufgabe zukam, wurden zu zentralen Bildungsinstitutionen. Jedermann solle, verlangt eine kaiserliche Verordnung aus dem Jahre 813, seine Söhne zur Schule schicken, entweder in ein Kloster oder zu einem Priester. Karls Kulturpolitik, die »renovatio studii«, war wesentlicher Bestandteil seiner kaiserlichen Reichspolitik, der »renovatio imperii«. Dieses auf Wiederherstellung vergangener Größe gerichtete Bemühen sorgte für eine kräftige Belebung antiker Maßstäbe in Künsten und Wissenschaften, die sogenannte karolingische und später dann auch ottonische Renaissance, deren Schöpfungen stilkundlich betrachtet als Wegbereiter der Romanik gelten können.

Karolingische Buchmalerei

Begünstigt durch das neue, ihnen höchst förderliche Klima entstanden zahlreiche Scriptorien. Unter ihnen zeigt sich die *Palastschule* am stärksten vom Geist der Antike inspiriert. Auf ihren Miniaturen sind die Evangelisten in antike Gewänder gehüllt, die Hintergründe hat man im Stil des spätrömischen Illusionismus gestaltet. Hauptwerk des Scriptoriums ist das *Evangelienbuch Karls des Großen* (heute Nationalbibliothek Wien). Vermutlich hatte die Palastschule in Aachen, der kaiserlichen Residenz, ihren Sitz. Nach einer Schwester Karls des Großen, der Äbtissin Ada, ist ein von ihr gestiftetes Evangeliar benannt, ebenso die Malergruppe, die das in der Stadtbibliothek Trier aufbewahrte Werk schuf. Die menschliche Figur erscheint im *Ada-Codex* stilisierter als dies in Werken der Palastschule der Fall ist, der Hintergrund perspektivisch verkürzter, die Darstellung insgesamt flächiger, und die Linie neigt stärker dem Ornament zu.

Palastschule und Ada-Gruppe sind die ältesten Schulen der Karolinger, beide wirkten bereits um 800. Neben ihnen und nach ihnen sind die Scriptorien der Klöster Reims, Tours (mit dem *Evangelienbuch Karls des Kahlen*), Metz (mit dem *Drogo-Sakramentar*) und St. Denis, sowie St. Gallen, Reichenau und Fulda als wichtige Stätten der Miniaturmalerei zu erwähnen. Aus der Schule von Reims stammt der für seinen Illustrationsstil berühmte *Utrecht-Psalter*. Seine einfarbigen Federzeichnungen wirken spontan, wie improvisiert, die Szenen unterbrechen den Text; kein Rahmen engt sie ein. Sie sind bewegt, illustrativ erzählend und stehen ganz im Gegensatz zu den ornamentreichen, ganzseitigen, in satten Deckfarben ausgeführten Illustrationen der Prachthandschriften, denen der aristokratische Auftraggeber anzusehen ist. Von höfischem Stil und höfischem Glanz kündet das *Psalterium aureum* des Klosters St. Gallen, einer Schule, die besonders für ihre aus Ranken- und Flechtwerk geformten Initialen bekannt geworden ist. Im *Folchard-Psalter* von 860, der immer am Entstehungsort St. Gallen bewahrt werden konnte, mischen sich Ornamente irischer Herkunft mit antiken Formen. Das Flechtwerk prangt wie von einem Goldschmied geschaffen, man erkennt die Schriftgestalt der römischen Capitalis und die stilisierten Ranken des Akanthusblattes, einer Pflanze aus dem Mittelmeerraum, deren großlappige, eingebuchtete und gezahnte Blätter ein bevorzugtes Motiv ornamentaler Verzierung überall in der Kunst des Mittelalters waren.

Ottonische Buchmalerei, romanischer Stil

Nach der Regierungszeit Karls des Großen verlor der Hof seine Stellung als geistiger Mittelpunkt des Reiches. Die Buchmalerei wurde nun stärker theologisch bestimmt, die antikisierenden Züge traten zurück. Der auf Tiefe hin angelegte Raum, die Körperlichkeit der Figuren, die Illusion des Natürlichen – diese unter den Karolingern wiederbelebten Prinzipien antiker Formgebung wurden in der ottonischen Zeit einem eigenen Stilwillen unterworfen. Gestik und Mimik sind expressiv gesteigert. Die weit aufgerissenen Augen, die himmelwärts gewandten Hände, der nach oben gerichtete Blick verweisen auf überirdische Gewalten, auf Transzendenz, auf Teilnahme an Offenbarung. Die Welt der Sinnendinge ist Beiwerk. Landschaft und Architektur werden irreal verkürzt dargestellt: als Schichtenraum. Der Hintergrund ist ein dichtes Aufeinander flacher

Folchard-Psalter, 9. Jahrhundert. Initiale zu Psalm 51 »Quid gloriaris ... «
Der Schweif des Q ist verdoppelt, die Reihenfolge der Buchstaben der

Symmetrie untergeordnet. Das Q steht im Mittelpunkt, und in seinem
Zentrum, aus Schlingwerk gebildet, erscheint das Kreuz. 28,7 × 37,6 cm.

Lagen, die vor ihm stehenden Hauptfiguren der Szenerie sind ins Riesenhafte vergrößert. Eindringlichkeit der Erzählung ist das Ziel.

Thematisch wurde der Motivkreis über die Evangelisten-Bilder hinaus um Szenen aus dem Neuen Testament erweitert. Die Buchmalerei widmete sich nunmehr auch anderen Texten, den Heiligenlegenden, dem Leben Marias, der Passion Jesu, der Apokalypse.

Im Jahre 724 hatte der Hl. Pirmin auf der Bodenseeinsel Reichenau das Kloster Mittelzell gegründet. Dort entstanden gegen Ende des 10. Jahrhunderts eine Reihe illustrierter Handschriften, die als Meisterwerke der ottonischen Buchmalerei, der mittelalterlichen Kunst überhaupt gelten: Das *Gero-Sakramentar* von 969 (heute Landesbibliothek Darmstadt) war dem Andenken eines berühmten Markgrafen gewidmet; *Egbert-Psalter* und *Egbert-Codex* verdanken dem Erzbischof von Trier ihren Namen. Der um 980 geschaffene Egbert-Codex gilt mit seinen Anklängen an spätantike Vorbilder heute als eines der schönsten Stücke der Sammlung. Nur er verblieb in Trier. Der 993 von dem Mönch Ruodprecht vollendete Egbert-Psalter hingegen wird im

Museo archeologico von Cividale del Friuli in Oberitalien aufbewahrt.

Zwischen den Klöstern bestand ein reger Austausch. Die Verbreitung der Prachtcodices und ihr stilprägender Einfluß wird daraus erklärbar, zudem kursierten diese Kostbarkeiten als Geschenke der fürstlichen Auftraggeber. Das *Perikopenbuch Heinrichs II.* fand den Weg aus den Reichenauer Klostermauern nach Bamberg, wo es Heinrich – nach Otto III. der letzte der deutschen Könige aus sächsischem Hause – im Jahre 1012 dem von ihm gegründeten Dom zur Einweihung stiftete. Byzantinische Emailarbeiten schmückten dieses prächtige Evangelistar, das dem Kirchenschatz des kaiserlichen Doms zu Bamberg zufiel und als liturgisches Buch diente. Sein Name weist auf ein Gebrauchsbuch hin; denn Perikope meint den zur gottesdienstlichen Lesung bestimmten Abschnitt aus den Evangelien im Neuen Testament. Heute wird das Perikopenbuch Heinrichs in der Bayerischen Staatsbibliothek in München bewahrt, ebenso wie das *Evangeliar Ottos III.,* an dem sich das metaphysische Ausdrucksverlangen der Reichenauer Schule am eindringlichsten zeigt. Weit stärker als der eher klassizistisch gemäßigte, aus demselben Scriptorium hervorgegangene Egbert-Codex, dessen Miniaturen für ihre nuancierte Farbabstimmung der Streifenhintergründe gerühmt werden, wirkt das Evangeliar Ottos durch den extremen, visionären Gestus seiner Gestalten. Sie sind erfüllt von Andacht, Devotion und Gottesnähe.

Neben der Reichenau besaßen zu ottonischer Zeit vor allem die Klöster zu Trier, Echternach, Köln, Fulda, Regensburg, Minden und Hildesheim Scriptorien von Rang. Von der Mitte des 11. Jahrhunderts an verlor die Buchmalerei an Bedeutung. Als sie sich dann im letzten Drittel des 12. Jahrhunderts erneut zu großen Leistungen erhob – man denke an das *Evangeliar Heinrichs des Löwen* von 1175 – hatte sich die regionale Gewichtung verschoben. Zu Zentren der romanischen Buchkunst wurden nun Salzburg im Südosten, Köln im Westen. Eigene, auch nach Deutschland abstrahlende Stile entwickelten sich in England. Eine sehr schöne, aus der Schule von Canterbury stammende Kopie des *Utrecht-Psalters,* die im Unterschied zum Original mehrfarbig ist, zeigt die Pflege und kunstvolle Beherrschung der Federzeichnung. Neben der Farbigkeit gibt es eine weitere Änderung gegenüber der ursprünglichen karolingischen Handschrift. Die Majuskelschrift des Originals wurde durch Minuskelschrift ersetzt – der Leichtigkeit und Bewegtheit der Szene anverwandelt. Der Psalter, den heute die British Library in London aufbewahrt, stammt aus dem frühen 11. Jahrhundert.

Zeugnisse aus der Folgezeit lassen eine starke Konzentration auf die Initialmalerei erkennen, bei der nun auch verstärkt Figuren dargestellt werden. Gut sichtbar ist an den *bewohnten Initialen* der Lambeth-Bibel, wie die

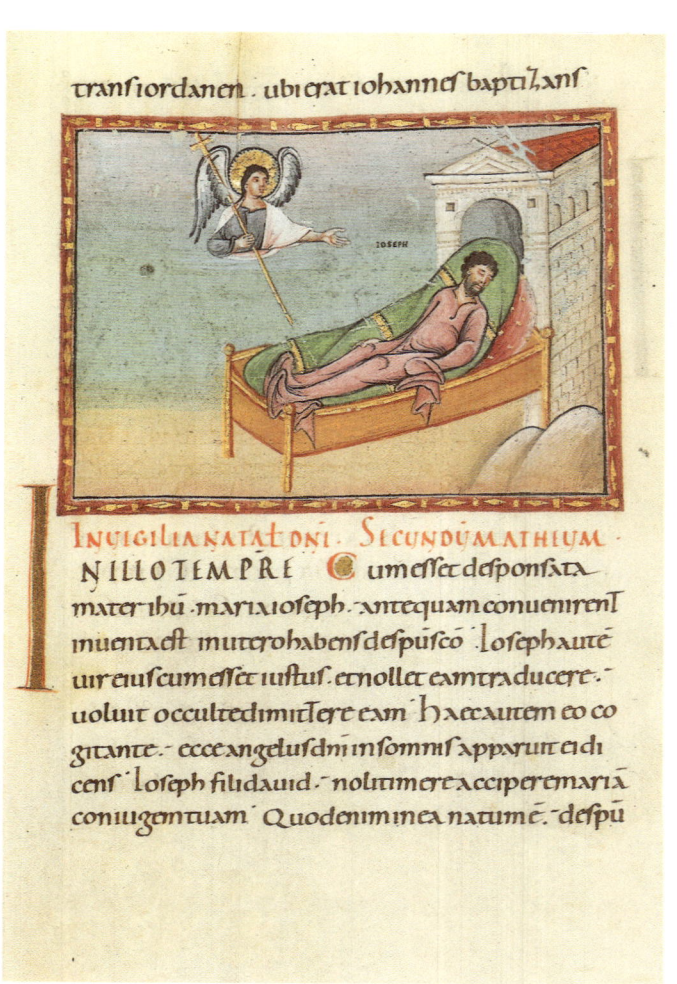

64 *Egbert-Codex*, Reichenau/Trier um 980–993. Die Miniatur zum »Traum Joseph« wird dem Meister des Registrum Gregorii zugeschrieben. Darunter der Evangelientext aus Matthäus 1,18–21. 21 × 27 cm.

subtilius bona quç fecit; Sed doloris uerba
hyſtorica atq; allegorica expoſitione tranſ
currimuſ; uirtutú uero opa. ex maxima parte
iuxta ſoliuſ hyſtorię textú tenemuſ; ne ſi hęc
ad indaganda myſteria trahimuſ ueritatem
fortaſſe opiſ uacuare uideamuſ;

EXPL LIB·XX·
INCIPIT·XXI;
NTELLECTVS
ſacri eloquii inter textú & myſte
rium tanta eſt libratione penſand;
ut utriuſq; partiſ lance moderata
hunc neq; nimię diſcuſſioni pondus
deprimat; neq; rurſus torpor incu
rię uacuú relinquat; Multa quip
pe eiuſ ſententię tanta allegoriaú
conceptione ſunt grauide; ut ſi qſq;
eaſ ad ſolam tenere hyſtoriá nititur
carú notitia p ſuá incuriam puet;
Nonnullę uero ita exterioribꝰ pcep
tiſ inſeruiunt; ut ſi quiſ eaſ ſubti
liuſ penetrare deſiderat; nichil quide
nil inueniat; ſed hoc ſibi etiá quod
foriſ loquitur abſcondat; Unde be
ne quoq; narratione hiſtorica per
ſignificationé dicitur; Tollenſ iacob
uirgaſ populeaſ uirideſ & amigda
linaſ & ex plataniſ; ex parte deco
ticauit eaſ; detractaſq; corticibuſ in
hiſ quę expoliata fuerant candor
apparuit; Illa ú quę integra erant;
uiridia p manſerunt; atq; in hunc
modú color effectuſ é uariuſ·Ubi
& ſubditur; Poſuitq; eaſ in canalibꝰ;

VI
CON
TRA

Figureninitialen aus *Moralia in Job* Gregors des Großen,
Anfang des 12. Jahrhunderts in Citeaux entstanden.

byzantinische Art, den Faltenwurf der Gewänder an-
zudeuten, eine Übersteigerung erfährt. Was vorher
nur modelliert war, springt nun als harte Linie hervor.
Die Gewänder wirken kaum noch als Bekleidung,
eher scheint es, als träten in starken Linien die Sehnigkeit
und die Muskelpartien der Körper zutage. Die Dynamik der Linie nimmt zu, das Ornamentale daran wird
labyrinthisch.

Die *Figureninitiale* erlebte im 12. Jahrhundert einen
Höhepunkt ihrer Gestaltung. Sie erscheint als ein Betäti-
gungsfeld freier, von keiner regelhaften Ikonographie
begrenzten Phantasie, hat dabei jedoch einen eigenen
Bildsinn, läßt sich also nicht nur dekorativ verstehen.
In Burgund vervollkommneten die Buchmaler von
Citeaux das Prinzip, aus Leibern und Dingen Buchstaben
zu komponieren: Da bildet der gekrümmte Rücken eines
kornschneidenden Mönches das Oval eines Q, der Schaft
eines I verwandelt sich in einen hohen Baumstamm, ein
den Dreschflegel schwingender Mann wird zum S, ineinander verbissene Ungeheuer formen befremdliche Alphabete. Solcherart wird die Initiale zur Aktionsbühne,
auf der, mit bildnerischer Finesse verdichtet, die im Text
geschilderten Begebenheiten wiederkehren.

Eine verschlüsselte, weniger erzählerische Bildsprache besitzen die Initialen des *Landgrafenpsalters*, eines der
Meisterwerke des sogenannten *Zackenstils*. Der Psalter
wurde lange der thüringisch-sächsischen Schule zuge-
rechnet, ist aber wahrscheinlich zwischen 1213 und 1215
in Niedersachsen entstanden. Ein Flechtwerk aus blau-
en, roten, grünen und braunen Bändern bildet hier die
auf Goldgrund stehenden Buchstaben. Die Ornamentik
überwiegt, erst auf den zweiten Blick sind die zwischen
den Ranken sich abspielenden Jagd-, Kampf- und bäuerlichen Szenen zu erkennen. Landgraf Hermann I. von
Thüringen hatte den Psalter 1211 in Auftrag gegeben.

Eine der anspruchsvollsten Aufgaben, die sich die
Buchmalerei des 12. Jahrhunderts stellte, war die Ausstattung der gesamten Bibel mit Bildern. In der Romanik ging man erstmals dazu über, die siebzig Bücher des
Alten und Neuen Testaments mit einem Titelblatt ein-
zuleiten. In Oberitalien kamen zuerst besonders großformatige Bibelhandschriften auf, sogenannte Riesenbibeln, die bald auch in der italienisch beeinflußten
Salzburger Schule Nachfolger fanden. In der Steiermark
entstand um 1140 eines ihrer Hauptwerke, die voll-
bebilderte *Admonter Riesenbibel* (jetzt Österreichische
Nationalbibliothek, Wien). Als reifste Schöpfung der
Salzburger Bibelillustratoren gilt die *Gumbertsbibel*. Sie
ist zwischen 1175 und 1195 entstanden und hat ihren
Platz heute in der Universitätsbibliothek Erlangen. Mit
ihren 50 Miniaturen und über 100 Initialen ist sie eine
der bilderreichsten aller Salzburger Bibeln.

Ihre Bezeichnung tragen jene Riesenformate pas-
senderweise: raumgreifend wie sie sind, hat ihr Umfang
wahrlich mit einem einzelnen Buch weniger zu tun als

mit einer Bibliothek. Entsprechend wiegen sie. Vom *Codex Gigas* der Kungliga Biblioteket in Stockholm, der größten Handschrift der Welt, heißt es, er müsse von drei Männern transportiert werden, so schwer sei dieser Riese böhmischen Ursprungs aus den Jahren 1200 bis 1225.

Die Bau- und Kunstwerke, die nachträglich mit dem Stilbegriff »Romanik« gekennzeichnet wurden, entstanden auf Weisung zweier Auftraggeber, geistlicher Würdenträger und weltlicher Fürsten. Beide Obrigkeiten nahmen im Mittelalter ähnliche Funktionen wahr.

Bischöfe waren oft auch Landesherren, Fürsten und Adlige saßen in hohen kirchlichen Ämtern. Die im 12. und 13. Jahrhundert entstandenen Bücher waren für die Repräsentation und den besonderen Gebrauch der hohen kirchlichen Würdenträger oder als fürstliche Stiftungsgaben an Klöster, adlige Stifte oder Bischofskirchen zum eigenen Seelenheil der Auftaggeber und Stiftenden gedacht. Als Opfergabe oder Weihegeschenk waren sie Teil des religiösen Lebens. Zugleich wurden in der Romanik erstmals weltliche Dichtungen illuminiert, namentlich die mittelhochdeutschen Ritterepen eines

66   *Beatus-vir-Initiale* aus dem *Landgrafenpsalter*. Zwischen 1213 und 1215 vermutlich in Hildesheim geschaffen. 384 Seiten mit 8 ganzseitigen Miniaturen, 12 reich verzierten Kalenderseiten und zahlreichen Prunkinitialen auf Goldgrund. 17 × 23,3 cm.

Wolfram von Eschenbach oder Heinrich von Veldeke, dessen *Eneit* das Vorbild der jungen literarischen Gattung war.

Weder ausschließlich theologischer noch gänzlich profaner Natur ist das übergreifende, für die Bildungs- und Kulturgeschichte bedeutsame Werk der Herrad von Landsberg (1125–1195). Die Äbtissin vom Kloster Hohenburg auf dem Odilienberg im Elsaß verfaßte und illustrierte für den Unterricht der Klosterfrauen eine Enzyklopädie des theologischen und profanen Wissens ihrer Zeit. Ihr *Hortus Deliciarum* (Garten der Wonnen) entstand in den Jahren 1159 bis 1175. Herrads teils mystisch-allegorisches, teils wissenschaftliches Kompendium beinhaltet Auszüge aus der Bibel, aus den Schriften der Kirchenväter, Exzerpte profaner, naturwissenschaftlicher und historischer Autoren, dazu eingestreut Gedichte aus eigener und fremder Feder, ein Verzeichnis der Päpste, ein Kalendarium, chronologische Tabellen. Das über 300 Blätter umfassende Werk war mit einer großen Zahl hervorragender, nicht selten ganzseitiger Miniaturen ausgestattet. Die Illustrationen vermitteln ein lebendiges Bild von Kleidung und Sitten des 12. Jahrhunderts. Leider vernichtete ein Brand in Straßburg im Jahre 1870 die Handschrift. Teile des *Hortus Deliciarum* sind in originalgetreuen Kopien überliefert worden, die noch heute etwas von der Schönheit des Originals erkennen lassen.

Das öffentliche Interesse regt sich immer dann, wenn der Verkaufswert von Kunstgegenständen bekannt wird, vorzugsweise bei sensationellen Preisen. So auch 1983 bei der Nachricht, daß das Evangeliar Heinrichs des Löwen für 32,5 Millionen Mark für die Herzog August Bibliothek in Wolfenbüttel ersteigert wurde. Als das »teuerste Buch der Welt« wurde das Werk nach der spektakulären Versteigerung apostrophiert – zumindest ist es das teuerste Buch der Auktionsgeschichte und darf nun unangefochten die kostbarste deutsche illuminierte Handschrift des 12. Jahrhunderts heißen. Das Evangeliar zeugt von mittelalterlicher Frömmigkeit und vom weltlich-politischen Anspruch Herzog Heinrichs. Als Landesherr von Bayern und Sachsen stiftete er dem als Zeichen seines Herrschaftsanspruchs erbauten Braunschweiger Dom St. Blasius zur Weihe des Marien-altars im Jahre 1188 einen liturgischen Schatz. Das in der Benediktinerabtei Helmarshausen (bei Karlshafen) geschaffene Evangeliar gehörte dazu.

Die Kraft des Bildes

Daß in der ottonischen Buchmalerei die Passion Jesu Thema wird, daß es im 12. Jahrhundert zu einer Blüte der Bibelillustration kommt – beides könnte ein guter Grund sein, innezuhalten und zurückzublicken: zurück auf das Bild, seine Rolle und sein Ansehen. Zunächst der Blick auf die Bibel: Lange Zeit ist nur jener Teil der christlichen Literatur mit malerischem oder überhaupt künstlerischem Schmuck versehen worden, der im Gottesdienst Verwendung fand, also Evangeliar, Sakramentar, Psalter und Chorbuch. Das Buch der Bücher aber, als Gesamtheit aller Texte des Alten und Neuen Testaments, war kein Meßbuch und wurde jahrhundertelang nicht nur nicht bebildert, sondern überhaupt nicht dekorativ ausgeschmückt. Es ließe sich folgern: Da die Bibel keine zeremoniellen Aufgaben und damit keine Repräsentationszwecke zu erfüllen hatte, mußte ihr auch kein prunkvolles Gewand gegeben werden. Entsprechend spät – eben im 12. Jahrhundert – ist man darauf verfallen.

So wäre der Grund ganz einfach ein praktischer und nicht etwa religiöse Scheu? Die Frage führt auf den zweiten und zentralen Punkt, der nicht den Buchschmuck im allgemeinen, nicht Ornament und farbige Initiale, sondern das Bild im Vollsinne betrifft, namentlich die Darstellung Jesu. Über das Bild, seine Wahr- und Falschheit, seine erhellende oder verstellende Macht, ist immer gestritten worden. Der heidnischen Antike war die Bilddarstellung selbstverständlich, aber am Anfang der jüdisch-christlichen Überlieferung steht das Bilderverbot. Das »Du sollst dir kein Bildnis machen« ist ein mosaisches Gesetz; nach jüdischer Lehre ist das Wesen Gottes in seinem Namen beschlossen. Doch während das palästinensische Judentum das Verbot strikt einhielt, scheinen sich in der Diaspora bereits in vorchristlicher Zeit unterschiedliche Auffassungen herausgebildet zu haben. Nicht zuletzt wegen der missionarischen Wirkung auf die stark visuell orientierte hellenistische Umwelt entwickelte sich mancherorts eine jüdische Malerei, die Motive aus dem Alten Testament darstellte. Die Altchristen wiederum stimmten in ihrer Abneigung gegen die bildliche Darstellung des Numinosen mit den orthodoxen Juden überein. Bilderdienst hieß Götzendienst. Bis zur Zeit der staatlichen Anerkennung des Christentums hat die Kirche die Verwendung von Bildern grundsätzlich bekämpft und die Gotteshäuser von ihnen freigehalten. Eusebius bezeichnete die Darstellung Christi im 3. Jahrhundert noch als schriftwidrig und götzendienerisch, und selbständige Christusbilder waren auch im folgenden Jahrhundert eher selten. »Male Christum nicht ab«, ermahnte Asterius von Amasia den Gläubigen.

Die Mahnung selbst zeigt indes an, daß es Sünder gab, die dieses Verweises bedurften. Mit dem 5. Jahr-

68 Kanontafel aus dem *Evangeliar Heinrichs des Löwen*. Unter dem Credo des Apostels Bartholomäus zeigt das Blatt die Konkordanz des Matthäus- mit dem Lukasevangelium. Kanontafeln gliedern tabellarisch auf, an welchen Stellen die Erzählungen der vier Evangelisten übereinstimmen. Diese Harmonie bekundete für die Gläubigen die Einheit des Gottes- wortes in der Vielfalt der Überlieferung. In jedem mittelalterlichen Pracht-evangeliar werden die Texte der Evangelien von Kanontafeln eingeleitet. Sich architektonischer Formen zu bedienen, um eine Buchseite zu organi-sieren, war der Buchmalerei seit alters her vertraut. 25,3 × 34,2 cm.

»Pfingstwunder«. Von der Hand Gottes ausgehend, münden sieben
Strahlen in sieben Medaillons mit Tauben, die für die Gaben des Heiligen
Geistes stehen: das Wunder der Erleuchtung durch den Geist der Weis-
heit, des Verstandes, des Rates, der Stärke, der Erkenntnis, der Frömmig-
keit und Gottesfurcht. Im Zentrum Maria, umringt von den Aposteln.
Unter den insgesamt 50 ganzseitigen Miniaturen des *Evangeliars*

Heinrichs des Löwen ist diese Darstellung von der Ausschüttung des
Heiligen Geistes eine von 20 Bildseiten neben 17 Kanontafeln,
4 Evangelistenbildern und 9 Zierseiten. Die prunkvolle und gut erhaltene
Pergamenthandschrift aus dem 12. Jahrhundert umfaßt 226 Blätter
im Format 25,3 × 34,2 cm.

69

hundert setzte eine Bilderproduktion ein, in deren Konsequenz schon bald das Bild des Erlösers zum Kultobjekt wurde, dessen Gegenwart vor dem bösen Geist schützt. Dem Bild wurde magische Kraft zugesprochen. Davon zu unterscheiden ist ein Bildverständnis, wie es im 6. Jahrhundert Papst Gregor der Große bekundet. Auch er rechtfertigt die anschauliche Darstellung christlicher Gehalte – und zwar unter Hinweis auf den didaktischen Sinn. Gregor rühmte den Vorzug der Bilder als Mittel zum Verstehen für die Analphabeten und Heiden, denen auf diese Weise die Bibel und das Leben der Heiligen nahegebracht würden.

Dagegen verbot im Jahre 726 der byzantinische Kaiser Leo III. die Idolatrie, die Bilderverehrung, wodurch der große byzantinische Bilderstreit ausgelöst wurde, der in die Geschichte eingegangen ist. Die Bilderfreunde behaupteten die Berechtigung der Bilderverehrung, indem sie sich auf die göttliche Herrlichkeit der Darstellung beriefen und die Meinung vertraten, die einem Bild erwiesene Verehrung gelte ja doch dem Urbild und gehe auf dieses über. Die Gegner, die Ikonoklasten, sahen im Bilderdienst heidnisches Ritual. Die Verbildlichung empfanden sie als Versinnlichung, als Erniedrigung des Göttlichen. Verglichen mit dem, was das geistige Auge zu schauen vermag, ist die Welt des leiblichen Auges nur Abglanz, Widerschein verborgener Wahrheit. Um auf diese überirdische Wahrheit zu verweisen, empfiehlt sich nicht das plumpe Abbild, sondern die zeichenhafte Andeutung, das Symbol. Darin aber, abstraktes Zeichen zu sein, rücken Bild und Schrift, Symbol und Buchstabe, zusammen.

Jahrhunderte später, im Mittelalter, sieht man die Folgen dieser Bewegung. Schrumpfte in ikonoklastischer Zeit das Bild zum Symbol und lud sich dabei mit

Biblia Pauperum Apocalypsis. Weimarer Handschrift. Die ungewöhnlich großformatige Biblia pauperum (33 × 48 cm) entstand in der Mitte des 14. Jahrhunderts und gelangte 1809 aus dem Benediktinerkloster St. Peter und Paul zu Erfurt in die Herzogliche Bibliothek in Weimar. Das für den Unterricht von Laienbrüdern verwendete theologische Lehrbuch ist das älteste seiner Art. In den typologischen Bildgruppen werden jeweils einer Szene aus dem Neuen Testament, dem »Antitypus«, zwei aus den beiden Epochen des Alten Bundes ausgewählte Szenen beigestellt. Die Geschehnisse in der Heilsgeschichte des NT erscheinen so als im AT vorhergesagt, vorherbestimmt. Die 23 Seiten umfassende Apokalypse weist mit Absicht noch weniger Text auf als der übrige Teil der Biblia pauperum.

Bedeutung auf, so verwandelt sich nun der Buchstabe ins Bild zurück und gibt der Bedeutung erneut sinnliche Gestalt. Exemplarisch dafür ist die Figureninitiale des *Canon missae*, dessen Anfangsbuchstabe, das T, ganz und gar zum Bild der Kreuzigung Jesu geworden ist. Papst Innozenz III., der dies – rund 500 Jahre nach dem byzantinischen Bildersturm – kommentiert, sieht darin keineswegs ein Vergehen wider den Geist der christlichen Überlieferung, sondern im Gegenteil ein Mittel der Andacht und des Innewerdens: »*ut non solum intellectus litterae, verum etiam aspectus picturae memoriam passionis Domini inspiret* – so daß nicht nur der Sinn der Schrift, sondern auch der Anblick des Bildes uns mit der Erinnerung an das Martyrium des Herrn erfüllt«.

Ein Endpunkt war damit freilich nicht erreicht. Der Streit schwelte fort und flammte auch in späterer Zeit wieder auf, beispielhaft in der Reformation. Luther gestattete zwar eine bestimmte Kategorie der Bibelillustration, die er »Merkbild« nannte, verdammte aber das Beten vor den kirchlichen Bildern und Plastiken als heidnischen Kult. Der Reformator Karlstadt ließ 1521 in Wittenberg die Heiligenbilder verbrennen, und in Zürich bewog drei Jahre darauf Zwingli den Magistrat der Stadt dazu, die Kunstwerke aus den Kirchen entfernen und zerstören zu lassen. Auf der anderen Seite fanden auch die Befürworter stets Nachfahren. Wie man in der reformatorischen Bildfeindschaft einen verwandten Geist von Kaiser Leo III. wiederkehren sehen könnte, so verwirklichte sich Papst Gregors didaktische Bildauffassung in den *Armenbibeln*, die sich seit etwa 1250 in ganz Europa verbreiteten. Die *Biblia pauperum* verzichtet als Bibel für ungeübte Leser oder Analphabeten auf einen längeren fortlaufenden Text. Thematisch beschränkt man sich meist auf Szenen aus dem Leben Jesu, wobei sich die Darstellung einer besonderen Form der Bilderkonkordanz bedient: In der Mitte sieht man das Ereignis aus dem Neuen Testament, umrahmt von zwei Szenen des Alten Testaments, die sich dazu als spirituelle Entsprechung verhalten. So scheinen die älteren Bilder zu prophezeien, was in der jüngeren Jesus-Darstellung erfüllt ist – eine Illustration der Folgerichtigkeit des göttlichen Heilsplans, die gleichsam ins Auge springt und zu deren Verständnis es keines Lesekundigen bedarf.

Wegen der Form ihres Sinnbezuges sieht man die Biblia pauperum heute als typologisches Bilderbuch des Mittelalters an. Typologie meint: »Das Neue hebt das Alte, das Alte lebt im Neuen. Das Alte wird erlöst ins Neue, das Neue baut sich auf dem Grund des Alten« (Friedrich Ohly). In diesem Sinne lehrte die Scholastik, daß die Heilsverheißung schon im Alten Testament vorgegeben und die Heilserfüllung im Neuen Testament erfolgt sei. Die Armenbibel war für Scholaren und arme Kleriker bestimmt, die sich eine vollständige Bibel nicht leisten konnten oder als »Arme in Geiste« keine höhere

Bildung anstrebten. Die meisten illustrierten Manuskripte setzten Lesenkönnen, Lateinkenntnisse und ein Minimum an theologischer Bildung voraus. Die Biblia pauperum ist vermutlich gegen Ende des 13. Jahrhunderts im bayerisch-österreichischen Raum entstanden. Ähnliche illustrierte Typologien sind das *Speculum humanae salvationis (Spiegel des menschlichen Heils)* und die um 1355 geschaffene *Concordantia caritatis* des Zisterziensers Ulrich von Lilienfeld.

Die ursprüngliche Bedeutung des lateinischen *illustrare* ist »erleuchten, erhellen«, auch »Glanz verleihen, verschönern«, was auf die Buchmalerei übertragen zu »zieren, schmücken« führt. Nimmt man das Wort in seinem stärksten Sinn, so geht die Illustration weit darüber hinaus, bloß ein optischer Kommentar zum Text zu sein. Wäre es nur dies und nichts sonst, bliebe das Bild stets auf das Wort bezogen und diesem nachgeordnet. Als Medium von »Erleuchtung« aber löst sich die Illustration aus der Abhängigkeit von der Sprache und gewinnt Eigenständigkeit. Tatsächlich ist der mittelalterliche Zug der Kunst, wie er uns gesteigert in den Werken der Reichenauer und der ottonischen Buchmalerei begegnet, kein simples Bebildern, sondern eine Versinnbildlichung geistiger Gehalte, theologischer Deutung und unmittelbarer Gotteserfahrung. Der Ausdruck, der sich dem Betrachter mitteilt, wäre durch das geschriebene Wort nicht zu erwirken.

Vollends tritt das Bild in eigene Rechte, wenn es Mitteilung nicht eines begrifflich Erfaßten, sondern von Visionen ist: »Die Gesichte, die ich schaue, empfange ich nicht in traumhaften Zuständen, nicht im Schlafe oder in Geistesgestörtheit ... sondern wachend, besonnen und mit klarem Geiste ...«, bekundet Hildegard von Bingen (1098–1179). Die Mystikerin und Meisterin des benediktinischen Frauenkonvents war schon unter ihren Zeitgenossen bekannt als die Verfasserin des *liber scivias* (*Wisse die Wege* – des Herrn). 1141 beginnend, schrieb sie mit der Hilfe eines Mönchs und einer Nonne in zehn Jahren den Bericht ihrer 26 mystischen Visionen. In dramatischer Sprache, mit symbolhaften Bildern, prophetischen Ankündigungen, in Lob- und Wechselgesängen schildert die rheinische Nonne ihre Schau von der Schöpfung und Erlösung der Welt. Ihre Vision betont die Einheit der Schöpfung, die die Welt der Engel ebenso umfaßt wie Pflanzen und Tiere. Dabei spielen die Illustrationen eine eigenständige, zentrale Rolle. Miniaturen wie *Das Weltenei mit atmosphärischen und planetarischen Ringzonen* sind keine Ausschmückung einer Lehre. Versucht wird, einem mystisch Erblickten unmittelbar Bildgestalt zu geben: nicht zu malen, was gedacht, sondern was gesehen wird. Nach der magisch-beschwörenden Funktion des Kultbildes und der Didaktik der Armenbibel begegnet man hier dem Bild in höchster Potenz: als Mittel einer ursprünglichen Erkenntnis.

71

72   *Codex Aureus* von Stockholm. Um die Mitte des 8. Jahrhunderts in Canterbury entstanden. Text lateinische Unziale und insulare Minuskel, gold- und silberfarbene Schrift. Die abgebildete Doppelseite ist der Anfang des Matthäus-Evangeliums und zeigt links den Evangelisten auf dem Thron, über ihm sein Attribut, den geflügelten Menschen, und rechts die große Initiale XRI (= *Christi) autem generati* ..., mit der

die Erzählung von Christi Geburt einsetzt. Während die Darstellung des Evangelisten stilistisch eher einen mediterranen Einschlag hat, ist die Schriftseite eine markante angelsächsische Schöpfung. Typisch sind die Spiralen (scrolls), Ranken und tiergestaltigen (zoomorphe) Elemente. 193 Blätter, 31,4 × 39,5 cm.

Zwei himmlische Farben: Gold und Blau in der Buchmalerei

»Es ist die nächste Farbe am Licht«, schreibt Goethe in seiner Farbenlehre über das Gelb, dessen hellen und heiteren, das Herz ausdehnenden Charakter er rühmt, um dann auf etwas hinzuweisen, worin alle positiven Eigenschaften des Gelben gesteigert erfahren werden: Einen »neuen und hohen Begriff von dieser Farbe« nämlich gebe uns »das Gold«, und zwar besonders, »wenn der Glanz hinzukommt«.

Malereien mit glanzgebenden Edelmetallen zu bereichern, war seit der Antike im ganzen Orient üblich. Die Praxis ging über Ägypten nach Griechenland und kam von dort nach Rom. Ins abendländische Buch gelangten Gold und Silber erst spät und unter Schwierigkeiten. Wiewohl sich die Miniaturmaler darum bemühten, konnten sie dem Vorbild der Mosaiken, der Wand- und Tafelmalerei nicht einfach folgen. Oft griff man zu Surrogaten. Ein besonderes Problem warf die Pergamentqualität auf: Auf rauhen Pergamenten hafteten die Edelmetalle nur mit Hilfe starker Ätzmittel. Die rund vierzig damals bekannten Rezepte zur Vergoldung und Versilberung unterscheiden sich denn auch vor allem durch die Vorschriften, die sie für die Wahl und Dosierung ihres Ätzmittels machen.

Gold steht für Licht. In der Buchmalerei symbolisiert Gold als Farbe die Ewigkeit, das Göttliche, das Unvergängliche. Als Auszeichnungsschrift für einzelne Textpassagen – Worte Christi, Nomina Sacra, Initialen, Hauptfeste in Kalendarien, Kapitelüberschriften – wurde Gold im gesamten Mittelalter verwendet, zuweilen auch, hierarchisch abgestuft, zusammen mit silberner Schrift wie im *Codex Aureus,* einem insularen Purpurcodex aus dem 8. Jahrhundert, den heute die Kungliga Biblioteket in Stockholm besitzt. Durchgehend mit goldenen Buchstaben sind alle acht Handschriften der Palastschule Karls des Großen geschrieben worden, darunter der *Dagulf-Psalter* und das purpurgrundige *Reichsevangeliar,* das als Eidbuch bei den Krönungen der deutschen Kaiser und Könige in Aachen diente. Mit Gold und Purpur suchte man die Zeichen göttlicher und irdischer Herrschaft zu verbinden: zu Farben eines Herrschertums von Gottes Gnaden. Viele Handschriften sind jedoch noch ohne große Strahlkraft. Die irisch-angelsächsischen Mönche waren arm und malten mit gelber Tusche. Die karolingischen und ottonischen Scriptorien benutzten dann ein Goldpigment von sandig-körniger Art, das aber nur mäßig glänzte. Das wichtigste Ersatzmittel für Gold war musivisches Gold, *porporina* genannt.

Erst als man sich im 12. Jahrhundert auf die Verarbeitung von Blattgold verstand, wurde der ersehnte Effekt, ein metallischer Glanz, erzielt. Vorbild dafür war Byzanz. Die byzantinischen Buchkünstler hatten den Schmuck der Pergamentseiten mit Gold und Silber zuerst zur Meisterschaft ausgebildet und arbeiteten mit beiden Farben sowohl große Flächen als auch die Details der Figuren. Für Texte wählte man farbige, bevorzugt purpurne Gründe, auf denen sich die goldene oder silberne Schrift leuchtend abhob. Mit der Auflage der hauchdünnen, hochpolierten Metallblättchen gelang die Nachahmung des Goldhintergrundes der byzantinischen Mosaiken, Ikonen und Miniaturen. Stilistisch war in der Buchmalerei damit ein Zurückdrängen des Ornaments verbunden. Denn die mit Gold ausgelegte Fläche wirkt selbst, sie bedarf, um Schmuck zu sein, keiner Verzierung durch die Linie. Mehr noch als dieser Schmuckwert aber hat, mit Goethe zu reden, die »sinnlich-sittliche Wirkung der Farbe« aufs Gemüt dafür gesorgt, daß sich der materiale Goldhintergrund sofort überall durchsetzte. Ein göttliches Leuchten scheint dank seiner das Bild zu erhellen. Dies zu symbolisieren, ist das Gold unübertroffen, und so ist es in der Ikonologie auch immer interpretiert worden – als »nächste Farbe am Licht«.

Blau ist die am wenigsten materielle Farbe, die Farbe der Durchsichtigkeit, der Transparenz. Blau ist die Farbe des Mantels der Maria. Das schönste reinste Blau, das schon in der Antike verwendet wurde, gewann man in Mesopotamien und Ägypten durch Pulverisieren von Lapislazuli. Im Mittelalter erhielt man den Stein aus den Minen von Bakakshan (Afghanistan), von wo er über den Levantehandel importiert wurde. Der Schiffsweg über das Mittelmeer gab dem leuchtenden Blau seinen Namen: *ultramarin,* »überseeisch«. Bis ins 13. Jahrhundert malte man mit reinem Lapislazuli, danach gelang es, eine Paste durch Mischen von Lapislazulipulver mit Wachsen, Ölen und Harzen herzustellen.

Der mittelalterliche Einband

Elfenbeinreliefs, Perlen- und Edelsteinbesatz, Emailarbeiten, Silber- und Goldblechauflagen, sogar rein goldene Deckel (wie beim *Codex Aureus* von St. Emmeram) – die Einbände der mittelalterlichen Prachthandschriften zeugen davon, daß zusätzlich zur Arbeit des Buchbinders die Kunst des Goldschmieds gefordert war. Praktisch alle im Kunsthandwerk gebräuchlichen Techniken kamen zur Anwendung, wenn es darum ging, der geistigen und religiösen Wertschätzung durch einen kostbaren Einband Ausdruck zu verleihen.

Am bekanntesten unter den Elfenbeinschnitzereien sind die sogenannten *Konsular-* und *Kaiserdiptychen.* Mit diesen kunstvoll geschnitzten Elfenbeinplatten pflegten schon in der Spätantike die Konsuln ihre Freunde zu beschenken. Das christliche Mittelalter griff die Präsentationsform der Diptychen auf, wobei die Bildmotive ausgetauscht und christianisiert wurden: An die Stelle des

Kaisers konnte Christus treten, die Figur der Maria ersetzte die Kaiserin, statt Genien blickten nun Engel den Betrachter an, die Konsuln der Spätantike machten den Aposteln Platz, und es waren jetzt auch nicht mehr Barbaren zu sehen, wie sie den Römern ihren Tribut zollten, sondern die Weisen aus dem Morgenland an der Kindskrippe zu Bethlehem.

Eine andere Möglichkeit war, die Figuren Christi und der Heiligen aus Gold und Silber zu treiben, das Edelmetall als gravierte oder ausgeschnittene Tafel zu arbeiten oder Perlen und Edelsteine damit einzufassen. Die Goldschmiedearbeit war die älteste Technik, um die Buchdeckel von Luxuseinbänden zu schmücken. Anstöße zu Verfeinerung und Raffinesse kamen aus Byzanz, von woher auch die Technik des Zellenschmelzes übernommen wurde. Mit ihr ließen sich kleine Zellen aus Goldbändern formen, die dann auf dem Goldgrund des Buchdeckels fixiert und mit flüssigem Glas gefüllt wurden. Ohne Glasschmelze kam die Technik der Zellenverglasung aus, bei der bunte Glasstücke verwendet wurden. Als Grubenschmelz bezeichnet man ein Verfahren, das im 11. bis 13. Jahrhundert vielfach Anwendung fand. Dazu schnitt der Goldschmied eine Zeichnung in eine Kupferplatte ein, und die Vertiefungen wurden mit Glasfluß ausgefüllt.

Wo die mittelalterliche Einbandkunst es verschmähte, auf antike Formen zurückzugreifen, rückte das Kreuz in den Mittelpunkt. Es konnte entweder die Komposition allein bestimmen, den Gekreuzigten tragen oder von anderen figürlichen Darstellungen umgeben sein. So dominiert auf einem Evangeliar aus dem frühen 7. Jahrhundert, das die Langobardenkönigin Theodolinde der Basilica S. Giovanni Battista zu Monza gestiftet hat, ein perlen- und edelsteingeschmücktes Kreuz mit gleichlangen Armen die mit Goldblech verkleideten Buchdeckel, die auf diese Weise in vier Felder geteilt sind. Beim St. Emmeramer *Codex Aureus*, der kurz nach 870 entstanden sein dürfte, wurde die Vierung des Kreuzes zum Bildfeld erweitert, worin ein thronender Christus zu sehen ist. Die Erweiterung der zentralen Kreuzmitte war ein häufiges Stilelement; der Bildraum, den man dadurch gewann, durfte auch von Maria besetzt werden. Umgebend ließen sich Darstellungen der Evangelisten oder deren Symbole gruppieren, auch biblische Szenen oder die Figuren von Heiligen konnten einbezogen sein. Als eine weitere Gruppe von Prachteinbänden nennt Otto Mazal solche, deren Deckel sich durch eine Gliederung in Mittelfeld und Rahmen auszeichnen: »Das gelegentlich tiefer liegende Mittelfeld ist der Hauptträger der Darstellung, die Rahmen tragen ergänzende Szenen oder Schmuck. Beispiele für Darstellungen sind: Christus in der Glorie, Christus auf dem Thron, Christus in Parusieszenen, Kreuzigung, Agnus Dei, Maria, Apostel, Heilige, David und andere mehr.«

Neben diesen reich geschmückten, im späten Mittelalter nur noch seltenen Repräsentationsstücken gab es den einfachen, für Gebrauchszwecke bestimmten Codex, dessen Einband in der Regel aus kräftigen Holzdeckeln (Buchen-, daneben auch Eichenholz) bestand, die man mit einfarbigem hellem oder braunem Rinds- oder Kalbsleder bezog. Das anfangs übliche Schafleder wurde bald wegen seiner Empfindlichkeit verdrängt. Neben den Holzdeckelbänden gab es auch flexible Einbände aus dickem Wildleder oder Pergament, oder man klebte aus Stoffabfällen, Pergament und Gewebe eine Art Pappe zusammen. Die bereits erwähnten, im 19. Jahrhundert an Buchdeckeln gefundenen Fragmente der *Quedlinburger Itala* sind nur eines von zahlreichen Beispielen für wertvolle Bruchstücke, die sich auf diese Weise als Makulatur in Einbänden erhalten haben.

Seit karolingischer Zeit hat sich die *Heftung auf Bünde* als das klassische, noch heute in der Handbuchbinderei geübte Verfahren bewährt. Die relativ dicken Bundschnüre verbinden den Buchblock mit den Einbanddeckeln und bestanden anfangs aus Hanf; im 12. und 13. Jahrhundert waren dafür Pergamentstreifen beliebt. Sie werden mit den innen im Lagenfalz des gefalteten Bogens verlaufenden Heftfäden verknüpft. Dazu führt man den Heftfaden jeweils auf der Höhe der Bünde durch ein Heftloch im Falz nach außen, wickelt ihn um den Bund, führt ihn durch das Heftloch in das Lageninnere zurück und dort bis zum nächsten Bund. Seit dem 12. Jahrhundert erfolgt das Heften in der *Heftlade,* einem Rahmengestell, in dem die gefalteten Lagen aufgeschlagen, im Falz mit Nadel und Faden durchstoßen und mit den im Rahmen gespannten Bundschnüren verknüpft werden. Das Insgesamt der gehefteten Lagen, die zuvor mit Hilfe des Falzbeins zusammengefaltet, zum losen Buch zusammengelegt und auf die richtige Seitenfolge hin geprüft worden sind (*Kollationieren* nennt dies Zusammentragen der moderne Buchbinder), ist der Buchblock, der an Vorder-, Ober- und Unterkante beschnitten wird, um ihn in eine gleichmäßige Form zu bringen und die Kanten zu glätten. Eine Verbesserung brachte im 15. Jahrhundert der Beschneidehobel, der das bis dahin benutzte Ziehmesser ablöste.

Für das *Ansetzen* oder *Anschnüren* der Einbanddeckel an den Buchblock erhielten die Holzdeckel Bohrungen, durch die sich die Bundschnüre hindurchziehen ließen. Abschließend wurden die Schnüre in den Deckeln verpflöckt und das Kapital, ein zur festen Verbindung von Buchblock und Rückenleder gedachtes Band, wurde angestochen. Dann konnte der Buchbinder mit dem Einledern beginnen.

Bei der mittelalterlichen Art, die Bände aufzubewahren, kehrten sie dem Betrachter nicht den aufrechten Rücken zu. Sie standen nicht, sondern lagen auf den Bücherpulten, weshalb man sie anfangs der Länge nach auf dem Ober- und Unterschnitt beschriftete. Zuweilen

Hl. Gregor mit den Schreibern. Der elfenbeinerne Vorderdeckel zum Einband eines verlorengegangenen Sakramentars entstand um 875 im frankosächsischen Raum. Papst Gregor der Große (um 540-604) gilt als Autor der römischen Meßformulare, deren Gebrauch Karl der Große im karolingischen Imperium vorschrieb. Dargestellt ist, wie der Hl. Gregor beginnt, das Kernstück eines solchen Sakramentars, den Meßkanon, niederzuschreiben. Dessen erste Worte lauten: »Vere dignum«. Zeichen von Gregors göttlicher Inspiriation ist die einflüsternde Taube des Heiligen Geistes auf seiner Schulter. Die Schreiber in der unteren Bildzone sind die Kopisten, die die römischen Meßformulare vervielfältigen. Der auf der rechten Seite kauernde Schreiber scheint dem Hl. Gregor zu lauschen; der von ihm geschriebene Text ist aber, wie unter der Lupe nachzulesen, eine andere Textstelle. 12,5 × 20,5 cm.

76

bemalte man den Schnitt einfarbig sepiafarben, grün oder gelb, später auch rot. Die Ansammlung größerer Büchermengen erforderte später, die einzelnen Bände aufeinander zu schichten oder aneinander zu reihen. Nun zeigten sie Seiten- oder Unterschnitt nach vorn, so daß man den Buchtitel auf diese dem Betrachter zugekehrte Schnittfläche schrieb. Erst im 16. Jahrhundert ging man dazu über, Bücher so aufzustellen, wie wir es kennen, und die Rücken zu beschriften.

Einbände wurden auf zweierlei Weise beschriftet. Eine Möglichkeit war, Pergament- oder Papierstreifen mit Tinte zu beschreiben und diese Titelstreifen in einem auf dem Deckel angebrachten Messingrahmen einzulassen. Zum Schutz wurde ein durchsichtiges Hornblättchen angebracht, wie es häufig die Einbände des 15. Jahrhunderts zeigen. Ungleich seltener war eine andere, dem Ledereinband entgegenkommende Methode: die Prägung. Metallene Buchstaben in Form von Einzelstempeln drückten dabei die Beschriftung direkt in das Leder. Der Dominikaner Konrad Forster aus Ansbach verwendete das Verfahren der Beschriftung mit Hilfe von Stempeln seit 1433 in Nürnberg.

Als Mittel der Verzierung ist der Blinddruck freilich älter und seit dem 8. und 9. Jahrhundert für Europa nachweisbar. »Blind« heißt er, weil dabei ohne Farbe gedruckt wird. Das Verfahren verlangt eine sichere Hand. Nachträgliche Korrekturen sind nicht möglich, wenn das erwärmte Eisen erst einmal auf das Einbandleder gesetzt worden ist. Wie beim Beziehen der Holzdeckel machte man sich den Umstand zunutze, daß feuchtes Leder elastisch ist und sich dehnt. Wurde das Leder vor dem Blinddruck befeuchtet, erhielt man nach den Trocknen einen scharf konturierten Abdruck.

Die Kombination der kleinen metallenen Musterstempel ermöglichte variantenreiche Einbandverzierungen. Einfacher und schneller ließ sich mit gravierten Musterrollen prägen – ein für Umrahmungen rationelles Verfahren, das der Buchbinder Johannes Richenbach in Geislingen bei Ulm 1469 erstmals in Europa erprobte, das sich aber erst beim frühen Renaissanceeinband durchsetzte. Die Methode, Plattenstempel abzudrucken, kam aus den Niederlanden nach Deutschland. Die Niederländer hatten bereits im 14. Jahrhundert Einbände auf einer Stockpresse mit kleinen Platten geprägt. Zu Beginn des 16. Jahrhunderts tauchten Bildplatten im niederrheinischen Raum auf. Größere metallene Platten wurden jetzt auch in der Druckerpresse abgedruckt.

Eine spätmittelalterliche Verzierungsart ist auch der Lederschnitt. Bekannt war der Lederschnitteinband im Abendland bereits im 7. Jahrhundert, aber erst im 14. Jahrhundert verbreitete sich diese Einbandkunst und kam bis Ende des 15. Jahrhunderts zur Blüte. Besonders für figürliche oder ornamentale Motive fand die Technik Anwendung. Dabei wurden Linien nach einer Zeichnung mit dem Messer in das kräftige, durch An-

Reichenauer Einband des Perikopenbuchs Heinrichs II. mit einem
Elfenbeinrelief der karolingischen Liuthard-Gruppe und byzantinischen
Emailarbeiten. 31,5 × 42,3 cm.

Lederschnitteinband des Fahrenden Kremsmünsterer Meisters; um 1435. Kalblederband (22 × 29,5 × 4 cm) über Holzdeckel mit Lederschnitt und Stempelprägung. Der Fabeltiere wegen, die er immer wieder als Motive verwendete, wurde der unbekannt gebliebene Schöpfer des Einbandes auch mit dem Notnamen »Meister der Grotesktiere« belegt. Es handelt sich um eine *Réemboîtage*, eine Wiedereinbindung: Die lateinische Handschrift *Brevarium Pataviense, pars hiemalis* aus der Zeit um 1480 wurde mit dem Einband versehen, der bereits um das Jahr 1435 entstanden sein muß, wie die Wasserzeichen des Vorsatzpapiers belegen.

feuchten elastisch gemachte Rindsleder eingeritzt oder
eingeschnitten und mit einem Modellierholz nachge-
formt. Nicht selten wurde Lederschnitt mit Punzarbei-
ten kombiniert. Dabei wurden nach Art der Goldschmiede mit Punze und Punzhammer in die Rückseite
des Leders Muster eingeschlagen, die auf der Schauseite
des Einbandes als Erhöhung hervortraten. Oder aber
man stanzte in die Schauseite kleine Vertiefungen, um
einen Hintergrund zu füllen, der einen Kontrast zu den
erhabenen, stehengelassenen Teilen der Dekoration
beim Lederschnitt bilden sollte. Lederschnitteinbände
gehören zu den Luxuseinbänden.

Beschläge schützten die schweren Bände vor Beschädigung und Aufscheuern auf den Pulten. Sie dienten als Oberflächenschutz und zugleich Verzierung.
Das konnten eiserne Nägel oder erhabene Buckel sein,
schwere gegossene Eck- und Kantenbeschläge, auch
Schienen aus Bronze oder getriebene oder ausgeschnittene Messingbeschläge. In der Regel brachte man fünf
Nagelköpfe auf den Deckeln an, vier an den Ecken,
einen in der Mitte. Später wandelten sie sich zu großen
Zierstücken. Vor allem für liturgische Bücher gab es
schon im 9./10. Jahrhundert silberne Einbandbeschläge.

Eine weitere Besonderheit des mittelalterlichen Ein-
bandes sind die Schließen, metallene Buchverschlüsse an
Lederstreifen. Die deutschen Einbände wiesen, anders
als die italienischen, Schließen nur an der Vorderseite auf.
Auch für sie gab es praktische Gründe: Der aus feuch-
tigkeitsanfälligem Papier oder Pergament bestehende
Buchkörper schloß im Schnitt nicht gut, er »sperrte«.
Dicke kleine Bände hatten nicht selten die Neigung, sich
aufzulockern. Indem sie den Buchblock unter leichtem
Druck hielten, schützten die Schließen zugleich vor dem
Eindringen von Staub. Die ersten Verschlüsse dieser Art,
an den Pergamentumschlag angeheftete Lederriemen,
haben die Schreiber noch selbst hergestellt. Sie waren so
lang, daß der Codex mehrfach mit ihnen umwickelt
werden konnte.

Waren Bücher extremen Beanspruchungen ausgesetzt oder erfreuten sie sich besonderer Wertschätzung,
schützte man sie durch *Buchschreine*, *Buchkästen* und
Buchtaschen, oder arbeitete sie als *Kastenbücher*. Die hölzernen, zuweilen auch metallenen Buchschreine und
-kästen waren der Form des Buches angepaßt. Bei schönen Exemplaren findet man, daß ihr Äußeres die Zierde des Einbandes aufnimmt und wie dieser geschmückt
ist. In Irland wurden Buchkästen *(cumbdach)* nachweislich bis ins 11. Jahrhundert benutzt. Von einem *Kasten-
buch* spricht man, sofern die Deckel und Seitenflächen
des Buchkastens fest mit dem Einband des Buches verbunden sind. Die *Buchtasche* aus Leder, gedacht für die
Mitnahme von Büchern auf Reisen, wurde mit einem
Riemen über die Schulter gehängt. Im späten Mittelalter
nahm man für den Buchtransport Säcke aus Stoff oder
weichem Leder *(camisia, chemise)*.

Beutelbuch, in diesem Fall ein *Brevarium*, eine lateinische Handschrift
des 15. Jahrhunderts aus dem Kloster Tegernsee. Braunes Hirschleder auf
Holzdeckeln mit Eckbeschlägen, Schließhaften und Schließplättchen.
Das Einbandleder ist an der unteren Kante um etwa 20 cm verlängert.
Knoten und Ring dienten dazu, das Buch am Gürtel zu befestigen.
8 × 11,6 cm; Gesamtlänge mit Ring 31,5 cm.

79

Ungewöhnlich muten *Hülleneinband* und *Beutelbuch* an, zwei phantasievolle Einbandsonderformen des Mittelalters. Im Gegensatz zum üblichen Einband hat man beim Hülleneinband das Einbandleder meist an allen Schnitten länger gelassen, um das Buch einschlagen zu können. Beim Beutelbuch überlappt das Leder nur am Unterschnitt. Meist endete es in einem Knoten aus Leder oder Ledergeflecht; damit war der Band bequem am Gürtel zu befestigen. Die englische Bezeichnung *girdle book* gibt diese Möglichkeit des Tragens auch sprachlich wieder. Wurde das Buch gelesen oder lag es geöffnet auf einem Tisch, hing das lange Ende zum Lesenden hin dreiecksförmig herunter. Beutelbücher waren kleinformatig, meist Gebet- oder Andachtsbücher. Für kostbare Exemplare wie etwa Stundenbücher wurde statt Leder auch Samt für die Beutelbildung verwendet.

In Italien trug man kleinformatige Kalenderbändchen *(pugillaria)* vom 13. bis 15. Jahrhundert am Gürtel. In Gebrauch waren Beutelbücher etwa von 1350 bis 1550. Nach der Häufigkeit ihrer Darstellung zu schließen, muß es zahlreiche Exemplare gegeben haben. Erhalten sind wenige. Nur 25 Beutelbücher sind heute weltweit bekannt. Vermutlich ist dem Beutelbuch gerade die Einbandform zum Verhängnis geworden. Als man im 16. Jahrhundert begann, in Bibliotheken Bücher in Regalen aufzustellen, eignete sich dafür das Beutelbuch nur schlecht, und so hat man den Einband entsprechend beschnitten.

Ohne Titelblatt

Der mittelalterliche Codex besaß noch kein Titelblatt, das Auskunft über Autor und Inhalt hätte geben können. Wer das Buch geschrieben hat, wo und wann es entstanden ist und wer den Auftrag dazu gab, ist – wenn überhaupt – in der Schlußschrift *(subscriptio)* am Ende vermerkt, womit man dem Vorbild des antiken Kolophons folgte. Die erste Seite begann meist mit der lateinischen Anfangsformel »*Incipit liber…*«, in deutschen Handschriften wohl auch mit den Worten »*hie hebt an…*«. Es folgte in der Regel eine kurze Inhaltsbeschreibung. Solche Werke ohne Titel wurden nach dem Anfangswort oder den ersten im Text auftauchenden Eigennamen benannt, z. B. »Titurel« in der lange Zeit Wolfram von Eschenbach zugeschriebenen Verserzählung. Wiedergefundene Werke erhielten zuweilen die Benennung vom Finder oder nach dem Fundort, so die *Carmina Burana*, eine Sammlung von rund 300 Liedern (= Carmina) aus dem späten 13. Jahrhundert, die der Bibliothekar Johann Christoph Freiherr von Aretin 1803 im bayerischen Stift Benediktbeuren (= Burana) entdeckt hat. Der erste bisher bekannte deutsche Titel lautet *Der welsche Gast*, ein Lehrgedicht von Thomasin von Zerclaere († 1259).

Die Antike hatte Informationen über die Handschrift an deren Ende plaziert, und das Mittelalter folgte ihr darin zunächst. Von der Buchrolle inspiriert war der Gebrauch des *Explicit*, des am Textschluß befindlichen Gegenstücks zum Incipit. Beides hat es auch als Verknüpfung gegeben, wenn eine Handschrift mehrere Bücher, Abhandlungen oder geschlossene Teile enthielt, und der Übergang vom einen zum nächsten angezeigt werden sollte. Der Leser des Plinius traf dann etwa auf die Formel »*Explicit Plinii liber historiam primus. Incipit secundus*«, womit ihm bedeutet wurde, das erste Buch sei nunmehr abgeschlossen und es beginne das zweite.

Die Betonung des Schriftendes und die Fortführung dieser Tradition im Mittelalter vollzog sich besonders im byzantinischen Kulturkreis. Soweit die wenigen erhaltenen Codices eine Beurteilung erlauben, war dort wohl nur eine Ausschmückung der Explicit-Seiten beabsichtigt. Allmählich jedoch verlegte sich die Buchdekoration und mit ihr die Textformulierung auf den Anfang des Buches, ja ihre Zukunft lag, wie sich bald herausstellen sollte, in der Auszeichnung des Schriftbeginns. Gerade die Initialmalerei hat sich dabei besonders hervorgetan, bot sich mit ihr doch eine naheliegende Möglichkeit, den Anfang des Buches auf eine ins Auge springende Weise zu betonen. Einen Höhepunkt sind Incipit-Seiten des *Book of Kells*, die vollständig von einer entfesselten, kaum noch als Buchstabe erkennbaren Schmuckinitiale eingenommen werden. Hier ist der Schmuckcharakter der Incipit-Seite am deutlichsten, die Ablösung vom nachfolgenden Text am größten, ihr eigener Rang klar herausgestellt.

Bibelübersetzungen – Wegbereiter der Literatursprache

Als das meistgelesene Buch des Mittelalters bestimmte die Bibel das geistige Leben der Zeit. In einem umfassenden Sinn: Sie prägte als Glaubenslehre das Denken und Fühlen. Dort aber, wo vor ihr noch keine Literaturformen existiert hatten, tat sie mehr. Sie bestimmte Kulturtechniken, indem sie Schrift und Sprache vorgab. Anders als in den alten Kulturen des Mittelmeerraums wurden die Länder Nord- und Osteuropas erst durch die Christianisierung mit dem Buch und den Techniken des Lesens und Schreibens konfrontiert. Hier konnte man auf keine bereits vorhandene Schriftsprache zurückgreifen, und so war die Sprache, in der die Bibel verfaßt war, maßgeblich für den schriftlichen Ausdruck überhaupt. Die Sprache der Bibel ist aber sehr lange Zeit das Latein gewesen. Wulfilas Gotenbibel aus dem 4. Jahrhundert, ein frühes Monument der Bibelübertragung in ein germanisches Idiom, blieb ohne Nachfolge. Weder das von ihm geschaffene Alphabet noch die Sprache seiner Übersetzung, ein Literaturgotisch mit griechischem Einschlag, fanden Aufnahme und Verbreitung. Die Poesie der germanischen Stämme wurde weiterhin mündlich überliefert. Daß Karl der Große die überlieferten Epen aufschreiben ließ und sie in seinem *Heldenliederbuch* sammelte, weist auf den beginnenden Wandel hin. Deutsche Literatur hat es zur Zeit Karls des Großen nur im wörtlichsten, im allerengsten Sinn gegeben: als Niederschrift von Sätzen deutscher Sprache in lateinischen Buchstaben *(littera)*. Zum Mittel dichterischen Ausdrucks wurde die deutsche Sprache erst im späten 11. Jahrhundert. Das Latein blieb Bildungs- und damit Schriftsprache, während sich im mündlichen Alltagsgebrauch längst die Regionalsprachen durchgesetzt hatten. So herrschte ein Zwei-Sprachen-System. Für den gebildeten Klerus, aber auch für die Schriftsteller und Philosophen war die Muttersprache das eine, das andere war die Sprache, in der sie schrieben.

Der Erhebung der Regionalsprache zur offiziellen Schriftsprache ging immer die Bibelübersetzung voraus. Sie schuf die Grundlagen. Im Norden und Osten Europas gilt dies fast uneingeschränkt. Nahezu alle skandinavischen und baltischen Völker haben durch die Übersetzung und Verbreitung des Alten und Neuen Testaments eine Schrift- oder Hochsprache erhalten. Bis zur Erfindung der Buchdruckerkunst sind Übersetzungen der Bibel oder einzelner Teile des Kanons in 33 Sprachen nachgewiesen. Versuche, die biblischen Schriften ins Deutsche bzw. Althochdeutsche zu übertragen, lassen sich seit dem 8. Jahrhundert nachweisen. Oft handelt es sich nur um einzelne Bücher mit höchst begrenztem Wirkungskreis. Bei der Übersetzung wurde der deutsche Text entweder zwischen den Zeilen der Vorlage eingetragen, wobei man über jedes fremde Wort das entsprechende deutsche schrieb, oder zwischen den einzelnen Wörtern, oder am Rand als eigene Spalte. Auf diese Weise entstanden die sogenannten Interlinear-, Text- und Marginalglossen. Vielfach wurden die auf Einzelbegriffe beschränkten Interlinearglossen zu Interlinearversionen vervollständigt, die als Wort-für-Wort-Übersetzungen kaum Rücksicht auf die Sinnzusammenhänge nehmen.

Als wohl älteste, in althochdeutscher Sprache verfaßte (ursprünglich bairische) Interlinearversion gilt eine Synonymensammlung, eine Art Wörterbuch in alphabetischer Ordnung, das seinen Namen nach dem ersten Wort erhielt: der *Abrogans* (764–772). Er ist in Freising entstanden und geht auf ein spätantikes Lexikon zurück, das dem Unterricht im *Trivium* diente, jenem Teil des antiken Bildungsschemas der »Sieben freien Künste«, das Grammatik, Dialektik und Rhetorik umfaßte (das *Quadrivium* bildeten Astronomie, Arithmetik, Geometrie und Musik). Der *Abrogans*, das älteste bekannte erhaltene Buch des deutschen Sprachraums, war ein Gebrauchsbuch und gehörte zur Fachliteratur der Chroniken, systematischen Weltlehren und Arznei-

bücher. Ihre Verbreitung und »Auflagenhöhe« – die Zahl ihrer Abschriften – im Mittelalter hat die der dichterischen Werke weit übertroffen.

Aus dem Jahre 748 stammen die ältesten Überreste einer alemannischen Übersetzung des *Matthäus-Evangeliums*, die sogenannten *Mondsee-Wiener-Fragmente*. Das Pergament ist einspaltig mit 30 Zeilen beschrieben. Die Zweisprachigkeit hat man so gelöst, daß auf der linken Seite der lateinische Vulgatatext, rechts die fränkisch-bairische Übersetzung steht. Im 15. Jahrhundert wurde der Codex zerschnitten und zum Bekleben der Holzdecken und Rücken von Büchern verwendet. Das erklärt, warum nur 25 Blätter (23 in Wien, 2 in Hannover) erhalten sind.

Unübersehbar bei der Herausbildung der althochdeutschen Literatursprache ist, daß von den Klöstern die intensivste Übersetzertätigkeit ausging. Und es fällt auf, wie jene für ihr buchmalerisches Schaffen berühmten Scriptorien uns auch hier wieder begegnen. So hat die Schreibstube der Reichenau durch ihre Glossierungstätigkeit der Literaturwissenschaft unserer Tage ein reiches Forschungsfeld in Form von Interlinearversionen hinterlassen. Im Kloster Fulda entstand im 9. Jahrhundert auf Weisung seines Abtes, Hrabanus Maurus (†856), die ostfränkische Übersetzung von Tatians *Evangelienharmonie*. Darin wird die Verschmelzung der vier Evangelien des Matthäus, Markus, Lukas und Johannes zu einer fortlaufenden Erzählung angestrebt. In St. Gallen schuf um das Jahr 1000 Notker III. Labeo, der Vorstand der Klosterschule, eine vollständige Übersetzung der *Psalmen*. Auch eine Verdeutschung des *Buches Hiob* geht auf ihn zurück. Sein Psalter hat bis ins 14. Jahrhundert immer wieder neueren Übertragungen als Grundlage gedient. Für ihre sprachliche Schönheit gerühmt wird die freie deutsche Übertragung des *Trudperter Hohen Liedes* durch Williram, Abt zu Ebersberg in Oberbayern. Bei seiner 1065 vorgenommenen Bearbeitung hatte er den Text in eine dreispaltige Version verwandelt: in der Mitte die lateinische Fassung aus der Vulgata, links davon eine ebenfalls lateinische Umdichtung in Hexametern, rechts seine deutsche Schöpfung.

Die Tätigkeit der Übersetzer hat sich keineswegs auf den Fundus der christlichen Überlieferung beschränkt. Unter den schon erwähnten Übersetzern sind vor allem zwei hervorzuheben, die sich um die Übertragung auch des antiken heidnischen Bildungskanons verdient gemacht haben. Hrabanus Maurus, der fränkische Theologe, einst Schüler Alkuins, des kaiserlichen Beraters und angesehensten Gelehrten am Hofe Karls, dann Abt in Fulda und später Erzbischof von Mainz, ist ein großer Anreger auf dem Gebiet der Übertragungskunst gewesen, mit einer Vorliebe für die romanische Literatur. Der berühmteste Übersetzer aber dürfte der um 950 geborene, 1022 an der Pest gestorbene Notker von St. Gallen gewesen sein, der aufgrund seiner Leiden-

81

schaft für die deutsche Sprache den Beinamen Teutonicus trug. In die Literaturgeschichte ist er zwar auch als Dichter eingegangen, seine Wirkung war aber als gelehrter Kommentator, Philologe und Übersetzer größer. Notker hat – neben den erwähnten Teilen der Bibel – die wesentlichen Schulautoren der klassischen Antike und des frühchristlichen Mittelalters im germanischen Sprachraum eingeführt, die Schriften Augustins, den *Trost der Philosophie* des Boëthius, die bukolischen Dichtungen des Terenz und Vergils, lateinische Lehrbücher der Rhetorik und Poetik, die *Hermeneutik* (Interpretationskunst) des Aristoteles sowie eine für die Literaturauffassung des Mittelalters grundlegende neuplatonische Schrift, *De nuptiis Philologiae et Mercurii* (Von der Hochzeit der Philologie und Merkurs) von Martianus Capella.

Die deutsche Bibel war im Mittelalter wenig verbreitet. Das lag mit daran, daß es die eine allgemein verbindliche deutsche Bibelübersetzung noch nicht gab. Erst Luther sollte daran etwas ändern. Jede der ca. 4000 Bibelhandschriften, die seinerzeit im Umlauf waren und von denen heute 817 (darunter 43 Vollbibeln) erhalten sind, mag zu Recht als Meilenstein auf dem Weg zu einer einheitlichen deutschen Hochsprache angesehen werden. Keiner aber gelang es, sich als kanonisch zu etablieren. Es überwogen volkstümliche, episch ausgeschmückte und poetische Umgestaltungen des Schöpfungsberichts wie die *Armenbibeln*, die *Wiener Genesis* oder der um 830 altsächsisch in Stabreimen verfaßte *Heliand* (althochdeutsch für Heiland), eine Umdichtung

von Tatians Evangelienharmonie. Darin wird die Geschichte des Erlösers auf die germanisch-altdeutsche Stammesverfassung übertragen. Christus erscheint als ein mächtiger Volkskönig, die Jünger als adlige Gefolgsleute.

Der elsässische Mönch Otfried von Weißenburg, erster namentlich bekannter deutscher Dichter, verfaßte um 870 sein *Evangelienbuch*, auch *Krist* genannt, das als erste größere deutsche Dichtung mit Endreimen – im Gegensatz zu den altgermanischen Stabreimen – gilt. Zu den volkstümlichen Umgestaltungen gehören vor allem die *Historienbibeln*, die, zum Teil in Reimen und reich illustriert, die dramatischen Höhepunkte des Alten und Neuen Testaments frei nacherzählen und sie zu einer allgemeinen *Weltchronik* ausschmücken. Oft waren diese Bücher von beträchtlichem Umfang, und sie trugen durch ihre Popularisierung mehr zur Verbreitung des Stoffes bei als die wortgetreuen (interlinearen) Übersetzungen. Die *Weltchronik des Rudolf von Ems* war ein Lieblingsbuch des Mittelalters und gehörte zu den meistverbreiteten mittelhochdeutschen Schriften überhaupt. Sie wurde zum Vorbild zahlreicher späterer Chroniken. Der Adel und das vermögende Bürgertum liebten diese Mischung aus Bibel und Geschichtsbuch, wie die große Zahl (28) illustrierter Handschriften belegt, darunter die prächtig geschmückte *Toggenburg-Bibel*. Mit dem Werk des Rudolf von Ems, der um 1200–1250/54 lebte, hat die Buchgeschichte die Zeit der Karolinger und Ottonen weit hinter sich gelassen und den Sprung ins Spätmittelalter getan.

Wege ins Spätmittelalter

Das 12. Jahrhundert markiert eine geschichtliche Wendezeit. Noch ist der Feudalismus nicht durch die Kapitalwirtschaft abgelöst, und die bäuerliche Lebensform bleibt für die meisten Menschen bestimmend. Doch neue Tendenzen gewinnen beständig an Macht. Die Bevölkerung wächst, die Zahl der Stadtgründungen häuft sich, der Fernhandel nimmt zu. Die Produktion wird stärker arbeitsteilig, Handwerk, Wissenschaft und Gewerbe blühen auf, in den Städten etabliert sich als neuer Stand das Bürgertum. Bildung und Ausbildung sehen sich gewandelten Anforderungen gegenüber. Die Klosterschulen verlieren an Bedeutung. Es entsteht die Universität. Zuerst in den romanischen Ländern und in England: 1119 in Bologna, wo sich die wichtigste juristische Fakultät der mittelalterlichen Welt entwickelt; 1214 in Oxford, 1220 in Salamanca, 1222 in Padua, 1224 in Neapel, 1229 in Cambridge – ein wahrer Gründungsschub in den ersten Jahrzehnten des 13. Jahrhunderts. Deutschland folgt mit Verspätung. Hier hatten um 1300 die Generalstudien der Dominikaner in Köln und Erfurt noch nicht den Namen, wohl aber die Funktion von Hochschulen. Seit 1255 bestand in Paris eine in Fakultäten gegliederte Universität von weiter Ausstrahlungskraft. Nach ihrem Vorbild schuf Karl IV. im Jahre 1348 in Prag für das Gebiet des deutschen Reiches die erste gleichrangige Hochschule. Auf Prag folgten die Gründungen in Wien 1365, Heidelberg 1386, Köln 1388, Erfurt 1389, Leipzig 1409.

Überwachte Abschriften, angekettete Bücher, Taschenformate

Während die Studierenden an deutschen Universitäten darauf angewiesen waren, sich ihre Literatur selbst zu beschaffen, indem sie die Vorlesungen in den Kollegien mitschrieben, führte in den romanischen Ländern die gesteigerte Büchernachfrage, verursacht durch den akademischen Betrieb, zu einem ersten Aufschwung des Buchhandels. Die Veränderungen, die dies für das Schreiberwesen mit sich brachte, waren tiefgreifend. Da mehr Kopisten benötigt wurden, als vorhanden waren, um dem Bedarf nach vervielfältigten wissenschaftlichen Werken nachzukommen, setzte sich ein neues System durch, das die Buchherstellung rationalisierte und beschleunigte. Zuerst in Paris eingeführt, kam es um die Mitte des 13. Jahrhunderts zur vollen Entfaltung.

Basis der Neuerung war die *Pecia*, eine Art Heft, genaugenommen ein zur Lage gefalteter Pergamentbogen. Die Lage umfaßte in der Regel 8 Seiten, die doppelspaltig beschrieben wurden. Sollte nun ein Werk, eine größere Handschrift, kopiert werden, um sie in Umlauf zu bringen, berief die Universität einen Schreiber, der das Original auf *Peciae* übertrug. Je nach Umfang ergab die Abschrift eine mehr oder weniger große Zahl von Heften. Jede Pecia wurde numeriert und ihr Inhalt von Universitätslehrern, den *Peciarii*, auf Originaltreue kontrolliert. Das geprüfte und damit autorisierte Exemplar wurde beim *Stationarius*, einem Handschriftenmakler, hinterlegt. Von ihm konnten die Magister und Studenten die Peciae gegen Gebühr entleihen und kopieren bzw. kopieren lassen. Der Rationalisierungseffekt kam dadurch zustande, daß die universitären Vorlagen immer nur lagenweise – *petiatim* – zur Abschrift ausgehändigt wurden. So konnten im besten Fall, bestand etwa das autorisierte Exemplar aus zwölf Lagen, zwölf Schreiber gleichzeitig mit dem Kopieren beschäftigt sein. Das System ermöglichte die Herstellung von vielen Abschriften binnen kurzer Zeit und verlangte von der Universität nur die Kontrolle eines einzigen Exemplars.

Die mit dem Vertrieb betrauten Handschriftenhändler, die *Stationarii*, bildeten ein eigenes Gewerbe. Den Buchpreis bestimmte die Universität. Händler und Schreiber hatten sich strengen Satzungen ihrer Körperschaften zu unterwerfen. Die Stationarii (der Name lebt heute im englischen *stationer*, Schreibwarenhändler, fort) sollten, so verlangten etwa die Statuten der Universität Bologna von 1217 und 1270, eine gewisse Bildung besitzen, um Bücher beurteilen zu können, und sie waren verpflichtet, nur echte, korrigierte Texte zu verkaufen. Aufsicht und Kontrolle der Peciarii waren penibel; nicht etwa, weil ein persönliches Urheberrecht zu schützen gewesen wäre (dergleichen existierte noch nicht), sondern weil der Texttreue der Kopien ein besonderes Augenmerk galt.

Eine andere Möglichkeit des Zugriffs auf Literatur bot – sofern vorhanden – die Bibliothek. Die Bibliotheken der Universitäten und Kathedralschulen des Mittelalters waren in ihrem allgemein zugänglichen Teil Freihandbibliotheken, kleine bis mittelgroße Lesesäle, mit Reihen von Stehpulten, auf denen nach Sachgebieten unterteilt die Bücher lagen. Wie zwischen den Regalwelten unserer heutigen Bibliotheken befand man sich dort je nach

Pultreihe in der medizinischen oder juristischen, historischen oder theologischen Abteilung. Ein Kuriosum für den modernen Betrachter sind die *Kettenbücher (Libri catenati)*. Um die Ordnung zu wahren und die Bücher vor Diebstahl zu schützen, war am vorderen oder hinteren Einbanddeckel eine Kette befestigt, deren Ende, ein Ring, über eine am Lesepult angebrachte Stange lief. Die Kettenlänge erlaubte ein Benutzen des Buches am Pultplatz; falls erforderlich, konnte es der Bibliothekar mit einem Schlüssel loslösen. Mit der Überführung der Klosterbibliotheken in weltlichen Besitz nahm man vielerorts Ketten und Ringe ab, so daß nur die Löcher an der Oberkante der Rückendeckel von der alten Aufbewahrung zeugen. In England haben sich, zumeist in Kathedralen, etwa 120 Kettenbibliotheken erhalten.

Von der Notwendigkeit, Geschriebenes einem erweiterten Leserkreis leichter zugänglich zu machen, war auch das Buchformat betroffen. Auf die Riesenbibeln der Romanik folgte im 13. Jahrhundert eine Gegenbewegung: kleine, oft weniger als 10 cm hohe *Miniaturbibeln*, die den gesamten Bibeltext in einem Band enthielten. Damit zeigt sich ein Wandel in der Lesekultur: Neben das Buch zum Repräsentieren tritt das Gebrauchsbuch zum In-die-Tasche-Stecken, aus der man es jederzeit zum Lesen hervorholen konnte. Ganz allgemein wurde in dieser Zeit das Buch handlicher, die Buchmalerei filigraner.

Am Ursprung dieser Entwicklung stand erneut die Universität. Denn geboren wird das Taschenformat, als in den zwanziger Jahren des 13. Jahrhunderts die Pariser Universität es unternahm, eine vollständige, einbändige und handliche Ausgabe der Bibel als Studienausgabe anfertigen zu lassen. Schrift und Illustrationen sind winzig, das Pergament nimmt es an Feinheit mit modernen Dünndruckpapieren auf.

Gotische Minuskelschrift, *Bastarda* und *Textura*

Die Schriftreform Karls des Großen hatte mit der karolingischen Minuskel eine gut lesbare und für das Reich einheitliche Schrift geschaffen. Über vierhundert Jahre lang hatte sie Bestand. Veränderungen am Schriftbild schloß das nicht aus, jedoch blieb die Gesamtstruktur der karolingischen Minuskel im wesentlichen einheitlich. Im 11. Jahrhundert wurde das schräge Oval der gerundeten Buchstaben und Buchstabenteile zum durchgehenden Formprinzip, damit einher ging eine Streckung der Buchstaben. Zu besonderer Eleganz wurde dieser schrägovale Stil in Österreich und Süddeutschland ausgebildet. Eine Abwandlung der karolingischen war die romanische Minuskel, eine in Italien relativ groß und massig gerundet geschriebene Schrift, die auch in den deutschen Scriptorien benutzt wurde, hier jedoch eine Tendenz zu mehr eckigen Formen aufwies.

Die *gotische Minuskel* entstand, als sich Ende des 12. Jahrhunderts von Frankreich ausgehend der Charakter der Kunst wandelte, was für die karolingische Minuskel nicht folgenlos blieb. Im Laufe der Zeit hatten sich manche Buchstaben verändert, die Schrift wurde insgesamt enger und steiler. Mit ihren geraden Schäften, geschleiften Oberlängen und den diagonalen Verbindungen erscheint die neue kursive Form rückblickend wie eine Vorläuferin der deutschen Schreibschrift. Zur gleichen Zeit hielten i-Punkt und Satzzeichen Einzug.

Seit dem 13. Jahrhundert läßt sich länderübergreifend von einem gotischen Stil in der Schriftkunst sprechen, der dann im 14. Jahrhundert regionale Ausprägungen erfuhr. Neben der *kursiven Urkunden- oder Gebrauchsschrift* existierten die gotischen *Buchschriften*. Zwei Typen fallen auf: einmal die *Textura*, die zur Gruppe der kalligraphisch ausgeformten Buchschriften gehört, zu den *Littera textualis formata*; sodann die *Bastarda*, die zwischen der Textura und den Kursivschriften eine Lücke füllte.

Unschwer erkennt man an ihren Formen, daß die beiden Schriften jeweils unterschiedlichen Zwecken dienten. Die strenge, hochgotische *Textura* hatte die Brechung der Schäfte und den Wechsel von Haar- und Schattenstrichen ins Extreme gesteigert und diente für anspruchsvolle, heilige Texte. Hingegen wurde für pro-

84   Kettenbuch (*Libro catenato*). Dieses Exemplar enthält Bartolus de Saxoferrato, *Commentaris in Corpus iuris civilis*. Leonhard Pachel aus Ingolstadt und Ulrich Scinzenzeler aus Zinzenzell bei Straubing druckten das Werk im Jahre 1484 in Mailand. Der Holzdeckelband (29 × 42 × 2,4 cm) ist halb mit Leder überzogen.

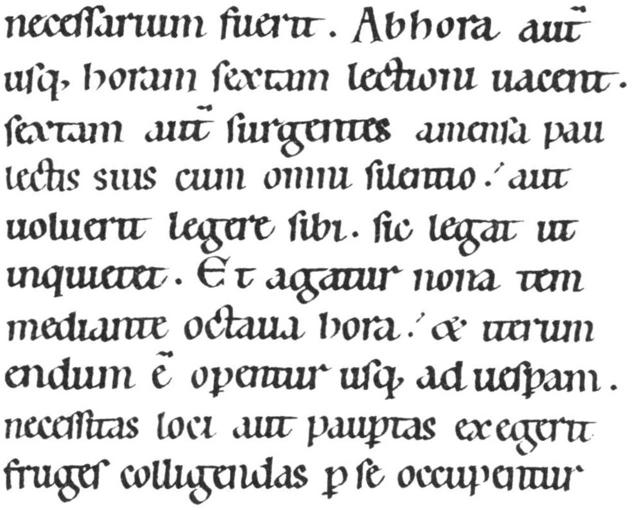

Gotische Minuskel

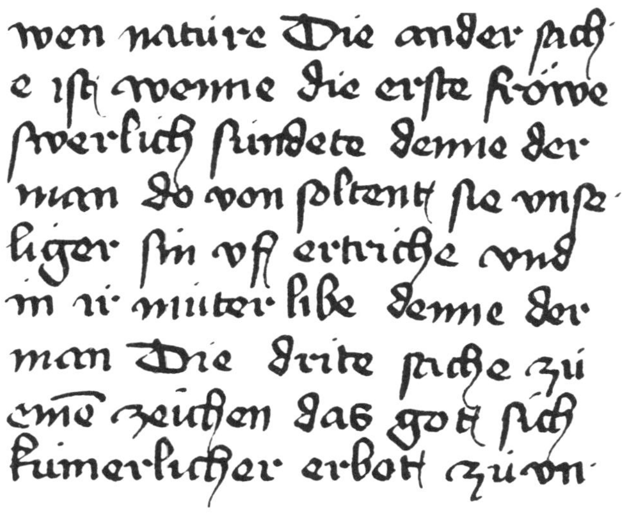

Bastarda

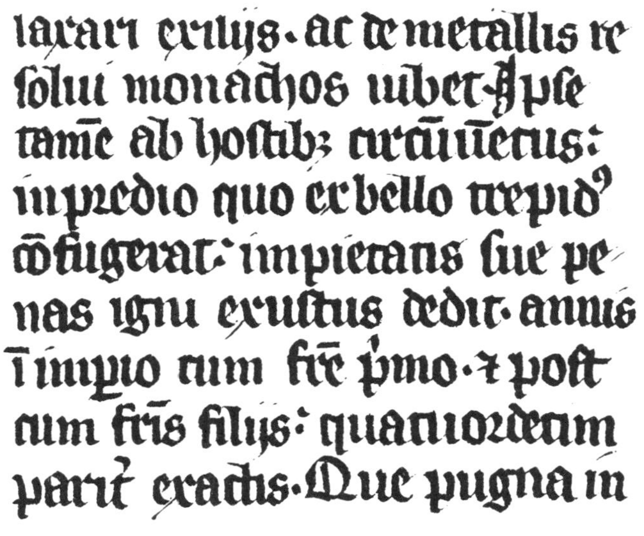

Textura

fane Zwecke die *Bastarda* bevorzugt, eine Mischform aus Buch- und Kanzleischrift, die sich, als eigenständige Schrift von Frankreich ausgehend, in allen Ländern behauptet hat und sich regional veränderte. Die der gotischen Schrift eigentümliche Brechung ist in der Bastarda gemildert, das Bild im ganzen lockerer, ohne die Aufspaltung der Buchstabenfüßchen und Schaftenden. Im Vergleich zu ihr wirkt die Textur gravitätisch, ihr Schriftbild geschlossen. »Der Terminus Textura«, schreibt Otto Mazal, »der schon in Quellen des 12. Jahrhunderts belegbar ist, soll die Wirkung der Buchseite auf den Beschauer, die an ein Gewebe erinnern mag, veranschaulichen. Die Streckung und gerade Aufrichtung aller Schäfte zählt zu den typischen Merkmalen.« Die Senkrechten sind konsequent betont, Rundungen überall gebrochen. Sie gilt als die vollkommene, am besten durchgebildete Form gotischer Buchschrift. Die reine Form der Textura wurde für die Buchstabentype zum Vorbild, mit der dann Johannes Gutenberg im 15. Jahrhundert erstmals ein Buch gedruckt hat.

Bildungswesen und Fachschrifttum

Von 1200 bis 1400 war Wissenschaft vor allem Universitätswissenschaft. Ihr Zentrum wurde Paris, später auch Oxford. Die Universität von Neapel, von Kaiser Friedrich II. 1224 gegründet, pflegte Verbindungen zur griechischen und arabischen Welt und kümmerte sich um den imperialen Führungsnachwuchs, nicht aber um Theologie. In Bologna lehrten Laien für Laien römisches Recht für die politische Praxis, in Salerno verschaffte die Ausbildung der Ärzte der Universität als Institution allgemeines Ansehen. Rechtswissenschaft und Medizin behaupteten sich als eigenständige Fakultäten neben der Theologie. Die Philosophie hatte ihren Platz in der *facultas artium*, der »Artistenfakultät«. Mit deren Lehrern bekam es jeder Studierende zu tun, denn das Studium der *Artes*, der freien Künste, war Vorbedingung für das weitere Studium in einer der drei anderen Fakultäten. Von den freien Künsten als den universitären Elementarfächern sind im mittelalterlichen Bildungswesen die »Mechanischen Künste« zu unterscheiden: Seefahrt und Erdkunde, Anbau der Feldfrüchte, Kriegskunst, Handel, Hauswirtschaft, Forstwesen und Tierkunde, Handwerk, Jurisprudenz, Heilkunde.

Diese Themen gehörten zum festen Bestand städtischer Gelehrtenliteratur, einer Frühform unserer heutigen Fachliteratur, in der damals das ständische Berufswissen seinen Niederschlag fand. Fortschritt und Wandel werden von ihr gleichermaßen dokumentiert und gefördert. »Ob es sich um theologische Summen, historiographische Weltchroniken, systematische Weltlehren, Vogeljagdbücher oder Wundarzneien handelte, ihre Verbreitung war stets größer als die der Dichtung und ihre soziale Wirkung um ein Vielfaches komplexer«, schreibt der Literaturhistoriker Bernd Lutz. Populäres Beispiel des Fachschrifttums sind Heinrich Seuses *Büchlein der ewigen Weisheit*, um 1328 verfaßt, oder Albrants *Roßarzneibuch*. Das um 1349/50 entstandene *Buch der Natur* des Regensburger Kanonikus Konrad von Megenberg war eine der wichtigsten deutschen Enzyklopädien des Spätmittelalters. Systematisch werden dort in acht Büchern behandelt: Der Mensch und seine Natur, Himmel und Planeten, Tiere, Bäume, Kräuter, Edelsteine, Metalle, Wunderbare Brunnen.

Der *Sachsenspiegel*, diktiert von Eike von Repgow, eines der ältesten Rechtsbücher in deutscher Sprache und das einflußreichste des Mittelalters überhaupt, enthält Land- und Lehnsrecht. Es bezieht sich auf die Verhältnisse der ritterlichen und bäuerlichen Bevölkerung im Elb-Saale-Gebiet der Zeit um 1200. Von Repgow gilt zwar als Begründer der niederdeutschen Prosaliteratur, die Urschrift seines Rechtsbuches aber war Latein. Entstanden zwischen 1225 und 1230, wurde der *Sachsenspiegel* erst knapp hundert Jahre später, nachdem er schon lange in Gebrauch und weit verbreitet war, mit Bildkommentaren versehen. Vier der 219 erhaltenen Handschriften sind reich illustriert. Neben Heidelberg, Dresden und Wolfenbüttel besitzt die Landesbibliothek Oldenburg eine Bilderhandschrift des *Sachsenspiegels*. Sie ist die einzige, die in niederdeutscher Sprache abgefaßt ist. Alle anderen sind mitteldeutsch oder mittelhochdeutsch geschrieben.

Im Unterschied zu Epik und Dichtung hat sich die Fachliteratur vom 8. Jahrhundert an kontinuierlich entwickelt. Auch wurde sie in allen Ständen gelesen, nicht nur in den wenigen literarisch interessierten Kreisen. Ihr Gewicht im Vergleich mit Werken der Poesie wird sehr gut durch die Anzahl der Handschriften deutlich, die sich erhalten haben. So besitzen wir vom *Parzival* des Wolfram von Eschenbach noch 86 Abschriften. Damit steht er unter der höfischen Dichtung obenan. Wie anders aber sind die nichtliterarischen und Fachschriften vertreten. Von Heinrich Seuses mystischer Schrift *Büchlein der ewigen Weisheit* hat man etwa 250 Exemplare nachgewiesen, von Albrants *Roßarzneibuch* 205, vom *Sachsenspiegel* 219 und vom *Schwabenspiegel* rund 400. Das verrät zwar nicht die wirkliche Zahl der damals kursierenden Handschriften – die Forschung rechnet auf jede erhaltene gut 150 verlorene –, aber das Verhältnis spricht eine deutliche Sprache hinsichtlich ihrer Verbreitung und damit auch Wirkung.

Rittersmann und Minnesang: Die Literatur wird weltlich

Für die schöne Literatur deutscher Zunge waren die Jahre 1170 bis 1250 die wichtigste Epoche ihrer mittelalterlichen Entwicklung. In der höfischen Gesellschaft formte sich mehr als nur eine fränkisch-allemannische Verkehrssprache, ein Instrument der praktischen Verständigung. Das Deutsch der Stauferzeit gewann an Geschmeidigkeit und nuanciertem Ausdruck. Latein hörte auf, die einzige Sprache zu sein, in der es sich gebildet reden ließ. Deutsch wurde – erstmals – zu einer Literatursprache von europäischem Rang. Tonangebende Dichtungsformen sind von nun an das ritterliche Epos und die Minnelyrik, die religiöse Dichtung verliert nahezu jede Bedeutung. Eine Ausnahme machen die *Driu Liet von der Maget* (Drei Lieder von der Magd), eine umfangreiche, mehr als 4900 Verse umfassende Mariendichtung des Priesters Wernher von Tegernsee von 1172 (Bayerische Staatsbibliothek, München). Das charakteristische Zeugnis frühmittelhochdeutscher Dichtung ist in sieben Handschriften des 12. bis 14. Jahrhunderts überliefert.

Mit Heinrich von Veldekes *Eneit* (1170) kam der Durchbruch zu einer neuen, ritterlich-höfischen Standesliteratur. Die Erzählung von des Ritters Flucht aus Troja, von Hadesfahrt, Ankunft in Italien, Kampf um den Thron und zuletzt glücklicher Minne hat viele Nachfolger inspiriert. Als Vorbild höfischer Versdichtung wirkte *Eneit* bis ins 15. Jahrhundert und ist in zahlreichen Handschriften nachweisbar. Berühmt noch in unserer Zeit ist zwar nicht der Autor, wohl aber der Stoff der Epen von Chrétien de Troyes, des bedeutendsten mittelalterlichen Erzählers. Zwischen 1160 und 1190 hat er die keltisch-bretonischen Legenden um König Arthur und die Ritter der Tafelrunde dichterisch umgearbeitet und idealisiert. Das von Chrétien geschaffene, typische Abenteuer-Schema (*aventiure*) kehrt bei Hartmann von Aue wieder: *Erek*, der Held des gleichnamigen Epos von 1180/85, reitet aus, erringt die Geliebte und kehrt ehrenvoll an den Hof zurück. Zu denen, die Heinrich von Veldeke als ihren Meister verehrten, gehört Wolfram von Eschenbach (um 1170–1220). Sein *Parzival*, das Buch eines »ritterlichen Laien«, der stolz angibt, kein Lateinstudium absolviert zu haben und auch keines mehr zu brauchen, gehörte zu den meistgelesenen Versepen des deutschen Mittelalters. Die Sprache der Dichtung ist eine fränkische Mundart mit bairischem Einschlag. Unvollendet blieb *Tristan und Isolde*, das einzige bekannte Werk von Gottfried von Straßburg. Es ist etwa um 1210 entstanden.

Wie der Aventiure-Roman geht auch die zweite Literaturform der Stauferzeit, der Minnesang, vom Ritterstand aus. Doch die Minnelyrik wurde vorgetragen, weniger aufgeschrieben: Der Minnesang war ein wichtiges Element des höfischen Festes, ein Preislied auf die Dame des Herzens, angestimmt vor der versammelten Ritterschaft und den Hofdamen – und zwar den verheirateten, unter denen sich neben der Angebeteten auch der Ehemann befand. Um 1150 entstanden, hat der Minnesang gegen Ende des 13. Jahrhunderts bereits wieder an gesellschaftlicher Geltung verloren. Dafür entdeckten adlige Sammler die Minnelyrik. In einigen Prachthandschriften stehen ausgewählte Texte zusammen mit idealisierten Bildnissen der Dichter. Die älteste Sammlung ihrer Art ist die vermutlich bereits um 1300 in Konstanz im Auftrag des Bischofs Heinrich von Klingenberg entstandene *Weingartner Liederhandschrift*, heute in der Württembergischen Landesbibliothek, Stuttgart. Ihre Illustrationen ähneln denen der *Großen Heidelberger Liederhandschrift*, die unter dem

Namen *Manessische Liederhandschrift* Berühmtheit erlangte. Seit 1888 wird sie nach wechselvollem Schicksal in Heidelberg aufbewahrt. Entstanden ist die kostbare Handschrift in Zürich zwischen 1310 und 1330. Die Sammlung umfaßt alle erreichbaren Minnedichtungen von 137 Autoren aus der Zeit von 1160 bis 1330, von Hartmann von Aue bis Walther von der Vogelweide. Sie geht auf die Zürcher Patrizierfamilie Manesse zurück, deren umfangreiche Bibliothek auch über eine große Liedersammlung verfügt hat. Den Liedern der Autoren ist jeweils eine Art »Porträt« vorangestellt, welches das Symbolische, nicht aber das Individuelle einer Gestalt im Bild darstellt. Sie ist mit den Attributen von Stand oder Amt versehen, Wappen und Helm kennzeichnen die Familienzugehörigkeit, die Gesichtszüge hingegen sind noch ohne persönlichen Charakter.

Weingartner Liederhandschrift, um 1300. Der Sänger Hartwig von Raute mit einem Boten.

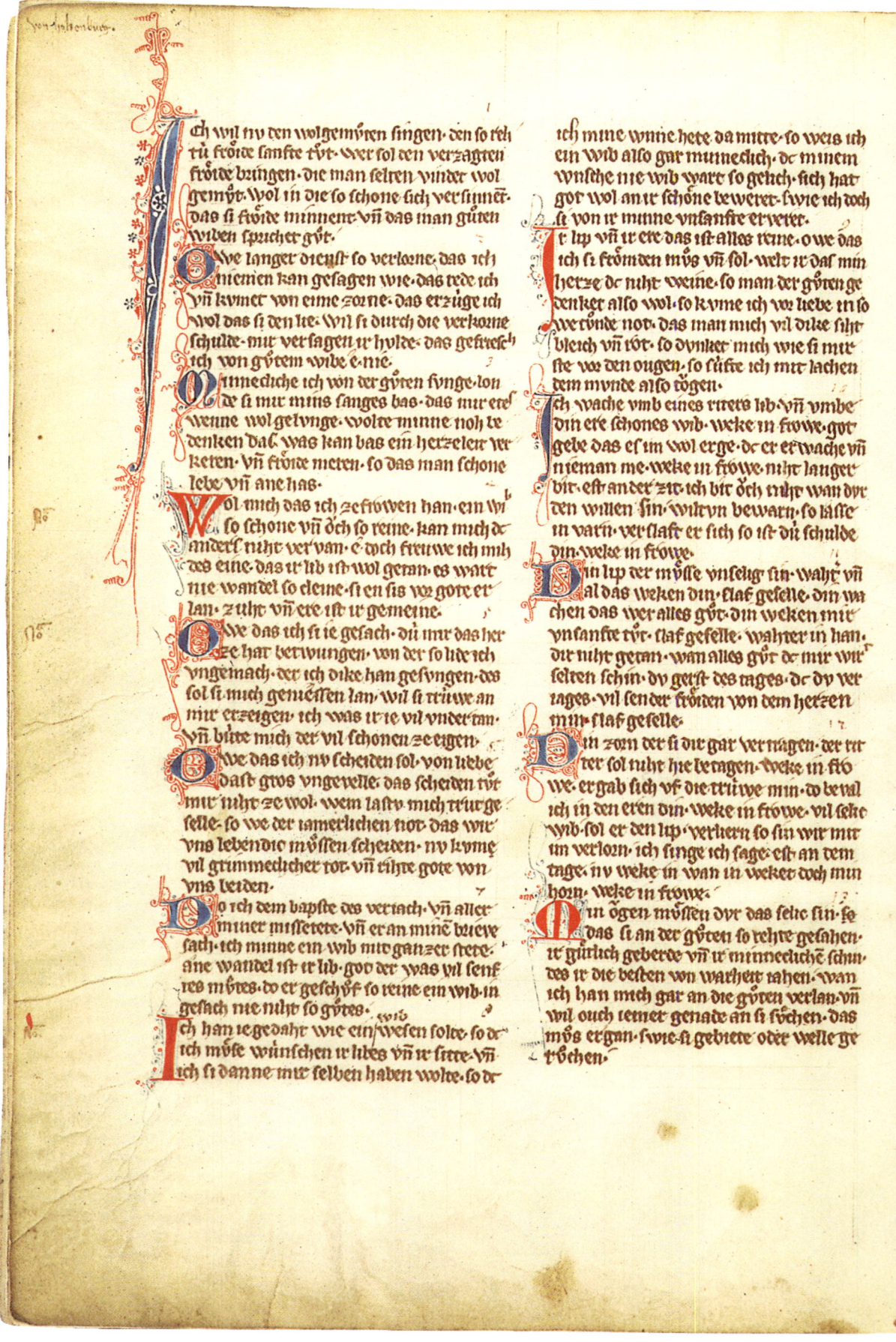

88 *Manessische Liederhandschrift.* Das Autorenbild der zwischen 1310 und 1330 entstandenen Handschrift zeigt den Dichter Heinrich von Veldeke (um 1140/50 bis vor 1210) in der Pose des Nachdenklichen: Das Kinn aufgestützt, demonstriert er Besinnung und verweist auf sein Gedicht, hier in Gestalt des Spruchbandes. 425 Pergamentblätter. Illustration: 25,3 × 35,5 cm.

Die Buchmalerei der Gotik

Die ganzseitigen, farbenprächtigen Illustrationen machen die *Manessische Liederhandschrift* zu einem einzigartigen Dokument gotischer Buchmalerei. Ihren Darstellungen fehlt die höfische Geziertheit, der Ausdruck höfischer Konvention, wie sie im Ursprungsland der Gotik, in Frankreich, anzutreffen ist. Die Miniaturen sind flächiger angelegt, die Figuren kräftiger und eher der gotischen Wandmalerei verwandt als den hochgotischen Buchmalereien Frankreichs wie etwa der Kreuzigungsszene des *Missales von Senlis* in Paris. Auf diesem Kanonbild vom Anfang des 14. Jahrhunderts scheinen die biblischen Gestalten vor dem reich ornamentierten Hintergrund zu schweben, so zartgliedrig und überschlank sind sie auf das Gitterwerk gesetzt.

Drei Stilstufen der Buchmalerei lassen sich unterscheiden: das Idealisieren des Rittertums und die vergleichsweise »natürliche« Darstellung des Menschen im 13. Jahrhundert, dann eine vergeistigte, schlanke Kurvigkeit des frühen 14. Jahrhunderts und schließlich die beginnende bürgerliche Sachlichkeit in der zweiten Hälfte des 14. Jahrhunderts. Die Ablösung von den Konventionen der romanischen Kunst vollzog sich nur langsam und nicht auf allen Gebieten zeitgleich. So trugen, als die gotischen Schriftformen bereits ausgereift waren, die Illuminationen immer noch ein romanisches Gepräge. »Dennoch ging«, schreibt Otto Mazal in *Buchkunst der Gotik*, »eine unübersehbare Revolution vor sich, die im 12. Jahrhundert begann und im 15. Jahrhundert abgeschlossen war: die Schaffung eines eigenen Raumes des Malers, die Illusion von Raum und Tiefe, die Modellierung der Figuren, das Suchen nach Bewegung, die Reduktion der Welt auf menschliche Maßstäbe, die Schöpfung eines Gesamtkunstwerkes aus verschiedenen hierarchisch über- und untergeordneten Schmuckelementen.« Für die Bordürenrahmen des 15. und 16. Jahrhunderts legte die gotische Buchkunst die entscheidenden Grundlagen, indem sie aus den Rankenausläufern der Initialen eine starke Randornamentik entwickelte. Auch Randillustrationen oder Randminiaturen, bei denen figürliche Darstellungen den Text am Blattrand begleiten, teils freistehend, teils gerahmt, wurden mit besonderem Eifer gepflegt. Ein Übermaß an Zuwendung und Phantasie erfuhr die *Drôlerie* (»Drolligkeit«), die sich in der Gotik so reich wie nie zuvor entfalten konnte. Fabel- und Mischwesen, Monster, Tiere in menschlicher Verkleidung, Albernheiten und Obszönitäten bevölkerten die Zierleisten auf den Blatträndern.

Eine eigene, anfangs vom italienischen Realismus inspirierte Formensprache bildete die Buchmalerei in Böhmen aus. Als ihr Initiator und Anreger wird immer wieder Johann von Neumarkt genannt, der Kanzler Kai-

ser Karls IV. Besondere Förderung erfuhr die böhmische Buchmalerei unter König Wenzel, der von 1378 bis 1419 regierte. Nach dem königlichen Auftraggeber erhielt die zwischen 1380 und 1390 entstandene *Wenzels-Bibel* ihren Namen. Sie gilt als eine der ältesten erhaltenen Handschriften des Alten Testaments in deutscher Sprache neben der *Augsburger Bibelhandschrift* von etwa 1350, die als älteste Bibelübertragung ins Deutsche anzusehen ist. Kunsthistoriker rühmen den schönen Stil der Illustrationen der *Wenzels-Bibel* und ihre ungewöhnlich prächtige Ausstattung. Die höfischen Stilmerkmale, das große Format, eine reiche Ornamentik, vegetabile Motive für Randleisten und die bewegten Illustrationen sorgen für einen wahrhaft königlichen Bildeindruck. Die sechsbändige Kostbarkeit mit ihren 646 Miniaturen befindet sich heute in der Österreichischen Nationalbibliothek in Wien.

Nach Deutschland kam der neue Stil über die rheinischen Scriptorien. Besonders Köln hatte eine Brückenfunktion nach Frankreich, das seit Mitte des 13. Jahrhunderts unter der Herrschaft von Ludwig dem Heiligen erneut zum Zentrum der Buchmalerei geworden war. Der *Psalter Ludwigs des Heiligen*, um 1260 entstanden, gilt als erstes prägnantes Buchkunstwerk der französischen Gotik. Alle Szenen darin finden unter Maßwerk-Baldachinen statt, die wie die Obergaden- und Dachzone eines Kirchenschiffs gestaltet sind, und werden von Rankenbordüren gerahmt. Die reliefartigen Bilder erzeugen eine teppichhafte Gesamtwirkung, die Gestalten sind klar konturiert, ihre stilisierte Haltung bringt die Konvention der Zeit zum Ausdruck. Augenfällig ist auch eine Eigentümlichkeit der gotischen Buchmalerei Frankreichs, dem Bildraum ein ornamentales Gepräge zu geben, indem man Zierformen aus der Architektur in ihn integriert. Im Psalter Ludwigs des Heiligen sind diese Elemente bereits vielfältig vorhanden: Maßwerk, Gewölbe, Strebepfeiler – und Spitzbogen. Tatsächlich ist ja der Spitzbogen das markanteste und wirklich übergreifende Merkmal dieser facettenreichen und kunsthistorisch großzügig datierten, vier Jahrhunderte dauernden Stilepoche.

Der Einfluß der Architektur beweist sich auf einem weiteren Feld, nämlich bei der Verwandtschaft der Miniatur- mit der Glasmalerei. Die gemeinsame Vorliebe für leuchtende Farben (zumal Hintergründe in Rot und Blau) sowie die Linienführung ist offensichtlich. »Das gemalte Fenster bot der Buchmalerei das Vorbild des festen Striches und des sich gleichmäßig auf großen Flächen verteilenden Lichtes«, schreibt Mazal. Exemplarisch steht dafür die *Bible moralisée*, die in 14 Handschriften aus dem ersten Drittel des 13. Jahrhunderts überliefert ist. Bei diesem eindrucksvollen Werk der typologischen Literatur Frankreichs muten die medaillonartigen Bilder wie auf Pergament übertragene Kirchenfenster an.

Auffällig an der Buchmalerei der Gotik ist das Eindringen weltlicher Inhalte wie Hofleben und Minnedienst, ritterliche Kampf- und Jagdszenen in die überwiegend noch religiösen Szenen. Geschichtsbücher, Chroniken, Epen, Minnelieder und wissenschaftliche Werke wurden illuminiert, wie man es zuvor nur für sakrale, nicht aber für profane Literatur gekannt hatte. Die Städte und die höfischen Kreise gewannen gegenüber der Kirche als Auftraggeber an Gewicht. Ihre Entsprechung findet diese Präsenz von Weltlichkeit in der gewandelten Produktionsweise. Bis dahin waren die Handschriften ausschließlich in den klösterlichen Scriptorien entstanden. Seit Mitte des 13. Jahrhunderts wurden sie auch von kommerziell betriebenen Laienwerkstätten geschrieben und illustriert. Die zunehmende Verwendung des weniger teuren Beschreibstoffes Papier beeinflußte die Maltechnik und förderte die Herstellung einfacherer, kursiv geschriebener und mit Federzeichnungen ausgestatteter Handschriften.

Mit dem Rang der zu illuminierenden Werke konnte auch die Technik wechseln: Die Federzeichung fand bevorzugt in die weltliche Literatur Eingang und wurde als Medium der Erläuterung eingesetzt. Galt es, die Kostbarkeit eines Werkes herauszustellen, griff man zur Deckfarbenmalerei, trug verschiedene Farbschichten übereinander auf und nahm diese als Malgrund für die nachträglich aufgesetzten Konturen und die Binnenzeichnung. Auch für die aufwendigen und prunkvollen Handschriften war nicht mehr allein die Kirche der Abnehmer. Die reich geschmückten *Stundenbücher*, die nun neben Werken für den kirchlichen Gebrauch entstanden, wurden für die Privatandacht von Laien gefertigt, meist hochgestellte weltliche Persönlichkeiten. Daß sich zu dieser Zeit eine Buchliebhaberei und Sammlerleidenschaft herausgebildet hat, war naheliegend. Karl V., Ludwig von Anjou, Jean de Berry sind als solche Buchliebhaber in die Geschichte eingegangen.

Augenlust im Stundenbuch

»Dieser hochverfeinerte Mann hatte lüsterne, vergnügungssüchtige Augen, er hatte die Zerstreuung zu einer Kunst entwickelt. Es wird nicht respektlos sein, wenn wir uns vorstellen, daß der Duc de Berry im Zwielicht der Kirche die Bilder seines Buches so gierig verfolgte, wie wir heutzutage die Bilder im Fernsehen…« Nicht respektlos? Das *Livre d'heures*, das Stundenbuch, war eine für den privaten Gebrauch bestimmte Form des Gebetbuches, um zu bestimmten Tageszeiten eine Andacht zu halten. Dennoch dürfte Umberto Eco mit seinen Worten recht haben. Die prachtvollen, Gebets- und Bibeltexte begleitenden Illustrationen werden für Jean de Berry wohl weniger Gegenstände religiöser Sammlung als vielmehr der Sammlerfreude, Augenlust und des weltlichen Prunks gewesen

sein. Die fünfzehn schönsten Stundenbücher seiner Zeit nannte der kunstliebende Herzog sein eigen, und mit ihrer Ausgestaltung hatte er die namhaftesten Maler seiner Zeit beauftragt: die drei Brüder (Paul, Hermann und Jehanequin de) Limburg, die Brüder Jan und Hubert van Eyck, Jean d'Orléans. Am Ende seines Lebens (1340–1416) hatte de Berry sich siebzehn Schlösser bauen lassen, Juwelen angehäuft, viele kostbare Wandteppiche und Tafelbilder gesammelt, einen Ruf als größter zeitgenössischer Mäzen erworben. Dreihundert wertvolle Handschriften umfaßte seine Bibliothek zuletzt, vom Ritterroman bis zu Chronik und philosophischem Traktat.

Das *Livre d'heures* konnte lateinisch oder in der Volkssprache verfaßt sein. Seinen Kern bildete die Andacht zu Maria, das Officium Beatae Mariae Virginis, das nach Tageszeiten unterteilt war, dem kirchlichen Brevier gemäß. Den Beginn macht regelmäßig ein Kalender, wie man ihn aus liturgischen Büchern kannte. Stets wiederkehrende Bestandteile sind zudem Allerheiligenlitanei, Bußpsalmen, Gebete und Totenoffizium.

Les Très Riches Heures, jenes Stundenbuch, dem Jean Duc de Berry maßgeblich seinen Nachruhm verdankt, gab er 1410 in Auftrag. Das Werk wurde von 1413 bis 1416 von den drei Brüdern Limburg ausgeführt, es enthält 206 Blätter mit 65 ganzseitigen und 65 kleineren Miniaturen im Text. Ungewöhnlich darin sind die als Kalenderblätter vorangestellten Monatsbilder. Auf dem Blatt für den Monat Mai ist ein Ausritt des Adels zu betrachten, im Vordergrund die bunte laubbekränzte Schar der Damen, Herren und Knappen, während unter einem leuchtend lapislazuliblauen Himmel von ferne die Türme des herzoglichen Palastes grüßen. Die anderen Monatsbilder zeigen höfische und bäuerliche Szenen, wohingegen *Les Très Belles Heures de Notre Dame* – darin der religiösen Bestimmung des Stundenbuches näher – biblische Motive versammelt. Man mag darüber streiten, welche dieser beiden Kostbarkeiten die schönere ist: die »Sehr reichen Stunden« oder »Das sehr schöne Stundenbuch Unserer Lieben Frau«, 252 Seiten stark, mit 25 Miniaturen, geschrieben in »großformiger gotischer Schrift«, wie der Inventareintrag von 1413 vermerkt. Beide beeindrucken durch die koloristische Qualität, durch die Nuancen der Blau-, Rot-, Grün- und Gelbtöne, durch die Strahlkraft des Pinsel- und Blattgoldes, den Reichtum der Initialbilder und der szenischen Bilderstreifen unter dem Text, die sogenannten *Bas-de-pages*. Und beide sind sie weit entfernt vom Taschenformat, das für weniger aufwendige Stundenbücher durchaus geläufig war, besitzen vielmehr mit 21 × 29 cm bzw. 20 × 28 cm eine repräsentative Größe. Das Museum von Schloß Chantilly und die Bibliothèque Nationale in Paris verwahren diese Glanzstücke der Buchmalerei heute, wobei von »verwahren« tatsächlich im strikten Sinn die Rede sein muß. Denn illuminierte Handschriften sind

Unikate, unersetzbar und gehören zum bestgehüteten Inventar der Museen. *Les Très Riches Heures* wird in Chantilly als Staatsschatz gesichert, das Original ist auch den Augen der Buchliebhaber entzogen und mittlerweile selbst für Wissenschaftler unerreichbar. Dennoch ist es möglich, seine Miniaturen genauestens zu studieren. Zu danken ist dies der Faksimilierung, der möglichst genauen Nachbildung.

Notiz zu Faksimiles

Faksimiles (lat. *fac simile* = mache ähnlich!) sollten grundsätzlich im Maßstab 1:1 hergestellt sein. In ihrem Bemühen um Originaltreue geben sie auch die Spuren wieder, die Narben und Wunden, die Zeit und Benutzer dem Buche beigebracht haben. Unregelmäßigkeiten der Blattränder oder Risse und Löcher erscheinen »freigestellt« auf dem weißen Blatthintergrund.

Im Mittelalter waren es die Kopisten, die sich um eine möglichst originalgetreue Vervielfältigung von Texten und Bildern bemühten. Technische Mittel wie der Kupferstich kamen in späterer Zeit hinzu. Als ältestes »Vollfaksimile« gelten die 25 Seiten des *Martyrologium Hieronymanum* aus Echternach, die Balthasar Moretus von 1626 bis 1633 in Kupfer stach. In den Anfängen beschränkte man sich auf die Wiedergabe von Einzelblättern. Erst die Lithographie schuf die Möglichkeiten für eine Faksimilierung nach heutigem Verständnis. Alois Senefelder faksimilierte mit Hilfe der neuen Technik im Jahre 1808 den *Türkenkalender,* der 1454 in Gutenbergs Offizin gedruckt worden war. Das Faksimile stellt eine relativ späte Erscheinung in unserem westlichen Buch- und Schriftenwesen dar, und so scheint auch das Wort selbst im Deutschen nicht vor 1806 belegt zu sein, im Englischen allerdings kam das Substantiv »facsimile« bereits im 17. Jahrhundert vor.

Aufwendig ist die Wiedergabe der Farben. Modernste Techniken des Mehrfarbdrucks (bis zu 8 Farben plus Gold im Offset-, im Lichtdruck bis zu 12 Farben) ermöglichen die Darstellung praktisch aller Nuancen und Farbwerte. Sogar der changierende Farbton des alten Pergaments oder Papiers, der von Blatt zu Blatt abweicht, kommt zur Geltung. Färbungen, Abschattierungen, Hell-Dunkel-Werte der Tinte, das Leuchten von Blatt- und Pinselgold, all dies wird heute mit erstaunlichem Erfolg reproduziert. Das Bemühen um die Individualität des Originals noch in der Kopie unterscheidet das Faksimile vom *Reprint,* von der druckmechanischen Vervielfältigung einer bereits gedruckten Vorlage. Am Reprint interessieren Text und Druckgestalt, nicht aber all die Zufälligkeiten, denen sich die Faksimilierung widmet, bis hin zu den Falten und Klecksen im Original.

Mit Technologie allein ist das nicht zu schaffen. So kommen in den Werkstätten der auf Faksimiles spezialisierten Verlage auch die handwerklichen Künste zu ihrem Recht. Besonders gilt das für die originalgetreue Wiedergabe des Einbandes, seiner Ausstattung und der Prägung, aller Verschleiß- und Gebrauchsspuren, aller Altersflecken. Nicht selten entstehen dabei kostbare Sammlerstücke, die ein kleines Vermögen kosten. Für ein Faksimile der *Très Riches Heures* des Herzogs von Berry hatte der Buchliebhaber 1992, im Editionsjahr, 24 000 Mark zu entrichten, für das Evangeliar Heinrichs des Löwen sogar 34 000 Mark.

Nicht wenige Bibliophile haben Faksimileausgaben zu Sammelobjekten erkoren und auch die Wissenschaftler sind zufrieden. Direktvergleiche zwischen Handschriften, die an verschiedenen Orten aufbewahrt werden, philologische Textstudien, kunsthistorische Analysen der Illustrationen oder andere Weisen des forschenden Zugriffs, die den fragilen Originalen höchst abträglich wären, können an den Reproduktionen gefahrlos vorgenommen werden. Schutz und Konservierung des Kulturgutes sind gewiß nicht die schlechtesten Argumente für Faksimileausgaben. Von »lüsternen Augen«, die an gelungenen Wiedergaben ihre Freude haben, ganz zu schweigen.

Gipfel und Ende der mittelalterlichen Handschriftenkultur

Besondere Würdigung unter künstlerischen Gesichtspunkten verdient das *Turiner Stundenbuch.* Dem Schöpfer seiner Miniaturen, einem der beiden Brüder van Eyck, gelangen hier neue Formen der Darstellung des Räumlichen, Suggestionen einer Gleichzeitigkeit von Außen- und Innenansicht, subtile Spiele mit Perspektive und Illusion. Die Steigerung der darstellerischen Mittel bedeutete aber auch, daß das Bild als solches an Eigenständigkeit gewonnen hatte. Van Eycks Miniatur streift ihren buchspezifischen Charakter ab, sie löst ihre intime Verbindung mit der Buchseite. Aus der Buchmalerei ist Malerei im Buch geworden, und aus der Miniatur Tafelmalerei, nur eben verkleinert, *en miniature.*

Es hat allerdings noch im späten 15. Jahrhundert neue Versuche zu buchtypischen Malereien gegeben, etwa die sogenannten *Trompe-l'œil-Rahmungen.* Die Miniaturen des Älteren Gebetbuches Maximilians I. von 1486, die der Meister des Hortus animae schuf, erhielten im Atelier des Alexander Bening eine Rahmung, so breit und dekorativ, wie sie keinem Tafelbild bekömmlich wäre: Die Buchseite selbst, fast der gesamte um das Bild verbleibende Raum wird zum Rahmen. Hier finden sich Blumen, Schmetterlinge und Bienen so realistisch gemalt, als seien sie dort ausgestreut.

Bestimmend aber werden nicht diese Neuerungen im Geiste der Tradition, sondern der Traditionsbruch, der in den Werken der Brüder van Eyck zum Ausdruck

Das *Ältere Gebetbuch Maximilians I.*, Brügge, 1486. Der junge König Maximilian kniet vor dem Hl. Sebastian. Neben zahlreichen Initialen enthält das Stundenbuch fünf ganzseitige Bilder. Die Miniaturen stammen von dem flämischen Meister des Hortulus animae. Die übrige Malerei entstand im Atelier des Alexander Bening, so auch die *Trompe-l'œil-Rahmung*, bei der Blüten und Insekten sehr naturalistisch auf den mattgoldenen Grund gemalt sind. Durch den Schlagschatten scheint es, als höben sie sich tatsächlich körperhaft von der Fläche ab. 88 Blätter; 13,3 × 19 cm.

93

kommt. Im Livre d'heures hat die mittelalterliche Buchmalerei den höchsten Gipfel ihres Könnens erreicht. Diese Blüte ist jedoch zugleich der Beginn eines jähen Verfalls. Während noch das Mittelalter in der Stundenbuchmalerei weiterträumte, war die Neuzeit erwacht: Die Technik des Druckens war erfunden worden, und damit hörte die Welt der Bücher auf, eine Welt der Unikate zu sein. Bislang war jedes Buch einmalig, zwar in Abschriften, aber doch individuell und für einen ganz bestimmten Auftraggeber gefertigt worden. Nunmehr war es möglich, dieselbe Text- und Bildvorlage zu vervielfachen und auf lange Sicht für einen anonymen Markt zu produzieren, für Abnehmer, die man zum Zeitpunkt der Herstellung noch gar nicht kannte. Mit der technischen Revolution des Buchdrucks rückten klösterliche wie auch weltliche Schreibstuben bald ins Abseits, die Kunst ihrer Handwerker verlor an Interesse und Wert. Um 1500 endete die große Schriftkultur des Mittelalters. Zwar entstanden in den folgenden Jahrhunderten weiterhin kunstvolle handgeschriebene Bücher, doch halten sie keinem Vergleich mit den vorangegangenen stand. Es wurde mehr und billiger produziert. Und mit der Technik änderte sich auch der Beschreibstoff. Papier hatte es zwar schon lange gegeben. Doch stieg sein Bedarf in Verbindung mit der Druckkunst gewaltig an. Papier wurde zum meistverbreiteten Beschreibstoff in Europa.

Eine kurze Geschichte des Papiers

Glauben wir der Legende, dann verhält sich die Sache so: »*Von alters her wurden zum Schreiben Bambustafeln verwendet, die man zusammenband. Es gab auch ein Papier, das aus Seidenabfällen hergestellt war. Aber die Seide war zu teuer und die Bambustafeln waren zu schwer, beide also zur Verwendung nicht geeignet. So faßte Tsái Lun den Plan, aus Baumrinde oder Bastfasern, Hanf und auch aus alten Lumpen und Fischernetzen Papier zu bereiten. Im Jahre 105 n. Chr. berichtete er darüber dem Kaiser, und dieser lobte seine Fähigkeiten. Seitdem wurde das Papier allgemein gebraucht, und im gesamten Kaiserreich nannten es alle das Papier des gnädigen Tsái.*«

Ob wirklich Tsái Lun der »Erfinder« des Papiers war, weiß man nicht. Wahrscheinlich ist die Erfindung des Papiers, wie so viele andere Erfindungen auch, nicht das geniale Werk eines einzelnen. Fest steht, daß man Papier in China schon vor 105 n. Chr. kannte. Einige Papierhistoriker datieren den Beginn der Papierherstellung bis zu zweihundert Jahre vor Tsái Lun. Ein chinesisches Wörterbuch berichtet von der Existenz des Papiers (genannt das *Dünne und Glänzende*) aus der ersten Han-Dynastie (206 v. Chr.–24 n. Chr.). Vielleicht hat ja, was seinen Ruhm erklären könnte, Tsái Lun als Beamter die Versuche geleitet oder für die Verbreitung des

Papiers gesorgt, vielleicht hat er auch die Herstellungsmethode verbessert oder einen neuen Rohstoff gefunden.

Seinen Namen hat das Papier zwar nach dem Papyrus bekommen, aber beide haben außer der Verwendung als Beschreibstoff wenig gemein. Papyri erhält man durch Verklopfen und Verkleben des in Streifen geschnittenen Papyrusmarks, Papier dagegen ist das Ergebnis eines Verfilzungsprozesses quellfähiger, je nach Region unterschiedlicher Pflanzenstoffe. Die Ausgangsmaterialien – zunächst waren es die Fasern von Hanf, später überwiegend der Bast des Maulbeerbaumes – wurden mit Wasser versetzt und im Mörser zerkleinert, das Ganze beheizt und gerührt, bis ein dünnflüssiger Brei entstand. Der wurde in einen Holzbottich gefüllt, die *Bütte*, weshalb handgeschöpfte Papiere auch als Büttenpapier bezeichnet werden. Sodann wurde mit einem Sieb, das zu Tsái Luns Zeit wahrscheinlich ein mit Seidenfäden bespanntes Bambusgeflecht gewesen ist, aus diesem Brei der Papierbogen geschöpft. Während das Wasser nach unten abfloß und der Stoff sich verteilte, mußte man die Form schütteln, um die Verfilzung zu fördern. Die feinen Stoffasern setzten sich, lagerten sich kreuz und quer und bildeten eine Art Haut von gleichmäßiger Dicke, die als Blatt abgenommen werden konnte.

Von China aus gelangte das ursprünglich sehr einfache Herstellungsverfahren um 600 n. Chr. nach Korea. Der Mönch Doncho brachte es 610 n. Chr. nach Japan. Japanische Papiermacher verstanden es in der Folgezeit, durch spezielle Zusätze ein besonders feines, seidenartiges und dennoch dauerhaftes Papier herzustellen. Dieses *Japanpapier* wurde zur Herstellung von Kleidern, Fächern, Schirmen u. ä. verwendet.

In Richtung Westen verbreitete sich die Kenntnis des Papiers und seiner Herstellung über Zentralasien und gelangte zu den Arabern. Um das Jahr 750 sollen bei einem Grenzstreit chinesische Papiermacher von Arabern gefangen genommen worden sein. Auf ihren Kenntnissen, mit deren Preisgabe sie ihr Leben erkauften, gründet der Legende zufolge der Ruhm Samarkands als frühes Zentrum der Papierherstellung. Hier wurden Verbesserungen der Technik eingeführt. So wurde beispielsweise das Schöpfsieb nun aus Metall hergestellt, was die Haltbarkeit erhöhte und die Anwendung von Wasserzeichen ermöglichte. Der Handel operierte mit ungefähren, allgemeinen Mengenangaben und Flächenmaßen. Von der arabischen Bezeichnung *rizmar* kommt unser *Ries*, ein klassisches Maß in der Papierwirtschaft, mit dem die Höhe eines Stapels mit Papierbogen bezeichnet wird. Je nach Papierstärke kann ein Ries, das ungefähr 5 cm hoch ist, eine unterschiedliche Anzahl von Bogen umfassen.

Im islamischen Reich von 800 bis 1300 blühten Kunst und Wissenschaft. Bagdad war sein Zentrum. Hier gab es eine große Bibliothek, in der neben den Schriften persischer Autoren auch die Werke der griechischen Philosophen Aristoteles, Platon, Euklid, der Ärzte Hippokrates und Galen übersetzt wurden. Weitere große Bibliotheken haben im 10. Jahrhundert in Cordoba, Hulwan und Kairo bestanden. Viele ihrer Schätze wurden durch die Bücherverbrennungen der christlichen Kreuzfahrer zerstört. Die Toleranz des Islam in jener Zeit war überaus fruchtbar für die Forschung. Von den Arabern gelangte nicht nur die Technik der Papierherstellung nach Europa, sondern auch die der Bewässerung. Unsere Zahlzeichen haben wir von ihnen übernommen. Das Rechnen mit dem dekadischen Zahlensystem wurde nach dem Mathematiker Abu Gafar Mohammed Ibn Musa al-Khwarizim, der im 9. Jahrhundert lebte, Algorithmus genannt. Astronomie, Optik und Chemie wurden damals vom arabischen Einfluß geprägt.

Syrien, Ägypten, Marokko waren weitere Stationen, bevor das Papier nach Europa kam. Ungefähr zur gleichen Zeit erreichte es Süditalien und das islamische Spanien. Als ältestes erhaltenes italienisches Schriftstück gilt ein heute in Palermo aufbewahrter Brief der Gräfin Adelaide von Sizilien aus dem Jahre 1109. Die eigenständige europäische Papierherstellung nimmt in Xàtiva, einer valencianischen Kleinstadt, ihren Anfang. Dort stellte

man bereits 1144 eine Papiermühle auf. Unter König Alfons X. (reg. 1252–1282), der seiner hohen Bildung wegen »der Weise« genannt wurde, begann man in Spanien, Papier stärker zu verwenden. Jedoch sollte es noch bis ins 17. Jahrhundert dauern, bis der neue Beschreibstoff das Pergament verdrängte. Lange Zeit bestand eine heftige Abneigung, Papier anstelle von Pergament zu benutzen. Sei es seiner geringeren Haltbarkeit wegen, sei es, weil die arabische, also heidnische Abkunft des neuen Stoffes das christliche Abendland, das fanatisch gegen alles Heidnische eingestellt war, provozierte. Exempel wurden immer wieder statuiert. Im Jahre 1231 verbot Kaiser Friedrich II. die Verwendung von Papier für Urkunden; 1236 verkündete ein Statut in Padua, Urkunden auf Papier seien ohne Rechtskraft.

Von Spanien kam das Papier nach Frankreich, von Italien nach Deutschland. Die erste Papiermühle in Italien arbeitete seit 1276 in Fabriano (Provinz Ancona). Lange Zeit blieb Italien für Europa der wichtigste Papierlieferant. Kein Zufall scheint es zu sein, daß gerade in den intellektuellen Zentren wie Bologna (1293) und Padua (1340) früh Papiermühlen entstanden. Der Papierbedarf nahm allmählich zu, doch eine gleichermaßen gesteigerte wie verbilligte Produktion gelang erst, als man lernte, Wasserkraft für die Mühlen zu nut-

Der Papyrer.

Ich brauch Hadern zu meiner Mül
Dran treibt mirs Rad deß wassers viel/
Daß mir die zschnitn Hadern nelt/
Das zeug wirt in wasser einquelt/
Drauß mach ich Pogn auff dē filtz bring/
Durch preß das wasser darauß zwing.
Denn henck ichs auff/laß drucken wern/
Schneweiß vnd glatt / so hat mans gern.

Der Papyrer aus dem *Ständebuch* des Jost Amman von 1568. Im Hintergrund ist ein Hammerstampfwerk, auch »deutsches Geschirr« genannt, dargestellt. Vor den Fenstern das Wasserrad für den Antrieb.

Der Buchbinder.

Ich bind allerley Bücher ein/
Geistlich vnd Weltlich/groß vnd klein/
In Perment oder Bretter nur
Vnd beschlags mit guter Clausur
Vnd Spangen/vnd stempff sie zur zier/
Ich sie auch im anfang planier/
Etlich vergüld ich auff dem schnitt/
Da verdien ich viel geldes mit.

Der Buchbinder aus dem *Ständebuch*. Buchbinder und Papiermacher waren seit der Handschriftenzeit eigenständige Gewerbe.

95

zen und dafür ein mit mehreren Hämmern arbeitendes Stampfwerk entwickelte. Im Nachbarland arbeitet seit 1338 in Troyes die erste französische Mühle. Die erste deutsche Papiermühle, die *Gleismühl* an der Pegnitz, wurde im Dezember 1389 vor den Toren Nürnbergs errichtet. Das importierte italienische Papier war teuer, und dem Eigner der Gleismühl, dem Kaufmann Ulman Stromer, erschien eine in seinem Heimatland konkurrenzlose Herstellung vielversprechend. Er war darauf bedacht, die Kunst des Papiermachens geheimzuhalten. Die beiden von ihm nach Nürnberg geholten italienischen Papiermacher, die Brüder Franziscus und Marcus de Marchia, mußten ihrem Brotherrn den Eid schwören, »diesseits des *lampartischen* (lombardischen) *Birgs* niemand khein Pappir zu machen«. Lange aber hat Stromer sein Monopol nicht halten können. In Chemnitz (1398), Ravensburg (1407), Straßburg (1415), Lübeck (1420), Wartenfels (1460), Kempten (1468) entstanden weitere Mühlen, bis zum Ende des 16. Jahrhunderts waren es allein in Deutschland 190. Dieser Zuwachs war auch nötig, denn die um 1500 in Deutschland existierenden Papiermühlen – etwa 25 bis 50 an der Zahl – konnten den Papierbedarf der etwa 100 deutschen Druckereien kaum noch decken.

Während der Jahrhunderte änderte sich am grundsätzlichen Prinzip des Papierschöpfens wenig. Aber es gab von jeher viel Geheimnis um die Verfahren im einzelnen, um Zusätze und Stoffe, und um die Kunstgriffe der Verfeinerung. Von Belang war immer die Qualität des Wassers. Es muß möglichst »weich« sein, also wenig Kalk enthalten. Weiße Lumpen, die zudem länger dem Fäulnisprozeß unterworfen wurden, waren Vorausset-

zung für ein ebenmäßiges Papier. Auch die Beschaffenheit des Gautschfilzes war wichtig. Auf diesem Filz wurde das nasse, aus der Bütte geschöpfte Papierblatt vom *Gautscher* abgedrückt und zu einem *Pauscht*, einem Stoß von 182 Filzen und 181 dazwischenliegenden Bogen Papier, aufgeschichtet, um dann unter die Schraubenpresse gebracht zu werden, die das restliche Wasser auspreßte. Die eigentümlichen Reize der Oberfläche alter Papiere rühren vielleicht auch daher, daß die Filze früher vielfach aus Hasenhaar bestanden. Schließlich war auf das Wetter Rücksicht zu nehmen. Nebel und Hagel schadeten dem trocknenden Papier. Frost hingegen galt als ideal und soll dem feuchten, zum Trocknen aufgehängten Bogen besonders gute Eigenschaften wie Schmiegsamkeit, Weiße und Aufnahmefähigkeit verliehen haben. Man unterschied sogar zeitweilig zwischen Sommer- und Winterpapier.

Die Leimung war ursprünglich auf pflanzlicher Basis erfolgt, Chinesen und Araber benutzten Getreidestärke. Seit 1275 kam in Italien die Leimung auf tierischer Basis auf. Die Leimlösung aus gekochten Knochen, Lederabfällen und ähnlichem, in die die Papierbogen eingetaucht wurden, schloß die Hohlräume im Papier. Sie verhinderte das Verlaufen und Durchschlagen der Tinte, machte das Papier schreibfest. Nicht immer war das gleichermaßen günstig. Der Druck stellte besondere Ansprüche an die Qualität des Papiers und erforderte bei der Papierherstellung eine größere Spezialisierung. Statt der starken Leimung, die sich bei Schreibpapieren bewährt hatte, mußte man bei Druckpapieren milder leimen, da Druckpapier häufig vor dem Druck gefeuchtet wurde. Für den Druck von Kupferstichen und Radierungen in späterer Zeit empfahl sich völlig ungeleimtes Papier. Hinsichtlich Farbe und Qualität hieß die Devise: weder zu dunkel noch zu weiß, weder zu rauh noch zu glatt, weder zu stark noch zu dünn. Die Holzschneider wünschten mittelstarkes, gelbliches, gut geleimtes Papier, die Kupferstecher und Radierer ein weiches, ungeleimtes Papier und die Steindrucker ein stark geleimtes, hochgeglättetes Druckpapier.

Seit dem Ende des 13. Jahrhunderts wurde in Italien zur Kennzeichnung der Herkunft und Qualität kostbaren Papiers erstmals ein Wasserzeichen verwendet. Papiermühlen oder Papiermacher schufen sich so unlöschbare Meister- und Herkunftsmarken, später dienten sie als Sortenbezeichnung und kennzeichneten das Papierformat. Das helle Filigran ist gut sichtbar, wenn man das Papier gegen das Licht betrachtet. Es entsteht bei Handpapier durch auf das Schöpfsieb genähte, geflochtene oder gelötete Drähte, die sich beim Schöpfen als Zeichen in jedem Bogen abdrücken. Die Papierschicht ist an dieser Stelle dünner. Das älteste bekannte Wasserzeichen findet sich auf einer Urkunde aus Bologna aus dem Jahre 1282. Es ist ein griechisches Kugelkreuz mit vier kleinen Kreisen an den Balkenenden und einem größeren

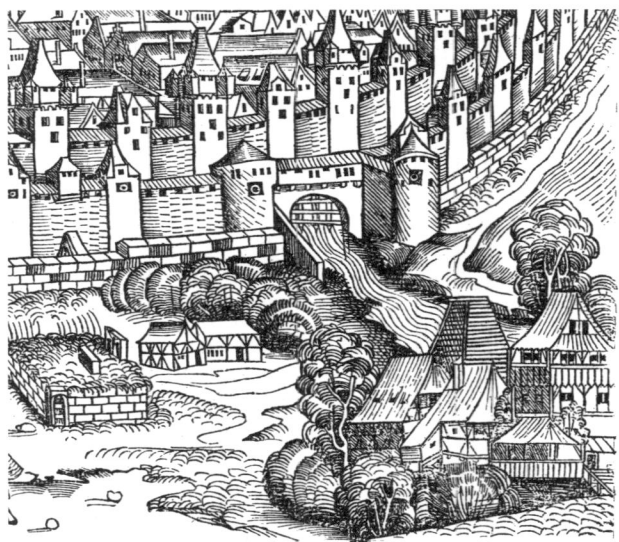

Erste Papiermühle Deutschlands, die 1390 vor den Toren Nürnbergs errichtete »Gleismühl« des Kaufmanns Ulman Stromer. Detail eines Holzschnitts von Michael Wolgemut aus der Schedelschen Weltchronik. Nürnberg, 1493.

um die Balkenmitte. Von Italien gelangte das Wasserzeichen mit der Kunst des Papiermachens nach ganz Europa, so daß es Anfang des 15. Jahrhunderts dann auch in Deutschland die ersten Wasserzeichen gab. Ihre Anzahl bis 1800 schätzt man auf mehr als 200 000, in ganz Europa haben wohl über 1 Million Wasserzeichen existiert. Eine ungeheure Vielgestalt der Formen! Als Vorlage dienten Handwerkszeichen, Motive aus der Pflanzen- und Tierwelt, christliche und mythologische Bilder, Wappen und Schriftzeichen.

Heute geben Wasserzeichen der Buchwissenschaft hilfreiche Hinweise über die Herkunft von Papier und Entstehungszeit eines Werkes, wichtig vor allem bei der Bestimmung undatierter Druckwerke. So konnte anhand des Wasserzeichens nachgewiesen werden, daß Gutenberg das Papier für den Druck seiner Bibel aus Italien bezogen hat. Eine Gesamtübersicht aller Zeichen ist kaum vorstellbar. Zwar hat es dazu Versuche gegeben; sie konnten aber immer nur Teilbereiche dokumentieren. Der Genfer Papierhändler Charles Moïse Briquet (1839–1913) legte eine Sammlung von 16 112 Zeichen an. Sie sind in der vierbändigen Ausgaben seiner *Les Filigranes* aus dem Jahre 1909 (Genf, Neudruck 1923 in Leipzig) systematisch zusammengestellt. Quelle waren ihm Urkunden und Briefe aus der Zeit 1282 bis 1600. Briquet hat seine Muster mittels Durchzeichnen gewonnen, eine wissenschaftlich unexakte Methode, dennoch gehört die Sammlung zu den unentbehrlichen Nachschlagewerken der Wasserzeichenkunde.

Der Lesestein, die erste Lesehilfe

Etwa zur gleichen Zeit wie das Papier setzte sich in Europa eine Erfindung durch, die aus Arabien kam und sehschwachen Lesern beträchtlich half: der Lesestein aus geschliffenem Beryll, Quarz oder Bergkristall. Durch den konvexen Schliff der Steinoberseite entstand eine halbkugelige Linse, die mit der planen Unterseite direkt auf den Text gelegt wurde und die Schrift wie eine Lupe vergrößerte. Näher an das Auge ließ sich die optische Hilfe erst halten, als man die Linsen dünner schliff und ihnen eine bikonvexe Form gab. Daraus entstanden zunächst Einglaser – Linsen in Fassungen mit Stiel –, dann Nietbrillen, indem man die Stielenden zweier Einglaser mit einem Niet verband. Zweiglaser wurden anfänglich mit der Hand vor die Augen gehalten. Es waren keine dauernd zu tragenden Fernbrillen, sondern Lese- und Arbeitsbrillen für alterssichtige Schriftkundige.

Darauf, daß Licht an gekrümmten durchsichtigen Flächen gebrochen wird, weist bereits das Handbuch der Optik des Claudius Ptolemaeus hin. Jedoch hatte der im 2. Jahrhundert lebende griechische Mathematiker und Astronom keine praktischen Folgerungen aus seiner Erkenntnis gezogen. Erst der arabische Gelehrte Ibn el

Haitam (996–1036), genannt Alhazen, beschrieb, wie ein Glaskugelsegment dazu dienen könne, einen Gegenstand vergrößert erscheinen zu lassen. Seine Notizen, niedergelegt in einem Werk über Optik, das im 12. Jahrhundert ins Lateinische übersetzt wurde und unter dem Titel *Optice Thesaurus* in die europäischen Klöster gelangte, brachten den Oxforder Franziskanermönch, Philosophen und Naturforscher Roger Bacon (1214–1294) zu der Feststellung, derlei Kugelsegmente seien ein vorzügliches Instrument für alte Leute oder solche mit schlechten Augen, denn sie könnten damit auch kleine Buchstaben gut erkennen.

Lesesteine aus klarem, reinweißem Glas wären zweifellos ideal gewesen. Aber zu Roger Bacons Zeit verstand man sich meist nur auf die Herstellung farbigen Glases. Eine Ausnahme mochten die Werkstätten in Venedig und Murano bilden, die jedoch ihre Glaskünste wie ein Geheimnis hüteten. Also schliff man sich Linsen aus Stücken von Quarz, Bergkristall oder Beryll. Die flämischen Linsenschleifer machten aus der Gesteinsbezeichnung Beryll bald den Instrumentennamen »den bril«, wovon sich das deutsche Wort Brille herleitet.

Lesesteine, *Lapides ad legendum,* wie sie die venetianische Glasmacherordnung des Jahres 1300 nennt, fanden in den europäischen Ländern nahezu zeitgleich Verbreitung. Im deutschen Sprachraum sind erste Beispiele für die Zeit zwischen 1260 und 1284 literarisch bezeugt, so in der *Manessischen Liederhandschrift,* wo eine ältere Dichtung den »lîchten Spiegel« erwähnt, im *Jüngeren Titurel* des Dichters Albrecht, der davon spricht, wie »der berillus grozzet die Schrift, in im zo lesene«, und bei Konrad von Würzburg, dessen Epos *Goldene Schmiede* am »kristalînen steine« zu rühmen weiß: »Er hat an im die grôzen und die gewalteclichen art, daz nie kein schrift sô kleine wart, ir schinen würde breiter.«

Mit dem Lesestein gab es erstmals ein Mittel, eine Schwächung der Lesekraft auszugleichen. Dies betraf besonders die Alterssichtigkeit, mit der sich für ansonsten schreib- und lesefreudige Menschen seit jeher die Drohung verbunden hatte, allzu früh vom Buch Abschied nehmen zu müssen. Es erscheint daher kaum als zufällig, wenn zugleich mit dem Aufkommen einer optischen Hilfe die Handschriftenproduktion anstieg. Natürlich ist dafür der Lesestein nur einer von mehreren Faktoren. Aber er könnte erklären, warum gerade in jener Zeit die Trost- und Sterbebüchlein, die Seelengärtlein und sonstigen Erbauungsschriften vermehrt erschienen – Literatur also von älteren Menschen für ältere Menschen. »Erst mit der Einführung des Lesesteins und der Erfindung der Brille«, schreibt Gerhard Eis, »wurde der Übergang zur Schriftlichkeit vollständig und deren dauerhafter Besitz gesichert. Erst seit dem Ende des 13. Jahrhunderts mußte kein deutscher Schriftsteller oder Leser wieder aus dem literarischen Leben ausscheiden, sobald er über Fünfundvierzig wurde.«

97

Bologna, 1321–1324

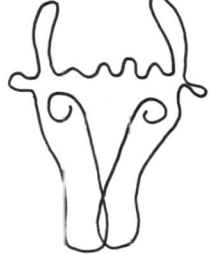

Pisa, 1330

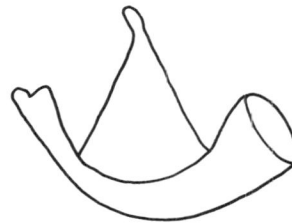

Avignon, 1410

Das Hilfehorn ist eines der häufigsten Wasserzeichen seit dem Mittelalter. Von Italien aus verbreitete es sich in ganz Europa. Später setzte man es gern in Verbindung mit den Initialen oder dem Namen des Papiermeisters.

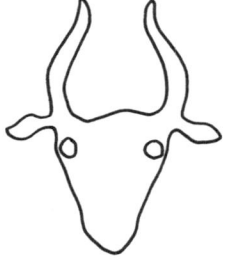

Würzburg, 1374

Harlem, 1410

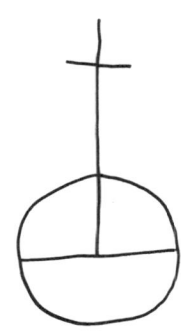

Autun, 1371

Das als Wasserzeichen dienende Kreuz auf der Weltkugel (hier mit Äquator) findet sich auch im Signet zahlreicher Frühdrucker.

Paris, 1413

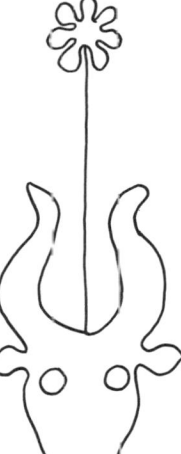

Würzburg, 1430

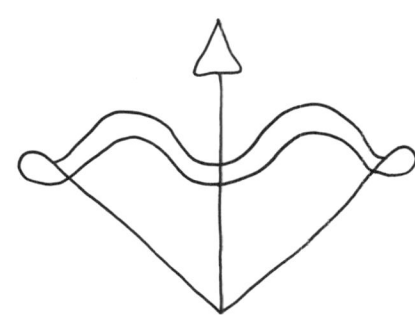

Génes, 1358

Das Zeichen von Pfeil und Bogen stammt aus Italien. Es verbreitete sich im 14. Jahrhundert auch in Frankreich und Deutschland.

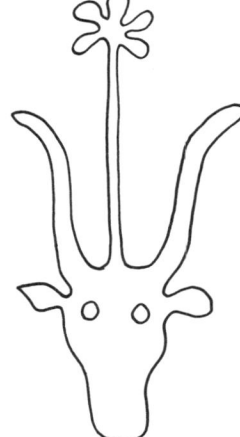

Bergamo, 1442

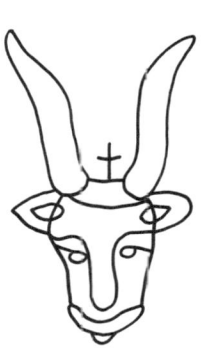

La Neuville, 1441/42

Der Ochsenkopf ist eines der ältesten und in den ersten Jahrhunderten euröpäischer Papierherstellung das meist verbreitete Wasserzeichen überhaupt. Briquet führt in seiner großen Sammlung über 1350 Varianten auf. Das Zeichen war vermutlich so beliebt, weil der Ochse bzw. Stier das Symbol des Evangelisten Lukas, und Lukas der Beschützer der Malerzunft ist, zu der auch die Papiermacher gehörten. Der Ochse tauchte erstmals 1308 in Italien auf und blieb bis ins 17. Jahrhundert hinein verbreitet.

Pferd   Venedig, 1433

Paris, 1393   Orlèans, 1444/45   Pèrause, 1502

Die Lilie gehört zu den der ältesten Wasserzeichen. Vorbild war das Wappen der französischen Könige. Erstmals taucht die Lilie Ende des 13. Jahrhunderts in Italien als Wasserzeichen auf. Auch in Deutschland war das Zeichen verbreitet.

Hand   Thonon, 1495   Turin, 1516

Treviso, 1342   Parma, 1484

Das Einhorn war schon auf mittelalterlichen Darstellungen sehr beliebt. Teppiche, Wandmalereien und frühe Handschriften zeigen das Fabeltier. Als Wasserzeichen taucht es erstmals Mitte des 14. Jahrhunderts auf.

  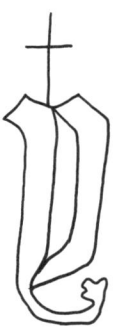

Colmar, 1464   Chartres, 1475   Köln, 1520

Unter den Buchstabenzeichen ist der Buchstabe P derjenige, der für Wasserzeichendarstellungen am häufigsten gewählt wurde. »P« steht für Papier, für *patinerie, paterie, papeterie*, für *Papiermühle* und *Papierhaus*. In Italien taucht das P als Antiqua-Buchstabe am Ende des 13. Jahrhunderts auf. In der Schweiz und in Frankreich erscheint das P vom Ende des 14. Jahrhunderts an auch als gotischer Buchstabe. In Deutschland ist das Zeichen bis zum Beginn des 18. Jahrhundert bekannt.

Braunschweig, 1438–45

Die Weintraube erscheint erstmals auf Papier aus Piemont. Seit dem 15. Jahrhundert ist die Traube auch in der Schweiz und in Deutschland bekannt. In Frankreich ist mit ihr gekennzeichnetes Papier als *papier raisin* noch heute geläufig.
Die Papiere der Gutenberg-Bibel weisen drei verschiedene Wasserzeichenmotive auf: neben Ochsenkopf und Ochse auch die Weintraube. Das hier abgebildete Zeichen eines Braunschweiger Papiermachers ähnelt der Traube der Gutenbergbibel.

Das Jahrhundert Gutenbergs

Von Hermann Heimpel ist das 15. Jahrhundert mit der Formel charakterisiert worden: Auf der Stelle treten. Verglichen mit den Umbrüchen des 12. Jahrhunderts stimmt das durchaus. Zwar vollzog sich in Italien unter dem Eindruck des literarischen und politischen Humanismus eine eigene, lebhaftere Entwicklung, und es gab einige historisch wirksame Einschnitte, die Heimpels Bild von der Gleichförmigkeit des Geschehens widersprechen: 1439 kam es auf dem Konzil von Florenz nach vier Jahrhunderten der Trennung zur Vereinigung der Kirchen von Byzanz und Rom; 1453 fiel Konstantinopel, fortan lebte Europa unter der Bedrohung durch die Türken; 1492 schließlich änderte die Entdeckung Amerikas das Weltbild – in mehr als nur geographischer Hinsicht. Blickt man jedoch auf den gesellschaftlichen Wandel, so sind dessen Triebkräfte noch immer dieselben wie die, die im 12. Jahrhundert Fuß gefaßt hatten: Verstädterung, Fernhandel, Geldverkehr. Die Universitätsgründungen setzten sich fort, jetzt vornehmlich in Mitteleuropa, die Universitätswissenschaft allerdings hatte ihren schöpferischen Elan eingebüßt und lieferte nicht mehr die wesentlichen Impulse. In summa: Es passierte viel, aber es bewegte sich wenig. So jedenfalls darf der Sozialhistoriker urteilen.

Wie anders aber stellt sich das 15. Jahrhundert für die Buchgeschichte dar! Von »auf der Stelle treten« kann gar keine Rede sein. Vielmehr wird die Schwelle zu einem neuen Zeitalter überschritten, als gegen die Mitte des Jahrhunderts dem Mainzer Patriziersohn Johannes Gensfleisch zum Gutenberg die Kunst des Buchdrucks gelingt.

Es begann das Gutenberg-Zeitalter, wie dies die Medientheoretiker unserer Tage ernsthaft und ohne Übertreibung nennen, weil ihnen die weltweiten Folgen dieser Erfindung deutlich vor Augen stehen.

Rückblickend scheint alles auf die neue Technik hingedrängt zu haben: Mit der Verfestigung des städtischen Bürgertums vergrößerte sich auch der Leserkreis, die Nachfrage nach Büchern stieg beständig, zunehmend wurde für Handschriften Papier (anstelle des sehr teuren Pergaments) genutzt, die Handschreiberei selbst schlug in professionellen Werkstätten den Weg zur »Serienproduktion« ein – das ganze Buchwesen im Ausgang des Spätmittelalters gleicht einer kontinuierlich anschwellenden Woge, bis sich dann mit den ersten Druckwerken daraus eine Sturzflut entwickelte.

Bereits 1467 – gerade zwei Jahrzehnte zuvor hatte Gutenberg zu drucken begonnen – schrieb der Bischof von Aleria an Papst Paul II., die Bücher würden nur noch ein Fünftel ihres früheren Preises kosten. Ökonomische Wirkungen dieser Art legen von der Gewalt der Ursachen beredt Zeugnis ab. Weit mehr als dies dürfte Bischof und Papst allerdings die geistige Seite der Sache beschäftigt haben. Mit einem Schlag kamen mehr Nachrichten, Erkenntnisse und Meinungen in Umlauf, als der kirchlichen Obrigkeit lieb sein konnte. Das Wort vom Gutenberg-Zeitalter zielt denn auch weit über die Technik hinaus. Damals begann, was heute andere Medien als der Buchdruck besorgen: Leben im Zeitalter expandierender Information.

Ein Markt entsteht: Der frühe Buchhandel

Eine erste Wiederbelebung des antiken, nach dem Zerfall des Römischen Reiches dann aber weitgehend brachliegenden Handels mit Büchern hatten die Universitäts- und Stadtgründungen des Spätmittelalters gebracht. In Italien und Frankreich war mit den *Stationarii* ein Gewerbe universitätsgebundener Handschriftenhändler entstanden, um die seit dem 12./13. Jahrhundert wachsende Nachfrage zu befriedigen. Handel und Verwaltung in den Städten riefen nach Schreibkundigen. Was einst ein ganz bei den Mönchen liegendes, vor Gott verdienstvolles Werk gewesen war, wurde nun für Laien zu einer Quelle des Einkommens. Die Kanzleischreiber, die Bücherkopisten im Dienste der Wissenschaft, die *Stuhlschreiber*, zu denen gehen konnte, wer des Schreibens nicht mächtig war, aber ein Schriftstück aufsetzen lassen wollte – sie alle arbeiteten gegen Entlohnung. So zahlreich waren in den Universitätsstädten die Abschreiber gelehrter Texte, daß sie berufsständische Körperschaften bilden konnten. Gilden entstanden. Noch aber herrschte ein System unmittelbarer Auftragsvergabe, in dem neben den Institutionen der vermögende Bibliophile eine nicht unbedeutende Rolle spielte. Wo humanistische Gelehrte, die sicher vor Abschreibfehlern sein wollten, Texte selbst abschrieben, da unterhielten wohlhabende Sammler eigens Schreiber, die begehrte Bücher für sie kopierten. Die erreichten Stückzahlen waren beträchtlich, und Ökonomen könnten versucht sein, geradewegs von einer Bücherakkumulation zu sprechen.

Für Cosimo den Älteren aus der Familie der Medici, zwischen 1434 und 1464 der eigentliche Herr des republikanisch verfaßten Florenz, ließ der größte Handschriftenhändler seiner Zeit, der Florentiner Vespasiano da Bisticci, in weniger als zwei Jahren 200 Bücher kopieren. 45 Schreiber sollen damit beschäftigt gewesen sein. Geschmack am Büchersammeln hatte Cosimo nicht zuletzt durch Niccolo dei Niccoli (1363–1437) bekommen. Der ältere Niccoli, Freund und Berater Cosimos, besaß mit über achthundert Handschriften eine Privatbibliothek von beträchtlichem Umfang, der die Hausbibliothek des Mediceers schon bald nicht mehr nachstand. Piero und Giovanni de Medici, Cosimos Söhne, trugen zur Vermehrung des Bestandes bei, vor allem aber Lorenzo il Magnifico, der sich überall in Europa Manuskripte kopieren ließ, um damit eine öffentliche Bibliothek einzurichten. Die römische Antike hatte dergleichen gekannt, doch die Vertreibung der Medici aus Florenz ließ den Plan vorerst scheitern. Die Bücher wurden konfisziert und im Kloster San Marco aufbewahrt, im Jahre 1508 von Giovanni de Medici, dem späteren Papst Leo X., zurückgekauft und in die Villa Medici nach Rom überbracht. Nach dessen Tod im Jahre 1521 belebte Giulio de Medici den Bibliotheksgedanken neu und beauftragte Michelangelo mit der Gestaltung eines Bibliothekssaales im Obergeschoß des Kreuzganges von San Lorenzo. Jahrzehnte später gelang unter Großherzog Cosimo I. die Vollendung. Als er am 11. Juni 1571 einen Bücherschatz aus rund 3000 Codices allgemein zugänglich machte, da war der Renaissance tatsächlich, ihrem Namen getreu, eine Wiedergeburt gelungen: die Neuzeit hatte mit der *Biblioteca Medicea Laurenziana* ihre erste öffentliche Bibliothek.

Vom merkantilen Geist der Kaufmannsstadt Florenz profitierte auch Matthias Corvinus, von 1458 bis 1490 König der Ungarn. Corvinus residierte in Ofen, unterhielt rege Beziehungen mit den großen Handschriftenhändlern, ließ bei vier florentinischen Schreibern gleichzeitig arbeiten und verstand es, sich binnen weniger Jahre in den Besitz von gut 3000 Handschriften zu setzen. Diese später *Corvinen* genannten Bücher, von denen nur 125, weltweit über die Bibliotheken zerstreut, erhalten sind, haben unter Buchliebhabern besonders wegen ihrer kostbaren Einbände einen klangvollen Namen. Die Begier, den eigenen Buchbestand zu vermehren, fand indes neben dem seriösen Bestellen und Bezahlen sehr wohl andere Mittel. Davon spricht der sogenannte Ehrenbrief des bayerischen Ritters Püterich von Reichertshausen, eine gedichtete Huldigung an die Pfalzgräfin Mechthildis, worin er ihrem Angebot, wechselseitig Bücher zum Kopieren zu tauschen, mit einer Liste von 164 Werken entgegenkommt, darunter Handschriften des *Parzival, Tristan*, Werke von Rudolf von Ems, Hartmann von Aue und Johann von Würzburg.

Unverblümt heißt es:
» … zuesamb seind sie geraffelt
mit stellen, rauben, auch darzue mit lehen,
geschenkht, geschribn, khauft und darzue funden.«
Der Bibliophile ein Raffke, der stiehlt, raubt, ausleiht und nicht zurückgibt – schon seit Assurbanipal wissen wir freilich, daß Verbrechen aus Leidenschaft, große wie kleine, auch um der Bücher willen geschehen können. In seiner Vorliebe für das ritterliche Epos der längst vergangenen Stauferzeit ist Püterich ein rückwärtsgewandter Zeitgenosse. Gut möglich, daß er nicht nur den literarischen Gehalt, sondern auch die sich wandelnde Gestalt der Bücher meint, wenn er seinem Bekenntnis hinzusetzt, er liebe »doch mer die alten puecher, der neuen acht ich nit zu keiner stunden«. Als Püterich seinen Ehrenbrief schreibt – 1462 –, hat die neue Zeit des Drucks begonnen und die Kommerzialisierung des Buchwesens in Deutschland längst Einzug gehalten. Schreiberstuben sind entstanden, die Bücher arbeitsteilig, in Serie und auf Vorrat herstellten. 1383 hatte Gerhard Groote im holländischen Deventer die Kongregation der *Brüder vom gemeinsamen Leben* gegründet, eine Vereinigung von Fraterherren, die ihr christliches Werk statt in klösterlicher Abgeschiedenheit in weltoffener Weise verrichteten, indem sie Handschriften vervielfältigten und vertrieben. Ihr Zeichen war die Schreibfeder, die von den Mitgliedern am Hut getragen wurde, und die ihnen den Rufnamen *Broeders van der Penne* eintrug. Der Brüderschaft gelang es, die Bücherherstellung zu einem einträglichen Geschäft zu machen. Um 1450 hatte sie mit zahlreichen Niederlassungen ein Netz von Schreibstuben vor allem über die Niederlande und Norddeutschland gebreitet. Größere Betriebe befanden sich im Hildesheimischen, im Kölner Raum, in Rostock und in Münster in Westfalen. Die Brüder – eine insofern irreführende Bezeichnung, als ihnen auch Frauen zugehörten – belieferten nicht nur das Lesepublikum der Städte, sondern zunehmend auch die Klöster, in deren Scriptorien zwar das mönchische Schreibwesen fortbestand, jedoch ohne größere kommerzielle Bedeutung. Im Gegenteil, man kaufte Bücher, anstatt sie ausschließlich selbst zu schreiben.

Unter den Massenproduzenten von Handschriften aus der Zeit kurz vor und parallel zum frühen Buchdruck ist die Werkstatt von Diebold Lauber in Hagenau im Elsaß eine der bekanntesten. Die *Brüder vom gemeinsamen Leben* waren auf Abschriften theologischer und philosophischer Texte spezialisiert. Lauber, dessen Unternehmen sich von 1427 bis 1467 verfolgen läßt, verlegte sich auf populäre Titel. Bei ihm wurde nach Diktat und von mehreren Schreibern gleichzeitig geschrieben, wahrscheinlich sogar recht zügig, begünstigt durch den Gebrauch der gotischen Kursive, einer Minuskelschrift mit flüssigem Duktus. Nachweisbar hat Lauber mindestens 16 Schreiber, Zeichner und Buchmaler zugleich

101

beschäftigt. In diesen Serien-Handschriften findet man als Federzeichnungen ausgeführte Illustrationen, die nach Vorlagen entstanden und mit Aquarellfarben koloriert sind. Sie vernachlässigen das schmückende Beiwerk und beschränken sich auf eine deutliche Aussage, sind aber längst nicht so schematisch ausgeführt, wie man vermuten möchte. Als Illustration von Büchern, die auch für weniger begüterte Leser erschwinglich waren, hatte sich diese einfache kolorierte Umrißzeichnung im 13. Jahrhundert entwickelt und war fortan die bevorzugte Technik zur Bebilderung volkstümlicher Erbauungs- und Unterhaltungsliteratur. Lauber, der produzieren wollte, was gefragt war, setzt diese Linie fort, nunmehr freilich in großem Stil und vor allem im Bemühen, geschwind herzustellen. Die Konkurrenz der jungen Druckkunst, die bereits eingesetzt hatte, wird ein übriges getan haben.

»*Item welcher hande buecher man gerne hat, groß oder klein, geistlich oder weltlich, hübsch gemolt, die findet man alle by diebolt louber, schriber. In der burge zu hagenow.*« So beginnt eine Bücheranzeige Laubers aus dem Jahre 1447. Der erhalten gebliebene Verlagskatalog verrät uns die Lesevorlieben der Zeit, Bücher, »die man gerne hat«, als da im folgenden genannt werden: Die *Gesta Romanorum, Der Trojanische Krieg, Der König von Frankreich* – also Historien; sodann die großen mittelalterlichen Epen wie *Parzival, Tristan, Titurel, Iwein;* ferner die Lehrdichtungen: *Der welsche Gast, Aesop, Seelentrost, Die sieben weisen*

Meister und dergleichen mehr. Dazu kommen viele Erbauungsschriften. Über fünfzig Handschriften sind heute aus Laubers Werkstatt bekannt. Das Ganze zeigt: Wer in Serie produziert, tut dies nicht im persönlichen Auftrag, nicht für einen Abnehmer, den er im voraus kennt, sondern für potentielle Kunden. Er tritt als Anbieter auf, muß ein Lager anlegen und muß – was das eigentlich Neue ist an Laubers Verzeichnis – werben.

Einblattdruck und Blockbuch – der Holzschnitt geht in Serie

Der zunehmenden gewerblichen Produktion in den Schreibwerkstätten entsprach die Nutzung des Zeugdrucks für die vereinfachte Illustration von Büchern. Die Technik war schon seit einer Generation gebräuchlich, um Leinen oder andere Gewebe (»Zeug«) mit einfachen ornamentalen und figürlichen Mustern zu bedrucken. Gedruckt wurde mit einem *Model,* einer Holzplatte, in die man – spiegelbildlich verkehrt – ein Muster einschnitzte, das eingefärbt und auf dem Stoff abgedruckt wurde, wo es dann seitenrichtig zu stehen kam. Wenn, wie die Forschung feststellt, der Zeugdruck bereits zur Zeit der Kreuzzüge aus dem Orient nach Europa gelangt ist, so scheint er sich hier erst deutlich später durchgesetzt zu haben. Der älteste erhaltene Zeugdruckmodel, der *Bois Protat* (benannt nach dem Besitzer Jules Protat Mâcon) stammt vom Ende des 14. Jahrhunderts (um 1370 bis 1380). Er wurde bei einem Gebäudeabriß im französischen La Ferté-sur-Grosne als Teil einer Treppenstufe entdeckt. Es lag nahe, im Zeugdruckverfahren auch Bilder auf Papier zu drucken. Seit Ende des 14. Jahrhunderts – zur gleichen Zeit, in der das Papier in Deutschland heimisch wurde – hatte sich nach dem Vorbild des Zeugdrucks der Holztafeldruck entwickelt.

Der Druckstock wurde aus einer flach gehobelten Langholzplatte gearbeitet. War sie sorgfältig geglättet, konnte der *Reißer* die Zeichnung – später auch den Entwurf eines Malers – von der Vorlage auf das Holz übertragen oder auch gleich darauf zeichnen. Dem Reißer, dessen Tätigkeit in Wörtern wie Aufriß, Reißbrett oder Grundriß nachklingt, oblag also der eigentlich künstlerische Akt. Nach seiner Vorgabe schnitt der Formenmacher oder *Formschneider* soviel Holz um die Linien des Bildes herum mit dem Messer weg, daß nur noch die druckende Zeichnung erhaben auf dem Stock stehen blieb. Von seiner Geschicklichkeit hing die Qualität der Holzschnittwiedergabe ganz wesentlich ab.

Der Holztafeldruck ist ein Hochdruckverfahren wie auch der später entstehende Buchdruck. Zum Druck wurden die *erhabenen* Partien des Druckstocks mit einer braunen Tinte auf Wasserbasis eingefärbt und auf das Papier gedrückt, oder umgekehrt das Papier auf den Stock gelegt und mit dem Handballen, einem Falzbein oder einem Holzlöffel, dem *Reiber*, angerieben und fest angedrückt. Diese *Einblattdrucke* waren Bild- und Textdruck in eins; Illustration und Schrift wurden zusammen in einen Holzstock geschnitten. Die Bildmotive, Figuren und Gegenstände, waren in Umrissen ausgeführt, Schraffuren gab es erst später. In der Frühzeit des Holzschnittes pflegte man die Bilder mit der Hand zu kolorieren, oft nicht sehr sorgfältig, häufig mit Hilfe von Schablonen. Das Farbspektrum war auf wenige leuchtende, ungebrochene Farben beschränkt.

Seine Motive und die Art der kolorierten Umrißzeichnung bezog der Holzschnitt von den kleinen Andachtsbildern der *Briefmaler*, einem zu Anfang des 15. Jahrhunderts entstehenden Gewerbe, das bis ins 18. Jahrhundert bedeutsam blieb. Verkaufsschlager der Briefmaler und Briefdrucker wurden sehr schnell Heiligenbilder und Spielkarten, überhaupt Blätter kleinen Formats, die sich in kurzer Zeit und zu niedrigem Preis herstellen ließen (daher der Name: von lat. *brevis* = klein, kurz, niedrig). Seit dem 14. Jahrhundert grassierte das Kartenspiel so sehr, daß die Spielkartenmacher die Nachfrage nicht mehr sättigen konnten. Anstatt die Karten einzeln auf Pergamentblättchen zu malen, konnte der Briefdrucker nunmehr mit Hilfe des Holzdrucks ganze Bogen mit verschiedenen Karten serienmäßig drucken, diese dann auseinanderschneiden, um sie später von Hand oder mit Hilfe von Schablonen zu bemalen.

Als frühester datierter Holzschnitt gilt der *Buxheimer Christophorus* von 1423. Die Einblattdrucke der Frühzeit enthielten nur religiöse Motive. Szenen aus der Bibel, aus dem Leben der Heiligen, Bilder der Passion Christi haben so manche Stubenwand geschmückt. Sie trugen dem Verlangen breiter Volksschichten Rechnung, Andachtsbilder im eigenen Haus zu besitzen. Die bunten Bildchen ließen sich auf Jahrmärkten und an Wallfahrtsorten gut verkaufen. Den Einfallsreichtum der Hersteller, die frühzeitig zu rationellen Arbeitsweisen übergingen, dürfte das nur befördert haben. So gibt es Einblattdrucke mit Figuren, bei denen Hintergrund und Unterkörper gleich blieben, aber Oberkörper und Köpfe ausgewechselt wurden, was – je nach Bedarf – einen anderen Heiligen entstehen ließ. Die Leute hat es nicht gestört, und die Kunsthistoriker hat es nicht gehindert, von der ersten »medialen Großtat des 15. Jahrhunderts« (Armin Kunz) zu sprechen, weil ein Weg gefunden war, bildliche Darstellungen mechanisch zu vervielfältigen. Die zweite und folgenreichere, die Erfindung des Schriftdrucks mit beweglichen Lettern, sollte nicht lange auf sich warten lassen.

Der Brieffmaler.

Ein Brieffmaler bin aber ich/
Mit dem Pensel so nehr ich mich/
Anstreich die bildwerck so da stehnd
Auff Papyr oder Pergament/
Mit farben/vnd verhöchs mit gold/
Den Patronen bin ich nit hold/
Darmit man schlechte arbeit macht/
Darvon auch gringen lohn empfacht.

Der Briefmaler aus dem *Ständebuch* des Jost Amman von 1568.

Der Form schneider.

Ich bin ein Formen schneider gut/
Als was man mir für reissen thut/
Mit der federn auff ein form bret
Das schneid ich denn mit meim geret/
Wenn mans deñ druckt so find sich scharff
Die Bildnuß/wie sie der entwarff/
Die steht/denn druckt auff dem papyr/
Künstlich denn auß zustreichen schier.

Der Formschneider aus dem *Ständebuch* des Jost Amman von 1568.

Um 1430 kam, zuerst wohl in den Niederlanden, ein Verfahren auf, aus Einblattdrucken Bücher herzustellen. Diese *Blockbücher* faßten mehrere Einblattdrucke, die inhaltlich eine Folge bildeten, zu einem Korpus zusammen. Sie werden auch als Holztafeldrucke bezeichnet. Auffällig sind ihre starken, fast kartonartigen Blätter. Die Ursache dafür war technischer Natur: Da beim Reiberabzug die wäßrige braune Druckfarbe häufig durchschlug und sich die kantigen Umrisse der Holztafel tief in das Papier eindrückten, konnten die Blattrückseiten nicht mehr bedruckt werden. Man klebte daher die not-

wendigerweise frei bleibenden Rückseiten zweier Blätter nach dem Druck aufeinander.

Blockbücher umfassen meist nur wenige Blätter. Ihrem Wesen nach waren sie als Bilderbücher für Laien und die niedere Geistlichkeit gedacht, Volksliteratur auch für Analphabeten. Gleichwohl sind nicht nur Bilder, sondern auch Textseiten oder eine Kombination aus beidem im Holzschnittverfahren hergestellt worden. Das Prinzip blieb dasselbe, gleich, ob man Bilder oder Buchstaben in ein Holz einschnitt und abdruckte. Unter den ältesten Blockbüchern sind aber auch Holz-

104 Der *Buxheimer Christophorus* von 1423 ist der erste datierte Holzschnitt. Er stammt aus einer Handschrift des Klosters Buxheim bei Memmingen. Schrift und Bild sind in *einen* Holzstock geschnitten. Der Bildtext besagt: »An dem Tage, an welchem du das Bild des Christophorus ansiehst, wirst du nicht eines schlimmen Todes sterben. 1423« Der Anblick des Schutzheiligen am Morgen sollte die Lebenskraft bis zum Abend bewahren. Nur ein einziges Exemplar des Holzschnittes hat sich erhalten, eingeklebt in eine Handschrift aus dem Jahre 1417. 20,8 × 28,7 cm.

schnittdrucke bekannt, bei denen der Text nachträglich mit der Hand eingetragen wurde.

Blockbücher enthielten später vor allem religiöse Unterweisungen (Armenbibeln), sie waren eine frühe Form des Unterrichts- *(Donat)* und Gebrauchsbuches (Planetenbeobachtung, Handlesekunst). Horst Kunze nennt das Blockbuch den »wichtigsten Wegbereiter des Buchholzschnittes« neben dem Einblattdruck.

Ihre stärkste Verbreitung haben die Blockbücher in den Niederlanden und Deutschland erfahren. Heute sind sie äußerst selten, da sie einst sehr beliebt und einem großen Verschleiß ausgesetzt waren. Allerdings waren die Auflagen wegen der mühevollen Herstellungsweise nicht sehr groß. Später empfand man die Blockbücher als primitiv und schenkte ihnen kaum noch Aufmerksamkeit. Sie wurden allenfalls als bloße Vorstufe der Buchherstellung vor der Erfindung des Buchdrucks mit beweglichen Lettern angesehen. Heute ist jedes Museum und jede Bibliothek froh, ein Blockbuch oder auch nur ein Blatt daraus zu besitzen.

Nur wenig mehr als 30 verschiedene Blockbücher in über hundert Ausgaben haben sich erhalten. Die

Apocalypsis Sancti Joannis. Seite aus einem Blockbuch. Deutschland, vor 1463 entstanden. »[Incipit:] Conv(er)si ab ydolis p(er) predicacione(m) b(ea)ti ioha(n)nis drusiana et ceteri.« 29,4 × 43 cm.

Die Seiten der Blockbücher waren Einblattdrucke; Bild und Text wurden zusammen in einen Holztafelblock geschnitten und blockweise abgedruckt.

105

bekanntesten sind die *Ars moriendi* (*Die Kunst des Sterbens*; ein gut erhaltenes Exemplar der ersten Ausgabe von 1450 befindet sich im Britischen Museum, London), *Das puch von dem entkrist* (*Das Buch vom Antichrist*), die *Mirabilia Romae* (*Wunder Roms*, ein früher Reiseführer für Rompilger) sowie die Hauptwerke des Mittelalters *Speculum humanae salvationis* (*Spiegel des menschlichen Heils*) und die *Biblia pauperum* (Armenbibel). In der Universitätsbibliothek Heidelberg liegt das vermutlich einzige erhaltene Exemplar der niederländischen *Biblia pauperum* von 1440. Es besteht aus 39 Blättern. Zu den ältesten erhaltenen Blockbüchern gehört das *Symbolum apostolicum*, das Glaubensbekenntnis, aus der Zeit um 1430.

Blockbücher sind nur eine verhältnismäßig kurze Zeit, bis etwa 1530, hergestellt worden. Im Buchdruck erwuchs ihnen eine zu mächtige Konkurrenz, wenngleich anzumerken ist, daß das Blockbuch seine größte Blüte nicht etwa vor, sondern erst nach Gutenbergs Erfindung hatte.

Johannes Gensfleisch, genannt Gutenberg

Legenden und Spekulationen, Hypothesen und Theorien verbinden sich mit Leben und Werk des Erfinders der Druckkunst. Was die wenigen erhaltenen Urkunden über Johannes Gutenberg verraten, ergibt nur eine schmale Basis belegbarer Fakten. Völlig im dunkeln liegen noch immer die Jahre unmittelbar vor und nach Gutenbergs Hervortreten als Drucker in Mainz, die Zeit zwischen 1444 und 1448 und die Zeit nach 1455. Hier sind Vermutung und Phantasie Tür und Tor geöffnet. Seine Eltern, der Patrizier Friele Gensfleisch zu Laden und seine Frau Else, wohnten im Hofe zum Gutenberg in Mainz. Irgendwann zwischen 1394 und 1404 wurde ihr Sohn Johannes geboren, der spätere »Johann Gensfleisch, der Junge, genannt Gutenberg«. Möglich, daß er 1418 in Erfurt zu studieren begann, zum Baccalaureus promoviert wurde und in den zwanziger Jahren, wieder in Mainz, das Handwerk des Goldschmieds erlernte. Für den Besuch einer Universität sprechen Gutenbergs gute Literatur- und Lateinkenntnisse, und auch die Metalltechnik seiner Zeit beherrschte er vollständig.

106 Doppelseite aus einem Blockbuch *Biblia pauperum*. Niederlande um 1440. Linke Seite: Ein Engel erscheint Gideon; Christus und der ungläubige Thomas; Jakob ringt mit dem Engel. – Rechte Seite: Gott nimmt Henoch auf; Christi Himmelfahrt; Himmelfahrt des Elia. 19 × 27,3 cm.

Sicher ist, daß Gutenberg die Jahre 1434 bis 1440 in Straßburg verbrachte. Er ließ sich in der Vorstadt St. Arbogast nieder, lehrte Andreas Dritzehn, einen Straßburger Bürger, das Edelsteinschleifen und arbeitete an einem Projekt, das in Urkunden »Aventur und Kunst« genannt wird. Alle hieran geknüpften Mutmaßungen der Forschung stützen sich auf Faksimiles und Abschriften zeitgenössischer Dokumente, wesentlich auf ein Protokoll des großen Rates der Stadt Straßburg. Danach hat sich Gutenberg mit Andreas Dritzehn, Andreas Heilmann und Hans Riffe zusammengetan, um bleigegossene Heilsspiegel herzustellen und zu vertreiben, ein damals sehr gefragter Artikel. Die Wallfahrtspilger der Aachener Heiltumsfahrt vertrauten darauf, mit diesen Spiegeln die heilbringende Kraft von Reliquien auffangen und bewahren zu können. Was nun Gutenberg und seine Kompagnons angeht, so war ihr Interesse rein geschäftlich. Von technischen oder erfinderischen Ambitionen keine Spur.

Doch es gab, spätestens seit dem Herbst 1438, ein zweites Unternehmen, das zu wissenschaftlichen Spekulationen reizt. Außergewöhnlich ist das Stillschwei-

gen, zu dem Gutenberg damals seine Teilhaber verpflichtete. Als gesichert gilt, daß bei Andreas Dritzehn eine Presse gestanden hat. Sie wird von einigen Gutenbergforschern für die erste Druckerpresse überhaupt gehalten. Kurt Köster geht in seinen Überlegungen zu *Gutenberg in Straßburg* davon aus, und er kann sich auf die Anweisungen stützen, die Gutenberg nach Dritzehns Tod gab, um die Presse zu demontieren. Des weiteren spricht ein Vertrag mit dem Goldschmied Andreas Dünne von dem, was »zum trucken gehöret«, von »Geschirr und gemacht Werk« von »Formen und allerlei Gezeug«. Die Bezeichnung »Gezeug« ist deshalb so interessant, weil sie später nach Gutenbergs Tod noch einmal auftaucht, diesmal von Dr. Konrad Humery gebraucht, dem Mann, der Gutenberg am Ende seines Lebens eine kleine Offizin einrichtete.

Sollte es also bereits in Straßburg zu Druckversuchen gekommen sein? Hans Widmann hielt 1972, als er einen Band zum Stand der Gutenbergforschung herausgab, an Mainz als Ort der Erfindung fest. Albert Kapr dagegen datiert in seiner 1987 erschienenen Monographie die ersten Drucke Gutenbergs in die Straßburger Jahre

Rechts die älteste Darstellung einer Druckerwerkstatt und einer Buchhandlung. Aus einem Totentanz (*Danse macabre*), gedruckt von Matthias Huß, 1500 in Lyon. 17,2 × 13,5 cm.

zwischen 1440 und 1444 und nimmt an, daß das *Fragment vom Weltgericht* und ein *Donat*, eine Druckausgabe der lateinischen Sprachlehre des römischen Grammatikers Aelius Donatus, bereits in Straßburg entstanden sind. Datierte Drucke dieser Zeit sind aber nicht vorhanden, Druckplatten nicht überliefert. Keiner von Gutenbergs Teilhabern ist später als Drucker belegt. Ein beweiskräftiges Zeugnis fehlt. Indessen bezweifelt kaum jemand, daß Gutenberg, mit welchem Erfolg auch immer, bereits in Straßburg an der Erfindung arbeitete. Die Zunft der Drucker einigte sich bereits früh darauf, das Jahr 1440 als das (fiktive) Geburtsjahr des Buchdrucks anzusehen, als das Jahr, in dem Gutenberg die Idee hatte. Als sie 1640 in einigen deutschen Städten erstmals ein Standesjubiläum feierten, nahmen sie dieses Datum stellvertretend für den 200. Geburtstag ihrer Kunst.

Die Forschung hätte es leichter, wäre Johannes Gutenberg nicht auf Geheimhaltung seines Tuns bedacht gewesen. Dazu mag ihn die Scheu vor unliebsamer Konkurrenz bewogen haben und die Sorge vor Anfeindungen der Schreiber, die für ihr Gewerbe hätten fürchten müssen. Außerdem muß man den Geist der Zeit berücksichtigen, der von Endzeitstimmung geprägt war. Alchimisten und Goldmacher suchten den »Stein der Weisen«. Im Zeitalter von Pest, Tod, Hunger, Krieg und Naturkatastrophen grassierten Hexenwahn und die Furcht vor dem Teufel. Als »schwarze Kunst« rückte die Druckkunst in anrüchige Nähe zu Magie und Zauberei. Davon zeugt die früher allgemeine Verwechslung des Gutenberg-Geldgebers Johann Fust mit Dr. Johann Faust. Wer mochte schon riskieren, der Ketzerei verdächtigt zu werden. Es mangelte nicht an Leuten, die es als Frevel angesehen hätten, das Wort Gottes durch Blei und Druckerschwärze zu verbreiten. Gründe gab es genug für Gutenberg, sich der Öffentlichkeit gegenüber bedeckt zu halten.

Überhaupt sind Quellen nicht allein über den Erfinder, sondern generell über die ersten Buchdrucker, ihre Werkstätten und Werkzeuge dürftig. Erst aus dem 16. Jahrhundert besitzen wir Matrizen, Lettern, Handgießinstrumente. Das älteste erhaltene Handgießinstrument soll das von Claude Garamond (um 1480–1561) gewesen sein. 1567 erschien in Antwerpen bei Christoph Plantin das *Lehrgespräch für die Kinder*, in französischer und niederländischer Sprache, verfaßt von Jacques Grévin, der sich höchstwahrscheinlich von Plantin instruieren ließ. Es war die früheste Darstellung von Arbeitsabläufen des Buchdrucks mit nennenswertem Informationsgehalt. Und ein weiteres Jahrhundert sollte vergehen, bis mit Joseph Moxons *Mechanick Exercises on the Whole Art of Printing* das erste buchdruckerische »Handbuch« vorlag. So bleiben für die Frühdruckzeit als Hauptbeleg nur die Werke selbst, die erhaltenen Drucke. Aus ihnen haben Buchwissenschaftler ein erstaunlich reichhaltiges Bild vom frühen Buchdruck zeichnen können.

Spätestens im Jahr 1448 ist Gutenberg wieder in Mainz nachzuweisen. Seine Versuche setzte er hier mit ganzer Kraft fort. Was über die Anfänge seiner Arbeit bekannt ist, wurde aus Gerichtsakten rekonstruiert. Von den Schwierigkeiten, mit denen Gutenberg sein Werk begann und mit denen die Nachfolger zu kämpfen hatten, machen wir uns heute keine Vorstellung. Zwar wurden Münzen bereits seit dem Altertum geprägt, Stempel graviert, Stoffe seit dem frühen Mittelalter bedruckt und Schrift seit Anfang des 15. Jahrhunderts in Holz geschnitten. Auch kannte man bereits lange vorher eine Presse für Weintrauben, besaß also das Vorbild einer Mechanik, mit der sich anstelle von Menschenarm und Hand Druck ausüben ließ. Dies jedoch als »Vorstufen zur Erfindung der Buchdruckerkunst« zu bezeichnen, wäre, wie so oft in der Geschichte der Erfindungen, eine Rückschau der Späteren, für die sich alles folgerichtig entwickelt hat. Das wahrhaft Ingeniöse von Gutenbergs Erfindung bliebe ungewürdigt.

Gutenbergs »Truckwerck«

Die Herstellung von Einzeltypen aus Metall war die große erfinderische Leistung Gutenbergs. Bewegliche Einzelbuchstaben erlaubten Austausch und Kombination, das Schriftmetall blieb, anders als Holz, auch unter großem Druck stabil und konnte zum Guß neuer Typen wieder eingeschmolzen werden. Die neuen Typen bildeten das Zentrum des »Truckwercks«, wie die Vervielfältigungstechnik in Urkunden aus Gutenbergs Zeit genannt wurde. Für jedes Schriftzeichen mußte zunächst ein Stempel aus gehärtetem Eisen geschnitten werden. Diese *Patrize* gab die Type erhaben und seitenverkehrt wieder. Sie wurde in einen weicheren Kupferblock eingeschlagen. Das Resultat war – nunmehr vertieft und seitenrichtig – ein Abbild des Buchstabens, die *Matrize*.

Kern von Gutenbergs Erfindung ist das Handgießinstrument für den Schriftguß. Das Gerät war aus Messing gearbeitet und besaß einen isolierenden Mantel aus Holz, denn die flüssige Bleilegierung (Blei mit härtenden Zusätzen, wie Zinn, Antimon und etwas Wismut), die zum Typenguß verwendet wurde, war über 300 Grad Celsius heiß. Wie das von Gutenberg ersonnene Handgießinstrument im Detail ausgesehen hat, ist nicht dokumentiert. »Es muß aber wohl«, vermutet Ferdinand Geldner in seiner *Inkunabelkunde*, »zwei verstellbare Metallwinkel besessen haben, die zusammengeklappt einen rechteckigen Hohlraum bildeten, der nach unten und oben offen war. Zum Guß wurde er unten mit der Matrize abgeschlossen, die durch eine Feder festgehalten war. Nach oben war der Hohlraum über das für die Schrifthöhe vorgesehene Maß durch den Eingußkanal verlängert.« Im Gießinstrument konnte die Matrize mit flüssigem Gießmetall ausgegossen werden. Dieses Prinzip gewährleistete, daß der im Hohlraum mitgegossene Schaft, auch Kegel genannt, bei allen Lettern von konstant identischem Maß war. Davon hing alles weitere Gelingen ab, denn nur wenn alle Typen die gleiche Höhe besaßen, bildeten sie im Satz eine gleichmäßige Oberfläche. Und nur wenn die Kegel alle den gleichen rechteckigen Querschnitt und die gleichen Kantenlängen zeigten, schlossen sie im Satz lückenlos aneinander und wackelten nicht, wenn sie, in einen Rahmen gespannt, druckbereit unter der Presse standen. Beides war Voraussetzung für einen gleichmäßigen Druck.

Das Gießinstrument erleichterte den Typenguß beträchtlich. Das Metall erkaltete schnell. War es erstarrt, wurden die beiden den Hohlraum bildenden Winkel getrennt und die Letter fiel heraus. Der Angußzapfen mußte nur noch abgestoßen und eventuelle Grate mußten entfernt werden. Der Gußvorgang ließ sich wiederholen, so oft man es wünschte. Buchstaben in jeder benötigten Menge, einer wie der andere, konnten so gegossen werden. Man kann die Erfindung kaum besser rühmen, als dies Friedrich Adolf Schmidt-Künsemüller getan hat: »Es war ein in seiner Konstruktion einfaches und doch genial, weil ohne Vorbild erdachtes Gerät, einer der frühesten Automaten, der identische maßgenaue Stücke unbegrenzt produzieren konnte, ein Präzisionsinstrument, das das Geheimnis eines normierten Massenartikels barg.« Wenn wir mit Gutenberg den Erfinder des Buchdrucks würdigen, so heißt das zugleich: er war der Erfinder des Schriftgusses.

Von der Herstellung der einzelnen Lettern bis zum Druck mustergültiger Seiten muß es ein mühevoller Weg gewesen sein. Gutenberg hat sich, aus heutiger Sicht, die Arbeit besonders erschwert. Das lag einfach daran, daß er bei der Schriftform in der Tradition dachte. Als Vorbild leiteten ihn die sorgfältig geschriebenen und geschmückten Seiten der mittelalterlichen lateinischen Bibel, und so dürfte er zunächst beabsichtigt haben, die Schreibkunst zu mechanisieren, Handschriften mechanisch zu vervielfältigen. Eine Form des Faksimilierens könnte das Ziel gewesen sein. Gutenberg revolutionierte die Technik, aber sein ästhetisches Ideal blieb das alte: Das Gedruckte sollte aussehen, als habe ein Meister der Handschrift die Buchstaben geschrieben. Folglich galt es, Schriftzeichen in jenen vielfältigen Formen anzufertigen, wie ein Schreiber sie verwendete. Ein großes Repertoire an Zeichen war dafür nötig, und für jedes schnitt Gutenberg einen eigenen Stempel. Zuerst benötigte er die Standardtypen und Satzzeichen. Hinzu kamen die vielen Abkürzungen *(Abbreviaturen)*, die durch Querstriche oder Punkte über den Buchstaben gekennzeichnet wurden. Dann die zu einer Type gegossenen Buchstabenverbindungen *(Ligaturen)*, schließ-

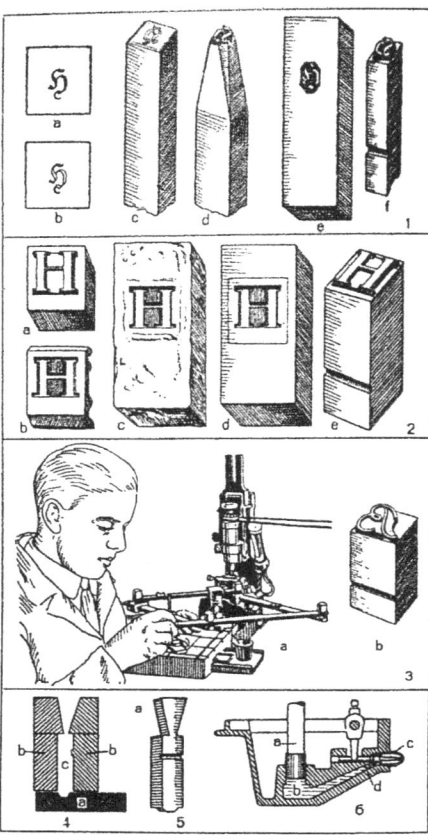

Schriftgießerei: 1 Herstellung der Gußformen durch Stempelschneiden; a Zeichnung, b Gelatineblatt mit aufgeritztem Buchstabenbild, c Stahlstäbchen auf dessen Stirnseite mit Hilfe der Gelatineblätter und einer Radiernadel das Buchstabenbild eingeritzt wird, d fertig ausgearbeiteter Stahlstempel, e Kupferstück, in das der Stahlstempel abgepreßt wird (Gußform), f von e abgegossene Letter. 2 Herstellung der Gußformen nach dem galvanischen Verfahren (Zeugschnitt); a in Schriftmetall ausgearbeiteter Buchstabe, b Nickelgalvano von a, c Zinkblock mit eingegossenem Nickelgalvano (roh), d bearbeitet (fertige Gußform), e von d abgegossene Letter. 3 Herstellung der Gußformen nach dem Matrizenbohren; a Matrizenbohrmaschine mit Pantographübersetzung, b gebohrter Buchstabe. 4 Schema eines Handgießinstrumentes; a Gußform, b Seitenwände, c Raum, der mit flüssigem Schriftmetall ausgefüllt wird. 5 Gegossene Letter; a Gußkopf, der abgehobelt wird. 6 Schema einer Gießmaschine; a Kolben, b Kanal mit flüssigem Metall, c Düsenkopf, d Nadel, die die Düse abschließt.

Als Erfinder des Buchdrucks war Johannes Gutenberg zugleich der Erfinder des Schriftgusses. Für die Herstellung der Gußform durch Stempelschnitt (hier nach einer Darstellung von 1934) lieferte er das Prinzip.

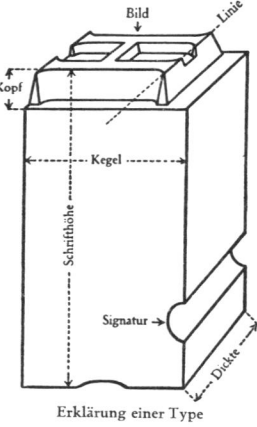

Erklärung einer Type

Grundlage der Buchschrift blieb über Jahrhunderte hinweg der Druckbuchstabe, auch Letter genannt, ein vierkantiger, rechtwinkliger Metallkörper, dessen Kopf das erhaben ausgeführte Schriftbild zeigt.

109

lich Nebenformen, Anschlußbuchstaben, »spitzköpfige« und »überhängende« Formen. Sie sparten Raum und erleichterten einen regelmäßigen Zeilenabschluß. Im Gegensatz zu späteren Setzern, die mit 60 bis 80 Buchstaben und Satzzeichen auskamen, umfaßte Gutenbergs System für den Bibeldruck 290 Schriftzeichen. Wo wir mit einem kleinen e auskommen, hatte er zehn verschiedene, und allein das kleine r gab es sechsmal. Gutenberg vermochte im Satz durch unterschiedlich breite Buchstaben – die Wortzwischenräume hielt er auf diese Weise konstant gleichmäßig – die Zeilen präzise *auszuschließen*. Peter Schöffer, der engste Mitarbeiter Gutenbergs, hat nach Berechnungen Geldners an einem zehn- bis zwölfstündigen Arbeitstag kaum mehr als eine Seite gesetzt. Das Ergebnis dieser Mühe spricht für sich. Eine jede Kolumne seiner 42zeiligen Bibel zeugt von Ebenmaß, Harmonie und vollendeter Proportion.

Die Hypothese, daß es Gutenberg um ein Verfahren der Faksimilierung ging, hat am profiliertesten zuerst Hellmuth Lehmann-Haupt verfochten. Konsequenterweise konnte der Faksimilegedanke nicht allein auf die Wiedergabe der Schrift bezogen sein. »Die mittelalterlichen Prachthandschriften in ihrer ganzen Schönheit und Farbenfreude nachzubilden« – das hieß: Gutenberg wollte nicht nur den Text mechanisch reproduzieren,

sondern auch den Buchschmuck, also Initialen, Ornamente, Ranken, endlich gar die Miniaturen. Ob man Lehmann-Haupt so weit folgen kann, scheint fraglich. Möglich wäre, daß Gutenberg den Druck von Randzeichnungen mit einer frühen Kupferstichtechnik erprobte, indem er im Umklatschverfahren noch feuchte Abzüge von Kupferstichen auf die Ränder der Druckseiten abrieb. Das wäre eine Technik gewesen, die die Konturen von Zeichnungen geliefert hätte. Der malerische Farbeintrag hätte bei den Miniatoren gelegen. Handfester als diese Vermutungen, die die Rolle des Druckes beim Illuminieren betreffen, sind die Indizien, wo es um Arbeiten des Rubrikators geht. Dem mittelalterlichen Ideal zufolge mußte ein schönes Buch sowohl illuminiert als auch rubriziert sein. Zum Rubrizieren gehörte, daß »hinweisende Hände« und nichtillustrative Initialen eingefügt wurden, daß Satzanfänge durch senkrechte rote Striche hervorgehoben wurden und daß Alineazeichen markierten, wo mit einer neuen Zeile auch ein neuer Absatz begann. Außerdem waren Kapitelüberschriften und lebende Kolumnentitel einzuschreiben. Häufig wurde die Rubrizierung von berufsmäßigen Briefmalern und Schreibern, häufig auch wohl von bibliophilen Buchbesitzern selbst vorgenommen. Übliche Farben waren Rot und Blau. Was konnte hier der Druck leisten? Die ersten Setzerabschnitte der Gutenberg-Bibel weisen darauf hin, daß Gutenberg bei seinem Bibeldruck vorhatte, zumindest Überschriften und Kapitelzählungen rot einzudrucken. Die Blätter 1, 4, 5, 129 und 130 sind augenscheinlich in einem zweiten Druckgang in Rot mit Rubriken versehen worden. Allein der große Zeitaufwand wird Gutenberg von einer Fortsetzung dieses Verfahrens abgehalten haben.

Johannes Gutenberg arbeitete auf den meisten Gebieten seiner Erfindung voraussetzungslos. Der Setzkasten, worin jede der 290 Typen ihren festen Platz hatte, mußte als Ordnungssystem erdacht werden. Auch auf den *Winkelhaken*, eine Schiene im Winkelprofil, in der der Setzer Wörter zu Zeilen zusammensetzt, mußte man erst einmal kommen. Der nächste Arbeitsschritt erforderte eine Konstruktion, in der sich Zeile für Zeile zur Kolumne zusammenfügen ließ. Daraus wurde das *Setzschiff*, eine Platte mit festschließendem Rahmen. Der Manuskripthalter für den Setzer bestand aus dem senkrechten *Tenakel* und einer waagerechten Leiste, dem *Divisorium*. Viele zum Satz benötigte Dinge waren noch nicht vorhanden. Dann die Druckfarbe – auch dies ein Problem für sich. Die Tinte der Schreiber taugte nicht dafür. Sie war zu dünnflüssig, haftete nicht am Metall, trocknete nicht schnell genug und schlug auf die Rückseite des Papiers durch. Nach vielen Versuchen erwies sich eine Mischung von Ruß und eingekochtem Leinöl (Firnis) als geeignete Druckerschwärze. Druckerballen, mit Roßhaar gefüllte, hundelederbezogene, in der

Die Typen der 42zeiligen Bibel

a. Gutenbergtypen

b. Schöffertypen

110 Gutenbergs Typenvarianten der 42zeiligen Bibel. Aus Gottfried Zedler, *Gutenbergs älteste Type und die mit ihr hergestellten Drucke*, Mainz 1934.

Druckersprache *Tampons* genannte Werkzeuge, dienten zum gleichmäßigen Auftragen der Farbe.

Schließlich die Konstruktion der Druckerpresse. Hebel- oder Spindelpressen waren schon lange in Gebrauch, man benutzte sie zum Auspressen von Weintrauben. Für den Buchdruck mußte die Presse aber ungleich präziser und gleichmäßiger arbeiten. Mit welcher Bravour der Erfinder diese Anforderung erfüllte, wird daraus ersichtlich, daß die von Gutenberg konstruierte Mechanik beinahe vierhundert Jahre lang Bestand hatte und erst im frühen 19. Jahrhundert eine nennenswerte Verbesserung erfuhr. Unten in der Presse saß auf Schienen ein Karren, der das Fundament trug und sich ausfahren ließ, um den auf dem Fundament ruhenden Satz neu einzufärben und zu wechseln. Der Karren besaß einen aufklappbaren Deckel, in dessen Innenseite sich der Druckbogen spannen ließ, und einen Rahmen, der die nicht zu bedruckenden Teile vor Flecken schützte. Klappte der Drucker den Deckel zu, kam das Papier direkt auf der eingefärbten Kolumne zu liegen, und der Karren konnte für den Druck eingeschoben werden. Die Kraftübertragung geschah mittels einer starken, vielleicht zuerst hölzernen, jedoch schon bald eisernen Schraube, der senkrecht verlaufenden Preßspindel, von der waagerecht der hölzerne Preßbengel, eine gut einen Meter lange Stange, abstand. Der Drucker, nach Möglichkeit ein Mann mit ausgeprägtem Bizeps, packte den Bengel mit beiden Händen und zog ihn mit aller Kraft zu sich heran, wodurch die Spindel eine Schraubenbewegung nach unten vollführte und über ihre stählerne Spitze Druck auf den Tiegel ausübte, der seinerseits den Papierbogen auf den Satz preßte. Nur wenn das Papier überall mit gleichem Druck auf den eingefärbten Satz gepreßt werden konnte, war mit einem guten Ergebnis zu rechnen. Gutenberg erreichte dies vermutlich dadurch, daß er für den Drucktiegel eine Eisenplatte verwendete. Ein hölzerner Tiegel, wenngleich er am Anfang der Druckversuche Verwendung gefunden haben mag, war zu weich und gab zu leicht nach, um das eingelegte Papier gleichmäßig anzudrücken, auch konnte er schwerlich den enormen Kräften dauerhaft standhalten, die die Presse entfaltete.

Seit Gutenberg gehört das zweiseitig bedruckte Blatt zum Wesen des gedruckten Buches – im Unterschied zur Vorstufe Blockbuch, denn das alte Verfahren des Reiberdrucks schloß ein Bedrucken der Rückseiten aus. Der Erfinder hatte also dafür zu sorgen, daß die Zeilen von Vorder- und Rückseite (*Schön- und Widerdruck* genannt) eines Blattes übereinstimmten – daß sie, fachsprachlich ausgedrückt, *Register hielten*. Gutenbergs Lösung des Problems war so einfach wie schlagend: Er fixierte das zu bedruckende Blatt an seinen vier Ecken mit Nadeln und benutzte beim Druck der Rückseite dieselben Nadellöcher. Diese *Punkturen* sind noch heute in seiner Bibel zu sehen.

Die 42zeilige Bibel,
Gutenbergs Meisterwerk

Seit 1448, möglicherweise auch schon ab 1439, war Gutenberg mit Versuchen und Vorarbeiten zu dem »Werk der Bücher« beschäftigt. Viel Zeit, Geduld und Ausdauer, viel Mühe und Geld waren dafür nötig. 1452 endlich konnte er mit dem Bibeldruck beginnen. Albert Kapr rechnet, die Herstellung habe einen Stamm von mindestens zwanzig Arbeitskräften erfordert: »sechs Setzer, dazu an den entsprechenden sechs Pressen zwölf Drucker, je ein Färber und einer, der die Bogen anlegte, den Karren einfuhr und den Preßbengel bewegte. Dazu kamen noch Schriftgießer, Graveure, Ableger, Farbenmischer und andere Hilfskräfte.« Gutenberg war es noch nicht möglich, in seiner Presse Doppelseiten zu drucken. Jede Seite mußte einzeln gedruckt, der gefalzte, vier Seiten Platz bietende Druckbogen also viermal in die Presse gebracht werden. Vollständig bedruckte und getrocknete Bogen wurden geprüft und gestapelt. Für das Heften ergaben fünf ineinandergelegte Bogen eine *Quinternione*.

Auf diese heftbereiten Lagen bezieht sich ein Brief von Enea Silvio Piccolomini vom 12. März 1455. Darin berichtet der damalige Sekretär von König Friedrich III. dem spanischen Kardinal nach Rom von seiner Reise zum Reichstag in Frankfurt, auf der er offenbar Gutenberg selbst oder dessen Geldgeber Johann Fust getroffen hat. Piccolomini schreibt: »Vollständige Bibeln habe ich nicht gesehen, vielmehr einige Quinternen mit verschiedenen Büchern (nämlich der Heiligen Schrift) in höchst sauberer und korrekter Schrift ausgeführt; deine Gnade würde sie mühelos und ohne Brille lesen können. Von mehreren Gewährsmännern erfuhr ich, daß 158 Bände fertiggestellt seien; einige versicherten sogar, es handle sich um 180. Über die Zahl bin ich nicht ganz sicher; an der Vollendung der Bände zweifle ich nicht, wenn man (diesen) Leuten Glauben schenken darf.« Der Brief, von dem die Gutenbergforschung erst 1982 Kenntnis erlangte, datiert den erfolgreichen Abschluß des Drucks von (noch ungebundenen) Exemplaren der 42zeiligen Bibel früher, als man bislang annahm, nämlich bereits auf den Oktober 1454, den Zeitpunkt von Piccolominis Aufenthalt in Frankfurt. Kalkuliert man, daß das Rubrizieren und Binden ein halbes Jahr in Anspruch nahm, so könnten im März 1455, als Piccolomini seinen Brief absandte, tatsächlich die ersten gedruckten und fertig gebundenen lateinischen Bibeln vorgelegen haben.

Lange durfte sich Gutenberg, der im Streit mit Johann Fust seine Offizin verlor, seines Erfolges nicht erfreuen. 180 bis 200 Exemplare sind wohl noch unter seiner Regie gedruckt worden. Fust, der ein geschäftstüchtiger Kaufmann mit weitreichenden Verbindungen

112 Johannes Gutenbergs bedeutendstes »Truckwerk«, die B42, eine Bibel mit Kolumnen von je 42 Zeilen. Es ist der Text der lateinischen Vulgata in der Übersetzung des Heiligen Hieronymus, 1452 bis 1455 von Johannes Gutenberg in Mainz gedruckt. Zeitgenössische Handschriften waren ihm bei Aufteilung der Seite in zwei Kolumnen Vorbild.

Gutenbergs Druckschrift, eine *Textura* oder Missalschrift nach dem Vorbild der geschriebenen gotischen Minuskel, vermittelt ein geschlossenes Druckbild, eine Gitterstruktur, die den Eindruck von Dauer und Beständigkeit erwirken soll. Verschieden breit geschnittene Lettern für einen Buchstaben, Kürzungszeichen (*Abbreviaturen*) und Buchstabenverbindungen (*Ligaturen*) ermöglichten Gutenberg ein Satzbild von vollendeter Harmonie: alle Zeilen sind gleich lang, der Abstand zwischen den Wörtern gleichmäßig, kein »weißes Loch« stört das Auge. Ranken und Initialen wurden nach dem Druck auf Veranlassung der Käufer individuell eingemalt. Gutenberg hat seiner Bibel eine achtseitige Rubrikatorenanweisung (*Tabula rubricatoria*) als Vorlage für den Rubrikator beigegeben, für alle nachträglichen handschriftlichen Eintragungen an den entsprechend freigelassenen Stellen. Doppelseite: 53 × 40,5 cm. Satzspiegel: 19,5 × 29,2 cm.

war, konnte sie schnell verkaufen. Offenbar hat es für die gesamte zunächst geplante Auflage Subskribenten gegeben, denn Piccolomini hielt es bereits im März 1455 für aussichtslos, noch eine Bibel zu erwerben. Ihm sei, so bemerkt er, berichtet worden, »noch vor der Vollendung der Bände habe es bereitstehende Käufer gegeben«. Zwar war die gedruckte Bibel längst nicht so teuer wie eine Handschrift, dennoch war ihr Preis hoch. Eine Bibel auf Papier kostete wahrscheinlich um 20 Gulden, ein Pergament-Exemplar bis 50 Gulden. Das war mehr, als ein Schreiber in drei Jahren verdiente. Die Papierausgabe umfaßte 1282 Seiten in zwei Bänden. Gut 2600 Buchstaben wurden für jede Seite versetzt, wobei der Setzer die dreifache Menge an Typen vorrätig halten mußte; für die zu setzende, die in der Presse befindliche und für die abzulegende Seite. Jener kleine Teil der Auflage von 30 bis 35 Exemplaren, der auf Pergament gedruckt werden sollte, erforderte die Haut von 5000 Kälbern. Gutenbergs Papier wurde in Oberitalien hergestellt. Es hat nichts von seiner Schönheit verloren; auch die samtene Schwärze der Schrift ist um nichts verblaßt. 48 dieser kostbaren Bibeln, davon zwölf auf Pergament, sind bis heute, wenn auch teilweise nur unvollständig, erhalten geblieben.

Erfinderschicksal

Gutenberg haben seine Erfindungen zu Lebzeiten weder Ansehen noch Ruhm oder Reichtum gebracht. Seinen unmittelbaren Nachfolgern erging es oftmals nicht anders. Entstanden war ein neuer Beruf mit besonderen Risiken. Wer als Buchdrucker anfing, hatte alles von Grund auf zu besorgen. Das Gerät mußte mühsam konstruiert, Schriften entwickelt, der Absatz organisiert, Verkaufswege erkundet werden. Die Investitionen waren unter diesen Umständen für den einzelnen Unternehmer enorm, die Gefahren des Ruins ständiger Begleiter. Gutenberg war ein Patriziersohn aus wohlhabendem Hause, doch auch er hat sich für sein Unternehmen hoch verschulden müssen.

Der Mainzer Geschäftsmann Johann Fust lieh Gutenberg zweimal Geld. 800 Gulden im Jahre 1450 für die Einrichtung einer geräumigen Werkstatt im Hof zum Humbrecht. Zwei Jahre später, 1452, dann noch einmal 800 Gulden, damit er »zu beider Nutzen« das »Werk der Bücher«, wie der Bibeldruck später in den Gerichtsakten genannt wurde, ausführen könne. Zu einer Zeit, da 800 Gulden dem Gegenwert von zehn Stadthäusern oder drei bis vier Landgütern entsprach, war das eine riesige Summe. Gutenberg, seit Jahren ausschließlich mit seinen Druckversuchen beschäftigt, hatte außer durch wenige Kleindrucke kein Einkommen erzielt und war nicht in der Lage, Schulden und Zinsen binnen der gesetzten Frist zu tilgen. Am 6. November 1455 kam es zu einem

Prozeß, den Fust angestrengt hatte und gewann. Über Fusts Forderungen unterrichtet im Detail ein Protokoll des Notars Helmasperger, das sogenannte *Helmaspergersche Notariatsinstrument.* Für Gutenberg nahm das Verfahren ein verheerendes Ende, selbst wenn er, wie Kapr vermutet, nicht ganz leer ausgegangen sein sollte. Er verlor seine Werkstatt und das Gerät vollständig an Fust und erhielt auch von dem Werk vieler Jahre, den eben ausgedruckten Bibeln, höchstens Anteile, wenn überhaupt. Schätzungen zufolge könnte der Verkauf der Bibeln nach Abzug aller Kosten einen Gewinn von 4500 bis 6000 Gulden erbracht haben. Ihr eigentlicher Schöpfer aber stand nachher mit so wenig Vermögen da, daß er von 1458 an nicht einmal mehr die Zinsen für ein altes und vergleichsweise geringes Darlehen aus Straßburger Zeit aufbringen konnte, mit der Folge, daß er 1461 vom kaiserlichen Hofgericht ins Achtbuch eingetragen wurde und zeitweilig sogar Gefahr lief, dem Kirchenbann zu verfallen.

Gutenberg hat zwar später von dem Mainzer Stadtsyndikus Konrad Humery Kapital für eine kleine Druckerei erhalten und hat vermutlich noch einiges gedruckt, aber nichts, was an den Rang seiner Bibel herangereicht hätte. Der Ausgang der Bischofsfehde zu Mainz im Jahre 1462 zwang ihn, die Stadt zu verlassen. Als er 1465 zurückkehren durfte und der neue Landesherr ihn als Hofmann aufnahm, was ihm Steuererlaß, ein paar Fuder Korn und Wein und ruhige Tage im Hof zum Algesheimer bescherte, war er ein erschöpfter Mann, während andere ihre Geschäfte mit seiner Erfindung besorgten. Am 3. Februar 1468 starb Johannes Gutenberg in Mainz, von seinen Mitbürgern weitgehend unbeachtet. Konrad Humery quittierte wenige Tage später den Erhalt von Druckwerkzeugen und Typen aus Gutenbergs letztem Besitz. Die Frage bleibt, wo und was Gutenberg damit noch gedruckt haben könnte.

Gegen den zu Lebzeiten ruhmlosen Erfinder hat sich auch die Nachwelt wiederholt schnöde verhalten. Immer wieder wurde ihm der Rang streitig gemacht. Bereits Johann Schöffer, der Sohn Peter Schöffers, behauptete 1503, sein Vater und Johann Fust hätten gemeinsam den Buchdruck erfunden. In Italien schrieb man im 17. Jahrhundert die Erfindung dem Arzt und Dichter Pamfilo Castaldi zu, einem Zeitgenossen Gutenbergs. Auch ein Bürger der Niederlande, Laurens Janszoon Coster aus Haarlem (um 1405–1484), wurde immer wieder als Erfinder genannt. Von ihm hieß es, er habe noch vor Gutenberg Bücher gedruckt. Es zeigte sich indes, daß er keine Einzeltypen aus Metall verwendet, sondern, wie viele andere auch, die alte Form des Holztafeldrucks für Blockbücher angewandt hatte, indem er Buchstaben in Holztafeln einschnitt und diese Tafeln abdruckte. Interessanter und geheimnisvoller dagegen ist ein Bericht, in Avignon habe sich ein Goldschmied mit Namen Prokop Waldvogel (Valdfoghel) mit der »Kunst künstlichen Schreibens« *(ars artificialiter scribendi)* beschäftigt, und zwar in den Jahren 1444 bis 1446. Hier ließen sich Verbindungen knüpfen zu Gutenbergs frühen Versuchen in seiner Straßburger Zeit. Haben sich beide gekannt, vielleicht getroffen und zusammengearbeitet? Oder sollte Gutenberg unter falschem Namen aufgetreten sein? Bis heute ist kein Druckwerk Waldvogels aufgetaucht. So wird es wohl bei Spekulationen bleiben.

Wenn es jemanden gibt, der um der historischen Gerechtigkeit willen als Vorläufer Gutenbergs genannt werden dürfte, dann sind dies asiatische Drucker. Schon in der Zeit von 1040 bis 1048 arbeitete der Chinese Pi-Sheng (Bi Sheng) an einem System mit beweglichen Lettern. Einzelne chinesische Wortzeichen schnitt er in Lehm, brannte sie zu Ton und fixierte sie für den Druck mit Harz auf einer Eisenplatte. Die so entstandene Druckform konnte tatsächlich im Reiberverfahren abgedruckt werden, jedoch erzeugten die sich schnell abnutzenden Typen kein konturscharfes Schriftbild. Auch war das Verfahren wegen der Fülle der chinesischen Einzelzeichen zu aufwendig und konnte sich nicht durchsetzen. Im Gegensatz zum deutschen Erfinder blieb der chinesische ohne Wirkung. Man wird beide deshalb nur bedingt in einem Atemzug nennen können. Sie geben aber in gewisser Weise darüber Aufschluß, welche Gewerbe sich mit der Druckkunst beschäftigten, bevor es den Drucker als Beruf gab: Pi-Sheng war Münzmacher und Schmied, und Gutenberg kam von der Goldschmiedekunst her.

Kein Gerücht, sondern Tatsache ist, daß es in Korea eine erstaunliche »paradoxe Parallele« (Kapr) zu Gutenbergs Erfindung gab. Denn in Korea haben sich findige Männer lange vor Gutenberg mit der Herstellung von einzelnen Lettern beschäftigt. Im Gegensatz zu den chinesischen Druckformen aus Ton arbeiteten die koreanischen Setzer mit solchen aus Metall. Im Jahre 1234 erschien in Korea ein Werk in 50 Bänden, *Sangdchòn jemun* (Richtschnur der Moral), das mit metallenen Lettern gedruckt worden ist. Ihre Herstellung beschreibt Sòng Hjòn (1439–1504) in seiner Darstellung *Über das Gießen und Setzen der Schriftzeichen:* Die Schriftzeichen wurden in Holz geschnitten und diese hölzernen Stempel in Ton eingedrückt. Nach dem Trocknen konnte man die Tonmatrize mit flüssigem Metall ausgießen. Die Form der koreanischen Schriftzeichen erlaubt, sie auf einheitlichen quadratischen Letternkörpern aufzubringen, was das abschließende Justieren wesentlich erleichterte. König Tädschong gründete 1403 eine Buchdruckerwerkstatt, in der 14 Holzschneider, 8 Schriftgießer, 40 Setzer und 20 Drucker gearbeitet haben. Die asiatischen Drucker besaßen keine Druckerpresse, der eingefärbte Satz wurde im Reiberverfahren mit einem hölzernen Reiber partienweise auf das dünne Papier

abgerieben. Vermutlich waren es sowohl religiöse als auch politische Gründe, warum sich der Buchdruck in Ostasien nicht ebenso schnell wie in Westeuropa verbreitet hat. Der koreanische König besaß ein strenges Monopol auf die neue Technik, die dadurch zentralisiert und reguliert war und eine wirtschaftliche Nutzung des Buchdrucks nicht erlaubt. Desgleichen war der freie Verkauf von Büchern untersagt.

Könnte nicht die Kenntnis des ostasiatischen Buchdrucks über die Seidenstraße nach Europa und Straßburg gelangt sein? Auch darüber läßt sich trefflich spekulieren. Möglicherweise erfuhr Nikolaus von Kues, als er sich 1437 in Konstantinopel aufhielt, Anregungen zum Buchdruck, die er weitertrug. Ob und wie solche Anregungen zu Gutenberg gelangt sein könnten, beschäftigt die Forscher. Gutenbergs Leistung werde dadurch nicht geschmälert, urteilt Albert Kapr: »Denn selbst, wenn eine allgemeine Kenntnis vom Drucken mit beweglichen Lettern zu ihm gelangt wäre und sogar, wenn er ein gedrucktes Blatt oder Buch dieser Art gesehen hätte, wäre ihm die Arbeit des Suchens und Erfindens nicht erspart geblieben.«

Die frühen Mainzer Kleindrucke geben immer noch Rätsel auf

Niemand vermag anzugeben, wie viele Bücher Gutenberg gedruckt hat, denn authentische Zeugnisse, die dies belegen, existieren nicht. Selbst jene Werke, für die er als Meister unstrittig feststeht, indizieren seine Urheberschaft bloß, aber sie beweisen sie nicht. So findet sich nirgendwo ein Impressum, in dem zu lesen wäre: »gedruckt von Johannes Gutenberg«. Auch eindeutige urkundliche Belege fehlen. Um Drucke und Drucker einander zuzuordnen, hat sich daher die Forschung an die Analyse der Schrifttypen gehalten. Doch unzweifelhafte Antworten erhält sie auch dadurch nicht. Der Schöpfer einer Type mußte keineswegs zugleich ihr alleiniger Besitzer sein; er kann sie benutzt und verkauft haben, und wenn er sie verkaufte, kann dies früher oder auch später geschehen sein. Entsprechend ungewiß bleibt, einzelnen Identifizierungen zum Trotz, wer wann mit welcher Schrift dieses oder jenes Werk gedruckt hat.

Als Gutenbergs älteste Drucktype gilt die *Donat- und Kalendertype*, eine augenscheinlich nach dem Vorbild der mittelalterlichen Missalschrift entstandene gotische Form, eine Textura. In ihr sind zahlreiche kleinere Drucke überliefert: Ablaßbriefe, Kalender, Gebete, Bullen und vor allem Donate. Die Lateingrammatik des Aelius Donatus, ein reines Textbuch für den Schulunterricht, war das am meisten verbreitete Buch des 15. Jahrhunderts und schon vor Gutenberg als Blockbuch in Gebrauch. Donate wurden von einer Schülergeneration an die nächste »weitervererbt«, was erklärt, warum sich kaum ein vollständiges Exemplar erhalten hat. Zu stark sind sie verschlissen worden.

Wann mag Gutenbergs »Urtype« erstmals zur Anwendung gekommen sein? Möglicherweise in einem 27zeiligen, heute in Darmstadt aufbewahrten Donat, gefolgt von dem sogenannten *Fragment vom Weltgericht*. Das Fragment besteht aus einem 9 × 12,5 cm großen Papierblättchen, das auf beiden Seiten mit jeweils elf Zeilen bedruckt ist. Der Text geht auf eine um 1360 in Thüringen entstandene Dichtung vom Jüngsten Gericht zurück, das sich als Bruchstück eines mittelhochdeutschen *Sibyllenbuches* erwiesen hat und gehört nunmehr zu den kostbarsten Inkunabeln des Gutenberg-Museums. Wegen der Unreife des Schriftbildes – die Typen sind unausgeglichen, unterschiedlich hoch und halten nicht Linie – galt das *Fragment vom Weltgericht* lange Zeit als frühester Typendruck überhaupt. Einigkeit über die Reihenfolge besteht unter den Forschern allerdings immer noch nicht, denn für die beiden genannten und eine Reihe anderer Drucke gilt: Sie sind

in der Donat- und Kalendertype gedruckt worden, und vielleicht geschah dies tatsächlich schon in der Straßburger Zeit, aber sie alle sind undatiert.

Mit Bestimmtheit datieren läßt sich die Donat- und Kalendertype erstmals bei einem 31zeiligen zyprischen Ablaßbrief vom Dezember 1454, in dem sie als Auszeichnungsschrift erscheint. Danach taucht sie im sogenannten »Türkenkalender« für das Jahr 1455 auf. Diese *Mahnung der Christenheit wider die Türken* gilt als die älteste Druckschrift in deutscher Sprache, die sich vollständig erhalten hat. Gutenbergs Urtype wurde außerdem in einem Aderlaß- und Laxierkalender für 1457 benutzt sowie in der Türkenbulle von Papst Calixtus III. aus dem Jahre 1456. Für die Kalender kann man davon ausgehen, daß sie jeweils im Vorjahr des Jahres gedruckt worden sind, für das sie bestimmt waren. Ähnliches könnte für die Bulle gelten, denn der Kreuzzug gegen die Türken sollte am 1. Mai 1456 beginnen, und der Druck, der sowohl in lateinischer als auch in deutscher Sprache erschien, wird gewiß einige Monate vor Kreuzzugsbeginn verbreitet worden sein. Von beiden Fassungen ist jeweils nur ein Exemplar überliefert: das deutschsprachige Exemplar der Türkenbulle wird in Berlin aufbewahrt, und den lateinischen Druck hat die Privatsammlung Scheide in den USA erworben.

Ein weiterer, ebenfalls mit der Donat- und Kalendertype gedruckter Mainzer Frühdruck ist das in Kiew aufgefundene *Provinciale Romanum*, ein lateinisches Verzeichnis aller Erzbistümer und Bistümer. Dort heißt es: »Deutschland hat sieben Metropolen: Mainz, Köln, Trier, Bremen, Magdeburg, Salzburg und Prag.« Das Werk ist vermutlich auf 1456 datierbar. Daß der sogenannte *Astrologische Kalender für das Jahr 1448*, der in der Gutenbergforschung lange Zeit die Datierung anderer Frühdrucke mitbestimmte, keineswegs, wie ursprünglich angenommen, bereits 1448 gedruckt wurde, ist mittlerweile sicher. Man mußte feststellen, daß es sich gar nicht um einen Kalender handelte, sondern um eine auf dreißig Jahre berechnete Planetentafel für Laienastrologen, die erst im Jahre 1457 oder 1458 gedruckt worden sein kann.

So sehr es gewiß scheint, daß die Donat- und Kalendertype von Gutenberg geschnitten, gegossen und benutzt wurde, so sehr bleibt offen, in welchen Fällen er mit ihr druckte, und in welchen ein *anderer Drucker* in Frage kommt. Für die frühen Kleindrucke kann man es mit Albert Kapr oder auch mit Ferdinand Geldner halten, der überzeugt ist: »diese Erzeugnisse der Donat- und Kalendertype liegen so früh, daß man unmöglich annehmen kann, daß sie von einem ungetreuen Gesellen und in einer von Gutenberg unabhängigen Werkstatt gedruckt wurden«. Nahe liegt die Vermutung, im Gutenberghof sei die Urtype für die auf raschen Gelderwerb angelegten Kleindrucke verwendet worden, während zum Teil parallel im Humbertshof das

116   *Türkenkalender* von 1454. Die älteste vollständig erhaltene Druckschrift. 18,6 × 26,2 cm.

langwierige Gemeinschaftsunternehmen mit Fust, der Bibeldruck, seinen Fortgang nahm. In diesem Fall muß Gutenberg nicht jeden Kleindruck selbst hergestellt haben, aber gewiß lag die Leitung bei ihm. Anders sieht es mit späteren und größeren Drucken aus. Albrecht Pfister in Bamberg druckte 1460/61 den *Ackermann von Böhmen* mit der Donat- und Kalendertype. Wahrscheinlich hat Gutenberg ihm, dem Sekretär des Bischofs von Bamberg, Typenmaterial überlassen. Fragt sich nur, ob er Pfister seinen eigenen Bestand überließ oder frischgegossene Typen.

Große Verwirrung stiftete die Donat- und Kalendertype, da mit ihr bzw. mit einer leicht verbesserten Version auch die B36, eine 36zeilige Bibel, gedruckt worden ist. Da die Type etwas größer ist und von gröberer Struktur als die der B42, ihr jedoch ähnelt, betrachtete man sie zunächst als Vorstufe von Gutenbergs harmonischer, ausgereifter Bibeltype und schloß daraus, die 36zeilige Bibel sei vor der 42zeiligen gedruckt worden. Demnach hätte ihr druckgeschichtlich der Vorrang gebührt. Besonders die Forschung im 19. Jahrhundert hat darüber nachhaltig gestritten. Wie jedoch Untersuchungen der Wasserzeichen nahelegen, wurde die B36 in Bamberg gedruckt, möglicherweise von Gutenbergs Schüler Heinrich Keffer. Überdies hat Karl Dziatzko eine Textabhängigkeit der B36 von der B42 festgestellt, was gleichfalls darauf hinweist, daß die mit der »unreifen« Donattype gedruckte Bibel später entstanden ist als die meisterliche B42. Sicher ist aber, daß die B36 vor 1461 fertiggestellt wurde, das belegt der Rubrikationsvermerk eines Exemplars der Pariser Nationalbibliothek.

Daß das 1460 in Mainz gedruckte *Catholicon* (ein lateinisches enzyklopädisches Wörterbuch des Dominikaners Johannes Balbus de Janua aus dem Jahre 1246) ein später Druck Gutenbergs ist, kann nicht unzweifelhaft nachgewiesen werden. Es besitzt allerdings eine berühmt gewordene Schlußschrift, die von der neuen Kunst ganz in Gutenbergs Sinn handelt. Jener Kolophon lautet übersetzt: »*Unter dem Schutz des Allerhöchsten, durch dessen Willen die Zungen der Unmündigen beredt werden und der oft dem Kleinen enthüllt, was er den Weisen verbirgt, ist im Jahre 1460 der Fleischwerdung des Herrn in der ehrwürdigen Stadt Mainz der ruhmreichen deutschen Nation, die Gottes Güte durch eine so helle Erleuchtung des Geistes und durch sein Gnadengeschenk den übrigen Nationen der Erde vorzuziehen und zu verherrlichen geruht hat, dieses hervorragende Buch Catholicon gedruckt und vollendet worden, nicht mit Hilfe von Schreibrohr, Griffel oder Feder, sondern durch das wunderbare Übereinstimmen, die Maßgerechtigkeit und Formeneinheit der Patronen* (Patrizen) *und Formen* (Lettern).« Die ideale Proportion und Harmonie, nach der die Renaissancekünstler suchten, war auch für Gutenberg bestimmend. Und wer sonst als er hätte das Recht gehabt, so stolz und selbstbewußt der Druckkunst das Wort zu reden, wie es hier geschieht? Als Beweis freilich taugt die Überlegung nicht, und unter den Inkunabelforschern fehlt es nicht an Stimmen, die das *Catholicon* der Druckerei Fust und Schöffer zuschreiben.

Fust und Schöffer als Nachfolger Gutenbergs

Johann Fust, Gutenbergs Kapitalgeber, waren nach dem Prozeß die Druckereiausstattung und die druckfrischen Bibeln zugefallen. Ungeklärt ist das Schicksal der Bibeltype. Vor dem Rechtsstreit hatte Gutenberg neben der Bibel nur kleinere Drucksachen mit dieser Type gedruckt, bekannt sind ein Liturgischer Psalter und ein Ablaßbrief von etwa 1455. Danach, so scheint es, sind die für ihre Proportion so gerühmten Lettern nie wieder zur Anwendung gekommen. Fust setzte die Arbeit der Offizin mit anderen Typen fort. Ohne seinen Stiefsohn Peter Schöffer, der Gutenbergs Meisterschüler geworden war, hätte Fust kaum in die Fußstapfen des Erfinders treten können.

Peter Schöffer (1420/30–1502) aus Gernsheim am Rhein hatte früh seinen Vater verloren und war von Johann Fust adoptiert worden. Schöffer ist 1449 an der Pariser Universität als Kleriker nachgewiesen, hat dort als Kalligraph gearbeitet und sicher auch Latein beherrscht; Kenntnisse, die ihm später nützlich wurden. 1452 rief Fust seinen Stiefsohn zurück nach Mainz, damit er in die Druckerei Gutenbergs eintrete. Peter Schöffer wurde schnell mit der neuen Kunst vertraut und war zudem ein begabter Schriftschöpfer. Schon bald nach seiner Rückkehr nach Mainz heiratete er Fusts Tochter Christine. Nach dem Prozeß gegen Gutenberg blieb Schöffer mit seinem Wissen und seiner Erfahrung der Fustschen Offizin erhalten. Drucktechnisches Können, gepaart mit kalligraphischem Formgefühl, kamen so mit kaufmännischem Talent zusammen.

Schon am 14. August 1457 erschien als erstes Druckwerk unter beider Namen der *Mainzer Psalter (Psalterium Moguntinum)*. Das auf Pergament gedruckte Prachtwerk gilt als einer der schönsten Frühdrucke überhaupt. Das aufwendige Werk ist dreifarbig, schwarz, rot und blau in einem Druckgang gedruckt worden. Die 300 verschiedenen Typen für die roten und blauen Initialen wurden vor dem Druck herausgenommen und einzeln eingefärbt, ein Verfahren, das Schöffer nur noch einmal, in der veränderten Neuauflage des Mainzer Psalters, dem *Psalterium Benedictinum* von 1459, angewendet hat. Der gewaltige Typenapparat des Mainzer Psalters muß noch ein Werk Gutenbergs gewesen sein, nicht anders läßt sich die enorm kurze Herstellungszeit für den kunstreichen und arbeitsaufwendigen Druck erklären. Der Typenapparat besteht aus »28 Groß-, 194 Kleinbuchstaben und sechs weiteren Zeichen der Psaltertype;

117

aus 33 Groß- und 176 Kleinbuchstaben und sechs weiteren Zeichen der kleinen Psaltertype; der großen Psaltertype waren noch 24 Unzial-Großbuchstaben und ein weiteres Zeichen, der kleinen Psaltertype noch 29 Unzial-Großbuchstaben und drei weitere Zeichen beigegeben. Die Unzialbuchstaben wurden stets rot gedruckt. Außerdem ist der Psalter noch mit 288 zweifarbigen Zierinitialen geschmückt, die in drei verschiedenen Größen hergestellt waren«, schreibt Aloys Ruppel.

Nach einer zweiten Auflage des Mainzer Psalters und dem Benediktiner-Psalter von 1459 folgte am 6. Oktober des gleichen Jahres das *Rationale divinorum* des Guillelmus Durandus. Peter Schöffer hatte dafür eine neue kleine Schrift *(Durandus-Type)* geschaffen, eine gut lesbare *Gotico-Antiqua-Schrift,* mit der später auch andere Bücher der Offizin Fust-Schöffer erschienen. 1462 folgte eine zweibändige schöne 48zeilige lateinische

Fust und Schöffer, das erste Druckerzeichen. Es stammt aus dem Jahre 1462 und wurde häufig in Rot gedruckt. Dem Börsenverein des deutschen Buchhandels diente es von 1952 bis 1986 als Signet.

Bibel in einer größeren *Gotico-Antiqua.* An ihrem Ende findet sich erstmals ein Signet für »Fust und Schöffer«, das erste Druckerzeichen überhaupt. Zu den Kleindrucken dieser Werkstatt, den Ablaßbriefen und fürstlichen Erlassen, gehört auch das erste gedruckte Plakat, ein Manifest des Dieter von Isenburg gegen Adolf von Nassau von 1462, als beide um die Bischofswürde stritten.

Mainzer Psalter. Links 1. Psalm. 1457 in der Werkstatt von Fust und Schöffer entstanden. Die roten und blauen Initialen sind nicht – wie üblich – nachträglich eingefügt, sondern zusammen mit den schwarzen Lettern in einem Druckgang abgedruckt worden. 30 × 40,8 cm.

Nachdem Fust 1465 auf einer Geschäftsreise nach Paris (vermutlich) an der Pest starb, führte Peter Schöffer die Druckerei allein weiter. Wichtige Drucke aus seiner Werkstatt sind: Thomas von Aquins *Summa Theologiae* (1467), zahlreiche Meßbücher, darunter das Meßbuch für Breslau (1483) mit einem Holzschnitt, der *Herbarius*, ein lateinisches Kräuterbuch (1484) mit zahlreichen Holzschnitten geschmückt, der *Hortus Sanitatis* (Gart der Gesuntheit, 1485), ein stark erweitertes, mit vielen Holzschnitten ausgestattes (deutsches) Kräuterbuch, und die (niederdeutsche) von Conrad Botho verfaßte, reich mit Holzschnitten illustrierte *Sachsenchronik* (1492). Von Peter Schöffer stammen vermutlich auch die Drucktypen zu *Peregrinatio in terram sanctam* (Pilgerfahrt ins Heilige Land von 1486), einem illustrierten Reisebericht des Mainzer Domherrn Bernhard von Breydenbach. Als Drucker erscheint in der Schlußschrift der Utrechter Maler Erhard Reuwich. Er hatte Breydenbach auf den Reisen begleitet, Skizzen nach der Natur, Städteansichten und eine Karte Palästinas angefertigt und die Vorlagen für die Holzschnitte gezeichnet. Die dritte Ausgabe des *Mainzer Psalters* von 1502 war Peter Schöffers letztes Werk, er starb noch im selben Jahr.

Die Zentren des Frühdrucks in Deutschland

Nach neueren Forschungen waren bis zum Jahre 1500 in 265 Orten Druckereien entstanden. Auf deutschsprachigem Gebiet (einschließlich der deutschsprachigen Schweiz) befanden sich 62 Druckorte, 80 auf dem Gebiet des heutigen Italien, 45 in Frankreich und 4 in der französischsprachigen Schweiz. Spanien besaß 24, im heutigen Königreich der Niederlande gab es 14 Inkunabeldruckorte. 7 befanden sich im heutigen Belgien, 6 in Portugal, 4 in England, 3 in Schweden, 2 in Dänemark, 4 in Böhmen und Mähren. In Polen wurde an einem Ort (Krakau) gedruckt, in Ungarn vermutlich an zweien. Nicht ganz gesichert sind auch die 3 Frühdruckorte, die auf dem Gebiet des ehemaligen Jugoslawien nachgewiesen wurden.

Schätzungen sprechen von 27000 bis 40000 verschiedenen Ausgaben, die in rund 10 Millionen Exemplaren hergestellt worden seien. Drei Viertel davon waren in Latein, nur etwa ein Viertel in den Nationalsprachen verfaßt, und davon wiederum erschienen nur sieben Prozent in deutscher Sprache.

Die Handschrift als Träger der Überlieferung von Texten ist durch den Buchdruck nicht sofort abgelöst worden, beides lief zunächst nebeneinander her. Eine Wende trat um 1480 ein. Etwa zu dieser Zeit löste sich die Buchdruckerkunst von den ästhetischen Vorbildern der Vergangenheit, den Buchhandschriften. Das überwiegend mittelalterlich geprägte Druckwerk mit seinen zahlreichen Typen und individuellen Formen bekam ein in Ausstattung, Format und Typographie eigenständigeres Gesicht. Indem das gedruckte Buch zu einem neuzeitlichen Handelsartikel wurde, übernahm es zugleich immer mehr die Führung vor der Handschrift – eine Führung, die vorerst nur sein Aufkommen und seine Verbreitung betraf, weniger sein Ansehen und seinen Rang. Insbesondere der Adel betrachtete den neuen Zug der Zeit mit Geringschätzung, wenn nicht mit Abscheu. Gegenüber der Handschreibekunst der »codices manuscripti« war der auf kontinuierlichen Absatz berechnete Buchdruck mit seinen »codices impressi« ein vulgäres, Massenware lieferndes Unternehmen. Die bibliophilen Käufer des Handschriftenhändlers Vespasiano da Bisticci in Florenz zum Beispiel lehnten jahrzehntelang einen Erwerb der »plebejischen« Druck-

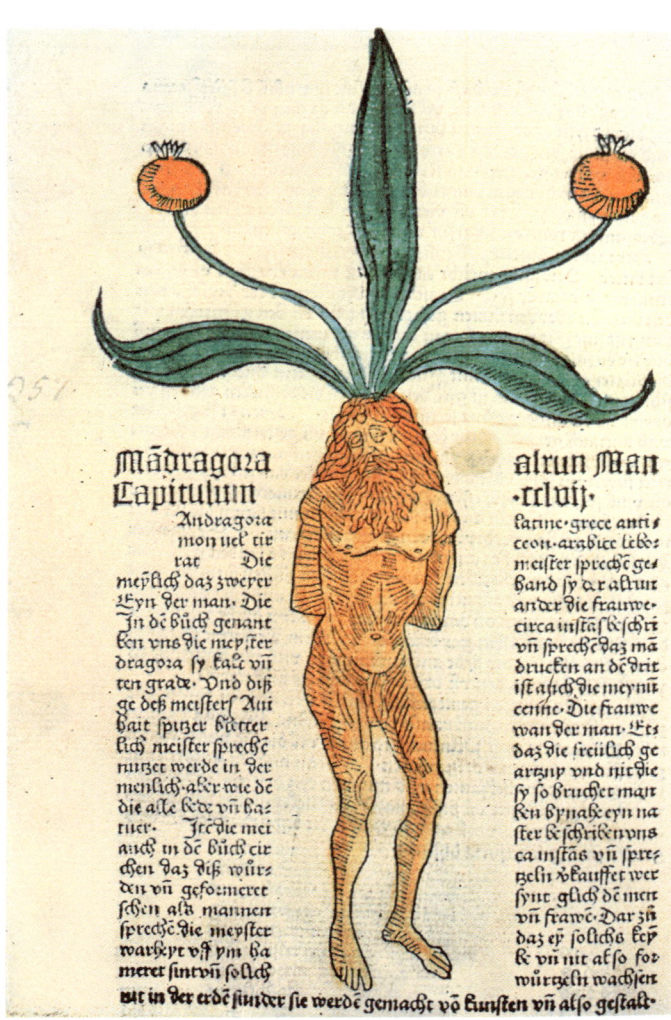

Das Kräuterbuch *Gart der Gesuntheit*. Von Peter Schöffer 1485 in Mainz gedruckt. 360 Blätter, 19,8 × 26,3 cm. Mit 381 Holzschnitten (368 handkoloriert) von 378 Holzstöcken. Der Stadtarzt von Frankfurt am Main, Johann de Cuba (Joh. Wonnecke von Kaub), verfaßte die Texte. Bernhard von Breydenbach war vermutlich der Auftraggeber. Schöffer wählte für die Texte eine *oberrheinische Bastarda*, für die Überschriften eine gotische Missaltype. Erhard Reuwich wirkte an den Illustrationen mit.

Zwar das mag nit geschehen
so sprach der werde man
ich müß auch hie lan sehen
was ich volbzingen kan
er hies jm langen here
als wir es hözen sagen
ein sumerlanges spere
das zwen nit mochten tragen

Ein clafter oder mere
sties er es hin zů tal
da hüb sich vnder dem here
ein freiden reicher schal
on stegreif der freige
da jn den sattel sprang

des seit die schön ameige
jm gar grossen danck

Nu was auch auf gesessen
der graffe herman
dem fürsten hoch fermessen
dem rost er nit abgan
sein sozgen ward da heiß
dem ausserwelten man
von engsten jm ver schweiß
hin durch die ringe ran

Da sprengt der wol gezogen
über den hof hinoan
obwendig dem sattelbogen
er da den grossen nan

Hie über rittent graf hermans diener Wolfdietrichen/ vnd wolten iren
herzen rechen/ da rante wolfdieterich in sie mit seinem spere

120 Zeitgenössisch kolorierter Holzschnitt aus dem *Heldenbuch*: »*Hie fahet an der helden buch, das man nennet den Wolfdietrich*«, von Johannes Prüss d. Ä. 1480 in Straßburg gedruckt. Das mit 230 Holzschnittbildern illustrierte Heldenepos fußt auf der Bilderhandschrift des Straßburger Heldenbuches von 1450 aus der Werkstatt Diebold Laubers. 18,1 × 26,6 cm.

werke ab, und vom Herzog Federico von Urbino berichtet Vespasiano, alle Bücher der herzoglichen Bibliothek seien »*über die Maßen schön und mit der Hand geschrieben; wäre auch nur einziges gedrucktes Buch darunter gewesen, es hätte sich in solcher Gesellschaft schämen müssen*«.

Seine führende Rolle als Geburtsstadt des Buchdrucks hat Mainz schnell an wirtschaftlich bedeutendere Städte verloren. Straßburg, die Stadt, in der Gutenberg seine ersten Versuche unternommen hatte und in der nun einer seiner Mitarbeiter aus Mainzer Tagen, Heinrich Eggestein, für die neue Kunst eintrat, wurde ein Zentrum des frühen Drucks. Hier arbeiteten bald über 20 Drucker in dem neuen Beruf, die ihre Produkte weit über das Elsaß und die Rheinlande hinaus absetzten. Als Erstdrucker Straßburgs gilt Johann Mentelin (um 1415–1478). Schon im Jahr 1460/61 druckte er – in Konkurrenz zu den Mainzer Werkstätten – eine lateinische (49zeilige) Bibel. Mentelin ging dabei sehr überlegt vor. Hatte Gutenbergs Bibel einen Umfang von 1286 Seiten, so brachte Mentelin den Text der Heiligen Schrift auf nur 850 Seiten unter, wodurch er fast ein Drittel des Papiers einsparte. Auch mit dem Druck seines nächsten großen Werkes bewies Mentelin viel Geschick, indem er sich der Volkssprache zuwandte und die erste gedruckte Bibel in deutscher Sprache erscheinen ließ. Trotz offensichtlicher Schwächen der Übersetzung begründete die *Mentelin-Bibel* von 1466 eine Folge von 18 deutschsprachigen Bibeln, deren Textbearbeiter auf Mentelins Text zurückgriffen.

Auffällig ist Mentelins weitgehender Verzicht auf Illustrationen und Dekor. Er hat zwar später ein mit Holzschnitten illustriertes Buch (die *Etymologiae* des Isidorus Hispalensis von 1472) herausgegeben, es blieb aber die Ausnahme. Die Forschung hat vermutet, daß er sich aus Rücksicht gegenüber den Karten- und Buchmalern mit dem Buchschmuck zurückgehalten habe, ein offener Streit darüber ist aus dem Jahre 1471 in Augsburg zwischen Briefmalern und Druckern belegt.

Neben theologischen und philosophischen Werken brachte Mentelin auch schon Texte römischer Klassiker heraus, so die Werke des Vergil (um 1470) und die Komödien des Terenz (um 1470) sowie zwei deutsche mittelalterliche höfische Dichtungen, den *Parzival* Wolframs von Eschenbach (1477) und den *Jüngeren Titurel* (um 1477), der lange Zeit dem gleichen Autor zugeschrieben wurde. Mit den beiden Ritterepen hatte Mentelin keinen Erfolg, was möglicherweise weniger am Stoff lag als vielmehr daran, daß er das kaum verständliche Mittelhochdeutsch der alten Textvorlage übernahm.

Adolf Rusch († um 1489), ein Schwiegersohn Mentelins, war Drucker, Verleger und Papierhändler in Straßburg. Er druckte von 1466 an, bevorzugt humanistische und klassische Literatur. Rusch war der erste, der in Deutschland seit 1467 mit einer Antiquaschrift druckte. Er hatte im italienischen Subiaco 1465 damit begonnen. Unter anderem erschien 1470 in Antiquaschrift das *Rationale divinorum officiorum*, ein umfangreiches Handbuch über Regeln des Gottesdienstes von Guillelmus Durandus. Rusch hat keinen seiner Drucke mit einem Impressum versehen. Man nannte ihn deshalb, bevor man ihn namhaft machen konnte, nach dem ungewöhnlichen Versal-R seiner Antiqua den »Drucker mit dem bizarren R«.

Martin Schott

Der zweite Schwiegersohn Mentelins, Martin Schott († 1499), brachte vor allem zeitgenössische humanistische Werke heraus, die in den neunziger Jahren durch ihre reichen Holzschnitt-Illustrationen von sich reden machten.

Heinrich Knoblochtzer († nach 1495) aus Ettenheim druckte bevorzugt volkstümliche deutsche Literatur, wie *Herzog Ernst, Die schöne Melusine* und den *Belial* des Jacobus de Theramo. Er arbeitete von 1476 bis 1484 in Straßburg und ging dann nach Heidelberg (ab 1486 bis 1495), wo er 1488–1498 einen bemerkenswerten deutschsprachigen *Totentanz* druckte. Seine Bücher sind reich mit qualitätvollen Holzschnitten und schönen Schmuckleisten versehen. 1482 entstand in seiner Werkstatt die erste ganz mit Ranken umschlossene Buchseite.

Johann Grüninger

Johann Grüninger (Johannes Reinhard aus Markgröningen, † um 1531/32) hatte den Buchdruck wohl schon in Basel erlernt, ehe er im Jahre 1482 das Straßburger Bürgerrecht erwarb. Er entfaltete in Straßburg eine überaus fruchtbare Tätigkeit und veröffentlichte in den beiden letzten Jahrzehnten des 15. Jahrhunderts zahlreiche Werke der Theologie, liturgische Texte, Werke zur Geschichte und Theorie der Predigt (Homiletik), des kirchlichen und römischen Rechts, Schulschriften, Wörterbücher, lateinische und deutsche Ausgaben von Sebastian Brants *Narrenschiff* sowie von den

Ein spätgotisches Alphabet aus der Werkstatt Johann Grüningers,
Straßburg 1480–1490.

Humanisten betreute wissenschaftliche Ausgaben römischer Klassiker. Zu seinen deutschsprachigen Drucken gehört auch die zehnte deutsche Bibel vor Luther, die *Grüninger-Bibel* von 1485 mit 109 Holzschnitten, die den Illustrationen der *Kölner Bibel* und der *Koberger-Bibel* nachgestaltet sind. Grüninger übte sein Handwerk lange aus, die Drucke seiner Offizin datieren von 1483 bis 1531. Er ließ seine zahlreichen Druckwerke gern illustrieren und hat es in späterer Zeit verstanden, mit vorhandenen Druckstöcken wie mit Versatzstücken aus dem Baukasten Bilder zusammenzustellen. Mit 85 genormten Druckstöcken, die Figuren, Gebäude und Pflanzen darstellen, erzielte er 745 Bildkombinationen. Dieses Verfahren verhalf ihm zwar zu einer Reihe illustrierter und damit leichter verkäuflicher Bücher, nicht aber zur Anerkennung der Nachwelt. Die hat den mangelnden künstlerischen Gesamteindruck der Drucke beklagt. Zeugnisse des Zeitgeschmacks und seiner künstlerischen Wandlungen sind die Illustrationen der Grüningerschen Offizin auch in anderer Hinsicht. An ihnen ist der Einfluß ablesbar, den die Kupferstiche Martin Schongauers in Colmar auf die Straßburger Holzschneider ausübten. Der Umrißholzschnitt wandelte sich durch das Einfügen von Schraffuren und Strichlagen, die Licht- und Schattenwirkung ergaben. Die nachträgliche Kolorierung, die lange Zeit üblich war, wurde dadurch überflüssig.

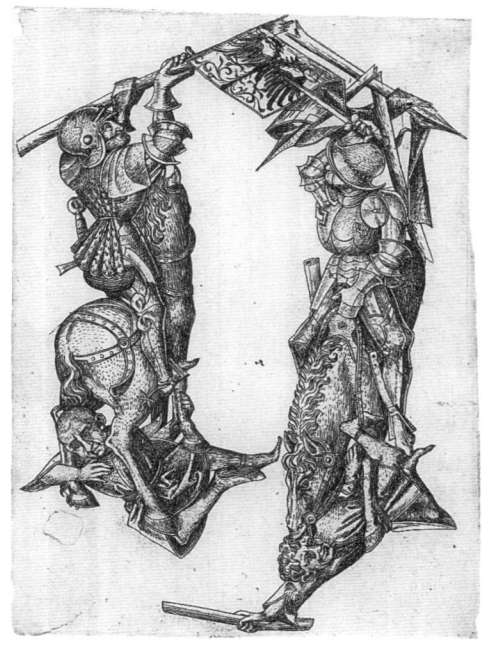

122 In dem grotesken gotischen Minuskel-Alphabet des Meisters E. S. von 1466/67, einer Serie von Kupferstichen, erscheint die Initiale als eigenständiges Kunstwerk, ablösbar vom Buch.

Publii Virgilij Maronis Opera ... Herausgegeben von Sebastian Brant, gedruckt von Johann Grüninger, Straßburg 1502. Der Holzschnitt vom Beginn des 4. Buches des Epos von *Aeneis* ist Beispiel für eine zweiszenig angelegte Bilderzählung: Königin Dido und ihre Schwester Anna.

Aeneas, der mit dem Schiff eingetroffen ist, ruht in einem Gemach des Palastes aus. Die 211 Holzschnitte der berühmten Straßburger Vergil-Ausgabe weisen schon den neuen Holzschnittstil auf: dichte Schraffuren sorgen für Plastizität, eine Kolorierung erübrigt sich. 19,7 × 26,8 cm.

123

Ulrich Zell

Ulrich Zell († nach 1503) aus Hanau war der Erstdrucker Kölns. Der Kleriker der Mainzer Diözese erlernte das Drucken vermutlich bei Peter Schöffer d. Ä. in Mainz. 1466 erschien Zells erster Druck. Die meisten der Kölner Frühdrucke – etwa 1300 waren es bis Ende des 15. Jahrhunderts – kamen in lateinischer Sprache heraus, mehr als die Hälfte war theologischen Inhalts. In der Regel waren es kleine Drucke von nur wenigen Seiten. Erzbistum und Universität waren die Auftraggeber. In der mit 35 000 Einwohnern größten deutschen Stadt des Mittelalters waren die Bedingungen für den Buchdruck günstig, so daß sich hier 29 Frühdrucker bis zum Ausgang des 15. Jahrhunderts niederließen. Unter ihnen verdienen Bartholomaeus von Unckel aus Unkel bei Bonn und der aus Straßburg kommende Heinrich Quentell besondere Beachtung. Neben zahlreichen Drucken, die beide unabhängig voneinander herausbrachten, waren beide als Drucker und Verleger an der 1478 bis 1479 entstandenen *Kölner Bibel* beteiligt, die zunächst in einer niedersächsischen Ausgabe mit 113 Holzschnitten, danach in einer niederrheinischen Ausgabe mit 123 Holzschnitten erschien.

Mit Recht ist die *Kölner Bibel* als eines der herausragenden Werke der Frühdruckzeit bezeichnet worden. Die großen, meist querformatigen Holzschnitte reichen über beide Textspalten. Als erster durchgängig gestalteter Bildzyklus zur Bibel wurde das Werk stilbildend für die Bibelillustration der folgenden hundert Jahre. Durch die Übernahme der Holzstöcke in Anton Kobergers deutsche Bibel (Nürnberg 1483) fanden die Bilder in Süddeutschland weite Verbreitung und Nachahmung.

Quentell hat sich auch um den Buchschmuck verdient gemacht. So schmückte er bei der Kölner Bibel sowie bei anderen Drucken die Eingangsseiten mit dekorativen Bordüren. Für Lehr- und Schulbücher verwandte Quentell ab 1479 einen Titelholzschnitt mit einer Schulszene. Dargestellt ist der heilige Thomas von Aquin mit Taube und Nimbus bei der Unterrichtung

zweier Schüler. Ein Spruchband fordert auf, Ohr und Geist den Worten der Kirchenlehrer zu öffnen: »*Accipies tanti doctoris dogmata sancti*«. Danach nannte man diesen Titelholzschnitt *Accipies-Holzschnitt.* An vielen Druckorten wurden fortan Lehrbücher mit einem solchen Bild geschmückt.

Der erste, der Bücher mit Holzschnittillustrationen druckte, war Albrecht Pfister († 1466), Erstdrucker Bambergs und Sekretär des Bamberger Bischofs. Pfister druckte fast ausschließlich deutschsprachige Werke. Schon im Jahre 1461 begann er, Holzschnitte in die mit beweglichen Lettern hergestellten Bücher zu integrieren, indem er zunächst ganze oder halbe Seiten frei ließ, um die Holzschnittbilder in einem zweiten Druckgang einzufügen. Den Anfang machten Ulrich Boners *Edelstein* und der *Ackermann aus Böhmen* des Johannes von Tepl (Joh. von Saaz), eine deutschsprachige Prosadichtung aus dem Jahre 1401.

Der *Ackermann*, ein Zeugnis des europäischen Frühhumanismus, ist in zahlreichen Handschriften überliefert. Seine literarische Form ist der Dialog, genauer, das Streitgespräch, das ganz wie in mittelalterlichen Prozessen geführt wird. Gott ist der Richter, Kläger ist der Ackermann, eigentlich der Schriftsteller, denn von ihm heißt es, sein Arbeitszeug, der Pflug, sei die Feder aus dem Kleid des Vogels: »Von vogelwat ist mein pflug«. Als Angeklagter tritt der Tod auf, der sich dafür rechtfertigen muß, daß er dem Bauern die junge und geliebte Frau genommen hat. Mit der Gestaltung dieser Konfrontation stehen der Dichter und sein Werk zwischen zwei Welten. Im Aufbegehren des Ackermanns zeigt sich ein früher Individualismus, der vorausweist auf die beginnende Renaissance. Die Lösung des Konflikts hingegen bleibt mittelalterlich: Ergebung und Aussöhnung. Der Ackermann fügt sich dem Richtspruch Gottes, der zwar die Klage begründet nennt, doch zugleich darauf hinweist, daß »jeder mensch dem Tote das leben, den leib der erden, die sele Uns pflichtig ist zu geben«. Albrecht Pfisters gedruckte Ausgabe von 1462 umfaßt nur 24 Blätter und 5 ganzseitige Umrißholzschnitte. Eine ursprünglich auf 1460 datierte Ausgabe, die lange Zeit als erste Auflage des *Ackermanns aus Böhmen* und als erster Pfisterdruck überhaupt gegolten hat, mußte nach einer radiographischen Untersuchung auf die siebziger Jahre des 15. Jahrhunderts umdatiert werden.

Das erste in deutscher Sprache mit Illustrationen und mit beweglichen Lettern gedruckte Buch ist Ulrich Boners *Edelstein* aus der Offizin von Albrecht Pfister. Das Werk des Berner Dominikaners von 1349, eine der beliebtesten mittelalterlichen Fabelsammlungen, wurde von Albrecht Pfister am 14. Februar 1461 herausgegeben. Das einzige erhaltene Exemplar der Erstausgabe – es wird in der Herzog August Bibliothek in Wolfenbüttel aufbewahrt – enthält 86 der in den Boner-Handschrif-

so straffe er mich · Her der alt krebs also gethan ·
Sein sun het in ungestrafft gela · Also mag noch
märhe geschee · Das ich fur die warheit muß iehe ·
Do gedenk ein yder an · wil er nicht in schade besta ·

56. Ein esel het erbeit groß · Des seine herren noch
nye verdroß · Er legt ym auff manchen sack ·
Douon sein ruck dick erschrack · Auch horet ich
von dem esel sagen · Das er zihe must unde tragen
Erbeit groß must er han · Eins tages wart er her-
auß gelan · Und kam hin auff die heide · Und sucht do sein weide · Darnach wart nicht lenger gel-
art · Das er auff der selben vart · In den walt kam
gerant · Darin er eines lewe haut vant · Die haut
geuil ym recht wol · Sein herze das was freuden

Ulrich Boner, *Der Edelstein.* Von Albrecht Pfister 1461 in Bamberg
gedruckt. Die Holzschnitte sind nachträglich eingedruckt.
Eine Besonderheit ist der auf die Szene weisende »Erzähler«, eine
separat hinzugedruckte Figur. 19,2 × 28,2 cm.

ten überlieferten 100 Fabeln, die trotz der Reimform in fortlaufenden Zeilen gesetzt sind. Die Bilder sind zweiteilig. Das größere Bild zeigt die wichtigste Szene einer Fabel, daneben steht als hinzugesetzter Holzschnitt die Figur eines (auf den Text) weisenden Mannes. Die insgesamt 203 Holzschnitte sind in leuchtenden Farben koloriert. Pfister druckte dieses Buch mit der aus Mainz stammenden Type der 36zeiligen Bibel. Der *Edelstein* war so beliebt, daß Pfister um 1462/63 eine zweite Auflage (mit 103 Holzschnitten) herstellen konnte.

Die *Vier Historien*, vier Geschichten von Joseph, Daniel, Judith und Esther in der Art der Historienbibeln, mit 61 Holzschnitten illustriert, entstanden 1462 in Pfisters Werkstatt, ebenso die erste deutsche typographische Ausgabe einer *Biblia pauperum* mit 136 kleinformatigen Holzschnitten.

Mit Pfister hatte das gedruckte Bild zum gedruckten Wort gefunden – eine Neuerung gegenüber dem bis dahin üblichen Verfahren, in Druckwerke Miniaturen nachträglich einzumalen. Aber Pfister fand zunächst keine Nachfolger, der technische Aufwand war noch zu groß. Erst zehn Jahre später versuchte in Augsburg der aus Reutlingen stammende Günther Zainer holzschnittgeschmückte Bücher zu drucken.

Augsburg ist als Druckort gleich dreifach bedeutsam. Es nahm in der Buchillustration eine hervorragende Stellung ein, es war die produktivste Stadt des Frühdrucks in Süddeutschland und der Hauptdruckort für Bibeln im 15. Jahrhundert. Neun der achtzehn deutschen Bibeln des 15. Jahrhunderts sind hier erschienen.

Der Buchdruck verbreitete sich rasch:

1452	Mainz
1460	Bamberg, Straßburg
1465	Subiaco bei Rom
1466	Köln
1468	Augsburg, Basel
1469	Nürnberg und Venedig
1470	Paris
1471	Neapel, Mailand
1473	Ulm, Utrecht, Lyon, Valencia, Alost (Belgien), Buda (Ungarn)
1475	Lübeck, Barcelona, Breslau
1476	Brüssel, Pilsen, Krakau
1477	London
1481	Antwerpen, Leipzig, Salamanca
1482	München, Wien
1483	Kopenhagen
1487	Prag, Faro
1489	Lissabon
1493	Stockholm

Bis zum Jahre 1500 waren über 1100 Druckereien in 256 Städten entstanden.

Günther Zainer

Günther Zainer, ein Schüler Mentelins in Straßburg, war vom Abt des Klosters St. Ulrich und Afra in die angesehene Reichsstadt geholt worden. In den zehn Jahren von 1468 bis zu seinem Tod 1478 druckte er über hundert in Typographie und Ausstattung vorbildlich gestaltete Werke, ein Drittel davon mit Bildern, die der Belehrung und Erbauung dienen sollten. Wie Pfister war Zainer ein Pionier des Buchholzschnitts. Er verbesserte rasch die Technik des Bilddrucks und beherrschte seit 1472 den gleichzeitigen Druck von Bild und Text. Die mit viel Kunstfertigkeit ornamentierten und illustrierten Holzschnitt-Initialen waren eine Erbschaft der Miniaturmalerei. Zainer setzte seine *Maiblumeninitialen* immer wieder ein, sie sind fast zu einem Kennzeichen der Augsburger Frühdrucke geworden. Das *Heiligenleben*, eine Übersetzung der beliebten Legendensammlung des Jacobus de Voragine, Zainers erstes illustriertes Buch von 1472, weist am Anfang des *Sommerteils* eine schöne S-Initiale auf, die wie aus einer Blütenranke wächst. Beispielhaft für die hohe Kunst seiner illustrierten Holzschnitt-Initialen ist Zainers deutsche Bibel (um 1475), der 3. deutsche Bibeldruck vor Luther. Diese älteste mit Hilfe des Buchdrucks illustrierte Bibel hat Zainer mit 73 Initialen geschmückt.

Maiblumeninitialen von Günther Zainer, seit 1474 in Augsburg immer wieder verwendet.

Als einer der fleißigsten Drucker Augsburgs erscheint Anton Sorg. 180 Drucke sind aus seiner Werkstatt hervorgegangen. Sorg war Briefmaler und Kartenmacher gewesen, bevor er sich ab 1475 dem Buchdruck zuwandte. Nach dem Tod Günther Zainers (1478) trat er als Drucker mit besonderer Vorliebe für das geschmückte Buch in Erscheinung. Die Zahl der verschiedenen in seinen Drucken verwendeten Holzschnitte geht in die Hunderte. Teilweise übernahm er die Holzstöcke aus dem Nachlaß anderer Drucker, ließ aber gleichermaßen eigene Holzschneider für sich arbeiten. Anton Sorg bevorzugte deutsche und deutschsprachige Bücher, mochten sie nun geistlichen oder weltlichen Inhalts sein. Davon zeugen neben dem erhaltenen Schrifttum auch seine Bücheranzeigen der Jahre 1483/84, die ersten ihrer Art für das volkstümliche Buch.

Sorg hat gern auf Vorlagen zurückgegriffen, so in seiner 1477 gedruckten Bibel (der 7. deutschen Bibel vor Luther), für die er auch Holzschnitte von Jodocus Pflanzmann benutzte, die dieser 1475 für seinen Bibeldruck – vermutlich die 4. deutsche Bibel – verwendet hatte. Sorgs deutsche Bibel von 1480 wiederum, die 8. deutsche Bibel, ist mit der Zainer-Bibel von 1477 seitenidentisch. Auch hat er das Werk mit den Zainerschen Initial-Holzschnitten illustriert. Sorg hatte die von Zainer zwischen 1475 und 1477 gebrauchten Schnitte aus dem Nachlaß des älteren Druckers erworben. Einen reich bebilderten, sehr umfangreichen Druck brachte Sorg 1483 heraus. Es war das von Ulrich von Richenthal um 1430 verfaßte *Concilium* zu Konstanz, ein Bericht der kirchlichen und politischen Ereignisse des Konstanzer Konzils der Jahre 1414 bis 1418.

In einer Bücheranzeige des Augsburger Frühdruckers Johann Bämler aus dem Jahre 1475 findet man die Formulierung »mit figuren«. Damit ist die Ausstattung der Drucke mit Bildern gemeint:

Item ein schön buch von dem grossen Alexander / mit figuren.
Item die sieben weysen meyster mit 15 hybschen beyspilen aus den geschichten der Römer.
Item gute moralia / das ist ein büchlin von guten Sitten, Melibeus genant.
Mer ein gut buch Belial genant / mit figuren.
Mer ein büchlin Prozessus juris genant / das wie man sich in ein recht schicken soll.

Historien, Anstands- und Rechtsbücher, geistliche Erbauungsbücher, Unterhaltung: so kurz die Anzeige ist, sie gibt einen Eindruck vom Charakter des »Sortiments«. Den volkstümlichen Aspekt betonen die zahlreichen deutschsprachigen Drucke und viele Holzschnittbücher. Bämler hat übrigens früh, 1492, was seinen auf Bildung gerichteten Sinn bestätigt, ein zweisprachig gedrucktes Buch auf den Markt gebracht: Plutarchs Lebensbeschreibung *Catos*, lateinisch-deutsch.

Seine herausragende Stellung in der Buchillustration des 15. Jahrhunderts verdankt Augsburg vor allem Erhard Ratdolt und Johann Schönsperger. Der Augsburger Erhard Ratdolt hatte, wie viele andere Drucker, zunächst in Italien sein Glück versucht. Er ging 1476 nach Venedig und betrieb in der reichen Handelsstadt bis 1486 eine Druckerei. Ratdolt bildete, angeregt von der Kunst der italienischen Renaissance, einen eigenen Stil aus. Seine venezianischen Drucke erregten über die Grenzen hinweg Aufsehen. Der gute Ruf seiner Arbeit, die Qualität der liturgischen Drucke führten dazu, daß sich die Augsburger Bischöfe um seine Rückkehr bemühten. Damit begann Ratdolts glanzvolle zweite Druckperiode in seiner Vaterstadt und die Wirkung seiner Arbeit auf die Augsburger Druckkunst. Zunächst druckte Ratdolt 1487 das *Obsequiale* für die Diözese Augsburg. Neben theologischen Büchern verließen bald auch mathematische und astronomische Texte, für die er in Italien eine Vorliebe ausgebildet hatte, seine Werkstatt.

Von Anfang an war der Buchdruck bemüht, sein Schwarzweiß um farbige Akzente zu bereichern. Die Farbe war zunächst nur auf dem Wege einer nachträglichen Kolorierung ins Buch gelangt. Aber bereits 1457, wenige Jahre nach Erfindung des Buchdrucks, hatte Peter Schöffer mit *gedruckten* farbigen Buchstaben gearbeitet. Auch Ratdolt überließ die Initiale nicht mehr allein dem Buchmaler, sondern druckte sie selbst mit. Erfolgreich experimentierte er mit Golddruck, indem er Goldpulver auf Klebstoffpartien druckte. Neuland betrat er mit dem Farbenholzschnitt: Er begann Anfang der neunziger Jahre, die ganzseitigen Holzschnitte seiner Bücher mit bis zu vier zusätzlich *gedruckten* Farben zu kolorieren. Dazu druckte er in aufeinanderfolgenden Arbeitsgängen mit jeweils einer Druckplatte verschiedene Farben sauber nebeneinander. Ratdolts zweifarbiges Druckerzeichen ist der erste Farbholzschnitt. Meisterschaft erlangte die aufwendige neue Technik im Augsburger *Missale* von 1491. Hier entstand aus Schwarz, Rot, Gelb und Oliv ein prächtiges gedrucktes Kreuzigungsbild.

Das Signet Erhard Ratdolts ist der früheste bekannte zweifarbige Holzschnitt. Die Technik erforderte äußerst präzise Arbeit, damit beim zweifachen Druckvorgang Kontur- und Tonplatte exakt paßten.

127

 Psaias portans ligna·cum quibz pater cum voluit
ymolare deo·Genes·xxij·ca·
ysaac trůg das holtz· da mit in seyn vatter Abzahã
woltte got auffgeopfert haben.

Per quam blande stimulat viros ad mala ppetran
da Milites igitur pplati ihesum veste purpurea exu
erunt. Et vestibus suis quibus spoliatus fuerat re/
induerunt. Imposuerunt autem humeris suis crucez
portandam·Et etiam fecerunt ad maiorem ipius co
tumeliam. Lignum patibuli tunc tempis maledi
ctum esse dicebant. Et idcirco nec milites pplati nec
iudei illud portare volebant. Crux ergo que tunc pu
tabatur maledicta ⁊ ignominosa. Per passionê xpi
facta est benedicta ⁊ gloriosa. Et que tunc erat pati/
bulum furum ⁊ supplicium latronum. Modo depin
gitur in frontibz principum·regum· ⁊ imperatorum·
Et in qua tunc malefici socij dyaboli suspendebant·
Per eam nunc demones puniunt ⁊ effugant

Prima figura.

434

128   Rückseite (links) und Vorderseite eines Blattes. Kolorierte Holzschnitte aus dem *Speculum humanae salvationis*. Spiegel des menschlichen Heils. Gedruckt von Günther Zainer um 1473 in Augsburg. In diesem weit verbreiteten spätmittelalterlichen Andachtsbuch werden Textstellen des Alten Testaments als Weissagungen verstanden und mit den eingetretenen Ereignissen im Neuen Testament in Beziehung gestellt.

Xpus baiolans crucem suam. In omnibus
euangelistis vt supra.
Der herr Cristus traget seyn krütz.

babilonis z egipti. Videns autem pplatus·ꝙ nõ p-
ficeret·sed magis tumultus fieret. Lauit manus vt
p hoc innocentem se a sanguine ihesu xpi ostenderet·
Hoc agebat occulte p pplatum spũssandus. Innues
ꝙ ihesus mortuus esset innocens z iustus. Vxor autem pplati dixit·ꝙ multa p somnum de ihesu vidisﬆ
Et ipm dimittendum·eo ꝙ homo iustus esset. Hoc
fecerat dyabolus vt impediret xpi passionem.Et sic
impediret humani generis redemptionem.Et ꝙ ppi-
latus tantum videtur pro xpi liberatõne instituisse.
Putatur totum ex instinctu dyaboli sicut vxor sua fe-
cisse.Dyabolus p eam nitebat impedire nostram re-
demptionem.Sicut olim fecit p euam z adam nřaz
damnationem. Dyabolus enim videns sanctos pres
in lymbo exaltare.Coniciebat ꝙ xpus p suã passiõez
vellet eos liberare·Quaꝓꝑ p ꝓsidem passiõz xpi ipedire
instabat.Et ipm p stimulũ suũ·i·feminã magis ĩsti
gabat.O ꝙm deceptõi filis dyabli est femia blanda·

Der illustrierten Szene »*Der herr Cristus traget seyn krütz*« steht auf der
Rückseite des Blattes als Entsprechung gegenüber: »*ysaac trug das
holtz, da mit in seyn vatter Abraham woltte got auffgeopfert haben*«.

Abraham war bereit, seinen Sohn zu opfern, wenn Gott es von ihm
verlangen würde, was als Parallele zum Opfertod Christi im Neuen
Testament verstanden wurde. 20,1 × 29,5 cm.

129

Den Nachahmern war das Verfahren zu kompliziert. Wirkungsmächtiger wurde Ratdolts typischer Buchschmuck. Seine schönen Renaissance-Initialen und -Einfassungen, das feine, filigran wirkende Rankenwerk seiner Holzschnitt-Bordüren wirkten stilbildend. Bei den in Florenz und Venedig gern gepflegten Schmuckformen stehen die Linien im Negativdruck weiß auf dunklem Grund. Die *Litterae florentes*, wie die in dieser Manier gedruckten Initialen genannt werden, hat vermutlich Ratdolts Kompagnon Bernhard Maler (Bernhard Pictor) entworfen: Antiqua-Großbuchstaben, von Rankenwerk umsponnen. Seine Gestaltung der Titelblätter und Schutzumschläge – die man bis dahin nicht gekannt hatte – zeigt Ratdolt als einen Neuerer in der Geschichte des Buches.

Zum Ruf Augsburgs als der produktivsten Stadt des frühen Buchdrucks hat Johann Schönsperger d. Ä. auf eigene Art beigetragen. Von seiner Offizin wird eher unrühmlich gesprochen, denn Schönsperger war produktiv vor allem da, wo es um rücksichtsloses Nachdrucken ging. Er druckte in Augsburg ab 1481 bevorzugt die erfolgreichen reich illustrierten Neuerscheinungen der Konkurrenz nach. An die zweihundert Titel verließen bis 1500 seine Werkstatt, die Mehrzahl war deutschsprachig. Schönsperger war äußerst geschäftstüchtig, besaß organisatorisches Talent und kalkulierte geschickt. Er kopierte und adaptierte Druckschriften und sparte Materialkosten, indem er die Buchformate verkleinerte und auf minderwertigerem Papier druckte. Er rationalisierte die Holzschnittherstellung, indem er die Bilder verkleinerte. Zudem machte vielfach die Strichführung ein nachträgliches Kolorieren entbehrlich. Das Ergebnis waren geschädigte Drucker-Kollegen und Bücher, deren Preise die Konkurrenz unterboten.

Kaiser Maximilian I. hat der Ruf Schönspergers nicht davon abgehalten, ihn zu seinem Hofdrucker zu ernennen. Vom Gebetbuch (1512/13) des Kaisers heißt es, Schönsperger habe es mit großer Sorgfalt gedruckt, und auch am *Theuerdank* war er als Drucker beteiligt. Schönsperger ist zudem als einer der ersten in die Buchgeschichte eingegangen dafür, daß er wie Erhard Ratdolt für seine Drucke papierne, mit Holzschnitten geschmückte Buchumschläge herstellen ließ, so zu *Von der Ordnung der Gesundheit*, Augsburg 1482, und *Historia der sieben weisen Meister*, Augsburg 1486.

130 Titelblatt-Rahmung zu Appians *Römischer Geschichte* in der Übersetzung des Petrus Candidus Decembrius. Erhard Ratdolt, Bernhard Maler und Peter Löslein schufen diese Seite mit Negativrahmen und Negativinitiale 1477 in Venedig. 17,4 × 24,6 cm.

Der Erstdrucker Ulms, Johann Zainer, war wahrscheinlich ein Bruder des Augsburger Erstdruckers Günther Zainer, denn beide stammten aus Reutlingen und erlernten das Drucken in Straßburg. Johann Zainers erster datierter Druck, die *Pestordnung*, erschien 1473. Das Buch gründete auf Johann Bämlers *Büchlein der Ordnung* (1472) und wurde von dem gebildeten Stadtarzt Heinrich Steinhöwel für Zainers Ausgabe überarbeitet und modernisiert. Steinhöwel gilt als bedeutender Übersetzer des deutschen Frühhumanismus, bemüht um sinngemäße, doch freie Wiedergabe. Mit seiner Unterstützung druckte Zainer neben theologischen Werken auch Boccaccios *Von den berühmten Frauen* (1473) und die *Fabeln Aesops* (um 1476), letztere mit 205 ungewöhnlich ausdrucksstarken Abbildungen.

Die Holzschnitte beider Werke gehören zu den wohl bedeutendsten der Frühdruckzeit. Der Aesop erschien bei Zainer in einer lateinischen und einer deutschen Ausgabe. Der Stoff war so beliebt, daß bis zum Ende des Jahrhunderts etwa 130 verschiedene Ausgaben herauskamen, viele davon nach dem Vorbild der Ulmer Ausgabe illustriert. Der nach Zainers Ausgabe *Boccaccio-Meister* genannte Künstler gab seinen Figuren der *Berühmten Frauen (De claris mulieribus)* einen individuellen, lebendigen Ausdruck. Anders als die anfänglichen Umrißholzschnitte besitzen die Holzschnitte des Boccaccio-Meisters durch ihre Binnenzeichnungen Bewegung und Plastizität. Anerkennung verdient auch Johann Zainers Buchschmuck, seine anmutigen Blumenrandleisten wurden schon von Zeitgenossen viel gelobt.

Unter den illustrierten Büchern, die in Ulm im 15. Jahrhundert gedruckt worden sind, finden sich viele außergewöhnliche Leistungen. Besondere Erwähnung verdienen zwei Drucke des Ulmer Druckers Lienhart Holl, der ursprünglich Formenschneider war und mit Formen gehandelt hatte. Holl druckte die *Cosmographia* des Claudius Ptolemaeus (1482) mit 32 großformatigen Karten. Nach zwei mit Kupferstichkarten gedruckten Ausgaben, die 1477 in Bologna und 1478 in Rom erschienen waren, war Holls *Ptolemaeus* die erste außerhalb Italiens gedruckte kartographische Ansicht. Die Karten des Ulmer Werkes sind Holzschnitte, von denen die Weltkarte am oberen Rand sogar signiert wurde: »Insculptum est per Johannem Schnitzer de Armßheim«. Sie ist damit die erste (vom Formschneider signierte) Karte, die wir kennen. Holls zweiter bedeutender Druck ist das *Buch der Beispiele der alten Weisheit*, nach seinem Verfasser auch *Bidpai* genannt. Die Sammlung ursprünglich aus Indien stammender Tierfabeln wurde um 1270 von Johannes von Capua ins Lateinische und durch Anton von Pforr um 1470 ins Deutsche übersetzt. Das *Buch der Bei-*

Titelblatt mit Bordüre »Adam und Eva« zu Boccaccios *De claris mulieribus*. Johann Zainers anmutige Blumenrandleisten waren schon unter den Zeitgenossen vielgelobt. Sie gehören zu den bedeutendsten Holzschnitten der Frühdruckzeit. Ulm 1473. 16,4 × 23 cm.

spiele war ein ungemein gefragter Stoff. Zuerst brachte Konrad Fyner 1480 in Urach eine illustrierte Ausgabe heraus. Lienhart Holls *Bidpai* von 1483 mit seinen 126 eindringlichen Holzschnitten und Initialen gehört zu den Meisterwerken des 15. Jahrhunderts. Für Lilli Fischel sind die »Bilder, in denen hier die Beispielgeschichten einer Menschheit erzählt werden, Meisterwerke deutscher Graphik und des Ulmer Stils; sie geben vom besten, was schwäbische Kunst je hervorgebracht hat. In dieser Eigenschaft sind sie das Kunstwerk einer Persönlichkeit und gleichzeitig auch das Dokument einer Zeit. Der deutsche Inkunabelholzschnitt hat in ihnen seine Reife erreicht.« Lienhart Holl gab 1484 eine zweite Ausgabe des Buches heraus. Die Nachdrucker waren schnell bei der Sache. Noch im gleichen Jahr erschien in Augsburg ein Nachdruck Johann Schönspergers und 1485 der des Ulmer Druckers Konrad Dinckmut.

Lienhart Holl hat der Erfolg des Fabelbuches nicht vor dem finanziellen Ruin gerettet. Er hatte sich für die Herstellung seines schön gestalteten, aufwendigen Kartenwerks verschulden müssen und wurde 1484 der Stadt verwiesen. Seine Druckstöcke und -typen gerieten in die Hände des Ulmer Druckers Johann Reger, der damit 1486 eine Neuausgabe des Ptolemaeus veranstaltete. Auch Reger, der noch 1496 den reich illustrierten Bericht des Guillelmus Caoursin über die Belagerung Rhodos' *(Rhodiorum historia)* durch die Türken (1480) druckte, mußte Ulm verlassen. Viel Kapital war für die großen illustrierten Druckwerke nötig. Ein einzelner Drucker konnte das nötige Geld oft nur durch Kredite aufbringen. Die Schulden haben zahlreiche Frühdrucker ruiniert. Eine einzige Fehlkalkulation oder mangelnder Absatz nach einer großen Investition konnten das Verderben bringen. Auch Johann Zainer bewahrte sein großes Können nicht davor, daß er 1494 vor seinen Schuldnern fliehen mußte. Als er drei Jahre später in die Stadt zurückkehrte, nahm er seinen alten Beruf nicht wieder auf, sondern wurde Buchhändler.

Auch den Ulmer Frühdrucker Konrad Dinckmut hat seine Arbeit nur schlecht ernährt. Sein Name taucht in den Schuldenbüchern Ulms ab 1488 immer wieder auf. Dinckmut, der auch als Buchbinder sein Brot verdiente, mußte Ulm 1499 verlassen. Für die Nachwelt ist Konrad Dinckmut als Drucker der *Schwäbischen Chronik* des Thomas Lirer (1486) mit ihren 23 ganzseitigen kolorierten Holzschnitten unvergessen.

Die Stadt Speyer gehört vor allem durch die vielseitigen Unternehmungen Peter Drachs zu den bedeutenden Frühdruckorten in Deutschland. Zwei frühe Drucker aus der Stadt, Johann und Wendelin von Speyer, hatten sich in Venedig einen Namen gemacht. Der Name Peter Drachs findet sich in drei Generationen. Der bedeutende Druckherr und Buchhändler war der mittlere, um 1445/1450 geborene Peter Drach. Aus begüterter Familie

131

132 Thomas Lirer, »Schwäbische Chronik«, *Chronica von allen Königen und Kaisern*. Gedruckt von Konrad Dinckmut 1486 in Ulm. Die 23 Holzschnitte wurden erst später durch einen Besitzer oder von einer Kolorier-Werkstätte koloriert. 20,2 × 27 cm.

Vn samlet sich d̄ herr vom rotenfan vn̄ kam
zů ym hertzog Eumulus von schwaben mit
vil cristen·vn̄ zugent auff Dawenfelt vn̄ ge=
wunnent es·vn̄ zwungen sie wider zů cristen
lichem glauben·vn̄ der herr vom rotenfan nam sie wi=
der ein·vn̄ besetzt das mit seinē basthart vn̄ verkȯrt ir
den namen vn̄ hieß fürbaß Felltkirch·Nun was dan=
nocht ain graff von Wegk d̄ was nit cristen vn̄ was
gar mechtig an land vn̄ leüten·deß ward hertzog Eu=
mulus innen·vn̄ sein brůder Wilpart mit ym vn̄ zugen
für Wegk·vnd die stat darbei hieß auch Wegk·Deß
ward ain Marggraff von Bairn innen deß wonung
was zů Burgaw·der was seiner schwester sun vn̄ be=
samelt sich so sterckest er mocht·vn̄ zug auf zů der Filß
Nun het ain herr von d̄ Filß genannt Helffens ain ve
sten gebawen auff ain felß d̄ nam was Helffenstain.
seim wapen nach·wañ er ain Helffant zů aim wapen
fürt·vn̄ haissent darnach grafen von Helffenstain d̄
het wonung auff d̄ selben schloß vn̄ was ain gůt cri=
sten·Do kament die cristen wol mit vierundtzwaintz=
ig tausent manen·vn̄ die vngelaubigen heten wol bei
achtundtreissig manen·vn̄ slůgent einander in dē tal
zů Hawsen·Da ward ain kirch in dē tal gebawen in
vnser frawen ere·gehaissen Hawsen·Do ward der
Marggraff gefangen·vn̄ vier mit dē roten löwen mit
ym·Vn̄ wurdent der vnglaubigen dreitzehentausent
erschlagen·vnd der cristen viertausent·Darunder wa=
rent zwen herren von d̄ Filß·der Pfaltzgraff von Tü
bingen·ain herr von Stöfel·ain herr von Gerhausen
vnd ain graff von Achalm·Do begab sich der Marg=
graf mit allem seinem volck cristen zů werden·do nam
yn der hertzog auff·

133

·cij·

Von tercia Emilia deß erſten ſcipionis·
affricani gemahel das lxxiij capitel.

Ie wol tercia/võ der geburd deß geſchlech
tes emilioroum/ǒch von gemechlun g deß
durchlǔchtigiſten ſcipionis affricani deß
erſten/über hǒch geadelt was! doch iſt ſie
võ ierer groſſen geſchicht wegen/vil mer durchlǔch=
tige erſchinen. Wañ/wie wol der ſelb ſcipio do er
jünger was/ ain gefǎgne junkfrowen / in blǔendem
alter über ſchǒne/mit dem gǔt von ierem vatter ge=
ſant/vß gefengnuß zeerledigen / ierem gemahel dem
Fürſten luccio/wider haim ledige ſendet/ dañocht do
er elter ward/mocht er ſich/ võ der verdamneten vn
ſüberkait/lpplicher begird/ nit enziechen / er fiele in
liebp vnd vermiſchung ſpner aignen magt! ſo aber
über ſchwer iſt ſǒlchen vß gang vnzimlicher liebp/
vnder gemachellſchafft/lang zeuerbergen/mocht ǒch
nit beſt.in dz tercia alle ding/ſittlich nit gew æ wurde

Kolorierter Holzschnitt und Initiale W auf Blatt Cij aus Giovanni
Boccaccio, *Von den berühmten Frauen* (*De claris mulieribus*), deutsch
von Heinrich Steinhöwel. »Von Tercia Emilia deß ersten scipionis affricani
gemahel.« Gedruckt von Johann Zainer 1474 in Ulm. 17,3 × 25,7 cm.

stammend, nutzte Drach seine vielfältigen Geschäftsverbindungen, vertrieb seine Bücher mit etwa 50 eigenen Buchführern bis nach Böhmen und Mähren und konnte es sich leisten, anderen Druckern große Teile ihrer Auflage abzukaufen. So hat er dem Ulmer Drucker Lienhart Holl hundert Exemplare der *Cosmographia* abgenommen und im voraus bezahlt. Ein fragmentarisches Rechnungsbuch Peter Drachs hat sich erhalten und gibt Auskunft über Kalkulation, Kosten, Einnahmen und Ausgaben des rührigen Druckerverlegers. Unter den illustrierten Büchern seiner Werkstatt zählt der *Spiegel menschlicher Behaltnis* mit seinen 277 lebensnahen Holzschnitten zu den schönsten. Drei Ausgaben erschienen vom *Speculum humanae salvationis*, die erste um 1480. Bemerkenswert auch der Nachdruck von Bernhard von Breydenbachs *Reise in das Heilige Land* mit Originalholzschnitten des Erhard Reuwich, den Drach 1490 herausgab.

Die alte freie Reichsstadt Basel, die im Jahre 1501 der sich herausbildenden Eidgenossenschaft beitrat, gehörte dank ihrer günstigen Verkehrslage zu den bedeutendsten Frühdruckorten nördlich der Alpen. Erstdrucker der Stadt war Berthold Ruppel aus Hanau, jener Berchtolff von Hanauwe, der im *Helmaspergerschen Notariatsinstrument* von 1455 als Gutenbergs Geselle genannt wird. Ruppel druckte 1468 eine große lateinische Bibel. Michael Wenssler, der aus Straßburg nach Basel kam, eröffnete wenig später eine Offizin. Er druckte zunächst sehr erfolgreich Meßbücher und besaß an die zwei Dutzend Schriften. Wenssler muß aber Ende der achtziger Jahre immer wagemutiger geworden sein und Schulden gemacht haben, so daß er im Jahre 1491 mit seiner Familie aus der Stadt fliehen mußte und nach Frankreich ging. Der dritte Baseler Frühdrucker, Bernhard Richel aus Ehenwiler, ist hier ab 1472 nachgewiesen. Richel, der neben seiner Druckertätigkeit auch als Buchführer tätig war, druckte 1474 den ersten oberdeutschen *Sachsenspiegel* und vor allem liturgische Bücher.

In den achtziger Jahren des 15. Jahrhunderts begann Basels Aufstieg zur florierenden Drucker- und Verlegerstadt. Johann Amerbach und Johann Froben waren die Drucker, die an der Spitze der Produktion standen. Johann Amerbach aus Amorbach im Odenwald ließ sich 1477 in Basel nieder. Sein erster Druck, ein deutscher Almanach auf das Jahr 1478, ist wenig typisch für seine späteren Bücher, denn Amerbach hat sich vor allem auf dem Gebiet der scholastischen und humanistischen Literatur in lateinischer Sprache einen Namen gemacht und wurde für deren sorgfältige Redaktion gerühmt, die Druckfehler so gut wie ausschloß. Johann Froben (1470–1527) aus Hammelburg brachte 1491 als ersten Druck eine kleinformatige *Biblia latina* heraus. Mit Johann Petri (1441–1514) aus Langendorf, der 1494 Frobens Partner wurde, entstand eine erfolgreiche Drucker- und

Verleger-Gemeinschaft, aus der Froben im 16. Jahrhundert zum »Fürsten der deutschen Buchdrucker« aufstieg.

Johann Bergmann von Olpe († 1532) aus dem Sauerland betrieb zwar nur wenige Jahre (etwa 1494–1499) eine Offizin, sie erlangte aber besonders für die Buchillustration eine große Bedeutung. Johann Bergmann war hochgebildet, hatte von 1482 bis 1524 hohe geistliche Ämter inne und unterhielt zu zahlreichen Humanisten eine enge Beziehung. Freundschaft verband ihn mit dem Baseler Gelehrten Sebastian Brant (1457–1521), dessen gesamte Werke er herausbrachte. Brant, der Autor zahlreicher juristischer und religiöser Schriften, ist vor allem durch sein *Narrenschiff* (1494) über alle Grenzen hinweg bekannt geworden. Die gelungene Verknüpfung von Bild und Text trug dazu bei, daß das Werk zu einem der größten Bucherfolge der deutschen Literatur vor Goethes *Werther* wurde. In der Erstausgabe umfaßt die moralische Satire 112 Kapitel, von denen jedes mit einem Holzschnitt eingeleitet wird, der mit einem Motto überschrieben und mit einem Bildkommentar versehen ist. Neben abstrakten Untugenden wie Wollust, Gottesverachtung, Verhinderung des Guten oder Sünden wie Ehebruch treten als personifizierte Sünder auf: der Spieler, der Bettler oder der Büchernarr. Der Büchernarr leitet das Werk ein, ihm ist sogar der »Vortanz« im Narrenschiff überlassen worden. Möglich, aber nicht definitiv gesichert ist, daß der junge Albrecht Dürer an den Holzschnitten mitgearbeitet hat.

Im Norden Deutschlands war die Hansestadt Lübeck von 1473 an Standort bedeutender Druckereien. Von dort gelangte die Kunst des Buchdrucks auch nach Nord- und Osteuropa. So kam durch den aus Einbeck stammenden Lübecker Drucker Johann Snell das neue Handwerk nach Dänemark und Schweden. Lübeck versorgte bald den ganzen Norden Deutschlands und den Ostseeraum mit niederdeutscher Literatur. Viele Bücher, die in Süddeutschland gedruckt worden waren, wurden in die im gesamten Ostseeraum verbreitete niederdeutsche Sprache übertragen, in Lübeck gedruckt und im niederdeutschen Sprachbereich vertrieben. In anderen Fällen diente die Hansestadt nur als Umschlagplatz für Werke, die die süddeutschen Drucker bereits von vornherein als niederdeutsche Ausgaben konzipiert hatten. Auch das gab es also schon damals: daß Bücher für die Leser einer anderen als der eigenen Sprache gedruckt wurden. Heute ist daran nichts Besonderes mehr. Für die damalige Zeit jedoch, in der Verkehrsverbindungen schlecht und Reisen langwierig waren, zeugt der Versuch einiger süddeutscher Druckerverleger, sich Absatzmärkte jenseits der heimischen (Sprach-)Grenzen zu erschließen, von einem erstaunlich ausgreifenden Unternehmergeist.

Lübecks Erstdrucker war der aus Delitzsch bei Leipzig stammende Lucas Brandis. Als Druckerverleger gab

135

Brandis 1475 das *Rudimentum novitiorum* heraus. Das 474 Blätter umfassende, gewichtige Werk für den Unterricht von Novizen ist mit 102 Holzschnitten ausgestattet. Ein Bruder von Lucas Brandis, Matthäus Brandis, trat 1485 in Erscheinung, als er den *Lucidarius* nach einer Ausgabe Schönspergers nachdruckte. Der dritte Bruder, Marcus Brandis, eröffnete 1481 in Leipzig eine Offizin und war damit der Erstdrucker am Ort. Bekannter als die Brüder Brandis wurde für das Lübecker Druckgewerbe Steffen Arndes, ein aus Hamburg stammender Wanderdrucker, der in Mainz sein Handwerk erlernte und in Foligno und Perugia in Italien gearbeitet hatte, bevor er sich, nach einer Zwischenstation in Schleswig, 1486 in Lübeck niederließ. Hier druckte Arndes zunächst lateinische und niederdeutsche theologische Schriften. 1494 entstand seine berühmte *Lübecker Bibel* mit 152 querformatigen satzspiegelbreiten Holzschnitten, die zu den eindrucksvollsten des 15. Jahrhunderts gehören. Arndes niederdeutsches Kräuterbuch *Gaerde der Suntheit* von 1492 ist eine eigenständige Abwandlung des *Gart der Gesundheit* von Peter Schöffer aus Mainz. Die Druckerei, die Arndes bis zu seinem Tod (um 1519) betrieb, brachte ihm aber so wenig ein, daß der tüchtige

Mann als Nebenerwerb einer Schreibertätigkeit bei Gericht nachgehen mußte.

Mohnkopfdrucke

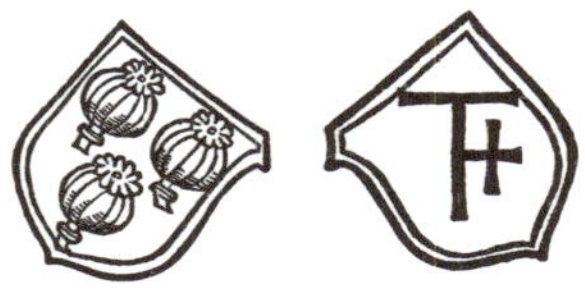

Als *Mohnkopfdrucke* werden Bücher einer in Lübeck von 1487 bis 1520 arbeitenden Verlagsgesellschaft bezeichnet. Den Drucken fehlt die Herkunftsangabe, sie tragen als Druckermarken am Ende mehrere Symbole und Wappen, teilweise in Rahmenleisten, gelegentlich auch die Devise: »Merke den ende«. Eine dieser Marken ist das Signet der drei Mohnköpfe in einem Wappenschild. Hans von Ghetelen leitete die Verlegergruppe, deren Bücher von verschiedenen Druckern hergestellt worden sind. Zu den hervorragenden Mohnkopfdrucken gehören so wichtige niederdeutsche Ausgaben wie *Reynke de vos* (1498), der erste illustrierte deutsche Druck einer aus dem Niederländischen stammenden Bearbeitung der alten Fabel von *Reineke Fuchs, Dat narren schyp* (1497) und *Des Dodes Dantz* von 1489 und 1496.

136 Sebastian Brant, *Navis stultifera*, »Das Narrenschiff«. Von Nikolaus Lamparner 1506 in Basel gedruckt. Der Büchernarr leitet als »Vortanz« das Narrenschiff ein. Holzschnitt: 8,5 × 11,7 cm.

Initialen aus der *Sensenschmidt-Bibel,* von Johann Sensenschmidt in den Jahren 1476/78 in Nürnberg gedruckt.

Initiale S zum Psalter.
König David schreibend.

Initiale D. Prediger 2, 4-6.
König Salomo in seinem Garten.

Initiale P am Beginn der Paulus Briefe.
Der Apostel Paulus übergibt seinen
Brief an den Boten.

Neben den großen Handelsstädten, die Zentren des Frühdrucks wurden, ließen sich Buchdrucker auch in kleineren Reichsstädten nieder: 1472 in Esslingen, 1475 in Blaubeuren, 1478 in Reutlingen, 1480 in Memmingen, 1482 in Metz, 1489 in Hagenau. Anziehungskraft besaßen auch Orte mit einer Universität. So faßte das Druckgewerbe vielleicht schon 1472, sicher aber 1479 in Erfurt Fuß, 1484 in Ingolstadt, 1485 in Heidelberg, 1492 in Freiburg i.B. und 1498 in Tübingen. Schließlich sind die Offizingründungen in Städten zu nennen, die Fürstensitz waren: 1481 in Urach, 1482 in Wien und München, 1486 in Stuttgart, 1487 in Zweibrücken, 1493 in Lüneburg. Insgesamt wurde im deutschsprachigen Raum bis zum Ende des 15. Jahrhunderts an 62 Orten in etwa 300 Offizinen gedruckt.

Anton Koberger, der erste Großunternehmer

Die Reichsstadt Nürnberg hatte im Spätmittelalter in Handel und Kunsthandwerk eine führende Position im Reich erlangt. Buchdruck und Buchhandel profitierten von den günstigen Bedingungen – so daß die Verzögerung erstaunen muß, mit der erst um 1470 das gedruckte Buch hier auftauchte. Zum Ende des Jahrhunderts wurde dann auch Nürnberg neben Straßburg und Basel richtungweisend für die Buchillustration.

Der Erstdrucker Nürnbergs war Johann Sensenschmidt aus Eger. Er hatte die Buchdruckerkunst vermutlich in Mainz erlernt und konnte sich mit finanzieller Hilfe des Nürnberger Bürgers Heinrich Rummel 1469 eine Werkstatt einrichten. Sensenschmidt hat überwiegend theologische und juristische Bücher gedruckt. Um 1476/78 brachte er die fünfte deutsche Bibel in

Nürnberg heraus. Ihre illustrierten Initialen sind Nachschnitte der Zainer-Initialen aus Augsburg. Vermutlich weil der Kobergersche Großbetrieb am Ort übermächtig wurde, verließ Sensenschmidt Augsburg Ende 1479 und ging nach Bamberg.

Zu den vielen Frühdruckern, die bei ihrer Arbeit arm geworden sind, von Schuldnern verfolgt und aus der Stadt vertrieben wurden, bietet Anton Koberger ein imponierendes Gegenbeispiel. Untrennbar mit Nürnberg ist der Name dieses Mannes verbunden, dem Druckerei und Buchhandel Ansehen, Ämter und Reichtum eingebracht haben. Anton Koberger (1440/45–1513) war weit mehr als nur ein erfolgreicher Drucker, man darf ihn getrost den ersten Großunternehmer des Buchgewerbes nennen. Im Jahre 1470 eröffnete er seine Druckerei. Zehn Jahre später waren bereits an die 100 Setzer, Drucker, Korrektoren, Schriftschneider, Schriftgießer, Illuminatoren, auch Buchbinder und andere Handwerker bei ihm beschäftigt. Zeitweise wurde an 24 Pressen gedruckt. Auch eine eigene Papiermühle gehörte zu Kobergers Unternehmen. Seine Bücher erfreuten sich reger Nachfrage. Über zweihundert Drucke, 21 davon illustriert, konnten Koberger bis 1500 zugewiesen werden. Viele davon ließ er bei anderen Druckern in Basel, Straßburg und Lyon herstellen. Anton Koberger erkannte schnell den Vorteil der Arbeitsteilung von Herstellung und Vertrieb.

In den neunziger Jahren wurde Koberger zunehmend auch als Großbuchhändler erfolgreich, ab 1505 baute er sein Vertriebssystem immer perfekter aus. Ladengeschäfte in Nürnberg versorgten den regionalen Bereich, darüber hinaus waren seine »Buchführerknechte« überall mit Druckwerken anzutreffen. In Antwerpen, Paris, Lyon, Wien, Venedig, Krakau, Buda, Lübeck und Mailand baute Koberger Filialen und feste

Agenturen auf. Es war sein Verdienst, eine »gewaltige kolonisatorische Leistung« (Heinrich Grimm), die entlegensten Winkel des Reiches mit Büchern zu versorgen. Nach Oberdeutschland beispielsweise gelangten die beliebten handlichen Klassiker-Ausgaben aus der Werkstatt von Aldus Manutius fast ausschließlich über den geschäftstüchtigen Koberger. Ein Brief Kobergers vom September 1498 an seinen Geschäftsfreund Johann Amerbach in Basel, der für Koberger druckte, erlaubt einen Einblick in die Geschäftsbeziehungen:

Dem Erbarn weysen meyster Hanssen Amerbach, Druckherr zu Basel, meinem sundern guten freund:
Mein willigen Dienst lieber meister Hans. Ich hab euch geschrieben mit dem furman, was ir mir von büchern auf Lion sullt schicken, so fern es frid wirt.
Item ich hab euch auch geschrieben in dem selben brieff um 30 Abbates auf franckfurt zu schicken. Ir möcht mir dazu schicken 30 Augustinus super Psalterium und 40 Johannes de Lapide wie es sich in das fass schicken will, minder oder mer.
Item lieber Meister Hans so füg ich euch zu wissen, daß ich gedingen und überkommen bin mit Clas Bernlein von Straßburg des furlons halber, und der wird jetzund ungefähr auff michaelis bey euch sein zu Basel und wirt drei wagen laden.

Wollet sehen daß er Ladung hab auf die drei Wagen und daß er nicht darauf dürff harren und wollet mir ordentlich dabey schreiben, was die faß inhalten und nach notdurft versorgen mit guten starken fassen. Domit befiel ich euch got dem allmechtigen.

Datum franckfurt an Sant Matheus abent im 1498. Antonius Koberger.

Der Brief offenbart auch, wie Bücher verschickt wurden. Die »faß«, von denen hier die Rede ist, sind tatsächlich Holzfässer, in die man die gebündelten, zusammengetragenen Rohbogen verpackte und auf Pferdewagen durch Europa transportierte. Bücher wurden in der Regel ungebunden, allenfalls leicht geheftet verkauft und gehandelt. Erst der Käufer ließ Rubrizierung und Kolorit anbringen und den Einband fertigen. Von Koberger weiß man allerdings auch, daß er in der eigenen Werkstatt im voraus rubrizieren, kolorieren und auch Teilauflagen binden ließ. Nur einem Großunternehmer mit weitreichenden Geschäftsbeziehungen und einer günstigen Absatzerwartung war derlei möglich. Ein kleiner Druckerverleger hätte das Risiko nicht eingehen können.

138 Nürnberger Bibel, von Anton Koberger 1483 in Nürnberg gedruckt. Obwohl die Holzschnitte der Koberger-Bibel (der 9. deutschen Bibel vor Luther) bereits in der Kölner Bibel von 1478 verwendet worden waren, gilt sie als eine der schönsten unter den 18 vorlutherischen deutschsprachigen Bibeln. 26 × 37 cm.

Die Formen des Buchlayouts, die heute von professionellen Typographen und Buchgestaltern entwickelt werden, hatten die Frühdrucker meist für sich allein zu finden. Viele versuchten, sich mit neuen Druckschriften den Anforderungen anzupassen, die ein Text stellte. Das zur Verfügung stehende Druckpapier und seine gute Nutzung bestimmten das Buchformat, Satzspiegel und Schriftgrad. Dabei wollten und mußten die Drucker dem Zeitgeschmack entsprechen und dem Leser allgemein akzeptierte Schriftformen anbieten. Formatverkleinerungen bedingten zunächst Erweiterungen des Umfangs, bis man es verstand, durch kleinere Schriftgrade auch mehr Text auf wenig Raum unterzubringen. Beispiele für diese Praxis sind die deutschen Bibeln von Grüninger in Straßburg (1485) und Schönsperger d. Ä. in Augsburg (1487 und 1490).

Die präzise handwerkliche Arbeit, die zur Herstellung einer neuen Druckschrift erforderlich war, kostete viel Zeit und Geld. Koberger verfügte nach und nach über 25 bis 30 verschiedene Drucktypen. Für seine *deutsche Bibel* von 1483, die er mit den Holzschnitten der Kölner Bibel illustrieren ließ, nahm Koberger eine neue Schrift, eine schöne *Bastarda*, die als Vorform der *Schwabacher* gilt. Der Text des *Schatzbehalters*, ein religiöses Andachts- und Erbauungsbuch von 1491, wurde in zwei Kolumnen in der gleichen Bastarda gesetzt. Sein Verfasser war Stephan Fridolin, die 96 ganzseitigen Holzschnitte stammen von Michael Wolgemut und Wilhelm Pleydenwurff.

Ein großes Unternehmen war die *Weltchronik* des Nürnberger Arztes Hartmann Schedel (1440–1514). Koberger hat damit eine monumentale, mit 1809 Holzschnitten ausgestattete Inkunabel vorgelegt. Im Juli 1493 erschien zunächst eine lateinische, im Dezember eine deutsche Ausgabe. Zur Finanzierung mußten zwei Nürnberger Bürger, Sebald Schreyer und Sebastian Kammermeister, beitragen, die dafür am Gewinn beteiligt waren. Es war ein kostspieliges Unternehmen – immerhin hatte das riesige Werk in jeder Ausgabe die erstaunliche Auflage von mehr als tausend Stück. Die Vorlagen der Holzschnitte stammen von Michael Wolgemut und dessen Stiefsohn Wilhelm Pleydenwurff, zwei Lehrern Albrecht Dürers. In Stil und graphischem Ausdruck weisen die Holzschnitte voraus auf Dürers fünf Jahre später erscheinende *Apokalypse*, sie erreichen bereits jene lebendige und malerische Wirkung des Hell-Dunkels, die auf Kolorit verzichten kann.

Hartmann Schedels »Weltchronik«, *Liber chronicarum*. Von Anton Koberger in Nürnberg gedruckt. Die lateinische Ausgabe erschien am 12. Juli 1493 in Rundgotisch; die deutsche Übersetzung folgte am 23. Dezember d. J. in einer Schwabacher Schrift. Mit 1809 Holzschnitten von 645 Holzstöcken ist die Schedelsche Chronik eines der bilderreichsten Werke der Frühdruckzeit. 33,8 × 45 cm.

140 *Nürnberger Bibel*, gedruckt von Anton Koberger, Nürnberg 1483.
Beginn der Genesis. Der Holzschnitt stammt aus der *Kölner Bibel*
und zeigt den sechsten Tag der Schöpfungsgeschichte: Gott erschafft
Eva aus Adams Rippe. 28 × 39 cm.

Die Buchgestaltung der *Schedelschen Chronik* wird vielfach als Beginn des modernen Buchlayouts angesehen, als Beginn einer souveränen, von der Handschriftenillustration sich lösenden Technik. Die Drucktypen sind der jeweiligen Ausgabe angepaßt: eine italienische *Rotunda* für die lateinische, eine kräftige *Schwabacher* für die deutsche Ausgabe. Der fortlaufende Text wird durch Zwischen- und Kapitelüberschriften in größerem Schriftgrad aufgelockert und gegliedert. Alle Bilder, selbst kleinformatige, sind beschriftet. Bei der Anordnung von Text und Bild wurde bereits die Wirkung des aufgeschlagenen Buches bedacht und somit auf die Gestaltung der *Doppel*seite Wert gelegt.

Die Ansichten von 23 deutschen Städten wie Köln, Straßburg, Nürnberg oder Ulm sind in der Mehrzahl nach topographisch getreuen Vorlagen entstanden. Bei denen fremder Länder dagegen handelt es sich oft um Phantasiebilder. Auch hat es das Publikum nicht gestört, wenn, was zu jener Zeit vielfach vorkam, dieselbe Stadtansicht einmal Verona, einmal Siena, dann wieder Neapel, Damascus oder auch Kärnten darstellen sollte. Ebenso verfuhr man mit den Bildnissen von Personen: 72 Druckstöcke besaß man, lieferte aber Darstellungen von 596 Kaisern, Päpsten und anderen Berühmtheiten. Johann Schönsperger d. Ä. hat die *Schedelsche Chronik* 1496 und 1497 in Augsburg nachgedruckt, zuerst die deutsche, dann die lateinische Ausgabe. Sein Format war nur halb so groß wie die Nürnberger Ausgabe und schon deshalb billiger, weil sich auf diese Weise teures Papier sparen ließ. Die Holzschnittillustrationen wurden verkleinert von anderen Künstlern nachgeschnitten, auch begnügte man sich mit einer geringeren Anzahl. Schönspergers Nachdruck war so erfolgreich, daß er Kobergers Absatz wirksam schädigte. Als das Kobergersche Unternehmen, das in der zweiten Generation nicht mehr mit der Findigkeit des Gründers betrieben wurde, um 1520 bankrott ging, waren neben Bibeln noch unverkaufte Schedelchroniken vorhanden.

Verbreitung des Buchdrucks in den Nachbarländern

In den sechziger Jahren breitete sich der Buchdruck von Mainz ausgehend in ganz Europa aus. In der Regel waren es deutsche Drucker, die als Erstdrucker die neue Kunst in die europäischen Handelszentren brachten. Sie folgten den Wegen, die zuvor die Kaufleute erschlossen hatten. Dieses weiträumige und schon gut geknüpfte Verkehrsnetz erklärt, warum im fernen Rom früher als in Köln oder Augsburg zu drucken begonnen wurde: Die Druckkunst rückte nicht von einem Ort zum nächstgelegenen vor, sondern auf den Magistralen, die direkt in die gewinnträchtigen Zentren des Handels führten. Eine weltoffene Stadt mit guten Handelsver-bindungen, der Sitz eines Bischofs oder eines hohen weltlichen Herrn war der bevorzugte Platz für einen zuwandernden Drucker. Hier fand er seine Kundschaft, hier ließen sich seine Bücher verkaufen. Universitätsstädte hingegen übten erst später Anziehungskraft auf die Buchdrucker aus.

Italien ist für den Frühdruck von besonderer Bedeutung. Humanismus und Renaissance haben hier ihren Ausgang genommen. Italien war das Nachbarland, in das die Schwarze Kunst zuerst einzog, und schon in den achtziger Jahren des 15. Jahrhunderts überragte die Zahl der italienischen Druckorte die der deutschen. Der Buchdruck wurde von reisenden deutschen Druckern ins Land gebracht und verbreitet. Die italienischen Drucker verstanden es bald danach, die Buchdruckerkunst aufs äußerste zu verfeinern. In der Folge entstand daraus ein fruchtbarer Austausch. Von Italien brachten deutsche Drucker bei ihrer Rückkehr eine neue Schrifttype, die *Antiqua* mit. Im Kloster Santa Scolastica in Subiaco in der Nähe von Rom stellten Konrad Sweynheim und Arnold Pannartz schon früh eine Druckerpresse auf. Bereits 1465 wird Subiaco als Druckort in einer Werkausgabe des Lactantius genannt. Zwei Jahre später liest man den Namen beider deutscher Drucker in einer in Rom erscheinenden Cicero-Ausgabe *(Epistolae ad familiares)*. Mit diesem Druck gelten sie als Schöpfer der reinen *Antiqua*. Ihre Presse haben sie schon nach kurzer Zeit vom stillen Subiaco nach Rom verlegt, dem Sitz der päpstlichen Kurie und dem traditionsreichsten Umschlagplatz für Literatur seit der Zeit des Vergil. Ob Dekrete des Papstes, Rundschreiben seiner Verwaltung oder die Werke der klassischen Autoren – dies alles war nun von der Handschrift in den Druck zu überführen und versprach ein stetes Auskommen. Bis 1472 gaben Sweynheim und Pannartz 36 Werke heraus.

In Rom arbeitete auch Ulrich Han aus Ingolstadt. Bei ihm erschien zunächst mit den *Meditationes* des Johannes Turrecremata 1467 das erste holzschnittillustrierte Buch Italiens. Später widmete sich Han vorzüglich der Edition lateinischer Klassiker. Sein im Typendruckverfahren hergestellter Notensatz im *Missale romanum* von 1476, einem Chor- und Meßbuch für den Gottesdienst, gilt als der früheste Musiknotendruck. Bis dahin waren zwar schon die Notenlinien gedruckt worden, die Noten mußten jedoch mit der Hand nachträglich eingetragen werden. Jetzt konnten die sogenannten römischen Choralnoten *(nota quadrata)*, die nur die Tonhöhe, aber nicht den Tonwert angeben, typographisch gesetzt und zweifarbig (rot/schwarz) gedruckt werden. Der Druck von Musiknoten stellte die Drucker vor einige Probleme, wollten sie die Kirche als Auftraggeber gewinnen. In ihrem *Psalterium Moguntinum* von 1457 hatten Fust und Schöffer den Text bereits mit farbigen Initialen gedruckt, sich bei der musikalischen Notation jedoch noch auf den Liniendruck beschränken müssen,

141

die Noten wurden nachträglich eingeschrieben. Konrad Fyner im württembergischen Urach ging einen Schritt weiter und fügte 1473 die einzelnen Noten im Stempeldruck ein. Eine andere Möglichkeit war, die Notensysteme insgesamt in Holz zu schneiden und im Tafeldruck zu produzieren – was allerdings bedeutete, technisch auf dem Stand der Einblattdrucke zu verharren. Das *Missale* von Ulrich Han hingegen ist das erste Beispiel für einen Druck mit beweglichen Notentypen, die wie Lettern in Schriftguß hergestellt und später gesetzt werden konnten, weshalb er als Erfinder des Musiknotendrucks angesehen wird.

Leonhard Pachel aus Ingolstadt und Ulrich Scinzenzeler aus Zinzenzell bei Straubing richteten in Mailand 1477/1478 ihre Druckerei ein. Boccaccios *Filocolo* erschien am 4. Februar 1478 als ihr erster Druck. Pachel und Scinzenzeler verwendeten 1479 den ersten Buchholzschnitt in Mailand, das Brustbild des Paolo Attavanti in dessen *Breviarium iuris canonici* – und damit das erste »Bildnis« eines Verfassers im Buch.

Die reiche Handelsstadt Venedig erreichte mit etwa 150 Druckereien und über 4500 Druckerzeugnissen in der Frühdruckzeit eine absolute Spitzenstellung im damaligen Europa. Dazu genoß die Stadt bald den Ruf, ein Druckort besonders sorgfältig ausgestatteter Bücher mit außergewöhnlich schönen Schrifttypen zu sein. Mit einem Privileg der Stadt Venedig versehen, richtete Johann von Speyer 1469 die erste Druckerei der Lagunenstadt ein. Mit seinem Tode 1470 erlosch das Privileg. Obwohl sein Bruder Wendelin von Speyer das Unternehmen fortsetzte, konnte es seine monopolartige Stellung nicht wieder erreichen. Aus der Werkstatt gingen eine Reihe lateinischer Klassiker hervor sowie als erstes italienischsprachiges Buch Francesco Petrarcas *Canzoniere* (1470) und die erste italienischsprachige Bibel (1471). Die Handelsmetropole Venedig übte eine so große Anziehungskraft aus, daß sich bald ein Konkurrenzkampf entwickelte, der die Drucker zwang, verstärkt auswärtige Aufträge anzunehmen. Nur wenigen verhalf das Gewerbe zu einer sicheren Existenz, und

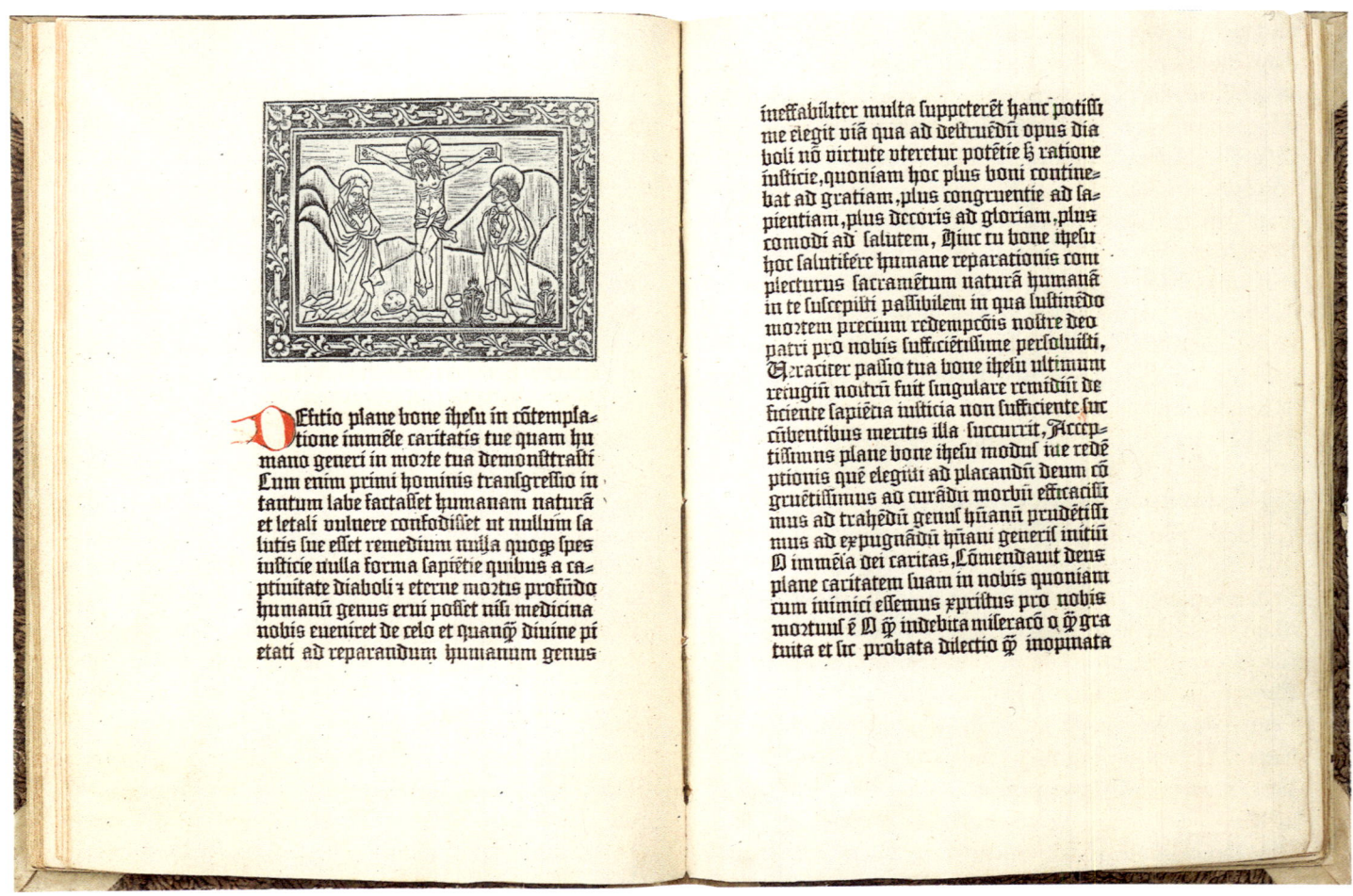

Johannes Numeister, ein Schüler Gutenbergs, druckte 1479 in Mainz Johannes de Turrecrematas *Meditationes*. Die ungewöhnlichen Metallschnitte haben die Holzschnitte der 1467 von Ulrich Han in Rom gedruckten *Meditationes* als Vorlage. Die roten Initialen wurden von Hand eingemalt. Aufgeschlagenes Buch: 44 × 29,3 cm.

noch weniger vermochten sich mit ihrer Arbeit die Anerkennung der Nachwelt zu sichern.

Eine besondere Bedeutung erlangte der in Venedig ansässige, aus Frankreich stammende Nicolaus Jenson, der als königlicher Münzmeister König Karls VII. schon 1458 nach Mainz entsandt wurde, um bei Gutenberg in die neue Kunst eingeweiht zu werden. Erst über zehn Jahre später druckte Jenson in Venedig sein erstes Buch. Vermutlich war er Mitarbeiter Johanns von Speyer und hat nach dessen Tod die Chance genutzt, eine eigene Werkstatt zu gründen. Um 1475 wandelte er seinen Betrieb in eine Handelsgesellschaft um: *Nicolaus Jenson sociique*. Deutsche Kaufleute waren daran beteiligt. In den zehn Jahren bis zu seinem Tode im Jahre 1480 vollendete er über 150 Druckwerke aus verschiedenen Wissensgebieten. Neben seinen Aufgaben als Verleger und Buchhändler widmete sich Jenson der Entwicklung neuer Druckschriften für seine Firma. Seine Erfahrungen als Münzmeister hat er beim Stempelschnitt gut nutzen können. Er schnitt verschiedene Grade einer sehr feinen rundgotischen Schrift mit schönen Formen und Proportionen und schuf den Prototyp der *Antiqua*, die, auf der römischen Capitalis und den Humanistenschriften aufbauend, zur einer Grundlage der *Renaissance-Antiqua* wurde.

Wie andere italienische, vor allem venezianische Drucker verwendete auch der für ein Jahrzehnt in Venedig ansässige Augsburger Erhard Ratdolt – zusammen mit Bernhard Maler und Peter Löslein – sehr schönen, häufig auch schwarzgrundigen Renaissance-Buchschmuck. Ratdolts Initialen (wie die zuvor beschriebenen *Litterae florentes*), seine Randleisten und Titelrahmungen waren besonders fein und dekorativ, so daß auch andere Drucker sie gern nachahmten. Fast jeder der 66 Drucke, die Ratdolt 1476 bis 1486 in Venedig herausbrachte, war mit seinem Buchschmuck verziert. Ein frühes Meisterwerk ist Appians *Römische Geschichte* von 1477, bei der zudem in der Farbgestaltung variiert wurde. Für einen Teil der Auflage wurden die Randleisten rot auf weiß, die Initialen und der Text schwarz eingedruckt. Als Ratdolt nach Augsburg zurückgerufen wurde, brachte er neben seinem reichen Schriftenbestand die venezianischen Rankenbordüren und ornamentale Titelrahmungen mit. Auf diese Weise hat Ratdolt als erster die Formen der Renaissance in die deutsche Buchkunst und Typographie eingeführt. Daß Augsburg im 16. Jahrhundert zu einem Hauptort der Frührenaissance-Drucke werden konnte, ist wahrscheinlich ihm zu verdanken.

Wie in Nürnberg, Speyer oder Köln bildeten sich auch in Italien bald größere Druck- und Verlagshäuser heraus, die einen »internationalen«, weiträumigen Handelsverkehr betrieben. Zu diesen Verlags- und Druckereiunternehmungen gehörte auch das Haus des Lucantonio Giunta (1489–1536). Geführt wurde das Geschäft in Florenz, drucken ließ man in Venedig. Nicht selten waren es aus Deutschland stammende Drucker wie Johann Emerich, die diese Aufträge ausführten. Die Familie Giunta verzweigte sich weit. Im 16. Jahrhundert unterhielt man Niederlassungen und Filialen in Venedig, Lyon und verschiedenen spanischen Städten. Bei Giunta erschien 1490 die *Malermi-Bibel*, die erste vollständige italienische Vulgata, von Nicola Malermi 1471 übersetzt, auf dem Markt. Ihre zahlreichen kleinen Holzschnitte in sorgfältig ausgeführtem Umrißstil waren bis ins 16. Jahrhundert hinein prägend für den italienischen Buchschmuck und haben sowohl den italienischen wie auch den Lyoner Bibeldruck stark beeinflußt. In Florenz führte Filippo Giunta, vermutlich ein Bruder Lucantonios, die Offizin. Er druckte griechische (ab 1497) und lateinische (ab 1503) Klassikerausgaben. Diese *»Giuntinen«* waren schon von zeitgenössischen Buchliebhabern sehr geschätzt. In Wappen und Signeten führten das Haus Giunta und seine Nachfolger die florentinische Lilie.

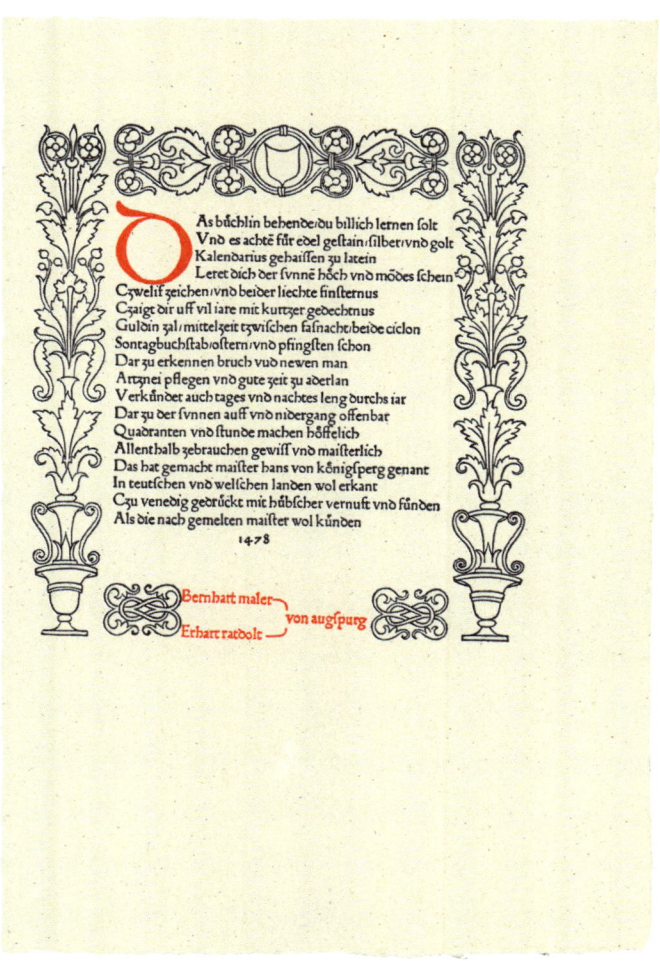

Deutscher Kalender des Astronomen Johannes Regiomontanus (eigentlich Johann Müller), eines der bedeutendsten Astronomen seiner Zeit. Der Kalender wurde 1478 in Venedig von Erhard Ratdolt gedruckt.

143

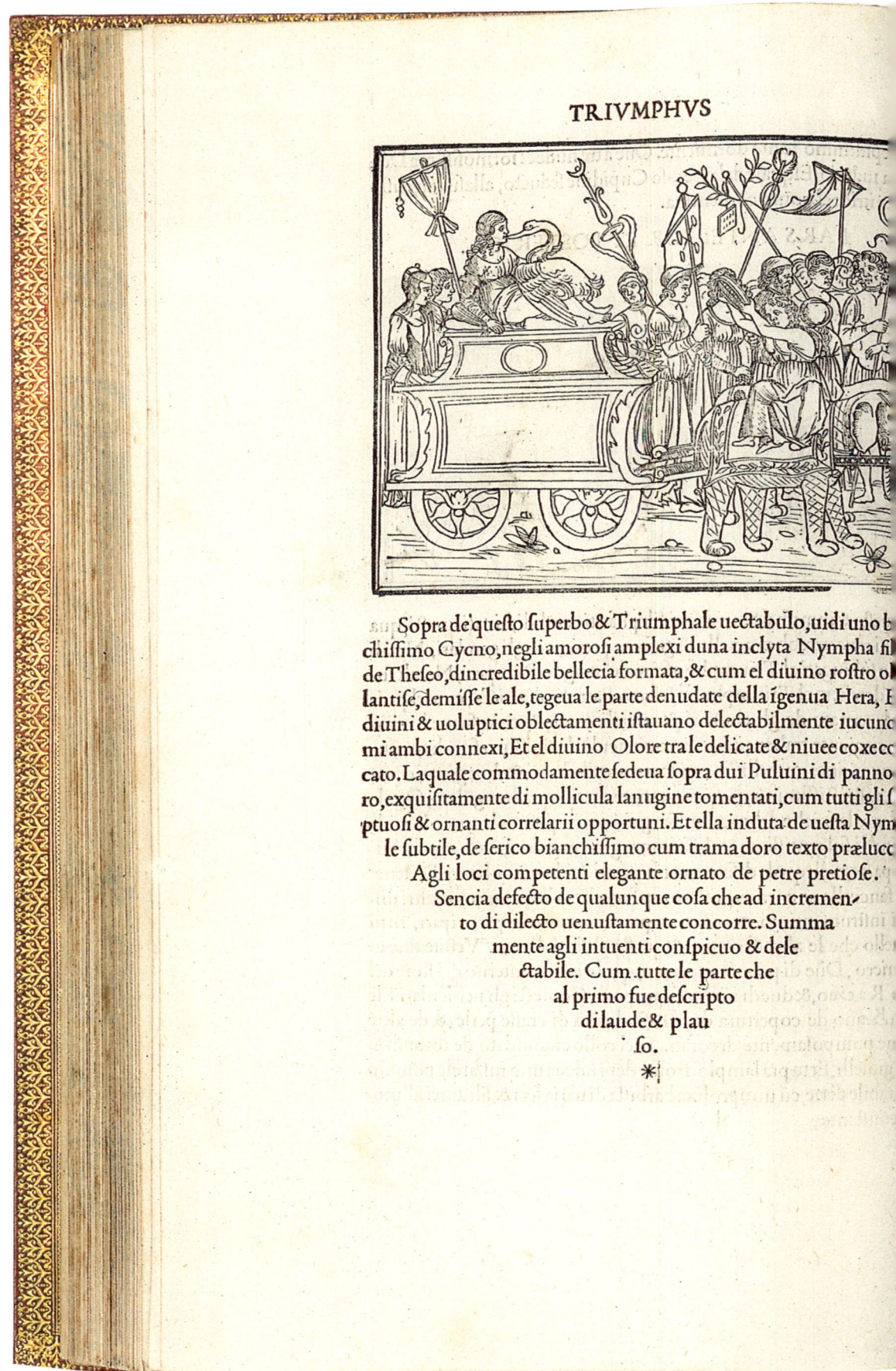

TRIVMPHVS

Sopra de questo superbo & Triumphale uectabulo, uidi uno b
chissimo Cycno, negli amorosi amplexi duna inclyta Nympha fil
de Theseo, dincredibile bellecia formata, & cum el diuino rostro ol
lantise, demisse le ale, tegeua le parte denudate della igenua Hera, F
diuini & uoluptici oblectamenti istauano delectabilmente iucund
mi ambi connexi, Et el diuino Olore tra le delicate & niuee coxe cc
cato. Laquale commodamente sedeua sopra dui Puluini di panno
ro, exquisitamente di mollicula lanugine tomentati, cum tutti gli f
ptuosi & ornanti correlarii opportuni. Et ella induta de uesta Nym
le subtile, de serico bianchissimo cum trama doro texto prælucc
Agli loci competenti elegante ornato de petre pretiose.
Sencia defecto de qualunque cosa che ad incremen-
to di dilecto uenustamente concorre. Summa
mente agli intuenti conspicuo & dele
ctabile. Cum tutte le parte che
al primo fue descripto
di laude & plau
so.
∗

Hypnerotomachia Poliphili des Dominikaners Francesco Colonna.
1499 bei Aldus Manutius in Venedig erschienen. 21,2 × 32 cm.

SECVNDVS

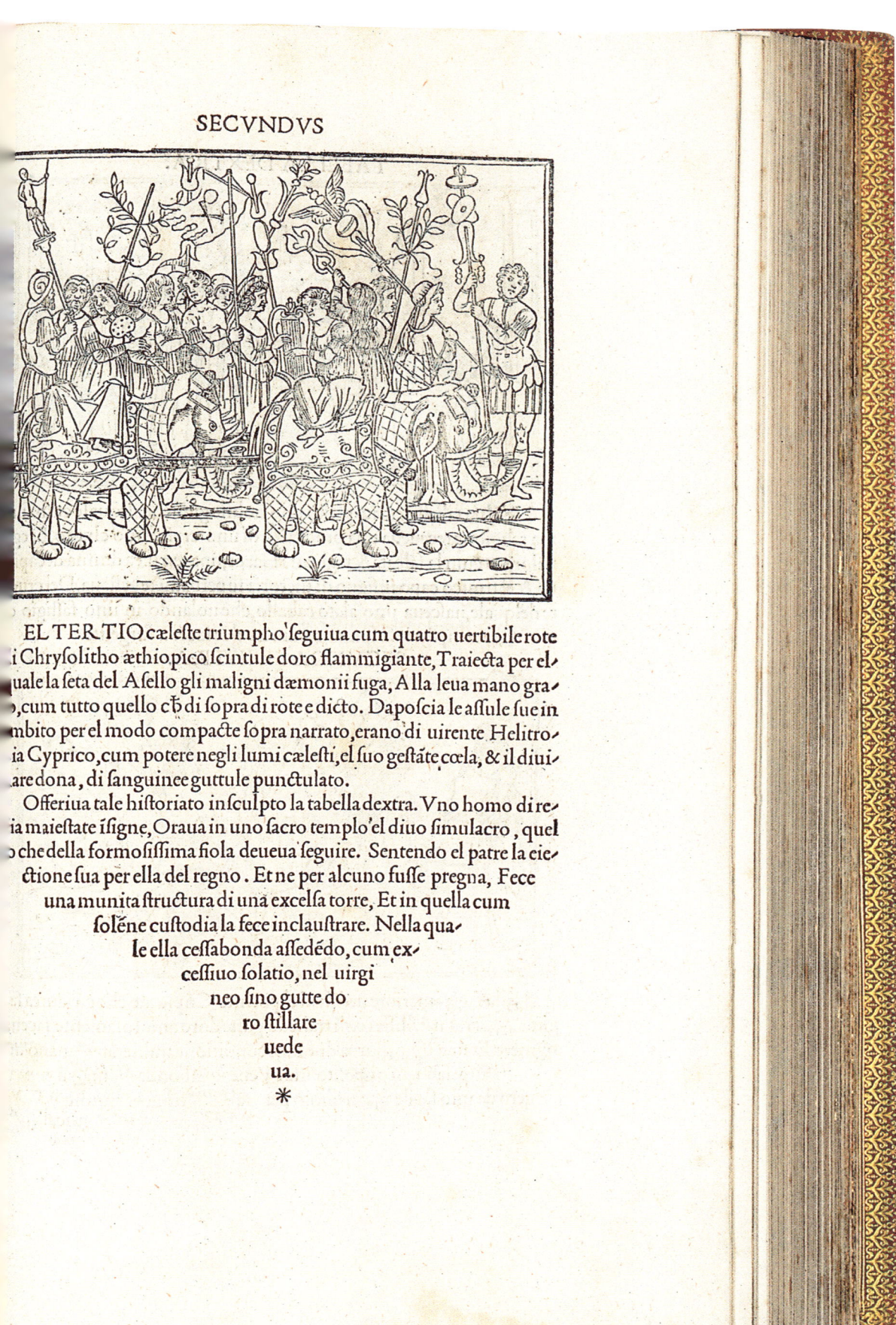

EL TER TIO cæleste triumpho seguiua cum quatro uertibile rote
i Chrysolitho æthiopico scintule doro flammigiante, Traiecta per el⸗
uale la seta del Asello gli maligni dæmonii fuga, Alla leua mano gra⸗
,cum tutto quello cħ di sopra di rote e dicto. Daposcia le assule sue in
mbito per el modo compacte sopra narrato, erano di uirente Helitro⸗
ia Cyprico, cum potere negli lumi cælesti, el suo gestáte cœla, & il diui⸗
are dona, di sanguinee guttule punctulato.

Offeriua tale historiato insculpto la tabella dextra. Vno homo di re⸗
ia maiestate isignę, Oraua in uno sacro templo el diuo simulacro, quel
o che della formosissima fiola deueua seguire. Sentendo el patre la eie⸗
ctione sua per ella del regno. Et ne per alcuno fusse pregna, Fece
una munita structura di una excelsa torre, Et in quella cum
soléne custodia la fece inclaustrare. Nella qua⸗
le ella cessabonda assedédo, cum ex⸗
cessiuo solatio, nel uirgi
neo sino gutte do
ro stillare
uede
ua.
✳

Das Werk mit den von Francesco da Bologna geschnittenen Typen
wurde der erste Druck von bleibender Bedeutung in einer Antiqua-Schrift,
nachdem zuvor, etwa um 1470, Nicolaus Jenson den Prototyp der
Renaissance-Antiqua geschaffen hatte.

145

Lucantonio Giunta   Aldus Manutius

   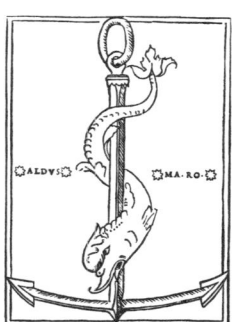

Zur gleichen Zeit, vor Ende des 15. Jahrhunderts, ließ sich in der Lagunenstadt ein Drucker nieder, der zu den bedeutendsten Italiens und der Geschichte der Druckkunst überhaupt gezählt wird: Aldus Manutius (um 1450–1515) aus Bassiano bei Rom. Manutius war zunächst ein Wissenschaftler, der sich besonders für die griechische Sprache und Literatur interessierte. Vielleicht aus dem Wunsch, seine Erkenntnisse und die von ihm bearbeiteten klassischen Manuskripte publizieren zu können, entstand 1490 seine Druckerei. 1495 begann er mit der Erstausgabe der griechischen Grammatik des Constantinus Lascaris ein philologisch ehrgeiziges Unternehmen. Es machte den Beginn einer Reihe griechischer Klassikerausgaben, von denen die Werke des *Aristoteles* in fünf Bänden (1501) besonderes Aufsehen erregten. Neu daran war die Ausstattung seiner Ausgaben: kleinformatig, handlich und leicht. Wenn er sie binden ließ, waren die Einbände ohne harten Holzdeckel, sondern besaßen Pappeinlagen, nach dem Vorbild der orientalischen Einbände. Dazu wurden die Deckelseiten mit Makulatur aus alten zerschnittenen Büchern, Einblattdrucken, Pergamenthandschriften zusammengeklebt und ausgefüttert.

Mit seinen Quart- oder Oktav-Ausgaben wurde Aldus wegweisend, mit ihnen hat er die Buchgestalt revolutioniert und den Folianten, die für den Codex typische Großform, entthront. Auch wenn es heißt, er habe das Format so gewählt, daß die Bücher genau in die venezianischen Satteltaschen paßten, war etwas anderes doch wichtiger: die höhere Auflage von etwa eintausend Exemplaren ermöglichte einen niedrigeren Preis, sie machte das Buch erschwinglicher. Damit war das handliche, preiswerte Gebrauchsbuch geboren. Die neuen Bücher des Aldus Manutius vereinigen in sich die Ideale eines jeden Bücherfreundes: Sie bieten ausgewählte, gut edierte Texte, eine edle Typographie, noble Ausstattung und sind obendrein bezahlbar. Viele wurden ganz in einer neuen, zierlichen *Antiquakursive* gesetzt. Kein Wunder, daß die Aldus-Drucke zu begehrten Sammlerobjekten geworden sind. Von 1501 bis 1506 haben in zweimonatlichem Rhythmus Neuerscheinungen, die

Aldinen, seine Werkstatt verlassen, seit 1502 mit dem charakteristischen Druckerzeichen, einem Anker, um den sich ein Delphin windet. Er versinnbildlicht das Motto des großen Druckers: »*festina lente*«, »Eile mit Weile«.

Eines der berühmtesten und schönsten Bücher aus der Werkstatt des Aldus Manutius, zugleich ein Hauptwerk der Renaissance, ist die *Hypnerotomachia Poliphili*, die im Dezember 1499 erschien. Der in einen Traum eingekleidete Liebesroman erschien anonym, jedoch bilden die Initialen der 38 Kapitel ein Akrostichon, das auf den Verfasser hindeutet: POLIAM FRATER FRANCISCUS COLUMNA PERAMAVIT. Dahinter verbarg sich der Dominikaner Francesco Colonna (1433–1527) vom Kloster SS. Giovanni e Paolo in Venedig. Das Werk Colonnas, der einige Jahre in Treviso als Lektor für Rhetorik, Grammatik und Fremdsprachen tätig war, steht unter dem literarischen Einfluß Dantes und Boccaccios und enthält eine Fülle literarischer und gelehrter Reminiszenzen aus Antike und Mittelalter. Berühmt wurde das Buch weit weniger für seinen Text als durch die Buchgestaltung, seine Druckschriften und die Illustrationen. Schrift, Bild, Schmuck und Typographie sind hier erstmals in einem Renaissancebuch in idealer Weise zu einer harmonischen Einheit verbunden worden. Der tektonisch gebaute Satz wird häufig durch Einzüge und trichterförmig auslaufende Spitzkolumnen (Abschnittsenden) lebendig aufgelockert. Versalsatz und Initialen steigern diesen Eindruck. Der Schöpfer der 168 Holzschnitte wird in der Schule des Andrea Mantegna vermutet. Die klare und ausgewogene Antiqua *(Poliphiliustype)* wurde von Francesco da Bologna (genannt Griffo) entworfen und geschnitten.

Frankreich war seit je ein auf sein Zentrum hin ausgerichtetes Land. Das gilt für die Politik, für den Handel und die Kultur. Der französische Buchdruck konzentrierte sich von Anfang an auf Paris: 55 Druckereien waren bis Ende des 15. Jahrhunderts in Paris tätig; 3500 Druckwerke gingen aus ihnen hervor. Daneben konnte sich einzig Lyon als ein zweites Buchzentrum behaupten. Frankreich weist in den achtziger Jahren des 15. Jahrhunderts neben Paris und Lyon nur 7 Städte mit Buchdruckwerkstätten auf: Albi (1475), Toulouse (1476), Angers (1477), Chablis und Vienne (1478), Poitiers (1479), Caen (1480). Im flächenmäßig kleineren Italien dagegen wurde im gleichen Zeitraum in 55 Städten gedruckt. Bis zum Ende des Jahrhunderts kamen in Frankreich Druckereien in folgenden Orten hinzu: Chartres (1482), Salins-Les-Bains und Troyes (1483), Béhan-Loudéac, Chambérs, Rennes, Rouen und Tréguier (1484), Abbéville und Moutiers (1486), Besançon und Lantenac (1487), Embrun (1489), Dôle, Grenoble und Orléans (1490), Angoulême, Dijon, Coulières und Narbonne (1491), Cluny (1492), Mâcon, Nantes, Tours und Uzès (1493), Limoges (1495), Provins (1496), Avignon (1497),

Périgueux (1498). In Perpignan, das damals zu Spanien, und Valenciennes, das zu den Niederlanden gehörte, wurden im Jahre 1500 die ersten Offizinen ansässig. Trotz dieser Zuwächse spielten die Drucker in der Provinz für die französische Druckkunst nur eine untergeordnete Rolle. Zu mächtig beherrschte Paris, die politische und kulturelle Metropole, das Geschehen.

Im Jahre 1470 kamen auf Initiative der Professoren Johannes Heynlin von Stein und Guillaume Fichet deutsche Drucker an die Pariser Sorbonne. Ulrich Gering aus Konstanz, Michael Friburger aus Colmar und Martin Crantz aus Straßburg druckten zunächst nur im Auftrag der beiden Professoren eine Reihe wissenschaftlicher Werke in lateinischer Sprache. Erst nach dem Weggang der Gelehrten aus Paris im Jahre 1473 bildeten die Drucker eine selbständige Gesellschaft, die von der Sorbonne unabhängig ihr Gewerbe betreiben konnte. 1475 druckte Pasquier Bonhomme als erster ein Buch in französischer Sprache: *Grandes Chroniques de France*, drei Bände im Folioformat, die noch ganz nach dem Vorbild der Handschriften mit Buchmalerei ausgestattet wurden. Die hochkultivierte Buchmalerei Frankreichs ließ den gedruckten Buchschmuck erst spät aufkommen und übte einen starken Einfluß auf ihn aus. Nach Art der kostbaren reichillustrierten *Livres d'heures* der Handschriftenzeit stellten Jean Dupré und andere Drucker in Paris ab 1481 reich geschmückte Stundenbücher her. Sie wurden mit Illustrationen und Randleisten in Holz- oder Metallschnitt geschmückt und häufig auf Pergament gedruckt.

Die Gebet- und Stundenbücher für Laien in französischer Sprache waren zwar Luxusartikel, gleichwohl eine begehrte und gut verkäufliche Ware. Sie wurden für damalige Verhältnisse in großen Auflagen hergestellt. So entstand in Paris eine regelrechte Gebetbuchproduktion, an der von 1485 an maßgeblich Antoine Vérard mitwirkte. Bis zu seinem Tode im Jahre 1512 brachte er an die zweihundert verschiedene Ausgaben auf den Markt. Neben Dupré und Vérard war auch Philippe Pigouchet, der auch für den Verleger Simon Vostre druckte, daran beteiligt. Pigouchets Ausgaben bestechen durch eine verfeinerte, elegante Ausstattung. An der technischen Vervollkommnung des Stundenbuch-Drucks hatte auch ein Deutscher, Thielman Kerver, Schwiegersohn des Pasquier Bonhomme, als Drucker und Verleger maßgeblichen Anteil.

Die Umsetzung der aus der Buchmalerei stammenden Vorbilder in das Schwarzweiß der Druckgraphik gelang den Pariser Graveuren besonders gut. Auch auf die neuen Renaissance-Ornamente verstanden sie sich bei ihren Arbeiten für die örtlichen Buchdrucker ausgezeichnet. Die Druckstöcke für die Rahmen und Illustrationen der Stundenbücher waren zumeist aus Metall. Man versprach sich davon feinere Darstellungen und deutlichere Abdrucke auf Papier und Pergament – dies alles bei längerer Haltbarkeit des Druckstocks. Metalldruckstöcke für den Hochdruck von Buchillustration wurden besonders in Paris, in Mainz und Basel verwendet, jedoch hat sich das aufwendige Verfahren gegenüber dem Holzschnitt nicht durchsetzen können. In Pariser Offizinen allerdings war die Technik für Stundenbücher und Missal-Drucke noch bis weit ins 16. Jahrhundert gebräuchlich.

Lyon war bekannt für seine Messen, hier war die Zensur weniger streng als in Paris unter der Aufsicht der Sorbonne. Bevor die Inquisition den protestantischen Geist der Lyoneser erstickte, herrschte ein gutes Klima für Drucker. Hier arbeitete als erster Drucker Guillaume Le Roy aus Lüttich. Er war ein Mitarbeiter des in Venedig tätigen Johann von Speyer und arbeitete zunächst für den vermögenden Lyoner Kaufmann Barthélemy Buyer. 1473 kam in seiner Offizin der früheste datierte Druck Lyons heraus, *De miseria humane conditionis*, eine Schrift des Kardinals Lotharius (Papst Innocenz III.). Nach Buyers Tod (1482) gründete Le Roy 1483 eine eigene Werkstatt, aus deren Produktion zahlreiche Drucke mittelalterlicher französischer Ritterromane mit Holzschnittillustrationen hervorgingen.

Anders als in Paris haben in Lyon deutsche Drucker lange das Gewerbe dominiert. Im Volksmund und in den Akten der Stadt wurden alle Drucker gleichermaßen »les Allemands« genannt, gleichgültig, welcher Nation sie tatsächlich angehörten. Über Basel und Toulouse kamen die aus dem württembergischen Botwar stammenden Brüder Martin und Matthias Huß nach Lyon. Beide haben sich um die Übersetzung lateinischer Werke ins Französische und deren Herausgabe große Verdienste erworben. In der Werkstatt von Martin Huß, einer der führenden am Ort, entstand 1478 mit dem *Miroir de la Redemption Humaine* das erste Holzschnittbuch in französischer Sprache. Dieser *Spiegel des menschlichen Heils* enthielt 259 Holzschnitte, die Martin Huß von dem Basler Drucker Bernhard Richel (seinem einstigen Lehrherrn?) erworben hatte. Richel hatte mit den eindrucksvollen Holzschnitten 1476 das erste illustrierte Buch der Schweiz gedruckt.

Johann Trechsel aus Mainz druckte und verlegte in Lyon seit 1488 gängige theologische, philosophische und homiletische Literatur in handlichen Kleinformaten. Von 1492 an war der hochgebildete Jodocus Badius Ascensius aus Gent Trechsels wissenschaftlicher Berater, Herausgeber und Korrektor. Trechsel druckte ein wichtiges medizinisches Werk, den *Canon* des Avicenna, das erst nach Trechsels Tod (1498) durch Johann Clein fertiggestellt wurde. Bedeutendstes Werk der Trechselschen Werkstatt ist die mit 157 lebendigen Holzschnitten ausgestattete Terenz-Ausgabe von 1493, die Jodocus Badius bearbeitet hatte und herausgab. Badius, der Trechsels Tochter Thalia geheiratet hatte, verließ Lyon

147

1499, eröffnete 1503 in Paris selbst eine Druckerei und wurde zu einem der führenden Pariser Buchhändler. Sein Verlegersignet enthält eine der frühesten Darstellungen einer Druckerpresse.

Nach Spanien gelangte die Buchdruckerkunst durch deutsche Drucker. Deutsche Kaufleute, die mit Spanien Handel trieben, brachten sie ins Land. Der Geschäftsführer der Großen Ravensburger Handelsgesellschaft, eine der größten Import-Export-Firmen des 15. Jahrhunderts, richtete 1473 in Valencia, im Königreich Aragón eine Druckerpresse ein. Jakob Vizlant aus Isny finanzierte, der Drucker Lambert Palmart aus der Erz-

diözese Köln leitete die Offizin. Die Drucker Johannes von Salzburg und Paul Hurus (Paulus de Constantia) aus Konstanz waren zunächst in Valencia Mitarbeiter, bis sie 1475 in Barcelona eine Druckerei, die zweite am Ort, gründeten. Paul Hurus ließ sich wenig später (1476) mit seinem Partner Heinrich Botel in Saragossa nieder. Ab 1481 arbeitete Hurus allein. Er konnte seine Druckerei so gut ausbauen, daß sie sich mit ihrer reichen Produktion bald an die Spitze aller spanischen Offizinen setzen konnte. Die Mitarbeit spanischer Gelehrter und Übersetzer ermöglichte ihm die Herausgabe bedeutender spanischer Erstausgaben. Die *Crónica de Aragón* erschien 1499 bei Hurus. Seiner Förderung der spanischen Lite-

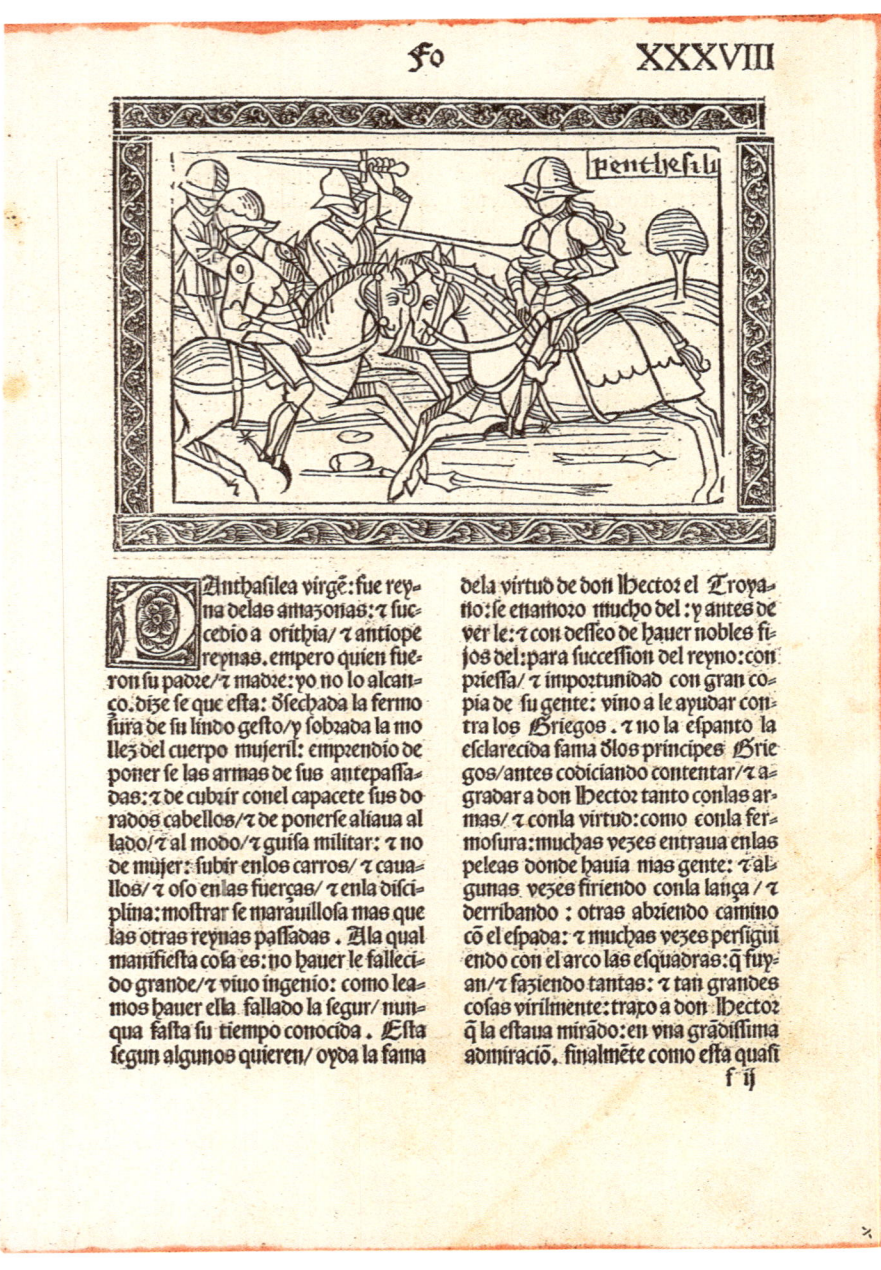

148 Giovanni Boccaccio, *Von den berühmten Frauen* (*De claris mulieribus*), spanisch: *Mujeres illustres*, erschien 1494 bei Paul Hurus in Saragossa. Motiv: Penthesilea als Ritter im Turniergefecht. 18,4 × 26,2 cm.

ratur verdankt Hurus einen sicheren Platz in der Literaturgeschichte Spaniens. Dadurch, daß Hurus enge Verbindungen nach Süddeutschland pflegte, gelangten Holzschnitte deutscher Inkunabeldrucker in spanische Übersetzungen. Namhafte Beispiele waren die Mainzer Originalholzschnitte von Erhard Reuwich zu Bernhard von Breydenbachs *Peregrinatio in terram sanctam* für die spanische Ausgabe von 1498 oder die von Anton Sorg zuerst verwendeten Holzschnitte zu Boccaccios *Von den berühmten Frauen (De claris mulieribus)*, spanisch: *Mujeres illustres*, das 1494 bei Hurus erschien. Zehn rundgotische Schriften fanden nach und nach bei Hurus Verwendung.

Die spanische Königin Isabella beauftragte 1490 in Sevilla die »Compañeros Alemanes«, das waren Paul von Köln, Johann Pegnitzer aus Nürnberg, Magnus Herbst aus Vils und Thomas Glockner, mit dem Druck eines spanischen Wörterbuchs. Es war das erste staatlich geförderte nationale Wörterbuch überhaupt. Die Compañeros gehörten zwar zu den produktivsten Inkunabeldruckern Spaniens, mußten aber zu Beginn des 16. Jahrhunderts einer Neugründung den Rang abtreten.

Jakob Cromberger begründete 1504 die auch verlegerisch erfolgreichste Druckerei Sevillas. Crombergers Offizin wurde darüber hinaus zum Stammhaus der amerikanischen Buchdrucker; der Sohn, Juan Cromberger,

Die *Complutensische Polyglotte*, die erste Mehrsprachenbibel, wurde in Alcalá bei Madrid in den Jahren 1513–1517 gedruckt. Sie enthält das Neue Testament griechisch und lateinisch (Vulgata); das Alte Testament griechisch (Text der Septuaginta) und hebräisch, dazwischen der lateinische Text der Vulgata, darunter der chaldäische Text (Targum des Onkelos) der Septuaginta und dessen neue lateinische Übersetzung. Die Abbildung zeigt die rechte Seite (3) des ersten Bandes: 1. Mose 24 bis 2. Mose 1. 26 × 38 cm.

149

errichtete in Mexiko eine Filiale, in der Juan Pablos (Johannes Pauli?) 1539 das erste amerikanische Buch *(Doctrina Christiana en la lengua Mexicana e Castellana)* druckte. Texte der spanischen Humanisten erschienen bei Cromberger, namentlich die für ihre wissenschaftliche Zuverlässigkeit bekannten Persius- und Prudentius-Ausgaben von Elio Antonio de Nebrija. Der Text war in Antiqua, der Kommentar in Gotisch gesetzt.

Die Drucker Salamancas waren auf die Herausgabe klassischer Autoren spezialisiert. Gebrochene Schriften herrschten überall in Spanien in der Wiegendruckzeit vor. Im 16. Jahrhundert gingen die Drucker Salamancas für spanische Texte vermehrt auch zu Antiquaschriften über. Als Druckort trat Salamanca in den Hintergrund, nachdem der spanische Kardinal Francesco Ximénes de Cisneros, Oberhaupt der Inquisition, im Jahre 1508 zur Stärkung der katholischen Kirche die Universität Alcalá gegründet hatte. Auf seine Initiative entstand hier die *Complutensische Polyglotte,* die erste mehrsprachige Bibel. Das sechsbändige Werk (1514–1517) erhielt seinen Namen nach Alphonsus Complutensis, einem der Herausgeber, und Complutum, dem alten Stadtnamen von Alcalá. Das Werk sollte »das eingeschlafene Studium der Heiligen Schrift wieder beleben«. Die Leitung des Unternehmens hatte Diego Lopez des Zuñiga, mit der Herstellung wurde Arñao Guillen de Brocar († 1528) beauftragt, der Universitäts-Drucker, der bereits seit 1492 in Pamplona theologische Werke mit schöner rundgotischer Schrift gedruckt und sich einen guten Namen erworben hatte. Arñao zählt zu den bedeutenden Druckern spanischer Herkunft und wurde von Karl V. zum »Königlichen Drucker« ernannt.

Die Zahl der spanischen Druckorte im 15. Jahrhundert ist nur halb so groß wie die Frankreichs. Folgende Frühdruckorte lassen sich belegen: Sevilla und Tortosa (1477), Lédida (1479), Montalban (vor 1482), Salamanca und Valladolid (1481), Guadalajara und Zamora (1482), Gerona und Huete (1483), Toledo und Tarragona (1484), Burgos, Hijar und auf Mallorca (1485), Murcia (1487), Coria (1489), Pamplona (1490), Monterrey (1494), Granada (1496), Orende und das Benediktinerkloster Nostra Señora auf dem Montserrat (1497).

Nach Portugal kam der Buchdruck infolge der spanischen Intoleranz gegenüber Nichtkatholiken. Weil sie in Spanien nicht erscheinen durfte, druckte Samuel Gacon in Faro 1487 eine hebräische Pentateuch-Ausgabe. Als weitere portugiesische Druckorte folgten Lissabon und Chaves (1489), Leiria (1492), Brada (1494) und Porto (1497).

Es war ein Engländer, der den Buchdruck nach England brachte: William Caxton (um 1422–1491) aus Kent, der als Agent des englischen Königs und als Vertreter der Interessen der englischen Kaufmannschaft über dreißig Jahre in Brügge, einem der größten Handelsplätze

William Caxton

Nordeuropas, lebte und auch ein gelehrter Übersetzer und Herausgeber war. 1468 hatte er von der Herzogin Margarete von Burgund, der zweiten Gemahlin Karls des Kühnen und Schwester König Edwards IV., den Auftrag erhalten, Raoul Lefèvres Geschichte der Eroberung von Troja *(Recueils de histoires de Troye)* ins Englische zu übersetzen. Caxton vollendete die Übersetzung am 19. September 1471 in Köln (»in the holy cite of Colen«). Hier erlernte er 1471/72 bei dem anonymen »Drucker der Flores S. Augustini« den Buchdruck, um mit der neuen Art des »künstlichen Schreibens« die starke Nachfrage nach Abschriften seiner Übersetzungen befriedigen zu können. Nach seiner Rückkehr nach Brügge errichtete Caxton mit fremder Hilfe (Jan Veldener oder Colard Mansion) eine Druckerei. Als erster Druck und erstes gedrucktes Buch in englischer Sprache erschien 1474 der *Recueyll of the Historyes of Troy.*

1476 kehrte Caxton nach England zurück und gründete in Westminster die erste Druckerei auf englischem Boden. Das erste in England gedruckte Buch, *Dicts or Sayings of the Philosophers,* verließ im November 1477 die Werkstatt. Autor war der zweite Earl Rivers, der Schwager Edwards IV. Caxton brachte in den folgenden Jahren über 90 Werke heraus, 74 davon in englischer Sprache, zum Teil von ihm selbst übersetzt. Er verwandte acht Schrifttypen, zwei gotische und sechs Bastardschriften, die niederländische und französische Vorbilder besitzen. Seine Type 2* ist auf etwas größerem Kegel gegossen worden und sah für den Satz größere Wortzwischenräume vor. Verwendung fand sie für das Werk von Jacobus de Cessolis *The Game and Play of Chess* von 1482. Caxton-Drucke sind heute äußerst selten und auf dem Festland so gut wie gar nicht zu finden. Eine lückenlose Sammlung aller Caxton-Drucke besitzt die Bibliothek von Lambeth Palace in London.

Caxtons Nachfolger in der Druckerei im Red Pale in Westminster wurde sein Gehilfe Wynkyn de Worde. Er war ein fleißiger Drucker. Bis zu seinem Tod im Jahre 1535 stellte er mehr als 800 Druckwerke her. Im Jahre 1500 verlegte Wynkyn die Druckerei in die Londoner Fleet Street. In London waren bereits zwei andere Drucker ansässig: der Franzose Guillaume Faques (William Fawkes), der 1503 Hofdrucker Heinrichs VII. wurde, und Richard Pynson, der 1491 seine Druckerei eröffnet hatte. Richard Pynson, ein Normanne, wurde 1508 Nachfolger Faques im Amt des Hofdruckers. Sein

Interesse galt vor allem der Rechtswissenschaft; er druckte die gebräuchlichsten juristischen Texte, Handbücher und Gesetzessammlungen. Richard Pynson und Wynkyn de Worde hatten bis in die zwanziger Jahre des 16. Jahrhunderts die vorherrschende Stellung unter den Druckern in England inne. Zwei Drittel aller Bücher kamen aus ihren Druckereien. In Oxford bestand seit 1478 eine Druckerei, in St. Albans seit 1480.

In den Niederlanden soll ein »holländischer Frühdrucker« bereits seit etwa 1465 in Utrecht gearbeitet haben. Als frühestes gesichertes Datum für den Betrieb einer Presse gilt das Jahr 1473, in dem Nikolaus Ketelaar und Gerhard de Leempt in Utrecht einen Druck vollendeten. Im gleichen Jahr erschien in Alost (Aalst) im östlichen Flandern, dem heutigen Belgien, ein gedrucktes Buch. Der Drucker, Johannes de Westfalia aus Paderborn, war 1472 aus Italien gekommen und über Löwen nach Alost gelangt. Mit dem ortsansässigen Humanisten Dirk (Thierry) Martens gründete er eine Druckerei, die beide bis 1492 betrieben. Martens Offizin wurde im 16. Jahrhundert durch die Zusammenarbeit mit Erasmus von Rotterdam und anderen Humanisten bekannt. Johannes de Westfalia zog 1474 nach Löwen weiter, wo er für die Universität eine fruchtbare Tätigkeit als Drucker und Buchhändler ausübte. Martens ging 1493 nach Antwerpen und fand dort eine bessere Atmosphäre für seine am italienischen Humanismus orientierten Bücher vor. Der Erstdrucker in Löwen war Johann (Jan) Veldener, ein aus der Diözese Würzburg stammender Drucker und Holzschneider, der möglicherweise bei dem aus Utrecht stammenden Arnold Therhoernen in Köln gearbeitet hatte.

Niederländische Drucker gründeten bald Druckereien in Brüssel (1475), in Delft, Deventer, Gouda, Sankt Maartinsdijk und Zwolle (1477), in Nijmegen (1479), in Hasselt und Audenarde (1480), in Antwerpen (1481), in Kuilenburg, Gent, Leiden und Haarlem (1483), in Schoonhoven (1495) und Schiedam (1498). Die Schriften lehnten sich an die vorherrschende große niederländische Schulschrift der Blockbuchdonaten an. Die gotische Schrift wurde zunächst für nahezu alles verwendet, bis Antiquaschriften aufkamen. Johannes de Westfalia und Dirk Martens arbeiteten früh mit aus Italien stammenden Antiquatypen.

Der Lübecker Drucker Johann Snell wurde 1482 vom dänischen Bischof Karl Ronnow mit dem Druck der *Obsidionis Rhodiae urbis descriptio des* Guilielmus Caoursin beauftragt. Snell druckte das Werk 1482 in Odense auf der dänischen Insel Fünen. Die erste Druckerei Kopenhagens wurde 1493 von dem Niederländer Gotfred af Ghemen gegründet. 1483 richtete Johann Snell in Stockholm im Auftrag des Bischofs von Uppsala eine Druckerei für den Druck des *Missale Uppsalense* ein und druck-te das erste Buch in Schweden. Ein anderer Lübecker, Bartholomaeus Ghotan, betrieb seit 1486 in Stockholm für etwa zwei Jahre eine Druckerei für theologische Werke. Mit seinen Typen wurde wenige Jahre später auch im Kloster Vadstena (1495) und im Kloster Mariefred bei Gripsholm (1497/98) gedruckt.

Nach Böhmen kam die Buchdruckerkunst verhältnismäßig früh. Die weite Verbreitung der deutschen Sprache hat möglicherweise die Entwicklung begünstigt. In Pilsen wurde 1476, vielleicht auch eher gedruckt. Im südböhmischen Winterberg (Vimperk) arbeitete 1884 der Drucker Johann Alakraw. Der früheste böhmische Kalenderdruck (auf das Jahr 1484) stammt aus seiner Offizin. In Brünn gründete 1485 Konrad Stahel aus Blaubeuren auf Initiative des Olmützer Bistumsverwalters Jan Vitic eine Druckerei. Sie lieferte vor allem lateinische Bücher. Zusammen mit Matthäus Preinlein, der später, 1499, in Olmütz (Olomouc), dem wirtschaftlichen und kulturellen Mittelpunkt Mährens, eine Druckerei gründete, druckte Stahel im Jahre 1488 die *Chronica Hungarorum* des Johannes Thurocz. Mit ihrer reichen Ausstattung wurde die Chronik das bekannteste Werk der Brünner Offizin.

Die erste Prager Offizin datiert auf das Jahr 1487 und stellte, wie zwei später gegründete Prager Druckereien auch, ausschließlich tschechische Bücher her. Etwa die Hälfte der tschechischen Inkunabeln wurde in Prag gedruckt. In Kuttenberg (Kutná Hora) wurde von Martina z Tissñova (Martin von Tischnowitz) 1489 eine Druckerei eigens für einen tschechischen Bibeldruck eingerichtet.

Mehr als Landesgrenzen hemmten Sprach-, Schrift- und Glaubensschranken die Ausbreitung des Buchdrucks. Die lateinische Bildung war in Nord- und Osteuropa weniger verbreitet. Für wandernde Buchdrucker gab es zunächst wenig Verlockung, nach Skandinavien, Polen oder Ungarn zu gehen. Vom Osten war die lateinische Welt durch die Grenze der Religion getrennt. Der Islam stand dem Buchdruck ablehnend bis feindlich gegenüber. Er lehnte die Mechanisierung der Schrift ab. Der hebräischen Typographie wurde zwar um 1500 erlaubt, auf dem Gebiet der Türkei zu arbeiten. Den gläubigen Mohammedanern jedoch verboten Sultan Bajazet II. und sein Nachfolger bei Androhung der Todesstrafe, die Buchdruckerkunst auszuüben.

Der Holzschnitt im Wiegendruck

Etwa ein Drittel aller Drucke der Inkunabelzeit war illustriert. Vom Motivreichtum geben die Zahlen ein ungefähres Bild: Allein in den deutschsprachigen Frühdrucken bis 1500 finden sich etwa 25 000 verschiedene Holzschnitte. Der Wunsch, Bilder genauso wie den Text zu vervielfältigen, brachte die Drucker darauf, die

151

Holzschnittechnik einzusetzen und Konturbilder vorzudrucken, die das spätere Ausmalen erleichtern und vereinfachen sollten. Die ersten Drucke waren rein typographische Inkunabeln: Der Text wurde gedruckt, das Bild nachträglich an einem freigehaltenen Platz eingemalt. Zeichnung und Schnitt waren zunächst in Personalunion hergestellt worden, das Verfahren hatte ganz in einer Hand gelegen. Das änderte sich mit fortschreitender Entwicklung und künstlerischer Verfeinerung der Technik. Die Arbeitsgänge lösten sich voneinander, Zeichnungen kursierten und wurden kopiert, zahlreiche Drucker übernahmen Holzschnitte aus anderen Werkstätten zum erneuten Gebrauch.

Mit der Einführung des Holzschnitts als Illustrationsverfahren für Bücher begann der serienmäßige Bilddruck im Buch. Als Bildvorlagen dienten häufig die Illuminationen der Handschriften. Zwar waren die technischen Unterschiede zwischen Miniaturmalerei oder Federzeichnung einerseits und Holztafeldruck andererseits zu groß, als daß der Holzschnitt die unmittelbare Nachfolge der mittelalterlichen Illuminationskunst hätte antreten können. Aber kompositorisch wirkten die alten Handschriften nach und gaben Vorbilder. Beispielsweise dienten die lavierten Federzeichnungen der Berliner Handschrift des Alten Testaments (um 1450/60) in Themenwahl und Bildauffassung als Vorlage für die Holzschnitte der Kölner Bibel. Vielfach muß auch aus dem Gedächnis gearbeitet worden sein, es gab Übernahmen und mehr oder weniger starke Abwandlungen der Vorlagen. Für die Zeit des Übergangs vom handgeschriebenen zum gedruckten Buch sind variable Kombinationen von alter und neuer Technik zu beobachten. Handschriften mit eingedruckten Holzschnitten waren keine Seltenheit. Der Holzschnitt ist, ebenso wie das gedruckte Wort, zunächst auf Ablehnung und Skepsis gestoßen. In Frankreich wurden noch in den siebziger Jahren des 15. Jahrhunderts in viele Bücher nachträglich Miniaturen eingefügt.

Der erste, der Holzschnitte in ein Buch eindruckte, war Albrecht Pfister 1461 in Bamberg. Günther Zainer versuchte zehn Jahre später erneut, Illustrationen in ein Buch zu drucken. Für das *Winterteil* in seinem *Heiligenleben* aus dem Jahre 1471 erforderten die Holzschnitte noch einen zweiten Arbeitsgang. Beim *Sommerteil* des Werkes, der im Folgejahr 1472 herauskam, druckte Zainer Bild und Text bereits gleichzeitig. Technische Voraussetzung waren dabei rechtwinklige und maßgenaue Holzstöcke, die sich paßgerecht in den Satz einbauen ließen und die dieselbe Höhe wie die Lettern aufwiesen.

Für den (spät)mittelalterlichen Menschen gehörte Farbe zum Wesen des Bildes. Der Gebrauch der Farbe war nicht allein ein ästhetischer Faktor, Farben besaßen großen symbolischen Ausdruckswert. Bild und Farbe waren eine Einheit. Es erschien als selbstverständlich,

holzschnitte nach dem Druck zu kolorieren. Nur so galten Bilder als vollwertig. Die Holzschnitte wurden so angelegt, daß die dargestellten Personen und Gegenstände im Umriß wiedergegeben wurden, um klare Flächen für die Farbe zu erhalten. Sie wurden mit drei, sechs oder auch mehr Farben ausgemalt. Als Farben dienten pflanzliche oder mineralische Substanzen, die meist als Wasserfarben oder auch als Tempera aufgetragen wurden. Bei den ausgemalten Inkunabeln fällt auf, daß farblich kaum eine der anderen gleicht. Da die überwiegende Zahl der Frühdrucke nur auf Bestellung und Kosten des jeweiligen Käufers bei einem Briefmaler oder Illuminator ausgemalt wurden, sind verschiedene Exemplare auch gleicher Ausgaben in der Regel unterschiedlich koloriert.

Versuche, Holzschnitte nicht erst nachträglich von Hand zu kolorieren, sondern sie gleich mehrfarbig zu drucken, unternahmen Künstler wie Lukas Cranach d. Ä., Hans Burgkmair, Jost de Negker. Unter den Druckern tat sich auch hier Erhard Ratdolt hervor. Ratdolt war einer der wenigen, die den Farbholzschnitt im Auflagendruck produzierten. Beim Kanonblatt seines Augsburger Missale von 1491 druckte er das Schwarz, Rot, Gelb und Oliv der prächtigen Kreuzigungsszene mittels Tonplatten. Für jeden Farbton mußte ein Holzstock geschnitten und nacheinander abgedruckt werden – ein aufwendiges und teures Verfahren, das erklärt, warum trotz Ratdolt die Farbholzschnitte selten blieben und selbst Schmuckinitialen noch bis ins 18. Jahrhundert hinein von Hand eingemalt worden sind.

Die Hinwendung zum Realistischen in der Tafelmalerei im 15. Jahrhundert ist auch in der Buchillustration zu beobachten. Die Holzschnitte in Sebastian Brants *Narrenschiff* (1494) bezeugen eine neue lebendigere Darstellungs- und Erzählweise. Themen und Stoffe erfuhren eine Erweiterung, die für die Technik nicht folgenlos blieb. Zu den auch weiterhin dominierenden religiösen Schriften kamen andere, die wissenschaftlich orientiert waren und die in der Bebilderung größere Anforderungen an die graphischen Künste stellten. Die Holzschnittkünstler begannen, durch Schraffuren Licht- und Schattenwirkungen sowie Raumtiefe zu erzeugen und die Figuren plastischer zu gestalten. Schattierungen waren zu Beginn noch selten, und wenn sie auftraten, dann waren sie noch weit gehalten, denn dichte und damit enge Schraffuren schmierten im Auflagendruck, was vermieden werden sollte. Möglicherweise, um es dem Kupferstich gleich zu tun, wurden dann die einfachen Umrißlinien immer mehr durch ein abgestuftes System feiner Linien ersetzt. Bereits in den siebziger und achtziger Jahren sind in Ulm Wandlungen des Holzschnitts belegbar, wie Johann Zainers *Aesop*, Lienhart Holls *Buch der Beispiele (Bidpai)* oder Konrad Dinckmuts *Schwäbische Chronik* von Thomas Lirer zeigen.

Im gleichen Maße wie die reinen Umrißholzschnitte in den Hintergrund traten, wurde auch die Kolorierung seltener, die Linienführung malerischer. Der Holzschnitt etablierte sich als selbständige Schwarzweißkunst. Schattenpartien wurden durch feine Schraffuren dargestellt, und den Künstlern gelangen plastische Hell-Dunkel-Kontraste und ein unvermuteter Tonreichtum. Im *Schatzbehalter* von Anton Koberger, 1491 in Nürnberg gedruckt, finden sich zwar noch Anleitungen für die Verwendung der Farbe: »Und wenn man die genannten Tyer mit farbe will ausstreichen, dann sol die ku rot geferbt werden« (zur 10. Figur). Unbedingt nötig jedoch hatten diese aus der Werkstatt Michael Wolgemuts kommenden Holzschnitte eine Kolorierung nicht mehr, dazu waren ihre Binnenzeichnungen zu weit entwickelt. Aus dem gleichen Grund blieben auch die 61 Holzschnitte der *Cirurgia* des Wundarztes Hieronymus Brunschwig, Straßburg 1497, vielfach unkoloriert. Am Ende des Jahrhunderts erschien ein Kolorit bei den meisten Holzschnitten überflüssig.

Albrecht Dürers Holzschnitte zur *Apokalypse*, die 1498 in Nürnberg gleichzeitig in lateinischer und deutscher Sprache erschien, zeigen, zu welcher Höhe diese graphische Kunst sich aufgeschwungen hatte. Der Text der von Dürer herausgegebenen, von Koberger gedruckten *Apokalypse* beruht auf Kobergers deutscher Bibel von 1483. Die 15 großformatigen packenden Holzschnitte (Abmessungen 39,2 × 28,2 cm) wurden wahrscheinlich vom jungen Albrecht Dürer auch selbst geschnitten. Erasmus von Rotterdam fand für die Meisterschaft Dürers Worte voller Bewunderung: »*Obwohl Dürer auch in anderer Beziehung zu bewundern ist, doch was drückt er nicht alles im Einfarbigen, das heißt mit schwarzen Strichen aus? Schatten, Licht, Glanz, Vorragendes und Einspringendes, wobei sich aus der Lage eines Dinges für die Augen der Betrachter nicht bloß eine Vorstellung darbietet. Was malt er nicht alles, auch was man nicht malen kann, Feuer, Strahlen, Donner, Wetterleuchten, Blitze oder Nebelwände, wie man sagt, die Sinne, alle Gefühle, endlich die ganze Seele des Menschen, die sich aus der Bildung des Körpers offenbart, sogar die Stimme selbst. Dies stellt er mit den glücklichsten Strichen und eben diesen schwarzen so vor Augen, daß du dem Werk Unrecht tun würdest, wenn du Farbe auftrügest. Oder ist es nicht wunderbarer, abseits des hohen Farbenglanzes darin groß zu sein, worin sich Apelles [der griech. Maler und Freund Alexanders d. Gr.] im Schutz der Farben auszeichnet?*«

Im reinen Schwarzweiß erreichen die Meisterholzschnitte Dürers eine Kraft des Ausdrucks, die erstaunen muß. Der Zeitraum der Entwicklung des Buchholzschnitts war gar nicht einmal groß; von den Anfängen bei Albrecht Pfister bis zu seiner künstlerischen Vervollkommnung durch Albrecht Dürer vergingen nur vier Jahrzehnte. Dieser Prozeß war zugleich der Prozeß einer künstlerischen Verselbständigung, in dessen Verlauf – schon vor Dürer einsetzend – sich der Einblattholzschnitt vom Buchholzschnitt trennte. Immer mehr

Künstlerholzschnitte entstanden einzeln oder in Serien und wurden im freien Verkauf einem Liebhaberpublikum angeboten. Nur selten fand ein sogenannter Künstlerholzschnitt ins Buch, und umgekehrt wurden Buchholzschnitte selten als Einzelblätter gedruckt und vertrieben.

Das Buch wird Ware: Gewerbliche Arbeitsteilung, Buchhandel und Werbung

Der mit dem Buchdruck vollzogene Wandel vom rein handwerklichen zum mechanisierten Vervielfältigungsprozeß ließ Texte entstehen, die untereinander vollkommen identisch waren – etwas bis dahin nicht Dagewesenes. Daß eine Druckform immer gleiche Exemplare hervorbringt, erscheint uns heute banal, doch Gutenbergs Zeitgenossen mußten dieser Tatsache zwangsläufig mit Irritation begegnen. Wie wenig man dem Versprechen der neuen Erfindung traute, belegt, daß noch 1485 alle Exemplare des ersten Regensburger Meßbuchs Stück für Stück mit der Druckvorlage verglichen wurden. Man mußte sehen, um zu glauben – und siehe da: »*Es ergab sich wie durch ein Wunder Gottes, daß in den Buchstaben, Silben, Wörtern, Sätzen, Punkten, Abschnitten und anderem, was dazugehört, der Druck bei allen Exemplaren und in jeder Hinsicht mit den Vorlagen ... unseres Domes übereinstimmte. Dafür danken wir Gott.*«

In den ersten Buchdruckerwerkstätten des 15. Jahrhunderts lagen zunächst alle Arbeitsgänge in einer Hand: Auswahl des Manuskriptes und Buchkonzeption, Schriftentwurf, Stempelschnitt, Matrizenherstellung, Schriftguß, Satz, Druck und endlich auch der Vertrieb der Rohbogen. Papiermacher und Buchbinder waren schon seit der Handschriftenzeit eigenständige Gewerbe. Ohne kapitalkräftige Unterstützung Dritter war es für kleine Handwerksbetriebe unmöglich, erfolgreich zu produzieren. Wer ein Werk in hoher Auflage herausbringen wollte, konnte mit dem Preis für das einzelne Exemplar heruntergehen, doch das Risiko war groß, da sich der Kreis kaufkräftiger Kunden im wesentlichen auf das wohlhabende Bürgertum beschränkte. Gutenberg hatte seine Bibel mit nicht mehr als zweihundert Exemplaren aufgelegt, seine Nachfolger produzierten Auflagen von 250 bis 300, nach 1480 stiegen die Auflagen dann auch einmal auf tausend und mehr Exemplare. Dabei blieben geschäftüchtige und erfolgreiche Druckerverleger wie Anton Koberger oder Peter Drach die Ausnahme. Viele Frühdrucker scheiterten; nicht nur, weil ihnen das Kapital fehlte, sondern auch die Handelsverbindungen und das Absatzgebiet. Zudem hielt die Büchernachfrage, wenngleich das Leseinteresse in den vorangegangenen Jahrhunderten kontinuierlich gewachsen war, nicht mit der Druckproduktion Schritt. Es

153

handelte sich eher um eine Wechselbeziehung, in der der Buchdruck einerseits auf ein vorhandenes Bildungsverlangen antwortete, andererseits aber erst jene Bedürfnisse weckte, die in der Zukunft seine Existenz verbürgen sollten.

Die Hälfte aller Wiegendrucke waren keine Erstauflagen, sondern Nachdrucke und Neuauflagen, weil die Klöster in der Ausstattung ihrer Bibliotheken wetteiferten. Schätzungen zufolge wurde von den etwa 5000 deutschen Einzeltiteln, die im 15. Jahrhundert den verfügbaren literarischen Kanon bildeten, nur höchstens ein Zehntel gedruckt. Daß es dabei stets die literarisch anspruchsvollsten traf, dürfte eher zweifelhaft sein.

Gegen Ende des Jahrhunderts setzte eine Arbeitsteilung von Herstellung und Vertrieb ein. Die ökonomische Logik machte sich bemerkbar: Gesteigerte Produktivität führte zu einer Steigerung der Auflagenhöhe, höhere Auflagen erforderten ein größeres Absatzgebiet. Der heimische Bezirk mochte dem Drucker wohl Abnehmer für Flugschriften, Kalender und populäre religiöse Schriften garantieren. Diese Drucke wurden auf Märkten und Messen angeboten, oder man hielt sie vor der Kirche den Kirchgängern feil. Um jedoch größere und entsprechend teurere Druckwerke verkaufen zu können, reichte der örtlich begrenzte Markt nicht aus. So entwickelte sich der Beruf des reisenden Buchhändlers. Viele dieser als *Buchführer* bezeichneten Buchhändler waren Studierte oder hatten zumindest die Lateinschule besucht. Der Typ des Studienabbrechers scheint unter ihnen nicht selten gewesen zu sein, wie das Sprichwort verrät: »Ein verdorbener Student gibt einen guten Buchführer oder Lanzknecht.«

Selbständig oder im Dienst der Druckerverleger handelten die Buchführer mit den eingekauften oder in Kommission übergebenen Druckwerken in den großen Handelszentren. Früh entstanden Geschäftsverbindungen zu den Handelsmetropolen Frankfurt am Main, Leipzig, Wien, Krakau, Paris und Lyon. Es lag nahe, daß ein Buchführer nicht nur für einen, sondern für mehrere Verleger tätig war. Wo eine rege Verkehrstätigkeit am Ort ein Seßhaftwerden erlaubte, ließen sich im Lauf der Zeit einige der Buchführer als selbständige Buchhändler nieder und eröffneten einen Verkaufsbetrieb mit einem reichen Bücherangebot: die Vorform der Sortimentsbuchhandlung war geboren.

Anfänge wurden in Augsburg und in Leipzig gemacht. »Kein Zweifel kann bestehen«, urteilt Hans Widmann in seiner Buchhandelsgeschichte, »daß die zwölf Buchführer, die zwischen 1483 und 1500 in Augsburger Steuerbüchern belegt sind, ebenso die 46 in Leipzig zwischen 1481 und 1530 nachweisbaren Buchführer als Sortimenter anzusprechen sind.« In unmittelbare Konkurrenz gerieten sie mit Buchbindern, die ebenfalls den Vertrieb von Büchern zu ihrem Metier erkoren hatten, sich dabei nicht auf die nur gebundenen verkäuflichen Gebet- und Schulbücher beschränkten und meinten, das Recht des Handels mit Büchern für sich beanspruchen zu können. Die Buchbinder bildeten vielerorts eine festorganisierte Zunft, und der gerade entstehende Stand der Buchhändler hatte sich gegen energische Angriffe zu behaupten.

Im Gefolge der Trennung von Herstellung und Vertrieb löste sich noch eine weitere Personalunion: Wie sich aus der ursprünglichen Einheit von Drucken, Verlegen und Handeln zunächst der selbständige Buchhändler abgespalten hatte, entwickelten sich aus der Tätigkeit des Druckerverlegers alsbald die selbständigen Berufe des Druckers hier, des Verlegers dort. Kaufleute erkannten die Expansionsmöglichkeiten des Büchergeschäfts und erwarben oder finanzierten Druckereien. Offizinen, die der Konkurrenz nicht standzuhalten vermochten, begnügten sich damit, gegen Lohn für Verleger oder andere Drucker zu arbeiten. Vielfach hörte der Drucker auf, sein eigener Unternehmer zu sein. Das Verlagswesen sah und sieht noch heute vor, daß der Verleger das zur Produktion eines neuen Buches notwendige Geld vorstreckt, damit der Drucker das Material einkaufen und die anfallenden Löhne bezahlen kann. Mit Erscheinen des *Lohndruckers* verlagerte sich das finanzielle Risiko der Herstellung vom Drucker zum Verleger, der fortan entschied, was gedruckt werden sollte. Einer der frühesten Verlage ohne eigene Druckerei war der seit etwa 1498 tätige wissenschaftliche Verlag der Brüder Leonhard und Lukas Alantsee in Wien.

In dem Maße, wie eine privatwirtschaftliche städtische Ökonomie die mittelalterliche Auftragsökonomie ablöste, wuchs der Zwang, im großen Stil zu produzieren. Die Ware Buch auf den Markt zu bringen erforderte hohe Auflagen, neue Formen und Wege des Vertriebs. Selbst für kleine Auflagen wurde es nötig, ein Lager zu unterhalten, Vertriebswege zu finden und das Publikum über das Angebot zu informieren. In vielen Frühdrucken finden sich Vorreden, die sich an den potentiellen Leser richteten und ihn zum Erwerb des Buches ermuntern sollten. Das war eine der einfachsten und gängigsten Formen einer Werbung: plaziert im Druckwerk selbst. Der andere Weg waren sogenannte Buchhändler-Anzeigen, Einblattdrucke, die Titelaufzählungen enthielten und in Gasthäusern und Herbergen angeheftet wurden, damit sie möglichst viele Leute lesen konnten. Nur wenige dieser Anzeigen haben sich erhalten, so zum Beispiel ein Einblattdruck von Günther Zainer aus Augsburg aus dem Jahr 1475:

Ein nutzlich buch d'epistlen und evangelien mit den figuren all tag durch daz gantz jar mit den suntag glosen / und die vier passion in d'karwochen. Und danach von yedem heiligen insunderheit auch von vil messen. Keiserliche lantrecht die von den keisern gemeinen landen gesetzt seind. Ein epistel getzogen auß francisco petrarcha und tze teutsch gemacht von

Aue maria
gfa plena
dominus
tecū bene
dicta tu in mulierib⁹
et benedictus fruct⁹
uentris tui : ihefus
chriftus amen.

Gloria laudis refonet in ore
omniũ Patri genitoqȝ proli
fpiritui fancto pariter Reful
tet laude perhenni Labori
bus dei vendunt nobis om
nia bona. lauf:honor:virtuf
potétia:ꝛ gratiaꝛ actio tibi
chrifte.Amen.

Viue deũ fic ꝛ viues per fecula cun
cta. Prouidet ꝛ tribuit deus omnia
nobis. Proficit abfque deo null⁹in
orbe labor. Illa placet tell⁹in qua
res parua beatũ. Ofe facit ꝛ tenues
luxuriantur opes.

Si fortuna volet fies de rhetore conful.
Si volet hec eadem fies de cófule rhetor.
Quicquid amor iuffit nó eft cótédere tutũ
Regnat er in dominos ius habet ille fuos
Vita data é vté da data é fine fenere nobis.
Mutua: nec certa perfoluenda die.

Ufus ꝛ ars docuit quod fapit omnis homo
Ars animos frangit ꝛ firmas dirimit vrbes
Arte cadunt turres arte leuatur onus
Artibus ingenijs quefita eft gloria multis
Principijs obfta fero medicina paratur
Cum mala per longas conualuere moras
Sed propera nec te venturas differ in horas
Qui non eft hodie cras minus aptus erit.

Non bene pro toto libertas venditur auro
Hoc celefte bonum preterit orbis opes
Precautis animi eft bonis veneranda libertas
Seruitus femper cunctis quoque defpicienda
Summa petit liuor perflant altiffima uenti
Summa petunt dextra fulmina miffa iouis
In loca nonnunqu am ficcis arentia glebis
Ve prope currenti flumine man at aqua

Quifquis ades fcriptis qui mentem forfitan iftis
Ut nofcas adhibes protinus iftud opus
Nofce: auguftenfis ratdolt germanus Erhardus
Litterulas iftos ordine quafqȝ facit
Ipfe quibus veneta libros impreffit in vrbe
Multos ꝛ plures nunc premit atqȝ premet
Quiique etiam varijs celeftia figna figuris
Aurea qui primus nunc monumenta premit
Quin etiam manibus proprijs vbicunqȝ figuras
Eft opus: incidens dedalus alter erit

Nobis benedicat qui i trinitate vinit
ꝛ regnat Amen: Honor foli deo eft tribuendv̄
Aue regina celoꝛ mater regis angelo
rum o maria flos virginum velut rofa
velilium o maria : Tua eft potentia tu
regnuȝ domine tu es fuper omnes gen
tes da pacem domine in dieb⁹ noftris
mirabilis deus in fanctis fuis Et glori
ofus in maieftate fua otb pantbon kyr

Quod prope facce diem tibi fum conuina futurus
forfitan ignoras at fore ne dubites
Ergo para cenam non qualem ftoicus ambit
Sed lautam fane more cirenaico
Nanque duas mecum florente etate puellas
Adducam quarum balfama cunnus olet
Vernula fola domi fedeat quam nuper habebas
Si nondum cunnus vepribus horruerit
Sunt qui infimulent ꝛ auari crimen amici
O biciant facto rumor utifte cadat   Hec Pbilelpbus

Nunc ades mira quicunqȝ uolumina queris
Arte uel er animo preffa fuiffe tuo
Seruiet ifte tibi: nobis iure forores
Incolumem feruet ufqȝ rogare licet

Eft homini uirtus fuluo preciofior auro: æneas
Ingenium quondam fuerat preciofius auro.
Miramurqȝ magis quos munera mentis adornát:
Quam qui corporeis emicuere bonis.
Si qua uirtute nites ne defpice quenquam
Ex alia quadam forfitan ipfe nitet

Nemo fue laudis nimium lȩtetur honore
Ne uilis factus poft fua fata gemat.
Nemo nimis cupide fibi res defiderat ullas
Ne dum plus cupiat perdat & id quod habet.
Ne ue cito uerbis cuiufquam credito blandis
Sed fi fint fidei refpice quid moneant
Qui bene proloquitur coram fed poftea praue
Hic erit inuifus bina ꝗ ora gerat

Pax plenam uirtutis opus pax fumma laborum
pax belli exacti præcium eft præciumque pericli
Sidera pace uigent confiftunt terrea pace
Nil placitum fine pace deo non munus ad aram
Fortuna arbitriis tempus difpenfat ubi
Ifta rapit iuuenes illa ferit fenes

κλιω Τεντερπη τε θαλεία τε μελπομενη τε
Γερψιχορη τεράτω τε πολυμνεία τουρανιη
τε καλλιόπη θέΔη προφερεϲατη εϲιναπτα
ϲαωψ   ιεϲνϲ Χρϲνϲ μαρια   τελοϲ.

Indicis characteꝛ diuerfaꝛ mane
rierũ impreffioni paratarũ: Finis.

Erhardi Ratdolt Auguftenfis viri
folertiffimi: præclaro ingenio ꝛ miri
fica arte: qua olim Venetijs excelluit
celebratiffimus. In imperiali nunc
vrbe Augufte vindelicoꝛ laudatiffi
me impreffioni dedit. Annoqȝ falu
tis. M.LLLL.LXXXVI.Lalé.
Aprilis Sidere felici compleuit.

Erhard Ratdolt druckte sein Schriftmusterblatt 1486 in Augsburg,
als er aus Italien zurückgekehrt war. Der Einblattdruck zeigt vierzehn
Schriftarten: eine griechische, drei Antiqua- und zehn Rotundatypen.
22,2 × 34,2 cm.

155

einer tugentreichen frauwen Grisel geheissen. Item ein traktat doctor Bartholome mettlingers wie man kind, so sie under seben jaren seind, vor siechtagen und in gesundhit behalten sol.

Solche Werbeblätter setzte der Drucker selbst ein, gab sie aber auch Buchführern mit auf den Weg, um auswärts die lieferbaren Bücher seines Auftraggebers bekannt zu machen und sie dem Publikum vorzustellen. Oft endete deshalb, nachdem zuvor die erwerbbaren Titel aufgezählt und ihr Lob gebührend gesungen worden war, eine solche Verlagsliste mit dem Hinweis, der Buchführer sei in dieser oder jener Herberge abgestiegen und erwarte dort die Interessenten. Noch in den siebziger Jahren des 15. Jahrhunderts überwogen dabei die Angebote in lateinischer Sprache, ein Indiz dafür, daß man in jener Zeit mit gelehrten Lesern rechnete.

Die älteste erhaltene Anzeige für Druckwerke stammt aus dem Jahre 1466 und wurde von Heinrich Eggestein in Straßburg gedruckt. Der ebenfalls in Straßburg ansässige Johann Mentelin, Peter Schöffer in Mainz, Berthold Ruppel in Basel und Anton Koberger in Nürnberg warben auf diese Weise für ihre Bücher. Sweynheim und Pannartz, die beiden Erstdrucker in Rom, nannten 1472 in ihrem Angebot von 28 Werken sogar schon Preis und Auflagenhöhe, die dort in der Regel noch bei 275, seltener bei 300 Exemplaren lag. Eine zweibändige Bibel kostete zwanzig Dukaten, Thomas von Aquins *Catena aurea* war für die Hälfte zu haben und Ciceros *De Oratore* ging für nur sechzehn Groschen an den Leser. Um volkstümliche Literatur bemühte sich Anton Sorg in Augsburg. Sein Katalog von 1484 enthält erstmals ausschließlich deutschsprachige Bücher.

Ein Aushängeschild für das Können des Druckers, für die vorhandenen Schriften seiner Werkstatt war das Schriftmusterblatt von Erhard Ratdolt aus dem Jahre 1486, das in Augsburg entstanden ist und mit dem er auf seine aus Venedig mitgebrachten Schriften aufmerksam machen wollte. Dieses Blatt ist die älteste bekannte Typenprobe. Man sage nicht, der noch junge Kapitalismus habe das Anpreisen der Ware Buch erst mühsam lernen müssen. Selbst die Kolophone wurden zu Werbezwecken genutzt. Ulrich Han empfiehlt dem interessierten Käufer seiner *Dekretalen*, den päpstlichen Verordnungen von 1474, in der Schlußschrift, »*dies Buch leichten Herzens zu kaufen*« – er werde es überaus vortrefflich finden, dagegen alle anderen Ausgaben »*nicht einen Strohhalm wert sind*«. In Fust und Schöffers Psalterium von 1457, dessen Schlußschrift rühmt, wie wundervoll die farbigen Initialen gestaltet seien, wie übersichtlich das Schriftbild angeordnet und wie unerreicht die Ausstattung sei, wird man sowohl werbliche Aspekte sehen dürfen wie auch den Ausdruck eines (berechtigten) Stolzes, solch ein aufwendiges und gelungenes Meisterwerk vollbracht zu haben.

Als der Buchdruck noch in der Wiege lag

Die Bezeichnung *Inkunabel* (nach dem lateinischen *incunabula* = Windeln, im übertragenen Sinn: erste Jahre, Anfang) gebrauchten erstmals Bibliographen des 17. Jahrhunderts. Der Polyhistor Bernhard von Mallinckrodt verwendete sie in seiner Schrift *De ortu et progressu artis typographicae*, Köln 1640, anläßlich der Zweihundertjahrfeier der Erfindung des Buchdruckerkunst als erster. Mit »prima typographicae incunabula« benannte er die Epoche des Frühdrucks, als der Buchdruck noch »in den Windeln lag«. Für Mallinckrodt galt sie bis zum »annus saecularis«, bis zum Ende des Jahres 1500. Auf die Bücher selbst ging die Bezeichnung *Inkunabel* erst Ende des 18. Jahrhunderts über, als man begann, die Geschichte des Buchdrucks intensiver zu erforschen und Frühdrucke zu sammeln. In der Mitte des 19. Jahrhunderts kam die deutsche Bezeichnung *Wiegendruck* in Gebrauch.

Als Inkunabeln oder Wiegendrucke werden alle mit beweglichen Metallettern hergestellten Drucke des 15. Jahrhunderts bezeichnet. Die Zeitgrenze 31. 12. 1500 ist eine formale, sie ist dabei ungenau und willkürlich. Ungenau deshalb, weil in Europa das Jahr 1500 nicht überall am gleichen Tag endete: In Deutschland war der 25. Dezember als Jahresende verbreitet, in Frankreich und den Niederlanden war es Ostern, in Venedig galt der 1. März als Jahresende, in England der 25. März. Inkunabel oder Postinkunabel kann also unter Umständen eine Frage des Druckorts sein, ganz abgesehen davon, daß es auch beim alten Buch des 16. Jahrhunderts viele seltene und kostbare Drucke gibt, die sich in ihren Charakteristika nicht von den eigentlichen Inkunabeln unterscheiden. Hieran wird die Willkür der Zeitgrenze deutlich.

Worauf es der Buchkunde mit dem Inkunabel-Begriff sachlich ankam, war, die experimentelle Frühphase des Buchdruckes von der nachfolgenden Zeit der Konsolidierung und Professionalisierung zu trennen. Die Frühdrucke waren meist das Werk eines einzelnen Druckers. Fast jeder der Frühdrucker besaß seine eigenen Typen. Hier sind die Entwicklungsstufen der Buchdruckkunst am augenfälligsten, hier zeigt sich die Entwicklung der Typographie am deutlichsten.

Vieles, was an einem Buch vertraut und gewohnt erscheint, fehlt in den Frühdrucken. Die ältesten Frühdrucke sehen aus, als hätte der Drucker nur einen *Rohdruck* abgeliefert: einen umbrochenen, schwarz gedruckten Text ohne Überschriften und Initialen, ohne Titelblatt, ohne Kolumnentitel und Blattzählung. Impressen mit Angabe von Erscheinungsort und -jahr und ein einheitliches Papierformat kommen nur hin und wieder vor. Ob Peter Schöffer in Mainz bei der Titelgestaltung einer päpstlichen Bulle im Jahre 1463 der erste gewesen ist, der den Schritt von der einfachen Über-schrift zum Titelblatt vollzog, oder ob von einer »echten Titelseite« erst bei seinem *Herbarius* von 1484 die Rede sein darf und man deshalb den Franzosen Jean Dupré für ein Meßbuch von 1481 als Vater des Titelblatts an-zusehen hat, mag dahingestellt bleiben. Es genügt die Feststellung, daß sich mit der Verbreitung der Druck-schrift auch das Titelblatt schnell durchsetzte und die bisher übliche Schlußschrift, der Kolophon, an Bedeu-tung verlor.

Die ersten Titelblätter vom Ende des 15. Jahrhun-derts sehen den heutigen Schmutztiteln ähnlich; sie ent-hielten oft nur eine Zeile mit dem Titel des Werkes. Drucker- oder Verlegermarken wie jenes von Fust und Schöffer eingeführte Signet, mit dem der Druckerver-leger seinem Werk ein Qualitäts- und Ursprungszeichen geben wollte, standen, sofern vorhanden, nicht vorn auf dem Titel, sondern unter der Schlußschrift. Die Kraft einer Schutzmarke, die auf Ursprungsrechte hinweisen soll, erlangte das Drucker- und Verlegerzeichen nicht. Der Begriff des geistigen Eigentums war in der Inkuna-belzeit und auch noch lange danach unbekannt.

Von der Lagen- und Blattzählung
zur Bogen- und Seitenzählung

Um die richtige Reihenfolge der einzelnen Blattlagen für den Buchbinder sicherzustellen, hatte man die Lagen bereits in den mittelalterlichen Handschriften gezählt und entsprechend bezeichnet. Als Zeichen, *Kustoden* (lat. = Hüter) genannt, verwendete man Buchstaben und Zahlen, auch Kreuze, Striche, Querstriche oder Verzie-rungen. Sie standen in der Regel in der rechten oberen Ecke des ersten Blattes, seit dem 10. Jahrhundert aber auch rechts oder links unten oder in der Mitte der Rück-seite des letzten Blattes einer Lage. Die Vorderseite ei-nes Blattes, also im aufgeschlagenen Buch die rechte Sei-te, wird als *Rectoseite* bezeichnet, für die Rückseite spricht man von einer *Versoseite*. Eine Sonderform der Kustoden bilden die *Reklamanten*, die vermehrt im 12. Jahrhundert aufkamen. Dazu wurden am unteren Rand der letzten Versoseite einer Lage, abgesetzt vom Text, die Anfangs-wörter oder Anfangssilben geschrieben, mit denen die Folgeseite begann, also die Rectoseite der anschließen-den Lage. Diese Wortwiederholung ermöglichte die Kontrolle über den richtigen Textanschluß.

Erstmals gedruckt begegnen Reklamanten in den *Annales* des Tacitus in einer Ausgabe, die Wendelin von Speyer wahrscheinlich 1470 in Venedig besorgte. Er ver-wendete die »Hüter« in diesem Buch schon nicht mehr für die Lagen-, sondern für die Blattanschlüsse, wie über-haupt in der Frühdruckzeit bald eine Blattzählung *(Fo-liierung)* üblich wurde. Ebenfalls 1470 druckte der Köl-ner Arnold Therhoernen in *Sermo in festo praesentationis*

b. Mariae semper virginis eine Blattzählung. Die Blattzah-len stehen in den Inkunabeln meist rechts oben oder in der Mitte der ersten, einzelnen Zeile über der Satzko-lumne, im Kolumnentitel der Rectoseite. Häufig ist die Zahl noch mit dem Wort »Folium« oder »blat« ergänzt. Gezählt wurde weitgehend in römischen Zahlen, wobei die Ziffern in Antiquaversalien oder gotischen Klein-buchstaben gesetzt wurden: zum Beispiel CXXIV oder Cxxiv. Feste Regeln gab es dafür nicht. Den *Mammotrec-tus* des Johannes Marchinus beispielsweise druckte 1470 der Schweizer Erstdrucker Helyas Helyae in Beromün-ster mit einer Ziffernmischung: für die Blattzählung nahm er arabische Ziffern, die Spalten der Seiten zählte er mit gotischen Kleinbuchstaben.

Um die richtige Reihenfolge sowohl der Lagen als auch der Bogen innerhalb einer Lage anzuzeigen, ge-brauchte man *Signaturen*. Sie waren außerhalb des Satz-spiegels angebracht, zuerst handschriftlich, später mitge-druckt. Ein Buchstabe bezeichnete die Lage, eine Zahl das Blatt, die Kombination aus beidem ergab die unter dem Satzspiegel stehende Signatur. Die willkürliche Verwendung der Ordnungsmittel in der Wiegendruck-zeit brachte es mit sich, daß Signaturen, Blatt- und Lagenzählung zusammen eingesetzt wurden, wie über-flüssig auch immer eines dieser drei Mittel dabei wer-den mochte. Hält man sich an die heutige Definition einer Signatur, so dient sie dem Buchbinder zur Zählung der Druckbogen und ist eine Druckbogenziffer, die zusammen mit der *Norm*, dem Kurztitel des Werkes, eingedruckt wird. Die Ziffer auf der ersten Seite jedes Druckbogens heißt *Prime;* sie wird auf der dritten Seite desselben Bogens mit einem Sternchen wiederholt und heißt dort *Sekunde.* Signatur und Norm stehen vielfach unten links auf der Seite oder werden, damit sie das Schriftbild nicht stören, auf den Rückenfalz gedruckt.

Eine *Paginierung,* worunter man die Zählung jeder einzelnen Seite versteht, hat in Deutschland erstmals Nikolaus Goetz in seinem um 1474 in Köln gedruckten *Fasciculus temporum* benutzt. Diese uns heute selbstver-ständliche Form fand nur allmählich Eingang in das Buch, sie begann sich erst im 16. Jahrhundert durchzu-setzen. Aldus Manutius griff die Methode 1499 auf, als er die *Cornucopiae* von Nicolaus Perottus druckte. Darin findet sich sogar eine Zählung der Zeilen.

Das *Registrum* am Ende, in den Inkunabeln vielfach auch am Beginn des Buches, verzeichnete die Anfangs-worte des jeweils ersten Blattes einer Lage und bot Käu-fern und Buchbindern ein Hilfsmittel, Vollständigkeit und Reihenfolge der Lagen eines Buches zu kontrollie-ren. Gegen Ende des Jahrhunderts wurde das Registrum vereinfacht, indem anstelle des ersten Wortes der Lage die Signatur des Bogens verwendet wurde. Die Kombi-nation von Signatur und Registrum, die einen schnellen Überblick über den Umfang des Buches ermöglichte, er-wies sich als nützlich für Buchhandel und Tausch.

157

Die Einbände der Inkunabeln

Nachdem die Universitätsgründungen das Buchbinder-handwerk schon früh hatten prosperieren lassen, schlossen sich die Buchbinder an vielen Orten zu Innungen zusammen oder organisierten sich in Gilden und Zünften. Ihre Aufträge wuchsen, als mit dem Aufkommen des Buchdrucks auch die Zahl der Bücher stieg. Ferdinand Geldner schätzt, daß zwischen 1400 und 1520/30 in Deutschland etwa 3000 Buchbinderwerkstätten arbeiteten. Mögen es die Zunftbestimmungen gewesen sein, die es anderen verboten, Buchbinderarbeiten auszuführen, oder die Gewohnheit, Bücher (Handschriften) in losen Bogen zu verkaufen – zwischen Buchdruckern und Buchbindern bestand Arbeitsteilung. Anton Koberger, Peter Schöffer, Peter Drach oder Johann Amerbach waren Ausnahmen. Sie ließen nicht selten größere Auflagenteile eines Druckwerkes bei einem Buchbinder serienmäßig binden oder banden sie selbst, wie Konrad Dinckmut in Ulm, der zugleich Buchbinder und Drucker war. Diese Bände waren einfache, ohne großen künstlerischen Aufwand hergestellte leder- oder perga-

mentbezogene Holzdeckelbände, zuweilen jedoch mit Metallschließen und -ecken versehen.

Die Käufer der frühen gedruckten Bücher ließen ihre wertvollen Stücke, die sie vom Drucker in losen Bogen erhielten, nicht selten nach eigenem Geschmack kostbar binden. An der Form der Holzdeckel änderte sich zunächst wenig. Die Leder wurden etwas feiner, die Beschläge zierlicher. Verglichen jedoch mit den Einbänden der Handschriften des 14. Jahrhunderts, die noch wenig Stempelverzierung aufweisen, sind die Einbände der Wiegendrucke verschwenderisch mit Schmuckformen versehen. Die Formen des Deckelschmucks waren regional unterschiedlich und erstaunlich variationsreich.

Dafür sorgte die Vielfalt der benutzten Einzelstempel. Die Kölner und niederrheinischen Einbände wurden gern mit runden, verhältnismäßig kleinen Stempeln geschmückt. Aus Straßburg haben sich Einbände mit Rollen- und Einzelstempeln erhalten, die als Motive das Osterlamm, den Löwen und die heraldische Lilie zeigen. Blüten, Herz, Hirsch und Hund waren am Ende des 15. Jahrhunderts beliebte Motive der Buchbinder in Erfurt. In Nürnberg wurden auffallende, große Rosetten

158   Nürnberger Verleger-Einband der Koberger-Werkstatt; um 1495. Dunkelbrauner Kalblederband über Holz mit Blindprägung. (23 × 33,4 × 5,2 cm). Diese *Werkausgabe des Boëthius* wurde nicht

von Koberger gedruckt, aber von einer jener Buchbindereien gebunden, die ständig für den Nürnberger Großdrucker arbeiteter.

verwendet, daneben Doppeladler, Laubstab und Greif. Auf den Augsburger Einbänden der Wiegendruckzeit finden sich Drachen, Palmetten oder als Rollenschmuck Ranken, Bogenfries und Flechtwerk. Einen Stempel mit dem Christuskopf und einen Rollstempel mit Drachenmotiv benutzte ein Buchbinder in Ulm. In Wien verwendete man gern Lilienkreuz- und Dreiblattstempel; doppelte Winkelhaken und bandförmige aus Einzelstempeln gesetzte Diagonalen waren weitere beliebte Schmuckformen Wiens.

Die niederländischen Einbanddeckel waren zu den Seiten hin leicht gerundet, eine Besonderheit, die sie mit den Kölner Einbänden gemeinsam hatten. Blattornamente und der Drache im Dreieck sind als bevorzugte niederländische Einbandmotive überliefert. Sie finden sich auch auf Deckeln englischer Einbände des 15. Jahrhunderts, die zudem mit Tudorrosen oder königlichen Wappen geschmückt wurden. Französische Buchbinder besaßen eine Vorliebe für Lilien in einer Raute stehend oder für geschweifte Dreieckformen. Aus den Niederlanden kam die Verwendung metallener und großformatiger, teilweise bis zu 170 × 104 mm großer Plattenstempel nach Frankreich.

Neben dem einfachen flexiblen Pergamenteinband entwickelte sich in Italien bald der Renaissanceeinband, bei dem leichte Pappe die schweren Holzdeckel ablöste und Goldprägung an die Stelle der Blindpressung trat. Die spanischen Buchbinder begannen Ende des 15. Jahrhunderts unter maurischem Einfluß, Einbände mit Vergoldungen zu schmücken, nachdem auch sie lange Zeit Blindprägungen angewendet hatten.

Wie Inkunabeln bestimmt werden

Ein großer Teil der Frühdrucke enthält keinen Hinweis auf den Drucker, auf das Herstellungsjahr oder den Ort des Erscheinens. Daß es bei solchen Drucken zuweilen dennoch möglich ist, die Herkunft zu bestimmen, ist der systematischen Katalogisierung und Typenanalyse zu verdanken. Mit der wissenschaftlichen Erfassung der Typen der Inkunabelzeit begann Henry Bradshaw im Jahre 1870. Als weiterführend erwies sich die *Proctor-Haeblersche Methode*. Robert Proctor legte von 1898 bis 1904 für das Britische Museum London einen Index der Inkunabeln an, Konrad Haebler entwickelte in den Jahren 1905 bis 1924 ein *Typenrepertorium der Wiegendrucke* (Halle). Die vergleichende Typenkunde geht davon aus, daß die frühen Drucker meistens zugleich auch die Hersteller ihrer Typen waren, folglich können die Eigentümlichkeiten einer Schrifttype auf einen bestimmten Drucker Hinweise geben. Sich daran orientierend, gruppierte Haebler die Typen der Inkunabelzeit in tabellarischer Form, indem er sich bei gotischen Typenarten die verschiedenen Formen des Buchstabens M herausgriff,

bei Antiquatypen den Buchstaben Q. Alsdann hielt er in Millimetern fest, wieviel Raum ein jeder Drucker für zwanzig Zeilen Text brauchte. Damit konnte, wer einen noch unbekannten Wiegendruck zuordnen wollte, sich in Haeblers Repertorium mit Hilfe zweier Kriterien auf die Suche nach dem möglichen Drucker begeben: der Typenform und dem für den Satz typischen Zeilenabstand. Wo dies nicht reicht, gibt oftmals das Wasserzeichen des benutzten Papiers weitere Hinweise.

Kritiker Haeblers haben beanstandet, seine Methode lasse unberücksichtigt, daß Typen der Frühdrucker durch mehrere Hände gegangen sein könnten und somit verschiedene Drucker mit der gleichen Type hätten drucken können. Der Einwand ist triftig, jedoch ist Typenmaterial unter den Frühdruckern wahrscheinlich viel seltener veräußert worden, als die Kritik unterstellt. Fehlerhafte Bestimmungen jedenfalls konnte sie dem Haeblerschen Typenrepertorium nicht nachweisen.

Im Zeitraum zwischen 1907 und 1939 erschien ein umfangreiches Tafelwerk mit Schriftproben aus Inkunabeln, die *Veröffentlichungen der Gesellschaft für Typenkunde*, das zwar nicht alle Inkunabeldrucke und alle verwendeten Schriftformen aufzeichnet, indessen gute optische Vergleichsmöglichkeiten bietet. Mit seinen 2460 Abbildungstafeln ergänzt dieses Werk hilfreich Konrad Haeblers *Typenrepertorium der Wiegendrucke*.

Zahlreiche öffentliche und manche privaten Bibliotheken mit größeren Beständen haben zum Teil umfängliche Inkunabelverzeichnisse veröffentlicht, die auf den Forschungsergebnissen der jeweiligen Bearbeiter beruhen. Viele Bestände alter Bücher harren der genauen wissenschaftlichen Untersuchung und Katalogisierung. Ein kompletter *Gesamtkatalog der Wiegendrucke* (Leipzig 1925–1940) liegt noch nicht vor. Das große, 1904 initiierte Unternehmen wurde durch den Zweiten Weltkrieg und die Nachkriegszeit unterbrochen und erst seit 1972 fortgeführt.

Die meisten Frühdrucke sind im Laufe der zurückliegenden 500 Jahre verlorengegangen, sehr viele allein im Zweiten Weltkrieg. Die genaue Zahl der Verluste ist unbekannt. Auch über die Auflagenhöhe der einzelnen Drucke sind genaue Angaben nicht überliefert. Ältere Schätzungen der insgesamt gedruckten Bücher, Kleinst- und Einblattdrucke gingen von 40 000 Druckeinheiten aus (so Carl Wehmer im Jahre 1939); jüngere Angaben, nach der »Methode vergleichender statistischer Berechnung« von Karl Dachs und Wieland Schmidt ermittelt, nennen die Zahl 27 000. Damit sind die Titel gemeint, Exemplare gab es natürlich um ein Vielfaches mehr.

Das 16. Jahrhundert

Was kennzeichnet das 16. Jahrhundert aus buchgeschichtlicher Sicht? Die ersten zwei Jahrzehnte ließen von den bald folgenden Umbrüchen wenig erkennen. Noch war es nicht soweit, daß der Letterndruck das alte Blockbuch vollständig verdrängt hatte. In vielen Gegenden Europas wurde erst jetzt die erste Druckerpresse aufgestellt, hier befand man sich gleichsam erst am Anfang einer eigenen Inkunabelzeit. Auch die mittelalterliche Vorstellungswelt und – davon betroffen – die literarischen Buchinhalte wandelten sich nur langsam. Die Endzeitfurcht des ausgehenden 15. Jahrhunderts stellte sich als unbegründet heraus, die Prophezeihungen einer nahen Apokalypse blieben unerfüllt. Nördlich der Alpen wurden jene Ideen und Vorstellungen sichtbar, die in Italien schon mehr als hundert Jahre früher aufgekommen waren und die man als Wiedergeburt des Menschen bezeichnete und empfand, die Renaissance.

Der große Umschwung kam mit Luther, dem Wittenberger Universitätsprofessor und einstigen Augustinermönch, der als Mann des Wortes zugleich Kirchen- und Druckgeschichte geschrieben hat. Die Vielfalt und die Verbreitung der lutherischen Schriften war überwältigend, bedenkt man den Alphabetisierungsgrad der Bevölkerung jener Zeit. Deutschland zählte am Ende des 16. Jahrhunderts etwa 20 Millionen Köpfe. Die Zahl der Lese- und Schreibkundigen stieg von zuvor 1 bis 2 auf mehr als 5 Prozent, was für diese Zeitspanne ein Lesepublikum von 400 000 bis 800 000 Menschen ergeben würde. Jüngere Schätzungen gehen für das 16. Jahrhundert von einer Gesamtproduktion von 130 000 bis 150 000 bibliographischen Einheiten im deutschen Sprachraum aus. Auch wer im einfachen Volk nicht lesen konnte, erhielt doch Kunde von den Schriften Luthers, die häufig durch Vorlesen oder gemeinsames mühseliges Entziffern verbreitet wurden. Eine neue Form der Publikation war die Flugschrift, ein Druck von geringem Umfang und in kleinem Format, oft auch nur als Einblattdruck, in dem aktuelle Geschehnisse aufgegriffen und rasch Stellung bezogen wurde. Mit solchen Flugschriften, von denen sich eine wahre Flut über das Land ergoß, führten die Reformatoren und Humanisten ihre Disputationen und Diskussionen.

Was Martin Luther, Ulrich von Hutten oder Erasmus von Rotterdam für das theologische, wissenschaftliche oder auch politische Schrifttum waren, war für die unterhaltende Literatur Hans Sachs. Viele Stimmen prägten das Schrifttum der Zeit – und viele Umstände das Gesicht des Buches. Humanistisches Bildungsdenken und Reformation auf der einen Seite, die Gegenreformation auf der anderen, gelehrter Dialog und derber Schwank, Lutherbibel und Fastnachtspiel, die Buchkunst für Kaiser Maximilian und politische Flugschriften standen sich gegenüber. Die Obrigkeit förderte das Gewerbe an einer Stelle und bedrängte es an der anderen, vergab hier Druckprivilegien und übte dort Druckzensur, so durch die Verbote des Wormser Edikts (1521) und nachfolgende Eingriffe. Der Buchhandel entdeckte, wie günstig die allgemeinen Handelsmessen auch für seine Ware waren und begann, die Messen intensiver als Umschlagplätze zu nutzen. Zu den alten Druckzentren wie Augsburg, Straßburg, Köln, Basel, Lübeck oder Nürnberg traten neue, besonders Wittenberg und Frankfurt am Main. Nicht alle Druckorte profitierten von der Aufwärtsentwicklung. Ulm etwa, wo die Buchdruckerkunst im 15. Jahrhundert rasch Fuß gefaßt hatte, verlor bald seine einstige Bedeutung.

Genannt sind damit zahlreiche Elemente einer Buchgeschichte des 16. Jahrhunderts. Was fällt ins Auge? Vor allem der kräftige Aufschwung des Gewerbes, ja das mächtige Anschwellen der Druckproduktion. Bei aller Vielfalt seiner Tendenzen sticht am 16. Jahrhundert eines als neu und eigentümlich hervor: die *Massenwirksamkeit* des Buches. Erstmals wird der Druck zum Medium breiterer Volksschichten, und zwar in einer doppelten Funktion – als Bildungsmittel und als Waffe.

Drucker des Humanismus

Humanitas nannten schon die Römer, besonders Cicero, die ethisch-kulturelle Höchstentwicklung der menschlichen Kräfte. Als zu Beginn der Neuzeit eine Gegenbewegung zur Scholastik aufkam, entsann man sich des antiken Ideals. Mit seiner Hilfe wurde versucht, die kirchlich geprägte Weltanschauung des Mittelalters durch eine weltliche zu ersetzen. Der Mensch, seine Persönlichkeit und seine Würde, seine Freiheit und seine Tatkraft, rückten ins Zentrum der Betrachtung. Die Erforschung alles Wissenswerten über den Menschen *(studia humana)* wurde nun wichtiger genommen als die Entschlüsselung der Geheimnisse Gottes *(studia divina)*. Darin war der Humanismus mehr als eine ideelle Wiederbelebung der Antike; er besaß neben der geistigen auch eine politische Bedeutung für die Zeitgenossen.

Beispielhaft dafür ist Ulrich von Hutten (1488–1523), von dem der berühmte Ausruf stammt: »*O Jahrhundert, o Wissenschaften! Es ist eine Lust zu leben, wenn auch noch nicht in der Stille. Die Studien blühen, die Geister regen sich. Barbarei, nimm dir einen Strick und mache dich auf Verbannung gefaßt.*«

Aber Hutten bekundete nicht nur seinen Wissensdurst und den damit verknüpften Optimismus, sondern er brach auch mit dem Gelehrtendünkel und ging vom Latein der Humanisten zur deutschen Sprache über, als er 1520/21 seine Dialoge in die Volkssprache übersetzte. Hutten fand, »daß Teutschland einer Reformation bedürfe« und hoffte, mit seinen Schriften »aller Gemüt zur Wiederbringung allgemeiner Freiheit« aufzurütteln. Viele seiner Werke druckte die alteingesessene Druckerei Johann Schöffer in Mainz. Hier erschien im Jahre 1505 auch die erste deutschsprachige, mit 214 Holzschnitten illustrierte *Römische Geschichte* des Titus Livius in der Übersetzung von Bernhard Schöfferlin. Heinrich von Neuß in Köln übernahm 1517 den Druck des von Hutten verfaßten zweiten Teils der *Dunkelmännerbriefe (Epistolae obscurorum virorum)*.

Der erste Teil dieser bösen Satire auf die spätscholastische Wissenschaft und Theologie stammte hauptsächlich von Huttens Lehrer Crotus Rubeanus (Johann Jäger) aus Erfurt und war 1514 in der Offizin von Heinrich Gran, dem Erstdrucker Hagenaus, aufgelegt worden. Beide Teile erschienen anonym. Sie umfaßten insgesamt 110 fingierte Briefe, die an bzw. gegen den Magister Ortwin Gratius gerichtet waren, um ihn und eine von ihm geführte Gruppe Kölner Geistlicher zu verhöhnen, da sie im sogenannten Reuchlinschen Streit von 1511 den Standpunkt des orthodoxen Antijudaismus bezogen hatten. In den Briefen wurden sie als beschränkte Schafsköpfe karikiert, deren Latein vor Germanismen strotzte. Auch die kirchliche Lehre geriet unter Beschuß, weshalb die Briefe 1517 von Rom verboten wurden.

Erasmus von Rotterdam (1467–1536) stand als Kritiker der alten Kirche Luther und Hutten nahe, in gesellschaftspolitischen Fragen jedoch übte er größere Zurückhaltung. Einen *homo pro se*, einen Mann für sich und keiner Partei zuzuordnen, nennen ihn die *Dunkelmännerbriefe*. Erasmus forderte Toleranz, er verwarf in seiner *Querela pacis* (Klage des Friedens) die Idee eines »gerechten Krieges« und definierte Humanität als hohe Form gegenseitigen Wohlwollens. Seine in London bei Thomas Morus geschriebene und diesem gewidmete ironisch-satirische Schrift *Moriae encomium Erasmi Roterodami declamatio* (Lob der Torheit) erschien in etwa zehn Ausgaben in Antwerpen, Paris, Straßburg und Basel. Sie machte seinen Namen aller Welt bekannt. Zur langjährigen Wirkungsstätte des großen Humanisten wurde Basel. Hier, bei Johann Froben (1470–1527), kamen die meisten seiner Werke heraus, darunter auch

im März 1515 in 1800 Exemplaren sein *Lob der Torheit;* die Auflage war bereits einen Monat später bis auf 60 Stück verkauft.

Erasmus hat den Buchdruck über alle Maßen geschätzt und genutzt, Illustrationen aber hielt er für überflüssig. Sein humanistisches Bildungsideal war der – unter Philosophen verbreiteten – Anschauung verpflichtet, daß Vernunft sich in der Beherrschung der Sprache erweise. Im gesprochenen und geschriebenen Wort finden demnach Gedanken und Argumente ihren wesensgemäßen Ausdruck, bildliche Darstellungen hingegen gelten als bloßes Ornament. Auf fehlerlose Orthographie und tadellosen Druck war Erasmus peinlich bedacht, gleich ob es um seine Werke ging oder um die von ihm ausgewählten und neu herausgegebenen antiken Klassiker. In Johann Froben traf er einen Drucker, der den Ideen und Absichten des Humanismus sehr gewogen war. Zwischen beiden entwickelte sich schnell ein freundschaftliches Verhältnis. Erasmus wohnte in Frobens Haus in Basel und betreute Frobens Verlagswerke als literarischer Berater und Korrektor. Seine *Colloquia familiaria* (Gespräche in vertrautem Kreis), erstmals 1518 erschienen, verbreiteten sich binnen kurzer Zeit mit 24 000 Exemplaren in 25 Ausgaben über ganz Europa.

Froben hat, was die wissenschaftliche, der Universität zugewandte Arbeit seines Verlages deutlich hervortreten läßt, zwar 1518 als erster – und dies sehr erfolgreich – eine gesammelte Ausgabe von Luthers Werken in lateinischer Sprache gedruckt, nie jedoch ein deutschsprachiges Buch. Volkstümlichkeit war seine Sache nicht, dafür genossen seine mustergültigen Editionen lateinischer und griechischer Werke unter den Gelehrten der Zeit einen ausgezeichneten Ruf. Wohl einer der bekanntesten Drucke Frobens, der zunächst noch mit Johann Amerbach (um 1440–1513, aus Amorbach im Odenwald) zusammenarbeitete und firmierte, war das Neue Testament von 1516 in griechischer und lateinischer Sprache. Erasmus hatte den griechischen Text ins Lateinische übertragen und im Anhang kommentiert. In der Folge korrigierte und verbesserte er dieses Werk immer wieder für Neuauflagen: 1519, 1522, 1527, 1531 und 1535. Die zweite Auflage von 1519 legte Martin Luther seiner Übersetzung des Neuen Testaments, dem

September-Testament von 1522, zugrunde. Gemeinsam mit seinem Geschäftspartner Johann Amerbach brachte Froben 1516 auch eine sorgfältig hergestellte neunbändige Ausgabe der Werke des Hieronymus heraus: *Omnium operum divi Eusebii Hieronymi Stridonensis.*

Für Froben haben Hans Holbein d. J., Urs Graf, Ambrosius Holbein, Hans Lützelburger und Jacob Faber Titelrahmungen, Kopfleisten, Initialen und Buchillustrationen geschaffen, die zum schönsten Buchschmuck der Renaissance im deutschsprachigen Raum zählen. Neben Johann Froben und Johann Amerbach trugen auch die anderen Baseler Druckerverleger wie Johann Petri, Andreas Cratander, Thomas Wolff, Valentin Curio, Heinrich Petri, Hieronymus Froben, Johann Herwagen, Michael Isengrin und Johannes Oporinus dazu bei, daß Basel in den ersten Jahrzehnten des 16. Jahrhunderts Hauptdruckort lateinischer und griechischer wissenschaftlicher Literatur wurde.

Die Frontstellung der Humanisten zum theologischen Dogma, ihre antischolastische Hinwendung zum Irdischen hatte an der Begründung der modernen Wissenschaften großen Anteil. Geographie, Medizin, Zoologie und Botanik erfuhren einen nachhaltigen Aufschwung, Entdeckungen auf diesen Gebieten stießen auf reges Interesse. Dem Buch führte dies neue Inhalte zu, es wurde zur Quelle des Wissens und der Bildung. Auch hier ist ersichtlich, daß der Humanismus mehr war als ein Renaissance-Phänomen, daß ihn mehr bewegte als das Studium der antiken Quellen und der antiken Kunst.

Die von Christoph Froschauer (um 1490–1564) in Zürich seit 1551 gedruckten *Tierbücher, Vogel- und Fischbücher* des Schweizer Arztes und Naturforschers Conrad Geßner mit Holzschnitten weitgehend unbekannter Meister (Vogelbilder von Lukans Schan, Holzschnitte zum Teil von Franz Oberreiter) begründeten eine neue, wissenschaftliche Zoologie. 1545 veröffentlichte er Conrad Geßners *Bibliotheca Universalis*, das mit seiner Auswahl wissenschaftlicher Werke in lateinischer, griechischer und hebräischer Sprache für zwei Jahrhunderte ein Standardwerk der Bibliographie war. Mehr als die Hälfte der rund 15 000 verzeichneten Titel waren Handschriften. Aus Froschauers Verlag und Werkstatt stammt auch die reich mit Holzschnitten ausgestattete Schweizer Chronik von Johannes Stumpf: *Gemeiner loblicher Eydgenoschafft Stetten, Landen und Völckeren Chronick wirdiger thaaten beschreybung* aus dem Jahr 1548.

Ein frühes Meisterwerk der Botanik, sehr präzise in den Pflanzenholzschnitten, dabei schön und prachtvoll ausgestattet, ist *De historia stirpium commentarii insignes*, das Kräuterbuch von Leonhart Fuchs, dem Tübinger Medizinprofessor und Leibmedikus zu Ansbach. 1542 erschien die lateinische, im Jahr darauf die deutsche Ausgabe unter dem Titel *New Kreüterbuch*. Das bei Michael Isengrin in Basel gedruckte Werk fand rasch den Beifall der Wissenschaftler. Für die großformatigen und äußerst feinen Holzschnitte hatte Albrecht Meyer die Pflanzen nach der Natur gezeichnet und aquarelliert. Heinrich Füllmaurer übertrug die Zeichnungen auf den Holzstock, Veit Rudolf Specklin besorgte den Holzschnitt. Viele Exemplare des Kräuterbuchs wurden sorgfältig handkoloriert. In den begleitenden Texten nennt Fuchs die Namen der Pflanzen, beschreibt Gestalt und Vorkommen und erläutert ihre »Krafft und Würkung« in der Heilkunde. Den aufwendigen Ausgaben folgte 1545 eine kleinere, eine Art Taschenausgabe ohne Text. Jede der 516 Pflanzen war auf einer Seite abgebildet und mit ihren lateinischen und deutschen Namen versehen. Zahlreiche deutsche, französische und italienische Nachdrucke zwischen 1545 und 1550 belegen den Erfolg des »Kleinen Fuchs«.

Ein noch fast 450 Jahre nach seinem Erscheinen beeindruckendes Zeugnis einer neuen Naturwissenschaft gibt Georgius Agricolas *De re metallica*, das berühmteste Werk der Montanliteratur. Die Erschließung der Metall- und Edelmetallvorkommen war im 15. Jahrhundert zu einem bedeutenden Wirtschaftszweig geworden. Wissenschaftliches Interesse galt der Verbesserung der beim Abbau erprobten Methoden. Agricola, mit deutschem Namen Georg Bauer (1494–1555), hat fünfundzwanzig Jahre an seinem Werk über den Bergbau und die Ausbeutung der Bodenschätze gearbeitet. Noch einmal zweieinhalb Jahre verschlang die Herstellung der *Zwölf Bücher zum Berg- und Hüttenwesen*. Ihr Verfasser hat das Erscheinen der lateinischen Erstausgabe 1556 bei Hieronymus Froben nicht mehr erlebt. 292 Abbildungen von Schächten, Öfen, Fördermitteln, Werkzeugen unter Tage und sonstigen Vor- und Verrichtungen verzeichnet das Werk, dessen Holzschnitte immer wieder für ihre Präzision und Schönheit gerühmt worden sind. Agricola war ein bewußter Didaktiker, dem daran lag, daß Mißverständnisse und Uneindeutigkeit, wie sie die auf Worte angewiesene Beschreibung berufsspezifischer und darum der Allgemeinheit unbekannter Dinge mit sich bringt, ausgeräumt wurden. Basilius Wefring aus Joachimsthal hat vermutlich nach den Angaben des Autors die Zeichnungen angefertigt, Rudolf Manuel Deutsch und Zacharias Specklin haben sie gerissen. Bereits 1557 ließ Froben der lateinischen eine deutsche Ausgabe folgen, 1580 zog Sigmund Feyerabend in Frankfurt mit einer zweiten deutschen Edition nach.

Mit dem Aufschwung der wissenschaftlichen Literatur in den ersten Jahrzehnten des 16. Jahrhunderts kam die Sachzeichnung als neue Form des Bildes ins Buch. Mehr als nur schmückende, zierende Beigabe, sollte die Sachzeichnung eine möglichst exakte optische Darstellung dessen sein, was sich in Worten nur sehr ungenau, umständlich und abstrakt ausdrücken läßt. Fortan fiel dem Bild in wissenschaftlichen Werken eine unverzichtbare

Funktion für das Textverständnis zu. Es sollte, in streng wissenschaftlichem Geist, das Erforschte präzise wiedergeben. Daß diese Darstellungen häufig von bekannten Künstlern angefertigt wurden, spricht für die wachsende Bedeutung der wissenschaftlichen Literatur im 16. Jahrhundert.

Die *Anatomie* des Andreas Vesalius (1514–1564), *De Humani corporis fabrica Libri septem*, 1543 von Johannes Oporinus in Basel gedruckt, ist als der erste wissenschaftliche Versuch anzusehen, die Organe des Menschen nach eigenen anatomischen Beobachtungen und Studien wirklichkeitsgetreu und detailliert darzustellen. Der Niederländer Jan Stephan von Kalkar (Johannes Stephanus) schuf die Zeichnungen für die meisterhaften Holzschnitte. Mit veränderten Illustrationen kam das vielbeachtete Werk 1552 in Lyon in einer Taschenbuchversion heraus; Oporinus selbst druckte 1555 eine verbesserte und überarbeitete Auflage.

Der Titel einer gekürzten deutschen Ausgabe von 1575 spricht offen aus, worum es geht: *Anatomia das ist Ein kurtze und klare beschreybung von der uftheilung und zerschneydung aller glider dess Menschlichen Lybs*. Vesalius hatte zunächst Studien an Knochen und Leichenteilen in Paris vorgenommen, um seine anatomischen Kenntnisse zu erweitern, wohl wissend, daß er dabei mit der Inquisition in Konflikt kommen konnte. Das Titelblatt von 1543, auch ein Werk »Jean Calkars«, zeigt eine 1540 durchgeführte Leichensektion, die Vesalius als Lehrveranstaltung abhielt und die vierzehn Tage währte. Vesalius demonstriert am Objekt. Ausdruck des neuen Geistes der Medizin ist der Seziertisch im Bildvordergrund. Die in Venedig mit aller Sorgfalt hergestellten Holzschnitte wurden nach Basel geschafft, weil in der protestantischen Stadt die Inquisition keinen Zutritt hatte. Nach inquisitorischen Begriffen war der wissenschaftliche Erkundungsdrang höchst frevelhaft – man hielt es hier mit Augustinus, der in seinem Buch über den Gottesstaat das Sezieren von Leichen als abartige Neugier, die sich für Christen nicht schicke, verworfen hatte.

Wie auch immer es um den kirchlichen Widerstand gegen die *Anatomia* bestellt gewesen sein mag, Vesalius besaß, was er brauchte: die kaiserliche Gunst in Form eines Privilegs, mit dem er sein Werk (vergeblich) vor Plagiatoren zu schützen suchte, und in Johannes Oporinus einen risikofreudigen Drucker. Oporinus hatte es 1542 gewagt, den *Koran* in lateinischer Übersetzung von Theodor Bibliander zu drucken, ein damals äußerst umstrittenes Buch. In Venedig war eine Auflage auf Anordnung des Papstes verbrannt worden. Oporinus, der als Professor für griechische Sprachen an der Züricher Universität lehrte, kam daraufhin mit dem Rat und Bürgermeister in Konflikt und wurde aus seinem Universitätsamt entlassen. Eine Ausgabe des *Koran* erschien 1543 dennoch in Basel, allerdings ohne Angabe des Druckortes und Druckers.

Das erste gedruckte Lehrbuch der Chirurgie in deutscher Sprache, *dis ist das buch der Cirurgia* des Arztes Hieronymus Brunschwig, erschien 1497 bei Johann Grüninger in Straßburg. Im Gegensatz zu den instruktiven Abbildungen des Vesalius besitzen die 61 Holzschnitte der *Cirurgia* noch den mehr schmückenden Charakter traditioneller Darstellungen. Grüninger druckte im 16. Jahrhundert sowohl die lateinischen Klassiker und Werke der zeitgenössische Humanisten Jakob Wimpheling, Sebastian Brant und Ulrich von Hutten, als auch naturwissenschaftliche Bücher, die ohne Illustrationen nicht zu denken waren.

Johann Schott in Straßburg brachte 1517 Johann von Gersdorffs *Feldbuch der Wundarzney* heraus, das noch sieben weitere Auflagen erlebte. Die Illustrationen, darunter die wohl erste Abbildung einer Schädelöffnung *(Trepanation)*, stammen von Hans Wechtlin. Auch der *Spiegel der artzney* von Laurentius Fries, 1518 erstmals bei Johann Schott in Straßburg erschienen, hat die medizinische Bilderwelt des 16. Jahrhunderts bereichert. Nachdem das Werk mehrmals erschienen war, hat es Otto Brunfels, einst Kartäusermönch, später protestantischer Prediger, dann Arzt, Pharmazeut und Botaniker, überarbeitet und 1532 bei Balthasar Beck in Straßburg herausgeben lassen.

Brunfels' eigener großer Beitrag zur Heil- und Pflanzenkunde, das *Contrafayt Kräuterbuch*, das 1532 zuerst lateinisch *(Herbarum vivae icones)* und im gleichen Jahr deutsch bei Johann Schott in Straßburg erschien, bricht mit der Tradition der überlieferten Bilder. Es ist ein weiteres Beispiel für die Exaktheit von Darstellungen auf der Grundlage der Naturbeobachtung. Die Zeichnungen zu den Holzschnitten orientieren sich nicht an den Abbildungen antiker Quellen, sondern suchen lebende Pflanzen naturgetreu wiederzugeben. Die Vorlagen der Pflanzenholzschnitte stammen von Hans Weiditz, einem Schüler Dürers. Sie haben noch lange der naturwissenschaftlichen Pflanzendarstellung als Vorbild gedient. Otto Brunfels wurde für sein Kräuterbuch von Linné als »Vater der neuen Botanik« gerühmt.

Die *Tractate der grossen Wundartzney*, das Hauptwerk des großen Schwäbischen Arztes und Forschers Theophrastus von Hohenheim, genannt Paracelsus (1493–1541), erschien 1536 in Augsburg bei Heinrich Steiner. Es enthält 22 Holzschnitte, die teilweise ein Werk des Petrarca-Meisters sind. Breites Interesse der Leserschaft weckte Hieronymus Bocks *New Kreüterbuch,* als es in der dritten Ausgabe, die 1546 bei Wendelin Rihel in Straßburg erschien, mit den schönen Pflanzenholzschnitten des begabten David Kandel ausgestattet wurde. Erst damit wurde das Kräuterbuch ein großer Erfolg. Kandel war ein Autodidakt und noch ein »junger Knabe«, als er die Arbeit für Bocks Botanikbuch begann. Viele seiner Pflanzendarstellungen versah er mit volkstümlichen Szenen.

163

In Antwerpen, dem Zentrum des niederländischen Buchdrucks im 16. Jahrhundert, nahm der aus Frankreich stammende Christoph Plantin (um 1520–1589) eine beherrschende Stellung ein. Man zögert, ihn auf eine Linie mit den Druckern des Humanismus zu stellen, denn Plantin übte seine verlegerische Schlüsselrolle im katholischen Süden der Niederlande aus. So könnte er als Günstling der Gegenreformation erscheinen, zumal ihn Philipp II. von Spanien am 10. Juni 1570 zum königlichen Hofdrucker ernannte. Diese Ernennung, die mit dem besonders einträglichen Druck- und Verkaufsmonopol für Missale, Breviere und Stundenbücher in den unter spanischer Oberhoheit stehenden Gebieten verbunden war, verdankte Plantin einer satz- und druck-

164 *Spiegel der artzney* von Laurentius Fries. Erstmals 1518 in Straßburg erschienen. Von Otto Brunfels neu bearbeitet, »widerumb gebessert und in seinen ersten glantz gestellet«. 1532 von Balthasar Beck in Straßburg gedruckt, mit handkolorierten Holzschnitten. Der Holzschnittrahmen der breiten Titeleinfassung zeigt große Ärzte und Gelehrte des Altertums und Mittelalters mit den Attributen ihrer Wissenschaft: Astrologie, Medizin und Alchemie. 17,5 × 30,4 cm.

technischen Spitzenleistung: seiner *Biblia Regia* oder *Biblia Polyglotta*, dem größten Werk, das je ein Einzeldrucker in den Niederlanden geschaffen hatte. Die neue Mehrsprachenbibel sollte die *Complutensische Polyglotte* ersetzen und wurde von der spanischen Regierung finanziert, jedoch müssen die Theologen in Salamanca dem vollendeten Werk wenig gewogen gewesen sein, denn Berichten zufolge lief Plantins Polyglottenbibel lange Zeit Gefahr, auf den Index der verbotenen Bücher gesetzt zu werden.

Plantin tat zeitlebens dem katholischen Glauben Genüge, aber ein orthodoxer Parteigänger der gegenreformatorischen Sache war er nie. Er hatte seine Laufbahn als Drucker mit Geldern der Sekte des *Huis de Liefde* begonnen, deren Anhänger er in Antwerpen geworden war. Sektenführer Hendrik Niclaes, ein Mystiker, hielt sich aus dem Glaubenskampf zwischen Protestanten und Katholiken heraus, betonte die unmittelbare Beziehung jedes Gläubigen zu Christus und predigte religiöse Toleranz, was auch Plantin beeindruckte.

Als Mitte der siebziger Jahre auch Antwerpen in den Freiheitskampf der Nördlichen Niederlande gegen Spanien hineingezogen wurde, Plantins privilegierter Handel mit Spanien zusammenbrach und seine Firma in Geldnot geriet, sah sich der königliche Hofdrucker genötigt, nun auch für die andere Seite zu arbeiten. Am 17. Mai 1579 wurde er auf eigenes Ersuchen hin zum offiziellen Drucker der aufständischen Generalstaaten ernannt und vermochte es, den drohenden geschäftlichen Ruin abzuwenden.

Plantins Lebenswerk als Drucker und Verleger ist imponierend. Die Liste der Werke, die seine Offizinen verließ, ist lang, rund 2400 Editionen umfassend, und sie bietet ein breites wissenschaftliches Spektrum fern aller religiösen Dogmatik: Neben erbaulichen, theologischen und liturgischen Schriften verließen eine Vielzahl sprachwissenschaftlicher, historischer, mathematischer und rechtskundlicher Bücher Plantins Pressen. In den Jahren 1582 bis 1585 unterhielt Plantin in der jungen Universitätsstadt Leiden eine Filiale. Sein Bemühen um fehlerfreie Drucke und die sorgfältige Edition machten sein Haus berühmt. Der Legende zufolge soll Plantin die Korrekturbogen seiner wissenschaftlichen Bücher in der Universität ausgehängt und Prämien für jeden darin entdeckten Fehler ausgesetzt haben, die er freilich nicht oft habe zahlen müssen. Neben dem Bemühen um gute und fehlerfreie Texte erstreckte sich Plantins Sorgfalt auch auf die Illustration und die Titelblattgestaltung, für die er die besten flämischen und französischen Entwerfer, Formschneider und Kupferstecher zu gewinnen suchte. Deshalb erlangte in Plantins Haus der Kupferstich eine größere Bedeutung, noch bevor dessen hohe Zeit im 17. und 18. Jahrhundert gekommen war. Für die *Anatomie* des Juan de Valverde setzte Plantin 1566 erstmals Kupferstichillustrationen ein. Er verwandte die

Christoph Plantins Signet mit dem »Gulden Passer«, dem Goldenen Zirkel. Vor 1557 benutzte Plantin eine Druckermarke mit der Darstellung eines Weinstocks und der Devise »Vitis vera Christus«. 1557 entschied er sich für den goldenen Zirkel und die Devise »Labore et Constantia«, Arbeit und Beharrlichkeit.

besten Antiquaschriften von Claude Garamond und Robert Granjon und die hebräischen Typen von Le Bé.

1573 erschien in der Officina Plantiniana das erste wissenschaftliche Wörterbuch des Niederländischen, der *Thesaurus theutonicae linguae*. Meisterwerke der Kartographie sind Plantins Kartendrucke *Theatrum orbis terrarum* des Abraham Ortelius (1579) und der *Spieghel der Zeevaerdt* von Lucas Janszoon Waghenaer (Leiden 1584). Plantin brachte 1585 die Werke des Botanikers Rembert Dodoens heraus und die erste gedruckte Zinstabelle, die *Tafelen van Interest* (Antwerpen 1582) von Simon Stevin. Plantins Hauptwerk blieb die von dem spanischen Humanisten und Theologen Benedictus Arias Montanus herausgegebene Mehrsprachenbibel in acht Foliobänden. Der Druck, bei dem auf einer Doppelseite der Text in fünf Kolumnen, nämlich syrisch, lateinisch, hebräisch, griechisch und chaldäisch zu stehen kam, war ein typographisch besonders aufwendiges Unternehmen. Es verschlang 24 000 Gulden. Plantin arbeitete von 1568 bis 1573 daran, und er dankte dem spanischen König Philipp II. für dessen Unterstützung, indem er ihm das Werk als *Biblia Regia*, als königliche Bibel, widmete. Die Druckerei Plantins bestand unter der Signet des Goldenen Zirkels fast dreihundert Jahre über den Tod des Gründers hinaus in Antwerpen fort. 1876 kaufte die Stadt Antwerpen mit Hilfe von Jonkheer Edward Moretus die Druckerei des »Gulden Passer« und eröffnete im August des folgenden Jahres das Museum Plantin-Moretus, das noch heute zu besichtigen ist.

Honorare, Nachdrucke, Privilegien

Das Wirken der Humanisten bei der Überlieferung antiker Texte war aufs engste mit der Entwicklung des Buchdrucks und des Buchmarktes verbunden. Ihr Interesse galt der genauen Überlieferung, der sprachlich angemessenen Form, und sie waren es, die die Übersetzung der griechischen Klassiker ins Lateinische, die Herausgabe von griechischen und lateinischen Klassikern vorantrieben. Oft verweisen die Schlußschriften der Drucke jener Zeit darauf, welche Mühe man daran gesetzt habe, den Text auf eine zuverlässige Grundlage zu stellen, wie sorgsam er aus einer geeigneten Handschrift übertragen und für den Druck vorbereitet worden sei. Wer als Verleger auf den Ruf seiner Editionen bedacht war, suchte humanistische Gelehrte als Mitarbeiter zu gewinnen, die die Textauswahl trafen, Korrektur lasen und das Entstehen einer Ausgabe bis zum Erscheinen begleiteten. Diese *Kastigatoren* standen im Rang deutlich höher als heutige Korrektoren.

Autorenhonorare waren noch weitgehend unbekannt, sie zu fordern hätte als unfein gegolten und so blieb es in der Regel bei Freiexemplaren als Dank für den Verfasser – zehn oder auch mal hundert Exemplare, die der Autor selbst verkaufen konnte. Druckherren gewährten ihm zudem häufig auch Kost und Logis. Dagegen mußte die Arbeit der Kastigatoren teuer vergütet werden. Von Froben in Basel, der mit Erasmus oder Beatus Rhenanus ausgewiesene Philologen beschäftigte, ist bekannt, daß er Unsummen dafür aufbrachte. Kaum anzunehmen, daß namhafte Humanisten wie Heynlin von Stein oder Sebastian Brant, wie Bembo, Musurus, Melanchthon oder Hieronymus Wolf leer ausgingen, wenn in Basel Johann Amerbach, in Venedig Aldus Manutius, in Tübingen Thomas Anshelm ihre textkritische Hilfe erbaten.

Das Bemühen der Druckerverleger um einen einwandfreien und gediegenen Erstdruck – die *Editio Princeps* – mochte noch so groß sein, es wurde ihnen schlecht gelohnt, solange weder ein gewerblicher noch ein urheberrechtlicher Schutz bestand. Den unberechtigten, »parasitären« Nachdruck hat es beinahe von der ersten Stunde des Buchdrucks an gegeben, zu manchem Ruin unter den Frühdruckern trug er bei. Nicht allein die Kastigatorenhonorare haben sich die Nachdrucker zu ersparen gewußt. Oft genug waren ihre Erzeugnisse von minderer Qualität, mit nachlässiger Typographie, auf schlechtem Papier, durch Druckfehler entstellt. Welche Groteske: Da rühmten die Schlußschriften höchst miserabler Nachdrucke die Güte des Papiers oder Pergaments, die wunderbaren Initialen und Holzschnitte. So seltsam es ist, so leicht erklärlich ist es auch: Man hatte es noch nicht einmal für nötig gehalten, die Worte, die in der aufwendigen *Editio Princeps* ihr gutes Recht hatten, für den billigen Nachdruck zu streichen. Gedruckt wurde, was die Pressen hergaben.

Es ist interessant zu sehen, wie Luther, der meistgelesene Autor seiner Zeit, sich zu dieser Praxis stellte. Finanzielle Einbußen brauchte er nicht zu beklagen, nicht nur, weil Autorenhonorare noch nicht üblich waren, sondern weil er auf Honorar verzichtet hat: »Ich

habe es umsonst empfangen und umsonst hab ichs gegeben, ich will nichts dafür, da doch Christus mein Herr es mir hundertfältig lohnt.« Die Verbreitung seiner Schriften, zu der der Nachdruck fraglos beitrug, mußte Luther gelegen kommen. Es war denn auch nicht der Nachdruck als solcher, der seinen Zorn herausforderte und ihn zu seiner *Vermahnung an die räuberischen Nachdrucker* bewog, sondern wenn es die Konkurrenz an aller Mäßigung fehlen ließ, wie es im Jahre 1526 geschah, als das Manuskript seiner Winterpostille noch während des Druckes in Wittenberg gestohlen, nach Süddeutschland geschafft, dort herausgebracht und endlich gar bis nach Wittenberg hin feilgeboten wurde, bevor überhaupt der heimische Drucker seine Arbeit vollendet hatte. Darauf hat Luther mit einem Protestbrief nach Nürnberg reagiert, worin er den Rat der Stadt bittet, die Nürnberger Drucker zu zügeln. Wenn sie schon, schreibt Luther sinngemäß, vom Nachdrucken nicht völlig lassen könnten, so sollten sie doch Schonfristen verstreichen lassen, »sieben oder acht Wochen«, auf »daß unsere auch das Brot neben ihnen hätten und nicht so schändlich durch sie um das Ihre gebracht werden«.

Mehr als diese ökonomische Sachlage erregte ihn die Verstümmelung, die seinen Texten durch die nur auf schnelles Geld bedachten Nachdrucker widerfuhr. »Nu wäre der Schaden dennoch zu leiden, wenn sie doch meine Bücher nicht so falsch und schändlich zurichten. Nu aber drucken sie dieselben und eilen also, daß, wenn sie zu mir wieder kommen, ich meine eigenen Bücher nicht kenne. Da ist etwas außen, da ists versetzt, da gefälscht, da nicht korrigiert. Haben auch die Kunst gelernt, daß sie Wittenberg oben auf etliche Bücher drucken, die zu Wittenberg nie gemacht noch gewesen sind. Das sind ja Bubenstücke, den gemeinen Mann zu betriegen«, schimpfte er in der Vorrede zur sogenannten *Fastenpostille.*

Luther wäre nicht der Sprachschöpfer und hochbewußte Übersetzer gewesen, bemüht, Gottes Wort »unverfälscht« zu vermitteln und überzeugt von der Bedeutung des Drucks für seine Lehre, wenn ihn der schlampige Umgang mit dem Text kalt gelassen hätte. Bereits 1524 griff er, »des falschen Druckens und Bücherverderbens« überdrüssig, zu »Schutzmarken«: Am Ende seiner Verdeutschung des Alten Testaments fügte er einen Holzschnitt an, bestehend aus Wappenschild mit Lamm und Kreuzesfahne und seinem runden Medaillon mit Lutherrose und dem Monogramm ML. Vor Luther hatte sich schon Albrecht Dürer seit 1485 *(Maria unter dem Baldachin)* auf ähnliche Weise zu schützen versucht. Sein Monogramm A/D sollte beglaubigen, daß nicht nur die damit versehenen Skizzen, sondern auch die vielfach reproduzierten Holzschnitte und Kupferstiche künstlerische Schöpfungen seien, ihm unmittelbar zuzuordnen. Seit alters her waren Briefe und Urkunden durch Siegel, Unterschrift oder Anwaltszeichen

Lutherwappen und Monogramm, Vermahnung an die räuberischen Nachdrucker.

bekräftigt worden. Jetzt suchte man wieder Zuflucht bei der Autorität dieser Tradition. Dürer tat dies sogar mit einem gewissen Erfolg. Als im Januar 1512 auf dem Nürnberger Markt Nachdrucke seiner Zeichnungen *(Kunstbriefe)* mitsamt seines Monogramms erschienen, erwirkte er unter Hinweis auf sein ausschließliches Recht am Siegelgebrauch, daß der Händler das Monogramm aus den Drucken entfernen mußte.

Die Privilegien, die die Obrigkeit allerorts im Laufe des 15. und 16. Jahrhunderts zum Schutz vor Nachdruck erteilte, waren gewerblicher Natur, sie sollten den Drucker bzw. Verleger schützen. Autorenrechte und der Begriff vom »geistigen Eigentum« blieben bis zur Mitte des 18. Jahrhunderts unbekannt. Die Privilegien wurden den zu schützenden Büchern beigegeben. Sie verboten gleichermaßen den Nachdruck innerhalb des Schutzgebietes wie auch, außerhalb entstandene Nachdrucke einzuführen und zu vertreiben. Der ein Privileg erteilende Landesherr bestimmte die Geltungsdauer und drohte bei Zuwiderhandlung Strafen an, Geldbußen und Beschlagnahme der Werke. So liest man in einem erhaltenen Privileg des Kurfürsten Ludwig VI. von der Pfalz für eine 1583 erschienene und von Sigmund und Johann Feyerabend in Frankfurt verlegte Lutherbibel:

»daß in unsern Fürstenthumb und Landen niemands vergönnet seyn sol / inwendig sechs Jaren / den nechsten nach dato / gedachte Biblia in solcher Median / oder anderer form / mit oder ohne Figuren / wie die auch zugerichtet seyn mögen / nachzudrucken / wo sie auch darinn oder anderswo nachgedruckt würden / so sollen sie doch in unseren Fürstenthumb und Landen / weder heimlich noch offentlich / feil gehabt / verkaufft oder verhandelt werden. / Alles bey Verlust der Exemplarien / und dazu bey Peen hundert gulden / welche zum halben theil uns / sampt den Exemplarien / und die ander helfft ihnen / den obgesetzten zween Buchhändlern / verfallen seyn sollen.«

Privilegien dieser Art waren bis ins 19. Jahrhundert der einzige rechtliche Schutz gegen Nachdruck. Als sonderlich wirksam haben sie sich nicht erwiesen. Aldus

Manutius beispielsweise, dessen Bücher wie kaum andere, besonders von französischen Druckern, nachgeahmt wurden, hat es nicht einmal genutzt, daß sich der Papst auf seine Seite stellte und der rücksichtslosen Konkurrenz die Exkommunikation androhte. In Deutschland schränkte die Kleinstaaterei den Nutzen der Privilegien ein, weil jene, die die Landesherren erteilten, auf den oft sehr kleinen Bezirk ihres Herrschaftsgebietes beschränkt blieben. Das kaiserliche Privileg galt zwar reichsweit, ließ sich jedoch ignorieren, da die strafverfolgende Gewalt beim Territorialfürsten lag und damit von dessen Willkür abhing.

Buchmessen

Handelszentren waren von Anbeginn des Buchdrucks Umschlagplätze für Bücher. Als erste deutsche Städte erhielten Frankfurt am Main 1240 und Leipzig 1268 Messe-Privilegien. Sie besaßen eine günstige Lage an den Handelsstraßen; ihre Messen fanden halbjährlich statt, im Frühjahr und Herbst. Hier kamen die Menschen zusammen, hier wurde schon lange Handel getrieben mit Tuchen und Teppichen, Gold-, Silber- und Glaswaren, Weinen und Ölen, Vieh, Geflügel und Fischen, Metall- und Töpferwaren. Nunmehr kamen auch Druckwerke hinzu. 1478 besuchten die Basler Druckerverleger Johann Amerbach und Michael Wenssler nachweislich die Messe in Frankfurt, und noch vor ihnen soll sich dort – als erster seines Berufsstandes – Peter Schöffer eingefunden haben. Um die Wende zum 16. Jahrhundert war die Frankfurter Messe bereits zu einem regelmäßigen Treffpunkt für Buchhändler geworden, ein Ort, an dem sie ihre europaweiten Beziehungen knüpfen und festigen konnten. Abgerechnet wurde anfangs in barer Münze, da jedoch wegen der Bindung des Vermögens in Sachwerten die Liquidität ein ständiges Problem für Drucker und Verleger war, ging man zunehmend zum Tausch über, dem sogenannten *Verstechen* oder auch *Changehandel*. Bei dieser primitiven Handelsform wurde das Buch als reiner Materialwert betrachtet, man tauschte einen Ballen Bücher gegen zwei Ballen Neupapier, oder Druckbogen gegen Druckbogen, unabhängig von der Art des Inhaltes und der Güte des Drucks. Seit Mitte des 16. Jahrhunderts hatte sich der Tausch in Deutschland immer mehr eingebürgert und war bis zum Jahrhundertende vollkommen durchgesetzt.

An den Messeplätzen unterhielten viele große Buchhändler feste Lager, hier erschienen auch die ersten Kataloge. Alles was zum Buch gehörte, wurde gehandelt, nicht nur fertig bedruckte Bogen, sondern auch Papier oder Holzstöcke für Titeleinfassungen, Initialen und dergleichen mehr. Für die Buchhändler und Druckerverleger war Frankfurt der erste aller Handelsplätze, sie priesen es als »Kaufhaus der Deutschen« und

»Haupt aller Jahrmärkte auf Erden«. Vom »Teutsch Athen« sprachen die Gelehrten, die kaum weniger gern als die Kaufleute die Messen besuchten.

Die Titel der Bücher, die er von der Frankfurter Herbstmesse mitgebracht hatte, verzeichnete der einfallsreiche Augsburger Buchhändler Georg Willer erstmals 1564 in einem Katalog. Das lukrative Unternehmen reizte 1577 zwei seiner Augsburger Kollegen zur Nachahmung, 1590 kamen Frankfurter Buchhändler hinzu. Von 1598 an übernahm der Rat der Stadt Frankfurt die Herausgabe eines amtlichen Messekatalogs, der die Neuheiten ankündigte. Als Kaiserlicher Meßkatalog erschien er von 1618 bis zur Ostermesse des Jahres 1750. Verleger und Verlagsort wurden aufgeführt, stets auch die Formate der Bücher.

In Leipzig war es Henning Groß (Grosse), der 1594 erstmals einen Katalog mit Buchneuigkeiten herausgab. Nach 1759 setzte der Leipziger Verlag Weidmann die Herausgabe fort. Zunächst enthielten die Kataloge noch keine Preisangaben. Erst ab 1828 konnten dem Leipziger Katalog Bogenzahl und Preis entnommen werden, in den Frankfurter Katalogen fehlten die Preise durchweg. Der Grund dafür ist in der Kalkulation zu suchen. Basis für den Endverkauf war die sogenannte Frankfur-

ter *Tax*, ein Meßverrechnungspreis pro Ballen (5000 Bogen) bedruckten Papiers für das interne Verstechen zwischen den Buchhändlern. Auf diese Tax schlug der Händler seine Kosten auf, Meßspesen, Verpackung, Fracht – und die waren höchst unterschiedlich, je nach Reiseweg und Entfernung zum Heimatort. Erst die Summe all dessen ergab den Ladenpreis. Spezielle Rabatte im Geschäft der Buchhändler untereinander komplizierten die Preiskalkulation zusätzlich, so daß genug Hindernisse vorhanden waren, die gegen eine Festlegung der Buchpreise in Katalogen sprachen. Den Versuchen anderer Orte, den Buchhandel auf ihren Messen ebenfalls durch Kataloge interessant und mit diesen Katalogen ein Geschäft zu machen, war kein nachhaltiger Erfolg beschieden.

Vor allem in den ersten Jahrzehnten des 16. Jahrhunderts sind immer wieder eigene katholische Messekataloge erschienen – ein Indiz, wie sehr die katholische Kirche die Gefährdungen erkannte, die ihr aus einer unreglementierten Bücherverbreitung erwuchsen. Für die Obrigkeit boten sich die beiden großen Messen als Gelegenheiten an, zu kontrollieren, ob der Buchhandel die ihm gemachten Auflagen einhielt. Das betraf die Zensurvorschriften und die Privilegien. Die den Nachdruck verbietenden Privilegien dienten vor allem dem Schutz des Verlegers, wurden jedoch nicht uneigennützig erteilt. Der Kaiser und die anderen Landesherren verlangten Freiexemplare der geschützten Werke als Entgelt. Diese Praxis, der manche fürstliche Bibliothek ihren Aufbau verdanken mag, hatte in Frankfurt den Einsatz der *kaiserlichen Bücherkommission* zur Folge; in Leipzig besorgte eine vom sächsischen Kurfürsten eingesetzte Behörde die Aufsicht. Bei den anfänglich zwei abzuliefernden Freiexemplaren blieb es nicht. Christian II. von Sachsen (1591–1611) schraubte in Leipzig ihre Anzahl bis auf achtzehn. In Frankfurt, der zunächst dominierenden Messestadt, waren es zwar immer deutlich weniger, dennoch hat sich das gestrenge Regiment der kaiserlichen Kommissionäre höchst nachteilig auf die Vorrangstellung der Stadt ausgewirkt. Nicht nur von privilegierten Ausgaben waren Freiexemplare abzuführen, auch die nichtprivilegierten wurden erfaßt, so daß die Buchhändler die Lust verlieren mußten, Neuerscheinungen in den Katalogen anzuzeigen.

Wahrscheinlich hätte Leipzig, das zwischen 1700 und 1710 seinen Konkurrenten gründlich überflügelte und diese Position bis zum Zweiten Weltkrieg nicht abgab, schon viel früher Frankfurt auf den zweiten Platz verwiesen, hätte es nicht im 16. Jahrhundert unter dem Verbot der lutherischen Schriften in Sachsen und im 17. Jahrhundert so stark unter dem Dreißigjährigen Krieg gelitten. So aber unterstand die Leipziger Messe von 1519 bis 1539 mit Herzog Georg einem Landesherren, der beim alten Glauben geblieben war und die Zensurbestimmungen des Wormser Ediktes rigoros durch-

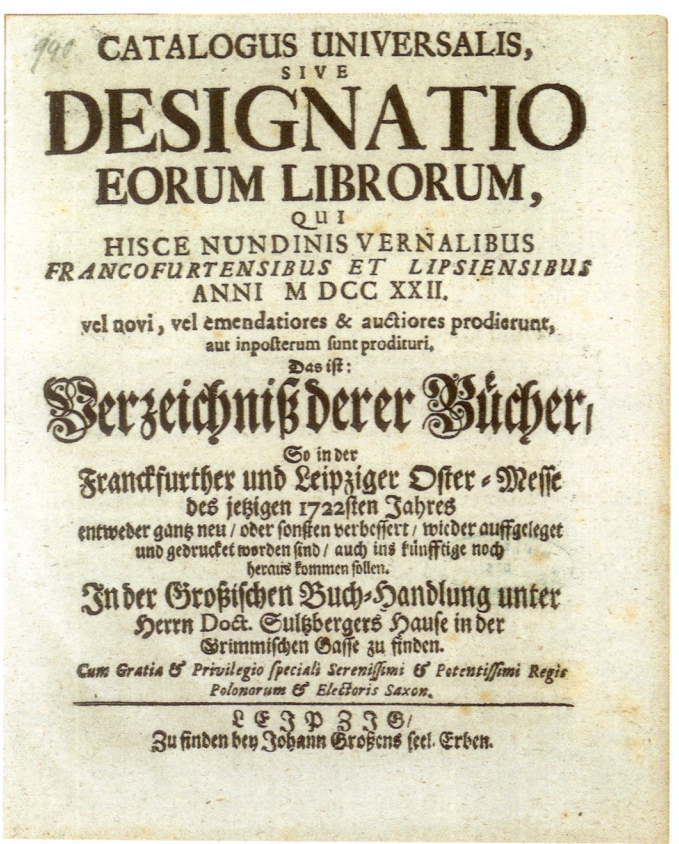

168   Im Jahre 1594 von Henning Groß begründet, lag die Herausgabe des Meßkatalogs bis 1759 bei seiner Familie.

setzte. Frankfurts Vorsprung blieb im 16. Jahrhundert uneingeschränkt erhalten. Leipzigs Übergewicht zu Beginn des 17. Jahrhundert war von nur kurzer Dauer und sollte erst im 18. Jahrhundert wirksam werden.

Die Reformation und der Buchdruck

Die gesellschaftlichen Veränderungen, die das 16. Jahrhundert durch Reformation und den Bauernkrieg erfuhr, sind ohne den Buchdruck nicht denkbar. Die Rufe nach Freiheit und Erneuerung des Glaubens wären ohne ihn ungehört verhallt. Mit ihm aber fanden die Stimmen der Empörung Vervielfältigung und schnelle Verbreitung. Als entscheidend kommt eines hinzu: Die bevorzugte Sprache der Humanisten war das Latein, die Reformatoren hingegen schrieben deutsch. Gedrucktes wandte sich nun nicht mehr nur an die wenigen, an geistliche und weltliche Gelehrte, an Herzöge und Fürsten. Hans Sachs ebenso wie Martin Luther sprachen zum »gemeinen Mann« in der deutschen Sprache.

Flugschriften erwiesen sich als stoßkräftigste Waffe der Reformation. Mit Genugtuung konnte Luther im Rückblick feststellen: »Siehe mein Tun an: hab ich nicht dem Papste, Bischöfen, Pfaffen und Mönchen allein mit dem Mund mehr abgebrochen denn bisher alle Kaiser, Könige und Fürsten mit ihrer Gewalt!« Für Luthers plastische, leidenschaftliche Ausdrucksweise war die Flugschrift wie geschaffen. Ob Strafrede oder Predigt, Schmäh- oder Sendbrief – alle diese aktualitätsbezogenen Äußerungen kamen als Flugschriften daher. Die »beredsten Träger und Lenker der öffentlichen Meinung« jener Zeit hat Karl Schottenloher sie genannt.

Die Zahl der politischen und religiösen Flugschriften im ersten Drittel des 16. Jahrhunderts wird auf über 10 000 Titel geschätzt, bei einer durchschnittlichen Auflage von je etwa 1000 Exemplaren. Nicht allein ihr Inhalt, auch ihr handliches Quart- oder Oktavformat unterschied sie von den gelehrten Folianten. Diese billigen kleinen, oft nur vier, höchstens 48 bis 64 Seiten starken Drucke wurden in vielfachen Auflagen und Ausgaben hergestellt und verbreiteten sich in Windeseile. Das waren keine feinsinnigen ausgeklügelten Schriften, sondern mit Redensarten und Sprichwörtern, Bibelversen und umgangsprachlichen Elementen verfaßte Traktate, Mitteilungen, scharfe Polemiken, mit Karikaturen und satirischen Darstellungen versehen. Die Kombination von Vers und Bild, vielfach angewendet, sorgte für Eingängigkeit und Deutlichkeit. Da wurden die Vorkämpfer der neuen Lehre, Luther und Hutten, gefeiert; ihre Widersacher, Thomas Murner, Hieronymus Emser, Johannes Cochläus, verhöhnt und angegriffen. Mal ist es die katholische Messe, gegen die eine Flugschrift zu Felde zieht, mal der Ablaß, dann Wallfahrt und Heiligenverehrung. »Drei Finken in einem Vogelhaus loben Gott

mehr mit Fröhlichkeit denn hundert Mönch in einem Kloster.« So und noch heftiger tönt es bei dem Franziskaner Heinrich von Kettenbach, der »den christlichen Adel« auffordert, sich endlich »mit Gewalt wider die reissenden Wölf, großen Dieb und Räuber, als da sind die Papisten« zu wehren. Ulrich von Hutten soll sich gar direkt mit dem Gedanken zur Tat getragen und Überfälle auf päpstliche Gesandte geplant haben, und in herausfordernder Manier schrieb und siegelte er einen *Fehdebrief contra die zuhand losen Curtisanen*, den er im März 1522 an die Städte sandte mit der Aufforderung, das gegen die angeblich losen Sitten Roms gerichtete Pamphlet anzuschlagen.

Martin Luthers schriftstellerisches Schaffen steht wie kein anderes im Zeichen der ersten Massenwirksamkeit und Massenproduktion. In rund zweitausend Ausgaben, so schätzt man, sind seine Schriften zur Zeit seines größten Einflusses, also bis zu seinem Schwenk auf die Seite der Fürsten, erschienen. Fast möchte man sagen, dank seiner Abkehr vom Latein sei das deutsche Buch im weitesten Sinne überhaupt erst entstanden. In Hutten fand er einen Humanisten, der es ihm nachtat, aber dem Geschmack eines Erasmus und seiner gelehrten Mitstreiter hat diese Hinwendung zur Sprache des Volkes überhaupt nicht entsprochen.

Die fünfundneunzig Thesen gegen den Mißbrauch des Ablasses, die Luther am 31. Oktober 1517 an das Portal der Schloßkirche zu Wittenberg schlug, waren noch in Latein verfaßt, sollten sie doch zu einer akademischen Disputation an der Wittenberger Universität auffordern. Deren deutsche Druckfassung unter dem Titel *Eyn Sermon von dem Ablas und Gnade*, zwischen 1518 und 1520 in 22 Ausgaben im Umlauf, leitete die Reformation ein und bildete den Auftakt der reformatorischen Flug- und Kampfschriften. Der Hunger nach Aufklärung war geweckt, und Volkes Stimme hatte ihren Redner gefunden, als 1520 der Appell *An den christlichen Adel deutscher Nation von des christlichen Standes Besserung* erschien. Er machte den Wittenberger Reformator mit einem Schlag berühmt. Viertausend Exemplare – soviel, wie nie zuvor auf einmal von einem Werk gedruckt worden waren – hatte Luthers Drucker Melchior Lotter von der Schrift aufgelegt. Die Drucke waren nach fünf Tagen vergriffen. 14 weitere Ausgaben und Auflagen folgten. Noch im gleichen Jahr 1520 erschienen *De captivitate Babylonica ecclesiae, praeludium* (Von der babylonischen Gefangenschaft der Kirche) sowie die angekündigte und mit Spannung erwartete Schrift *Von der Freiheit eines Christenmenschen*, die 18 Ausgaben erlebte und einen ersten Höhepunkt der Publizistik Luther markiert.

Daß in dem »klein Büchle« die »ganze Summa eines christlichen Lebens« stecke, hatte Luther vorab bemerkt – und hinzugesetzt: »so der Sinn verstanden wird«. Die Bauern jedenfalls verstanden die Sache politischer, als der Wittenberger Theologe es gesagt haben

169

wollte. Sie machten bei der inneren Freiheit des Glaubens nicht halt, meinten vielmehr, im Evangelium selbst die Grundlage für ihre Revolte gegen Leibeigenschaft und soziale Mißstände zu finden. Den berühmtesten schriftlichen Ausdruck ihrer Forderungen stellen die zwölf *Hauptartikel aller Bauerschaft (Dye Grundtlichen Und rechten haupt Artickel / aller Baurschafft vnd Hyndersessen der Gaistlichen vnd Weltlichen oberkayten / von wölchen sy sich beschwert vermainen*, Melchior Ramminger, Augsburg 1525) dar. Das Werk eines evangelischen Predigers wurde zuerst am 19. März 1525 in Ulm verkauft. Kaum auf dem Markt, wurde es am 24. März von München aus verboten. Dennoch hat die nur sechs Blätter umfassende Flugschrift in ganz Deutschland begierige Aufnahme gefunden; 24 Ausgaben, unter verschiedenen Titeln, existieren davon. *»Daß wir frei seien und wöllen sein«*, heißt es im dritten der *Zwölf Artikel*, der auf die Abschaffung der Leibeigenschaft dringt. Minderung der Dienst- und Steuerlasten, Wahl der Pfarrer durch die Gemeinde, Rückkehr zum Recht angesichts juristischer Willkür, Ausdehnung des Gemeinbesitzes an Wiesen, Wald und bejagbarem Wild sind weitere Forderungen des Katalogs.

Zu den zahlreichen programmatischen Schriften gegen »Pfaffen- und Fürstenherrschaft«, für die Freiheit der unteren Stände, zählte auch der *Karsthans*, ein revolutionärer Dialog eines unbekannten Autors, der im Frühjahr 1521 bei Johannes Prüss d. J. in Straßburg erstmals erschien und innerhalb eines Jahres zehnmal nachgedruckt werden mußte. »Karsthans« war ein anderer Name für »Bauer«, wegen der zweizinkigen Feldhacke (= Karst), die zu den üblichen bäuerlichen Arbeitsgeräten zählte. Der Dialog war sehr gelehrt und pädagogisch, und seine Haupfigur erweist sich darin als ein bibelfester Mann mit einem gewissen Bildungsstand. Desungeachtet hat in der Folge die Figur des Karsthans jene Anhänger Luthers bezeichnet, die aus den unteren Schichten kamen und nicht zögerten, den Gegnern des Reformators nötigenfalls mit Prügel den rechten Weg zu weisen.

Die Reformation wäre ohne Flugschrift stimmlos geblieben, doch nicht jede Flugschrift war eine Stimme der Reformation. In der überraschenden Fülle gedruckter kurzer Mitteilungen, vom Flugblatt bis zur Broschüre, kann man eine Frühform des Tagesjournalismus sehen.

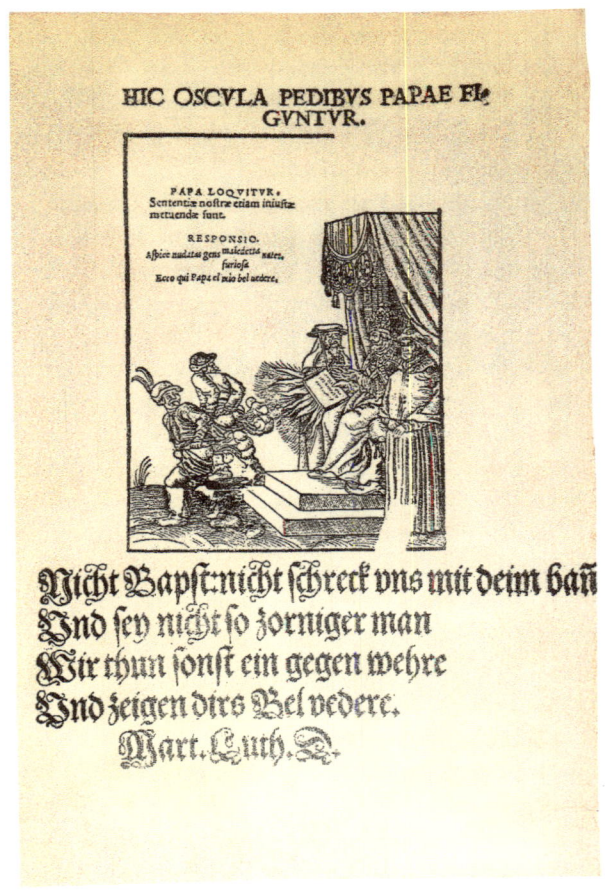

170   Flugschrift Martin Luthers, *Von der den falsch genannten geystlichen standt des Bapst und der Bischoffen*, Wittenberg 1571.

Antipäpstliches Flugblatt aus der Holzschnittfolge »Abbildung des Papstums«, 1545. 19 × 29,7 cm.

Die schnelle Verbreitung auch über die Stadtgrenzen hinaus ermöglichte ein bereits dichtes Verteilernetz durch Boten, nicht zu vergessen die Thurn- und Taxische Post, die seit 1504 ihre Dienste anbot. Das Wort »Zeitung« gab es schon, es wurde allerdings noch nicht in seinem heutigen Sinn verwandt, sondern hieß ganz allgemein soviel wie Nachricht oder Botschaft, konnte sich also gleichermaßen auf literarische Formen wie Epistel, Dialog, Sendbrief, Pasquill oder Spruch beziehen. Für das Jahr 1567 findet sich die übergreifende Bezeichnung »Newe Zeitung« als amtlicher Terminus, 1571 gründeten Jeremias Krasser und Jeremias Schiffle in Augsburg ein Nachrichtenkorrespondenz-Büro.

Begehrteste Form der Zeitungsnachricht im 16. und 17. Jahrhundert war der Bilderbogen, der sich an die Mehrzahl der leseunkundigen Menschen richtete. Diese Blätter waren mit Holzschnitten illustriert. Bevorzugtes Thema der *Neuen Zeitungen* waren ungewöhnliche Naturereignisse, je schreckenerregender, desto besser. Nachrichten von der Überflutung römischer Stadtbezirke durch den Tiber (1530) wechselten mit der Kunde von »grausamen Erdbeben und Feuer in Sicilia umb den Berg Ethna« (1536), von Unwettern und Heu-

schreckenschwärmen in Schlesien, von zweistündigem Blutregen in Konstantinopel (1543). Sensationelles und Mythologisches lagen dicht beieinander. Im Jahre 1551 melden *Neue Zeitungen* Wolkenbrüche in Franken, zugleich wird von einer Gewohnheitsflucherin berichtet, die der Teufel durch die Lüfte entführt habe. Die Welt ist voller Neuigkeiten von mannshohen furchteinflößenden Vögeln, von Erdrutschen, fliegenden Würmern, nicht gerechnet die Sintfluten, Seuchen, Kriege und andere Katastrophen, vor denen astrologische Flugschriften warnen.

Die Deutung der Geschicke aus den Sternen war das Geschäft der *Praktiken* oder *Prognostica.* Sie enthielten neben astrologischen Prophezeiungen auch Wetterregeln mit Monatsreimen und Heilsvorschriften mit Verzeichnissen von Unglücks- und Aderlaßtagen. Zusammen mit den Kalendern haben sie den Glauben an die Macht der Gestirne nicht wenig gefördert, aber auch damals schon die Spötter auf den Plan gerufen. Bündig heißt es in einer Praktika für 1533: »*Wir haben dies Jahr eine Finsternis im Mond, was sie zeigt, weiß niemand; darumb ist besser still darvon geschwiegen, denn unnütz Ding geplappert, wie denn geschehen wird von vielen Sternguckern.*«

Erklärung etlicher Elstern. Holzschnitte, Holzschnittleisten und typographischer Text. Flugblatt, gedruckt um 1525. 28 × 39,8 cm.

Einblattdruck mit koloriertem Holzschnitt von Georg Pencz zu einem Gedicht von Hans Sachs. 1535 von Nicolaus Meldeman, Briefmaler zu Nürnberg, hergestellt und vertrieben. 28,9 × 40 cm.

171

Der Prophet Maleachi.

I.

 Is ist die Last die der HERR redet wider Israel durch Maleachi / Ich hab euch lieb / spricht der HERR / So sprecht jr / Wo mit hastu vns lieb? Ist nicht Esau Jacobs bruder / spricht der HERR? Noch hab ich Jacob lieb / vnd hasse Esau / vnd hab sein gebirge öde gemacht / vnd sein erbe den Drachen zur wüsten / Vnd ob Edom sprechen würde / Wir sind verderbet / Aber wir wöllen das wüste wider erbawen / so spricht der HERR Zebaoth also / Werden sie bawen / so wil ich abbrechen / Vnd sol heissen / die verdampte grentze / vnd ein volck / vber das der HERR zürnet ewiglich / Das sollen ewer augen sehen / vnd werdet sagen / Der HERR ist herrlich inn den grentzen Israel.

Ein son sol seinen Vater ehren / vnd ein knecht seinen Herrn / Bin ich nu Vater / wo ist meine ehre? Bin ich Herr / wo fürcht man mich? Spricht der HERR Zebaoth zu euch Priestern / die meinen namen verachten / So sprecht jr / Wo mit verachten wir deinen namen? Damit / das jr opffert auff meinem Altar vnrein brod / So sprecht jr / Wo mit opffern wir dir vnreines? Damit / das jr sagt / Des HERRN tisch ist nicht zu achten / Vnd wenn jr ein blinds opffert / So mus nicht böse heissen / Vnd wenn jr ein lames oder krancks opffert / so mus auch nicht

---

172 *Biblia / das ist / die gantze Heilige Schrifft Deudsch. Mart. Luth. Wittemberg. Begnadet mit Kürfurstlicher zu Sachsen freiheit. Gedruckt durch Hans Lufft.* Die erste vollständige Lutherbibel, die 1534 in zwei Bänden erschien, erforderte bereits im Folgejahr 1535 eine zweite Auflage.

Aus dieser Neuauflage stammt das Blatt CLXII, Textbeginn »Der Prophet Maleachi«, mit Holzschnitt des Meisters MS und Initiale D aus der Cranach-Werkstatt. Luther hat die Illustrationen der Cranach-Werkstatt allen anderen zeitlebens vorgezogen. 20,5 × 30,2 cm.

Luthers Bibelübersetzung

»*Die Übersetzung, welche Luther von der Bibel gemacht hat, ist von unschätzbarem Werte für das deutsche Volk gewesen. Dieses hat dadurch ein Volksbuch erhalten, wie keine Nation der katholischen Welt ein solches hat; sie haben wohl eine Unzahl von Gebetbüchlein, aber kein Grundbuch zur Belehrung des Volkes.*« So hat der Philosoph Hegel über Luthers Verdeutschung der Bibel geurteilt. In seinem Streben nach philologisch genauer Erschließung der Quellen zeigt sich Luther als Humanist, aber ihn trieb doch mehr an als ein gelehrtes Interesse.

Bis dahin hatte es zwar schon deutsche Bibeln gegeben, von der Kirche sanktioniert jedoch war einzig die lateinische Vulgata, die für Laien nur durch die Übersetzung und Auslegung eines Priesters zugänglich war. Luther wollte, daß Gottes Wort zu jedem Menschen direkt gelangen konnte. Dazu war eine allgemeinverständliche Bibel notwendig. Luther mußte eine deutsche Sprachform finden, die, der Vielfalt der Dialekte und regionalen Sprachunterschiede zum Trotz, überall verstanden würde. Und so hat er, ein Sprachschöpfer von großer Originalität, das Deutsche endgültig in den Rang einer Schriftsprache gehoben – siebenhundert Jahre nach den ersten Anläufen dazu in der karolingischen Reform. Für das Fühlen und Denken der Menschen war die ideelle Seite dieser Sprachrevolution, die eben mehr war als nur das, entscheidend. Noch einmal Hegel: »*Daß nun die Bibel selbst die Grundlage der christlichen Kirche geworden ist, ist von der größten Wichtigkeit: jeder soll sich nun selbst daraus belehren, jeder sein Gewissen daraus bestimmen können.*« Durch Luther war die Autorität der Kirche erschüttert worden. An deren Stelle traten das Bibelwort und der unmittelbare Bezug jedes Gläubigen auf Gott, Gewissensnot und Gewissensgebot.

Daß Luthers Bibelübersetzung die Bildung einer einheitlichen deutschen Schrift- und Hochsprache ganz wesentlich beförderte, ist unbestritten. Allerdings setzte diese Entwicklung nicht gleich mit Erscheinen der ersten von Luther übersetzten Bibelteile ein. Luther glaubte, mit der Verwendung der sächsischen Kanzleisprache alle Sprachgebiete Deutschlands zu erreichen. Doch selbst bei den unmittelbaren Nachbarn gab es Schwierigkeiten. So lag Wittenberg zwar dicht an der niederdeutschen Sprachgrenze, gleichwohl konnte Luthers Übersetzung in den Niederdeutsch sprechenden Teilen Norddeutschlands nicht verstanden werden. Deshalb suchte man möglichst zeitgleich eine Übertragung anzufertigen. Ein erstes niederdeutsches Neues Testament, *Dath Nyge Testament Thodude*, erschien 1523 in Wittenberg in einer anonymen Übersetzung. Johannes Bugenhagen hat seit 1524 beratend, bald selbst übersetzend mitgearbeitet. Auch bei den Schweizer Ausgaben des von Luther übersetzten Neuen Testaments, deren erste zwei Monate später zuerst in Basel erschien, stellte sich

heraus, daß den Lesern vieles unverständlich blieb. Deshalb wurden dort Verzeichnisse mit Worterklärungen beigegeben.

Luther begann die Übersetzung der Bibel mit dem Neuen Testament. In nur elf Wochen auf der Wartburg vom Dezember 1521 bis März 1522 wurde er mit dieser Arbeit fertig. Zur Vorlage diente ihm die 1519 erschienene zweite verbesserte griechisch-lateinische Ausgabe des Neuen Testaments, die Erasmus von Rotterdam 1516 zuerst bei Johann Froben in Basel herausgegeben hatte. Erasmus hatte diese Übersetzung vom Griechischen ins Lateinische neu angefertigt. Luthers Übersetzung, von Melanchthon redigiert, von Melchior Lotter gedruckt und von Christian Döring und Lukas Cranach in Wittenberg verlegt, erschien im September 1522 als *Das Newe Testament Deutzsch*. Das *September-Testament* trug weder einen Drucker- noch einen Herausgebervermerk, nur einen Hinweis auf den Druckort Wittenberg. Es enthält in der *Offenbarung des Johannes* 21 seitengroße Holzschnitte von Lukas Cranach d. Ä. und Werkstattmitarbeitern – zum Teil mit polemischen, gegen das Papsttum gerichteten Anspielungen. Trotz des hohen Preises von anderthalb Gulden – soviel wie ein schlachtreifes Schwein kostete – fanden wahrscheinlich 3000 Exemplare der ersten Auflage so reißenden Absatz, daß sogleich nach Erscheinen eine zweite Ausgabe in Angriff genommen wurde, die bereits im Dezember 1522 als leicht veränderte und korrigierte Neuauflage herauskam. Auf Weisung des sächsischen Kurfürsten waren aus dem *Dezember-Testament* die antirömischen Details der Holzschnitte entfernt worden: so hatte sich bei den Bildern zur *Apokalypse* in der Erstfassung die Babylonische Hure, geschmückt mit der dreifachen Krone, der Tiara, eindeutig als Papst identifizieren lassen. Für das *Dezember-Testament* wurde der Druckstock geringfügig abgeändert. Nunmehr trug die Hure, auf einem Untier reitend und angebetet von König und Edelmann, Bauern, Bürgersfrau und Mönch, nur noch eine einfache Krone.

In den folgenden Jahren bis 1534 wurde das *Newe Testament Deutzsch* Martin Luthers allein in Wittenberg vierzehnmal in hochdeutscher und siebenmal in niederdeutscher Sprache gedruckt; auswärtige Druckorte mitgerechnet, zählt man für diesen Zeitraum 85 Ausgaben, wobei die vielen Nachdrucke, mit denen auf die immense Nachfrage sofort reagiert wurde, eine genaue Zählung schwierig machen. Das gilt um so mehr für die Stückzahlen. Schätzungen reichen bis zu 200 000 Exemplaren, die zu Luthers Lebzeiten (also bis 1546) vom Neuen Testament unter die Leute gekommen sein sollen.

Die Übersetzung des Alten Testaments erwies sich als äußerst schwierig. Luther ging es neben der Treffsicherheit der deutschen Worte, neben Stimmigkeit und Sprachfluß auch um Textgenauigkeit, weshalb er, im

Gegensatz zu den mittelalterlichen Übersetzern, den handschriftlichen *Masora*-Text benutzte und zum Vergleich die *Septuaginta*, die *Vulgata* und spätere lateinische Varianten heranzog. Lange hat er an der Übersetzung gefeilt, mit Unterbrechungen zehn Jahre daran gearbeitet und in Neuauflagen immer wieder Verbesserungen angebracht. Anfang 1523 erschienen vom Alten Testament die fünf Bücher Mose, aber erst 1534 war man soweit, die einzeln vorliegenden Teile zusammen mit dem Neuen Testament zur Vollbibel zusammenzufassen, zur *Biblia, das ist, die gantze Heilige Schrifft Deudsch, 1534.* Die Nachfrage auch nach diesem Werk war so groß, daß allein die Lufftsche Druckerei bis zu Luthers Tod 13 Neuauflagen der Bibel herstellen konnte. Die Gesamtausgabe der Lutherbibel erschien in zwei Bänden, gedruckt auf 908 Folioblättern mit 124 Holzschnitten (einige sind mit den Buchstaben MS signiert) bei Hans Lufft in Wittenberg. Luther hatte auf die Ausstattung mit Bildern im

Druck persönlich Einfluß genommen. Von einem Korrektor der Druckerei, Christoph Walther, ist überliefert, der Reformator habe »die Figuren zum Teil selber angegeben, wie man sie hat sollen reißen oder malen, und hat befohlen, daß man aufs einfältigst den Inhalt des Texts sollt abmalen und reißen, und wollt nicht leiden, daß man überlei und unnütz Ding, das zum Text nicht dienet, solt dazu schmieren«. Als Lufft im Jahre 1541 auf eigene Faust eine niederdeutsche Bibel mit Holzschnitten Georg Lembergers herausbrachte, weil die Bilder des Meisters MS zur gleichen Zeit in einem anderen Bibeldruck gebraucht wurden, fand er damit nicht den Beifall des Theologen. Für die neuen Ausgaben von 1541 und 1545 bestand Luther auf den Illustrationen von 1534, weil sie didaktisch zu den entsprechenden Textstellen besser paßten. Er nannte die von ihm gewählten Bilder »Merkbilder«. Ihr Recht auf Existenz im Buch besaßen sie für ihn darin, Mittel zur Unterstützung, Festigung

174   *Biblia: das ist: Die gantze heilige Schrift: Deudsch. Auffs new zugericht. Mart[in] Luth[er].* Wittenberg 1550. Gedruckt von Hans Lufft. Die Illustrationen stammen von Georg Lemberger und Hans Brosamer. Aufgeschlagenes Buch: 59,5 × 36 cm.

und Verdeutlichung des Wortes zu sein, gleichsam als Diener der Auslegung. Auf die Sinngehalte des Glaubens kam es Luther an, auch beim Bild.

Obwohl der ungeheure Erfolg der Lutherbibel das Bedürfnis nach einer verständlichen, lebensnahen Heiligen Schrift deutlich bewiesen hat, ist Luther stark angegriffen worden. Gerade weil er nicht wörtlich, sondern nach Sinn und Bedeutung übersetzte und freier formulierte, zog er sich den Vorwurf der Verfälschung zu. Dieser Einwand verschließt vor seiner Leistung gründlich die Augen. Die Übersetzung des Alten Testaments aus dem hebräischen Urtext und nicht nach der lateinischen Fassung der *Vulgata* des Hieronymus war sein Ziel und Anliegen. Das Hebräische war eine Sprache, die seit über zweitausend Jahren nur noch ein Schattendasein in rituellen Texten führte und längst aufgehört hatte, Volkssprache zu sein. Im *Sendbrief vom Dolmetschen* von 1530 hat Luther ausführlich von den Mühen der Übertragung berichtet und seine Prinzipien dargelegt. Darunter findet sich der vielzitierte Satz: *»Man muß die Mutter im Hause, die Kinder auf der Gasse, den gemeinen Mann auf dem Markte darüber befragen und ihnen auf das Maul sehen, wie sie reden, und danach dolmetschen. Dann verstehen sie es und merken, daß man deutsch mit ihnen redet.«* Nun ist es freilich nicht so, daß Luther den Bibeltext in Umgangssprache überführt hat. Es war, wie bereits bemerkt, die kursächsische Hof- und Kanzleisprache, die seiner Übersetzung zugrunde lag, die er mit alltagssprachlichen Wörtern und Wendungen verschmolz und die durch die große Verbreitung der Bibel zur allgemeinen Hoch- und Schriftsprache in Deutschland wurde. Daß Friedrich Schlegel, als ein Lobredner unter vielen, an Luther seine »große starke Art des deutschen Ausdrucks« würdigte, ist unmittelbar begreiflich. Man vergleiche nur einmal den Text der Straßburger Mentelin-Bibel von 1466, der ersten gedruckten Bibel in deutscher Sprache, mit der Schöpfung des Wittenbergers. Wo Mentelin den 23. Psalm in die Worte faßte, *»Der Herr richt mich, und mir gebrast nit, und an der Statt der Weide, do setzt er mich. Er führte mich ob dem Wasser der Wiederbringung«*, da steht bei Luther: *»Der Herr ist mein Hirte, mir wird nichts mangeln. Er weidet mich auff einer grünen Auen und führet mich zum frisschen Wasser.«*

Auch das Bild, das die Bibel als Buch bot, veränderte sich grundlegend. Unterschied man vorher zwischen kommentierten und unkommentierten *Vulgata*-Ausgaben, so legte Luther bei seinen Editionen großen Wert auf Anmerkungen, Marginalien und Vorreden. In ihnen konnte der Leser Verständnishilfen finden. Dazu kamen die »Merkbilder«, die Bildzyklen des Meisters MS (die Luther mitbestimmt hatte) und auch die Bilder Georg Lembergers und Hans Brosamers, die den Text optisch unterstützen sollten. Beides nötigte zu einer neuen Typographie und Buchgestaltung. Die Wittenberger Bibeln wurden mit wenigen Ausnahmen einspaltig gesetzt. Im Bund und auf den Außenstegen der Seiten konnte der Platz für oft mehrzeilige Anmerkungen genutzt werden; die Bilder nehmen die Hauptspaltenbreite des Textes ein. Als hauptsächlich verwendete Druckschrift wurde eine als *Wittenberger Schwabacher* bezeichnete Brotschrift verwendet, deren sich mehrere Wittenberger Drucker bedient haben. Die biblischen Bücher leiteten große Initialen, die einzelnen Kapitel kleine Initialen ein. Eine Verszählung kannte man zur Lutherzeit noch nicht, sie ist das Werk des gelehrten Pariser Druckers Robert Étienne, der sie für seinen berühmt gewordenen Genfer Bibeldruck von 1555 einführte. Die heutige Form der Kapitelgliederung geht auf die *Biblia Rabbinica* des venezianischen Druckers Daniel Bomberg von 1525/26 zurück.

Martin Luthers Wirken und das der Reformatoren, ihre fruchtbare und fleißige Arbeit als Autoren bewirkte einen großen Aufschwung für das Druckgewerbe in der kleinen Ackerbürgerstadt Wittenberg. Die 1502 gegründete Universität blühte auf. Wittenberg war während weniger Jahre zum Hauptbibeldruckort in Deutschland geworden und blieb es für etwa ein Jahrhundert.

Luther erkannte bald, daß die Reformation der Kirche und des Glaubens nur dann erfolgreich sein konnte, wenn mehr Menschen das Lesen und Schreiben erlernten und so erfuhren, was für einen rechten Glauben notwendig sei. 1524 verfaßte er sein Sendschreiben *An die Ratsherren aller Städte deutschen Landes, daß sie christliche Schulen aufrichten und halten sollen.* Die ersten Ausgaben des *Großen* und *Kleinen Katechismus* erschienen 1529 und 1530, der *Kleine* war für Pfarrherren gedacht, damit sie ihre Gemeinde unterrichten könnten, der *Große* sollte den Hausvätern zur religiösen Unterweisung ihrer Kinder und des Hausgesindes dienen. Beide zählen zu den erfolg- und folgenreichsten Werken Luthers. Der Wittenberger Drucker Georg Rhau brachte 1529 den Großen Katechismus heraus und Nikolaus Schirlentz druckte seit demselben Jahr den Kleinen Katechismus. Bis zum Tode Luthers 1546 erschienen vom Kleinen Katechismus weit über 70 Ausgaben, auch Übersetzungen ins Dänische, Französische und Niederländische. Vermutlich wurden insgesamt bis zum Ende des 16. Jahrhunderts mehr als eine halbe Million Exemplare gedruckt.

Für Luther war der gedruckte Katechismus (von griech. *katechein* = mündlich belehren) ein nützliches, nicht mehr wegzudenkendes Mittel der Unterweisung. Er diente einem großen Teil der Bevölkerung als elementares Schulbuch – zahlreichen Ausgaben war eine ABC-Tafel beigegeben. Der Buchdruck wurde als Geschenk Gottes empfunden, sein Wort selbst zu erfahren. Dem gab der Grammatiker Valentin Ickelsamer, Schulmeister und Verfasser eines Lehrbuches über die *Rechte weis auffs kürtzist lesen zu lernen*, 1525 in den Worten Ausdruck: »*Ein jeder lernet das Lesen darum, daß er Gottes Wort und etlicher gottgelehrter Männer Auslegung darüber selbst lesen und desto besser darin urteilen kann.*«

Eine Förderung erfuhr auch das Gesangbuch (Singebewegung). Joseph Klug druckte in Wittenberg 1529 das erste evangelische, das nach ihm benannte *Klugsche Gesangbuch*, Valentin Bapst in Leipzig die *Geystlichen Lieder*, die zuerst 1545 erschienen und immer wieder neu aufgelegt wurden. Der saubere Notendruck und die kräftigen Holzschnitte haben die Zustimmung Luthers gefunden, der eigens eine lobende Vorrede dazu schrieb.

Drucker im Zeichen von Reformation und Gegenreformation

Martin Luthers erster Drucker in Wittenberg war Johannes Rhau-Grunenberg (benannt nach seinem Geburtsort Grünberg in Hessen). Die Mehrzahl der bis 1523 veröffentlichten Luther-Schriften ging durch seine Pressen. Sein erster Druck für Luther war der lateinische Psalter für dessen Psalmen-Vorlesungen 1513. Weil Grunenbergs Kapazität, eine langwierige Produktion und mangelnde typographische Leistung den Reformator immer weniger zufriedenstellten, ließ Luther 1519 seine erste große wissenschaftliche Publikation, den lateinischen Galaterbriefkommentar, bei Melchior Lotter d. Ä. in Leipzig drucken. Dieser veranlaßte daraufhin seinen Sohn Melchior Lotter d. J., in Wittenberg eine Druckerei zu eröffnen. Hier sind zwei der reformatorischen Hauptschriften von 1520, *An den christlichen Adel deutscher Nation* und *Von der babylonischen Gefangenschaft der Kirche* gedruckt worden, des weiteren das *September-* und das *Dezember-Testament* von 1522 sowie das *Allte Testament deutsch*, die *Fünf Bücher Mose* von 1523. Den größten Ruhm erlangte die Offizin Lotters durch den Druck der beiden ersten Ausgaben des Neuen Testaments.

Auch andere Wittenberger Pressen arbeiteten für den produktiven Reformator, wenngleich schließlich Hans Lufft Luthers bevorzugter Drucker wurde. Zu nennen wären: Nikolaus Schirlentz, Joseph Klug, Georg Rhau, Hans Weiss, Peter Seitz, Johann Krafft. Als geschäftstüchtige Förderer der Bibeldrucke betätigten sich mehrere Verlags-Gesellschaften: Der Maler und Großunternehmer Lukas Cranach d. Ä. und der Kaufmann Christian Döring, Moritz Goltze, Christoph Schramm sowie Bartholomäus Vogel. Beim Druck des Neuen Testaments durch Melchior Lotter d. J. waren Cranach und Döring bereits als Verleger aufgetreten, 1523 dann nahmen sie eine eigene Presse in Betrieb. Nachdem Melchior Lotter Wittenberg im Jahre 1525 verlassen mußte (wegen Selbstjustiz an einem Buchbindergesellen, den er gefoltert und verletzt hatte), wurde der von außerhalb zugewanderte Hans Lufft zum hauptsächlichen Bibeldrucker. Cranach und Döring haben ihm das Anfangs-

kapital zum Druck der Bibelteile und anderer Drucke als Verleger zur Verfügung gestellt und in der Folge blendend daran verdient. Lufft hatte bald die größte Druckerei in Wittenberg, wurde schnell ein vermögender Mann, war auch Ratsherr und Bürgermeister.

Längst nicht für alle Druckereien begann mit dem Entstehen des Massenschrifttums eine auftragsreiche Zeit. Die Nachfrage nach reformatorischen Schriften überwog jedes andere Interesse, und so gerieten jene, die sie nicht drucken wollten oder durften, rasch ins Hintertreffen. Kobergers Unternehmen erlebte im frühen 16. Jahrhundert auch deshalb seinen Niedergang, weil er das Angebot Luthers zur Übernahme seiner Schriften ausschlug und seine bisherigen Buchbestände durch die Reformation nicht mehr absetzbar waren.

Johann Froben hatte anfangs Luthers Werke (in lateinischer Sprache) gedruckt, war dann jedoch seinem Berater Erasmus gefolgt, der, obgleich er vieles an der katholischen Lehre auszusetzen hatte, der alten Konfession treu bleiben wollte. Die Geschäftseinbußen folgten

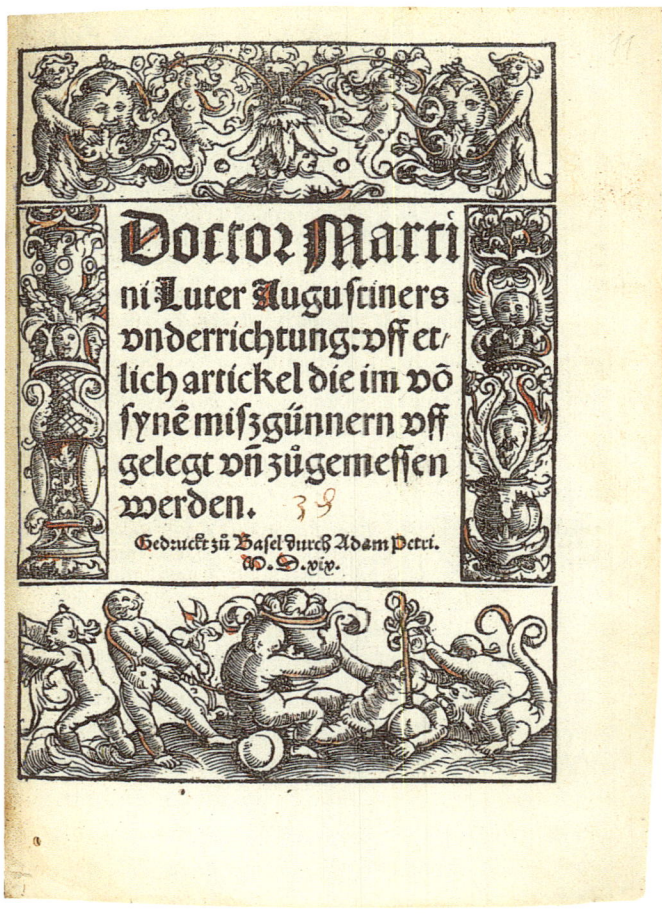

Diese Trostschrift Martin Luthers erschien 1519 in mehreren Ausgaben gleichzeitig. In Basel druckte sie Adam Petri (unsere Abbildung), in Leipzig Melchior Lotter d. Ä., in Straßburg Martin Flach. 17,5 × 21,5 cm.

auf dem Fuße. Was eben noch gut verkäufliche Standardwerke gewesen waren, konnte auf den Messen nicht mehr abgesetzt werden. Vielfach ging die Klage der Händler, sie hätten »das Gewölb voll alter Bücher«, die niemand lesen wolle, und während man Luther die beschriebenen Bogen aus den Händen riß, hatten seine Gegner Johann Eck, Johannes Cochläus und Georg Witzel ihre liebe Not, Druckerverleger für ihre Schriften zu finden. Im katholischen Köln druckte Hero Fuchs sowohl katholische als auch die verbotene protestantische Literatur. Ebenso hielt es Ulrich Morhart in Tübingen. Sogar der Leipziger Nikolaus Wolrab, bekannt als frommer Katholik, der unter Herzog Georg dem Bärtigen streng an der katholischen Sache festgehalten hatte, vollzog 1539 nach dem Einzug der Reformation in Sachsen die öffentliche Wende, weil er sonst als Drucker kaum hätte fortexistieren können. Vom neuen Landesherrn erwirkte er ein Privileg für den Druck einer Lutherbibel, sehr zum Unwillen des Wittenberger Übersetzers. Mochte jedoch Luther noch so viel den »bösen Buben Wolrab« schelten, der erst die Pamphlete der Gegenpartei gedruckt hatte und nun mit dem Bibeldruck den Pressen in Wittenberg Konkurrenz machte – gefruchtet haben die Angriffe nichts. Wolrab hatte sein Privileg erhalten, und gegen dessen territoriale Geltung war nichts auszurichten.

Die Sache zeigt: Vom Inhalt der Drucke läßt sich keineswegs immer auf die Gesinnung des Druckers schließen. Selbst wer es riskierte, sich über die Zensur hinwegzusetzen und Verbotenes zu drucken, war darum nicht schon ein Parteigänger. »Es ist die ganze Welt auf Kaufen und Verkaufen eingestellt, wobei doch weder Treu noch Glauben gehalten wird«, empörte sich Johann Eberlin von Günzburg über die Folgen der maßgeblich auf raschen Verdienst setzenden Druckerei. In *Mich wundert, daß kein Geld im Land ist* (1524), einer Schrift aus der Sturmzeit der Reformation, geißelt er dieses Verhalten scharf: »*Sieh dir an, wie bedenkenlos sich die Drucker auf die Bücher stürzen, ohne darauf Rücksicht zu nehmen, ob eine Sache bös oder gut, geziemend oder ärgererregend sei. Sie nehmen Schandbücher, Buhlbücher, Spottlieder und was ihnen in die Hand kommt und gewinnbringend scheint, zum Drucke an – wodurch der Leser Geld geraubt, Sinn und Herz verwüstet und Zeit vergeudet wird. Auf solche Weise verstricken sie sich in unzählige Sünden, weshalb ihr Tun selten zum Glück ausschlägt: was einer in zehn Jahren zusammenscharrt, das nimmt der Teufel auf einmal mit. Jetzt haben sie sich auf die Lutherischen Büchlein und auf die Heilige Schrift gestürzt, auch hier nur um ihres eigenen Nutzens willen: so muß auch Gottes Wort ihrem gottlosen Geize dienen.*«

Luthers Bibel hat sich auch auswärts regen Nachdrucks erfreut. Bei Friedrich Peypus in Nürnberg kam 1524 seine Übersetzung des Neuen Testaments mit Holzschnitten von Hans Springinklee und Erhard Schön heraus. Die Baseler Adam Petri und Thomas Wolff

Adam Petri, Basel

druckten 1523 geschwind das Neue Testament sowie Teile des Alten Testaments nach und ließen sie teilweise sogar illustrieren. Auch Hans Schönsperger d. J. und Silvan Otmar in Augsburg druckten die ersten Teilausgaben der Lutherbibel nach. Wenn Johann Eberlin von Günzburg es in seiner Philippika nicht versäumt, jene Nachdrucker anzuprangern, die »schlechtes Papier, schlechte Lettern« gebrauchen, so muß man die erwähnten Editionen von dem Vorwurf ausnehmen. Seit 1560, als in Frankfurt am Main eine von Virgil Solis illustrierte Lutherbibel in der Offizin Sigmund Feyerabends gedruckt worden war, verlagerte sich der Bibeldruck allmählich von Wittenberg nach Frankfurt. Feyerabend war als Drucker und Verleger ein Großunternehmer, der außer wissenschaftlichen Werken und der Bibel viel Volkstümliches herausgebracht hat.

Während Froben in Basel wissenschaftliche Werke druckte und treu auf der katholischen Seite stand, fand der Schweizer Reformator Zwingli in Christoph Froschauer in Zürich einen eifrigen Anhänger. Froschauer druckte 1524 die erste Schweizer Bibel – mit sechs Teilen war sie zugleich die erste vollständige protestantische Bibel – und 1535 eine englische Bibel in der Übersetzung von Tyndale. Christoph Froschauer († 1564) und sein gleichnamiger Neffe († 1590) haben neben vielen humanistischen Werken etwa fünfhundert religiöse Schriften verlegt, darunter allein 28 deutsche Bibeln, 10 lateinische und die genannte englische. Daß eine in der Volkssprache abgefaßte Bibel tatsächlich begierig studiert wurde und als Hausbuch diente, hat Froschauer 1530 zum Druck einer Taschenbibel veranlaßt. In der Vorrede der Ausgabe berichtet er, die Offizin sei »*von etlichen guthertzigen Christen bittlich angelangt: daß wir alle Biblien, Alten und Neüwen Testaments: doch ein maal der maaß richtend, daß mans in einen teyl zusamen möge binden*«. Diesem Wunsch sei man nunmehr nachgekommen und habe am Satz des Buches »*weder kosten noch arbeyt gesparet: damit es desto füglicher zusamen gebunden und als*

177

Christoph Froschauer, Zürich

ein täglich handbüchlein, zur Predigt oder auch über feld, kommlich und leichtlich getragen möge werden«.

Gegenüber solchen Unternehmungen mußte Rom, wenn es an der Scholastik und am Latein als einziger Kirchensprache festhielt, notwendig den Reformatoren unterlegen bleiben. Als Gegengewicht boten sich volkssprachliche Bibeln für Katholiken an. In Deutschland war Hieronymus Emser, sächsischer Hofkaplan und Luthergegner wie sein Landesherr Herzog Georg, als gestrenger Kritiker von Luthers Übersetzung des Neuen Testaments von 1522 hervorgetreten. Fünf Jahre später erschien bei Wolfgang Stöckel in Dresden seine eigene Übertragung. Anders als Luther hatte Emser sich, was auch seine Kritik an angeblichen philologischen Unkorrektheiten der Lutherübersetzung erklärt, nicht an den hebräischen Text, sondern an die lateinische Vulgata gehalten. Gleichwohl kann Emsers Werk seine Abhängigkeit von der Lutherischen Schöpfung nicht verheimlichen; die Sprachkraft des Wittenbergers muß auch ihn beeindruckt und zu Anleihen verführt haben. In Freiburg besorgte 1529 der Dominikaner Johannes Dietenberger eine Ausgabe, die er bald darauf zur Vollbibel zu erweitern trachtete. Dietenberger beließ es für das Neue Testament bei der Übersetzung Emsers, für das Alte Testament zog er einzelne Lutherübersetzungen und die Zürcher Bibel heran. Die vollendete Gesamtbibel erschien im Frühsommer 1534 sogar noch vor Luthers vollständiger Bibel. Peter Jordan in Mainz druckte sie, der Kölner Peter Quentell, ein Enkel Heinrich Quentells, verlegte das Werk, das als gegenreformatorisches Unternehmen geplant worden war und, ohne den Erfolg von Luthers Bibel schmälern zu können, deren katholisches Pendant bis ins 18. Jahrhundert blieb.

Zensur

Kirchliche Behörden haben seit je ein wachsames Auge auf ketzerische Lehren oder separatistische Tendenzen gehabt. Im Spätmittelalter waren es besonders die Universitäten, die in eigener Verantwortung und gemäß der ihnen bei der Gründung auferlegten Pflichten das geschriebene Wort kontrollierten. Zensur hat es also schon vor der Erfindung des Buchdrucks gegeben. Seit Gutenberg aber sahen sich die Zensoren einer völlig verwandelten Situation gegenüber. Das ganze Mittelalter hindurch hatte es großer Anstrengung bedurft, überhaupt etwas zu veröffentlichen. Jetzt aber, da sich ein Buch oder eine Flugschrift mit geringem Aufwand in großer Zahl verbreiten ließ, kursierte unliebsames Gedankengut auf dem Druckweg so schnell wie nie zuvor. Rasch erkannte man darin eine Gefahr.

Als eine der ersten Obrigkeiten reagierte die Universität Köln. Ihr Dekan erwirkte 1479 ein päpstliches Privileg, das das bestehende Recht auf *censura*, »strenge Prüfung«, von den Handschriften auf gedruckte Bücher erweiterte. Offenbar hat sich in den folgenden zwei Jahrzehnten diese Kontrolle als unzureichend gezeigt, denn 1499 ordnete der Kölner Erzbischof Hermann IV. von Hessen an, jedes zu druckende Buch bedürfe der Erteilung einer kirchlichen Druckerlaubnis. In Köln traten die Konfliktlinien klar zutage: Die Stadt war eines der produktivsten Zentren des frühen Buchdrucks, ihre Universität eine Hochburg der Scholastik. Ähnlich verhielt sich die Situation in Mainz, der Gutenberg-Stadt. 1486 ließ dort Erzbischof Berthold von Henneberg alle Übersetzungen aus fremden Sprachen ins Deutsche zensieren, wozu vier Professoren der Mainzer Universität eingesetzt wurden. Die Kirche stellte sich zwar nicht gegen das neue Medium, warnte aber vor der Gefahr, »daß Gutes und Böses, Wahres und Falsches durch die hohe Kunst des Buchdrucks unterschiedslos ausgesät würden«. In diesem Sinne äußerte sich Papst Innozenz VIII. in einer am 17. November 1487 erlassenen Bulle. Soweit Bücher »dem katholischen Glauben zuwider, gottlos, feindlich, Ärgernis erregend oder sonst anstößig« seien, sollten sie verbrannt werden. Innozenz forderte Listen, in denen jedermann seine Vorräte an Büchern zur Prüfung angeben müsse. Überdies führte seine Bulle die *Präventivzensur* ein, eine Vorzensur, bei der die Schriftwerke vor der Drucklegung durchgesehen und geprüft werden. Sie trat der *Repressivzensur*, der Unterdrückung des bereits gedruckten Buches durch Verbot und Beschlagnahme, zur Seite.

Der päpstliche Vorstoß sollte für die gesamte Christenheit sicherstellen, daß nur noch gedruckt wurde, was der Kirche genehm, oder, nach ihren Worten, was nicht »gottlos« und »ketzerisch« war. 1501 wurde diese Absicht durch eine ähnlich lautende Bulle von Papst Alexander VI. bekräftigt. Die Durchsetzung der Zensur erwies sich als schwierig, so daß mit der Konstitution vom 4. Mai 1515, die die Ergebnisse eines diese Sache beratenden Laterankonzils zusammenfaßte, ein erneutes Dekret nötig wurde. Die Bedrohung der Orthodoxie und des Papsttums durch abweichende Lehren wuchs in der Zeit der aufkommenden Reformation.

Zugleich sah sich neben der geistlichen nun auch die weltliche Obrigkeit herausgefordert – dies um so mehr, je lauter die gesellschaftskritischen Töne wurden. Zu offenkundig war das Unruhepotential, wenn selbst gemäßigte Propagandisten der Reformation wie Johann Eberlin von Günzburg die neue Situation beschrieben, die das Zurücktreten der alten agrarischen Tauschwirtschaft gegenüber der städtischen Geldwirtschaft mit sich brachte: »*Nachdem die Händler und Kaufleute derart überhand genommen haben, ist der Adel verdorben, die Bürger in den Städten haben nichts, das Landvolk geht betteln.*«

1521 beantwortete Kaiser Karl V. die reformatorischen Bestrebungen mit dem *Wormser Edikt*. Der erste Teil des Erlasses gebot die Vernichtung sämtlicher Schriften Luthers, darüber hinaus untersagte er das Verfassen, Drucken, Verkaufen und Verbreiten jeglicher Bücher, die sich gegen die alte Kirche oder den Staat richteten. Der Kreis konfessioneller Streitigkeiten war damit verlassen: Das Edikt galt, auch wenn bereits Maximilian I. im Jahre 1496 einen *Generalsuperintendenten des Bücherwesens in ganz Teutschland* bestellt hatte, als erstes Exempel einer Zensur von staatlicher Seite. Auf gleicher Linie lag der Nürnberger Reichsabschied von 1524. Im Jahre 1529 erneuerte der Reichstag zu Speyer die Vorzensur sowie den Strafenkatalog des Wormser Edikts, der Autoren, Drucker und Händler mit Ausweisung, Verlust der Bürgerrechte, Gefängnis und Hinrichtung bedrohte. Mit welchen Listen das Buchgewerbe auf die Zensur reagierte, verrät der Augsburger Reichsabschied von 1530. Dort wird jedem Buch zur Pflicht gemacht, den Vor- und Nachnamen des Druckers und den Druckort auf dem Titelblatt auszuweisen. Tatsächlich erschienen zahlreiche Werke unter Pseudonym oder ganz ohne Verfasserangabe, und Druckorte wurden fingiert, indem sie in andere Städte verlegt oder frei erfunden wurden. Absurditäten wie »Rom, zu St. Peters Hof« oder »Impressum Romanae Curiae«, gewählt als Druckvermerke für betont kirchenfeindliche Schriften, verhöhnten den Gegner. Wo der Druck verbotener Werke den Hals kosten konnte, empfahl sich die Fälschung des Impressums als ebenso einfache wie wirkungsvolle Schutzmaßnahme.

Protestantische Landesfürsten revanchierten sich ihrerseits mit Verboten und Zensur, um den Vertrieb katholischer Druckschriften zu verhindern. Und Bücher hatten es auch zu büßen, als die aufständischen Bauern in ihrem Haß auf Klerus und Mönchtum viele Klosterbibliotheken plünderten und in Brand steckten. Von Druckern, die ihren Dienst für die Sache des Papstes mit dem Leben bezahlt hätten, ist nichts bekannt, anders als auf protestantischer Seite. Weil er Flugschriften von Karlstadt und Thomas Müntzer gedruckt hatte, wurde der Nürnberger Drucker Hieronymus Höltzel zweimal verhaftet und ausgewiesen und ein anderer Nürnberger Drucker, Hans Hergot, auf Befehl des sächsischen Landesfürsten 1527 in Leipzig mit dem Schwert hingerichtet. Hergot, wahrscheinlich das erste Blutopfer der Druckgeschichte, war des Druckes »aufrührerischer Schriften« schuldig gesprochen worden. Richtig dürfte jedoch sein, daß dieser – nach dem Wort Friedrich Kapps – »agrarisch-sozialistische Agitator« gar nicht am Druck des ihm zur Last gelegten Manifests beteiligt war, sondern es nur als Buchführer vertrieben hatte.

Die Baseler Drucker Thomas Wolff und Johann Bebel wurden 1524 für den Druck reformatorischer Streitschriften »eingethürmet«. Wie schwer es für einen protestantischen Drucker in einer katholischen Stadt war, zeigt das Schicksal des sehr produktiven Raphael Hoffhalter. Nach Wanderjahren, die ihn in die Niederlande und nach Zürich führten, hatte er es in Wien zu einem florierenden Betrieb mit angeschlossenem Buchhandel gebracht, sah sich jedoch zur Flucht genötigt, als die Stadt im Zuge der Gegenreformation zu einer Hochburg der Jesuiten wurde. Der Kölner Frühdrucker Johann Koelhoff († 1502) geriet mit dem Druck seiner Kölnischen Chronik von 1499 (die für die Nachwelt so interessant ist, weil sich hier die Beschreibung der Änfänge der Druckkunst und die erstmalige Erwähnung Gutenbergs finden) in große Schwierigkeiten. Weil er zu viel von Streitigkeiten im Stadtregiment und mit den Kölner Erzbischöfen berichtete, wurde sein Buch verboten, und Koelhoff mußte die Stadt verlassen.

Von den spanisch beherrschten Provinzen der Niederlande weiß man, daß dort mehrere Drucker für die Publikation protestantischer Schriften die Scheiterhaufen der Inquisition besteigen mußten. Dasselbe Schicksal erlitt Etienne Dolet, ein humanistischer Drucker in Paris, der, weil er vermeintlich ketzerische Werke hergestellt hatte, lange gefangen gehalten und 1546 verbrannt wurde.

In England ging Heinrich VIII. scharf gegen reformatorische Bestrebungen vor. William Tyndale, der englische Bibelübersetzer, wurde 1535 bei Brüssel gefangengenommen und im Jahr 1536 hingerichtet. Auch stellte Heinrich als erster Monarch 1529 eine Liste verbotener Bücher auf.

In Italien forderte der religiöse Eifer des Kardinals Caraffa seinen Tribut. 1542 veranlaßte er Papst Paul III. zur Errichtung des römischen Inquisitionstribunals nach spanischem Vorbild. Ein Jahr später ordnete er an, daß kein Buch, gleich welchen Inhalts, gedruckt oder gehandelt werde dürfe, zu dem die Inquisition nicht ihre Erlaubnis gegeben habe. Kurz darauf erschien auf

Betreiben Caraffas in Venedig eine erste, siebzig inkriminierte Titel zählende Liste, der 1552 in Florenz und 1554 in Mailand umfänglichere Verbotslisten folgten. 1559 schließlich erließ Caraffa, nunmehr als Papst Paul IV., den ersten *Index librorum prohibitorum*, den ersten Katalog der verbotenen Bücher. Der Index wurde bis in die Gegenwart ständig auf den neuesten Stand gebracht. Obgleich sein Wirken darin bestehen sollte, den Gläubigen zu sagen, welche Lektüre sie meiden sollten, galt für die tatsächliche Situation vielfach das Jesuitenwort: *»Notabitur Romae, legetur ergo«* – was Rom auf den Index setzt, wird gewiß gelesen. So ist denn – Ironie des Schicksals – der Index im Jahre 1777 vorübergehend selbst zum verbotenen Buch erklärt worden, weil befürchtet wurde, er könne zum Werbemittel verbotener und darum desto interessanterer Bücher werden.

Die Entwicklung
der Druckschriften

In der Mitte des 16. Jahrhunderts waren mit der Ausbreitung des Buchdrucks eine Reihe neuer Schrifttypen entstanden. Gutenbergs Erfindung zwang notwendig zu einer Beschäftigung mit der Anatomie der Buchstaben. Indem man ihre Eignung für den Druck prüfte, stellten sich nicht nur praktische und ökonomische Aufgaben. Die neue Technik hatte eine neue Kunst im Gefolge: die *Typographie.* Ambitionierte Drucker beschäftigten Kalligraphen als Schriftentwerfer, die mit kunstfertiger Hand, mit Zirkel und Lineal und nach den Prinzipien der Geometrie oder menschlicher Proportion die ideale Gestalt der Buchstaben konstruierten. Dabei schöpften die Werkstätten aus einem Repertoire an Grundformen. Schon die Frühdrucker waren ja nicht als voraussetzungslose Neuerer aufgetreten. Gutenberg hatte bei seinem Bibeldruck das Ideal der gotischen Minuskel vor Augen, wie die feierliche *Textura* seiner B42 bezeugt. Auch die Kalender- und Donatdrucke, der Mainzer Psalter, die B36 lassen das mittelalterliche Vorbild erkennen. Auf einen anderen Formenhintergrund verweist hingegen die Schrift, die Fust und Schöffer 1462 für ihre 48zeilige Bibel verwendeten. Sie besitzt auch gotische Merkmale, ist aber flüssiger und runder geformt, und ihre Type ist kleiner und beansprucht weniger Raum. Wegen dieses Mischcharakters wird sie als *Gotico-Antiqua* bezeichnet. In ihr kommen zwei Tendenzen zusammen, die sich im 16. Jahrhundert in Gestalt zweier Neuschöpfungen gegenübertraten: als *Antiqua* und *Fraktur.* Der Gegensatz von lateinischer Druckschrift und den gebrochenen Schriften, wirksam bis in unser Jahrhundert, hat hier erste Wurzeln. Wie aber war es überhaupt zu diesem Gegenüberstehen zweier Schriften gekommen? Wie war es möglich gewesen, daß den gotischen Schriftarten eine Konkurrenz hatte erwachsen können,

wie sie die Antiqua darstellte – die Konkurrenz eines nicht nur leicht veränderten, sondern gegensätzlichen Formideals?

*Antiqua, eine Schrift aus dem Geist
der Renaissance*

Anders als im Westen und Norden Europas waren in Italien die strengen gotischen Stilprinzipien nie vollständig heimisch geworden. Die gotischen Schriftformen gestaltete man dort nicht so schmal und hoch, die Bögen wurden weniger gebrochen. Die *Gotico-Antiqua,* die Peter Schöffer in Mainz zur Druckschrift durchformte und die in den ersten Jahrzehnten der Frühdruckzeit zur vorherrschenden Schrift vieler Offizinen wurde, kam aus Italien, wo sie in der *fere humanistica,* auch *Petrarcaschrift* genannt, handschriftliche Vorbilder besaß. Daneben hatte sich mit der *Rotunda* oder *Rundgotischen* eine weitere italienische Schrift herausgebildet, in der die eckigen gotischen Formen zugunsten eines leichteren Schreibflusses und besserer Lesbarkeit gerundet waren. Durch die Fertigkeit und Übung der Schreiber und Kopisten erlebte die Humanistenschrift ihre weitreichende Verbreitung. An der Ausformung dieser Handschrift zur Antiqua-Drucktype waren auch deutsche Drucker in Italien beteiligt. Ulrich Han druckte mit einer solchen Schrift 1467 in Rom. In Venedig wurde die Form von Wendelin von Speyer und Nicolaus Jenson zur Gebrauchsschrift weiterentwickelt. Nach Deutschland kam sie durch Erhard Ratdolt, der sie aus Venedig mitbrachte. Sein erhalten gebliebenes Schriftmusterblatt von 1486 (s. S. 155) und viele seiner Drucke weisen mehrere besonders schöne rundgotische und Antiquatypen auf.

Allgemein nimmt man an, daß die Einführung des vergleichsweise billigen Papiers und die daraus resultierende Schreibfreudigkeit im 13. und 14. Jahrhundert zu flüssigeren Handschriften geführt hat, die den gotischen Stilprinzipien nicht in aller Strenge folgten. Das Papier habe es ermöglicht, mehr, schneller und flüchtiger zu schreiben, und so seien die spitzen gotischen Formen abgeschliffen worden und hätten einen gefälligeren Duktus bekommen.

Die Antiqua bildet im Stammbaum der Schrift einen eigenen Zweig, der an den gotischen Schriften vorbei auf die karolingische Minuskel zurückführt. Als nämlich die Humanisten im Geist der Renaissance die griechischen und römischen Klassiker für sich neu entdeckten, fanden sie deren Werke in Abschriften aus der Zeit Karls des Großen vor, die sie jedoch fälschlich für Originalmanuskripte ansahen. Die karolingische Schrift wurde als Schrift der Römer angesehen und so übernommen. Neuerungen wie die Einführung des i-Punktes, der senkrechte Abstrich des a sowie kleine Serifen an den

Buchstabenfüßen machten dann aus der karolingischen die *humanistische Minuskel*. Die Großbuchstaben für ihre Schrift wiederum bezogen die Gelehrten tatsächlich aus der Antike, indem sie sich an die alten steinernen Inschriften hielten, die als Erbe Roms an vielen Orten Italiens überdauert hatten. Das Ergebnis der Verschmelzung war die *Renaissance-Antiqua*, eine Kombination aus zwei Alphabeten. Noch in unserer heutigen Lateinschrift lebt dieser Doppelcharakter fort: Urbild der Versalien ist die römische Capitalis, während die Kleinbuchstaben auf die Humanistenminuskel zurückgehen.

Konrad Sweynheim und Arnold Pannartz, die Pioniere der Druckkunst in Italien, haben in Subiaco bei Rom gleich von 1465 an mit einer Antiqua gedruckt. Ihre Type, der noch gotische Elemente beigemischt waren, verfeinerten Wendelin und Johann Speyer in Venedig. Nicolaus Jenson, der französische Stempelschneider, Drucker, Verleger und Buchhändler, hatte bei Gutenberg das neue Handwerk erlernt, bevor auch er sich in Venedig, dem wichtigsten Frühdruckort Italiens, niederließ. Jenson schuf für seine Werkstatt qualitätvolle rundgotische Druckschriften und eine Antiqua, die noch heute sehr bewundert wird. Seine *venezianische Antiqua* von 1470 erreichte erstmals eine mustergültige, später als »klassisch« empfundene Form (als deren Kennzeichen das kleine e mit einem schrägen Querstrich gilt). Jenson hat sich mit ihr von der allzu starren Fixierung auf das Vorbild der Handschriften befreit und es verstanden, die Vorzüge handgeschriebener mit den seinerzeit bekannten geschnittenen Typen zu kombinieren.

Berühmtheit erlangten auch die Antiquaschriften aus der Werkstatt des Aldus Manutius. Aus dem Jahre 1495 stammt die für den Traktat *De Aetna* des Pietro Bembo geschaffene *Bembotype*, die von Francesco da Bologna, genannt Griffo, entworfen und geschnitten wurde. Schöner noch als die »Bembo« geriet Griffo eine Weiterentwicklung. Aldus benutzte diese Schrift Griffos erstmals im Jahre 1499 für den Druck des Werkes *Hypnerotomachia Poliphili*. Die *Poliphiliustype* war licht, harmonisch in ihren Proportionen und leicht zu lesen. Seine handlichen Klassikerausgaben, von Sammlern später *Aldinen* getauft, ließ Aldus Manutius in einer anmutigen, ebenfalls von Griffo entworfenen Antiquakursive setzen, der *Italica*, wie diese erste Druckkursive gemeinhin heißt. In Rom wurde die Griffo-Kursive vom vatikanischen Kanzleischreiber Lodovico Arrighi, auch Vicentino genannt, erstmals 1522 in seinem Schreibbüchlein vorgestellt und auch gedruckt.

Diese kursiven Antiquaschriften waren zunächst eigenständige Satzschriften für ganze Werke. Erst später übernahmen die Kursiv-Schnitte als Auszeichnungsschriften eine Hilfs- und Ergänzungsfunktion. Den Schlußpunkt der italienischen Entwicklung der Antiqua setzte Antonio Blado aus Asola. Blado, der als offizieller Drucker des Heiligen Stuhles 1559 den ersten *Index*

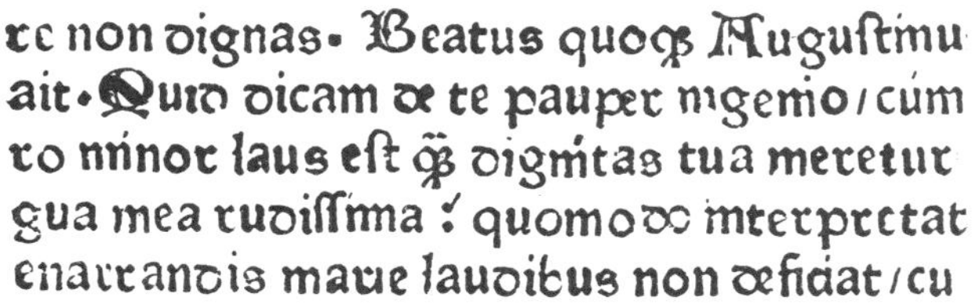

Gotico-Antiqua

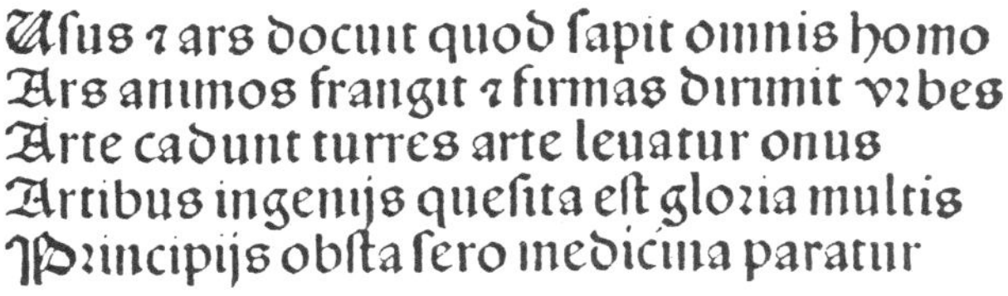

Rotunda

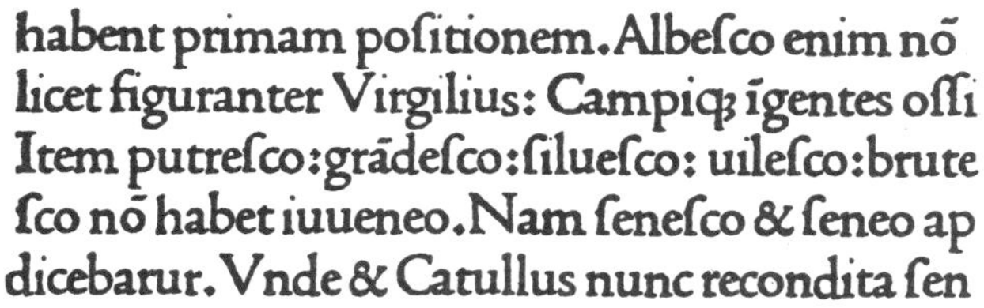

Antiquatype von Nikolaus Jenson

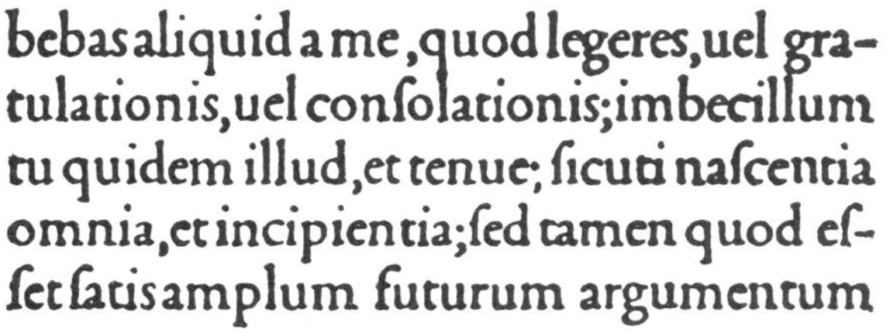

Bembotype

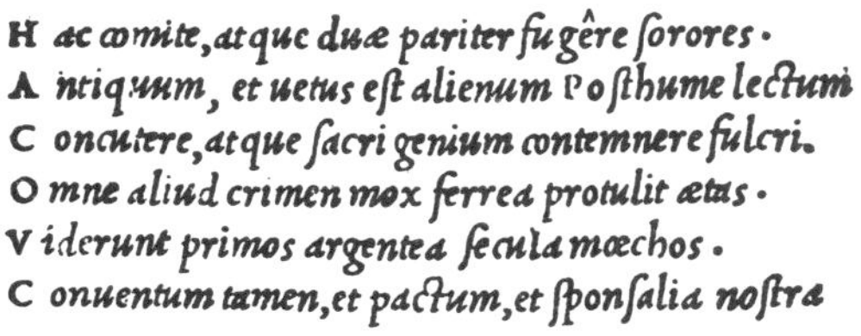

Kursive des Aldus Manutius, Italica

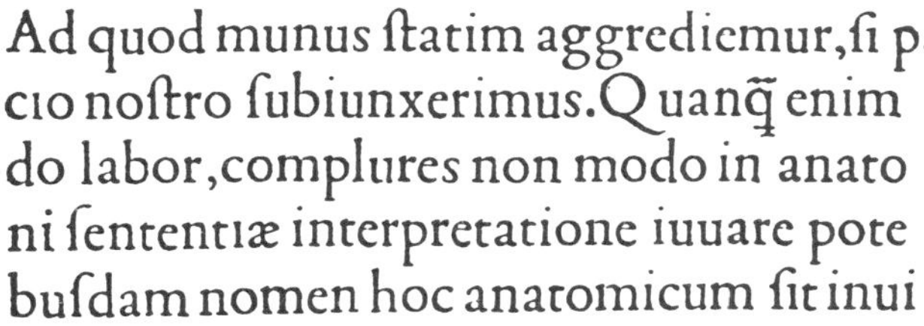

Antiqua des Claude Garamond

librorum prohibitorum herstellte, hat die von ihm geschaffene, sehr ausgereifte Type für die Erstausgaben von Machiavellis *Il Principe* (1532) und Loyolas *Exercitia Spiritualia* (1548) verwendet.

Die französischen Drucker trieben die Kultivierung der *Antiqua* weiter. Maßgeblichen Anteil daran besaß der humanistische Gelehrte Geoffroy Tory (1480–1533), der die Kunst der Renaissance auf Reisen durch Italien studiert hatte. Er setzte die Versalien der Antiqua in ihren Abmessungen mit den Proportionen des menschlichen Körpers in Beziehung und betonte den konstruktiven Charakter des Buchstabenentwurfs. Tory verfaßte die erste Theorie der Typographie. Das Werk über die Konstruktion und Proportion der Antiquaversalien, über Schrift und Buchschmuck trägt den Titel *Champ Fleury* und erschien 1529 in Paris. Franz I. ernannte Tory 1530 zum *Imprimeur du Roi*.

In *Champ Fleury* findet sich auch eine Schrift von Claude Garamond (um 1480–1561), einem Schüler Torys. Garamond, der Entwerfer, Stempelschneider, Schriftgießer, Setzer und Drucker war, zählt zu den wichtigsten Schriftschöpfern des 16. Jahrhunderts. Seine für Tory, Étienne und andere Drucker geschaffenen Antiquaschriften wurden Vorbild der Renaissance-Antiqua bis in die Gegenwart. Die Typen haben sich vollständig von den Formen mittelalterlicher Handschriften gelöst, sie sind Neuschöpfungen ganz eigenen Ranges, nur für den Druck. Als einer der ersten hat dies Robert Étienne (1503–1559), wahrscheinlich von Tory angeregt, erkannt und seine Setzerei mit den neuen Schriften eingerichtet. Robert, der berühmteste der drei Söhne von Henri Étienne, dem Begründer dieser Pariser Druckerdynastie, die ein volles Jahrhundert hindurch im europäischen Buchdruck den Ton angab, druckte zusammen mit seinem Stiefvater Simon de Colines bevorzugt mit Garamonds Typen.

Unter de Colines erfuhr die Druckkunst in Frankreich einen lebhaften Aufschwung. Selten sind die Zeiten dafür besser gewesen. Franz I. war ein großer Förderer der Buchdrucks, und die Begünstigten haben sich revanchiert, indem sie seine Regierungszeit von 1515 bis 1547 zum Goldenen Zeitalter der französischen Druckkunst erklärten. Geoffroy Tory, Simon de Colines und Robert Étienne haben in Frankreich die Maximen des Aldus Manutius zur Norm erhoben: ausschließlicher Gebrauch von Antiqua und Kursive, handliches Format und niedriger Preis. Es geht die Legende, im Hause der Druckerfamilie Étienne, deren Mitglieder ihren Namen zu Stephanus zu latinisieren pflegten, hätten aus lauter Bildungseifer sogar die Dienstboten lateinisch gesprochen. Robert Étienne verfaßte ein lateinisches Wörterbuch, den *Thesaurus linguae latinae*, und druckte es 1532 in seiner Offizin. Mit den von Garamond entwickelten griechischen Schrifttypen, den *Grecs du Roi*, druckte er

1546 das Neue Testament. Deren Stempel und Matrizen werden noch heute in der Imprimerie Nationale in Paris aufbewahrt.

In der zweiten Hälfte des 16. Jahrhunderts traten die Antiquatypen Garamonds, dessen Schüler die Schrift verbesserten und verbreiteten, ihren Siegeszug durch die Nachbarländer an, auch zum renommierten Christoph Plantin nach Antwerpen. Fast zweihundertfünfzig Jahre lang haben Varianten der Garamond-Antiqua im Buchdruck eine beherrschende Stellung eingenommen, und noch heute gilt diese Renaissance-Antiqua als ausnehmend schön und gut lesbar.

Der Lyoner Stempelschneider und Drucker Robert Granjon beschäftigte sich nicht nur mit der Renaissance-Antiqua, er hoffte mit einer kalligraphischen »lettre courante« eine typisch französische Nationalschrift zu schaffen, die er auch *lettre françoise d'art de main* nannte und die seit dem 18./19. Jahrhundert *caractères de civilité* genannt wurde. Robert Granjon druckte etwa zwanzig Titel in dieser Schrift, darunter *La civilité puerile*, Lyon 1564, woher der spätere Name der Schrift stammt. Die *Civilité*-Type übernahm auch Plantin in Antwerpen, der zusätzliche Versionen dieser Schreibschrift anschaffte.

Fraktur, *eine neue Schrift aus der Kanzlei Maximilians*

Die Ursprünge der *Fraktur* sind immer noch nicht genau geklärt. Ihre markanten ausladenden Schnörkel an den Großbuchstaben, die »Elefantenrüssel«, die die Herkunft der Fraktur aus Schreibschriften verraten, finden sich auch bei Mischformen von Handschriften, die im frühen 15. Jahrhundert in Böhmen verwendet wurden. Noch weiter zurück gehen Untersuchungen, die die Vorformen der Fraktur im 14. Jahrhundert ansiedeln. Danach wäre sie schon früh in fürstlichen Kanzleien entstanden.

Andererseits gilt die Fraktur in ihrer typischen Gestalt als echte Neuschöpfung des 16. Jahrhunderts, als eine Schrift, die ihre Existenz dem bibliophilen Ehrgeiz von Maximilian I. verdankt. Bemerkenswert ist die kaiserliche Aufgeschlossenheit gegenüber der jungen Kunst Gutenbergs zu einer Zeit, als es ringsum in den fürstlichen Bibliotheken immer noch peinlich vermieden wurde, Druckwerke in den Bestand aufzunehmen, und man ganz auf kostbare Handschriften fixiert war. Die Fraktur indessen ging aus einem Repräsentationswerk hervor, mit dem man zwar an die Tradition aufwendig gestalteter Handschriften anknüpfen wollte, dafür aber den Buchdruck einsetzte.

Wer war der Schöpfer der Fraktur? Diese Frage stellt, wie viele vor ihm, Albert Kapr in seinem 1993 erschienenen Buch über die Form und Geschichte der gebrochenen Schriften noch einmal, doch auch diese jüngste Untersuchung bleibt eine definitive Antwort schuldig. Zwei Schreibkünstler kommen als Schriftentwerfer in Betracht: Der 1454 in Schwabmünchen bei Augsburg geborene Benediktinermönch Leonhard Wagner und Vinzenz Rockner, Maximilians Sekretär, der sich an der Kalligraphie der kaiserlichen Kanzlei orientierte und von dem auch die Druckanweisung an Johann Schönsperger kam. Jost de Negker, den man aus den Niederlanden hinzuzog, wird gemeinhin »nur« als Formenschneider erwähnt, aber vieles deutet darauf hin, daß er zum Gelingen der schwierigen schnörkelreichen Schrift in einer über das rein Handwerkliche hinausgehenden Weise beitrug. Das erste Werk, das mit der neuen, als formalisierte gotische Bastarda anzusehenden Frakturtype gedruckt wurde, war Maximilians *Gebetbuch*. Rockner und Schönsperger haben als Schriftentwerfer und Drucker auch den *Theuerdank* von 1517 auf den Weg gebracht, wiederum mit einer Frühform der Fraktur, die mit noch mehr Schnörkeln und Schreiberschwüngen ausgestattet war, die das Handschriftliche betonen sollten. Eines der schönsten und in seiner Art erfolgreichsten Bücher des 16. Jahrhunderts, das *Turnierbuch* von Georg Rüxner, reich geschmückt mit 125 Holzschnitten von Kampfszenen und Festlichkeiten, ist im Jahre 1530 in Simmern im Hunsrück von Hieronymus Rodler mit einer schnörkelreduzierten Theuerdanktype gedruckt worden.

Eine zweite Linie der Entwicklung führt zu Johann Neudörffer d. Ä., dem Nürnberger Schreibmeister, ohne daß dabei der Wirkungskreis Maximilianischen Kunstsinns und Geltungsdrangs verlassen wird. Neudörffer nannte sich selbst »Modist«, womit ein Kalligraph gemeint war, der nach der Regel, dem *Modus*, zu schreiben vermochte. Er hatte, wie auch Vinzenz Rockner, in früher Jugend die private Schreib- und Rechenschule des Paulus Vischer in Nürnberg besucht. Zusammen mit Albrecht Dürer arbeitete Neudörffer von 1515 bis 1518 an der *Ehrenpforte*, die der Kaiser, sich zum Ruhme, plante. Nach dem Vorbild der steinernen römischen Triumphbogen, die heimkehrende siegreiche Feldherren empfing, sollte ein großes Holzschnittbild aus 192 Einzeldruckstöcken entstehen.

Zahlreiche Künstler waren mit den Entwürfen beschäftigt. Neudörffer zeichnete die Schrift und machte dann, wie er in seinen *Nachrichten von Künstlern und Werkleuten* überliefert, mit dem Schriftschneider Hieronymus Andreä »eine *Prob von Fracturschriften, die schnitt er in Holz und darnach in stählerne Punzen, und veränderte dieselbige Schrift in mancherlei Größ, und wiewol Kaiserl. Majestät vorher durch den Schönsperger auch eine Fractur machen und den Theuerdank damit drucken lassen…, achte ich doch, diese seine (des Hieronymus) Schrift soll auch noch heutigen Tags wol daneben stehen«*. Die *Neudörffer-Andreä-Fraktur* ist in der Ehrenpforte erstmals und noch als Holzschnitt ausgeführt worden. 5 Grade hat Andreä von

der neuen Schrift geschnitten. Mit seinen Typen kam die deutsche Ausgabe von Dürers *Triumphwagen* (1522) heraus, 1525 folgte Dürers *Underweysung der Messung mit Zirkel und Richtscheyd*. In diesem Werk wurde die von Neudörffer und Andreä entwickelte Fraktur in Vollendung verwendet. Mit ihren schmalhohen, eng laufenden Kleinbuchstaben und den breiten, barock anmutenden, auf ornamentale Zierstriche möglichst verzichtenden Versalien war sie leichter zu lesen als alle vorausgegangenen Formen. Sie wurde die Schrift der deutschen Renaissance.

Das obige Zitat zeigt, daß bereits Neudörffer den Namen »Fraktur« benutzte. Die Bezeichnung kommt von lat. *fractura* = die Gebrochene, was auf die Zugehörigkeit der Fraktur zur Familie der gebrochenen gotischen Schriften verweist. Ihre nächsten Verwandten sind die *Schwabacher Schrift* und die *oberrheinische Drucktype*. Beide entstanden gegen Ende des 15. Jahrhunderts als spezifisch deutsche Nachschnitte der Formen einer aus der Kurrentschrift weiterentwickelten gotischen Bastarda. Die Schwabacher ging von Augsburg und Nürnberg aus und verbreitete sich rasch. Für das Jahr 1485 ist sie bei dem Nürnberger Drucker Friedrich Creussner erstmals nachgewiesen. Hieronymus Höltzel benutzte sie für einen Titel *Schwabacher Kasten*, woher möglicherweise ihr Name rührt, und Anton Koberger verwendete sie für die deutsche Ausgabe von Hartmann Schedels Weltchronik, *Das Buch der Croniken und Geschichten*. In der Schwabacher mischen sich die Stile von Gotik und Renaissance: Die Buchstaben m und n sind nur oben gebrochen und schließen unten glatt ab, bei e und c nimmt im Vergleich mit gotischen Schriften der runde Charakter zu, wie überhaupt die Schwabacher breiter läuft und leichter lesbar ist als ihre Vorgänger. Sie wurde

Oberrheinische Schrift

Schwabacher

die Type der Reformationsdrucke des 16. Jahrhunderts und war bis zur Niederschlagung des Bauernaufstandes die am häufigsten verwendete Schrift im deutschen Raum. Die *oberrheinische* Bastarda gibt sich als ihre nahe Vorform zu erkennen. Noch sind die Merkmale einer geschriebenen Schrift, z. B. die Schleifen an den Kleinbuchstaben b, d, h und l, erkennbar. Sie ist vor allem in Köln, Mainz und Straßburg verwendet worden.

Bis zum Ende des 16. Jahrhunderts hatte sich die Fraktur durchgesetzt. Die Schwabacher wurde zunächst noch als Auszeichnungsschrift im Frakturtext gebraucht, verlor aber bald ganz an Bedeutung. Seitdem gilt die Fraktur als die eigentliche *deutsche* Schrift. Die Elefantenrüssel, die die Versalien 𝔄, 𝔅, 𝔐, 𝔑, 𝔓, 𝔕, 𝔙 und 𝔚 schwungvoll einleiten, verstärken den Eindruck von Bewegtheit, der durch den Wechsel von bogenartigen und geraden Schäften bei den Kleinbuchstaben entsteht. In Brotschriftgraden, die für Bücher gebraucht wurden, ist die Fraktur gut lesbar, sie erleichtert das Erfassen langer Wörter, wie sie im Deutschen durch Zusammensetzung häufig entstehen.

Die Schriftspaltung in Deutschland

Ein halbes Jahrhundert nach Gutenbergs Tod hatte sich die Vielzahl der Druckschriften aus der Anfangszeit mehr und mehr vereinheitlicht. Zwar gab es von Offizin zu Offizin immer noch manche Unterschiede. Aber diese betrafen nur individuelle, werkstatteigene Formen, nicht die Wesensvielfalt der Typen. Zwei Hauptströme hatten sich herausgebildet: Von Italien her breitete sich die Antiqua in den lateinischen Ländern aus; in Deutschland überwogen die gebrochenen gotischen Schriften, zunächst die Schwabacher, später die Fraktur. Welcher dieser beiden Grundrichtungen man zuneigte, war keine bloß ästhetische Frage. In der Wahl der Buchstaben teilte der Geist der Sache sich mit. Es begann damit, daß die Drucker die verschiedenen Literaturgattungen in einer jeweils »typischen« Schrift setzten. Schon Nicolaus Jenson hatte die gotische Type nur noch für liturgische und religiöse Bücher, juristische Werke u. ä. gebraucht, für lateinische Klassiker und die Schriften der Humanisten aber die Antiqua eingesetzt. In Italien wurde die gotische Form von der Antiqua ganz verdrängt, ebenso zur Mitte des 16. Jahrhunderts in Spanien und Frankreich. Es setzte sich also eine Form auf Kosten der anderen durch und dominierte fortan ausschließlich.

Anders in Deutschland und in den kulturell beeinflußten nordischen und slawischen Ländern, wo man an den gebrochenen Schriften festhielt, ohne daß deshalb die Antiqua vollständig vernachlässigt wurde. Hier blieb der Gegensatz erhalten – und lud sich in der Folge ideologisch auf. Die Schriftfrage wurde für viele zur Prinzipienfrage. Als der hochgebildete Johann Bergmann von

Olpe († 1532), Druckerverleger in Basel, der Hochburg der Humanisten, im Jahre 1498 Johann Reuchlins *Scenica progymnasmata* herausgab, begründete er die Wahl der Drucktype mit bezeichnenden Worten. Daß man der Antiqua vor einer gotischen Schrift den Vorzug gegeben hatte, ließ den Drucker davon sprechen, sein Buch sei nicht mit »barbarischer« Type gedruckt worden. Erasmus von Rotterdam, Pirckheimer, Calvin und Zwingli, auch Melanchthon bevorzugten die lateinische Schrift; Thomas Müntzer, Karlstadt, Luther und die an der Reformation beteiligten Theologen, später auch viele deutsche Fürsten hielten es mit den deutschen Buchstaben.

Eine Vorentscheidung von gewisser ideologischer Bedeutsamkeit war schon im frühen 15. Jahrhundert gefallen, als die vatikanische Kanzlei, motiviert durch den seit 1404 als apostolischer Sekretär in Rom wirkenden Humanisten Poggio Bracciolini, die humanistischen Minuskel und Kursiv als Kanzleischrift übernahm. »Durch dieses Bekenntnis zur Antiqua«, kommentiert Albert Kapr, »wird symbolisch bedeutet, daß sich die römisch-katholische Kirche mit dem Gedankengut der Humanisten verbündete. Andererseits wurde für die vorreformatorischen Kräfte, die den Gottesdienst und die Heilige Messe in der Nationalsprache durchführen wollten, die humanistische Schrift zur lateinischen Schrift, zur Schrift der lateinischen Sprache.« Es entsprach dem wachsenden Nationalbewußtsein des deutschen Bürgertums an der Wende zum 16. Jahrhundert, daß die deutsche Literatur und damit auch die als deutsch empfundenen Buchstaben der gotischen Bastarda im Ansehen stiegen, was der späteren Anhängerschaft der Fraktur das Feld bereitete.

Eine ausschlaggebende Rolle spielte die Reformation. Wenn Luther sich der deutschen Sprache zuwandte und zugleich den »Antichrist« auf dem Heiligen Stuhl zu Rom attackierte, so identifizierte dies lateinische Texte und lateinische Schrift mit dem Gegner, dem Papsttum. Die Fraktur, die zur gleichen Zeit in Nürnberg ihre Ausprägung erhielt, konnten Luther und die Wittenberger Drucker noch nicht kennen, aber sie benutzten für die frühen Reformationsdrucke selbstverständlich keine Antiqua, sondern die von Melchior Lotter d. J. aus Leipzig mitgebrachte Schrift *(Wittenberger Schrift)*, eine zur Schwabacher neigende, etwas breitlaufende und grobe Bastarda. Die einfachen Drucke der Bauernkriege waren denn auch in der jeweils am Druckort vorherrschenden Bastardatype hergestellt. Bereits vor Luther waren viele Ausgaben der deutschen Bibel mit Frühformen der Schwabacher gedruckt worden, während die lateinischen Bibeln entweder in der für liturgische Texte exemplarischen Schrift, der Textura, oder in Gotico-Antiqua erschienen. Die breite Wittenberger Schrift, die gebräuchlichste Schrift der Reformationsdrucke, wurde bald von der schmallaufenden Fraktur abgelöst.

28

Di habitat in adiuto-
rio altissimi: in ptectio
ne dei celi commorabitur·
Dicet domino susceptor meus
es tu: et refugiu meum: deus
meus sperabo in eum·
Quoniam ipse liberauit me
de laqueo venatium: et a ver-
bo aspero·
Scapulis suis obumbrabit ti-
bi:7 sub pennis eius sperabis·
Scuto circumdabit te veritas

Gebetbuch von Kaiser Maximilian I. Das erste Auftreten der Fraktur.
Randzeichnungen von Albrecht Dürer. Gedruckt von Johann Schönsperger
1512 bis 1513 in Augsburg. 43 × 60 cm.

Die evangelischen Theologen und Autoren gaben in ihrer Opposition gegen Rom entschieden der Fraktur den Vorzug. Daraus entspann sich eine innige Verbindung, denn wer als Kind schon den Katechismus, später die Bibel in Frakturschrift studierte, wer endlich auch die Lieder im evangelischen Gesangbuch in Fraktur gesetzt fand, für den war sie der Inbegriff von Schrift, die Schrift seiner Heimat und seines Glaubens. Die Antiqua wurde die Schrift der katholischen Kirche. Von 1550 an läßt sich in Deutschland eine Trennung beobachten, die sich, wenngleich nur in Überresten, bis 1941 gehalten hat: Deutsche Texte wurden in Fraktur, fremdsprachliche in Antiqua gesetzt. Eine in ihrer Art extreme und einmalige Wertung der Schriften versuchte Luthers Bibelkorrektor Georg Rörer in der Lutherbibel von 1541, die bei Hans Lufft in Wittenberg gedruckt wurde. In einem Schlußwort an den »christlichen Leser« sagt Rörer, nachdem er zuvor einige allgemeine typographische Hinweise gegeben hat: »*Zum dritten sind die zweierley Buchstaben der 𝔄𝔅ℭ und der ABC Gestalt gesetzt, dem unerfahrenen Leser unterschied anzuzeigen. Das wo dieser 𝔄𝔅ℭ stehen, die Schrifft rede von gnade, trost etc., Die andern ABC von zorn, straffe etc.*« Gut und Böse wurden also fein säuberlich auf deutsche und lateinische Schrift verteilt. Auch wenn Albert Kapr in seinem Buch über die Fraktur vermutet, es gebe »kein zweites Beispiel in der Weltliteratur«, bei dem ähnlich rigoros verfahren worden sei, so bleibt es doch ein wahres Lehrstück über den Geist der Buchstaben. Luther hat Rörers Vorgehen mißbilligt, woraufhin bei Neuauflagen der Bibel derartige typographische Unterscheidungen unterlassen wurden.

Schreibmeisterbücher

Nicht nur die Drucker, auch die Kalligraphen, Schreib- und Rechenmeister hatten einen großen Anteil an der Entwicklung der Schrift. Zeugnisse ihrer Kunst sind die uns überlieferten Schreibmeisterbücher. Die ersten Vorlagenbücher entstanden in Italien. Harmonie und Proportion, die immer eine Sache des Formgefühls und des Augenmaßes gewesen waren, suchte man in der Renaissance auf meßbare Verhältnisse zurückzuführen. Proportionen sollten berechenbar, Harmonie konstruierbar sein. Dies galt für die Architektur, für die Verhältnisse des menschlichen Körpers, und es galt für die

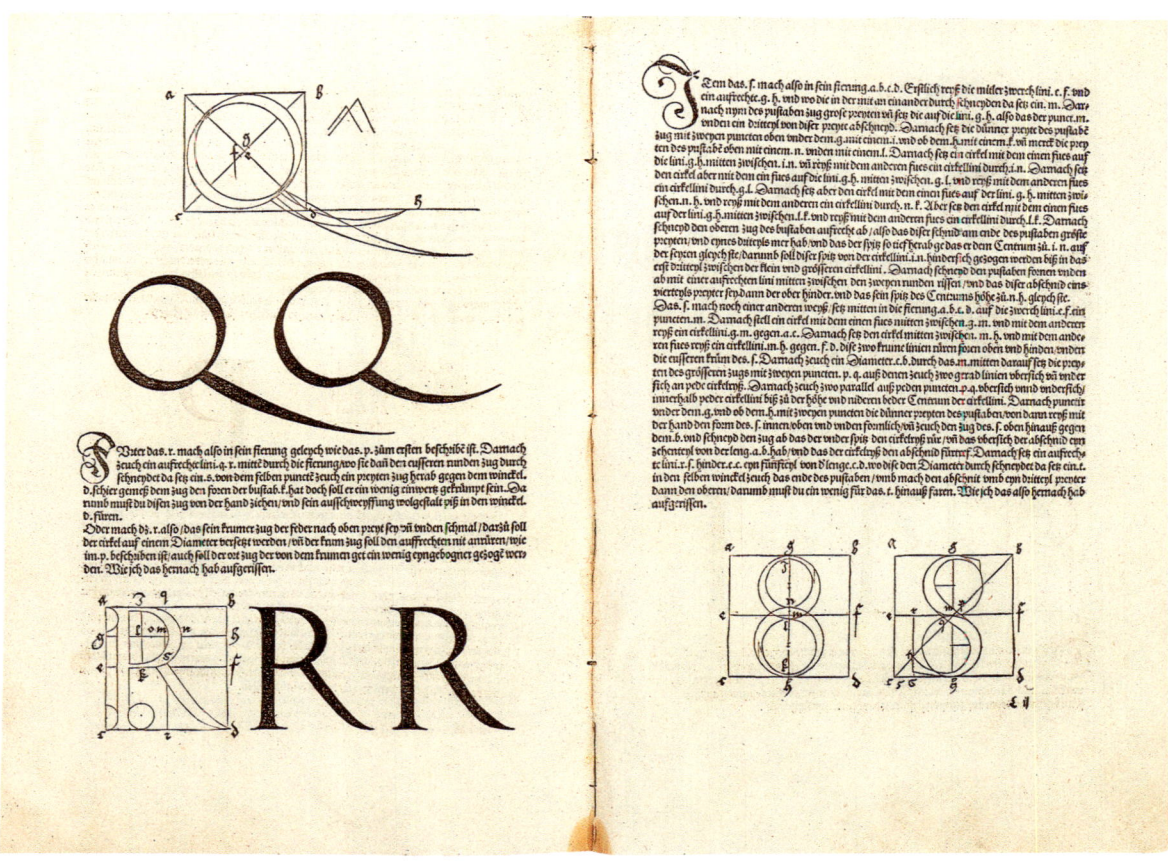

Albrecht Dürers Underweysung der Messung mit Zirkel und Richtscheyd (1525). In diesem Werk veröffentlichte Dürer seine Konstruktionen der Antiqua-Versalien, einer gotischen Minuskel und einer kalligraphischen gotischen Schrift. Aufgeschlagenes Buch: 43,2 × 29,5 cm.

Seiner Schreiblehre von 1538, *Anweyßung einer gemainen Handschrift,*
ließ Johann Neudörffer d. Ä. 1544 ein Bändchen folgen, das dem Hand-
werkszeug des Kalligraphen, der Herstellung und Handhabung von
Federkiel und Rohrfeder, gewidmet war: *Anweyßung unnd eygentlicher*

bericht, wie man eynen yeden Kil zum Schreiben erwölen, bereiten,
teylen, schneiden und temperieren soll. 8 Textseiten mit eingehefteten
Schautafeln in einer frühen Radiertechnik, 30,5 × 16,5 cm.

Gestalt der Buchstaben. Winkelmaß und Zirkel wurden
zu Werkzeugen dieser Untersuchungen. Der Einfluß
der Schreibmeisterbücher und Schriftkonstruktionen
auf die allgemeine Schriftanwendung begann früh und
wirkte sich auf die Druckschrift mittelbar aus. Die ersten
geometrischen Konstruktionen von Antiqua-Versalien
in der Renaissance hatte der Veroneser Humanist Felice
Feliciano 1463 nach dem Vorbild antiker römischer
Inschriften geschaffen. Feliciano legte seinen Konstruktionen, wie viele Schriftschöpfer nach ihm, Quadrat und
Kreis zugrunde. Damiano da Moile folgte mit einem
Versal-Alphabet, das er 1480 in Parma für ein Handbuch
aufzeichnete. In *Divina Proportione,* das 1509 in Venedig
erschien, nahm sich ein Mathematiker, Luca Pacioli de
Burgo, der Buchstabenkonstruktion an. 1514 legte Sigis-
mondo de Fanti in seinem Werk *Theorica et pratica*
eigene Antiqua-Entwürfe sowie Konstruktionsversuche
anderer Schriften vor und gab Anweisungen für die
Gestaltung von Überschriften. 1522 stellte Lodovico
Arrighi Vicentino Regeln für Wort- und Buchstabenabstände auf. Giovanni Tagliente widmete sich 1524 in
Venedig besonders den Varianten der Kursive. Verini leitete 1527 die Proportionen der Versalien von den Maßen
des menschlichen Körpers ab, Vitruv brachte sie in Verbindung mit Gesetzen der Architektur. Das Schreibmeisterbuch Giambattista Palatinos von 1540, das sechs
weitere Auflagen erlebte, faßte vorliegende Erfindungen
und Konstruktionen zusammen. Vespasiano Amphiareo
vereinfachte die Regeln zur Konstruktion von Versalien.
1570 stellte Giovanni Francesco Cresci in seinem Schrift-

buch noch einmal die Schriftentwürfe vieler Vorgänger
nebeneinander.

Bei vielen Schreibmeistern Italiens spielte die
Cancellaresca, eine schrägliegende, enge lateinische
Schreibschrift, wie sie in den Kanzleien der Notare und
Kaufleute geschrieben wurde, eine große Rolle. Sie
wurde Vorbild für die Kursive, die Antiquakursive im
Buchdruck. Es versteht sich, daß die italienischen Kalli-
graphen besonders um Antiquaschriften bemüht waren.
In Deutschland hat Albrecht Dürer in seiner *Underwey-
sung der Messung mit Zirkel und Richtscheyd* (1525) eine
ähnliche Vorstellung geäußert wie die Italiener, die
Kunst des Buchstabenentwurfs sei erlernbar, wenn man
den Anweisungen der Schreibmeister folge. Johann
Neudörffer hat mit seinem Hauptwerk *Anweyßung
einer gemainen Handschrift* von 1538 der Fraktur in
Deutschland zu weiter Verbreitung verholfen. Urban
Wyss brachte 1549 in Basel ein Schreibmeisterbuch
unter dem Titel *Zerstreuung* heraus. Wie Neudörffer und
Fugger bemühte er sich um Analyse und Aufbau der
Buchstaben. Ein besonderes Augenmerk der Schreib-
lehrer galt der Entwicklung einer deutschen Handschrift, einer *Kurrent.* Die lateinische Bezeichnung
bedeutet »Laufschrift« und meint den flüssigen Schrift-
verlauf der Gebrauchsschrift, bei der ein Buchstabe mit
dem anderen verbunden wird. Aus dem Schreibbuch des
Wolfgang Fugger von 1553 stammt das vielzitierte und
auf die Handschrift gemünzte Wort: *»Es will nit schön
sehen, so man die Teutsche Sprach mit lateinischen Buchstaben schreiben will.«*

Meisterschaft des Holzschnitts

Der Holzschnitt gelangte in der ersten Hälfte des 16. Jahrhunderts zu technischer und künstlerischer Vollendung. Die Themen, die den Geist der Zeit bewegten, haben sich seiner ausgiebig bemächtigt: Lehr- und Schmuckbild sowie die mit dem Humanismus aufkommenden wissenschaftlichen Abbildungen nutzten die druckgraphische Technik. Den Buchschmuck prägte die Renaissance mit ihren Formen und Ornamenten, namentlich mit Fruchtschnüren, Blumengirlanden, Grotesken, Putten und Architektur-Rahmungen.

Die Dimensionen der Holzschnitte wuchsen in extreme Richtungen. Neben den überaus kleinen, sehr fein geschnittenen Illustrationen eines Hans Holbein d. J. und Bernard Salomon in Lyon gab es große plakatartige Holzschnitte, die aus mehreren Platten zusammengesetzt wurden. Eine Besonderheit waren die zu wissenschaftlichen Darstellungszwecken ersonnenen Klappbilder, bestehend aus mehrlagigen farbig bedruckten Pappen, die gegeneinander verschiebbar waren, sich drehen ließen oder dem Blick eine neue Ansicht eröffneten, wenn man sie hochklappte. Das statische Bild im Buch ließ sich so in Bewegung bringen, die Bewegung

188   Petrus Apianus, *Astronomicum Caesareum*. Ingoldstadt 1540.
Die Abbildung zeigt die Darstellung der Sternbilder und ihre Stellung im Tierkreis. Apians Werk weist bis zu 8 übereinanderliegende drehbare Scheiben (sogenannte *Volvelles*) mit Teilungen, Spiralen und Meßein-

richtungen auf. Aus dem Mittelpunkt herausragende Schnüre, die sich zum Rand hin spannen lassen, erleichterten das Ablesen und die Berechnung. 31,5 × 46,7 cm.

der Gestirne nachstellen oder die Anatomie des menschlichen Leibs erklären. Ein prächtiges Beispiel solcher wissenschaftlicher Illustration gibt Peter Apians *Astronomicum Caesareum*. Der Geograph und Astronom Peter Apian (1501–1552), eigentlich Bienewitz oder Bennewitz, stammte aus Leisnig in Sachsen. 1527 wurde er als Professor für Mathematik an die neue Universität nach Ingolstadt berufen. In der von seinem Bruder Georg Apian geleiteten Ingolstädter Presse hat er das Kaiser Karl V. und König Ferdinand gewidmete Werk gedruckt und 1540 herausgebracht. Neben Textholzschnitten enthält dieses riesige Druckwerk 41 ganzseitige Figuren,

von denen 21 mit drehbaren Scheiben ausgestattet sind, sowie eine große eindrucksvolle Himmelskarte mit Sternbildern. Die Holzschnitte stammen in der Mehrzahl vermutlich von Hans Brosamer. Apian hat seine komplizierte Druckleistung ins rechte Licht zu rücken verstanden, indem er schrieb: *»Es kann mänigklich wol ermessen, das man mit solchen büchern nit eilen kan, wie mit anderen, da weder kunst, figurn, noch ziffer innen sein, dieweil zu zeiten ein monat lang mehr oder minder zeit und weil nur auf ein blatt geht, ehe man durch grosse mühe und rechnung bekommen mag, ich will geschweigen die mühe, viel jar und grosse kost, die darauf gehet, eheund die figurn zum werk ge-*

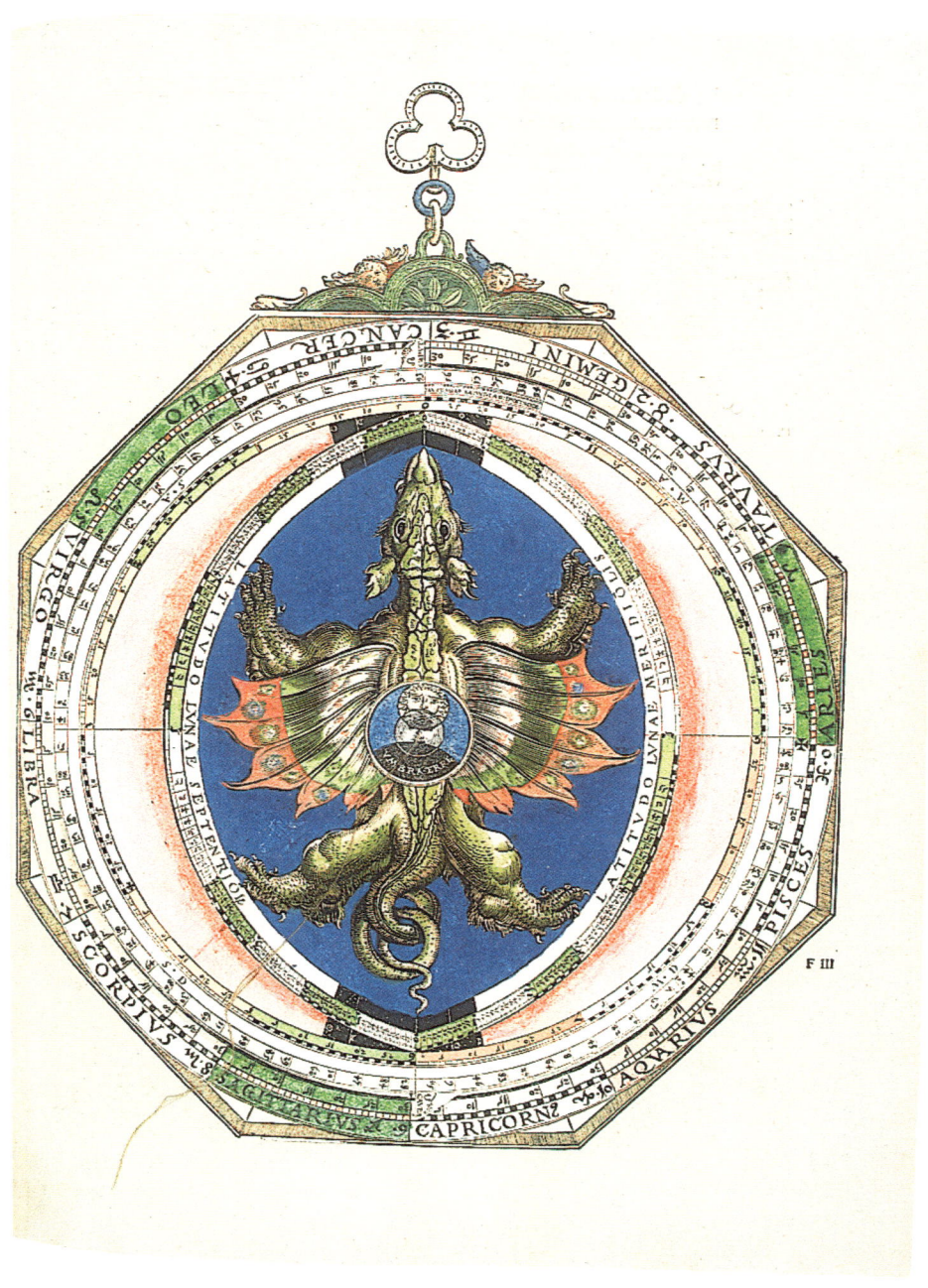

Petrus Apianus, *Astronomicum Caesareum*, daraus »Drachenhaupt und Drachenschwanz«. Drachenhaupt und Drachenschwanz sind die astrologischen Bezeichnungen der auf- und absteigenden Kurvenpunkte der Mondbahn. Haupt und Schwanz des Drachenbildes auf der drehbaren Scheibe sind wie Zeiger gestaltet. 31,5 × 46,7 cm.

189

rissen, geschnitten und gar ferfertiget werden.« Die Kollegen Astronomen aber waren von der großen Leistung weniger erbaut. Daß Peter Apian am ptolemaeischen Weltbild (mit der Erde als Mittelpunkt des Universums) festhielt, ließ Johannes Kepler klagen: *»Wer gibt mir nun eine Tränenquelle, daß ich den kläglichen Fleiß des Apianus beweine, der in seinem Opus Caesareum im Vertrauen auf Ptolemaeus so viele gute Stunden aufwandte und so viele höchst geistreiche Überlegungen damit verschwendete, durch Spiralen, Schleifen, Schneckenlinien, Wirbel und ein ganzes Labyrinth von höchst verwickelten Wendungen darzustellen, was doch nur Menschen geschaffen haben und was die Natur in keiner Weise als ihr eigenes Ziel gelten läßt!«*

Nie zuvor in der noch jungen Geschichte der Druckkunst war der Gegensatz von bibliophilem Buch und populärem Gebrauchsbuch größer gewesen. An erster Stelle unter den Beispielen der Bibliophilie wäre die Buchkunst unter der Schirmherrschaft Maximilians zu nennen. Im bürgerlichen Bereich traten die Schöpfungen des anonym gebliebenen Petrarca-Meisters hervor, des Illustrators von Francesco Petrarcas Schrift *Von der Artzney bayder Glück, des guten und widerwertigen,* einem Werk, das 1532 in Augsburg erschien. In Basel gelangten Ambrosius und Hans Holbein d. J. zur Meisterschaft. In Nürnberg wirkten Albrecht Dürer, Hans Schäufelein, Sebald und Barthel Beham. Hans Baldung Grien, ein begabter Schüler Dürers, arbeitete in Straßburg. In Wittenberg war die Werkstatt von Lukas Cranach neben ihrer großen Gemäldeproduktion auch für den Holzschnitt äußerst produktiv.

Große Namen allesamt, denen das vielgestaltige Schaffen vieler Namenloser gegenübersteht. Mit einfachsten Mitteln wurden volkstümliche Schriften hergestellt: die obligatorischen Bilder im Holzschnitt ausgeführt, auf billigem Papier, mäßig gedruckt. Der Holzschnitt war das einzige Mittel, Bilder leicht zu vervielfältigen, und das machte ihn zu einem idealen Begleiter von Flugschriften und Einblattdrucken, von Bilderbogen und *Newe Zeitung.* Eingedenk der anziehenden Wirkung von Bildern und der häufigen polemischen und karikierenden Darstellungen wundert es nicht, daß die von der Obrigkeit geübte Zensur ausdrücklich das Bild miteinschloß. So verlangten Zensurbefehle im Nürnberg des frühen 16. Jahrhunderts nicht nur von Verlegern und Druckern, sondern auch von Briefmalern und Formschneidern den Schwur, *»kein Werk, Gedicht, Schrift, geschnittene Form oder Figur, welche zum Abbruch, Schmach oder Nachteil der Geistlichen, eines Standes des Reiches oder besonderer Personen und Kommunen vermutlich gereicht und daraus dem Rate Nachrede, Schaden und Irrung erfolgen kann, zu drucken, zu schneiden oder schneiden zu lassen, anzuregen und solches ausgehen zu lassen, sondern alle derartigen Aufträge dem dazu Verordneten zu überantworten und Ratsbescheid abzuwarten...«*

In Augsburg betrieb Maximilian I. (1459–1519), seit 1493 deutscher Kaiser, zu Beginn des 16. Jahrhunderts ein ehrgeiziges Buchunternehmen, um sein Gedächtnis der Nachwelt zu erhalten. Die Herausgabe von mehr als hundert Büchern soll er geplant haben; ein Programm aus dem Jahre 1512, von seinem Geheimsekretär Marx Treitzsaurwein überliefert, nennt 21 Titel, in späteren Fassungen des Programms kommen weitere 18 hinzu. In seinen literarischen Denkmälern gedachte sich der als Kaiser etwas glück- und farblose Maximilian als Mann vielfältiger Interessen und weitgespannter Horizonte zu präsentieren: beschäftigt mit Politik und Kriegswesen, höfischem Leben, Geschichte (genauer: Ahnenkult), Bergbau und Jagd, als Sammler von Münzen und Medaillen, als Liebhaber von Kunst, Musik und Literatur, vertieft in Religion und Philosophie. Dieser ebenso selbstherrliche wie großzügige Mäzen, dem die Künstler der Zeit eine beträchtliche Aufwertung ihres gesellschaftlichen Ansehens verdankten, nahm, »seinem Genie folgend«, direkt an der Schaffung bibliophiler Repräsentationswerke teil. Die Psalmen, Evangelien und Gebete seines *Gebetbuches* hat Maximilian selbst zusammengestellt. Nur zehn Pergamentexemplare wurden gedruckt, sechs davon haben sich erhalten. Das persönliche Exemplar des Kaisers hat besondere buchgeschichtliche Berühmtheit erlangt. Führende deutsche Künstler, darunter Albrecht Dürer, Hans Baldung Grien, Lukas Cranach d. Ä., Hans Burgkmair, Jörg Breu und Albrecht Altdorfer haben es mit einfarbigen, lichten Randzeichnungen versehen und so zu einer bibliophilen Kostbarkeit gemacht. Gedruckt wurde das Werk in den Jahren 1512 bis 1513 von Johann Schönsperger, der 1508 zum kaiserlichen Hofdrucker ernannt worden war. Heute wird dieses Exemplar geteilt in München und Besançon aufbewahrt.

Ginge es beim *Theuerdank,* dem zweiten maximilianischen Buchdenkmal, nur um den Text, der allegorisch verschlüsselt von der Brautwerbung des Kaisers um Maria von Burgund erzählt, so wäre dieses Werk gewiß längst vergessen. Obgleich Maximilian als Held des Buches achtzig Abenteuer zu bestehen hat, sind die nach Art mittelalterlicher Versepen vorgetragenen Episoden wenig fesselnd. Die literarische Konstruktion ist umständlich und verrät die allzu vielen Hände, die sich an der Bearbeitung des kaiserlichen Ergusses versucht haben. Das alles ändert nichts daran, daß mit dem *Theuerdank* eines der schönsten Bücher der Welt geschaffen wurde, und daß Maximilians Ruhm als Förderer der deutschen Buchkunst allein dieses Werkes wegen zu Recht besteht. Die Entsprechungen von Textpassagen und dazugehörigen Illustrationen sind präzise abgestimmt. 118 Holzschnitte, die noch in späteren Theuerdank-Ausgaben bis zum Ende des 17. Jahrhunderts immer wieder nachgedruckt worden sind, schmücken das kaiserliche Buch. Leonhard Beck, Hans Schäufelein,

Hans Burgkmair u. a. haben die Vorlagen gezeichnet, den Formschnitt besorgten Jost de Negker, der Meister des Holzschnitts aus Antwerpen, und Heinrich Kupferwurm. Bestechend ist das Schriftbild, das unter den Zeitgenossen große Verwunderung erregte. Man mochte zunächst nicht glauben, daß die komplizierte Type – eine frühe *Fraktur* – in Schönspergers Werkstatt gedruckt worden war, sondern hielt das wohlkomponierte Ganze für eine Xylographie, also einen Holztafeldruck.

Schönsperger stellte das aufwendige Buch nach langer Vorbereitungszeit 1517 fertig. Als Druckort nennt das Impressum jedoch nicht Augsburg, sondern Nürnberg, wohin Schönsperger auf Veranlassung Rockners seine Offizin verlegt hatte. In Nürnberg arbeiteten Albrecht

Dürer und die anderen Illustratoren der kaiserlichen Werke, und dort war auch Melchior Pfinzing ansässig, dem als Berater und Geheimschreiber Maximilians die Schlußredaktion oblag.

Wäre Maximilian nicht schon 1519 verstorben, hätte Schönsperger vermutlich auch das dritte große Prachtwerk für den Kaiser gedruckt. So aber blieb der *Weißkunig*, Geschichte von Leben und Taten des Kaisers, unvollendet. 251 Zeichnungen für Holzschnitte waren bereits von Hans Burgkmair, Leonhard Beck, Hans Schäufelein, Hans Springinklee u. a. fertiggestellt. Erst nachdem im 18. Jahrhundert die Druckstöcke und Manuskripte auf Schloß Ambras in Tirol wiedergefunden wurden, konnte der *Weißkunig* in Wien 1775 bei Johann Kurzböck zum ersten Mal gedruckt werden.

Kaiser Maximilian I., »Theuerdank«, *Die geverlichkeiten und eins teils der geschichten des . . . Ritters herr Tewrdanncks.* 1517 von Johann Schönsperger in Nürnberg (Augsburg) gedruckt. 27 × 36,2 cm.

Von seiten des Bürgertums haben zwei Augsburger, der Stadtarzt Sigmund Grimm und der Kaufmann Marx Wirsung, ganz wesentlich zum Erscheinungsbild des Renaissancebuches in Deutschland beigetragen. Seit 1517 betrieben sie eine Druckerei, die in den zehn Jahren ihres Bestehens über dreihundert Bücher herausbrachte. Nicht vollenden konnten sie die erste deutsche Ausgabe von Francesco Petrarcas Schrift *Von der Artzney bayder Glück, des guten vnd widerwertigen*, das wohl schönste Renaissancebuch, das aus bürgerlichem Bildungsdrang und mit eigenen Geldmitteln im 16. Jahrhundert entstand. Die Übersetzung des lateinischen Originals *De remediis utriusque fortunae* wurde 1517 begonnen, zog sich aber längere Zeit hin. Die Firma Grimm und Wirsung ging 1527 bankrott, und ein anderer Augsburger Buchdrucker, Heinrich Steiner, übernahm das Manuskript, die Illustrationen und die Fertigstellung des Buches. Sebastian Brant, der Herausgeber einer Baseler Petrarca-Ausgabe, hatte die wissenschaftliche Beratung der Bildauswahl übernommen.

Von der Artznei bayder Glück, 1532 endlich vollendet und mit 261 Holzschnitten erschienen, wurde ein Erfolgsbuch des 16. und beginnenden 17. Jahrhunderts. Gerade wegen seiner eindringlichen und lebensnahen, das Dasein des Volkes überscharf darstellenden Holzschnitte wurde das Buch viel gelesen und wiederholt unter dem Titel *Trostspiegel* aufgelegt. Bis 1620 erschienen noch neun weitere Ausgaben. Der Name des hervorragenden Illustrators ist nicht bekannt. Er heißt nach seinem Hauptwerk nur Petrarca-Meister. Die Vermutung, er sei mit Hans Weiditz identisch, konnte die Forschung bislang nicht eindeutig belegen. Der unbekannte Künstler, der »als Buchillustrator seinen Platz neben Dürer behaupten kann« (H. Kunze), illustrierte außerdem Ciceros *De officiis* (1531) und weitere Augsburger Bücher und schuf eines der schönsten, oft kopierten Renaissance-Initial-Alphabete.

Die Buchillustration des 16. Jahrhunderts war Auftragskunst wie die anderen Künste auch. Der Auftraggeber, nicht nur der fürstliche vom Range Kaiser Maximilians, auch Verleger und Autoren nahmen Einfluß auf die Bebilderung ihrer Werke. In einer Zeit, in der zur Bildung auch ein gewisses zeichnerisches Können gehörte, konnte das bis zu Skizzen gehen, die vom Autor als Vorgabe für den Illustrator gedacht waren; es konnte aber auch der ganz simple Einfluß sein, der sich ergab, wenn ein Verleger zu einem extremen Buchformat griff. Kleine Buchformate, wie sie sich zur Jahrhundertmitte durchsetzten, mochten wohl – wie für Hans Holbein oder Bernard Salomon – eine besondere Herausforderung bedeuten. Große Druckerpersönlichkeiten haben es verstanden, namhafte Künstler zur Buchillustration heranzuziehen. Hans Holbein und Urs Graf beispielsweise arbeiteten in Basel mit Johann Froben und anderen Baseler Druckern zusammen. An Melchior und Kaspar Trechsel in Lyon lieferte Holbein seine Totentanz- und Bibelholzschnitte. Dürer hingegen hat die deutsche und lateinische Ausgabe seiner *Apokalypse* 1498 selbst verlegt. In Anton Koberger besaß er einen Drucker zum Paten, der das Werk herausbrachte.

Die Person des Künstlers stand bisher noch im Hintergrund. Erst seit Dürer traten Künstler, indem sie ihr Werk signierten, individuell hervor. Gerade die großen Meister haben die Buchillustration wesentlich beeinflußt. Albrecht Dürers (1471–1527) Holzschnittfolgen *Die große Passion* (gedruckt 1511) und *Das Marienleben* (in Einzelblättern von 1504 bis 1511) machten die vorreformatorische Welt mit einem dem irdischen Dasein näher gerückten Christus und einer vermenschlichten Gottesmutter bekannt. In Italien wurde Dürer durch die Lehre von der Perspektive nachhaltig beeindruckt, und das Aktstudium schärfte seinen Sinn für die Anatomie des menschlichen Körpers. Beides hat sich in den Arbeiten nach 1505 niedergeschlagen.

Die Schematik der Anfangszeit hat der Holzschnitt im 16. Jahrhundert weit hinter sich gelassen. Das Verfahren, Drucke nachträglich zu kolorieren, wurde zwar nicht aufgegeben, nahm aber weiter ab. Ein neuer Buchtyp kam auf, der den Sehgewohnheiten und der Bilderlust der Menschen Rechnung tragen wollte: das Bilderbuch. Eine Vorstufe dazu war die Bilderfolge, der Bilderzyklus, der – zunächst ohne Begleittexte – bekannte Bildsequenzen jedermann zugänglich machen wollte. Beispiele hierfür sind Dürers *Marienleben*, die *Große* und *Kleine Passion* mit Holzschnitten von Dürer, die Passionszyklen von Hans Schäufelein und Lukas Cranach oder Holbeins *Totentanz*. Die Beliebtheit dieser als Einzelblattdrucke erschienenen Bilderfolgen führte zu den Bilderbüchern, die mit nur geringem Text, einigen Bibelzitaten oder Versen, versehen wurden. In der Mitte des Jahrhunderts wurden sogar Holzschnitte aus bereits erschienenen Büchern, in denen sie als Illustrationen zusammen mit längerem Text gestanden hatten, noch einmal in reinen Bilderbüchern verwertet.

Bald erschienen auch Bildwerke für Künstler und Kunsthandwerker, um ihnen Anregungen für Verzierungen und Dekoration zu geben oder um die Jungen, die »Anfahenden«, die Malerknaben, lehrend anzuleiten. Diese ersten Vorlagenbücher, Kunstbüchlein oder Modelbücher genannt, wurden anfänglich in Holzschnitt, im 17. Jahrhundert vermehrt auch in Kupferstich ausgeführt. Texte fehlten weitgehend oder waren zu Bildlegenden geschrumpft. Populäre Mustersammlungen waren das wahrscheinlich zuerst 1523 in Augsburg von Johann Schönsperger gedruckte *Furm- oder Modelbüchlein*, dessen Motive sowohl für den Zeug- bzw. Textildruck als auch im Buchdruck eingesetzt wurden; das *Kunstbüchlein* von Heinrich Vogtherr d. J. (Straßburg

1538) mit 56 Holzschnitten, die Ornamente und Säulen zeigen, Hand- und Fußstudien, Waffen- und Kopfputz; oder *Das Kunst vnd Lere Büchlin* (1546) von Sebald Beham mit 42 Textabbildungen und 8 ganzseitigen Holzschnitten. Ähnlich wie Behams Werk, das den »Angehenden Malern und Kunstbaren Werckleuten« eine Hilfestellung offerierte, lockte der Graphiker Jost Amman, bekannt für seine Holzschnitte im *Ständebuch* (1568) zu den Versen von Hans Sachs, mit einem *Kunst-vnd Lehrbüchlein für die anfahenden jungen Darauss reissen vnd malen zu lernen, Darinnen allerley Art lustige und artliche fürreissung von Manns und Weibsbildern Deßgleichen von Kindlein, Thierlein und andern Stucklein.* Das Buch erschien trotz der reichen Bebilderung mit 293 Holzschnitten bei Sigmund Feyerabend zu einem niedrigen Preis und erlebte von 1578 bis 1599 vier Ausgaben. Die Modelbücher waren für so manchen Drucker ein einträgliches Geschäft und gerade deswegen erfolgreich, weil die Maler, Graphiker und Handwerker jener Zeit es gewohnt waren, nach Vorlagen zu arbeiten. Nur die wenigsten unter ihnen bekamen Gelegenheit, einmal die bewunderten Objekte in Italien oder den Niederlanden im Original zu studieren. Um so begieriger wurden die Kunstbüchlein zu Rate gezogen.

Anders als heute waren im 15. und 16. Jahrhundert fast alle Bücher in irgendeiner Weise verziert oder geschmückt. Vor allem Initialen gehörten gleichsam zur Standardausstattung. In den mittelalterlichen Handschriften wurden sie meist von Rubrikatoren und Miniatoren ausgeführt, und die ersten Frühdrucker hatten es zunächst ähnlich gehalten. Jedoch setzten schon sehr früh Bemühungen ein, die den Handschriften entlehnten Initialen drucktechnisch umzusetzen, und zwar nicht allein mittels Holzschnitt, sondern auch mit in Metall geschnittenen Formen. Ihr *Psalterium Moguntinum* von 1457 druckten Johann Fust und Peter Schöffer mit metallenen Typen: den Text schwarz und in zwei Schriftgraden, die Unzialbuchstaben rot und ebenfalls in zwei Graden, die zweifarbigen Zierinitialen in drei verschiedenen Größen. Als sich in den siebziger Jahren des 15. Jahrhunderts die Ausschmückung der Inkunabeln mit Holzschnittillustrationen allgemein durchsetzte, nahmen zeitgleich auch die gedruckten Initialen an Häufigkeit und Vielfalt zu.

Im 16. Jahrhundert erweiterte sich die Formenvielfalt der Initiale noch einmal beträchlich. Verschiedene Arten lassen sich unterscheiden: weiß- oder dunkelgrundige Initialen; Antiqua- oder Fraktur-Initialen, die meist weißgrundig und nur selten illustriert sind; umrandete oder freistehende Initialen; ornamentierte Initialen mit Ranken, Pflanzen, Blüten oder geometrischen Mustern; illustrierte Initialen, deren Bebilderung sich auf den Text bezieht oder auf den Buchstaben abgestimmt ist (I = Jesus, M = Maria, P = Petrus); Figuren-Initialen. Als einer der im 16. Jahrhundert fruchtbarsten

Totentanz-Initialen aus Straßburg. Johann Schott um 1540. 3,7 × 3,7 cm. **193**

Griechisches Alphabet für Robert Étienne. Der Entwurf wird Geoffroy Tory zugeschrieben. Paris um 1550. 4,5 × 5,2 cm.

Geoffroy Tory für Robert Étienne. Als »königliche Buchstaben« bezeichnete Initialen im Metallschnitt. 5 × 5 cm.

Kinder-Alphabet. Großes deutsches Renaissance-Alphabet. Holzschnitt von Anton Woensam nach Vorlagen von Hans Weiditz. 5,9 × 5,9 cm.

Holzschnittalphabet für Peter Apian. Ingolstadt um 1540. 4,8 × 4,8 cm.

Künstler auf diesem Felde erwies sich Hans Holbein d. J. (1497–1543), der, keineswegs als einziger, die Kunst der Initiale neu belebte. Gemeinsam mit seinem Bruder Ambrosius schuf er, als in Basel die Reformation begann, kirchliche Aufträge ausblieben und dies die beiden Brüder arbeitslos machte, etwa 2000 Initialen in Holz- oder Metallschnitt. Hans Holbein d. J., Maler und Zeichner wie sein Vater, hat als Graphiker einen sehr buchtypischen Schmuck geschaffen, zumal mit seinen *Kinderalphabeten*. Kinder, eigentlich Putten, waren ein beliebtes Schmuckmotiv der Renaissance. Beinahe fünfzig Alphabete mit variierenden Zierbuchstaben gehen auf Holbein d. J. zurück. Seine kunstvollen Initialen mit biblischen Szenen sowie die große Serie mit mythologischen und biblischen Figuren gehören zu seinen besten kleingraphischen Arbeiten. In Köln schuf Anton Woensam von Worms eine große Anzahl schöner Initialen, zum Teil nach Vorbildern anderer Künstler, und auch Hans Baldung Grien in Straßburg steuerte neben Buchillustrationen mehrere Initialserien bei.

Hans Holbeins Hauptwerk in der Buchgraphik sind die *Bilder vom Tode* von 1524, die Hans Lützelburger († 1526) meisterhaft in Holz geschnitten hat. Erst 1538 kamen sie bei den Brüdern Melchior und Kaspar Trechsel in Lyon unter dem Titel *Les simulachres et Historiees faces de la mort* als kleinformatiges Bilderbuch mit begleitenden Bibeltexten heraus. Die Totentanzfolge erlebte wiederholte Auflagen. Die mittelalterliche Tradition der Totentanzdarstellungen erfuhr in Holbeins Bildern eine Fortsetzung und zugleich Modernisierung. Der Tod tritt nicht länger als grausiger Schrecken auf, als Ausdruck jener tiefwurzelnden Todesfurcht, die das mittelalterliche Denken so sehr in Bann geschlagen hatte, sondern als weiser Richter, der jedem gibt, was er verdient: Den Ritter durchbohrt er mit dessen eigener Lanze; dem Bauern droht der erschöpfte Zusammenbruch, da der Tod sein Pfluggespann antreibt; der reiche Mann muß es erleben, daß ihm sein Gold genommen wird, wenn das letzte Stündlein schlägt; und während die Braut sich ankleidet und schmückt, legt der Tod bereits mit Hand an. Bei den Brüdern Trechsel in Lyon erschienen gleichfalls 1538 Holbeins Bilder zum Alten Testament in zwei verschiedenen Ausgaben: Mit 91 Holzschnitten in einer lateinischen Bibel in Querformat *(Biblia utriusque Testamenti…)* und als eine Bilderbibel mit 91 Holzschnitten, die nur mit kurzen Bibelstellen begleitet wurden *(Historiarum Veteris Instrumenti icones ad vivum expressae).*

Zum charakteristischen Buchschmuck der Renaissance gehört die Titeleinfassung. In Deutschland war – nicht zuletzt, weil die Zensur es zur Pflicht gemacht hatte – das eigenständige Titelblatt zu Beginn des 16. Jahrhunderts die Regel geworden. Die Druckerverleger suchten miteinander in der Buchausstattung und der Titelgestaltung zu wetteifern, weil sie sich bessere Ab-

Renaissance-Alphabet in frz. Manier mit geschrotetem Hintergrund. Holzschnitte von Hans Lützelburger. Mainz 1518. 6 × 6,7 cm.

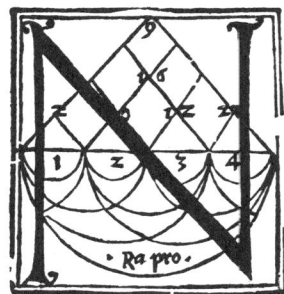

Ptolemaeus-Alphabet aus der Straßburger Ptolemaeus-Ausgabe des Johann Grüninger, 1522 oder 1526. 3,8 × 4 cm.

Deutsches Renaissance-Alphabet. Meister HO für den Druckerverleger Christian Egenolff in Frankfurt a. M., 1543. 3,4 × 3,4 cm.

Initialen von Jacob Faber nach Entwürfen von Hans Holbein d. J. für Johann Froben. Metallschnitte, 4,2 × 4,2 cm.

satzchancen versprachen. Besonders das seit der karolingischen Buchmalerei vertraute Prinzip der Rahmung wurde in vielerlei Gestalt variiert: als florales Ornament, wobei Blätter und Ranken das eigentliche Titelfeld einfassen, als Bordüre, als Band- und als Rollwerk. Von der Hinwendung der Renaissance zur Antike geben die zahlreichen Architekturrahmungen Zeugnis. Säulen und Portale, oft von Putten bevölkert, bilden nun den Rahmen für die immer ausführlicher formulierten Titeltexte. Man schätzt, daß Architekturrahmungen gut die Hälfte aller Titelblattverzierungen des 16. und 17. Jahrhunderts ausmachen. Die Wahl des Titelblatts zum vorzüglich geeigneten Ort des Schmucks und die Entwicklung eines reichen Arsenals an Schmuckformen wie Kopf- und Fußleisten, Initialen, Schlußstücken vollzog sich rasch, sie hatte praktisch bis 1540 alle Elemente ausgebildet, die auch noch im 18. Jahrhundert verwendet wurden. »Es ist«, schreibt Horst Kunze in seinen Untersuchungen zur Illustration, »als ob das Schmuckbedürfnis der Büchermacher, angefeuert von einem Teil der schöngeistigen Autoren, sich auf einen Punkt, eben auf das Titelblatt, konzentriert habe. Als ob man die Freude am Dekorativen neu entdeckt hätte, wuchert Gedankenfülle und Ursprünglichkeit hier am Buchanfang, bis hin zu höchst modern anmutenden Lösungen, und das alles entfaltet sich in kurzer Zeit«.

Gegenüber dem Farbenreichtum der mittelalterlichen Initial- und Miniaturmalerei sah sich der Druck mit einem Defizit behaftet. Ob Letterndruck oder Holzschnittillustration: beides war eine Kunst des Schwarzweiß. Farbe ins gedruckte Buch zu bringen, ist immer wieder das Bestreben einzelner Drucker gewesen, wie Fust und Schöffer oder Erhard Ratdolt selbst schon in der Inkunabelzeit. Einen erneuten Versuch, den Holzschnitt zum Farbtonholzschnitt zu steigern, stellt der Helldunkel- oder auch *Chiaroscuro*-Druck (frz. *clair-obscur*) dar, der im 16. Jahrhundert eine nur kurze Blüte erlebte. Ästhetisch betrachtet handelte es sich beim *Chiaroscuro* um den Versuch, mittels eines graphischen Verfahrens nachzuempfinden, was Zeichnung und Malerei vorgemacht hatten, nämlich in hellen Farben mit Feder und Pinsel auf dunklerem farbigem Papier zu arbeiten. Den dort erzielten Effekt suchte man für den Buchdruck zu kopieren, da ein farbiges Erscheinungsbild nach wie vor einen besseren Absatz der Werke versprach. Die experimentellen Vorläufer des *Chiaroscuro*, Cranachs *Heiliger Georg zu Pferde* und Hans Burgkmairs Holzschnitt gleichen Themas von 1507 bzw. 1508, sind denn auch auf farbigen Papieren gedruckt worden, die wie für eine entsprechende Zeichnung präpariert worden waren.

Das Entscheidende am *Chiaroscuro* ist die Arbeit mit zwei Typen von Druckplatten, wobei die holzschnittübliche Strichplatte, die die Umrisse und Schatten wiedergibt, durch eine (oder mehrere) Tonplatten für den farbigen Grund und die Lichter ergänzt wird. 1508 ge-

195

lang Burgkmair mit Hilfe des aus Antwerpen nach Augs-burg übersiedelten Jost de Negker der Durchbruch zu dieser Technik. Mit dem Farbtonholzschnitt war eine ganz neue Art gewonnen, Licht und Schatten zu nuan-cieren. Anders als bei Ratdolt, der verschiedene Farb-felder nebeneinander gedruckt hat, wurden hierbei Farbplatten unterschiedlicher Tönung übereinanderge-druckt. Markante Lichter und Reflexe in Weiß oder Gold ahmen die Weißhöhungen einer Zeichnung nach und geben Licht- und Raumtiefe. Der letzte Druckgang obliegt der Strichplatte, die in das so vorbereitete Bild-feld ihre (meist schwarzen) Linien einträgt. Durch die Titelbordüren bei Johann Schott in Straßburg und Hans Schönsperger in Augsburg fand das Verfahren seit 1510 Eingang in die Buchkunst.

Ein Wort noch zu der Konkurrenz von Holzschnitt und Kupferstich. Wie sich im Lebenswerk Dürers Holz-schnitt und Kupferstich schon im frühen 16. Jahrhundert beisammen finden, so hat es beide nebeneinander auch im Buch gegeben. Zahlreich sind die Fälle gemischter Verwendung. In aller Regel kam der Kupferstich dort zum Einsatz, wo filigrane Darstellung verlangt wurde, bei Porträts und Ansichten, während dem Holzschnitt Schmuck- und Zierfunktion zufiel. Die Verdrängung des Holzschnitts durch den Kupferstich als meistgeübte Illu-stration vollzog sich nur langsam. Daß die Umstellung, wie vielfach festgestellt worden ist, gegen Ende des Jahr-hunderts abgeschlossen war, ist richtig und bedarf den-noch der Einschränkung. So sind die Niederlande nicht nur das Land gewesen, dessen Drucker auf dem Gebiet des Kupferstichs die Führung übernahmen, sondern hier hat sich paradoxerweise der Holzschnitt einer fort-dauernden Beliebtheit und mehrfacher Neubelebung erfreut. Für die populäre Druckgraphik der Spielkarten, Flugblätter, Schmäh- und Agitationsschriften blieb der Holzschnitt die Illustrationstechnik schlechthin.

Lieblingslektüren des 16. Jahrhunderts

Neben Martin Luther war Hans Sachs (1494–1576) der meistgelesene Autor der Zeit – und ein produktiver dazu: Weit über viertausend Meisterlieder hat er verfaßt, etwa zweitausend Gedichte, Sprüche, Fabeln, Schwän-ke, außerdem Fastnachtsspiele, weltliche und geistliche Lieder, einige stark gesellschaftskritische Prosadialoge sowie 208 Dramen. Ausgenommen die literarisch an-spruchsvollen, für die Meistersingerbühne geschriebe-nen Dramen, war das meiste davon sehr populär. Sachs vermittelte zwischen dem humanistischen Bildungsgut und der kleinbürgerlichen Welt der Handwerker (der er als Schuhmachermeister und Sohn eines Schneiders in Nürnberg angehörte), und er stand fest auf Seiten der Reformation. Sein Spruchgedicht *Die Wittenbergisch*

196   Hans Holbein d. J., *Bilder vom Tode*. Die um 1525 entstandene Bilderfolge erschien als Buch erstmals 1538 in Lyon bei Melchior und Kaspar Trechsel. Die Holzschnitte führte Hans Lützelburger aus. 5 × 6,5 cm.

Nachtigall (1523) warb erfolgreich für die reformatorische Sache. Mit seinen zum Teil recht derben Dialogen und Schwänken, die kein Blatt vor den Mund nehmen und dem Leser am Schluß eine deutliche Moral mit auf den Weg geben, zählt Hans Sachs zu den Verfassern der »Volksbücher« jener Tage.

Die Volksbücher, die zu Unterhaltung und moralischer Belehrung dienten und vornehmlich in der Stadtbevölkerung ihr Publikum fanden, entstanden als Prosabearbeitungen mittelalterlicher Epen, als Übertragungen italienischer und französischer Vorbilder (wie die *Melusine*) und als zeitgenössische Dichtungen. Ihre beiden bis auf den heutigen Tag bekanntesten Beipiele sind die Geschichten von *Till Eulenspiegel* und das *Schildbürgerbuch*.

Wer die Eulenspiegeleien zu einem Volksbuch zusammengestellt hat, ist unbekannt geblieben. Ein erster Druck erschien 1478 in Lübeck, ihm folgten weitere, aber zu einer Figur der Weltliteratur wurde der Schelm erst mit einer Ausgabe von 1515. Ihr vollständiges Impressum lautete: *Ein kurtzweilig Lesen von Dyl Ulenspiegel geboren uß dem land zu Brunßwick. Wie er sein leben volbracht hat. XCVI seiner geschichten. Getruckt von Johannes Grieninger in der freien stat Straßburg, uff sant Adolffo tag. Im jar MCCCCCXV.* Von diesem Druck hat nur ein einziges, heute in der British Library befindliches Exemplar die Jahrhunderte überdauert. Ein Glanzstück hat Johann Grüninger, einer der bedeutendsten humanistischen Drucker Straßburgs, damit nicht geliefert. Zahlreiche Druckfehler, Flüchtigkeiten in der Zuweisung von Überschriften zu den Historien, vertauschte Zeilen, mißverstandene Wörter weisen darauf hin, daß im Falle des Volksbuches ganz sicher kein gelehrter Kastigator aufgeboten wurde und man es mit der Sorgfalt beim Satz nicht allzu genau genommen hat.

Den Verkaufserfolg des Buches hat das nicht getrübt. Die Episoden um den fahrenden Handwerksburschen, der allen Ständen Streiche spielt, mit List einer ganzen Gesellschaft in Opposition gegenübersteht und vom Müßiggang lebt, sind in regelmäßigen Abständen von etwa vier Jahren immer wieder neu aufgelegt worden. Der Ruhm des Eulenspiegel ging soweit, daß er im Französischen zum Gattungsbegriff werden konnte: *espiègle* = Schalk. Luther schalt den Till zwar ein verachtenswertes Subjekt und traf sich in diesem Punkt mit der katholischen Geistlichkeit, die dafür sorgte, daß der Eulenspiegel als *pestifer liber*, als Buch mit verderblichem Einfluß, auf den Index des Papstes kam. Dennoch (oder gerade deshalb) sind die »ein kurtzweilig Lesen« versprechenden Geschichten ein regelrechter Verkaufsschlager geworden – wie sehr, zeigt sich daran, daß im Jahre 1568 ein Leipziger Buchhändler bei Sigmund Feyerabend in Frankfurt auf einen Schlag 115 Exemplare des Eulenspiegel orderte. Auf den beiden Messen in Frankfurt verkaufte Feyerabend im gleichen Jahr weitere 751 Stück. Überliefert sind auch die Verkaufszahlen, die der

Drucker Michael Harder auf der Frankfurter Fastenmesse im Folgejahr, 1569, mit Volksbüchern erzielte. Unter anderem werden genannt: 176 *Schöne Magelone*, 158 *Melusine*, 77 *Eulenspiegel*, 64 *Loher und Maller*. Gewiß sind diese Zahlen nicht so zu verstehen, daß der Absatz des Eulenspiegel binnen eines Jahres auf ein Zehntel zurückging, sondern als Hinweis auf die außerordentliche Geschäftstüchtigkeit des Druckerverlegers und Buchhändlers Feyerabend. Daraus ist aber auch ersichtlich, daß es sich bei der Beliebtheit der Volksbücher um ein weitgestreutes, nicht auf den Eulenspiegel konzentriertes Phänomen handelte. Das Buch war in seiner Art nur eines unter vielen.

Als man in der zweiten Hälfte des 16. Jahrhunderts verstärkt begann, zur Ergötzung der Leserschaft Schwänke in Anthologien zu sammeln, war manches, was vorher als mündliche Überlieferung unmittelbar mit Sitten und Gebräuchen verknüpft war, was der Arbeitswelt zugehörte oder als Exempel in der gottesdienstlichen Predigt seine Rolle gespielt hatte, endgültig zu selbständigem Erzählgut geworden. Eine solche Sammlung teilweise überlieferter Schwankerzählungen, handelnd von menschlicher Torheit und Unzulänglichkeit, mit viel spätmittelalterlicher Standessatire vermischt, ist auch der Bericht von den »wunderseltsamen, abenteuerlichen, unerhörten« Taten der »Lalen zu Laleburg«, der 1597, von Bernhard Jobins Erben gedruckt, in Straßburg erschien. Ein unbekannter Verfasser hat die Geschichten von den närrischen Bürgern, die Salz säen, den Kaiser zum Fest mit Senf beschenken oder ihr fensterloses Rathaus mit hineingekarrtem Sonnenlicht beleuchten wollen, zu Papier gebracht. 1598 wurden die Schwänke auf die Einwohner der Stadt Schilda in »Misnopotamia« (Meißen) bezogen und unter dem Titel *Die Schiltbürger* veröffentlicht. Den überarbeiteten Nachdruck besorgte Paul Brachfeld in Frankfurt am Main.

Volksbücher entstanden vor allem im Süden Deutschlands. Sie sind zunächst Unterhaltungsliteratur der Oberschicht gewesen, wurden dann mit Ausweitung der Buchproduktion zum Lesestoff breiter Volksschichten. Ihre Stoffe haben die Schriftsteller späterer Zeiten immer wieder, wie etwa Ludwig Tieck beim *Fortunatus* oder der *Schönen Magelone,* zur Bearbeitung gereizt. Das Volksbuch *Fortunatus* stammt aus Augsburg, wo es 1509 von Johann Otmar gedruckt wurde. Die aus dem Altfranzösischen stammenden Fabeln *Le roman de Renard* gelangten als niederländische Fassung *(Van den vos Renaerde)* nach Lübeck, wo sie eingedeutscht und von der Mohnkopfdruckerei 1498 gedruckt wurden. Den *Reineke Fuchs* mit Glossen und Erweiterungen druckte Ludwig Dietz 1539 in Rostock. 1587 erschien bei Johann Spieß in Frankfurt die *Historia Von Doc. Johann Fausten, dem weitbeschreyten Zauberer vnd Schwartzkünstler.* Das Buch wurde mit nur wenigen Holzschnitten zurückhaltend illustriert. 197

Mit dem *Amadis von Gaula* kam eine neue Literaturgattung nach Deutschland und wurde zum Lieblingsbuch des ausgehenden 16. Jahrhunderts. Montalvos voluminöses Werk war 1508 in Saragossa publiziert worden, von 1569 bis 1583 druckte der rührige Feyerabend in Frankfurt eine Übersetzung, an der auch Johann Fischart, einer der bedeutendsten Dichter der Zeit, Anteil hatte, und die in 24 Bänden erschien. Herzog Christoph von Württemberg hatte die Verdeutschung in Auftrag gegeben. Am Erfolg des *Amadis* zeigt sich vorwegnehmend die Wandlung vom Humanismus zum Barock, zum imponierend-höfischen Stil und seiner Wiederbelebung des ritterlichen *Aventiure*-Geistes. Die Welt der Artus-Ritter tauchte wieder auf, voll Sieg und Glanz, Liebe und Schmerz, eine Beschwörung von Treue und Hingabe. Am *Amadis* lernte man Anstand, gesittete Formen, den galanten Ton und die gedrechselte

Rede. Das Werk wurde so, nachdem die Übersetzung ins Französische seinen Weltruhm begründet hatte, auch in Deutschland das berühmteste und populärste Beispiel dieser Literaturgattung, da es eben jene Leser der höheren Schichten gewann, die eine Abkehr vom Volksbuch vollzogen.

Einbandkunst der Renaissance

Der Abschied vom traditionellen Großformat war in Deutschland im 16. Jahrhundert weitgehend vollzogen; nur sehr voluminöse Werke wurden weiter in Folio gedruckt. Auf einen Folioband kamen etwa zwei Quart- und vier Oktavbände. Allerdings entfaltete sich hier die Einbandkunst der Renaissance, verglichen mit anderen europäischen Ländern, erst spät.

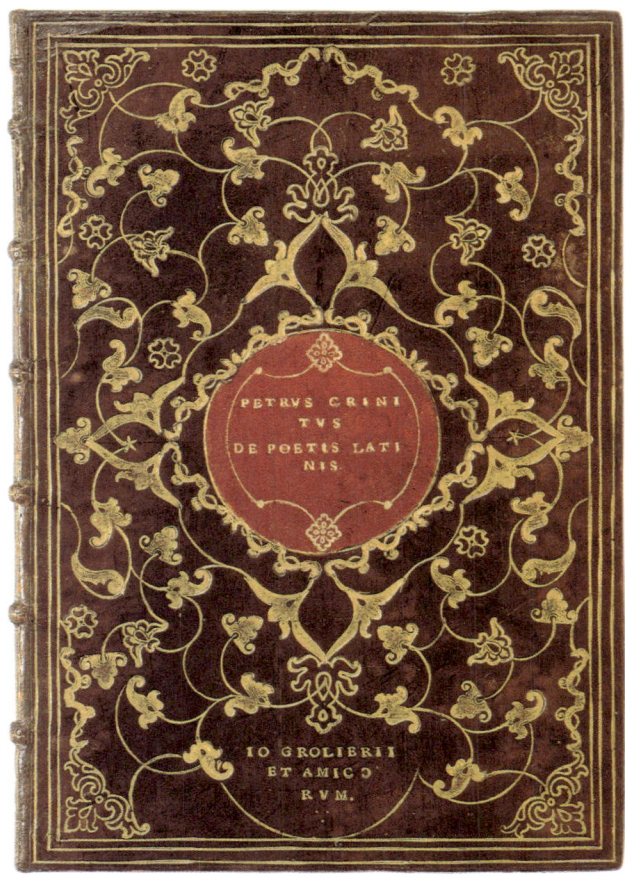

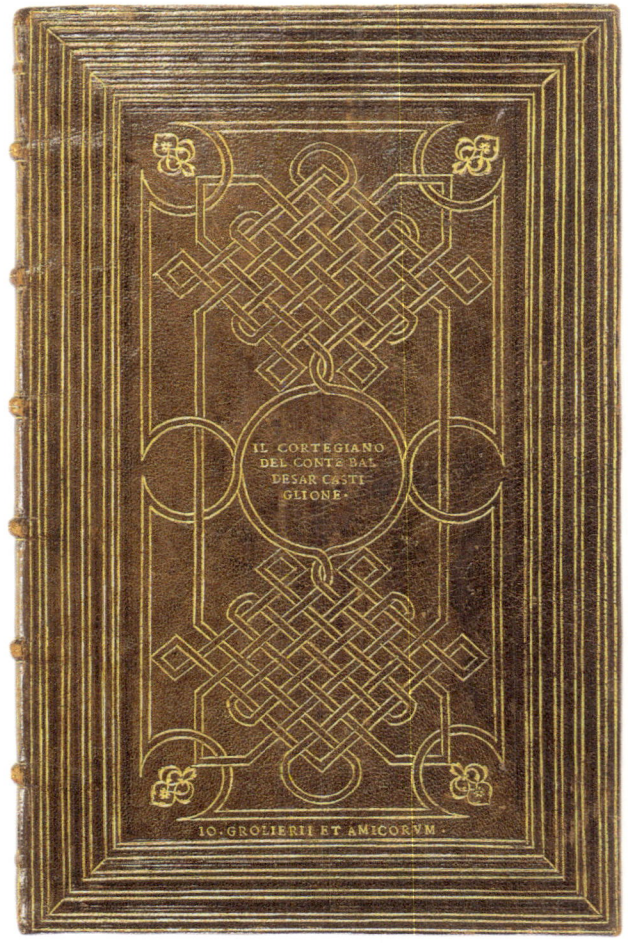

Grolier-Einband vom Cupid's Bow Binder, Paris um 1550, für das 1505 bei Giunta in Florenz gedruckte Werk von Petrus Crinitus, *De poetis latinis*. Brauner Maroquineinband (19,4 × 27,8 × 1,7 cm) mit Goldprägung und Intarsie. *Cupid's Bow* ist der englische Name für einen bogenähnlichen Leitstempel; hier zur Einfassung der Zentralmedallions benutzt. Der nach dem Stempel benannte Buchbinder war in den Jahren 1547 bis 1553 Haupt-Binder Jean Groliers.

Grolier-Einband vom Entrelac-Binder Jean Picard, Paris 1541, ein dunkelbraunolivfarbener Maroquineinband mit Goldprägung in den Maßen 21 × 32,2 × 2,4 cm. Der Einband kleidete Baldassare Castigliones *Il libro del cortegiano*, 1528 in Venedig von Aldus Romanus und Andrea d'Asola gedruckt. Castigliones »Buch vom Hofmann« muß eines der Lieblingsbücher Groliers gewesen sein. Kein anderes Werk war in so vielen Exemplaren in seiner Sammlung zu finden – neben dem Manuskript besaß er sechs Exemplare der Erstausgabe und fünf der Ausgabe von 1533.

Die Buchbinder Italiens, später auch Frankreichs, waren führend auf dem Gebiet einer künstlerisch verfeinerten Einbandkunst. Vor allem orientalische Einflüsse dominierten.

Für die neuen, kleinen Formate wurden anstelle der schweren Holzdeckel biegsame leichte Pappen für Einbanddecken verwendet. Die aus Makulaturpapier zusammengeklebte Pappe war eine ideale Einlage für das feine Ziegenleder, das damals in Mode kam und das kräftige Rinds- oder Schweinsleder ablöste. Erhaltene Stücke aus berühmten Sammlungen wie der des Ungarnkönigs Corvinus zeugen von der Kunstfertigkeit der italienischen Buchbinder und davon, wie fruchtbar sich in ihrem Handwerk Okzident und Orient verbanden. Einbandleder wurden gefärbt oder bemalt und mit farbigen Seidenschließen geschmückt. Orientalisch waren auch die Schmuckmotive: Arabesken und Mauresken sowie

Musterungen nach Art eines Teppichs mit ovalem Mittelstück und Eckverzierungen. Venedig mit seinen Handelsbeziehungen zum östlichen Mittelmeer nahm auf dem Gebiet der orientalisch beeinflußten Buchkunst eine Spitzenstellung ein.

Die venezianischen Buchbinder bezogen ihr Material von den Gerbern der Levante, die für die Qualität ihrer kostbaren Ziegenleder, die Saffian-, Maroquin- und Korduanleder berühmt waren. Bis zum Ende des 18. Jahrhunderts blieben die morgenländischen Leder an Feinheit den europäischen überlegen. Eine allmähliche Änderung zeichnete sich ab, als 1749 die erste euröpäische Werkstatt für feine Ziegenleder im Elsaß errichtet wurde. Im Jahre 1797 wurde schließlich eine Gerberei in Choisy bei Paris eingerichtet, deren Erzeugnisse eine Güte erreichten, wie man sie bis dahin nur von den importierten Ledern gekannt hatte.

Semé-Einband für den Dauphin, nachmals Ludwig XIII; Paris, um 1608. Darin eingebunden sind Graphiken von Adrien und Hans Collaert, *XII fidei apostolici symbola*, und zwei weitere Graphikfolgen Antwerpener Künstler. Kastanienbrauner Maroquinband (20,2 × 31,5 × 1,7 cm) mit Goldprägung. Darauf, daß der Band für den Thronfolger gedacht war, deuten die Bourbonen-Lilien, die die Decken ganzflächig schmücken, sowie die gekrönten Delphine in den Ecken hin. »Dauphin« steht im Französischen ebenso für den Meeressäuger wie für den Thronfolger.

Dresdener Wappeneinband von Jakob Krause für Kurfürst August aus dem Jahr 1580. Unter Krauses Einbänden für den Kurfürsten unterscheidet man drei Gruppen: einfache, blindgeprägte Schweinslederbände, goldgeprägte Pergamentbände und prachtvolle goldgepreßte Kalblederbände. Der abgebildete Schweinslederband (21,2 × 33,7 × 5,4 cm) über Pappe mit Blindprägung gehört zur ersten Gruppe. Er kleidet das Werk von Thomas Fazellus, *Rerum Sicularum scriptores congesti*, das 1579 in Frankfurt am Main von Andreas Wechel gedruckt wurde. Der Besitzervermerk AHZSC über der Wappenplatte steht für August Herzog zu Sachsen Churfürst.

199

Die Namen der Buchbinder des 15. Jahrhunderts sind kaum bekannt. Aber die Stempelmuster und deren Anwendung können dem Kenner durch den Stil auch Zeit und Ort ihrer Entstehung verraten: Als »alla Fiorentina« identifizierte man schon im 15. Jahrhundert Einbände in dunkelrotem Leder, geschmückt mit kleinen Kreisen und verbreiterten Querleisten. Im 16. Jahrhundert waren es die Einbände der Offizin von Filippo Giunta, die den *Florentiner Einband* mustergültig repräsentierten. Ihr in kleinen Kreisen fortlaufendes Arabeskenmuster und ihre Arabeskeneckstempel wurden vorbildlich über die Grenzen Italiens hinaus.

Weit mehr als nur schützende Hülle, war der Renaissanceeinband Kunstwerk, Schmuck- und Repräsentationsstück. Solche kostbaren Einbände konnten nur für einen vermögenden Auftraggeber entstehen. Oft genug nutzte dieser die Gelegenheit zur Selbstdarstellung unbekümmert darum, ob der Buchinhalt ein so repräsentables Äußeres überhaupt verdiente.

Die Sammlung des Buchliebhabers Jean Grolier (1479–1565), der als französischer Gesandter in Italien mit Aldus Manutius in Verbindung stand, verhalf dem französischen Einband im 16. Jahrhundert bald zu einer führenden Rolle. Er war einer der ersten, die systematisch den künstlerischen Einband in Auftrag gab. Die für ihn gefertigten Einbände gehören zu den schönsten der Renaissance. Schon unter Zeitgenossen fanden seine mit »Jo. Grolierii et amicorum« gezeichneten, kunstsinnig geschmückten Bücher größte Beachtung – heute sind sie unbezahlbar. Der großzügige Zusatz zum Namen »et amicorum« (= und den Freunden gehörig) erfüllte sich auf doppelte Weise. Zum einen hat Grolier vielfach Freunde mit diesen kostbaren Büchern beschenkt, zum anderen haben seine Einbände selbst sich Freunde gewonnen; denn sie sind wiederholt nachgeahmt worden.

In Frankreich wurden für die Einbandprägungen viele neue Stempelformen entwickelt und fanden reiche Anwendung: Bogen-, Linien- und Punktstempelchen, um 1540 die *fers azurés*, Stempel, mit denen sich fein

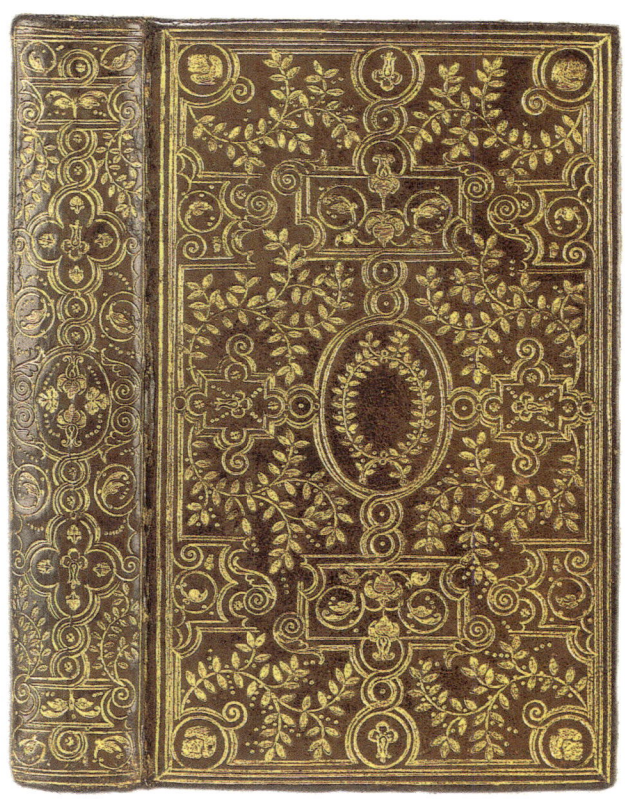

Pariser Fanfare-Einband, um 1580 entstanden. Darin eingebunden ist das Stundenbuch *Heures de Nostre Dame, en françoys, à l'usage de Rome*, das 1579 in Paris für Jacques Kerver gefertigt wurde. Braunolivfarbiger Maroquinband (12 × 18,7 × 3,6 cm) mit Vergoldung. Eine Besonderheit dieses Einbandes sind die kleinen Stempel der geflügelten Engelsköpfe in den Kreisen an den Ecken und die geflügelten Herzen (*cœurs feuillus*) in den Kartuschen der Längsachse.

Heidelberger Einband für Pfalzgraf Ottheinrich. Brauner Kalblederband (15,5 × 21 cm) mit Gold- und Blindprägung. In der Deckenmitte ist, wie bei allen Einbänden für Ottheinrich vor seiner Erhebung zum Kurfürsten (1556), das sog. Plattenpaar I verwendet worden: Der Plattenstempel der vorderen Decke zeigt das Porträt Ottheinrichs; die hintere Decke ziert sein Wappen. Die Blindornamente mit allegorischen und biblischen Figuren wurden mit der Rolle geprägt. Der auf 1552 datierte Einband wurde vermutlich von Jörg Bernhardt aus Görlitz angefertigt. Bernhardt war seit 1550 Hofbuchbinder, daneben auch Geflügelwart und Kellermeister.

schraffierte Blüten- und Blattmotive erzeugen lassen. »Azurstempel« heißen sie, weil ihre typische Art der waagerechten Schraffur in der Heraldik dazu diente, in Schwarzweißdarstellungen die Farbe Blau anzuzeigen.

Den *Grolier-Einbänden* sehr ähnlich, aber noch prächtiger und dichter verziert, sind die für Thomas Maiolus (Mahieu) gefertigten, der als Sekretär der Katharina de Medici ein Nachfolger von Grolier im Amt des Schatzmeisters war, des Trésorier de France. Die *Maioli-Einbände*, so genannt nach dem latinisierten Namensvermerk ihres Besitzers, werden von Sammlern beinahe ebenso geschätzt wie die berühmteren Groliers.

Der französische Stil des *Semé* oder *Semis* (»Samenbeet«) wurde erstmals für Bände von Franz I. verwendet. Die Buchdeckel sind dabei nach Art eines Beetes in regelmäßigen Reihen gleichmäßig mit kleinen dekorativen Elementen »bepflanzt«, oft mit dem Monogramm des Besitzers: bei Einbänden für Franz I. mit dem F besetzt, für Heinrich II. mit einem H, oder mit der bourbonischen Lilie, dem Wappenzeichen der französischen Könige. Der flächenbetonte Semé-Stil erfreute sich länger als alle anderen großer Beliebtheit. Gaston d'Orléans ließ sich noch 1645 Bücher in diesem Stil binden.

Um die Mitte des 16. Jahrhunderts erfuhr der Verzierungsreichtum des französischen Einbandes eine Steigerung ins Ornamentale. Nicolas Éve († 1581), der Hofbuchbinder *(relieur du Roi)* Heinrichs III. und IV., war einer der Schöpfer des neuen Stils. Die ihm verpflichteten Einbände haben ihre heutige Bezeichnung, *à la fanfare*, erst nachträglich und zufällig erhalten, als der französische Bibliophile Charles Nodier im Jahre 1829 ein Exemplar der *Fanfares et corvées abbadesque* nach dem Vorbild von Éve binden ließ. Einbände im *Fanfare-Stil* schmückt ein dichtes, spiralförmiges Rankenwerk aus Palmen- oder Lorbeerzweigen, das zu der älteren Form des Bandwerks hinzutritt und dessen Freiräume füllt. Filigrane Partien wurden mit Einzelstempeln gearbeitet. Das Ergebnis ist ein Dekor aus dicht bei dicht gesetzten Motiven, aus Blüten, Blättern und geometrischen Mustern wie Spirale, Oval und Vierpaß.

Deutsche Pergamentbände; um 1665/75 für zwei Werke von Wolfgang Helmhard von Hohenberg, *Der Habspurgische Ottobert*, 1664 in Erfurt gedruckt, und *Lust- und Artzeney-Garten Des Königlichen Propheten Davids, Das ist Der Gantze Psalter in teutsche Verse übersetzt*, Regensburg 1675. Die allgemeine Verarmung durch den Dreißigjährigen Krieg prägte auch den deutschen Bucheinband der Barockzeit. Pergament wurde zum häufigsten Einbandmaterial. Es war nur wenig teurer als Karton, jedoch deutlich schöner und haltbarer. Die Abbildung zeigt zwei einfache Pergamentbände über Pappe, einer davon mit Scheinrückenschildchen und späterem Supralibros. Die Schnitte sind blau gefärbt.

Das französische Vorbild prägte bald auch die Einbandkunst in Deutschland. Um ihre Förderung in der Zeit der Renaissance hat sich besonders der aus Zwickau stammende Buchbinder Jakob Krause (1526/27–1585) verdient gemacht, der Meister schlechthin unter den deutschen seines Fachs. Nach mehrjährigen Lehr- und Wanderjahren, vermutlich auch in Frankreich, ging er bei Anton Ludwig in Augsburg nochmals in die »Lehre«. 1561 legte er seine Meisterprüfung ab. Nun beherrschte Krause die Technik der Franzosen und Italiener vollendet. In Augsburg arbeitete Krause u. a. für Anton Fugger. 1563 ging er als Buchbinder von Herzog Johann Friedrich nach Jena. 1566 vom Kurfürsten August von Sachsen als Hofbuchbinder nach Dresden berufen, fertigte er am Hofe des Bücherfreundes viele Jahre lang exquisite Einbände. Über tausend Bände umfaßte die Sammlung, die bis zum Zweiten Weltkrieg fast vollständig in der Königlichen Bibliothek, der heutigen Sächsischen Landesbibliothek Dresden, aufbewahrt wurde, 1945 aber den schweren Luftangriffen auf die Stadt in großen Teilen zum Opfer fiel. Krauses Einbände stehen denen seiner großen ausländischen Kollegen in nichts nach. Dem orientalischen Stil folgend, verwendete er gern Arabeskenmuster, feines Rahmen- und Bandwerk. Oft prangt das Porträt des Kurfürsten als vergoldetes *Supralibros* (Super-Exlibris) auf dem Einband. Diese Mode, auf dem Vorder- oder Rückendeckel das Bildnis des Besitzers, sein Wappen oder Monogramm durch Plattenpressung abzubilden, stammte aus Italien. Krause-Einbände sind häufig mit seinem Monogramm J.K.F. signiert oder tragen als Zeichen einen Krug mit gewellter Krause und Blumen. Auch sein Gehilfe und Nachfolger Caspar Meuser hat Beachtliches geleistet.

Pfalzgraf Ottheinrich (1502–1559), ein Freund und Förderer der Einbandkunst, ließ für seine Schloßbibliothek in Heidelberg, die *Palatina*, von Jörg Bernhardt, Buchbinder aus Görlitz, Bände mit *Supralibros* versehen. Sie zeigen auf der Vorderseite eine in Gold gedruckte Bildnisplatte sowie die Jahreszahl nebst Wahlspruch ihres Besitzers: »Mit der Zeit«, abgekürzt zu der Buchstabenfolge M D Z. Die Rückseite ist, ebenfalls in Gold, mit dem Wappen des Kurfürsten geschmückt. Ottheinrich hat viel Wert auf kunstvoll gebundene Bücher gelegt. Sein Nachfolger Friedrich III. setzte die Sammeltätigkeit in dieser Tradition fort. Wie in kaum einer anderen deutschen Sammlung finden sich in der Pfalzgräflichen Bibliothek in Heidelberg, übrigens eine der ersten öffentlichen Bibliotheken in Deutschland, so viele Einbände der verschiedenen Stilrichtungen. Beispielhaft genannt seien der *Pointillé-Stil*, eine im 17. Jahrhundert kultivierte Art verfeinerter Prägung mit kleinteiligen punktierten Stempeln, sowie die in Italien um 1620 begründete und in Frankreich sehr beliebte Gestaltung im Fächermuster-Stil (*à l'éventail*, s. S. 235), bei dem keilförmige Stempel fächerartig zu Bogen, Viertel-, Halb- oder Vollkreisen aneinandergereiht wurden.

Luxuseinbände wurden ausschließlich als Auftragsarbeiten für fürstliche Bibliophile hergestellt. Sie machten nur einen kleinen, wenn auch spektakulären Teil der Bucheinbände aus. Einfache Gebrauchsbücher des Bürgertums, auch wissenschaftliche Literatur, waren mit schweinsledernen Einbänden versehen. Bis weit ins 17. Jahrhundert hinein fand im vom Dreißigjährigen Krieg verarmten Deutschland der unverzierte Pergamentband – auch *Horneinband* genannt – weite Verbreitung.

Das 17. Jahrhundert

»*Zu den guten Zeiten*«, beginnt eine Eingabe aller württembergischen Buchbinder an ihren Herzog aus dem Jahr 1670, da habe man mit dem eigenen Handwerk und dazu dem Buchhandel sein Auskommen gefunden. Zu den guten Zeiten, das hieß: »*vor gewaltsamer Occupation und feindlicher Devastation des Landes*«, vor Besetzung und Verwüstung also. »*Anitzo aber, nach erfolgtem Totalruin und bei so erbärmlichen Zustand unseres geliebten Vaterlandes*«, sei man ganz um alle Vorräte und die geschäftliche Substanz gekommen, und der Broterwerb liege im argen. Denn bei den angestammten und potentiellen Kunden, »*bei den Doctorn, Pfarrern, Kirchen- und Schuldienern, auch anderen dergleichen ehrlichen und ansehnlichen Leuten, die bei den Studien und bei der Feder herkommen, also sich der Bücher befleißigen*« – bei ihnen allen sei kein Gewinn mehr zu machen: »*wegen der notorischen Dürftigkeit, allenthalben erscheinenden Mangels und verarmter Zeit.*«

Mehr als zwei Jahrzehnte nach dem Westfälischen Frieden von 1648 waren die Folgelasten des Dreißigjährigen Krieges unvermindert drückend. Besonders Deutschland, der Hauptkampfplatz der streitenden Mächte, litt unter den größten Verheerungen. Wie die Wehklage der Buchbinder verrät, hatten sie das Buchwesen nicht verschont. Zwar hörte die Buchproduktion nie völlig auf, aber sie ging doch stark zurück. Der machtvolle Aufschwung des Druckgewerbes im 16. Jahrhundert hatte sich in den ersten Jahrzehnten des 17. Jahrhunderts zunächst fortgesetzt. Für die Vorkriegszeit, zwischen 1610 und 1619, läßt sich aus den Meßkatalogen ein jährliches Mittel von 1587 Neuerscheinungen ersehen – eine bis dahin unerreichte Anzahl, die in der Zeit der größten Zerstörungen und blutigsten Kämpfe auf rund 660 jährlich angezeigte Messenovitäten schrumpfte. Erst mehr als hundert Jahre später, nämlich 1768, erreichten die deutschen Buchmessen, gerechnet in absoluten Zahlen, wieder das Niveau der Zeit vor dem großen Krieg. Die alten internationalen Verbindungen des Buchmarktes aber waren unterbrochen. So setzte in der zweiten Hälfte des 17. Jahrhunderts eine national ausgerichtete Orientierung des Buchgeschäftes ein. Der große Anteil ausländischer Werke auf dem deutschen Markt ging zurück.

Der Niedergang des Buches betraf, wenngleich unterschiedlich stark und mit großen lokalen Abweichungen, alle am Krieg beteiligten Länder. Typographie, Papier, Druck, Ausstattung der gängigen Ware verloren an Qualität. Einen Aufschwung hingegen erfuhr die wis-

senschaftliche Literatur. Von der Erkundung der Welt, der Erforschung der Natur wurde in großzügig illustrierten Werken Kunde gegeben. So kennt das Buch des 17. Jahrhunderts auf der einen Seite Armut und Beschränkung, auf der anderen Seite (und besonders in der zweiten Jahrhunderthälfte) repräsentative Prachtwerke, großformatige Atlanten, umfangreiche Tafel- und Ansichtswerke. Kupferstich und Radierung stiegen zur weitest verbreiteten und schnell mit großer Perfektion betriebenen graphischen Technik auf.

Das »Goldene Zeitalter« der Niederlande

Die Niederlande sind die große Ausnahmeerscheinung des 17. Jahrhunderts. Während ringsum in Europa Dürftigkeit und Depression herrschten, begann für die nördlichen, von Spanien unabhängig gewordenen Provinzen eine Periode wirtschaftlicher Prosperität und kultureller Blüte. Vom Krieg verschont, vom liberalen Geist weltoffener Kaufleute geprägt, gedieh das Land. Weitreichende Geschäftsbeziehungen und ein florierender Welthandel sorgten für wachsenden Wohlstand. Als

Der Buchhändler. Kupferstich von Jan Luyken (1649–1712) aus Amsterdam. Aus Christoff Weigel, *Abbildung der gemeinnützlichen Haupt-Stände*, Regensburg, Chr. Weigel, 1698. Bücher wurden lange Zeit in Fässern verpackt und transportiert, sowohl als gebundene Exemplare, wie auf der Abbildung, oder, was häufiger vorkam, als Rohbogen. Maße des Stichs: 8,7 × 7,8 cm.

»Goldenes Zeitalter« ist dieser Abschnitt in die Geschichte eingegangen. »Im 17. Jahrhundert kommen viele Leute in Holland zu Geld«, stellt der Kultursoziologe Arnold Hauser für diese Gründerzeitatmosphäre lapidar fest. Literatur und Theater, Malerei und Wissenschaften nahmen am Aufschwung teil und profitierten vom wachsenden Wohlstand. Vermehrter Kunstbesitz und das Interesse am schönen Buch entsprachen einander. Hinzu kam die strenge Zensur in Frankreich und England. Die bürgerlichen Freiheiten waren für den niederländischen Buchdruck äußerst fruchtbar. Was in den Nachbarländern unterdrückt wurde, erfreute sich in den Niederlanden kaum geschmälerter Publizität. Die junge Republik wurde so rasch zu einem führenden Zentrum der Buchproduktion in Europa. Sie nahm in Buchdruck, Verlagswesen und Typographie den ersten Rang ein.

Auch eine technische Neuerung zur Papierherstellung steuerten die aufstrebenden Niederlande bei, eine Maschine zum *Mazerisieren*, zum Mahlen und Mischen des Papierstoffes mit Wasser. Die Erfindung setzte sich allgemein so sehr ins Ansehen, daß man sie nach ihrem Ursprung kurzerhand *Holländer* taufte. Ihr Erfinder blieb unbekannt, ihre erste Erprobung fällt in die Zeit um 1670. In Deutschland kam der Holländer erst gut vierzig Jahre später in Gebrauch, doch schon 1682 berichtete der Kaiserliche Rat Johann Joachim Becher nach einer Reise: *»Ich habe eine neue Art von Papier-Mühle zu Serndamm in Holland gesehen, welche ohne einigen Stämpffel gehet, sondern durch eine Waltze in kurtzer Zeit und mit leichter Mühe die Lumpen zu einer Pappe gepresst werden, welches sehr compendiös und wohl Anmerckens würdig.«* Bis dahin hatte ein Hammerstampfwerk die Zerkleinerung der Ausgangsstoffe übernommen. Im Holländer trat an die Stelle der Stampfen eine hölzerne Laufwalze, die mit dreißig Eisenmessern besetzt war. Zwischen ihnen und einer eisernen Bodenplatte wurden die Hanffasern oder Hadern hindurchgeführt und je nach Einstellung der Walzenhöhe gequetscht oder zerschnitten. Das neue Prinzip verlangte einen geringeren Krafteinsatz bei einem Vielfachen an Produktivität.

Der Abfall der nördlichen Provinzen von der spanischen Krone und die Bildung einer Republik der Vereinigten Niederlande 1581 schuf die Grundlage der nachfolgenden Blüte. Dem entsprach eine regionale Verschiebung der wirtschaftlichen und kulturellen Gewichte. Im 16. Jahrhundert hatte sich das katholische Antwerpen zur maßgeblichen Buchdruckerstadt entwickelt. Noch bis etwa 1650 erschien dort die Hälfte aller in den Niederlanden gedruckten Bücher. Christoph Plantins Druckerei und Verlag entwickelte sich zu einem großen und erfolgreichen Unternehmen, das fünfzehn Pressen betrieb und damit ähnlich produktiv war wie Anton Koberger ein Jahrhundert zuvor (zum Vergleich: Aldus Manutius und Robert Étienne arbeiteten »nur« mit zwei bis sechs

Pressen). Plantin hatte sich und die Stadt weit über die Landesgrenzen hinaus bekannt gemacht.

Im 17. Jahrhundert übernahm Leiden die führende Rolle im Buchgewerbe. Mit ihrer während des Unabhängigkeitskampfes gegen Spanien gegründeten Universität (1575) wurde die Stadt zu einem europäischen Zentrum der Naturwissenschaft, Philosophie und Philologie. Hier lehrten und schrieben der Dichter und Philologe Daniel Heinsius (1580–1655), der für seine rhetorischen und grammatischen Lehrbücher bekannt gewordene Direktor des theologischen Kollegiums zu Leiden, Gerhard Johannes Voß (1577–1649), genannt Vossius, und Hugo Grotius (1548–1642), der Begründer des Völkerrechts.

Von 1583 bis 1585 war Christoph Plantin vor den Kriegsereignissen in Antwerpen nach Leiden geflohen und hatte hier die Entfaltung des wissenschaftlichen Verlagswesens gefördert und die typographische Gestaltung der Bücher maßgeblich beeinflußt. Nachhaltig wurde Leidens Ruf als Stadt des Buchdrucks durch die Verleger- und Druckerfamilie Elzevier geprägt. Lodowijk Elzevier (ca. 1540–1617) aus Löwen, der Stammvater, war als Kalvinist vor den Inquisitoren des Herzogs Alba aus Antwerpen geflohen und im Jahre 1580 als Buchbinder in die Stadt gekommen. Die Universität stellte ihn als

Republieken der Elzevier, in Leiden zwischen 1625 und 1649 in 35 Bänden im Sedez-Format herausgegeben. Titelseite der Ausgabe über die Schweiz von 1627. 5,2 × 10,8 cm.

Pedell an und gab ihm eine Erlaubnis, Studenten und Professoren Bücher zu verkaufen. 1592 begann er mit Erfolg als Verleger zu arbeiten. Seinem Vorbild folgten mehrere Generationen. Fünf Söhne wurden Buchhändler, und unter den Enkeln und Urenkeln finden sich ebenfalls Buchhändler und Buchdrucker. Sie betrieben die Unternehmungen der Familie in der Folgezeit in weiteren Städten, so in Utrecht, Den Haag und Amsterdam.

Lodowijks Enkel Isaak konnte im Jahre 1617 in Leiden eine Druckerei eröffnen, 1620 ernannte man ihn zum Drucker der Universität. So war es nun möglich, die eigenen Verlagswerke auch selber zu drucken. Die Offizin in Leiden bildete den Mittelpunkt der Elzevierschen Buchproduktion, doch schon fünf Jahre später verkaufte Isaak das Unternehmen an seinen Bruder Abraham I. und seinen Onkel Bonaventura. Das Amt des Universitätsdruckers fiel an diese beiden. Bonaventura war von Haus aus Buchhändler, Abraham Drucker. Gemeinsam führten sie seit 1625 die Leidener Druckerei als Verlagsdruckerei weiter.

Ihr Wirken bis zu beider Todesjahr 1652 gilt als die eigentliche Glanzzeit der Elzevier. Schon Lodowijk, dessen erste verlegerische Tat eine Eutropius-Ausgabe gewesen war, hatte den klassischen Autoren besondere Aufmerksamkeit geschenkt. Bonaventura und Abraham setzten diese Tradition fort. Sie achteten dabei auf eine exakte wissenschaftliche Präsentation der Texte und auf ein handliches, möglichst kleines Format. Von 1629 an erschien ihre Reihe klassischer Autoren im Duodez-Format: jeder Band zum festen Preis von einem Gulden, auch solche, die 500 Seiten stark waren. In gleicher Machart, schmal gehalten, mit einem Titelkupfer geschmückt, kamen die legendären »Republieken« heraus, Beschreibungen europäischer und überseeischer Länder mit geographischen, historischen und politischen Aspekten, insgesamt 35 Bände. Mit England begann die Reihe, der letzte Band von 1649 war Japan gewidmet – dem Land, mit dem Handel zu treiben die Holländisch-Ostindische Compagnie zwölf Jahre zuvor das Monopol erlangt hatte.

Wie die *Aldinen* sind auch die als *Elzeviere* titulierten, handlichen und bei aller philologischen Sorgfalt doch billigen Bücher in Europa rasch beliebt geworden. Zur Popularisierung der Wissenschaften haben die Elzevier viel beigetragen. Über zweitausend Werke brachten sie als Verleger heraus, mehr als doppelt so groß war die Zahl ihrer Drucke im Auftrag der Universität. In der Amsterdamer Druckerei erschienen Werke, die in den Heimatländern der Autoren nicht hätten erscheinen können: Francis Bacon, Johann Amos Comenius, Thomas Hobbes, Blaise Pascal, Jean-Baptiste Molière, John Milton. Zudem wurden für den gesamteuropäischen Markt Nachdrucke französischer Belletristik, politische Schriften und Scandalosa hergestellt – eine Mischung, die weiten Käuferkreisen behagte.

Daß dabei auch die Elzevier Druckorte fingierten, dürfte mehr der Irreführung ausländischer Zensoren gedient haben. Zwar gab es auch in den Niederlanden eine Zensur, jedoch wurde sie nur mäßig ausgeübt und existierte fast nur dem Namen nach. So trug 1660 ein Druckwerk ihres Hauses das Impressum *»Cologne chez Pierre Marteau«*. Einen Kölner Drucker dieses Namens oder seiner deutschen Version, Peter Hammer, hat es nie gegeben, als Tarnung aber war das fingierte Impressum beliebt wie kein anderes. Zahlreiche Drucker und Verleger benutzten es noch rund zweihundert Jahre lang für politisch brisante Druckware, für Erotica und Gesellschaftsklatsch. Montesquieus *Persische Briefe*, 1721 in den Niederlanden gedruckt, waren als Produkte des Pierre Marteau deklariert, und noch F. A. Brockhaus ließ zu Anfang des 19. Jahrhunderts manches »bei Peter Hammer in Köln« erscheinen, wenn er die preußische Zensur fürchtete.

Der Name des Schriftschneiders und -gießers Christoffel van Dijck ist eng mit dem der Elzevier verbunden. Viele ihrer Bücher wurden mit seinen Typen gedruckt und machten seinen Namen in Europa ähnlich bekannt wie den ihrer Drucker. Van Dijcks Schrift hat die Garamond-Antiqua zum Vorbild. Um das Jahr 1670 von Bischof Fell an der Oxforder Universitätsdruckerei eingeführt, wird sie dort noch heute unter der Bezeichnung *Fell-Types* gebraucht.

Zu den heute am meisten verbreiteten holländischen Antiquaschriften gehört die irrtümlich *Janson-Antiqua* genannte Schrift. Ihre Stempel soll Anton Janson, so vermutete man lange Zeit, für die Ehrhardsche Schriftgießerei in Leipzig 1660 bis 1687 geschnitten haben. Mittlerweile weiß man, daß ihr Schöpfer Miklos Kis (1659–1702) aus Totfal in Ungarn war, ein bedeutender Schriftschneider jener Zeit. Die reformierte Kirche hatte ihn nach Amsterdam gesandt, um den Druck einer protestantischen Bibel zu überwachen. Während seines Aufenthalts in Holland erlernte er den Schriftschnitt und das Buchdruckerhandwerk.

Druckkunst am Gängelband

Als die Verlagsdruckerei Elzevier am 8. Juni 1637 René Descartes' *Discours de la Méthode* herausbrachte, hatte sie nicht nur das Werk eines Philosophen veröffentlicht, das in der Sprache seines Volkes – Französisch – anstatt wie üblich in gelehrtem Latein geschrieben worden war. Descartes' *»Abhandlung über die Methode, seine Vernunft richtig zu leiten und die Wahrheit in den Wissenschaften zu suchen«* war darüber hinaus eine radikal moderne Schrift, die die philosophische Tradition vehement in Frage stellte. Eigentlich hatte ihr Autor, nachdem ihm die Verurteilung Galileo Galileis ein warnendes Beispiel gegeben hatte, nichts mehr veröffentlichen wollen – für so brisant hielt er seine Einsichten. Zu offenkundig widersprachen sie dem theologischen Dogma, das unbedingten Glauben forderte, wo Descartes nur methodisch gesicherte Erkenntnis gelten ließ. Es ist bezeichnend für den Geist der Zeit, welchen Weg der Philosoph beschritt, als er sich entschloß, sein Werk dennoch zum Druck zu bringen: Er publizierte unter einem Pseudonym. Zum Druckort wählte er Leiden. In seiner Heimat waren die Inquisitoren der Jesuiten zu fürchten, die protestantische Republik im Norden lockte als Land der Freizügigkeit und eines nahezu ungehinderten Drucks.

Anders als in den toleranten Niederlanden begann für die Drucker in weiten Teilen Europas mit dem 17. Jahrhundert eine Zeit der Beschränkung. Die Aufbruchstimmung des 16. Jahrhunderts war verflogen. Herstellung und Verbreitung von Druckwerken wurden reglementiert. Kurie und Landesfürst gaben die Richtlinien vor. Zensur behinderte das Gewerbe in seiner Leistung, strenge Zunftordnungen hemmten es zusätzlich. Die meisten Drucker plagten wirtschaftliche Sorgen. Literatur, die auf offizielle Anerkennung rechnete, mußte sich in den Dienst der politischen Mächte und der katholischen Kirche stellen. Kunst war die Kunst des Adels und der Höfe. Bürgerliche Künstler und Autoren wurden zwar integriert, sogar gefördert wie selten zuvor, aber immer in Abhängigkeit gehalten. Sammelpunkte des literarischen Lebens waren der fürstliche Hof, die gelehrte Akademie, das Jesuitenkolleg.

Das konservative zentralistische Frankreich behielt auch im 17. Jahrhundert seine kulturell führende Stellung in Europa. In Fragen der Kunst, des Geschmacks und des Stils gab Frankreich den Ton an. Ludwig XIII. ist als Förderer der Buchdruckerkunst in die Geschichte eingegangen. Er schätzte das Buch als Mittel zur Verherrlichung der Monarchie; eine Rolle, die es mit Werken der Architektur, Musik und Malerei teilte. Die Prachtentfaltung des französischen Hofes spiegelt sich in der Qualität der Druckerzeugnisse jener Zeit wider.

Für die Mehrheit der französischen Drucker aber hat sich der Dirigismus des Königs hinderlich ausgewirkt. Da Bücher nicht nur schön anzusehende Dinge sein können, sondern auch Inhalte haben und zuweilen zu Trägern unliebsamer Ideen werden, ließ Ludwig XIII. ihre Herstellung und Verbreitung streng überwachen. Seine Verordnung vom 6. Juli 1618 nahm das ganze Gewerbe sozusagen vorsorglich in Gewahrsam. Die Zahl der lizensierten Drucker wurde beschränkt: in Paris auf 36, in Lyon und Rouen auf je 18, in Bordeaux auf 12. Die Buchhändler wurden kontrolliert, sie durften sich nur noch in Gegenwart von zwei Kronbeamten zur Beratung versammeln. Als oberste Zensurbehörde sorgte die theologische Fakultät der Sorbonne für Gedankenkonformität, später übernahmen die Beamten der Krone diese Aufgabe. Richelieu selbst kontrollierte das Pressewesen; er veranlaßte 1631 die Herausgabe der offi-

ziösen *Gazette de France* und benannte den königlichen Drucker. Unter absolutistischer Obhut vermochte die französische Druckkunst dennoch Beachtliches zu leisten. Wo sie die Billigung der Obrigkeit fand, flossen auch die Mittel reichlich.

Ludwig XIII. gründete im Jahre 1620 im Louvre eine Privatdruckei. Antoine Vitré, ab 1622 königlicher Drucker, stellte in den Jahren 1618 bis 1645 eine Polyglottenbibel in zehn Foliobänden her, eine Konkurrenzausgabe zu Plantins *Biblia Regia*. Auf Initiative Richelieus wurde die Privatdruckerei 1640 zur *Imprimerie Royale* umgewandelt. Sebastian Cramoisy wurde ihr erster Direktor. Angehörige der Familie Anisson leiteten sie von 1691 bis 1794. In der königlichen Druckerei erschienen vor allem theologische Schriften, in den ersten vier Jahren *De imitatione Christi* (1640) von Thomas à Kempis, Werke des Hl. Bernhard, Franz von Sales und Ignatius von Loyola, eine achtbändige lateinische Bibel, eine zweibändige griechische Ausgabe des Neuen Testaments, daneben auch Klassikereditionen und Werke zur Glorifizierung des Königtums und der französischen Geschichte. Allen Bänden gemeinsam ist das repräsentative Folioformat, der »königliche« Initial- und Vignettenschmuck (Krone der Bourbonen) sowie die große Antiqua- und Kursivschrift (*Caractères de l'Université*) bzw. die griechische Schrifttype (*Grecs du Roi*).

Der »Sonnenkönig« Ludwig XIV., auch er ein Bibliophiler, ließ für die Erziehung seines Sohnes und Thronfolgers von dessen Erziehern Jacques Bénigne Bossuet und Pierre Daniel Huet Klassikerausgaben bearbeiten und von 1671 an drucken. 200 000 Franken hat das Unternehmen der 64 bearbeiteten, jeweils mit Wörterverzeichnissen versehenen Bände verschlungen. Sie tragen die Inschrift »*in usum Delphini*« (»zum Gebrauch des Dauphins«, des französischen Thronfolgers). Diese von moralisch oder politisch anstößigen Stellen bereinigten Ausgaben ließen die Bezeichnung »*in usum Delphini*« später zum geflügelten Wort werden, mit dem gekürzte, zurechtgestutzte Ausgaben bezeichnet werden.

Im Jahre 1692 erhielt die Académie Française den Auftrag, eine neue, »königliche« Schrift zu entwerfen, bestimmt zum ausschließlichen Gebrauch der *Imprimerie Royale*. Eine Kommission wurde eingerichtet, ihren Vorsitz erhielt der Abbé Nicolas Jaugeon. Während man früher der Kunst der Kalligraphen vertraut hatte, entschied die Kommission nun, die Proportionen der Buchstaben auf geometrischem Wege zu konstruieren: Jeder Buchstabe wurde in ein Rasterfeld gezeichnet, das aus 64 × 36 = 2304 Quadraten bestand. Das Ergebnis war ein nüchterner, trockener Entwurf. Der meisterhafte Philippe Grandjean schnitt die *Romain du Roi* dann nicht exakt nach dieser Vorlage, sondern erlaubte sich kleine künstlerische Freiheiten, die der Schrift sehr gut bekommen sind. So betonte er die Grund- und Haarstriche stärker als vorgesehen. Es war das Formgefühl des

Schriftschneiders, das der *Romain du Roi* zur Vollendung verhalf. Dennoch blieb sie Ausdruck eines ästhetischen Ideals, demzufolge Kunst machbar, berechenbar, rational planbar sei. Hier berühren sich monarchischer Zentralismus und René Descartes' Geist der Methode. 1692, am Ausgang des Jahrhunderts, hatte das Zeitalter der Vernunft begonnen.

In Italien nahm trotz der weiten Verbreitung des Buchdrucks gegen Ende des 16. Jahrhunderts und im Verlauf des 17. Jahrhunderts die Qualität der Drucke beständig ab. Zwar legte man auf ornamentalen Buchschmuck und aufwendig gestaltete Titelblätter großen Wert, die Typographie und Schriftkunst aber wurden vernachlässigt. Eine der wenigen bedeutenden Druckereien, die es in Italien im 17. Jahrhundert noch gab, war die der Kongregation zur Verbreitung des Glaubens *(De propaganda fide)* angeschlossene Vatikanische Druckerei

(1626 gegr.), die mit ihren orientalischen Schriften für die Orientmission arbeitete. Die *Tipografia della Congregazione de Propaganda Fide* sollte – und soll bis zum heutigen Tage – der Verbreitung des katholischen Glaubens dienen. Gedruckt wurden die für die Missionsarbeit nötigen theologischen Werke, Sprach- und Wörterbücher. Zum Bestand der päpstlichen Presse gehörten Stempel und Matritzen für 23 Sprachen.

Unter Heinrich VIII. war dem englischen Buchwesen schon im 16. Jahrhundert eine scharfe Zensur auferlegt worden, die die produktiven Kräfte der Frühzeit fesselte. Die Drucker Londons hatten es besonders schwer, ihnen saß der königliche Zensor im Nacken, und ihre mit Druckprivileg ausgestattete Gilde, die *Stationers' Company*, ließ sich die Kontrolle der Mitglieder angelegentlicher sein als die Wahrnehmung ihrer Interessen. Fern davon, daß sich die Lage besserte, wurde im

La Galerie du Palais mit Buchhandlung. Kupferstich von Abraham Bosse. Paris, le Blond l. j., ca. 1640. Maße 24,8 × 31,5 cm. Das Blatt zeigt die Wandelgänge des Pariser Palastes Mitte des 17. Jahrhunderts; eine Buchhandlung im trauten Nebeneinander mit zwei Ständen, die Galanteriewaren anbieten. Die Beschriftung der oberen Regalböden zeigt, daß vor allem Geschichtswerke vorrätig sind: »Histoire d'Espagne«, »Histoire

de France«. Auf den Tafeln darüber sind Hinweise auf weitere Werke und Autoren verzeichnet: u. a. Plutarch, Machiavelli, Cicero, Seneca. Den Verkaufstresen bedeckt ein Tuch, das mit der Bourbonen-Lilie geschmückt ist. Der Kunde interessiert sich offenbar für die seinerzeit sehr erfolgreiche Tragödie *La Mariane* von Tristan L'Hermite.

17. Jahrhundert die Bevormundung noch verschärft. Die Einfuhr englischer Literatur aus dem Ausland war verboten. Hinzu kam eine strenge Beschränkung des Druckgewerbes auf London, Oxford und Cambridge, einzig York erweiterte 1662 den Kreis der Druckorte. Reguliert wurde die Zahl der Drucker über Lizenzen. So durfte es im Jahre 1637 in London nur 23 Drucker und vier Schriftgießereien geben, 1662 gar nur noch 20 Drucker. Dabei blieb es, bis 1694 der *licence-act*, das Gesetz über die Genehmigungspflicht, aufgehoben wurde. Fortan konnten sich auch in anderen Städten Druckereien niederlassen und ihre Gründung stand jedermann frei.

Trotz Zensur und Reglementierung erschienen in England Werke von Rang. Bei manchen stehen allerdings hoher literarischer Wert und kümmerliche Ausstattung in einem für heutige Augen befremdlichen Mißverhältnis. Literaturgeschichtlich bedeutend ist vor allem die Folio-Ausgabe der Werke Shakespeares. Die sogenannte *First-Folio*, 1623 erschienen, sollte als Gesamtausgabe auch die bis dahin ungedruckten Dramen des 1616 verstorbenen Dichters aufnehmen und so vor

dem Vergessen retten. Ihre Edition ist William Jaggard zu danken, einem Londoner Drucker und Verleger, der zu dem Unternehmen Freunde und Berufgenossen versammeln konnte. Ein Kupferstichporträt Shakespeares, gestochen von Martin Droeshout, schmückte das Titelblatt des Foliobandes. Es prägte das Bildnis Shakespeares, das wir noch heute von ihm haben.

Im Jahre 1667 erschien in London in zehn Büchern John Miltons Epos vom verlorenen Paradies, *Paradise Lost*. Milton wurde damit Lehrmeister für zahlreiche Autoren des 18. und 19. Jahrhunderts. In Deutschland war es Friedrich Gottlieb Klopstock, der für seinen *Messias* von Milton starke Impulse erfuhr.

Gegenüber der verbreiteten Nachlässigkeit der Herausgeber und der mangelnden Qualität vieler Bücher fallen die überdurchschnittlichen Leistungen der Universitätspressen von Oxford und Cambridge ins Auge. John Fell, Dekan und Bischof von Oxford, hatte daran entscheidenden Anteil. Zunächst arbeiteten die Universitätspressen mit aus den Niederlanden importierten Typen. Im Jahre 1667 entstanden auf Fells Initiative in der Oxforder Schriftgießerei des Holländers Peter Walpergen beachtliche Schriften. Ab 1677 wurde auch mit Typen des Gelehrten Franziskus Junius gedruckt. Die Oxford University Press wurde in der Folgezeit für die wissenschaftliche Sorgfalt und Schönheit ihrer Drucke bekannt.

Der Kupferstich wird zum bevorzugten Illustrationsverfahren

Als im 17. Jahrhundert der Kupferstich zum bestimmenden Mittel der Buchillustration wurde, lag das nicht etwa daran, daß man mit ihm eine neue, revolutionäre Technik entdeckt hatte. Als Druckverfahren war er seit etwa 1440 bekannt, also fast so lange wie der Buchholzschnitt. Heiligenbilder, Passionsfolgen oder Spielkarten wurden bereits früh mit ihm gedruckt. Der älteste datierte Kupferstich stammt aus dem Jahre 1446. Er zeigt die *Geißelung Christi*, aus einer siebenblättrigen Passionsfolge. Künstler und Stecher sind unbekannt, was für die meisten Kupferstecher des 15. Jahrhunderts gilt. Ihre Namen muß die Kunstgeschichte aus stilistischen Eigentümlichkeiten schließen oder aus den Initialen, die sich auf manchen Drucken befinden. Ein signierter Stich ist der *Moriskentanz* aus dem Jahre 1470, er weist Israhel van Meckenem als Schöpfer aus. Van Meckenem war Goldschmied und einer der produktivsten Stecher am Niederrhein. Albrecht Dürers Meisterschaft in dieser Technik belegt, als eines von vielen, das Blatt *Adam und Eva* von 1504. Kupferstiche wurden von Anbeginn als selbständige Kunstwerke angesehen, unerachtet des Umstands, daß der Stich, wie alle graphischen Verfahren, reproduzierbar ist und sich darin elementar von der

Shakespeares *First-Folio*, hier das Titelblatt eines Nachdrucks der zweiten Folioausgabe von 1632. Das Kupferstichporträt stammt von Martin Droeshout. Es prägte das Bild Shakespeares bis in unsere Tage.

Malerei unterscheidet. Die Frage von Original und Fälschung stellt sich hier ganz anders.

Wenn der Kupferstich zunächst keine Anwendung für die Buchillustration fand, so ist der Grund dafür in dem aufwendigen Druckverfahren zu suchen. Kupferstich ist Tiefdruck, der Typendruck aber, ebenso wie der Holzschnitt, ist ein Hochdruckverfahren. Beim Hochdruck werden die erhabenen Teile der Form abgedruckt, während beim Tiefdruck die in die Form eingeschnittenen Linien abgedruckt werden. Text und Kupferstich müssen also in zwei Arbeitsgängen in unterschiedlichen Pressen gedruckt werden. Daher kommt er in Inkunabeln selten vor. Versuche hat es in der Frühdruckzeit zwar gegeben, ihre Seltenheit und ausbleibende Verbreitung zeugen aber von den Schwierigkeiten, die die Technik den Buchdruckern bereitet haben muß.

Der Niederländer Colard Mansion ließ 1476 in Brügge für seine Boccaccio-Ausgabe Umriß-Kupferstiche drucken, die nachträglich in extra dafür freigehaltene Stellen eingeklebt wurden. In Rom begann Konrad Sweynheim 1473 für seine Ptolemaeus-Ausgabe mit dem Druck separater Kupferstichkarten. Nikolaus Laurentii arbeitete zur gleichen Zeit in Florenz an einer Dante-Ausgabe, bei der er 100 Kupferstiche direkt in den Text eindrucken wollte. Dantes *Divina Commedia* erschien im Jahre 1481, enthält aber nur – oder immerhin – 19 Stiche. Der Arbeitsaufwand, die häufig unzureichenden technischen Voraussetzungen und die Kosten ließen das Verfahren vorerst scheitern. Eine Ausgabe von Breydenbachs *Reise ins Heilige Land*, 1488 in Lyon erschienen, enthält einige Stiche, die nach den Mainzer Holzschnitten angefertigt wurden.

Erst Ende des 16. Jahrhunderts taucht der Kupferstich zunehmend in Büchern auf, um dann im 17. Jahrhundert gegenüber dem Holzschnitt zu überwiegen. Vollständig verdrängt hat er den Holzschnitt allerdings nie. Dieser blieb für volkstümliche Schriften und Zeitungen das einfachste und billigste Mittel zur Vervielfältigung von Bildern. Der Kupferstich, der für alles Feine, für Porträts und Stadtansichten bevorzugt wurde, steht neben den Initialen, Schlußstücken und Bordüren im Holzschnitt. So findet man beide Techniken noch lange in einem Buch vereint.

Wo wir verallgemeinernd von *der* Technik des Kupferstichs sprechen, handelt es sich in der Praxis um eine Mehrzahl von Verfahren. Dazu im folgenden einige Erläuterungen. Der Geschichte nach ist der Kupferstich eine Fortentwicklung der Gravierkunst, wie sie schon von mittelalterlichen Goldschmieden angewandt wurde. Auf eine polierte Kupferplatte wird, spiegelbildlich verkehrt, die Zeichnung entweder direkt aufgetragen oder von einer Vorlage aufgepaust. Mit einem dreikantigen *Stichel* werden die Striche, die an- und abschwellenden Linien *(Taillen)*, und Schraffuren in das Metall eingeritzt. Ein guter Stecher versteht es, dabei zarte oder

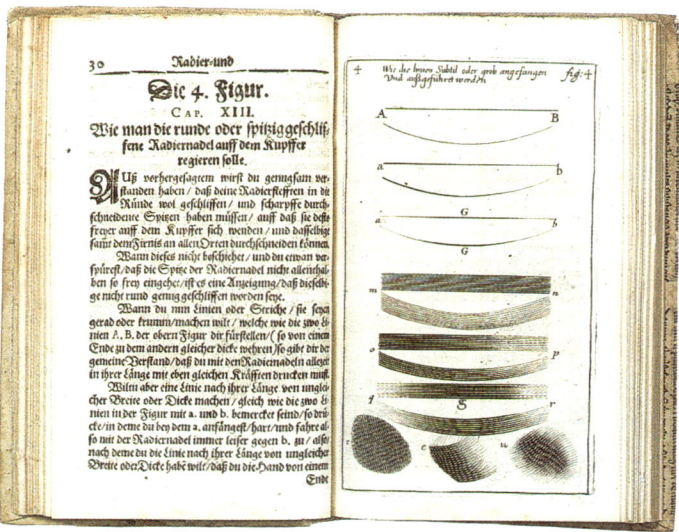

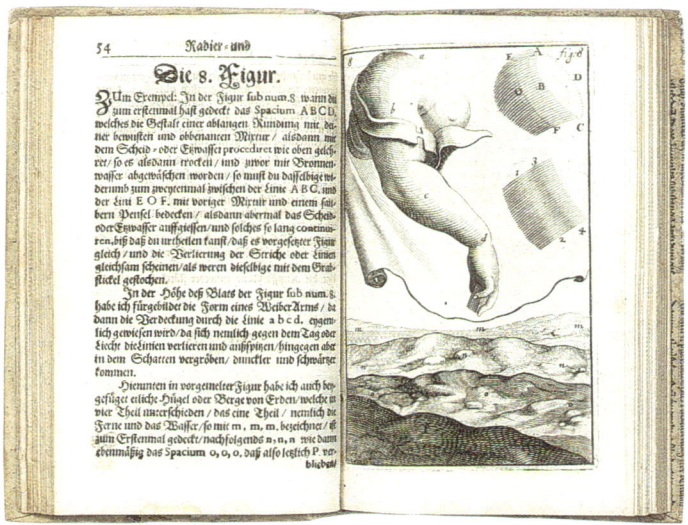

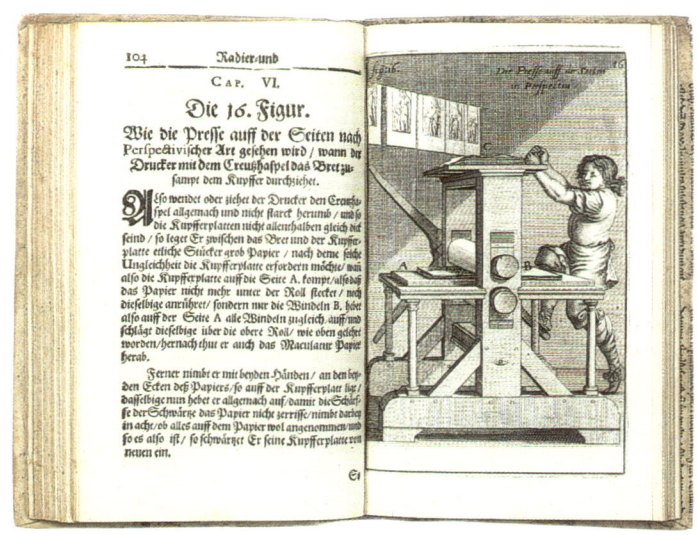

Abraham Bosse, *Die Kunst in Kupfer zu stechen*, 1765 in Dresden erschienen. Die französische Ausgabe *Traité des Manières de Graver…* kam in Paris 1645 heraus. Maße der Kupferstiche: 7,9 × 13,1 cm.

starke Strichlagen mit sicherer Hand zu variieren. Die Arbeitsweise hat zeichnerischen Charakter. Die fertige Platte wird eingeschwärzt, wobei man sie erwärmen kann, was die Farbverteilung erleichtert. Dann vorsichtig blankgewischt, so daß die Farbe nur noch in den eingegrabenen Linien haftet. Der zum Abdruck über die Platte gebreitete Papierbogen wird oft mit einem weichen Tuch abgedeckt, um die Härte des Drucks zu mildern, denn die Kupferdruckpresse arbeitet mit stärkerem Druck als die Buchdruck(tiegel)presse, weil das Papier, um die Farbe aufzunehmen, in die Vertiefungen der Platte gepreßt werden muß. Kupferdrucker waren begehrte Spezialisten. Ihre Arbeit erfordert Fingerspitzengefühl besonders beim Wischen der Platte.

Die *Radierung* (von lat. *radere* = kratzen, schaben) ist eine Verfeinerung des Kupferstichs. Sie erlaubt eine freiere, leichtere Linienführung als die Stichverfahren, da die Zeichnung nicht ins Metall, sondern mit einer Radiernadel in eine zuvor aufgetragene Beschichtung, den Ätzgrund, eingeritzt wird. Deren Säurebeständigkeit hat der französische Kupferstecher Abraham Bosse (1602–1676) durch ein Gemisch aus 50 Teilen Bienenwachs, 17 Teilen syrischem Asphalt und 33 Teilen Mastix erzielt.

Die eigentliche Arbeit an der Kupferplatte übernimmt die Säure eines Ätzbades. Sie greift das Metall an den radierten, ungeschützten Stellen an, wodurch sich die Zeichnung in die Platte frißt. Nach anschließendem Entfernen des Ätzgrundes kann die Platte wie ein Kupferstich gedruckt werden. Die Radierung erzeugt nicht so exakte klare Linien wie der Stichel. Beim Druck ergibt sich dadurch ein weicherer Ton. Durch Teilätzungen, indem einzelne Bereiche stufenweise abgedeckt und Schritt für Schritt bearbeitet werden, lassen sich malerische Effekte erzielen. Viele Radierungen wurden mit Sticheln nachbearbeitet. Waffenschmiede haben das Verfahren schon lange vor den Druckern gekannt, um Rüstungen und Waffen zu verzieren.

Die älteste bekannte datierte Radierung stammt von Urs Graf, dem Schweizer Zeichner und Holzschneider, der auch als Goldschmied Erfahrungen gesammelt hat: *Ein Mädchen wäscht sein Bein*, eine Eisenradierung, datiert auf das Jahr 1513 (heute Öffentl. Kunstsammlung Basel). Radierung und Stich wurden oft und gern als Mischtechnik zusammen angewandt. Beim *Kurfürstenatlas* beispielsweise sind geographische Fakten gestochen, bildliches Dekor radiert worden. Als zunächst eigenständiges graphisches Verfahren, ohne Bezug zur Buchillustration, kam die Radierung im 17. Jahrhundert von Frankreich aus in Mode. In den Niederlanden erweiterte Rembrandt Harmensz van Rijn seine technischen und künstlerischen Möglichkeiten in einem bis dahin völlig unbekanntem Maße. Er hat die meisten Skizzen selbst radiert. Wo es darauf ankam, Schattenwirkungen zu erzeugen oder Körper mit verschwimmenden Umrissen in Licht und Luft gebettet darzustellen, war die Radierung kaum zu übertreffen.

Einer der ersten, der sie für die Buchillustration nutzte, war Cornelis Galle, Sproß einer niederländischen Kupferstecherfamilie, die schon im 16. Jahrhundert für Plantin in Antwerpen gearbeitet hat. Nach einer Ausbildung in Italien wurde Galle zum ersten Stecher in der Werkstatt von Peter Paul Rubens. Der große flämische Künstler, für den eine Reihe von Stechern arbeitete, war mit Balthasar Moretus, dem Enkel Christoph Plantins, befreundet. Zu zahlreichen Drucken aus dessen Offizin steuerte Rubens Zeichnungen bei, hauptsächlich Entwürfe zu Titelblättern. Berühmt für ihren prunkvollen Aufbau wurden die von Rubens entworfenen und von Galle gestochenen Titelkupfer der Werke von Justus Lipsius, die bei Moretus erschienen sind.

Mit der Technik der Radierung haben Künstler immer wieder experimentiert. In dem Bemühen um technische Raffinesse ist die *Kaltnadelradierung* dabei vom Arbeitsablauf her ein einfaches Verfahren, das in der Ausführung große Erfahrung erfordert: Der Künstler ritzt die Zeichnung mit der Radiernadel direkt auf die Kupferplatte. Die feinen Linien gibt der Druck leicht und zart wieder. »Kalt« heißt die Technik im Unterschied zur Ätzung, bei der Wärme entsteht. Dürer hat dies vergleichsweise mühsame Verfahren vollendet beherrscht, es jedoch bei wahrscheinlich nur zwei Versuchen belassen, dem *Schmerzensmann mit gebundenen Händen* und *Hl. Hieronymus in der Wüste*, beide von 1512.

Die *Schabkunst*, auch *Schwarzkunst* oder *Mezzotinto* genannt, wurde 1642 in Holland von Ludwig von Siegen, einem Deutschen, erfunden. Dabei wird die Kupferplatte zunächst mit einem Wiegeeisen oder dem Kornroller *(Roulette)*, einem mit Zähnen besetzten Rädchen oder einer Kugel *(Moulette)* kreuz und quer aufgerauht. Die Herausarbeitung der Kontur geschieht von Schwarz nach Weiß; da, wo vollkommenes Weiß erscheinen soll, wird die aufgerauhte Fläche völlig geglättet. Mit Hilfe des *Schabeisens* entstehen Lichter, auch Halbtöne lassen sich so erzeugen. Die Technik war besonders für Porträts verbreitet – weniger für die Buchillustration. Das erste Porträt in dieser Technik stammt von 1642 und zeigt die Landgräfin Elisabeth von Hessen.

Wie das *Aquatintaverfahren* und die *Kreide-* oder *Crayonmanier*, zwei erst im 18. Jahrhundert aufkommende Ätztechniken, haben die genannten Varianten der Bearbeitung und des Drucks mit Kupferplatten die Künstler wegen der Möglichkeit malerischer Wirkungen gereizt. Freilich betraf dies nur Schattierungen, Tonabstufungen, Hell-Dunkel-Wirkungen, die eine Farbigkeit ersetzen mußten. Mehrfarbige Drucke konnte der Kupferstich nur im experimentellen Bereich erbringen. Mit seinem feineren Strich, der schwungvollen Linie und dem nuancierten Ausdruck kam er dem neuen, dem barocken Stilgefühl sehr entgegen. Dem verwöhnten Auge mußte – im Kontrast dazu – der Holzschnitt schlicht und spröde erscheinen. »Holzschnittartig« ist geradezu ein Synonym für »grob« und einfach. Die Wiederentdeckung des Holzschnitts im 19. Jahrhundert belegt allerdings auch die Wandelbarkeit des Geschmacks.

Viele Beispiele zeigen eine dem Kupferstich eigentümliche Tendenz zur Prächtigkeit, eine Eignung zum Dekorativen und Pompösen, wodurch er sich dem auf Repräsentation gerichteten Sinn der höfischen Barockkultur als Medium anbot. Auf der anderen Seite machte eben diese Detailfülle den Kupferstich für die Wissenschaften so interessant. Hier waren es Exaktheit und Präzision, die zählten. Für Atlanten und Ansichten, Pflanzen- und Tierbücher, Anatomien, Architektur-Tafelwerke war der Kupferstich ideal. Zwar galten Kupferstiche als teuer, es konnte aber von Vorteil sein, daß sich eine Platte ändern ließ, falls Korrekturen vorgenommen werden sollten.

So waren es die spezifischen Leistungen des Kupferstichs für die erweiterten Abbildungsmöglichkeiten im Buch des Barock und Rokoko, die zu seinem Siegeszug geführt haben – Vorzüge, die schwerer wogen als der nachteilige Umstand, Kupferstich und Lettern nicht zusammen in einem Arbeitsgang drucken zu können. Man half sich, indem man Kupferstiche entweder nachträglich eindruckte oder sie als einzelne Blätter, als Bildtafeln mit leeren Rückseiten, in das Buch einfügte. Zuweilen sind sie auch nur lose in das gebundene Buch eingelegt, in anderen Fällen eingeklebt worden. Unproblematisch war, sie als Titelblätter voranzustellen. Im 17. und 18. Jahrhundert wurde der Typendrucktitel, dem Zeitgeschmack entsprechend, durch einen ornamentverzierten Kupfertitel ergänzt (oder ersetzt), reich mit allegorischen, emblematischen Motiven versehen, die zu Titel, Inhalt oder Verfasser des Werkes in einem Anspielungsverhältnis standen. Häufige Verwendung fand im Barock die in einem Stück gestochene Architektureinfassung. Aus der Baukunst entlehnt, wo sie das Giebeldreieck auf einem vorspringenden Mittelteil eines Gebäudes benennt, stammt die Bezeichnung *Frontispiz*. Im Buch ist das *Frontispiz* eine selbständige Kupferstichtafel, die als Illustration dem typographischen Titel voransteht bzw. ihm (auf der linken Seite) gegenübersteht.

Der forschende Blick: Atlanten, Topographien, wissenschaftliche Tafelwerke

In den Niederlanden, dem Land der seefahrenden Kaufleute und Händler, entstanden Erd- und Himmelsgloben, See- und Landkarten früher als anderswo und in einem bis dahin nie gekannten Ausmaß. Der Anteil genauer nautischer Karten am Erfolg einer Reise ist groß, und damals waren sie unerläßlich bei der Entdeckung fremder Länder und der Erschließung neuer Kolonien.

Gedruckte Karten, meist Holzschnitte, kannte schon die Inkunabelzeit. Die in Rom von Konrad Sweynheim gedruckten Kupferstichkarten erschienen in einer gemeinsam mit Arnold Buckingk 1478 herausgegebenen lateinischen Ausgabe des Handbuchs der Astronomie, der *Syntaxis mathematica* des Claudius Ptolemaeus. Das ptolemaeische Weltbild, wonach die Erde der Mittelpunkt der Welt ist, war für das ganze Mittelalter maßgebend. Der aus Ägypten stammende griechische Mathematiker und Astronom, der im 2. Jahrhundert lebte, legte bei seinen Karten einen um ein Viertel zu kleinen Erdumfang zugrunde, weshalb die Entfernungen auf seinen Karten maßstäblich viel zu groß gerieten. Vor allem die west-östlichen Gebietsstrecken sind überdimensioniert. Die Welt des Ptolemaeus ist überschaubar – sein Nullmeridian verläuft durch die Kanarischen Inseln.

Entdeckungen und Erfindungen veränderten das Bild der Erde, das spiegeln die neuen Karten wider. Nikolaus Kopernikus (1473–1543) rückte die Erde aus dem Zentrum des Universums. Er proklamierte die Heliozentrik: *»Im Mittelpunkt des Systems ruht die Sonne«* heißt es im 10. Kapitel des ersten der *Sechs Bücher über die Bewegung der Himmelskörper*. Das Werk erschien im Jahre 1543 bei Johann Petrejus in Nürnberg unter dem lateinischen Titel *De revolutionibus orbium coelestium*. Trotz seines Widerspruchs zur Lehrmeinung der Kirche blieb das Buch lange unbehelligt. Als es 1611 dann doch auf den vatikanischen Index kam, war die Revolutionierung des Weltbildes schon nicht mehr aufzuhalten. Die fortschreitenden Wissenschaften hatten dem Ende des 16. Jahrhunderts die Erfindung des Fernrohres beschert – auch dies eine Neuerung der seefahrenden Handelsmacht zwischen Ijssel-Meer und Schelde. Von den Niederlanden aus gelangte 1609 die Kunde vom optischen Wunderinstrument zu Galileo Galilei (1564–1642), der das Fernrohr verbesserte und in der Schrift *Nachricht von neuen Sternen (Sidereus nuncius)* über seine Himmelsbeobachtungen berichtete. Sie wurden zur Grundlage seiner Lehre, daß der Mond ein Trabant der Erde ist, beide gemeinsam aber die Sonne umkreisen; eine Ketzerei, für die er von der Inquisition verfolgt und 1633 zum Widerruf gezwungen wurde. Die Legende hat daraus einen Widerruf nicht ohne hartnäckigen Protest gemacht: *»Eppure si muove!«* – und sie bewegt sich doch! – soll er gerufen haben, aber der berühmte Ausspruch ist eine Erfindung der Literaten. Johannes Keplers (1571–1630) *Astronomia Nova*, 1609 in Heidelberg (ohne Angabe von Ort und Drucker) erschienen, bestätigte das kopernikanische Weltsystem.

Noch ins 16. Jahrhundert, in das Jahr 1570, fällt das Erscheinen von Abraham Ortelius' *Theatrum orbis terrarum*. Mit seinen 70 Kupferstichkarten gehörte es zu den ersten geographischen Kartensammlungen, die – Voraussetzung für einen gebundenen Atlas – ein annähernd gleiches Format aufweisen. Das Werk wurde zunächst bei Coppen Diesth, ab 1579 bei Plantin gedruckt, die meisten Stiche stammen von Frans Hogenberg. Ortelius, der von Haus aus Kolorist und Kartenhändler war und später spanischer Hofgeograph wurde, liebte es, seine Karten mit Abbildungen nautischer Geräte, mythologischen Darstellungen (z. B. Neptun), Schiffen usw. zu beleben. *Theatrum* = Schauplatz war ein beliebter Buchtitel, der die Aufbruchstimmung der Zeit verdeutlicht. Zu Anfang des 17. Jahrhunderts hatte er den mittelalterlichen Begriff *Speculum* = Spiegel fast verdrängt.

Die Karten von Ortelius, vor allem aber die seines Freundes Mercator beendeten den Einfluß der ptolemaeischen Geographie. Hatte Ortelius illustrativen Neigungen gefrönt, so vertrat Gerhard Mercator (Gerhard Kremer, 1512–1594), ein Schustersohn aus Rupelmonde in Ostflandern, den »wissenschaftlichen Typ unter den Kartographen« (Horst Kunze). Ihm ging es in erster Linie um Genauigkeit und Zuverlässigkeit. Die Darstellung der Erdoberfläche auf einer flach liegenden Karte ist für Kartographen immer ein Problem, weil sie zu

Verzerrungen führt. Nur die Kugelgestalt eines Globus gibt Entfernungen, Flächen und Winkel verhältnisgetreu wieder. Die *Weltkarte* Mercators erlangte Weltruhm für die Art ihrer Projektion, die als »Mercator«-Projektion in die Kartographie eingegangen ist. Es ist eine Zylinderprojektion, d. h. Mercator gab, um das Bild der Erde auf einer Ebene darzustellen, dem Globus die Gestalt eines Zylinders, den er auf die Karte abrollte. Durch diesen Kunstgriff erreichte Mercator, daß die Längengrade parallel bleiben und ihre Abstände in demselben Verhältnis wachsen wie die Abstände der Breitengrade. Besonders auf See, wo die Örtlichkeit dem Auge keine Orientierungspunkte bietet, ist es wichtig, Kursänderungen richtungs- bzw. winkelgetreu in die Karte einzeichnen zu können. In Polnähe wachsen allerdings die Flächenverzerrungen, weshalb die Projektion für Flächenvergleiche ungeeignet ist. Die »Mercator«-Projektion findet dank ihrer Winkeltreue in der Seefahrt noch heute Anwendung.

1540 erschien in Antwerpen Mercators Schreibbüchlein *Litterarum latinarum quae Italicas cursoriasque vocant scribendarum ratio*, das auch eine gut durchgebildete *Cancellaresca romana* enthält. Diese schöne Kanzleischrift

212   Gerhard Mercator: Nordpolkarte, Duisburg 1595, herausgegeben von Rumold Mercator.

schien Mercator auf den Karten besser lesbar zu sein als die bisher angewandte Fraktur, und so verwendete er sie für die Kartenbeschriftung, als er in Duisburg von 1552 bis zu seinem Tode für den Herzog von Jülich tätig war. Die Gesamtausgabe des großen von ihm vorbereiteten Kartenwerks hat Gerhard Mercator nicht mehr erlebt. Sein Sohn Rumold brachte es 1595 mit 107 Karten des Vaters heraus. Dieses Werk war der erste *Atlas*, der Namenspatron künftiger Kartensammlungen. Das Titelblatt stellt den Titanensohn Atlas dar, wie er, der in der griechischen Mythologie das Himmelsgebäude auf seinen Schultern trägt, mit zwei Globen hantiert. Nach Rumold Mercators Tod um 1599 gelangte der Amsterdamer Kartenhändler und Kupferstecher Jodocus Hondius (Joost de Hondt) 1604 in den Besitz sämtlicher Kupferplatten von Mercator. In seiner Werkstatt entstanden seit 1606, fortgeführt von Sohn Hendrick und Schwiegersohn Johannes Jansson, bis 1640 Ausgaben des Mercator-Hondius-Atlas, teils umgearbeitet und erweitert, so bei Janssons *Nieuwe Atlas* von 1638, der später zu einem Riesenwerk aus sechs Foliobänden mit 451 Karten anwuchs.

Von den niederländischen Seekarten nahm die moderne nautische Kartographie ihren Ausgang. Der Seekartenatlas *Spieghel der Zeevaerdt* des Kupferstechers Lucas Janszoon Waghenaer, 1584 von Plantin in Leiden gedruckt, galt lange Zeit als eine Art Prototyp, so daß sein Name stellvertretend für den Atlantentypus benutzt wurde. In England hießen Seekarten damals schlicht *Waggoner*.

Das Zentrum der Kartenherstellung im 17. Jahrhundert war Amsterdam. Hier arbeitete der für seine präzisen und prächtig ausgestatteten Drucke noch heute hoch geschätzte Kartograph und Kartendrucker Willem Janszoon Blaeu (1571–1638). Der Schüler des dänischen Astronomen Tycho Brahe begann 1596 mit der Herausgabe von Atlanten und Seekarten (*Seespiegel*). 1633 wurde er Kartenmacher der Vereinigten Ostindischen Compagnie. Seit 1602 besaß diese Handelsgesellschaft das Privileg des Handels mit »Niederländisch Indien«, 1637 erhielt sie es auch für Japan. Zum wirtschaftlichen Wohlstand der Niederlande im 17. Jahrhundert hat die Ostindische Compagnie ganz wesentlich beigetragen. Als Spitzenleistung des Kartendrucks und der Herausgabe von Atlanten wird Blaeus 1634 begonnene Kartensammlung des *Atlas Novus* gepriesen. Seine Söhne Joan und Cornelis führten seine Herausgabe bis 1662 fort. Janszoon Blaeus sechsbändiger *Atlas Novus* ist unter Sammlern sehr begehrt. Von 1650 bis 1662 gab Joan Blaeu den *Atlas Major* als lateinische Ausgabe in elf Bänden heraus, eine französische zwölfbändige folgte im Jahr darauf.

Die Karten in den Atlanten der Barockzeit wurden meist reich geschmückt und mit der Hand koloriert. Am Rand auf den Kartuschen und in den Ecken sind alle-

gorische Darstellungen, Landschaften oder Menschen in zeitgenössischen Trachten zu sehen. Wo die moderne Kartographie mit abstrakten Zeichen und Symbolen auf Legendentafeln Zusatzinformationen gibt, tun dies auf den alten Karten Bilder. Schiffe ganz unterschiedlicher Gestalt und Takelage verraten, welche Wasserfahrzeuge in welchen Breiten anzutreffen sind. Springende Löwen füllen auf den Karten die weißen Flecken afrikanischer Landstriche. Türme oder Mauern variierender Größe kennzeichnen die Bedeutung oder Größe einer Stadt. Fähnchen stecken Herrschaftsbereiche ab, und Wappen zeigen, welches Königshaus dort regiert. Auch mythologische Motive finden sich: Gott Neptun mit Fischschwanz und Dreizack regiert die Wasserfläche zwischen den Festlanden, eine Sphinx steht für das Geheimnis orientalischer Gefilde. Einen festen Platz auf fast jeder Karte nahm seit dem 16. Jahrhundert die Kartusche ein. Einem Wappen gleich, bot dieser in unterschiedlichen Formen gebildete Zierrahmen Platz für Angaben über Karteninhalt und Verleger.

In Deutschland hatte der Dreißigjährige Krieg ersten vielversprechenden Anfängen auf dem Gebiet der Karten- und Tafelwerke rasch ein Ende gemacht. Die Kriegsereignisse ließen keine Weiterentwicklung zu. Der bald einsetzende Qualitätsverfall wird deutlich an der schlechten Druck- und Papierqualität, an der mangelhaften Typographie, an flüchtigen, verwischt abgedruckten Bildern. Zwar wurde nach wie vor vielerorts gedruckt, aber überdurchschnittliche Werke entstanden nur in den wenigen, vom Krieg verschonten Städten wie Danzig, Königsberg, Hamburg oder Nürnberg. Außergewöhnliche Druckwerke konnte es nur in kleinen Auflagen für fürstliche Kreise geben. Immerhin, es gab sie: Bildbände über Feste und Feiern, sogar über Feuerwerke, Jagd- und Fechtbücher. Bei den Kartenwerken war der Einfluß niederländischer Vorbilder überdeutlich. Niederländische Karten sind, nicht nur in Deutschland, weidlich kopiert und nachgestochen worden.

Die Herzogin der Toscana soll 30 000 Gulden für eine besonders reich geschmückte Ausgabe von Blaeus *Atlas Major* bezahlt haben. Jenseits solcher Transaktionen bestand für Karten und Atlanten ein regulärer, hart umkämpfter Markt. Es wurde in großem Rahmen gedruckt und verkauft, nicht durchweg alles in erster Qualität. Wo es galt, Kosten zu senken, war die Reproduktion alter Karten aus dem Fundus oft billiger und bequemer als ein Druck nach neuesten geographischen Kenntnissen. Als Unikat, in einmaliger Ausführung stellte Joan Blaeu den *Atlas des Großen Kurfürsten,* auch *Mauritius-Atlas* genannt, her. Da er aus großen Wandkarten zusammengestellt wurde, ragt er allein schon durch seine Abmessungen aus den zahlreichen Atlanten dieser Epoche hervor. Sein Format mißt 102 × 170 cm,

214 Georg Braun und Frans Hogenberg, *Civitates orbis terrarum,*
Beschreibung und Contrafactur der vornehmbster Stät der Welt.
Die Karte zeigt Antwerpen. Köln: Heinrich von Aich 1574–1618
in Köln. Doppelseite: 59,4 × 40,7 cm.

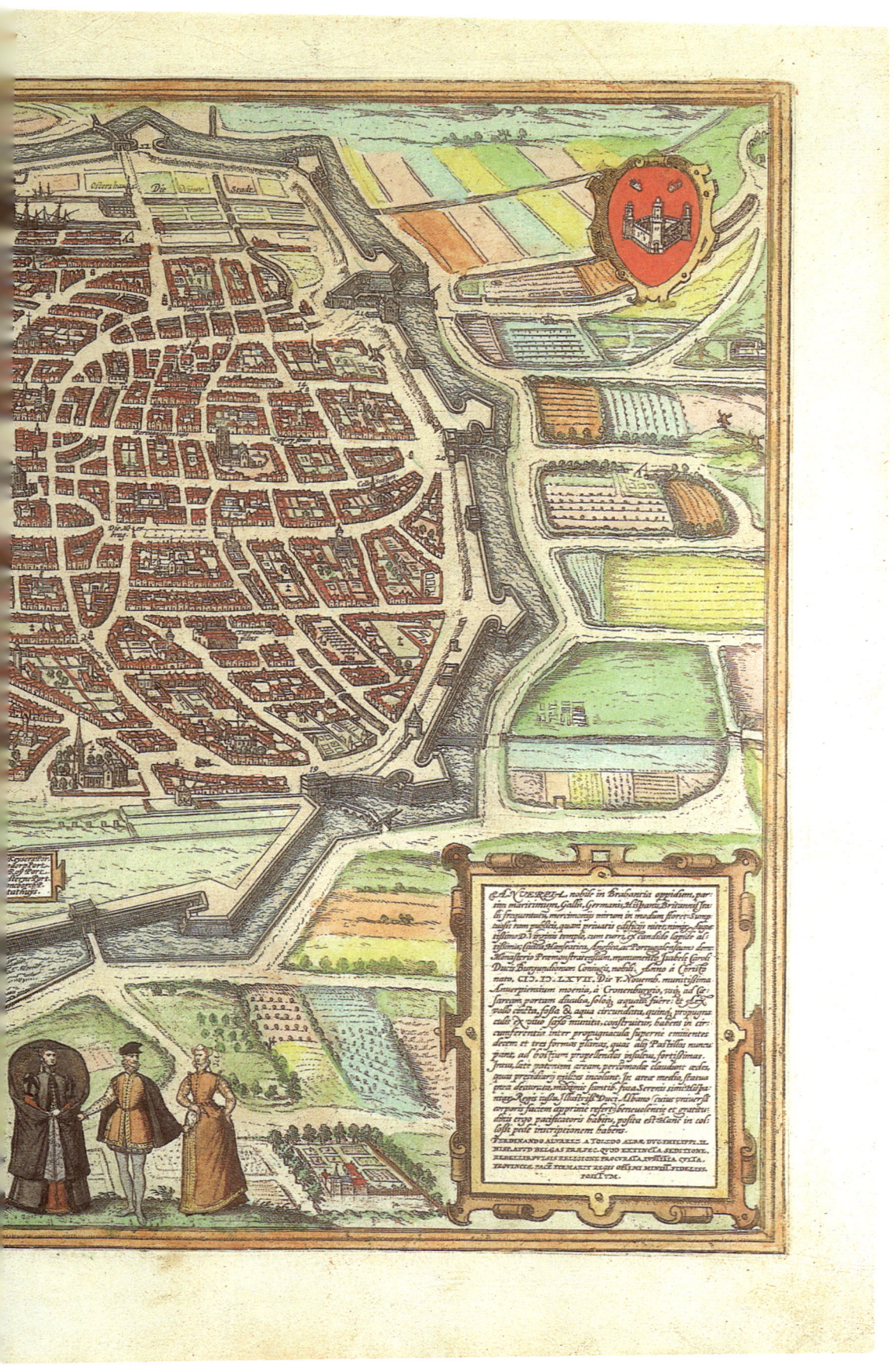

aufgeschlagen sind die Kartenbilder 170 × 222 cm groß. Sein Gewicht beträgt 125 Kilogramm. Johann Moritz von Nassau-Siegen machte den Atlas im Jahre 1664 dem Kurfürsten Friedrich Wilhelm von Brandenburg zum Geschenk. Unter den Landkarten holländischer Kartographen, die dafür ausgewählt wurden, befanden sich großformatige Arbeiten von Blaeu, Visscher, Dauckerts, Allard und de Wit. Hessel Gerritsz, Josua van den Enden und Gerard Coeck stachen die Kupfer. Eine Besonderheit bilden zwei Karten von Brandenburg und Preußen, die nicht wie die übrigen gedruckt, sondern handgezeichnet worden sind. Das aufgrund seiner Größe auch »Berliner Riesenatlas« titulierte Werk zählt zu den Kostbarkeiten der deutschen Staatsbibliothek Berlin und wurde vor einigen Jahren in reduziertem Format faksimiliert.

Die Kartographie fand in Deutschland erst mit Johann Baptist Homann (1664–1724) Anschluß an die allgemeine Entwicklung. Im Jahre 1692 eröffnete er in Nürnberg eine Kartenmacherwerkstatt. Ab 1702 kamen in seiner daneben gegründeten Druckerei einzelne Karten heraus, zunächst eine Kriegskarte Italiens, später auch Sammlungen und Atlanten. 1707 erschien der erste Atlas mit 40 Karten. Seine sorgfältigen Arbeiten erwarben sich rasch Ansehen. Im Jahre 1717 wurde Homann Kaiserlicher Geograph.

Atlanten und Karten fassen ins Bild, wovon die Erfahrung keine wirklich bildliche Vorstellung schaffen kann: Einem Landesherren veranschaulichen sie Gestalt und Ausdehnung seines Besitzes und Einflußbereiches (wobei die Steigerung der Besitzerfreude kein schlechter Grund für einen Atlantenkauf war), den Bürgern einer Stadt verdeutlichen sie ihre geographische Lage. Wer eine Karte sein eigen nannte, nahm teil an dem großen Prozeß der Bemächtigung der Welt. Und wer, sei er noch so viel herumgekommen, vermag schon ohne Karte die Proportionen seines Landes anzugeben, dessen Größe im Vergleich zu den Nachbarn, die Lage der Gebirge, den Verlauf der Flüsse und Verkehrswege, aufs Ganze gesehen? Es war ein Bündel von Motiven, dem die Illustration Rechnung trug: Orientierungsverlangen, Aufklärung, Schaulust und Neugier, ob nun wissenschaftliche oder gewöhnliche. Hier berührt das Interesse an Atlanten und Karten jenes an illustrierten Beschreibungen fremder Länder und Städte. Reisen war für die meisten Menschen jener Zeit nicht möglich. Um so größeren Reiz übte die Ferne aus, die Entdeckung des Exotischen und Fremden. Die Neugier war eine wesentliche Eigenschaft des 17. Jahrhunderts, der Epoche des forschenden Blicks, des Triumphes von Fernrohr und Mikroskop, von Newtons Physik, Harveys Biologie, Keplers Optik. Reiseberichte wurden Teil der neuen Weltsicht.

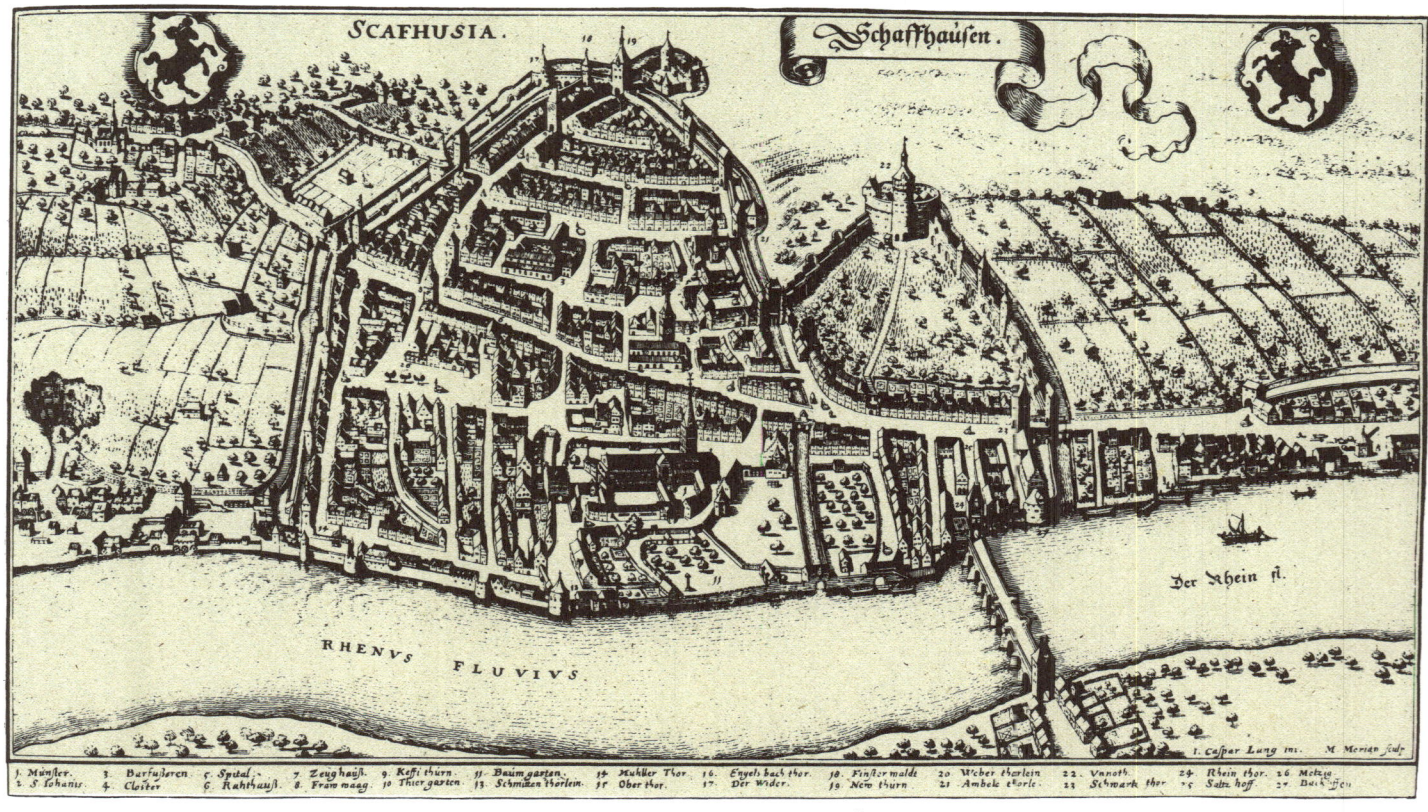

216 *Topographia Helvetiae, Rhaetiae et Valesiae, Das ist Beschreibung und Eigentliche Abbildung der Vornembsten Stätte und Plätz in der Hochlöblichen Eydgenoßschafft Grawbündten, Wallis, vund etlicher Zugewanter Orten. In Truck gegeben v. Verlegt Durch Matthaeus* Merian MDCXIII. Erster Band der *Topographia* nach Konzeption von Matthäus Merian d. Ä. Doppelseitige Ansicht der Stadt Schaffhausen aus der Vogelschau. Maße mit aufgeschlagener Tafel: 60 × 30,5 cm.

In Köln erschien von 1574 bis 1618 das *Städtebuch* des Theologen und Freundes der Kartenkunst Georg Braun, *Civitates orbis terrarum*. Im Dienste der Kirche hatte er die Welt bereist. Die detailreichen Kupferstichansichten von mehr als 400 Städten aus aller Welt wurden von Frans Hogenberg und seinem Sohn Abraham nach verschiedensten Vorlagen gestochen. Frans Hogenberg, der flämische Zeichner, Kupferstecher und Verleger, war seit 1566 in Köln ansässig und hatte 1570 für Abraham Ortelius in Antwerpen die meisten Karten für dessen *Theatrum orbis terrarum* gestochen. Von Georg Braun stammen die kurzen Bildbeschreibungen, die jeweils auf die Rückseite der Abbildungen gedruckt sind. Neu war dabei die Zusammenfassung der Kupferstiche zu einem Buch, denn bis dahin waren Städteansichten meist als Einzelblätter veröffentlicht worden. Das berühmt gewordene Ansichtenwerk erschien auch in italienischer und französischer Übersetzung.

Ein Name verbindet sich wie kaum ein anderer mit der Kunst des topographischen Kupferstichs: Merian. Noch heute läßt er sofort an Stadtansichten und Kunde aus Reiseländern denken. Matthäus Merian d. Ä. (1593–1650) stammte aus Basel. Bei Dietrich Meyer in Zürich hatte er die Kunst des Kupferstichs erlernt. 1617 heiratete er in die Frankfurter Drucker- und Kupferstecherfamilie de Bry ein, deren Geschäft er 1625 übernahm. Zu jenem Zeitpunkt war das Unternehmen der aus den Niederlanden eingewanderten Familie de Bry bereits das führende Verlagshaus am Ort. Merian, der dabei zum Verleger wurde, gelang es, das Verlagsprogramm auszubauen und die Vorrangstellung seines Unternehmens durch die Wirren des Dreißigjährigen Krieges hindurch zu behaupten. Theodor de Bry (1528–1598) hatte als einer der ersten Reiseliteratur mit Kupferstichen herausgebracht. Schon 1590 erschien bei ihm in Frankfurt der Bericht über eine Expedition des Engländers Thomas Harriot nach Virginia mit naturgetreuen Zeichnungen von John White. Harriots Reisebericht war der erste Teil der de Bryschen *Collectiones peregrinationum in Indiam orientalem et Indiam occidentalem*, eines umfangreichen Kupfertafelwerks über Ost- und Westindien. Es umfaßte schließlich 25 Teile und enthielt 484 Kupferstichtafeln (Amerika 238, India orientalis 246), als es 1634 von seinen Söhnen Johann Dieterich und Johann Israel abgeschlossen wurde.

Mit seinen Söhnen Kaspar und Matthäus d. J. gab Merian von 1635 an das *Theatrum europaeum* heraus. Erst 1738 wurde das Werk abgeschlossen und lag dann in 21 Foliobänden vor. Gedacht als Chronik der Zeit von 1618 bis 1718, sollte es die Zeitereignisse in deutscher Sprache zusammenstellen und illustrieren. Urheber und verantwortlich für die ersten Texte war der Straßburger Gelehrte Johann Philipp Abelin. 1275 Kupferkarten, Pläne, Stadtansichten, Schlachtenpläne, Bilder von Krönungen und Porträts beinhaltete die Chronik, bei der sich die

Jost Amman, *Frauentrachtenbuch*. Die deutsche Ausgabe von 1586 enthielt 122 handkolorierte Holzschnitte. 14,5 × 20 cm.

Maria Sibylla Merian, *Der Raupen Wunderbare Verwandlung und Sonderbare Blumennahrung*, 1679 in Nürnberg erschienen. 14,6 × 18,5 cm.

Hortus Eystettensis. Basilius Besler und Ludwig Jungermann im Auftrag des Eichstätter Bischofs Johann Conrad von Gemmingen. Eichstätt und Nürnberg 1613. 46,8 × 56,9 cm.

Herausgeber besonders der historischen Treue gegenüber ihren Gegenständen verpflichtet gefühlt hatten.

Merians zweites großes Abbildungswerk, die *Topographia Germaniae*, erschien von 1642 an. Das Gesamtwerk der *Topographien* – ab Band 16 ohne den Zusatz *Germaniae* – bezog auch Länder wie Böhmen, die Schweiz, die Niederlande, Frankreich, Österreich und Italien mit ein und schloß 1672 mit dem 31. Band ab. Die *Topographien* sind ein enzyklopädisches Werk, mit Beschreibungen, Karten und Ansichten. Der Text der ersten Bände stammt von Martin Zeiller. Die stattlichen Foliobände enthalten 92 großformatige Karten, 1486 Kupferstiche und 2142 einzelne Ansichten. Matthäus Merian und seine Mitarbeiter achteten sehr auf Darstellungstreue. Von vielen Orten geben die Blätter der *Topographia* die ersten authentischen Ansichten überhaupt, was ihnen einen großen historischen Wert verleiht. Zudem zieht ihr illustrativer Charakter den Betrachter auch heute noch in Bann: die Bilder sollten nicht nur informieren, sondern auch »ergötzen«.

Wie weit sich das Interesse an fremden Ländern auf deren Bewohner und Sitten erstreckte, zeigt die Fülle der sogenannten *Trachtenbücher.* Dies waren Sammlungen von Bildern, die die regionalen Besonderheiten der Kleidung darstellten. In der ständischen Gesellschaft galt der Satz »Kleider machen Leute« buchstäblich: Bis weit ins 18. Jahrhundert hinein herrschten in Europa Kleiderordnungen. Regeln bestimmten Farbe und Schnitt der Bekleidung, die dem Angehörigen eines Standes zu tragen erlaubt war. Die Trachten- und Kostümwerke wurden später auch »Modebilder« genannt. Großen Erfolg erzielte mit ihnen der Kupferstecher Abraham de Bruyn, der wie Georg Braun in Köln arbeitete, wo er sich 1577 niedergelassen hatte. De Bruyn hatte vormals bei Plantin in Antwerpen gearbeitet. Seine *Trachtenbücher* erwiesen sich als ausgesprochen populäre, marktgängige Ware. Der Italiener Odardo Fialetti reüssierte mit einem speziellen Projekt: Sein Buch widmete sich den Trachten der Ordensgeistlichen und war so begehrt, daß es mehrere Auflagen erlebte und eine Übersetzung ins Französische erfuhr.

Wie das Fernrohr den Blick in eine unentdeckte Weite ermöglichte, so eröffnete das Mikroskop, um 1590 von Zacharias Janßen erfunden, den Zugang zur Welt des Kleinen und Kleinsten. Das optische Prinzip war in beiden Fällen das gleiche, und die Haltung, die darin zum Ausdruck kam, war es auch: Der Eroberungsdrang des Entdeckers, der sein Auge bewaffnete, um das bis dahin Unsichtbare der Verborgenheit zu entreißen. »*Wissen ist Macht*«, verkündete zur selben Zeit der Philosoph Francis Bacon, und Galilei stellte die These auf, daß das Buch der Natur in Zahlen geschrieben sei. Ob Mineral, Pflanze oder Tier – die Ordnung der Stoffe, die Lebensgewohnheiten der Kreaturen und die Funktionszusammenhänge der Organe schienen nur darauf zu warten, entschlüsselt und in menschliches Wissen verwandelt zu werden. Das Entstehen des naturwissenschaftlichen Museums und des Labors fällt in diese Epoche. Jeder Hof von Rang unterhielt ein Bestiarium, exotische Pflanzen-, Kunst- und Naturalienkabinette nebeneinander, und dies Nebeneinander besagte: Seht her, dies alles ist analysierbar, meßbar, klassifizierbar. Das Stilleben mit Früchten und Blumen wurde zur Mode der Tafelmalerei, die Überschaubarkeit und Regelmäßigkeit des barocken Gartens gaben dem Naturverständnis Ausdruck.

Nach dem Tod von Matthäus Merian d. Ä. im Jahre 1650 führten seine Söhne den Verlag, die Druckerei und Kupferstichwerkstatt weiter. Seine vielseitig begabte Tochter Maria Sibylla Merian (1647–1717) hat sich als Naturforscherin und Zeichnerin mit ihren Blumen- und Insektenbüchern einen Namen gemacht. Ihr *Neues Blumenbuch* mit ganzseitigen Kupferstichen erschien 1680 in drei Teilen. Kunstvoll ist ihre Handkolorierung, mit der ein Teil der Auflage ausgestattet wurde. Von den kolorierten Exemplaren sind nur zwei erhalten, eines in der Landesbibliothek in Dresden; das zweite im Naturgeschichtlichen Museum von South Kensington. 1679 veröffentlichte Maria Sibylla Merian *Der Raupen wunderbare Verwandlung und sonderbare Blumennahrung* im Verlag ihres Mannes, des Nürnberger Malers, Kupferstechers und Verlegers Johann Andrea Graff. Ihr Hauptwerk, *Insekten von Surinam*, kam 1705 in Amsterdam heraus. Es enthält 60 Bildtafeln. Mit ihrer naturgetreuen Wiedergabe, einem ausgeprägten Formen- und Farbsinn liefern Maria Sibylla Merians Werke einen prägnanten Beitrag zur wissenschaftlichen Illustration, auch wenn man einwenden mag, daß die rein wissenschaftliche Pflanzendarstellung, wie sie sich am Ende des 17. Jahrhunderts zeigte, den Anspruch auf Schönheit und Gefälligkeit längst abgelegt hatte. Die Wissenschaftler verlangten Darstellung von Knospe, Blüte, Frucht bis in alle Einzelheiten, künstlerischer Glanz war ihre Sache nicht.

Auch die Brüder Lukas (1579–1637) und Wolfgang Kilian (1581–1662), die in Augsburg für das repräsentationsfreudige 17. Jahrhundert viele der typischen Porträts, Titelblätter, Buchillustrationen und Tafelwerke in Kupfer gestochen und verlegt haben, bewiesen ihre Kunst mit einem botanischen Prachtwerk, dem *Hortus Eystettensis* von 1613. Das aufwendige Unternehmen war vom Eichstätter Fürstbischof von Gemmingen in Auftrag gegeben und finanziert worden. 7000 Gulden für eine Auflage von 300 Exemplaren schoß er vor. Der Initiator ließ darin vor allem die Gewächse seines berühmten Schloßgartens im Kupferstich verewigen und sorgfältig kolorieren. Botanische Gärten mit seltenen Gewächsen gehörten zur Liebhaberei der höfischen Gesellschaft; was lag näher, als diese Schätze über den Tag hinaus konservieren zu wollen. An der Herstellung der 366 Kupfertafeln mit ihren über tausend Einzeldar-

stellungen, die den *Hortus* zu einem Höhepunkt der botanischen Buchillustration in Deutschland machten, waren neben den Brüdern Kilian auch Johann Leypold, Friedrich van Hulsen, Peter Isselburg beteiligt. Für die Texte sorgten die Apotheker Basilius Besler und sein Bruder Hieronymus aus Nürnberg sowie der Botaniker Ludwig Jungermann.

Zu den Werken von besonderer wissenschaftlicher Bedeutung zählt auch Joachim von Sandrarts *Teutsche Akademie der Bau-, Bild- und Mahlerey-Künste*, das von 1675 bis 1679 in Nürnberg erschienen ist. Sandrart, der selbst Maler, Zeichner und Kupferstecher war, hat in diesem Werk alle für ihn noch erreichbaren Nachrichten über Leben und Werk vieler Künstler zusammengetragen. Zugleich repräsentiert die *Teutsche Akademie* die barocke Kunstauffassung der Zeit. Als Herausgeber der ersten deutschen Kunstgeschichte wurde Sandrart zum Begründer der deutschen Kunstwissenschaft.

Joachim von Sandrart, *Teutsche Akademie der Bau-, Bild- und Mahlerey-Künste*, von 1675 bis 1679 in Nürnberg erschienen. Die Malerporträts stammen von Sandrart, Philipp Kilian war der Stecher. 24,5 × 38 cm.

Emblembuch, Barocklyrik, Schelmenroman

Das innere Spannungsverhältnis gegensätzlicher Motive kennzeichnet die Literatur des Barock, Ausdruck eines schmerzhaften Bewußtseins von der Doppelnatur der Existenz, von Diesseitigkeit und Jenseitigkeit, Schönheit und Verfall, Lebensfülle und Totenstarre. Man treibt Pomp und klagt zugleich, alles sei eitel. Im verheerten Deutschland hatte der Dreißigjährige Krieg mit der Stärkung der Kleinstaaterei geendet. So beschränkt ihre Territorien waren, so groß war die Selbstherrlichkeit zahlreicher Duodezfürsten, die ihre kostspielige Hofhaltung an dem Vorbild orientierten, das das glanzvolle Versailles ihnen bot. Hofkomponisten, Hofmaler, Hofdichter dienten zur Zierde der Residenzen wie Gärten, Wasserspiele, Opern, Feuerwerke, Feste. Die Literatur des 17. Jahrhunderts begab sich unter die schützenden Fittiche der Fürsten, wurde von ihnen unterhalten und revanchierte sich mit Verklärungen des fürstlichen Alltags – eine Form wechselseitiger Liebesdienerei, die Friedrich Gundolf zu der spitzzüngigen Bemerkung

veranlaßte: *»Die Fürsten dilettierten und gönnerten, die Literaten sangen und widmeten, nicht mehr privat, sondern offiziell im Dienst des deutschen Schrifttums. Der hatte zwei Seiten: Förderung der Literatur durch Mäzene und Verherrlichung der Mäzene durch Literaten – seltsame Inzucht!«*

Die deutsche Bezeichnung »Schriftsteller« ist eine Wortschöpfung des Barock und seither als Ersatz für die Fremdworte »Autor« und »Skribent« im Gebrauch. Damit es aber den Schriftsteller als Typus geben konnte, wie wir ihn heute verstehen – gleichbedeutend mit »freier Schriftsteller« – dazu mußte ein literarischer Markt entstehen, und dies geschah erst im 18. Jahrhundert. Der Autor des 17. Jahrhunderts blieb gebunden an die höfisch-feudalen Verhältnisse und auf Gönner angewiesen. So häuften sich gerade in jener Zeit die Dedikationen, die Widmungen von Büchern in Gestalt huldigender An- und Vorreden, adressiert an die Landesfürsten oder sonstige Standespersonen mit Geld, von denen sich hoffen ließ, sie würden im Gegenzug für die geleistete Ruhmredigkeit ihre Schatulle öffnen.

220 Andreas Alciat, *Emblematum liber*. Augsburg: Heinrich Steiner 1531. Die Holzschnitte stammen von Jörg Breu d. Ä. Motiv: Adler und Skarabäus – Trompeter im Kampf gefangen. 10,2 × 15 cm.

Das »Glück«, lateinische Ausgabe Lyon 1550. 11,6 × 17,6 cm.

Erprobt war dieses Mittel seit den Humanisten. Schon ihnen, die schrieben, als Honorare noch unüblich und verpönt waren, verhalf die Widmung zu finanziellen Kompensationen ihrer literarischen Mühen. Je lebhafter sich in der Folge der Buchdruck entwickelte, je reger die schriftstellerische Produktion wurde, ohne daß doch zugleich das Honorarproblem eine Lösung erfuhr, desto ausschweifender, lärmender, schmeichlerischer wurden die Widmungen. Der Barockpoet Sigmund von Birken war keck genug, seinem Mäzen, dem Fürsten Windischgrätz, in einem Huldigungsbrief auch gleich die Höhe des Betrages mitzuteilen, die dieser sich die »Verehrung« kosten lassen solle. Mit Blick auf solche Dreistigkeit und die vielen unangenehmen Beispiele sich anbiedernder Dedikationen wird verständlich, was Karl Schottenloher von »gewinnsüchtigen Erpressungen« mittels Widmungen hat sprechen lassen.

Der höfischen Verpflichtung der Barockliteratur auf das Zeremonielle und Repräsentative entsprach ein kunstvoller, antirealistischer Stil, verbunden mit einem ausgeprägten Formbewußtsein. Ausgefallene Meta-phern und gesuchte Vergleiche, beziehungsreiche Anspielungen, sprachliche Dunkelheiten, Verhüllung und Verkleidung waren sorgsam gepflegte Stilmittel. Typisch für die allegorisch verrätselte, stark intellektualisierte Poesie war die barocke Emblem-Kunst. Johann Gottfried Herder, der Kritiker der Emblematik, hat das 16. und 17. Jahrhundert ein »beinahe emblematisches Zeitalter« genannt. Die Kunst des Sinnbildes ist vor allem von den gebildeten Schichten und höfischen Kreisen geliebt und betrieben worden. Als für die »Mysterien des Glaubens« (Jacob Masen) sehr förderlich haben die gegenreformatorischen Kräfte das Emblem geschätzt. Eine Untersuchung von 1970 weiß von 103 jesuitischen Emblematikern mit 236 emblematischen Werken zu berichten. Falsch indes sind Einschätzungen, die das Phänomen ausschließlich der katholischen Welt zurechnen. Die Emblematik war in ganz Europa verbreitet.

Das barocke Emblem zeigt einen dreiteiligen Aufbau. Im Mittelpunkt steht ein Bild *(icon, pictura)*, das, als Holzschnitt oder Kupferstich, eine Szene aus Sprich-

Die »Gerechtigkeit«, italienische Ausgabe, Lyon 1551. 11,3 × 17,6 cm.

Der »Geiz«, lateinische Ausgabe, Lyon 1566. 8,8 × 12 cm.

wortgut, Tierdichtung, Mythologie, Geschichte oder biblischer Überlieferung vereinfacht darstellt. Darüber ist eine knappe Überschrift zu lesen, ein Motto *(lemma, inscriptio)*. Den eigentlichen Sinn des Dargestellten erklärt darunter ein mehr oder weniger umfangreiches Epigramm *(subscriptio)*. Ursprünglich Teil einer esoterischen Gelehrtenkultur und Stoffquelle für die bildende Kunst, wurde die populäre Emblematik ein Mittel der Unterhaltung, bei der man das Rätsel der Embleme wie Denkaufgaben löste. Die Deutung lief meist auf eine allgemeine Lebensregel hinaus. So zeigt eine *Ex bello pax* (Aus Krieg Frieden) überschriebene Darstellung den von einem Schild abgedeckten Brustpanzer eines Kriegers, in dem sich Bienen eingenistet haben. Die Bildunterschrift lautet: »*Mögen die Waffen auch fern liegen, so ist es doch recht, den Krieg zu beginnen. Anders kannst du die Kunst des Friedens nicht genießen.*« Und ein Esel, der hartes Stroh frißt, während sich auf seinem Rücken »*preciosa obsonia*«, kostbare Speisen, befinden, steht unter dem Motto: *Gegen die Geizhälse.* Die Inhalte und Themen haben im Laufe des 16. bis 18. Jahrhunderts eine Schwerpunktveränderung erfahren. Sie wandelten sich vom Heroischen zum Belehrenden.

Der Mailänder Humanist Andreas Alciat gilt als der eigentliche Schöpfer der Emblematik im 16. Jahrhundert. Die Emblembegeisterung wuchs sich im 17. Jahrhundert zur Mode aus und währte bis ins 18. Jahrhundert. Alciats *Liber Emblematum* war die erste Emblemata-Sammlung ihrer Art, wurde 1531 von Heinrich Steiner in Augsburg mit zunächst 98 Holzschnitten gedruckt und hatte großen Erfolg. Mehr als 150 lateinische Ausgaben des Buches sind erschienen, dazu zahlreiche Übersetzungen und Bearbeitungen. In einer Widmung an den Augsburger Humanisten Konrad Peutinger, dem er sein Manuskript geschickt hatte, nannte Alciat das Verfahren der Emblematik und ihren ästhetischen Reiz: es sei ein »*in verschwiegenen Zeichen schreiben*«. Die Indirektheit dieser Form ermöglichte moralische Unterweisung, ohne das Publikum durch penetrantes Moralisieren abzustoßen. Mochten auch die Fragen der Tugend und Glückseligkeit beständige Themen sein, so verhinderten doch Bildwitz und Rätselcharakter des Emblems, daß Moralia im Stile einer Predigt abgehandelt wurden. Der Versuch sittlicher Beeinflussung mittels emblematischer Verdichtung ist ganz unverkennbar. Alciat schuf beispielsweise das Bild des »Chamäleons«, um die Schmeichler bei Hofe darzustellen, und der schnell verderbliche »Kürbis« verweist auf das flüchtige Glück.

Die Beliebtheit von Alciats Emblembuch führte dazu, daß es ständig erweitert und immer wieder neu aufgelegt wurde. Francis Quarles' *Emblemes* (London 1638) und Henri Étiennes *L'Art de faire des devises* (Paris 1645) stehen in seiner Tradition. In den Niederlanden profitierten die Sinnbild-Alben von der hohen Qualität des Kupferstichs. Ein Beispiel dafür ist *Sinnepoppen* (»Puppen für den Geist«), von Roemer Visscher 1614 in Amsterdam herausgebracht, mit 180 Stichen von Claes Janszoon Visscher.

Das Anwachsen der Embleme schuf in der zweiten Hälfte des 17. Jahrhundert das Bedürfnis nach enzyklopädischer Zusammenfassung. Ganze Handbücher wurden mit Motiven vergangener Dichtungen, mit Epigrammen, Sentenzen, Devisen gefüllt. Sie waren regelrecht als Musterbücher der bildenden Kunst konzipiert. Viele unserer Redensarten, ob nun das Wort von den »Krokodilstränen« oder vom »Bärendienst«, gehen darauf zurück. In seiner breiten und zugleich tiefen Wirkungsgeschichte hat das Emblem die Literatur und die Kunst des 16. und 17. Jahrhunderts – vertrauen wir dem Urteil von Mario Praz – »mindestens ebenso stark beeinflußt wie die Bibel«.

Einen Gutteil seiner Einkünfte bestritt der barocke Dichter durch sogenannte Casualpoesie, Gelegenheitsdichtung, die er aus gegebenem Anlaß und teils auf Bestellung verfaßte. Taufe und Hochzeit, Geburt und Begräbnis, Begrüßung und Abschied oder die Preisung des Fürsten waren solche Gelegenheiten, zu denen der Poet ein Sonett oder eine Ode zu fabrizieren hatte. Dieser Zweig barocker Lyrik ist, was seine Früchte angeht, gänzlich vergessen. Ein anderer aber blieb dem Gedächtnis erhalten, allerdings nicht als Dichtung im üblichen Sinn, sondern als Kirchenlied: *Nun danket alle Gott* von Martin Rinckart, Joachim Neanders *Lobet den Herrn, den mächtigen König der Ehren* oder Paul Gerhardts *Nun ruhen alle Wälder*, sein *O Haupt voll Blut und Wunden* und *Geh' aus mein Herz und suche Freud* sind barocke Schöpfungen, die oft spontan für den Gottesdienst entstanden und die die Bekanntheit von Volksliedern erlangt haben.

Vanitas, die Vergänglichkeit alles Irdischen, ist das Hauptmotiv der Barockkunst und -literatur. In der Malerei und Graphik wird sie versinnbildlicht durch Totenschädel, Sanduhr, brennende Kerze, gestrandetes Schiff, welkende Blumen. In der Dichtung gab ihr Andreas Gryphius (1616–1664) beredten Ausdruck: »*Die Herrlichkeit auf Erden, Mus rauch vnd aschen werden ...*«. Im Verlag der Elzevier erschienen ab 1637 *Sonette* und im Jahre 1643 des *Erste Buch der Oden* des von der Erfahrung des Dreißigjährigen Krieges geprägten Dichters. Gryphius hat auch als literarischer Neuerer gewirkt. Mit seinem Drama *Cardenio und Celinde oder Unglücklich Verliebte* (gedruckt 1657), durchbrach er das seit dem Humanismus herrschende Gesetz, ein Trauerspiel nur unter Fürsten und Helden anzusiedeln, im Lustspiel dagegen bürgerliches Personal auftreten zu lassen: So ist *Cardenio und Celinde* das erste deutsche Trauerspiel mit bürgerlichen Figuren.

Ein umfassender Geist der religiösen katholischen Dichtung war der mystische Logiker Angelus Silesius, im bürgerlichen Beruf Mediziner und mit bürgerlichem Namen Johann Scheffler (1624–1677). Sein symbolreiches mystisches Spruchbüchlein *Geistreiche Sinn- und Schlußreime*, das später unter dem Titel *Der Cherubinische Wandersmann* Berühmtheit erlangte, erschien zuerst 1657. Über das Wesen dieser Dichtung schrieb Richard Alewyn: »*Ihre Philosophie hat kein System, höchstens eine Sammlung von Systemsplittern, diese aber köstlich geschliffen und gefaßt. Der Alexandriner, der uns sonst leicht fremd und künstlich erscheint, ist hier wie ein dem Gedanken mitgeborener Leib. Die klassische Form beweist Scheffler als einen der ersten Meister des deutschen Aphorismus.*«

Während Shakespeare in England das moderne Drama schuf, entstand in Spanien der Pikaro-Roman, dessen prominentestes Beispiel der *Don Quijote* von Miguel Cervantes († 1616) ist. Die Geschichte des Ritters von der traurigen Gestalt und seines Schildknappen Sancho Pansa erschien in der Erstausgabe 1605, verlegt von Iuan

Hans Jakob Christoffel von Grimmelshausen, *Der Abenteuerliche Simplicissimus Teutsch*, 1669 in fünf Büchern bei J. Felßecker in Nürnberg gedruckt. Das Impressum »Monpelgart. Gedruckt bey Johann Fillon« ist fingiert, um die Zensur irrezuführen.

de la Cuesta in Madrid. Keine siegreichen feudalen Helden mehr wie im *Amadis*-Roman beherrschen hier die Szene, sondern wandelnde Parodien des Rittertums, Schelme und Narren. Sie besitzen ein satirisch gebrochenes Verhältnis zur Welt. »*Es hat mir so wollen behagen, mit Lachen die Wahrheit zu sagen*«, erklärt Hans Jakob Christoffel von Grimmelshausen (um 1622–1676), der als bedeutendster deutscher Erzähler des 17. Jahrhunderts gilt. Im Schelmenroman Grimmelshausens begegnen wir dem volkstümlichen Gegenstück zur höfischen Barockpoesie, einem kraß realistischen Erzählen fern der kunstmäßigen Literatur des galanten Moderomans. Grimmelshausen schrieb nicht für das gebildete höfische Publikum, sondern für Herrn »Omnes« (Jedermann). Sein *Simplicissimus* ist der große deutsche Abkömmling des spanischen Pikaro.

Sprechend ist der Titel des Buches, typisch für den im Barock üblichen, ausladenden Gestus: *Der Abenteuerliche Simplicissimus Teutsch. Das ist: Die Beschreibung deß Lebens eines seltzamen Vaganten / genant Melchior Sternfels von Fuchshaim / wo und welcher gestalt Er nemlich in diese Welt kommen / was er darinn gesehen / gelernet / erfahren und außgestanden / auch warumb er solche wieder freywillig quittirt.* Das Titelkupfer der Erstausgabe zeigt ein geflügeltes, seeschlangenschwänziges Fabelwesen mit einem Satyrgesicht, das zu einem hämischen Grinsen verzerrt ist. Das Monstrum hält ein aufgeschlagenes Buch hoch, in dem repräsentative Gegenstände der Macht, des Stolzes, des Besitzes abgebildet sind: das Buch der Welt. Seine Füße trampeln auf einem Haufen von Gesichtslarven herum – es ist, so scheint es, niemand als der Erzähler selbst, der mit bösem Lachen die Wahrheit sagt, nämlich seiner Gegenwart die schöne Larve vom Gesicht reißt. Für seinen in Ichform erzählten, über weite Strecken autobiographischen Roman über das Leben des Simplicius (des Einfältigen) während des Dreißigjährigen Krieges befürchtete Grimmelshausen offenbar die Verfolgung durch die Zensur, denn als das Werk 1669 in fünf Büchern bei J. Felßecker in Nürnberg herauskam, war das Impressum fingiert zu »Monpelgart. Gedruckt bey Johann Fillon«. Die Titelfigur wurde schnell so populär, das Lesebedürfnis war so groß, daß Grimmelshausen einen sechsten Band mit *Continuation des abentheurlichen Simplicissimi* anhängen mußte, dem noch drei weitere Fortsetzungen folgten.

»Kurrente Lesewaren«

Sprechen ein Literaturwissenschaftler und ein Leseforscher von Publikumserfolgen, gar von Leib- und Magenlektüren, so kann sich leicht herausstellen, daß beide ein ganz unterschiedliches Schrifttum im Auge haben. Natürlich ist es nicht die Mehrzahl der Leser gewesen, die ihre Nase in den Grimmelshausen steckte – mag auch der Literaturwissenschaftler den Autor noch so sehr rühmen. Lyrik und Roman waren vielfach Produkte des Universitätslebens: von Studenten für Studenten. Daneben gab es ein leseinteressiertes kaufmännisches Bürgertum, wohl auch begüterte Handelsherren, die sich, wie Gotthard Heidegger 1698 schrieb, *»bey einer müssigen Viertel-Stunde öffters mit Lesung Poetischer Sachen zu divertieren belieben«*. Ansonsten aber galt das drastische Wort seines Zeitgenossen Adrian Beier, daß *»der gemeine Hauffe den Buchladen nicht viel kothig«* mache.

Was also las der gemeine Mann, so er denn las, und woher bezog er seine Ware, wenn nicht über den Ladentisch? Die Antwort darauf lautet: Er war, wie schon in den Jahrhunderten zuvor, auch im 17. Jahrhundert ein Kunde der Hausierer und Marktschreier, die ihre Ware nicht von den großen Verlegern bezogen, sondern von regionalen Druckerverlegern. Diese regionalen Offizinen machten ihren Hauptumsatz nicht mit Gelehrtenliteratur. Ihr Ressort war die gängige Ware, die »kurrentesten Materien«: Gebet- und Erbauungsbücher, medizinische und Hausväter-Ratgeber, Wetter- und astrologische Prognostiken, Flugschriften und Kalender, Neue Zeitungen und Schwanksammlungen, Hochzeits- und Leichenlieder, Schulreden und Verordnungen. All dies konnte auf massenweisen Absatz rechnen, weshalb ein lokaler Drucker, auf der Basis einer soliden Kanzlei- oder Ratsbuchdruckerei und vom Landesfürsten begünstigt, ein sicheres Auskommen hatte, wenn er es verstand, in seinen Bezirk eindringende Konkurrenz abzuwehren. Gerade Kalender waren so sehr gefragt, daß noch die Obrigkeit am Geschäft mitzuverdienen suchte, indem sie entsprechende Druckprivilegien mehr oder weniger versteigerte: Die Verteilung unter den ansässigen Firmen erfolgte dann gegen Höchstgebot.

Sprachgesellschaften – Kulturpatriotismus

Das Barockzeitalter gilt vielfach als das letzte Kapitel der abendländischen Kulturgeschichte, das allen Ländern Europas gemeinsam war. Zum letzten Mal gab es – wie dies auch für die Renaissance oder die Gotik gegolten hatte – einen gesamteuropäischen Stil, einen länderübergreifenden Kanon verbindlicher Formen, sei es in der Architektur, der Kunst, der Mode oder den Sitten am Hof. Gegenkräfte erblicken wir in den Akademien und *Sprachgesellschaften*. In ihnen kristallisierte sich nationales Kulturbewußtsein. Die im Barock entstehenden Sprachgesellschaften verbanden Fürsten, Adlige, Hofbeamte, Gelehrte und Dichter mit dem Ziel, ihre Muttersprache zu fördern, zu pflegen und gegen die verbreitete Fremdwörterei rein zu erhalten.

Man könnte meinen, daß dieser sogenannte Kulturpatriotismus gerade in Deutschland, leidend an *»der frechen Völker Schar«* (Andreas Gryphius), als Gegenreak-

tion auf die fremden Besatzer entstand, und tatsächlich sind viele deutsche Sprachgesellschaften während des Dreißigjährigen Krieges gegründet worden: 1633 die *Aufrichtige Gesellschaft von der Tanne* in Straßburg, 1642 die *Deutschgesinnte Genossenschaft* in Hamburg, 1644 der *Pegnesische Blumenorden* in Nürnberg. Die Sprachgesellschaft als solche jedoch stammt noch aus Friedenszeiten, und sie ist auch keine deutsche Erfindung. Als im Jahre 1617 in Weimar die erste deutsche Sprachgesellschaft von Fürst Ludwig von Anhalt-Köthen ins Leben gerufen wurde, folgte er italienischem Vorbild. Ludwig hatte in Florenz die *Accademia della crusca* kennengelernt, deren Mitglieder gleichsam in Sprache und Literatur »Mehl von der Kleie«, von der *crusca,* trennen wollten. Im Jahre 1600 wurde Ludwig Mitglied – ähnlich wie genau einhundert Jahre später Gottfried Wilhelm Leibniz Mitglied des französischen Gegenstücks wurde, der 1635 von Richelieu in Paris gegründeten *Académie Française.* Die Académie, der Pflege und Reinerhaltung der französischen Sprache, Kunst und Wissenschaft verpflichtet, war aus einer wöchentlich tagenden Privatgesellschaft von Schriftstellern und Schöngeistern entstanden. Sie besaß vierzig auf Lebenszeit gewählte Mitglieder (die »Unsterblichen«), stand von 1672 bis zur Französischen Revolution unter der Protektion des Königs und war

Wappen der *Fruchtbringenden Gesellschaft.* Aus: Fürst Ludwig von Anhalt-Köthen, *Der Fruchtbringenden Geselschaft Nahmen, Vorhaben, Gemählde und Wörter...* Frankfurt am Main: Matthäus Merian 1646. 14,8 × 19,4 cm.

äußerst wirkungsmächtig und meinungsbildend für die folgende konservativ-klassische Sprach- und Literaturkritik. Als ihr Leibniz 1700 beitrat, hat ihm dies allerdings nicht, wie dem Fürsten Ludwig, einen Impuls zur Bekräftigung des eigenen nationalen, deutschen Sprachinteresses gegeben. Leibniz schrieb zeitlebens fast nur Latein und Französisch.

Ludwigs Gründung in Weimar taufte sich *Fruchtbringende Gesellschaft*. Später hieß sie auch *Palmenorden*, nach dem Palmbaum ihres Wappens. »Erhebung der Muttersprache« war ihr erklärtes, vordringliches Ziel. Neben den Adligen hatten auch Bürgerliche Zutritt, eine Möglichkeit, von der vor allem die Literaten Gebrauch machten. Um die Hierarchien zwischen Geburts- und Geistesadel zu vermeiden, vergab man Gesellschaftsnamen: Fürst Ludwig hieß »Der Nährende«, Martin Opitz »Der Gekrönte«, Johann Michael Moscherosch »Der Träumende«, Gryphius »Der Unsterbliche« usw. Das Übergewicht des Adels belegt der Anteil von nur 125 Bürgerlichen bei 527 Mitgliedern. Sie wandten sich gegen die Nachahmung der fremden, spezifisch der übermächtigen französischen Kultur, Kleidung, Sprache, Etikette. Nicht etwa, daß man damit zugleich gegen jede Form feiner Sitte und geselligen Anstandes plädierte; im Gegenteil war die *Fruchtbringende Gesellschaft* um kultiviertes Benehmen und kultivierten Ausdruck bemüht und verpönte den groben Ton. Ihr Widerwille galt der geschmeidigen Anpassung an das, was von vielen Zeitgenossen als *à la mode* bewundert und nachgeäfft wurde. Moscherosch reimte in seinem *Alamode-Kehraus:* »*Alamode macht mich bang, weil der teutschen Untergang in der neuen Sucht seinen Anfang sucht.*«

Wenngleich sich die Kultivierungsbemühungen der Sprachgesellschaften später zuweilen in Deutschtümelei verkehrt haben, so sind doch ihre Anfänge sehr begreiflich. Die Situation gab zu ihrer Gründung allen Anlaß. Nicht allein das höfisch-zeremonielle, sogar das umgangssprachliche Deutsch dieser Zeit bot ein im Wortsinne barockes, »schiefrundes« Bild. Es war eine wilde Mischung aus deutschem Satzbau und französischen Fremdwortbrocken, die den Angriffspunkt der »Kulturpatrioten« bildete. Daß ihr Bestreben um eine gereinigte deutsche Hoch- und Literatursprache eine einheitliche, durch Normen geregelte Rechtschreibung hervorbrachte, ist unbestritten ein Verdienst, denn damit wurde der Grundstein für die vom frühen 18. Jahrhundert bis zur Klassik sich entwickelnde Literaturfähigkeit der deutschen Sprache gelegt. So ist das *Buch von der deutschen Poeterey* von Martin Opitz (1597–1639) ein Programm und eine Werbeschrift für eine eigenständige deutsche Literatursprache von europäischem Rang. Es erschien bei seinem Freund David Müller 1624 in Breslau. Opitz war es auch zu verdanken, daß mit der *Dafne* des Italieners Ottario Rinuccini die erste deutschsprachige Oper herauskam. Für die von Heinrich Schütz

vertonte, im Jahre 1627 auf Schloß Hartenstein bei Torgau uraufgeführte Oper hat Opitz das Libretto übersetzt. Zahlreiche europäische Werke sind damals auf Betreiben der Sprachgesellschaften ins Deutsche übersetzt worden, was zeigt, wie fern man aller nationalistischen Borniertheit stand.

Umstritten ist der orthographische Ertrag der Sprachgesellschaften auf besonders einem Gebiet: bei der Schreibung der Buchstaben. Die heute nur noch im Deutschen übliche Großschreibung ist ein Relikt der Barockzeit. Das Schreiben mit Großbuchstaben hatte Signalwirkung, es bedeutete Auszeichnung. Zudem boten die Versalien dem Schreiber mehr Gelegenheit zu schwungvollen Variationen. Albert Kapr hat den Hang dazu am Schriftbild der deutschen Luther-Bibel verfolgt. Er hat festgestellt, daß in der Erstausgabe von 1522 nur selten Substantive mit großen Anfangsbuchstaben gedruckt waren. Hingegen sei die Großschreibung in der Bibelausgabe von 1545 bereits in großem Maße durchgeführt worden. In der Folgezeit griff diese Tendenz um sich. »*Erst begann man, GOTT und HERR groß zu schreiben, dann folgten Papst, Kaiser, Bischof, Kirche, Fürst, und die Ergebenheitsfloskeln in den Vorreden der Buchausgaben des Barocks taten das übrige zur Überhäufung des deutschen Schriftbildes mit Versalien.*«

Der Buchmarkt im Wandel

Kaum etwas verdeutlicht die sich anbahnende Nationalisierung im 17. Jahrhundert besser als die Entwicklung des Buchmarktes. Der Dreißigjährige Krieg markierte auch hier einen tiefen Einschnitt. Im Jahrzehnt vor Kriegsbeginn hatten sich die Frankfurter Messen zum größten Umschlagplatz für internationale gelehrte und geistliche Literatur entwickelt. Die Stadt am Main zog die Verleger und Buchhändler aus ganz Europa an. Meßkataloge von 1610 bis 1619 verzeichnen 918 Neuerscheinungen aus Frankreich, 798 aus den republikanischen Niederlanden, 781 aus den spanischen Niederlanden, 559 aus Italien und 151 aus England. Völlig verändert stellte sich die Situation im Nachkriegsjahrzehnt dar: Zwar waren die blühenden Niederlande mit 15 Ausstellern präsent, die Franzosen aber hatten sich merklich zurückgezogen. Italien schickte von 1650 bis 1659 gerade noch 40 Neuerscheinungen nach Frankfurt, der Anteil Englands war ähnlich drastisch gesunken.

Lateinische Titel waren auf der Frankfurter Messe stets besonders stark vertreten gewesen. Die rege Beteiligung der ausländischen Verlage spielte da hinein, die beim Besuch des »Teutsch Athen« auf die lingua franca der Gelehrten setzten. Entsprechend führten sie nur wenige Bücher in der eigenen Landessprache im Gepäck: unter fünf Titeln waren in der Regel vier in Latein. So mag es folgerichtig erscheinen, daß der Rückgang der lateinischen Produktion in der zweiten Jahrhundert-hälfte begleitet war vom Abstieg Frankfurts, während die Konkurrenz in Leipzig, wo man deutscher Literatur größeren Raum gab, die Führung übernahm. Um 1615 hatten Bücher in lateinischer Sprache mit 58 Prozent das Gros aller Messeneuheiten gestellt, im Jahre 1692 war es damit vorbei. Fortan überwogen die deutschsprachigen Neuanzeigen. Mit steigender Tendenz: 1714 gab es auf den Messen doppelt soviele deutsche wie lateinische Druckwerke, noch einmal zwanzig Jahre später waren es bereits dreimal soviel.

Die Geschichte der Messen Frankfurts und Leipzigs im 17. Jahrhundert steht für mehr als die Konkurrenz zwei-er Handelsplätze. Mit ihr verknüpft sich die konfessio-nelle Spaltung Deutschlands in einen protestantischen Norden und Osten einerseits, einen katholischen Süd-westen andererseits. Die Bindung des Katholizismus an das lateinische Schrifttum erwies sich auf dem Buch-markt als deutlicher Nachteil gegenüber den bevorzugt deutsch druckenden protestantischen Verlagsorten. Eine liberale Zensur und die Unterstützung des Buchgewer-bes durch die sächsische Obrigkeit taten ein übriges, so daß Leipzig etwa um 1680 zur marktbeherrschenden Buchdruckerstadt Deutschlands wurde.

In Leipzig stiegen drei konkurrierende Buchhänd-ler zu Großverlegern auf: Thomas Fritsch (1666–1716), Johann Friedrich Gleditsch (1653–1716) und Moritz Georg Weidmann d. Ä. (1658–1693) dominierten das Buchgeschäft. Im sächsischen Halle profitierte die von August Hermann Francke gegründete *Buchhandlung des Waisenhauses* vom allgemeinen Aufschwung der nord-, mittel- und ostdeutschen Verlage, und im thüringischen Jena – wie Halle eine Universitätsstadt – brachte es die Verlagsfirma Bielcke in der Zeit von 1665 bis 1739 auf 2203 Neuerscheinungen. Breslau, dessen Tradition in die Wiegendruckzeit zurückreicht, war für viele der schlesischen Barockpoeten ein bevorzugter Verlagsort. Eine Zunahme verlegerischer Tätigkeit und eine Bele-bung des Gewerbes verzeichneten auch Berlin und Königsberg, desgleichen Hamburg, wo um 1700 der Anteil der lateinischen Schriften nur noch 37 Prozent betrug, dafür aber die ersten Proben frühbürgerlicher Literatur in Übersetzungen aus dem Englischen kursier-ten. Daniel Defoes *Robinson Crusoe* beispielsweise ist über die Hamburger Firma Th. von Wierings Erben nach Deutschland gelangt.

Im Südwesten hielt das traditionsreiche Augsburg nach einer Phase der Stagnation seine Stellung als Zentrum des katholischen Druck- und Verlagswesens. Volkstümliche Erbauungsschriften erschienen hier in großer Zahl. Einen weiteren Schwerpunkt bildete die Graphik, wobei die Zuwanderung flandrischer und anderer auswärtiger Künstler dafür sorgte, daß der Ruhm des »Augsburger Barock« nicht allein von der

seit Generationen ortsansässigen Kupferstecherfamilie Kilian herrührte. Welche Rolle die Familien de Bry und Merian für das Ansehen Frankfurts als Drucker- und Verlegerstadt spielten, ist bekannt. Hervorzuheben ist auch Nürnberg, der wichtigste süddeutsche Kommis-sionsplatz. Süddeutsche wie auch norddeutsche Verlags-häuser unterhielten hier Bücherlager und nutzten Nürnberg gleichsam als Operationsbasis, von der aus protestantische Literatur ins strengkatholische Bayern, und umgekehrt die Stimme Roms in den protestanti-schen Norden getragen werden konnte. Unlösbar hat sich mit der Stadt in Franken der Name des Verlags Endter verbunden, der zu den bedeutendsten Druck- und Buchhandelsfirmen des 17. Jahrhunderts zählt.

Ihre Blütezeit erlebte die 1590 gegründete Firma un-ter Wolfgang Endter (1593–1659), der sie von seinem Vater Georg übernahm und mit Kundigkeit und Fleiß durch die Wirren des Dreißigjährigen Krieges steuerte. Er ist der Drucker und Verleger der meisten heute noch im Privatbesitz befindlichen Hausbibeln jener Zeit, hat aber neben der Bibel und protestantischer Erbauungs-literatur auch Belletristik und Kalender gedruckt. Von 1641 bis 1649 erschienen bei ihm in acht Bänden die *Frawen-Zimmer-Gespräch-Spiele* von Georg Philipp Harsdörffer, schön ausgestatte Bücher im Quartformat, mit prächtigen Kupferstichen illustriert. Das Werk sollte in gefälliger Form belehren und unterhalten. Seine Themen sind Sprichwörter, Rätsel, Fremdwörter, Schach-spiel, Musik, Malerei, Träume, aber auch »Müntz-pregen« und »Druckereyen«. Die einzelnen Bände besaßen ein ausführliches Inhaltsverzeichnis und Stich-wortregister, so daß angenommen werden kann, daß die *Gespräch-Spiele* der Leserin (!) auch als Enzyklopädie nützlich gewesen sind. »*Belehren und unterhalten*« – das war die Formel des Horaz gewesen. Nun schrieben sie die junge Aufklärung und nach ihr die Dichter des 18. Jahrhunderts auf ihre Fahnen.

Wolfgang Endters erfolgreichstes Verlagswerk ist die sogenannte *Kurfürsten-Bibel*, die zuerst 1641 erschien, unbestritten eine Ausnahmeerscheinung unter den Druk-ken jener Jahre. Ihr Auftraggeber war Herzog Ernst der Fromme von Sachsen-Weimar. Elf Kupferstichporträts sächsischer Herzöge und Kurfürsten gaben dem opulen-ten Werk den Namen. Endter war klug genug, dem 1600 Seiten starken, mit 280 Kupfern und 53 Holzschnitten ausgestatteten Werk sogleich eine einbändige, im Ganzen verkleinerte und daher für größere Käu-ferkreise erschwingliche Folioausgabe folgen zu lassen. Geschäftlich war die Sache ein Riesenerfolg. Die Kur-fürsten-Bibel wurde in vielen Varianten bis 1763 weiter-gedruckt. Kennzeichen vieler Endter-Bibeln ist deren schlechtes, heute meist stark gebräuntes Papier.

Bei Michael Endter in Nürnberg erschien im Jahre 1658 auch das große, für den elementaren Lese- und Schreibunterricht geschriebene Lehrbuch des Pädagogen Johann Amos Comenius (Jan A. Komensky, 1592–1670): *Orbis sensualium pictus*, d. i. »Die sichtbare Welt in Bildern«. Comenius vertrat eine Lehre, die er »Pansophie«, All-Weisheit, nannte. Der Mensch sollte durch Erkenntnis erlöst werden, wobei die Pansophie erklärte, die göttliche Wahrheit finde der Mensch nicht nur in seinem inneren Selbst, seiner Seele, sondern ebenso in den äußeren Gegenständen, da sie alle Gottes Schöpfungen seien. Dem *Orbis pictus* lag ein geordnetes, überschaubares Weltbild zugrunde: Das Werk beginnt und endet mit Gott. Dazwischen werden in einer Art geistlich-enzyklopädischer Zusammenschau die vier Elemente behandelt, die Mineralien, Pflanzen, Tiere, der Mensch, sein Aussehen, seine Tätigkeiten und Eigenschaften und so fort.

Comenius verband auf erzieherisch kluge Weise Bild und Schrift. Jedem Zeichen des Alphabets ordnete er das Bild eines Tieres zu, dessen charakteristische Stimme dem alphabetischen Laut entsprechen oder zumindest als Gedächtnisstütze für den Schüler dienen sollte. Es folgen 150 Lektionen mit Bildern aus der Lebenswelt, die jeweils mit lateinischen und muttersprachlichen Erläuterungen versehen sind. Auch abstrakte metaphysische oder moralische Begriffe werden bildlich dargestellt: Eine mahnende Frau am Scheideweg steht für die Ethik, eine demütige Beterin für die Geduld. Mit den Anschauungsbildern des *Orbis pictus* beginnt die Sachillustration für Kinder; das Werk hat

zahlreiche Nachfolger gefunden. Zugrunde lag der Gedanke, beim Erlernen der Sprache den Weg über die Anschauung zu gehen. Daher die – heute wenig sensationelle, damals jedoch Furore machende – Verbindung von Text und Bild. Die 150 Holzschnitte stammen aus der Endterschen Werkstatt. Noch im 18. Jahrhundert gehörte dieses barocke Buch zu den Lieblingsbüchern von Kindern gebildeter Kreise, sozusagen als Kinder-Ausgabe der Encyclopédie Diderots.

Zeitungen und Zeitschriften

Das reguläre Zeitungsgeschäft ist ein Kind des 17. Jahrhunderts. Publizistische Vorläufer existierten seit den Flugschriften der Reformationszeit und den sogenannten *Neuen Zeitungen.* Aber diese Einblattdrucke oder Hefte geringen Umfangs, die den Nachrichtendurst und die Weltneugier eines breiteren Publikums bewiesen, waren Eintagsfliegen, Gelegenheitspublikationen, veranlaßt durch eine Katastrophe, eine Sensation, ein bedeutendes Ereignis. An kontinuierliches Erscheinen dachte noch niemand.

Für eine erste Regelmäßigkeit sorgte Michael Eyzinger (Michael von Aitzing), dessen *Meßrelationen* seit 1588 im Halbjahresrhythmus erschienen. Eyzingers kluger Griff, jeweils zur Messe im Frühjahr und Herbst der Leserschaft eine Rückschau auf das abgelaufene

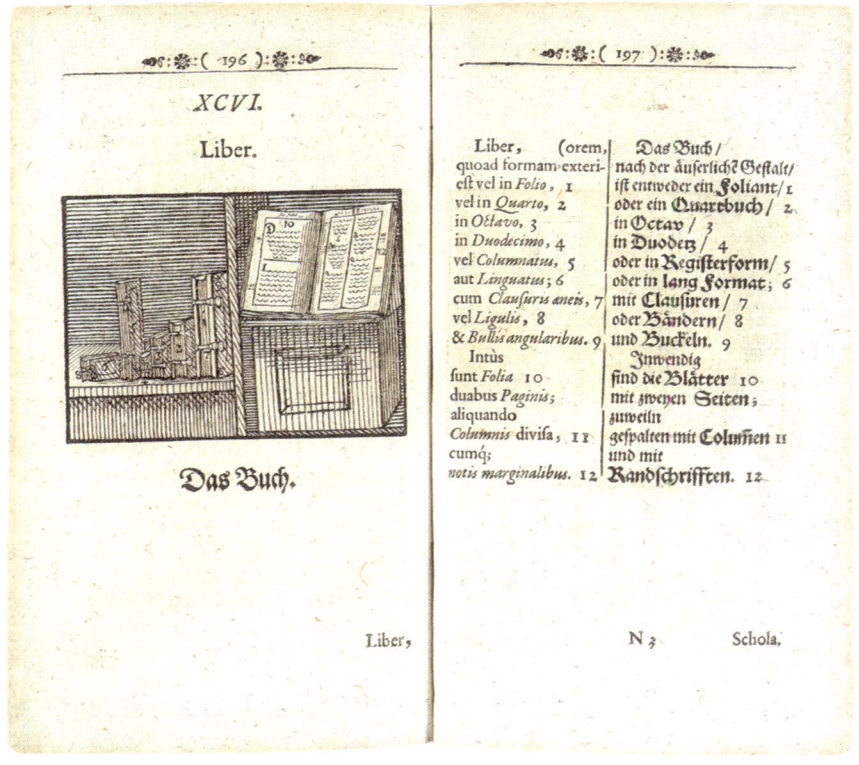

Johann Amos Comenius, *Orbis sensualium pictus.* Mit dem 1658 von Michael Endter in Nürnberg herausgebrachten Bilderlexikon wird das Bild Grundlage des Unterrichts. Im Vorwort heißt es: »Es ist aber nichts in dem Verstand, wo es nicht zuvor im Sinne gewesen.« 10,5 × 16,5 cm.

Halbjahr anzubieten, fand rasch Nachahmer. Um die Jahrhundertwende, im Jahre 1597, erschien die älteste bekannte Monatsschrift: *Historische erzöhlung der fürnehmbsten Geschichten und handlungen, so in diesem 1597. Jahr vast in gantzem Europa denckwürdig abgelauffen.* Sie wurde im schweizerischen Rorschach am Bodensee hergestellt. Ihr Herausgeber war der Augsburger Samuel Dilbaum, ihr Drucker Bernhard Straub. Jede der monatlichen Nummern umfaßte zwischen sechs und zwölf Blatt und brachte Nachrichten aus aller Welt, durch Überschriften nach Nationen gegliedert: die »Spanischen Affären« konkurrierten so mit den »Niederländischen Neuigkeiten«, »Französische Historien« kamen neben »Englischen Begebenheiten« zu stehen. Das Unternehmen war sichtlich ehrgeizig, Dilbaum und Straub vermochten aber kaum mehr als den ersten Jahrgang zu finanzieren und mußten dann die Segel streichen.

Die ersten Zeitungen, die nach unseren Begriffen von Aktualität und periodischem Erscheinen diesen Namen verdienen, waren zwei Wochenblätter: die *Relation* des Straßburger Druckers Johann Carolus, und die *Aviso Relation oder Zeitung*, die vermutlich von Julius Adolf von Söhne in Wolfenbüttel gedruckt und herausgegeben wurde. Von beiden Blättern hat sich der Jahrgang 1609 als ältester erhalten. Neuere Forschungen weisen darauf hin, daß Carolus bereits 1605 begann, seine *Relation: Aller Fürnemmen und gedenckwürdigen Historien* zu drucken. In den folgenden zwei Jahrzehnten kam es ringsum zu Zeitungsgründungen. Man mag darüber streiten, welches Land die begierigsten Leser und eifrigsten Drucker der neuen Periodika besaß: die Niederlande mit ihrem gut organisierten Netz ausländischer Korrespondenten, dem Amsterdamer *Courant* und der Antwerperner *Nieuwe tidinghen*; oder England, das in Nathaniel Butler den rührigen Vater des englischen Zeitungswesens und Herausgeber zahlreicher fortlaufend erscheinender Blätter besaß, endlich Deutschland, wo von 1609 bis zum Ende des Jahrhunderts 162 Zeitungen in mehr als 70 Städten nachgewiesen wurden. Erschienen sind gewiß weit mehr. Die Mehrzahl der ältesten Wochenzeitungen hatte nur ein kurzes Leben, und so darf man annehmen, daß zusätzlich zu den erhalten gebliebenen Ausgaben zahlreiche andere existiert haben, die spurlos untergegangen sind.

In Zeiten politischer und kriegerischer Wirren sind Nachrichten besonders gefragt, andererseits erschweren die Umstände ihre pünktliche und regelmäßige Verbreitung. Vielleicht erklärt dies, warum der Dreißigjährige Krieg zwar dem Flugblatt eine erneute Konjunktur bescherte, die erste Tageszeitung jedoch erst 1660 herauskam. Bis zur Mitte des 17. Jahrhunderts gab es nur wöchentlich erscheinende Nachrichtenblätter. Als nächstes steigerte sich ihr Erscheinen in vielen Orten auf zwei Wochennummern. Erstmals täglich erschien die *Neu einlaufende Nachricht von Kriegs- und*

Welthändeln. Der Leipziger Buchhändler Timotheus Ritzsch gab diese erste Tageszeitung vom 1. Januar 1660 an heraus.

Zumal das ausgehende 17. Jahrhundert gilt als Zeit einer bereits stark ausgeprägten Zeitungssucht. Auch wer nicht lesen konnte, nahm teil an der von Spöttern gegeißelten »Lesewut«. Beim Dorfpfarrer, Schulmeister, in der Wirtsstube und im Kramladen wurde vorgelesen und anschließend gemeinsam über das Gehörte räsoniert. So reichte die Zeitungsrezeption bis in die unteren Schichten der Bevölkerung. In Klöstern, an den Höfen und in den städtischen Kanzleien hielt man oft mehrere Blätter, die im Verein bezogen wurden. Gemeinsame Zeitungsabonnements, gesellige Lektüre und Erörterung der Zeitläufte waren weit verbreitet.

Was die Zeitung für die Welt der großen und der kleinen Politik, war die Zeitschrift für den Kosmos der Philosophie und Wissenschaft. Die Gelehrten erkannten recht bald, welche Möglichkeit des befruchtenden Austausches und der Vermehrung der Kenntnisse sich ihnen da bot. Der Typus der wissenschaftlichen Zeitschrift nahm nach einhelliger Auffassung in Frankreich seinen Anfang. 1665 wurde in Paris das erste Journal für Gelehrte gegründet, *Le Journal des Savants*, eine wissenschaftlich kritische Monatsschrift, die als Wochenblatt im Quartformat begann, acht bis sechzehn Seiten stark. Sie enthielt Nachrufe auf renommierte Gelehrte, Akademie- und Universitätsnachrichten, Berichte über naturwissenschaftliche Versuche und Entdeckungen, Bücheranzeigen und Rezensionen. Denis de Sallo, Mitglied des Pariser Parlaments, gab sie unter dem Pseudonym d'Hedonville heraus. Ebenfalls 1665 erschien mit *Philosophical Transactions* die erste englische Zeitschrift. 1668 folgte, von Francesco Nazzari in Rom ediert, das *Giornale de' Letterati*, die erste italienische Zeitschrift. Die erste französische literarisch-politische Zeitschrift, *Le Mercure Galant*, 1672 von dem Schriftsteller Donneau de Visé gegründet, bewegte sich, ihrem Titel getreu, jenseits der wissenschaftlichen Gefilde und brachte als »Salonblatt« auch Hof- und Gesellschaftsnachrichten, Kritiken und Gedichte.

Le Journal des Savants wirkte als Vorbild nach Deutschland, wo 1670 in Leipzig die *Miscellanea Curiosa Medico-Physica* erschienen. Vermutlich war dieses erste medizinische Fachblatt zugleich die überhaupt erste Fachzeitschrift der Welt, allerdings handelte es sich um ein Periodikum ohne große Ausstrahlung. Die Forschung läßt daher die Geschichte deutscher »Gelehrtenberichte« meist mit den *Acta Eruditorum* beginnen. 1682 in Leipzig von Professor Otto Mencke gegründet, brachte das Blatt wissenschaftliche Nachrichten ausländischer Zeitschriften, Buchbesprechungen, eigenständige Aufsätze und Notizen. Führende Köpfe der Zeit wie Leibniz und Thomasius gehörten zu ihrem Mitarbeiterkreis.

Als Gelehrtenorgan war die Zeitschrift in Latein geschrieben, das bis ins 18. Jahrhundert die bevorzugte Sprache der Philosophie und Wissenschaft blieb. Karl Schottenloher hat dies mit den Worten kommentiert: »Das war noch immer die Gewohnheit Mitteleuropas, das nicht glauben wollte, daß die anderen Gelehrtenwelten bereits längst ins Fahrwasser der Landessprachen geraten waren. Der Deutsche trug noch immer seinen lateinischen Zopf mit Stolz und Würde.« Prompt löste es einen Skandal aus, als der Philosoph Christian Thomasius 1687 an der Universität Leipzig die erste deutschsprachige Vorlesung (über Gratians Grundregeln) hielt. Der Frühaufklärer mußte die Universität verlassen. Am Abschneiden alter Zöpfe hat ihn das nicht gehindert. Thomasius führte die Deutschsprachigkeit in der wissenschaftlichen, genauer: der populärwissenschaftlichen Zeitschrift ein. Zunächst in Leipzig, dann seit 1688 in Halle gab er ein Journal heraus, das sich an interessierte Laien, an die nichtgelehrten Liebhaber der Wissenschaften und schönen Literatur richtete. Das bildend unterhaltsame Blatt änderte mehrfach den Titel, hieß *Monatsgespräche*, später auch *Schertz- und Ernsthaffter Vernünfftiger und Einfältiger Gedanken über allerhand lustige und Nützliche Bücher und Fragen*. Thomasius wandte sich wie selbstverständlich auch an die Leserin und fand: »Weibspersonen sind der Gelahrtheit so wohl fähig als Manns-Personen«. Zu jener Zeit wurde die Frau als Leserin entdeckt. 1693 kam die englische *The Ladies Mercury* heraus und 1725/26 erschienen in Leipzig Gottscheds *Vernünftige Tadlerinnen*.

Buchdrucker, eine Zunft mit Standesbewußtsein

Die Ansprüche, die der Stempelschnitt an die handwerklichen Fähigkeiten stellte, haben aus Schriftgießerei und Buchdruck rasch eigene Handwerke werden lassen. In beiden Fällen war Spezialistentum gefordert, und so gab es bereits in der Frühdruckzeit die ersten Stempelschneider, die sich aus der Union mit dem Buchdrucker lösten und mit ihren Stempeln, Matrizen und Gießinstrumenten eigene Wege gingen. Der Buchdrucker lernte seinen Beruf vier bis acht Jahre und war danach noch eine Zeitlang *Cornut*. Bevor der Geselle in Deutschland in die Zunft aufgenommen werden konnte, mußte er sich *postulieren* lassen, d. h., er hatte eine Reihe von Ritualen und Zeremonien, sogenannte *Depositionen* durchzustehen, die nach dem Vorbild der Prüfung der mittelalterlichen Scholare an den Universitäten entstanden waren.

Zunftgemäße Sitten dieser Art haben dem Druckgewerbe eine Hierarchie und Starrheit verschafft, die sich im Laufe der Zeit immer wieder fortschrittsfeindlich auswirkte. Erst zu Beginn des 19. Jahrhunderts wurden die Depositionen, die für den Cornuten mit einer Reihe zu ertragender Grobheiten und Demütigungen verbunden waren, verboten und durch eine Wassertaufe, das *Gautschen*, ersetzt. Das Depositionsspiel, die alte Form der Freisprechung der Druckerlehrlinge, war ein rituelles Frage- und Antwortspiel mit festgelegter Zere-

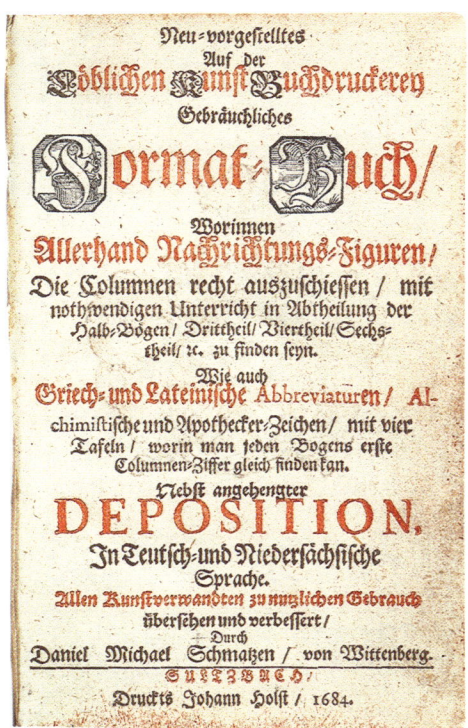
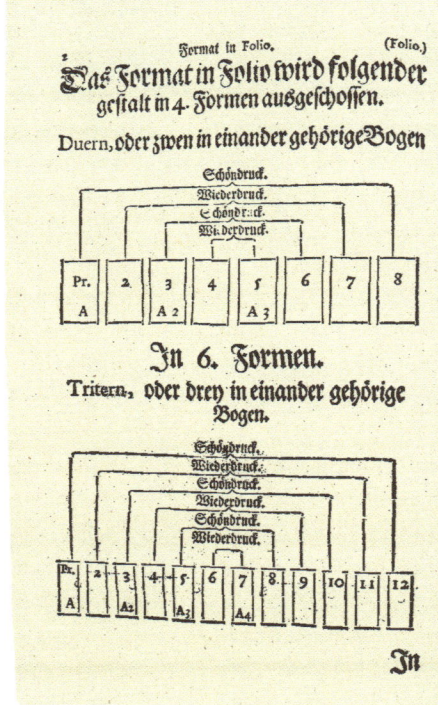
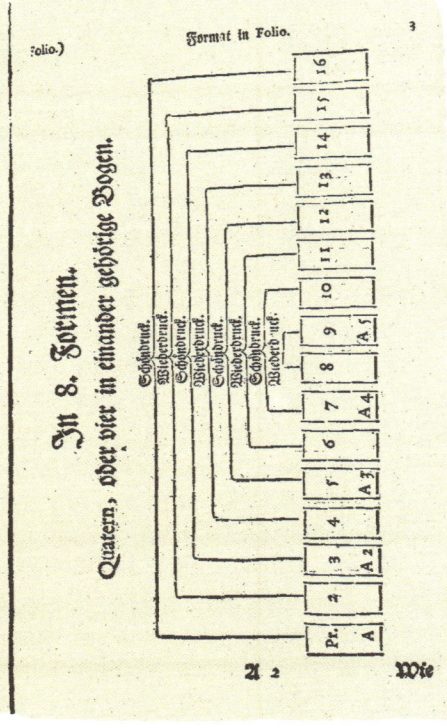

Daniel Michael Schmatzen, *Neu-vorgestelltes Auf der Löblichen Kunst Buchdruckerey Gebräuchliches Format-Buch*. 1684 von Johann Holst in Sultzbach gedruckt. 10,3 × 16,5 cm.

monie und vorgeschriebenen Wortwechseln (dem Cornuten wurden die Nägel gefeilt, die Ohren gesäubert,
ein Bart angemalt, er wurde gekämmt und geohrfeigt).
Es sollte den Lehrling von allen Untugenden befreien
und ihn in den Kreis seiner Berufskollegen aufnehmen.
Das älteste gedruckte Depositionsspiel von 1621 überliefert Paulus de Vise, ein Setzer aus Danzig in niederdeutscher Sprache. Der Holsteiner Pfarrer und Dichter
Johann Rist hat es in hochdeutsche Verse übertragen.

Im Jahre 1640 feierten die deutschen Buchdrucker
in einigen Städten zum ersten Mal ein Standesjubiläum:
die zweihundertste Wiederkehr der Erfindung ihrer
Kunst. Von kräftigem Standesbewußtsein zeugen auch
die entstehenden Fachbücher. Das *Neu-aufgesetzte For-
mat-Büchlein* von Jacob Redinger aus dem Jahre 1679 ist
teils unterweisende Druck- und Gewerbekunde, teils
Lobgesang auf die Schwarze Kunst. Der Verfasser kann
sich nicht genug damit tun, »wie geschwind« der Setzer
arbeite, »wie artig« die Drucker das Papier zu feuchten
wüßten, »daß es die Farben bequemlich fasse«, und »wie
hurtig« es beim Drucken selbst zugehe.

Abhandlungen über die Buchdruckerpresse, die sich
mit ihrer Kunst und Technik beschäftigten und international Bekanntheit erlangten, sind die Werke von
Vittorio Zonca und Joseph Moxon. Zoncas zuerst 1607
in Padua erschienenes *Novo teatro di machina e edificii per
varie e sicure operationi* enthält die wahrscheinlich erste
detaillierte technische Zeichnung einer Presse. Joseph
Moxons *Mechanick Exercises on the Whole Art of Printing*
von 1683 war das erste reguläre Handbuch für den Buchdrucker. Detaillierte Kupferstichabbildungen, unter anderem von einer Druckerpresse, und genaue Beschreibungen geben ihm seinen instruktiven Charakter.
Hieronymus Hornschuchs *Orthotypographia* ist das Resultat der Arbeit des Verfassers als Korrektor. Es vermittelt einen Einblick in die zeitgenössischen Arbeitsweisen
des Buchgewerbes, macht Vorschläge für eine verbesserte Organisation der Tätigkeiten und enthält Anweisungen für die Erstellung satzreifer Manuskripte und für
die Korrektur. Einige von Hornschuchs Korrekturzei-
chen sind noch heute in Gebrauch. Michael Lantzen-
berger in Leipzig, bei dem Hornschuch seine
Erfahrungen gesammelt hatte, druckte 1608 die erste,
lateinische Ausgabe. Ihr folgte im Jahre 1634 eine deutsche Übersetzung.

Es ist immer ein Zeichen für Selbstbewußtsein und
Identitätsgefühl, wenn eine Disziplin beginnt, sich zu
sich selbst historisch zu verhalten – wenn also zum Interesse am Buchdruck das Interesse an der Geschichte
des Gewerbes kommt. 1688 brachte Cornelius Beughem
in Amsterdam den ersten selbständigen Inkunabelkata-
log heraus, ein noch kleines Bändchen, das von den rund
27 000–40 000 heute bekannten Inkunabeln nur etwa
3000 verzeichnet.

Glanz und Elend der Bibliotheken

Reformation und Bauernaufstand hatten den mittelalterlichen Klosterbibliotheken in Teilen Deutschlands
den Garaus gemacht. Im Zuge von Kampfhandlungen
waren viele Klöster geplündert und zerstört worden. Wo
die reformatorischen Kräfte Fuß faßten, wurden Klosterbibliotheken in weltlichen Besitz überführt. Ihre
Enteignung kam den Kirchen- und Stadtbibliotheken
zugute, vor allem aber den Privatsammlungen der
Fürsten, die ihrerseits als Förderer der Universitäten
auftraten. In Heidelberg hatte Kurfürst Ottheinrich
(1502–1559) der *Bibliotheca Palatina* manch fremden
Bücherbestand einverleibt und zum Grundsatz erkoren,
daß eine Hofbibliothek für die örtliche Universität nutz-
bar sein müsse.

Als private Sammler neben den Adeligen waren im
16. Jahrhundert die humanistischen Gelehrten sowie gebildete Kaufleute hervorgetreten, namentlich die Brüder
Hans Jakob und Ulrich Fugger in Augsburg, deren
Bibliotheken Tausende gedruckter Bücher und viele
hundert Handschriften beinhalteten. Ulrich Fuggers
kostbare Sammlung, berühmt für die *Manessische Liederhandschrift* und für ihren Bestand an hebräischen, griechischen, lateinischen Handschriften, wurde später mit
der *Palatina* vereinigt und teilte deren Schicksal im Dreißigjährigen Krieg. Die Bibliothek des Humanisten und
Mäzens von Albrecht Dürer, Willibald Pirckheimer,
ging im 17. Jahrhundert den Weg nach England. Der
Earl of Arundel erwarb sie im Jahre 1636. Die Bibliothek
von Beatus Rhenanus wird heute noch fast komplett
in der Humanistenbibliothek in Schlettstadt im Elsaß
aufbewahrt.

Die Umwälzungen, wie sie Reformation und Re-
naissancehumanismus dem Bibliothekswesen teils auf-
nötigten, teils bescherten, haben die mittelalterliche Tradition der Klosterbibliothek endgültig gebrochen, die
städtischen Patrizierbibliotheken und die Universitätsbibliotheken erweitert und belebt, doch noch ohne große
kulturelle Ausstrahlung. Die humanistischen Büchersammlungen wirkten als Vorbild und Stimulanz für andere private, meist vermögende adlige Büchersammler,
aber diese Sammlungen waren selten von Dauer. Insti-
tutionelle Kraft hingegen wächst einer Reihe fürstlicher
Sammlungen zu. Sie erweitern sich zu namhaften
Bibliotheken, z. B. zur Schloßbibliothek des Herzogs
Albrecht von Preußen in Königsberg, zur Kurfürstlich
Sächsischen Bibliothek in Dresden oder zur berühmten
Bibliothek Herzog Augusts von Braunschweig-Lüneburg-Wolfenbüttel.

Das ist die Situation im beginnenden 17. Jahrhundert, als
der Dreißigjährige Krieg seinen Schatten auch auf die
großen Büchersammlungen in Deutschland wirft. Brand
und Plünderung zerstörten unermeßliche Schätze.

Prächtige und wertvolle Bücher und ganze Bibliotheken wurden wie andere Kunstschätze verschleppt – ein Siegerrecht, das seit dem Altertum mit Selbstverständlichkeit ausgeübt wurde. Die Heidelberger *Palatina*, die bedeutendste unter den Fürstenbibliotheken, kam nach der Eroberung der Stadt durch die Truppen des Grafen Tilly im Jahre 1623 in die Hände der Katholiken und wurde von Maximilian I. von Bayern Papst Gregor XV. zum Geschenk gemacht. Ausführlich ist immer wieder berichtet worden, wie Gregor seinen Bibliothekar Leon Allacci nach Heidelberg sandte und dieser am 14. Februar 1623 mit fünfzig schwerbeladenen Wagen die stolze Heidelberger Sammlung aus Deutschland entführte. Allacci hatte Anweisung, die gesamte Bibliothek, eingeschlossen die ausgeliehenen und heimlich beiseite gebrachten Bücher, ganz besonders aber alle Handschriften nach Rom zu bringen. Nur Drucke, die bereits in Rom vorhanden waren, durfte Allacci in Heidelberg zurücklassen. Diese gelangten später zum größten Teil in das Mainzer Jesuitenkolleg; heute befinden sie sich in der Mainzer Stadtbibliothek. Den Transport führte Allacci mit großer Umsicht durch. Die Bände wurden in Kisten verpackt, die gepolstert und mit Pech und Wachsleinwand gegen Feuchtigkeit abgedichtet waren. Von nicht besonders geschmückten Bänden wurden die Holzdeckel entfernt, um das Gewicht zu verringern. Als die Sammlung in Rom als ein eigenständiger Teil der Vaticana eingegliedert wurde, konnte Papst Urban VIII., Nachfolger des inzwischen verstorbenen Gregor, sich eines Mehrbesitzes rühmen, der allein über 3500 Handschriften unterschiedlichster Herkunft zählte.

Die Protestanten standen diesen Praktiken in nichts nach. Schiller freilich, bemüht, dem König von Schweden als Befreier Deutschlands ein Denkmal zu setzen, hat in seiner Geschichte des Dreißigjährigen Krieges von Gustav Adolfs Bücheraneignungen nur mit Nonchalance gehandelt: *»Ein sehr angenehmer Fund«*, heißt es da über die Eroberung des katholischen Würzburg, *»war für den König die Büchersammlung der Jesuiten, die er nach Upsala bringen ließ, ein noch weit angenehmerer für seine Soldaten der reichlich gefüllte Weinkeller des Prälaten.«* Um einiges umfangreicher, als der Dichter glauben macht, sind die erbeuteten Bücherschätze denn doch gewesen, die Gustav Adolf der von ihm 1620 gegründeten Universitätsbibliothek von Uppsala zueignete. Aus Prag stammt der kostbare *Codex Argenteus,* das Gotenevangelium Bischof Wulfilas. Aus Würzburg wurden die Sammlung des bischöflichen Hofes, der Universität und des Jesuitenkollegs, aus Frauenburg die Dombibliothek, die Sammlungen der Klöster in Erfurt und Ebersbach usw. nach Schweden gebracht. Unersetzliches ging verloren, als der schwedische Kanzler Axel Oxenstjerna im Jahre 1635 die Stadt Mainz zum zweiten Male plünderte. Die von ihm beschlagnahmten Bücher versanken mit dem Schiff auf dem Weg nach Schweden in der Ostsee.

Der Aufschwung fürstlicher Bibliotheken und Privatsammlungen, der bereits im 16. Jahrhundert begonnen, dann im Krieg empfindliche Einbußen erlitten hatte, setzte sich in der zweiten Hälfte des 17. Jahrhunderts fort. Der Einfluß der Kirche war gesunken, der Machtverlust des Kaisers hatte die kleinen Landesfürsten erstarkt aus dem Krieg hervorgehen lassen. Mit der Geschichte der Klein- und Kleinststaaten ist das Schicksal der Bibliotheken eng verbunden. Die Hofbibliotheken von Heidelberg, Wittenberg und Königsberg waren aus dem Geist der Reformation und Wissenschaftsinteresse entstanden. Kulturelle Schatzkammern des katholischen Glaubens bildeten die Bibliotheken der Habsburger und Wittelsbacher in München und Wien.

Häufig gingen Repräsentationslust mit Buch- und Wissenschaftsliebe eine für die Sammlungen erfreuliche Verbindung ein. Die Bibliotheken veränderten in ganz Europa ihr Gesicht. Die Aufbewahrung und Ordnung der Bände, als Folge der stark angewachsenen Bestände, erfuhr einen Wandel. Von der Pultbibliothek ging man zur Saalbibliothek über. Die Bücher wurden in Regalen, ganzen Bücherwänden, stehend mit dem Rücken zum Benutzer und Beschauer, aufgestellt. Diese Anordnung ermöglichte einen bequemeren Zugriff und machte die Sammlung zu einem Gegenstand der Repräsentation.

Landes- und Staatsbibliotheken sind später aus den Fürsten- und Hofbibliotheken hervorgegangen. Die Hessische Landesbibliothek Darmstadt geht auf die Sammlung des Landgrafen Georg I. des Frommen zurück. In Cölln an der Spree entstand 1659 die Kurfürstliche Bibliothek, aus der die Preußische und dann die Deutsche Staatsbibliothek Berlin hervorgingen. Bedeutende europäische Staatsbibliotheken, deren Grundsteine im 17. und 18. Jahrhundert gelegt wurden, sind die *Kongelige Bibliotek* in Kopenhagen, die *National Library of Scotland* in Edinburgh, die *Biblioteca Nacional* in Madrid, die *Biblioteca Nazionale Centrale* in Florenz. Für die königliche Bibliothek in Kopenhagen ließ Friedrich III. (1648–1670) im Jahre 1661 ein eigenes Gebäude errichten, in das die Bücher aus dem Schloß allerdings erst nach seinem Tod, 1673, einzogen. Die schottische Nationalbibliothek in Edinburgh, die 1925 staatlich wurde, nahm 1682 als Bibliothek der Juristenfakultät (Faculty of Advocates) ihren Anfang. Sir George Mackenzie of Rosehaugh, Advokat des Königs, richtete sie ein. In Madrid war es ein Bourbone, Philipp V., der eine Sammlung aus 8000 Bänden im Jahre 1712 als öffentliche Königliche Bibliothek stiftete, woraus sich dann die heutige Nationalbibliothek entwickelte. Die Biblioteca Nazionale Centrale in Florenz verdankt, wie auch die ältere Laurenziana, der Sammelleidenschaft und den Stiftungen der Medici wesentliche Buchbestände. Ihren Kern bildete die Bibliothek des Antonio Magliabechi, die von Großherzog Gian Gastone de Medici im Jahre 1747 der

231

ORIGINES
GVELFICAE
QVIBVS
POTENTISSIMAE GENTIS
PRIMORDIA, MAGNITVDO, VARIAQVE FORTVNA
VSQVE
AD OTTONEM QVEM VVLGO PVERVM DICVNT,
PRIMVM BRVNSVICENSIVM ET LVNEBVR-
GENSIVM DVCEM
EX AEQVALIVM SCRIPTORVM TESTIMONIIS, INSTRVMENTIS
PVBLICIS, STATVIS, LAPIDIBVS, GEMMIS, SIGILLIS, NVMIS, ALIISQVE
MONVMENTIS SVPERSTITIBVS DEDVCVNTVR, ET IN
COMPENDIO EXHIBENTVR

OPVS

PRAEEVNTE DN. GODOFREDO GVILIELMO LEIBNITIO
STILO DN. IOH. GEORGII ECCARDI LITTERIS CONSIGNATVM, POSTEA
A DN. IOH. DANIELE GRVBERO NOVIS PROBATIONIBVS INSTRVCTVM,
VARIISQVE PERNECESSARIIS ANIMADVERSIONIBVS CASTIGATVM,
IAM VERO IN LVCEM EMISSVM

A

CHRISTIANO LVDOVICO SCHEIDIO, I. C.
SERENISSIMAE FAMILIAE GVELFICAE A SCRIBENDA HISTORIA.

TOMVS I.

HANOVERAE
SVMPTIBVS ORPHANOTROPHEI MORINGENSIS
EXCVDEBAT HENRICVS ERNESTVS CHRISTOPHORVS SCHLVTERVS.
MDCCL.

Mit der Geschichte des Welfenhauses, die Leibniz als Hofhistoriograph in Hannover schreiben sollte, hat er sich ohne Neigung befaßt. Als der Universalgelehrte und Philosoph 1716 starb, war das Werk nicht zu dem gewünschten Abschluß gekommen. Eine Generation später griff der Hofhistoriograph Christian Ludwig Scheidt auf Leibnizens Manuskripte zurück, trug Ergänzungen bei, redigierte die Texte und gab sie unter dem Titel *Origines Guelficae* heraus. Das Werk über die »Abstammung der Welfen« erschien von 1750 bis 1780 in fünf Großfoliobänden (24 × 36,5 cm), jeder Band zwischen 450 und 880 Seiten stark und in Pergament gebunden. Gedruckt wurde in der Landschaftlichen Druckerei des mit Verlagsprivilegien ausgestatteten Moringischen Waisenhauses.

Heinrich Ernst Christoph Schlüter (1718–1788), ein aus Hildesheim gebürtiger Buchdrucker, der seine Fertigkeiten in der Schneiderschen Offizin in Halle an der Saale vervollkommnet hatte, hatte die 1747 gegründete Druckerei 1749 übernommen. Die große Probe auf sein buchdruckerisches Können, auf die ihn *Origines Guelficae* bereits im Folgejahr 1750 stellte, löste Schlüter zum Wohlgefallen der Auftraggeber. Der Grundtext wurde einspaltig in einer Antiquaschrift, Fußnoten und die oft seitenlangen Zitate zweispaltig, deutschsprachige Zitate in Fraktur gesetzt. Üppig bebilderte Zwischentitel, Zierinitialen und zuweilen Vignetten schmücken die Seiten. Das zweifarbig gedruckte Haupttitelblatt zeigt neun verschiedene Schriftgrade und einen kursiven Schnitt.

öffentlichen Nutzung zugänglich gemacht wurde. Aus den Sammlungen der alten Florentiner Familien flossen der Biblioteca Magliabechiana zahlreiche Schenkungen zu, und 1771 wurde sie um 12 000 Bücher und 699 Manuskripte aus dem Besitz der Medici vermehrt. Als Florenz im Jahre 1865 vorübergehend zur Hauptstadt des Königreiches Italien wurde, erhielt sie ihren heutigen Namen Biblioteca Nazionale Centrale.

Die Anfänge der Bibliothek von Wolfenbüttel gehen auf Herzog Julius von Braunschweig-Lüneburg-Wolfenbüttel zurück. Als er 1568 die Regierung übernahm und den lutherischen Glauben einführte, sandte Julius flugs Beauftragte in die Klosterbibliotheken, um Bücher für die herzogliche Sammlung zu beschlagnahmen. Sein Sohn Heinrich Julius erweiterte den Bestand während seiner Regentschaft in den Jahren 1589 bis 1613 auf gut 10 000 Bände, darunter 165 sehr alte Pergamenthandschriften aus dem Nachlaß des protestantischen Historikers Matthias Flacius Illyricus. Herzog Ulrich, der nachfolgende Landesherr, machte die Sammlung der Universität Helmstedt zum Geschenk, von wo sie erst 1814 wieder nach Wolfenbüttel zurückkehrte.

Einen Neubeginn, der dafür um so glanzvoller geriet, machte der bücherliebende Herzog August von Braunschweig-Lüneburg (1579–1666), ein Sproß aus einer Seitenlinie des Herrscherhauses, der 1634 das vom Dreißigjährigen Krieg verwüstete Herzogtum Braunschweig erbte. Zu diesem Zeitpunkt war August bereits Herr über einen stolzen, im Jahre 1627 rund 10 000 Bände umfassenden Buchbesitz, und seine neuen Würden als Regent stellte er auf außerordentliche Weise in den Dienst eines systematischen, wissenschaftlichen Sammelns. Wohl keine der Feudalbibliotheken jener Zeit wuchs so rasch wie die ursprünglich auf Schloß Hitzacker, dann in Wolfenbüttel in separaten Räumlichkeiten untergebrachte Bibliothek. Schon unter Zeitgenossen erfreute sie sich großen Ansehens; Dichter priesen sie als »Bücher-Lust-Gezelt« und »achtes Weltwunder«. Ihr Bestand umfaßte beim Tode des Herzogs 135 440 Bände, davon 1720 Handschriften und eine Reihe von Inkunabeln. Das meiste waren zeitgenössische Ausgaben lateinischer und deutscher Werke, zu den wenigen englischen gehörte ein Exemplar von Shakespeares *Hamlet* von 1637. Einzig unterstützt von einem Kammerschreiber, hat August die Sammlung aufgebaut, Agenten mit Bücherakquisitionen und bibliographischen Recherchen beauftragt, die Korrespondenz geführt, die eingehenden Bände mit Titeln beschriftet und sie in einem vierbändigen, nach Sachgebieten geordneten Katalog zusammengefaßt. Mit Wolfenbüttel verbinden sich auch die Namen des Philosophen und Universalgelehrten Gottfried Wilhelm Leibniz (1646–1716) und des Aufklärers Gotthold Ephraim Lessing (1729–1781). Leibniz wurde 1691 Direktor der Bibliotheca Augusta und stand seit 1676 im Dienst von Herzog Johann Friedrich als Ver-

walter und Hofhistoriograph der Welfen in Hannover, wo er auch die fürstliche Handbibliothek zu betreuen hatte. Lessing, der in Wolfenbüttel über zehn Jahre, von 1770 bis 1781, als Bibliothekar beschäftigt war, schrieb über seine von ihm eigentlich ungeliebte Wirkungsstätte: »Die meisten Bibliotheken sind entstanden, nur wenige sind angelegt worden, deren sich ein so kundiger Fürst, als August war, in einer ununterbrochenen Folge von nahe fünfzig Jahren beeiferte.«

Eine Volksbibliothek wurde bereits im Jahre 1653 in Boston im amerikanischen Massachusetts eingerichtet – eine beinahe revolutionäre Tat, wie sie fürs erste wohl nur in der Neuen Welt möglich war. Zwar wurden auch zahlreiche europäische Bibliotheken der Barockzeit als »öffentlich« bezeichnet, in Wirklichkeit aber unterlagen die öffentlichen Büchersammlungen der Universitäten, Städte und Höfe oft rigorosen Benutzereinschränkungen. In Leipzig war noch 1711 den Studenten der Zugriff auf die Bücher verwehrt, während Bibliothekare in Gießen schon achtzig Jahre zuvor per Anordnung verpflichtet waren, den Studierenden jeden Mittag zur Verfügung zu stehen. Von den im 17. Jahrhundert bedeutenden öffentlichen Bibliotheken sollen abschließend drei eine kurze Würdigung erfahren: Die *Bodleian Library* in Oxford, die *Ambrosiana* in Mailand und die *Bibliothèque Mazarine* in Paris.

In Oxford hatte sich der gelehrte Diplomat Sir Thomas Bodley (1545–1613) die Wiederherstellung der in den Religionskämpfen des 16. Jahrhunderts zerstörten Oxforder Universitätsbibliothek zur Aufgabe gemacht, nachdem er sich von den Staatsgeschäften zurückgezogen hatte. Er ließ in ganz Europa Bücherschätze aufkaufen und bestimmte die Einrichtung der Bibliotheksgebäude. Die im Jahre 1602 eröffnete Sammlung nannte sich *publica bibliotheca*, war öffentlich allerdings nur insofern, als sie allen Mitgliedern der Hochschule zum freien wissenschaftlichen Gebrauch dienen sollte. Einen stetigen und gesicherten Ausbau der Bestände sicherte Bodley, indem ihm ein Abkommen mit der *Stationers' Company* gelang, wonach an die Bibliothek von jedem in England gedruckten Buch ein Freiexemplar abzuführen war. Die *Bodleyana* war damit die erste sogenannte »Copyright-Bibliothek«, ein Status, der durch das Lizenz-Gesetz von 1663 als geltendes Recht festgeschrieben und zeitweilig bis auf elf Bibliotheken des Königreiches ausgedehnt wurde.

Die *Biblioteca Ambrosiana* in Mailand darf als eine der ersten wirklich öffentlichen Bibliotheken gelten. Als sie im Jahre 1609 ihre Pforten auftat, stand sie jedem wissenschaftlich Interessierten, gleich welchen Standes, offen. Ein geheiztes Arbeitszimmer im Winter und sechzehn Gelehrte verschiedener Fächer, jederzeit bereit, beratend Hilfe zu leisten, standen den Besuchern zur Verfügung. Ihren Namen trägt die Bibliothek zu

233

Ehren des Kirchenvaters und Bischofs von Mailand, Ambrosius (um 333/34–397). Ihre Gründung verdankt sie dem bücherbegeisterten Kardinal Federico Borromeo (1564–1631), der für ihren Grundstock aus vielen Ländern seltene Drucke und Handschriften zusammentragen ließ, darunter 71 Handschriften aus dem Kloster Bobbio bei Genua.

Ebenfalls ein geistlicher Würdenträger – Kardinal Mazarin (1602–1661) – war es, der in Paris die nach ihm benannte Bibliothek eröffnete. Seine Bibliothek von rund 5000 Bänden, die er 1640 von Rom mit nach Paris gebracht hatte, bildete den Grundstock der Sammlung. Er setzte damit den Plan des verstorbenen Richelieu in die Tat um, der seine umfangreiche Büchersammlung als nationalen Kulturbesitz der Allgemeinheit hatte erhalten wollen. Mazarin, der auch eine Gutenbergbibel sein eigen nannte, begann mit diesem Fundus, der dank der kundigen Mitarbeit des exzellenten Bibliothekars Gabriel Naudé (1600–1653) binnen kurzer Zeit auf 45000 Bände anwuchs. Naudé, Verfasser der ersten modernen Abhandlung über das Sammeln, Aufstellen und Katalogisieren von Büchern, *Avis pour dresser une bibliothèque* (1627), hat die Bände nach einem selbstentworfenen Ordnungssystem aufgestellt. 1648 wurde die *Bibliothèque Mazarine* der allgemeinen Nutzung zugänglich gemacht, mußte jedoch infolge politischer Ränkespiele schon im Jahr darauf wieder schließen, erlebte nach kurzer Zeit ihre Neueröffnung und gehört nach einer wechselvollen Geschichte heute zur Bibliothèque Nationale als fünftes Departement.

Französische Einbände – führend in Europa

Ein prachtvoller Einband macht die Buchausstattung zu einer kostspieligen Angelegenheit. Große Einbandkunst ist Luxus, und so nimmt es nicht wunder, daß Deutschland im 17. Jahrhundert auf diesem Gebiet nur Nachzügler war, hingegen das Frankreich von Richelieu und dem »Sonnenkönig« Ludwig XIV. die Spitze hielt. Fürstliche Sammler erfreuten sich an Bucheinbänden im *Pointillé-Stil*, der den Stil *à la fanfare* als Dekorationsform ablöste. Der Gebrauch des Einzelstempels wurde weiterentwickelt, um punktierte Linien zu erzeugen. Mit diesen *petit fers* ließen sich kleinteilige filigrane Muster bilden und kombinieren; dadurch gewann der Binder Flexibilität bei der Einhaltung vorgegebener Maße. Der Reichtum der kleinen Goldpunkte erzeugte bei Beleuchtung ein mosaikartiges Flimmern. Besonders gern wurde rotes Maroquinleder (Ziegenleder) im *Pointillé-Stil* geschmückt. Die Amsterdamer Buchbinderwerkstatt Magnus, die mit dem Buchdrucker Elzevier zusammenarbeitete, brachte den *Pointillé-Stil* in den Niederlanden zur Blüte. Für die Einbände der Elzevier wurde dabei meist grünes Maroquinleder verwendet.

Im Mittelfeld des barocken Einbandes prangt vielfach ein Besitzerwappen. Die französischen Buchbindermeister Le Gascon und Florimond Badier übernahmen diese Schmuckformen von venezianischen Vorbildern und kultivierten sie in wirkungsvoller Weise. Der *Gasconstil* fand zahlreiche Nachahmer. In seiner Manier sind sogar noch die *Dublüren* gestaltet worden, die mit Leder oder Seide bespannten Innenseiten des Bandes. Die *Dublüren* stehen für eine Verlagerung der Einbandzierde vom Buchäußeren ins Buchinnere. Sie sind, ebenso wie die Verwendung farbiger marmorierter Vorsatzpapiere, eine Erfindung des 17. Jahrhunderts.

Auch der Schmuck von Buchrücken und Schnitt war über die Jahrhunderte hinweg wechselnden Moden unterworfen. Wie man Bücher aufzustellen pflegte, hat für die Anbringung des Titels, und die ausreichende Glättung des Schnitts hat für die Verzierung eine erhebliche Rolle gespielt. Die deutsche Sitte, Bücher mit dem Rücken zur Wand aufzustellen, rückte den Seitenschnitt als Fläche für den Titel ins Blickfeld. Anders die liegende Aufbewahrung, bei der sich der untere oder der obere Schnitt dem Auge darbot. Der Schnitt von Luxuseinbänden wurde nicht selten vergoldet, marmoriert, mit kleinen Farbpunkten besprenkelt oder mit Farbstreifen versehen. Wegen der Ähnlichkeit mit dem Jaspis spricht man hier von *tranches jaspées*. Raffinierte Techniken des Farbauftrages wurden erdacht: beim sogenannten *Chamäleonschnitt* wechselt der Vorderschnitt beim Öffnen des Buches die Farbe. Im 17. Jahrhundert entwickelte sich eine regelrechte Schnittmalerei, auch wurden Schnittflächen mit gravierten und gepunzten Mustern verziert.

Der Schmuck des Buchrückens, der zwar seit dem 15. Jahrhundert üblich war, auf den aber ein Meister wie Grolier noch verzichtet hatte, wurde nunmehr zur Regel. Ein neues Werkzeug gewann die Einbandkunst mit der zuerst im Orient gebrauchten, in Frankreich von Pierre Gaillard eingeführten *Filete*. Mit diesem Dekorationswerkzeug mit seiner langen gewölbten Druckfläche wurde das Muster nicht wie mit der Buchbinderrolle abgewickelt und auch nicht wie mit den Stempeln einzeln aufgetragen, sondern fortlaufend mit wiegender Bewegung – bevorzugt auf Rücken und Kanten des Einbandes – abgedruckt.

In Deutschland machten sich erst ab der Mitte des 16. Jahrhunderts, zunächst in Augsburg, Einflüsse des »frantzosischen Stils« bemerkbar. Endlich vollzog sich auch hier auf breiter Linie der Übergang zu den leichten lederbezogenen Pappdecken. So gilt das 17. Jahrhundert als »Keimzelle« der modernen Buchbinderei. Lange hatte die Tradition des spätgotischen Einbandes Bestand gehabt. Der großformatige, schwere lederüberzogene Holzdeckelband war zwar schon mittels Rolle und Platte mit Ornamenten verziert worden, jedoch längst nicht mit dem kunsthandwerklichen Aufwand, den italienische und französische Meister trieben. Zur

Verfeinerung der Techniken und zum Reichtum der Schmuckformen paßt, daß nun auch Lehrbücher das buchbinderische Wissen versammelten – jedenfalls sind frühe Lehrbücher der Buchbinder erst aus dem 17. Jahrhundert bekannt. Eines der ältesten, die *Cunst der boeckbinders handwercks / Artifice des relieurs de livres* von Anselm Faust, ist ein in Flämisch und Französisch verfaßtes Manuskript aus dem Jahre 1612 (heute im Plantin-Moretus Museum in Antwerpen).

Die Mittelplattenprägung mit dem Monogramm oder Porträt des Buchbesitzers, dem Bildnis des Landes-

fürsten, und auch die Technik der Vergoldung fanden von der Mitte des 16. Jahrhunderts an zunehmend Eingang in die deutsche Buchbinderei. Die Renaissancebuchbinder verstanden es, den Goldschnitt zu ziselieren, einzelne Teile des Goldes freizuschaben und mit Farbe auszufüllen. Für das Ausmalen vorgedruckter Linien mit Muschelgold und das Einglätten des Goldauftrags in der Art der Miniaturtechnik haben Goldschmiede den Buchbindermeistern wichtige Anregungen gegeben. In Frankreich war bis ins 17. Jahrhundert der Ledervergolder ein eigener Beruf.

Der Stil, Einbände wie mit Fächern zu schmücken, »à l' éventail«, war in Frankreich sehr beliebt und erhielt dort seine Bezeichnung, stammte jedoch aus Italien. Dieser Einband entstand um 1660 in Bologna. Vermutlich hat der kastanienbraune Maroquineinband (17,8 × 24,2 × 8 cm) zunächst ein Doktordiplom umschlossen. Seit 1923 kleidet der mit Fächer- und Spitzenvergoldung geschmückte Einband die erste Ausgabe von Matthio Paganos Stickerei-Musterbuch *La Gloria e l'Honore de Ponti tagliati, e Ponti in Aere ...* , Venedig 1524.

Das Zeitalter der Aufklärung

Was wir heute als »Öffentlichkeit« bezeichnen, ist im 18. Jahrhundert entstanden und war mit der Herausbildung einer neuen bürgerlichen Schicht verknüpft. Ort dieses Wandels war die Stadt. Bürgertum ist seit jeher Stadtbürgertum gewesen; Bürgerrechte zu besitzen hieß, an den Privilegien der Städte teilzuhaben. Das Traditionsbürgertum, wie es sich zuerst in den Reichsstädten des ausgehenden Mittelalters geformt hatte, war ständisch bestimmt: für die Zugehörigkeit spielten familiäre Herkunft und langjährige Stadtansässigkeit eine ausschlaggebende Rolle. Ökonomische Selbständigkeit wurde vorausgesetzt. Diese Bürger – vom Patrizier bis zum Zunftmeister – waren Patriarchen, sie waren Herren eines Hauses, in dem eine vielköpfige Gemeinschaft aus Familienmitgliedern, Gesellen, Knechten und Mägden lebte und arbeitete.

Im 18. Jahrhundert geriet die ständische Ordnung, geriet vor allem die Zusammensetzung des Bürgertums in Bewegung. Der absolutistische Staat machte Wirtschaftspolitik. Er förderte das Gewerbe und den Handel, vergab Monopole, unterstützte durch Privilegien und Subventionen die Manufakturen und Verlage. Das Reglement der Zünfte wurde durchbrochen und ihre Stellung geschwächt, indem man nichtzünftigen Handwerkern und Krämern ermöglichte, zu sogenannten Freimeistern aufzusteigen. Zugleich erhöhte der Ausbau der absolutistischen Staatsverwaltung den Bedarf an qualifizierten Beamten. Wissen und Bildung wurden wichtiger, was all denen eine Chance gab, die vorher durch ständische Prinzipien vom Vorwärtskommen ausgeschlossen worden waren, weil sie stadtfremd oder Sprößlinge aus Familien ohne Reputation waren. Besitzarme Stadtbürger etwa, die sich der Jurisprudenz gewidmet hatten, konnten nunmehr die Sprossen der Beamtenhierarchie erklimmen.

Im Bewußtsein, daß sie ihre gesellschaftliche Stellung nicht den ständischen Körperschaften, sondern eigenen Fähigkeiten verdankte, nahm die neue Elite der Wirtschaft und des Geistes eine Umwertung der Tugenden vor: statt der Ehre von Zunft und Stand zählten nun individuelle Leistung, Tüchtigkeit, Selbstbeherrschung, Herz und Verstand. Politisch blieben die neuen Bürgerlichen schwach, weil die Herrschaftsgewalt nach wie vor bei den Fürsten lag. Aber ihr Selbstbewußtsein schuf sich Medien der Selbstvergewisserung und des Disputs – des Disputs auch über die Staatsangelegenheiten. Öffentlichkeit entstand: zuerst mit den Moralischen

Wochenschriften, an den reformierten oder neuen Universitäten, in den Deutschen Gesellschaften und Freimaurerlogen, dann, etwa ab 1740, durch Lesegesellschaften, Journale, patriotische Bürgervereinigungen. Die öffentliche Meinung bekleidete kein Ministeramt, aber sie war das Tribunal eines räsonierenden Publikums, das alle Entscheidungen der Obrigkeit diskutierte, kritisierte, attackierte. Ihr Wortführer wurde der »freie Schriftsteller«, auch er ein Geschöpf des 18. Jahrhunderts.

Für den Buchmarkt hatte der Wandel in der Zusammensetzung des Bürgertums, hatte das Erwachen eines bürgerlichen Selbstbewußtseins gravierende Auswirkungen. Bevor in Frankreich Ludwig XVI. unter der Guillotine endete, brach eine ganz andere Revolution aus, eine Leserevolution, und vor der Erstürmung der Bastille kam es zum Sturm auf die Leihbibliotheken, die neuen Bollwerke der »Lesesucht« und »Romanschlingerei«. Erstmals gab es Literatur speziell für Frauen. Das Kinderbuch etablierte sich als feste Gattung. Der sehr erfolgreiche englische Buchhändler James Lackington (1746–1815), der bisweilen 6000 Exemplare eines erfolgversprechenden Titels für sein Lager orderte, konnte gegen Ende des 18. Jahrhunderts bemerken, er verkaufe jetzt viermal soviel Bücher wie noch vor zwanzig Jahren, und er wies auf Gesellschaftsschichten hin, in denen traditionell gar keine Bücher oder nur Bibel, Gesangbuch, Katechismus, Kalender zu Hause waren und in denen nun die erzählende Literatur Fuß faßte: »*Die ärmeren Gutsbesitzer und sogar die armen Bauern im allgemeinen lassen sich von ihren Kindern an den langen Winterabenden Romane vorlesen anstatt Gespenstergeschichten zu erzählen.*«

Vom Polyhistor zum Enzyklopädisten

In übersichtlicher Darstellung Kenntnisse über sämtliche Gebiete oder über ein Spezialgebiet des Wissens und der Künste zu vermitteln – so etwa ließe sich die Wesensaufgabe einer Enzyklopädie umschreiben. Die Aufklärung gilt als »heroische Phase« der Nachschlagewerke, als Zeit ihrer schönsten Blüte. Zwei Arten der Gliederung des Stoffes sind zu unterscheiden. In den systematischen Enzyklopädien herrscht eine organische Einteilung nach Wissensgebieten. Die Realenzyklopädien, Sach- und Realwörterbücher hingegen folgen dem

Vorbild der Sprachlexika, Stichworte in alphabetischer Ordnung aneinanderzureihen.

Enkyklios paideia ist griechisch und bedeutet soviel wie »Bildungskreis«. Als Bezeichnung für Sammelwerke kam der Ausdruck Enzyklopädie erst in der zweiten Hälfte des 16. Jahrhunderts in Gebrauch, jedoch haben schon ältere Zeiten ihre Enzyklopädien gehabt. Das erste enzyklopädische Werk soll Speusippos, ein Schüler Platons, verfaßt haben. Auch die *Historia naturalis* des Plinius läßt sich zu dieser Literaturgattung zählen. Das Mittelalter hat eine Vielfalt von Enzyklopädien hervorgebracht, lateinische und volkssprachliche, erbauliche und allegorische, solche, die wie Thomas von Aquins († 1274) *Summa theologica* die »Summe« der katholischen Lehre ziehen, und allgemeine wie das dreibändige Werk des Vinzenz von Beauvais († 1264): *Speculum majus* oder: *L'image du monde.*

Das erste alphabetische Reallexikon war das von Charles Étienne veröffentlichte *Dictionarium historicum ac poeticum*, das 1533 erschien, viele Auflagen erlebte und

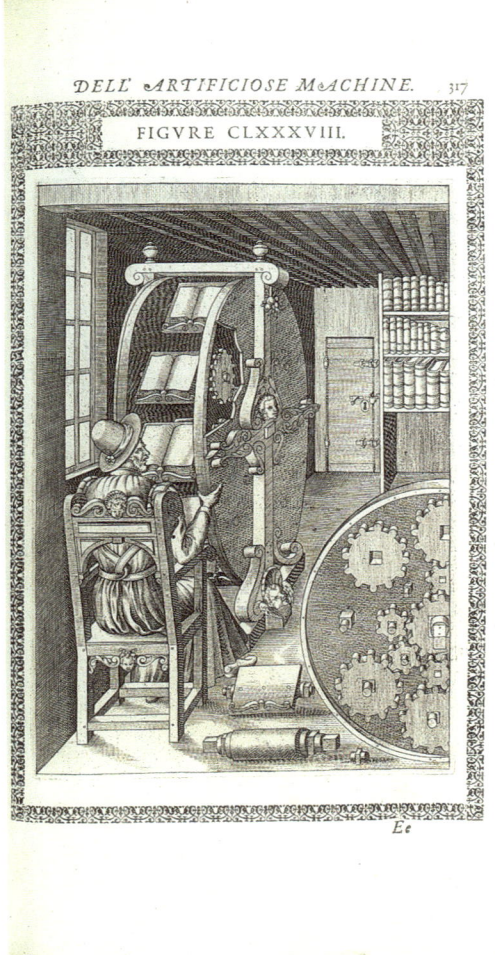

Die »Lesemaschinen« sollten die vergleichende Lektüre und das Exzerpieren erleichtern. Die Abbildung zeigt ein Bücherrad aus dem Maschinenbuch *Le diverse et artificiose machine* des Italieners Agostino Ramelli, der den Titel eines Ingenieurs des Königs von Frankreich trug. Paris 1588.

hundert Jahre lang das gebräuchlichste Nachschlagewerk für das klassische Altertum blieb. Anders als in den systematisch angelegten Enzyklopädien bot sich dem Leser hier die Möglichkeit des raschen Zugriffs und der augenblicklichen Belehrung durch kleinere Artikel, wo er sonst, statt einfach nur nachzuschlagen, sich Aspekte einer Sache durch das Studium der Zusammenhänge erschließen mußte. Mit der Neuzeit und dem gedruckten Buch waren Enzyklopädien zu Großtaten geworden, an deren Zustandekommen Verlegermut und Buchhändlerinteresse maßgeblich beteiligt waren. Der Druckerfamilie Étienne (Stephanus) in Paris verdanken wir gleich drei lexikalische Unternehmungen: Neben einem Reallexikon von Charles Étienne die Wörterbücher seines Bruders Robert und von dessen Sohn Henri, den *Thesaurus linguae latinae* (1532) und den *Thesaurus linguae graecae* (1572).

Das Fundament für die »heroische Phase der Enzyklopädie« wurde im 17. Jahrhundert gelegt. Entdeckungen und Erfindungen, Untersuchungen und Messungen hatten den Gesichtskreis der gelehrten Welt erweitert und ihre Kenntnisse vermehrt. In den neu gegründeten Akademien und Zeitschriften schufen sich die Wissenschaften ihre eigenen Foren, Orte des Austausches und der Verbreitung des Wissens. Das 17. Jahrhundert war die hohe Zeit der Polyhistoren. »Polyhistor« hieß der auf mehreren Gebieten bewanderte Gelehrte. Wirklich universal gebildete Köpfe waren gewiß seltener als barocke Vielwisser, aber unbestritten dürfte die Emsigkeit sein, mit der die Polyhistoren in großen Folianten und dicken Quartanten die Überlieferungen sammelten und ordneten, geleitet von der Überzeugung, es sei das Neue schon im Alten enthalten. *Nil novi sub sole* – daß es eigentlich nichts Neues unter der Sonne gebe, war der Wahlspruch dieser Kompilatoren, und er erklärt ihre Wertschätzung der Vergangenheit und den Respekt vor der Antike, den sie mit den Humanisten des 16. Jahrhunderts teilten.

Ein bei den Zeitgenossen für seine reichen Kenntnisse, seinen Fleiß und sein Darstellungsvermögen bekannter Mann war der in Wismar geborene Daniel Georg Morhof (1639–1691). Morhof, der in Rostock und Kiel die Fächer Poesie, Rhetorik und später auch Geschichte lehrte und zudem das Amt des Rektors und Oberbibliothekars der Universität bekleidete, hat dem Polyhistorentum ein enzyklopädisches Denkmal gesetzt. Mit Hilfe von Kollegheften seiner Studenten, in denen sich manches aus zwanzig Jahren Vorlesung bewahrt hatte, kompilierte Morhof eine umfängliche Darstellung der allgemeinen Literatur- und Wissenschaftsgeschichte, der er den Titel gab: *Polyhistor Literarius, Philosophicus et Practicus.* Jedem der drei damit bezeichneten Wissensfelder sollte ein Band gewidmet sein. Von dem ersten, dem »literarischen Polyhistor«, erschienen 1688 zwei Teile mit Artikeln zur Manuskriptkunde und

237

Bibliothekswissenschaft sowie zur Methodenlehre, die Morhof noch selbst zum Druck brachte. Den ersten Band vervollständigten fünf weitere Teile, die von literarischer Erziehung handelten, vom Lesen und Exzerpieren, von alten und neuen Sprachen, schließlich von den antiken Autoren, ihrer Überlieferung und Bearbeitung. Ihre Veröffentlichung hat Morhof nicht mehr erlebt, und die beiden Bände zum »philosophischen« und zum »praktischen Polyhistor« mußten von Johann Moller abgeschlossen werden. Der zweite Band behandelte Philosophie, Naturgeschichte, Physik, Magie, Logik und Mathematik; der dritte Band enthielt Artikel zu Ethik, Politik, Nationalökonomie, Geschichtsschreibung, Theologie, Rechtsprechung und Medizin – ein wahrhaft beeindruckendes Panorama, auch wenn zu Morhof angemerkt worden ist, er habe die Fülle seines Wissens mehr hererzählt als systematisch durchdrungen.

Die Tendenz zur Zusammenfassung, zur *scientia generalis*, zur Bestimmung eines Systems des Universums, war ein typisch philosophischer, keineswegs durchgängiger Zug im Denken der Frühaufklärung. Nicht jede Wissenschaft hing diesem generalistischen Weltbild an. Schließlich setzte es voraus, daß alle Erscheinungen der Natur, um sie in ein großes umfassendes Ordnungsschema einfügen zu können, auf Gesetze reduzierbar waren. Für Wissenschaftler, die sich eng an die Erfahrung hielten, war das eine zu starke Prämisse. Aber für den neuen Typus des mathematischen Physikers und rationalistischen Philosophen, wie er in Gestalt von Descartes, Leibniz, Newton oder Pierre de Fermat im 17. Jahrhundert aufgetreten war, war es eine verlockende Idee – die Idee der Enzyklopädie als eines Systems der Welt, mit dem sich die stets von neuem zuströmende Fülle des Stoffes bändigen ließ.

Großangelegte Enzyklopädien erschienen zuerst in Frankreich, der Heimat der Enzyklopädisten: 1674 kam das *Grand dictionnaire historique* von Louis Moréri, einem gerade erst einunddreißigjährigen Theologen, in zehn Bänden heraus. Als praktisches Nachschlagewerk zur biblischen Überlieferung, zur Kirchen- und Profangeschichte, zur antiken Mythologie, zu Literatur, Kunst und Gelehrsamkeit hatte es sofort großen Erfolg, so daß sein Autor sich alsbald an die Herausgabe einer zweiten und im Umfang verdoppelten Ausgabe machte, die rund 4000 zweispaltig bedruckte Folioseiten umfaßte. In mehr als zwanzig Ausgaben (zuletzt in acht Foliobänden) ist Moréris Lexikon bis 1759 immer wieder gedruckt worden.

Auf das epochemachende Werk des Theologen folgte knapp zwanzig Jahre später die Antwort des Philosophen. Von 1695 bis 1697 und zunächst in Rotterdam erschien in zwei Foliobänden Pierre Bayles *Dictionnaire historique et critique*. Ein kleiner, aber deutlicher Zusatz markiert den Unterschied zu Moréri: »et critique«.

Bayles Arbeit steht an der Schwelle zum 18. Jahrhundert, dessen Lieblings- und Losungswort die »Kritik« werden sollte. Ziel des *Dictionnaire* war es, alle Fehler und Irrtümer der bekannten Nachschlagewerke, besonders diejenigen des großen Vorläufers Moréri, aufzulisten und zu berichtigen. Dieses anfängliche Konzept ließ Bayle jedoch zugunsten eines Wörterbuchs »ganz neuer Art« fallen. Er konzentrierte sich auf einen Kanon von Personen und Namen: Gestalten der Mythologie, Feldherren und Staatsmänner, Philosophen und Dichter, Wissenschaftler und Kirchenväter sowie einige wenige geographische Daten: Flüsse, Städte, Gebirge, Landschaften. Neu an Bayles Namenlexikon war die Aufbereitung des Materials. Die Artikel bieten die notwendigen Fakten und objektiv belegbaren Hinweise auf verhältnismäßig knappem Raum, um dann in den außerordentlich umfangreichen Anmerkungen und Marginalien eine kritische Sichtung vorzunehmen. Dort werden Quellen geprüft und einander gegenübergestellt, Fehlinterpretationen offengelegt, Vorurteile kenntlich gemacht, und dort trägt Bayle seinen Angriff gegen die Dogmen der Kirche vor, gegen die auf Offenbarung gegründeten religiösen Wahrheiten, gegen die theologische Verdammung der menschlichen Leidenschaften. Das Werk, auch unter drucktechnischen Aspekten eine Meisterleistung, erlebte acht Auflagen und hat als »Rüstkammer der Aufklärung« das Denken des 18. Jahrhunderts über die Grenzen Frankreichs hinweg beeinflußt. 1709 wurde es ins Englische, ab 1741 von Johann Christoph Gottsched, der auch am Zedlerschen Lexikon Mitarbeiter war, ins Deutsche übersetzt.

Die neuzeitliche Lexikographie war eine Geburt aus dem Geist des Polyhistorentums und der philosophischen Systematik im 17. Jahrhundert, der rasch weitere Nachkommen folgten. Ein Werk zog das andere nach sich. Moréri und Bayle bezeugten die Hinwendung der Gelehrten zur Nationalsprache, die dem Verkauf an ein breiteres Publikum nur förderlich sein konnte. So durfte die *Neue Bibliothec Oder Nachricht und Urtheile von neuen Büchern,* eine in den Messestädten Frankfurt und Leipzig herausgegebene Zeitschrift, im Jahre 1714 mit großartiger Übertreibung verkünden: »*Die Lexica sind nun dermassen en vogue, daß man sie künftig wie den Schnupftoback kauffen und verkauffen wird.*« Bis zum Ende des 17. Jahrhunderts waren Bildung und die Muße des Lesens den Gelehrten vorbehalten geblieben, im 18. Jahrhundert fanden auch der handeltreibende Mittelstand und vor allem die Damen des Bürgertums Zugang zu Büchern. Die große Zeit der gelehrten Nachschlagewerke fällt in Deutschland in die Jahre zwischen 1700 und 1750, parallel zu einer steigenden Nachfrage bürgerlicher Käuferschichten nach Populärliteratur, Romanen, Erzählungen, Wochenblättern, Zeitungen.

Das in Deutschland berühmteste, lange Zeit am meisten benutzte und zugleich umfangreichste enzyklopädische Werk, der »Große Zedler«, kam in den Jahren 1731 bis 1750 in Halle heraus: 64 Bände im Folioformat, zweispaltig gesetzter Text, ein Gelehrtenlexikon in deutscher Sprache. Verlagsort war Leipzig. Der Rufname des Lexikons bezog sich auf den jungen Verleger Johann Heinrich Zedler (1706–1751). Der Sohn eines schlesischen Schuhmachers hatte zuvor schon eine umfangreiche Edition gewagt und sämtliche Werke Luthers in 22 Bänden verlegt. Das *Große vollständige Universal-Lexikon Aller Wissenschaften und Künste,* wie seine zweite große Unternehmung eigentlich heißt, wird in der Vorrede gerühmt als »*ein Werck daran noch kein anderer weder in Teutschland, noch außerhalb in anderen Reichen und Staaten sich hat wagen dürfen*«. Nicht verleugnen kann es die Zugehörigkeit zur Leipziger Aufklärung im Gefolge Christian Wolffs (der mit 349 Spalten umfangreichste Artikel behandelt die »Wolffische Philosophie«). Viele Hindernisse, Konkurse, Geldmangel, Rechtsstreitigkeiten mit der örtlichen Konkurrenz, die ein Verbot von Druck und Vertrieb in Leipzig erreichte, gehören zur Editionsgeschichte des »Zedler«, bis der Verleger 1750 das Mammutprojekt abschließen konnte. Vier unvollständig gebliebene Supplementbände folgten noch in den Jahren 1751 bis 1754. Geplant war ursprünglich ein Umfang von zwölf Bänden. Das Werk dokumentiert auf grandiose Weise Anschauung und Denken seiner Zeit und hat der historischen Erforschung des 17. und 18. Jahrhunderts manch kostbaren Fund beschert. Sein Umfang allerdings wird von der chinesischen *Yü-hai* noch weit übertroffen. Dieses bis heute voluminöseste Universallexikon aller Zeiten erschien fast zeitgleich ab 1738 und brachte es auf 240 Bände – wovon Zedler gewiß keine Kunde besaß, als er dem Publikum daheim sein Unternehmen als beispiellos anpries.

Knapper gefaßte Nachschlagewerke hatte es in Deutschland bereits vorher gegeben, so das von J. F. Gleditsch verlegte, von Johann Hübner mit einer Vorrede versehene *Reale Staats-, Zeitungs- und Conversations-Lexicon* von 1704, ein Wörterbuch für Geschichte und Geographie, das noch 1828 in 31. Auflage herauskam. Thomas Fritsch, der mit Gleditsch und Weidmann das Triumvirat der großen Buchhändler Leipzigs bildete, erkannte ebenfalls den Zug der Zeit: Er ließ Moréris Werk übersetzen, bearbeiten, um 2000 neue Artikel ergänzen und brachte es im Jahre 1709 anonym unter dem Titel *Allgemeines Historisches Lexicon* auf den Markt. Die Vorbildlichkeit der Franzosen und ihre Wirkung nach Deutschland ließ schließlich auch dem *Dictionnaire* Pierre Bayles eine deutsche Ausgabe angedeihen. Sie erschien mit einer lobpreisenden Vorrede Gottscheds in vier Bänden bei Bernhard Christoph Breitkopf, wiederum einem Leipziger Verleger. Daneben ist zu nennen J. T. Jablonskis *Allgemeines Lexikon der Künste und Wissenschaften* von 1721, das zuletzt von Schwabe in Königsberg herausgegeben wurde.

Die Gestaltung der deutschen Lexika des 18. Jahrhunderts war noch weitgehend dem 17. Jahrhundert verpflichtet. Langatmige Titel und entsprechend überladene Titelblätter, Gliederung des Textes durch gestufte Schriftgrade, Auszeichnung durch Rotdruck und weitschweifige Widmungen fehlten ebensowenig wie ein Frontispiz. Einiges war gleichwohl vorbildlich und hat sich gehalten: das auf Gleditsch zurückgehende Großoktav-Format, die Zweispaltigkeit, die klare Typographie, wie sie sich bei Breitkopf findet. Auch hat Zedlers Bemühen um Vollständigkeit Maßstäbe gesetzt.

Im Todesjahr Zedlers, 1751, erschien in Paris der erste Band der legendären *Encyclopédie.* Dieses Werk der Aufklärung wurde konzipiert und geleitet von Denis Diderot (1713–1784), dessen engster Mitarbeiter war Jean Le Ronde d'Alembert. Am Anfang stand der Plan des Pariser Buchhändlers Le Breton, die 1728 in London erschienene *Cyclopaedia or Universal dictionary of the arts and sciences* von Ephraim Chambers übersetzen und erwei-

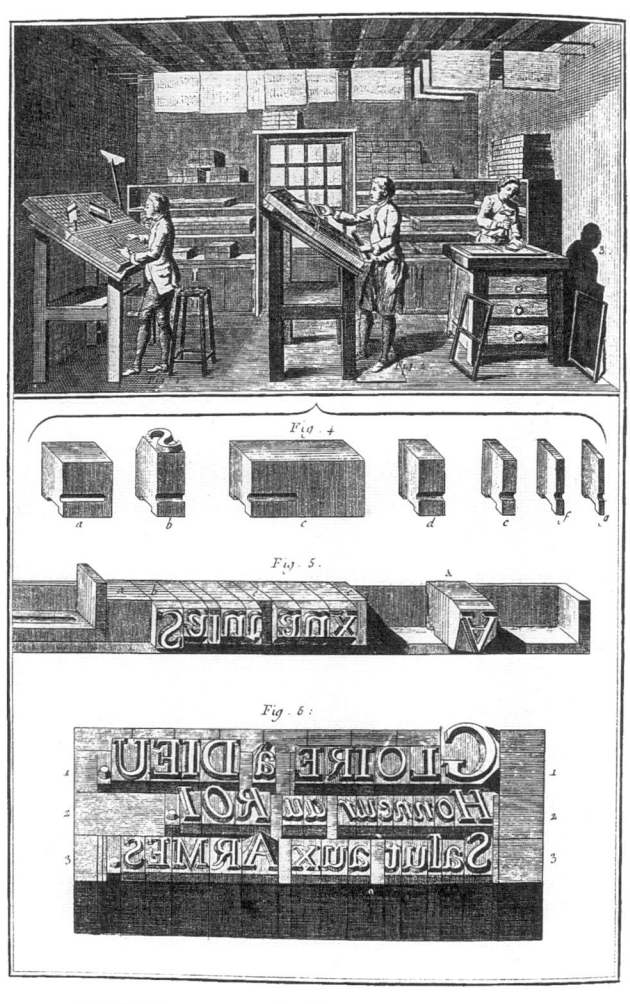

Kupferstich aus der *Encyclopédie* von Diderot und d'Alembert, Paris: Briasson etc., 1751–72. Oben die Gesamt-Innenansicht einer Setzerei, darunter Details: Letter und Blindmaterial zum Ausschließen der Zeilen, Winkelhaken, fertig ausgeschlossener Satz.

239

tern zu lassen. Man entschied sich aber gegen eine Übersetzung und für ein völlig neues Konzept unter dem Titel *Encyclopédie ou dictionnaire raisonné des sciences, des arts et des métiers, par une société de gens de lettres*, also ein »auf Vernunfterkenntnis gegründetes Lexikon«, das neben den Wissenschaften und Künsten nun auch die *métiers*, die Handwerke, einbezog und »von einer Gesellschaft von Gelehrten« herausgegeben wurde.

Die umfassende Einbeziehung der handwerklichen und technischen Berufe mit ausführlichen Darstellungen ihrer Tätigkeiten war die wichtigste Neuerung gegenüber der *Cyclopaedia*. Diderot wandte sich direkt an die Handwerker, die entweder selbst Artikel verfaßten oder durch Auskünfte zu detaillierten Darstellungen beitrugen. Der Sohn eines Uhrmachers beispielsweise war für die Gebiete Uhrmacherei und astronomische Instrumente verantwortlich. Genaues Bildmaterial sollte wichtige Einzelheiten veranschaulichen. Die Illustrationen, extra für das Werk angefertigt, machen fast ein Drittel des Umfanges aus und haben zu seinem Erfolg wesentlich beigetragen. Diderot schrieb: »*Wir schickten die Zeichner in die Werkstätten.*« Man findet Bilder zur Weberei, zur Schreinerei, zur Papiermacherei, und allein 15 Tafeln unterrichten über die Kunst des Buchdrucks. Im Aufbau folgen die Kupferstichbilder *(planches)* einem eigenen logischen System: im unteren Teil der zweigeteilten Darstellung werden beispielhaft einzelne Dinge im Detail abgebildet, der obere Teil (die Vignette) zeigt die Dinge in einer dargestellten Szene in ihrem Zusammenhang. Vom Resultat der Hinwendung zu Erfahrung und Beobachtung berichtet Goethe im 11. Buch von *Dichtung und Wahrheit*, beeindruckt von der Lebendigkeit und Realitätsnähe des Werkes: »*Wenn wir von den Enzyklopädisten reden hörten, oder einen Band ihres ungeheuren Werks aufschlugen, so war es uns zu Mute, als wenn man zwischen den unzähligen bewegten Spulen und Weberstühlen einer großen Fabrik hingeht, und vor lauter Schnarren und Rasseln, vor allem Aug und Sinne verwirrenden Mechanismus, vor lauter Unbegreiflichkeit einer auf das mannigfaltigste in einander greifenden Anstalt, in Betrachtung dessen, was alles dazu gehört, um ein Stück Tuch zu fertigen, sich den eignen Rock selbst verleidet fühlt, den man auf dem Leibe trägt.*«

Von 1751 bis 1772 erschienen in Paris 17 Folio-Textbände und 11 Kupferstichbände. 5 Supplementbände und 2 Register wurden nachgeliefert. Die *Encyclopédie* hatte von Anfang an mit Unterdrückung und Zensur zu kämpfen. Jansenisten und Jesuiten erstritten, kaum daß die ersten beiden Bände erschienen waren, ein zeitweiliges Verbot. Unter der Oberaufsicht dreier Zensoren durfte mit der Arbeit fortgefahren werden. 1757 war das Werk bis zum Buchstaben G gediehen, und sieben Bände lagen vor, zwei Jahre später sprach Papst Clemens XIII. sein Verdammungsurteil über die *Encyclopédie*. Jedoch sorgten mächtige Fürsprecher und eine massive

Nachfrage – 4300 Subskriptionen waren nach Vorliegen der ersten drei Bände 1753 gezeichnet worden – dafür, daß der allen Widrigkeiten standhaltende Diderot das Projekt nie aufgeben mußte.

Nach seiner Fertigstellung blieb das Werk in ganz Frankreich offiziell verboten, ohne daß dies seine rasche Verbreitung in Europa verhindert hätte. Der sofort einsetzende Nachdruck schuf zusätzlich Publizität. Im Folioformat der Pariser Ausgabe erschienen allein in Genf drei Nachdrucke. Die Raubdrucker in Genf und Neuchâtel (1777–79) verkleinerten die Formate auf Quartbände, die Drucker in Lausanne und Bern (1778–82) sogar auf ein Oktavformat. In diesen sechs Ausgaben war die *Encyclopédie* mit insgesamt 24 900 Exemplaren über ganz Europa verbreitet. Als der Lyoner Buchhändler Joseph Duplain einen Prospekt in Umlauf brachte, worin die Quart-Ausgabe der Enzyklopädie angekündigt wurde, erfuhr er ein überwältigendes Echo. Triumphierend meldete er Charles Joseph Panckoucke, dem damals einflußreichsten Verleger Frankreichs, der seinerseits einen Folio-Neudruck plante und die Konkurrenz durch kleinere Formate als Bedrohung empfinden mußte: »*Ich könnte Ihnen die Begeisterung des Publikums gar nicht ausmalen. Unsere Reisenden ernten überall. Es gibt kein Dorf, wo sie nicht Subskribenten finden. Wir haben das in der Hand, woraus man den schönsten Coup der Welt machen kann …*«

Trotz solcher Konjunkturritter wie Duplain, die ernten wollten, was sie nicht gesät hatten, warf die Originalausgabe des Werkes genug ab, um die Verleger Le Breton, Briasson, David und Durand zu vermögenden Männern zu machen. Diderot allerdings ist damit ebensowenig reich geworden wie die anderen 178 Mitarbeiter. Die Zahl der Autoren stieg von anfänglich 21 auf über 50. Sie geben ein illustres Verzeichnis berühmter Namen ab: Condillac, D'Holbach und Helvétius hatten die Philosophie unter sich aufgeteilt, Turgot und Quesnay die Volkswirtschaft. Buffon behandelte die Naturgeschichte. Von Voltaire stammen die Artikel »Eleganz«, »Geschichte«, »Beredsamkeit«, »Geist« und »Imagination«. Montesquieu, der Verfasser von *Über den Geist der Gesetze*, lehnte es ab, über Demokratie und Despotismus zu schreiben und lieferte statt dessen den Artikel »Geschmack«. Rousseau schrieb über Musik. D'Alembert, der Mathematiker, hielt sich an die Mathematik und die allgemeine Physik. Diderot selbst verfaßte mehr als tausend Artikel. Außerdem oblag ihm die Schlußredaktion und die Überwachung des Drucks.

Mit ihrer scharfen Opposition gegen die Bevormundung durch Kirche und Obrigkeit war die *Encyclopédie* die schärfste Waffe der europäischen Aufklärung. Der berühmte Artikel über politische Autorität deklariert das unterschiedslose Recht aller auf Freiheit: »Kein Mensch hat von der Natur das Recht erhalten, über andere zu gebieten. Die Freiheit ist ein Geschenk des Himmels, und jedes Individuum, sofern es mit Vernunft begabt ist, hat ein Recht darauf.« Solche Töne mußten auf Widerstand stoßen, sie riefen sogar ein lexikalisches Gegenunternehmen auf den Plan. Um der von der Enzyklopädie verbreiteten »Pest der Anarchie und Gottlosigkeit« auf dem Felde des Wissens und der Gelehrsamkeit zu begegnen, fand sich 1768 eine »Gesellschaft von Gentlemen in Schottland« als Herausgebergremium der *Encyclopaedia Britannica* zusammen. Das wissenschaftliche Realwörterbuch, das 1771 als dreibändige Ausgabe erschien, blieb lange das führende Lexikon der englischsprachigen Welt, wurde ständig ergänzt und war in der elften Auflage von 1910/11 auf 29 Bände angewachsen. Nach dem Ersten Weltkrieg wurden die Rechte von amerikanischen Geschäftsleuten erworben.

Leserevolution im Zeitalter der Aufklärung

Was ist Aufklärung? Immanuel Kant gab 1784 auf diese Frage zur Antwort: »Aufklärung ist der Ausgang des Menschen aus seiner selbstverschuldeten Unmündigkeit.« Dazu gehöre, seinen Verstand frei, »ohne die Leitung eines anderen« zu benutzen. Und Kant erklärte: »Sapere aude! Habe den Mut, dich deines eigenen Verstandes zu bedienen, ist also der Wahlspruch der Aufklärung.«

Nun handelt es sich dabei freilich um ein philosophisches Ideal. Wenngleich verlockend, so wäre es doch irreführend, die gemeinhin als Aufklärung bezeichnete Zeitspanne kurzerhand so zu beschreiben, als sei überall die Selbstdenkerei ausgebrochen: als hätte es eine einzige große Intellektuellendämmerung gegeben, angefangen bei dem Aufkommen der *Moralischen Wochenschriften* gegen Ende des 17. Jahrhunderts bis hin zur Französischen Revolution. Das Licht einer kritischen Vernunft, das die Aufklärungsphilosophen verbreiten wollten, leuchtete keineswegs in jeden Winkel. Aber wenn schon nicht Selbstdenkerei, so nahm doch die Selbstbetonung des Individuellen mächtig zu. Der Bürger entdeckte sein Ich. Mit seiner wachsenden wirtschaftlichen Bedeutung wuchs auch sein Bildungsverlangen.

Die »Leserevolution«, von der Rolf Engelsing in seinen sozialgeschichtlichen Untersuchungen gesprochen hat, vollzog sich im wesentlichen erst in der zweiten Hälfte des 18. Jahrhunderts. Ihr Hauptträger war die »Mittelclasse«, das Bürgertum. Von dort aus zog sie weitere Kreise und erschloß dem Buch neue, also auch untere Leserschichten, besonders in den letzten beiden Jahrzehnten des Jahrhunderts. Mit Recht durfte Christoph Martin Wieland 1779 im *Teutschen Merkur* feststellen: »Nie ist mehr geschrieben und mehr gelesen worden.« Aber wenn er fünf Jahre später als »allgemein bekannte Thatsache« notiert, »die Begierde nach Aufklärung und die Lust am Lesen« habe sich »unvermerkt

beynahe über alle Stände und Classen« ausgebreitet, so war das eine Behauptung, die mehr über den Zeitgeist und das Zeitgefühl der Aufklärer verrät, als daß sie mit nüchternen Fakten operiert.

Zumindest hat man dabei den nach wie vor niedrigen Grad der Alphabetisierung zu berücksichtigen. Gut drei Viertel der Bevölkerung waren auch am Ende des *Siècle des lumières*, des »Jahrhunderts des Lichts«, noch des Lesens unkundig, und die, die lasen, hatten ihre Gewandtheit im Viellesen oft gerade erst erworben. Bis weit ins 18. Jahrhundert hinein herrschte ein Lesertypus vor, der nur eine kleine Auswahl von Büchern oder auch nur ein einziges Buch, die Bibel, immer wieder und wieder las. In dieser repetierenden Lektüre hatte jedes gedruckte Wort seinen bekannten, festen Platz. Für eine Neuausgabe Veränderungen am Satzbild vorzunehmen, hätte bedeutet, diesen Leser in Konfusion zu stürzen. Ein Mann wie der Stuttgarter Verleger Augustus Metzler hat dies gewußt, als er seine auf weite Verbreitung berechnete Bibelausgabe von 1704 seiten- und buchstabengetreu der Wittenberger Edition nachbildete. Viele Leser, meinte Metzler, seien die Wittenberger Textgestalt von Jugend an gewohnt und würden nun »wegen deß herbey=rückenden Alters / und zu verschonen habenden Augen / ihre Memoriam localem an einem fremden und unbekannten Exemplare nicht gerne verderben« wollen.

Weder der hart arbeitende städtische Manufakturarbeiter noch der schollenpflichtige, an seinen Acker gefesselte und seinem Gutsherren ausgelieferte Bauer konnte die Muße des Lesens kosten. Dort allerdings, wo die soziale Lage es gestattete, erweiterte sich der Leserkreis in großem Stil. Die alten Grenzen und Gegensätze verwischten sich. Während des ganzen 17. Jahrhunderts hatte es nur Gelehrten- und Volksbildung gegeben. Dazwischen gab es nichts, und die Volksbildung war kümmerlich, sie bezog ihre Nahrung aus Kalendern, Gesangbüchern und frommen Traktaten. Diese grobe Zweiteilung verlor sich nun. Pfarrer, Ärzte, Kaufleute, Professoren, Schulmeister, Studenten, Advokaten, Landadlige, Offiziere, Verwaltungsbeamte, Privatiers und Handwerker bildeten einen breiter werdenden lesenden Mittelstand, wobei nicht nur die Herren, sondern auch ihre Frauen, Kinder und Dienstboten der »Lesewut« frönten.

Mit der Lesefähigkeit stieg die Buchproduktion. Neuere Berechnungen gehen von 175 000 Titeln aus, die im 18. Jahrhundert insgesamt aufgelegt wurden, mehr als doppelt soviel wie noch ein Jahrhundert zuvor. Ausgangsbasis solcher Schätzungen sind die Meßkataloge, die, wenn auch längst nicht vollständig, das angebotene Repertoire erfaßten. Paul Raabe spricht auf dieser Grundlage davon, in Deutschland seien zwischen 1700 und 1769 die jährlichen Neuerscheinungen von 1000 auf 1650 gesteigert worden. Damit hatte man das frühere

241

Niveau aus der Zeit vor dem Dreißigjährigen Krieg wieder erreicht. Der rasante Anstieg kam mit den siebziger Jahren, als Deutschland endgültig in den Sog der Aufklärungsideen geriet. 1780 erreichte der Buchmarkt bereits eine jährliche Novitätenproduktion von 2642 Titeln, ein Volumen, das sich in den folgenden zwei Jahrzehnten bis 1800 noch verdoppelte.

Einen überproportionalen Zuwachs verzeichnete die schöne Literatur: Romane, Schauspiele, Erzählungen und Gedichte verzehnfachten von 1740 bis 1780 die Zahl ihrer jährlichen Neuerscheinungen auf rund vierhundert. Ihre Popularität und ihre Verkaufszahlen wurden nur noch durch einige wenige Bücher der Gebrauchsliteratur übertroffen. Viel gekauft wurde Pepliers *Französische Grammatik*, mit der Philipp Erasmus Reich in Leipzig eines seiner einträglichsten Geschäfte machte. Das *Noth- und Hülfsbüchlein* des Pädagogen Rudolf Zacharias Becker war der größte Verkaufserfolg der deutschen Aufklärungszeit. Der Autor breitet darin moralische Grundsätze, praktische Ratschläge und nützliches Wissen aus, sucht dem Aberglauben zu wehren, behandelt Arbeitstechniken, erläutert Wiederbelebungsversuche bei Erhängen, Erfrieren und bei vom Blitz getroffenen Personen, lehrt einen »Feuerkatechismus« und eine »Lebensordnung« für Gesunde, Kranke und Genesende. Vieles davon stand in offenem Gegensatz zur Tradition. Als Aufklärer propagierte Becker ein Leben und Arbeiten gemäß der Vernunft. Der 800 Seiten starke Ratgeber, gedacht, »den vornehmsten leiblichen und geistigen Nöten des Landmannes abzuhelfen«, kam in seiner ersten Auflage 1788 mit 30 000 Stück auf den Markt. Mit einem Preis von einem drittel Gulden war es eines der billigsten Bücher der Zeit. 1791 gab es bereits fünfzehn Nachdrucke, vier davon unberechtigt, bis 1811 wurden über eine Million Exemplare gedruckt. Der enorme Absatz verdankte sich allerdings ganz wesentlich dem Umstand, daß Zehntausende von Exemplaren von einigen Fürsten gekauft und ihren »Landeskindern« zum Geschenk gemacht wurden.

Großen Anklang beim Publikum fanden auch die populären Darstellungen von Philosophie und Wissenschaft sowie Schriften zu Moral und Erziehung. Was die Gelehrten vom Fach nicht vermochten, nämlich sich verständlich auszudrücken, besorgten die Verfasser von Büchern, die ihre leicht faßliche Form im Titel gern durch das Wörtchen »Anfangsgründe ...« anzeigten. So gab Gottsched die Wolffsche Philosophie als *Anfangsgründe der Weltweisheit* heraus, und Georg Friedrich Meier, Professor in Halle, popularisierte die Ästhetik seines Lehrers Alexander Gottlieb Baumgarten zu *Anfangsgründe aller schönen Wissenschaften*. Christian Fürchtegott Gellert (1715–1769) hat seine Bestrebungen in dieser Richtung folgendermaßen zusammengefaßt: »*Mein grösster Ehrgeiz besteht darin, dass ich den Vernünftigen dienen und gefallen will und nicht den Gelehrten im engen Verstande. Ein kluges Frauenzimmer gilt mir mehr als eine gelehrte Zeitung, und der niedrigste Mann von gesundem Verstande ist mir würdig genug, seine Aufmerksamkeit zu suchen, sein Vergnügen zu befördern, und ihm in einem leicht zu behaltenden Ausdruck Wahrheiten zu sagen und edle Empfindungen in seiner Seele rege zu machen.*«

Das alles ging auf Kosten der Erbauungsliteratur, die stark an Boden verlor und von 19 % Gesamtanteil im Jahre 1740 über 10,8 % (1770) auf 5,8 % im Jahre 1800 schrumpfte. Wenig verwundert, daß in diesen Zeiten die Zeitschriftenproduktion stieg. 176 neue Periodika erschienen zwischen 1730 und 1740, 745 zwischen 1741 und 1765 sowie 2191 in den Jahren 1766 bis 1790.

So veränderte sich, welcher Personenkreis las – vor allem aber, wie und wieviel man las. Von einem Dasein, das aus Lektüre und nichts außerdem zu bestehen scheint, berichtet ein Brief Luise Mejers, der Gesellschafterin der Gräfin Stolberg. Sie schrieb ihn an ihren Freund Heinrich Christian Boie, datiert sind die Zeilen

242 Das *Noth- und Hülfsbüchlein* des Pädagogen Rudolf Zacharias Becker hätte zum größten Verkaufserfolg des Verlegers Georg Joachim Göschen werden können. Doch Göschen brachte nur die erste Auflage des ersten Teils von 1788 heraus, deren 30 000 Exemplare bereits subskribiert waren. Danach verlegte Becker sein Buch in Eigenregie weiter. 10,4 × 17,5 cm.

auf den 1. Januar 1784. Darin heißt es zum Tagesablauf: »*Um zehn Uhr wird gefrühstückt. Dann liest Stolberg ein Kapitel aus der Bibel und einen Gesang aus Klopstocks Liedern vor. Jeder geht nach seinem Zimmer. Ich lese dann in dem ›Spectator‹, der ›Physiognomik‹ und noch einigen Büchern, die mir die Gräfin gegeben hat. Sie kommt zu mir herunter, indess Lotte übersetzt, und ich lese ihr den ›Pontius Pilatus‹ von Lavater eine Stunde lang vor. Indessen sie ihre lateinische Stunde hat, schreibe ich ab für sie oder lese für mich, bis angerichtet ist. Nach Tisch und Kaffee liest Fritz aus den ›Lebensläufen‹, dann kommt Lotte zu mir herunter und ich lese mit ihr den Milton eine Stunde. Dann gehen wir wieder hinauf und ich lese dem Grafen und der Gräfin aus dem Plutarch vor, bis es Teezeit ist um 9 Uhr abends. Nach dem Tee liest Stolberg ein Kapitel in der Bibel und einen Gesang aus Klopstock vor, damit Gute Nacht.*«

Bevorzugt wurden die kleinen Buchformate, die Klein-Oktav, Duodez oder Sedez, die die spontane Lektüre an jedem beliebigen Ort erlaubten. Um den Komfort zu steigern, ersann man Lesemöbel: spezielle Chaiselonguen mit einem kleinen eingebauten Pult, sogenannte »englische Lese- oder Schlafstühle« und allerlei verwandlungsfähige Kleinmöbel, an denen die elegante Dame gleichermaßen lesen, schreiben und nähen konnte.

Das Anwachsen des Publikums läßt sich nur schwer in Zahlen fassen, es muß hier bei groben Schätzungen bleiben. Jean Paul hat 1799 vermutet, die deutschsprachige Literatur finde 300 000 Leser – das wäre eine Verfünffachung gegenüber Zahlen, wie sie für das vorangegangene 17. Jahrhundert genannt werden, und entspräche einem Leseranteil an der Bevölkerung von zehn Prozent. Man mag mit Rudolf Schenda und der neueren Forschung höher greifen und für die Zeit um 1770 den Anteil auf 15, für das Jahr 1800 auf 25 Prozent beziffern. Auch dann bleibt deutlich, daß der Aufschwung zwar enorm, diese Leserevolution jedoch nicht mit der Demokratisierung der Lektüre im 19. Jahrhundert zu verwechseln ist, als es gelang, 90 Prozent der Bevölkerung lese- und schreibkundig zu machen. Historisch einmalig ist die geradezu existentielle Vielleserei des 18. Jahrhunderts. Derartige Ausschweifungen, ja Leseexzesse hat es später nie wieder gegeben.

Die Öffentlichkeit und ihre literarischen Institutionen

Es war Jacques Necker, einst Professor für deutsches Staatsrecht in Genf, der als Finanzminister unter Ludwig XVI. dem Wort von der öffentlichen Meinung eine deutliche Kontur verlieh. »Der Geist des geselligen Lebens, die Vorliebe für Achtung und Lob«, bemerkte Necker am Vorabend der Französischen Revolution, »haben in Frankreich einen Gerichtshof eingesetzt, vor dem alle Menschen, die auf sich die Blicke ziehen, zu erscheinen verpflichtet sind: die öffentliche Meinung *(opinion publique)* ist es.« Eine »unsichtbare Macht« nannte Necker diese neue Instanz, »die ohne Kasse, ohne Leibwache, ohne Armee Gesetze gibt, die selbst im Schlosse des Königs befolgt werden.« Seitdem ging die Rede von »Herrn Neckers öffentlicher Meinung« um, sogar in Berichten an den König wurde fortan auf sie hingewiesen.

Neu entstandene Orte wie das Kaffeehaus und der »Salon« wurden zu Stätten des Räsonnements. Im Kaffeehaus gaben die Männer den Ton an, der Salon lebte vom Esprit der Damen und wurde wesentlich von ihnen organisiert und bestritten. Hier stand der Geist nicht länger in einem Dienstleistungsverhältnis zum Mäzen, die »Meinung« emanzipierte sich. Die Erzeugnisse der Druckkunst wirkten kräftig am Geschehen mit. Auf drei zeittypische Institutionen der literarischen Öffentlichkeit – Zeitschriften, Lesegesellschaften und Leihbibliotheken – soll nachfolgend ein Blick geworfen werden.

Moralische Wochenschrift und politisches Journal

Die Verbreitung der Aufklärung wäre ohne Zeitschriften nicht denkbar gewesen. Das 18. Jahrhundert ist die große Zeit der Moralischen Wochenschriften und Journale. Ihre Blüte und Popularisierung bildet ein Kapitel für sich und kann hier nur gestreift werden. Charakteristisch ist, daß ein geistig interessiertes und politisch aufstrebendes Bürgertum sich in Zeitschriften ein Medium der Selbstverständigung, des Räsonnements und der Unterhaltung schuf. Während die gelehrten Journale der ersten Hälfte des 18. Jahrhunderts, deren Einstellung enzyklopädisch war, sich allmählich zu einzelwissenschaftlichen, fakultätsgebundenen Fachzeitschriften entwickelten, entstanden daneben viele volkstümliche Zeitschriften, die sich im Sinne der Aufklärung für die Erziehung des Menschen einsetzten.

Die Vorbilder kamen aus England. »Selten hat«, schreibt Gerhard Sauder über die *Moralischen Wochenschriften*, die für die Aufklärung kennzeichnend waren, »ein Prototyp die spätere Gattungsgeschichte so stark geprägt wie der hauptsächlich von Joseph Addison und Richard Stelle 1711/12 und 1714 veröffentlichte *Spectator*.« Moralisch war dieser Zeitschriftentyp im Wortsinne: Man wollte *mores* lehren, sich also über die Sitten und die Lebensführung auseinandersetzen. »Die Bereitschaft für die Lehre neuer Tugenden, ein allgemeiner Reformwille und der beginnende Aufstieg des englischen Bürgertums charakterisieren die Rezeptionshaltung der Wochenblatt-Leser.«

182 Zeitschriften dieser Art kamen in Deutschland allein in der Zeit von 1713 bis 1761 heraus, zwei

243

Drittel davon erschienen in den Handelsstädten Leipzig und Hamburg. Titel wie *Vernünfftler* (1713/14), *Patriot* (1724–26), *Biedermann* (1727–28), *Matrone* (1728–30), *Menschenfreund* (1737–39), *Weltbürger* (1741–48), *Freygeist* (1745), *Freund* (1755–56) oder auch *Hypochondrist* (1762) vermitteln einen Eindruck von der publizistischen Ausrichtung jener Jahre. Das waren nicht unbedingt Zeitschriften mit langer Lebensdauer, aber doch mit respektabler Lesergemeinde. Der in Hamburg erscheinende *Patriot* etwa verzeichnete im ersten Jahr seines Erscheinens 5000 Abonnenten. Bei der Bewahrung dieses kulturgeschichtlich interessanten Tagesschrifttums haben sich einige Bibliophile verdient gemacht. Gustav Freytag sammelte Flugschriften des 16. bis 17. Jahrhunderts; viele Einblattdrucke des 16. Jahrhunderts haben sich durch die Sammeltätigkeit von Jakob Wick erhalten.

In Deutschland verbreiteten sich die Moralischen Wochenschriften vornehmlich in den protestantischen Gebieten. Der katholische Südwesten und auch die dortigen zahlreichen freien Städte zeigten sich wenig aufnahmebereit. Groß hingegen war die Resonanz in Hamburg, der deutschen Zeitschriftenstadt schlechthin, in Sachsen und Thüringen sowie in den protestantischen Städten der Schweiz, namentlich in Bern und Zürich. Ihre Blütezeit hatten die Moralischen Wochenschriften bis etwa zur Jahrhundertmitte, danach traten mehr literarische und später politische Journale an ihre Stelle. Eine Mittelstellung nahmen die sogenannten »Intelligenzblätter« ein, die neben Belehrung allgemeiner Art auch Fragen des bürgerlichen und politischen Lebens behandelten. Zu den wichtigsten gehörten Justus Mösers *Osnabrückische Intelligenzblätter*, die 1766 zum ersten Mal erschienen.

Die 1741 bis 1745 von Johann Joachim Schwabe, einem Schüler Gottscheds, in Leipzig herausgegebenen *Belustigungen des Verstandes und Witzes* waren die erste literarische Zeitschrift in Deutschland. In Berlin brachten von 1759 an Lessing, Moses Mendelssohn und Friedrich Nicolai die *Briefe, die neueste Literatur betreffend* heraus. Aus ihnen ging sechs Jahre später die *Allgemeine Deutsche Bibliothek* hervor, eine Vierteljahresschrift mit dem hochgesteckten Ziel, »von allen in Deutschland neu herauskommenden Büchern, und andern Vorfällen, die die Literatur angehen, Nachricht zu erteilen«, wie es im Vorbericht des ersten Bandes heißt. Nicolai, der sich rühmte, »aus allen Teilen der Wissenschaften ordentliche Mitarbeiter zusammen zu bringen« und über ein weites Netz namhafter Korrespondenten zu verfügen, machte die *ADB* zur führenden Literaturzeitschrift der deutschen Aufklärung.

Den großen Einfluß der Aufklärungsperiodika an ihren Auflagen messen zu wollen, geht sicher fehl. Selbst ein so gut eingeführtes Blatt wie die *Jenaer Litteraturzeitung*, die, wie Göschen an Wieland schieb, »von

allen Ständen in jeder Stadt, jeder Kleinstadt, ja fast in jedem Dorfe gelesen wurde«, verkaufte sich nur in 2000 Exemplaren. Göschen rechnete allerdings, wahrscheinlich nicht zu Unrecht, zehn oder zwanzig Leser dieser und anderer Zeitschriften auf einen Käufer. Schillers *Horen* brachten es mit ihrer ersten Nummer auf 1800 Exemplare, und der von Wieland seit 1772 in Weimar herausgegebene *Teutsche Merkur*, die erste Zeitschrift, die Politik, Literatur und Kunst vereinte, dürfte trotz ihres Rufes kaum mehr als zweitausend Stück abgesetzt haben. Am meisten gehalten und gelesen wurden Journale politischen Inhalts, Schlözers *Staatsanzeigen*, Archenholz' *Minerva* oder das *Hamburger politische Journal*. Schlözers Zeitschrift, die eine Auflage von 4000 erreichte, nutzte die ihr zugestandenen Spielräume im Kurfürstlichen Hannover und segelte im Kielwasser englischer Pressefreiheit: Bis zu ihrem Verbot im Februar 1793 galt sie als die »bête noire der Großen«, denn diese hatten, so ging damals die Redensart, Angst, »in den Schlözer zu kommen«.

Der literarisch-philosophische Anspruch war hoch gesteckt, die Lebensdauer kurz: Schillers *Horen*, erstmals im Januar 1795 erschienen, provozierten erst wütende Angriffe des unverständigen Publikums, dann schwindendes Interesse, und stellten im Juni 1797 das Erscheinen ein. Titelblatt, 10,6 × 18,3 cm.

Lesezirkel und Leihbibliothek

Die sich nach 1750 formierenden Lesegesellschaften waren in der Regel Fortsetzungen der Gemeinschaftsabonnements, zu denen sich Bürger bereits am Ende des 17. Jahrhunderts hier und da zusammengeschlossen hatten. Für den einzelnen blieben auch in den Jahrzehnten steigender Produktion die Bücher immer noch teuer, also bezog man sie gemeinsam. Bald wurde neben dem finanziellen Vorteil die Möglichkeit des geselligen Gedankenaustausches und der Bildungsgedanke wichtig. Neben den Umlaufgesellschaften mit zirkulierendem Leihverkehr (*Lesezirkel*) gab es fest installierte Lesegesellschaften mit Bibliothek und Gesellschaftsräumen (*Lesekabinette*). Hier fand das Mitglied alle Bequemlichkeiten vor, hier lagen die Neuerscheinungen aus, hier traf man sich im Rahmen eines literarisch-kulturellen Klubs. Einige Bürger Bremens beispielsweise schlossen sich im Jahre 1774 zusammen, um gemeinsam eine Reisebeschreibung anzuschaffen. Ein Anfang war gemacht, und bereits 1791 waren allein dort 2340 Leser als Mitglieder in 36 Lesegesellschaften organisiert. Für Deutschland haben Untersuchungen rund 430 Lesegesellschaften nachweisen können, deren Gründungen in die Zeit von 1760 bis 1800 fallen.

Zutritt hatte prinzipiell jeder Mann von Bildung und Geschmack: »Rang kömmt nicht in Frage«, deklarierte ein Statut der Bonner Lesegesellschaft. Dagegen blieben Frauen und Studenten ausgeschlossen, und die zu zahlenden Mitgliedsbeiträge erwiesen sich als Barrieren, die für viele Kleinbürger und für die Unterschichten unüberwindbar waren. Ihnen eröffnete sich mit den Leihbibliotheken ein umstandsloser Weg zu Buch und Lektüre.

Die Leihbibliothek ist die Erfindung des Schotten Allan Ramsay. Ramsay, der als Poet zahlreiche Gelegenheitsgedichte, Fabeln und Lieder verfaßte, war im bürgerlichen Beruf Buchhändler und Perückenmacher. Im Jahre 1726 erweiterte er seinen Buchladen um Räumlichkeiten, in denen die weniger zahlungskräftige Kundschaft gegen Gebühr Bücher entleihen konnte. In Amerika war es Benjamin Franklin, der nur wenige Jahre später, 1731, in Philadelphia eine »Abonnementbibliothek« eröffnete. Das Prinzip, als Buchhändler den eigenen Verlag bzw. das Sortiment mit Leih- und gegebenenfalls auch Lesesälen zu verbinden, machte gegen Ende des 18. Jahrhunderts dann auch auf dem europäischen Kontinent Schule. In Wien brachte Johann Thomas Trattner das unter Karl von Zahlheim erfolglose *Cabinet littéraire de Vienne* zum Florieren, in Dresden kam das 1795 gegründete *Beygang'sche Museum* binnen weniger Jahre zu Ruhm und einem Bestand von 70 000 Bänden. In Königsberg unternahm der Verleger Johann Jakob Kanter (1738–1786) Ähnliches in kleinerem Rahmen, und in Frankfurt am

Main hielt Wilhelm Fleischer sein Leseinstitut täglich von morgens neun bis abends acht Uhr geöffnet, nur mittags war Pause von eins bis drei. Dort konnte man, berichtet Reinhard Wittmann in seiner Buchhandelsgeschichte, »Bücher für zwei Kreuzer pro Tag und Band nach Hause mitnehmen, aber auch gegen ein Jahresabonnement von sechs Laubthalern die Räumlichkeiten mit Zeitschriften und Lexika, Neuerscheinungen des In- und Auslandes und Periodika nutzen.«

Diese namhaften Beispiele für Leihbibliotheken im besonderen waren mit ihrem anspruchsvollen Sortiment allerdings nicht beispielhaft für die Leihbibliothekspraxis im allgemeinen. Bei Trattner und Beygang mochte man sich an Lesekabinette großen Formats erinnert fühlen, die Nachschlagewerke, Periodika, wissenschaftliche Literatur und ganze Werkausgaben dem Leser in aufklärerischer Absicht zur Verfügung stellten und wo die Bildungslektüre das Unterhaltungsbuch übertraf. Die üblichen Leihbibliotheken, die seit den achtziger Jahren wie Pilze überall aus dem Boden schossen, hatten unter den um Bildung besorgten Zeitgenossen einen üblen Leumund. Einen Einblick gewährt eine Schilderung, die Heinrich von Kleist seiner Braut Wilhelmine von Zenge in einem Brief vom 14. September 1800 gegeben hat, nachdem er auf einer Reise über Würzburg die dortige Leihbibliothek besucht hatte. Nirgends könne man, schreibt Kleist einleitend, »den Grad der Kultur einer Stadt und überhaupt den Geist ihres herrschenden Geschmacks schneller und doch zugleich richtiger kennen lernen, als – in den Leihbibliotheken.« Die Würzburger Probe fiel erbärmlich aus. »Höre, was ich darin fand«, heißt es bei Kleist, und er liefert einen Bericht, der für seinen Geschmack jeden weiteren Kommentar erübrigt. Danach spielte sich folgendes ab:

»Wir wünschen ein paar gute Bücher zu haben.« – Hier steht die Sammlung zu Befehl. – »Etwas von Wieland.« – Ich zweifle fast. – »Oder von Schiller, Goethe.« – Die möchten hier schwerlich zu finden sein. – »Wie? Sind alle diese Bücher vergriffen? Wird hier so stark gelesen?« – Das eben nicht. – »Wer liest denn eigentlich am meisten?« – Juristen, Kaufleute und verheiratete Damen. – »Und die unverheirateten?« – Sie dürfen keine fordern. – »Und die Studenten?« – Wir haben Befehl, ihnen keine zu geben. – »Aber sagen Sie uns, wenn so wenig gelesen wird, wo in aller Welt sind denn die Schriften Wielands, Goethes, Schillers?« – Halten zu Gnaden, diese Schriften werden hier gar nicht gelesen. – »Also Sie haben sie gar nicht in der Bibliothek?« – Wir dürfen nicht. – »Was stehn denn also eigentlich für Bücher hier an diesen Wänden?« – Rittergeschichten, lauter Rittergeschichten, rechts die Rittergeschichten mit Gespenstern, links ohne Gespenster, nach Belieben. – »So, so.« –

Aus Kleists Bericht geht hervor, daß nicht nur die niederen Volksschichten eine Schwäche für die bei den Pädagogen verrufenen Lesestoffe hatten, sondern sich der Mittelstand – Kaufleute, Juristen – nicht minder gern

245

auf literarische Abwege begab. Die Leihbibliotheken waren auf Massenunterhaltung spezialisiert, klassische Autoren bekamen nur in dem seltenen Fall eines Publikumserfolges einen Platz im Regal. Goethes *Werther* und *Götz*, Schillers *Geisterseher*, ein wenig Jean Paul und später auch Chamissos *Schlemihl* gehörten zu solchen Ausnahmen.

Wer nun darüber stutzt, daß »unverheiratete Damen« keine Bücher fordern durften, dem sei verraten, daß neben den diversen Schauerromanen auch indezente Schlüpfrigkeiten geführt wurden. Das waren die »heimlichen« Bücher, denen die Leihbibliotheken ihren Ruf als »moralische Giftbuden und Bordelle« ganz besonders verdankten, Bücher mit Titeln wie: *Cölestines Strumpfbänder; Gustchens Geschichte, oder eben so muß es kommen, um Jungfer zu bleiben; Auguste, oder, Geständnisse einer Braut vor ihrer Trauung.* »Die Inhaber solcher Büchereien waren meist Unzünftige«, schreibt Horst Kunze und vertritt die Ansicht, Lesegesellschaften und Leihbibliotheken hätten »nicht gerade dazu beigetragen, den Büchermarkt zu beleben«, da sie dem Buchhandel Käufer entzogen. Es läßt sich darüber spekulieren, ob nicht die Möglichkeit des Ausleihens dem Buch auch solche Leser gewann, die ihm sonst generell ferngeblieben wären. Insofern ist Kunzes Position umstritten. Sie wird allerdings durch den Umstand gestützt, daß der Buchhandel um 1800 tatsächlich ein Sinken der Durchschnittsauflagen von zuvor 1500 bis 2000 Exemplaren auf nunmehr 500 bis 750 beklagen mußte.

Zu Ende des 18. Jahrhunderts hatten sich Leihbibliotheken in jeder Stadt Westeuropas eingebürgert. Sie befriedigten ein breites Bedürfnis nach unterhaltender und spannender Lektüre, das von den großen öffentlichen Bibliotheken, die bis zur Mitte des 19. Jahrhunderts nur wissenschaftliche Literatur führten, ignoriert wurde. Die häufig von Antiquaren, Buchbindern oder Gewerbsfremden geführten Leihbibliotheken gelten als Vorläufer der örtlichen und städtischen Büchereien. In der ersten Hälfte des 19. Jahrhunderts verschob sich ihr belletristisches Angebot. Es gab weniger Ritter- und Gruselromane, dafür mehr historische Romane, erste Kriminalromane und besondere Reihen mit Übersetzungen fremdsprachiger Erzähler.

Und noch eines läßt sich vorwegnehmend feststellen, worin sich die organisierte Vielleserei der Aufklärungszeit von der Demokratisierung des Schrifttums im darauffolgenden Jahrhundert unterscheidet: Mit dem Aufkommen der Massenproduktion von Zeitschriften mit ihren Fortsetzungsromanen und den billigen Büchern im 19. Jahrhundert fand die Organisationsform der Lesegesellschaft ein Ende. Sie wurde endgültig von der Leihbibliothek überflügelt. Damit erfuhr das für die aufklärerische Öffentlichkeit so typische gesellige Lesen mit anschließendem Disputieren ein Ende. Geliehene Bücher las man allein, die Lektüre wurde individualisti-

scher und zugleich anonymer. Eine Weltflüchtigkeit, wie sie etwa die Lektüre einzelner Schriftsteller der Romantik ermöglichte, hätte sich in der Räsonier- und Diskussionsatmosphäre der Salons und Lesezirkel kaum entfalten können.

Der mühsame Weg zum freien Schriftsteller

Seinen Lebensunterhalt allein durch die literarische Tätigkeit zu bestreiten, wurde für einen Schriftsteller erst in der zweiten Hälfte des 18. Jahrhunderts möglich. Die Voraussetzungen dafür waren in den meisten Ländern Europas längst nicht so günstig wie in England, wo der Dichter Oliver Goldsmith im Jahre 1760 feststellen konnte: »*Heute sind die wenigen englischen Dichter mit ihrem Unterhalt nicht mehr von den Großen abhängig, sie haben jetzt keinen andern Mäzen als die Öffentlichkeit, und die Öffentlichkeit, im großen und ganzen gesehen, ist ein guter und freigiebiger Herr.*«

Seit 1709 gab es in England ein Gesetz zum Schutz der Urheber- und Verlagsrechte. Der nach der Königin auch »Act Anne« genannte »Copyright-Act« war am 17. April 1710 in Kraft getreten. Das Gesetz legte Fristen fest, die die Verleger nachhaltig gegen Raubdruck schützten, und es erkannte erstmals den Verfasser eines Werkes als dessen geistigen Eigentümer an. Von einem juristischen Niemand, über dessen Produkte alle Welt nach Gutdünken verfügen konnte, war der Schriftsteller mit einem Schlag zum Besitzer eines Gutes geworden, an dem er verbriefte Rechte besaß, über die man mit ihm in Verhandlung treten mußte, wollte man seine Werke drucken. Rangierte sein Schaffen hoch im Kurs, so füllte dies nicht länger bloß den Geldbeutel der Buchhändler und Verleger, sondern auch seinen eigenen. Unter solchen Bedingungen durfte ein gern gelesener Poet wie Oliver Goldsmith freilich um so leichter die Erfahrung machen, daß sich die Öffentlichkeit als »ein guter und freigiebiger Herr« zeigte, als in der zweiten Hälfte des 18. Jahrhunderts die Nachfrage nach Gedrucktem stieg und sich ein regelrechter literarischer Markt etablierte. Auf diesem Markt ersetzte das große Publikum den individuellen Gönner, das vertraglich geregelte Honorar den mäzenatischen Gunstbeweis. Goldsmith soll in einem einzigen Jahr 1800 Pfund Sterling verdient haben, ein Betrag, der ein Leben auf großem Fuß erlaubte. Es war etwa das Sechzigfache dessen, was ein Manufakturarbeiter nach Hause trug.

In Deutschland war es um die Schriftsteller in mehrfacher Hinsicht schlecht bestellt. Literarische Zentren von Rang, wie sie England und Frankreich in den Weltstädten London und Paris besaßen, fehlten. Erst in den letzten zwei Jahrzehnten des Jahrhunderts reihten sich Wien und Berlin unter die bedeutenden Großstädte

Europas ein. Enklaven eines regen literarischen Lebens bildeten im ersten Jahrhundertdrittel die freien und protestantischen Städte wie Leipzig, Hamburg, Zürich, Halle, Braunschweig, Göttingen. Kleinen Residenzen wie Weimar, Gotha, Karlsruhe, Mainz, Darmstadt, Dessau wuchs diese Rolle erst später zu, etwa mit Beginn der Goethezeit. Der Entwicklung einer deutschen Nationalliteratur war die Zersplitterung der Kräfte abträglich. Zudem war mit dem Barock das Zeitalter der besoldeten Hofdichter zu Ende gegangen. Mäzene machten sich rar. Soweit die Fürsten überhaupt literarische Interessen hatten, zogen sie französische oder italienische Lektüre vor. Vor allem aber – um den deutlichsten Nachteil gegenüber der Stellung der englischen Autoren zu nennen – mußten die deutschen Dichter bis 1837 ohne gesetzliches Urheberrecht auskommen.

Buchhändler und Verleger beriefen sich auf das »ewige Verlagsrecht«, demzufolge alle Ansprüche des Verfassers auf seinen Text durch eine einmalige Zahlung abgegolten sein sollten. Wollte der Verleger ein Werk neu auflegen oder eine veränderte Neuausgabe herausbringen, stand dies ganz in seinem Ermessen und zog keine Verpflichtungen nach sich. Einmal erworben, konnte er mit den Schriften frei schalten und walten. Eine Verpflichtung zu nachträglichen Vergütungen an den Urheber bestand nicht. Vielmehr konnte ein Autor froh sein, wenn seine Schriften überhaupt gedruckt wurden – und dies galt nicht nur für literarische Anfänger ohne großen Namen.

Der Weltmann und der Dichter oder wie ein Gelehrter seine Manuscripte dem Buchhändler anbietet. Anonymer kolorierter Kupferstich von ca. 1820. Die Vorbilder dieser satirischen Blätter kamen aus England nach Deutschland. Thomas Rowlandson hatte schon Ende des 18. Jahrhunderts das Verhältnis »Verleger-Dichter« aufs Korn genommen. Plattengröße 18 × 26 cm.

Als aber in den siebziger Jahren die Buchproduktion rapide anstieg und verschiedene Autoren in der Gunst des Publikums Triumphe feierten, wuchs mit dem schriftstellerischen Selbstbewußtsein auch die Kritik am traditionellen Buchhandel. Autoren wie Johann Wilhelm Ludwig Gleim, Friedrich Gottlieb Klopstock, Johann Joachim Winckelmann oder Salomon Geßner drängten auf Mitsprache bei der Ausstattung ihrer Bücher, bei der Wahl von Format und Papier, von Typographie und Illustrationen. Wieland hatte zwischen 1768 und 1772 bei Weidmanns Erben & Reich neun Werke veröffentlicht und war dafür nach üblichem Ermessen großzügig, für das von ihm angestrebte freie Schriftstellerdasein jedoch nach wie vor unzureichend honoriert worden. Nach längerem Streit erreichte er im Jahre 1781, daß der Verleger auch die Neuauflagen seiner Schriften vergütete. Zudem erstritt er in einem drei Jahre währenden Musterprozeß das Recht, für eine Gesamtausgabe seines Schaffens den Verleger frei wählen zu dürfen. Das wurde dann die Voraussetzung der von Göschen veranstalteten großartigen Edition.

Bis weit über die Jahrhundertmitte hinaus sah sich der deutsche Schriftsteller in einer ungünstigen Situation: die früheren Gönner, die das Interesse an poetischer Verherrlichung ihres Standes verloren hatten, ernährten ihn nicht mehr, und der Buchhandel tat dies noch nicht. Diese Phase des Umbruchs war die Zeit des »ständischen Dichters«, eines Vorläufers des sogenannten freien Schriftstellers. Der ständische Autor, ob Poet oder Popularphilosoph, besaß in der Regel einen bürgerlichen Brotberuf, der ihn von den Einkünften aus seiner literarischen Tätigkeit unabhängig machte. Noch am Ende des Jahrhunderts, als aus dem kulturell wenig selbstbewußten, nach französischer Literatur schielenden Deutschland das Land der »Dichter und Denker« (Madame de Staël) geworden war, blieb die wirtschaftliche Lage der freien Schriftsteller so prekär, daß die meisten nicht ohne ein Amt oder eine Anstellung existieren konnten. Gellert, Herder und Lavater waren Theologen; Hamann, Winckelmann, Lenz, Hölderlin, Fichte verdingten sich als Hauslehrer; Gottsched, Schiller, Kant, Görres bezogen Einkünfte als Universitätsprofessoren; Gleim, der als »Dichtervater« verehrte Gründer des Halberstädter Kreises, war Domsekretär in Halberstadt und Kanonikus am Stift zu Walbeck.

Der erste deutsche Poet, der sein Schreiben als ausschließlichen Beruf ansah, war Friedrich Gottlieb Klopstock, der Dichter des uns heute so fremden, damals bei Publikum und Kritik sehr erfolgreichen *Messias*. An die bewunderten Vorbilder des englischen und französischen Auslandes, namentlich an Alexander Pope und Voltaire, reichte auch das Einkommen Klopstocks nicht heran. Pope hatte es allein mit seiner auf Pränumerationsbasis erschienenen Homerübersetzung auf 8000

Pfund Sterling gebracht, die ihm ein behagliches Leben auf seinem Landsitz ermöglichten. Und Voltaire, den die Schriftstellerhonorare zum Gutsbesitzer machten, hatte gut reden, als die Zeitgenossen über den erschriebenen Reichtum des geistreichen Literaten staunten: »Ich habe«, erklärte Voltaire ironisch, »so viele Schriftsteller arm und verachtet gesehen, daß ich schon vor langem gefolgert habe, ich dürfe ihre Zahl nicht vermehren.« Klopstock hingegen hätte ohne fürstliche Rente nicht schreiben können. Er fand im König von Dänemark einen Förderer, der, beeindruckt vom *Messias* und vom Erfolg dieser in Bekenntnisdichtung verwandelten Geschichte Jesu, dem sechsundzwanzigjährigen Verfasser im Frühjahr 1750 eine Pension von zuerst 400, später 800 Reichstalern jährlich aussetzte.

Die mühsam erworbene Ehre, als erster Schriftsteller von Rang allein vom Schreiben gelebt zu haben, gebührt Gotthold Ephraim Lessing. Aber auch für ihn war diese Existenz nicht von Dauer. Der Hungerleiderei überdrüssig, trat er als Vierzigjähriger in fürstliche Dienste, wurde Sekretär des Generals Tauentzien in Breslau,

später festangestellter Dramaturg am Hamburger Nationaltheater und zuletzt Bibliothekar in Wolfenbüttel.

Indessen konnten die wirtschaftlichen Unsicherheiten die Anziehungskraft der Idee vom freien Schriftsteller nicht schmälern. Auch wenn es bei vielen nur zum »literarischen Tagelöhner« oder »Miethpoeten« reichte, zum schlechtbezahlten Korrektor oder Redakteur einer Zeitschrift, stieg die Zahl der Autoren beständig an. 133 Schriftsteller sollen im Jahre 1780 allein in Leipzig gelebt haben. Den höchsten Anteil wies Göttingen auf: auf hundert Einwohner kam ein Autor. Für 1762 nannte *Das Gelehrte Teutschland*, das von Georg Christoph Hamberger begründete, nach seinem Tod im Jahre 1773 von Johann Georg Meusel herausgegebene Schriftstellerlexikon, etwa dreitausend Autoren. Wenige Jahre später zählte man bereits doppelt so viele, und 1789, in der Vorrede zur 5. Ausgabe, sah sich der getreue Dokumentar zu ratlosem Kopfschütteln über den Gang der Dinge veranlaßt: »*Wahrlich*«, heißt es da, »*es ist nicht abzusehen, wo das alles noch hinaus will; woher Leser, Buchdrucker und Papier genug zu so vielerley elendem, mittelmäßigem und gutem Geschreibe herkommen soll; woher die vielen Tausende unserer Schreiber am Ende noch Stoff zur Arbeit nehmen wollen.*« Kurios ist, daß Meusels statistische Neigungen es nicht zuließen, daß er sich mit allgemeinen Schätzungen zufriedengab. Vertraut man seinen Daten, so wirkten in Deutschland »zu Ende des achtzehnten Jahrhunderts«, wie er 1806 rückblickend feststellte, »10 648« Autoren.

Honorare

»*Es bleibt einmal gewiß: bey der Poesie trifft man zwar schöne Blumen an, aber sie trägt keine Früchte.*« Als J. J. Schwabe, ein Schüler Gottscheds, im Jahre 1741 diese Feststellung traf, erschien ihm die Dichtung als schlechterdings brotlose Kunst. Der Gedanke, Buchhandelshonorare könnten einen Schriftsteller ernähren, lag so weit ab, daß Schwabe ihn ungedacht ließ. Gerade in der ersten Jahrhunderthälfte wurden die Autoren schlecht bezahlt, während wohlhabende Verleger keine Seltenheit waren. Ein Beispiel gibt das Schaffen von Christian Fürchtegott Gellert, dessen *Fabeln und Erzählungen*, 1746/48 erschienen, eines der meistgelesenen Bücher des 18. Jahrhunderts wurden. Dem Verfasser bescherte das Werk ein einmaliges Honorar von 20 Reichstalern; Johann Wendler hingegen, der Leipziger Verleger, konnte bereits mit der hohen Erstauflage von 6000 Exemplaren, die er zu sechs Groschen den Band verkaufte, einen Erlös von 1200 Talern erwirtschaften.

Selbst Klopstocks und Wielands Arbeiten sind zunächst nicht übermäßig gut honoriert worden. Klopstock bekam 1749 für die ersten Teile seines *Messias* drei Taler pro Bogen, denselben Betrag erhielt Wieland noch 1765 für seine *Comischen Erzählungen*. Doch je mehr sich

248   *Das Gelehrte Teutschland*, begründet und herausgegeben von Georg Christoph Hamberger in der Meyerschen Buchhandlung zu Lemgo. Das Schriftstellerlexikon zählte im Jahre 1762 etwa dreitausend Autoren.

ihr Ruhm verbreitete, desto leichter wurde es für herausragende Autoren, ihr Honorar zu steigern. Dazu kam, daß die Nachfrage nach gut lesbarer Literatur in Deutschland lange Zeit das Angebot übertraf. Vor allem die kapitalstarken Leipziger Verleger waren bestrebt, vielversprechende Talente und die schon bekannten Dichter an sich zu binden – zum Mißvergnügen der Buchhändler in den Reichsstädten und in der Schweiz, die sich über die Leipziger »Monopolisten« empörten, welche ihnen die Niedrighonorare und Kalkulationen verdarben.

Für Schriftsteller mit Renommee konnte dies nur von Vorteil sein. Binnen relativ kurzer Zeit kletterten ihre Honorare von anfangs zwei bis fünf auf zwölf Taler pro Bogen in den siebziger Jahren. Klopstock handelte 1773 bereits sechzehn Taler mit seinem Verleger aus. Er und Lessing erzielten zu ihren Glanzzeiten Werkhonorare, deren Höhe dem Jahresgehalt eines Beamten entsprach. Wieland wurde von dem großzügigen Philipp Erasmus Reich mit stattlichen fünfzehn bis sechzehn Talern pro Bogen honoriert. Von diesem einen Verleger allein hat Wieland 6700 Taler bezogen, genug, um seine Familie zehn Jahre lang zu unterhalten. Die von Göschen später verlegten *Gesammelten Werke* sollen mindestens 7000, vielleicht sogar 10 000 Taler eingebracht haben.

Mancher, der als Neuling im literarischen Geschäft mit Brosamen abgefunden worden war, hat später als Erfolgsautor die freie Wahl zwischen Verlegern gehabt und selbstbewußt Honorare fordern können. Goethe ist dafür ein gutes, wenngleich extremes Beispiel. Seine 1774 erschienenen *Leiden des jungen Werther* füllten dem bekanntermaßen knauserigen Leipziger Verleger Johann Friedrich Weygand die Taschen, der Dichter selbst jedoch mußte trotz des buchhändlerischen Erfolges am Jahresende feststellen, ihm habe seine »Autorschaft die Suppen noch nicht fett gemacht«. In der Folge und erst recht im Zenit seines Ruhmes sah das ganz anders aus. Goethe wechselte von Weygand zu Göschen, von Göschen zu Unger, von Unger zu Vieweg, von Vieweg zu Cotta, und jedesmal ließ er sich, im stolzen Bewußtsein seines Marktwertes, mit höheren Gratifikationen locken. Vollends maßstabslos geriet der Honorarhandel um die seit 1824 von Goethe besorgte Werkausgabe letzter Hand. Nachdem – erstmals in der Geschichte – sämtliche deutschen Landesherren ein umfassendes Schutzprivileg für die Ausgabe erteilt hatten, setzte ein Bieten und Überbieten ein, das alles vorher Dagewesene in den Schatten stellte. Zweiundzwanzig Verleger wetteiferten um die Rechte. Die Brüder Brockhaus boten 50 000 Taler, Cotta erhöhte auf 60 000, die Hahn'sche Buchhandlung in Hannover war bereit, 150 000 Taler zu zahlen. Eine obskure Gothaer Aktiengesellschaft offerierte mit 200 000 Talern das absolute Höchstgebot, doch Goethe, der vielleicht wußte, was er seinem letzten, ihn vorzüg-

lich behandelnden Verleger an Loyalität schuldete, gab schließlich für 65 000 Taler Cotta den Zuschlag – nach heutiger Kaufkraft schätzungsweise 3,25 Millionen Mark.

Reinhard Wittmann, der davon spricht, allein Cotta habe Goethe insgesamt rund fünf Millionen Mark zukommen lassen, hat den Weimarer Dichterfürsten zum »besthonorierten Autor seiner Zeit« erkoren, man muß dieses Urteil aber wohl auf die deutschen Verhältnisse beschränken. In England verfuhr man in jeder Hinsicht großzügiger. Dort war um 1780 ein erfolgreiches Drama etwa 150 Pfund wert. Gelehrte Werke wurden sehr gut vergütet. Wenn Schiller für die erste Abteilung seiner *Geschichte des Dreißigjährigen Krieges* einen Vorschuß von 400 Talern erhalten hatte, so war dies nach deutschem Maßstab enorm, nach englischem bescheiden: William Robertson mochte sich für seine Geschichte Schottlands noch mit 660 Pfund zufriedengeben, aber sein Buch über Charles V. wurde mit 4500 Pfund honoriert. David Humes *History of England* brachte dem Autor gut 3400 Pfund Sterling ein, und das zwischen 1754 und 1760, zu einer Zeit, als in Deutschland die Schriftsteller noch für ein Hundertstel solcher Beträge ihre Manuskripte abtraten. Wollte man eine englische Entsprechung zu Goethe suchen, so böte sich Walter Scott als Vergleich an. Der aber konnte es mit seinen Romanen auf 10 000 Pfund im Jahr bringen. Drei solcher Jahre, und Scott hatte mehr verdient als Goethe in seinem ganzen langen Schriftstellerleben.

Aus heutiger Sicht erscheint es befremdlich, daß Daniel Defoe für seinen *Robinson Crusoe* lange keinen Verleger fand und dann nur zehn Pfund für sein Werk erhielt. Bekanntlich spricht die Geschichte oft andere Urteile als die Zeitgenossen. So sind Geßner und Kotzebue geraume Zeit erfolgreicher als Goethe gewesen, der erst seit dem *Wilhelm Meister* seine Sonderstellung als »Olympier« in der deutschen Literatur einnahm. In den Honoraren hat das zunächst auch seinen Ausdruck gefunden. Für Moritz August von Thümmels Reiseroman in zehn Bänden zahlte Göschen 5000 Taler und damit ein Honorar, das noch nicht einmal Goethe und Klopstock zusammen für die Gesamtausgaben ihrer Werke bei Göschen erhielten.

Prinzipiell wurden schriftstellerische Arbeiten nach Bogen bemessen und bezahlt. Aber was ein Autor jeweils pro Bogen erhielt, hing ab von seinem Namen und seiner Gefragtheit beim Publikum. Auch hier mutet es heute seltsam an, wenn man in Göschens Büchern auf Honorare von 20 Talern für Adolf Müllners zweite Ausgabe des Trauerspiels *Die Schuld* stößt und auf fast 30 Taler pro Bogen für Friedrich August Wolfs *Homer-Ausgabe* – das höchste Honorar, das ein Autor je bei Göschen erhalten hat. Dennoch hat die Nachwelt beide Dichter so gut wie ganz vergessen.

Nicht vergessen hat sie Immanuel Kant, dessen Denken noch heute hoch im Kurs steht. Wie sich damals jedoch der Kurswert des Königsberger Philosophen in klingender Münze ausdrückte, ist eine andere Frage. Kants Verleger, Johann Friedrich Hartknoch in Riga, zahlte dem Philosophen im Schnitt ganze vier Taler pro Bogen. Kant bot freilich keine unterhaltende, sondern schwer verdauliche Lesekost an. Ein steigendes Honorar bei steigender Berühmtheit läßt sich gleichwohl auch bei ihm verfolgen: Die *Kritik der reinen Vernunft*, 1781 erschienen, brachte ihrem Autor 220 Taler; die *Kritik der praktischen Vernunft* von 1788 trug ihm 700 Taler ein, und die *Kritik der Urteilskraft* aus dem Jahre 1790 wurde bereits mit sechs Talern pro Bogen honoriert.

Eine Ausnahme von den üblichen Druckvergütungen bildeten die Honorare für Zeitschriftenbeiträge, die um einiges über dem Durchschnitt lagen. Dafür ein letztes Beispiel. Goethe erhielt von Cotta für seine Beiträge zu Schillers *Horen* 40 Taler pro Bogen, aber ein August Wilhelm Schlegel bekam für einen Aufsatz mit nur 20

Talern die Hälfte. Die reine Willkür? Wohl eher ein Hinweis darauf, daß das Marktgesetz von Angebot und Nachfrage endgültig das literarische Geschäft regierte.

Selbstverlag – ein Versuch der Emanzipation

Versuche von Autoren, ihre Texte auch selbst zu verlegen und zu vertreiben, hat es in der Geschichte des Buches immer wieder gegeben. Manche mußten diesen Weg gehen, da sich kein Verleger für ihr Werk finden wollte, andere – und sie sind gewiß in der Mehrzahl – probierten den Selbstverlag, um den eigenen Honoraranteil zu erhöhen. In den sechziger und siebziger Jahren des 18. Jahrhunderts regten sich vermehrt Unternehmungen mit selbstverlegerischer Absicht. Sie verfolgten neben der Steigerung ihres Gewinns das Ziel, die Ausstattung der Bücher zu verbessern und ein Eigentumsrecht am Buch durchzusetzen. Den »Genossenschaftsdruckereien« und »Autorenbuchhandlungen«, zu denen

Als Goethe im Januar 1779 sein episches Gedicht *Hermann und Dorothea* dem Verleger Vieweg anbot, zahlte dieser dafür das geforderte Honorar von 1000 Talern in Gold, eine damals enorme Summe. Auch versprach Vieweg eine allerbeste Ausstattung – und hielt Wort. Luxusexemplare

wurden auf Postpapier gedruckt und in grünes oder rotes Maroquin gebunden. Einige wenige erhielten gestickte Seideneinbände, wie sie in Frankreich für Almanache beliebt waren. Entzückt über das Ergebnis schrieb Goethes Mutter an ihren Sohn: »Für die vortrefflichen Taschen-

sich Literaten und Gelehrte zusammenfanden, ging es um nichts Geringeres, als den literarischen Markt vom Interesse der Schriftsteller her neu zu organisieren.

Zur Organisation eines eigenen Vertriebs griff man zu zwei Verfahrensweisen: zu Subskription und Pränumeration. Beide waren im regulären Buchhandel, zuerst in England, erprobt worden. Im Unterschied zur *Subskription,* die die verbindliche Bestellung eines Buches vor seinem Erscheinen meint, verlangt die *Pränumeration,* daß nicht nur im voraus bestellt, sondern auch gleich der Buchpreis entrichtet wird. Die Vorzüge für die Kalkulation des Verlegers liegen auf der Hand. Er kann mit einem festen Abnehmerkreis rechnen, die Gefährdung des Unternehmens durch Nachdruck wird vermindert. Allerdings öffnete die Pränumeration auch Schwindlern und Hochstaplern Tür und Tor. Nicht wenige Fälle hat es gegeben, in denen der Pränumerand im Vertrauen auf die Ankündigung eines interessanten Werkes sein Sümmchen entrichtet hat, ohne je des bestellten Buches ansichtig geworden zu sein. Desunge-

achtet haben die vielen ehrenamtlichen Gesinnungsenthusiasten, die sogenannten »Beförderer« und die halbprofessionellen »Kollekteure«, die in ihrer näheren Umgebung Vorbestellungen sammelten, erheblich zur Bildung von Lesergemeinden in sonst buchhandlungsarmen Regionen beigetragen und auf ihre Weise die literarische Aufklärung befördert.

Die große Zeit des Selbstverlages in Deutschland begann 1765 mit dem Kauf einer Druckerei durch den Übersetzer Johann Joachim Christoph Bode in Hamburg. Befreundeten Schriftstellern bot Bode an, in der Offizin zum Selbstkostenpreis und als Herren ihrer Werke auf gutem Papier und mit typographischer Sorgfalt drucken zu lassen. Einen Kompagnon fand Bode in Lessing, der sich für die Idee begeisterte und seinerseits einen Plan beisteuerte: Unter dem Titel *Deutsches Museum* sollten die besten deutschen Schriftsteller ihre Werke bei Bode & Co. erscheinen lassen. Ob ein Text in die geplante Reihe aufgenommen wurde, wollte man allein von seiner literarischen Qualität abhängig machen. Freundschaftliche Warnungen Friedrich Nicolais, des erfahrenen Berliner Verlegers und Buchhändlers, schlug Lessing in den Wind. Nicolai hatte darauf hingewiesen, daß »diejenigen Schriftsteller, welche der Gelehrte und der Mann von Geschmack für die besten erkennt, sehr oft für den Buchhändler in Ansehung des Debits nicht die besten sind«. In der Betonung literarischer Qualität steckte eine wirtschaftlich bedenkliche Einseitigkeit, da das große Publikum durchaus andere Neigungen und Lesewünsche hatte.

Im Gegensatz zu dem üblichen »ewigen Verlagsrecht« sahen Bode und Lessing Verträge mit den Autoren vor, die dem Verleger nur für jeweils eine Auflage das Druck- und Verlagsrecht einräumten. Den Vertrieb über die Leipziger Komissionäre schloß man aus. Stattdessen sollten die Bücher unmittelbar von Hamburg durch die Post an Abonnenten gesandt oder über den Buchhandel bezogen werden. Am Tauschverkehr war den um die Autoreninteressen bekümmerten Hamburger Verlegern verständlicherweise nicht gelegen: Der Handel hatte bar zu bezahlen, was er bestellte. In Zeiten, da es noch nicht genug reine Sortimentsbuchhandlungen gab, die Werke gegen Barzahlung hätten abnehmen können, war dies gewagt genug. Erschwerend kam hinzu, daß an Kooperation seitens der Buchhändler nicht zu denken war.

Im *Deutschen Museum* ist mit Wilhelm Heinrich von Gerstenbergs *Ugolino* nur ein einziges Werk erschienen (in einem kuriosen Kleinquart-Format und auf geripptem italienischem Papier). Das Projekt scheiterte, ebenso wie Lessings *Hamburgische Dramaturgie,* die kritisch-theoretische Begleitschrift zu seiner Arbeit am Nationaltheater, die im Selbstverlag herauskam. Die Bedrohung erkennend, hatten die alteingesessenen Ver-

bücher danke herzlich, in- und auswendig sind sie zum Küssen. Hufnagel hält alle, die es nicht haben oder es nicht als Handbuch im Sack bei sich tragen, für Hottentotten.« Die Seide der Einbände (7,5 × 12 × 1,1 cm) wurde 1797 bei David Girard, dem Berliner Seidenfabrikanten, gewebt.

leger und Buchhändler rasch auf die Emanzipationsbestrebungen der in die Verlegerrolle schlüpfenden Schriftsteller reagiert und zu wenig feinen Gegenmitteln gegriffen. In Leipzig fingierte Engelhard Benjamin Schwickert eine Firma namens Dodsley & Compagnie, die Lessings *Dramaturgie* nachdruckte. Eine beigegebene »Nachricht an die Herren Buchhändler« forderte – natürlich anonym – dazu auf, den neuen Konkurrenten »das Selbst-Verlegen zu verwehren, und ihnen ohne Ansehen nachzudrucken; auch ihre gesetzten Preiße alle Zeit um die Hälfte zu verringern«. Raubdruck und Preisdumping erwiesen sich als probates Rezept, Bode & Co. in die Knie zu zwingen. Lessing hat später noch ein Modell erwogen, ist mit ihm allerdings nicht mehr hervorgetreten. Der unter seinen Papieren aufgefundene Entwurf *Leben und leben lassen* sah vor, den Vertrieb vollständig in den Händen des Buchhandels zu belassen, zumindest der Druck aber sollte vom Autor besorgt werden.

Schwickert hatte seinen ungenierten Aufruf zum Kampf gegen die Selbstverleger mit dem Argument gerechtfertigt, den unerwünschten Neulingen fehle die Qualifikation. Darauf prägte der erwidernde Lessing das böse Wort von der buchhändlerischen Kompetenz, die darin bestehe, »daß man fünf Jahre bey einem Manne Pakete zubinden gelernt, der auch nichts weiter kann als Pakete zubinden«. In ein ähnliches Horn stieß Wieland. Wütend sprach er 1769 von den »Idioten«, denen man die Buchhandlung »aus den Klauen zu reißen« habe. Vier Jahre später ließ er mit dem *Teutschen Merkur* Taten folgen. Wieland war zugleich Verleger, Herausgeber und Redakteur seiner Zeitschrift, zu der er überdies die meisten Beiträge lieferte. Alle seine Werke von 1773 an veröffentlichte er im Erstdruck hier, was ihm half, sich das Eigentumsrecht an seinen Texten auch für die separaten, andernorts verlegten Buchausgaben zu sichern.

Unter allen Selbstverlagsprojekten ist wohl das Erscheinen von Klopstocks *Gelehrtenrepublik* im Jahre 1774 dasjenige gewesen, das die größte Teilnahme und Aufmerksamkeit beim Publikum fand, und demgegenüber Freunde und Gegner die schönsten bzw. schlimmsten Erwartungen hegten. Schließlich war es nicht irgendein aufmüpfiger Literat, sondern der allseits verehrte Nationaldichter, der dazu aufrief, die Schriftsteller bei der Durchsetzung ihrer Rechte zu unterstützen. Seit längerem schon hing Klopstock der Idee des Selbstverlages an. In Kopenhagen hatte er einst eine »Genossenschaftsdruckerei« gründen wollen, die Neuausgabe des *Messias* hatte er, wiewohl glücklos, in eigener Regie herzustellen und zu vertreiben versucht, und die *Oden* sollten 1767 ihren Weg zu den Lesern am Buchhandel vorbei über die Vermittlung durch »Freunde und Bekannte« finden.

Das Erscheinen der *Gelehrtenrepublik* bereitete Klopstock durch eine Anzeige vor, in der er zur Subskrip

tion einlud und die 1773 in einer Reihe von Zeitschriften abgedruckt wurde. Ausdrücklich wies der Dichter auf die kulturpolitische Bedeutsamkeit seines Unternehmens hin. Man dürfe, schrieb er, die Sache nicht so ansehen, als sei es ihm nur um den Erfolg seines Buches zu tun. Vielmehr sei Grundsätzliches berührt, er wolle nämlich »*auf diese Weise versuchen, ob es möglich sey, daß die Gelehrten Eigenthümer ihrer Schriften werden. Denn izt sind sie dies nur dem Scheine nach; die Buchhändler sind die wirklichen Eigenthümer, weil ihnen die Gelehrten ihre Schriften, wenn sie anders dieselben gedruckt haben wollen, wohl überlassen müssen.*«

Klopstocks »Kriegserklärung« (R. Wittmann) an den Berufsbuchhandel sah vor, diesen durch ein Netz von Kollekteuren und 68 über ganz Deutschland verteilten »Transport-Örtern« zu ersetzen. Hatte ein Autor sein Werk der Öffentlichkeit angekündigt, gingen Subskriptionslisten in Umlauf, auf denen Interessenten ihre Vorbestellung vermerkten. Die Kollekteure sandten diese Listen an den Autor, woraufhin eine entsprechende Anzahl von Büchern gedruckt und ausgeliefert wurde. Wie zuvor beim Sammeln der Bestellungen traten auch hier die Kollekteure als lokale Mittelsmänner auf, die dem Käufer das Werk aushändigten, den Buchpreis kassierten und die Summe nach Abzug von 15 bis 20 Prozent Rabatt für ihre Mühe an den Autor überwiesen.

3678 Vorbestellungen aus 263 Orten konnte Klopstock für seine *Gelehrtenrepublik* verzeichnen – ein großartiger Erfolg, der alle künftigen Selbstverlage hätte beflügeln können, wäre das Werk selbst nicht eine so große Enttäuschung gewesen. Der poetischen Utopie vom Gelehrtenstaat mit eigenen Gesetzen, Beamten, Klassen und Parlament hatten alle mit Spannung entgegengesehen. Aber die Mischung aus verrätseltem Tiefsinn und weitschweifiger Gelehrsamkeit, die Klopstock in schwerfälliger Prosa darbot, schreckte die Leser ab und hatte, wie Goethe rückblickend kommentierte, »die böse Folge, daß nun so bald nicht mehr an Subskription und Pränumeration zu denken war«. Der Nachdruck, der unter Angabe des fingierten Erscheinungsorts »Frankfurt & Leipzig« noch im gleichen Jahr 1774 herauskam, war in diesem Fall gewiß das geringere Übel.

Etwa zur gleichen Zeit wie Klopstock, aber mit genau umgekehrtem Resultat hat Goethe, überredet von seinem Freund Johann Heinrich Merck, den Selbstverlag versucht. Sein *Götz von Berlichingen*, den er 1773 auf eigene Faust herausbrachte, befriedigte zwar das Leserinteresse, war jedoch für den Autor ein finanzieller Mißerfolg, da sich die selbstverlegte Ausgabe beinahe sofort nach Erscheinen der Übermacht von fünf Nachdrucken gegenübersah. Schiller, der ein Darlehen von 150 Gulden (etwa 100 Taler) aufgenommen hatte, um auf eigene Kosten sein politisch mißliebiges Schauspiel *Die Räuber* zu veröffentlichen, stand nachher mit Schulden da. Johann Benedict Metzler in Stuttgart hat das Werk in 800 Exemplaren gedruckt, der Erscheinungsort – »Frankfurt und Leipzig, 1781« – war fingiert, den nicht verkauften, zu einem Stückpreis von 12 Groschen oder 48 Kreuzern angebotenen Teil der Auflage erwarb noch im gleichen Jahr der Stuttgarter Antiquar Johann Christoph Betulius. Ähnlichen Schiffbruch als Selbstverleger erlitten Winckelmann, der erste moderne Archäologe, und Johann Jakob Moser, der publizistisch äußerst regsame Rechtsgelehrte, oder auch der Lyriker Leopold Günther von Göckingk. Johann Heinrich Voß mußte jahrelang werben, bis er für seine Übersetzung von Homers *Odyssee* genügend Vorbestellungen beisammen hatte, um den Selbstverlag wagen zu können. Mehr Erfolg hatte Gottfried August Bürger, dessen Gedichte im Jahre 1789 rund zweitausend Subskribenten fanden. Ebenso viele waren es zehn Jahre zuvor bei Lessing, der auf diese Weise die gesamte Auflage von *Nathan der Weise* an den Leser brachte. Für den einzelnen mehr noch als für Genossenschaften war und blieb der Selbstverlag ein höchst risikoreiches Unternehmen.

Ihren Höhepunkt und Abschluß erreichten die schriftstellerischen Versuche, sich aus der Abhängigkeit von Verlegern und Buchhändlern zu lösen, mit Eröffnung der *Buchhandlung der Gelehrten* in Dessau. Gegründet von Karl Christoph Buch, einem Magister, gefördert vom Fürsten Leopold Friedrich Franz von Anhalt-Dessau, der zu ihrer Errichtung am 18. Januar 1781 das Privileg erteilte, ging man dort einen Mittelweg, der auf Zusammenarbeit mit dem traditionellen Buchhandel setzte: Danach druckten die Autoren ihr Buch auf eigene Kosten, wobei ihnen die parallel gegründete *Verlagscasse für Künstler und Gelehrte* mit Darlehen half, und überließen das Werk dann der Dessauer Buchhandlung, die es in Kommission an das bar zahlende Sortiment verkaufte. Obgleich sich die Dessauer verpflichteten, ihre Bücher ausnahmslos über das Sortiment auszuliefern und dieses bei einem Rabatt von 27 % recht gute Gewinnmöglichkeiten besaß, haben die Buchhändler das Unternehmen weitgehend boykottiert. So war sein Scheitern absehbar. Glück im Unglück bedeutete das Ende im Jahre 1785 für Georg Joachim Göschen. Der junge Buchhändler, seit 1781 Geschäftsführer der *Verlagscasse*, scharte nach der Liquidation der beiden Dessauer Firmen deren beste Autoren um sich und nutzte die alten Geschäftsverbindungen für den Aufbau eines eigenen neuen Verlages. Wenn es eines Beweises bedurft hätte, daß ohne oder gegen den regulären Buchhandel die Interessen der Schriftsteller nicht durchsetzbar waren, so hatte ihn das Mißlingen der Gelehrtenbuchhandlung geliefert. Gleichwohl blieben die Mühen des Selbstverlages nicht vergeblich. Das Bewußtsein der Autoren vom Wert ihrer Arbeit wurde gestärkt, und bei ihrem Streit um das Urheberrecht errangen sie erste Konzessionen.

Das Wirken der Zensur: »Preßfreiheit« oder »Preßfrechheit«?

Im »Jahrhundert des Lichts« warf die Zensur starke Schatten. Druckwerke wurden verboten und verfolgt, sie wurden regierungsamtlich verurteilt und demonstrativ zerrissen. Bücherverbrennungen waren vielerorts an der Tagesordnung. Zwar gab es in Preußen die berühmten Worte eines als liberal gerühmten Königs: »Gazetten, wenn sie interessant sein sollen, müssen nicht genieret werden.« Mit diesem Satz hat Friedrich der Große die Anordnung erklärt, die im Jahre 1740 jedem Berliner Zeitungsschreiber die »unbeschränkte Freiheit« einräumte, »zu schreiben, was er will, ohne daß Solches zensiert werden soll«. Pressefreiheit herzustellen, war eine der ersten Amtshandlungen des preußischen Monarchen. Aber sie war auch eine der ersten, die er rückgängig machte. Ein halbes Jahr später zensierte das Kabinettsministerium bereits wieder Zeitungen und politisches Schrifttum. Berliner Druckern, die die Zensur umgehen wollten, wurden 1742 drakonische Strafen angedroht. Im Jahre 1749 sorgte das *Allgemeine Zensuredikt* für gesetzliche Beschränkungen der Meinungsfreiheit. Da Friedrich der Große auf einen »vernünftigen Mann« als Zensor achtete, »der eben nicht alle Kleinigkeiten und Bagatelles relevieret und aufmutzet«, hielt sich unter den Aufklärern des Königs Ruf als freisinniger Geist, zumal in Glaubensfragen. Scharf sah Lessing die Grenzen der preußischen Liberalität. In einem Brief an Nicolai vom 25. August 1769 heißt es:

»Sonst sagen Sie mir von Ihrer berlinschen Freiheit zu denken und zu schreiben ja nichts. Sie reduziert sich einzig und allein auf die Freiheit, gegen die Religion so viel Sottisen zu Markte zu bringen, als man will. Und dieser Freiheit muß sich der rechtliche Mann nun bald zu bedienen schämen. Lassen Sie aber doch einmal einen in Berlin versuchen, dem vornehmen Hofpöbel so die Wahrheit zu sagen, als dieser sie ihm gesagt hat; lassen Sie einen in Berlin auftreten, der für die Rechte der Untertanen, der gegen Aussaugung und Despotismus seine Stimme erheben wollte, wie es itzt sogar in Frankreich und Dänemark geschieht; und Sie werden bald die Erfahrung haben, welches Land bis auf den heutigen Tag das sklavischste Land von Europa ist.«

Europa bot in dieser Frage ein uneinheitliches Bild. Die Zensur in Rußland und Spanien war streng, ebenso in Frankreich, nur daß es dort mit ihrer konsequenten Durchsetzung bisweilen haperte. Glück hatte Diderots *Encyclopédie*. Mal fanden verfemte Druckwerke Fürsprecher hinter den Kulissen, mal arbeiteten die Kontrolleure des Königs nachlässig oder operierten gar in stiller Eintracht mit verbotenen Autoren. Überliefert ist die Geschichte eines Angestellten der Zensurbehörde, der bereits beschlagnahmte Schriften seines Freundes Voltaire mit einem Siegel versah, das, anstatt die Bücher aus dem Verkehr zu ziehen, ihnen den Weg in die Buchhandlungen frei machte. Ungeachtet solcher Ausweichmanöver haben Schriftsteller wie Voltaire oder Jean-Jacques Rousseau für ihr aufklärerisches Wirken schwer büßen müssen: Voltaire verbrachte ein Jahr in der Bastille; Rousseau führte acht Jahre lang das Leben eines Verbannten, da ihm aufgrund des *Émile*, seiner Schrift über die Erziehung von 1762, die Verhaftung drohte.

In England, wo der Dichter John Milton bereits im Jahre 1644 in seiner Streitschrift *Areopagitica* für die Glaubens-, Gewissens- und besonders für die Pressefreiheit eingetreten war, herrschten freundlichere Verhältnisse. Aber auch dort kam es vor, daß Theater (wie dasjenige von Henry Fielding am Londoner Haymarket) wegen der Aufführung politisch unliebsamer Stücke geschlossen wurden. Mit körperlicher Züchtigung machte Daniel Defoe Bekanntschaft. Eine 1702 erschienene Satire voller antiklerikaler Bosheiten hatte er mit Gefängnis und Geldstrafe zu sühnen, er wurde an den Pranger gestellt und ausgepeitscht.

Das erste Land, das die Zensur abgeschafft hat, ist Schweden im Jahre 1766 gewesen. Dänemark tat es ihm 1770 nach. Gewohnt liberale Verhältnisse herrschten auch in den Niederlanden. In Deutschland galt das *Kayserliche Edict* von Karl VI. Im Jahre 1715 erlassen, wurde es 1746 von Maria Theresia bestätigt und bestimmte die allgemeinen Richtlinien der reichsdeutschen Zensur. Das Gesetz verbot Schmähreden gegen und zwischen »denen im Reich gelittenen Religionen«, stellte aber auch »des Heil. Römischen Reichs Deutscher Nation Gesetze und Ordnungen anzapfende verkehrte neuerliche Lehren, Theses und Disputationen« unter Strafe. Das zielte gegen politische Publizistik und öffentliches Räsonieren über Staatsangelegenheiten, gegen Aufklärer und Reformer.

Hierarchisch gegliederte Kontrollinstanzen mit unterschiedlichen Befugnissen sollten der Reichszensur allgemeine Geltung verschaffen – unter den Bedingungen der Viel- und Kleinstaaterei eine unlösbare Aufgabe. Die kaiserliche Bücherkommission in Frankfurt hielt auf die Neuheiten der Messe ein wachsames Auge. Vor dem Reichskammergericht sollten Zensurverstöße verhandelt werden. Die oberste Kontrolle über alle Zensurbehörden beanspruchte der Reichshofrat in Wien, tatsächlich aber hing von der kaiserlichen Reichszensur wenig, vom Gutdünken der jeweiligen Territorialfürsten alles ab.

Was unter Friedrich dem Großen erlaubt war, ließ seinen Nachfolger Friedrich Wilhelm II. schimpfen, es sei »die Preßfreiheit in Berlin in Preßfrechheit ausgeartet«, und was Maria Theresia verbot, vertrug sich durchaus mit den *Grund-Regeln zu Bestimmungen einer ordentlichen künftigen Bücherzensur*, mit denen Joseph II. im Jahre 1781 für Liberalisierung und »Tauwetter« sorgte. Eine neue »Eiszeit« brachte vielerorts das Ereignis der Französischen Revolution. Nicht nur beim deutschen Nachbarn, aber hier besonders, grassierte eine allgemeine Revolutionsfurcht, die zur Verschärfung der Zensur führte.

Während die Forderungen der deutschen Dichter nach Schreib- und Denkfreiheit unerfüllt blieben, nahmen die französischen Revolutionäre die alten Ideen des Engländers Milton in ihre Konstitution auf, und zwar über den Umweg von Mirabeaus Streitschrift *Sur la liberté de la presse: imité de l'anglaise* (London 1778). Diese Schrift, die im wesentlichen aus Anleihen bei Miltons *Areopagitica* besteht, regte die französische Nationalversammlung am 26. August 1789 dazu an, die folgenden Sätze in die Erklärung der Menschenrechte aufzunehmen: »*Die freie Mitteilung der Gedanken und Meinungen ist eines der kostbarsten Rechte des Menschen. Jeder kann mithin frei sprechen, schreiben, drucken, mit Vorbehalt der Verantwortlichkeit für den Mißbrauch dieser Freiheit in den durch Gesetz bestimmten Fällen.*«

Kinderbücher, Literatur für den Zögling

Daß Kinderbücher im 18. Jahrhundert zu einer eigenständigen Buchgattung werden konnten, steht im engen Zusammenhang mit der »Entdeckung« des Kindes und einer erhöhten Aufmerksamkeit gegenüber den Reifungsprozessen der Heranwachsenden. Die Bedeutung der »Erziehung« wurde erkannt. Dabei geht es um mehr als das Interesse des Staates an gut ausgebildeten Untertanen. Um dieses Interesse zu artikulieren, hätte es einer pädagogischen Bewegung nicht bedurft, denn die Idee, Kinder von Staats wegen in öffentlichen Schulen zu unterrichten, war bereits im 17. Jahrhundert aufgekommen: Schon 1619 wurde im Herzogtum Sachsen-Weimar die Schulpflicht eingeführt. Die erste tatsächliche Durchführung brachte der Gothaer Schulmethodus vom Jahre 1642. Preußen folgte 1717. Bis zum Ende des 18. Jahrhunderts wurde die allgemeine Schulpflicht in allen Ländern des deutschen Reiches verordnet, wenn auch nicht überall konsequent verfolgt.

Die Schule betont die Wichtigkeit des Erwerbs von Fähigkeiten. Dagegen spricht die Erziehungslehre weniger von Ausbildung als vielmehr von Bildung und bezieht sich so auf den ganzen Menschen. Erziehung ist das Mittel, den Charakter zu formen. Erziehung tut not – darin folgte das ausgehende 18. Jahrhundert dem Pädagogen Rousseau: »Unter den heutigen Verhältnissen wäre ein Mensch, den man von Geburt an sich selbst überließe, völlig verbildet«, heißt es im *Émile*, dem Grundbuch der pädagogischen Bewegung, die nach seinem Erscheinen 1762 einsetzte. Verschiedene Musterschulen wurden in den siebziger Jahren gegründet, und als Folge der bürgerlichen Aufklärung und ihrer spezifischen »Entdeckung der Kindheit« entstand eine Literatur eigens für das Kind, entstanden Lehr- und Lesebücher, Bilderbücher, Kinderschauspiele (für das heimische Papiertheater), Kinderlyrik, Kinderlieder, der besondere Roman für Kinder und Kinderzeitungen.

Christian Felix Weiße machte 1766 mit seinen *Liedern für Kinder* den Anfang. Die Texte, gedacht »zur Beförderung der Tugend«, waren in Reime gefaßte Lebensregeln. Weiße sah sich als Vollstrecker eines nationalen Bildungsauftrages, er wollte, daß »das Singen anständiger, feiner, die Empfindungen für das Schöne und Gute belebender Lieder allgemeiner wird« und schlug sich damit auf die Seite der intellektualistischen Aufklärer, denen die volkstümlichen Ammenlieder zu »abgeschmackt« waren. Dank der eingängigen Melodien des dänischen Komponisten Gottlob Gottwaldt Hunger und seines deutschen Kollegen Johann Adam Hiller erfreuten sich die *Lieder für Kinder* großer Beliebtheit, sie »kamen an«. Aber diese zwanglose Popularität ist doch nur die eine Seite, über der die andere nicht vergessen werden darf: Weißes Lieder waren auf ihre Art Teil der »Aufklärungs-Hygiene« (Rudolf Schenda). Ebenso wie Legenden, Sagen, Geschichten über Wunder oder Erotika nicht mit der Tugendlehre der aufgeklärten Saubermänner harmonierten, so paßten ihnen auch die Volkslieder nicht. In seiner Geschichte der verbotenen Bücher hat Hans J. Schütz diese Bevormundung ganz unverblümt beim Namen genannt, wenn er schreibt: »Was aufklärerische Pädagogen und Volkserzieher gegen Ende des Jahrhunderts an Zensur zu praktizieren trachteten, war nicht weniger rigide als die Zensur ihrer absolutistischen Vorgänger. Es liegt auf der Hand, daß ihnen dabei die populären Lesestoffe ein Dorn im Auge waren. Sie meinten genau zu wissen, was schädlich war für den gemeinen Mann und was nicht, und schädlich war vor allem die Phantasie.«

Aufklärungsphilosophie und Aufklärungspädagogik sind wie Theorien für zweierlei Welten: Was für Erwachsene galt, galt für Kinder noch lange nicht. Immanuel Kants Maxime, man solle sich seines Verstandes »ohne Leitung eines anderen« bedienen, bekäme, auf Kinder übertragen, sogleich ein negatives Vorzeichen. Denn das Selberdenkenwollen hieß hier »Eigensinn«, und dieser Eigensinn im Kind war gerade, was die Pädagogen mit aller Macht verhindern, brechen, austreiben wollten.

»Zaum und Gebiß gehört für ein unbändig Pferd:
Wer nicht gehorchen will, der ist des Zwanges werth.«
So reimt Christian Felix Weiße für den Buchstaben Z in seinem »Hilfsbüchelgen bey den ersten Denk- und Leseübungen«, betitelt: *Neues A, B, C, Buch nebst einigen kleinen Uebungen und Unterhaltungen für Kinder.* Das gut einhundert Seiten starke Lehrbuch buchstabierte das ganze Alphabet mit moralischen Sinnsprüchen. Zu jedem Buchstaben – einmal in kleiner, einmal in großer Schreibweise – gab es einen gereimten Zweizeiler. Nicht nur das Lesenlernen wollte der Verfasser fördern, sondern insbesondere zur Gesittung des Kindes beitragen.

1772 kam in Leipzig zunächst eine stattliche Ausgabe mit teilweise kolorierten Kupferstichen heraus, die schnell verkauft war und eine zweite Auflage nötig machte. Sie wurde von einer Sonderausgabe begleitet, in verkleinertem Format und mit Holzschnitten, »damit sie für die ärmere Volksclasse käuflich wäre«. Weißes ABC war ein großer Erfolg. Es erlebte mehrere Auflagen, wurde ins Französische übersetzt und ist, wie der Autor berichtet hat, »in mehreren Trivialschulen eingeführt worden«.

Unter den zumeist in den siebziger Jahren herausgegebenen Zeitschriften für Kinder war Weißes *Der Kinderfreund* eine Besonderheit. Er fand größeren Anklang als das *Leipziger Wochenblatt für Kinder*, das Johann Christoph Adelung von 1772 bis 1774 edierte, und er zog auch weitere Kreise als Johann Lorenz Benzlers *Niedersächsisches Wochenblatt für Kinder* (1774–1776) oder das von dem bekannten Jugendschriftsteller Johann Hinrich

Georg Christian Raff, *Naturgeschichte für Kinder zum Gebrauch in Stadt- und Landschulen*, Göttingen 1781.

255

Röding besorgte Gegenstück, das *Hamburgische Wochenblatt für Kinder*, das von 1775 bis 1777 erschien. Weißes *Kinderfreund*, von 1775 bis 1782 in 24 Bänden und fünf Auflagen erschienen, lebte länger als diese Zweijahresblüten, sogar über sein offizielles Erscheinen hinaus. Noch 1788 verkaufte sich ein österreichischer Nachdruck mit 15 000 Exemplaren. Vor allem war *Der Kinderfreund* moderner. In der Aufmachung dem englischen *Spectator* verpflichtet, sollte er als »Bildungsschrift für die Jugend« (Weiße) dienen und verschmähte die märchenhafte Kunde von Feen und Fabelwesen, womit noch 1756 die deutsche Ausgabe des von Marie Le Prince de Beaumont verfaßten *Magasin des enfants* den Nachwuchs hatte unterhalten wollen. Vielmehr suchte der Aufklärer Weiße an Begebenheiten des Alltags richtiges Verhalten zu demonstrieren: Gehorsam gegenüber der Obrigkeit, aber auch bürgerliches Selbstbewußtsein gegen Anmaßungen des Adels, Sparsamkeit, Toleranz gegen Fremde, Verantwortung für die Armen.

»Gemeinschaftsfähige Menschen« hatte Rousseau von der Erziehung verlangt. Für den Verfasser des *Émile* verkörperte nicht die Mutter, auch nicht der Lehrer in der Schule, sondern der Vater den idealen Erzieher. So beschwor die aufgeklärte bürgerliche Pädagogik die großen Vaterfiguren, während es – wodurch der Kreis sich schließt – eben die Familienväter waren, die, wie Christian Felix Weiße beflügelt und entzückt von ihrer Vaterschaft, als Verfasser von Kinderbüchern hervortraten. Den Zöglingen die Begriffe von Recht und Moral beizubringen, war Männersache, desgleichen die Schulung des Verstandes (Gemüts- und »Herzensbildung« blieben in Frauenhand). Auch hier, beim Unterricht in Physik, Astronomie, Naturkunde, Biologie, Geschichte, nahm das Buch eine zentrale Stellung ein.

»Zum Unterrichte der Jugend, von Anfang bis ins academische Alter, Zur Belehrung der Eltern, Schullehrer und Hofmeister, Zum Nutzen eines jeden Lesers, die Erkenntniß zu vervollkommnen« erschien von 1770 bis 1774 das *Elementarwerk* von Johann Bernhard Basedow (1723–1790). Basedow gilt als geistiger Vater des Philanthropismus, einer pädagogischen Bewegung, die im Gegensatz zum Pietismus stand und ihre Erziehungslehre auf Natur und Vernunft statt auf den Katechismus gründen wollte. Das *Elementarwerk* versammelte, philanthropisch aufbereitet, das schulische und allgemeine Grundwissen in drei Text- sowie drei Bildbänden, deren Kupferstichtafeln teils von Daniel Chodowiecki selbst, teils unter seiner Leitung gezeichnet und gestochen worden sind. Von Chodowiecki stammen auch die Illustrationen der *Bilder-Akademie für die Jugend* von Johann Siegmund Stoy, die von 1780 bis 1783 in zwei Bänden und einem Bildband mit 800 Kupferstichen herauskam.

Zu denen, die mit philanthropischen Schulbüchern die Abwendung vom alten Katechismusunterricht

betrieben, gehört auch Eberhard von Rochow und sein berühmtes »Lesebuch zum Gebrauch in Landschulen«. Es erschien 1776/77 unter dem schon von Weiße benutzten Titel *Der Kinderfreund* in zwei Teilen in Dessau. »Eine Perle unter den Sachbüchern des 18. Jahrhunderts« nennt Horst Kunze die *Naturgeschichte für Kinder zum Gebrauch in Stadt- und Landschulen* von Georg Christian Raff. Raffs kindgerechte Darstellung des Tier- und Pflanzenlebens befriedigte noch die Bildungsansprüche des naturwissenschaftlich fortgeschrittenen 19. Jahrhunderts. Das zuerst 1778 in Göttingen erschienene Buch erlebte bis 1861 sechzehn Auflagen.

In Raff und von Rochow setzte sich die Tradition des illustrierten Sachbuches fort, die Johann Amos Comenius im Jahre 1658 mit seinem *Orbis sensualium pictus* begonnen hatte. Enzyklopädisches Format bekam dieser Buchtyp mit dem *Bilderbuch für Kinder* von Friedrich Justin Bertuch (1747–1822), der als Literat, Herausgeber und Verleger in Personalunion zu den regsamsten Gestalten des lange Zeit eher schläfrigen Weimarer Kulturlebens zählte. Bertuchs Bilderbuch, das ihn bis einschließlich Band 6 als Autor anführt, wurde über den Tod des Initiators hinaus fortgeführt. Von 1792 bis 1830 erschienen im Weimarer Landes-Industrie-Comptoir zwölf Bände mit insgesamt 1185 je nach Ausgabe kolorierten oder schwarzweißen Kupferstichtafeln, die aus über 6000 Einzelbildern bestehen. Die künstlerische Verantwortung lag bei Melchior Kraus, dem Direktor der Weimarer Zeichenschule, und bei Johann Heinrich Lips. Die Stecher und Illuminatoren, die teilweise in Heimarbeit arbeiteten, sind anonym geblieben.

Um einen laufenden Absatz zu sichern, wurde in Einzelheften geliefert: zwanzig Hefte ergaben einen Band. In der Einzellieferung des Bilderbuchs mit »schwarzen Kupfern« kostete das Heft acht Groschen, in der Ausgabe »mit sauber ausgemalten Kupfern« sechzehn Groschen. Der vollständige Titel dieser Enzyklopädie für Kinder vermögender Eltern versprach *eine angenehme Sammlung von Thieren, Pflanzen, Blumen, Früchten, Mineralien, Trachten und allerhand andern unterrichtenden Gegenständen aus dem Reiche der Natur, der Künste und Wissenschaften; alle nach den besten Originalen gewählt, gestochen, und mit einer kurzen wissenschaftlichen, und den Verstandeskräften eines Kindes angemessenen Erklärung begleitet.* Verlegerisches Programm und pädagogische Absicht macht der Titel gleichermaßen deutlich. Man betonte den lehrreichen Charakter und wies zugleich auf die leichte Faßlichkeit des Stoffes hin, eine didaktische Konzeption, in der seit Comenius das Bild seinen festen Platz besitzt (immer auf der linken Seite). 1798 wurde das Bilderbuch durch einen Kommentarband für Eltern und Lehrer, den Carl Philipp Funke verfaßte, ergänzt. Bertuch hatte sein Werk von Beginn an zweisprachig – deutsch und französisch – angeboten; 1802 kamen Begleittexte in Englisch und Italienisch hinzu. Schon diese

Viersprachigkeit erforderte, den Text in Antiqua zu setzen, doch Bertuch bewog noch ein weiteres Motiv: die frühe Entwöhnung der deutschen Kinder von der Fraktur, der »häßlichen Mönchsschrift«, die der Verleger überdies als »technisch unzeitgemäß« qualifizierte.

Obgleich von dem mit 3000 Exemplaren aufgelegten Werk nur 1490 Exemplare verkauft wurden, war Bertuchs *Bilderbuch für Kinder* ein verlegerischer Erfolg. Der Preis sorgte dafür, daß die Kalkulation aufging. Aber auch der Absatz war nicht schlecht, wenn man bedenkt, daß Kinder- und Jugendbücher üblicherweise in Auflagen von kaum mehr als tausend Exemplaren gedruckt wurden. »Renner«, die es auch gab, waren die Ausnahme. Ein solches äußerst erfolgreiches und ursprünglich für Erwachsene gedachtes Buch war am 25. April 1719 in England erschienen, hatte dort binnen vier Monaten vier Auflagen erlebt und war im Jahr darauf ins Französische, Holländische und Deutsche übersetzt worden: Daniel Defoes *Robinson Crusoe*. Rousseau regte an, es für Kinder zu bearbeiten, und schrieb in seiner Pädagogik: »Das ist das erste Buch, das Émile liest. Für lange Zeit macht es seine ganze Bibliothek aus und wird später immer einen besonderen Platz einnehmen.« Eigentlich war es unter den Pädagogen verpönt, Kinder Romane lesen zu lassen. Aber Rousseau stellte sich vor, wie das Buch, »von seinem überflüssigen Beiwerk befreit«, die Überlegung seines Zöglings Émile derart beschäftigte, daß dieser sich in einer Spielsituation als kleiner Robinson ein Wissen aneignen könnte, das so beschaffen sei, als komme es »nicht aus Büchern, sondern von den Dingen selbst«. Der Affekt gegen das tote Buchwissen war eine typische Abneigung der Pädagogen jener Zeit. Im gleichen Sinne, auf die lebendige Selbsttätigkeit des Kindes pochend, schrieb auch Heinrich Pestalozzi (1746–1827) seine erfolgreichen Bücher *Lienhard und Gertrud* (1781) sowie *Wie Gertrud ihre Kinder lehrt* (1801).

In Deutschland kam 1779 kam der Robinson-Roman für Kinder in zwei konkurrierenden Versionen auf den Markt. Johann Carl Wezel und Joachim Heinrich Campe brachten fast gleichzeitig den Abenteuerstoff in je eigener Bearbeitung heraus. Campe war Pädagoge und Hauslehrer der beiden Brüder Humboldt gewesen. Sein *Robinson der Jüngere, Ein Lesebuch für Kinder* besaß ein Programm. Es sollte erstens auf »angenehme Art« die Herzen der Kinder für den »nützlichen Unterricht« öffnen, zweitens »Grundkenntnisse« vermitteln (ganz im Sinne der gewünschten Hinwendung zu »den Dingen selbst«), drittens den »Samen der Tugend, der Frömmigkeit und der Zufriedenheit mit den Wegen der göttlichen Vorsehung in die jungen Herzen« ausstreuen, und viertens durch Wirklichkeitsnähe ein vorbeugendes Gegenmittel gegen die »jetzt umgehende Seelenseuche« sein, das »leidige Empfindsamkeitsfieber«. Das Buch war ein überwältigender Erfolg und wurde sogleich in die

Sprache des Vorbildes, ins Englische, sowie ins Französische übersetzt. Eine lateinische Fassung entstand für den Unterricht. Campe war so geschickt, seinen Robinson als sinnvolle Schullektüre anzupreisen. Indem das Werk unter die Standardtitel der Erziehung fiel, war seine Langlebigkeit gesichert. 1831 ging es in die 24. Auflage und 1881 in die 102. Auflage.

Johann Carl Wezels *Robinson Krusoe*, der 1779 und 1780 in zwei Teilen herauskam, war ein weit geringerer Erfolg beschieden. Für Wezel war Campe noch viel zu idealistisch vorgegangen, und so meinte er, weit besser als der Konkurrent ein Buch geliefert zu haben, »aus unserer gegenwärtigen Welt geschöpft, das uns Sitten, Leidenschaften, Menschen und Handlungen mit ihren Bewegungsgründen nicht nach moralischen Grundsätzen, sondern aus der Erfahrung dargestellt«. Indessen scheint Wezels Kritik an dem aufklärerischen Fortschrittsoptimismus – dem er im zweiten Band die Selbstzerstörung des Robinsonschen Inselstaates entgegenstellte – nicht nach dem Geschmack des Publikums gewesen zu sein. Kurioserweise äußerte denn auch im *Allgemeinen Literarischen Anzeiger* vom 27. April 1797 ein Kritiker, »wie nützlich es wäre«, wenn die Wezelsche Fortsetzung ihrerseits überarbeitet würde, »am besten von Campe selbst, oder ganz in Campes Manier«.

Eine ausschließlich für Kinder geschaffene oder auch zum Kinderbuch umgewandelte Literatur, wie sie im 18. Jahrhundert unter Einfluß der Erziehungslehre entstand, war etwas Neues. Für den Geist der Zeit war sie bezeichnend, wenngleich festzustellen ist, daß das Engagement der Kinderbuchkäufer den Ambitionen der Kinderbuchautoren bei weitem nachstand. Für die kinderreichen Großfamilien der Zeit war die Anschaffung einer regulären Kinderbibliothek viel zu teuer. Campe hat zwar die Idee einer *Kleinen Kinderbibliothek* in den Jahren 1779 bis 1784 mit der Herausgabe von zwölf Bänden verwirklicht, doch war der Beifall der aufklärerischen Kritik kräftiger als der buchhändlerische Absatz. Weltruhm erlangten Defoes *Robinson Crusoe* und, nicht zu vergessen, Jonathan Swifts *Gullivers Reisen* von 1727.

Die hohe Kunst des Kupferstichs

In Frankreich erlangte der Kupferstich im 18. Jahrhundert einen eigenständigen Rang, wie er ihm später nie wieder zukam. Aufwendig ausgestattete Bücher wurden Objekte eines begeisterten Mäzenatentums, sie waren Sammlergegenstand und Luxusgut. Buchillustrationen, Bildtafeln und Buchschmuck rückten dabei zusehends in den Mittelpunkt. Der Kupferstich ermöglichte größten Detailreichtum noch im kleinsten Format. Im Gegensatz zu den ausladenden Formaten und den schwelgerischen Verzierungen der Barockzeit neigte das

Rokoko zu Leichtigkeit, Verspieltheit und Pikanterie in der Darstellung, die Formate wurden wieder klein. Galante Szenen, intime Ansichten von höfischem Leben in Park und Boudoir, Schäferspiele, Licht und Bewegung der Landschaften, verspieltes Dekor und Ornament, die Moden der Damen und Herren und die Ausstattung der Interieurs zogen die Aufmerksamkeit der Illustratoren jener Zeit auf sich.

Die Beliebtheit der Bilder führte dazu, Stiche verschiedener prominenter Künstler zu Bilderbüchern zusammenzustellen, den *Livres à figures*. Die Schaulust blühte. Oft ließ man Kupferstichfolgen erst nachträglich mit einem Text versehen oder verzichtete ganz auf ihn. Die Bilder hatten Vorrang. Viele Titelblätter zeigen anstelle aufwendiger Rahmen und der üblichen Verlegersignete nun als einziger Schmuck Vignetten mit Blumengirlanden, spielenden Putten oder kleine Landschaften. Dieser Zierat zeugt von einer Liebe für das Kleine, Verspielte. Der *Vignettiste*, ein eigener Berufszweig, schuf die Dekors, die kleinen ornamentalen oder allegorischen Bildchen, die Zierstücke am Textanfang und am Schluß eines Abschnitts, den *Cul-de-lampe*. Die allgemeine Freude am illustrierten Buch veranlaßte viele Künstler, sich auf die Buchillustration zu konzen-

trieren. Sie verfeinerten ihre Kunst, vervollkommneten ihre graphische Technik und erwiesen sich als Meister des kleinen Formats.

Mit der Wertschätzung des Kupferstichs stieg das Ansehen der Künstler und Stecher. So werden die Signaturen verständlich, die oft am unteren Rand eines Stichs zu sehen sind. Das dem Namen beigegebene Kürzel *pinx.* (pinxit) oder auch *del.* (delineavit) verweist auf den Zeichner, der Stecher benutzte den Zusatz *sculp.* (sculpsit) oder *gravé*. Ging der Entwurf des Ganzen auf einen Dritten zurück, konnte auch dieser signieren, versehen mit der Bezeichnung *inv.* (invenit – für »Erfinder«).

Der Kupferstich erfuhr eine regelrechte Mode, es entwickelte sich ein reiches Spezialistentum. Die Namen mehrerer französischer Künstler sind damit verknüpft: Bernard Picart, François Boucher, Hubert Gravelot. Von Picart, dem vielleicht bedeutendsten französischen Illustrator seiner Zeit, stammen die sechs Kupfer einer Ausgabe von Homers *Ilias* (Paris 1710). 29 Kupfertafeln enthalten seine *Diverses Modes Dessinées d'après Nature*, die um 1720/30 in Paris erschienen. Auch an Illustrationen zum *Télémaque* von Fénelon, dem meistillustrierten Buch der Rokokozeit, ist Picart beteiligt gewesen. François

LES PRECIEUSES RIDICULES.

Kupferstich von Bernard Picart aus *Diverses Modes Dessinées d'après Nature*, Paris 1720/30.

Kupferstich von François Boucher zu *Die lächerlichen Preziösen* aus der Werkausgabe Molières. Bouchers Zeichnungen hat Laurent Cars graviert. Paris: Pierre Prault 1734. Stich: 16,2 × 22,3 cm.

Boucher, als Maler ein Hauptmeister des französischen Rokoko, machte sich mit seinen Illustrationen zu Ovid und vor allem zu Molière (1734) sowie zahlreichen Einzelblättern auch als Graphiker und Illustrator einen Namen. Hubert François Gravelot, eigentlich Bourguignon, ein Schüler Bouchers, wurde durch seine Arbeiten zu Werken Boccaccios, besonders zum *Decameron* von 1757, und zur Erstausgabe von Rousseaus *Nouvelle Héloïse* (1761) bekannt. Er arbeitete einige Jahre in London, illustrierte auch Henry Fieldings *Tom Jones* (1750) und entwickelte dort mit den Mitteln des Stichs die Karikatur.

Durch seine Kunst der *Vignette* und des *Cul-de-lampe*, besonders in der nach ihren Finanziers benannten Fermier-Ausgabe von Lafontaines *Contes et Nouvelles* (1762), errang sich Pierre Philippe Choffard einen Namen. Auf die Darstellung zeitgenössischer höfischer Feste verstand sich Charles-Nicolas Cochin d. J., der auch die Illustrationen zum *Roland furieux* (1775–1783) von Ariost schuf. Zu den schönsten Werken des 18. Jahrhunderts gehören die von Charles Eisen so realistisch und kraftvoll illustrierten Werke Dorats, darunter *Les Baisers* von 1770. Auch die Illustrationen zur Erstausgabe des *Émile* von Rousseau stammen von Eisen. Sie werden vielleicht noch übertroffen von den Illustra-

tionen und dem Buchschmuck des Jean Michael Moreau le Jeune. Dieser Meister des Rokoko zeichnete ein treffendes Bild des zeitgenössischen Lebens. Seine Illustrationen der Werke Molières (1773) und Voltaires aus den Jahren 1784 bis 1789 wirkten richtungweisend über die Grenzen Frankreichs hinaus.

Ohne die Buchliebhaberei des französischen Hofes und die Sammlerfreude eines vermögenden Bürgertums wäre die hohe Kultur der Illustration nicht denkbar gewesen. Kreise der Aristokratie entdeckten den Buchdruck gar als Zeitvertreib. Man dilettierte als Buchdrucker. So soll es Jeanne Antoinette Poisson, die als Madame de Pompadour vielfach als Förderin der Künste auftrat, verstanden haben, eigenhändig kleine Drucke in ihrer Privatpresse herzustellen. Diesen Neigungen ließ sich frönen, bis im Jahre 1789 die Französische Revolution für einen radikalen Wandel sorgte. Es schwanden die Auftraggeber, die Themen und die Kunstfertigkeit.

Frankreich war bei seinen Nachbarn Vorbild in allen Fragen der Kultur, der Mode und des Lebensstils. Paris bildete das Zentrum des mondänen Lebens, es war die Kunststadt Europas. Nach Paris ging, wer die moderne Kunst studieren wollte, und in die französische Metropole zog es auch die Kupferstecher zur Ausbildung. Die deutschen Duodezfürsten suchten den Luxus des französischen Rokoko nachzuahmen, indes waren ihre Hoheitsgebiete klein, die Mittel begrenzt. Zudem erreichten die französischen Moden die Residenzen der Nachbarländer oft erst mit vielen Jahren Verspätung.

Der Kupferstich als Illustrationskunst besaß in Deutschland im 18. Jahrhundert trotz des großen französischen Vorbildes eigenständigen Charakter. Stilbildend wirkten Johann Wilhelm Meil, Friedrich Georg Schmidt, Ferdinand Kobell und zuletzt vor allem Daniel Chodowiecki (1726–1801) in Berlin, der bemerkenswerteste Illustrator des sterbenden Rokoko und des bürgerlichen Zopfstils, bei dessen Tod der Dichter Gleim ein Denkmal aus Versen schuf: »Chodowiecki war! / War! / Wär' er nicht gewesen / So blieb wohl eine Schar / von unseren Büchern ungelesen!« Der aus Danzig gebürtige Chodowiecki arbeitete lange als Porzellan- und Miniaturmaler und kam erst vierzigjährig zum Kupferstich. Zwölf Szenenbilder zu Lessings *Minna von Barnhelm* im *Genealogischen Kalender* von 1770 erwiesen den »Kleinmeister« der Radiernadel als Großmeister seines Fachs. Es folgten Illustrationen zu zahlreichen literarischen Werken sowie zu den äußerst gefragten Kalendern und Almanachen.

Mit den Illustrationen zur Weltliteratur, zu Shakespeare, Voltaire und Rousseau, Klopstock, Schiller und Hölty wurde Chodowiecki zu einem gleichermaßen renommierten und vielbeschäftigten Mann – so sehr beansprucht, daß die Qualität seines mehrere tausend Blätter umfassenden Schaffens zuweilen litt. Der Verleger

Frontispiz-Illustration von Charles Eisen, gestochen von N. Ponce, zu Claude-Joseph Dorats Gedichtsammlung *Les Baisers*, Paris: Lambert & Delalain 1770. 8,5 × 13,2 cm.

259

Göschen, gelegentlich seiner Edition der ersten Ausgabe gesammelter Schriften Goethes, hat über das »elende Zeug« geklagt, das ihm der zur Mitarbeit geworbene Illustrator liefere. Auch das kam vor. Berühmt wurden Chodowieckis Kupfer zu Goethes *Werther* und zu Lavaters *Physiognomischen Fragmenten*. Chodowiecki war der meistumworbene Illustrator der Kunstverleger und Buchhändler. Die bürgerliche Gesellschaft des 18. Jahrhunderts war sein Thema, verdichtet zu Interieurs mit kleinen Figurengruppen. Seine Illustrationskunst zeugt von genauer Beobachtung, seine Darstellung hat Charme mit einem Stich ins erhellend Karikierende, sie entbehrt der großen Gesten und ist frei von Pathos. Georg Christoph Lichtenberg, der als Redakteur des *Göttinger Taschenkalenders* in den Jahren 1778 bis 1783 mit Chodowiecki zusammengearbeitet hat, rühmte den Esprit in der Porträt-Kunst dieses »Seelen-Zeichners«: »Seine kleinen Köpfe werden durch den Geist, über den man fast vergißt, daß es Striche sind, nicht bloß Unterhaltung, sondern Gesellschaft, für mich wenigstens.«

Die *Physica Sacra*, wahrscheinlich die umfangreichste unter allen Bilderbibeln, geht auf den Einfall eines Gelehrten zurück: Ihr Herausgeber Johann Jacob Scheuchzer war in Zürich Kurator der Bürgerbibliotheken, Oberstadtarzt und Professor der Mathematik. Scheuchzer konzipierte seine auf vier Bände angelegte Bibel als »biblisches Realienbuch«, ein mit Register und Literaturnachweisen versehenes Nachschlagewerk, das neben der religiösen Überlieferung zugleich der Aufklärung verpflichtet ist. Das vierbändige Folio-Werk annoncierte sich im Titel als Kupfer-Bibel, »in welcher / Die Physica Sacra / oder / Geheiligte Natur-Wisenschafft Derer / In Heil. Schrifft vorkommenden / Natürlichen Sachen / Deutlich erklärt und bewährt« werden. Anders ausgedrückt: Scheuchzer publizierte für jene rationalistisch angekränkelten, im Glauben schwach gewordenen Zeitgenossen, für die die Wahrheit der Bibelworte davon abhing, ob und daß es wissenschaftlich plausible Erklärungen für sie geben konnte. Mit ihren 759 Kupfertafeln gilt die *Physica Sacra* als eines der für das 18. Jahrhundert besonders

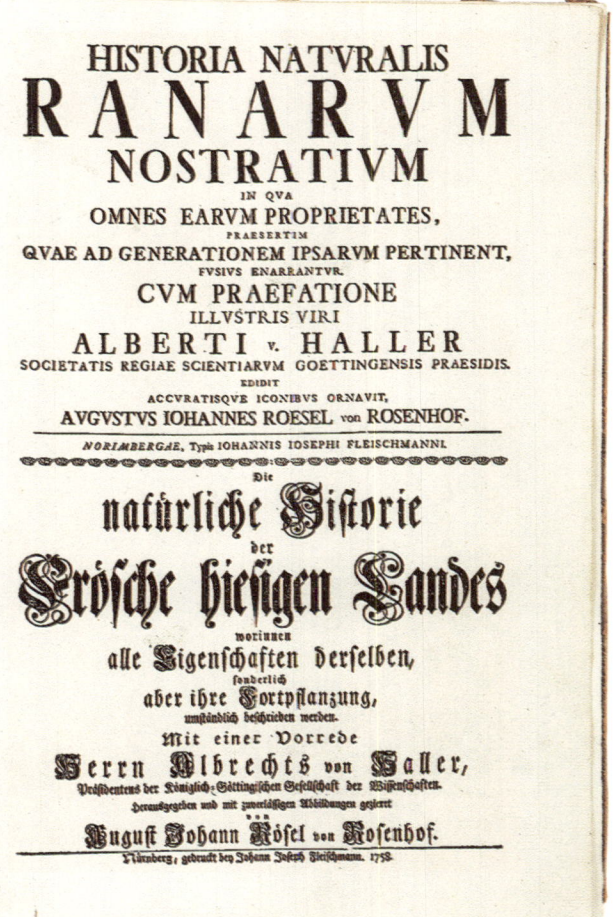

260 *Historia naturalis ranarum nostratium . . . Die natürliche Historie der Frösche hiesigen Landes . . .*, herausgegeben von August Johann Rösel von Rosenhof, gedruckt in Nürnberg bei Johann Joseph Fleischmann. Der 1758 erschienene Band ist ein Beispiel für die Allianz von Kupferstich und Naturwissenschaft während der Aufklärung. Rösel von Rosenhof (1705–1759) war Zoologe und zugleich Maler und Kupferstecher, eine

ideale Verbindung für das sachkundig illustrierte Werk. Im Buch folgt auf jeden handkolorierten Kupferstich eine gleiche unkolorierte schematische Darstellung. Von Rosenhof hat alle Tafeln entworfen und gezeichnet, teilweise auch gestochen. Das abgebildete Frontispiz stach M. Tyroff. 29,5 × 42,2 cm.

repräsentativen Werke. Die Zeichnungen zu den von verschiedenen Stechern gestochenen Bildern schuf der Zürcher Maler und Zeichner Johann Melchior Füßli (1677–1736), die Schriften unter den Bildern stach Johann Christoph Steinberger, die Zierate und Rahmen Johann Daniel Preissler aus Nürnberg. Das Werk wurde 1731 von Johann Andreas Pfeffel in Augsburg verlegt und von Christian Ulrich Wagner in Ulm gedruckt.

Ebenfalls in Zürich wirkte Salomon Geßner (1730–1788), derselbe, der als Landschaftsmaler die Alpen rundlich wie Mittelgebirge malte, damit sie nicht so schroff aussähen, und überhaupt gern harmonische Stimmungen zu erzeugen suchte. Geßner war Idylliker – als Dichter und als bildender Künstler. In der Wahl seiner Sujets und der Behandlung seiner Themen stand er im Gegensatz zu Chodowiecki, der mit Großstädterblick analysierte und zuspitzte, während Geßner verklärte. Sinnen und Trachten des Schweizers galt dem Ausdruck moralischer Empfindungen im Einklang mit dem bürgerlichen Geist seiner Zeit: Glück, Hingabe,

Zufriedenheit, Demut vor der Größe der Natur, Schwermut über die Vergänglichkeit des Lebens. Er hat sich ihrem Lobpreis mit mehreren Talenten gewidmet: als Maler, Verleger, Dichter und Illustrator. Seine eigenen Schriften hat der Autodidakt mit Radierungen versehen, in denen Putten, Girlanden aus Rosen, Landschaften in antikisiertem Stil die Motive seines geträumten Arkadiens sind.

Johann Heinrich Ramberg (1763–1840), Hofmaler in Hannover, hatte seine Kupferstichausbildung noch in Paris genossen und zeitlebens am Rokokostil festgehalten. Er hat zahlreiche Erstdrucke Schillers illustriert, wie *Maria Stuart, Wilhelm Tell, Die Räuber,* auch Goethes *Faust,* der zunächst im Almanach *Minerva* erschien. Den Lesern von Almanachen begegnete Ramberg häufig. Viele neue literarische Werke erschienen hier zum ersten Mal. Rambergs Zusammenarbeit mit Göschen, dem Verleger Schillers, Goethes und Wielands, erwies sich als ausgesprochen fruchtbar.

Der überaus produktive Daniel Chodowiecki hat, wie hier beim »Speichellecker«, vielfach nur die Zeichnung zu Kupferstichen geliefert, das Stechen aber Dritten überlassen. Kupferstich: 5 × 8,8 cm.

34   ❧ (o) ❧

T A B. XXXIII.

Genef. IV. verf. 4. 5.

Sed & Habel adduxit de primogenitis ouium fuarum, & de adipe illarum; & refpexit DOMINVS ad Habel, & ad munus ejus.

Abel quoque obtulit de primo gregis fui, & de adipibus e & refpexit DOMINVS ad & ad munera ejus.

Ad Cain vero & munus ejus non refpexit: Iratus itaque Cain vehementer, & concidit vultus ejus.

Ad Cain autem & ad muner non refpexit: iratusque e vehementer, & concidit ejus.

Aperitur Tragœdia: Vidimus fupra nobiliffimam Creaturarum victam â *fuperbia* & Voluptate, nunc in profcenio fe fiftunt duo alii affectus Animi grauiffimi, intimæ admiffionis amici, fed & hoftes acerrimi, *Ira* & *Liuor*.

Obferuat Adamigenarum primus, non placere DEO, quod ex fructibus agri offerebat facrificium, gratius effe Abelis, & excandefcit *Irâ*.

Laxantur habenæ, panduntur vela, exponitur nauigiolum fpumofo mari, tollitur æquilibrium inter fluidum nerueum & fanguinem; Torrentis adinftar deuoluuntur Spiritus, Animales dicti ad Cor ex Cerebello, contrahitur folito fortius princeps hæc Corporis Machina, expellit hydracontifterium hocce fanguinem extraordinario prorfus impetu in extremos corporis tubulos: hinc rubore fuffunditur vultus, oculi micant, os fpumat, labra tremunt, omnia corporis membra in motus anomalos rapta fefe ad pugnam parant. Latiniori ftylo fi infanum hunc Affectum defcriptum velis, adi *Senecam* de *Ira*.

Sed amant alterna non Camœnæ duntaxat, verum & Furiæ. Eft Abel pietate erga DEVM confpicuus, tranquillo animo, floridi vultus. Sed æftuans ira Cain mox pallet inuidiâ, quæ furor non minori jure dici poteft, quam Ebrietas animæ. Inundauit miferum corpus æftuans fanguis, prædominante motu Cordis: nunc ftat victoria penes neruofum Syftema,

contrahitur cutis, tardius procedit pe ma latex fanguineus, opprimitur Cor, fam fluidi vitalis ægre, ac cum fufpiriis torquet Hominem diu noctuque Liuor rumpitur fomnus, abfcedit appetitus, befcit corpus, pallet vultus

Pallor in ore fedet, macies in corpo

Exprimit Scriptor Sacer hunc diræ p affectum his verbis? וַיִּפְּלוּ פָנָיו & *concidit*, ciderunt *vultus ejus*. Accidit nempe i ur feipfos confumant: ficut Ferrum co Rubigo, ὥσπερ ὑπὸ τῶ ἰῶ ὁ σίδηρος, ἔτω δι τὰ ἰδίᾳ ἤθας κατεσθίονται *Antifthenes*. Ide Hifpanorum Veriverbium. *Al hierro y la embidia al ruin.* Et qui quæfo re tenerrima corporis ftructura tot armat debilitatæ jam ab ira fibræ torrenti fpir extenfi antea nimis tubuli nunc contra nimis, impeditur in extremis fecretio, p nutritiarum adhæfio, ad acrimoniam d tur fanguis, & obftructiones, unde t Tabes. Ita fit fratricida αὐτόχειρ.

In ornamentis fefe offerunt

N. 1. Triftitia.
N. 2. Deuotio, Pietas.
N. 3. Gaudium.
N. 4. Defperatio.
N. 5. Odium, Ira.
N. 6. Inuidia.

T.

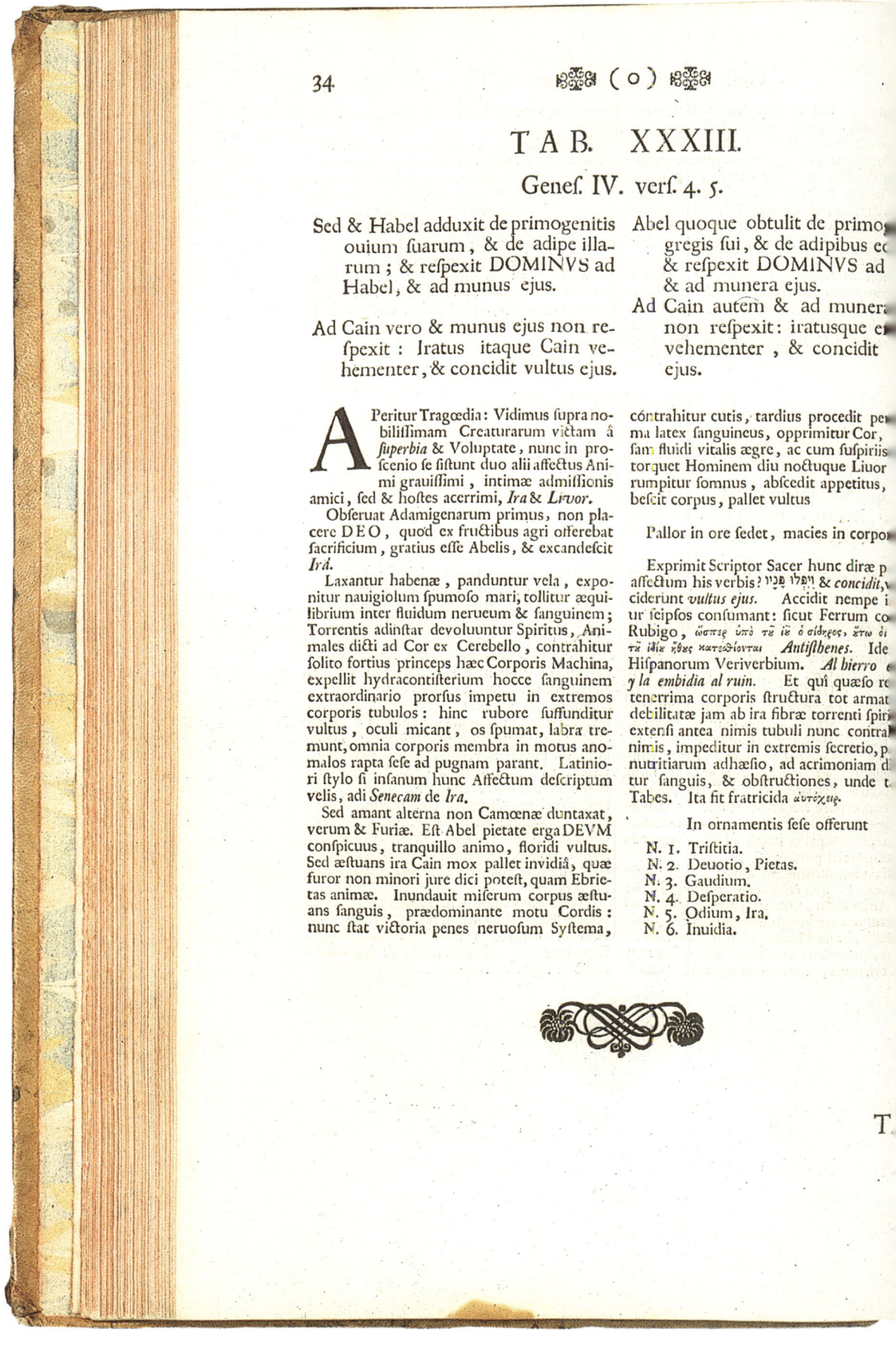

262   Johann Jacob Scheuchzer, *Physica Sacra,* »Kupfer-Bibel«. Von Johann Andreas Pfeffel in Augsburg verlegt und von Christian Ulrich Wagner 1731 in Ulm gedruckt. Aufgeschlagenes Buch: 58 × 38,5 cm.

TAB. XXXIII.

GENESIS Cap. IV. v. 4.5.   I. Buch Mosis cap. IV v.4.5.

n Irä fervens.Invidia pallens.   Der zornig und neidige Cain.

Für die Preiskalkulation spielten die Illustrationen eine große Rolle: Einerseits zeigte sich das Publikum gern bereit, für einen von Chodowiecki illustrierten Roman tiefer in die Tasche zu greifen. Kupferstiche schufen einen zusätzlichen Kaufanreiz. Andererseits waren sie ein nicht zu unterschätzender Kostenfaktor, der das verlegerische Risiko deutlich erhöhte. Goethe erhielt 1778 für seine achtbändige Werkausgabe bei Göschen in Leipzig 2000 Taler in Gold, was eine überdurchschnittliche Honorierung war, und noch einmal knapp die Hälfte mußte der Verleger für die Stiche aufwenden. Geholfen hat es übrigens nichts, denn diese erste autorisierte Gesamtausgabe Goethes wurde ein eklatanter Mißerfolg. Kaum weniger gefürchtet als fehlendes Leserinteresse war der unberechtigte Nachdruck, der den Verleger bei der Illustration in eine Zwickmühle brachte: Um vor den Nachdruckern nicht das Nachsehen zu haben, mußten neue Bücher schnell auf dem Markt erscheinen. Schnelle Herstellung aber ließ es nicht zu, Texte aufwendig zu illustrieren. Die Nachdrucker wiederum, die das Autorenhonorar sparten, hatten dieses Geld für Illustrationen übrig und konnten so auf dem Buchmarkt den Originalverleger schädigen, indem sie reicher ausgestattete Ausgaben zu einem geringeren Preis anboten.

Meisterdrucker – Typographen

In der bildverliebten Rokokozeit kam der Typographie im Buch nur eine untergeordnete Bedeutung zu. So wurden zum Beispiel recht wahllos unterschiedliche Typen auf einer einzigen Titelseite verwendet, und auch die Qualität der Druckschriften ließ deutlich nach. Der Klassizismus brachte eine Wandlung. Nach einer Phase allgemeiner Vernachlässigung zugunsten des Kupferstichs trat die Schönheit der Schrift und des Satzes allmählich wieder in den Vordergrund. Der ornamentale Schmuck nahm ab, und das Äußere des Buches erschien in rein typographischer Gestalt. Bei den Buchtiteln war eine Vereinfachung zu beobachten: Die Titeltexte wurden kürzer, ihre Typographie schlichter. Die Vignette machte der Linie Platz, und anstelle von verzierten Initialen begnügte man sich mit größeren Versalbuchstaben. Auch wandte man sich wieder stärker der Aufgabe zu, Drucktechnik und Papierqualität zu verbessern.

Die im 18. Jahrhundert entstandenen Schriften waren keine überraschenden Neuschöpfungen mehr. Veränderungen in der Typographie dienten wesentlich der Verfeinerung und Vereinheitlichung der Antiqua. Für die Fraktur in Deutschland erwies sich der klassizistische

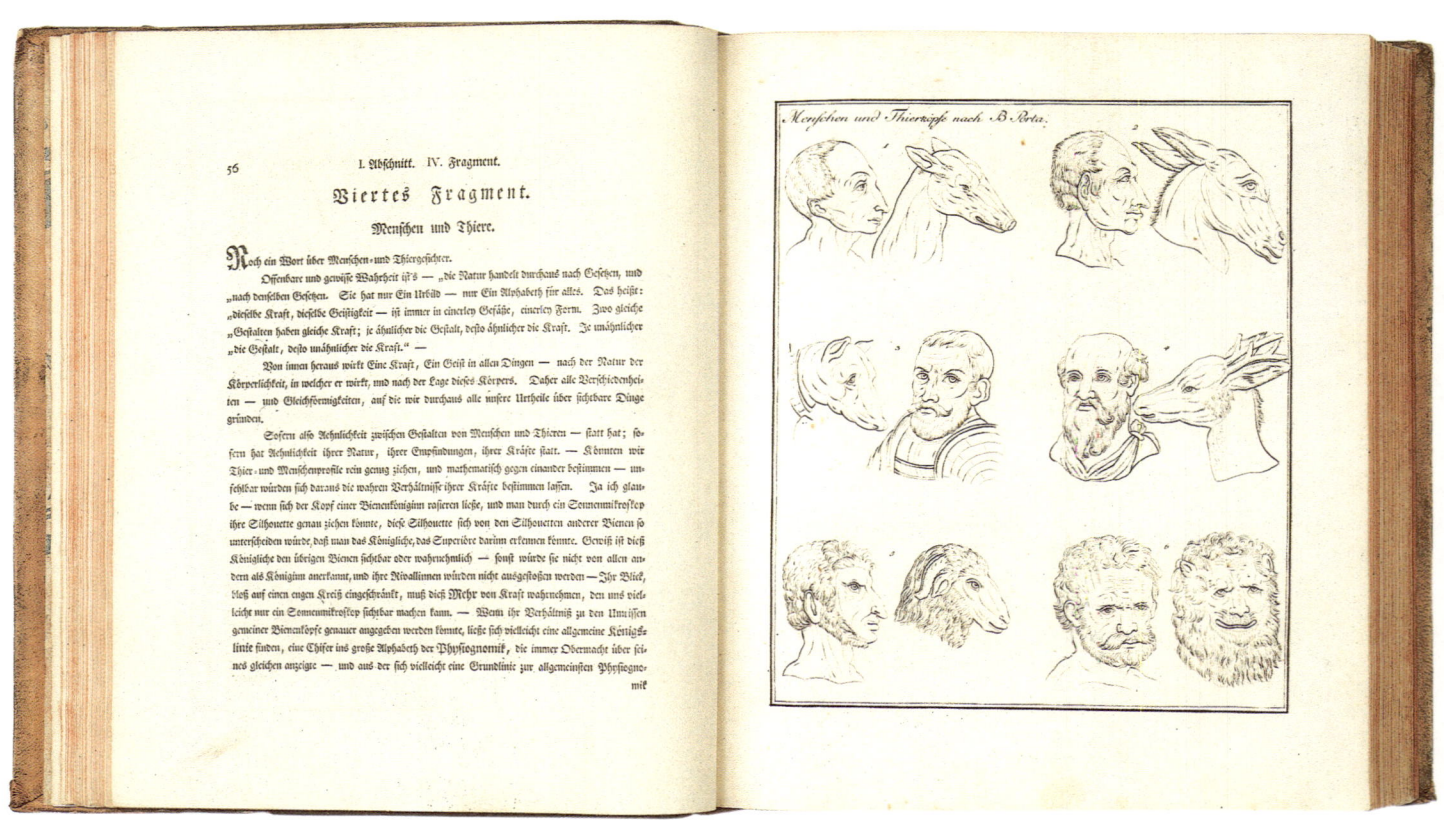

264 Johann Caspar Lavater, *Physiognomische Fragmente zur Beförderung der Menschenkenntnis und Menschenliebe* mit Kupferstichen von Daniel Chodowiecki, J. H. Lips, J. R. Schellenberg u. a., Leipzig u. Winterthur: Weidmanns Erben und Reich, u. Heinrich Steiner u. Companie 1775–1778. Aufgeschlagenes Buch: 59 × 31 cm.

Geschmack als ungünstig. Ihre gebrochenen Formen widersprachen dem ästhetischen Ideal der Klarheit. Zu einer Kunstauffassung, die sich auf Maß und Linie der Antike zurückbesann, mochte die »gotische Mönchsschrift« wenig passen.

In Frankreich behauptete sich die *Romain du Roi* als Type mit großer Ausstrahlung. Daß sie für die königliche Druckerei reserviert war, zwang all jene, die gern mit ihr gedruckt hätten, zu schriftschöpferischen Veränderungen. Pierre Simon Fournier (1712–1768) in Paris, auch bekannt als Fournier le Jeune, schuf eine schmallaufende, für Taschenformate sehr geeignete Antiqua nach dem Vorbild der *Romain du Roi*. Im Jahre 1730 hatte sein Bruder Fournier l'Aîné die Schriftgießerei der Familie le Bé übernommen. 1736 begann Pierre Simon seine Arbeit als Typograph und Schriftgießer. Das Schneiden, Zeichnen, Abschlagen und Justieren aller Schriften besorgte er selbst. Eine Zusammenfassung seiner dreißigjährigen Erfahrungen bietet das zweibändige Werk *Manuel Typographique*, das 1764/66 bei Barbour in Paris erschien. Während der zweite Band fast ausschließlich als Musterbuch fungierte, Schriftproben gab und typographische Schmuckformen (Kronen, Ranken, Rosetten, Linien) anführte, die der Setzer mit der Schrift kombinieren konnte, entwickelte Fournier im ersten Band sein bereits 1737 aufgestelltes typographisches System. Der typographische Punkt war die kleinste Maßeinheit eines »Typometers«, wobei Fournier von einem Maß von zwei Zoll = zwölf Linien ausging und jede Linie noch einmal in sechs Punkte aufteilte. Ursprünglich arbeitete jede Schriftgießerei mit eigenen Maßen, fortan sollten sich Schriftgrade nach Punkten messen und unterscheiden lassen.

Fournier reagierte damit auf das zunehmende Bedürfnis nach einer Normung der Schriftmaße, allerdings hat erst die Weiterentwicklung des Systems durch Didot der französischen Schriftgießerei zu einem Einheitsmaß verholfen. François Ambroise Didot berechnete den typographischen Punkt nach dem französischen Fuß- und Landesmaß, dem *Pied du Roi*, und stellte durch diese Anpassung des Schriftmaßes an eine übergeordnete Bezugsgröße seine allgemeine Brauchbarkeit her. Als dann im Gefolge der Französischen Revolution auch die Meßnormen vereinheitlicht und Kilogramm und Meter festgesetzt wurden, mußte Didots Punkt auf das neue System umgerechnet werden. Danach maß der typographische Punkt den 2660sten Teil eines Meters, das sind 0,376 mm.

Die Schriftgrade wurden mit Namen bezeichnet: *Petit* entsprach einer Schriftkegelgröße von 8 Punkt, *Borgis* 9 Punkt, *Korpus* 10 Punkt, *Cicero* 12 Punkt. Die Etymologie ist hierbei nicht ganz geklärt. Man vermutet, *Petit* könne die »kleinste« der gebräuchlichen Druckschriften gewesen und einfach deswegen so benannt

worden sein, mit *Korpus* sei das Corpus juris gedruckt worden, und *Cicero* sei für den Druck der Reden des römischen Politikers entstanden. Der Schriftschneider Henri Didot (1765–1852), der Sohn von Pierre François Didot le Jeune, schuf sogar eine nur 2 ½ Punkt große Schrift, die ein ausgezeichnetes Schriftbild ergab, als mit ihr 1827 erstmals ein »mikroskopischer Druck« hergestellt wurde. Bis zur Erfindung photomechanischer Verfahren im 19. Jahrhundert wurden die Textseiten der Bücher kleinsten Formats ausschließlich im Typensatz hergestellt.

Stammvater der Druckerfamilie Didot in Paris war François Didot (1689–1757). Aus seiner Werkstatt kam die zwanzig Quartbände umfassende und mit vielen Kupfern und Karten illustrierte *Histoire générale des Voyages* von Abbé Prevost. Zwei Söhne, der erwähnte François Ambroise (1730–1804) und Pierre François, traten in seine Fußstapfen. Pierre François (1732–1793) war Buchhändler, Drucker und Schriftgießer, er gründete die berühmte Papierfabrik in Essonnes.

François Ambroise Didot vollendete nicht nur das typographische System von Fournier, er setzte auch dessen Schrifttradition fort. An der Entwicklung der klassizistischen Antiqua hatte er großen Anteil. Er führte die Druckerpresse mit nur einem Zug ein und vervollkommnete das glatte, pergamentähnliche Velinpapier, auf dem im Jahre 1757 als erster John Baskerville in England gedruckt hatte. Ludwig XVI. gab bei ihm den Druck französischer und lateinischer Klassiker in Auftrag, die dem Unterricht des Thronfolgers dienen soll-

bêtes ſauvages , & enſuite on lâcha contre eux des chiens affamez ; on en expoſa d'autres aux lions dans l'amphithéatre ; & on attacha les autres à des poteaux, ou ils furent tous brulez vifs.

Fournier-Antiqua

Hervagius, imprimeur de Bâle, On lui doit d'avoir imprimé d Œuvres du prince des orateurs, n'avait épargné aucune dépense édition. Il avait épousé la veuve

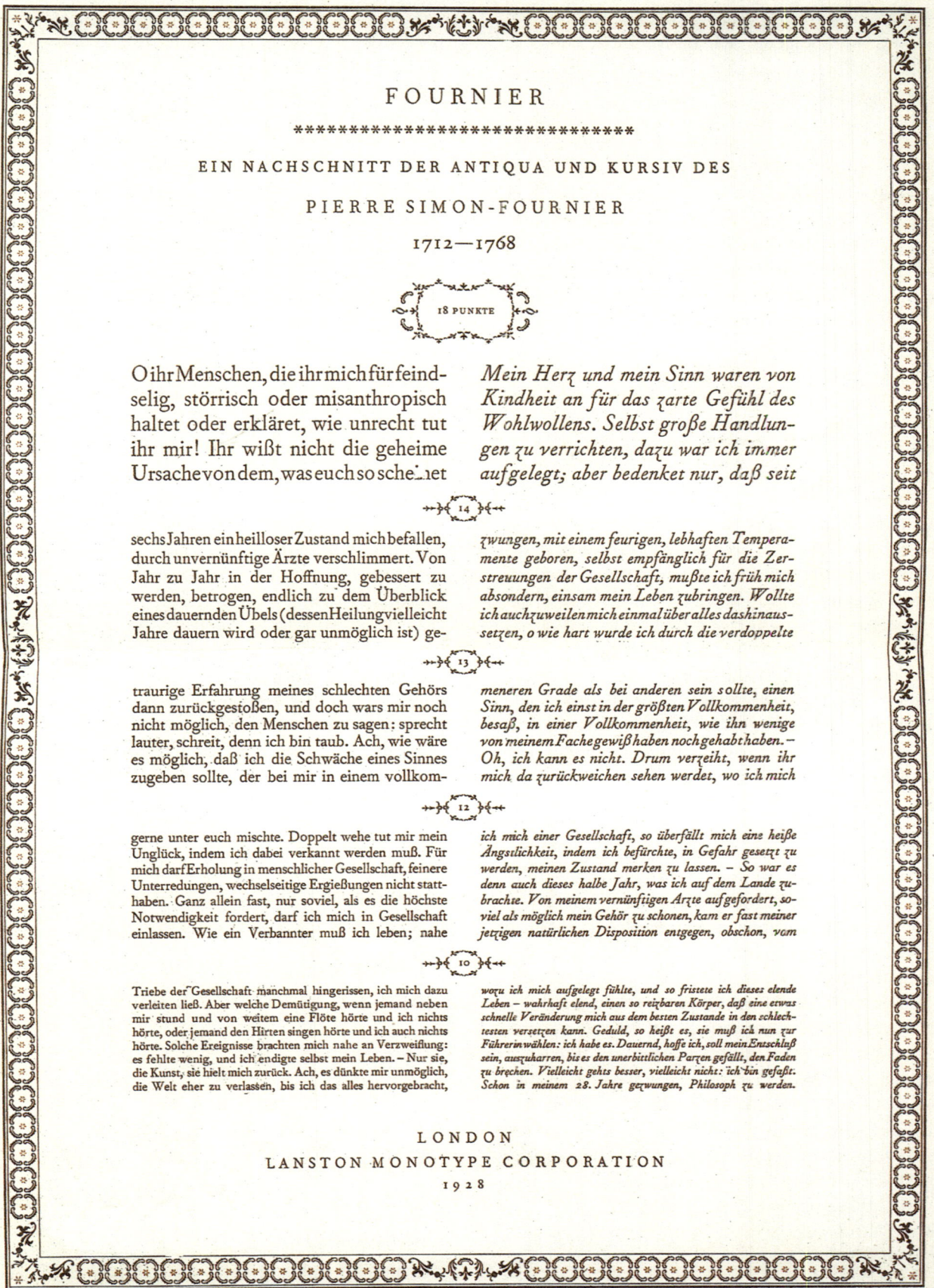

FOURNIER

****

EIN NACHSCHNITT DER ANTIQUA UND KURSIV DES

PIERRE SIMON-FOURNIER

1712—1768

18 PUNKTE

O ihr Menschen, die ihr mich für feind-
selig, störrisch oder misanthropisch
haltet oder erkläret, wie unrecht tut
ihr mir! Ihr wißt nicht die geheime
Ursache von dem, was euch so scheinet

*Mein Herz und mein Sinn waren von
Kindheit an für das zarte Gefühl des
Wohlwollens. Selbst große Handlungen zu verrichten, dazu war ich immer
aufgelegt; aber bedenket nur, daß seit*

14

sechs Jahren ein heilloser Zustand mich befallen,
durch unvernünftige Ärzte verschlimmert. Von
Jahr zu Jahr in der Hoffnung, gebessert zu
werden, betrogen, endlich zu dem Überblick
eines dauernden Übels (dessen Heilung vielleicht
Jahre dauern wird oder gar unmöglich ist) ge-

*zwungen, mit einem feurigen, lebhaften Tempera-
mente geboren, selbst empfänglich für die Zer-
streuungen der Gesellschaft, mußte ich früh mich
absondern, einsam mein Leben zubringen. Wollte
ich auch zuweilen mich einmal über alles das hinaus-
setzen, o wie hart wurde ich durch die verdoppelte*

13

traurige Erfahrung meines schlechten Gehörs
dann zurückgestoßen, und doch wars mir noch
nicht möglich, den Menschen zu sagen: sprecht
lauter, schreit, denn ich bin taub. Ach, wie wäre
es möglich, daß ich die Schwäche eines Sinnes
zugeben sollte, der bei mir in einem vollkom-

*meneren Grade als bei anderen sein sollte, einen
Sinn, den ich einst in der größten Vollkommenheit,
besaß, in einer Vollkommenheit, wie ihn wenige
von meinem Fache gewiß haben noch gehabt haben.—
Oh, ich kann es nicht. Drum verzeiht, wenn ihr
mich da zurückweichen sehen werdet, wo ich mich*

12

gerne unter euch mischte. Doppelt wehe tut mir mein
Unglück, indem ich dabei verkannt werden muß. Für
mich darf Erholung in menschlicher Gesellschaft, feinere
Unterredungen, wechselseitige Ergießungen nicht statt-
haben. Ganz allein fast, nur soviel, als es die höchste
Notwendigkeit fordert, darf ich mich in Gesellschaft
einlassen. Wie ein Verbannter muß ich leben; nahe

*ich mich einer Gesellschaft, so überfällt mich eine heiße
Ängstlichkeit, indem ich befürchte, in Gefahr gesetzt zu
werden, meinen Zustand merken zu lassen. — So war es
denn auch dieses halbe Jahr, was ich auf dem Lande zu-
brachte. Von meinem vernünftigen Ärzte aufgefordert, soviel als möglich mein Gehör zu schonen, kam er fast meiner
jetzigen natürlichen Disposition entgegen, obschon, vom*

10

Triebe der Gesellschaft manchmal hingerissen, ich mich dazu
verleiten ließ. Aber welche Demütigung, wenn jemand neben
mir stund und von weitem eine Flöte hörte und ich nichts
hörte, oder jemand den Hirten singen hörte und ich auch nichts
hörte. Solche Ereignisse brachten mich nahe an Verzweiflung:
es fehlte wenig, und ich endigte selbst mein Leben. — Nur sie,
die Kunst, sie hielt mich zurück. Ach, es dünkte mir unmöglich,
die Welt eher zu verlassen, bis ich das alles hervorgebracht,

*wozu ich mich aufgelegt fühlte, und so fristete ich dieses elende
Leben – wahrhaft elend, einen so reizbaren Körper, daß eine etwas
schnelle Veränderung mich aus dem besten Zustande in den schlechtesten versetzen kann. Geduld, so heißt es, sie muß ich nun zur
Führerin wählen: ich habe es. Dauernd, hoffe ich, soll mein Entschluß
sein, auszuharren, bis es den unerbittlichen Parzen gefällt, den Faden
zu brechen. Vielleicht gehts besser, vielleicht nicht: ich bin gefaßt.
Schon in meinem 28. Jahre gezwungen, Philosoph zu werden.*

LONDON
LANSTON MONOTYPE CORPORATION
1928

266   Nachschnitt der Antiqua und Kursive des Pierre Simon Fournier.
London Lanston Monotype Corporation 1928.

ten. Die berühmte Reihe in der Tradition der Werke *in usum Delphini* erschien ab 1783 im Quart-, Oktav- und im winzigen Oktodezformat. Diese Bändchen haben keine Illustrationen, ihre Typographie ist vergleichsweise nüchtern.

Ebenfalls aus der Offizin François Ambroise Didots kam die *Collection d'Artois*, eine Sammlung von Romanen in 64 Bänden. Sohn Firmin Didot (1764–1836) entwickelte die Schrift seines Vaters weiter zur vollendeten *Didot-Antiqua*. Napoleon machte ihn 1812 zum Direktor der Schriftgießerei der *Imprimerie Impériale*, der Nachfolgerin der *Imprimerie Royale*, die während der Revolution in *Imprimerie de la République* umbenannt worden war.

1795 verbesserte Firmin Didot das von ihm so benannte Verfahren der *Stereotypie*, für das er 1797 ein Patent erhielt. Dieses Druckverfahren war die Antwort auf ein Problem, dem sich bereits 1725 der Schotte William Ged, ein Goldschmied in Edinburgh, gestellt hatte. Wenn man nämlich für spätere Neuauflagen eines Buches die Satzarbeiten sparen wollte, mußte man den Satz stehen lassen. Das jedoch blockierte dringend benötigtes Typenmaterial. Deshalb brauchte man eine druckfähige Satzkopie. Von einer fertig gesetzten Seite wurde mit Gipsmasse ein Abdruck genommen und diese Matrize mit Blei ausgegossen. Hatte der Originalsatz aus Einzellettern bestanden, so gab ihn die Kopie starr (»stereo«), in Plattenform, wieder. Die Stereotypie fixierte und konservierte den Satz und schloß beim Neuabdruck die Gefahr neuer Satzfehler oder frisch verstellter Buchstaben aus, ließ freilich auch keine nachträglichen Korrekturen zu. 1739 gelang es Ged, mit solchen Platten eine Sallust-Ausgabe von 150 Seiten zu drucken, jedoch ohne damit größere Anerkennung zu ernten. Anders Firmin Didot, der reihenweise französische, englische und italienische Klassiker stereotypierte, zu seinem eigenen Ruhm und zum Nutzen der Leser, die seine fehlerfreien und billigen Ausgaben zu schätzen wußten.

Firmins älterer Bruder, Pierre Didot l'Aîné (1760–1853), hatte 1789 Verlag und Druckerei des Vaters übernommen. In der Folge durfte die Offizin in den Louvre verlegt werden – eine Auszeichnung, die verrät, welche Wertschätzung das Haus Didot genoß. Gesetzt mit den von Firmin geschnittenen Schriften und sorgfältig gedruckt, erschienen hier in geringer Auflage und im Folioformat die *Editions du Louvre*: 1798 eine Vergil-Ausgabe mit 23 Kupfern, im Jahr darauf der Horaz, sodann die Fabeln von La Fontaine und, als meistgelobte Ausgabe, in den Jahren von 1801 bis 1805 der Racine in drei Bänden. Eine Jury in Paris erklärte diese Racine-Ausgabe gar zum vollkommensten typographischen Werk aller Zeiten. Die *Éditions stéréotypes* hingegen bot eine Reihe kleinformatiger billiger Ausgaben französischer, englischer und italienischer Autoren im Stereotypiedruck. Indessen mußte Pierre Didot die Arbeit mit dieser Technik im Jahre 1804 aus Kostengründen ein-

stellen. Daß die Stereotypie gleichwohl den Weg zu einem sehr ökonomischen Druckverfahren wies, zeigte sich im 19. Jahrhundert, als sie durch Claude Genoux 1830 in Paris zur Papierstereotypie fortentwickelt wurde. Für die Einführung der Rotationspresse war sie unabdingbar.

Ein für Schrift und Typographie hochgelobtes Druckhaus ist die Firma Enschedé & Zonen in Haarlem, die einzige aus der Blüteperiode des »Goldenen Zeitalters«, die noch heute existiert. Ihre erste Druckerei gründete Izaak Enschedé im Jahre 1703. Sie wurde ausgebaut, und 1743 erwarben Vater Izaak und Sohn Johannes eine Amsterdamer Schriftgießerei, wodurch sie in den Besitz zahlreicher Antiqua- und Kursivschriften gelangten. Die Lettern berühmter Stempelschneider wie J. M. Fleischmann, Dirk Vosken, J. F. Unger, Firmin Didot kamen hinzu. In der Folge erfreute sich das Unternehmen eines so exzellenten Rufes, daß die Niederländische Bank 1814 ihre Geldnoten und die Regierung 1866 ihre Briefmarken bei ihm drucken ließ.

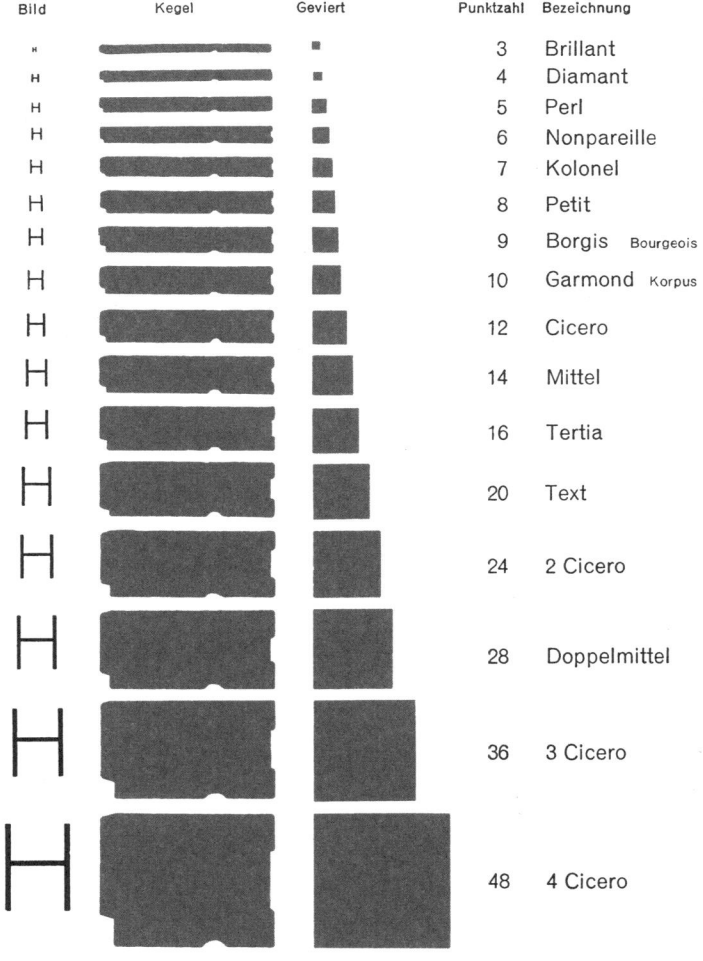

Bild	Kegel	Geviert	Punktzahl	Bezeichnung
H			3	Brillant
H			4	Diamant
H			5	Perl
H			6	Nonpareille
H			7	Kolonel
H			8	Petit
H			9	Borgis Bourgeois
H			10	Garmond Korpus
H			12	Cicero
H			14	Mittel
H			16	Tertia
H			20	Text
H			24	2 Cicero
H			28	Doppelmittel
H			36	3 Cicero
H			48	4 Cicero

Das typographische Maßsystem

Quousque tandem abu
tere, Catilina, patienti
noſtra? quamdiu nos e·

*Quousque tandem abuter
Catilina, patientia noſtra:*

Quousque tandem abutere, Catilina, patientia nostra? quamdiu nos etiam furor
iste tuus eludet? quem ad finem sese ef-

*Quousque tandem abutere, Catilina, pa-
tientia nostra? quamdiu nos etiam furor*

ken der Auf- und Abstriche der Kalligraphen spiegeln sich in seinen Druckschriften wider, die den Gegensatz von feinen und fetten Strichen betonen. Mit seinen Typen hatte er etwas Neues und Modernes geschaffen, zudem eine leicht lesbare, wenig ermüdende Schrift, die richtungweisend für eine moderne Typographie werden sollte. Didot, Bodoni und Breitkopf hat er beeinflußt. Schon sein erstes Buch, ein Vergil im Quartformat, 1757 erschienen, gab ein beredtes Zeugnis seiner Kunst. Als Baskervilles Meisterwerk in Schrift, Satz, Farbe und Papier gilt seine Folio-Bibel von 1763.

In England selbst hat der vorzügliche Typograph und Drucker zu Lebzeiten wenig Beifall geerntet, anders als Caslon, mit dessen Schriften zwischen 1720 und 1780 fast alle Werke von Bedeutung gedruckt worden sind. Befremdlich mag die puristische Auffassung gewirkt haben, mit der er einer reinen Typographie huldigte, ganz auf die Schönheit der Buchstaben, von Satz und Druck konzentriert. Zu einer Zeit, als Schönheit und Güte eines Buches durch den Schmuck seiner Illustrationen

Englische Drucker waren lange Zeit auf »holländische Schriften« angewiesen. Mit William Caslon (1692–1766) aus Cradley im Distrikt Shropshire, der 1720 eine Schriftgießerei in London eröffnete, fand England zu einer eigenständigen, vom Kontinent unabhängigen Typographie. Caslon hatte ursprünglich als Graveur für Büchsenmacher gearbeitet, bis ihn der Buchdrucker John Watt, von seiner Geschicklichkeit angetan, für die Schriftgießerei entdeckte. Caslon begann mit dem Schnitt einer arabischen Schrift für eine Bibelausgabe, konnte aber schon bald das Publikum mit einer Reihe wohlproportionierter Antiquaschriften beeindrucken. Der Schriftgießerei blieb die Familie über mehrere Generationen treu. William Caslon IV. schnitt 1816 die erste serifenlose Linearantiqua.

Englands eigentlicher Meister auf dem Gebiete der Typographie, ein echter Pionier und Schriftreformer, war John Baskerville (1706–1775). Aus Worcestershire stammend, Kind armer Eltern und in drückenden Verhältnissen groß geworden, arbeitete er in Birmingham zunächst als Lehrer für Kalligraphie. 1745 übernahm er ein Lackiergeschäft, dessen Gewinne ihn in die Lage versetzten, seinen Neigungen zu entsprechen und eine Schriftgießerei und Druckerei einzurichten. John Baskerville hat die meisten seiner Gerätschaften selbst entwickelt und seine Schriften nach eigenen Zeichnungen schneiden lassen. Vorbild waren ihm die Schönschriften, wie er sie gelehrt hatte, nicht die aus geometrischen Grundformen konstruierten Schrifttypen der Franzosen. Der Federduktus, die wechselnden Stär-

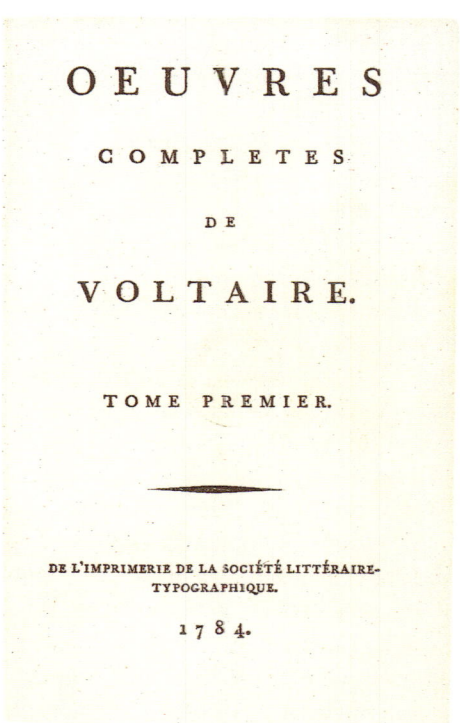

Der französische Dramatiker Pierre-Augustin Beaumarchais erwarb 1779 den Bestand von Baskervilles Antiquatypen und ließ mit ihnen die *Werke Voltaires* setzen, die in den Jahren 1783 bis 1789 im deutschen Kehl bei Straßburg herauskamen, um der französischen Zensur zu entgehen.

bestimmt waren, mußte Baskervilles Ideal als revolutionär erscheinen und auf Zurückhaltung stoßen. So kam es, daß nach seinem Tod der Typenbestand brachlag. Baskervilles Witwe bot die Schriften der Universität Cambridge zum Kauf an, doch die – lehnte ab. Ein Ausländer, der französische Dramatiker Pierre-Augustin Beaumarchais, erwarb 1779 den Bestand. Beaumarchais, heute vor allem bekannt als Autor von *Figaros Hochzeit* und *Der Barbier von Sevilla*, benutzte die Baskerville-Antiqua für den Druck der Werke Voltaires, die in den Jahren 1783 bis 1789 im deutschen Kehl bei Straßburg herauskamen, um der französischen Zensur zu entgehen.

Der darniederliegenden Schrift- und Druckkunst Italiens, das unter der Fremdherrschaft österreichischer, französischer und spanischer Fürstenhäuser litt, verschaffte Giambattista Bodoni (1740–1813) ein glänzendes, allerdings nur kurzes und auf seine Person beschränktes Ansehen. Achtzehnjährig war der Sohn eines Buchdruckers aus dem piemontesischen Saluzzo nach

Rom gekommen, wo er in der vatikanischen Propagandadruckerei eine Anstellung fand, seine typographischen Fertigkeiten ausbildete und zu einem geschickten Stempelschneider wurde. 1767 folgte Bodoni dem Angebot des Marquis Telino, an die Spitze der *Stamperia Reale* zu treten, die, dem Vorbild der Königlichen Druckerei in Paris nacheifernd, als Druckerei der Herzöge von Parma errichtet werden sollte.

In Parma arbeitete Bodoni bis zu seinem Tod, von hier aus verbreitete sich sein Ruhm. Anfänglich unter dem Eindruck der Typen Fourniers stehend, entwickelte er bald sein eigenes, originales Schriftenmaterial. 1771 erschien das Musterbuch *Saggio tipografico di fregi e maiuscola*, zu deutsch: Typographische Probe von Zieraten (genauer: Einfassungen) und Großbuchstaben. Aufsehen weit über die Landesgrenzen hinaus erregten die *Epithalamia exoticis linguis reditta*, ein in 25 verschiedenen Sprachen gedrucktes Werk, das 1775 anläßlich einer Fürstenhochzeit erschien. Bodonis Stern stieg. Karl III. von Spanien ernannte ihn zu seinem Hofbuchdrucker, Gustav III. von Schweden und Ferdinand IV. von Neapel

Giambattista Bodonis Antiqua-Versalien im *Manuale Tipografico*. 1818.

Giambattista Bodonis Antiquakursive im *Manuale Tipografico*. 1818.

zeichneten ihn aus. Als ihn der spanische Gesandte in Rom mit einer Druckerei lockte, in der Bodoni nach eigenem Geschmack griechische, lateinische und italienische Klassiker herausbringen sollte, sah sich der Herzog von Parma 1791 veranlaßt, seinem Meistertypographen den Betrieb einer Privatpresse zu erlauben. In die anschließende Zeit fallen Bodonis Prachtausgaben: ein Vergil von 1793, Tassos *Gerusalemme liberata* in drei Foliobänden von 1794, Fénelons *Télémaque* von 1812. Die sehr kostbare Ausgabe des Homer von 1808 war Kaiser Napoleon gewidmet, der Bodoni förderte und ihm die Dedikation mit einer Pension von 3000 Franken dankte.

»Ein Buch wird um so mustergültiger, je reiner die einfache Schönheit der Typen in ihm zum Tragen kommt.« Mit dieser Maxime für eine rein typographische, zusätzlichen Dekor weitgehend verschmähende Buchkunst entsprach Bodoni dem allgemeinen, zum Klassizismus drängenden Stilempfinden. Das 1818 posthum erschienene, von seiner Witwe herausgegebene *Manuale Tipografico* formulierte noch einmal klar die Grundsätze seiner Typographie. Bodoni forderte »sorgfältige Reihung in graden, völlig regelmäßigen Zeilen«, gleiche Wortzwischenräume, Symmetrie der gegenüberliegenden Seiten, glattes Papier, gleichmäßige Färbung, tiefes Schwarz des Drucks (Drucke Göschens wurden später wegen ihrer »bodonischen Schwärze« bewundert). Sein Schriftmusterbuch weist neben griechischen, hebräi-

schen und anderen Schriften allein 169 Schnitte des lateinischen Alphabets auf. Es ist Beleg für Bodonis Kreativität. Für Bodoni war Typographie Kunst. Seine feierlichen klassizistischen Schriften errangen große Popularität, sie fanden den Weg zu Decker und Unger nach Berlin, zu Breitkopf in Leipzig, zu Geßner in Zürich, nach Kopenhagen und nach London, wo der Verleger John Nichols mit ihnen drucken ließ.

In den Drucken des Spaniers Joaquín Ibarra (1725–1785) aus Saragossa sind die Einflüsse Bodonis und Baskervilles spürbar. Ibarra entwickelte aber als Hofdrucker von König Karl III. und Drucker der spanischen Akademie einen eigenen Stil, auch war er dem Buchschmuck nicht abgeneigt. Seine spanische Sallust-Ausgabe von 1772, übersetzt vom Infanten Don Gabriel, war illustriert und mit ihrer kleinen Auflage von 120 Exemplaren schon bei Erscheinen eine bibliophile Rarität. Der spanische Text ist in *Kursiv* gesetzt, darunter steht der lateinische Originaltext in einer Antiqua kleineren Schriftgrades. Ibarra gehört zu den bedeutendsten Druckern Spaniens. Berühmt wurden die vierbändige Akademie-Ausgabe des *Don Quixote* (1783) mit Illustrationen von Antonio Carnicero, seine lateinische Bibel (1783) und die 1783 begonnene, erst nach seinem Tod von seiner Witwe beendete spanische Literaturgeschichte, die *Bibliotheca Hispana, Vetus et Nova*.

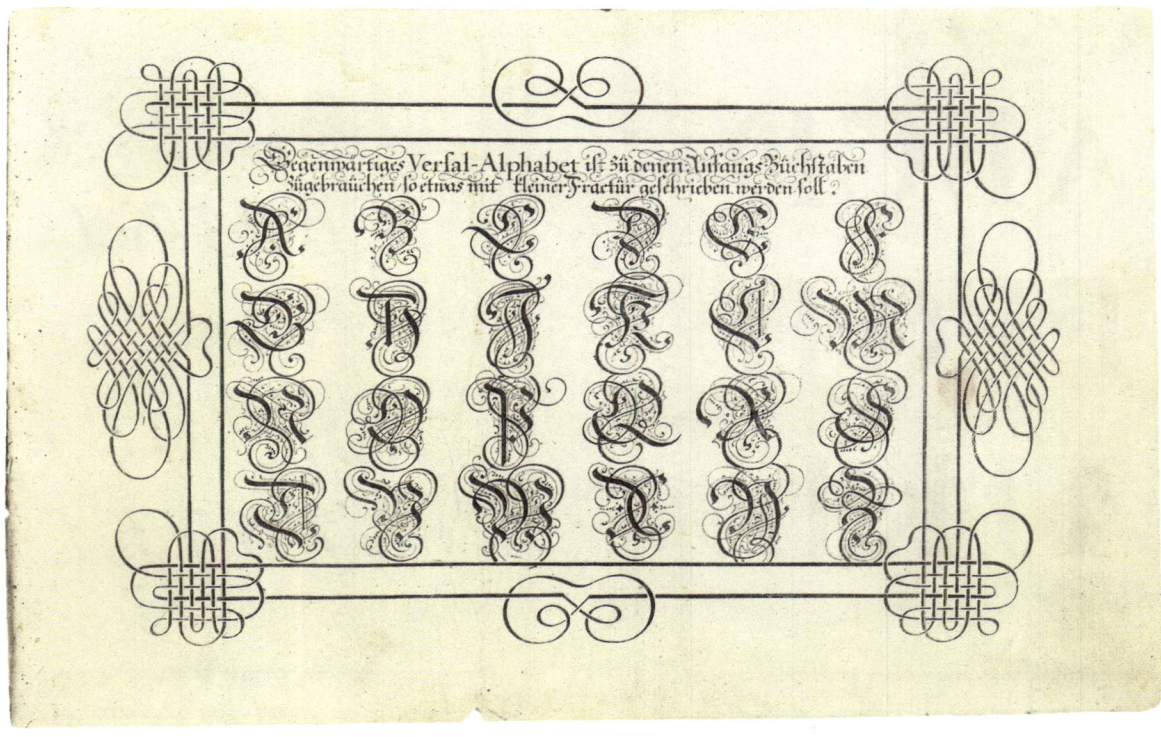

270 Schriftmusterblatt mit Fraktur-Zierversalien aus Michael Baurenfeind, *Vollkommene Wieder-Herstellung der Schreibkunst*, Nürnberg 1716. Baurenfeind nennt in seinem Werk zur Schreibkunst vier Zustände beim

Schreiben von Fraktur-Zierversalien: 1. den Hauptstrich, der die Lesbarkeit sichert, 2. den Kontraststrich, dessen Gegenbewegung die Ornamentik andeutet, 3. Zierzüge und 4. Flächenzier. 33,5 × 21 cm.

Sonderfall Deutschland:
Antiqua *oder* Fraktur?

Während in England und in den romanischen Ländern die Rivalität zwischen den gebrochenen, ursprünglich gotischen und den lateinischen Schriften schon längst zugunsten letzterer entschieden war, befand sich die – nach dem Wort Helmuth Plessners – »verspätete Nation« Deutschland auch typographisch auf dem Sonderweg. Im deutschen Sprachraum hielt sich die Zweischriftigkeit auch im 18. Jahrhundert, gab es ein Nebeneinander von Fraktur und Antiqua bei absoluter Vorherrschaft der Fraktur in wohl über 90 Prozent aller Druckwerke, manche Forscher sprechen sogar von 95 Prozent. Damit einem Werk eine größere Verbreitung garantiert war, mußte es in Fraktur gesetzt werden; denn nur die deutsche Schrift konnte allgemein gelesen werden. Lateinische Schrift hatte da einen Vorrang, wo auch die Sprache lateinisch war, also für wissenschaftliche Literatur und für ausländische Autoren.

Bei dieser Rollenverteilung blieb es jedoch nicht. Bereits 1749 war in Berlin erstmals ein nichtwissenschaftliches deutsches Buch, die Versdichtung *Der Frühling* des Ewald Christian von Kleist, in Antiqua erschienen. Im 18. Jahrhundert war ihr Gebrauch in Deutschland nicht unumstritten. Mit der Antiqua verband man zunächst die

Ideen der Aufklärung gegen feudale Unterdrückung und Kleinstaaterei, insofern wuchs ihre Bedeutung unter den fortschrittlich gesinnten Zeitgenossen. Mit dem Aufkommen des Klassizismus sah man in der Antiqua die ästhetisch gebotene Schrift. Eine in Antiqua gedruckte Prachtausgabe bot der französischen und italienischen Edition de Luxe von deutscher Seite Paroli, sie war die buchkünstlerische Entsprechung zur monumentalen Architektur des Klassizismus. Lateinische Schrift, fand Schiller, sei »zu einer Prachtausgabe wohl nothwendig«, und Wieland, der bei der Überreichung des ersten Bandes seiner überzeugend klar gestalteten Gesamtausgabe Tränen des Glücks vergossen hatte, schrieb über die darin verwendete Antiqua: *»Ich kann mich gar nicht genug an der reinen Schönheit dieser Lettern ergötzen. Eine jede ist in ihrer Art eine Mediceische Venus.«*

Soll man erwähnen, daß Wieland bereits fünf Jahre später ganz anderen Sinnes geworden war? Mag sein, daß der schleppende Verkauf der Edition ihn grimmig stimmte, jedenfalls schimpfte er nun über »die verwünschten lateinischen Lettern, die wir uns von den Liebhabern der geraden und halbrunden Linien haben aufschwatzen lassen«. Gestehe man »die Wahrheit ehrlich«, so sei »unleugbar«, daß die »Formen der deutschen Lettern das Auge weniger angreifen als die lateinischen«. Welch eine Abkehr von der Mediceischen Venus!

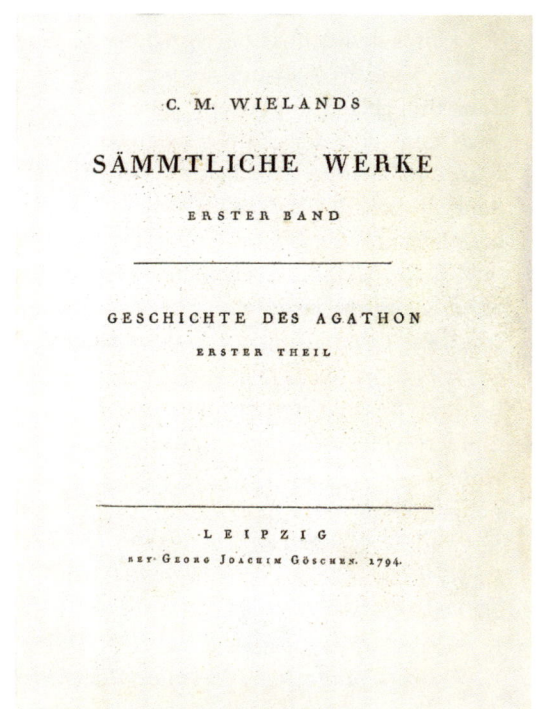

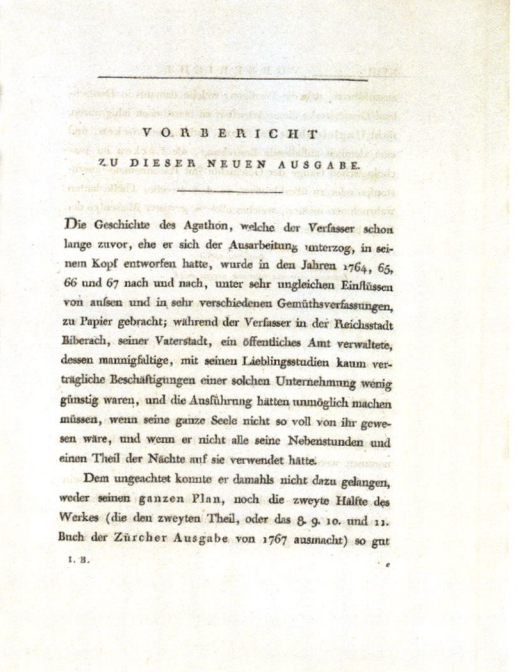

Christoph Martin Wieland, *Sämmtliche Werke*. Titelblatt und Textbeginn aus Band 1 der sogenannten »Fürstenausgabe« im Quartformat. 1794 bei Göschen erschienen. 22 × 29 cm.

Ego multos homines excellenti animo ac virtute fuisse, et sine doctrina, naturae ipsius habitu prope divino, per seipsos et moderatos, et graves ex-

Walbaum-Antiqua

Die mannichfaltigſte, unermü=
detſte Thätigkeit iſt ein dritter
charakteriſtiſcher Zug des Men=
ſchen, ein dritter Grund ſeiner
Würde. Freilich wird Alles in
der Natur in unaufhörlicher Be=

Walbaum-Fraktur

Da aber Juda gen Mizpe kam, an der
Wüſten, wandten ſie ſich gegen den Hau=
fen, und ſiehe, da lagen die todten Leich=
name auf der Erden, daß keiner entrunen
war. Und Joſaphat kam mit ſeinem Volk,
ihren Raub aus zutheilen.

Breitkopf-Fraktur

Die den Dichter zunächst so entzückenden Antiquatypen hatte der Schriftgießer Johann Carl Ludwig Prillwitz (1759–1810) in Jena nach Didotschem Vorbild geschnitten. Wielands *Sämmtliche Werke*, vielfach als typographisches Kunstwerk und technisch bestes Buch des 18. Jahrhunderts gerühmt, erschienen von 1794 bis 1802 in 36 Bänden und 6 Supplementen. Das großzügige Format, vorzügliches Velinpapier und sorgfältig wiedergegebene Stiche, vor allem aber die klassizistische Antiqua erregten allgemeines Aufsehen unter den Zeitgenossen. Dem Verleger Georg Joachim Göschen brachte die Wieland-Ausgabe den Ruf eines »deutschen Bodoni« ein. Göschen war als ehrgeiziger Typograph ein Freund des Luxus und ein bedingungsloser Anhänger der lateinischen Buchstaben. Er druckte in Antiqua als Prachteditionen die Werke Klopstocks, Johann Baptist Alxingers *Doolin von Maynz*, Neubecks *Gesundbrunnen*. Auch Schriften Schillers, darunter seine philosophisch-ästhetische Abhandlung *Über Anmuth und Würde* (1793), erschienen bei ihm in Antiqua gesetzt. Da die örtlichen Druckereien in Leipzig seinen Ansprüchen für die Wieland-Ausgabe nicht genügten, hatte sich Göschen zur

Gründung einer eigenen Offizin entschlossen und am 4. Mai 1793 die Konzession dazu erhalten – gegen den Widerstand der Innung. Deren Brotneid war nur schlecht durch die Bekundungen zu beruhigen, die Göschen seinem Bewilligungsgesuch beigegeben hatte, daß er »mit lateinischen Lettern nach Didot« drucken wolle, die es aber in Leipzig nicht gäbe, und daß er ohnehin nur für sich und nur solche Artikel seines Verlages zu drucken gedenke, die niemand sonst am Ort herzustellen in der Lage sei.

Als Schöpfer einer deutschen Form der klassizistischen Antiqua trat neben Prillwitz der aus Steinbach im Herzogtum Braunschweig gebürtige Justus Erich Walbaum (1768–1839) hervor. 1799 hatte der gelernte Konditor, dessen Freude am Metallschnitt der Überlieferung zufolge durch die Backformen geweckt worden sein muß, in Goslar eine Schriftgießerei gegründet. 1803 verlegte er die Werkstatt nach Weimar. Die *Walbaum-Antiqua* hat sich ihre Beliebtheit in den vergangenen zweihundert Jahren erhalten können, sie war bis vor kurzem nach der Garamond eine der meistverbreiteten Buchschriften in Deutschland. Bei ihren Typen ist der Gegensatz von fetten und feinen Strichen gemildert, sie wirken verbindlicher und weniger streng als Bodonis Antiqua. Kleine Varianten des Stempelschnitts in den einzelnen Graden lassen die Walbaum-Antiqua weniger konstruiert erscheinen. Der Lesefreundlichkeit kommt entgegen, daß Walbaum die Senkrechte weniger betonte, wodurch die Typen sich enger zu verbinden scheinen und es erleichtert wird, Einzelworte als geschlossene Einheiten, als Wortbilder, zu erfassen.

Unter den deutschen Verhältnissen der Zweischriftigkeit hat sich Walbaum doppelt Verdienste erworben, denn ihm gelang sowohl eine gute Form der Antiqua als auch eine von den Zeitgenossen akzeptierte Frakturschrift, die – trotz beibehaltener »Elefantenrüssel« – als deutsche Schrift vor dem klassizistischen Zeitgeschmack bestehen konnte. Ebenmaß der Typen in allen Graden und Wortbildlichkeit zeichnen sie aus. Namentlich dem Sohn des Firmengründers, Theodor Walbaum († 1830), war diese Erneuerung der Fraktur zu danken. Die *Walbaum-Fraktur*, die 1918 von der Schriftgießerei H. Berthold in Berlin übernommen wurde, ist im 19. Jahrhundert viel und gern benutzt worden. Heute ist sie vergessen, doch noch 1883 urteilte Carl Berend Lorck, seinerzeit einer der vielseitigsten Fachleute des Druckerei- und Verlagswesens in Leipzig: »*In der Fraktur nimmt die Walbaumsche Schrift fast die Stelle ein, wie in der Antiqua die Didotsche.*«

Als Schriftschöpfer ein Vorläufer Walbaums und einer der angesehensten Drucker und Verleger in der Mitte des 18. Jahrhunderts war Johann Gottlob Immanuel Breitkopf (1719–1794), der Sohn des regen und kaum minder bekannten Bernhard Christoph Breitkopf (1695–1777), der 1719 in Leipzig eine Druckerei und Buchbinderei gegründet hatte. Die Verlagstätigkeit setzte 1725 ein. Von diesem Datum bis zum Jahr 1761 wurden in den Meßkatalogen 656 Verlagswerke Breitkopfs angezeigt. Besondere Beziehungen unterhielt das Haus zu Gottsched, dessen Schriften man verlegte und der die Ausbildung Immanuels stark beeinflußt hat. Der Aufstieg von J. G. I. Breitkopf zu einer der führenden Druckerpersönlichkeiten seiner Zeit führte über Nebenpfade. Zwar hatte er das Handwerk bei seinem Vater erlernt, doch zogen ihn schriftstellerische Neigungen und das Interesse an den Wissenschaften zunächst zum Studium. Die Lektüre von Albrecht Dürers *Underweysung der Messung* brachte ihn auf die mathematische Berechnung und Konstruktion der Buchstaben, zudem begegnete er hier der Fraktur in der Durchbildung von Neudörffer und Andreä. Damit war sein schriftkünstlerischer Tatendrang geweckt. 1745 löste Immanuel den Vater in der Leitung von Druckerei und Schriftgießerei ab.

Es scheint, als sei der junge Breitkopf lange unentschieden gewesen, welcher der beiden Druckschriften er größeren reformatorischen Eifer angedeihen lassen solle. Seine erste Aufmerksamkeit galt der Verbesserung der Antiqua, wozu er sich aus England Matrizen Baskervilles schicken ließ. In der Schrift *Über Biblio-*

graphie und Bibliophilie von 1793 erläutert er seine Parteinahme für die Fraktur, der er dann doch den Vorzug gegeben hatte. Er nimmt sie in Schutz vor der Mißachtung der Gelehrten, preist sie als besonders geeignet für die Transkription hebräischer und arabischer Werke und glaubt in der Theuerdanktype das Urbild einer Fraktur zu sehen, die man nur neu gestalten müsse, um eine Schrift zu erhalten, deren Schönheit mit jeder Antiqua konkurrieren könne. Das Ergebnis seines Bemühens ist die *Breitkopf-Fraktur*, eine Schrift mit den für das Vorbild typischen Brechungen und geschnäbelten Oberlängen, auch die »Elefantenrüssel« fehlen nicht. Christian Zinck, Johann Michael Schmidt und Johann Peter Artopacus schnitten unter Breitkopfs Anleitung die Schriftstempel. Breitkopfs Nachfolger entwickelten aus der Fraktur eine vereinfachte, neue Type, die *Jean-Paul-Schrift*, so genannt nach den 1798 mit ihr gedruckten *Palingenesien* Jean Pauls.

Zu Immanuel Breitkopfs Ruhm hat beigetragen, daß er den Musiknotendruck wesentlich verbesserte. Vom Jahre 1755 an kamen bei ihm Notendrucke heraus, die mit von ihm entwickelten beweglichen Einzeltypen im Notensatz hergestellt waren. Verglichen mit dem zuvor nötigen zweifachen Druckvorgang oder der Notenwiedergabe durch den Kupferstich war dies ein entscheidender Schritt nach vorn. Die Schlußschrift des im Juli 1755 begonnenen, im April des Jahres darauf abge-

Maria Antonia Walpurgis, Kurfürstin von Sachsen, *Il trionfo della fedeltà*. Partitur-Erstausgabe 1756. Für das Werk hatte Gottlob Immanuel Breitkopf neue bewegliche Einzeltypen entwickelt, die den Druck von Musiknoten wesentlich verbesserten. 29 × 25 cm.

273

schlossenen Sonetts auf das Pastorale *Il trionfo della fedeltà*, einer Tondichtung der Kurfürstin Maria Antonia von Sachsen, rühmt denn auch Gottlob Immanuel Breitkopf als »*Inventore di questa nuova maniera di stampar la Musica con Caratteri separabili e mutabili*«, als den Erfinder der neuen Druckweise mit trennbaren und beweglichen Typen. Auch der Versuch aus dem Jahre 1789, mit Einzellettern Landkarten zu drucken, geht auf ihn zurück, ist aber nicht praktisch verwertet worden.

J. G. I. Breitkopf hat einige theoretische Schriften hinterlassen, die von den schriftstellerischen Ambitionen seiner Jugend im Verein mit profunden Kenntnissen seines Handwerks zeugen: *Nachricht von Stempelschneiderey und Schriftgießerey: Zur Erläuterung der Enschedischen Schriftprobe* erschien 1777 in Leipzig. Die *Geschichte der Holzschneidekunst* ist nicht vollendet worden, und eine großangelegte Geschichte des Buchdrucks, zu der er 1779 in der Broschüre *Über die Geschichte der Buchdruckerkunst* den Plan entwickelt hatte, blieb in ausufernden Vorarbeiten stecken. Immerhin erschien als einer der ausgearbeiteten Abschnitte noch der *Versuch über den Ursprung der Spielkarten* in zwei Teilen, der erste 1784, der zweite posthum im Jahre 1801. Sein Sohn Christoph Gottlob Breitkopf (1750–1800) überließ 1795 das Geschäft Gottfried Christoph Härtel (1763–1827), der 1805 die Notenstecherei und Steindruckerei angliederte. Härtel verstärkte die Kontakte des Verlages zu Komponi-

sten, veröffentlichte Werke von Mozart und Haydn und gab die *Allgemeine Musikalische Zeitung* heraus, die erste anspruchsvolle Musikzeitschrift in Deutschland. Noch heute genießt Breitkopf & Härtel als Buch-, Kunst- und Musikverlag weltweites Ansehen. Zum musikalischen Buchprogramm gehören 200 Titel, darunter das *Köchel-Verzeichnis* der Werke Mozarts und das *Bach-Werke-Verzeichnis*.

Indem Immanuel Breitkopf als Erneuerer der Fraktur auf deren historische Formen zurückgriff, trat er in tätige Opposition zu Johann Friedrich Unger (1753–1804) in Berlin. Beide Verleger waren Freunde der deutschen Buchstaben, aber Unger ging als Schriftreformer den umgekehrten Weg: er betonte nicht das Typische der Fraktur, sondern suchte sie der Antiqua anzunähern, er wollte »das Helle und Zarte der lateinischen Schrift« in die Fraktur hineinbringen. Drei Proben, die er sich dazu von Firmin Didot schneiden ließ, konnten Unger nicht überzeugen. Bis dahin hatte er sich in der Holzschneidekunst, nicht im Stempelschnitt, einen Namen gemacht. 1793 erschien seine kleine Schrift *Probe einer neuen Art deutscher Lettern. Erfunden und in Stahl geschnitten von J. F. Unger.*

Verglichen mit den Zwischenformen Didots sah diese Probe tatsächlich mehr nach »deutschen Lettern« aus, gleichwohl war die Modernisierung unverkennbar.

274 Partitur-Erstausgabe 1802, die bei Breitkopf & Härtel in Leipzig erschien. Den Titelkupferstich entwarf Georg Vincenz Kininger aus Wien, Stecher war A. W. Böhm, Leipzig. 24 × 33 cm.

Partitur-Erstausgabe 1801, die bei Breitkopf & Härtel in Leipzig erschien. Titelkupferstich entworfen von Georg Vincenz Kininger; gestochen von Fr. Bolt. 30 × 25 cm.

Die klassizistische *Unger-Fraktur* besitzt keine »Elefantenrüssel« mehr, auf antiquagewohnte Augen wirkt sie anmutiger und leichter lesbar als ältere Frakturformen. Wer auf Stilreinheit hielt, konnte sie kaum gutheißen, was aber einer zeitweiligen Beliebtheit dieser Schrift nicht im Wege stand. Für die neunbändige Shakespeare-Ausgabe von 1795, die Unger mit ihr druckte, erscheint sie als gute Lösung: passend zu den Texten eines englischen Dichters und geeignet für das zierliche Kleinoktavformat.

Friedrich Justin Bertuch, der Weimarer Verleger, Kaufmann und Großunternehmer, der ein Kinderbuch in Antiqua setzten ließ, um »die Abschaffung der deutschen Lettern durch die Kinderstube am sichersten zu befördern«, schalt Ungers Bemühen um die Fraktur einen »Rückfall«. Konsequent ist allerdings auch er nicht verfahren, denn sein *Journal des Luxus und der Moden*, die erste bedeutende deutsche Modezeitschrift, die vier Jahrzehnte lang (1786–1827) sehr erfolgreich die Kunde von schönen Dingen mit Schöngeistigem verband, ließ er in Fraktur drucken.

1788 hatte Unger bei Didot in Paris für viel Geld Antiquaschriften erworben, die er auf Lizenzbasis teilweise weiterverkaufte. Mit Didots Typen druckte er eine Theokrit-Ausgabe (1789) und die Gedichte Ramlers (1800). *Wilhelm Meisters Lehrjahre* (1794–95) war eines der ersten Bücher Goethes, die mit Zustimmung des Autors in Fraktur gedruckt wurden. Der Weimarer Dichter hatte anfänglich als einer der maßgeblichen Klassizisten die Antiqua bevorzugt. *Das Römische Carneval* von 1789 erschien bei Unger noch in einer großen Didot-Antiqua. Nunmehr ließ Goethe auch in Fraktur drucken, was ihm den deutlichen Beifall seiner Mutter eintrug. So schrieb Frau Rat im Jahre 1794 an ihren Sohn: »*Froh bin ich über allen Ausdruck, daß deine Schriften alte und neue, nicht mit den mir so fatalen lateinischen Lettern das Licht der Welt erblickt haben – beim ›Römischen Karneval‹ da mags noch hingehen – aber im übrigen bitte ich Dich, bleibe deutsch auch in Deinen Buchstaben.*«

In den Worten klingt eine Neigung an, die weniger im 18. als vielmehr im 19. Jahrhundert öffentlich bedeutsam wurde: die Tendenz, die deutsche Schrift mit deutschem Geist zu identifizieren. Man konnte mit der Fraktur eine gewisse patriotische Anhänglichkeit beweisen, und der exemplarische Anlaß dazu kam mit dem Befreiungskrieg 1806/7 gegen die napoleonischen Besatzer. »Turnvater« Jahn und Johann Gottlieb Fichte, der Philosoph und Verfasser der *Reden an die deutsche Nation* (1808), traten für die Fraktur ein. Die Antiqua war die Schrift des Feindes, das setzte sie in Mißkredit. Die Fraktur hingegen wurde zu einer Sache des nationalen Bekenntnisses, und dieser Einschlag, der in der Zeit der Klassik noch wenig ausgeprägt war, nahm im 19. Jahrhundert immer mehr zu, so daß der Zeitgenosse Carl

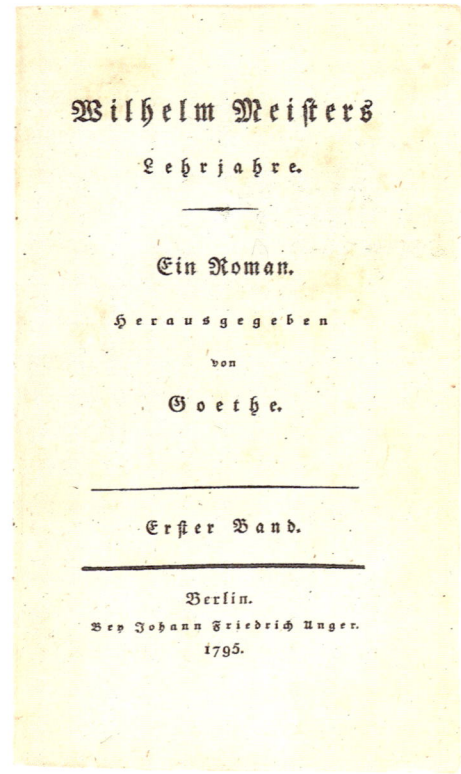

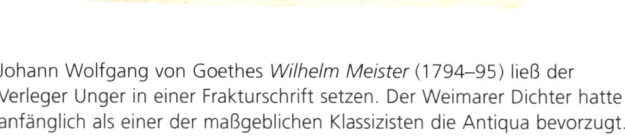

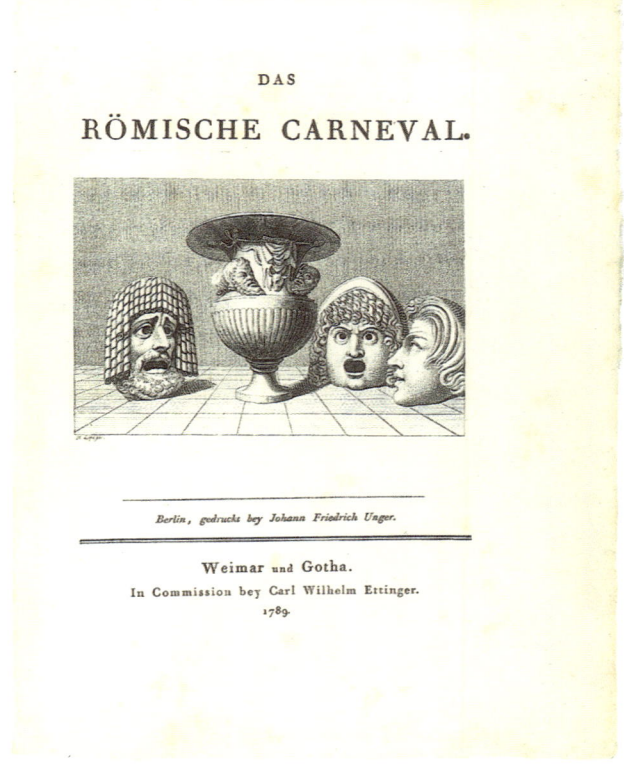

Johann Wolfgang von Goethes *Wilhelm Meister* (1794–95) ließ der Verleger Unger in einer Frakturschrift setzen. Der Weimarer Dichter hatte anfänglich als einer der maßgeblichen Klassizisten die Antiqua bevorzugt.

Johann Wolfgang von Goethe, *Das Römische Carneval*. Die Ausgabe brachte Unger 1789 in einer großen Didot-Antiqua heraus.

Berend Lorck in seiner Buchdruckgeschichte von 1883 davon sprechen konnte, es sei »bei der Mehrzahl der Gegner der Antiqua« die Parteinahme für die Fraktur »weit eher eine nationale Gefühlssache als eine Frage der Zweckmässigkeit und der Schönheit geworden«. Entschieden war auch damit die Sache nicht, denn die Antiqua behielt im 19. Jahrhundert gewichtige Fürsprecher – etwa in den Brüdern Grimm – und behauptete ihr »Monopol« für den Druck wissenschaftlicher Literatur.

Einbandmeister des 18. Jahrhunderts

»Himmel! wenn man sich erinnert der alten vielpfündigen Folianten, in Bretter, Leder, Messingbeschläge und Klammern gefaßt, gleichsam lederne, mit Messingnägeln besetzte Groß-vaterstühle des gelehrten Sitzlebens, und wenn man dagegen ein Taschenbüchlein hält: so kann man wahrlich nicht klagen. Aus dem Schweinleder wurde Saffianleder, aus Messingspitzen Goldränder, aus Klammern und Schlössern ein Seidenfutteral, und die Kette, an die man jene Riesen sonst in Bibliotheken legte, wurde ein seidnes Ordensbändchen zum Freimachen.«

Lebhafter und zugleich deutlicher, als Jean Paul es hier in seiner *Kleinen Nachschule zur ästhetischen Vorschule* getan hat, läßt sich der Wandel des Buchäußeren über

Im 17. und auch noch im 18. Jahrhundert erfreuten sich Miniaturformate einer großen Beliebtheit. Miniaturbücher hatte es bereits unter den mittelalterlichen Handschriften gegeben. Zu den »kleinsten Büchern« wird ein Buch gerechnet, wenn es einschließlich Einband nicht mehr als 76,2 mm im Quadrat mißt. Das älteste gedruckte Kleinstformat ist vermutlich ein *Officium Beatae Virginis Maria* (51 × 76 mm), das 1486 in Neapel in der Werkstatt von Matthias Moravus entstand. Als das kleinste gedruckte Buch überhaupt galt zwei Jahrhunderte lang das Gedicht *Bloem-Hofje* von C. van Lange. Benedikt Smidt druckte das 8 × 12 mm kleine Werk im Jahre 1674 in Amsterdam.

Erst als es Ende des 19. Jahrhunderts möglich wurde, den winzigen Typensatz durch photomechanische Verkleinerung zu ersetzen, konnten die »mikroskopischen Drucke« noch winziger werden. Die auf anderthalb Punkt reduzierte Schrift des *Smallest English dictionary of the world* (19 × 27 mm), 1893/94 von Bryce in Glasgow herausgegeben, kann nur noch mit der Lupe gelesen werden.

Unter den Kleinstformaten finden sich neben Almanachen vor allem religiöse und erotische Literatur. Die Leichtigkeit, mit der man sie bei sich tragen und gegebenenfalls verbergen konnte, machte das Format für Liebhaber beider Gattungen gleichermaßen reizvoll. Die Kunstfertigkeit von Typenguß, Satz, Druck und Einband hat alle Bücherfreunde immer fasziniert.

Die Miniaturbibliothek in der Schweinslederschatulle (65 × 62 × 29 mm) aus der Bibliothek Otto Schäfer ist ein solches Kunstwerk. Es handelt sich um einen 1814 in Paris entstandenen Heiligenkalender *Bref de Grégoire XIII*. Die zwölf grünen Maroquinbändchen mit Goldprägung stehen in einem zweifächerigen, mit Marmorpapier bezogenen Regal. Jedes Bändchen (16 × 19 × 7 mm) zeigt den Heiligen eines Monats in winzigen Holzschnitten von Lechard nach Vorzeichnungen von Michel fils aîné.

die Zeiten kaum zusammenfassen. Handlich, zierlich gar war das Buch geworden, dem Geschmack des Rokoko folgend, aber auch zur Freude der Aufklärer, die die kleinformatigen Ausgaben mit Wohlwollen betrachteten. Unübersehbar schließlich die Eleganz, die Jean Paul mit spitzer Feder bemerkt. Man weiß nicht, lobt der Dichter noch, oder spottet er bereits über die superfeinen, goldgeränderten, zartledernen, niedlich bebänderten Kleinodien im »Seidenfutteral«.

Die Einbandkunst des 18. Jahrhunderts, maßgeblich die stilbildende französische, hat es zu großer Raffinesse gebracht: Wie die luxuriöse Garderobe unterlag auch das repräsentative Buchkleid dem Wechselspiel der Mode. Das zarte Spitzenmuster, *à la dentelle* (*Dentelle* = frz. Zähnchen) genannt, das im 18. Jahrhundert aufkam, hatte die Spitzen der Rokokokleider zum Vorbild und war als Einbanddekor eine Weiterentwicklung des Fächermusterstils *à l'éventail*. Durch die bibliophile Neigung des französischen Adels erlangte die Buchbinderarbeit im 18. Jahrhundert großes Ansehen, die Buchbinder gingen mehr und mehr dazu über, ihre Einbände zu signieren. Zahlreiche Namen von Meistern der Buchbindekunst sind überliefert: Aus dem 17. Jahrhundert ist die Familie Padeloup bekannt, die maßgeblich an der Entwicklung des Dentelle-Stils beteiligt war. Antoine Michel Padeloup (1685–1758) aus der dritten Generation der Buchbinderfamilie war einer der ersten, der seine Einbände mit Etiketten signiert hat. Verschiedenfarbige Lederintarsien (Einlage von Leder in Leder) und Ledermosaikarbeiten (Zusammensetzung von Lederstücken auf der Bezugsunterlage) machten ihn, den Hofbuchbinder von Frankreich und Portugal, bekannt. Auch die Familie Derôme hat über Generationen hin eine Buchbinderwerkstatt betrieben. Nicolas Denis Derôme le Jeune (1731–1790) ist ihr bekanntester Vertreter. Derôme le Jeune gehörte bereits zur fünften Generation der Buchbinderdynastie. Er variierte den Spitzenmuster-Stil mit dem für ihn charakteristischen *fer d'oiseau,* einem kleinen Vogelstempel. Die Familie Le Monnier hat mit der Mosaiktechnik auf Einbänden erstaunlich bildhafte Wirkungen erzielt, so daß *Le Monnier-Mosaikbändchen* unter Liebhabern einen wohlklingenden Namen besitzen.

Ähnlich wie bei der typographischen Gestaltung der Bücher verzichtete man gegen Ende des 18. Jahrhunderts auch bei den Einbänden zunehmend auf ornamentalen Schmuck. Die Französische Revolution bewirkte auch künstlerisch einen Einschnitt. Gegenüber dem verschwenderischen Dekorreichtum der vorrevolutionären Epoche zeichnen sich die Einbände des Empire, des Kunststils zur Zeit Napoleon Bonapartes, durch strenge

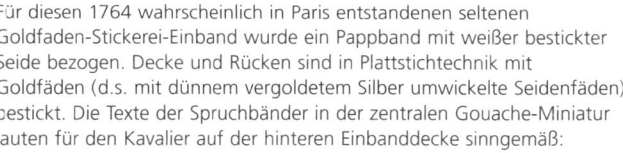

Für diesen 1764 wahrscheinlich in Paris entstandenen seltenen Goldfaden-Stickerei-Einband wurde ein Pappband mit weißer bestickter Seide bezogen. Decke und Rücken sind in Plattstichtechnik mit Goldfäden (d.s. mit dünnem vergoldetem Silber umwickelte Seidenfäden) bestickt. Die Texte der Spruchbänder in der zentralen Gouache-Miniatur lauten für den Kavalier auf der hinteren Einbanddecke sinngemäß:

»Wo ich auch hingehe, ich werde dich nie vergessen«, worauf die Dame antwortet: »Wenn du zu lieben verstündest, könntest du mich nicht verlassen.« Eingebunden ist ein kleiner Almanach (5,6 × 9,5 × 1,1 cm) aus der Serie sogenannter *Étrennes Mignones,* wie sie als Neujahrsgeschenke in Frankreich beliebt waren.

277

Linienführung aus. Motive der antiken Kunst wurden aufgenommen, Dekor und dekorfreie Flächen deutlicher voneinander abgegrenzt, Zierelemente einer mehr geometrischen Ordnung unterworfen. Zu Meistern des neuen Stils wurden die Brüder François und Jean-Claude Bozérian. Das Deckelmittelfeld ihrer *Empire-Einbände* bleibt frei, nur an den Rändern ziehen sich schmale Ornamentlinien hin. Der Buchrücken hingegen ist reich geschmückt, und auch die *Dublüren*, die bei Ganzlederbänden in den reichvergoldeten Rahmen der Innenkanten gespannten Seidenspiegel *(tapis)*, weisen häufig reiches Dekor auf.

Eine frühe und originelle Vorwegnahme des Klassizismus zeigt sich in den Einbänden von Roger Payne, »einem vertrunkenen Sonderling, der alle Arbeit ganz allein ohne Helfer machte« (Svend Dahl). Payne ist unstreitig der Erste unter den englischen Buchbindern aus der zweiten Hälfte des 18. Jahrhunderts. Von den noch aus der Zeit Elizabeths I. herrührenden, im Königshaus bevorzugten gestickten Einbänden wich er gänzlich ab. Payne war ein Spezialist der Lederverarbeitung. Seine Vorliebe galt reh- und olivfarbenem Maroquinleder, das er künstlich langnarbig zu machen verstand, und er verschaffte dem langnarbigen russischen Juchtenleder Anerkennung in der Buchbinderei. Als vielseitig begabter Handwerker schnitt Payne nach eigenen Entwürfen sogar seine Zierstempel selbst. Mit Dekorationen verfuhr er sparsam. Der Schmuck seiner Einbanddeckel

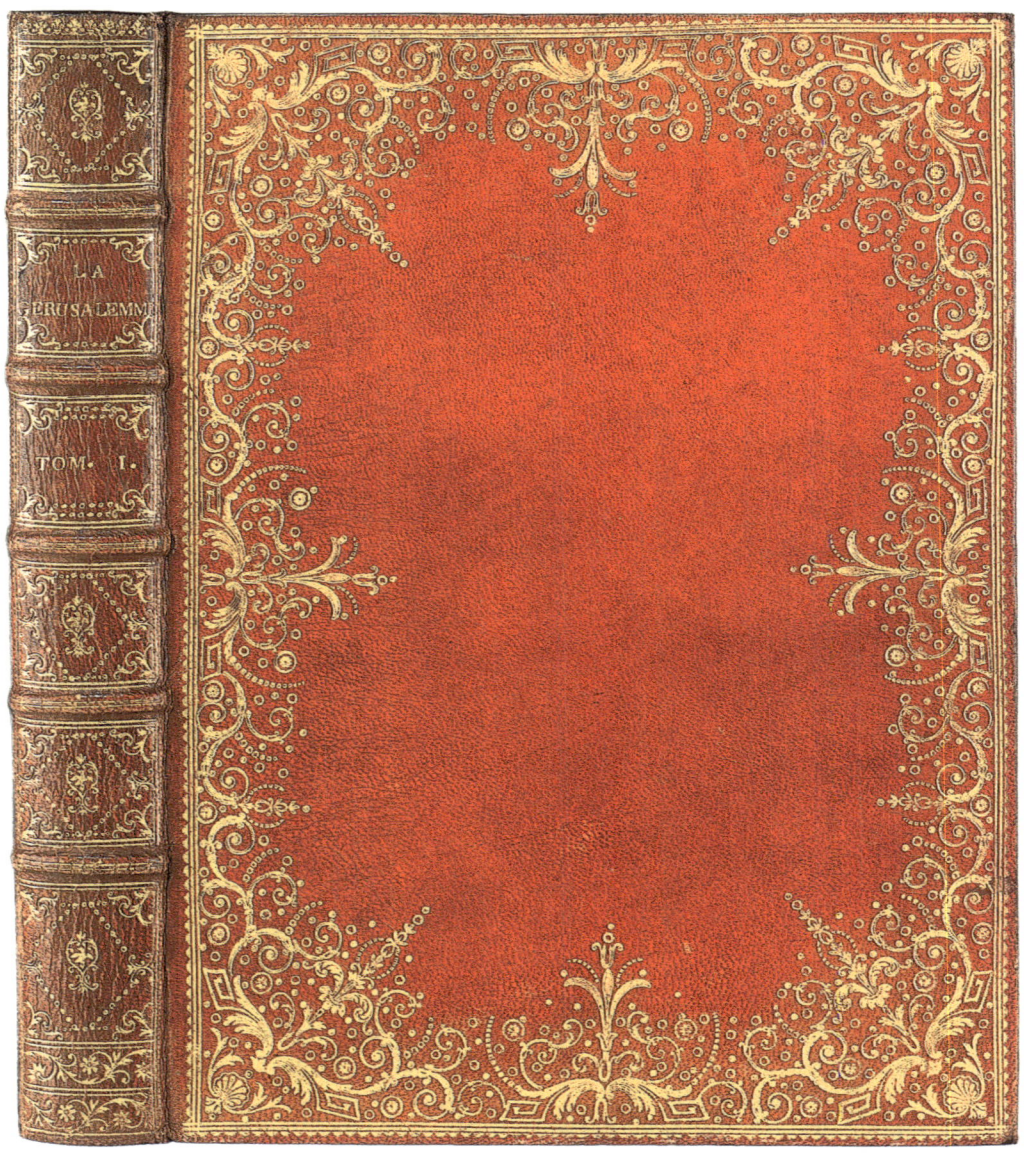

278 Dentelle-Einband von Derôme le Jeune, Paris, um 1783, für eine zweibändige Ausgabe von Torquato Tasso, *La Gerusalemme liberata*.
Rote Maroquinbände (23 × 29,7 × 4 cm) mit Vergoldung. Die Ecken der Rückenfelder zieren die für Derôme le Jeune charakteristischen Vogelstempel.

beschränkt sich auf schmale ornamentale Randleisten oder kleine Rosetten in den Ecken, so daß die Wirkung ganz von der präzisen Ausführung, der ausgewogenen Komposition und dem Materialcharakter der gewählten Leder ausgeht. Trotz seines Könnens und der Aufträge durch Büchersammler wie Lord Spencer, dessen Althorp-Bibliothek später den Grundstock der John Rylands Library bildete, ist Roger Payne sein ganzes kurzes Leben (1766–1797) lang ein armer Mann geblieben.

Der deutschen Buchbinderei im 18. Jahrhundert fehlte ein Meister von grenzüberschreitendem Ruf und stilbildender Kraft. Vermögende Bibliophile wie die Grafen von Bühnau und von Brühl in Sachsen ließen ihren umfangreichen Buchbesitz nach eigenem Ge-

schmack binden. Ebenso hielt es der Leipziger Professor und väterliche Freund Goethes, Johann Gottlob Böhme, der seinen Bänden ein einheitliches Kleid aus hellbraunem Leder, sparsam vergoldet und mit seinem Monogramm verziert, anfertigen ließ. Am sächsischen Hof liebte man prachtvolles Dekor, ganz anders als Friedrich der Große, der bei den Maroquineinbänden für seine Bibliotheken eine sparsame Dekoration bevorzugte. Eine schlichte goldgeprägte Linieneinfassung und der Aufdruck eines Buchstabens in der Mitte des Deckels genügten. Der Buchstabe läßt erkennen, zu welcher Bibliothek der Band gehörte: P steht für Potsdam, V (Vigne) für Sanssouci, B für Berlin, ein kursives *B* für Breslau.

Pariser Einband von Jean-Claude Bozérian, um 1805, für eine Werkausgabe von J. P. Bernard, die 1779 bei Pierre Didot l'Aîné in Paris gedruckt wurden. Langgenarbter, kirschroter Maroquinband (24,3 × 32 × 3,6 cm) mit Goldprägung. Typisch für den Empire-Stil ist die Betonung des Randes bei freigelassener Mitte. Die Arkaden, zwischengestellten Vasen und eingehängten Girlanden wurden mit der Rolle geprägt; für die Blumensterne in den Eckquadraten benutzte Bozérian Stempel.

Geliebter Bücherraum:
Fürstliche Sammlungen und
erste Nationalbibliotheken

In Spanien, Italien, England und Frankreich kam es im 18. Jahrhundert zur Gründung nationaler Bibliotheken. 1712 eröffnete die *Biblioteca Nacional* in Madrid, 1747 die *Biblioteca Nazionale Centrale* in Florenz, 1759 das *British Museum* in London, dessen Anfänge bis auf das Jahr 1700 zurückgehen, als Sir John Cotton die große Büchersammlung seiner Familie dem englischen Volk zum allgemeinen Nutzen schenkte. Vermehrt um weitere Bestände aus privater Hand und aus der Königlichen Bibliothek, besaß das *British Museum* bereits bei seiner Eröffnung einen bibliothekarischen Grundstock von über 13 200 Handschriften und 57 000 Druckwerken. In Frankreich war es die Revolution, die aus der Königlichen Bibliothek in Paris, einer der größten Büchersammlungen der damaligen Welt, eine Nationalbibliothek machte. Zudem erließ die Nationalversammlung am 2. November 1789 ein Dekret, das den Bücherbesitz von Klerus und Adel zu nationalem Eigentum erklärte. Die darauf folgenden Enteignungen ließen die Bestände der neuen Nationalbibliothek rasch auf 300 000 Bände anwachsen.

Eine Nationalbibliothek konnte es im kleinstaatlich zerrissenen Deutschland nicht geben. In Berlin war mit der Krönung Friedrichs I. im Jahre 1701 aus der Kurfürstlichen die *Königliche Bibliothek* geworden. Ihr ist es unter dem »Soldatenkönig« Friedrich Wilhelm I. (1712–1740) nicht sonderlich wohl ergangen. Ein anfänglich gewährter Jahresetat von bis zu 1100 Talern wurde gekürzt, bei den Besoldungen der Bibliothekare ließ der König Streichungen vornehmen, die Bestände an medizinischer und naturwissenschaftlicher Literatur wurden ausgegliedert und der Sozietät der Wissenschaften zugeordnet, die Musikalien gingen an den Königlichen Musikdirektor. Auch unter Friedrich dem Großen, der nach dem Tod seines Vaters im Jahre 1740 den Thron bestieg, blieben die Zuwendungen an die Bibliothek lange Zeit spärlich, so daß im wesentlichen nur die kontinuierlich eingehenden Pflichtexemplare den Bestand des Hauses vergrößerten. Erst nach dem Ende seiner kriegerischen Unternehmungen, in seinem letzten Lebensjahrzehnt, stattete Friedrich II. seine Bibliothek mit namhaften Summen aus und verhalf ihr zu größeren Bücherankäufen aus Sammlerbesitz. 1782 bezog die Königliche Bibliothek einen Neubau im Stadtzentrum: Unter den Linden, der Straße, wo sie als *Staatsbibliothek zu Berlin* noch heute zu finden ist.

Ungleich besserer Pflege hat sich im 18. Jahrhundert die *Wiener Hofbibliothek* erfreut. In den Jahren 1722 bis 1726 wurde für sie ein barocker Prunkbau geschaffen, eine Bücherherberge, wie es sie bis dahin so reich und prachtvoll nicht gegeben hat. Kaiserin Maria Theresia und ihr Nachfolger Joseph II., die von 1740–1780 bzw. 1780–1790 regierten, machten die Förderung des Hauses zu einer Angelegenheit des eigenen Prestiges. Die Hofbibliothek profitierte vom kaiserlichen Repräsentationsbedürfnis mit vergleichsweise üppigen Etats, guter Personalausstattung und zahlreichen Erwerbungen kostbarer Büchersammlungen, darunter der des Prinzen Eugen von Savoyen. 1738 erworben, erweiterte sie den Bestand der Wiener Hofbibliothek um 237 Handschriften und rund 15 000 Druckwerke. Die Bücher des Prinzen waren je nach Wissensgebiet farblich verschieden gebunden: Theologie und Rechtswissenschaft in Dunkelblau, Geschichte und Literatur in Dunkelrot, Naturwissenschaften in Gelb.

Es verrät einiges von der so ganz anders gelagerten Situation in Berlin, von der minderen finanziellen Ausstattung und dem offenbar geringer veranschlagten Repräsentationswert der Bibliothek, daß dort auf die Anordnung hin, die Bestände einheitlich in rotes Leder zu binden, viele alte Einbände kurzerhand mit roter Farbe überpinselt wurden.

Nach einer Zeit der Vernachlässigung erweiterten sich in den sechziger Jahren die Bestände der *Dresdener Hofbibliothek* durch den Ankauf von zwei großen Büchersammlungen um 104 000 auf rund 170 000 Bände. Unter der Leitung ihres Bibliothekars Johann Michael Francke († 1775) entwickelte sich die Dresdener Sammlung zu einer der am besten katalogisierten der Zeit. 1786 erfolgte der Umzug in das Japanische Palais. Eine vergleichbar große Wertschätzung erfuhren die Hofbibliotheken in Stuttgart, München, Darmstadt oder auch in Mannheim, wo die Sammlertätigkeit der Landesherren erst in den letzten drei Jahrzehnten des 18. Jahrhunderts zum Entstehen der Hofbibliotheken führte. Die Mannheimer Bibliothek war eine der am spätesten gegründeten und zugleich kurzlebigsten ihrer Art, durch und durch ein Geschöpf des sie fördernden Kurfürsten. Bald schon nach dessen Tod wurde sie, kaum daß sie Gestalt angenommen hatte, im Jahre 1804 nach München verlagert und mit der dortigen Zentralbibliothek vereinigt.

Wenn das *British Museum* von Anbeginn eine Abteilung mit naturwissenschaftlichen Gegenständen besaß, so entsprach dies dem Charakter vieler öffentlicher Bibliotheken jener Zeit. Sie waren tatsächlich zugleich Museen. Ihre Säle sollten nicht nur Raritäten bibliophiler Art, sondern den ganzen stolzen Besitz an Seltenheiten und Kuriosa präsentieren. Karl Schottenloher hat dafür das Beispiel der Hamburger Stadtbibliothek angeführt, in deren Räumen »Skelette, ausgestopfte Fische, Schlangen in Spiritus, Schnecken, Steine, Instrumente, oder anderswo Erbstücke berühmter Persönlichkeiten, fremdländische Waffen, Münzen, Gemmen, Gipsabdrücke antiker Statuen« ausgestellt waren. Die Schaulust im Verein mit der Notwendigkeit, einer steigenden Bücherflut Platz zu schaffen, fand in Klöstern und Kirchen, vor allem in Süddeutschland und in Österreich, einen überraschenden architektonischen Niederschlag. Leuchtende Barock- und Rokokosäle entstanden, oft zwei Stockwerke hoch und mit umlaufenden Galerien, die Deckengewölbe ausgemalt und mit Stuckreliefs verziert, die Bücher in hohen Regalen und schön geschnitzten Schränken stehend. »Man liebte Bücher«, schreibt Schottenloher, »und Bücherraum.«

Die Fürsten- und Hofbibliotheken haben bis zum Ende des 18. Jahrhunderts das Bibliothekswesen wesentlich bestimmt. Die kleinen Sammlungen, aus denen sie entstanden waren, gab es freilich weiterhin. Wohlhabende Bibliophile und adlige Sammler erfreuten sich an ihren Schätzen, entwickelten einen verfeinerten Geschmack in der Ausstattung ihrer Sammlung. Die privaten Bibliotheken waren oft von erstaunlichem Umfang. Gelehrte und höhere Beamte, Juristen und Ratsherren nannten oft mehrere zehntausend Bände ihr eigen, selbst Dorfgeistliche und Schulmeister verfügten über Bibliotheken mit zwei- bis dreitausend Büchern. In merkwürdigem Mißverhältnis zu dieser Ausdehnung der Buchkultur auf weitere Bevölkerungskreise stand die Situation der Universitätsbibliotheken, die zu dem geistigen Klima der Aufklärungszeit nur schlecht passen wollte.

An den Universitäten sah es schlecht aus. Eigentlich hätten sie die Stätten der Wissenschaft und des regen Austausches neuer Erkenntnisse sein sollen, aber die großen Gelehrten standen noch im Dienst der Höfe, und wo neue Ideen aufkamen, waren sie nicht das Ergebnis gemeinsamer Forschung, sondern inviduelle Einzelleistungen. Ein engagierter Bibliothekar wie Christian Gottlob Heyne in Göttingen mochte das moralische Recht besitzen, sich wegen »der so verderblichen durch Lese-Institute und Leihbibliotheken beförderten Leserey elender ModeSchriften« zu erzürnen. Aber ebensogut hätte er die Universitätsbibliotheken schelten können, die wenig taten, um solcher Verderbnis entgegenzuwirken. Ihre Bestände waren im Vergleich zu Fürstenbibliotheken dürftig, ihre Ordnung vernachlässigt. Ohne festen Etat, oft nur durch Schenkungen, Stiftungen und Pflichtexemplare vermehrt, war an eine planmäßige Ausweitung nicht zu denken, schon gar nicht an eine angemessene Betreuung. Aufsicht und Pflege oblagen vielfach einem Professor, der das lästige Amt nur wie nebenbei ausübte und im übrigen nicht einsehen mochte, warum die Bücher überhaupt den Studenten zugänglich gemacht werden sollten.

Die Öffnungszeiten solcher »Professorenbibliotheken« waren entsprechend willkürlich. Sie fielen ganz aus, wenn die Aufsichtsperson verhindert war. Manche Bibliothek blieb im Winter geschlossen – dem *Professor*

Buch- oder Bogenformate im Buchdruck

Format kommt von lat. *formatus* = das Geformte und bezeichnet das Verhältnis von Höhe und Breite eines Papierbogens oder auch eines Buches (Hoch- oder Querformat). Ausgangsmaß ist der Druckbogen. Die Formatbezeichnungen richten sich nach der Häufigkeit seiner Falzung (Brüche). Man unterscheidet:

Folio (ital., von lat. *folium* = Blatt), größtes Buchformat des nur einmal gefalzten Bogens, der dann 2 Blätter (4 Seiten) ergibt, ca. 42 × 33 cm, abgekürzt fol. oder 2°, beliebtes Format im 15./16. Jahrhundert, als der Buchdruck noch unter dem Eindruck der riesigen, bis zu 74 × 50 cm großen Folianten des Mittelalters stand. Heute ist Folio noch für Atlanten gebräuchlich, und mit Großfolio bezeichnet man bereits ein Buch von über 45 cm Höhe.

Quart (lat. *quartus* = der vierte), bei dem der Bogen zweimal, in 4 Blätter (8 Seiten) gefaltet wird. Zeichen 4°. Üblich für großformatige Bände, Kunstbücher, Tafelwerke.

Sext (von lat. *sextus* = der sechste). Der Bogen wird in 6 Blätter (12 Seiten) gefaltet. Zeichen 6°.

Oktav (von lat. *octavus* = der achte). Faltung, die 8 Blätter (16 Seiten) ergibt. Zeichen 8°. Heute häufigstes Buchformat.

Duodez (von lat. *duodecim* = zwölf), eines der kleinsten Buchformate, bei dem der Bogen in 12 Blätter (24 Seiten) gefaltet wird. Zeichen 12°. Im 18. Jahrhundert war es sehr beliebt, heute ist das Format selten.

Sedez (von lat. *sedecim* = sechzehn), in 16 Blätter gefalteter Bogen (32 Seiten). Zeichen 16°.

Oktodez (von lat. *octodecim* = achtzehn), winziges Buchformat des in 18 Blatt (36 Seiten) gefalteten Bogens. Zeichen 18°. Meist für Liebhaberausgaben.

Bei Folio, Quart, Oktav und Sedez wird der Bogen jeweils auf die Hälfte gefalzt, während bei Duodez zunächst gedrittelt (2 Falzungen) und dann zweimal halbiert wird.

Anstelle der Bogenfaltung hat sich heute die Bezeichnung nach der Höhe des Buchdeckels durchgesetzt, so gelten für die deutsche Bibliographie:
Klein-Oktav bis 18,5 cm hoch
Mittel-Oktav 22,5 cm hoch
Groß-(Lexikon-)Oktav bis 25 cm hoch
Großquart bis 35–40 cm hoch
Großfolio über 45 cm hoch

281

bibliothecarius war es zu kalt in den Räumen. In Leipzig schloß man die Studenten bis 1711 gänzlich von der Benutzung aus. In Würzburg hingegen hielt man die Universitätsbibliothek im Jahre 1724 schon 24 Stunden wöchentlich geöffnet. In Gießen hatte es sich fast hundert Jahre früher, nämlich bereits 1629, eingebürgert, den Studierenden jeden Mittag den Zutritt zu ermöglichen.

Regional sehr unterschiedlich verfuhr man auch beim Entleihen von Büchern. Die katholischen Universitätsbibliotheken erschwerten das Ausleihen, die protestantischen verhielten sich freizügiger, nahmen aber oft genug einen Professor in die Pflicht, der für den ausgeliehenen Band haften mußte. Schnell an ihre Grenzen stieß die Toleranz der Obrigkeit, wenn die Schriften eines Voltaire oder Montesquieu verlangt wurden. Sie blieben, um Moral und Gesinnung nicht zu gefährden, der studentischen Neugier entzogen.

Die Universitätsbibliothek Göttingen war dazu der Gegensatz und von Anfang an eine große Ausnahme. Nicht Sammeln um des Sammelns willen, sondern Dienst an der Wissenschaft und an den Lesern standen im Vordergrund. In seinem *Versuch einer Gelehrten-Geschichte von der Georg-August-Universität zu Göttingen* von 1765 lobte der Staatsrechtler Johann Stephan Pütter: »Der größte Vorteil von dieser Bibliothek besteht in dem freien und unbeschwerten Gebrauch, ein Vorzug, den ihr schwerlich irgend eine Bibliothek in Teutschland, noch auch vielleicht in anderen Gegenden streitig machen dürfte.« Die Gründung der *Georgia Augusta* war 1734 erfolgt, eröffnet wurde sie 1737. Ihr Gründer, der Hannoversche Hofrat und spätere Staatsminister Gerlach Adolph Freiherr von Münchhausen, war auch ihr erster Kurator. Bibliothek und Universität entstanden zusammen. Der Ruf der Sammlung war von Anbeginn glänzend, so daß selbst Christian Gottlob Heyne (1729–1812), der klassische Philologe, dessen vorzügliche Leitung seit 1763 immer wieder hervorgehoben wird, zunächst äußerte, er wisse nicht, was er noch verbessern solle. Die Bestände von anfänglich 12 000 Bänden wurden durch Bücherauktionen, Nachlässe und Geschenke erweitert, wobei sich die mit Hannover in Verbindung stehenden Fürstenhöfe hervorgetan haben. Dem in England regierenden König waren die Universitätsprofessoren direkt unterstellt.

Geschickt und planvoll verstand es Heyne, die Sammlung zu vergrößern und ihre Lücken zu schließen. Beträchtliche Mühe wandte er daran, die über 150 000 Bände zu katalogisieren; eine Anstrengung, die, als sie gegen Ende des 18. Jahrhunderts abgeschlossen war, der Handhabung und Nutzung der Bibliothek das beste praktische Fundament gab. In anderen Sammlungen hing das Auffinden eines Werkes mehr oder weniger von der Gnade des Bibliothekars ab, denn er allein wußte, wo ein Band aufbewahrt wurde. Heyne hingegen legte systematische Sachkataloge an und wies jedem Band einen Standort zu. Die Göttinger Doppelinstitution aus Universität und Bibliothek wurde europaweit zum Vorbild, »im Zeitalter der Aufklärung die modernste wissenschaftliche Einrichtung der Zeit« (Paul Raabe). Hervorragende Gelehrte waren hier zu Hause. Die Pflege der Rechtswissenschaften, Medizin und Philosophie erhielt Vorrang vor der theologischen Fakultät, eine eigene Zeitschrift wurde herausgegeben. Münchhausen hatte schon bei der Universitätsgründung die Errichtung einer leistungsfähigen Druckerei und einer wissenschaftlich orientierten Buchhandlung ins Auge gefaßt, »damit es Lehrenden und Lernenden nicht am nötigen Werkzeug und an Gelegenheit fehlt, sowohl von anderen gelehrten Schriften zu profitieren als auch ihre eigenen Produktionen der Welt bekannt zu machen«. Am 13. Februar 1735 schloß die Universität mit dem holländischen Buchdrucker Abraham Vandenhoeck einen Vertrag, worin dem Drucker zugleich das Recht zum Buchhandel eingeräumt wurde. Nach dem Tode der Witwe Anna Vandenhoeck 1788 wurde das Geschäft von ihrem Teilhaber, Carl Ruprecht, fortgeführt. Vandenhoeck & Ruprecht existieren noch heute, ebenso wie die *Göttingischen gelehrten Anzeigen*, die auch nach 260 Jahren noch periodisch erscheinen. Die außerordentliche Förderung des Buchhandels am Ort sorgte dafür, daß Göttingen nach den Zentren Leipzig, Frankfurt am Main, Nürnberg, Hamburg und Berlin im Laufe des 18. Jahrhunderts mit Halle bald zu den führenden Verlagsorten gehörte.

Vom Büchertausch zum Bar- und Konditionsverkehr

Etwa zweihundert Jahre lang hatte der Tausch als gängigste Verkehrsform den Buchhandel bestimmt, als er um die Mitte des 18. Jahrhunderts zusammenbrach. Innerhalb Deutschlands, wo beinahe jeder Kleinstaat seine eigenen Münzen prägte, war das »Stechen« das bequemste Mittel gewesen, mit der Vielzahl der Währungen zurechtzukommen. Die ausländischen Buchhändler schlugen jedoch schon bald andere Wege ein. Im Geschäft mit ihnen war der Tausch schon seit dem Dreißigjährigen Krieg umstritten, da sich der kriegsbedingte Qualitätsverfall zumal deutscher Ware nachteilig für all jene auswirkte, denen gutes Papier und sorgfältige Drucke mit Produkten minderer Güte vergolten wurden. Als erste haben die Holländer das Prinzip »Bogen gegen Bogen« abgelehnt und ein Tauschverhältnis von 1:3 oder auch 1:4 gefordert. Ähnliche Proportionen sind für jene Fälle bekannt, bei denen in Geldbeträgen abgerechnet wurde. So kostete beispielsweise im Jahre 1675 ein deutscher Druckbogen zwei bis fünf Pfennig, während der Bogen einer holländischen Elzevier-Ausgabe nicht unter zwölf Pfennig zu haben war.

Im 18. Jahrhundert kam es schließlich über der Frage des Tauschverkehrs zu einer innerdeutschen Entzweiung der Buchhändler. Ihren Rahmen bildete die, wie Reinhard Wittmann sie nennt, »bibliopolische Zweiteilung« Deutschlands: in aufgeklärt-liberale protestantische Länder im Norden und in der Mitte einerseits sowie einen beharrenden katholischen Südwesten andererseits. Die Verleger Leipzigs, einem Zentrum der Aufklärung, durften die glückliche Erfahrung machen, daß ihre Schriften, begünstigt durch eine freizügige Zensur, den besten Anklang beim Publikum fanden. Je besser sie aber verkauften, desto geringer wurde ihre Neigung, im Tausch für ihre begehrten Schriften die schwerer absetzbaren Druckwerke der Buchhändler aus den Reichsländern zu erhalten, den Österreichischen Erbländern, Bayern, Schwaben, Franken, dem Ober- und Niederrheinischen Kreis und aus der Schweiz.

An die Spitze der Tauschhandelsgegner setzte sich Philipp Erasmus Reich (1717–1787), seit 1745 Geschäftsführer der Weidmannschen Buchhandlung in Leipzig. Reich machte den zuvor nur hier und da geübten *Nettohandel* – auch »Kontanthandel« genannt – zu seinem Geschäftsprinzip. Kollegen, die seine Verlagswerke vertreiben wollten, mußten sie bar bezahlen, entweder bei Abnahme oder im Kreditverfahren, bei dem der Buchhändler halbjährlich eine Rechnung erhielt. Der Rabatt war mit 25 Prozent auf den Ladenpreis gering, noch geringer war er für die Buchhändler außerhalb Sachsens, die nur 16 Prozent bekamen. Die »Reichsbuchhändler«

Carl Gottlob Örtel
aus Hänichen, 25 J. Messmarkt-
helfer b. W. G. Korn a. Breslau.
1835.

Ein Meßmarkthelfer war Packer, Austräger von Paketen, Briefen und Rechnungen, darüber hinaus Informations- und Nachrichtenquelle ersten Ranges. Farbige Lithographie, 13 × 19,2 cm.

drohten daraufhin mit einem Boykott der Leipziger Messe und mit massivem Nachdruck sächsischer Bücher, was Reich auf seine Art quittierte: Gemeinsam mit anderen Verlegern zog er sich 1764 vom Frankfurter Messegeschäft zurück, unterstützt vom Leipziger Magistrat, der sich davon eine weitere Stärkung des heimischen Buchgewerbes versprach. Frankfurt am Main war von nun an nur noch für den süddeutschen Buchhandel von Bedeutung. Reichs Absicht, »die Buchhändlermessen, sozusagen, daselbst zu begraben«, hätte kaum besser erfüllt werden können.

Im gleichen Jahr – dem »Todesjahr der Frankfurter Buchmesse« – und in Erwartung des angedrohten Nachdruckes entwickelte Reich den Gedanken einer *deutschen Buchhandelsgesellschaft.* Als im Jahre 1765 die Leipziger Ostermesse eröffnet wurde, empfing die anreisenden »Herren Buchhändler« ein Zirkular, das die Gründung der Gesellschaft bekannt gab und zum Beitritt aufforderte. 56 von 220 Meßbesuchern, zumeist jene aus Leipzig und Norddeutschland, folgten dem Aufruf: die erste Buchhändlervereinigung, ein Vorläufer des Börsenvereins, war geboren. Die Mitglieder verpflichteten sich, mit den geschäftsschädigenden Nachdruckern keinen Handel zu treiben, mehr noch, man ging in die Offensive: Finanziert aus einer Gemeinschaftskasse, sollten die besten Originalwerke der Gegner ihrerseits nachgedruckt und auf Lager gehalten werden.

Mangelnder Korpsgeist, geringe Mitgliederzahl und eine widerstrebende Haltung der sächsischen Regierung verhinderten eine öffentliche Wirksamkeit der *Buchhandelsgesellschaft* und ließen das Unternehmen rasch absterben. Dennoch kam Reich dem gesteckten Ziel in der Folge näher, denn am 18. Dezember 1773 erließ die kursächsische Regierung ein »Buchhandelsmandat«, das generell den Verkauf oder Vertrieb von Nachdrucken auf der Leipziger Messe verbot und einen allgemeinen Eigentumsschutz für Werke versprach, sofern sie in Sachsen gedruckt worden waren. Als Eigentumsnachweis waren ein Vertrag zwischen Autor und Verleger sowie ein Protokolleintrag in der Leipziger »Bücherrolle« gefordert.

Ein Mittelding zwischen Nettogeschäft und Tausch bildete der *Konditionshandel,* der 1775 unter den von den Leipziger Praktiken brüskierten Reichsbuchhändlern entstand. Die Buchhändler sandten sich gegenseitig die Neuerscheinungen zu. Verkaufte Bücher wurden an Cantate, also am vierten Sonntag nach Ostern, und an Michaelis, dem 29. September, miteinander verrechnet. Unverkauftes konnte zurückgeschickt werden. Der Verkäufer erhielt ein Drittel des Laden- oder *Ordinärpreises.* Unter den Bedingungen des Konditionshandels nahmen Ostern 1788, erstmals nach dem Tod von P. E. Reich, süddeutsche und schweizerische Buchhändler wieder in größerer Zahl an der Leipziger Messe teil, neunzehn von ihnen formulierten im Herbst darauf ihren Unmut über die Leipziger Großverleger in der *Nürnberger Schluß-nahme*. Die Resolution forderte die mittel- und nord-deutschen Verleger auf, von »ihren unerlaubt theuren Bücherpreisen« Abschied zu nehmen, ihre Werke nicht nur zur Messezeit, sondern ganzjährig auszuliefern, sich dazu an einem umfassenden Kommissionsbetrieb zu be-teiligen, Abrechnungsfristen von Ostermesse zu Oster-messe und ein Rückgaberecht (Remission) für unver-kaufte Bücher einzuräumen.

Mit der Annäherung der beiden Parteien wurde ein Ausgleich möglich, der das Messegeschäft in der Folge-zeit nachhaltig veränderte. Aus den Verwaltern, den Ab-gesandten der Verleger in den Messestädten, wurden Kommissionäre, die für eine beständige Auslieferung an örtliche und auswärtige Buchhändler Sorge trugen. Die Wünsche einer novitätenhungrigen Kundschaft konn-ten zügig erfüllt, die Lager klein gehalten werden. Das neue Kommissionswesen bildete die Grundlage dafür, daß sich der Handel von der Herstellung absondern und der Typus des reinen Sortimenters entstehen konnte. Neuerscheinungen wurden zunehmend gebunden ver-sandt, und neben dem Vertrieb von Novitäten bildete sich für ältere Literatur der Antiquariatsbuchhandel als anerkannte Profession heraus.

Friedrich Christoph Perthes (1772–1843) in Ham-burg gilt als der erste, der im Jahre 1796 eine Sorti-mentsbuchhandlung ganz ohne Verlagsanbindung, nur dem Verkauf gewidmet, gründete. Seine Ankündigung warb mit dem Hinweis, daß er »die besten älteren und neuern in Deutschland herausgekommenen Bücher« auf Lager halte. Außerdem versprach er, »jedes Buch, das überhaupt noch irgendwo zu bekommen ist, verschaf-fen zu können.« Einen Teil des Sortiments hatte Perthes einbinden lassen, und so waren in seinem Laden erst-mals gebundene Bücher zur Ansicht ausgestellt, um dem Leser »die Kenntnis von dem, was man kauft, zu er-leichtern«. Bis dahin hatte man als Kunde Neuerschei-nungen meist nur auf die Bestellung hin zu Gesicht bekommen.

Von Perthes stammt auch die im Juli des Jahres 1816 anonym erschienene Programmschrift *Der deutsche Buchhandel als Bedingung des Daseyns einer deutschen Literatur*, die für den Buchhandel ein einheitliches Urheberrecht und einen staatlichen Rechtsschutz forderte, um die Einheit der deutschen Literatur als kulturpolitische Aufgabe zu sichern. Über ihre wirt-schaftliche Rolle hinaus maß Perthes der buchhänd-lerischen Tätigkeit eine zentrale Bedeutung für die nationale und bürgerliche Entwicklung Deutschlands zu. »Geeignet zu solchem Beruf«, schrieb er, »ist unser Buchhandel dadurch, daß er einen Stapel-Ort hat, wo eine jährliche Zusammenkunft aller Buchhändler gehalten wird, daß ein halbjähriges, allgemeines Ver-

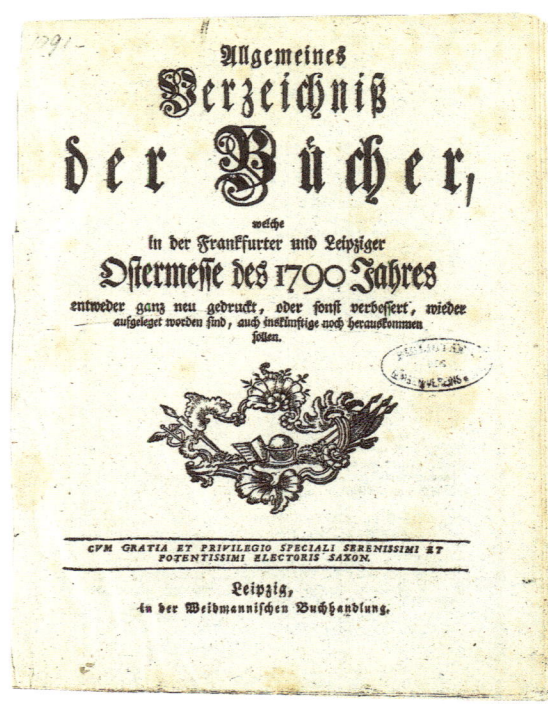

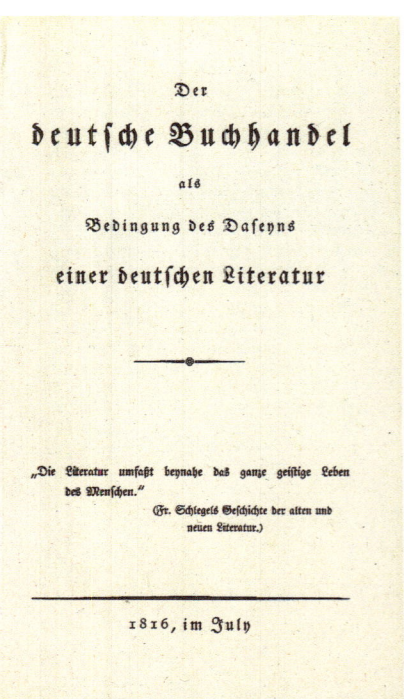

Bibliopolium. Der Buchladen. Holzschnitt aus J. A. Comenius, *Orbis sensualium pictus.* 1754 in Nürnberg von Michael Endter gedruckt. Seite: 9,4 × 15,9 cm. Holzschnitt: 7,6 × 4,7 cm.

Titelblatt des von Henning Groß begründeten, ab 1759 von der Weidmannschen Buchhandlung übernommenen Meßkatalogs. Vorläufer der professionellen Bücherlexika und Allgemeinbibliographien für Buchhändler.

Die anonym publizierte Flugschrift von Fr. Chr. Perthes war ein drängender Appell an die Bundesversammlung, endlich den Schutz der Verlegerrechte gesetzlich festzuschreiben.

zeichnis der neuerscheinenden Bücher herauskommt, daß allgemeine, gute und richtige Bücherkataloge nebst anderen literarischen Hülfsmitteln, sowie endlich mehrere allgemeine, die ganze Literatur umfassende critische Institute vorhanden sind.«

Das Lob der Bücherkatologe war nicht unberechtigt: Auf diesem Gebiet hatte sich einiges getan. 1742 hatte der Leipziger Verleger Theophil Georgi ein *Europäisches Bücherlexicon* herausgebracht, großformatig und in vier Bänden, worin erstmals Buchpreise angegeben und der Seitenumfang der Titel genannt wurden. Diese »erste brauchbare Allgemeinbibliographie für buchhändlerische Zwecke« (R. Wittmann) hatte Bestand, bis sie 1793 durch das *Allgemeine Bücherlexikon* von Johann Wilhelm Heinsius abgelöst wurde, das beanspruchte, sämtliche seit 1700 erschienenen Bücher nebst Druckort, Verlag und Preis aufzuführen. Ihm folgte, von Johann Conrad Hinrichs herausgegeben, bereits im Jahre 1798 das *Verzeichnis neuer Bücher*, das in der buchhändlerischen Bibliographie bald führend wurde. Als *Verzeichnis der Neuerscheinungen* behauptete es sich im 19. Jahrhundert, war verbunden mit dem Börsenblatt des Deutschen Buchhandels und erschien, bearbeitet durch die Hinrichs'sche Buchhandlung, zunächst einmal, von 1842 an zweimal die Woche.

Eine Bilanz müßte große Veränderungen für den Buchhandel am Ende des 18. Jahrhunderts festhalten: Die Abkehr vom Tausch- oder Changehandel war vollzogen. Dieser hatte, basierend auf einem Prinzip buchhändlerischer Solidarität, Geschäftsinitiative ohne größeren Einsatz liquider Geldmittel erlaubt, in Konsequenz dessen aber auch die Überproduktion gefördert und vieles als tauschwerte Ware auf den Markt geworfen, was sich nachträglich als Makulatur erwies und die Lager verstopfte. Mit Philipp Erasmus Reich, dem gelobten und geschmähten Reformer, zog die Geldwirtschaft in den Buchhandel ein. Wenngleich sich der von Reich favorisierte Nettohandel schließlich nur in der milderen Variante des Konditionssystems durchsetzte, so war doch nun Barabrechnung üblich und Kapitalbildung möglich: Das Konkurrenzdenken konnte recht eigentlich erwachen, die Dynamik kapitalistischen Wirtschaftens konnte sich entfalten. Zudem leistete die Verwandlung der Vertreter in Kommissionäre der Anonymisierung des Buchhandels Vorschub. Wesentliches Ergebnis dieser Entwicklung war die Trennung von Verlag und Sortiment, vergleichbar der Trennung von Druck und Verlag im 16. und 17. Jahrhundert und ähnlich bedeutsam. Nicht zu vergessen ist schließlich die regionale Verschiebung der Gewichte, wie sie in der Bevorzugung Leipzigs als Buchmessestadt zum Ausdruck kommt: Leipzig hatte Frankfurt den Rang abgelaufen, und der süddeutsche Buchhandel war merklich ins Hintertreffen geraten.

Nachdruck – *en gros* und auf Regentenwunsch

Das kursächsische Buchhandelsmandat von 1773 zeigte ein Doppelgesicht, freundlich gegen Einheimische und Nachbarn, abweisend gegen Fremde. Der Gewinn an Rechtsschutz und Rechtssicherheit, den die staatliche Schirmherrschaft mit sich brachte, war als Fortschritt zu begrüßen. Daß sich die Patronage jedoch auf sächsisches Territorium und sächsische Interessen konzentrierte, bezeugte egoistischen Geist und mußte den Buchhandel im übrigen Reich provozieren. Der reagierte mit einem Nachdruck norddeutscher Literatur in bisher unbekanntem Ausmaß. In den achtziger Jahren wurden im süddeutschen Raum sowie in Österreich und der Schweiz mehr Nachdrucke verkauft als im übrigen Deutschland Originalausgaben. Franz Varrentrapp in Frankfurt, Christian Gottlieb Schmieder und C. Macklot in Karlsruhe, J. G. Fleischhauer in Reutlingen, Franz Joseph Eckebrecht in Heilbronn und allen voran der Wiener Johann Thomas Edler von Trattner stiegen auf zu führenden Persönlichkeiten des Geschäfts. Trattner annoncierte die bei ihm zu erstehenden Nachdrucke eines Klopstock, Geßner, Gellert oder Ewald von Kleist werbewirksam in einem »Avertissement«; Schmieder brachte es zu der zweifelhaften Ehre, daß nach ihm der Nachdruck kurzerhand als Schmiederei, die Nachdrucker als Schmieder bezeichnet wurden. Mit gutem Grund hat man ob dieser Vehemenz vom »Nachdruckzeitalter« gesprochen und damit eine Periode umrissen, die mit der Reaktion auf den beginnenden Nettohandel ungefähr in den sechziger Jahren des 18. Jahrhunderts begann und am 5. November 1835 ihr amtliches Ende fand: An diesem Tag beschloß die Versammlung des Deutschen Bundes ein offizielles Verbot des unerlaubten Nachdrucks.

Die räuberische Praxis als solche gab es seit der Inkunabelzeit. Neu und bezeichnend für das »Nachdruckzeitalter« war der Rückhalt, den sie von der Obrigkeit in den Reichslanden erfuhr. Man gedachte damit das heimische Gewerbe zu fördern. Was an interessanter Literatur neu auf den Markt kam, kam nur allzuoft aus Leipzig oder aus dem Berlin des rührigen Aufklärers Friedrich Nicolai. Gegen diese verlegerische Übermacht wurde der Nachdruck als Mittel propagiert, die landeseigenen Papiermüller und Drucker in Brot und Arbeit zu setzen, die Steuerkassen der Kleinstaaten zu füllen und die Handelsbilanz mit Sachsen zu verbessern. Die Hessische Regierung lud gar im November 1774 zu einer Nachdruckmesse ein, dem *Hanauer Bücherumschlag*, der im Juni 1775 tatsächlich stattfand, jedoch mangels Beteiligung binnen drei Jahre zum Erliegen kam. In Wien wilderte der zum Hofdrucker erhobene Trattner auf kaiserliches Gebot hin. Maria Theresia höchstselbst soll ihn dazu mit den Worten angehalten haben:

285

»Unterdessen aber, lieber Trattner, sagen Wir ihm, daß es unser Staatsprinzip sei, Bücher hervorbringen zu lassen, es ist fast gar nichts da, es muß viel gedruckt werden. Er muß Nachdrucke unternehmen, bis Originalwerke zustande kommen. Drucke Er nach. Sonnenfels soll ihm sagen, was.«

»Bis Originalwerke zustande kommen«: Offenkundig erkannte die Kaiserin neben dem wirtschafts- das literaturfördernde Potential des Nachdruckens zu einer Zeit, als österreichische Kultur und Dichtkunst dringend einer fördernden Hand bedurften. Josef Nadler hat denn auch geurteilt: »In Trattners Nachdrucken hat das Österreich des 18. Jahrhunderts die große deutsche Literatur aufgenommen. Auf Trattners Nachdrucken beruht die literarische Bildung des neuen Österreich. In Trattners Nachdrucken reifte die eigene große Dichtung Österreichs heran.« Mit seinen 26 Pressen, mit Schriftgießerei, Kupferdruckerei und Bindewerkstatt versorgte Trattner selbst die entlegensten Provinzstädte mit zeitgenössischer Literatur und wissenschaftlichen Neuigkeiten.

Zur Verbreitung der Aufklärung hat der Nachdruck beträchtlich beigetragen. Knigge verteidigte ihn deswegen, Wieland, der ihn »ärger als Hochverrath« schimpfte, erkannte zumindest an, daß der Nachdruck dem Schriftsteller nicht wenig schmeichle und seinen Ruhm verbreite. Das hatte einst selbst Luther eingeräumt, aber anders als für den Wittenberger stand für die Schriftsteller des ausgehenden 18. Jahrhunderts bei Nachdrucken erstmals Honorar auf dem Spiel. Nicht allein die Verleger, sondern auch die Autoren waren nunmehr Geschädigte, so daß im Für und Wider die negativen Stimmen überwogen. Lichtenberg sprach unversöhnlich von der »Gaunerzunft« und vom »Schleichdrucker«, der ein Dieb sei »so gut als irgendeiner, mit dessen Gerippe der Wind spielt«. Konsequent hat sich Christian Vulpius, der Verfasser der gierig verschlungenen und folglich ebenso gierig nachgedruckten Geschichte vom edlen Räuber Rinaldo Rinaldini, in der fünften Auflage seines Erfolgsbuches mit einer nachträglich eingefügten Szene revanchiert, in der ein Nachdrucker aus »Reutlingen« von Rinaldos Kumpanen an den Galgen befördert wird. Nicht etwa, weil sie eine persönliche Rechnung mit ihm offen hatten. Sondern allein seiner Profession wegen: »weil er, meinten sie, für ihre Gesellschaft zu schlecht sey«.

Die deutsche Verlagslandschaft des 18. Jahrhunderts

Die deutsche Verlagslandschaft bot ein buntes Bild, ihre dezentrale Ordnung entsprach ganz der politischen Kleinstaaterei. Am größten war die Konzentration der Verlage und Buchhandlungen in den Handelsstädten. Ihnen folgten die Residenzen, dann die Universitätsstädte.

Gustav Schwetschke hat im vorigen Jahrhundert eine Auswertung der Messekataloge vorgenommen, Neuerscheinungen gezählt und die Produktivität der Verlage gewichtet. Im *Codex Nundinarius Germaniae literatae bisecularis*, dessen zwei Bände 1850 und 1877 in Halle erschienen, gelangt er für die Aufschwungzeit von 1770 bis 1780 zu folgender Rangordnung der zehn wichtigsten Verlagsorte: Die Messestadt Leipzig dominiert mit deutlichem Abstand vor Berlin, dem Zentrum der preußischen Aufklärer. An dritter und fünfter Stelle kommen mit Frankfurt am Main und Nürnberg zwei alte Handelsstädte, dahinter jeweils die Universitätsstädte Halle und Göttingen an vierter bzw. sechster Stelle. Den Beschluß dieser ersten Zehn bilden Hamburg, Wien, Breslau und Dresden. Schwetschkes Reihenfolge muß gerade auf den mittleren Plätzen nicht als absolut genommen werden – andere Auswertungen sehen Nürnberg und Wien vor Halle, Hamburg vor Göttingen – im ganzen aber dürfte sie zutreffen.

Die strukturellen Veränderungen des Verlagswesens im 18. Jahrhundert vollziehen sich in zwei Perioden: Den Einschnitt markiert der Siebenjährige Krieg. Bis 1756 hatte der traditionsbewußte, an Neuerungen wenig interessierte Verlegertypus das Geschäft geprägt. Der Krieg zog das norddeutsche und vor allem Leipziger Buchgewerbe stark in Mitleidenschaft, indes bewirkte dort die nachfolgende Aufbauphase einen Modernisierungsschub. Mit dem Hubertusburger Frieden von 1763 begann eine Zeit verstärkter Prosperität. Ein neuer Verlegertyp, beispielhaft verkörpert in Philipp Erasmus Reich, trat hervor: literarisch interessiert, mit einem Gespür für den Publikumsgeschmack, verband er kaufmännischen Sinn und Buchverstand. Neu war der spekulative Zug in der Verlagspolitik, der es mit sich brachte, daß erfolgversprechende Autoren mit erstmals nennenswerten Honoraren an den eigenen Verlag gebunden oder von einem anderen fortgelockt wurden.

In Leipzig hat die Weidmannsche Buchhandlung unter der Leitung von P. E. Reich ihre Führungsrolle nicht nur halten, sondern noch stärken können. Ähnlich gut stand im letzten Jahrhundertdrittel das Unternehmen von Johann Friedrich Weygand da, der mit Goethes Romanerstling, dem *Werther*, einen außerordentlichen Erfolg landete und es auch sonst verstanden haben soll, mit begabten, aber noch unbekannten Schriftstellern Kasse zu machen. Eine Spezialisierung auf Fachgebiete, derart, daß man von vornherein nur bestimmte Literatur druckte, gab es noch nicht. Offenkundig allerdings waren Vorlieben. So erwarb sich Breitkopf als Verleger von Musikalien einen guten Ruf, und eine andere der alteingesessenen Leipziger Firmen, die von Johann Gottfried Dyck, verzeichnete in ihrem Programm einen überproportionalen Anteil an belletristischen Titeln.

Der Aufschwung Berlins zu einer bedeutenden Verlags- und Buchhandelsstadt gehört zu den auffälligsten Erscheinungen des Jahrhunderts. Um 1750 gab es bereits dreizehn Buchhandlungen in der Stadt. Fünf davon waren französische Häuser mit einem auf französische Titel begrenzten Angebot, bei der sechsten handelte es sich um eine Niederlassung der Hallischen Waisenhausbuchhandlung. Blieben sieben bodenständige Berliner Verlegersortimenter übrig, von denen allerdings nur vier eine größere Rolle spielten: die Rüdiger'sche Buchhandlung, die Christian Friedrich Voss seit 1748 als Erbe führte, die Firma Ambrosius Haude, die Nicolai'sche Buchhandlung und die Buchhandlung der Realschule. Ambrosius Haude hatte im Jahre 1723 die Papen'sche Buchhandlung übernommen und Friedrich den Großen schon mit Lektüre versorgt, als dieser noch Kronprinz war und Bücher in Tapetenschränken versteckte, um sie dem gestrengen Blick seines Vaters zu entziehen. Voss war der bevorzugte Verleger von Gotthold Ephraim Lessing.

Zum Inbegriff eines der Aufklärung verpflichteten Verlegers wurde Friedrich Nicolai (1733–1811). Als Sohn eines Berliner Buchhändlers war er von Kindeszeit an mit dem Metier vertraut, hatte in Frankfurt an der Oder eine dreijährige Buchhändlerlehre absolviert und seine freie Zeit genutzt, um sich als Autodidakt, der nie eine Universität besucht hatte, in den sogenannten »schönen Wissenschaften« zu bilden. Die intensive Aneignung der älteren und bald auch der zeitgenössischen Literatur förderte den Wunsch, freier Schriftsteller zu werden. 1753 trat der Zwanzigjährige mit einem Buch über John Miltons Epos vom verlorenen Paradies hervor, zwei Jahre später brachte er mit seinen *Briefen über den itzigen Zustand der schönen Wissenschaften in Deutschland* die literarische Kritik zum Aufhorchen. Die *Bibliothek der schönen Wissenschaften*, ein Rezensionsorgan, deren erste Bände Nicolai gemeinsam mit Lessing und Mendelssohn herausgab, erschien noch bei Dyck in Leipzig. Für das nächste Zeitschriftenprojekt aber, die 1759 erscheinenden *Briefe, die neueste Literatur betreffend*, lautete dann das Impressum: »bey Friedrich Nicolai in Berlin«. Die *Literaturbriefe*, vielfach gerühmt als Hebamme einer deutschen Nationalliteratur, waren Nicolais erstes großes Verlagsunternehmen.

Man tut dem berühmtesten Berliner Aufklärer Unrecht, wenn man in ihm nur den Herausgeber der *Allgemeinen deutschen Bibliothek* sieht. Zwar hat kein kritisches Organ der Aufklärungszeit eine ähnlich große Wirkung entfaltet wie diese von Friedrich Nicolai edierte und verlegte, mit einer kurzen Unterbrechung fast vierzig Jahre lang (1765–1805) erschienene, 256 Bände umfassende Zeitschrift. Aber der Literaturvermittler Nicolai hat auch mit Leidenschaft Bücher verlegt: von Thomas Abbt einen Band mit *Vermischten Schriften* und *Vom Tod fürs Vaterland*, von seinem Freund Moses

Mendelssohn dessen reifstes Werk, den *Phaedon*, eine Anknüpfung an den gleichnamigen platonischen Dialog. Diderots Schriften und Marivaux' Romane erschienen bei Nicolai in der Sprache der Originale, ebenso Alexander Pope, von dem er eine zehnbändige englische Werkausgabe herausbrachte. Für die Verbreitung der Ideen Voltaires, den er nicht selbst herausbrachte, sorgte er mittels Kommissionsvertrieb. Nicolais Beispiel hat anstachelnd gewirkt, er belebte die Nachfrage und das Geschäft. Daß die Zahl der in Berlin ansässigen Verlage am Ende des Jahrhunderts auf dreißig angestiegen war, ist mittelbar auch sein Verdienst gewesen.

Wie viele Bücher der Aufklärungszeit besaßen Nicolais Verlagswerke ein bei aller Solidität einfaches, schmuckloses Aussehen. Meist waren sie mit einer groben Fraktur auf anspruchslosem grauem Papier gedruckt. Nicolai druckte nicht selbst, sondern ließ bei anderen Firmen arbeiten. Merklich schöner wurden seine Bücher durch die Zusammenarbeit mit Johann Friedrich Unger (1753–1804), dessen Ruf als exzellenter Typograph weit über die Grenzen Berlins hinausreichte. Ein Beispiel für gelungene Kooperation sind die acht zierlichen, mit Kupfern Chodowieckis illustrierten Bändchen, die Nicolai für seine Gönnerin Katharina II. unter dem Titel *Bibliothek der Großfürsten Alexander und Konstantin* versammelte, und die von 1784 bis 1788 bei Unger gedruckt wurden.

Der gebürtige Berliner Johann Friedrich Unger, Sohn des Schriftsetzers und Holzschneiders Johann Georg Unger, war gelernter Buchdrucker. Eine intensive Beschäftigung mit dem Holz- und Stempelschnitt folgte. 1780 eröffnete er eine eigene Druckerei in Berlin, 1788 wurde Unger Drucker der Akademie der Künste. Im Jahre 1800 berief man ihn zum Professor für Holzschneidekunst. Unger war ein in seiner Zeit anerkannter Künstler und zugleich engagierter Druckerverleger, Begründer eines Großunternehmens mit Schriftgießerei und Verlag. Goethe, der nach einem Zerwürfnis mit seinem Verleger Göschen zu ihm übergewechselt war, ließ bei Unger eine Reihe von Dichtungen erscheinen: 1789 *Das Römische Carneval*, 1795/96 *Wilhelm Meisters Lehrjahre*, in vier kleinen starken Bänden und mit Ungers neuer Fraktur gedruckt, sowie von 1792 bis ins Jahr 1800 sieben Bände *Neue Schriften*. Von Schiller brachte Unger die *Jungfrau von Orleans* als kleinformatigen hübschen Kalender heraus, in Antiqua gesetzt und mit dem Kopf der Minerva als Titelkupfer. August Wilhelm Schlegels *Shakespeare-Übersetzung* erschien bei ihm in acht Bänden von 1797 bis 1802 und von Schleiermacher die *Reden über die Religion*. Selbst als Zeitungsverleger und -drucker hat sich Unger betätigt: von 1802 an kam bei ihm die *Vossische Zeitung* heraus. Das umfangreiche Unternehmen konnte nach Ungers Tod von der Witwe nicht gehalten werden und ging nach wenigen Jahren in andere Hände über.

Um Verleger zu sein, mußte man keiner Innung angehören. In Verlagswesen und Buchhandel tummelten sich damals verwegene und verkrachte Existenzen neben braven Kaufleuten und »Aufklärungsverlegern« vom Schlage eines Nicolai, Breitkopf, Dyck oder Johann Christian Gädicke, die Geschäftskenntnis und Gelehrsamkeit verbanden, nicht nur mit Büchern handelten, sondern selbst welche schrieben. Beförderer der Aufklärung waren auf ihre – verglichen mit Nicolai freilich weniger spektakuläre – Weise auch Johann Jakob Kanter in Königsberg, Carl Ernst Bohn in Kiel (der von 1792 bis 1800 Nicolais *Neue Allgemeine deutsche Bibliothek*, die Fortsetzung der *ADB*, verlegte) oder Friedrich Justin Bertuch in Weimar. In Riga war es Johann Friedrich Hartknoch, der Verleger Immanuel Kants, in Göttingen Johann Christian Dieterich, der Freund und Verleger Lichtenbergs. Nicht zu vergessen der Verlag J. B. Metzler in Stuttgart, die Firmen Lagarde und Friedrich in Libau, Johann Jakob Korn in Breslau. Einer gesonderten Erwähnung bedürfen Göschen und Cotta, sie haben als »Klassikerverleger« Geschichte gemacht.

Zwei große Verleger der Klassik: Göschen und Cotta

Die deutsche Klassik umfaßt etwa den Abschnitt zwischen der Französischen Revolution und dem Wiener Kongreß. Dieser Zeitraum von 1789 bis 1815 war für die Literatur in Deutschland eine der fruchtbarsten Perioden. In Reaktion auf die von den deutschen Aufklärern zunächst begrüßte, dann aber wegen ihres Blutdurstes zunehmend verabscheute Revolution zerfiel der ästhetische Kanon, der die Schriftsteller der Spätaufklärung geeint hatte. Drei Parteien, eine jede mit ihrem eigenen künstlerischen Credo, entstanden: die klassische, deren Programm maßgeblich von Schiller und Goethe formuliert wurde; die romantische, vertreten durch Novalis und die Brüder Schlegel; sowie die jakobinische. Im Unterschied zu den beiden erstgenannten Parteien begrüßten die »deutschen Jakobiner« wie Georg Forster, Georg Friedrich Rebmann oder der in diesem Punkt wenig freiherrliche Adolph Freiherr von Knigge die Revolution und schrieben dementsprechend auch der Literatur andere Aufgaben zu.

Neben den drei großen Schriftstellerfraktionen samt ihren ambitionierten Theorien über Kunst, Literatur und Wirklichkeit gab es die große Schar der weniger kunstbeflissenen, dem breiten Lesebedürfnis zuarbeitenden Autoren. Beide Richtungen entwickelten sich

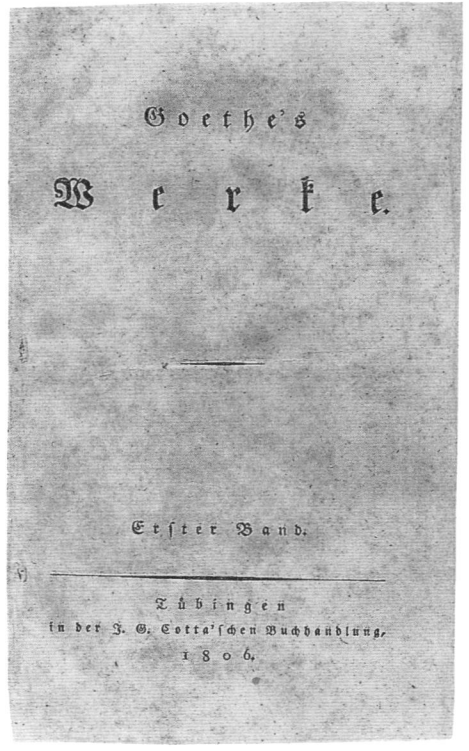

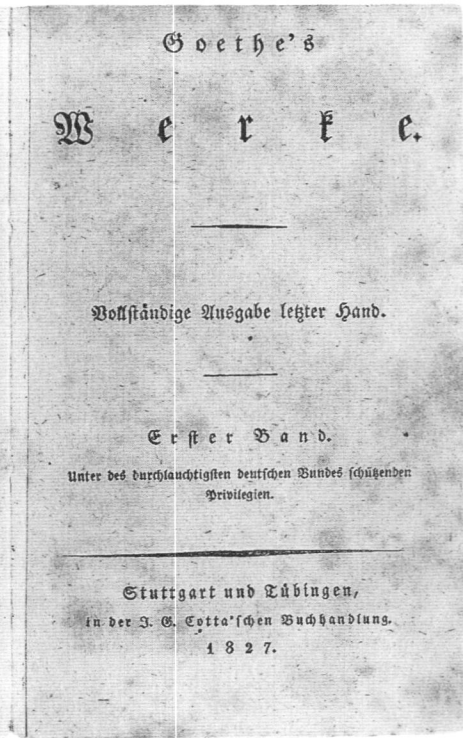

Titelseite des ersten Bandes von 1806, verlegt bei Cotta in Tübingen. 10,5 × 18,2 cm.

Titelblatt mit Privileg gegen den Nachdruck und Titelbild zu Goethes Ballade *Der Erlkönig*. Stuttgart, Tübingen: Cotta 1827. 8,3 × 13 cm.

auseinander und endeten schließlich in der Trennung der Literatur in Kunstliteratur und Trivialliteratur – eine Unterscheidung in Hoch und Niedrig, die der Aufklärungszeit noch fremd gewesen ist und die im 19. Jahrhundert durch die Kanonisierung der Werke »klassischer« Autoren vollendet wurde. *Classici* hatten einst die Angehörigen der ersten von fünf Steuerklassen im antiken Rom geheißen. Dazu zählten die vermögendsten und angesehensten Bürger der Stadt. Der Grammatiker Aulus Gellius (123–165) übertrug dies auf die Autoren. Ein *scriptor classicus* war danach ein mustergültiger Autor, ein Schriftsteller »ersten Ranges«. In diesem nicht länger programmatisch-ideologischen, sondern nur noch hierarchischen Sinn rückten neben Goethe und Schiller rasch Lessing, Herder und Jean Paul zu Klassikern auf. Bald bedachte man auch einzelne Autoren der vorangehenden Generation wie Wieland und Klopstock mit diesem Ehrentitel. Von den Romantikern hatte Eichendorff als erster das Zeug, unter die Klassiker der deutschen Dichtung eingereiht zu werden. Als Klassiker wurden die Einzelgänger Hölderlin und Kleist zunächst nicht anerkannt.

Der erste große Verleger der deutschen Klassik ist Georg Joachim Göschen (1752–1828) gewesen, als Drucker und Typograph berühmt für seine Prachtausgaben, vorzüglich für die Ausgabe der Werke Wielands und für

Musen-Almanach für das Jahr 1799, herausgegeben von Friedrich Schiller, Tübingen 1798. Die Gestaltung des Umschlags besorgten Goethe und J. H. Meyer. 9,5 × 15 cm.

Schillers *Don Carlos* in der luxuriösen Edition von 1802. Über das in schöner Antiqua und mit großzügigem Satzspiegel auf hochwertigem Papier gedruckte, im Großoktav herausgebrachte Werk äußerte sich der Dichter hochbefriedigt: »Die neueste Ausgabe des *D. Carlos* bei Göschen ist das schönste was ich in dieser Art kenne.« Göschen druckte Klopstocks Werke, Schriften Lessings und antiker Autoren in sorgfältiger Ausstattung, auch war er der Verleger der ersten Ausgabe der gesammelten Werke Goethes. Sein typographischer Ehrgeiz trug ihm den Ruf eines »deutschen Bodoni« ein – dabei war Göschen kein gelernter Buchdrucker. Gebürtiger Bremer, aufgewachsen in ärmlichen Verhältnissen, hatte er mit Erfolg eine Buchhandelslehre abgeschlossen und in Leipzig eine Stelle in der Crusius'schen Buchhandlung erhalten. Dort war er für dreizehn Jahre geblieben, hatte dann die Geschäfte der zur Gelehrtenbuchhandlung gehörigen Verlagscasse in Dessau geführt und nach deren Scheitern im Jahre 1785 die bestehenden Verbindungen für die Gründung eines eigenen Verlages in Leipzig genutzt.

Dem Leipziger Verlag wurden eine Schriftgießerei und eine (im Jahre 1797 nach Grimma verlegte) Druckerei angegliedert, so daß Göschen die Verwirklichung seiner typographischen Vorstellungen ganz in eigene herstellerische Regie nehmen konnte. Einen Begriff von seiner buchliebenden Praxis gibt auch seine Einstellung zum Papier, auf dessen Güte und Glätte er außerordentlichen Wert legte. Die Beschaffung war nicht einfach. Die deutschen Papiermühlen vermochten nicht die gewünschte Qualität zu liefern. Es blieb so nur der Weg nach Holland und für allerbeste Sorten die Reise in die Schweiz, die Göschen dann auch antrat, um bei der Imhoffschen Papiermühle in Basel sein Papier zu bestellen. Besorgt drängte er 1796 seinen Autor Wieland um Lieferung von Manuskripten; denn: »Imhoff könnte sterben, und dann fehlt mir das Papier.«

Göschens Verleger- und Buchverstand war nicht allein auf Prachtausgaben und das typographisch Mustergültige gerichtet. Parallel zur Prachtedition gab er von Wielands *Sämmtlichen Werken* drei schlichtere und weit weniger teure Ausgaben heraus, er verlegte das Massenbuch des 18. Jahrhunderts schlechthin, das mit einer Million Exemplaren verkaufte *Noth- und Hülfsbüchlein für Bauersleute*, und trat damit als einer der ersten Verleger billiger Taschenausgaben in Erscheinung.

Zum berühmtesten Verleger der Goethezeit wurde Johann Friedrich Cotta (1764–1832). Dieser »Bonaparte des deutschen Buchhandels« war eine Ausnahmeerscheinung unter den Unternehmern der Jahrhundertwende, eine Figur der neuen Zeit, ein Freund der Literatur, ein Mäzen auch junger Literaten und ein Mann von großer Liberalität. Als Besitzer der württembergischen Herrschaft Plettenberg hob er als erster die Leibeigenschaft der Bauern auf; er hielt seinen Autoren über Jahrzehnte hin die Treue, zahlte generöse Honorare und setzte sich gemeinsam mit Friedrich Justin Bertuch für die Lockerung der Zensur ein. Es gab kaum einen Schriftsteller von Rang, von dem er nicht ein oder mehrere Werke verlegt hat. Bei ihm veröffentlicht zu haben, zählte für ein aufstrebendes Talent mehr als jedes Empfehlungsschreiben. Bis zum Erlöschen der Klassikerrechte im Jahre 1867 war der Cotta-Verlag führend auf dem Gebiet der Klassikerausgaben.

Als Johann Friedrich Cotta am 1. Dezember 1787 die Leitung der Cotta'schen Buchhandlung in Tübingen übernahm, geschah dies eher notgedrungen. Nach einem Studium der Mathematik und Rechtswissenschaft war er eigentlich auf dem besten Wege, Hofgerichtsrat zu werden. Doch das Geschäft, das sein Urgroßvater Johann Georg Cotta im Jahre 1659 durch Einheirat in die Familie des Universitätsbuchführers Brunn erworben hatte, befand sich auf dem absteigenden Ast. Dem Dreiundzwanzigjährigen gelang die Abwendung des Ruins. J. F. Cottas Aufstieg zum »Klassikerverleger« begann mit der Bindung Friedrich Schillers an die Verlagsbuchhandlung im Mai 1794. Auf Ausdehnung seines Unternehmens bedacht, trachtete er, den Dichter für die Redaktion einer geplanten politischen Zeitung großen Stils zu gewinnen. Schiller seinerseits suchte einen Verleger für eine literarisch-philosophische Zeitschrift. Daraus entstanden als erstes gemeinsames Projekt die *Horen*, deren Hefte vom Januar 1795 an erschienen. Schiller ließ fortan beinahe alle seine Werke von Cotta herausbringen, er empfahl dem Verleger den *Hyperion* Hölderlins (»Er hat recht viel genialisches«) und führte ihm Goethe zu.

Cotta wurde zum Hauptverleger von Goethes Spätwerk (und er starb im selben Jahr wie der Weimarer Dichter). Bei ihm erschienen *Faust I* (1806) und *Faust II* (1832), er brachte in der kurzen Spanne von anderthalb Jahrzehnten erst eine dreizehn-, alsdann eine zwanzigbändige »Gesamtausgabe« heraus (1806 ff. und 1815 ff.), und Goethe überließ ihm auch die Rechte an seiner *Werkausgabe letzter Hand*. Zeitweise erschienen im Cotta-Verlag fünf, gar sechs Reihen parallel, thematisch breit gestreut, wie die Titel verraten: *Taschenbuch für Damen*, *Musenalmanach*, *Taschenbuch für Gartenfreunde*, *Pferdekalender*, *Kartenalmanach* und dergleichen mehr. Der niedrige Preis bei hübscher Ausstattung und die hohen Auflagen verschafften den Bändchen eine weite Verbreitung. Das Niveau schwankte je nach Reihe stark, aber auch Dichtung von allerhöchstem Rang fand Eingang, dafür bürgten Herausgeber wie Schiller. August Wilhelm Schlegel und Ludwig Tieck publizierten in dem Tübinger Verlag ihren *Musenalmanach* für das Jahr 1802, und Heinrich von Kleist brachte dort im Jahre 1808 sein bereits in sieben Bogen angedrucktes Trauerspiel *Penthesilea* unter. Gegen die rebellischen Autoren

des »Jungen Deutschland«, Ludwig Börne und Heinrich Heine, zeigte sich Cotta als wohlwollender Mäzen.

Mit der Übersiedelung von Tübingen nach Stuttgart im Jahre 1810 sicherte Johann Friedrich Cotta die Grundlagen für eine Entwicklung des Verlags zum modernen Großunternehmen. Eine Druckerei wurde angeschlossen und auf den neuesten technischen Stand gebracht. Schon zuvor hatte sich Cotta als Zeitungsverleger betätigt, so seit 1807 mit dem literarisch ausgerichteten *Morgenblatt für die gebildeten Stände* und seit 1789 mit der *Allgemeinen Zeitung*, deren Redaktionssitz Augsburg war. Für die Herstellung dieser im Volksmund schlicht als »die Augsburgerin« bekannten, nach dem Urteil Reinhard Wittmanns »wohl besten Zeitung des 19. Jahrhunderts« nutzte Cotta als einer der ersten eine Zylinderdruckpresse. Auch die Goethe-Ausgabe der Werke letzter Hand ist auf dieser von Friedrich Koenig im Jahre 1812 erfundenen, bereits dem industriellen Zeitalter zugehörigen Schnellpresse gedruckt worden.

Papierverbrauch, Hadernmangel und die Erkundung neuer Grundstoffe

Seit man in Europa angefangen hatte, Papier zu machen, war der Rohstoff Hadern ein begehrtes Gut. Schon 1366 erließ der Rat der Stadt Venedig ein Dekret, wonach heimische Lumpen einzig und allein der heimischen Papierherstellung zugeführt werden sollten. Lumpen zu sammeln und zu handeln wurde ein einträgliches Geschäft. Die Fürsten, in deren Ländern sich Papiermühlen befanden, gaben besondere Privilegien für diese Tätigkeit aus, erhoben Zölle auf die Ausfuhr von Lumpen, setzten Grenzpatrouillen gegen den Schmuggel ein und ließen das wilde Sammeln notfalls gerichtlich verfolgen. In England gingen die Behörden im Jahre 1666 so weit, die Verwendung leinener Totenhemden zu verbieten. Was auf diese Weise dem Grab entzogen wurde, sollte als bislang ungenutzte Materialreserve erschlossen werden, um den permanenten Mangel zu beheben. 1764 sah sich Friedrich der Große genötigt, »zum Besten derer einländischen Pappier-Mühlen« ein *Geschärftes Edict* zu erlassen. Es befahl, daß »weder Lumpen noch Pappier-Spähne, Abschnitzel von Pergament noch andern Häuten, Schaaf-Füsse, und anderer dergleichen zum Leimmachen erforderliche Materialien, bey der hierin festgesetzten Strafe, weiter aus dem Lande geführet und debitiret werden sollen«.

Als Jacob Christian Schäffer (1718–1790) im Jahr darauf das erste von sechs Bändchen seiner *Versuche und Muster ohne alle Lumpen oder doch mit einem geringen Zusatze derselben Papier zu machen* veröffentlichte, war das im Titel bezeichnete Problem unabweisbar geworden. Die steigende Buchproduktion nötigte zur Erkundung alternativer Rohstoffe. Bezeichnenderweise fällt die Publikation Schäffers mit der kräftigen Erhöhung der Auflagen im Zeichen der »Leserevolution« zusammen. Im Vorwort seiner Untersuchung schreibt der studierte Theologe und spätere Superintendent in Regensburg, der ein begeisterter Naturforscher war und in Wilhelm Sandermanns *Kulturgeschichte des Papiers* als produktivster aller Pioniere auf dem Gebiet der Papiertechnik gewürdigt wird:

»Je mehr der Gebrauch des Papieres in unseren Tagen zu einer allgemein nöthigen Sache geworden ist; je mehr lieget der Wirthschaft und dem gemeinen Wesen daran, daß sich an solchen aller Orten und zu allen Zeiten ein hinlänglicher Vorrath finden, mithin allem sich äußernden und einreißenden Mangel desselben in Zeiten und nach allen Kräften möge vorgebeuget und abgeholfen werden. Es ist nämlich bekannt, daß das Papier, welches in Europa, aller Wahrscheinlichkeit nach, seit dem 12. Jahrhundert, im Gebrauch ist, bloß aus altem abgenutzten und abgelegten leinenen Zeuge, welche Hadern oder Lumpen heißen, gemacht wird.

Und eben der Mangel und allgemeine Abgang dieser Lumpen ist es, worüber seit so vielen Jahren bis heute aller Orten Klage geführet wird. Diese allgemeine Papiernoth, und der, für das gemeine Wesen, für die Landeseinkünfte, Wissenschaften und Handlung, daraus entstehende nicht geringe Schaden und Nachtheil, brachte mir vor einigen Jahren dasjenige in Erinnerung, was verschiedene gelehrte Männer, als Seba, Réaumur, Guetard, Gleditsch u. a. m., in Ansehung des Papierzeuges, vor Gedanken gehabt, und vor dießfalsige Vorschläge gethan haben. Sie haben geglaubet, und mit vieler Wahrscheinlichkeit dargethan: Daß man beim Papiermachen keineswegs nur allein und nothwendig an die Lumpen, oder leinenes Zeug, gebunden sey, sondern daß sich eben so wohl und eben so gut aus einer Menge anderer Sachen, als aus den bishero gewöhnlichen Lumpen, Papier machen lassen müsse.«

Tatsächlich hatte der französische Zoologe René Antoine Réaumur bereits 1719 die Aufmerksamkeit der Akademie der Wissenschaften in Paris auf ein Pflanzenfaserprodukt zu lenken versucht, das von amerikanischen Wespen beim Nestbau gebildet werde und als »ein sehr feines Papier, ähnlich dem unsrigen« anzusehen sei. Nähere Betrachtung hatte ergeben, daß es sich dabei um feingekaute und durch den Speichel der Wespen zusammengehaltene Holzfasern handelte. Schäffer seinerseits konnte mit Papieren aufwarten, die er aus Pappelwolle, Säge- und Hobelspänen, Stroh, Torf, Flechten, Kartoffelkraut, Hopfenranken, Aloe, Weidenrinde und ähnlichen Dingen mehr gewonnen hatte. Sogar

Dem ersten Band über seine Versuche, der Papierherstellung neue Grundstoffe zu erschließen, ließ J. Chr. Schäffer bis 1771 noch fünf weitere Bände folgen.

Schäffers *Versuche und Muster, ohne alle Lumpen oder doch mit einem geringen Zusatz derselben Papier zu machen.* Kolorierter Kupferstich aus dem 2. Band. 13 × 17,6 cm.

291

Maiblümchen, Tannenzapfen und hölzerne Dachschindeln ließen sich zu einem brauchbaren Papierbrei mazerisieren.

Acht Jahre lang hatte Schäffer mit Hilfe einer handbetriebenen Hammermühle experimentiert, bevor er von 1765 bis 1771 seine *Versuche und Muster* veröffentlichte. Allen sechs Bänden gab er Proben seiner Papiere bei. Ihre sehr unterschiedliche Festigkeit und Glätte sowie einige Braunfärbungen machten es Kritikern leicht, die von Veränderungen in ihrem Gewerbe nichts wissen wollten. Der bekannte Papiermüller Georg Christoph Keferstein aus Gröllwitz bekundete in einer Gegenschrift rundum Ablehnung: Für ein brauchbares Erzeugnis kämen Schäffers Grundstoffe schlechterdings nicht in Betracht. Und mit Blick auf die Zukunft meint er: *»Wir werden also wohl beym Alten bleiben, und bloß aus Lumpen Papier verfertigen, denn so lange Menschen auf dem deutschen Boden sind, so gebrauchen dieselben Kleider, man rechnet, daß jeder Mensch jährlich zwey Hemden zerreißt, nach gerade kommen dieselben doch in die Papiermühle, ohne daß ich mich ängstlich zu bemühen nöthig habe. Sind dieselben in meiner Gewalt, so lasse ich so viele Arten Papier daraus machen, als verlangt wird, und vertraue übrigens der Vorsehung Gottes.«*

Mag auch Kefersteins unbeirrtes Festhalten an der Tradition eine gewisse Bestätigung darin finden, wie wunderbar weiß und stabil reine Hadernpapiere bleiben (ganz im Gegensatz zu rasch vergilbten und brüchigen Holzprodukten), so konnte doch seine Berechnung künftigen Papierbedarfs unmöglich aufgehen. Der von Schäffer eingeschlagene Weg wurde weiter-

verfolgt. 1780 stellte man zuerst in Frankreich, dann auch in den Nachbarländern Papier und vor allem Pappe aus Stroh her. Vier Jahre später erschien das erste Buch, dessen Papier ganz ohne Lumpen gemacht war. Es war aus Gras.

Als ersten »Recycling«-Techniker könnte man Justus Claproth betrachten, einen Professor in Göttingen. Ihm gelang es, aus Altpapier die Druckerfarbe so auszuwaschen, daß das behandelte Material zur Neuverarbeitung taugte. Darüber berichtete er 1774 in seiner Schrift: *Eine Erfindung aus gedrucktem Papier wiederum neues Papier zu machen.* Eine Fortsetzung erfuhren seine Ideen bei Matthias Koops. Der deutsche Papiermüller, der um 1800 in Millbank bei London eine Mühle betrieb, arbeitete ebenfalls an Verfahren, bedrucktem Papier die Schwärze zu entziehen (»De-inking«), außerdem verfeinerte er das Strohpapier soweit, daß es sich für den Druck nutzen ließ.

Mit der Erfindung der Lumpen- und Papierbleiche (Chlorbleiche) durch den französischen Grafen Berthollet im Jahre 1789, der Verbesserung und Patentierung des Verfahrens durch den Franzosen Charles Tennant im Jahre 1799 wurde es möglich, auch farbige Lumpen zur Herstellung von Papier zu benutzen. Ein Ersatzstoff für Hadern war damit aber auch nicht gefunden, ein durchschlagender Erfolg blieb den Neuerern des 18. Jahrhunderts verwehrt. Erst 1843, mit Friedrich Gottlob Kellers zufälliger Entdeckung, wie sich Papierfaserbrei aus Holzschliff erzeugen läßt, machte die praktische Papierforschung den nächsten großen Schritt nach vorn.

Industrieproduktion und Massenpublikum im 19. Jahrhundert

Das 19. Jahrhundert steht im Zeichen der Maschinen. Dampflokomotive und Dampfschiff, Telegraph und Gaslaterne, mechanischer Webstuhl waren erfunden. Es gab Fabriken und Kinderarbeit. Die industrielle Revolution machte auch vor dem Buchgewerbe nicht halt. Schriftgießer, Setzer, Drucker und Buchbinder wurden von Handwerkern zu Industriearbeitern. Automatisierung und Rationalisierung hielten Einzug. Zylinderdruck- und Rotationspresse trieben die Druckauflagen in schwindelerregende Höhen. Das Buch wurde billiger, die Leser wurden mehr. Bis zum Jahrhundertende wuchs die Zahl der Sortimente in Deutschland von anfänglich dreihundert auf fünftausend Buchhandlungen. Neue Buchtypen popularisierten Bildung und Unterhaltung. Die Groschenliteratur fand reißenden Absatz und Romane in allen Spielarten beherrschten die schöne Literatur. Nie zuvor und nie wieder danach wurde so viel Belletristik gelesen – gelesen, nicht bloß gekauft! – wie im 19. Jahrhundert. In der Literatur wechselten die Strömungen einander ab: Klassik, Romantik, Biedermeier, Realismus, Naturalismus. Zugleich riefen die revolutionären Entwicklungen in Wirtschaft, Wissenschaft und Technik neue Lesebedürfnisse hervor. Fachverlage entstanden, deren Druckereien zu graphischen Großbetrieben aufstiegen. Leihbibliotheken bedienten die Lesewünsche vom Kleinbürger bis zum König, Bildungsvereine nahmen sich der wachsenden Industriearbeiterschaft an.

Unter den Freunden des schönen Buches gilt das 19. Jahrhundert als Epoche des Verfalls. Holzschliffpapier und Drahtklammerheftung traten an die Stelle von handgeschöpftem Büttenpapier, Fadenheftung und Handeinband. Doch noch zum Ende dieses Jahrhunderts, das sich so bereitwillig über alles Handwerkliche hinwegsetzte, kam es zu Gegenbewegungen, zur Neuaneignung traditioneller Formen.

Bildung wird volkstümlich: Konversationslexika und Pfennigmagazine

Der gesellschaftliche Aufstieg des Bürgertums und die Leserevolution der Spätaufklärung waren im 18. Jahrhundert Hand in Hand gegangen. Beide hatten die Skala der Wertbegriffe verändert. Vor allem die Bildung war zu einem achtbaren Gut geworden. Man könnte es so formulieren: *Für* den sozialen Aufstieg war Bildung ein Erfordernis, *nach* dem Aufstieg war sie für den Betreffenden ein Bedürfnis. Wer als Bürgerlicher in der durchlässiger werdenden Ständegesellschaft hochkommen wollte, mußte zumindest die Grundtechniken Lesen und Schreiben beherrschen. Wer hingegen oben angelangt war, empfand bald die feineren Genüsse, die die Bildung bot: neben den intimen Freuden des Geistes auch ihr öffentliches Prestige. Mit Wissen und Kenntnissen ließ sich zeigen, daß man jemand war.

Vordem waren Muße und Müßiggang, demonstrativ zur Schau gestellt, Privilegien des Adels gewesen. Bildung bot eine Möglichkeit, wie man als Bürger, der es zu etwas gebracht hatte, den alten repräsentativen Glanz der Muße auf sich ziehen konnte, ohne als Müßiggänger dazustehen. Gewiß, auch Bildung, wo sie über die Ausbildung hinausging und sich verfeinerte, verlangte Muße. Aber sie mußte immerhin erworben werden: Sie zeugte von tätiger Muße statt von verschwenderischem Nichtstun. So verband sie das bürgerliche Ethos des Fleißes mit den Feinheiten der Repräsentation. Bildung demonstrierte einen neuen Adel; nicht den aus fürstlicher Herkunft und fürstlichem Geblüt, sondern »Geistesadel«.

In der Folge sahen sich Verlage und Buchhandel Käuferkreisen gegenüber, die als »gebildete Stände« ansprechbar waren. Bildung verwies, stärker als je zuvor, auf sozialen Rang, sie definierte soziale Zugehörigkeit. Die Probe aufs Exempel machte der gesellige Verkehr. Im Gespräch zeigte sich, wes Geistes Kind einer war und ob er berechtigterweise dazugehörte: Mittels »Konversation« gesellte sich gleich zu gleich. Entsprechend wuchs das Verlangen, über Bildungsgüter zu verfügen. Die Nachfrage nach verläßlichen, bündigen und dabei erschöpfenden Informationen über Namen und Sachen, sei es aus Geschichte, Wissenschaft, Kunst oder Geographie, führte auf ein Nachschlagewerk neuen Typs. Das *universale Konversationslexikon*, adressiert an ein breites Publikum, verdrängte die gelehrte Enzyklopädie.

August Prinz, dem zeitgenössischen Chronisten des Buchhandels in der ersten Hälfte des 19. Jahrhunderts, ist der Zusammenhang von sozialer Mobilität, Bildungserfordernis und Bildungsverlangen nicht verborgen geblieben. Prinz machte vor allem zwei Dinge für eine gesteigerte Lektüre und neue Literaturformen verantwortlich. Einmal das *Reglement* vom 6. August 1808, das auch den Bürgerlichen eine Offizierslaufbahn eröffnete, sodann die Öffnung der Berufe für Nichtzünftige zwei Jahre später. In seinem Werk über den *Buchhandel vom Jahre 1815 bis zum Jahre 1843* kommentiert er kritisch:

»Durch das Aufheben des Zunftzwanges und die Befreiung der Offizier-Patente vom Adelsdiplome trat mit dem Jahre 1810 für Preußen und Deutschland ein neues Leben an die Stelle des veralteten Baues. Der Freiheitskrieg rief eine Menge junger Leuter unter die Fahnen, die, da Mangel an Offizieren war, bald avancirten und so aus ihrer gewohnten Sphäre in Stellungen kamen, für die ihre bisher erworbenen Kenntnisse nicht ausreichten. Die Feldzüge waren beendet, und ein großer Theil der im Felde zu Offizieren Avancirten blieb theils im stehenden Heere, theils in der Landwehr, und trat auch theilweise in die Beamtenkarriere ein. Um den Mangel an Kenntnissen zu übertünchen, wurden von diesen Leuten alle möglichen Hülfsmittel hervorgesucht, um das Versäumte so viel wie möglich zu verdecken. Unterricht nehmen ging nicht gut, man ergriff daher mit Hast ein Buch, welches eine allgemeine oberflächliche Kenntniß des Wissenswürdigen darbot, so entstanden das Conversationslexicon, die Fremdwörterbücher und die vielen Privat-Secretaire.«

Die Erklärung von August Prinz findet in dem Werdegang des ersten maßgeblichen Konversationslexikons der neuen Art Bestätigung. Bereits von 1796 bis 1800 waren bei Friedrich August Leopold in Leipzig vier Bände eines Nachschlagewerkes erschienen, das Renatus Gotthelf Löbel und Chr. Wilhelm Franke herausgegeben hatten. Titel: *Conversationslexicon mit vorzüglicher Rücksicht auf die gegenwärtigen Zeiten.* Im Jahre 1808 erwarb Friedrich Arnold Brockhaus (1772–1823) das buchhändlerisch erfolglose Werk für seinen drei Jahre zuvor gegründeten Verlag. Als er es 1809 unter verändertem Titel erneut erscheinen ließ, lag die vergleichsweise kleine Auflage noch bei 2000 Exemplaren. Bis 1811 ließ Brockhaus den sechs Oktavbänden zwei Nachtragsbände folgen. Mit der zweiten, von 1812 an erscheinenden und völlig umgearbeiteten Auflage begann der Siegeszug des »Brockhaus«. Sein Umfang wuchs unter Mitwirkung zahlreicher Fachwissenschaftler in der fünften Auflage im Jahre 1820 auf zehn Bände, die Seitenzahl vervierfachte sich. Um die Nachfrage zu befriedigen, ließ Brockhaus in acht Offizinen mit 30 bis 40 Handpressen drucken. Von der siebenten Auflage an (1827–1829) setzte die zum graphischen Großbetrieb gediehene Firma die Schnellpresse ein. Im Jahre 1839 lag die Gesamtverbreitung des *Conversations-Lexicons* bei etwa 180 000 Exemplaren, nicht gerechnet die Übersetzungen. Bis zum Ende des 19. Jahrhunderts erschienen vierzehn Auflagen.

Als »kurzgefaßtes Handwörterbuch für die in der gesellschaftlichen Unterhaltung aus den Wissenschaften und Künsten vorkommenden Gegenstände« bot Brockhaus dem Publikum sein Konversationslexikon an, dabei

mit dem Versprechen fortwährender Aktualisierung, nämlich »beständiger Rücksicht auf die Ereignisse der älteren und neueren Zeit«, und dies zu einem niedrigen Preis. Besser konnte er der gesellschaftlichen und politischen Entwicklung kaum Rechnung tragen. Sein Vorbild fand Nachahmer über die Landesgrenzen hinaus. Hervorzuheben sind Appletons sechzehnbändige *New American Cyclopaedia* (1858–1863) und die seit 1872 erscheinende *National Encyclopaedia* in den USA; in England die von den Brüdern William und Robert Chambers verlegte *Encyclopaedia*, die von 1860 bis 1868 in zehn Bänden herauskam; in Frankreich das *Grand Dictionnaire universel du XIXe siècle* von Pierre Larousse; in Rußland Brockhaus-Efrons monumentales *Enziklopeditscheskij slowar* (41 Bände, 1890–1906). Sie alle folgten den Geboten alphabetischer Ordnung, Übersichtlichkeit und wissenschaftlicher Solidität, wurden von einem großen Kreis von Mitarbeitern redigiert und waren bestrebt, breiteren Bevölkerungschichten den Zugang zum Wissen zu erleichtern.

In Deutschland besaß das von dem Altenburger Verlagsbuchhändler Johann Friedrich Pierer (1767–1832) begonnene, später von seinem Sohn Heinrich August (1794–1850) verlegte *Universal-Lexikon* einen guten Ruf. Von 1824 bis 1836 erschien die erste Auflage in 26 Bänden, eine zweite, 34 Bände stark, folgte ab 1840, jedoch hielt sich die Verbreitung des Werkes in mäßigen Grenzen. Ernsthafte Konkurrenz erwuchs dem »Brockhaus« erst durch das Bibliographische Institut von Carl Joseph Meyer (1796–1856) in Hildburghausen. Dort erschien seit 1839 *Das große Conversations-Lexicon für die gebildeten Stände*, 46 Bände umfassend, aber deutlich kleinformatiger als das bis dahin marktbeherrschende Vorbild aus Leipzig, zudem zweispaltig und mit Illustrationen, die in den Band integriert waren. Beides war neu und kam der Überschaubarkeit zugute. Illustrationen hatte es vordem nur als Anhang gegeben – wenn überhaupt. So waren die frühen Ausgaben des »Brockhaus« sehr einfach ausgestattet; die Titelblätter schmucklos, der Druck eng, Bilder fehlten. Erst 1848 erschien ein ergänzender *Bilder-Atlas*, und auch zur Zweispaltigkeit entschloß sich Brockhaus spät.

Meyer dagegen, der es verhältnismäßig rasch auf bis zu 70 000 Abonnenten brachte, bot von Beginn an zahlreiche Lithographien, Kupferstiche und Klappbilder: »Bildnisse bedeutender Menschen«, Karten, Pläne und Stadtansichten, technische Zeichnungen, anatomische Darstellungen. Seinem Antipoden Brockhaus warf er vor, sich zu sehr auf die »Gegenstände der gebildeten Conversation« verlegt zu haben und darüber die praktischen Kenntnisse, Technik, Naturwissenschaften und Ökonomie, zu vernachlässigen. Selbstbewußt erklärte Joseph Meyer den Dienst an einer *»allseitigen Bildung«* zum Programm seines Lexikons: »Kannst du – so folgerte ich – einem solchen Werke eine allgemeinere

Verbreitung geben, so bist du der Fortbildung des Volkes eine Stütze, und den Mächten der Verdummung zerbrichst du die gefährlichste Waffe. – Mein Motto war: *Die Intelligenz Aller ist der stärkste Hort der Humanität und Freiheit.*« Darin freilich unterschied Meyer sich kaum vom Aufklärer Friedrich Arnold Brockhaus. Beide Verleger waren Verfechter der Pressefreiheit und politisch liberal.

Konfessionell gebunden war das *Conversations-Lexicon* des Freiburger Verlegers Benjamin Herder (1818–1888), aus dessen Haus bereits 1827 eine *Systematische Bilder Gallerie zur allgemeinen deutschen Real-Encyclopädie* und damit der erste Bilderatlas zu einem Nachschlagewerk auf den Markt gekommen war. Der im Jahre 1801 gegründete Herder-Verlag war zunächst mit geographischen Artikeln, vorzüglich Atlanten, hervor-

getreten, bevor Benjamin Herder das Schwergewicht auf katholische Theologie und Geisteswissenschaften legte. Das fünfbändige *Conversations-Lexicon* von 1853 war neben einem *Kirchenlexikon* und einem *Staatslexikon* nur eines von mehreren Nachschlagewerken mit katholischer Grundhaltung.

Die Idee, Bildung auf dem Niveau populärer Massenblätter aufzubereiten, kam aus dem demokratischen Amerika. Dort machte sie erstmals in den zwanziger Jahren des 19. Jahrhunderts Furore, gelangte weiter nach England und faßte dann auf dem Kontinent Fuß. Der Nektar, den die »gebildeten Stände« aus kompendiösen Nachschlagewerken sogen, war, wie dieser neue Zeitschriftentyp suggerierte, auch leichter verdaulich und vor allem billiger zu haben: als *Penny Cyclopaedia*. Unter keinem geringeren Titel, gerade so, als handle es sich um eine Neuschöpfung aus dem Geist der Enzyklopädie, veröffentlichte die von Charles Knight (1791–1873) seit 1828 publizistisch betreute *Gesellschaft zur Verbreitung nützlicher Kenntnisse* in London ihr Periodikum. Geliefert wurde wöchentlich. Der niedrige Preis von nur 1 Penny spielte für den Absatz eine durchschlagende Rolle. Im ersten Jahr, 1833, setze man sofort 75 000 Exemplare ab. »Als aber«, schreibt S. H. Steinberg, »1834 der Preis auf 2 Pence pro Woche erhöht wurde, sank die Auflage auf 55 000 Stück, und als er im Jahre 1843 gar auf 4 Pence stieg, hatte sie nur noch 20 000 Abonnenten.« Im Folgejahr stellte die Zeitschrift ihr Erscheinen ein. Für Knight, den Buchhändlersohn aus Windsor, der in London eine rege verlegerische und schriftstellerische Tätigkeit entfaltete, ging damit ein wichtiges Instrument seines Bemühens um Volksbildung verloren. Elf Jahre immerhin hatte die *Penny Cyclopaedia* in diesem Sinne wirken können.

In Deutschland, wo sie 1833 durch Johann Jacob Weber eingeführt wurden, blieb der Erfolg der *Pfennig-* oder *Hellermagazine* nicht hinter den englischen Mustern zurück. Offenkundig verlangte auch das Kleinbürgertum nach Allgemeinbildung und praktischem Wissen. Im Editorial des zunächst in der Leipziger Filiale der Pariser Buchhandlung Bossange Père verlegten, jedoch schon 1834 von Brockhaus übernommenen Magazins wurden die weitgesteckten Ziele verkündet: »Allgemeine Verbreitung nützlicher Kenntnisse, Erhebung des Geistes zum Himmel, Stärkung des Gemüthes, Befestigung des Charakters, Beförderung des Wohlstandes, Vertilgung von Unwissenheit, Ausrottung der Vortheile und des Aberglaubens, kurz Aufklärung, Tugend und Religion«. Zeitgenössische Berichte nennen Auflagen von über 100 000 Exemplaren. Illustrationen förderten Beliebtheit und Verkauf. J. J. Weber, der viel für die Wiederbelebung der Holzschneidekunst getan hat, wirkte, ebenso wie sein Leipziger Kollege Georg Wigand, bahnbrechend für den Illustrierten-Verlag.

Der 1817 erschienene Band zeigt noch ganz die schlichte Ausstattung der frühen Auflagen von Brockhaus' Conversations-Lexicon, einspaltig gesetzten Text und Verzicht auf Illustrationen. Über die Geschichte des Schriftgusses hatte man damals andere Ansichten als heutige Forscher: Peter Schöffer, nicht Gutenberg, wird als Erfinder genannt; Johann Fust heißt noch ganz so wie der Schwarzkünstler Dr. Faust, und von der Antiqua-Schrift schien man zu glauben, sie sei in der Offizin von Konrad Sweynheim und Arnold Pannartz entstanden. 10 × 18,5 cm.

Ermutigt durch den Erfolg des zwar in seiner Xylographischen Anstalt gedruckten, aber nicht von ihm selbst verlegten *Pfennig-Magazins* ließ er zehn Jahre später in einem eigenen Verlag die *Illustrierte Zeitung* erscheinen, die für ein halbes Jahrhundert die führende Illustrierte in Deutschland blieb. Es fehlte allerdings auch nicht an Mahnern, die bei soviel Popularisierung kostbarer Bildungsgüter die Hände über dem Kopf zusammenschlugen. Mit Blick auf »das Pfennigmagazin und alle diejenigen periodischen und enzyklopädischen Werke, die mit ihm in Konkurrenz getreten sind«, klagte Friedrich Christoph Perthes 1834, es drohe »das Versinken in den Dienst der Seichtigkeit, der Oberflächlichkeit, der Vielwisserei, des Bilderkrames unter der täuschenden Firma der Volksbildung nur um des Gewinnes willen«.

Fachverlage

Lexikalisch aufgebaute Bücher und Periodika zielten auf allgemeine Wirkung. Sie trugen das Wissen in die Breite. Und wie es nur allzu begreiflich erscheint, daß jemand, der anfänglich vor allem *mehr* wissen will, das-

Kolorierter Kupferstich aus Alexander von Humboldt und Aimé Bonpland, *Beobachtungen aus der Zoologie und Vergleichenden Anatomie, gesammelt auf einer Reise nach den Tropen-Ländern des neuen Kontinents, in den Jahren 1799, 1800, 1801, 1802, 1803 und 1804.* Tübingen: Cotta; Paris: Schoell 1806. Illustration zu Humboldts Versuch einer Naturgeschichte des Condors. Im Anhang als Platte VIII abgebildet, 25,8 × 33 cm.

jenige, was er weiß, alsbald auch *genauer* zu verstehen wünscht – so mischte sich in die Verbreit(er)ung des Wissens in der zweiten Hälfte des 19. Jahrhunderts der Zug zur Vertiefung. Die Einzelwissenschaften nahmen großen Aufschwung und verfeinerten ihr Instrumentarium. Charles Darwin erregte mit seiner Abstammungslehre Aufsehen, Justus von Liebig antwortete mit der Entwicklung von Fleischextrakt und Kunstdünger auf die neuen, durch das Bevölkerungswachstum geschaffenen Erfordernisse, Wilhelm Conrad Röntgen entdeckte den Nutzen von sehr kurzwelligen elektromagnetischen Strahlen, Hermann von Helmholtz, der Physiker und Physiologe, lieferte eine neue Theorie der menschlichen Sinneswahrnehmungen. Die Natur- und ebenso die Geisteswissenschaftler jener Zeit waren rege Publizisten. Alexander von Humboldts Weltreisen und Naturforschungen schlugen sich in einem dreißigbändigen Werk nieder, und in der Geschichtsschreibung standen Namen wie Jakob Burckhardt, Friedrich Christoph Dahlmann, Johann Gustav Droysen, Theodor Mommsen, Barthold Georg Niebuhr, Leopold von Ranke oder Heinrich von Sybel für einen neuen Zweig wissenschaftlicher Literatur. Immer mehr Bücher wurden von Fachleuten für Fachleute geschrieben, nicht allein für Gelehrte und Wissenschaftler, auch für Techniker, Kaufleute, Handwerker, Künstler. Mit den Fachbüchern entstanden die wissenschaftlichen und fachgebundenen Verlage. Damit etablierte sich ein Verlagszweig, der sich, blickt man von heute aus zurück, in den vergangenen hundert Jahren besonders krisensicher gezeigt hat, jedenfalls weit krisensicherer als die Literaturverlage, die als Hauptprogramm Belletristik anbieten. Bald gab es mehr Fachverlage als Verlage für Belletristik, und der Ausstoß an wissenschaftlichen und Fachpublikationen übertraf die Zahl der Bücher aus Literatur und Kunst.

Ihren Anfang nahm die Entwicklung auf dem Gebiet der Geistes- und Rechtswissenschaften, der Theologie und Musik. Hier konnte man an Traditionen anknüpfen. Verlage wie Vandenhoeck & Ruprecht in Göttingen, Barth in Leipzig, Vieweg in Braunschweig oder Carl Winter in Heidelberg hatten als Universitäts- und Universalverlage begonnen, bevor sie sich im 19. Jahrhundert in Fachverlage umwandelten. Auch Breitkopf & Härtel brauchte nur einer in ihrem Programm ohnehin ausgeprägten Vorliebe nachzugeben, um zum führenden Verlag für Musikalien zu werden. Bedeutendster Konkurrent der Leipziger Firma war und blieb der 1770 in Mainz von Bernhard Schott begonnene und von seinen Söhnen fortgeführte Musikverlag. 1854 knüpfte Franz Schott glücklich Verbindung mit Richard Wagner und verlegte dessen *Ring der Nibelungen, Die Meistersinger* und *Parsifal.* Der traditionsreiche Verlag Weidmann verlegte sich auf klassische Philologie, der 1811 gegründete Teubner-Verlag in Leipzig auf Mathematik, der schon 1763 in Nördlingen gegründete Verlag

C. H. Beck auf Jura. Rechtswissenschaftliche Publikationen führten auch J. C. B. Mohr in Tübingen, Kohlhammer in Stuttgart, Elwert in Marburg und Hermann Böhlau in Weimar, der dort 1853 die seit 1624 bestehende Hofdruckerei übernommen hatte. Geschichte, Sozialpolitik und Staatskunde bildeten das Zentrum der Produktion von Duncker & Humblot, dem 1798 in Berlin gegründeten Verlag.

In Gotha erlangte das geographische Institut von Justus Perthes großes internationales Renommee. Seine ausschließlich erdkundliche Ausrichtung erhielt dieser bedeutendste kartographische Verlag des 19. Jahrhunderts erst durch den Sohn des Firmengründers, Wilhelm Perthes, der auch den Gothaischen Hofkalender und den *Almanach de Gotha* erwarb. Mit einem vom Verleger August Ravenstein selbst topographisch aufgenommenen und kartographisch bearbeiteten, in Kupfer gestochenen Plan der Stadt Frankfurt am Main begann die Ravenstein Geographische Verlagsanstalt und Druckerei im Jahre 1830 ihr auf den Kartendruck spezialisiertes Wirken. 1827, im gleichen Jahr, in dem die Personenschiffahrt auf dem Rhein ihren regelmäßigen Dienst aufnahm und Fahrpläne einrichtete, gründete Karl Baedeker in Koblenz eine Verlagsbuchhandlung. 1832 übernahm er aus der Konkursmasse des Verlages Röhling unter anderem zwei Reiseführer des Professors J. A. Klein, einen über die Stadt Koblenz, einen zweiten mit dem Titel: *Rheinreise von Mainz bis Cöln*. Kleins *Rheinreise* war zuerst 1828 erschienen; nun, vier Jahre später, erhielt der Band ein neues Titelblatt und kam mit einer beigefügten Rheinlaufkarte unter dem Verlegernamen Baedeker heraus. Den späteren Weltruhm seines Hauses begründete Karl Baedeker mit der 3. Auflage der *Rheinreise* sowie den eigenständigen Bänden *Holland* und *Belgien*. Diese drei Reiseführer, alle aus dem Jahr 1839, standen für ein neues Konzept. Sie hatten die umständlich weitschweifige Prosa der Vorgänger abgelegt, besaßen eine übersichtliche Typographie und verstanden sich als informative und praktische Orientierungshilfen für Reisen auf eigene Faust. Baedeker bezeichnete sie als »Handbüchlein für Reisende, die sich selbst leicht und schnell zurechtfinden wollen«.

Aus der einst fünfhundert Seiten umfassenden *Rheinreise* des Professors Klein war ein handlicher Band geworden, auf dreihundert Seiten zusammengeschmolzen, inhaltlich grundlegend verändert, eingeschlagen in einen gelben Umschlag mit heraldischen Zeichen, Ansichten und Biedermeiertrachten der Rheinlande. Die zeitgenössische Kritik begrüßte die neue Ausgabe enthusiastisch, lobte den gefälligen Stil und rühmte besonders, »daß jedesmal bei den Hauptorten über Gasthöfe, die man wählen kann, Lohnkutscherpreise, Kaffeehäuser, Bäder an Ort und Stelle, Eilwagen, Trinkgelder, Sehenswürdigkeiten, in kleiner Schrift Alles das gegeben wird, wozu man sonst viele Fragen thun

müßte.« Seitdem ist der *Baedeker* das Synonym für Reiseführer schlechthin geworden.

München entwickelte sich zu einem guten Standort für Kunstverlage. Friedrich Bruckmann hatte seinen Verlag 1858 in Frankfurt am Main gegründet, war jedoch 1863 nach München übergesiedelt. Bei ihm erschienen *Der Stil* von Gottfried Semper, dem für seine historisierenden Bauten berühmten Architekten, *Goethes Frauengestalten* von Wilhelm von Kaulbach, die Zeitschrift *Kunst für Alle* (1885) sowie repräsentative Werke über Adolph Menzel und Arnold Böcklin. Ebenfalls in München verlegte Georg Callwey die Malerzeitschrift *Die Mappe* (1883) und den *Kunstwart*.

Zu Fachverlagen für Medizin wurden F. Enke, G. Thieme oder Urban & Schwarzenberg. Ferdinand Enke übernahm 1837 das Sortiment seines Vaters in Erlangen. Um den Verlagsschwerpunkt Medizin gruppierte er alsbald ein breiteres Programm mit Lehrbüchern und Monographien zu den Natur-, Rechts- und Staatswissenschaften. Mit Rudolf Virchow oder Theodor Billroth gewann der Enke Verlag namhafte Gelehrte als Autoren. Eine glückliche Hand bewies Georg Thieme in Stuttgart, als er 1887 die *Deutsche Medizinische*

Rheinreise von Straßburg bis Düsseldorf von Karl Baedeker. Mit dieser, der 3. Auflage von 1839 begann der Siegeszug von Baedekers Reiseführern.

Wochenschrift für seinen im Jahr zuvor gegründeten Verlag übernahm. Viele der heute klassischen Arbeiten aus der Pionierzeit der Bakteriologie sind in den Jahrgängen dieser Wochenschrift versammelt. 1866 eröffneten in Wien Ernst Urban und Eugen Schwarzenberg eine Reise- und Versandbuchhandlung, die rasch das Bildungsbürgertum der gesamten Donaumonarchie belieferte. Der Erfolg, begünstigt durch den Alleinvertrieb von *Meyers großem Konversationslexikon* und Brehms *Tierleben*, erlaubte den beiden Buchhändlern den Einstieg ins Verlagsgeschäft. Zum bedeutendsten Werk ihrer Anfänge wurde die *Real-Enzyklopädie der gesamten Heilkunde* in fünfzehn Bänden, die bis zum Ersten Weltkrieg vier Auflagen erlebte.

Es konnte nicht ausbleiben, daß die großen Fortschritte der Technik publizistischen und verlegerischen Widerhall fanden. Als Wilhelm Ernst im Jahre 1833 in die Berliner Buch- und Kunsthandlung Gropius eintrat, lag die technische Literatur noch in den Anfängen. Veröffentlichungen kursierten nur im kleinen Kreis, da Fachschriftsteller, Zeichner und Radierer ihre Werke meist selbst vertrieben. Seit der Gründung der Königlichen Bauakademie (1799) und anderer Lehranstalten gab es jedoch eine spürbar steigende Nachfrage nach Fachbüchern über Architektur und Technik, und die Gropiussche Buchhandlung, Vorläuferin des noch heute bestehenden Verlages Wilhelm Ernst & Sohn, war eine der ersten, die darauf mit ihrem Sortiment reagierte. In der Hochzeit der industriellen Revolution in Deutschland erschienen dann bei Ernst zahlreiche Fachpublikationen wie *Des Ingenieurs Taschenbuch: Die Hütte* oder der *Vorschlag zu einer Zentralbahn für Berlin*, ein 1871 erschienenes und für den späteren Bau der Berliner Stadt- und Ringbahn grundlegendes Werk. Als Verlag für Naturwissenschaft und Technik avancierte auch die 1842 von Julius Springer gegründete Firma. Mit seinem reichen Zeitschriftenprogramm und großen Sammelwerken wurde Springer einer der Großbetriebe Berlins und unter den wissenschaftlich-technischen Verlagsunternehmen zum unangefochtenen Branchenriesen. Kurz nach der Jahrhundertwende, 1906, betrug die Summe aller von Springer versandten Zeitschriftenhefte 4 Millionen.

Daß sich der Sozialismus längst von der Utopie zur Wissenschaft entwickelt habe, hat zwar 1892 Friedrich Engels mit Nachdruck behauptet, und dabei mochte ihm die komplexe »Kritik der politischen Ökonomie« seines Freundes Karl Marx, deren drei Bände seit 1867 bei Otto Meißner in Hamburg unter dem Titel *Das Kapital* erschienen, ein hinreichender Beweis sein. Aber die große Anziehungskraft und Ausstrahlung des sozialistischen Schriftwesens lag doch stets in seiner weltanschaulichen Substanz. Immerhin wird man auch den 1881 – im Jahre Drei der Bismarckschen Sozialistengesetze – gegründeten Verlag von J. H. W. Dietz in Stuttgart zu den

Fachverlagen rechnen können. Gemeinsam mit einem zweiten sozialdemokratischen Verlagsunternehmen, der Buchhandlung Vorwärts, »spezialisierte« sich Dietz von Anbeginn darauf, den wachsenden Nachholbedarf der Arbeiterbewegung an politischer Literatur zu befriedigen und die marxistische Weltanschauung zu festigen. Das war allerdings ein weites Feld, das nicht nur mit den Schriften der sozialistischen Theoretiker und Führer, Separatdrucken von Reden sozialdemokratischer Abgeordneter oder mit Agitationsbroschüren beackert wurde, sondern auch mit Erzählungen und Dichtungen aus dem Leben der arbeitenden Massen bis hin zum Kolportageroman.

Eine rege verlegerische Tätigkeit auf allen Gebieten der Landwirtschaft, der Forstwirtschaft, des Gartenbaus, der Jagd und Fischerei entwickelte Paul Parey in Berlin. 1848 war die Firma als landwirtschaftlicher und theologischer Spezialverlag gegründet worden – eine damals durchaus zeitgemäße Verbindung zweier Gebiete. 1869 übernahm der Kaufmannssohn und gelernte Buchhändler Parey den Verlag und brachte bis zur Jahrhundertwende rund 1500 Einzeltitel und 15 Zeitschriften heraus. Auf die drei Beine Nationalökonomie, Medizin und Naturwissenschaften stellte Gustav Fischer in Jena seinen 1878 gegründeten Verlag. Zum fünfzigjährigen Bestehen konnte der Jubiläumskatalog fast 10 000 Buchtitel auflisten, von der Broschüre bis zum vielbändigen Handbuch.

Georg Westermann Verlag, Braunschweig.

Aus dem Jahre 1811 stammt der *Westphälische Kinderfreund*, ein mehrfach neubearbeitetes und wiederholt aufgelegtes Lesebuch für Volksschulen, das 1837 als *Der neue deutsche Kinderfreund* und später als *Muttersprache und Mutterlaut* seinen festen Platz im Klassenzimmer innehatte. Mit diesem Werk hatte der heute in Hannover ansässige, 1792 in Halle an der Saale gegründete Hermann Schroedel Verlag seine bescheidenen Anfänge überwunden. Zu Stützen des Verlagsprogramms wurden auch das 1839 erschienene Religionsbuch für Volksschulen und ein mittlerweile legendäres Rechenbuch, das 1880 vom Seminardirektor Braune begründet wurde: *Die Welt der Zahl*, wie das Werk heute heißt, ist nach wie vor eines der meistbenutzten Mathematiklehrbücher für Grund- und Hauptschulen. Moritz Diesterweg in Frankfurt am Main begann im Jahre 1860 erstmals Bücher zu verlegen. Es handelte sich um Schriften seines Vaters, des für seine Liberalität bekannten und darum von der preußischen Regierung aus dem Dienst gewiesenen Pädagogen Adolph Diesterweg. Zu den führenden Schulbuchverlagen zählten des weiteren Ernst Klett in Stuttgart (gegr. 1844), Schwann in Düsseldorf (gegr. 1821 in Neuß) und Georg Westermann in Braunschweig (1838) – allesamt Gründungen des 19. Jahrhunderts.

Das verstärkte Aufkommen der Schulbuchverlage erklärt sich leicht durch eine verbesserte Durchsetzung der Schulpflicht. Die notwendigen Gesetze gab es längst, entscheidend jedoch war immer die mangelhafte Praxis gewesen. Das änderte sich im 19. Jahrhundert, wenngleich die Forschung über die präzise Quote des effektiven Schulbesuchs nach wie vor uneins ist. Optimistische Annahmen sprechen davon, es sei in Preußen von 1816 bis 1848 der Anteil der tatsächlich ihrer Schulpflicht nachkommenden Kinder von 60 auf 82 Prozent gestiegen, die Zahl der Volksschulen von 20 345 auf 24 044, der Lehrer von 21 766 auf 30 519. In einigen Ländern der Habsburger Monarchie, zum Beispiel in Böhmen, Mähren, Tirol oder Salzburg, hätten um 1850 sogar deutlich mehr als 90 Prozent der Kinder die Schule besucht. In den Kindern erwuchs eine eigene starke Leserschicht. Zahlreiche Kinderbuchverlage entstanden: Winckelmann 1828, J. F. Schreiber 1831, Enßlin & Laiblin 1837, Braun & Schneider 1843, Otto Spamer 1847, K. Thienemann 1849.

Das Dilemma mit der Rechtschreibung und der *Duden*

Den Schriftstellern, gerade den wortmächtigen, ist die Rechtschreibung stets herzlich gleichgültig gewesen. Martin Luther beispielsweise ignorierte vollständig, wie sich Laut und Buchstabe zueinander verhielten. Zwar grübelten schon seine Zeitgenossen über das »recht buchstäbig Deutsch schreiben«, wie die »Orthographie« damals übersetzt wurde, aber der sprachgewaltige Dok-

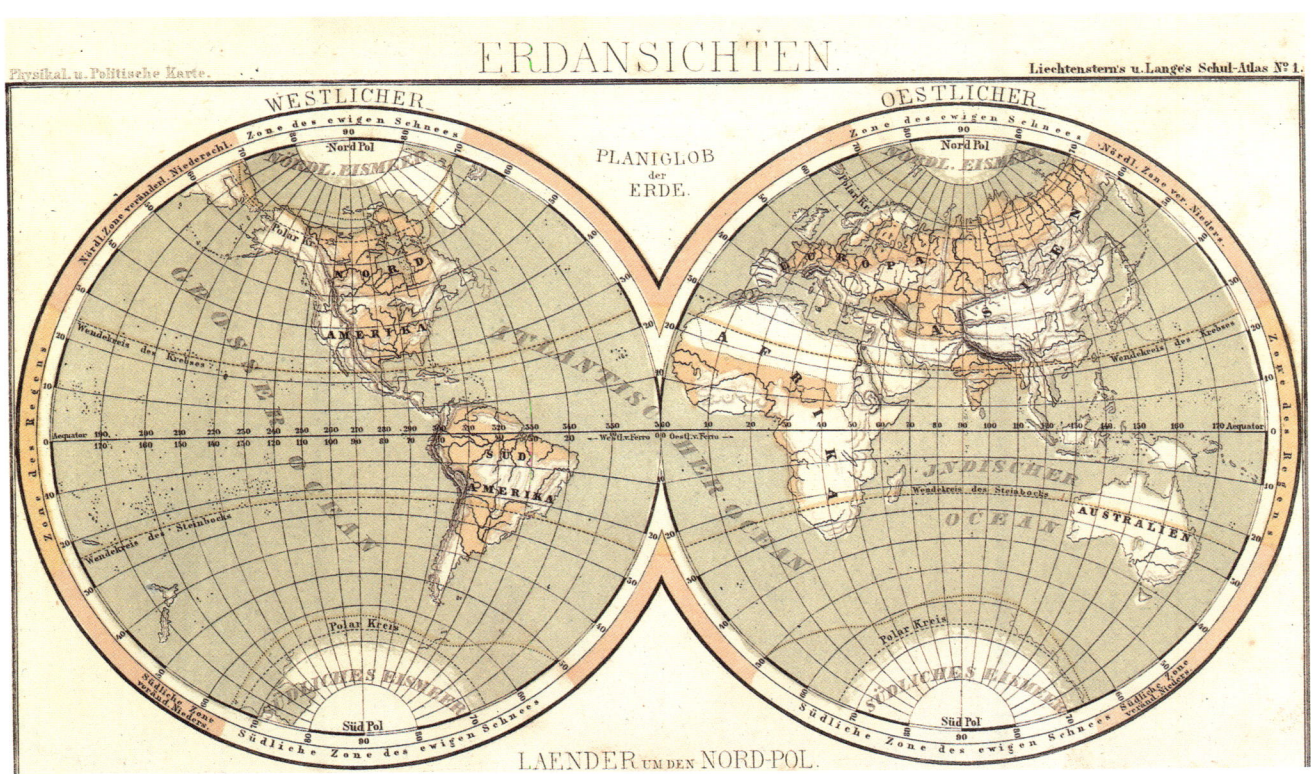

Aus dem Schulatlas von Liechtenstern und Lange, der als Nr. 1 im Jahr 1860 bei Georg Westermann in Braunschweig erschien.

tor der Theologie schrieb seine Heimatstadt Wittenberg in fünfzehn Varianten, von Wittenbergk bis Vuitemberg. Gleichwohl hat die Luther-Bibel, dieses Grundbuch des Hochdeutschen, nicht nur die mundartlichen Grenzen zwischen Nordsee und Isar überwunden und zur Spracheinheit beigetragen, sondern auch zu einer halbwegs einheitlichen deutschen Rechtschreibung. Aber das lag nicht am Verfasser. Nicht Luther, sondern die Drucker und Korrektoren seiner Bücher haben die Orthographie standardisiert, zumindest bis zu einem nennenswerten Grad. Ihnen war die ungeregelte Schrift ein Greuel, und sie rügten, daß alles so »unverständlich und verworren, ja verdrießlich und unlustig zu lesen« sei.

Die dichtende Zunft freilich war von dem Bemühen um Regelhaftigkeit auch vierhundert Jahre später unbeeindruckt. Der sechzigjährige Goethe bekannte, mehr oder weniger schulterzuckend: »Ein Wort schreibe ich mit dreierlei Orthographie, und was die Unarten alle sein mögen, deren ich mir recht wohl bewusst bin und gegen die ich auch nur im äussersten Notfall zu kämpfen mich überwinde.« Es mußten erst die Germanisten und Pädagogen auf den Plan treten. Als sich eine deutsche Nationalwissenschaft etabliert hatte, nach den Befreiungskriegen 1812 bis 1815, ließ sich trefflich über eine deutsche Form des Geschriebenen streiten, und

zwar grundsätzlich. Für historische Treue, der Sprache der Vorväter verpflichtet, plädierten die einen; die anderen, die »Funktionalisten«, wollten eine lautgetreue Schreibung: »Mor« und »sat« statt »Moor« und »satt«. Nationalkultur oder Funktionalität – das war eine sprachliche so gut wie politische Frage. »Die Vertreter der historischen Richtung erfanden lange vor 1871 den deutschen Einheitsstaat in ihren Köpfen, die Funktionalisten wollten eine Orthographie für alle, ›für den Pöbel‹, wie es ein Zeitgenosse ausdrückte«, schreibt der Sprachwissenschaftler Wolfgang Sauer.

Eine originelle Position bezog Jacob Grimm, der Sammler der *Kinder- und Hausmärchen* (1812–1822) und der *Deutschen Sagen* (1816), zugleich der Verfasser der *Deutschen Grammatik* (1819–1837), der *Deutschen Mythologie* (1834) und der *Geschichte der deutschen Sprache* (1848), der Begründer des *Deutschen Wörterbuchs* (seit 1852). Einerseits forderte er eine radikale Kleinschreibung. Großbuchstaben, so Jacob Grimm 1822 in einem Brief an den Freiherrn von Meusebach, seien ein »unbegründeter Adel in der Republik der Wörter«. – Gemäßigt republikanisch empfand zwar auch Wilhelm Grimm, mochte aber dennoch das Großschreiben nicht preisgeben, wodurch sich zwischen beiden der bis heute fortdauernde »Bruderzwist« in der deutschen Orthographie entspann.

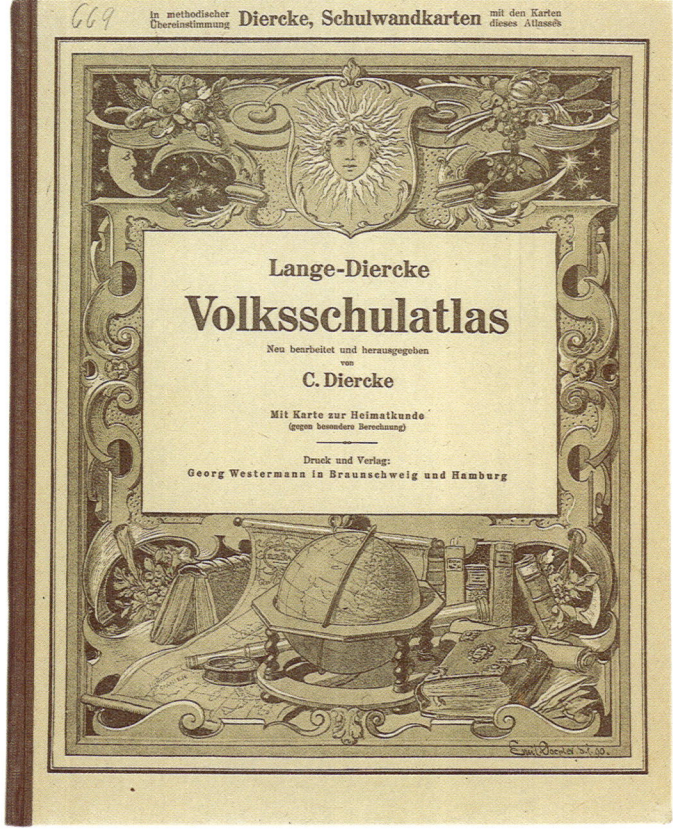

Regionalausgabe für das Rheinisch-Westfälische Industriegebiet. Um 1898.

Innentitel eines der zahlreichen Atlanten, mit denen sich Henry Lange gezielt auf die speziellen Schulformen in den deutschen Ländern einzustellen versuchte. Um 1900. Westermann Verlag, Braunschweig.

Kleinschreibung war das eine. Andererseits hielt es der in diesem Punkt funktionalistisch wirkende Jacob Grimm zugleich mit dem historischen Prinzip und griff auf die Geschichte zurück: »Wenn man nahm, lahm, zahm schreibt, warum nicht auch kahm? oder umgekehrt, wir schreiben grün und schön, warum nicht kün?« Die vielen Ungereimtheiten seien schimpflich, meinte Grimm, und erklärte das lateinische Alphabet für ungeeignet, die deutsche Lautung wiederzugeben.

Mit dem Versailler Triumph von 1871, dem Wilhelminischen Kaiserreich und seinem Reichskanzler Bismarck wurde die orthographische Frage endgültig der rein intellektuellen Sphäre enthoben und zum Gegenstand handfester staatlicher Interessen. 1876 war es soweit: Preußen ließ regeln. Eine »Konferenz zur Herstellung einer deutschen Rechtschreibung« wurde einberufen. Ihre abschließenden Empfehlungen waren moderat – Beibehaltung des lateinischen Alphabets, weiterhin Großschreibung, ein paar Dehnungen weniger –, zeigten aber die Handschrift der funktionalistischen Neuerer deutlicher, als es Bismarck, ihrem grimmigen Gegner, schmecken mochte. Die Beamten hatten zu kuschen, und amtlicherseits blieb prompt alles beim alten. Nur die Spötter hatten gut reden. Den Vornamen Bismarcks verballhornend, machten sie aus der Behördenschreibung kurzerhand die »Ottographie«.

Der Börsenverein des deutschen Buchhandels, Philologen und Lehrer mahnten indes weiterhin eine Vereinheitlichung an. Nach Bismarcks Tod wurde ein neuer Anlauf unternommen. Dabei konnte man sich auf eine doppelte Grundlage stützen, einmal auf das *Preußische Regelbuch*, das die landesübliche Rechtschreibung in Regeln gegossen hatte, zum zweiten auf ein kleines orthographisches Wörterbuch in deutscher Sprache, das im Jahre 1880 im Bibliographischen Institut Leipzig zum Preis von 1 Mark erschienen war. Sein Herausgeber war der Hersfelder Gymnasialdirektor Konrad Duden (1829–1911), der auch an der Konferenz von 1876 teilgenommen und die seinerzeit erarbeiteten Prinzipien energisch als »Zukunftsorthographie« verteidigt hatte. Dudens Wörterbuch zeigte, daß er mittlerweile seinen Reformeifer darauf beschränkte, bestehende Sprachüblichkeiten auf einen Nenner zu bringen, um dadurch auf Regelmäßigkeit hinzuwirken. Der *Duden* »faßte zusammen, was man als die Mittellinie zwischen Bayern und Preußen bezeichen kann« (Sauer). So schrieb man »Kompanie« in Preußen, »Kompagnie« in Bayern, »Compagnie« in Württemberg, aber es hatte sich, worauf Konrad Duden verweisen konnte, bereits eingebürgert, daß »nach preußischer Orthographie gedruckte Schulbücher in Bayern nicht beanstandet werden«.

Der Erfolg des Duden war durchschlagend und bald auch offiziell. Als erste Regierung erhob die Schweiz im Jahre 1892 das Wörterbuch zur verbindlichen Instanz für die deutschsprachigen Kantone. 1901 kam es in Berlin

zur 2. Orthographischen Konferenz. Als sie ihre »Beratungen über die Einheitlichkeit der deutschen Rechtschreibung« abschloß, war kaum Neues beschlossen, sondern im wesentlichen Dudens Regelwerk abgesegnet worden. Der bedeutendste Beschluß war die Entfernung des th aus allen deutschen Wörtern (thun, Thor). Nur der Thron behielt sein th, weil, wie ein Zeitgenosse witzelte, man sich nicht traute, dem Kaiser das h unter dem Hintern wegzuziehen. Außerdem sollte das c in »geläufigen Fremdwörtern« nach der Aussprache k oder z geschrieben werden. Das betraf zum Beispiel den Akkusativ, das Porzellan und den Akzent. Wörtern mit »undeutscher Lautbezeichnung« hingegen sei das C zu lassen. So wurde zwar aus der Chokolade die Schokolade, aber der Chef blieb Chef. Der Café teilte sich: in das Café zum Sitzen und den Kaffee zum Trinken.

Am 18. Dezember 1902 beschloß der deutsche Bundesrat, »die Bundesregierung zu ersuchen, die einheitliche Rechtschreibung nach Maßgabe der beiliegenden Regeln in den Schulunterricht und den amtlichen Gebrauch einzuführen«. Dudens Regeln hatten lange Bestand; größere Änderungen sieht erst die »Gemeinsame Absichtserklärung zur Neuregelung der deutschen Sprache« vor, die – nach langem Gezerre – am 1. Juli 1996

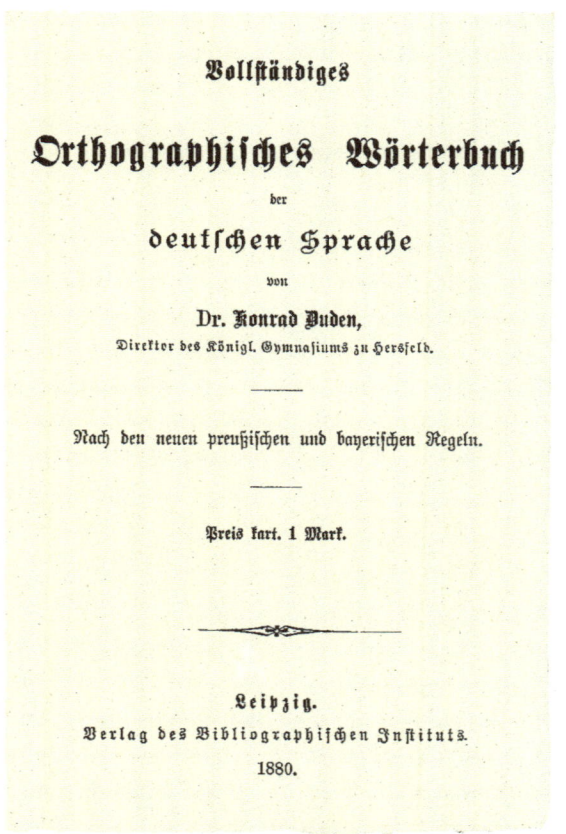

von Deutschland, Österreich, der Schweiz und Liechtenstein sowie vier Ländern mit deutschsprachigen Minderheiten unterzeichnet wurde. Augenfällige Neuerungen sind die Auflösung von ß nach kurzem Vokal zu ss, die nun erlaubte Trennung von st oder die Folge von drei Konsonanten bei zusammengezogenen Wörtern (Flusssenke, Schifffahrt). Mit der Reform, die am 1. August 1998 in Kraft tritt und bis zum 31. Juli 2005 durchgesetzt sein soll, verliert der *Duden* sein Regelungsmonopol an eine internationale Kommission.

Die Demokratisierung des Lesens durch Billigdrucke, Heftlieferungen und »Übersetzungsfabriken«

Was das Konversationslexikon für die Belehrung, war die Romanliteratur für die Unterhaltung. Beide verzeichneten eine beständig wachsende Nachfrage. Die bessere Durchsetzung der Schulpflicht trieb die Alphabetisierung voran; die fortschreitende Auflösung der großen, auch die Mägde und Lehrjungen einschließenden handwerklichen Familiengemeinschaften gab den Frauen Zeit zum Lesen; Neuerungen wie die allgemeine Wehrpflicht führten die Landbewohner in die Städte, und umgekehrt kamen »Wander-« und »Dorfbibliotheken« aufs Land. Ein übriges taten die revolutionären technischen Erfindungen im Buchdruck. Im 19. Jahrhundert ging das vordem bürgerliche und adlige Leseinteresse auf die Mittel- und teils auch Unterschichten über. Doch nicht nur, daß jetzt auch die Aufsteiger ländlicher Herkunft lasen, die im engeren Kontakt zum Hof und Bürgertum standen: die Lakaien und Zofen, Friseure und Gärtner, Jäger und Wachsoldaten. Zudem gab es ständeübergreifende Lektüren: Der gleiche hinlänglich spannende, tief herzergreifende oder auch hübsch banale Roman fand sich in der Hand der Aristokratin, der Kaufmannsgattin und des Kammermädchens.

»Der Trend zum Trivialen«, schreibt Reinhard Wittmann, »verband das kolportagekonsumierende Dienstmädchen mit dem preußischen König – ein eindrucksvoller Beweis für die Homogenisierung des literarischen Geschmacks, die kulturelle Assimilation aller Schichten und, wenn man will, auch für die ›Demokratisierung‹ des Lesens.« Es hatte jedoch nicht nur die von der Kritik so gern als »Schund« gerügte Trivialliteratur Konjunktur. Von »Bibliotheken klassischer Romane«, die sich nunmehr »jedes Näthermädchen« anschaffe, schwadroniert ein fiktiver Buchhändler in Wilhelm Hauffs zeitgenössischer Skizze *Die Bücher und die Lesewelt*. Die Obrigkeit forcierte ihrerseits die Entwicklung, indem sie von Gymnasiasten zunehmend verlangte, in den Hauptepochen der deutschen Literatur- und Sprachgeschichte bewandert zu sein. Erstmals waren solche Kenntnisse im preußischen Abiturreglement

von 1812 zur Prüfungssache erklärt worden, und der Süvernsche Lehrplanentwurf von 1816 forderte ausdrücklich: »Die klassischen Schriftsteller der Nation müssen dem Jünglinge mehr als dem Namen nach bekannt werden.« Damit es dazu kam, daß arme Näherinnen und Schüler Büchersammlungen ihr eigen nannten, mußte sich freilich auch das Preisgefüge ändern.

Für billigen Lesestoff sorgten Auswahlbände und Serien, »Groschenbibliotheken«, bei deren Edition der betreffende Verleger oft genug vom seriösen Geschäftswege abwich. Ein frühes Beispiel gibt die *Etui-Bibliothek der deutschen Classiker* des Zwickauer Buchhändlers August Schumann. Von 1814 bis in die Mitte der zwanziger Jahre brachte Schumann in dieser Reihe 100 Bände heraus: kleine, fast quadratische Broschuren von bräunlichgrauer Farbe, um die 160 Seiten stark, mit dem Frontispiz des Dichters oder der Hauptfigur des jeweiligen Dramas als kargem Schmuck. Die Exemplare konnten sowohl in losen Bogen, »roh«, als auch geheftet und gebunden erworben werden. Entsprechend kosteten sie in der Subskription 8, 9 oder 12 Groschen; der spätere Ladenpreis lag um 50 Prozent darüber. Die *Etui-Bibliothek* begann ihre Auswahl mit dem mittelalterlichen *Nibelungenlied*, brachte aus dem 14. Jahrhundert Ulrich Boners *Edelstein*, barocke Dichtungen von Opitz und Weckherlin, Verse und Prosa von Autoren der Aufklärungszeit wie Klopstock und Geßner. Soweit wäre alles in bester Ordnung gewesen. Verlagsbuchhändler Schumann wünschte jedoch dem Publikum über das Längstvergangene hinaus auch die Literatur der Klassik und Romantik zu präsentieren. Er griff zu den Dramen Schillers, zu Gedichten von Novalis und edierte sie, sorgfältig zwar und mit kurzen biographischen Einleitungen versehen, aber unbesorgt darüber, daß auf diese Schriftsteller andere Verleger Privilegien besaßen.

Ähnlich verfuhr Carl Joseph Meyer, der rührige Kopf des 1826 in Gotha gegründeten, 1828 nach Hildburghausen überführten Bibliographischen Instituts. Sein Verlagsprospekt versprach eine *Cabinets-Bibliothek der Deutschen Classiker* in gleichzeitig vier Ausgaben: neben der Cabinets- noch eine Miniatur-, eine Pracht- und eine Nationalausgabe, jede in anderem Format und anderer Ausstattung, zum Preis von zweieinhalb bis fünfzehn Silbergroschen. Pikant war der Untertitel: »eine rechtmäßige Auswahl des Schönsten und Gediegensten«. Schön und gediegen mochte wohl stimmen, aber rechtmäßig? Genaugenommen waren es Raubdrucke, allerdings gab es ein Schlupfloch im Verlagsrecht: Fremde Texte geschützter Autoren durften wiedergegeben werden, solange dies nur in Auszügen geschah, beispielsweise in Sammlungen mit anderen Autoren. Zwar erschienen so die Werke der gefeierten Nationaldichter verteilt auf Lieferungen, portionsweise und manchmal über Jahre hin gestreckt, aber das Entscheidende für das Publikum war der extrem niedrige Preis. Bücher, deren

Originalausgabe einen Handwerksgesellen um 1830 etwa das Anderthalbfache eines Wochenlohns gekostet hätten, waren als Lieferungsausgabe plötzlich für einen Tageslohn zu haben, und auch der war nicht auf einen Schlag zu entrichten, da ja immer nur das gerade gelieferte Heft bezahlt werden mußte.

Gleichermaßen vorteilhaft war das Prinzip für den Verleger. Er druckte das erste Heft mit einer spekulativ überhöhten Auflage, sah, wie viele Abnehmer er fand und konnte danach den Druck der folgenden Lieferungen ausrichten. Unter Einsatz der neuen Schnellpressen Friedrich Koenigs wurde der Markt mit Startauflagen überschwemmt, die statt der früheren 1500 nun bis zu 20 000 Exemplare betrugen – nur daß es sich eben um billige Lieferungsausgaben handelte: billig auch in der Herstellung. Das verlegerische Risiko war gering, die Werbewirksamkeit solcher Massenpräsenz aber um so größer. Kein Wunder, daß Joseph Meyer, der Erfinder dieser portionsweisen Lieferung von Werken, mit seiner Idee nicht allein blieb. Spekulationsgeist und Gewinnstreben war das eine, demokratisch gesinnte Volksaufklärung das andere. So griff auch Karl von Rotteck, der Geschichtsschreiber und Politiker, wie Meyer dem linken Flügel des deutschen Liberalismus zugehörig, zum Lieferungsprinzip, als er 1835 einen Auszug aus seinem sechsbändigen Hauptwerk *Allgemeine Geschichte* als Volksausgabe publizierte. Das erste Heft seiner betont fortschrittlichen *Weltgeschichte* kam in 20 000 Exemplaren zum Preis von fünf Silbergroschen heraus.

Zum Erfolg von Meyers Bibliographischem Institut, das mit Zehntausenderauflagen zum Großbetrieb aufstieg, trug die Einheit von Druck, Verlag und Vertrieb maßgeblich bei. Der etablierte Buchhandel wurde durch Kolporteure umgangen, die von Haus zu Haus gingen, auslieferten und kassierten. Mit Empfang eines Heftes zahlte der Subskribent das nachfolgende, leistete also Vorauskasse. Die Haustürgeschäfte erschlossen Leserkreise, die nie zuvor eine Buchhandlung betreten hatten. Auf Poststationen hingen Meyers Plakate, Millionen von Prospekten kursierten, in Zeitungen inserierte er gleich seitenweise. Alle paar Jahre brachte Meyer sein Material neu heraus, mal *Miniatur-,* mal *Familienbibliothek* betitelt. Der Cotta-Verlag, dem mit Ausnahme von Kleist, Jean Paul und Ludwig Tieck fast alle namhaften Autoren der Goethezeit gehörten, mochte auf seine Rechte pochen – aber klagen half nichts, solange sich die unliebsame Konkurrenz im juristischen Halbdunkel bewegte und es obendrein Landesherren gab, die beide Augen zudrückten; Hauptsache, der bei ihnen ansässige Verleger stärkte das heimische Gewerbe. Cotta hat daher Meyers dubiose Editionspraxis zügig gekontert, wie die Daten verraten: 1826 begannen Meyers Anthologien zu erscheinen, die Cottas Monopol auf die Elite der deutschen Literatur empfindlich in Frage stellten. Von 1826 bis 1835, also noch im selben Jahr beginnend, ver-

anstaltete die Cottasche Buchhandlung in Stuttgart eine »neue wohlfeile Taschen-Ausgabe aller daselbst erschienenen Classiker«, die in »Tausenden von Exemplaren« (L. Fernbach) verbreitet wurde. Als im Jahre 1832 Carl Joseph Meyers Hefte bundesweit verboten wurden, geschah dies nicht etwa wegen unlauterer Nachdruckpraxis, sondern weil der Verleger in seinem liberalen Aufklärungsbemühen allzu keck geworden war. Unbeeindruckt vom Verbot ließ Meyer im Januar 1833 *Meyers Universum* folgen, ein historisch-geographisches Periodikum, von ihm allein verfaßt. Zum Preis von sieben Groschen erhielt der Leser ein mit Stahlstichen geschmücktes Heft von acht bis zwölf Textseiten. Mit der *Groschenbibliothek der deutschen Classiker* setzte Meyer seiner Mehrfachverwertung die Krone auf: Sieben Jahre lang, von 1848 bis 1855, erschien diese auf 365 Bändchen angelegte Anthologie, die ein »Werkzeug für die intellektuelle Emanzipation des Volks – der *Masse* – « sein wollte, und auf deren Bandtitelseiten der Slogan prangte: *»Bildung macht frei!«*

Zentrum der neuen, von traditions- und standesbewußten Kollegen beargwöhnten »speculativen Richtung« wurde Stuttgart. Dort erkannten zuerst die Brüder Friedrich und Johann Franckh das Zukunftsweisende des Lieferungsprinzips. Im November 1825 kündigten sie gefragte Romane zu niedrigen Preisen an und luden zur Subskription ein. Den Anfang machten Werke des schottischen Bestsellerautors Sir Walter Scott. Jede Lieferung im Duodezformat mit acht Bogen Umfang samt Titelkupfer kostete nur zwei Groschen, was für den vollständigen Roman einen Gesamtpreis von 15 bis 20 Groschen ergab. Hatte man für eine reguläre Buchausgabe Scotts zuvor drei bis vier Taler bezahlen müssen (wobei in Preußen dreißig Silbergroschen auf einen Taler gingen), verringerten sich auf diese Weise die Anschaffungskosten für Leser auf gut ein Sechstel. Die Brüder Franckh gewannen allein für die beliebten Ritterromane des Schotten im Jahre 1826 rund 25 000 Subskribenten; im Folgejahr wuchs deren Zahl auf 30 000. Bis 1829 war Scott in 150 Heften erschienen, bei einer Gesamtauflage von wahrscheinlich drei Millionen verkauften Exemplaren. Ebenfalls auf der Scott-Welle ritten Schumann in Zwickau, die Verlage Gleditsch in Leipzig und Gerhard in Danzig sowie die Henningsche Buchhandlung in Gotha. Den Weg der Produktion für ein breites Publikum ging auch der Metzler Verlag in Stuttgart, der später, 1840, das Unternehmen von August Schumann aufkaufte. Vorerst allerdings hielt sich Metzler an humanistisches Bildungsgut. 1827 begann er, eine Bibliothek mit Übersetzungen griechischer und römischer Klassiker in 729 kleinen Bändchen herauszubringen.

Die Popularität Walter Scotts, des Verfassers von *Ivanhoe,* verbreitete sich in den zwanziger Jahren über den gesamten deutschen Sprachraum. Andere ausländi-

303

sche Autoren wie der Engländer Charles Dickens (mit *Oliver Twist*), der Amerikaner James Fenimore Cooper *(Der letzte Mohikaner)* oder der Franzose Alexandre Dumas *(Der Graf von Monte Christo)* folgten ihm darin bald nach. Noch kurz zuvor waren Übersetzungen eher spärlich anzutreffen gewesen. In *Fernbach's Journal für Leihbibliothekare* vom 15. Januar 1855 vermerkt dazu der Herausgeber:

»Das Jahr 1823 gab dem Geschmack des Lese-Publikums eine neue Richtung. Walter Scott erregte zu dieser Zeit ungeheures Aufsehen in Deutschland und Alles drängte sich, den beliebten Autor kennen zu lernen, so daß einige Verleger sich veranlaßt fühlten, auch andere englische Schriftsteller in Deutschland einzuführen. Es folgten daher Washington Irving, Cooper, Boz (Dickens), James, Marryat aufeinander, und anonym erschienen Pelham, Paul Clifford, Devereux mit außerordentlichem Beifall.«

Einmal eröffnet, bahnte sich der Zustrom ausländischer Literatur einen immer breiteren Weg, je stärker die heimischen Literaten mit der scharfen Zensur der Restaurationszeit, einsetzend mit den Karlsbader Beschlüssen von 1819, zu kämpfen hatten. Außerdem hieß, die Autoren des Auslandes zu drucken, ungeschützte Autoren zu drucken. Ihnen konnte man das Honorar straflos schuldig bleiben, und die Übersetzer, meist entlassene Militärs oder Studenten, wurden schlecht

Der anhaltende Erfolg der Abenteuerromane rief zahlreiche Epigonen auf den Plan und setzte reihenweise Bearbeiter ins Brot, die die ursprünglich für erwachsene Leser gedachten Werke eines Irving, Cooper oder Scott für »die reifere Jugend« aufbereiteten. Zugleich änderte sich im Laufe der Jahrzehnte das Buchäußere. Aus den farblosen Heftlieferungen der Anfänge wurden üppig illustrierte Bücher mit geprägten Leineneinbänden oder doch zumindest farbigen Deckelbildern. Coopers *Lederstrumpf* in der Ausgabe des Emil Barth Verlages erschien 1890 und war mit sechzehn Stahlstichen illustriert. Aus demselben Verlag, jedoch noch mit dem alten Umschlag des von Barth übernommenen Verlages von Schmidt & Spring kam 1893 Viktor Reickes Bearbeitung des *Buffalo Bill* heraus. Vier Tonbilder nach Zeichnungen von Fritz Bergen illustrierten den Text. *Emin Paschas Entsatz* von 1891 enthielt 61 Abbildungen und eine Karte.

304   *Coopers Lederstrumpf-Erzählungen,* bearbeitet von Franz Hoffmann, Verlag von Emil Barth, Stuttgart 1890, 16 × 23 cm.

Buffalo Bill. Seine Erlebnisse und Abenteuer im Wilden Westen, von Viktor Reicke, Emil Barth Verlag 1885/1893, Format 8°.

bezahlt. Leicht begreiflich, daß die Brüder Franckh, anstatt mit Joseph Meyers Lieferausgaben deutscher Klassiker zu konkurrieren, lieber gleich mit Walter Scott begannen und später eine Reihe *Das belletristische Ausland* einrichteten. Mit Werkausgaben von James Fenimore Cooper und Washington Irving machte Johann David Sauerland in Frankfurt seit 1826 glänzende Geschäfte. Zwanzig Jahre lang erwies sich Cooper als Dauerbrenner seines Verlagsprogramms; 258 Bände erschienen bis 1846.

Überall im Land entstanden regelrechte »Übersetzungsfabriken«, mit Schwerpunkten in Stuttgart, Leipzig, Grimma und Zwickau. Wilhelm Hauff hat 1826 in *Die Bücher und die Lesewelt* karikiert, wie man sich dergleichen vorzustellen habe: mit angeschlossener Papiermühle und Druckerei, mit Trockenplatz und Buchbinderwerkstatt, und mit der »Uebersetzungsanstalt im ersten Stock«, wo fünfzehn Übersetzer täglich fünfzehn Druckbogen Walter Scott übersetzten, korrigiert von einer Handvoll »Stylisten«, die den Rohübersetzungen Schliff gaben. Tatsächlich belegen zahlreiche Berichte die Praxis, mehrere Übersetzer gleichzeitig an einem Werk arbeiten zu lassen. August Prinz erwähnt in seiner Buchhandelsgeschichte den Multiübersetzer Ludwig von Alvensleben, »der vier Schreiber gleichzeitig beschäftigte, abwechselnd dem einen oder dem andern

dictirend«, und Karl-Heinz Fallbacher verweist im Marbacher Magazin über Taschenbücher auf Alvenslebens Kollegen Georg Nikolaus Bärmann. Bärmann, der viel für (den von Hauff karikierten) Schumann arbeitete, »schaffte allein im Jahr 1836 neun mehrbändige Romane und 15 Theaterstücke mit zusammen ungefähr 400 Bogen Umfang«.

Der Ausstoß der »Übersetzungsfabriken« war immens. Bis 1840 wuchs der Anteil der Übersetzungen an der Belletristik, wie sich den Meßkatalogen entnehmen läßt, auf 35 Prozent – und das betraf nur die Titel, nicht die Exemplare. Die Durchschnittsauflage deutscher Originalromane betrug oft nur einen Bruchteil dessen, was an Übersetzungen auf dem Buchmarkt kursierte. Zwischen 1843 und 1865 erschienen allein in Franckhs *Belletristischem Ausland* 3618 Bändchen, jeder Roman etwa hundert Seiten stark, für wenige Groschen und in Tausenderstartauflagen.

Kommerzielle Leihbibliotheken – Großmächte des literarischen Lebens

Größte Abnehmer und damit beste Kunden der »Übersetzungsfabriken« waren die Leihbibliotheken, vor allem die großen kommerziellen Lesekabinette und Lesemuseen, die in Zentren des Handels und der Intelligenz wie in Wien, Frankfurt, Leipzig oder Dresden bestanden. Daneben gab es »wandernde Leihbibliothekare«, die, Kolporteuren ähnlich, den Lesestoff den Kunden zutrugen und wieder abholten. Sodann Leihbüchereien, sogenannte »Winkelleihbibliotheken«, die von Sortimentsbuchhandlungen, Buchbindern und Antiquaren nebenbei betrieben wurden.

Durch Karl Benjamin Preusker (1786–1871) angeregt war die Volksbüchereibewegung, die seit den dreißiger Jahren des 19. Jahrhunderts »Dorf-« und »Bürgerbibliotheken«, »Lesebibliotheken für den Landmann« und »Städtische Volksbibliotheken« aufbaute. Diesen Bibliotheksformen eng verwandt waren die Volksschriftenvereine der vierziger Jahre. Die Hochblüte der kommerziellen Leihbibliotheken fiel in die Zeit von 1820 bis 1850, aber auch die Krisenzeit danach trieb immer wieder Blüten hervor, so zum Beispiel »Novitätenzirkel« oder die bis heute wenig erforschten »Reisebibliotheken«, die Geschäftsleuten und Touristen das Leihlesen erleichtern sollten. 1886 gründete die Buchhandlung M. Bernheim in Basel den *Verein der Leihbibliothek für das reisende Publikum*, und noch früher reagierte die Verlagsproduktion auf den neuen Zug der Zeit, die Eisenbahnreise. 1855 annoncierte Brockhaus eine Buchreihe *Eisenbahnbibliothek*, billig und hübsch anzusehen, mit »nicht zu kleinen Lettern«, da diese sonst »beim Rütteln der Waggons leicht ineinanderrinnen«. *Bergsons' Eisenbahnbücher* brachten es bis 1866 auf fast hundert Titel. Als

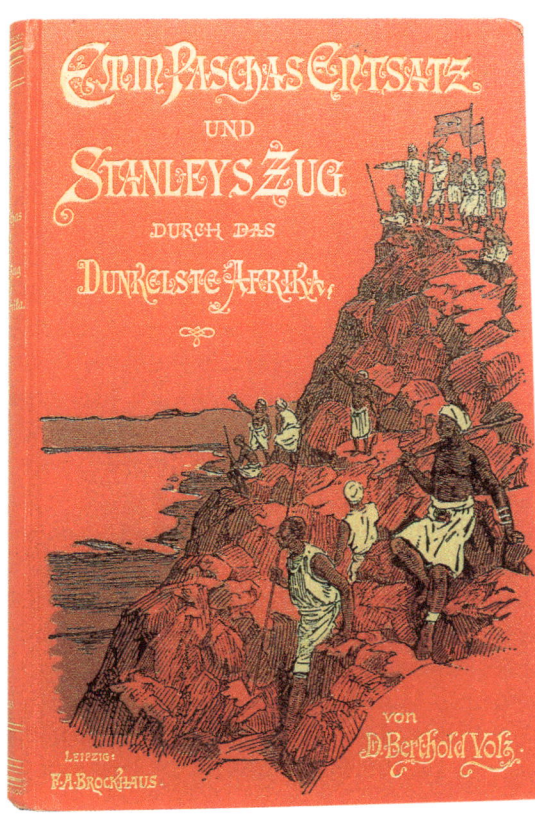

Emin Paschas Entsatz und Stanleys Zug durch das Dunkelste Afrika, von Dr. Berthold Volz, F. A. Brockhaus Verlag, Leipzig 1891, Format 8°.

»Lieblingslektüre der englischsprechenden Reisenden auf dem Kontinent und bequeme Führer zu den Schätzen der englischen und amerikanischen Literatur für deutsche Studenten« bezeichnet S. H. Steinberg die Bände der großen *Collection of British Authors*, die der junge Christian Bernhard Tauchnitz (1816–1895) im Jahr 1842 begann und später zur *Collection of British and American Authors* erweiterte. Die *Tauchnitz Editions* gelten als die ersten »echten« Taschenbücher. Die Bände waren einfach gemacht, mit fast weißen Umschlägen und unbeschnittenen Seiten, wie beim französischen *livre broché*.

Die kommerzielle Leihbibliothek in all ihren Ausprägungen war der am stärksten frequentierte Umschlagplatz für Bücher in der Zeit der Restauration und noch darüber hinaus. Das betraf einmal den Buchhandel, der sie belieferte und zugleich als Konkurrenten um die Gunst des zahlenden Publikums zu fürchten hatte. Wenn Friedrich Christoph Perthes im Jahre 1842 feststellte, es habe sich der Buchhandel der vorausliegenden vier Jahre nur dadurch am Leben erhalten, daß er schöngeistiges Schrifttum an Leihbibliotheken und Lesezirkel verkaufen konnte, so geht daraus eine Abhängigkeit hervor, die bei Händlern und Verlegern gemischte Gefühle auslösen mußte. Ebenso bei den Schriftstellern. Junge, aufstrebende und noch unbekannte Talente waren zwangsläufig die Leidtragenden. Heute zu den Klassikern zählende Romane wie Adalbert Stifters *Nachsommer* verkauften sich schlecht. Gottfried Kellers Erstling *Der Grüne Heinrich* lag zunächst wie Blei, was der Verleger Vieweg dem deprimierten Autor mit dem Hinweis erklären mußte, es bestimme nun einmal »der Absatz an die Leihbibliotheken heutzutage das Schicksal jedes Romans, denn das reiche und gebildete Publikum kauft in der Regel in Deutschland sehr selten Romane«.

Auf der anderen Seite war die Leihbibliothek des 19. Jahrhunderts die wichtigste Institution für Leser, und zwar über die Stände hinweg, ausgenommen einfache Handwerker bis hinab zum Tagelöhner, für deren Kasse auch ein Jahresabonnement von durchschnittlich drei oder vier Talern noch lange Zeit eine allzu schwere Belastung blieb. Ihnen verschafften die Volksschriftenvereine oder kirchliche Organisationen wie der bereits 1814 gegründete *Hauptverein für christliche Erbauungsschriften in den preußischen Staaten* einen Zugang zum Buch, da dort Schriften auch kostenlos abgegeben wurden. Daß die unteren Schichten, soweit ihre drückende wirtschaftliche Existenz überhaupt ein Lektüreverlangen gedeihen ließ, sich Bücher aus den kommerziellen Leihbüchereien besorgten, war die Ausnahme. Angefangen aber beim unteren Kleinbürgertum und erst recht nach oben hin waren auf der sozialen Skala der Leihbibliotheksbesucher keine Grenzen gesetzt. Bei Fritz Borstell in Berlin, der mit 600 000 Bänden bedeutendsten Leihbibliothek des deutschen Kaiserreiches zum Ende des Jahrhunderts, versorgten sich die Angehörigen des Hofes einschließlich des Fürsten Bismarck und seiner Gemahlin mit Lektüre, ja sogar die Hohenzollern. Borstells Wiener Kollege Albert Last führte die Kaiserin Elisabeth in seiner Kartei.

Die Hochblüte der Leihbibliotheken in der ersten Hälfte des 19. Jahrhunderts reichte aus, um den deutschsprachigen Raum mit einem dichten Netz dieser Anstalten zu überziehen. Soweit die Regierungen sie auf dem flachen Lande duldeten, waren Leihbibliothen nun auch in größeren Dörfern und Gemeinden von ein- bis zweitausend Einwohnern zu finden. Das Königreich Hannover zählte im Jahre 1844 – ohne Göttingen – 108 Leihbibliotheken. Für Preußen verzeichneten die Behörden am Ende des Jahres 1846 genau 656 Einrichtungen, für Sachsen 117, für das kleine Kurhessen immerhin 19. Wie bei vielen amtlichen Erhebungen lag auch hier die Dunkelziffer wahrscheinlich deutlich höher. Das Königreich Bayern kam im Jahre 1847 auf 66 Leihbibliotheken, die Stadt München auf vier, und Wien, wo die Zulassung beschränkt war, sogar nur auf zwei, hingegen Berlin auf stolze 60. Gegenüber den 36 Berliner Leihanstalten im Jahre 1831 war das ein kräftiger Anstieg.

Etwa drei Viertel der gesamten Belletristik floß in der Restaurationszeit in die Leihbibliotheken und ging von dort an den Leser. Sachliteratur war weniger gefragt, es dominierte der Roman in seinen verschiedenen Facetten, von den auf Rührung kalkulierten Herz-Schmerz-Geschichten und Aschenbrödel-Variationen (junger reicher Mann aus guter Familie erhebt schönes, aber armes Mädel zu seiner Braut) bis zu den präzisen sozialen Skizzen eines Honoré de Balzac. Der Vorwurf an die Leihbibliotheken, sie hätten, ähnlich den »Giftbuden« des 18. Jahrhunderts, im großen und ganzen den Billiggeschmack bedient, trifft nicht zu. Selbst für die Erotica mußten sich die Autoren jetzt mehr einfallen lassen, »Galanterie« mit Verbrechen verbinden: erste Vorläufer der noch heute tauglichen Mischung aus Sex & Crime. Die Ritter- und Gespensterromane, denen einst Heinrich von Kleist in Überzahl begegnet war, verschwanden nach 1820 zunehmend aus den Regalen. Historische Romane hielten Einzug, vorbereitet durch Walter Scott, Memoiren- und Reiseliteratur sowie humoristische Erzählungen. Auch die »Übersetzungsfabriken« lieferten mit Cooper, Irving, Dickens, Dumas oder George Sand ansprechende Literatur. Einheitliche Klassifikationen und Urteile fallen insofern schwer, als sich die Leihbibliotheken in ihrem Typ sehr unterschieden. So besaß der Musterkatalog der Gaßmannschen Leihbibliothek in Hamburg bei einem Umfang von 18 300 Titeln im Jahre 1855 auch eine »Auswahl des anerkannt Gediegenen und Vortrefflichen« für das »gebildete Lese-Publikum«.

Zu den gediegenen Leihinstituten mit hohem gesellschaftlichem Ansehen und zahlungskräftigem Publikum gehörte fraglos Fritz Borstell in Berlin, der die Wirren und Einbrüche der Krisenzeit überstand. Als repräsentative Zeugen eines kultivierten Romangeschmacks, der gewisse Neigungen fürs Triviale nicht ausschloß, können vielleicht jene Umlaufexemplare gelten, die bei Borstell im Jahre 1898 am meisten gefragt und deshalb in größter Anzahl vorrätig waren. Es sind: 2315 Expl. *Soll und Haben* von Gustav Freytag, gefolgt von 1688 Expl. *Ein Kampf um Rom* von Felix Dahn, dann Gustav Freytags *Verlorene Handschrift* mit 1584 Exemplaren. Der heute gänzlich vergessene *Ekkehard* des Joseph Viktor Scheffel war 1317mal vertreten, die *Goldelse* der Liebesromanfabrikantin Eugenie Marlitt 1285mal. *Eine ägyptische Königstochter*, verfaßt von Georg Moritz Ebers, wartete in 1180facher Ausfertigung in Borstells Regalen. 1067mal gab es die *Kinder der Welt* von Paul Heyse, dem späteren Nobelpreisträger. Borstells Bestand zeigt, daß auch Gottfried Kellers *Grüner Heinrich* vierzig Jahre nach seinem Erscheinen die Niederungen der Unbekanntheit verlassen hatte. Das Buch stand in 630 Exemplaren ausleihbereit, die *Leute von Seldwyla*, ebenfalls von Keller, sogar in 758 Exemplaren.

Im Jahre 1853 mußte der bereits zitierte L. Fernbach in seinem Journal konstatieren, daß »das Geschäft eines Leihbibliothekars beim Publikum nicht mehr diejenige Achtung genießt, die ihm eigentlich zukommt und noch vor wenigen Jahren im reichen Maaße zu Theil wurde«. Den Leihbibliotheken waren Konkurrenten entstanden, und nun gingen ihnen die Leser verloren. Mit den revolutionären Wirren von 1848 waren politische Nachrichten ins Zentrum der Aufmerksamkeit geraten; »die Zeitungspresse nahm Alles in Anspruch, es hatte Niemand Zeit etwas Anderes zu lesen als Zeitungen und so entwöhnte sich ein großer Theil des Lesens anstrengender Bücher« (August Prinz). Doch nicht genug, daß die Politik den Leihbibliotheken Leser entzog. Die Zeitungen suchten nun auch belletristische Neigungen zu befriedigen. Erzählungen und Romane wurden in die Feuilletons aufgenommen. Mit der Einführung der Rubrik »Fortsetzungsroman« gewannen die Zeitungen eine zunehmend feste Leserschaft. Die Auflagen stiegen, und die Aufhebung des staatlichen Monopols auf Anzeigen eröffnete den Zeitungen und Zeitschriften ab 1850 eine neue wichtige Einnahmequelle. Sie waren die einzigen Massenmedien der damaligen Zeit, die als solche hohe Honorare zahlen konnten – mit der Folge, daß die Roman- und Novellenautoren ihre neuen Werke zuerst bei ihnen anboten.

Als Otto Janke in Berlin, der größte Romanverleger, Anfang 1864 die *Deutsche Roman-Zeitung* erscheinen ließ, um die »anerkanntesten und beliebtesten Schriftsteller« für zweieinhalb Groschen die Woche »dem großen Publikum als Eigenthum zugänglich« zu machen, war dies ein weiterer Angriff auf die Existenzgrundlage der Leihbibliotheken. Hinzu kamen als gefährliche Rivalen die Familienblätter; Zeitschriften wie *Die Gartenlaube* (1853), *Über Land und Meer* (1858) oder *Daheim* (1864) ließen mit ihren Auflagen die meisten Buchausgaben weit hinter sich. Im Vorabdruck erschienen hier Erzählungen und Romane von Fontane, Storm, Keller und Raabe, die die prompte Honorierung und zügige Drucklegung zu schätzen wußten. Die von Ernst Keil unter dem Titel *Illustrirtes Familienblatt* gegründete *Gartenlaube* hatte nach vier Jahren die Zahl ihrer abgesetzten Exemplare bereits mehr als verdoppelt, war im Jahre 1863 bei einer Auflage von 157 000 angelangt, steigerte diese noch und war schließlich mit 382 000 Exemplaren im Jahre 1875 die führende Zeitschrift ihrer Art. *Daheim* kam aus dem 1835 gegründeten Verlag Velhagen und Klasing in Bielefeld, der seinem Familienblatt 1886 die anspruchsvolleren *Monatshefte* zur Seite stellte. Auch für diesen Typ der reinen Kulturzeitschrift gab es Vorbilder. Das größte Renommee besaßen die noch heute bekannten *Westermanns Monatshefte*, die als »Jahrbuch der Illustrirten Deutschen Monatshefte« 1856 gegründet wurden und zeitweilig 30 000 Käufer fanden.

Mit dem »Klassikerjahr« 1867 drohte den Leihbibliotheken eine Verbilligung der Bücherpreise und damit weitere Unbill. Am 9. November 1867 erlosch gemäß einem Beschluß der Bundesversammlung vom 6. November 1856 das Urheberrecht für die Werke aller Autoren, die vor dem 9. November 1837 verstorben waren. Die Klassiker konnten fortan honorarfrei nachgedruckt werden. Cotta verlor seine monopolähnliche Stellung. Das von Verlegern und Lesern herbeigesehnte Ende der Schutzfrist (»Die Classiker frei!«) brachte eine wahre Flut neuer Editionen, wohlfeiler Klassiker-Reihen und sogenannter Nationalbibliotheken, mit denen nun endlich auch die breite Masse des Volkes die Großdichter der Nation in Besitz nehmen sollte. Mit 150 000 Exemplaren, jede Lieferung zum Preis von zweieinhalb Groschen, ging Gustav Hempels *Nationalbibliothek sämtlicher deutscher Classiker* an den Start. Die anfänglichen Verkaufserfolge waren sehr gut, jedoch erlahmte das Leserinteresse weit rascher als erwartet. Von den vielen damaligen und auch nachfolgenden Reihen erwies sich nur eine als dauerhaft und leistungsfähig: Nicht die Hempelsche, nicht die von Carl von Cotta gemeinsam mit den Brüdern Kröner 1882 verlegte *Bibliothek der Weltliteratur*, auch nicht *Hendels Bibliothek der Gesamt-Literatur des In- und Auslandes* oder *Meyers Volksbücher* von 1886. Nur Anton Philipp Reclams im Klassikerjahr begründete *Universal-Bibliothek* hat Bestand gehabt und einen Teil der hehren Hoffnungen, die große Literatur könne allgemeines Bildungsgut werden, erfüllt. Die erste Nummer aus der Zweigroschen-Reihe des Leipziger Verlages, Goethes *Faust* von 1867, verkaufte sich binnen Kürze zwanzigtausendmal, und als im Jahre 1908 das Erscheinen der fünftausendsten Nummer zu würdigen

307

war, bekundete August Bebel, stellvertretend für Sozialdemokratie und Arbeiterklasse, dem Herausgeber »den wärmsten Dank aller Kultur- und Fortschrittsfreunde«.

Und die kommerziellen Leihbibliotheken? Für sie läßt sich eine Konzentration des Marktes auf die leistungsfähigen, stets mit Novitäten wohlversorgten und also großen Anstalten feststellen. Wie negativ sich für alle übrigen der Buchvertrieb durch Kolporteure, Fortsetzungsromane in den Feuilletons und Familienblättern, Romanzeitungen, das »Klassikerjahr« und seine Billigreihen auswirkten, verraten die Gewerbezählungen der Jahre 1861 und 1875 in Preußen. Danach war innerhalb dieser Spanne die Zahl der preußischen Leihbibliotheken von 785 auf 242, die Zahl der in ihnen Beschäftigten von 964 auf 131 Personen gesunken.

Konsolidierung im Buchhandel: vom Börsenverein zur Krönerschen Reform

Nach seiner »Sturm- und Drangperiode« (Kapp-Goldfriedrich) im letzten Drittel des 18. Jahrhunderts erlebte der Buchhandel im 19. Jahrhundert eine Zeit der körperschaftlichen Festigung, der Reformen und Konsolidierung bei gleichzeitiger Expansion. Der ungeheure Anstieg der Produktion von Druckwerken – allein von 1821 bis 1837 stieg die Zahl der Bücher um 150 Prozent auf über 10 000 Titel jährlich – fand in der Ausdehnung des buchhändlerischen Geschäftes seine Entsprechung. Allerdings lief die Entwicklung bald auseinander. Von dem Rückgang der Novitätenproduktion zwischen 1845 und 1878 zeigten sich, in nackten Zahlen betrachtet, die Firmengründer erstaunlich unbeeindruckt. So ging, nachdem im Jahre 1843 die Meßkataloge 14 039 Neu-

erscheinungen verzeichnen konnten, dieses Volumen im Jahre 1845 auf 13 008 Titel zurück. 1846 waren es nur noch 10 536, 1848 weniger als 10 000 Titel. Im Folgejahr wurde mit nur noch 8197 Neuerscheinungen ein Tiefpunkt erreicht, danach stagnierte die Produktion bis etwa zum Jahr 1860 (9496 Titel). 1868 überschritt die Produktion wieder die Zehntausend und war damit auf dem Niveau, das sie bereits dreißig Jahre zuvor erklommen hatte. Erst 1878 war der alte Höchststand von 1843 erreicht. Wie abgekoppelt von diesem Trend wirkt dagegen die Entwicklung der Buchhandlungen und Verlage. Sie weist kontinuierlich nach oben. 1843 gab es 887 Sortimentsbuchhandlungen. Dieser Bestand vermehrte sich bis auf 1325 im Klassikerjahr 1867 und wuchs weiter auf 3375 Sortimenter im Jahr 1880. Ähnlich die Verlage. Mit 1238 Firmen im Jahre 1880 hatten sie ihre Anzahl von 1865 (668 Verlage) beinahe verdoppelt. Vor allem die Einführung der Gewerbefreiheit dürfte für diese Ausbreitung eine große Rolle gespielt haben. Das Jahr 1869 hatte für jeden Bürger das Recht gebracht, Gewerbe oder Beruf frei zu wählen und zu betreiben.

Verglichen mit der Dynamik, die seit den zwanziger Jahren, parallel zur Einführung des Drucks mit Schnellpressen und dem Wachsen der Leserschaft, im Buchhandel einzog, erscheinen die Anfänge des 19. Jahrhunderts von Behäbigkeit geprägt. Die Bücherzahlen stiegen, der Konditionsverkehr hatte das Prinzip des Tauschs Bogen gegen Bogen abgelöst, die Lager verkleinert und den Handel monetarisiert, aber das Messegeschäft in Leipzig ging immer noch seinen langwierigen Gang. Trafen die Verleger in der Messestadt ein, ordneten sie zuerst mit Unterstützung von Markthelfern Stöße von zurückgesandten Druckwerken. Diese *Remit-*

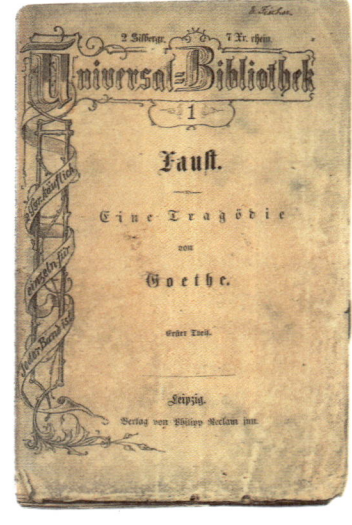

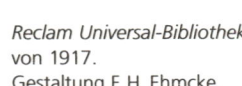

Erster Band der *Reclam Universal-Bibliothek* von 1867

Reclam Universal-Bibliothek von 1917. Gestaltung F. H. Ehmcke.

Reclam Universal-Bibliothek von 1936. Gestaltung Friedrich Häder.

tenden hatte der das Zwischenlager verwaltende Kommissionär gestapelt. Dann wurde mit mäßigem Erfolg versucht, Lagerbestände zu verkaufen. Die viel wichtigere Auslieferung der Neuerscheinungen begann meist erst danach, verbunden mit allerlei Geselligkeiten mit den Leipziger Buchhändlern und mit den Freunden von auswärts. Umständlich und mühselig war die Abrechnung. Vielfach mußte, wer abrechnen wollte, seine Geschäftspartner an über die Stadt verstreuten Orten aufsuchen.

Um die Prozedur abzukürzen, hatte schon 1792 der Leipziger Buchhändler Paul Gotthelf Kummer ein Abrechnungslokal eröffnet, jedoch zeigte seine private Initiative kaum allgemeine Wirkung. 1797 nahm sich Carl Christian Horvath aus Potsdam der Sache an. Seitdem fand die Abrechnung im Auditorium theologicum des *Paulinum* der Leipziger Universität statt, und war damit leichter zu erreichen als zuvor. Von einer Lösung konnte gleichwohl keine Rede sein. Vorrangig die auswärtigen Kollegen nutzten die Börse, die Leipziger Platzhirsche hingegen sträubten sich.

Den fehlenden Gemeinsinn beklagend, legte Horvath zur Ostermesse 1802 einen Reformentwurf vor, der gegenseitige Schutzbestimmungen enthielt. Zu diesem Vorschlag äußerten sich vierzig Buchhändler, darunter Georg Joachim Göschen mit seiner Schrift *Meine Gedanken über den Buchhandel und dessen Mängel*, worin er die Börse als Vertretung des gesamten Buchhandels skizziert, die ein eigenes Abrechnungs- und Versammlungslokal besitzen und allgemeinverbindliche Artikel und Normen festsetzen müsse. Im Kern war damit die Grundordnung des späteren Börsenvereins formuliert. Göschens Hauptforderung, »man verschaffe der Börse Fond, Würde und Dauer«, blieb indes Papier, zumal

nach 1806 unter der napoleonischen Fremdherrschaft andere Probleme in den Vordergrund drängten. 1816 griff Friedrich Ch. Perthes die Lage des deutschen Buchhandels erneut auf. Auch er postulierte eine übergreifende Organisation, »wodurch ohne die Freyheit des Handels zu beschränken, Garantie geleistet wird gegen Beeinträchtigungen des Publicums und der Literatur durch eigennützige Autoren und betrügerische Buchhändler« *(Der deutsche Buchhandel als Bedingung des Daseyns einer deutschen Literatur).* Doch erst neun Jahre später, nachdem zuvor der alte Gegensatz von Nord und Süd erneut Fronten gebildet hatte und der Plan zu einer eigenen süddeutschen Messe in Nürnberg aufgetaucht war, kam es zum Zusammenschluß der Innung.

1824 schloß Carl Christian Horvath seine Börse in der Leipziger Universität. Zur Ostermesse 1825 wählten die versammelten auswärtigen Firmen, mehr oder weniger am Leipziger Lager vorbei, einen neuen Börsenvorstand. Friedrich Campe, Verleger aus Nürnberg und die treibende Kraft der Initiative, erarbeitete eine Börsenordnung, die den Charakter eines Vereinsstatuts besaß und am 30. April 1825 von 99 Buchhändlern unterzeichnet wurde, davon 70 aus Nord- und Ostdeutschland, 29 aus Süd- und Westdeutschland, unter letzteren nur sechs aus Leipzig selbst. Der *Börsenverein der Deutschen Buchhändler* und damit die erste gesamtdeutsche Körperschaft war gegründet. Auch Ausländer konnten Mitglied werden. 1834 erschien als Organ des Vereins erstmals das *Börsenblatt für den Deutschen Buchhandel.* 1853 schuf der Verein der Leipziger Buchhändler die Buchhändlerlehranstalt, eine staatlich anerkannte Fachschule, bestehend aus einer Lehrlingsabteilung und einem höheren einjährigen Fachkurs für Jungbuchhändler mit bereits abgeschlossener Ausbildung.

Entwicklung der *Reclam Universal-Bibliothek* nach dem 2. Weltkrieg: 1949 und 1957 gestaltet von Alfred Finsterer,   1969 durch die Herstellungsabteilung,   1988 von H. P. Willberg.

Am Konditionsverkehr als Prinzip, wie er sich als vorherrschende Handelsform zwischen Verlag und Buchhandlung herausgebildet hatte, änderte die Gründung des Börsenvereins nichts. Bis in die achtziger Jahre des 19. Jahrhunderts blieb es gängige Praxis, daß jede Neuerscheinung *pro novitate* – unaufgefordert bei Erscheinen – von den Verlagen an die Sortimenter geschickt wurde. Verkaufte der Buchhändler die Ware nicht, konnte er sie beim nächsten Abrechnungstermin auf der Messe entweder remittieren oder die Frist verlängern. Die zugesandten Exemplare wurden nach Erhalt von den Buchhändlern meist umgehend »zur gefälligen Einsicht« an ihre Stammkunden weitergeleitet, die die Bücher dann erwarben, oder aber – was oft genug vorkam – nur aufschnitten, lasen und retour schickten. Die Vertriebsform der Ansichtssendung machte das Hauptgeschäft aus. Direkt im Laden wurde nur wenig verkauft, in der Hauptsache Gebet- und Schulbücher. »Gebrauchsliteratur« mithin, wie sie auch von jenen gekauft wurde, die aufgrund ihrer sozialen Lage nicht zum Kreis der Unterhaltungs- und Bildungsleser gehörten.

Der Erleichterung und Abkürzung des Rechnungsgeschäftes zwischen Sortiment und Verlag dienten das 1839 von Otto August Schulz geschaffene Buchhändler-Adreßbuch sowie die am 2. März 1842 vom Verein der Buchhändler zu Leipzig gegründete *Bestellanstalt*. 1842 verkehrten bereits tausend auswärtige Buchhandlungen über die Verlagskommissionäre in Leipzig, dazu kamen 120 ortsansässige, aber verstreute Firmen. Die Leipziger Bestellanstalt wurde nun zur zentralen Anlaufstelle der Kommissionäre, die dort ihre Bestell- und Rechnungszettel sammelten, sortierten und an die Buchhändler austragen lassen konnten, anstatt sie umständlich selbst an die vielen verschiedenen Empfänger weiterzuleiten. 1852 gründete Louis Zander in Leipzig das erste *Barsortiment*. Neu war dabei, daß auch gebundene Bücher am Lager gehalten wurden, nicht mehr nur broschierte, wie bis dahin üblich. Möglich machte dies die Umstellung der Buchbinderei von Handarbeit auf Maschinenbetrieb. Die Barsortimenter kauften die von den Verlegern durchweg nur geheftet (»broschiert«) gelieferten Exemplare in großen Partien mit ca. 7 % Sonderrabatt, ließen sie einheitlich maschinell binden und boten sie dann dem Sortimentsbuchhandel zum normalen Verlagsrabatt an. Im Unterschied zu den Kommissionären lieferten Barsortimenter auf eigene Rechnung.

Das Abrechnungswesen zu erleichtern, war eine interne Angelegenheit. Nach außen hin stellten sich dem Börsenverein zwei Aufgaben: der Widerstand gegen staatliche Bevormundung und Zensur sowie der Schutz der Verlags- bzw. Urheberrechte. Die räuberischen Nachdrucker sollten endgültig in die Schranken gewiesen werden. Im Preußischen Landrecht von 1794 waren zwar, und dies erstmals auf deutschem Boden, Rechte der Buchhersteller in Gesetzesform niedergelegt worden. Danach konnte der Originalverleger beantragen, daß Nachdrucke »konfisziert und zum Verkauf unbrauchbar gemacht« oder ihm übereignet wurden. Aber die Wirksamkeit solcher Verordnungen endete an den Landesgrenzen. Noch im Jahre 1811 erschien in Wien ein *Verzeichnis der von der k. k. Censur zum Nachdruck erlaubten Werke*. Nach dem Wiener Kongreß, mit dem

310   Buchhändler-Börse in Leipzig. Kolorierter Kupferstich, ca. 1840. Börsenverein-Blattsammlung. Blattgröße 20,5 × 13 cm, Plattengröße 18 × 11,5 cm.

Ende des Deutschen Reiches und der Geburt des Deutschen Bundes schienen Neuregelungen auch für den Buchhandel möglich, und tatsächlich wurde die Bundesakte vom 8. Juni 1815 mit folgender Absichtserklärung beschlossen: »Die Bundesversammlung wird sich bei ihrer ersten Zusammenkunft mit der Abfassung gleichförmiger Verfügungen über die Preßfreiheit und die Sicherstellung der Rechte der Schriftsteller und Verleger gegen den Nachdruck beschäftigen«. Taten blieben jedoch aus. Erst nachdem Preußen seit 1827 in Eigenregie mit 31 (von 39) Staaten des Deutschen Bundes Literaturverträge abgeschlossen hatte und nun darauf drängte, die Einzelverträge auf alle auszudehnen, kam erneut Bewegung in die Sache. Am 2. April 1835 beschloß die Bundesversammlung ein generelles Nachdruckverbot, und mit zweijähriger Verzögerung folgte 1837 endlich die rechtliche Umsetzung. Das Gesetz beinhaltete erstmals den *Schutz des Urhebers* statt wie bisher des Verlegers. Unterschiedlich festgesetzt waren die Schutzfristen: In Preußen erstreckten sie sich auf dreißig Jahre nach dem Tod des Verfassers, auf dem Gebiet des Deutschen Bundes hingegen betrug die Frist zunächst nur zehn Jahre und wurde erst 1845 auf dreißig Jahre ausgedehnt.

Eine weitere Bedrohung redlichen Wettbewerbs stellte die *Schleuderei* dar, das gegenseitige Unterbieten der Buchhändler durch Kundenrabatte von bis zu 50 Prozent. »Schleudern heißt: wohlfeiler verkaufen, als man kann, wenn man beym Handel als ehrlicher Mann bestehen will.« So hatte Göschen bereits in seinen *Gedanken* von 1802 notiert, als mit dem Konditionshandel

auch neue Sortimenter auf den Plan traten, was die buchhändlerische Konkurrenz notgedrungen verschärfen mußte, da der Absatz nicht im gleichen Maße stieg wie die Buchproduktion. Als siebzig Jahre später, in der Gründerzeit, der Buchmarkt expandierte, zeigte sich das Phänomen in größter Deutlichkeit. Das Distributionssystem geriet in eine Krise, und in den Großstädten, besonders in Berlin und Leipzig, nahm die Schleuderei Ausmaße an, die die Sortimentsbuchhändler in der Provinz zunehmend in wirtschaftliche Schwierigkeiten brachte. Rufe nach einem *festen Ladenpreis* wurden laut, bewirkten jedoch zunächst nur, daß der latente Interessengegensatz zwischen Verlegern und Sortimentern innerhalb des Börsenvereins aufbrach. Mochte man sich auch in der Bekundung eines allgemeinen Reformwillens einig sein, so spaltete sich die Reformbewegung doch über der Forderung nach Festpreisen. Die aus dem Verlagswesen kommenden »Freihändler« befürworteten einen ungehemmten Wettbewerb; die »Ladenpreisler« aus dem Sortiment verlangten vom Börsenverein, den Rabatt festzulegen und Schleuderfirmen nicht mehr zu beliefern. Als am 25. September 1887 eine außerordentliche Hauptversammlung des Börsenvereins in Frankfurt die Empfehlungen des Stuttgarter Großverlegers und Vereinsvorstehers Adolf Kröner (1836–1911) guthieß, die *Krönersche Reform* beschloß und damit der Schleuderei ein Ende machte, hatte man zehn Jahre lang gestritten. Fortan galt ein einheitlich festgesetzter Ladenpreis. »Jedes öffentliche Anerbieten von Rabatt an das Publikum in ziffernmäßiger Form« war untersagt. Verstöße sollten den Ausschluß von allen Verlagsliefe-

Innenansicht der Deutschen Buchhändlerbörse. Lithographie, um 1836.
Verlag J. J. Weber in Leipzig. 20,9 × 17,1 cm.

rungen nach sich ziehen. Die Betreffenden waren vom Vorstand als Schleuderer zu brandmarken, die Nutzung der gemeinsamen Buchhandelseinrichtungen wurde ihnen verwehrt.

Die Abschaffung von Rabatten und Nachlässen rief alsbaldigen Widerstand vor allem an den Hochschulen hervor. Der Nationalökonom Karl Bücher gab mit seiner Schrift *Der deutsche Buchhandel und die Wissenschaft* 1903 dem »Bücher-Streit« eine Stimme. Seine Angriffe galten dem »Kartell« des Börsenvereins, Verleger und Sortimenter wurden als »Ausbeuter« und »Parasiten« angeklagt. Bibliotheken könnten die neue Geldschneiderei des Buchhandels nicht finanzieren, es drohe der Bankrott des freien Geisteslebens. Abschaffung des Ladenpreises und freie Konkurrenz erschienen dem Professor als einziges Mittel zur Senkung der Bücherpreise. Die Wogen gingen hoch, es folgten Stellungnahmen, Erklärungen und Gegenerklärungen, sogar das Reichsamt des Inneren suchte zu vermitteln. An der Preisbindung änderte der in den Folgejahren gefundene Kompromiß zwar nichts, jedoch machte der Börsenverein Zugeständnisse an die Bibliotheken. Bibliotheken mit einem jährlichen Vermehrungsetat von mindestens zehntausend Mark sollte ein Rabatt von 7,5 Prozent eingeräumt

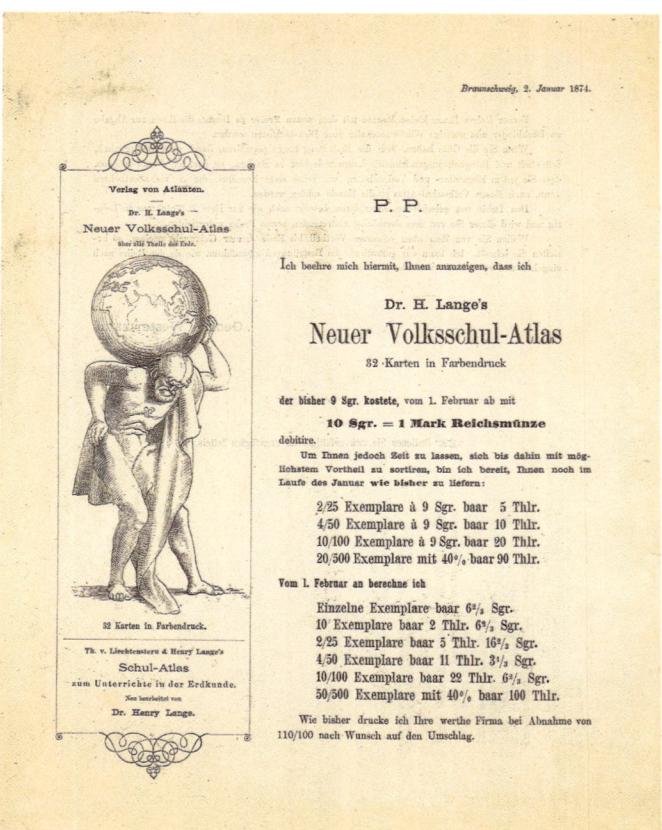

Buchhändler-Bezugsanforderung für *Langes Neuen Volksschul-Atlas*. 1874.

werden, Bibliotheken mit kleineren Etats erhielten 5 Prozent. Bibliotheksnachlässe werden auch heute noch auf dieser Grundlage gegeben – bei angehobenem Vermehrungsetat natürlich.

»Dem Schreibervolk aufs Maul geschlagen«

Am 26. August 1806 wurde der Nürnberger Verlagsbuchhändler Johann Philipp Palm von den französischen Besatzern erschossen. Ein Militärgericht hatte ihn zum Tode verurteilt, nachdem Palm als Drucker der antinapoleonischen Broschüre *Deutschland in seiner tiefsten Erniedrigung* dingfest gemacht worden war. Was friedliche und unfriedliche Zeiten im kleinstaatlich und landsmannschaftlich zerrissenen Deutschland nie geschafft hatten, gelang, freilich wider Willen, dem französischen Imperator: Nationales Selbstbewußtsein formierte sich zu einem übergreifenden Patriotismus. Oppositionelle Pamphlete, heimlich hergestellt und vertrieben, riefen das Volk zum Widerstand und die Fürsten zum Schulterschluß gegen Napoleon auf. Verleger wie der liberale Brockhaus und der konservative Perthes, die in ihren politischen Ansichten sonst wenig gemein hatten, saßen als Hersteller agitatorischer Literatur nunmehr in einem Boot. Ihnen voran stellte der Berliner Verleger Georg Andreas Reimer (1776–1842) seine Kräfte in den Dienst der nationalen Befreiung.

Den Hoffnungen auf Pressefreiheit, wie sie nach dem Sieg über Napoleon unter liberalen Zeitgenossen aufkamen, war keine Erfüllung beschieden. Der Deutsche Bund hatte in der Großmacht Österreich einen einflußreichen Vormund und in dem österreichischen Kanzler Metternich einen rigorosen Verfechter absolutistischer Herrschaft. Als Kopf der Reaktion, dem allzu klar war, »daß die Pressefragen die allerwichtigsten wären und es nicht umsonst sei, daß die Revolutionäre die Presse über alles stellen« (Glossy, *Literarische Geheimberichte*), nahm Metternich die Ermordung des Theaterdichters August von Kotzebue durch den Burschenschaftler Karl Ludwig Sand zum willkommenen Anlaß, die bürgerlichen Freiheiten einzuschränken. Mit den *Karlsbader Beschlüssen* der Bundesversammlung vom 20. September 1819, die ohne Gegenstimme gefaßt und 1824 auf unbestimmte Zeit erneuert wurden, begann eine beispiellos strenge Zensur, eine dreißig Jahre währende Unterdrückungs- und Bespitzelungspraxis. Der erste Paragraph der Beschlüsse machte zum Gesetz, daß »Schriften, die in der Form täglicher Blätter oder heftweise erscheinen, desgleichen solche, die nicht über 20 Bogen im Druck stark sind, in keinem deutschen Bundesstaate ohne Vorwissen und vorgängige Genehmhaltung der Landesbehörden zum Druck befördert werden.«

Damit war die Vorzensur wieder eingeführt, zugleich aber ein Mittel angezeigt, sie zu umgehen: nämlich durch Erweiterung des Umfanges auf die bewußten zwanzig Bogen. So reimte Robert Prutz noch 1842 unter dem Titel *Freie Presse:* »Nun geplündert und gestohlen! / Denn der Censor hat befohlen, / Und der Setzer steht auf Kohlen: / Rasch den zwanzigsten herbei! / Neunzehn Bogen sind gefährlich, / Aber zwanzig machen ehrlich, / Aber zwanzig machen frei.« Das war nun allerdings für den großen, sich mit Tagesaktualitäten beschäftigenden Teil des Schrifttums kaum zu leisten. Für Bücher wohl, aber wie sollten Zeitungen und Broschüren, von denen die Obrigkeit mit Recht schnelle Verbreitung und politischen Widerspruch fürchtete, die Hürde überspringen? Zwanzig Druckbogen entsprachen immerhin 160 Seiten im Quart- bzw. 320 Seiten im Oktavformat. Mochte auch Heinrich Heine »die Zeit des Ideenkampfes« ausrufen und erklären: »Zeitungen sind unsere Festungen«, so wurden doch diese demokratischen Bollwerke von der Vorzensur bis auf die Grundmauern geschleift. Es gab sogar Verleger, die sich, wie Friedrich Christoph Perthes, befriedigt darüber zeigten, daß dank Metternich und Karlsbad »dem Schreibervolk aufs Maul geschlagen« wurde. 1827 organisierte

Perthes, einst Gegner französischer Fremdherrschaft, ein Autodafé: In Tatgemeinschaft mit dem Vorstand des Börsenvereins verbrannte er Verlagserzeugnisse eines mißliebigen Kollegen.

Eine weit bessere Figur machte der Hamburger Verleger Julius Campe (1792–1867), der es verstand, hart an der Grenze des Machbaren zu lavieren. Die Hamburger Firma Hoffmann & Campe und die ihr angeschlossene Buchhandlung war ein Hort der Oppositionsliteratur. Zu Campes Autoren zählten Ludwig Börne, Karl Gutzkow, Adolf Glasbrenner, Ludolf Wienbarg, Franz Dingelstedt und, als sein erfolgreichster, Heinrich Heine. Heines *Reisebilder* erschienen bei Campe 1826 in 1500, das *Buch der Lieder* 1827 in 2000 Exemplaren, der *Romanzero* 1851 in 21 000 Exemplaren in vier aufeinanderfolgenden Drucken. Die keineswegs *Unpolitischen Lieder* von Hoffmann von Fallersleben kamen bei Campe 1840/41 in 20 000 Exemplaren heraus. Campe handelte nach der Devise: Die Zensur möglichst mit ihren eigenen Mitteln schlagen, Legalität wahren, sich kooperationsbereit zeigen, die Autoren schützen (notfalls auch vor selbstgefährdender Waghalsigkeit). Indem er bei aller Sympathie mit den politischen Ideen seiner Literaten nie den Geschäftssinn verlor, agierte Campe verlegerisch

Die Arbeit der Zensoren und Kritiker, wie Charles Joseph Traviès de Villers sie sah. Paris, Kaeppelin 1840. Lithographie, 21,3 × 17,2 cm.

erfolgreich und bewahrte zugleich »den Autor vor Isolation, seine Schriften vor Unverkäuflichkeit und Wirkungslosigkeit« (E. Ziegler).

Metternichs liebste Schöpfung war die Mainzer Zentral-Polizei. Dieser Spitzeldienst, eine mittelbare Antwort auf die Juli-Revolution von 1830 in Frankreich und das Hambacher Fest, überzog Europa mit einem Netz von Schnüfflern und Vertrauensleuten, Zuträgern und Denunzianten. »Woran Autoren arbeiteten, was Verleger zu drucken planten, auf welchen Wegen Bücher heimlich vertrieben wurden und welche Reaktionen sie bei den Lesern auslösten – Metternichs Spürhunde wußten fast alles in Erfahrung zu bringen«, schreibt Hans J. Schütz in *Verbotene Bücher*. 1835 kam es zum Verbot des »Jungen Deutschland«, dessen namhafteste Vertreter, Börne und Heine, zu diesem Zeitpunkt bereits die deutsche Heimat mit dem französischen Exil vertauscht hatten. Beide waren, ebenso wie Wienbarg, Heinrich Laube oder Theodor Mundt, den Behörden für ihre Autoritätsfeindschaft und Freiheitsliebe einschlägig bekannt. Freilich reagierten Verleger und Autoren mit neuen und alterprobten Kunstgriffen zur Nasführung der Zensoren: Namen und Druckorte wurden fingiert, und wieder schienen überall in Europa Druckerpressen für den legendären »Peter Hammer« zu arbeiten. Anfangs hatten die Zensoren Korrekturen vorgeschrieben, bald wurde einfach gestrichen. Diese Streichungen waren indessen dem Leser noch sichtbar, entweder als Lücke, oder aber als Striche, was Heine im zweiten Teil der *Reisebilder* zu einer Parodie inspirierte. Das ganze 12. Kapitel war zu einem Absatz geschrumpft, gerade so, als sei die allerrigideste Zensur darüber hingegangen. Vier Worte nur waren übrig geblieben. Dem Leser bot sich, wie zufällig, folgendes Bild:

»*Die deutschen Zensoren* – – – – – – – – – – – – – –
– –
– –
– –
– –
– – – – – – – – – – – – *Dummköpfe* – – – – – – – –
– –
– –.«

Vom Jahre 1837 an war selbst die Zensurlücke in Preußen verboten.

1848 brachte ein liberales Intermezzo. Der Aufstand in Wien vertrieb den Fürsten Metternich. Freiheitskämpfe in Berlin ließen die Preußische Regierung wanken. Am 18. Mai trat, langersehnt, die erste Deutsche Nationalversammlung in der Frankfurter Paulskirche zusammen, jedoch scheiterte der Versuch einer nationalen Einigung. Mit dem Wiedererstarken der Reaktion setzte bereits ab 1849 eine neue Form der – offiziell aufgehobenen – Zensur ein. Diese sah zwar keine Vorkontrolle der

Druckwerke durch Behörden mehr vor, ließ aber nun Personen: Drucker, Verleger und Buchhändler für die »Ungefährlichkeit« eines Werkes haften. Statt der Zensoren, die präventiv ihres Amtes walteten, kam jetzt die Justiz ins Haus und ahndete.

Vom handgeschöpften Büttenbogen zum endlosen Maschinenpapier

Büttenpapiere früherer Jahrhunderte weisen eine Rippung auf, die sie der groben Struktur des herkömmlichen Schöpfsiebes verdanken. Als es um die Mitte des 18. Jahrhunderts möglich wurde, Siebe aus feinstem Draht zu weben, konnten Papiere mit ebenmäßiger Oberfläche entstehen. Ein alter Nachteil gegenüber der Glätte des kostbaren Pergamentes schien damit wettgemacht. Deshalb sprach man, das lateinische Wort für Pergament, *vellum*, aufgreifend, von *Velinpapier*. Einer der ersten Drucker, die die neue, gleichmäßig starke Qualität anstelle des gerippten *papier vergé* verwendeten, war John Baskerville im Jahre 1757. Der englische Schriftreformer hatte den Papiermacher James Whatman d. J. in Birmingham mit der Herstellung beauftragt; ungeklärt ist, ob Baskerville auch den entscheidenden Hinweis auf die Siebform gegeben hat, mit der sich die wunderbar seidenglatte Papieroberfläche erzeugen ließ: »*a smooth surface like a piece of silk*«. In Frankreich wollte 1779 Firmin Didot das Velinpapier einführen, jedoch kam ihm der Papierfabrikant Pierre Montgolfier in Annonay zuvor.

Gegen Ende des 19. Jahrhunderts besaßen französische Papiere den besten Ruf in Europa, die Herstellung von Velinpapier war gerade hier perfektioniert, und Frankreich zählte reichlich mehr als fünfhundert Papierfabriken, in denen jährlich Waren im Wert von über 100 Millionen Francs produziert wurden. Die Papiersteuer war zu einer einträglichen Quelle des Staatseinkommens geworden und die Papiermacherei mit rund dreißigtausend Arbeitern zu einer beschäftigungsstarken Branche. Das Maschinenwesen hatte Einzug gehalten.

Einen entscheidenden Anstoß hatte diese Entwicklung im Jahre 1798 durch Nicolas Louis Robert (1761–1828) bekommen. Robert war zuerst Lektor in der bekannten Pariser Großdruckerei von Pierre François Didot gewesen und dann zum Werkmeister in der Papiermühle Didot-Saint-Léger in Essonnes aufgestiegen. Dort hatte er mit den zur Zeit der französischen Revolution häufig streikenden Arbeitern unliebsame Bekanntschaft gemacht. Störungen der Produktion schlugen regelmäßig bis in den Druckereibetrieb durch, was Robert bewogen haben soll, die streiklustigen Teile der Belegschaft durch eine Maschine zu ersetzen. Fünf Jahre lang probierte er, um dann 1798 das Patent auf eine *Langsiebmaschine* anzumelden. Robert konnte auf das bereits etablierte Prinzip der gewebten Schöpfsiebe zurückgreifen, das er durch einen Kunstgriff so erweiterte, daß es maschinengetrieben arbeiten konnte: Die beiden Enden einer Bahn aus feinmaschigem dünnem Kupferdrahtgewebe wurden verbunden, wodurch Robert ein »endloses« Langsieb erhielt, das er wie ein Förderband über zwei Walzen laufen ließ. Ein Schöpfrad trug den Papierstoff auf das Sieb auf, und während das Wasser nach unten ablief, wurde das Sieb transportiert und im vorderen Teil zusätzlich geschüttelt. Hinten nahmen Walzen die Papierbahn ab und preßten sie aus, bevor sie auf eine Rolle gewickelt wurde.

Didots Papiermühle, in der die Langsiebmaschine aufgestellt wurde, konnte damit im Jahre 1800 bis zu fünf Meter lange und sechzig Zentimeter breite Papierbahnen »am laufenden Band« herstellen. Jahrhundertelang hatten die Papiermacher Einzelblätter geschöpft – nun produzierte man, zumindest der Tendenz nach, endloses Papier, sogenanntes *Patentpapier.* Für die Automatisierung der Druckerpressen sollte sich dies später als hilfreich und notwendig erweisen. Weiterentwickelt wurde Roberts Erfindung in England, wo Didot, der von seinem Werkmeister das Recht dazu erworben hatte, in dem Papiergroßhändler Foudrinier einen Interessenten an der Übernahme des Patentes fand. Im Auftrag Foudriniers baute dann der Mechaniker Bryan Donkin eine leistungsfähigere Maschine. Mit einer Sieblänge von 8,25 m und einer Breite von 1,22 m war sie mehr als doppelt so groß so wie der französische Prototyp, enthielt zahlreiche Neuerungen – u. a. eine Gautschwalze – und bewährte sich sehr gut im Dauerbetrieb. »Sie kann daher«, schreibt Wilhelm Sandermann, »als erste betriebsfertige Papiermaschine der Welt betrachtet werden.«

Deutschland lag auf diesem Feld lange hinter Frankreich und England zurück. Noch im Jahre 1840, als in England bereits 250 Papiermaschinen arbeiteten, waren es in Deutschland nur 25. Im Jahr 1819 stellte die Berliner Patentpapierfabrik die erste, allerdings von Bryan Donkin gelieferte Langsiebmaschine Deutschlands auf. Deutsche Maschinen konstruierten mit Erfolg der gelernte Drechsler und Dreher Johann Jakob Widmann und der Papierfabrikant Gustav Schäuffelen in Heilbronn. Trotz der enormen Steigerung der Papierproduktion und des Papierverbrauches im 19. Jahrhundert blieb die Branche krisenanfällig. Bryan Donkin wurde ihr überragender technischer Kopf und brachte es zum führenden Exporteur englischer Maschinen nach dem Kontinent; Didots Papierfabrik hingegen und die Firma der Brüder Foudrinier, die Maschinenproduzenten Widmann und Schäuffelen gingen gleichermaßen in Konkurs.

Nicolas Louis Robert, der Konstrukteur der ersten Langsiebmaschine, starb wenig begütert als Schuldirektor. Die Nachfolger und Nutzer seiner Erfindung lieferten den größten Teil des Papiers, vor allem für Zeitungen und Bücher, während sich mit der *Rundsiebmaschine,*

von dem englischen Mechaniker Joseph Bramah 1805 und dem Deutschen Adolf Keferstein 1819 entwickelt, ein Papier herstellen ließ, das der handgeschöpften Qualität durch Büttenrand, Rippung und Wasserzeichen sehr nahe kam. In der Papierindustrie dienen Rundsiebmaschinen heute meist zur Produktion von Pappe und Karton, aber auch von Maschinenbüttenpapier. Rundsiebe rotieren direkt in der Schöpfbütte, wobei die Drehbewegung den Papierbrei ansaugt und das Wasser in der Mitte des Zylinders abläuft. Ein Unterschied zum handgeschöpften Papier besteht auch bei diesem »Maschinenbütten«, wie bei allen Maschinenpapieren, in der Art der Verfilzung der Fasern. Beim Maschinenpapier liegen die Fasern in einer Richtung (in Richtung der Papierbahn), beim handgeschöpften Papier in mehreren Richtungen, was Drucker und Buchbinder zu beachten haben. Das Vorhandensein von Wasserzeichen allein ist nicht mehr länger ein Hinweis auf Handpapier. Bei Maschinenpapieren können Wasserzeichen durch Erhöhungen auf der Vordruckwalze oder durch auf das Langsieb aufgebrachte Formen erzeugt werden.

Die Behebung des Hadernmangels:
Holzschliff und Zellstoff

Wenn trotz der mechanischen Fortschritte von einer Industrialisierung der Papierwirtschaft in der ersten Hälfte des 19. Jahrhunderts nicht die Rede sein konnte, so lag dies vor allem am Rohstoffmangel. Zwar hatte die Erfindung der Lumpen- und Papierbleiche (Chlorbleiche) durch den französischen Grafen Berthollet sowie die Verbesserung des Verfahrens durch Charles Tennant, der 1799 sein Patent anmeldete, dazu geführt, daß nun auch farbige Stoffe zur Herstellung von Papier verwendet werden konnten, aber immer noch blieb man wesentlich auf Hadern angewiesen.

Eine entscheidende Wende, die Beseitigung der Knappheit und die Industrialisierung der Papierherstellung, so daß sie mit der durch Zeitungen und Zeitschriften bedingten großen Nachfrage Schritt hielt, trat mit der Nutzbarmachung eines neuen ergiebigen Rohstoffes ein: des Holzes. Die Idee dazu geht zurück auf Gottlob Keller (1816–1895) aus Hainichen in Sachsen, einen Blattbinder, der aus Rohrrinde Weberkämme fertigte. Keller versuchte zunächst, durch Kochen des Holzes eine bearbeitungsfähige Rohmasse zu erhalten, was aber nicht die gewünschte Zerfaserung erbrachte. Auf den richtigen Weg führte ihn eine zufällige Beobachtung. Um Ketten aus Kirschkernen zu machen, wie sie die Kinder des Dorfes gern trugen, mußten die Kerne vorbereitend abgeschliffen werden, wozu man sie in kleine Vertiefungen eines Brettchens steckte. Keller stellte fest, daß der Schliff eine milchige Flüssigkeit abtropfen ließ, die beim Trocknen ein papierartiges Blättchen bildete. Er experimentierte weiter, indem er Holz unter Zusatz von Wasser auf dem Schleifstein abschliff und so einen Faserbrei gewann. Damit war im Jahre 1844 die Basis der *Holzschliffbereitung* gefunden. Die Früchte seiner Erfindung konnte Keller nicht genießen: Für eine Auswertung seiner Neuerung fehlten ihm die Mittel, er verkaufte sie an den württembergischen Papierfabrikanten Heinrich Voelter, und so zog dieser aus ihr den wirtschaftlichen Nutzen. J. M. Voith, der Gründer einer Maschinenfabrik in Heidenheim, der mit Voelter zusammenarbeitete, entwickelte das Verfahren weiter, indem er einen *Defibreur* konstruierte, der für mehr Feinstoff und weniger grobe Splitter sorgte, die bis dahin eine schlechte Papierqualität verursacht hatten. Darüber hinaus ersann er einen *Raffineur*, der alle groben Stoffe zerteilte und die Materialausbeute zu erhöhen vermochte.

Zu Beginn der achtziger Jahre des letzten Jahrhunderts verarbeiteten in Deutschland bereits 340 Holzschleifer etwa 80 000 Tonnen Nadelholz. Das Holz der Fichte war (und ist) für den Holzschliff am besten geeignet. Es läßt sich gut bleichen, und die Ausbeute ist extrem hoch. Doch so sehr der Holzschliff den Bereich der Rohstoffe erweiterte, ganz ohne Zusatz anderer Faserstoffe kam nicht einmal die Herstellung von Zeitungsdruckpapier aus. Selbst bei diesen wenig qualitätvollen, nur für ein kurzes Leben gedachten Papiersorten mußten zwanzig Prozent langfaseriger Stoff, anfänglich weiterhin Hadern, zugesetzt werden, um den aus starren Holzteilchen bestehenden Schliff verarbeiten zu können. Außerdem neigte das Papier aus Holzschliff stark zum Vergilben und wurde rasch brüchig.

Erst die *Sulfitkochung*, eine chemische Behandlung des Holzes für einen besseren Aufschluß der Fasern, gewann den idealen Grundstoff zur Herstellung von Papier: *Zellstoff* besteht im Gegensatz zum mechanisch zerkleinerten Holz aus chemisch aufgeschlossenen Fasern, ist geschmeidiger, leichter zu bleichen und läßt sich zu einem festen Gefüge verfilzen. Die aus Zellstoff hergestellten Papiere sind daher beträchtlich elastischer und haltbarer. Das Verfahren zur Zellstoffgewinnung wurde 1866 durch Benjamin C. Tilghman in Philadelphia erfunden. Die Schweden Carl Daniel Ekman und Georg Fry setzten 1872 Tilghmans Versuche fort. 1873 entwickelte Alexander Mitscherlich, Chemieprofessor an der Forstakademie Hannoversch-Münden, ein eigenes Sulfitverfahren, das sich durchsetzte. Damit konnte von 1878 an in großen Mengen feinster weißer Zellstoff hergestellt werden. Erst die Zellstoffproduktion machte eine vergleichsweise billige Papierproduktion in großen Mengen möglich.

Die maschinelle Papierherstellung erforderte auch eine Veränderung der Leimung. Die bisherige, mit tierischem Leim arbeitende Oberflächen- oder Bogenleimung, bei der jeder Papierbogen in einem gesonderten Arbeitsgang nachträglich in eine warme Leimlösung getaucht wurde, mußte in den Maschinenablauf integriert werden. Dies gelang Moritz Friedrich Illig im Jahre 1806 durch die Baumharzleimung direkt in der Bütte. Bei dieser *Bütten- oder Stoffleimung* wurde Harzseife dem Papierstoff in der Bütte beigegeben und danach Aluminiumsulfat zugefügt. Der ausflockende Leim überzog die Papierfaser. Da diese Leimung schwächer war als

---

Die alten Papierformate

Größenverhältnisse, wie sie in den Papierfabriken aus der Papierbahn geschnitten wurden.
Die vor 1883 üblichen Größen waren (in Zentimetern):

Propatria	34 × 43 und 36 × 45
Register	40 × 50 und 42 × 53
Median	44 × 56 und 46 × 59
Royal	48 × 64 und 54 × 68
Lexikon	50 × 65
Imperial	57 × 78
Olifant	67,5 × 108,2
Quart	22,5 × 28,5
Oktav	14,25 × 22,5
Folio	21 × 33

Im Jahre 1883 wurden im Deutschen Reich *Normalformate* eingeführt, von denen die bekanntesten das sog. Reichs- oder Kanzleiformat (33 × 42 cm) und das Briefformat (27 × 42 cm) sind.

Nach Zahlen aus dem Jahre 1994 ist ein Viertel der Bücher in deutschen wissenschaftlichen Bibliotheken, rund 60 Millionen Bände, bereits so stark beschädigt, daß man sie den Lesern nicht mehr aushändigen kann. In der Deutschen Bücherei in Leipzig, wo 4,5 Prozent des Gesamtbestandes gefährdet waren, scheint nun Abhilfe möglich. Seit Frühjahr 1994 arbeitet dort eine Anlage zur »Massenentsäuerung von Büchern und Archivalien«. Die hilfebedürftigen Kandidaten werden in einer Vakuumkammer bei 60 Grad Celsius vorgetrocknet, bis ihr Papier nur noch 1 Prozent Feuchtigkeit enthält. Sie kommen dann in ein Tauchbad, dessen Lösemittel (Hexamethyldisiloxan) die gefährlichen Säuren neutralisiert, ohne Tinten, Farben und Klebstoffe anzugreifen. Nach einem erneuten Trocknen in der Vakuumkammer sind die Seiten säurefrei und alterungsbeständig. Zuvor konnte man ein Buch am Tag retten, während in derselben Zeit 1000 Bücher unbrauchbar wurden. Nun sollen anfangs 200 000, später in einer erweiterten Anlage 400 000 Bände pro Jahr dem Säuretod entrissen werden.

die Bogenleimung, eignete sie sich für Druckpapiere besonders gut. Das Aluminiumsulfat bewirkte aber später verheerende Folgen. Es gilt, genauso wie die Schwefelsäure und andere säurebildende Sustanzen, die mit der industriellen Herstellung ins Papier gelangten, als »Zeitbombe«, denn die damit geleimten Papiere sind besonders vom Verfall bedroht.

So kommt man nicht umhin, auch jene Folgen des technischen Fortschritts zu erwähnen, die manche Buchliebhaber geringschätzig vom 19. Jahrhundert als einer Zeit des qualitativen und künstlerischen Niedergangs sprechen lassen. Der Anteil des Holzschliffs etwa ist sofort im »Griff« des Papiers spürbar. Es fühlt sich spröde und hart an. Für Bibliotheken, Archive und Sammlungen erweisen sich heute die damaligen Neuerungen in der Papierherstellung wie Holzschliff, Büttenleimung oder Chlorbleiche als alles andere als ein Segen. Diese Institutionen haben mit dem Büchertod zu kämpfen, der in ihren Beständen aus dem 19. Jahrhundert grassiert, während die viermal so alten Inkunabeldrucke kaum konservatorische Sorgen bereiten.

Ähnlich gefährlich, wie sie für das Papier waren, wurden die Neuerungen des Industriezeitalters für das Buchkleid. Lederbände zeigten sich bis zum ersten Drittel des 19. Jahrhunderts durchweg haltbar, dann konnte man mehr und mehr beobachten: Einbandleder verfärbten sich rot, wurden spröde und brüchig, auch bei schwacher Berührung zerfielen sie bereits zu feinem Pulver. Der »rote Verfall« rührte von den Gerbeverfahren her, die sich in jenen Jahrzehnten verändert hatten, und von den Schwefelsäurezusätzen der Farben.

Geschwinder drucken: Die Mechanisierung der Pressen

Hätte Johannes Gutenberg zum Beginn des 19. Jahrhunderts eine Druckerei betreten können, hätte er sich gewiß mühelos zurechtgefunden. Dreihundertfünfzig Jahre waren an seiner Erfindung ohne wesentliche Neuerungen vorübergegangen. Das drucktechnische Verfahren, das sich mit der hölzernen Handpresse verband, hatte Bestand gehabt. Erst die Schnellpresse von Friedrich Koenig brachte einen tiefgreifenden Wandel. Sie wies der Mechanisierung des Buchdruckes die Richtung. Gewissermaßen als Stationen auf dem Weg dorthin können Modifikationen gelten, die halfen, die Belastbarkeit der Handpresse zu erhöhen.

Noch in das ausgehende 18. Jahrhundert fallen Bestrebungen, die Holzkonstruktion der Druckpresse durch eine Eisenkonstruktion zu ersetzen. Damit einher gingen mechanische Veränderungen. Namentlich das Prinzip des zweimaligen Zuges – einer für jede Hälfte der Druckform – machte einer Vereinfachung Platz. So baute Friedrich Wilhelm Haas (1741–1800) in Basel, dessen Schriftgießerei einen vorzüglichen Ruf besaß und der im Druck von Landkarten und Musiknoten mit J. G. I. Breitkopf konkurrierte, bereits 1772 eine Presse, deren Hauptbestandteile aus Eisen waren. Die Presse ruhte auf einem Steinblock, und der Tiegel war so groß wie das Fundament, groß genug also, um die Notwendigkeit zweier Züge überflüssig zu machen. Vollständig aus Eisen war die Konstruktion des Engländers Lord Charles Stanhope (1753–1816), mit der er um 1800 die

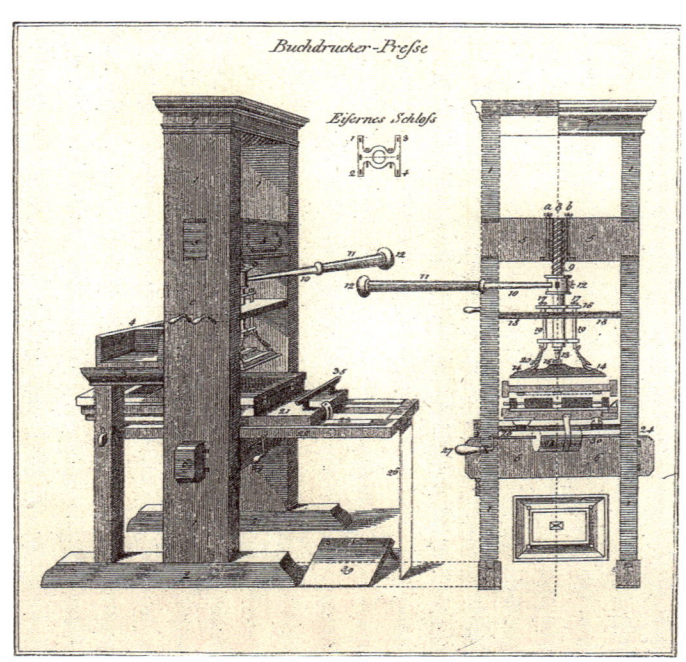

Christian Gottlob Täubel, *Wörterbuch der Druckerkunst und Schriftgießerey*, Wien 1805. Mit dieser Buchdruckerpresse hätte Johannes Gutenberg mühelos arbeiten können, so wenig hatte sich bei Erscheinen von Täubels Darstellung an der Pressenkonstruktion geändert. Aber

schon wenige Jahre später begann mit den Erfindungen von Friedrich Koenig und Andreas Friedrich Bauer die maschinelle Revolution der Druckkunst. Illustration: 21,4 × 17 cm.

Leistungsfähigkeit der klassischen Handpresse noch einmal verbesserte. Die Stelle von Schraube und Bengel vertrat ein zusammengesetzter Hebel. Die Kraftübertragung wurde dadurch ungleich effektiver. Mußten die Drucker vordem in größter Anstrengung, den Körper zurückgebogen und einen Fuß gegen den Antritt gestemmt, den Bengel an sich ziehen, so genügte jetzt ein leichtes Anziehen des Hebels für einen kräftigen Abdruck. Dank des erhöhten Drucks war es möglich, erstmals zwei gesetzte Folioseiten zugleich abzudrucken. Dieser Vorzug bestach um so mehr, als Stanhopes eiserne Presse kleiner war als die hölzerne. In Deutschland wurde sie mehrfach nachgebaut, unter anderem von Christoph Dingler in Zweibrücken, der seinerseits im Jahre 1820 die *Washington-Presse* konstruierte. In dieser Presse ersetzte ein Kniehebelmechanismus die Spindel.

Friedrich Koenigs Schnellpressen

Die Schnellpressen von Friedrich Gottlob Koenig (1774–1833) aus Eisleben brachten eine prinzipielle Veränderung der Konstruktion und eine grundlegende Neuerung im Druckverfahren. Koenig hatte bei Breitkopf in Leipzig den Setzer- und Druckerberuf erlernt und sich schon bald mit der Konstruktion von Druckmaschinen beschäftigt. 1806 ging er nach England, weil er auf dem Kontinent keine Unterstützung für die Verwirklichung seiner Pläne finden konnte. Ein Vertrag mit dem Londoner Drucker und Verleger Thomas Bensley verschaffte ihm die nötigen Geldmittel für den Bau von Druckmaschinen. Kurz darauf lernte er Andreas Friedrich Bauer (1783–1860) kennen. Bauer, aus Stuttgart gebürtig, hatte eine Optiker- und Feinmechanikerlehre absolviert, danach Mathematik und Naturwissenschaften studiert und mit dem Magisterexamen abgeschlossen. Mit ihm gewann Koenig einen kongenialen Mitarbeiter und Freund, der als ausführender Kopf untrennbar mit der Erfindung und Weiterentwicklung der Schnellpressen verbunden ist.

Am 29. März 1810 erhielt Friedrich Koenig für seine *Tiegeldruckpresse mit automatisiertem Farbauftrag* das erste von vier Patenten »für eine Methode, mittels Maschinen zu drucken«. Alle Produktionsabläufe waren in eine wiederkehrende Bewegung integriert, so daß ein Betrieb der Presse durch Dampf möglich war. Walzen, die mit egalisiertem Ballenleder überzogen waren, trugen die Druckfarbe auf. Die Tätigkeit der Arbeiter reduzierte sich auf die Überwachung und darauf, die unbedruckten Papierbogen anzulegen und sie bedruckt wieder abzunehmen.

Koenig hatte damit den ersten Schritt zur Mechanisierung getan, aber noch den Tiegeldruck beibehalten. Eine revolutionäre Änderung brachte das zweite Patent. In ihm wird das Funktionieren einer *Zylinderdruck-Schnellpresse* beschrieben. Im Dezember 1812 konnte Koenig die erste Maschine fertigstellen – den Prototyp aller Druckerpressen bis zum heutigen Tage. Spindel und Tiegel waren darin durch einen eisernen rotierenden Zylinder ersetzt, unter dem der plan stehende Schriftsatz, die »Druckform«, hin und her lief. Der bewegliche Karren mit der darauf befestigten Druckform ging für jeden Bogen einmal hin, wobei der Druck erfolgte, stoppte kurz und fuhr dann in die Ausgangsposition zurück. Aus einem Farbbehälter wurde nach Bedarf Druckerfarbe ausgepreßt, im gleichen Arbeitsgang zugeführt und durch Zylinder verteilt, die sich längs der Druckrichtung bewegten. Das Ineinandergreifen der Abläufe war Ergebnis einer jahrelangen mühseligen Arbeit. Schritt für Schritt hatten Koenig und Bauer es dahin gebracht, daß der angelegte Papierbogen selbsttätig vom Rähmchen gefaßt, auf die eingefärbte Druckform geführt und bedruckt wurde. Danach öffnete sich das Rähmchen wieder, und der Druckbogen konnte abgenommen werden. Der Antrieb geschah durch ein Räderwerk. Die Beschleunigung des Druckvorgangs war gegenüber der mit Muskelkraft betriebenen Handpresse in etwa verdreifacht: sie stieg bei gleichem Bogenformat von stündlich 240 auf 800 Bogen. Da aber auf der Zylinderdruckmaschine auch größere Formate verarbeitet werden konnten, war eine Leistungssteigerung um das Sechs- bis Zwölffache in der Stunde möglich. Dem entsprach eine erhöhte Produktivität auf seiten der Papierherstellung. Dort hatte 1798 mit der *Langsiebmaschine* eine Technisierung des Papiermachens begonnen, die eine drucktechnische Antwort geradezu herausforderte.

Die Idee des Zylinderdrucks war kein »einsamer« Geistesblitz gewesen. Bereits 1790 hatte sie sich der Engländer William Nicholson patentieren lassen, doch erst Koenig und Bauer gelang nach eigenen Vorstellungen die Realisation des Verfahrens. Das erste arbeitsfähige

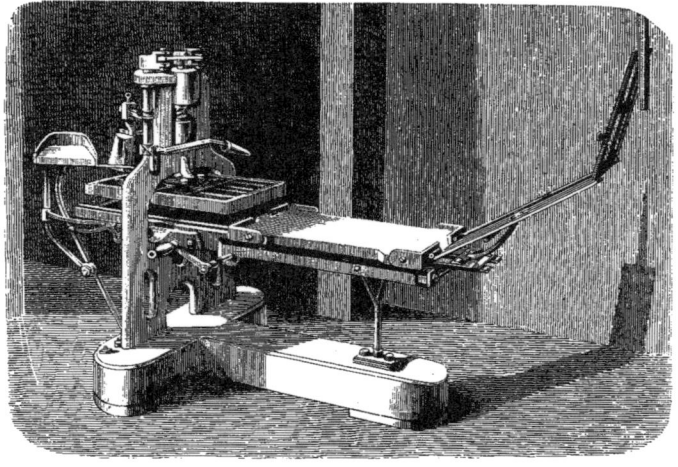

Druckerpresse der Stanhope Construction. Illustration: 14,5 × 10,2 cm.

Modell vom Dezember 1812 war noch eine einzylindrige Maschine. Ihre Leistung, die Druckqualität und der ruhige Lauf imponierten John Walter, dem Begründer der Londoner *Times*, und er bestellte zwei *Doppelzylindermaschinen*. Im Prinzip war die Doppelmaschine genauso konstruiert wie ihr einzylindriger Vorgänger, jedoch machte die »Zugabe eines zweiten Druckcylinders«, wie Bauer kommentierte, »auch den Rückweg des Karrens produktiv«. Diese Maschinen lieferten stündlich 1100 Abzüge in weit besserer Qualität, als man es bei Zeitungen gewohnt war. Als am 29. November 1814 die erste mit den Schnellpressen gedruckte Nummer der *Times* erschien, würdigte Walter das Ereignis mit einem Leitartikel: »Ein Maschinensystem, von dem man fast glauben könnte, es besitze eine innere Lebenskraft, ist erfunden und ausgeführt worden, das nicht nur den Menschen von aller schweren Arbeit beim Drucken befreit, sondern auch alle menschlichen Fähigkeiten hinsichtlich einer raschen und zuverlässigen Arbeitsweise weit übertrifft.«

Am 24. Dezember 1814 folgte das Patent auf die *Schön- und Widerdruckmaschine*, mit der es möglich werden sollte, Vorderseite (»Schöndruck«) und Rückseite (»Widerdruck«) eines Bogens in einem Arbeitsgang zu bedrucken. Verbesserungen an den Transportbändern sorgten dafür, daß, wie Claus W. Gerhardt in seiner Buchdruckgeschichte schreibt, »nun die Bogen nicht mehr einzeln auf dem Zylinder aufzunadeln waren, sondern lediglich in eine Anlage geschoben wurden; von dort transportierte sie das endlose Bändersystem durch die ganze Maschine und legte sie am Ende ab. Vollautomatisch arbeitete die Buchdruckmaschine allerdings erst, nachdem in der zweiten Jahrhunderthälfte brauchbare An- und Auslegemechanismen zur Verfügung standen.«

Bei der Vervollkommnung seiner Erfindung war Koenig unermüdlich. Eine Aufzählung der auf ihn ausgestellten Patente hätte ihm folgende Neukonstruktionen zuzurechnen: die Maschine mit Tiegeldruck, die einfache Zylindermaschine, die Doppelzylindermaschine mit abwechselnd stillstehendem Zylinder, eine sogenannte vielfache Maschine, die Schön- und Widerdruckmaschine, schließlich verbesserte Versionen der einzylindrigen und zweizylindrigen Presse. Jede neue Presse wies detaillierte Neuerungen auf. So liefen etwa die Druckzylinder der neueren Maschinen fortwährend in nur eine Richtung, wechselten nicht wie bei ihren Vorgängern ständig ihre Laufrichtung – das sparte Zeit und Energie. Ein eigens für die Farbwalzen entwickeltes Material, eine neuartige »Walzenmasse«, konnte bald die bisherigen Lederwalzen ersetzen.

Die Ausbeutung ihrer Erfindung durch Dritte und unlauteres Geschäftsgebaren ihres Finanziers Bensley bewogen Koenig und Bauer, nach Deutschland zurückzukehren. Gemeinsam gründeten sie im Jahre 1817 im Kloster Oberzell bei Würzburg die Schnellpressenfabrik

Koenig & Bauer, die maßgeblich an der Konstruktion und Herstellung graphischer Maschinen in Deutschland beteiligt war und bis in unsere Tage eines der führenden Unternehmen ist. Dampfgetriebene Schnellpressen aus ihrer Fertigung arbeiteten ab 1823 in Berlin, wo am 25. Januar mit der Nummer 11 der *Haude und Spener'schen Zeitung* das erste maschinell gedruckte Journal erschien, in Augsburg und Hamburg für den Zeitungsdruck. Als erstem Buchverleger in Deutschland hatte Koenig seine Erfindung Georg Joachim Göschen in Leipzig angeboten, doch Göschen urteilte, die Dampfpresse werde »zwar viele Drucke machen, aber keine schönen«, und lehnte ab. Cotta in Stuttgart war anderen Sinnes und wurde so zum ersten Verlag, der auch Bücher auf Dampfpressen drucken ließ. Metzler folgte, bald auch Brockhaus. Auf Johann Friedrich Cotta, der die neue

Zylinder-Druckmaschine von Koenig, 1812 fertiggestellt. Die Abbildung zeigt ein Modell, das 1913 gebaut wurde und heute im Werksmuseum der Koenig & Bauer AG in Würzburg zu sehen ist.

Times-Maschine. Koenigs Doppelschnellpresse wurde im Jahre 1814 in London gebaut. Auf ihr wurde die Times-Ausgabe vom 29. November 1814 gedruckt.

Maschine 1824 für seine *Allgemeine Zeitung* anschaffte, geht die Bezeichnung »Schnellpresse« zurück. 1825 druckte er als erstes Buch Victor Aimé Hubers *Bemerkungen über die Geschichte und Behandlung der venerischen Krankheiten*. Noch im gleichen Jahr erschien die 6. Auflage von Schillers *Maria Stuart;* selbst Goethes *Werkausgabe letzter Hand* ist 1827 industriell gedruckt worden.

Nach dem Tod Koenigs im Jahre 1833 wurde die Firma von Bauer allein, nach dessen Tod 1860 von den beiden Söhnen Wilhelm und Friedrich Koenig erfolgreich weitergeführt. Die Erfindung der Zweifarbenmaschine (1864) und der Rotationsmaschine für veränderliche Formate mit pneumatischer Ansaugung der Druckbogen (1886), der Bau von Zeitungsrotationsmaschinen (seit 1876), die Einführung der Zwillingsrotationsmaschine und der Rotationsmaschine mit bänderlosem Falzapparat im Jahre 1900, schließlich die Schnelläufer-Schnellpressen für feinste Illustrations- und Farbdrucke und die Tiefdruckmaschine für Rollenpapier brachten das Geschäft zu großem Aufschwung.

Die Rotationspresse

Um die Schnellpresse Koenigs zur *Rotationspresse* weiterzuentwickeln, bedurfte es einer Radikalisierung, einer Verdoppelung der ursprünglichen Idee: aus einem Zylinder wurden zwei, zum zylindrischen Gegendruck kam die zylindrische Druckform. Der Satz, der vorher plan lag, war nun als Halbrund auf einen Druckzylinder aufgebracht. Gegendruck und Druckform rotieren gegeneinander. Zwischen ihnen läuft das Papier. Es ist nach wie vor ein Hochdruckverfahren. Die halbrunden Druckplatten, die auf die Druckzylinder aufgespannt werden mußten, wurden anfangs noch weitgehend in handwerklicher Arbeit hergestellt. Nach handgeschlagenen Papiermatern wurden gerundete Abgüsse des Bleisatzes gefertigt. Gießautomaten, mit denen das fertige »Rundstereo« von der Mater in Blei gegossen werden konnte, standen erst im 20. Jahrhundert zur Verfügung.

Für die Verwandlung des planen Satzes in eine gebogene Druckplatte erwies sich als glücklich, daß die Stereotypie seit den Tagen Firmin Didots und William Geds weit fortgeschritten war. In der Nachfolge Geds, der Schriftsätze mit Gips abgeformt und damit bereits um 1730 gute Erfahrungen gemacht hatte, hatten Lord Stanhope und der Londoner Buchdrucker Wilson die Gipsstereotypie verbessert. In Deutschland wurde sie von Karl Tauchnitz eingeführt. Im Jahre 1819 beantragte er beim König von Sachsen ein entsprechendes Privileg. Die Gipsstereotypie ermöglichte es Tauchnitz, der seit 1808 originalsprachliche Ausgaben griechischer und lateinischer Klassiker herausgab, jedes seiner Bändchen fortan als »Editio stereotypa« günstig anzubieten und damit für fünfundzwanzig Jahre zum marktbeherrschen-

den Verleger von Texten für den altsprachlichen Unterricht in den Schulen des In- und Auslandes zu werden. Zu Recht pries Benedictus Gotthelf Teubner, der ein gleichgeartetes Unternehmen betrieb, an Tauchnitzens Editionen neben der »Wohlfeilheit und Brauchbarkeit« auch die »typographische Eleganz«; denn das stereotypische Verfahren, bei dem der Satz in eine Gipsmasse abgedrückt und diese dann mit Blei ausgegossen wurde, ergab außerordentlich scharf konturierte Abgüsse. Es besaß allerdings den Nachteil, daß immer nur ein Abguß aus einer Form gewonnen werden konnte, weil die Gipsmatrize dabei zerbrochen werden mußte.

Diesen Mangel behob im Jahre 1829 die *Papierstereotypie* von Claude Genoux, einem Schriftsetzer der Druckerei Rusaud in Lyon. Genoux' Papiermatrizen ließen sich leicht vom fertigen Abguß lösen, waren mehrfach verwendbar und zudem sehr einfach herzustellen. Papierblätter (mit guter Naßfestigkeit) wurden mit einer breiartigen Klebemasse bestrichen und aufeinandergeklebt, bis sie Kartonstärke erreichten, dann noch feucht auf die geschlossene Hochdruckform gelegt und in diese mit einer harten Bürste eingeklopft, so daß sich alle Feinheiten des Satzes abprägten. Nach dem Trocknen ließ sich die Mater ausgießen. In Deutschland verwendeten als erste die Buchdrucker Georg Jacquet in München und A. Isermann in Hamburg Papiermatrizen. Einen allgemeinen Aufschwung nahm das Verfahren, als Carl Kempe in Nürnberg 1862 vorgefertigte Matrizentafeln (Matern) herausbrachte. Sie wurden vor dem Prägen nur noch durchfeuchtet und waren dann nach der üblichen Methode zu benutzen.

Hatte das stereotypische Prinzip, mit Platten zu drucken, die Verwendung rotierender Druckformen überhaupt erst möglich gemacht, so gab Genoux' Papierstereotypie die Mittel an die Hand, von einer einzigen Satzvorlage mehrere Matern zu prägen und von diesen mehrere Abgüsse anzufertigen. Hohe Auflagen ließen sich nun schneller und rationeller drucken. Die Erfindung der Rotationspresse profitierte also von vorausgehenden oder begleitenden Neuerungen und benachbarten Problemlösungen. Auch an der Entwicklung ihrer Mechanik war nicht nur ein Erfinder beteiligt. Schrittmacher waren namentlich der Engländer Augustus Applegath (1788 bis 1871), der Amerikaner William Bullock (1813–1867) und die New Yorker Firma R. Hoe & Company.

Applegath, der seit 1816 ein Patent für das Rundbiegen von Flachstereos besaß, baute zwischen 1847 und 1850 für die *Times* die ersten arbeitsfähigen Buchdruckmaschinen mit vertikal stehendem Druckzylinder. Ebenfalls für die *Times* konstruierte Robert March Hoe (1812–1886). In seiner epochalen *Lightning Press* von 1846 war die Schriftform auf einem großen horizontalen Zylinder angebracht, um den herum bis zu zehn Druckzylinder gruppiert waren. Jede Umdrehung der Achsen konnte also zehn bedruckte Seiten hervorbringen, das ergab stündlich bis zu 16 000 einseitig bedruckte Bogen – eine Leistung, die dem Namen dieser »Blitzpresse« alle Ehre machte. William Bullock konstruierte 1863 das erste funktionstaugliche Modell einer Rotationsmaschine für endloses Papier. Damit entfiel das Anlegen einzelner Druckbogen. Das Papier lief von Rollen, die so leichtgängig aufgehängt waren, daß der durch den Druckvorgang ausgeübte Zug der Rotationszylinder genügte, die Papierbahn abzuspulen. Die Bahn passierte einen Feuchtapparat, wurde auf der einen Seite »schöngedruckt«, danach durch eine S-förmige Bewegung auf den Widerdruckzylinder geführt, anschließend zu Bogen zerschnitten und in einer angeschlossenen Falzmaschine gefaltet. Bullock erntete für seine Maschine in Amerika viel Beifall, sie verkaufte sich jedoch in Europa schlecht, so daß hier die Ära der »Endlosen« mit der *Walterpresse* begann, einer nach dem Besitzer der *Times* benannten Presse, die für den hauseigenen Druck von Zeitungs-Doppelseiten konstruiert worden war.

Die erste Rotationspresse Deutschlands brachte die Maschinenfabrik Augsburg im Jahre 1872 auf den Markt. Diese Fabrik war eine Gründung von Friedrich Koenigs Neffen Fritz Reichenbach († 1883), die sich später mit der Maschinenbau-Actiengesellschaft Nürnberg zur MAN zusammenschloß. Große Verbreitung fand eine Zweifarbenmaschine aus ihrer Produktion; auch hat die Firma, orientiert an der Walterpresse, mit der Maschine von 1872 die erste deutsche Rotationspresse für endloses Papier gebaut. Gedruckt wurden zunächst vierseitige Zeitungen – bestehend aus einem Bogen, vorn und hinten als Doppelseite –, die ungefalzt ausgelegt wurden. Bald darauf stiegen C. Hummel in Berlin und die Maschinenfabrik Frankenthal in die Fabrikation der »Endlosen« ein, natürlich auch Koenig & Bauer, die ihre führende Stellung in der Schnellpressenproduktion mit einer Zwillingsrotationsmaschine erweiterten.

Da kleinformatige Drucksachen nicht auf Schnellpressen und Rotationspressen hergestellt werden konnten und da die Ergebnisse des zylindrischen Druckes besonders bei Illustrationen für lange Zeit noch unbefriedigend blieben, setzte man dafür eine der Handpresse nachgebildete Pressenform ein, die *Tiegeldruckpresse*, wie sie 1830 zuerst von Isaak Adam in Boston entwickelt worden war. Automatisierte Nachfolger dieser *Bostonpresse* werden noch heute für sogenannte Akzidenzen verwendet, Drucksachen in kleinen Formaten (meist etwa 25 × 35 cm) und geringer Auflage. Dabei wird, während die Druckform ruhig steht, der Drucktiegel um eine Achse zu- und aufgeklappt. Der Satz wird beim Öffnen des Tiegels eingefärbt, beim Schließen druckt Fläche gegen Fläche.

Die Industrialisierung des Drucks, die mit Friedrich Koenig begann, hatte gravierende gewerbliche und gesellschaftliche Folgen. Ob man ein Buch in zehntausend oder zwanzigtausend Exemplaren druckte, schlug in der Kalkulation nur noch gering an. Massenauflagen ließen die Preise sinken – oft genug auch die Druckqualität –, und sie ließen das Buch Gemeingut werden. Demokratisierung der Lektüre und Überproduktion von Druckwerken griffen ineinander. Zumal mit dem Aufkommen der »Endlosen« hatte die Produktion eine Eigendynamik entwickelt: Die unersättlichen Maschinen mußten pausenlos gefüttert werden.

Wo die Mechanisierung Platz griff, nötigte sie das Handwerk zum Rückzug. Die stolze Zunft der Buchdrucker betrachtete vielerorts den Siegeszug der Technik mit Verbitterung und Wut. Beginnend mit Koenigs Schnellpresse ging die Beschäftigung qualifizierter Arbeitskräfte zurück. Zwar war die dampfbetriebene Zylinderpresse mit einem Preis von 15 000 Gulden eine teure Anschaffung, aber sie rentierte sich rasch: 800 Gulden jährliche Betriebskosten hatte ihr Eigner zu veranschlagen, dafür sparte er die enorme Summe von 20 000 Gulden Druckerlohn ein. Koenig rühmte seine Maschine mit dem Hinweis, es seien für sie »*bloß noch zwei ›möglichst arme Gassenjungen‹ (zum Anlegen und Abnehmen), denen man nur ein paar Groschen mehr zu geben brauchte, als sie bei einer beliebigen anderen Dienstleistung bekommen hätten, ein Lehrjunge als ›Beschauer‹ und ein allgemeiner Aufseher nötig, der aber kein gelernter Buchdrucker zu sein brauchte*«. Mit anderen Worten: Das neue Maschinenwesen förderte die Kinderarbeit; zugleich veränderten sich Beruf und Ausbildung der Drucker dramatisch.

In den Offizinen vom alten Schlag waren die Lehrlinge im Zuge ihrer Ausbildung von leichteren zu inhaltsvolleren Arbeiten übergegangen. Ein »fertiger« Drucker war einer, der, dem Wortsinne entsprechend, Fertigkeiten erworben hatte. Lesen und schreiben zu können war für alle eine Handwerkserfordernis gewesen. Damit war es nun vorbei. In einem Bericht eines englischen Komitees für Kinderarbeit von 1866 heißt es über die zu »Maschinenjungen« herabgesunkenen Lehr-

Erste deutsche Sechsfarben-Rotationsdruckmaschine für 1 oder 2 Farben Schöndruck und 1 bis 4 Farben Widerdruck, gebaut von der Maschinenfabrik Augsburg, ausgestellt auf der Wiener Weltausstellung 1873.

linge: »*Um sie zu ihrem Werk zu befähigen, ist keine intellektuelle Ziehung irgendeiner Art nötig; sie haben wenig Gelegenheit für Geschick und noch weniger für Urteil; ihr Lohn, obgleich gewissermaßen hoch für Jungen, wächst nicht verhältnismäßig, wie sie selbst heranwachsen, und die große Mehrzahl hat keine Aussicht auf den einträglicheren und verantwortlicheren Posten des Maschinenaufsehers, weil auf jede Maschine nur ein Aufseher und oft vier Jungen kommen.*« Sobald sie zu alt für ihre kindische Arbeit waren, spätestens im 17. Lebensjahr, wurden sie entlassen und landeten auf der Straße. Daher verwundert es wenig, wenn die Maschinenstürmerei, die während der ganzen Manufakturperiode tobte, die sich im 17. Jahrhundert gegen die zum Weben von Bändern und Borten eingeführte Bandmühle und im 18. Jahrhundert gegen wasserkraftbetriebene Sägemühlen gerichtet hatte, auch die Maschinen des 19. Jahrhunderts nicht verschonte. Friedrich Koenig hat es noch erlebt, wie 1830, als er dringend auf Aufträge wartete, die Juli-Revolution kam, die Arbeiter die Schnellpressen zerschlugen und Bestellungen aus Frankreich und Deutschland ausblieben.

Geschwinder gießen: Die Gießmaschine

Auch Gutenbergs gutes altes Handgießinstrument wurde im Jahrhundert der Industrialisierung durch Maschinen ersetzt, die mit ihrer Leistungsfähigkeit den gewachsenen Ansprüchen genügen konnten. »Zeit ist Geld«, hatte Benjamin Franklin 1748 als Parole ausgegeben, und es war sein Heimatland, Amerika, wo die ersten praktisch nutzbaren Gießmaschinen entstanden. Patente auf ein »*polyamatypes* Gießverfahren«, mit dem viele Buchstaben oder gar ganze Alphabete auf einmal gegossen werden sollten, meldeten bereits in den Jahren 1805 und 1807 Elihu White und William Wing, zwei Bürger der Stadt Hartford, an. Brauchbare Konstruktionen indes blieben sie schuldig. Erst 1838 erfand David Bruce eine funktionierende *Handgießmaschine*. Sie wurde durch Lauritz Brandt, einen bei Bruce angestellten dänischen Schlossergesellen, der seinerseits Ansprüche erhob, der eigentliche Erfinder zu sein, in der Folge verbessert. Wo der Übergang zum maschinellen Guß noch nicht vollziehbar war und weiter von Hand gegossen wurde, ersetzte um 1840 eine in die Schmelzpfanne eingebaute Kolbenspritze den traditionellen Gießlöffel.

Von 1845 an verbreitete sich die Handgießmaschine auch in Deutschland und wurde in Berlin von Eduard Haenel, der Brandts Patent erwarb, hergestellt. Kinderkrankheiten beim maschinellen Guß, etwa die gefürchteten Lufteinschlüsse im Letternkörper, konnten bald behoben werden. Die stündliche Arbeitsleistung der Handgießmaschine lag bei 1000, später bei 2000 Lettern im Korpusgrad. Allerdings war immer noch eine Nachbearbeitung der Buchstaben nötig, sie mußten entgratet

und feingehobelt werden. Schleifmaschinen kamen für diese Arbeit seit 1840 auf.

Eine kombinierte Gieß-, Schleif- und Fertigmachmaschine, die in einem automatisierten Ablauf die Typen gießen, schleifen, bestoßen, hobeln und in Reihen aufstellen sollte, stellten 1862 die Engländer J. R. Johnson und S. Atkinson her. Diese erste *Komplettgießmaschine* hielt nicht ganz, was sie versprach. J. M. Hepburn veränderte und vereinfachte sie maßgeblich, und im Jahre 1883 gelang Foucher in Paris eine Konstruktion, die endlich völlig gebrauchsfertige, nicht mehr nachzubearbeitende Lettern lieferte. Küstermann & Co. in Berlin bauten 1884 eine Komplettgießmaschine, die es auf einen Ausstoß von 50 000 Lettern pro Tag brachte. Die *Schnellgießmaschine* der Leipziger Firma Böttiger-Gursch, die *Doppelgießmaschine* und die *Doppelschnellgießmaschine*, beide von David Stempel in Frankfurt am Main gebaut, erhöhten noch einmal die Produktivität. Letztere vermochte stündlich 15 000 Lettern im 6-Punkt-Schriftgrad *Nonpareille* zu liefern.

Mit der allgemeinen Verbreitung der Gießmaschinen gewann die Normierung der Schrifthöhe und Schriftlinie an Dringlichkeit. Schon 1847 hatte man erwogen, das französische Maß, das *typographische System* von François Ambroise Didot, zu übernehmen. Im Jahre 1873 einigten sich die Schriftgießereien in Deutschland darauf, zusammen mit dem französischen Kegelmaß auch die französische Schrifthöhe zu übernehmen. Einige Uneinheitlichkeiten blieben, und um diese zu tilgen, wurde 1879 der Normalkegel in Deutschland eingeführt, für den der typographische Punkt (= 0,376 mm) als Maßeinheit dient. Für die Schrifthöhe wurde 1898 die Normalschrifthöhe festgelegt, das ist die von den Schriftgießereien vereinbarte einheitliche Höhe der Lettern von 62 2/3 typographischen Punkten (= 23,57 mm). Das typographische System wurde schließlich durch Rechtsverordnung definiert. Seit dem 1. Januar 1978 mißt der typographische Punkt vereinfacht 0,375 Millimeter und sollte auch im Bereich der modernen Textverarbeitung gelten. Dennoch haben die verschiedenen Computersatzsysteme abweichende (amerikanische) Maßsysteme für Schriftgrade und Filmvorschub. Die Schriftgrade der im Bleisatz bisher am häufigsten gebrauchten Buchschriften betragen für Taschenbücher in der Regel 9 Punkt, für gebundene Bücher 9 bis 12 Punkt. Als »Brotschriften« gelten Schriften der Grade von 8 bis 12 Punkt.

Damit die Schrift auch dann noch »Linie hält«, wenn Typen unterschiedlicher Größen (oder auch verschiedene Schriften gleichen Grades oder Auszeichnungen in Kursiv oder Fett) in einer Zeile beieinander gesetzt werden, war die Normierung der Schriftlinie wichtig. Erreicht werden sollte, daß alle Buchstabenfüßchen auf einer einheitlichen Grundlinie stehen und daß alle Buchstaben eine einheitliche Mittelhöhe besitzen. Die Mittelhöhe wird auch als x-Höhe bezeichnet, da sich der

Kleinbuchstabe x, dem Ober- und Unterlängen fehlen, zur Höhenbestimmung anbietet. Zu einer gleichmäßigen Grundlinie gelangte man durch einfaches Über- oder Unterlegen mit systematischem *Durchschuß* (Zeilenabstand). Die Inland Foundry in St. Louis in den USA war die erste Organisation, die 1892 eine einheitliche Standardlinie für alle neuen Schriften festlegte. In Deutschland wurde durch Hermann Genzsch zu einer Normsetzung angeregt. 1903 ging er mit seinem Entwurf, der *Universal-Schriftlinie* der Firma Genzsch & Heyse, an die Öffentlichkeit. Zwei Jahre später wurde sie als *Deutsche Einheits-Schriftlinie* angenommen.

Geschwinder setzen:
Vom Handsatz zum Maschinensatz

Das Setzen mit Bleilettern und Winkelhaken, Buchstabe für Buchstabe, Wort für Wort, Zeile für Zeile, Seite für Seite, war immer eine zeitaufwendige Handarbeit. Mit der Beschleunigung des Drucks durch die Schnellpressen wurde eine Steigerung der Geschwindigkeit auch beim Setzen dringend nötig. Zahlreiche Tüftler erkundeten Rationalisierungsmöglichkeiten. So war schon 1778 der Setzer Henry Johnson dazu übergegangen, häufig benötigte Wörter in einem Stück zu gießen *(Logotypensystem)*. Der den Modernisierungen gegenüber aufgeschlossene John Walter von der Londoner *Times* war auch hier zur Stelle, erwarb Johnsons Patent, verbesserte es und bediente sich seiner für seine Zeitung, was ihm Arbeiter und Löhne sparte. Das erste Patent auf eine Setzmaschine erhielt im Jahre 1822 William Church, ein Ingenieur aus Birmingham. *»Der Setzer sitzt vor seiner Maschine, gerade so, wie vor einem Fortepiano. Durch das Berühren der Clavens läßt er den Buchstaben aus dem Kasten in die gehörige Stelle abfallen«*, lautet die Beschreibung seines Apparats, der aber nicht zur Anwendung kam. Die Zahl der Konstruktionsversuche von Setzmaschinen ist Legion; in England wurden von 1822 bis 1860 57 Patente erteilt, in Amerika bis zum Jahre 1904 sogar mehr als tausend.

Ein praktischer Erfolg war zuerst Robert Hattersley in Manchester beschieden. Er erhielt 1857 ein Patent auf Setz- und Ablegemaschinen und konnte zwei Jahre später seine Erfindung in der Londoner Buchdruckerei Bradbury & Evans aufstellen. Doch Hattersleys Anfangserfolge wurden alsbald von der *Kastenbein-Setzmaschine* überflügelt, die unter anderem bei der *Times*, bei den *Dresdener Nachrichten*, beim Leipziger Teubner Verlag und in der Reichsdruckerei Berlin Anwendung fand. Auch von nordamerikanischen, dänischen und italienischen Offizinen wurde sie erworben. Das Patent auf diese Setzmaschine hatte der Galanteriewarenhändler Karl Kastenbein im Jahre 1869 angemeldet. Die entscheidende Anregung war von einem mittellosen kranken Setzer gekommen, mit dem Kastenbein ein Zimmer in Paris geteilt hatte. Die Maschine mußte von drei bis vier Personen bedient werden, die Handhabung war kompliziert und umständlich, und sie besorgte nur den Satz der Typen, die mittels einer Tastatur angestoßen wurden und in einen langen Winkelhaken fielen. Das »Ausschließen«, das Auffüllen der Zeile an den Wortzwischenräumen mit nichtdruckendem Blindmaterial, erfolgte von Hand, und für das »Ablegen«, das Zurücklegen des benutzten Satzes, war eine zusätzliche Apparatur erforderlich. Durchschnittlich drei- bis viertausend Buchstaben die Stunde ließen sich auf diese Weise setzen. Auf der Pariser Weltausstellung von 1878 war Kastenbein mit seiner Maschine vertreten. 1883 verlegte er seine Setzmaschinenfabrik von Brüssel nach Hannover.

Die Zeilensetzmaschine Linotype

Den Rationalisierungseffekt der Konstruktion Kastenbeins schmälerte, daß sie nach wie vor mehrere Personen für die Setzarbeiten verlangte. Auch die konkurrierenden Modelle des Engländers Alexander Warrington, des Amerikaners James W. Paige und seines Landsmannes Thorne, dessen Modell erstmals das Ablegen automatisch besorgte, behoben diesen Mangel nicht vollständig. Den Durchbruch brachte die *Linotype*. Sie brauchte nur von einem Mann an einer Tastatur bedient zu werden. Ottmar Mergenthaler (1854–1899), ihr Erfinder, hat sie 1883 fertiggestellt. Die Linotype war die erste Setzmaschine, die sich in der Praxis, besonders in

Christian Gottlob Täubel, *Wörterbuch der Druckerkunst und Schriftgießerey*, Wien 1805. Illustration: 17 × 21,4 cm.

Zeitungssetzereien, umfassend durchsetzen konnte. Nachdem mit ihr im Jahre 1886 die Zeilen der *New York Tribune* gesetzt wurden, hat sie den Satz für Zeitungen, Zeitschriften und Bücher für fast ein Jahrhundert geprägt.

Mergenthaler, der aus Hachtel in Württemberg stammte, hatte das Uhrmacherhandwerk erlernt und war als junger Mann nach Amerika ausgewandert. In Baltimore hatte er bei einem Ingenieur gearbeitet, der mit der Erfindung einer Maschine für lithographischen Druck beschäftigt war. Die Linotype, wie Mergenthaler seine Schöpfung nannte, da mit ihr ganze Schriftzeilen *(line of types)* gesetzt werden konnten, arbeitete nicht mit Typen, mit Letternkörpern, sondern sie verwendete eigens dafür hergestellte Matrizen. Um die Schriftzeile als kompaktes Stück zu erhalten, wurde der Gießvorgang mit dem Setzvorgang in der Maschine verbunden. Im Detail hieß das: Durch Tastendruck wählte der Setzer Matrizen, die zum Sammler befördert und dort zu einer Zeile zusammengesetzt wurden. Sich einschiebende Keilstücke besorgten den Ausschluß jeder Zeile, die dann im Ganzen gegossen wurde. Anschließend legte die Maschine die Matrizen wieder ab. Daß die Linotype von nur einem Setzer bedient wurde, steigerte die Satzgeschwindigkeit und trug zur Rationalisierung bei, kam aber auch dem Renommee des Setzers zugute. Fortan hob er sich als Maschinensetzer von seinen Handsetzerkollegen durch einen besseren Lohntarif und eine Sonderstellung in der Betriebshierarchie deutlich ab.

Erste *Linotype*-Setzmaschine von 1886, »The Blower« genannt, weil die Matrizen mit Hilfe von Luftstößen zum Sammler befördert wurden.

Zum besseren Vertrieb der Erfindung wurde im Jahre 1891 die Mergenthaler-Linotype-Company gegründet. Sie besaß Filialen in Paris und Berlin und erlangte bald eine marktbeherrschende Stellung. Zu den wenigen ernsthaften Konkurrenten gehörte die 1890 patentierte Zeilensetzmaschine *Typograph* von John R. Rogers und Fred C. Bright. Weit weniger verbreitet waren die *Intertype*, die *Monoline* und die *Standard Compositor*.

Die Einzelbuchstabensetzmaschine Monotype

Linotype und *Monotype* haben gemeinsam, daß sie beide Matrizen – statt Typen – absetzen und automatisch ausgießen. Auch die Monotype liefert ausgeschlossene Zeilen, die hier jedoch aus Einzelbuchstaben bestehen. Im Jahre 1897 von dem Amerikaner Tolbert Lanston (1844–1913) herausgebracht, galt die Einzelbuchstabensetzmaschine lange Zeit als ein Wunderwerk der Technik. Die einzeln gegossenen Buchstaben werden in einem Arbeitsgang zum Satz aneinandergereiht. Die Maschine besteht aus zwei verschiedenen Apparaturen: Auf dem *Taster* gibt der Setzer den zu setzenden Text ein, indem er durch Anschlagen der Tasten Lochkombinationen in einen Papierstreifen stanzt. Jede Lochkombination steht für einen Buchstaben. Der Lochstreifen steuert in der *Gießmaschine* einen Matrizenrahmen mit 255 bis 272 Matrizen so, daß die auszugießende Matrize vor den Gießmund kommt, um zu einer Letter ausgegossen zu werden. Die auf diese Weise gewonnenen Einzelbuchstaben werden automatisch zu Zeilen zusammengesetzt und ausgeschlossen. Ein ungeheurer Vorteil ist, daß der Lochstreifen für einen späteren Neusatz bequem aufbewahrt oder auch auf andernorts befindlichen Setzmaschinen genutzt werden kann. Der Satz selbst kann nach dem Druck wieder eingeschmolzen werden.

Mit der Monotype ließen sich Schriftmischungen und tabellarische Texte setzen, Formelsatz und nicht-lateinische Schriftarten konnten rationell integriert werden. Eine Auszeichnung (halbfett oder kursiv) war möglich. Wahrscheinlich dieser Variabilität wegen nahm man die Monotype-Setzmaschine bevorzugt für schwierige und wissenschaftliche Texte, während die schneller umzurüstende Linotype besonders gern im Zeitungsdruck verwendet wurde.

Die Korrektur der Setzfehler war bei der Monotype unkomplizierter als bei der Linotype. Um den Satz zu kontrollieren, wird der erste Pressenabdruck als sogenannter *Bürsten- oder Korrekturabzug* gemacht. Auf ihm vermerkt der Korrektor die Satzfehler. Versehentlich doppelt gesetzte Wörter oder doppelte Wortfolgen nennt er *Hochzeiten*, ausgefallene Manuskriptteile *Leichen*. Solange es sich um einen von Hand gesetzten Text handelte, konnte ihn der Setzer berichtigen, indem er die falschen Buchstaben mit Hilfe einer Ahle oder Pinzette aus dem Satz herausnahm und durch die richtigen ersetzte oder fehlende Wörter durch neuen Zeilenumbruch im Winkelhaken ergänzte. Auch der Monotypesatz erlaubte solche leicht mit der Hand auszuführenden Korrekturen. Beim Linotypesatz hingegen mußte selbst für Einzelkorrekturen stets die ganze, in eins gegossene Zeile ausgetauscht werden.

Spricht man heute in der Buchherstellung von dem »satzreifen« Manuskript, das der Autor abzuliefern habe, so ist dabei die maschinenschriftliche Form vorausgesetzt. Auch dafür schuf das 19. Jahrhundert die Mittel. In ihm beginnt nicht nur die Automatisierung des Druckens, Setzens, Gießens, sondern auch die Mechanisierung des Schreibens. Vater der *Schreibmaschine* war der österreichische Mechaniker Peter Mitterhofer. Sein erstes Modell stammt von 1864. Mitterhofers Idee wurde von Charles Glidden, einem amerikanischen Mechaniker, aufgegriffen und mit Sholes und Soule, zwei Buchdruckern, zu einer 1867 fertiggestellten Maschine verbessert. Der Waffenfabrikant Remington übernahm das Patent und baute 1873 die ersten Schreibmaschinen in Serie.

Der maschinengefertigte Verlagseinband

Bis in die Mitte des 19. Jahrhunderts wurden Bücher mit der Hand gebunden. Besonders das Heften der Lagen war außerordentlich zeitaufwendig. Es gab Großbetriebe, es gab auch schon eine Vorstufe gewerkschaftlicher Organisation, die 1848 formierte *Gesellschaft vereinigter Buchbinder*, aber nach wie vor war das Buchbindergewerbe ein Handwerk. Erst im letzten Viertel des 19. Jahrhunderts, dann allerdings in Riesenschritten, vollzog sich die Wandlung zum modernen Industriebetrieb. Mit der enormen Zunahme der Bücherproduktion mußte auch am Ende der Herstellungskette eine Mechanisierung gefunden werden, die eine schnellere Fertigung erlaubte, zumal das Gros der Käufer fertig gebundene Bücher verlangte.

Nun schlug die Stunde des Verleger- oder Verlagseinbandes. Neu konstruierte Maschinen beschleunigten die einzelnen Arbeitsgänge. Die Fertigung von Buchblock und Einbanddecke, einst in einer Hand vereint, trat auseinander und zerfiel in Einzelschritte, die immer weiter aufgegliedert werden mußten, um sie den maschinellen Produktionsabläufen anzupassen. Die Berliner Buchbinder Heinrich Sperling, E. A. Enders und der Leipziger Gustav Fritzsche waren die ersten, die moderne Verlagsbuchbindereien einrichteten. 1857 konstruierte die Maschinenfabrik Karl Krause in Leipzig die verbesserte Kniehebelpresse zum Vergolden und Blindprägen; 1866 führte Heinrich Sperling den Dampfbetrieb in seiner Werkstatt ein. Meist wurden dort Frauen

als billige Arbeitskräfte beschäftigt. Bei Sperling arbeiten am Ende der siebziger Jahre zwischen 130 und 150 Angestellte; ähnlich viele waren es bei seinem Leipziger Konkurrenten Herzog, der 52 Maschinen am Laufen hielt. Gustav Fritzsche fertigte mit 30 Pressen stündlich 600 Buchdecken. Bekannte Maschinenhersteller, vor allem von Beschneide-, Falz- und Heftmaschinen, waren neben der schon genannten Firma Karl Krause die ebenfalls in Leipzig ansässigen Gebrüder Brehmer.

Mit der Verbreitung der *Falzmaschine* von 1851, der *Drahtheftmaschine* und der *Beschneidemaschine* von 1878 sowie der *Fadenheftmaschine* von 1885 verschwanden Falzbein, Heftlade und Beschneidehobel aus den Buchbindereien. Nicht fleißige Hände, sondern Automaten bearbeiteten jetzt die bedruckten Bogen aus der Druckerei weiter und sorgten dafür, daß sie »auf Format« geschnitten und gefaltet (»gefalzt«) wurden. Für die Heftung mußten die Bogen »zusammengetragen«, ineinandergesteckt oder auch übereinandergelegt werden, ehe sie in speziellen Heftmaschinen im Rückenfalz durchstochen und mit Fäden zusammengeheftet wurden. Der so entstandene Buchblock wurde verleimt, mit Gaze hinterklebt, mit Vorsatzpapier versehen und dann an den drei offenen Seiten beschnitten. Schließlich klebte man das Kapitalband an den Rücken des Buchblocks an. Bei Büchern, die für stärkere Beanspruchung bestimmt waren, wie Lexika und Nachschlagewerke, wurde der Faden durch die Gaze geführt, um eine festere Verbindung im Rücken des Buchblocks zu erreichen (Fadenheftung auf Gaze).

Selbst für das Marmorieren eines Buchschnitts wurde eine Maschine entwickelt, die in zwei Arbeitsgängen Marmoriermuster auftrug und einfärbte. *Walzenschnitt* nannte man das Verfahren.

Die Buchdecke entstand separat. Pappen und Rückeneinlagen waren maßgerecht zu schneiden. Das Überzugsmaterial wurde zugeschnitten, beleimt und mit der Pappe zusammengeklebt, die Einschläge wurden umgeklebt. War das Überzugsmaterial ein Gewebe, mußte darauf geachtet werden, daß der Leim nicht durchschlug. Eine *Prägepresse* sorgte (und sorgt noch heute) mit Druck und Hitze für die Prägung der Rücken und Deckel. Dann ging es ans »Einhängen«, an das Verbinden von Buchblock und Buchdecke. War dies geschehen, mußte der Buchblock gerundet werden, damit sich das Buch später besser aufschlagen läßt und im Gebrauch seine Form behält. Ein Gelenk in der Buchdecke, ein eingebrannter Falz zwischen Rücken und Deckeln, erleichtert das Aufschlagen der Deckel.

Bei der Maschinenbindung fehlen die Bünde, der Buchblock wird durch die Vorsätze und durch einen Gazestreifen mit der Einbanddecke verbunden. Mokant, aber zutreffend bemerkt dazu S. H. Steinberg, das maschinengebundene Buch sei in Wirklichkeit nicht gebunden, sondern nur »verschalt«. Ähnliche

Vereinfachungen und Verbilligungen strebte man für die Heftung an. *Broschurheftung* (frz. *brocher* = heften) heißt eine mit der Maschine ausgeführte Fadenheftung ohne Gaze oder Bundschnur. Die Broschuren wurden zu Packs geheftet und erst nach dem Leimen beschnitten.

Ganz ohne Fadenheftung kommt die *Klebebindung* aus, ein kostengünstiges Verfahren, das für Taschenbücher und auch feste Einbände im 20. Jahrhundert häufig eingesetzt wird. Dazu werden die gefalzten Druckbogen am Rücken zuerst beschnitten, so daß lose Blätter entstehen. Sie werden am Rücken leicht aufgefächert *(Fächermethode)* und mit Kunstharzklebern zu einem Buchblock verbunden. Die Erfindung der Klebebindung geht auf den Ingenieur Hancock zurück. Ihm fehlte 1858 allein der geeignete Klebstoff. In unserem Jahrhundert war der Buchhändler Emil Lumbeck (1886–1979) maßgeblich am Siegeszug der Klebeheftung beteiligt. So spricht man auch vom *Lumbeckverfahren*, und der Fachjargon hat ein neues Tätigkeitswort geprägt: »lumbecken«. Nachdem sich die Entwicklung des Klebstoffs als der schwierigste Teil der Neuerung erwies, sind, wie Hans Peter Willberg schreibt, heute zwei Arten von Klebern üblich: »solche, die über Jahre und Jahrzehnte hin-

aus schmiegsam und beweglich bleiben, die Dispersionskleber, und solche, die nach einiger Zeit fest und hart werden, sogenannte Schmelzkleber. Beim Schmelzkleber braucht man einen Arbeitsgang weniger in der Maschine, deshalb wurde er lange Jahre bevorzugt; ganze Generationen von Taschenbüchern und Paperbacks, aber auch festgebundene Bücher wurden so geklebt. Wer acht oder zehn Jahre später ein solches Buch in die Hand nimmt, dem fallen die einzelnen Blätter entgegen, der Kleber ist spröde geworden.« Schmelzkleber trocknen schneller, und das war technisch, da Großbuchbindereien für den gesamten Bindevorgang eine vollautomatisierte *Buchstraße* einsetzen, ein enormer Vorteil: je rascher die Trocknung, desto schneller können die Maschinen laufen.

Mit den Techniken der Massenproduktion wandelte sich zugleich das Einbandmaterial. Billig und leicht zu beschaffen mußte es sein. So bestand der Abschied vom soliden Handeinband durch den Verlegereinband auch darin, den klassischen Leder- oder Pergamenteinband vergangener Jahrzehnte durch ein einfaches Leinen- oder Baumwollgewebe zu ersetzen. Vorreiter war England, wo der Verleger Pickering mit seiner Reihe von *Diamond*-Klassikern (1822–1832) den Leineneinband gesellschaftsfähig gemacht hatte. In der zweiten Hälfte des Jahrhunderts kam, ebenfalls aus England, der *Kaliko* nach Deutschland, ein Baumwollgewebe, das durch eine starke Appretur mit Latexmilch leimdicht gemacht worden war und sich nach Belieben bedrucken, färben und sogar »lederartig« prägen ließ. Als billige Lederimitation, die bei Bedarf auch vergoldet und mit »repräsentativen« Preßmustern, dem Zeitgeschmack entsprechend, versehen werden konnte, war der Kalikoeinband ein Nostalgieprodukt – Kind einer Situation, in der die Buchbinderei zwar maschinell produzierte, aber doch zugleich alte Sehnsüchte nach Handwerklichkeit und Solidität zu befriedigen hatte. Das Ergebnis war ein Surrogat.

Als die Puristen der Werkbundbewegung um 1910 unter der lederimitierenden Oberfläche das »echte« Gewebe entdeckten, schufen sie jene Form des Leineneinbandes, die wir heute kennen. Um echtes Leinen handelt es sich dabei in den seltensten Fällen. Auch Einbände aus Baumwoll- oder Zellstoffgewebe gelten als Leineneinbände. Mit Erfindung der Kunstfasern kamen neue Materialien hinzu.

Seit den sechziger Jahren des 20. Jahrhunderts vollzog sich ein Wandel: zum einen wurden die Gewebeeinbände zu teuer (von Leder ganz zu schweigen), zum anderen änderte sich der Zeitgeschmack. Deutlich unterscheidet sich die Massenproduktion, bei der billige Ersatzmaterialien eine nicht vorhandene Qualität vortäuschen, von bewußt gut gestalteten Einbänden in Gewebe und Bezugspapieren. Seit Beginn des 20. Jahrhunderts wurden vor allem auch Papp- oder Papierbände entwickelt und gestaltet, die eine kostengünstige und dennoch künstlerische Herstellung ermöglichten. Insbeson-

Pariser Verleger-Einband aus dem Jahr 1852 von Lecou/Hetzel für eine französische Ausgabe von Goethes *Werther*. Bezeichnend ist die reiche Vergoldung auf Chagrin (»getüpfelter Taft«), einem Lederimitat aus Seidengewebe. Der Trend zum schweren, überladenen Rahmen ging einher mit der Beschleunigung maschineller Bindeverfahren. Die Verlegereinbände sahen pompös aus, wurden rationell gefertigt und verdrängten die künstlerischen Handeinbände. 18,4 × 27,3 × 2,7 cm.

dere die Insel-Bücherei und der Eugen Diederichs Verlag in Jena haben mit ihren Pappbänden beispielhafte Verlegereinbände hergestellt.

Umgekehrt kann man auch des Guten zuviel tun und landet dann bei Einbandeitelkeiten. Jean Paul, der eine *Kleiderordnung für sämmtliche einwohnende Bücher unseres Landes* verfaßte, wußte für seine Zeit ein Lied davon zu singen. »Bei den Büchern ist der Kleiderluxus ebenso klar wie enorm. Geistliche, andächtige Werke, die sonst im bescheidnen Priester-Ornat und Trauermantel einher wandelten, kleiden sich wie Gecken nach englischem Schnitt und reden doch von Gott. – Juristen-Kinder gingen sonst wie die Schweine, nämlich in deren Leder, aber auch in Schafskleidern; … jetzt springen sie uns als Halbfranzen, als Perlhühner entgegen, und wollen gleichwol Leute *en longue robe* vorstellen.«

Gegenwärtig, bald zweihundert Jahre nach Jean Paul, scheint alles möglich. So prägt man kunststoffbezogenen Einbänden »nach Leinenart« eine Gewebestruktur auf oder macht sie glatt und glänzend, versieht sie mit einer Folie oder Lack (»sexy« wünschte sich unlängst der Lektor eines Kleinverlages seine Bücher). Mehrfarbig bedruckt werden diese Glanzprodukte natürlich überdies. Da jedoch kaum je eine Tendenz dauert, ohne alsbald eine Gegentendenz auf den Plan zu rufen, regt sich daneben auch wieder die Neigung zu matten Oberflächen und zu »natürlichen« Bezugspapieren und Geweben.

Ein Wort zum Schutzumschlag

»Der ›Schutzumschlag‹ ist ein Werbeumschlag!« betont Horst Kunze, und er setzt das Wort in Gänsefüßchen, da es mit der Schutzfunktion dieses Papierkleids nicht weit her ist. Schutzumschläge entstanden zur gleichen Zeit wie der Verlegereinband. In England traten erste Exemplare bereits um 1833 auf. In Frankreich war es früh üblich, Broschuren, also die (ursprünglich) als Einbandprovisorien gedachten Umschläge, die ohne Vorsatzpapier an den Buchblock geklebt werden, gelb zu färben. Gut möglich, daß eine der ganz großen technischen Innovationen des 19. Jahrhunderts dafür mitverantwortlich war – nämlich die Eisenbahn. In England entstand Ende der vierziger Jahre ein organisierter Bahnhofsbuchhandel, um das allgemeine Bedürfnis nach Reiselektüre zu befriedigen. Den Anfang machte 1848 W. H. Smith auf dem Londoner Euston-Bahnhof. 1852 übertrug Louis Hachette das englische Vorbild nach Frankreich, und auch in Deutschland faßten Bahnhofsbuchhandlungen – die erste 1854 in Heidelberg – rasch Fuß. Was das mit der Entwicklung von Buchumschlägen zu tun haben soll, verrät der Appell des Schriftstellers Karl Gutzkow, der im Jahre 1877 an seinen Verleger schreibt: »Das Publikum ist jetzt aufs Grelle u Spaßige! Denken

Sie über einen *farbigen* Umschlag nach! Mit Querbuchstaben. Roth und gelb! Das halbe Geschäft ruht auf Eisenbahnstationen, wo die Wahl rasch von Statten gehen muß!«

Um 1890 hatten sich Schutzumschläge allgemein eingebürgert. In den neunziger Jahren schmückten diese Buchumschläge häufig Lithographien bekannter Künstler: Henri Toulouse-Lautrec und Theophile Steinlen in Frankreich, Th. Th. Heine und Otto Eckmann in Deutschland gaben dem Umschlag und damit dem Buch eine werbekräftige Signalwirkung. Mit dem Buchinhalt hatten ihre Arbeiten nichts zu tun. Ganz anders die Buchkunst-Bewegung in der nachfolgenden Zeit. Sie predigte die organische, »von innen nach außen« gestaltete Einheit von Umschlag und Buchinhalt. Der erste Umschlag mit Klappentext – einer kurzen Inhaltsangabe und Buchempfehlung durch den Verleger auf der nach innen geschlagenen Umschlagklappe – wurde einer Neuerscheinung von 1906 beigegeben.

Bis heute sind die Ansichten über den Umschlag geteilt. Für viele gehört er einfach zum Buch dazu; einige würdigen Schutzumschläge als ästhetisches Extra und sammeln sie wegen ihrer Gestaltung, der benutzten Technik, als Ausdruck des Stilwandels. Für andere ist er rundheraus eine Verlagswerbung, die laut »Kauf mich!« zu rufen hat; darüber hinaus räumen sie ihm höchstens eine Art Transportschutz ein, bis das Buch im heimischen Regal seinen Platz gefunden hat. Buchbinder und Freunde des solide gemachten Einbandes kritisieren, der Schutzumschlag befördere den Verfall der Einbandkultur: man schaut *in* das Buch und *auf* seinen Umschlag – aber der Einband bleibt ungestaltet, er scheint niemanden mehr zu interessieren. Hans Peter Willberg hat in Aufsätzen zum Wandel der Buchkunst beredt Klage über das »fehlende Einbandbewußtsein« geführt, mit dem in Kauf genommen wird, daß klebegeheftete Bücher beim Lesen nicht offen liegen bleiben, sondern von selbst wieder zublättern, daß sie aber auch nicht vollständig schließen, sondern sperrig den Schnabel offen stehen lassen, daß Deckelkanten schief und überlang, Pappen schwammig und Prägungen unscharf sind.

Neue Bilddruckverfahren

Das industriell hergestellte Buch zu schmücken und zu illustrieren erforderte Reproduktionsverfahren, die gleichermaßen unkompliziert und billig sein mußten. Der Buchhandel war auf das Bild im Buch als Kaufanreiz angewiesen, besonders während der periodisch auftretenden Absatzschwierigkeiten in den Jahren 1848 bis 1889. Da kamen die neueren und neuesten Errungenschaften auf dem Gebiet des Bilderdrucks gerade recht – angefangen bei den originalgraphischen Verfahren *Holzstich* und *Lithographie* bis zu *Autotypie* und *Lichtdruck*, die

327

als reine Vervielfältigungstechniken sich ihre Originale nicht selbst schufen, sondern ihre Vorlagen von dem jungen Medium Photographie geliefert bekamen. Eine reiche Bebilderung von Büchern und Periodika bei hohen Auflagen mit passabler Qualität und geringen Herstellungskosten wurde möglich.

Stahlstich, Holzstich, Lithographie

Für den Kupferstich bedeuteten die neuen Illustrationsverfahren das Ende seiner Vorrangstellung. Zwar hatte der mit ihm verwandte *Stahlstich* in den zwanziger und dreißiger Jahren des 19. Jahrhunderts seine Blütezeit und fand auch später immer wieder Eingang in das Buch, etwa zur Bebilderung einiger Konversationslexika, aber er blieb künstlerisch von vergleichsweise untergeordneter Bedeutung, meist auf Reproduktionsaufgaben beschränkt. Sein Erfinder, der Amerikaner Jacob Perkins, hat sich mit Druckplatten für den Banknotendruck einen Namen gemacht. Gegen den Stahlstich sprachen eine gewisse Nüchternheit und Härte des Abdrucks, zudem verursachte die Herstellung der Platten nicht unbeträchtliche Kosten. Er war für hohe Auflagen gedacht

und tauglich, aber eben auch erst bei großem Absatz rentabel. Eine Internationalisierung des Marktes war dafür vorteilhaft. Viele Stahlstichpublikationen, besonders Reise- und Ansichtenwerke, ließen sich damals auch jenseits der eigenen Landesgrenzen verkaufen, da sie aus Stichen mit nur wenig Text bestanden. So konnten die Bildunterschriften nachträglich in Englisch, Französisch oder Deutsch abgefaßt werden. Als originalgraphisches Verfahren vermochte sich der Stahlstich nicht durchzusetzen.

Eine unerwartete Renaissance erlebte die Holzschneidekunst, verbunden mit einer technischen Neuerung, dem *Holzstich*. Der Holzschnitt in seiner alten Manier hatte im 18. Jahrhundert vor allem dank einiger Meister künstlerisch überlebt: in Frankreich namentlich durch Jean Papillon und seinen Sohn Jean Michel, in Deutschland durch die Familie Unger. Zu Beginn des 19. Jahrhunderts machte dann Friedrich Wilhelm Gubitz (1786–1870) mit zahlreichen Illustrationen, darunter einem vielverkauften Volkskalender, den Holzschnitt aufs neue populär. Daß sowohl Johann Friedrich Unger als auch Gubitz dem Holzschnitt von Berlin aus künstlerisches Ansehen verschafften, scheint traditionsbildend

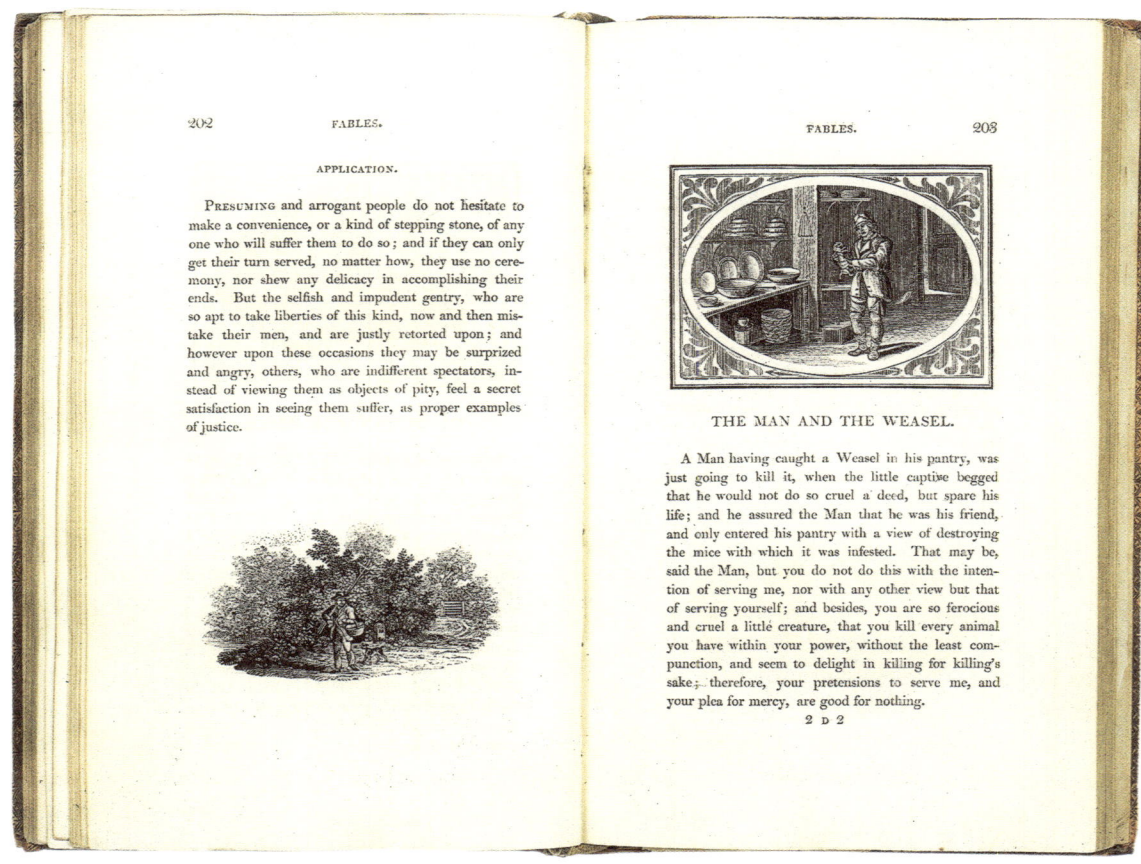

328   *The Man and the Weasel*, Holzstich von Thomas Bewick zu einer 1818 in Newcastle entstandenen Ausgabe der Fabel-Sammlung des Aesop. Die Fabeln sind immer wieder künstlerisch bearbeitet worden. Bewicks neue Technik, der Holzstich, kennzeichnet einen Wandel in der Hochdruck-

Graphik. Der Künstler arbeitete mit dem Stichel im härteren Hirnholz und erreichte damit feine Zwischentöne und Nuancen. Aufgeschlagenes Buch: 29 × 21,5 cm.

gewirkt zu haben, denn die Stadt wurde im 19. Jahrhundert eine Hochburg dieser Kunst. Als neue Technik setzte sich der Holzstich ungefähr seit den dreißiger Jahren in Deutschland durch.

Anders als beim Holzschnitt wird beim Holzstich nicht in Langholz, dessen Fasern parallel zur Ebene der Zeichnung verlaufen, sondern in *Hirnholz* gearbeitet. Die verwendeten Holzplatten sind also quer zur Wuchsrichtung geschnitten worden. Zum Erfinder der neuen Bearbeitungstechnik wurde der englische Holzschneider Thomas Bewick (1753–1828). Vierzehnjährig war Bewick zu Ralph Beilby, einem Graveur in Newcastle, in die Lehre gekommen und dort, eher zufällig, mit der Aufgabe betraut worden, ein größeres wissenschaftliches Werk mit Holzschnitten statt wie üblich mit Kupferstichen zu illustrieren. Die glänzend gelungene Ausführung dieser Arbeit brachte ihn dazu, sich auf das lange vernachlässigte Metier zu konzentrieren. Neu war nicht nur, daß Bewick Hirnholz verwendete. Er tauschte überdies das traditionell genutzte Holz des Birnbaums gegen das härtere Buchsbaumholz aus. Das feste, gegen Kantenbruch weniger anfällige Material erlaubte feinste Strichlagen, ähnlich wie beim Kupferstich. Bewick arbeitete denn auch mit den Sticheln des Kupferstechers anstatt mit dem herkömmlichen Werkzeug des Holzschneiders, Messer und Hohleisen. Neue malerische Wirkungen, die das kontrastharte Schwarzweiß abmilderten, waren auf diese Weise möglich: Halbtöne ließen sich durch Schraffuren und Kreuzschraffuren (Raster) wiedergeben, weshalb der Holzstich im 19. Jahrhundert auch als *Tonholzschnitt* bezeichnet wurde.

Im Jahre 1771 erschienen erste Stiche von Bewick in *Lottery of Birds and Beasts for Children*. Seine Arbeiten beeindruckten das Publikum durch Lebendigkeit und Naturtreue. Als 1775 die Gesellschaft für Kunst eine Prämie für den besten Holzschnitt aussetzte, gewann Bewick den Preis mit seiner Darstellung eines alten Hundes *(The old Dog)*. Berühmt für ihre technische Brillanz wurden Bewicks Illustrationen für *Die Geschichte der englischen Vögel (British Birds)* von 1797. Zum Leidwesen des Meisters verhinderte lange Jahre die Kontinentalsperre, die England vom Festland abriegelte, die Verbreitung der neuen xylographischen Kunst, bis einige von Bewicks Schülern in Paris ein Atelier eröffneten. Von Frankreich kam der Holzstich nach Deutschland, wo ihn Eugen Napoleon Neureuther (1806–1882) für Illustrationen des *Cid* von Johann Gottfried Herder vorschlug. Das Werk, als es 1838 bei Cotta erschien, war eines der ersten deutschen Bücher mit Holzstichillustrationen.

Obgleich der nuancenreiche Holzstich vor allem dem künstlerischen Ausdruck willkommen sein mußte und zunächst tatsächlich mehr dem schönen als dem populären Druck diente, fand er alsbald Verwendung für die ersten illustrierten Zeitungen, die in den vierziger Jahren mit Bildberichten aus aller Welt erschienen. Es

waren dies Blätter wie die *Illustrated London News* (1842), das in Paris herauskommende Blatt *L'Illustration, journal universel* (1843) oder die *Illustrierte Zeitung* aus dem Leipziger Verlag Johann Jacob Weber. Als *Reportageholzschnitt* sollte der Holzstich dem Leser mit möglichst geringem Zeitabstand zum Ereignis aktuelle und anschauliche Bilder liefern. Dazu wurde die am Ort des Geschehens, oft nach Augenzeugenberichten gezeichnete Vorlage verkleinert auf den Druckstock gepaust. In der Xylographischen Anstalt des jeweiligen Verlages wurde das Bild für den Hochdruck vorbereitet. Allein bei Weber arbeiteten 1862 etwa fünfzig Holzschneider und -stecher. Es waren bearbeitete Bilder, die keine Wirklichkeitstreue im heutigen Sinne besaßen. Zur »Steigerung des Wirklichkeitswertes« hatte man sie mehr oder minder »stimmungsvoll« mit charakteristischen Details angereichert. Auch die versprochene Aktualität blieb hinter heutigen Maßstäben weit zurück. Doch selbst wenn die Holztafeln erst Wochen nach dem Geschehen gedruckt wurden, war das bildhungrige Lesepublikum an diesem »Neuesten« über Kriege, Händel, Katastrophen immer interessiert.

Für die Buchkunst in der zweiten Hälfte des 19. Jahrhunderts spielte der Holzstich als Faksimiletechnik eine ähnliche Rolle wie der Stahlstich. Beide Techniken wurden genutzt, um Werke der Tafelmalerei als Buchillustration zu reproduzieren – sofern die Verleger der Gründerzeit nicht gleich dazu übergingen, Photographien in Bildbände einzukleben. Mit dem *Tonholzschnitt* hatte die Holzschneidekunst das Spektrum ihrer Hell-Dunkel-Wirkungen um Zwischentöne erweitert, aber sie war, wie Kupfer- und Stahlstich, eine Kunst des Schwarzweiß geblieben. Wer sich ihrer bedienen und zugleich Farbe haben wollte, mußte nachkolorieren oder mit mehreren Druckstöcken in aufeinanderfolgenden Arbeitsgängen drucken. Daran hatte sich seit dem 15. Jahrhundert und Erhard Ratdolt wenig geändert. Das berühmte Farbholzschnittporträt der Gräfin Voß beispielsweise hat Friedrich Wilhelm Gubitz von acht Stöcken gedruckt. George Baxter, der in der neuen Manier mit dem Stichel arbeitete und im 19. Jahrhundert wahrscheinlich die meisten Farbholzstiche geschaffen hat, nämlich 377 meist kleinformatige Werke in den Jahren von 1835 bis 1860, druckte in Ölfarben von bis zu zwanzig Blöcken. Ein kompliziertes Unterfangen war der farbige Druck selbst noch für die *Lithographie*, die populärste Illustrationstechnik des 19. Jahrhunderts.

Die *Lithographie*, die Alois Senefelder im Sommer 1796 erfand und 1797 als »chemischen Steindruck« realisierte, bedeutete eine Revolutionierung des Bilddrucks. Technisch handelte es sich um ein völlig neues Verfahren: es war kein Hochdruck wie beim Letterndruck Gutenbergs und beim Holztafeldruck, kein Tiefdruck wie bei Kupferstich oder Radierung, sondern ein Prinzip, das zur Grundlage aller unter dem Namen *Flach-*

druck zusammengefaßten Techniken wurde. Heute nutzt man die Lithographie im Offsetdruck, wo Text und Bild zusammen von einer photographisch erzeugten Druckplatte stammen. »Flachdruck« lautet der Oberbegriff, weil die abzudruckenden Teile der Druckform mit den nichtdruckenden in einer Ebene liegen, weder erhaben noch vertieft.

Alois Senefelder (1771–1834) war alles andere als ein Fachmann in Sachen Druck. In früher Jugend kam der gebürtige Prager nach München, studierte Jura, ging zum Theater, versuchte sich als Bühnenautor. Da er die Druckkosten für seine Stücke nicht aufbringen konnte, sann er über Druckverfahren ohne Bleisatz nach, die von Hand auszuführen waren. Dabei stieß er auf einen feinporigen und sehr saugfähigen Kalkstein aus der Gegend von Solnhofen an der Altmühl in Bayern, den *Solnhofener Schiefer*. Stein (griech. = *lithos*) als Druckträger zu benutzen, war keine neue Idee, aber auch hier war man bislang dahingehend verfahren, die plangeschliffene Platte so zu ätzen oder zu gravieren, daß die zu druckende Zeichnung erhaben zurückblieb. Auch Senefelder zielte ursprünglich auf ein Hochdruckverfahren, jedoch kam bei seinen Versuchen etwas ganz anderes heraus. In seiner Schrift *Vollständiges Lehrbuch der Steindruckerei* aus dem Jahre 1818 schildert er die Vorgeschichte seiner Erfindung. Der Zufall wollte, daß ihn seine Mutter eines Morgens bat, einen Wäschezettel zu schreiben…

»Die Wäscherin wartete schon auf die Wäsche, es fand sich aber nicht gleich ein Stückchen Papier bey der Hand; mein eigener Vorrath war durch Probedrucke zufällig eben zu Ende gegangen, auch die gewöhnliche Schreibtinte war eingetrocknet, und da niemand, um frische Schreibmaterialien herbeyzuschaffen, zu Hause war, so besann ich mich nicht lange, und schrieb den Waschzettel einstweilen mit meiner vorräthigen aus Wachs, Seife und Kienruß bestehenden Steintinte auf die abgeschliffene Steinplatte hin, um ihn, wenn frisches Papier geholt seyn würde, wieder abzuschreiben.

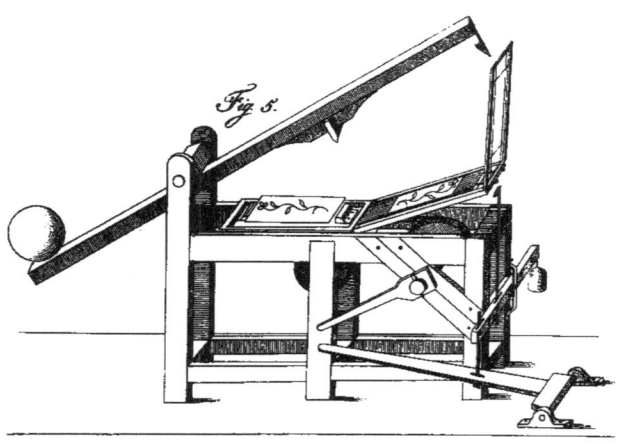

Mittlere Rollpresse. Senefelder hatte nach der Erfindung der Lithographie zunächst mit einer umgebauten Kupferdruckpresse gearbeitet. In der Folgezeit entwickelte er seine Spezialpressen. Moderne Steindruckhandpressen arbeiten noch immer nach dem Prinzip der Mittleren Rollpresse. Aus Senefelders *Vollständigem Lehrbuch der Steindruckerei.*

Als ich nachher diese Schrift vom Stein wieder abwischen wollte, kam mir auf einmal der Gedanke, was denn aus so einer mit dieser Wachstinte auf Stein geschriebenen Schrift werden würde, wenn ich die Platte mit Scheidewasser ätzte, und ob sie sich nicht vielleicht nach Art der Buchdrucker-Lettern oder Holzschnitte einschwärzen und abdrucken ließe.«

Die Lithographie macht sich das Prinzip der gegenseitigen Abstoßung von Fett und Wasser zunutze. Man zeichnet mit einer fetthaltigen Kreide oder Tinte auf den Kalkstein und fixiert die Zeichnung durch Ätzen und Gummieren. Nachfolgend wird der Stein mit Wasser angefeuchtet, das er überall dort anzieht, wo sich *keine* Zeichnung befindet. Wird nun die auf diese Art vorbereitete Druckplatte im ganzen eingefärbt, haftet die Druckfarbe – die auch Fett enthält – nur auf den bereits fetthaltigen Partien der Zeichnung, während sie vom wasserfeuchten Steingrund abgestoßen wird. Die eingefärbte Zeichnung kann jetzt abgedruckt werden; dann wird die Druckplatte erneut gefeuchtet, gefärbt, wieder abgedruckt usw. Ideal ist ein kräftiges und gleichzeitig weiches, anschmiegsames Papier ohne allzustarke Leimung. Für den Druck konstruierte Senefelder eine spezielle Stangenpresse, die im Gegensatz zu der Buchdrucker- oder Kupferpresse nur mit einem Reiber ausgestattet war, der keinen zu starken Druck auf die Vorlage ausübte.

Das Aufkommen lithographischer Schnellpressen hat Senefelder nicht mehr erlebt. 1850 baute und verkaufte die Maschinenfabrik G. Siegl in Wien das erste Exemplar, 1855 war die lithographische Schnellpresse auf der Pariser Weltausstellung zu sehen, und in den sechziger Jahren wurde sie in Varianten von einer ganzen Reihe namhafter Pressenhersteller angeboten. Da herkömmliche Massewalzen nicht in der Lage waren, den notwendigen, zugleich sehr kräftigen als auch elastischen Druck auszuüben, färbten in den neuen Maschinen sogenannte Kompositionswalzen, mit feinem Leder bezogen, die lithographischen Steine ein, die vor jedem Druck durch Wasserwischwalzen gefeuchtet wurden. Später ersetzten vielfach präparierte Zinkplatten die Drucksteine. Um Druckzylinder gespannt, eröffneten sie der Lithographie die Möglichkeiten des Offsetdrucks.

Die Lithographie wurde zum beliebtesten Illustrationsverfahren des 19. Jahrhunderts. In Paris fand die neue Druckmethode schnell große Verbreitung. Auch England, wo sie zunächst unter dem Namen *Polyautography* – zu deutsch etwa: »vielfache Selbstschreibekunst« – eingeführt wurde, nahm die Lithographie begierig auf. Im Autographischen steckte eine große Faszination: Handgeschriebenes und Zeichnungen auf Umdruckpapier konnten wie Abziehbilder auf den Stein übertragen werden. Das macht begreiflich, warum die Lithographie in besonderem Maße für den komplizierten Druck von Noten und Landkarten verwendet worden ist – der

Für sein Werk *Botanica in Originali,* 1733 erschienen, hatte Hieronymus Kniphof getrocknete Tiere und Pflanzen mit Umdruckfarbe eingefärbt, ihre Körper auf leicht feuchtem Papier abgedrückt und die so gewonnenen Konturen koloriert.

Den Begriff »Naturselbstdruck« prägte im 19. Jahrhundert Alois Auer. Er formte Originale ab, indem er sie zwischen eine polierte Stahl- und eine weiche Bleiplatte legte und preßte. Von den Abdrücken im Blei gewann Auer auf galvanischem Wege eine Druckform.

331

Umdruck produziert auf einfachste Weise eine Druckform. Vom Stein gedruckte Noten kosteten nur etwa ein Fünftel dessen, was man für in Kupfer gestochene Noten hatte aufwenden müssen. Das hatte 1799 den Offenbacher Musikverleger J. A. André motiviert, Alois Senefelder zum Geschäftspartner für eine lithographische Werkstatt für Musiknotendruck zu gewinnen. Bald errichtete das Unternehmen Filialen im Ausland, wo Senefelder Patente auf den Steindruck erwarb: 1801 in London, 1802 in Wien und Paris. Alle vor 1821 entstandenen Lithographien nennt man in Anlehnung an den frühen Buchdruck »Inkunabeln der Lithographie«.

In den zwanzig Jahren vom ersten Gelingen bis zum Erscheinen des Lehrbuches verfeinerte und variierte Senefelder sein Verfahren mehrfach: Für die *Federlithographie* zeichnete er mit einer Stahlfeder und einer besonderen dickflüssigen Tinte. Die *Steingravur* verlangte Nadeln und Stichel, wie bei Radierung und Kupferstich. Zur Vorbereitung von *Kreide-* und *Schabverfahren*, mit denen sich malerische Effekte erzielen lassen, wurde der Stein mit Sand gekörnt und mit Tusche und Asphalt behandelt. Die Zeichnung wurde geätzt oder mit der Nadel geritzt. Tonlagen und Schattierungen arbeitete man dabei von Dunkel nach Hell heraus.

Als das eigentliche Gebiet des lithographischen Drucks erwies sich der Mehrfarbendruck, die *Chromolithographie*. Bei diesem sehr aufwendigen Verfahren wird vom Originalbild zunächst eine Konturenpause genommen, die nicht nur die reinen zeichnerischen Konturen, sondern auch alle Abgrenzungen der einzelnen Farbtöne enthält. Das dabei gewonnene Schema ritzt man mit der Graviernadel in eine klare Zelluloidfolie. Nachdem in die vertieften Linien der Folie Farbe eingerieben worden ist, wird sie auf so viel Steine umgedruckt, »umgeklatscht«, wie Farbplatten verwendet werden sollen. Infolge der langen Farbenskala und weil jeder Farbton seine eigene Druckplatte erfordert, so daß mit bis zu zehn lithographischen Steinen gearbeitet werden muß, sind Chromolithographien sehr teuer. Das fertige Bild ist das Ergebnis mehrerer Druckgänge. Farbton für Farbton wird aufgetragen, Platte für Platte übereinandergedruckt, wobei der Druckbogen sorgfältig fixiert, »eingenadelt« werden muß, um eine einwandfreie Deckung aller Farben zu erreichen.

Die Lithographie läßt sich auch für den *Naturselbstdruck* verwenden. Bei dem schon in der ersten Hälfte des 18. Jahrhunderts von dem Erfurter Arzt Hieronymus Kniphof erprobten Verfahren lassen sich Materialien mit einer charakteristischen Oberflächenstruktur, wie Baumblätter und gepreßte Pflanzen, naturgetreu wiedergeben, indem sie selbst als Druckformen behandelt und entspechend mit Umdruckfarbe eingefärbt werden. Die Abdrücke wurden von Kniphof nachträglich kunstvoll koloriert. Sein Werk *Botanica in Originali* von 1733 gibt auf mehreren hundert Tafeln ein naturgetreues Bild der Pflanzenwelt. Der Direktor der Wiener Staatsdruckerei Alois Auer prägte 1852 den Begriff »Naturselbstdruck«. Er machte Abdrucke von Edelsteinen, handgearbeiteter Spitze und sogar Schmetterlingen. Die Objekte und Tiere drückte er zunächst auf eine weiche Bleiplatte ab, von der in einem weiteren Arbeitsgang auf galvanischem Wege eine Kupferplatte gewonnen wurde. Diese diente als Klischee im Hochdruck.

Reproduktionstechniken

Klischees, in der Fachsprache der Drucker, sind Duplikate von Druckformen. Das historisch erste Verfahren, Klischees herzustellen, war die Stereotypie. Ihr trat in der Mitte des Jahrhunderts die von Moritz Hermann Jacobi (1801–1874) erfundene *Galvanoplastik* zur Seite. Jacobi nutzte Luigi Galvanis Entdeckung der Galvanischen Elektrizität von 1791, mit deren Hilfe es möglich ist, Metall aus seiner ursprünglichen Verbindung zu lösen und auf anderen Gegenständen abzulagern. Der deutsche Ingenieur und Physiker machte daraus ein Abformverfahren für Matrizen: Mit einem Gemisch aus Bienenwachs und Graphit wurden Abdrücke von Originaldruckplatten, beispielsweise Holzstichen, genommen und im galvanischen Bad verkupfert. Über den Matrizen bildete sich eine exakt geprägte Kupferhaut, die nach Entfernen der Wachsform mit Schriftmetall hintergossen wurde und dann als kupfernes Klischee, *Galvano* genannt, zum Druck benutzt werden konnte. Gegenüber der Stereotypie besaß die neue plastische Technik große Vorzüge. Sie ließ erstens größere Auflagen zu, zweitens waren ihre Abformungen feiner, drittens bewahrten Galvanos die Größe des Originals. Bleistereos hingegen sind nicht maßhaltig, da ihre Pappmatern beim Trocknen leicht schrumpfen.

Mit der Galvanoplastik nahm die Herstellung von Klischees, ohne die die illustrierte Literatur nie so sehr hätte prosperieren können, einen großen Aufschwung. Die Präzision des Verfahrens öffnete allerdings auch dem Mißbrauch Tür und Tor. Es war allzu leicht geworden, die Schöpfungen der Stempelschneider und Holzschneider zu kopieren, sich ihre Arbeit anzueignen, ohne sie zu vergelten. »*Nicht nur über die Produkte des Auslands fiel man her*«, schreibt Carl B. Lorck, der Zeitgenosse des Geschehens war, »*sondern auch die Kollegen im Inland wurden nicht geschont und ein Gesetz verbot diese kollegialische Beraubung nicht. Hier konnte nur Selbsthülfe wirken und am 15. Mai 1857 konstituierte sich auch ein deutscher Schriftgiesser-Verein, jedoch erstens waren nicht alle Schriftgiessereien Mitglieder des Vereins und zweitens konnte dieser weiter keine Strafe diktieren, als öffentliche Bekanntmachung von Zuwiderhandlungen, und diese genügte nicht immer.*« Erst ein am 1. Juli 1873 erlassenes Reichsgesetz, das die Muster schützte, beschnitt den Wildwuchs.

Zur gleichen Zeit, als der nach St. Petersburg berufene Jacobi an seiner Galvanoplastik arbeitete, im Jahre 1837, demonstrierte in Paris Louis Jacques Mandé Daguerre (1789–1851), daß sich Silberjodidplatten mit einer Kamera belichten lassen, daß man das latente Bild mit Quecksilberdampf entwickeln und mit Kochsalzlösung auf der Platte fixieren kann, während in England William Henry Fox Talbot (1800–1877) die Lichtempfindlichkeit von Chromgelatine entdeckte. 1839 veröffentlichte Talbot seine ersten Lichtbilder: von einem Negativ gewonnene Abzüge, die sich in unbegrenzter Anzahl reproduzieren ließen. Das *photographische Negativ-Positiv-Verfahren* war geboren und mit ihm neue, dem Bilddruck dienstbare Möglichkeiten der Bildreproduktion. Die Photographie wies den Weg: es galt, mit lichtempfindlichen Schichten und durch chemische Behandlung Druckformen herzustellen, die entweder im Hochdruck, im Tiefdruck oder in der flachdruckenden Lithographie einsetzbar waren.

Das dem hochdruckenden Holzschnitt ähnlichste Verfahren war die *Strichätzung* in der *Zinkographie*. Mit ihrer Hilfe konnte man Reproduktionen fertigen, bei denen es nur auf den Hell-Dunkel-Kontrast ankam – also ohne Zwischentöne. Ein photographisches Glasbild oder eine Zeichnung wurde auf eine Zinkplatte, die mit einer

lichtempfindlichen Schicht überzogen war, belichtet. Die vom Licht getroffenen Partien verbanden sich mit der Zinkplatte, die unbelichteten Teile wurden nach der Entwicklung durch stufenweises Ätzen tiefergelegt, so daß alle druckenden Teile erhaben stehen blieben.

Nach einem prinzipiell gleichen Verfahren, nur ohne Ätzung, stellte der Wiener Paul Pretzsch (1808–1873) sowohl Hochdruck- als auch Tiefdruckplatten her. Die belichtete Chromgelatine bildete ein Relief, schwach zwar, aber doch stark genug, um es mit darübergepreßtem Kautschuk abzuformen. Pretzsch gewann auf diese Weise eine Matrize, die er im galvanischen Bad verkupferte. Seine Erfindung nannte er *Photogalvanographie* und gründete zu ihrer Verwertung eine Gesellschaft, die 1855/57 vier Lieferungen zu je vier Blättern nach Aufnahmen der berühmtesten Photographen der Zeit herausgab.

Alphonse Louis Poitevin (1819–1882) entwickelte die *Photolithographie*. Er überzog den Lithostein mit einer Schicht aus doppelchromsaurem Kali und Gelatine, belichtete ihn unter einem Negativ, wusch die löslich gebliebenen Gelatineteile aus und erhielt auf diese Weise ein sogenanntes Chromobild, das nur auf den vom Licht getroffenen Stellen Druckfarbe annahm. Wie einst bei

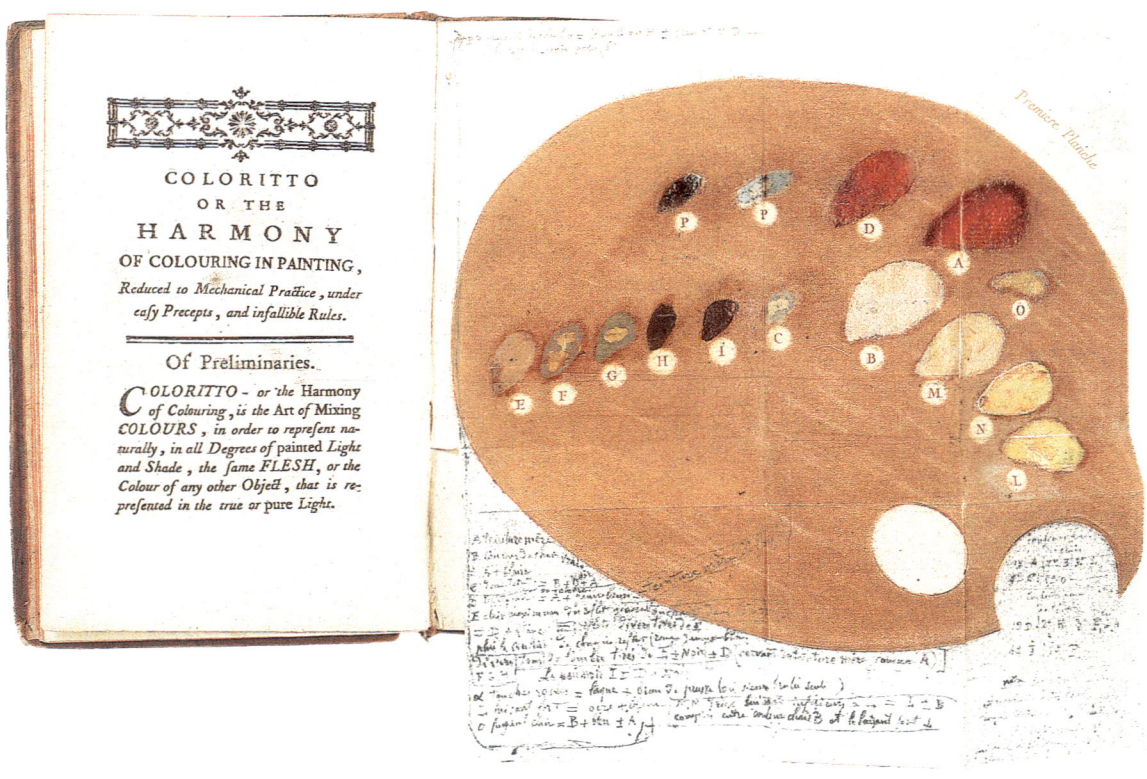

Jacques Christophe LeBlon, *L'art d'imprimer les tableaux.* Fünfzehn Jahre nach LeBlons Tod gaben Schüler und Freunde 1756 sein Werk über »die Kunst, Gemälde im Druck wiederzugeben«, in Paris heraus. In seiner

Untersuchung *Coloritto* beschreibt der Maler und Graphiker LeBlon (1667–1741) sein Verfahren des Farbdrucks von nur vier Druckplatten. Aufgeschlagenes Buch: 26,3 × 19,2 cm.

333

Senefelder die umgeklatschte fetthaltige Zeichnung, so markierte nun die belichtete Gelatine die färbbaren Druckkonturen auf der Kalksteinplatte. Nachteilig blieb, gerade in den Anfängen, daß beim Auswaschen die Halbtöne verlorengingen. Für die Wiedergabe von Kunstblättern taugten Photozinkographie und Photolithographie daher nur bedingt.

Ein Verfahren, das auch die Halbtöne der Bildvorlagen getreu wiedergab, erfand der Nürnberger Graphiker Georg Meisenbach (1841–1912) im Jahre 1881 mit der *Autotypie*, einer photomechanischen Rasterhochätzung, auch »Netzätzung« genannt. Meisenbach zerlegte die Bildfläche der Vorlage in kleine Druckelemente. Zu diesem Zweck schaltete er bei der photographischen Aufnahme vor die Negativplatte einen *Raster*, eine Glasscheibe mit einem eingravierten feinen Netz, dessen Linien das einfallende volle Bild in kleine Quadrate aufteilten. Ein so gewonnenes Negativ wird auf lichtempfindlich gemachte Kupfer-, Zink- oder Messingplatten kopiert. Dunkle Farbtöne der Vorlage ergeben größere, helle Partien kleinere Punkte, die nach einem Säurebad auf der Druckplatte erhaben stehenbleiben und als eigentliche Druckelemente beim Druck die Farbe annehmen und abgeben. Je feiner der Raster ist, desto originalgetreuer wird die spätere Abbildung. Beim Druck werden die nadelspitzen Pünktchen durch große Farbwalzen eingefärbt und mit schweren Druckwalzen auf das Papier gedrückt. Dabei quetscht die Farbe unvermeidlich über den Rand der Rasterpunkte hinaus. Gerade in lichten Bildpartien, deren Druck extrem feine Punkte verlangt, ist die Gefahr groß, daß sich der Farbüberschuß zu unsauberen Quetschrändern verbindet. Ein präzises Gelingen ohne solche Ränder setzt ein großes Können des Druckers bei der Zurichtung von Autotypien voraus. Auch erfordert ein feiner Raster besonders glattes Papier, um ein gutes Druckergebnis zu erzielen. Wenn Halbtonabbildungen auf grobes Papier gedruckt werden sollen, kann nur ein grober Raster verwendet werden, bei dem die Rasterpunkte mit bloßem Auge deutlich erkennbar sind. Das beste Beispiel dafür ist der Bilddruck in Zeitungen, die mit einem 28er Raster arbeiten: jeder Zentimeter ist in 28 Punkte unterteilt. Feine Raster haben 80 Punkte, auf Kunstdruckpapier sind heute sogar 120er Raster möglich.

Um eine plastische und nuancenreichere Bildwirkung von Schwarzweiß-Abbildungen zu erzielen, kann man mit der *Duplexautotypie* arbeiten. Der Name besagt, daß von einer Vorlage zwei Aufnahmen mit jeweils anderem Rasterwinkel gemacht werden: eine kontrastreiche harte Aufnahme mit der Schwarz-Zeichnung und eine tonreiche weiche Aufnahme. Nach diesen Negativen werden zwei Druckformen geätzt und in zwei Druckgängen aufeinandergedruckt. Bei dem oft als Ersatz für die Duplexautotypie dienenden *Doppeldruck*

wird ebenfalls aufeinandergedruckt: mit zweierlei Farben, aber von ein und derselben Druckform.

Mit Hilfe der Autotypie lassen sich auch farbige Drucke herstellen. Bekanntlich werden alle vorkommenden Farbtöne aus den drei Grundfarben Gelb, Rot und Blau gebildet. Für die *Mehrfarbenautotypie* werden daher die farbigen Vorlagen durch Vorschaltung farbiger Glas- oder Flüssigkeitsfilter, die jeweils nur eine Grundfarbe durchlassen, in Gelb, Rot und Blau zerlegt. Dabei ist jede der erzeugten Farbnegativplatten gerastert. So stehen die Rasterlinien für Gelb mit 75 Grad zum unteren Bildrand, Rot mit 45 Grad, Blau mit 0 Grad. Das ist nötig, damit die Rasterpunkte im Druck nicht aufeinander, sondern nebeneinander zu stehen kommen. Wenn man dann die zu Farbenteilplatten gearbeiteten Klischees in der jeweiligen Grundfarbe einfärbt und nacheinander abdruckt, ergeben sich wieder die Farbtöne der Vorlage. Man glaubte zunächst, mit den drei Grundfarben Cyan, Yellow und Magenta auskommen zu können, stellte aber fest, daß die Reproduktionen nicht farbecht genug waren. Zur Korrektur fügte man seitdem als »Tiefe« eine Schwarzplatte hinzu. Alle gedruckten farbigen Abbildungen in Büchern, Zeitungen und Zeitschriften sind heute *Vierfarbdrucke*. Will man Gold- und Silbertöne drucken, können zusätzliche Druckplatten integriert werden.

Das Patent auf die Autotypie erhielt Georg Meisenbach im Jahre 1882. Damit begann das Zeitalter der Abbildungswerke. Erstmals angewendet wurde das neue Verfahren bereits im Ausstellungskatalog zur Internationalen Kunstausstellung München von 1883, der Heinrich Zügels Gemälde *Portrait eines Hundes* als Autotypie wiedergibt. Das erste autotypisch gedruckte Pressephoto, die Abbildung eines Gralsbechers, ebenfalls von der Internationalen Kunstausstellung in München, erschien am 13. Oktober 1883 in der *Illustrierten Zeitung*. Im März darauf folgten die ersten beiden Momentaufnahmen vom Kaisermanöver in Homburg. Die Bildunterschrift lautete: »aufgenommen von Ottomar Anschütz, nachgebildet durch das Meisenbachsche Hochdruckverfahren«. Wer in der Buchillustration nur die originalgraphischen Verfahren gelten läßt, wird über die Reproduktionstechnik Autotypie kein Wort verlieren. Ins Buch ist sie natürlich trotzdem gelangt und spielt dort ihre – nicht unbedeutende – Rolle als Bildreproduktion.

Das anspruchsvollste photographische Reproduktionsverfahren ist der *Lichtdruck*. Er wurde zuerst 1868 von Joseph Albert in München zur Praxisreife gebracht. Noch heute, trotz der immensen technischen Veränderungen, die das Gewerbe in den mehr als hundertdreißig Jahren seines Bestehens revolutioniert haben, übertrifft die Farbwiedergabe durch Lichtdruck an Originaltreue alle anderen Druckverfahren. Technisch gesehen ist der Lichtdruck ein direkter, rasterloser Flachdruck, bei dem der Druckformträger, eine einseitig mattierte Spiegel-glasplatte, mit einer lichtempfindlichen Chromgelatine dick beschichtet wird. Auf diese Schicht läßt sich – wie Poitevin gezeigt hatte – ein Negativ kopieren. Die Belichtung löst einen Prozeß aus, bei dem die Gelatine entsprechend den Tonwerten der Vorlage zu *Runzelkörnern* abhärtet. Eine anschließend aufgebrachte chemische Lösung läßt unterbelichtete Bereiche aufquellen. Das Ergebnis ist eine reliefartige Oberfläche, deren stark belichtete Stellen mehr und deren weniger belichtete Stellen weniger Farbe annehmen.

Das Runzelkorn macht die Besonderheit des Lichtdruckes aus. Es ersetzt den sonst üblichen Raster und entsteht durch mikroskopisch kleine Risse in der Gelatineschicht. Seine Feinheit entspricht dem eines 500er Linienrasters – daher die differenzierte, so überaus fein abgestufte Wiedergabe der Tonwerte. Lichtdrucker arbeiten mit bis zu zwölf Farben. Der Druck geht sehr langsam vor sich. 500 Drucke sind die durchschnittliche Tagesleistung. Die Platte muß dabei ständig feucht gehalten werden, sie ist äußerst empfindlich und hält kaum mehr als tausend Drucke aus. Zur originalgetreuen Wiedergabe farbiger Vorlagen aber eignet sich das Verfahren wie kein zweites; es ist ideal für Kunstreproduktionen und Faksimiles, freilich auch kostspielig, zumal die Technik nur kleine Auflagen erlaubt. Gegenwärtig gibt es noch insgesamt vier Lichtdruck-Werkstätten im deutschsprachigen Raum.

Buchillustration mit Breitenwirkung: Zwischen Karikatur und Idylle

Die politische Karikatur wurde eine der beliebtesten Gattungen der Illustration zu Beginn des 19. Jahrhunderts. Zunächst von den literarischen Magazinen ausgehend, fand sie auch Eingang in das Buch. Besonders günstig waren die Umstände in England. Dort kam den bürgerlichen Freiheiten – und damit der Meinungsfreiheit – ein hoher Rang zu. Auch förderte der wirtschaftliche Wohlstand die Liberalität. Nachdem im 18. Jahrhundert William Hogarth (1697–1764) mit gesellschaftskritischen Bilderzyklen die Satire in die englische Buchillustration eingeführt hatte, waren es nach der Jahrhundertwende Zeichner wie Thomas Rowlandson (1756–1827) und George Cruikshank, die von der blühenden politischen Karikatur zur Buchillustration übergingen und ihr die freundlich skurrilen bis boshaft erbarmungslosen Gestalten bescherten.

Rowlandsons Wirken als Illustrator begann etwa um das Jahr 1791 mit Kupferstichen zu Henry Fieldings *Tom Jones*. Er illustrierte den *Werther* und die *Abenteuer des Barons von Münchhausen*. Die Freunde des Absonderlichen gewann er endgültig mit kolorierten Stichen zu *The Tour of Dr. Syntax*, einer abenteuerlichen Reisebeschreibung, deren allmonatliche Fortsetzungen, beschränkt auf ein Bild oder zwei, zuerst 1809 im *Poetical Magazine* erschienen. Der Herausgeber der Zeitschrift,

Thomas Rowlandson, *The Tour of Doctor Syntax*, London 1817. Illustration in Aquatinta-Manier mit Reimen von William Combe.

Diese »coloured books« waren in England um 1800 besonders beliebt. Illustration: 24,4 × 14,8 cm.

der Deutsche Rudolf Ackermann, trieb das Unternehmen maßgeblich an und sorgte durch die Art der Aufgabenverteilung für Priorität des Bildes über den Text. Ist es üblicherweise Aufgabe eines Illustrators, zu einem gegebenen Text die geeignete Bildsprache zu finden, so verhielt es sich bei diesen krausen Schöpfungen genau umgekehrt: Rowlandson lieferte die Bilder und den szenischen Einfall, und der verseschmiedende William Combe mußte hinterdrein alle Mißgeschicke, die dem unglücklichen Dr. Syntax zustießen, in eine zusammenhängende Reimerzählung verweben, wobei er nie wußte, was ihm das nächste Bild bescheren würde. Zum Modell seiner Hauptfigur diente Rowlandson höchstwahrscheinlich der Pfarrer von Boldre, Reverend William Gilpin. Der kunstsinnige Geistliche hatte Wanderungen »auf der Suche nach malerischen Landschaftsszenen« unternommen und darüber ein Buch verfaßt, das mit Aquatintareproduktionen seiner Zeichnungen illustriert worden war. Rowlandsons Figur des Dr. Syntax empörte die bessere Gesellschaft, die die satirischen Anspielungen auf ein Mitglied ihrer Klasse wohl verstand. Als 1812 eine Buchausgabe mit 31 Abbildungen herauskam, trug sie den verräterischen Titel *The Tour of Dr. Syntax in Search of the Picturesque* – ein Fingerzeig auf die Suche des Reverend Gilpin nach Malerischem, der kaum zufällig sein konnte. Das Buch hatte sofort grandiosen Erfolg. Ihm folgten ein französischer Nachdruck und eine deutsche Ausgabe mit Lithographien, sodann in England noch zwei als Fortsetzungen konzipierte Bände. Rowlandson kolorierte die Illustrationen zu diesen Büchern ganz im englischen Geschmack jener Tage. Technisch stellten die beliebten »coloured books« – in der Regel von Hand ausgemalte Holzschnitte oder Kupferstiche – keine Besonderheit dar, aber sie waren ein Zeitphänomen, bestimmend für die Vorlieben des Publikums.

Im Gegensatz zu Rowlandson bevorzugte George Cruikshank (1792–1878), der zweite Vertreter eines gern als »britisch« und »schwarz« apostrophierten Humors, den unkolorierten Holzschnitt, beherrschte aber auch Radierung und Stich. Seine Illustrationen zu Chamissos *Peter Schlemihl*, die 1823 und 1824 in drei Ausgaben erschienen, verschafften ihm einen Namen als Buchkünstler. Über 800 Titel zählt das Werk des in den Jahren von 1830 bis 1840 wohl erfolgreichsten englischen Illustrators. Bei der Literatur wurden zunächst mit Vorliebe Erzählungen illustriert, weniger Gedichte oder Dramen. Die Werke von Charles Dickens zogen viele englische Illustatoren an: neben Cruikshank auch Robert Seymour, John Leech und Hablot Knight Browne, der unter dem Pseudonym »Phiz« zum populärsten Illustrator von Dickens' Erzählungen und Romanen wurde.

Als Gegenbewegung zum Realismus der Dickens-Illustratoren, den sie als kleinbürgerlich empfanden, traten in England die sogenannten *Sixties* auf, Vorläufer der Präraffeliten, einer Gruppe von Künstlern, die zum Teil von der Historienmalerei herkamen. Sie stellten sich in Gegensatz zur offiziellen viktorianischen Kunst und wandten sich der Illustration von Sagen und Mythen zu. Protagonisten der neuen Richtung waren der Malerdichter Dante Gabriel Rossetti (1828–1882), John Everett Millais (1829–1896) und William Holman Hunt (1827–1910). Sie gaben die Zeitschrift *Once a week* heraus, gleichsam das Zentralorgan ihrer Ästhetik. Im Jahr 1848 gründeten sie die Gruppe der Präraffeliten *(Pre-Raphaelite-Brotherhood)*, die sich gegen den zeitgenössischen Akademismus wandte und die Kunst durch Einfachheit, Frömmigkeit, durch kompromißlose Darstellung und zugleich Überhöhung und Symbolisierung der Wirklichkeit reformieren wollte. Ihr Ideal war die Naturwahrheit der vorraffelischen Epoche, in der man eine aus den Quellen des realen Lebens schöpfende Kunst verwirklicht sah. Hunt prägte den Begriff »Präraffaelismus«.

Gänzlich eigene Wege gingen zwei Außenseiter: William Blake (1757–1827), selbst Dichter und ein Verehrer Michelangelos und Botticellis, und der Bildhauer John Flaxman (1755–1826), dessen ästhetisches Ideal die Antike war. Blakes Illustrationen seiner eigenen Werke, religiöse Dichtungen wie *Songs of Innocens* (1789), *Songs of Experience* (1794), *Jerusalem* (1804) sind sehr spirituelle Schöpfungen und bekräftigen die Einheit von Bild, Schrift und Inhalt. John Flaxmans Name verbindet sich wie kein zweiter mit der Umrißzeichnung, bei der Holzschnitte oder Kupferstiche ohne Auffüllung, Schattierung und Ausschmückung der Flächen gearbeitet werden. Die Linie triumphiert. Mit dieser Kunst des Umrisses leitete John Flaxman einen neuen gesamteuropäischen Stil ein. Seine Ilias-, Odyssee- und Dante-Illustrationen erschienen in Nachstichen ohne Text zuerst 1793 in Rom und traten dann in zahlreichen Auflagen einen Siegeszug durch Europa an. In Deutschland wirkte Flaxmans Stil vorbildlich, ein Großteil der Illustrationskünstler ließ sich davon bestimmen. Zwar vermißte Goethe an den Werken des Engländers die klassische Vollendung; sie waren ihm zu skizzenhaft, und so mischte er Gift in sein Lob und nannte Flaxman den »Abgott aller Dilettanten«. August Wilhelm Schlegel hingegen rühmte als Stärke, daß die Umrißzeichnung »bey den ersten leichten Andeutungen stehen bleibt«. Gerade die Sparsamkeit dieser Form lasse »die rein charakteristischen Züge« des Dargestellten hervortreten.

Ähnlich wie in England eröffneten auch in Frankreich die Zeitschriften und literarischen Magazine der Illustration ein Hauptterrain – und den Illustratoren einen breiten Markt für ihre Werke. Mit *La Caricature* und *Le Charivari* besaß Frankreich in der ersten Hälfte des

336

19. Jahrhunderts zwei zentrale publizistische Wirkungsfelder für die politische Karikatur. Diese beiden berühmtesten unter den kritisch-satirischen Periodika sind von Charles Philipon in Paris gegründet worden und erschienen im Verlag Aubert. Philipon (1806–1862) war ein wagemutiger Verleger, politisch ein Progressiver und unbedingter Anhänger der Demokratie. In die Geschichte der Illustration ist er als Erfinder der »Birne« eingegangen. Wenn noch heute politischen Würdenträgern Birnenköpfe aufgesetzt werden, um sie lächerlich zu machen, so ist daran zu erinnern, daß das erste Opfer dieser karikaturistischen Attacke Louis Philippe gewesen ist. Es war sein Kopf, der durch Philipons spitze Feder Schritt für Schritt von einer einfachen Karikatur in ein Tafelobst verwandelt wurde. Seitdem gilt die Birne als Symbol des verlachten Königs bzw. eines lächerlichen Staatsoberhauptes mit königlichen Allüren.

Philipon erkannte schnell die Vorteile der neuen Lithographietechnik: geringe Kosten und schnelles Reagieren auf Tagesereignisse. Er wußte die Verbindung von Wort und Bild für die Satireschrift geschickt zu nutzen. So wurde insbesondere *Le Charivari* zum Vorbild zahlreicher europäischer Satireschriften, darunter *Punch* und *The London Charivari* in England, *Gil Blas* in Frankreich, *Fliegende Blätter* in Deutschland.

Unter Philipons Mitstreitern finden sich illustre Namen. Von Beginn an dabei war Grandville (1803–1847), mit bürgerlichem Namen Isidore-Adolphe Gérard. 1830, zur Gründung von *La Caricature*, erhielt Grandville den Auftrag für das erste Werbeplakat. Er arbeitete mehrere Jahre für Philipons Blätter, ehe er sich,

wahrscheinlich unter dem Eindruck der verschärften Pressegesetze vom September 1835, verstärkt der Buchillustration zuwandte. Mit großem Erfolg machte sich Grandville den Kunstgriff der Fabel zunutze, Tiere in menschliche Rollen schlüpfen zu lassen. Seit Äsop ist dies ein probates Mittel, um unter dem Mantel des Tierischen desto schärfer gesellschaftliche Mißstände angreifen zu können, und Grandville übertrug es auf die Bilderwelt der Karikatur. Seine *Métamorphoses du jour*, 1829 erschienen, machten ihn schlagartig bekannt. Die lithographierten Federzeichnungen der einzelnen Blätter sind mit nur kurzen Texten versehen und immer wieder aufgelegt worden. 1854 kamen die *Métamorphoses* erstmals als Holzschnitte heraus. Das Phänomen der Verwandlung der menschlichen Figur hat Grandville immer wieder beschäftigt: in den *Schattenbildern* von 1830 für Philipons Satireblatt, den Holzschnitten zu den *Fabeln* La Fontaines und natürlich in den *Scènes de la vie privée et publique des animaux*, einem 1842 in zwei Bänden erschienenen Werk, das sehr erfolgreich war und in Deutschland unter dem Titel »Bilder aus dem Staats- und Familienleben der Thiere« von A. Diezmann herausgegeben wurde. Unter den Auftragsarbeiten sind besonders die Holzstiche zu *Gulliver's Reisen* zu nennen. Die im Jahre 1838 bei Fournier erschienene Ausgabe zählt zu den schönsten illustrierten Büchern der Zeit.

Zu denen, die in *La Caricature* und *Le Charivari* veröffentlichten, gehört auch Paul Gavarni (1804–1866), der mit Maschinenzeichnungen begann, dann Modezeichnungen lieferte und später die Werke Balzacs und

Umrißstich von John Flaxman. Illustration: 12,9 × 9,1 cm.

E. T. A. Hoffmanns illustrierte. Wie Paul de Kock, der Romancier und Theaterdichter, die *Grisette* erschaffen hat, das Arbeitermädchen, so war Gavarni der Schöpfer der *Lorette*, eines besonderen Typs unter den Pariser Kokotten, frei und ungebunden, geistreich, sozusagen ein Freudenmädchen für Künstler und Journalisten. Der Kunsthistoriker Victor Fournel nannte Gavarni einen »Schilderer leichter Sitten«, und in der Tat ist sein lithographisches Werk reich an frivolen Szenen. Als Zeichner des bürgerlichen Lebens trat Honoré Daumier (1808–1879) hervor, ein Karikaturist großen Formats, gefürchtet und geliebt für seinen »Biß« und seine Treffsicherheit. Auch ihn kannte das Publikum vor allem durch seine Bilder in Zeitschriften. Insgesamt mehr als 4000 seiner Lithographien und über 1000 Holzschnitte erschienen in den beiden Blättern Philipons. Charles Baudelaire schrieb über ihn: *»In moralischer Hinsicht sehe ich bei Daumier gewisse Beziehungen zu Molière. Wie dieser geht er stracks auf sein Ziel los. Der Grundgedanke tritt sogleich hervor. Man schaut hin, und schon hat man begriffen. Seine Karikatur hat einen ungeheuren Schwung, aber sie ist ohne Mißgunst und Galle. In seinem ganzen Werk liegt ein Fonds von Redlichkeit und Bonhomie.«* Und über die Technik von Daumiers eigentlich nur schwarzweißen Zeichnungen heißt es: *»Seine Lithographien und seine Holzstiche wecken farbige Vorstellungen. Sein Stift enthält nicht nur das Schwarz, das dazu dient, die Umrisse festzuhalten. Er läßt die Farbe ahnen wie den Gedanken; dies aber ist das Merkmal einer höheren Kunst, welche alle einsichtigen Künstler in seinen Werken klar erkannt haben.«*

In der zweiten Jahrhunderthälfte dominierte Gustave Doré (1832–1883) die französische Illustrationskunst. Bereits als Fünfzehnjähriger erhielt er als Karikaturist eine Anstellung beim Pariser *Journal pour le Rire*. Doré, obgleich einer späteren Generation angehörig als die Satiriker aus der Gründungszeit des *Charivari*, hat auch für Philipon gearbeitet. Seine frühen Karikaturen verraten noch den Einfluß von Rodolphe Toepffer, einem Rhetorikprofessor in Genf, der mit Leidenschaft Bildergeschichten zeichnete, wie wir sie in Deutschland vornehmlich mit Wilhelm Busch verbinden. Toepffer sprach sogar von *Humoristischen Bilderromanen*, wenn er seine Arbeit charakterisierte. Wie man in Worten Geschichten schreiben könne, behauptete er, könne man »auch in einer Folge graphischer Darstellungen Geschichten erzählen«. Sei das eine »Literatur im eigent-

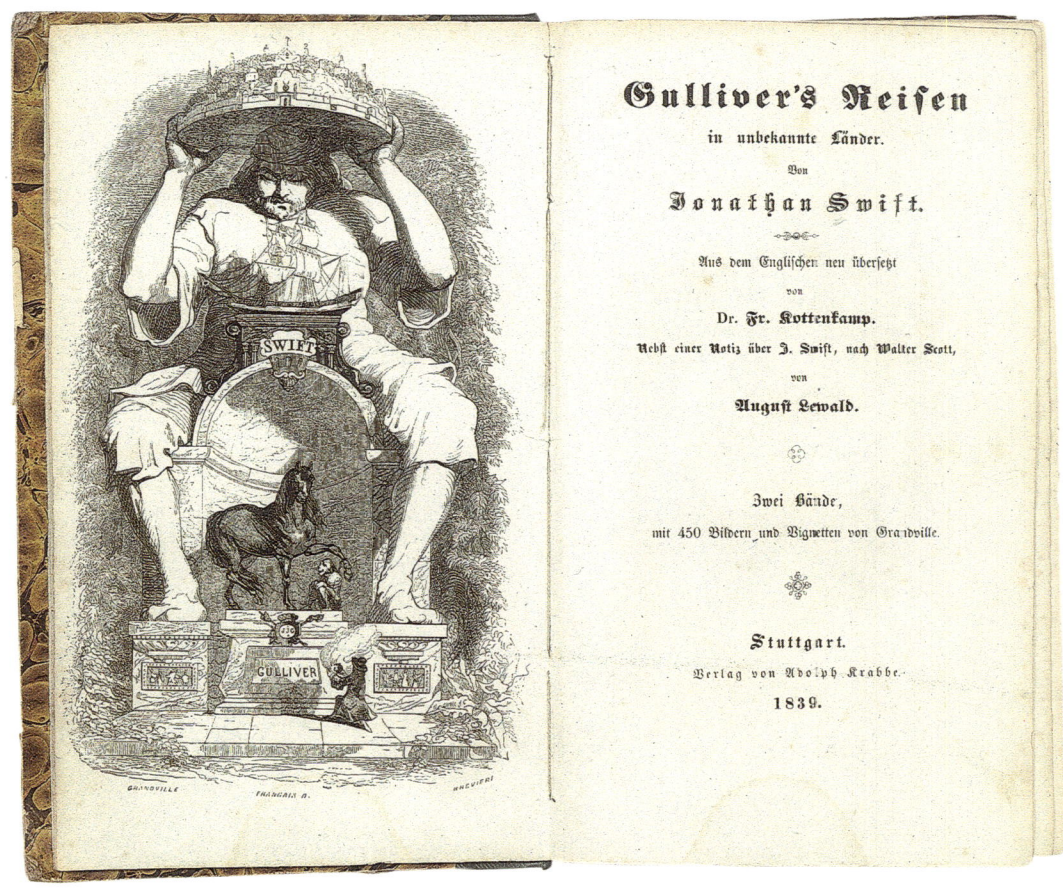

338 Die deutsche Ausgabe von *Gulliver's Reisen* mit den Illustrationen von Grandville. In Frankreich war das Buch bereits ein Jahr zuvor erschienen, und auch die englische Ausgabe kam 1838 in London auf den Markt. Aufgeschlagenes Buch: 29,5 × 20,7 cm.

lichen Sinne«, so das andere »Literatur im Bilde«. Diese Ansicht findet man gleichermaßen bei Gustave Doré bestätigt, der seinerseits Bilderromane schuf. Doré beherrschte die graphischen Techniken souverän, und das Spektrum seines künstlerischen Ausdrucks war groß. Dieser »letzte Romantiker unter den französischen Illustratoren« war nicht nur der Karikaturenzeichner, der Satiriker und Humorist der Journale, der freche Illustrator der *Tolldreisten Geschichten* Balzacs, sondern er verstand sich auch darauf, melancholische und dämonische Bildstimmungen zu erzeugen – man betrachte nur einmal seine Figur des Don Quijote oder seine Szenen zu den Märchen von Charles Perrault. Dorés Ehrgeiz als Buchillustrator galt den großen Werken: Dantes *Göttliche Komödie*, Ariosts *Rasender Roland*, Cervantes *Don Quijote* sind mit seinen Bildern als großformatige Prachtausgaben herausgekommen, und die Bibelillustrationen, die er 1866 schuf, gingen um die ganze Welt.

Jean François Gigoux (1806–1894) debütierte im Pariser Salon von 1831 mit Porträtlithographien. Er war frühzeitig für sein glückliches Kolorit, seine gute Zeichnung und die treffende Erfassung der Charaktere berühmt. Als Buchillustrator trat er in erster Linie mit

seinen Bildschöpfungen zum *Gil Blas* von Alain René Lesage hervor, dem französischen Gegenstück zu Grimmelshausens *Simplicissimus*. In Deutschland hat Daniel Chodowiecki den *Gil Blas* mit Kupferstichen illustriert. Gigoux illustrierte den Roman mit Holzstichen. Die Ausgabe, die 1835 bei Paulin in Paris erschien, mußte wegen ihres großen Erfolges bereits 1836 in zweiter Auflage herauskommen. Für die Verbreitung der neuen graphischen Technik des Holzstiches waren Gigoux' Illustrationen in Frankreich ähnlich bedeutsam, wie es die Steindrucke von Delacroix für die Lithographie waren.

Eugène Delacroix (1798–1863), das Haupt der romantischen Malerei in Frankreich, dabei zeitlebens umstritten, war ein großer Historienmaler, er schuf bedeutende Wandmalereien, seine Monumentalgemälde schmücken zahlreiche öffentliche Gebäude in Paris. Geschult an Veronese, Rubens und Goya, die er im Louvre studierte, pflegte er neobarocke Anklänge. Seine Tierbilder, die wildbewegten Löwenjagden und orientalischen Szenen zeigen einen Meister des dramatischen Geschehens. Die Kritik, auch wo sie ihn in klassizistischem Geist ablehnte und zur Mäßigung rief, war sich

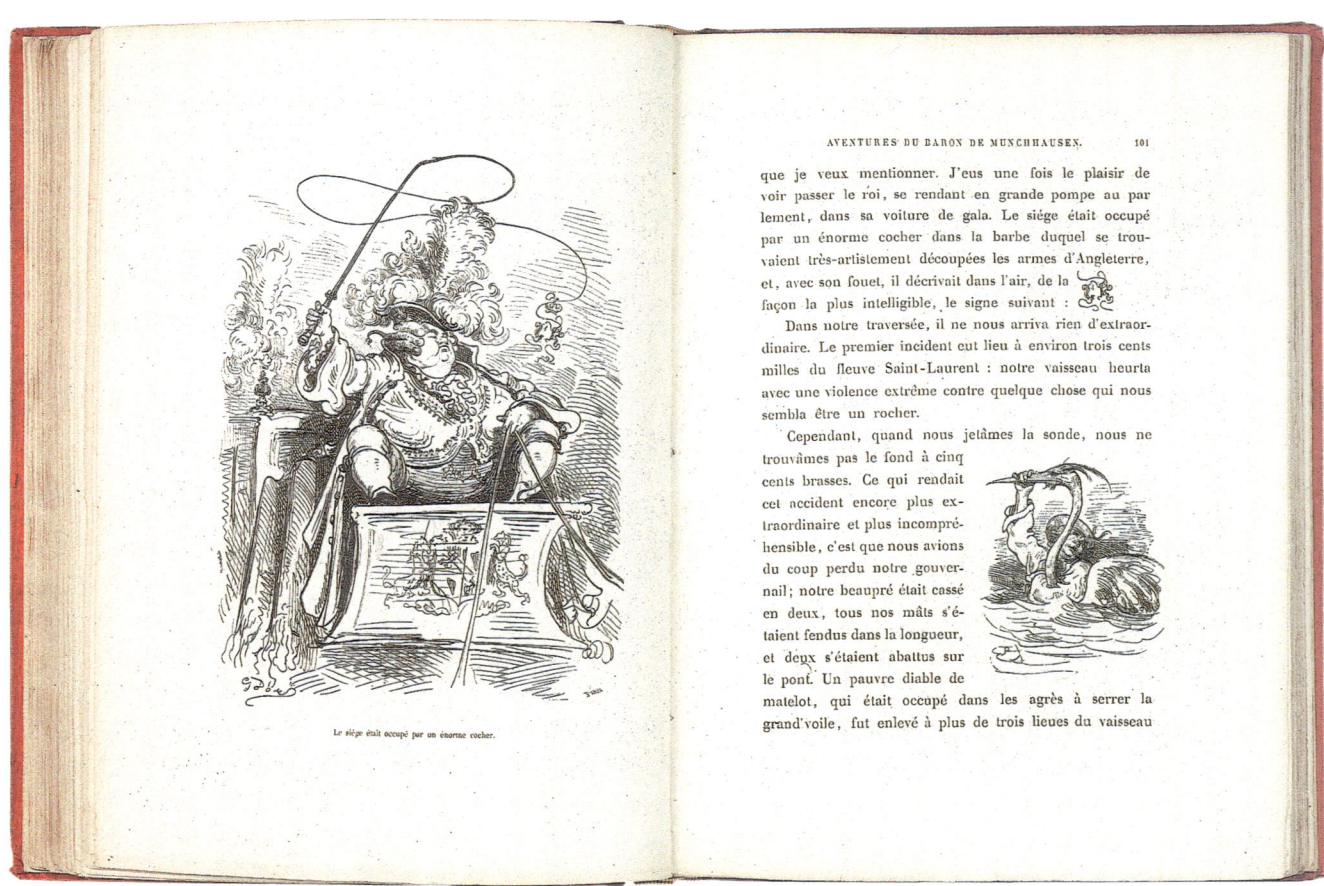

Aventures du baron Munchhausen. Traduction nouvelle par Théophile Gautier fils. Die französische Ausgabe der *Abenteuer des Barons von Münchhausen*, illustriert von Gustav Doré, wurde 1862 in Paris von Charles Furne herausgegeben. Aufgeschlagenes Buch: 51 × 32,5 cm.

339

einig über die enorme suggestive Kraft seines Schaffens. Alexandre Dumas sprach von ihm als dem Magier der Farbe. Im Werk von Delacroix überwiegt die Liebe zum Großen – die Liebe zu den großen Themen wie auch zu großen Formaten: 600 erhaltene Tafel- und Wandgemälde sowie Tausende von Zeichnungen stehen nur rund 100 Lithographien und 24 Radierungen gegenüber. Dennoch muß man Delacroix als Illustrator nennen. Schon um 1814 begann er zu lithographieren. Wenn der Steindruck in Frankreich rasch zu allgemeiner Beachtung fand, so war dies sein Verdienst. Seine Illustrationen zu *Faust* und *Hamlet* (1834–43) bezeugen sein großes Können als Graphiker. Goethes *Faust* erschien 1828 in der französischen Übersetzung von Albert Stapfer in einer Luxusausgabe mit 17 Lithographien von Delacroix, zur großen Zufriedenheit des deutschen Dichters, der sich bereits über vorangehende Probedrucke zustimmend geäußert hatte. »Herr Delacroix ist ein großes Talent, das gerade am *Faust* die rechte Nahrung gefunden hat. Die Franzosen tadeln an ihm seine Wildheit, allein hier kommt sie ihm recht zustatten«, soll Goethe nach Eckermanns Bericht am 29. November 1826 geurteilt haben. Überdies müsse er gestehen, daß der Bildkünstler »meine eigene Vorstellung bei Szenen übertroffen hat, die ich selber gemacht habe. Um wieviel mehr werden nicht die Leser alles lebendig und über ihre Imagination hinausgehend finden!«

Die Lithographie gehörte fortan zum Repertoire künstlerischer Techniken. Gegen Ende des Jahrhunderts bedienten sich ihrer in Frankreich Manet, Corot, Degas, auch Picasso und Cézanne, Sisley und Signac. Um die Jahrhundertwende waren es in Paris Henri de Toulouse-Lautrec, in England Whistler, in Deutschland Slevogt, Liebermann und Corinth, die mit lithographischen Arbeiten hervortraten. In Paris entstanden auch die ersten Plakate im Lithographieverfahren. Damit wurde für die lithographische Kunst ein ganz neuer, eigenständiger Anwendungsbereich gefunden.

In Deutschland bot die Illustration zunächst ein anderes Bild als bei den europäischen Nachbarn. Lange Zeit wurden ihre Themen bestimmt von den Texten der Klassiker, der Welt des Märchens und der Sage. Zeitgenössische Autoren wurden zunächst nur zögernd bebildert. Die Karikatur entwickelte sich später. Auch war die Bildsprache der Romantiker hierzulande »zahmer«; ein Delacroix fehlte in Deutschland und mit ihm die neobarocke Ausdrucksfülle. Mehr auf Gefühl, Rührung und Stimmung statt auf dramatisches Pathos war die Bildwirkung angelegt. Die Romantiker Tieck und Wackenroder haben in ihren *Herzensergießungen eines kunstliebenden Klosterbruders* die Verklärung der Vergangenheit und die Sehnsucht nach Italien zum ästhetischen Programm erhoben, und ihr Jugendfreund Friedrich Schlegel rich-

340   Illustration zu Goethes *Faust* von Moritz Retzsch. 1816 bei Cotta in Stuttgart als Mappenwerk erschienen. 18,5 × 14,5.

tete 1804 eine *Aufforderung an die Maler*, sie möchten sich vom »stillen, frommen Geist der alten Zeit beseelen und wieder hinführen« lassen »zu der reinen christlichen Schönheit«. Aber längst nicht alles im 19. Jahrhundert war Romantik. Die Flugblatt- und Bilderbogendrucke der Zeitungen begründeten aufs neue eine Erzählliteratur in Bildern, sie setzten auf ihre Weise die Tradition fort, die das unterhaltende und lehrhafte Bild zumal für Kinder und Analphabeten seit Beginn der Druckkunst besaß. Angriffe auf die Lachmuskeln probierten die *Fliegenden Blätter* (1844), angriffslustige Satire besorgte der *Kladderadatsch*, eine Gründung aus dem Revolutionsjahr 1848. Allerdings hat die Buchillustration bei der Wende zum poetischen Realismus in der zweiten Jahrhunderthälfte nicht mit der Literatur Schritt gehalten. Man wüßte schwerlich anzugeben, welcher Bildkünstler nach Darstellung und Gehalt den Schriftstellern wie Grabbe, Keller oder Fontane zur Seite zu stellen wäre. Statt dessen gab es die eklektizistische Anverwandlung an vergangene Stile, hölzerne Idealisierungen, viel abgeschmackte Humoristik und Sentimentalität. Die Massenproduktion des Maschinenzeitalters und ein allgemeiner künstlerischer Verfall sind vielfach beklagt worden. Der Rang einzelner Meister bleibt davon unberührt.

Flaxmans Umrißstil wurde von Moritz Retzsch für den Holzschnitt aufgegriffen. Auszüge aus Goethes *Faust* – die 1816 bei Cotta in Stuttgart als Mappenwerk erschienen – und Gedichte von Schiller hat Retzsch in der dem Umriß eigentümlichen antikisierenden Manier illustriert.

Von den Romantikern und der italienischen Renaissance beeinflußt waren die *Nazarener*, zu denen Peter Cornelius, Julius Schnorr von Carolsfeld, Friedrich Overbeck und Joseph von Führich gehörten. Cornelius (1783–1867) wird meist mit der sogenannten altdeutschen Richtung der Romantik in Verbindung gebracht. Nach einer anfänglichen Begeisterung für die Antike beschäftigte er sich stärker mit der Gotik und der Renaissance, stieß auf Albrecht Dürer und geriet in den Bann der Dürerschen Ausdruckswelt, wovon seine Zeichnungen zum *Taschenbuch der Sagen und Legenden* von 1812 und 1817 ein deutliches Zeugnis geben. Joseph von Führich illustrierte zeitgenössische Literatur, Werke der Romantiker, etwa Tiecks *Genoveva*, aber auch Goethes *Hermann und Dorothea*. Die religiöse Seite seines Nazarenertums erscheint in seinen Bildern zu den *Vier Büchern von der Nachfolge Christi* des Thomas à Kempis oder in Katharina Emmerichs *Leben Jesu*. Wie Führich hat auch Julius Schnorr von Carolsfeld sowohl nach profanen wie religiösen Themen gearbeitet. Für eine weite Verbreitung seines Namens sorgten allerdings nicht die Illustrationen zu Goethes *Faust* oder Schillers Gedichten, sondern zwei Bibelausgaben. Schnorr von Carolsfeld illustrierte für Cotta die *Bilderbibel* (1850) und für den Leipziger Verlag

Georg Wigand *Die Bibel in Bildern*, ein umfangreiches, in Einzellieferungen von 1853 bis 1860 erschienenes Tafelwerk mit 240 Abbildungen. Ebenfalls bei Wigand erschien zur Vierhundertjahrfeier der Buchdrucker im Jahre 1840 das *Nibelungenlied* in einer Prachtausgabe.

Als Schüler von Cornelius war Wilhelm von Kaulbach stark von der Düsseldorfer Schule beeinflußt. Der spätere Akademiedirektor in München hat es zu großer künstlerischer und gesellschaftlicher Anerkennung gebracht. Kaulbach stand in langjähriger Verbindung mit Georg von Cotta. Als der Verleger 1837 eine Quartausgabe von Goethes Werken in zwei Bänden mit acht Stahlstichen herausbrachte, lieferten Kaulbach, Hermann Anton Stilke, Louis Preller und Ferdinand Fellner die Zeichnungen. Bei der entsprechenden Schiller-Ausgabe im Jahr darauf kamen die Zeichnungen fast ausnahmslos von Kaulbach. Sein Honorar betrug 100 Gulden pro Blatt, die Stecher erhielten zwischen 400 und 880 Gulden pro Blatt: Daß die aufwendigen Stiche mit einem Vielfachen dessen entlohnt wurden, was ein Zeichner, und sei er renommiert, bekam, war keine Ausnahme, sondern die Regel. Das wohl berühmteste Werk Kaulbachs sind seine Illustrationen zu Goethes *Reineke Fuchs*, 1846 auf Anregung Cottas im Verlag der Literarisch-artistischen Anstalt, München, erschienen. Die Stahlstiche führten R. Rahn und A. Schleich aus. Der Verleger war so weitsichtig, dem Künstler für 6600 Gulden alle Rechte an den Zeichnungen abzukaufen und ihn überdies zur Aufsicht bei allen künftigen Drucklegungen zu verpflichten. In der Folge erschien das überaus beliebte Werk in mehreren Auflagen als Prachtausgabe mit Holzschnitten und Stahlstichen, in einer verkleinerten Ausgabe mit ausgewählten Bildern und in

Die rege Nutzung der Lithographie für künstlerische, gewerbliche und politische Zwecke führte dazu, daß in Großstädten alsbald Plakate und Ankündigungen wie wild an Mauern, Hauswände und Bäume geklebt wurden. In Berlin brachte der Wildwuchs den Buchhändler, Drucker und Verleger Ernst Theodor Amandus Litfaß (1816–1876) auf die Idee einer speziellen Anschlagsäule, um diese »Unsitte und Graus« in geregelte Bahnen zu lenken. Auf Wohlwollen stieß Litfaß beim Berliner Polizeipräsidenten Karl Ludwig Friedrich von Hinkeldey, der in der Säule ein Mittel sah, die politische Propaganda einzuschränken, ohne Gefahr zu laufen, durch offene Zensur die Gemüter zu erhitzen. Der »wilde Plakatanschlag« wurde verboten, und Litfaß, im Volksmund bald als »Säulenheiliger« und »Reklamekönig von Berlin« verehrt, erhielt das Plakatierungsmonopol für die Stadt. Am 1. Juli 1855 durfte die erste, in der Folge nach ihm benannte Säule vor seinem Haus in der Adlerstraße aufgestellt werden.

einer billigen Holzstichedition. Wie bei Grandville erlaubte auch hier die Fabel eine teilweise drastische Satire. Zumal für das Blatt *Das Gastmahl der Tiere* fürchtete Cotta, gerade die potentiellen Käufer des nicht eben billigen Werkes, »Adel, Staatsmänner und Diplomaten, reiche Partiküliers pp« könnten »durch blutige Satyren über Hof und Geistlichkeit« verletzt werden. Die Sorge war nicht unbegründet, denn Kaulbachs *Gastmahl* ist ein Bacchanal, eine wüste Orgie. Doch der Künstler blieb gegen Cottas Bitten um Abmilderung hart – und sollte recht behalten. Die Zensur ließ das Buch passieren, und der Erfolg am Markt sprach für sich.

Weniger glücklich fiel der Absatz aus, den Cotta sich für seine Prachtausgabe von Herders *Cid* erhofft hatte. An dem Werk waren neben Münchener Holzstechern auch englische Xylographen beteiligt. Die Zeichnungen lieferte Eugen Napoleon Neureuther. Nach der Fertigstellung schrieb der Verleger stolz, er schmeichle sich, »daß die Officin der J. G. Cotta'schen Buchhandlung mit dem Druck des Cid mehr geleistet hat, als bisher überhaupt in Deutschland in diesem Fache geleistet worden

ist« – allein, die Käufer haben diese Mühe nicht belohnt. Eine Spezialität Neureuthers, der darin dem Vorbild Philipp Otto Runges folgte, war die Arabeske. Seine *Randzeichnungen zu Goethes Balladen und Romanzen*, die 1829/30 in vier Lieferungen bei Cotta erschienen, zeigen die für Arabesken typische Mischung aus Dekorativem und Symbolischem, Szenisch-Figürlichem und abstrakt fortlaufendem Pflanzenornament in vollendeter Durchbildung. Werner Busch hat in seiner Untersuchung über die Arabeske im 19. Jahrhundert dargelegt, wie Neureuther gerade in diesen Blättern »überzeugend die Möglichkeit des Sinntransportes durch abstrakte Form veranschaulichte« – bis hin zu dem originell eingesetzten Schreibmeisterschnörkel, der gleichsam das Wurzelwerk vertritt, das den an der Randleiste freischwebenden Pflanzen fehlt. Verglichen damit sind Neureuthers im Jahre 1832 bei Cotta erschienene und mit viel Beifall bedachte *Randzeichnungen um Dichtungen der deutschen Klassiker* weniger bedeutungsgeladen. Sie sind als Dekor und Illustration unmittelbar faßbar, und ihre abstrakten Partien müssen nicht so

342 Wilhelm von Kaulbachs Illustration »Gastmahl der Tiere« zu Goethes *Reineke Fuchs*, gestochen von Adrian Schleich. Literarisch-artistische Anstalt, München 1846. 20,3 × 20,2 cm.

sehr als verschlüsselte bildliche Kommentare gedeutet werden.

Arabesken bilden auch ein wesentliches Element im Werk von Adolf Schroedter, dem bekanntesten Vertreter des Düsseldorfer Malerkreises. Die Randzeichungen Schroedters haben ihre Vorbilder in den Titelrahmen der Renaissance.

Der aus Österreich stammende, in München wirkende Moritz von Schwind (1803–1870) hat zu zahlreichen Märchen detailreiche und liebevolle Illustrationen beigesteuert: zu der 1827 in Breslau erschienenen Ausgabe von *Tausend und einer Nacht*, zu Mörikes *Historie von der schönen Lau*, zu den *Alten und neuen Kinderliedern* von Georg Scherer, die Alphons Dürr in Leipzig herausbrachte. Dieser »geborene Märchenerzähler« (K. Schottenloher) verstand es, Bildfolgen als Zyklen zu konzipieren und mit ihnen erzählerische Bögen zu schlagen. Vieles davon brachten die *Münchner Bilderbogen*, die seit 1850 in der Xylographischen Anstalt Braun & Schneider herausgegeben wurden. Seit den zwanziger Jahren, als in Neuruppin Gustav Kühn kolorierte Bilderbogen herausbrachte und damit binnen eines Jahrzehnts Millionenauflagen erzielte, spielten Bilderbogen die Rolle von Massenmedien. »*Knallrot, blitzblau, donnergrün – gedruckt und zu haben bei Gustav Kühn!*« war Gustav Kühns Slogan. Die billigen, grell aufgemachten Drucke boten Bilder zur Zeitgeschichte, neueste Nachrichten in bebilderter Form, während die Produkte aus dem Hause Braun & Schneider aufwendiger hergestellt und für ein anderes, begütertes Publikum bestimmt waren.

Die Kinderheimat mit Bildern und Liedern, verfaßt von dem bayerischen Schulmeister Friedrich Güll, hätte als Lyriksammlung für Kinder kaum das Jahrhundert überdauert, hätten nicht in der zweiten Auflage von 1846 die Zeichnungen des Müncheners Franz Graf Pocci (1807–1876) die ursprünglichen zehn Blatt »Steinradierungen« von A. Gnauth ersetzt. Der Autodidakt Pocci hat mit seinen Bildern die Gattung Kinderbuch sehr gefördert und auch das Interesse der Brüder Grimm erregt, für die er einzelne Märchen illustrierte. In der Geschichte der Kinderliteratur hat sich Pocci als Erfinder der typischen knollennasigen Kasperlfigur verewigt. Für die großen Kinder, die man Erwachsene nennt, schuf er 1856 seine Bilder im *Bauern-ABC* und 1862 einen *Totentanz in Bildern und Sprüchen.*

Als Darstellungen von großer künstlerischer Radikalität empfanden die Zeitgenossen die Totentanzdarstellungen Alfred Rethels (1816–1859). *Der Totentanz von 1848* ist eine Folge von sechs Holzschnitten mit Versen von Robert Reinick; der Holzschneider war Hugo Bürkner. Die 1849 in Leipzig erschienene Folge war unter dem Eindruck der mißglückten Versuche einer bürgerlichen Revolution in Deutschland entstanden: Der Tod tritt auf als der eigentliche Bannerträger der Barrikadenkämpfer, er trägt den Sieg davon und läßt die Fahne der Revolution als seine Fahne über den Sterbenden flattern. Über der Szenerie liegt der Ausdruck großer Trostlosigkeit. Alfred Rethel hat mehrfach für die Druckgraphik gearbeitet, er war an der Illustration einer Ausgabe des *Nibelungenliedes* von Oswald Marbach von 1840 beteiligt und schuf Bilder zu dem *Zug Hannibals über die Alpen*, aber die an Holbein anknüpfende Neugestaltung des Totentanzes blieb seine mit Abstand wirkungsmächtigste Illustration. Vom akademischen Stil der Nazarener, mit dem der einstige Schüler der Düsseldorfer Akademie begonnen hatte, ist hier nichts mehr zu spüren. Wo Rethel für den Holzschnitt zeichnete, gewann seine Kunst an expressiver Kraft.

Zu der Dramatik des Rethelschen Totentanzes läßt sich kaum ein größerer Gegensatz denken als das zur gleichen Zeit entstandene, aber doch so viel beschaulichere Werk von Ludwig Adrian Richter (1803–1884). Dieser ungemein fruchtbare Idylliker hat mit seiner Illustration der Volks- und Märchenbücher das Empfinden einer ganzen bürgerlichen Welt geprägt. Genera-

Randzeichnungen, Initialen und Vignetten von Eugen Napoleon Neureuther zu der Prachtausgabe von Johann Gottfried Herders *Cid*, die 1838 bei Cotta erschien. Es war eines der ersten Bücher mit Holzstichillustrationen in Deutschland. 11,4 × 18,3 cm.

tionen sind mit den Bildern großgeworden, mit denen Richter die Märchenwelt der Brüder Grimm, von Hans Christian Andersen und Ludwig Bechstein erfaßte. Noch das Dürftige und Armselige, Not und Beschränkung, erscheinen bei ihm friedlich durchseelt. Deutsche Romantik und deutsches Biedermeier kommen in Richter zusammen, vereint von jener Macht, für die es bekanntlich in anderen Sprachen kein Äquivalent gibt: Gemüt. *»Weder der große, erhabene noch der wilde Stil in der Landschaftsmalerei ist meinem Charakter angenehm, mir paßt eben das Reizende, Liebliche und Enge«,* heißt es in seinen Erinnerungen. Der gebürtige Dresdener und Sohn eines Kupferstechers, der als Landschaftsmaler begonnen hatte, bevor er durch die Entdeckung von Albrecht Dürers Graphik zum Holzschnitt fand, wurde zu einem Meister des kleinen Formats. Von 1838 bis 1849 erschienen bei

Wigand in Leipzig die *Deutschen Volksbücher.* Ludwig Richter zeichnete dafür seine ersten Holzschnittillustrationen. Zugleich markieren sie den Beginn gesteigerter Schaffenskraft. Allein 151 Holzschnitte enthielt die Ausgabe der Volksmärchen von Karl Musäus, die 1842 herauskam. Zwischen 1844 und 1846 folgten Illustrationen zu Studenten- und Volksliedern. Ab 1848 begann er, Grimms Märchen zu illustrieren. Hinzu kamen 1851 Johann Peter Hebels *Allemannische Gedichte* mit 95 Holzschnitten sowie kleinen Vignetten und Schmuckstücken; im Jahre 1853 folgten dann Bechsteins Märchen mit 174 Holzschnitten. Die Forschung hat rund 2660 Holzschnitte gezählt, zu denen Ludwig Richter die Vorzeichnungen geliefert hat.

Neben Richter war Otto Speckter (1807–1871) in Hamburg, Erbe der lithographischen Anstalt seines

344 Heinrich Kinderlieb (Heinrich Hoffmann), *Lustige Geschichten und drollige Bilder.* 2. Auflage von 1846, Literarische Anstalt Rütten, Frankfurt am Main. Enthält 20 handkolorierte Bilder im Format 18,5 × 22 cm. Den Titel *Struwwelpeter* erhielt das Kinderbuch erst in der dritten Auflage.

Vaters, einer der namhaftesten Kinderbuchillustratoren des 19. Jahrhunderts. Zu Wilhelm Heys *Fünfzig Fabeln für Kinder*, die der Perthes Verlag herausbrachte, steuerte Speckter die Zeichnungen bei. Als besonders gelungen gelten auch seine Radierungen zum *Märchen vom gestiefelten Kater*, die 1843 bei F. A. Brockhaus erschienen. Der gestiefelte Hinze ist in der Tat so selten keck, stramm und proper geraten, daß noch moderne bildüberreizte Augen an ihm Vergnügen finden.

Der *Struwwelpeter* ist das vielleicht weltweit berühmteste und am meisten verbreitete Kinderbuch aus dem 19. Jahrhundert. Es hat mehr als 500 Auflagen erlebt. Sein Schöpfer, der Frankfurter Arzt Heinrich Hoffmann (1809–1894), hatte zu Weihnachten 1844 für seinen vierjährigen Sohn Carl ein geeignetes Kinderbuch gesucht.

Weil er keines fand, das ihm zugesagt hätte, brachte er ein leeres Heft mit nach Hause und bedeutete seiner Frau, dieses sei das richtige »Bilderbuch« – er wolle nämlich selber eins machen. Szenen und Figuren, wie er sie in seiner Arztpraxis zur Beruhigung widerspenstiger kleiner Patienten ersonnen hatte, setzte Heinrich Hoffmann in Verse um und illustrierte sie mit eigenen Bildern (das Urmanuskript befindet sich heute im Germanischen Nationalmuseum Nürnberg). 1845 erschien die erste Ausgabe der *Lustigen Geschichten und drolligen Bilder*, wie das Buch zunächst betitelt war, im Lithographieverfahren nach der Urschrift, hergestellt bei der soeben gegründeten Literarischen Anstalt J. Rütten in Frankfurt am Main. Innerhalb von vier Wochen waren die ersten 1500 Exemplare verkauft. Die zweite Auflage folgte bald, hier wurde auch der Verfasser genannt:

Aus demselben Buch. 18,5 × 22 cm.

Heinrich Kinderlieb. Erst ab der fünften Auflage erschien der Autor als Dr. Heinrich Hoffmann. Das Bilderbuch wurde von 15 Blättern der ersten Ausgabe erweitert auf 20 in der zweiten. Die fünfte enthielt 24 Blätter, und hier taucht auch erstmals der »Struwwelpeter« als Titelblattfigur auf. Das »Epos vom unartigen Kinde« (G. A. E. Bogeng) lehrte den Tugendkatalog der Biedermeierzeit: Ordnung, Sauberkeit, Gehorsam, Fleiß, Frömmigkeit und aufgeklärte Toleranz, wie etwa in der Mohrengeschichte. Hoffmann hat allerdings kein pädagogisches Rezeptbuch schreiben wollen, sondern seine Geschichten als realistische Märchen empfunden. Der Figurenrealismus ist tatsächlich groß, und dementsprechend war auch die Furchtwirkung auf die kleinen daumenlutschenden Betrachter, die, den Schneider mit der Schere vor Augen, das Buch oft regelrecht haßten.

»Ach, was muß man oft von bösen / Kindern hören oder lesen!! / Wie zum Beispiel hier von diesen, / Welche Max und Moritz hießen.« Wo diese Zeilen stehen, braucht einem deutschen Leser nicht gesagt zu werden. Die Popularität der Bildergeschichten Wilhelm Buschs (1832–1908) hat sich weit über ihre Entstehungszeit hinaus erhalten. Lange Zeit sah man in ihnen nur den zeitlosen »Humoristischen Hausschatz«, geeignet zum Ergötzen in jeder guten Stube, gespickt mit Spruchweisheiten für allerlei triviale Lebenslagen. Erst die jüngere Forschung hat hinter dem launigen den ernsten Wilhelm Busch zutage gefördert. Sie weist auf die »verdeckten politischen Bezüge« des Frühwerkes hin oder auf die Fromme Helene von 1872, in der der bereits bekannte Busch »die Position der Antipapisten und Anti-Jesuiten« einnehme (Karl Riha). Daß Busch nicht nur zeichnete, sondern zugleich zu seinen Illustrationen reimte und so die Bildergeschichte an die Verserzählung band, trug zu seinem Erfolg beträchtlich bei. Er hat da-mit auf eine jahrhundertealte Form zurückgegriffen: den Bilderbogen, die szenische Bildfolge mit kurzen Texten darunter. Dieser Rückgriff allerdings war so originell, daß Busch sich nicht nur einfach in eine Tradition einreihte, sondern selbst stilbildend wirkte – ein Nachfolger, der zugleich zum Vorläufer wurde. Sein Blick für das Charakteristische, die Pointierung auf den komischen Effekt hin, die Kunst des Weglassens, gepaart mit der Spruchhaftigkeit seiner Verse, haben Wilhelm Busch zu einem Ahnherren der Comiczeichner werden lassen.

1858 entdeckte Kaspar Braun, der Verleger der Fliegenden Blätter und des Münchner Bilderbogens, das karikaturistische Talent des Kunststudenten aus dem niedersächsischen Wiedensahl, den es nach München verschlagen hatte. Aus den Zeitungskarikaturen ging Buschs erste Buchveröffentlichung hervor, die Bilderpossen von 1864. Max und Moritz, eine Bubengeschichte in sieben Streichen erschien im Folgejahr im Verlag Braun & Schneider, nachdem J. H. Richter in Dresden das Manuskript abgelehnt hatte. Der Verleger Otto Bassermann in Heidelberg (ab 1878 in München), der schließlich die Werke Buschs verlegte und sie in großen Auflagen herausbrachte, führte die Zeichengeschichte zum Welterfolg. Bassermann nutzte für die hohen Auflagen die Erfindung der Photographie und der Autotypie.

In Berlin nahm sich Theodor Hosemann (1807–1875), aus Brandenburg/Havel stammend, die Gesellschaft der preußischen Metropole zum Thema, und zwar ihre kleinbürgerlich-biedermeierlichen Seiten. Hoseman war bei Arnz & Winckelmann in Düsseldorf zum Lithographen ausgebildet worden und beherrschte die Kreide- und Federlithographie vollendet. Für Adolf Glasbrenners Hefte Buntes Berlin arbeitete Hosemann in den Jahren 1837 bis 1853. Er hat auch einige der Kinderbücher des demokratischen Verlegers und Literaten illustriert: Glasbrenners Lachende Kinder und Ein Kindermärchen (beide Hamburg 1851). Bekannter wurden seine sechs Federlithographien zu A. Cosmars Schicksale der Puppe Wunderhold, einem zuerst 1839 erschienenen beliebten Mädchenbuch des 19. Jahrhunderts. Kinder- und Märchenbücher hat Hosemann immer wieder illustriert, Erzählungen von Hauff, Andersen, Musäus, Karl Immermanns Tulifäntchen und G. A. Bürgers Des Freiherrn von Münchhausen wunderbare Reisen und Abentheuer.

In Adolph von Menzel (1815–1905) besaß Berlin einen Maler und Zeichner, dessen Vorlagen die Holzschneidekunst zu größten Leistungen anspornte. Menzel, Sohn eines Breslauer Lithographen, kam von der Federlithographie zum Holzstich. An der Berliner Akademie, deren Direktor er später wurde, folgte er Unger als Professor für Holzschnitt.

Menzels Arbeiten wirkten als Vorboten einer realistischen Bildkunst; die Moderne kündigt sich in ihnen an. »Dieser wirklichkeitsbesessene Beobachter«, schreibt der Kunsthistoriker Hans Holländer, »wollte mit allem Ernst zeigen, ›wie es wirklich war‹, und er war ein viel zu guter Maler, als daß er nicht die Unmöglichkeit dieser Aufgabe begriffen hätte. Immerhin ging er sehr weit.« Verglichen mit seinem malerischen Werk, hat Menzel die Buchillustration nur nebenbei betrieben. Er illustrierte Chamissos Peter Schlemihl (1839 bei Schrag in Nürnberg) und Kleists Der zerbrochene Krug (1877 bei Hofmann & Co. in Berlin). Gäbe es nur diese Werke sowie die von ihm bebilderten drei Bände Die Armee Friedrichs des Großen in ihrer Uniformierung (1851–1857), würde Menzel als Illustrator wahrscheinlich unerwähnt bleiben. Doch Menzel hat auch die Zeichnungen zu Franz Kuglers Geschichte Friedrichs des Großen geliefert und damit ein zweifaches Denkmal geschaffen: eines für den verehrten Preußenkönig, dessen 100jähriger Regierungsantritt 1840 zu feiern war, ein zweites für die Buchillustration des 19. Jahrhunderts. Der Band, der bei J. J. Weber in Leipzig erschien, enthielt 400 Holzschnitte, historische Studien von großer atmosphärischer Dichte.

Die Aufnahme des Werkes durch das Publikum war enthusiastisch. Es galt lange Zeit als deutsches Volksbuch und wurde oft als bedeutendste Leistung der deutschen Buchillustration in einer Zeit allgemeinen künstlerischen Verfalls gerühmt.

Die Einführung der photomechanischen Techniken um die Mitte des 19. Jahrhunderts hat gewiß dazu beigetragen, die künstlerische Buchausstattung zu vernachlässigen. Die Maschinenproduktion hatte ihren Preis – wie sie auch ihren Lohn hatte: erschwingliche Bücher für jedermann. Ein ästhetisches Aufbegehren gegen das industriell hergestellte Buch regte sich in den siebziger Jahren, nicht allein aus Buchliebe. Es gehörte in einen größeren Zusammenhang. Nach der Gründung des Wilhelminischen Kaiserreiches entdeckte man plötzlich eine Vorliebe für die Renaissance. Es entstanden überladene Büffets, Kommoden und Schreibtische als »Renaissance-Möbel« für Innenräume, und den städtischen Raum bevölkerten »Renaissance-Bauten«: »Renaissance-Postämter« und »Renaissance-Bahnhöfe«. Kurzum, es war ein aufgesetzter, rückwärtsgewandter, hi-

storisierender Stil. Ein neureiches Bürgertum, das vermögend genug war, um glänzen zu können, aber nicht alt und eingesessen genug, um ohne Prahlerei zu glänzen, empfand allergrößtes Vergnügen an Gegenständen, deren – oft nur angeklatschte – Fassade Gediegenheit ausstrahlte, in deutlicher Abgrenzung zur Maschinenware. Geltungsdrang mischte sich mit einer Rückbesinnung auf Qualität. Auch die Buchgestaltung war von dieser Geschmacksrichtung erfaßt. Angeregt von der *Münchner Kunstgewerbeausstellung 1876* holte man die alten gotischen Schriften wieder hervor, belebte die Fraktur und die Schwabacher neu, druckte sie als Auszeichnungen in Schwarz und Rot und sparte nicht mit Initialen, Ornamenten und Einfassungen. So entstand die auch kurz *Münchner Stil* genannte *Münchner Renaissance*. Bestrebt um typographische Sorgfalt und eine Hebung der Buchkultur arbeiteten namentlich die neugegründete Reichsdruckerei und die Offizinen von Georg Hirth in München, Wilhelm Drugulin und Carl Berend Lorck in Leipzig, Heinrich Wallau in Mainz, Otto von Holten in Berlin. Ein beispielhafter Repräsentant der *Münchner Renaissance* war der Schrift- und Buchkünstler

Federlithographie von Theodor Hosemann zu *Der Renommist*, ein scherzhaftes Heldengedicht von J. F. Wilh. Zacharia, 1840 in Berlin bei Gustav Bethge erschienen. Verglichen mit der im 19. Jahrhundert verbreiteten

Kreide-Lithographie erforderte die Federlithographie eine große Beherrschung der Lineaturen; neben Adolph von Menzel war Hosemann ein souveräner Meister beider Techniken. Aufgeschlagenes Buch: 23 × 17,3 cm.

347

Otto Hupp (1859–1949). Seine Vorliebe galt der Heraldik, der Wappenkunst der Renaissance. Für Genzsch & Heyse in Hamburg entwarf er Schriften (*Neudeutsch,* 1900), Vignetten und Schmuckleisten im »altdeutschen Stil«, für Klingspor entstand die feierliche *Liturgisch* mit reich verzierten Initialen. Von 1885 bis 1935 gab Otto Hupp den berühmt gewordenen *Münchener Kalender* mit Wappenbildern in der von ihm bevorzugten Manier heraus. Den gleichsam zum Erkennungszeichen der Münchner Renaissance gewordenen Kalender hat Max Huttler verlegt.

Der von Otto Hupp herausgegebene *Münchener Kalender,* das populärste Beispiel der Münchner Renaissance und des »altdeutschen Stils« in der Typographie.

»Die janze Richtung paßt uns nicht!«

Der Aufhebung der deutschen Kleinstaaterei durch die Reichsgründung im Jahre 1871 folgte eine allgemeine wirtschaftliche Blüte. Der Übergang von der Agrar- zur Industriegesellschaft schuf neue Produktionssparten wie die Chemie. Schwerindustrie entstand. Ganze Wirtschaftsgruppen schlossen sich zu Konzernen zusammen. Das gesteigerte Industriewachstum zog im Schlepptau eine Proletarisierung der Bevölkerung nach sich. 1871 hatten noch zwei Drittel der Bevölkerung in Deutschland auf dem Lande gelebt. Vierzig Jahre später, nach dem Aufstieg zur wirtschaftlichen Weltmacht, arbeiteten drei Fünftel der Menschen in der Industrie. In noch nie dagewesener Zahl strömten arbeitsuchende Menschen vom Land in die Städte. So verließen von 1860 bis 1925 etwa 22 bis 24 Millionen Menschen ihre engere Heimat und zogen in andere Orte des Deutschen Reiches. Allein die Reichshauptstadt Berlin wuchs binnen weniger Jahrzehnte von 500 000 auf 1,5 Millionen Bewohner an.

Der Epocheneinschnitt wurde eine Zäsur auch für die Formenentwicklung der Kunst. Eine Versachlichung, insbesondere in Architektur und Design, war zu beobachten. In der Literatur führten die Naturalisten das Wort. Sie wandten ihren Blick den neuen »Realitäten« zu, den Elendsquartieren und Fabriken, dem Kneipen- und Dirnenmilieu. Für traditionelle Auffassungen, wonach Kunst mit dem Schönen, Edlen, Guten zu tun habe, war dies ein Mißgriff sondergleichen. Es handelte sich um kein nationales, sondern ein europäisches Phänomen. Tolstoi und Dostojewski, Ibsen und Jacobsen, Maupassant und Zola waren Vorbilder. In Berlin verkündete der deutsche Dichter und Theoretiker des Naturalismus, Arno Holz (1863–1929), unter dem Einfluß Émile Zolas das neue ästhetische Programm: »Die Kunst hat die Tendenz, wieder Natur zu sein.« Das entsprach der Formulierung Zolas: »Das Kunstwerk ist ein Stück Natur, gesehen durch ein Temperament« *(»L'œuvre d'art est un coin de la nature, vu à travers un tempérament«).* Kunst sollte die Wirklichkeit möglichst ungefiltert – »naturalistisch« – abbilden, wobei es dem »Temperament«, der dichterischen Subjektivität, zukam, der Abbildung ihre spezifische Färbung und Deutlichkeit zu verleihen.

Kaiser Wilhelm II. sah das ganz anders, und er sah sich als den obersten Ästheten im Staate an: »Eine Kunst, die sich über die von mir bezeichneten Gesetze und Schranken hinwegsetzt, ist keine Kunst mehr, sie ist Fabrikarbeit, ist Gewerbe, und das darf die Kunst nie werden«, verkündete er am 18. Dezember 1901 anläßlich der Einweihung der Siegesallee im Berliner Tiergarten. »Wenn nun die Kunst, wie es jetzt vielfach geschieht, weiter nichts tut, als das Elend noch scheußlicher hinzustellen, wie es schon ist, dann versündigt sie sich damit am deutschen Volke«, urteilte der selbsternannte oberste Geschmacksrichter. Kunst solle erheben, »statt daß sie in den Rinnstein niedersteigt«. Das war gegen die allzu realistischen Darstellungen in Malerei und Literatur gerichtet, gegen die erwähnten Ibsen, Zola und gegen Gerhart Hauptmann, dessen Stück *Die Weber* den Kaiser so empörte, daß er, als 1893 das Deutsche Theater zur Aufführung schritt, seine Loge kündigen ließ – mit einem erregten Pfui über die »demoralisierende Tendenz«. Hauptmann war für den Schiller-Preis vorgesehen gewesen, aber nun intervenierte der Kaiser, und die Ehrung ging an Ernst von Wildenbruch, einen pathetisch-rhetorischen Dramatiker und Schiller-Nachahmer.

Das »gesunde Volksempfinden« hatte Wilhelm II. auf seiner Seite. Vielerorts schlossen sich Bürger zu »Sittlichkeitsvereinen« zur Wahrung der öffentlichen Moral zusammen. Ihnen mochte es so gehen wie dem Berliner Polizeipräsidenten von Richthofen, als er, nach den Gründen für das Verbot von Hermann Sudermanns Drama *Sodoms Ende* befragt, herausplatzte: »Die janze Richtung paßt uns nich!« Zu spüren bekamen das auch die Mitarbeiter des *Simplicissimus*. Ludwig Thoma büßte ein satirisch-derbes Gedicht über die evangelische Geistlichkeit mit sechs Wochen Haft; Frank Wedekind hatte 1898 unter einem Pseudonym die Ballade *Im heiligen Land* veröffentlicht, worin eine allerdings gänzlich fiktive Palästinareise des Kaisers satirisch ausgemalt wurde. Die Antwort der Behörden folgte prompt. Zwei Nummern des *Simplicissimus* wurden konfisziert; dem Verleger Albert Langen, dem Karikaturisten Thomas Theodor Heine und dem Autor Wedekind wurde der Prozeß gemacht. Langen hatte 30 000 Goldmark Buße zu zahlen, Wedekind mußte für sieben Monate in Haft. Überhaupt hatte der arme Frank Wedekind (1864–1918) vielfach unter der wilhelminischen Zensur zu leiden. Sein Stück *Die Büchse der Pandora* konnte zu Lebzeiten des Autors nicht aufgeführt werden. Die Buchausgabe von 1904 wurde beschlagnahmt. Das war allerdings immer noch glimpflich, verglichen mit dem traurigen Ende des Münchener Arztes und Schriftstellers Oskar Panizza. Panizzas Leidensweg begann mit dem 1894 gedruckten Drama *Das Liebeskonzil*, das ihm für sein »Vergehen wider die Religion, verübt durch die Presse« ein Jahr Einzelhaft eintrug. Weitere Verfahren wegen Majestätsbeleidigung, Einzug des Vermögens, Gutachten über seinen Geisteszustand, Erklärung der Unzurechnungsfähigkeit schlossen sich an. Panizza starb, von seiner Familie entmündigt und isoliert, 1921 in einer Bayreuther Heilanstalt.

Prachtausgaben – Prestigeobjekte der Gründerzeit

Seitdem, durch das Klassikerjahr 1867 angeregt, breitere Bevölkerungsschichten in den Besitz von Büchern kamen, verlor der Buchbesitz als solcher seinen Rang als Statussymbol. Ein aufstrebendes Bürgertum hatte nach Ersatz zu suchen, wollte es seine Führungsrolle auf kulturellem Gebiet demonstrieren. Die neue wirtschaftliche Oberschicht und Bildungsaristokratie wünschte Teures, Repräsentatives, passend zum Stil der Salonzimmer. Wo Reclams Universalbibliothek die literarischen Schätze der Nation in Billigausgaben unter das Volk brachte, da verstanden es Kunstverlage wie Friedrich Bruckmann in München, Zeitschriftenverlage wie Eduard Hallberger in Stuttgart oder neugegründete Klassiker-Verlage wie Gustav Grote in Berlin, den Reputationsbedürfnissen bürgerlicher und neubürgerlicher Kreise mit Prachteditionen zu entsprechen. Als Bruckmann 1876 eine von August Kreling illustrierte Ausgabe des *Faust* herausbrachte, kleidete er das Werk in einen »reichen Ledereinband, dessen Decke mit metallenen Eckstücken und sechs metallenen Medaillons« verziert waren, »welche Brustbilder der Hauptgestalten der Dichtung zeigten«. Gleichfalls in pompöser Aufmachung, »altdeutsch« kostümiert, ließ der Verlag im Jahre 1882 den Großfolioband *Die Hohenzollern und das deutsche Vaterland* erscheinen, ausdrücklich als »nationales Prachtwerk« und »vaterländisches Ehrenbuch«.

Nationalbewußte Dichterverehrung und Stolz auf die technischen Neuerungen der Zeit mischten sich mit dem Bedürfnis zu zeigen, daß man es zu etwas gebracht hatte. Die Jubiläumsausgabe der Gedichte Schillers, zum 100. Geburtstag des Dichters veranstaltet (1859–1862), kostete 43 Taler und damit mehr, als ein Angestellter im Durchschnitt in drei Monaten verdiente. Dennoch fand sie zahlreiche Käufer, und die Kalkulation des Verlegers ging auf. Das »äußere Prachtgewand« des Buches sollte dem »geistigen Prachtgewand« der Dichtungen entsprechen. 43 Zeichnungen bekannter Künstler waren darin enthalten, reproduziert auf photographischem Wege, technisch also auf dem allerneuesten Stand. Dabei kombinierte Cotta auf neuartige Weise Holzstich und Photographie: Wie bei Gedichtsammlungen mit Buchschmuck üblich, so waren auch hier Vignetten eingedruckt worden, und zwar als Kartuschen, als ornamentale Rahmen, in die hinein man die Photographien der Künstlerzeichnungen klebte. Stolz annoncierte ein begleitender Prospekt das Verlagswerk als »Inkunabel« der photographischen Buchillustration. Der Einband wiederum erinnerte an mittelalterliche Prachteinbände mit Supralibro und Schmucknägeln – nur daß eben die Glanzstücke industriell gefertigt waren. Nach Cottas Ankündigung sollte die Schiller-Ausgabe folgendermaßen gebunden sein:

»*Prachteinband in starken relief gepreßtem Chagrinleder in den Farben anilinroth, anilinviolett, braun und grün, mit einer Unterlage von Sammet für das Medallion und folgenden in Bronze ausgeführten, auf galvanischem Wege echt vergoldeten Ornamenten: auf der Vorderseite: a) 4 Rosetten (Knöpfe), b) Großes Medaillon, Schillers Büste, c) Einrahmung. Auf der Kehrseite: 4 Rosetten (wie oben). Auf dem Rücken: 1 vergoldetes Schild, 2 kleinere Rosetten.*«

So ein Buch mußte nicht gelesen werden. Der Klassiker war zum Ausstellungsstück geworden. Prachtausgaben hatten ihren Platz im Salon, wo sie von Besuchern gesehen werden konnten, präsentiert auf Tischchen oder eigens angefertigten Ständern, Steh- und Tischpulten, das teure Werk meist aufgeschlagen, so daß die Illustrationen zur Geltung kamen. Ira Diana Mazzoni hat in einer dem Thema gewidmeten Broschüre auf die Auffälligkeit hingewiesen, »daß diese Pulte häufig im gotischen oder altdeutschen Stil gehalten sind und damit Meßpulten gleichen. Nun liegt statt der Bibel ein Kunst-

band oder eine mit reliefgeprägtem Vierpaß oder Metallspangen geschmückte Klassikerausgabe auf.« Dieser neue Hausaltar war profan, aber zugleich suggerierte die Möblierung, es werde etwas von der religiösen, weihevollen, klösterlich-weltabgewandten Konzentration auf ein Buch, wie sie frühere Zeiten kannten, in die Wohnstube oder den Salon hinübergerettet. Daß die übrige Umgebung – der Nippes auf den Kommoden und Anrichten, die Bilder an den Wänden, die Teppiche und schweren Vorhänge, die exotischen Grünpflanzen – daß all dies eher das Gegenteil ausdrückte, nämlich weltlichen Geschmack, Eleganz, Modebewußtsein, wurde nicht als störender Widerspruch empfunden. Man wollte ja beides demonstrieren: Treue gegen die Tradition und Sinn für die Forderungen des Tages, Genußfähigkeit und Ernst, Geld und Geist. Wenn daher im Jahre 1879 unter der Überschrift *Unser Heim im Schmuck der Kunst* wohlwollend über »das Damenzimmer« nachgedacht wurde, so verband sich die Aufzählung der vielen

350 Jubiläums-Prachtband der Gedichte Schillers. Buchtitel mit aufkaschierter Photographie nach einer idealisierten Schiller-Büste. Stuttgart: Cotta 1859–1862. 24,8 × 33,8 cm.

Der Handschuh. Gedruckte Vignettenkartusche mit eingeklebtem Photo nach einer Vorlage von Hans Makart. Schiller-Prachtausgabe. Illustration: 13,9 × 13,9 cm.

Bequemlichkeiten, der Polster und Kissen, der Spiegel und des blinkenden Geschirrs ohne weiteres mit der Feststellung, es dürfe »denn auch hier ein Lesetisch und Bücherbret nicht fehlen für der Dichtkunst classische Werke«.

Weihnachten, das »Fest der Buchhändler« (Mazzoni), das sich im Laufe des 19. Jahrhunderts zur Haupteinnahmequelle des Buchhandels entwickelte, ließ auch den Absatz der Prachtausgaben in die Höhe schnellen. Sie eigneten sich vorzüglich als repräsentatives Geschenk. Für den saisonalen Ansturm der Käufer hatte der Verleger gerüstet zu sein, wollte er diese heiße aber kurze Geschäftsphase nicht verpassen. Georg von Cotta beispielsweise pflegte seit den fünfziger Jahren seine Prachtwerke partienweise für den Weihnachtsbuchhandel aufbinden zu lassen. Die Kost, die deutsche Verleger dem Publikum auf diese Weise servierten, schmeckte nicht jedermann. Verärgert schrieb Ferdinand Avenarius 1895 im *Kunstwart*, der von ihm herausgegebenen »Rundschau über alle Gebiete des Schönen«: »*Weihnachtsgeschäftsmäßig – ›festlich‹ muß sich das Gericht ausnehmen, denn das weiß der Mann und darauf baut er seinen Plan: noch nie ist ein Mensch gesehen worden, der ein ›Prachtwerk‹ für sich kauft; ›Prachtwerke‹ kauft man nur zu Geschenkzwecken. (…) Ein fortlaufendes Lesen machen ja die ›Prachtwerke‹ durch das Riesenmaß ihrer Leiber ohnehin fast unmöglich. Oder ist einer da, der zu behaupten wagt, er habe einmal ein ›Prachtwerk‹ zu Ende gelesen, zumal, wenn er gar neben ihm, das vielleicht 50 Mark gekostet, noch dasselbe Buch in schlichtem Volksdruck zu 50 Pfennigen erwischen konnte?«* Avenarius geißelte die zunehmende Profitorientierung des Geschäfts, bei dem »wohlfeile Bilderfabrikanten« herangezogen würden, um ehrwürdige literarische Klassiker auf die Schnelle herauszuputzen. Über dem Unternehmen schwebe nur eine einzige Muse, das Geld, »*und der alte Apulejus oder der gute Heine, oder wer's sonst ist, muß wieder einmal daran glauben, von solch einer Dame neu gewaschen, gestärkt und aufgebügelt zu werden, auf daß er sich sehen lassen könne im Festsaale*«.

Es dauerte nicht lange, bis das steigende Interesse auch weniger kapitalkräftige Käufer erreichte und einen eigenen Markt etablierte, der auf billige Nachahmungen, Surrogate des Prächtigen, spezialisiert war. Noch einmal Avenarius, der als Buchhändlersohn wußte, wovon er sprach: »*Natürlich, teuer herzustellen darf's auch nicht sein, das Ganze, es muß nur aussehen, als hab's dem Verleger sündhaft viel ›Opfer‹ gekostet: also Kaliko, rot womöglich, und dann mächtig mit dem Golddruck darauf – das richtige ›Prachtwerk‹ hat ganz ausnahmsweise einmal Leder am Einbande. Oder auch was ›Originelles‹: imitiertes Krokodilleder z. B., oder imitiertes Pergament oder sonst was ›Imitiertes‹ – schwemmt nachher der erste übergelaufene Tropfen Festpunsch die ›Imitation‹ weg, je nun, so gehört's uns ja nicht mehr.*« Ganze Verlagszweige lebten von der Produktion der »Pracht- und Geschenkliteratur«. Vor allem die großen

Fortschritte in der Chromolithographie, Photographie und in der Technik des Lichtdrucks ließen in den letzten Jahrzehnten des Jahrhunderts reich bebilderte Mustersammlungen, üppig ausgestattete populärwissenschaftliche Werke zu Geschichte, Architektur oder Technik entstehen. Als *Album-Bücher* überschwemmten sie den Markt. Auch Romane, Gedichte, Opernlibretti wurden mit photographischen Illustrationen (häufig nur ein eingeklebtes Photo, bei dem die gegenüberliegende Seite leer blieb) »salonfähig«.

»Zurück zum Handwerk«: William Morris und die Reformbewegung

Die industriell gesteigerte Produktivität ging auf Kosten der Qualität: Bücher waren billiger und häßlicher geworden. Eine Kluft tat sich auf zwischen den Meisterleistungen vergangener Jahrhunderte und dem Maschinenbuch. Dem Qualitätsverfall trat eine Reformbewegung entgegen, die sich gegen billige Massenproduktion wandte und für die Qualität handwerklicher Arbeit eintrat. Das arbeitsteilig zerlegte Buch sollte wieder als Gesamtkunstwerk begriffen werden. Die Bewegung ging von England aus. Hier hatte die industrielle Revolution ihren Ausgang genommen, hier hatten sich früh ihre Erfolge und bald auch ihre Schattenseiten gezeigt. In England meldete sich nun auch der erste und leidenschaftlichste Protest.

Die Kelmscott Press

Mittelpunkt der Bewegung, die bald auch auf dem Kontinent Mitstreiter und Nachahmer fand, wurde William Morris (1834–1896). Morris war Maler und Dichter und ein engagierter Sozialist, beseelt von sozialreformerischen Ideen. Er hatte in Oxford Theologie studiert, sich mit Architektur und Malerei beschäftigt, Gedichte und Prosawerke geschrieben und im Jahre 1861 mit Dante Gabriel Rossetti und Edward Burne-Jones die Firma Morris, Marshall, Faulkner & Co. gegründet. In dieser kunstgewerblichen Werkstatt wurde gewebt, getöpfert, wurden mit Holzmodeln Tapeten bedruckt, Kacheln bemalt, Möbel hergestellt und Glasfenster für englische Kirchen geschaffen, alles in strikter handwerklicher Tradition. Die ästhetischen Vorstellungen der Gruppe standen dem Kreis der Präraffaeliten nahe, einer Gruppe von Künstlern, die bereits 1848 eine Reform der Kunst angestrebt hatten. Die Kunst der Renaissance war ihr Vorbild, den Schönheitskanon der Raffaelschule lehnten sie ab. Sie wandten sich gegen den leeren Formalismus und strebten eine Rückkehr zur vorklassischen, zur »gotischen« Kunst an. Die Bewegung war getragen vom

351

The Works of Geoffrey Chaucer, edited by F. S. Ellis. (London-) Hammersmith: Kelmscott-Press 1896. Mit 87 Holzstichen nach Edward Coley Burne-Jones sowie zahlreichen Holzstich-Bordüren und Initialen von William Morris. Die Stempel der Chaucer Type, einer eigens geschaffenen Schrift, schnitt Edward Prince. 554 Seiten, Format 2°. 28,5 × 42 cm.

Als diese Ausgabe der Werke von Geoffrey Chaucer nach einer mehrere Jahre beanspruchenden Herstellung erschien, hatte William Morris ein Buchkunstwerk geschaffen, das die äußerste Übereinstimmung von Inhalt und Gestalt zu erreichen suchte: Die mittlerweile klassischen Texte des englischen Erzählers, die im 15. Jahrhundert beliebt und bekannt wurden,

☙☙AN A.B.C. OF GEOFFREY CHAUCER ☙☙☙☙☙☙☙☙

Incipit carmen secundum ordinem literarum
Alphabeti.

To thee I flee, confounded in errourſ
Help and releve, thou mighty debonaire,
Have mercy on my perilous langourſ
Venquisshed me hath my cruel adversaire.

AND AL MERCIABLE QUENE,
To whom that al this world fleeth for
socour,
To have relees of sinne, sorwe and tene,
Glorious virgine, of alle floures flour,

BOUNTEE so fix hath in thyn herte
his tente,
That wel I wot thou wolt my
socour be,
Thou canst not warne him that, with good
entente,
Axeth thyn help. Thyn herte is ay so free,
Thou art largesse of pleyn felicitee,
Haven of refut, of quiete and of reste.
Lo, how that theves seven chasen meſ
Help, lady bright, er that my ship to breſteſ

COMFORT is noon, but in yow, lady
dere,
for lo, my sinne and my confusioun,
Which oughten not in thy presence appere,
Han take on me a grevous accioun
Of verrey right and desperacioun;
And, as by right, they mighten wel sustene
That I were worthy my dampnacioun,
Nere mercy of you, blisful hevene quene.

hatten ein rein von Hand gearbeitetes Buchkleid erhalten. Die 554 Seiten sind unterschiedlich gestaltet: Bloße Schriftseiten, geschmückt allein von kurzen roten Kapitelüberschriften und hervorgehobenen Initialen zu Beginn jedes Absatzes, wechseln mit Textseiten, die von einer Bordüre gerahmt werden. Sodann gibt es, gleichsam als Krönung, 87 Seiten mit figürlichen Illustrationen, darunter die abgebildete Doppelseite aus dem Schlußkapitel von Chaucers *Canterbury Tales.* Zu sehen ist, wie der Dichter – eine im ganzen Buch wiederkehrende Figur – von seiner Muse Abschied nimmt.

353

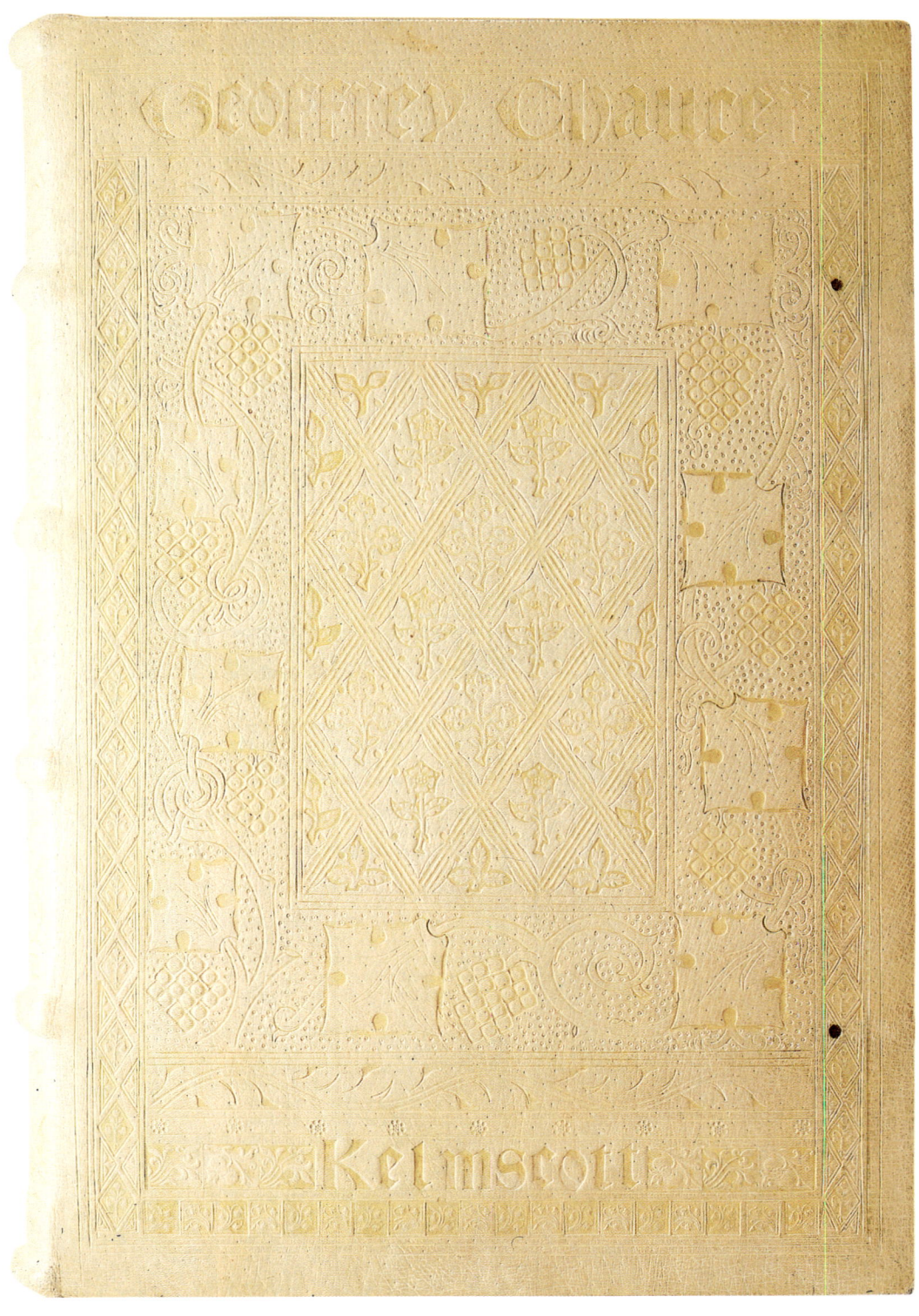

354 *The Works of Geoffrey Chaucer*. Vorzugseinband der Doves Bindery; (London-) Hammersmith, 1897. Schweinsleder über Holzdeckeln (29,7 × 43,8 × 7 cm). Die Stempelentwürfe für die Blindprägungen stammen von William Morris. Charles Wilkinson besorgte die eigentlichen Bindearbeiten. Douglas Cockerell, der 1898 eine eigene Binderei gründete und für mehr als drei Jahrzehnte zum meistgeschätzten Buchbinder Englands wurde, führte die Prägung aus und schuf die Silberschließen.

Protest gegen die konventionelle Welt- und Kunstanschauung des viktorianischen England.

In diesem Geiste gründete der fast sechzigjährige William Morris im Jahre 1891 im Londoner Vorort Hammersmith eine Handpresse, die berühmte *Kelmscott Press,* benannt nach seinem Landhaus Kelmscott an der Themse. Renaissance im Buchdruck hieß: Wiederbelebung der Kunst der Frühdrucker. Die Kelmscott Press wurde die Keimzelle der Buchkunstbewegung weit über England hinaus. In der kurzen Phase ihrer Existenz – Morris starb 1896, die Presse stellte 1898 ihre Arbeit ein – entstanden 53 teilweise mehrbändige meisterhafte Werke der Buchkunst.

Morris druckte mit Schriften, die er nach Vorbildern des 15. Jahrhunderts entworfen hatte. Die drei Schriften aus seiner Werkstatt sind legendär. Morris entwickelte sie mit Emery Walker, der maßgeblich am Erfolg beteiligt war. Eine Antiqua, die *Golden Type,* entstand aus dem Studium der Antiqua Nicolaus Jensons. Morris schildert die Arbeit im Jahre 1890 so: *»Diese Schrift studierte ich recht sorgfältig, photographierte sie in starker Vergrößerung und zeichnete sie wiederholt nach, bevor ich meine Type entwarf, so daß ich zwar ihre wesentlichen Züge in mir aufnahm und sie doch nicht sklavisch kopierte. Ja, meine Antiqua neigt besonders in den Gemeinen mehr zur Gotisch als dies bei Jensons Schrift der Fall ist.«* Das erste, 1892 erschienene Werk, die *Legenda aurea* (engl. *The golden Legend*) von Jacobus de Voragine, gab der Schrift den Namen. Die *Golden Type* wurde am häufigsten in der Kelmscott Press verwendet; 24 der 53 Bücher wurden mit ihr gedruckt.

Die zweite Schrift zur Ergänzung der Antiquatype war die *Troy Type,* benannt nach dem 1892 mit ihr gedruckten Werk Raoul Lefèvres *The Recuyell of the Historyes of Troye* (übersetzt von William Caxton). Die *Troy Type* sollte Morris' »Gotisch« sein. Sie orientierte sich an den Lettern von Schöffer, Mentelin und Günther Zainer, *»… denn sie alle haben die spitzen Endungen und unnatürlichen Gedrängtheiten vermieden, die dann bei einigen der späteren Drucker zutage treten. Nur die frühen Meister übten die Praxis ihrer Vorgänger, der Schreiber, indem sie mit den Zusammenziehungen recht freigiebig waren und überreiche Abkürzungen gebrauchten, die nebenbei für den Setzer sehr bequem waren. Ich vermied das ganz – ausgenommen das &-Zeichen…«*

Einen verkleinerten Grad der *Troy Type* entwarf Morris für die Ausgabe der *Canterbury Tales* des von ihm verehrten englischen Dichters Geoffrey Chaucer (um 1340–1400). Den Stempelschnitt der *Chaucer Type* besorgte Edward Prince. Morris' Ausgabe des Chaucer gilt als Krönung seines buchkünstlerischen Schaffens und als eines der schönsten illustrierten Bücher in der Buchgeschichte. Eine »Kathedrale im Taschenformat« nannte sie Edward Coley Burne-Jones, der die 87 meisterhaften Holzstiche schuf. Der Chaucer ist in zwei Kolumnen gesetzt. Morris selbst schnitt die Rahmen um die Illustrationen. Diese kontrastreichen, an florentinische oder venezianische Vorbilder erinnernde Randleisten betonen das Ornamentale und verbinden die Holzschnittbilder mit der Schrift zu einer harmonischen Einheit. Am Chaucer zeigt sich, wie genau Morris Satzbild und Seitengliederung abstimmte: *»Immer soll der innere Rand am schmalsten sein, der obere etwas breiter, der äußere (am seitlichen Beschnitt) noch breiter und der untere am breitesten.«* Ein Buchgestalter darf nicht den Fehler machen, nur von der Konzeption einer Einzelseite auszugehen. Morris komponierte Doppelseiten, weil linke und rechte Seite in ihrer Gestaltung aufeinander bezogen erst eine künstlerische Einheit bilden.

Gedruckt wurde natürlich auf einer Handpresse. Die Druckfarben, ein sattes Schwarz und ein leuchtendes Rot, rieben die Drucker der Presse nach alten Rezepten selbst an. Das Papier mußte handgeschöpft und vollständig aus Leinen hergestellt sein, ohne die üblichen Zusätze von Baumwolle. Nach einem alten Papiermuster aus Bologna von 1473 lieferte Batchelors Papiermühle in Little Chart nahe Ashford in Kent die Bogen. Ihr Wasserzeichen zeigt einen Barsch mit Schaum vor dem Maul. 425 Exemplare des Chaucer sind auf diesem Papier gedruckt worden, dreizehn weitere, ganz wie Gutenbergs »Vorzugsausgabe« der Bibel, auf Pergament. Morris hat es noch erlebt, als im Sommer 1896, drei Monate vor seinem Tod, das erste Exemplar in helles Schweinsleder mit gotischem Einbanddekor gebunden und mit silbernen Schließen vom Buchbinder kam.

Die Doves Press

Der reiche Schmuck der Illustrationen und Rahmenwerke, der »malerische« Stil der Kelmscott Press stehen im Gegensatz zu den asketischen Drucken einer anderen, für die nachfolgenden Buchkünstler nicht minder vorbildlichen Offizin. Die *Doves Press* (Tauben-Presse) richtete Thomas James Cobden-Sanderson (1840–1922) im Jahr 1900 ganz in der Nähe der ehemaligen Presse von William Morris in Hammersmith ein, wo er selbst bis 1898 als Buchbinder tätig gewesen war. Das Ethos des Handwerklichen lebte bei ihm weiter, aber im Gegensatz zu seinem inzwischen verstorbenen Lehrer lag Cobden-Sanderson die klare Schlichtheit der Typographie am Herzen. So verzichtete er in seinen Drucken auf Ornament und Zierat, vertraute statt dessen auf die Schönheit von Buchstaben, Satz und Papier.

Emery Walker (1851–1933), der ehemalige Mitarbeiter und Weggefährte von Morris, entwarf für die Presse eine eigene und ausschließlich hier verwendete Antiquatype, eine sehr schöne Nachahmung der Jenson-Antiqua. Die Drucke der Doves Press zeichnen sich durch makellose Typographie, sorgfältigsten Satz und harmonische Proportionen aus. Einziger Schmuck sind

355

die roten Initialen und Kolumnentitel. Das berühmteste Druckwerk der Doves Press ist eine fünfbändige englische Bibel, die in den Jahren 1903 bis 1905 entstanden ist. Eine fünfbändige Goethe-Ausgabe druckte Cobden-Sanderson von 1906 bis 1910 in deutscher Sprache. Die Doves Press unterhielt eine eigene Buchbinderei unter der Leitung von Charles McLeish, die für vorzügliche Einbände sorgte. Bis zur Auflösung der Presse im Jahre 1917 sind insgesamt 51 harmonische Drucke entstanden. Um die Einmaligkeit seiner Drucke zu bewahren, versenkte Cobden-Sanderson das gesamte Typenmaterial in der Themse.

In England wurde die Bewegung handwerklich betriebener Privatpressen durch den Ersten Weltkrieg unterbrochen, setzte sich aber in den zwanziger und dreißiger Jahren in Neugründungen fort. Angeregt durch das Vorbild, das Morris und Cobden-Sanderson gegeben hatten, suchten auch auf dem Kontinent private Pressen nach einem Weg zurück zum handwerklich hergestellten Buch und zur Qualität aller seiner Teile, zurück zu Buchkunst und Handwerk.

Wiewohl die Drucke der Kelmscott Press eher rückwärtsgewandt die spätmittelalterlichen Schrift- und Schmuckformen aufnahmen und den Betrachter mit ihrer Detailfülle verwirren, haben sie doch einer erneuerten Buchkunst, die sich zu Beginn des 20. Jahrhunderts erst entfalten sollte, den Weg geebnet. Für die moderne Typographie wurde die Doves Press richtungsweisend. Gleich ihr erster Druck, *Cornelii Taciti de vita et muribus Julii Agricolae liber* (1900), markiert den Neubeginn und zeigt den strengen Stilwillen »dienender« Typographie: orientiert an der ästhetischen Geschlossenheit einer Renaissance-Buchseite, mit dem Ziel eines makellosen Schrift- und Druckbildes, ohne zusätzlichen Schmuck. Das neue Stilbewußtsein wandte sich gegen den ausgehöhlten Historismus des 19. Jahrhunderts, überdauerte die dekorativen Phantasien des Jugendstils und wirkt bis heute nach.

Einband von T. J. Cobden-Sanderson. Der dunkelblaue Ziegenlederband (11,9 × 17,7 × 1,6 cm) von 1890 enthält *Gedichte* Alfred Tennysons. Mit den Einbänden von Cobden-Sanderson beginnt für viele die moderne Einbandkunst. Die Tudorrose gehörte ab 1885 zu seinen bevorzugten Motiven. Bei der Goldprägung des abgebildeten Einbandes prägte Cobden-Sanderson alle Stengel, Blätter und Punkte einzeln. Der ausgebildete Jurist hatte erst als 43jähriger eine Buchbinderlehre begonnen. Bis zur Gründung der Doves Press im Jahre 1893 arbeitete er für die Kunden des Buchhändlers James Bain. Danach beschränkte er sich auf den Entwurf.

Das 20. Jahrhundert

»Das ›20. Jahrhundert‹ beginnt nach dem ersten Weltkrieg, das heißt, in den zwanziger Jahren, so wie auch das ›19. Jahrhundert‹ erst um 1830 begonnen hat«, schreibt Arnold Hauser in seiner Sozialgeschichte der Kunst und Literatur. Man ahnt, was er damit meint: Daß etwa die gesamte Goethezeit ihrer geistigen Signatur nach mehr mit der Spätaufklärung zu tun hat als mit Romantik und Biedermeier – und daß somit die Jahrzehnte bis zu Goethes Tod im Jahre 1832 eigentlich noch ins 18. Jahrhundert gehören. Oder daß vom 20. Jahrhundert erst die Rede sein kann, nachdem der preußische Wilhelminismus ebenso wie die kaiserlich-königliche Donaumonarchie die historische Bühne verlassen haben.

Epocheneinteilungen sind immer gewaltsam. Und ging jenes 20. Jahrhundert, das Hauser nach dem Ersten Weltkrieg beginnen läßt, nicht auch vorzeitig zu Ende? Politisch durch den Fall der Mauer 1989, aber auch technisch lagen Welten zwischen der Weimarer Republik und einer Gegenwart, die ihre Informationen via Satellit empfing. Elektronik und Computertechnik brachten der Buchherstellung größte Veränderungen. Gutenbergs Schwarze Kunst gab es am Ende nicht mehr, abgesehen von einigen kleinen Pressen oder alternativen Werkstätten, die sich weiterhin den Luxus des Bleiletterndruckes erlaubten. Der Lehrberuf des Schriftsetzers starb in den siebziger Jahren aus. Erst verdrängte der Photosatz die Arbeit mit Setzkasten und Winkelhaken, dann löste der Computer die Buchstabenformen in elektronische Impulse auf, die sich im Lichtsatz neu zusammensetzen ließen: zu Schriften aller Formen, beliebigen Schriftgrades und willkürlich gewählter Fetten. Dem Buch traten neue mächtige Konkurrenten zur Seite, erst Hörfunk und Kino, später das Fernsehen. Es hat sich angepaßt und hie und da den Buchkörper verlassen: Lexika auf dem Speichermedium CD-ROM fanden Verbreitung; Sprachkurse und Wörterbücher auf Kleincomputern, Dichtungen und Erzählungen, denen man zuhören konnte, da der Text auf Tonkassetten vorlag. Das 20. Jahrhundert, das im Buchdruck im Geiste handwerklicher Rückbesinnung begann, endete als das Jahrhundert der Neuen Medien. Die Kinder der neunziger Jahre kannten ihren »Game-boy« besser als den *Robinson Crusoe* (entflammten allerdings millionenfach für Joan K. Rowlings *Harry Potter*). Die Buchillustration fristete ein Schattendasein. Reine Literaturverlage vermochten ohne finanzkräftige Gönner oder Konzerne im Hintergrund kaum noch zu existieren.

Ein Schwanengesang auf das Buch? Davon ist nicht die Rede. Ohne Setzer, auch wenn sie Druckvorlagenhersteller statt Schriftsetzer heißen und an Bildschirmen arbeiten, ging und geht es nach wie vor nicht. Beim Bleisatz hatte der Buchstabe seinen festen Platz auf dem Kegel, wodurch die Buchstabenabstände innerhalb eines Wortes festgelegt und nur mit Mühe zu ändern waren. Hier kann der moderne Setzer nach Belieben variieren. Seine Verantwortung nahm also eher zu. Gewiß zerstörte die Technik Traditionen, aber nicht jede Veränderung war gleich ein Abschied von Vergangenem. Die Rotationsmaschinen wurden zwar schneller und perfekter, aber sie sind immer noch Rotationsmaschinen. Und wodurch unterschied sich der Offsetdruck, das beherrschende Druckverfahren für Großauflagen, von der Lithographie des 19. Jahrhunderts? Im Grunde nur durch ein Gummituch.

Was die Buchkunst und die Buchinhalte, die literarischen Formen, angeht, so war man in den letzten Jahrzehnten des 20. Jahrhunderts kaum »weiter« als zu dessen Beginn. Die Ästhetik der Avantgarde, der Tabuverletzer und Konventionensprenger von Dada bis zu Dieter Roth hatte sich erschöpft. In der Literatur wurde wieder erzählt, kunstvoll, aber doch weniger experimentell als vor sechzig Jahren. Wo Alfred Döblins *Berlin Alexanderplatz* 1929 das Mittel der Collage einsetzte, den inneren Monolog seines Helden mit Zeitungsnotizen und Radiofetzen kombinierte und so ein Panorama zeitgenössischen Großstadtlebens entstehen ließ, da entführte in den achtziger Jahren Umberto Ecos Bestseller *Im Namen der Rose* den Leser in die Welt des Mittelalters und bediente gekonnt die Lust nach Geschichte und Geschichten.

Faßt man endlich die Sachliteratur ins Auge, kann vom Tod des Buches erst recht nicht gesprochen werden. Die Buchhandlungen ertranken im Strom der Fach- und Sachbücher, der Texte für Unterricht und Wissenschaft, der Photo- und Kunstbände, der Ratgeber und Handbücher, der Hobby-, Freizeit- und Reiseliteratur. Manches davon mochten die Freunde des sogenannten »guten Buches« nur mit spitzen Fingern anfassen, und längst nicht alles aus dieser Produktion verlangte danach, gelesen zu werden: Ein Durchblättern, Nachschlagen, Angucken reichte. Mit der Kulturtechnik Lesen ging es, wie die Pessimisten fürchten, durchaus abwärts. Studien zufolge nahm das sekundäre Analphabetentum zu: immer mehr Erwachsene vergaßen mangels Übung, was sie als Kinder in der Schule gelernt hatten. Dennoch muß dies für den Bestand des Buches nichts besagen. Als Medium taugt es für vielerlei Inhalte, auch für andere Darstellungsformen als nur für Texte. Historisch betrachtet wäre folgende, sich möglicherweise anbahnende Sachlage nicht neu: Die Literatur, die Lektüre erfordert, würde wieder eine Sache von Minderheiten, und daneben gäbe es Formen des Buches, die ganz auf die Anschauung setzen: mit Tabellen und Graphiken, Symbolen und Bildern – moderne Nachfahren des Blockbuches der Zeit vor Gutenberg.

Buchkunst zwischen Jugendstil und Werkbundbewegung

Kunst und Kunsthandwerk der Jahrhundertwende waren getragen von einer Stimmung des Aufbruchs, und dies international. Sprechend die Namen: *Modern Style, Art Nouveau, Jugendstil.* Der Bruch mit dem Alten, Übernommenen, war Programm. Noch im letzten Jahrzehnt des 19. Jahrhunderts hatte, von England ausgehend, eine allgemeine Erneuerungsbewegung eingesetzt, die vor allem die visuellen Künste, weniger die Literatur, erfaßte.

358 Federzeichnung von Aubrey Beardsley, *The Ascension of St. Rose of Lima.* 1896. Aus der Zeitschrift *The Savoy* No. 2. 13,5 × 20 cm.

Der *Jugendstil* prägte Architektur und Malerei sowie alle Zweige des Kunstgewerbes, Plakatkunst, Glasmalerei, selbst die Kleidung um 1900 (»Reformkleidung«). Den Sinn für das Handwerkliche teilte man mit William Morris, pochte bei der Innenraum- und Möbelgestaltung auf materialgerechte Verarbeitung und Formgebung und entwickelte Gestaltungsregeln, die Jahre später im Deutschen Werkbund konsequent weiterverfolgt wurden.

Die Künstler der Jahrhundertwende arbeiteten in Gruppen. Diese Künstlervereinigungen, die sich wegen ihrer Absonderung von dem, was bisher künstlerisch üblich war, *Sezessionen* nannten, entstanden in Wien, Brüssel, Darmstadt, München, Paris. Ihre bekannteste, die *Wiener Sezession*, wurde 1897 von Gustav Klimt und Rudolf von Alt nebst Anhang gegründet. Die Neuerer verachteten den sterilen Akademismus, der Kunst schulmäßig betrieb. Sie suchten eine eigene Formensprache. Dazu gehörte das Naserümpfen über Eklektizismus: Der auswählende Rückgriff auf vorhandene Stilmittel, die dann neu kombiniert werden, galt ihnen als unschöpferisch. Ihre Abkehr von der Symmetrie, die Liebe

Von Aubrey Beardsley illustrierte Titelseite. Illustration: 18,5 × 25,4 cm.

zum organischen, vegetabilen Ornament – ein Einfluß japanischer Kunst – verabschiedete das Statische und Gravitätische. In der Buchkunst wandte sich die Bewegung gegen den Historismus; sie wollte Ballast abwerfen, sich von dem überladenen Pomp der Prachtausgaben absetzen. Die Illustrationen des Jugendstils sind von auffallender Leichtigkeit und bevorzugen die unsymmetrisch verlaufende Wellenlinie. Spielerische Eleganz, graziös, aber doch energiegeladen. *»La ligne, c'est une force «*, heißt es bei Henry van de Velde: »Die Linie ist eine Kraft«.

Für seine englischen Zeitgenossen verkörperte Aubrey Vincent Beardsley (1872–1898) maßgeblich den neuen internationalen Stil. Beardsley, der Zeichner war, gehörte dem Kreis um William Morris an. 1892 trat er mit Bildern und Initialen für Malorys *Life of King Arthur* hervor, 1894 stattete er die *Salome* von Oscar Wilde und 1896 die Zeitschrift *The Savoy* mit Illustrationen aus. Daß sich jemand auf die Umrißzeichnung kaprizierte, war seit John Flaxman nichts Ungewöhnliches. Aber die Bewegtheit, die Beardsley erzeugte, gewann dieser Schwarzweißtechnik ganz neue, ungeahnte Reize ab. Das dekorativ Fließende der Formen, die überschlanken, überdehnten Frauengestalten erregten Aufsehen. Von »dekadenter Linienphantasie« sprach Rainer Maria Rilke. Als nachempfindende Bewunderer zeigten sich die deutschen Illustratoren Marcus Behmer (1879–1958) und Thomas Theodor Heine (1867–1948). Heines Zeichnungen zu Hebbels *Judith* aus dem Jahre 1908 und Behmers Illustrationen zu Wildes *Salome* (1906 bei Insel), Balzacs *Mädchen mit den Goldaugen* und Voltaires *Zadig* erwiesen Beardsley ihre Reverenz.

Die treibenden Kräfte der Buchkunstbewegung waren fast ausnahmslos junge Künstler, die sich als selbständige »Buchkünstler« oder als Mitarbeiter von Verlagen in den Dienst des Buches stellten. Sie begannen unter Betonung des Grundsatzes der Werk- und Materialgemäßheit mit der Pflege der Grundelemente des buchkünstlerischen Schaffens, Schrift und Satz. Ein Forum boten ihnen Zeitschriften, die dadurch zu den eigentlichen Förderern der neuen Richtung wurden. *Pan, Insel, Jugend* und *Simplicissimus* verbreiteten als erste die neuen bildlichen und typographischen Formen. Den von 1895 bis 1900 in Berlin erscheinenden *Pan* gab die gleichnamige Gesellschaft heraus. Verantwortlich zeichneten Otto Julius Bierbaum und Julius Meier-Graefe, gedruckt wurde in der für ihr typographisches Können bekannten Offizin W. Drugulin in Leipzig. »Die Illustrationen der Zeitschrift standen im bewußten Gegensatz zu den Bildern der Prachtausgaben. Hier feierten die Linie und die schwarze Fläche Triumphe, und wir begegnen schon allen Motiven, die später im Jugendstil bis zum Überdruß mißbraucht wurden: Wasserlilien, Seerosen, Schwänen und ätherischen Frauengestalten« (Helmut Presser). Die Herausgeber brachten Erstlings-

werke junger Autoren und warteten mit Originalgraphiken auf, die dem *Pan* beigegeben oder eingebunden wurden. Das kannte man noch nicht und war um so exklusiver, als man sich im Zeitalter der Reproduzierbarkeit befand. Werke wie *Die Fliegenden Kraniche*, eine Farblithographie von Walter Leistikow, oder der Farbholzschnitt *Der Kuß* von Peter Behrens machten die Berliner Kunstzeitschrift kostspielig, weckten allerdings auch den Eifer der Sammler, die oft heftig um den Erwerb der Blätter rivalisierten. Viele von denen, deren Namen bald stellvertretend für den Jugendstil galten, haben am *Pan* mitgearbeitet: Otto Eckmann, Henry van de Velde, Emil Rudolf Weiß. Von der älteren Generation waren Maximilian Klinger, Arnold Böcklin und Joseph Sattler dabei. Der Pankopf des Titelblattes stammt von Franz von Stuck. Nach dem Ausscheiden der Gründer im Jahre 1900 wurde der *Pan* eingestellt. Er hatte in seinem fünften Jahrgang merklich an Elan eingebüßt und war weit davon entfernt, jenen panischen Schrecken zu erregen, für den sein Namenspatron, der griechische Waldgott, berühmt geworden war.

Die Vorhut der buchkünstlerischen Bewegung übernahm nunmehr *Die Insel*, ebenfalls eine wesentlich von Otto Julius Bierbaum verantwortete Zeitschrift. Bereits im Jahre 1899 hatte Bierbaum das neue Periodikum zusammen mit dem Studenten Alfred Walter Heymel und dem Schriftsteller Rudolf Alexander Schröder begründet. *Die Insel* erschien zuerst unter den Verlagsorten Berlin und Leipzig bei Schuster & Löffler. Den Druck besorgte, wie schon beim *Pan*, die Offizin Drugulin. Aus dem Projekt erwuchs ein eigener Verlag, der auch nach Einstellung der Zeitschrift im Jahre 1902 als Insel-Verlag in Leipzig weiterbestand. Die Zeitschrift, die rasch zum kräftigsten Organ der Jugendstilbewegung avancierte, verstand sich selbst als »Sammelpunkt für die künstlerisch wertvollsten Produktionen moderner einheimischer und zum Teil auch ausländischer Literatur«; Kunstbeilagen erschienen in Mappen. Drei Hefte der *Insel* hat Heinrich Vogeler (1872–1942), einer der bekanntesten Illustratoren des Jugendstils, gestaltet.

In München erschien auf Initiative der Sezessionisten ab 1896 die Zeitschrift *Jugend*. Ihr Verleger Georg Hirth gab damit kein Buchkunst-Organ heraus, wie *Pan* und *Insel* es waren. Der Untertitel des Blattes versprach eine *Münchner illustrierte Wochenschrift für Kunst und Leben*. Nach Avantgarde klang das nicht; dennoch hat der *Jugendstil* seinen Namen nach eben dieser Zeitschrift erhalten. Ebenfalls in München und im gleichen Jahr, von Albert Langen und Ludwig Thoma herausgebracht, erschien der legendäre *Simplicissimus*, »das einzige illustrierte Kunst- und Kampfblatt Deutschlands ohne politische Tendenz, geschaffen für alle Freunde und Feinde einer freien Denkungsart« (Reklametext 1896). Diese Satirezeitschrift zählte, wenngleich sie nicht unmittelbar der Buchkunstbewegung zuzurechnen ist, viele Jugendstil-Künstler zu ihren Illustratoren, darunter Thomas Theodor Heine, Eduard Thöny und den Norweger Olaf Gulbransson (1873–1958). Gulbransson war ein Meister der knappen, mit wenigen Strichen auskommenden Charakterisierung und ein gefürchteter Satiriker.

In Wien sammelte sich um die Zeitschrift *Ver Sacrum* (1898–1900) eine Gruppe junger Künstler, zu denen auch der Architekt Josef Hoffmann (1870–1956) gehörte, der mit seinen Freunden Koloman Moser und Carl Czeschka 1903 die *Wiener Werkstätten* gründete. Im sogenannten Ersten Manifest der Wiener Werkstätten von 1905 verwies Hoffmann auf das »grenzenlose Unheil, welches die schlechte Massenproduktion auf kunstgewerblichem Gebiet verursacht hat«, und forderte wie Morris und der Lebensreformer John Ruskin einen »Ruhepunkt«, eine Besinnung auf die Ziele des Herstellens, Bauens und Schaffens. Er bemängelte: »An Stelle der Hand ist meist die Maschine, an Stelle des Handwerkers der Geschäftsmann getreten.« Von dieser Regel wollten die Werkstätten die Ausnahme sein. Hand- und Kopfarbeit, ausführende Handwerker und entwerfende Künstler wurden vereinigt. Die Kunst der Buchgestaltung besaß hier neben den anderen Künsten einen festen Platz. Hoffmann, der vor allem als Architekt bekannt geblieben ist, entwarf auch Mode, Schmuck, Leder- und Metallarbeiten, Möbel, Gläser sowie Buchausstattungen und Einbände. Zu Grillparzers *Der arme Spielmann* von 1914 zeichnete er Vorsätze, Seitenleisten und Initialen. Ein herausragendes Werkstättenprodukt war Oskar Kokoschkas querformatiges »Bilderbuch«

Die träumenden Knaben, 1908 in nur 275 Exemplaren erschienen, mit acht Farblithographien und zwei Schwarzweißzeichnungen illustriert.

Gleichsam die Nachhut der bekannteren Jugendstilzeitschriften bildete die erst 1908 in München von Hans von Weber verlegte und von dem Typographen und Kunsterzieher Walter Tiemann gestaltete Zeitschrift *Hyperion*. Im Mittelpunkt stand hier die typographische Gestaltung, der reiche Schmuck trat in den Hintergrund.

Die Vertreter der neuen Buchkunst hatten in den Zeitschriften Anerkennung und ein Experimentierfeld gefunden. Die Arbeit für die Zeitschriften eröffnete ihnen den Weg zu den Privatpressen.

Im Mittelpunkt das schöne Buch: Privatpressen in Deutschland

»Wie die hölzerne Presse schon jetzt ein Gegenstand ist, den mancher tüchtige Buchdrucker der Gegenwart nur von Hörensagen kennt, so wird es einst mit der eisernen Handpresse gehen, die jetzt schon fast der Vergangenheit angehört, so dass manche grosse Druckerei nur noch zum Abziehen der Korrekturen eine invalide Presse, von einem Drucker-Invaliden bedient, besitzt.« Als Carl B. Lorck zu Beginn der achtziger Jahre des vorigen Jahrhunderts, gleichsam in der heißen Phase der Industrialisierung in Deutschland, diese im ganzen richtige Prognose stellte, mochte er kaum ahnen, daß sich zwei

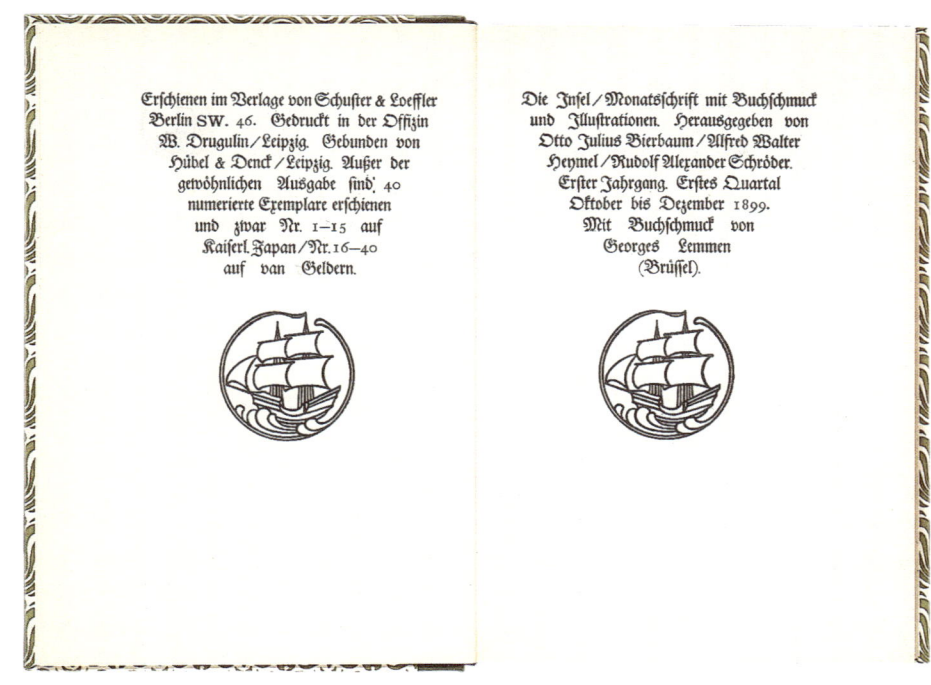

Innentitel des ersten Bandes der Zeitschrift *Die Insel*. 18,5 × 23,6 cm.

Jahrzehnte später einige Werkstätten darauf spezialisieren würden, in traditioneller Weise und in kleinen Auflagen *Handpressendrucke* herzustellen. Diese Werkstätten, die sich nach englischem Vorbild Pressen nannten, widmeten sich dem schönen Buch, der Schönheit des Schmucks. Sie achteten auf qualitativ hochwertige Typographie und die Güte der verwendeten Materialien. Das ging bis zum handwerklich hergestellten Einband. Als Privatpressen arbeiteten sie auf eigenes Risiko und eigene Kosten. Ihre Drucke erschienen in kleinen Auflagen, die Exemplare numeriert, für einen kleinen Kreis von Sammlern. Sie waren nicht eigentlich für den Buchhandel bestimmt und unterlagen keinem verlegerischem Zwang, wenngleich einzelne Privatpressen mitunter für den Vertrieb einzelner Werke mit Verlagen und Buchhandlungen zusammenarbeiteten.

Was wurde gedruckt? Teils zeitgenössische Dichtungen. Gerade jemandem wie Stefan George, der nur auf eine geistesverwandte Elite (»die freunde des engern bezirks«) wirken wollte, der die Lesung seiner Gedichte im Hörfunk untersagte und der sich bewußt vom Literaturmarkt fernhielt, war die Exklusivität der Privatpressen höchst willkommen. In Melchior Lechter (1865–1936) und dessen *Einhorn-Presse* fand George einen unbedingten Anhänger Morris'scher Lehrsätze und einen Typographen, der dem Dichter so zusagte, daß er ihm die Ausstattung aller seiner Werke übertrug. Lechters Arbeit für George begann mit der Gestaltung des Lyrikbandes *Das Jahr der Seele* (Blätter für die Kunst, Berlin, 1897). In Georges *Der Teppich des Lebens* (1899) entfaltete Lechter meisterhaft die Dekorationslust des Jugendstils. Daß sich die Privatpressen der Gegenwartsliteratur annahmen, war allerdings nicht die Regel. Häufiger handelte es sich um Texte, die ein Sammler in seiner Bibliothek bereits besaß und die er nun als Pressendruck, ihrer schönen Gestalt wegen, zum zweitenmal zu erwerben suchte. Es gab Sammler dieser Vorzugsdrucke, die zuvor nie eines dieser Bücher gelesen hatten, und solche, die glücklich waren, ihren geliebten Text in vollkommener Gestalt zu besitzen.

Siege, zu denen das ganze Volk in seiner Not sich darum in erster Linie diesem einen Volke zu gute Hälfte sind es die Friedenswerke jener Einsam hohen Gedanken gesetzt. Und unter diesen Taten nes Gutenbergs Kunst. Völker verbindend, Frie und nimmer alternd, so stehen die großen Erfind Segen denen, die sie gebracht, ein Segen denen,

Im Jahre 1901 richteten drei junge Männer auf einem Dachboden in Berlin-Steglitz eine Werkstatt ein. Fritz Helmut Ehmcke (1878–1965), Friedrich Wilhelm Kleukens (1878–1956) und Georg Belwe (1878–1954) sollten zu Pionieren der deutschen Buchkunst werden. Ihre schöpferische Begeisterung überwand die beengten Verhältnisse in der Dachkammer, die Belwe und Ehmcke zugleich als Wohn-, Schlaf- und Arbeitsraum diente. Eine alte Boston-Tiegelpresse wurde im winzigen Vorraum der Kammer aufgestellt. »Daß die Steglitzer Werkstatt so schnell prosperierte, verdankte sie wesentlich ihrem beinahe mäzenatischen Auftraggeber: Otto Ring, den Hersteller des Klebstoffs ›Syndetikon‹, begeisterte das Engagement der Werkstatt, und er ließ Plakate, Packungen und Anzeigen von den drei Newcomern ausführen. Schließlich gestalteten sie sämtliche Drucksachen für den ›guten Onkel Ring‹«, berichtet Herbert Lechner in seiner Typographiegeschichte. Die *Steglitzer Werkstatt* arbeitete nicht eigentlich als Privatpresse, sie war in erster Linie als Akzidenzdruckerei tätig, stellte Exlibris her und Reklamedrucksachen aller Art. Damit konnte sie bis 1905 bestehen. So war denn auch das von Ehmcke verfaßte Rundschreiben der Steglitzer Werkstatt von 1902 formell eine Werbeschrift, die potentielle »Geschäftsleute« ansprechen wollte. Der Inhalt jedoch trug programmatische Züge. Buchkünstlerische Ansprüche wurden erhoben, zugleich grenzte man sich von den ornamentalen Übersteigerungen des Jugendstils ab:

»In dem Mißverständnis, mit dem die meisten Geschäftsleute den künstlerischen Forderungen der jüngsten Zeit begegnen, fanden wir, die wir selber Künstler sind, den Anlaß, vor etwa Jahresfrist unsere ›Steglitzer Werkstatt‹ zu gründen, in welcher, neben allen Zweigen angewandter Kunst, vorzüglich die Druckerei gepflegt wird, und zwar in einer Weise, die dazu berechtigt, von ihr, wie in ihrer schönsten Blütezeit, als von einer Buchdruckerkunst sprechen zu dürfen. Es soll in diesen einfachen, anspruchslosen Erzeugnissen ein wohltuender Gegensatz geschaffen werden zu dem, was sich, als ›Mode‹ ausgeschrieen, unter dem Sammelworte ›Sezession- oder Jugendstil‹ überall spreizt, ein Ruhepunkt für die Augen in dem zappeligen und flimmernden Gewirre von Schnörkeln. Sie werden auch dann und wann Gelegenheit finden, für Ihren Bedarf sich einer Druckerei zuzuwenden und sollen durch dieses Rundschreiben gebeten sein, sich künftig unserer Offizin zu erinnern.«

Den Stil der Steglitzer demonstrierend, war das Rundschreiben in einer originellen Schrift gesetzt, die der Maler Otto Eckmann für die Werkstatt geschaffen hatte. Trotz aller Kritik am Schnörkelwesen teilte man doch mit den Jugendstil-Reformern die Vorliebe für organische Formen, Ausdruck der Opposition gegen den historischen Kanon. Die *Eckmann-Schrift* sollte so selbstverständlich erscheinen wie die Formen der Natur und wirkte, als sei sie mit einem kräftigen Pinsel, der japanischen Tuschkunst ähnlich, aufs Papier geschrieben worden. Ihre Bleigestalt erhielt sie in der jungen Offenbacher Schriftgießerei von Karl und Wilhelm Klingspor. Gerade weil sie individuell war und Aufsehen machte, eignete sich Eckmanns Type sehr gut als Auszeichnungsschrift für Plakate und Reklamedrucksachen, aber aus dem gleichen Grund war sie für den Satz längerer Texte ungeeignet. Die 1903 erschienenen *Sonette nach dem Portugiesischen* der Elizabeth Barrett-Browning, das einzige Buch der Werkstatt, das sie 1903 für den Diederichs Verlag gestaltete und druckte, sind daher auch in

einer anderen Type gesetzt worden. Den Buchschmuck entwarf Ehmcke.

Die Steglitzer Werkstatt gilt als Keimzelle deutscher Privatpressen, wie sie dann im Jahre 1907 mit der *Janus-Presse* in Leipzig und der *Ernst-Ludwig-Presse* in Darmstadt entstanden. Die Janus-Presse wurde vom Verleger und Meisterdrucker Carl Ernst Poeschel (1874–1944) und dem Buchgestalter Walter Tiemann (1876–1951) ins Leben gerufen. Hier herrschte kein überquellender Bildschmuck vor, sondern bestechende Schlichtheit,

Titelillustration zu Goethes *Hermann und Dorothea*. Mit Titel und Initialen von F. W. Kleukens. Ernst-Ludwig-Presse 1908. 18 × 27,5 cm.

Harmonie von Papier und Schrift, höchste Qualität von Satz, Druckfarbe und Drucktechnik. Als erstes Buch kamen Goethes *Römische Elegien* in nur 120 Exemplaren heraus. Die Janus-Presse arbeitete bis 1923, ihr fünftes und zugleich letztes Druckwerk war die Urfassung von Chamissos Novelle *Peter Schlemihls Schicksale*, gesetzt in der von Tiemann und Poeschel für die Presse geschaffenen und für alle fünf Bücher verwendeten *Janus-Presse-Schrift*.

Die *Ernst-Ludwig-Presse* in Darmstadt, ebenfalls eine Gründung des Jahres 1907, verdankte ihre Existenz dem Kunstsinn des Großherzogs Ernst Ludwig von Hessen, der sich mit ihr eine Privatdruckerei in der Künstlerkolonie auf der Mathildenhöhe, einer Hochburg des Jugendstils, einrichtete. Geleitet wurde die Werkstatt von dem ursprünglich aus der Steglitzer Werkstatt kommenden Friedrich Wilhelm Kleukens (1878–1956) und seinem jüngeren Bruder Christian Heinrich (1880–1955). Man entwarf und druckte alle für Ernst Ludwigs »Musenhof« benötigten Drucksachen, wie Tischkarten, Urkunden und Ordensdiplome, Einladungen zu Bällen, Theater- und Konzertprogramme. Die Bücher der Presse wurden durch den Insel-Verlag vertrieben. 1914 schied Friedrich Wilhelm Kleukens aus der Leitung aus. Bis dahin hatten 26 Bücher von sehr unterschiedlichem Charakter diese Werkstatt verlassen. An ihnen zeigt sich ein Wandel vom »malerischen« zum »typographischen« Buch: beginnend mit dem *Buch Esther* von 1908, dem Kleukens einen Doppeltitel gab, feierlich in Schwarz und Gold, dann Goethes *Hermann und Dorothea* aus dem gleichen Jahr und in fast gleichem Prunk. Joseph von Eichendorffs drei Jahre später herausgebrachte *Glücksritter* hingegen erhielt einen ungleich sparsameren Titel mit zurückgenommener Ornamentik. Noch anders wiederum die Typographie in Hölderlins *Hyperion* von 1912, dessen Ausgabe Jürgen Eyssen mit den Worten preist: »Weiter Durchschuß leiht diesen Seiten die lichte Helle eines attischen Sonnentages; die schönen Initialen liegen auf dem Goldfiligran ihres Ornamentgevierts wie kostbare Preziosen auf dem Brokatsamt einer geöffneten Schmuckschatulle.« (*Buchkunst in Deutschland*). Für ihre Bücher hat die Ernst-Ludwig-Presse wiederholt internationale Preise erhalten, unter anderem auf der Brüsseler Weltausstellung von 1910 den Großen Preis für Buchkunst. Ernst Rehbein, P. A. Demeter und Carl Sonntag junior wirkten als Meister der Einbandkunst an Pressendrucken der Ernst-Ludwig-Presse mit.

Als nach dem Ersten Weltkrieg und mit Beginn der ersten deutschen Republik die Presse ihren großherzoglichen Mäzen verlor, konnte Christian Heinrich Kleukens mit Hilfe des »Freundeskreises der Ernst-Ludwig-Presse« für eine neue wirtschaftliche Basis sorgen. In den Jahren 1920 bis 1922 entstanden für den Kurt Wolff Ver-

lag eine Reihe von »Stundenbüchern« mit Gedichten von Georg Trakl, J. W. Goethe, Rabindranath Tagore, Joseph von Eichendorff, Eduard Mörike, Matthias Claudius, Friedrich Hölderlin, Franz Werfel und Ludwig Chr. H. Hölty in Auflagen von jeweils 350 Exemplaren. Sie sind kleine »Gesamtkunstwerke«, gebunden in handliche blaugrüne Kalbslederbände im Oktavformat, die nach Entwürfen von Emil Preetorius gefertigt wurden.

Beide Brüder Kleukens sind in der Weimarer Republik mit eigenen Privatpressen verschiedene Wege gegangen. In der von Friedrich Wilhelm im Jahre 1919 gegründeten *Ratio-Presse* erschienen bis 1930 zehn von ihm selbst illustrierte Drucke, darunter das *Vogel-A-B-C*, das seine Neigung zum Zeichnerischen und dabei besonders die Vorliebe für Tierzeichnungen belegt, ebenso wie die Illustrationen zu *Reineke Fuchs* von 1929. Christian Heinrich war der Illustration eher abhold. Mit der *Kleukens-Presse* schuf er eine Werkstatt, die sich, seinen literarischen Ambitionen entsprechend, vornehmlich der Schriftgestalt des Wortes widmete und die Typographie pflegte. Im Jahre 1927 wurde Ch. H. Kleukens an das Gutenberg-Museum in Mainz berufen, wo er mit der *Mainzer Presse* das Niveau von Handpressendrucken auf der Schnellpresse zu erzielen suchte, um so aus dem Bannkreis des Elitären heraus- und an ein breiteres Publikum heranzutreten. Sein ambitioniertestes Projekt, eine *Welt-Goethe-Ausgabe*, wurde durch den Ausbruch des Zweiten Weltkriegs beim achten Band abgebrochen.

Nach englischem Vorbild der Doves Press gründeten Ludwig Wolde (1884–1949) und Willi Wiegand (1881–1961), zwei Bremer Bibliophile, im Jahre 1911 die *Bremer Presse*, die von Bücherfreunden als »Königin der deutschen Pressen« tituliert wird. Durch Rudolf Alexander Schröder, den Literaten und Mitbegründer der *Insel*, knüpften sie Kontakt zu Hugo von Hofmannsthal und Rudolf Borchardt, die als literarische Berater der Presse fungierten. Editorisch und gestalterisch waren höchste Ansprüche gestellt. Der erste Prospekt der Presse von 1913 formuliert das Credo:

»Jeder, dessen geistige Bedürfnisse nicht lediglich von der Verstandesseite her befriedigt werden, wünscht ein ihm liebes Buch in der ihm selbst und dem Werk gemäßen Form zu besitzen. Hiermit ist ausgesprochen, daß es sich bei Veröffentlichungen wie die angekündigte um Werke handeln wird, deren Inhalt in einem wie immer beschaffenen Grade an die Phantasie appelliert. Sie möchte, was ihr an unsichtbaren und unwägbaren Werten dargeboten wird, nach außen hin sichtbar projiziert sehen, sei es durch das, was der Drucker, der Binder an Kostbarkeiten, Sauberkeit und Ebenmaß zu geben vermögen (…) Wissenschaftlicher Wert wird unseren Darbietungen insofern einwohnen, als wir keinen älteren Text veröffentlichen werden, der nicht einer Bearbeitung von zuständiger Seite unterlegt hätte, keine Übersetzung, die nicht auch sprachwissenschaftlich auf das nachhaltigste begründet wäre.«

Im Jahre 1919 zog die Bremer Presse nach Bad Tölz in das ehemalige Landhaus Thomas Manns um, 1921 nach München, um Kontakt zur Universität zu haben. Willi Wiegand ließ sein Typenmaterial eigens nach dem Vorbild der Frühdrucker schaffen: der Jenson-Antiqua, der Schriften von Adolf Rusch aus Straßburg und Johannes von Speyer aus Venedig. Der erfahrene Stempelschneider Louis Hoell schnitt alle Buchstaben. Anna Simons (1871–1951), die große Schriftkünstlerin, entwarf und zeichnete über 1400 Titelschriften und Initialen, die von Josef Lehnacker in Buchsbaumholz geschnitten wurden. Die Drucke kamen in blauen Interims-Einbänden in die Hände der Sammler. Die Buchbinderin Frieda Thiersch schuf für sie Pergament- und Ganzledereinbände von unverkennbarem Charakter: schlicht, streng, unter Verwendung nur der kostbarsten Materialien. Frieda Thiersch hatte bei dem für die Doves Press arbeitenden Charles McLeish gelernt und dort ihre Fertigkeiten perfektioniert.

Die Liste der Ausgaben der Bremer Presse, so lang sie ist, zeigt eine Konzentration auf die Klassiker: Homer, Aischylos, Sappho, die in griechischer Sprache erschienen, Walther von der Vogelweide und Dante, Bacon und Pascal, Emerson, Kant und Goethe. Luthers *Biblia* war das ehrgeizigste und zugleich aufwendigste Projekt der Bremer Presse. In fünf Bänden kam die Lutherübersetzung der Heiligen Schrift in den Jahren 1926 bis 1928 unverändert und ohne Kürzung heraus. Mit einer eigens für sie geschaffenen *Deutschen Schrift*, einer kräftigen Fraktur, entsprach Wiegand dem Gegenstand. »Die Bibel deutsch in Antiqua zu drucken, wäre ihm, wie allen Meisterdruckern seiner Generation, wohl als Sakrileg erschienen.« (Eyssen). Neben der Herausgabe der kostbaren Handpressendrucke arbeitete die Bremer Presse ab 1922 auch als Verlag und ermöglichte mit Schnellpressendrucken billige Verlagsausgaben für breitere Käuferschichten, so das *Missale Romanum*, das in 5000 Exemplaren herauskam.

Luthers *Biblia* war das ehrgeizigste und zugleich aufwendigste Projekt der Bremer Presse. In fünf Bänden kam die Lutherübersetzung der Heiligen Schrift in den Jahren 1926 bis 1928 unverändert und ohne Kürzung heraus. Mit einer eigens für sie geschaffenen *Deutschen Schrift*, einer kräftigen Fraktur, entsprach Willi Wiegand dem Gegenstand. Der erfahrene Stempelschneider Louis Hoell schnitt die Typen. Anna Simons entwarf die Initialen, Josef Lehnacker schnitt sie in Holz. 24,8 × 34,8 cm.

Seit 1911 betrieben in Berlin-Steglitz der druck-
begeisterte Naturwissenschaftler Eduard Wilhelm Tieffenbach (1883–1948) und seine Frau Erna die *Officina
Serpentis*. Tieffenbach, ein Bewunderer von William
Morris, folgte seinem englischen Vorbild in der Orientierung an den Druckern der Inkunabelzeit. Seine Wertschätzung einer Typographie, die ihre Wurzeln in der
geschriebenen Schrift zum Ausdruck bringt, führte
Tieffenbach auf die Gotico-Antiqua des Straßburger
Druckers Friedrich Creussner. Zu den Mitarbeitern der
Officina Serpentis zählte der Buchgestalter Marcus Behmer sowie Ansgar Schoppmeyer, ein Schriftenmaler, der
für Einheit von Schrift und Schmuck bei der Ausgabe
der *Johanneischen Schriften* von 1910 sorgte. Dantes
dreibändige *Divina Commedia* von 1924, ein Hauptwerk
der Presse, schmückten Holzschnitte nach Botticelli und
Initialen von Hanns Thaddäus Hoyer. Die Maximilian-
Gesellschaft gab die *Tres Epistolae Platonis* (1925) in Auftrag. Mit seinem zweisprachigen Satz gehört das Buch
zu den schönsten Drucken Tieffenbachs.

Harry Graf Kessler (1868–1937), der Schriftsteller und
kosmopolitische Diplomat, gründete 1912 in Weimar die
Cranach-Presse. Aus ihr gingen einige der schönsten
Bücher deutscher Privatpressen hervor. Als kostspielige
Unternehmen waren die kleinen exklusiven Pressen
vielfach auf Geldgeber angewiesen. Kessler, Sohn eines
reichen Kaufmannes, war vermögend genug, um Mäzen
seiner eigenen buchkünstlerischen Leidenschaften zu
sein. »Die Cranach-Presse hat nur wenige Bücher hergestellt, darunter freilich das kostbarste und eigenartig-
ste, das in dieser Art zu unserer Zeit auf deutschem
Boden entstanden ist.« So urteilte Rudolf Alexander
Schröder über die Ausgabe der von ihm übersetzten
Eclogen Vergils. Das Buch wurde mit einer ungeheuren
Sorgfalt und erst nach langer Vorbereitungszeit gedruckt. Die Idee dazu kam Kessler auf einer gemeinsam
mit dem französischen Bildhauer Aristide Maillol un-
ternommenen Griechenlandreise im Jahre 1908. Der
Vergil sollte der erste Druck der Cranach-Presse werden.
Das handgeschöpfte Papier, das berühmte »Maillol-
Kessler-Bütten«, bezog die Presse aus der von Graf
Kessler in Monval bei Marly in Frankreich eigens ein-
gerichteten, von Maillols Sohn Gaspard geleiteten
Papiermühle. Unterbrochen vom Ersten Weltkrieg, lagen
im Jahre 1926 die 110 Seiten des Vergil endlich vor.
Kesslers internationale Kontakte kamen auch den Druckschriften zugute. Emery Walker, der Mitarbeiter von
William Morris und Cobden-Sanderson, entwarf sie
gemeinsam mit Edward Johnston. Die Buchstabenstem-
pel wurden in England von Edward Prince geschnitten.
Aristide Maillol zeichnete und schnitt die 43 antikisierenden Holzschnitte. Der englische Bildhauer und
Buchkünstler Eric Gill schuf die Initialen und den Titelblatt-Holzschnitt. Von dem Vergil wurden 294 Exemplare hergestellt, davon siebzehn auf »kaiserlich Japan«
und acht auf Pergament. Die meisten Käufer des kostbaren Druckwerks entschieden sich für die Lieferung
in losen Bogen, um dann einen Buchbinder mit der
Bindearbeit zu beauftragen. So gibt es Exemplare der
Eclogen in Einbänden von Ignatz Wiemeler, Douglas
Cockerell, Georges Cretté oder Otto Dorfner. Als weitere buchkünstlerische Meisterleistung gilt die in 255
Exemplaren erschienene Hamlet-Ausgabe aus dem Jahre
1929. Hier war Gerhart Hauptmann der Übersetzer.
Edward Gordon Craig schuf die Holzschnitte. Später hat
die Cranach-Presse auch für den Insel-Verlag gearbeitet.

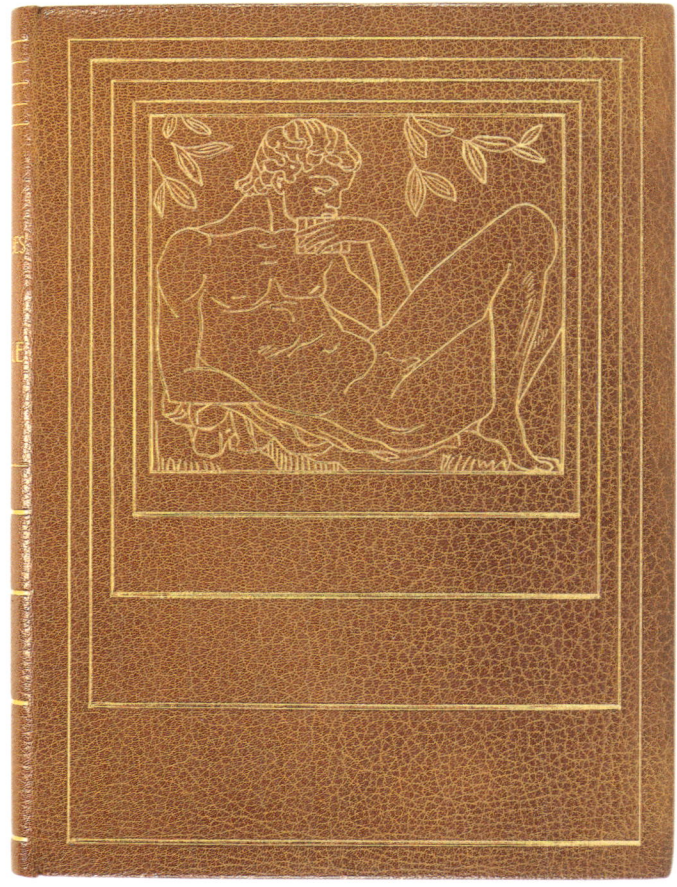

366 Einband von Georges Cretté, Paris um 1935, für die lateinisch-franzö-
sische Ausgabe der *Eclogen* des Vergil. Orangebrauner Maroquinband
(23,2 × 31,9 × 3,7 cm) mit Goldprägung. Aus den Holzschnitten,
mit denen Aristide Maillol das Buch illustriert hatte, wählte Cretté den
liegenden Tityrus als Motiv für die vordere Decke.

5

DES P. VERGILIUS MARO ERSTE ECLOGE
MELIBOEUS UND TITYRUS

ELIBOEUS BEGINNT. Tityrus, du,
im schatten der schöngebuchten gelagert, /
magst dem geschnittenen halm ein wald-
lied sinnend entlocken : / wir aber wan-
dern davon, wir fliehn die vätergebreite, / fliehn das
heimatland, Du, Tityrus, lässig im grünen, / lehrest den
horchenden wald Amaryllis' namen erwidern.
TITYRUS: O Meliboeus, ein gott hat uns hier frieden
bereitet, / wahrlich, er bleibt mir immer ein gott. So öf-
te Festtag uns, seinen altar noch oft, vom pferch entflo-
ben, ein lämmlein. / Schau, meinen rindern beließ er die
trift, mir selber die muße, / was meinem herzen gefällt,
auf ländlichem rohre zu flöten.
MELIBOEUS: Wohl, und ich neide dir's nicht. Nur
staun ich: rings in den landen / sind die gemarkungen
alle verstört, ich selber in trübsal / treibe die geißen davon, Schau, die dort schlepp ich mit mühen. / Warf sie
doch, Tityrus, kaum, auf nackende kiesel geklammert, /
zwillingsbrut und ließ sie zurück, der herde versprechen. / Ach! uns sagte schon oft ein blitz in berstender
eiche, / all den jammer voraus, sofern wir nichtblöde gewesen. / Doch aber, Tityrus, sag, wer ist es? Nenne den
gott mir.
TITYRUS: Meint ich doch sonst, Meliboeus, die stadt,
so Roma genannt wird, / gleich unsrer gleich, ich narr, /
dahin immer die hirten / zu verscheuchter zeit am markt

8

sultus ego huic nostrae sinistum, quo saepe solemus
pastores ovium teneros depellere fetus.
sic canibus catulos similes, sic matribus haedos
noram, sic parvis componere magna solebam.
verum haec tantum alias inter caput extulit urbis
quantum lenta solent inter viburna cupressi.
MELIBOEUS
Et quae tanta fuit Romam tibi causa videndi?
TITYRUS
Libertas, quae sera tamen respexit inertem,
candidior postquam tondenti barba cadebat,
respexit tamen et longo post tempore venit,
postquam nos Amaryllis habet, Galatea reliquit.
namque, fatebor enim, dum me Galatea tenebat,
nec spes libertatis erat nec cura peculi.
quamvis multa meis exiret victima saeptis,
pinguis et ingratae premeretur caseus urbi,
non umquam gravis aere domum mihi dextra redibat.
MELIBOEUS
Mirabar, quid maesta deos Amarylli, vocares;
cui pendere sua patereris in arbore poma:
Tityrus hinc aberat. ipsae te, Tityre, pinus,
ipsi te fontes, ipsa haec arbusta vocabant.
TITYRUS
Quid facerem? neque servitio me exire licebat
nec tam praesentis alibi cognoscere divos.
hic illum vidi iuvenem, Meliboee, quotannis
bis senos cui nostra dies altaria fumant.
hic mihi responsum primus dedit ille petenti:

P. VERGILI MARONIS ECLOGA PRIMA
MELIBOEUS ET TITYRUS

INCIPIT MELIBOEUS
TITYRE TU PATULAE RECUBANS SUB
TEGMINE FAGI, SILVESTREM TENUI MU
SAM MEDITARIS AVENA: / NOS PATRIAE
FINIS ET DULCIA LINQUIMUS ARVA.
NOS PATRIAM FUGIMUS : TU TITYRE
LENTUS IN UMBRA , FORMOSAM RE
SONARE DOCES AMARYLLIDA SILVAS.

4

gleich die holde gewährung: / Weidet die rinder wie
sonst, ihr burschen, zügelt die stiere.
MELIBOEUS: O, glückseliger greis, so bleibt dein
anger der deine! / Wahrlich genugsam groß, wenn
rings auch nackender felsen / und mit schlammigtem
schilf der sumpf die weide dir schmälert. / Fremdes,
beschwerliches kraut verlockt dein trächtiges schaf
nicht, / nimmer befällt am weg dein vieh verderbliche seuche. / O, glückseliger greis, dahier an den flüs-
sen der heimat, / hier an den heiligen quellen erquicket
dich fürder der schatten. / Ueber dem nachbars - rain
ertönt das blühende weidicht / immer, tagein, tagaus
von honigsuchenden bienen, / die dich oft mit surren-
dem laut zum schlummer bereden. / Hier unterm

9.

Vergil, *Eclogen*. Insel-Verlag, Leipzig 1926. Handpressendruck der Cranach-Presse. Aristide Maillol zeichnete und schnitt die 43 antikisierenden Holzschnitte. Der Schriftentwurf stammt von Emery Walker und Edward Johnston. Den Schriftschnitt besorgte Edward Prince.

Der englische Bildhauer und Buchkünstler Eric Gill schuf die Initialen und den Titelblatt-Holzschnitt. Lose Bogen in Umschlag und Kassette. Druckbogengröße: 46 × 62,8 cm

Fritz Helmut Ehmcke richtete im Jahre 1913 in München die *Rupprecht-Presse* ein, die sich in der Folgezeit zu einem Zentrum der typographisch betonten Buchkultur entwickelte. Der einstige Mitbegründer der Steglitzer Werkstatt war an die Münchner Kunstakademie berufen worden und konnte in der Presse seine eigenen Schriften erproben. In Karl Wolfskehl fand Ehmcke einen findigen literarischen Berater. Bis 1934 erschienen 57 Bände, ein jeder in einer auf den Inhalt abgestimmten Schrift. Die Auflage war zumeist auf 150 Exemplare begrenzt. 1918 kam als erstes Buch der *Fürstenspiegel* des Hubert Thomas heraus. Ehmcke ließ den Text der Erstausgabe von 1624 in seiner *Ehmcke-Fraktur* setzen. Im Jahr 1922 erschien in der *Ehmcke-Kursiv* gesetzt *L'Antimachiavel* Friedrichs des Großen.

»Zwischen Dante, Poliziano und Michelangelo darf Boccaccio und Petrarca nicht fehlen. Der Kreis um Shakespeare müßte Ben Johnson, Marlow, Herrick, Milton umfassen. Das Hauptgewicht aber wird das geistige Europa zu Zeiten Bodonis bilden: Voltaire, Byron, Keats, Leopardi, Goethe, Kleist, Hölderlin «,

schrieb Hans (Giovanni) Mardersteig (1892–1977) und umriß damit im Jahre 1926 das inhaltliche Programm seiner Handpresse. Die *Officina Bodoni* hatte er 1919 gegründet, damals noch als Mitherausgeber der im Kurt Wolff Verlag erscheinenden Zeitschrift *Genius*. Krankheit zwang Mardersteig zum Ortswechsel, und er übersiedelte 1921 ins Tessin, nach Montagnola. Dort erschien 1923 das erste Buch seiner Privatpresse: *Orphei tragedia* von A. Poliziano.

In der Folge nahm die *Officina Bodoni* jene Entwicklung, die Giovanni Mardersteig zum »Principe degli stampatori«, zum Fürsten der Drucker seiner Zeit, aufsteigen ließ. Gegen große Konkurrenz gewann er 1926 einen Wettbewerb um den Druck der Gesamtausgabe der Werke Gabriele D' Annunzios, verlegte für die Herstellung dieser *Opera omnia* seine Presse nach Verona und fand in Charles Marin (1883–1955) einen Stempelschneider, wie er nach eigenem Bekunden »keinen besseren hätte finden können«. Unter allen Privatpressen war der *Officina Bodoni* die längste Lebensdauer beschieden, ein halbes Jahrhundert. In dieser Zeit gingen

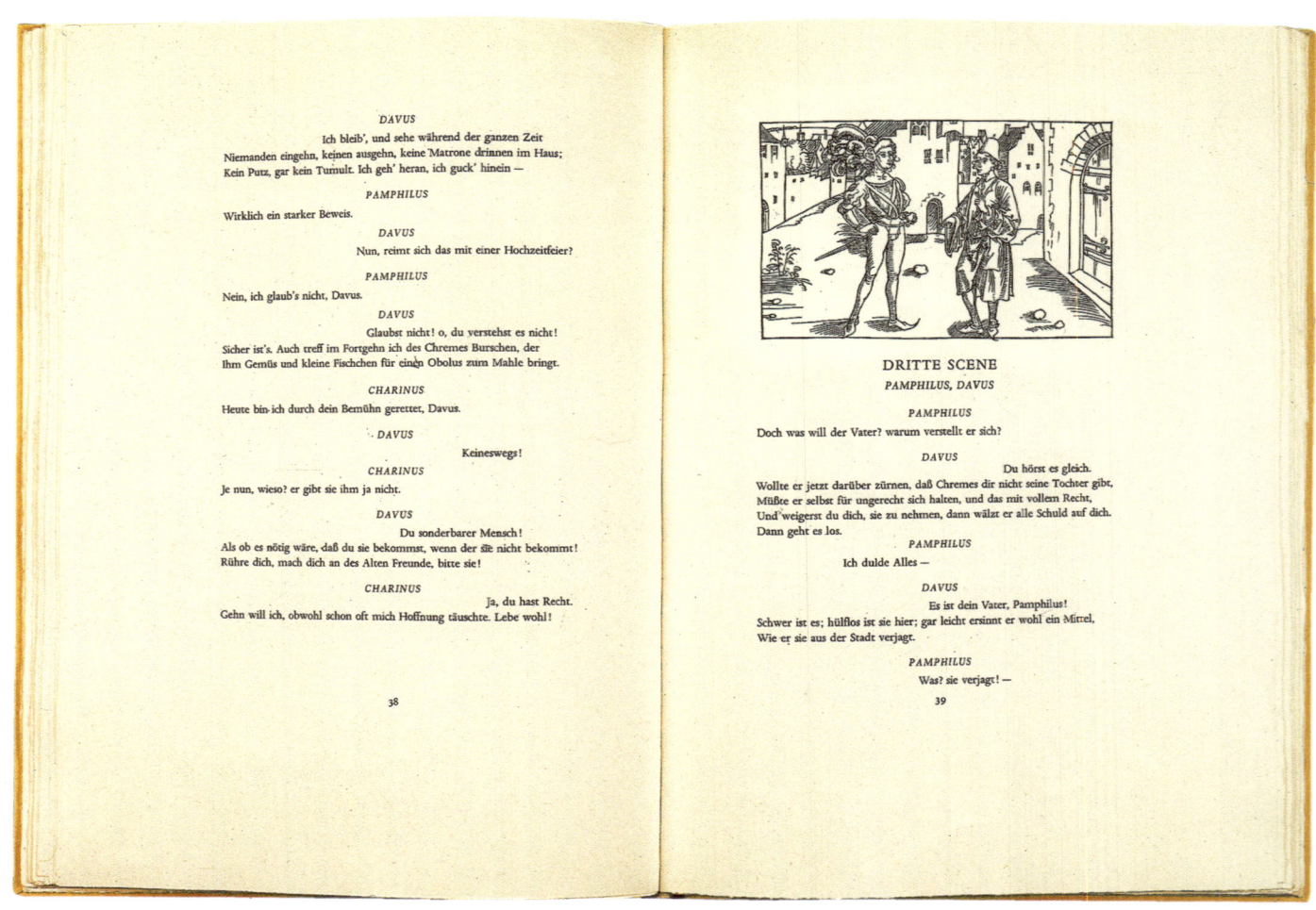

368 *Andria oder das Mädchen von Andros. Eine Komödie des Terentius.* Officina Bodoni, Verona 1971. Mit 25 Holzschnitten von Fritz Kredel nach Zeichnungen von Albrecht Dürer. 24,7 × 34,6 cm.

aus ihr an die zweihundert Veröffentlichungen hervor, die privaten Auftragsdrucke nicht gerechnet. Allein 20 Bücher entstanden im Auftrag der *Cento Amici del Libro,* einer Bibliophilenvereinigung in Florenz. Für große Verlage wie Hoepli, Sansoni, Adelphi, Einaudi, Scheiwiller und Mondadori führte die Druckerei Aufträge aus. Eigene, für den Handpressendruck gedachte Bücher gestaltete Mardersteig konsequent selbst. Als eines der letzten Werke erschienen 1973 die *Fabeln* des Äsop, selbstverständlich im lateinischen Original. Bei der Buchgestaltung kam die Illustration nicht zu kurz: Den jungen Gunter Böhmer (1911–1986) hatte Mardersteig schon seit 1936 mehrfach als Künstler herangezogen; 1942 druckte er mit *Il viaggio d'Europa* und *Il Milione* zwei sehr schöne, von Arturo Martini und Massimo Campigli illustrierte Bücher, und er druckte den Text der Ausgabe der *Divina Comedia,* die Salvator Dali im Jahre 1963/64 anläßlich des 700. Geburtstages von Dante farbig illustriert hatte.

Vor allem aber lagen Mardersteig die Schriften der Meistertypographen vergangener Jahrhunderte am Her-

zen. Dem gebürtigen Weimarer (Graf Kessler in Weimar druckte übrigens im väterlichen Hause Mardersteigs) gelang es, Originalmatrizen Bodonis aus dem Museo Bodoniano in Parma zu erhalten, mit denen er D'Annunzios *Opera omnia* und überhaupt alle Werke seiner ersten Jahre in Verona druckte. Mardersteig war ein exzellenter Schriftenzeichner. In Zusammenarbeit mit Charles Marin ließ er zahlreiche klassische Schriften wiedererstehen: Nachschnitte der Typen Francesco Griffos, sodann eine Drucktype, die einer Missalhandschrift des Kalligraphen Lodovico degli Arrighi von 1520 nachempfunden war, und eine ganze Reihe eigener Antiquaschöpfungen, darunter die *Dante,* die so hieß, weil Mardersteig sie zuerst für eine Ausgabe von Boccaccios *Trattatello in Laude di Dante* (1955) benutzte. Mit dieser Schrift, die, nach Anfertigung verschiedener Varianten für die Monotype Corporation, später als einzige von der *Officina Bodoni* im Maschinensatz verwendet wurde, druckte Giovanni Mardersteig vom Herbst 1955 bis zu seinem Tod 1977 mehr als die Hälfte seiner Bücher. Insgesamt ist ein Viertel der Gesamtproduktion der Offizin

Zeichnung von Hannes Gaab zu Johann Wolfgang von Goethe,
Die Belagerung von Mainz. Eggebrecht-Presse, Mainz 1961.
Aufgeschlagenes Buch: 32,2 × 27,9 cm.

in der *Dante* gesetzt worden. Die Dante ist eine viel-
bewunderte, wohlproportionierte, schriftlinientreue,
serifenbetonte und dabei nicht nur glänzende, sondern
gleichermaßen lesefreundliche Schrift, »das Ergebnis
großer schöpferischer Reife« (John Dreyfus). Was hatte
Mardersteig, im Alter auf die Lesbarkeit von Typen
aufmerksam geworden, den Kollegen ans Herz gelegt?
»Jeder Schriftzeichner müßte erkennen, daß zumindest
die Hälfte aller Leser Brillen benützt, vor allem abends,
wenn das Auge ermüdet ist.«

Mit Ausnahme der *Officina Bodoni* haben die Privatpressen immer nur kurze Zeit, selten länger als ein bis
höchstens zwei Jahrzehnte existiert. Die Wirtschaftskrise von 1930 verschonte auch diese Inseln des Luxus
nicht und zwang die meisten zur Aufgabe. Zudem
waren Setzmaschinen und Schnellpressen inzwischen
so gut entwickelt, daß der Abstand zum ganz von Hand
gemachten Buch weniger ins Auge fiel. Wie die Bremer
Presse gingen auch andere dazu über, einen Text mit der
Hand zu setzen, ihn aber auf der Schnellpresse zu
drucken. Die 1936 von Albert Eggebrecht in Mainz
gegründete *Eggebrecht-Presse* beispielsweise schlug diesen
Weg ein.

Ihrem Selbstverständnis nach war die »Pressenkul-
tur« eine europäische. Länderübergreifend hielt man auf
Qualität der Materialien, aber auch editorisch fand diese
Gemeinsamkeit ihren Niederschlag: In der Regel druckten die Pressen ihre ausgewählten Texte in der jeweiligen Originalsprache. Das entsprach ihrem Werkbegriff,
ihrem Werkbewußtsein. Übersetzungen, so gut sie auch
sein mögen, sind doch gegenüber der Fassung des Autors nur die zweite Wahl; sie sind, nach dem Wort von
Cervantes, »nur die Rückseite eines schönen Teppichs«.
Bei aller Exklusivität zeigte die Arbeit der Privatpressen
auch über den engen Kreis ihrer Freunde und Abnehmer hinaus Wirkung. Besonders die »Kulturverleger«
der Weimarer Republik ließen sich bei ihrer eigenen
Tätigkeit vom Vorbild der Pressen leiten, sei es, daß sie
eine Zusammenarbeit suchten, sei es, daß die Werke
der Privatpressen Leitbildfunktion für das wohlfeile
»Gebrauchsbuch« bekamen. Eine ganze Generation von
Druckern hat sich an diesen Musterdrucken orientiert
und begeistert. Die Idee vom »schönen Buch« blieb
nicht auf die Bibliophilen beschränkt.

Bibliophile Vereinigungen

Einzelne Buchbegeisterte und Büchersammler hat es in
der Geschichte immer wieder gegeben. Die gemein-
schaftliche Pflege der Buchkultur hingegen ist jüngeren
Datums. Bibliophile Vereinigungen sind ihrem Ursprung nach Kinder des 19. Jahrhunderts. Die älteste ihrer Art, der *Roxburghe-Club* in London, wurde im Jahre

1812 gegründet, nachdem die Versteigerung der berühmten Bibliothek des Duke of Roxburghe eine Wendung ins Sensationelle genommen und die Gemüter der
Anwesenden entflammt hatte. Die herzogliche Büchersammlung umfaßte 10 105 Titel, darunter viele Handschriften und Frühdrucke. Der Überlieferung zufolge
kam es beim Verkauf eines Frühdruckes von Boccaccios
Decamerone zu einem leidenschaftlichen Wettstreit zwischen Lord Spencer und dem Marquis von Blandfort, die
wechselseitig den Preis in die Höhe trieben, bis schließlich der Marquis für ein bis dahin unerhörtes Gebot den
Zuschlag erhielt. Von soviel Leidenschaft angesteckt, sollen, in einem Akt der nachwirkenden Begeisterung, die
Hauptteilnehmer der Versteigerung am 17. Juni 1812 den
Roxburghe-Club ins Leben gerufen haben. Aufgabe des
Klubs war es, Handschriften und seltene Drucke neu
herauszugeben. Dieser ersten bibliophilen Vereinigung
folgten zahlreiche andere in England und Schottland.
Frankreich bekam im Jahre 1820 mit der *Société des
bibliophiles français* eine bedeutende Vereinigung von
Bücherfreunden.

Neue Impulse gab die Buchkunstbewegung, die
auch in Deutschland bibliophile Gesellschaften entstehen ließ. 1899 wurde die *Gesellschaft der Bibliophilen* in
Weimar gegründet. Fedor von Zobeltitz gab die *Zeitschrift für Bücherfreunde* heraus, deren erster Jahrgang 1897
in Bielefeld erschien und die bis 1936 das Organ der Gesellschaft war. Als bedeutendste bibliophile Vereinigung
gilt die nach dem deutschen Kaiser und Kunstförderer
benannte, 1911 gegründete *Maximilian-Gesellschaft*. Ins
Leben gerufen, um sich der »Pflege des vollkommen

Buches« zu widmen, zählte die Gesellschaft anfangs 107,
im Jahre 1926 300 Mitglieder. Mehr durften es laut Satzung nicht sein. Die Officina Serpentis von E. W. Tieffenbach in Berlin und andere Pressen erhielten Aufträge von ihr. Als sich die Gesellschaft nach dem Zweiten
Weltkrieg neu formierte, wurde aus dem einst exklusiven ein weltoffener Kreis. Wie in früheren Zeiten widmete man sich mit Vorliebe dem illustrierten Buch, aber
auch wissenschaftlicher Literatur zur Buchkunst und
Buchgeschichte. Zeitgenössische Künstler wie Gerhard
Marcks, Imre Reiner, Otto Rohse, Hans Peter Willberg,
und bewährte Illustratoren wie Hegenbarth oder Alfred
Kubin wurden gefördert und unterstützt, indem man ihnen die Ausstattung der Jahresgaben anvertraute.

Als weitere Gesellschaften zur Pflege des »schönen Buches« sind aus der großen Zahl im Überblick zu nennen: die *Gesellschaft der Bücherfreunde* in Hamburg von 1908, der *Berliner Bibliophilen Abend* von 1904, die *Wiener Bibliophilen-Gesellschaft* von 1912 und die 1921 in Bern gegründete *Schweizerische Bibliophilen-Gesellschaft*, die *Bibliophilen-Gesellschaft in Köln*, 1930 gegründet, die *Fränkische Bibliophilengesellschaft* aus dem zweiten Nachkriegsjahr 1947 sowie die 1955 in Ostberlin entstandene *Pirckheimer-Gesellschaft*, die gegen die vulgärsozialistische Auffassung, Bibliophilie sei Snobismus, das »bibliophile Massenbuch« (Horst Kunze) als Medium humanistischer Charakterbildung propagierte. Kaum eine dieser Gesellschaften hat es versäumt, ein eigenes Periodikum herauszugeben. Zeitschriften wie das seit 1928 erscheinende *Philobiblon*, das »Jahrbuch für Bücherfreunde« *Imprimatur* (1930 ff.) oder die *Marginalien* (1957 ff.) sind einerseits Foren der bibliophilen Sammelleidenschaft, andererseits ist die Verwissenschaftlichung des Buchwesens an ihnen deutlich ablesbar. In ihnen wird von Bücherfunden berichtet, es werden buchhistorische Aufsätze, Porträts und Forschungsberichte publiziert, es gibt wissenschaftliche Rubriken und Rezensionsteile.

Neue Typographie – im Zentrum der Buchkunst

Das 19. Jahrhundert hatte der Typographie wenig Beachtung geschenkt. Die Erfindung der Lithographie und die entstehenden Lithographieschriften und -ornamente hatten zu einer wahllosen Vielfalt geführt. Vergangene Schriftformen waren imitiert und kombiniert worden. Fern davon, sich fruchtbar auszuwirken, führte die Häufung verschiedener Stile zu »Öde und Zügellosigkeit« (Albert Kapr). Die siebziger Jahre des 19. Jahrhunderts markieren einen allgemeinen Tiefpunkt der Schriftentwicklung. Eine Wende brachte die Erneuerungsbewegung, hervorgerufen durch die Pioniere des werkgerechten Buches, Morris und Cobden-Sanderson. Sie legten den Grundstein für den Aufschwung der Typographie zu Beginn des 20. Jahrhunderts. Die Nachahmung der Lettern von Nicolaus Jenson durch William Morris wurde zum Ideal einer ganzen Epoche, die damit das Schriftbild einer klassischen und zugleich zeitgemäßen Antiqua vorgegeben fand. Das rein typographische Buch der Doves Press gab vielen Privatpressen die Richtung an, wie Bücher zu gestalten seien.

Zum ersten Mal in der Geschichte der Typographie kamen die Schriftreformer der Jahrhundertwende nicht aus der seit je für die Schriftkunst zuständigen Berufsgruppe der Drucker, Setzer oder Typographen, sondern aus den Reihen junger Künstler. Dichter, Maler, Architekten des Jugendstils und des Art Nouveau nahmen sich der Schrift an und experimentierten mit neuen Schriftentwürfen: Henry van de Velde, Josef Olbrich, Josef Hoffmann, Otto Eckmann, Peter Behrens und andere. Der Theoretiker Rudolf von Larisch, Dozent an der Wiener Kunstakademie, reduzierte die einzelnen Buchstaben auf geometrische Grundformen.

Künstlerschriften entstanden. Auftraggeber waren häufig die Privatpressen. Förderer wurden die Schriftgießereien. Ohne die Zusammenarbeit mit dem Handwerk konnte aus dem künstlerischen Entwurf keine fertige Satzschrift werden. Indem sie erprobten, ob und wie die neuen künstlerischen Entwürfe in Blei zu gießen und für Handsatz oder Setzmaschine verfügbar zu machen waren, wuchs den Schriftgießereien die entscheidende Rolle zu. Hier, in einem fruchtbaren Wechselspiel, wurde das technisch Machbare erkundet, wurde korrigiert und ermuntert, begegneten sich künstlerische Imagination und handwerkliche Schulung.

Als Förderer der Buch- und Schriftkunst ist an erster Stelle die Schriftgießerei Gebrüder Klingspor, vormals Rudhardsche Schriftgießerei, in Offenbach am Main zu nennen. Karl Klingspor senior begann im Jahre 1895 mit dem Schriftschnitt. Die Söhne Karl und

einem Ort zum andern und so die entleg
gegenseitigen Austausch der Lebensgen
kehr bringt, um wie vielmehr müssen w
Schrift feiern, die gleichsam hinsegelnd
die entferntesten Jahrhunderte durch die

Peter Behrens   Behrens-Antiqua

ahnte ich freilich nicht, daß die Dinge im Kunst
artige Wendung nehmen würden, als es jetzt
Mein Kindheitswunsch, Gärtner zu werden, ha
erfüllt. Ich habe mein Lebtag geglaubt, der Kun
schenpflanzen, die eben dahin strebten, Licht

F. H. Ehmcke   Ehmcke-Antiqua

Jedoch unſere Bücher und Druckwerke ſind nich
ſondern ſie ſind zum Teil auch Dokumente unſe
Zeitgeſchichte, dereinſt beſtimmt, für die Geſchi
zu werden. Deshalb möchte man ihnen ein lang
Beſtehen wünſchen, ähnlich ihren Vorgängern,
tums und des Mittelalters. Es iſt zwar eine e

F. H. Ehmcke   Ehmcke-Schwabacher

371

Die Schrift wurde die Trägerin des Edelsten, w
den beiden großen Sphären, der Intelligenz u
Gefühle, des forschenden Sinnes und der sch
den Einbildungskraft, die Menschheit errunge
als eine unvergängliche Wohltat der späteren

Rudolf Koch   Halbfette Wallau

achsial sehr hoch belastbar ist. Durch die **konis**
Laufbahnen werden die Kegelrollen dauernd ge
des Innenrings gedrückt, sodaß sie gute Führung
Die Nachstellbarkeit dieser Lagerart ist sehr wi
schleiß durch **Nachstellen** ausgeglichen werden

Rudolf Koch   Kabel

möge der größeren Freiheit feiner Hand und de
dem Stempelschneider eine Werkstattzeichnun
fühlt die Arbeit des Stichels voraus und bereitet
ist, für sich betrachtet, ein unsinniges und wertlo
auf den Schnitt ab. Der Gedanke des Erfinder

Rudolf Koch   Claudius

Wir sind Handwerksleute und haben
unmittelbare Bedürfnisse zu befriedige
maschinen und der Druckerpressen reiß
weltfernen Träumen in den lebendige

Rudolf Koch   Marathon

haben die seltsame Gabe und das merk
sie einen Einklang suchen, eine Harmoni
dem Bild der Welt, das sie verschlossen i
Welt ihrer Empfindungen und ihres ur

Rudolf Koch   Peter-Jessen-Schrift

Wilhelm Klingspor zogen in der Folgezeit alle maßgeblichen Schriftschöpfer zur Mitarbeit heran: Heinz
König, Peter Behrens, Heinrich Vogeler, J. V. Cissarz,
F. H. Ehmcke, Otto Hupp, Rudolf Koch und Walter
Tiemann. Karl Klingspor junior (1868–1950) bewunderte
den Jugendstil. So kam es, daß als erste moderne Type
die Pinselschrift Otto Eckmanns im Jahre 1900 in der
Gießerei entstand. Peter Behrens entwarf 1901 in Kling-
spors Auftrag eine ähnliche Schrift, die *Behrens-Antiqua*,
die aber strenger und klarer in der Linie war. Die *neu-
deutschen Schriften*, die den Jugendstil überwinden und
zwischen Antiqua und Fraktur zu vermitteln suchten,
wurden dann das Hauptbetätigungsfeld des Offenbacher
Unternehmens. Rudolf Koch, dem Hause Klingspor seit
1906 eng verbunden, schuf zahlreiche Schriften für
diese Schriftgießerei und begründete so etwas wie die
Offenbacher Schule der Schriftkunst. Die Schriftgießerei Gebr. Klingspor lieferte jahrzehntelang technisch wie
künstlerisch Hervorragendes. Mit ihrer Arbeit und dem
Engagement ihrer Inhaber für das schöne Buch setzte sie
typographische und buchkünstlerische Maßstäbe.

Parallel zu ihrem Beispiel verfolgten die Bauersche
Gießerei, die mit E. R. Weiß und F. H. Ernst Schneid-
ler zusammenarbeitete, die Schriftgießereien D. Stempel
AG in Frankfurt am Main sowie Genzsch & Heyse in
Hamburg ähnliche Ziele. Von den Druckereien schlos-
sen sich zuerst W. Drugulin in Leipzig, Otto von
Holten in Berlin und Carl Ernst Poeschel (Poeschel &
Trepte), eine der für den künstlerischen Buchdruck be-
deutendsten deutschen Offizinen überhaupt, der neuen
Bewegung an. Die Spamersche Druckerei in Leipzig
kam durch die Arbeit für Eugen Diederichs dazu.

Ein wirklicher Enthusiast der Schriftkunst war
Rudolf Koch (1876–1934). Das »Buchstabenmachen«
bedeutete ihm »den glücklichsten und vollkommensten
Ausdruck« seines Lebens, wie er noch Anfang der dreißiger Jahre gestand. Koch, der als Meister der gebrochenen Schriften gilt, kam von der geschriebenen zur gedruckten Schrift. Karl Klingspor holte ihn zu sich und
förderte Kochs Arbeit. Umgekehrt war es Koch, der der
Schriftgießerei zu Ansehen und Anerkennung verhalf.
1908 wurde Rudolf Koch an die Gewerbeschule in
Offenbach berufen. Seine *Deutsche Schrift* von 1910 läßt
deutlich den handschriftlichen Ursprung erkennen.
Wie unterschiedlich auch »gotische« Schriften sein können, zeigen Kochs zarte, leichte *Frühling* (1914), die ruhige, feierliche *Maximilian* (1918), die *Wilhelm-Klingspor-
Schrift* (1918) sowie die breite, schwere *Claudius* (um
1930). Mit *Kabel* und *Neuland* (1929) schuf Koch moderne Linearschriften für den werblichen Anwendungsbereich (fand aber gegen Paul Renners *Futura* kaum
Chancen auf dem Markt). Erst 1980 hatte die *Kabel*, in
den USA »modifiziert«, als Photosatzschrift einigen Erfolg. Koch hat nicht nur entworfen, er verstand sich auf
die schwere Kunst des Stempelschneidens. Die *Neuland*

Als Dichter kam ich zu meinen ersten V
das kam so: Bierbaum sah die Handsch
Gedichte und forderte mich daraufhi
Pan eine Schriftseite zu zeichnen und

Emil Rudolf Weiß   Weiß-Antiqua

um richtig zu wirken; sie muß, um das zu tun,

Sie verlangt daher offenen Satz, und zwar zwis

den Worten und erst recht zwischen den Zeilen.

Emil Rudolf Weiß   Weiß-Gotisch

NEUZEITLICHE ARBEITSME

Emil Rudolf Weiß   Weiß-Kapitale kräftig

Einrichtungen in Augenschein nehmen, die
dukte der ganzen Welt getroffen sind. Ist do
ein Platz, an dem die Schiffe nach langer, sch
Wogenschwall liegen können, um ihre War

Walter Tiemann   Orpheus

Aus der gärenden Zeit mächtig und heiter sich he
Kehr in die dürftigen Herzen des Volks, lebendig
Kehr an den gastlichen Tisch, kehr in die Tempel z
Denn Diotima lebt, wie die zarten Blüten im Wi

Walter Tiemann   Euphorion

reiches, farbiges Bild der geschichtlichen Zusammenhä
europ ische Geschichte der Druckerkunst unter ganz
Einzelgebiete, wie etwa das Papier, die Kunstdruckv
unentbehrliches Fachbuch für den Buchdrucker, Buch

Walter Tiemann   Kleist-Fraktur

und die *Peter-Jessen-Schrift* (1924), seine Bibel-Gotisch, hat Koch selbst, zum Teil ohne Entwurf, geschnitten.

Als vielbegabter Künstler hat Rudolf Koch auch Bücher illustriert, sie gesetzt und gedruckt, vor allem die *Rudolfinischen Drucke*. Unter dieser Bezeichnung kamen von 1911 an mustergültige Druckwerke in Offenbach heraus. Rudolf Koch hatte sie gemeinsam mit dem Drucker Rudolf Gerstung begründet, der Name leitet sich vom gemeinsamen Vornamen beider Freunde ab. Man wollte, wie Koch es ausdrückte, »Bücher ohne alle Anmaßung und ohne alle Zimperlichkeit« herstellen. Entstanden sind Drucke, in denen, nach einem Wort Julius Rodenbergs, etwas »vom Geiste Dürers liegt«. Gedruckt wurde mit den Schriften Kochs. Meist waren es typographisch gestaltete Ausgaben, bei limitierten Ausgaben zeichnete oder aquarellierte Rudolf Koch eigenhändig Initialen.

Für die Buchgestalter der zwanziger Jahre trat die Typographie endgültig in den Vordergrund. Nach dem Ersten Weltkrieg herrschte in Deutschland ein typographischer Reichtum wie selten zuvor. Neben den vielen Antiquaschriften blühte die Fraktur, und mit der *Grotesk* und *Egyptienne* kam die Familie der Linearschriften hinzu. Die wachsende Bedeutung des graphischen Gewerbes wird deutlich an der Zahl der Kunstgewerbeschulen, die in den zwanziger Jahren an vielen Orten Abteilungen für graphische Künste und Buchgewerbe anschlossen. In Düsseldorf wirkten Behrens und Ehmcke, in Offenbach Koch. In Leipzig war es Walter Tiemann, der seit 1903 an der *Akademie für Graphische Künste und Buchgewerbe* lehrte und den Ruf der Stadt als Metropole der Buchherstellung mitgefördert hat. 1908 berief ihn die Akadamie zum Professor, 1920 wurde er ihr Direktor. Tiemann orientierte sich an den Schriften der italienischen Frührenaissance, ohne darüber die gebrochenen Schriften zu vernachlässigen. Als Buchkünstler schuf er mehr als zwanzig Schriften, darunter die klassische Antiqua *Orpheus* (1928), die Kursive *Euphorion* (1936), die *Kleist-Fraktur* (1928), die *Fichte-Fraktur* (1935), die *Tiemann-Antiqua* und die Antiqua *Offizin*. Alle erschienen bei Gebr. Klingspor. Tiemann war mit Anton Kippenberg befreundet und dessen Insel-Verlag eng verbunden. Für Insel bewies er, daß Buchkunst nicht nur für exklusive Pressendrucke, sondern auch für die Ausstattung der »Gebrauchsbücher« geeignet war. Seine *Tiemann-Mediäval* (1911), die *Tiemann-Kursiv* (1912) und die *Tiemann-Fraktur* (1914) sind in vielen Büchern des Verlages angewendet worden. Sie erfüllten die Forderung, die die Druckerei Poeschel an eine gute, für die Schnellpresse geeignete Schrift stellte: »Formschön soll sie sein, dabei nicht gekünstelt, einen bestimmten selbständigen Charakter soll sie aussprechen und vor allen Dingen durchaus leserlich sein.«

373

ringem Umfang und ohne jede Prätentio
gleich anbei, ohne erst bei Ihnen anzufr
»Das Unaufhörliche«, ist kein Lehrstü
Name soll das unaufhörliche Sinnlose,
gänglichkeit der Größe und des Ruhms, d

Ernst Schneidler   Schneidler-Mediaeval

wir gerne auf der Ebene. Nur ein Teil der Kunst
sie halb kennt, ist immer irre und redet viel; wer si
haben keine Geheimnisse und keine Kraft, ihre E
einen Tag; aber Mehl kann man nicht säen, und

Ernst Schneidler   Zentenar-Fraktur

Das Beste und Schönste begreift auch das Vol
für die Gießerei, daß alle Schriften, von der g
Grundregeln der Schreibkunst geschnitten sind.
hierauf, und es ist ein angenehmer, gefallend

Ernst Schneidler   Legende

Wer wäre imstande, der Schreibkunst eine wür
die Schrift erhalten sich die Toten in dem An
die Entfernten miteinander als stünden sie sich
nis des schriftlichen Wortes verbürgt den Bes

Ernst Schneidler   Deutsch-Römisch

geschlossenen Verträge. Nur die Schrift allein
weisen Männer und die Aussprüche der Gö
Wissenschaft, und übergibt sie von Jahrhund

Ernst Schneidler   Deutsch-Römisch kursiv

In Stuttgart lehrte Ernst Schneidler (1882–1956),
ein Schüler von Behrens und Ehmcke. Schneidler betrieb die *Juniperus-Presse* in Stuttgart und arbeitete als
Buchgestalter viel für den Eugen Diederichs Verlag. Er
gehörte bereits zu einer Generation von Buchgestaltern,
die sich nicht mehr auf nur eine Richtung festlegten,
sondern jeder (Schrift-)Form ihre Berechtigung zuer-
kannten. Seine vielleicht bedeutendsten Schriften sind
die *Schneidler-Mediaeval*, die *Zentenar-Fraktur* (1937) und
die aufsehenerregende *Legende* (1937), eine aus der
Handschrift entwickelte Werbeschrift.

In den ersten beiden Jahrzehnten dominierte in
Deutschland die klassische Antiqua in zeitgemäßen
Formen. Neben ihr behielt, in erstaunlich zahlreichen
Varianten und kämpferisch unterstützt vom 1918 ge-
gründeten Berliner »Bund für deutsche Schrift«, die
Fraktur ihren angestammten Platz im Land der Zwei-
schriftigkeit bis zu deren gewaltsamem Ende im Jahre
1941. In den zwanziger Jahren wurde allmählich eine
neue Schrift populär: die Linearantiqua in Form der
Grotesk und *Egyptienne*.

Grotesk *und* Egyptienne –
zwei neue Schriften aus England

Die modern und sachlich anmutenden neuen Schriften
waren keine Neuschöpfungen, sondern bereits mehr als
hundert Jahre zuvor in England entstanden. *Egyptienne*
und *Grotesk* wurden lange Zeit nur als Auszeichnungs-
und Werbeschriften benutzt. Beide sind zwar in ihren
Grundelementen Antiquaschriften, ihre Buchstaben
weisen jedoch eine gleichbleibende Strichstärke auf.
Unterschiede von fetten und Haarstrichen gibt es nicht
mehr. Als solche bilden Egyptienne und Grotesk die
Schriftfamilie der *Linearschriften*.

Bei den *Egyptienne*-Schriften zeigen auch die Serifen
(»Füßchen«) gleiche Strichstärken *(serifenbetonte Linearschrift)*. Die meisten der älteren Schreibmaschinentypen
gehörten zu dieser Richtung. Die erste *Egyptienne*
wurde schon vor 1806 für Reklameschilder verwendet
und findet sich in dem Musterbuch des englischen
Schriftgießers Vincent Figgins von 1815 als Druckschrift.
Ihr Name ist eigentlich irreführend und hat nichts mit
ihrer Form zu tun. Die Bezeichnung *Egyptienne* verdankt sie der Ägyptenbegeisterung jener Jahre, der Wiederentdeckung der ägyptischen Kultur zur Zeit der Entzifferung des *Steins von Rosette*. Die *Egyptienne* und ihre
Schmalform, die *Italienne*, waren für Werbedrucksachen
im 19. Jahrhundert häufig in Gebrauch.

Die *Grotesk* ist eine Linearschrift, der die Serifen
fehlen. Vielleicht hat man das als »grotesk« empfunden,
so ließe sich ihr Name erklären. Diese erste *serifenlose
Linearantiqua*, wie man sie später zu nennen pflegte,
stellte bereits im Jahre 1816 der Schriftgießer William

JOHN BAPTIST MICHAEL PAPILLON
Published at Paris, in 1766, a Treatise upon
Engraving on Wood, in which he
Exhibits a few Specimens in Colors made

Italienne

A WARNING TO PUBLISHERS.
It was decreed in Paris, in the year 1571, that
the Syndics of that City should be fully
Authorized to Seize and Confiscate all Books

Egyptienne

sie rechts und links in wahlloser Neugier
der Häuser hinaufschauen, und steigen die
Museen hinan. Viele Fenster stehen geöffnet
klingt Musik auf die Straßen hinaus, Übungen

Eric Gill   Gill Sans Serif

Caslon IV. in einem Schriftmusterbuch vor. 1832 tauchte
erstmals eine serifenlose Schrifttype unter der Bezeichnung *Grotesque* auf. William Thorowgood hatte ihr den
Namen gegeben. Im Jahr 1916 entwickelte Edward
Johnston (1872–1944) für die Londoner U-Bahn eine serifenlose Schrift nach den Proportionen einer klassischen
Antiqua. Zu den ersten Studenten an der von Johnston
1899 gegründeten School of Arts in Cumberwell gehörten auch Cobden-Sanderson, Eric Gill und Anna Simons.
Der Bildhauer, Holzschneider und Schriftkünstler Eric
Gill (1882–1940) entwickelte in den zwanziger Jahren nach den Vorbildern der Inschriften-Grotesk von
Edward Johnston die *Gill Sans Serif*, eine Groteskschrift,
die in angelsächsischen Ländern weite Verbreitung fand.

Elementare Typographie

Am Wirken Paul Renners (1878–1956) läßt sich der Stil-
wandel in der Buchgestaltung verfolgen. Für die Ausstattung limitierter Luxusausgaben der Literatur des
17. und 18. Jahrhunderts im Georg Müller Verlag hatte
der Buchkünstler, Graphiker und Maler Paul Renner
Einbände geschaffen, die an Werke der französischen
Einbandmeister Le Gascon und Padeloup erinnern.
Später schalt er sich selbst für diesen »Anachronismus«,
schwor dem Historismus ab und wurde als Lehrer der
1911 gegründeten Münchner Schule für Illustration und
Buchgewerbe ein strenger Verfechter der neuen, rein

typographischen Richtung. Der radikale Durchbruch zur
Modernität gelang ihm mit seiner 1927 auf Anregung
des Druckers und Verlegers Jakob Hegner geschaffenen
serifenlosen Schrift, der *Futura*. Die Bauersche Schriftgießerei übernahm die Schrift nach anfänglichem Zögern und wagte sich mit ihr 1928 auf den Markt. Obwohl nicht wenige Kritiker sie als »Maschinenschrift«
ablehnten, hatte die *Futura* sofort durchschlagenden Erfolg. Antimodernisten mochten sich daran stören, daß
Renners Ur-Entwurf einige Buchstaben sehr stark geo-
metrisiert hatte. Tatsächlich war die *Futura* in ihren Formen mit Zirkel und Lineal konstruiert, ihre Proportionen aber folgten klassischen Vorbildern. Obgleich sie
so wirkt, war die *Futura* keine Schöpfung des Bauhauses,
das sich ihrer später gern bediente und sie zum Prototyp einer »elementaren Typographie« erkor.

Die aus Malerei, Architektur und Gebrauchsgraphik
bekannten Gestaltungsprinzipien der *Neuen Sachlichkeit* und des *Bauhauses* – Reduktion auf »elementare«
Grundformen (Kreis, Quadrat, Dreieck), Konstruktion
im Dienste der Funktion – schlugen sich auf ihre Weise
auch in der Schriftkonstruktion nieder.

Für die konstruktiv gestaltende, auch funktionell genannte Typographie waren Verzicht auf jeglichen Buchschmuck (mit Ausnahme von Linien) und der Gebrauch
der Linearschriften Programm. Das klassische Ideal des
mittelachsigen Seitenaufbaus wurde zugunsten des Prin-
zips asymmetrischer Anordnung weitgehend verabschiedet. Zwei von Paul Renner nach München geholte
Typographen, Jan Tschichold (1902–1974) und Georg
Trump (1896–1985), vertraten in Deutschland diese
Richtung. Tschichold wurde 1927 von Renner als Lehrer an die Münchner Meisterschule berufen. Sein Weg
hatte ihn zuvor über Leipzig, wo er sich bei Walter Tiemann die Grundlagen der typographischen Kunst an-
eignete, nach Offenbach zu Rudolf Koch geführt. Einfachheit, Klarheit, Zurückhaltung, Sachlichkeit waren
seine Prinzipien. Zum Lehrmeister vieler Typographen
machte ihn sein »Handbuch für zeitgemäß Schaffende«
von 1928, *Die Neue Typographie*, worin es heißt: »Das
Wesen der Neuen Typographie ist Klarheit. Dies stellt
sie in den bewußten Gegensatz zu der alten Typographie, die auf ›Schönheit‹ ausgeht und deren Klarheit
nicht das heute erforderliche äußerste Maß erreicht.«
Zur Zeitgemäßheit gehörte natürlich, das Buch in einer
Grotesk-Schrift zu setzen. Kritikern der Grotesk, die sie
als charakterlos bezeichneten, wurde entgegengehalten,
die Schrift besitze die dem 20. Jahrhundert angemessene Form, und Klarheit sei »notwendig, weil die vielfältige Inanspruchnahme des heutigen Menschen durch
außerordentliche Mengen von Gedrucktem zu höchster
Ökonomie des Ausdrucks zwingt.« Keine Schmuck-
linie, kein Ornament sollte die typographischen Konturen verdecken. Auch der Schrift historisch zugehörige
Ornamente wie »Schraffuren bei der Antiqua, Rauten

375

376 Vladimir Majakovski, *Dlja golosa* (Für die Stimme). Typographische
Gestaltung von El Lissitzky. Ein Gedichtbuch zum Vorlesen. Das übliche
Inhaltsverzeichnis fehlt. Die Seiten besitzen dafür am äußeren Rand
eine Indikatur, wie sie aus Ordnern und Verzeichnissen bekannt ist.
Moskau/Berlin: Gosudarstvennoe izdatel'stvo R.S.F.S.R., 1923.
13,5 × 19 cm.

Бейте в площади бунтов топот!
Выше гордых голов гряда!
Мы разливом второго потопа
перемоем миров города.

abcdefɕhi
jĸlmnopɋr
s t u v w x y z
a d d

Herbert Bayer   Universal-Alfabet

Nr. 8220 20 Punkte
Min. 9,50 kg
14 A 50 a ERFOLGREICHE BUCH-AUTOREN
Wilhelm Speyer Lion Feuchtwanger
Radierungen zeitgemäßer Künstler

Nr. 8224 24 Punkte
Min. 11 kg
12 A 42 a PRESSA KÖLN AM RHEIN 1928
Die heutige Zeitungsilluſtration

Nr. 8228 28 Punkte
Min. 12 kg
10 A 36 c DIE RATIONELLE KÜCHE
Internationale Ausſtellung

Nr. 8236 36 Punkte
Min. 15 kg
8 A 22 a KULTUR UND PRESSE
Arbeitsgemeinschaſt

Nr. 8248 48 Punkte
Min. 19 kg
6 A 14 a KÜNSTLERHEIM
Niederlahnstein

Paul Renner   Futura

und liefert Satz von unübertroffener Sc
hochwertigen Werksatz. Um die für uns
haben wir die Anlage mit einer bedeut
Berücksichtigung, daß die Produkte der
können mit den Produkten aus Anlage

Stanley Morison   Times Roman

und Rüssel bei der Fraktur« entfallen bei der Grotesk, die Tschichold deshalb auch »Skelettschrift« nennen wollte – nicht etwa abwertend, sondern in puristischer Begeisterung.

Das *Bauhaus,* als Hochschule für Gestaltung 1919 in Weimar von Walter Gropius gegründet und 1925 nach Dessau verlegt, hatte auf das Gesicht des Buches einen unübersehbaren Einfluß. Für Bauhaus-Künstler wie Laszlo Moholy-Nagy und El Lissitzky gehörte die Typographie zu den Dingen des Alltags, die unter dem Gesichtspunkt der Gebrauchstüchtigkeit und Wirtschaftlichkeit verändert werden sollten. Es war nur konsequent, daß die neue Typographie die Werbung als Wirkungsfeld entdeckte und ihr starke Impulse gab.

Eines der auffälligsten Bücher, deren typographische Gestaltung Lissitzky übernahm, ist der in Zusammenarbeit mit dem Schriftsteller Vladimir Majakovskij entstandene Band *Dlja golosa.* Beide lebten im Jahre 1922 in Berlin. Majakovskij, ein russischer Revolutionär, vertrat die Auffassung, daß der Platz des Schriftstellers nicht nur der Schreibtisch sein dürfe. Der Autor solle sein Werk auch den Werktätigen in Fabriken und Büros vortragen. So kam es zu der Idee für ein Buch, das sowohl Poesie als auch Anleitung zum Vortrag sein sollte. Wie in einer musikalischen Partitur fielen Layout und Typographie die Aufgabe zu, das Vortragstempo, die Sprachmodulation, die Betonung der Worte und die Gewichtung der inhaltlichen Aussage für einen Leser nachvollziehbar zu machen.

Damit praktizierte Lissitzky ein ursprünglich futuristisches Programm. Der Italiener F. T. Marinetti, Begründer des Futurismus, hatte in seinem Gedichtbuch *Les mots en liberté futuristes,* 1909 in Mailand erschienen, eine »typographische Revolution« mittels »freier Ausdrucks-Orthographie« proklamiert. Der »Fluß des Stils«, der Sprachrhythmus, sollte im Druckbild sichtbar werden: »Wir werden, wenn es not tut, auf derselben Seite 3 oder 4 verschiedene Farben und 20 verschiedene Schriften anwenden. Zum Beispiel *Kursiv* für eine Aufeinanderfolge ähnlicher und schneller Sensationen, **fett** für die Nachahmung heftiger Töne usw.« Das war nun allerdings ein ganz neues Verständnis dessen, was einer Buchseite zuzumuten sei. Die Position des Bauhauses formulierte Josef Albers: »Wir können nicht mehr klassisch sein. Zeit ist Geld. Weil wir wirtschaftlich denken müssen, werden wir immer mehr amerikanisieren«, schrieb er 1926 in seinem Aufsatz *Zur Ökonomie der Schriftform.* Mit Herbert Bayer war man der Meinung, anstelle der zwei Alphabete aus verschiedengestaltigen Klein- und Großbuchstaben reiche ein einziges Alphabet, und propagierte die Kleinschreibung. Im Bauhaus gab man ab 1925 die Verwendung von Versalien auf. Die Kleinschreibung galt absolut, auch für Eigennamen und am Satzanfang. Begründet wurde dies mit der Vereinfachung im Gebrauch von Setz- und Schreibmaschinen. Bayer ging sogar soweit, die Schrifttypen »auf Quadrat, Kreis und Dreieck« reduzieren zu wollen, wovon er sich eine Verringerung des Setzmaterials erhoffte. Es blieb allerdings beim Wollen, Schriften wurden nie daraus.

Mit seiner Auffassung, daß Schönheit kein Selbstzweck sei, sondern die Form im Dienst der Zweckmäßigkeit zu stehen habe, hatte Jan Tschichold dazu beigetragen, der Linearschrift den Weg in die Schriftgießereien zu ebnen. Doch was kann Zweckmäßigkeit bei einer Schrift anderes als Lesbarkeit heißen? Hier lag der Irrtum der »Neuen Typographie«. Eine Grotesk bzw. eine serifenlose Linearantiqua läßt sich keineweg besser lesen als eine klassische Antiqua, außerdem ermüdet sie die Augen bei längeren Texten schneller. Diese Erfahrung konnte jeder Leser machen. Aber damit sie öffentlich ausgesprochen wurde, bedurfte es in unserer fachleutegläubigen Zeit wissenschaftlicher Untersuchungen und eines neuen Forschungszweiges: der Leseökonomie.

Lesbarkeit als Maßstab

Für die gute Lesbarkeit der Schrift hatten sich die Typographen schon an Ende des 19. Jahrhunderts interessiert. Die fortschreitende Industrialisierung mit ihrer Beschleunigung von Produktion und Lebensabläufen warf die Frage auf: Wie muß eine schnell erfaßbare Schrift beschaffen sein? Für Pädagogen, Verleger und Werbeleute ergab sich ein interessantes neues Forschungsgebiet. In einer Zeitschrift für Psychologie untersuchte erstmals 1888 der Amerikaner E. C. Sanfords die Lesbarkeit von Kleinbuchstaben. Das war zunächst nur eine Analyse, die sich am einzelnen Buchstaben orientierte, so wie man es von der Identifizierung der Buchstaben bei der augenärztlichen Untersuchung kennt. Zu Beginn des 20. Jahrhunderts entdeckte man, daß Erwachsene nicht einzelne Buchstaben lesen, nicht buchstabieren, sondern ganze Worte wie Bilder oder Ideogramme aufnehmen. Folglich mußte eine Schrift nicht nur dem Anspruch genügen, daß sich ihre einzelnen Buchstaben klar erkennen und unterscheiden lassen, sondern die Buchstaben sollten sich überdies gut zu Wortbildern fügen. Daran mangelt es, wie sich herausstellte, den serifenlosen Linearschriften. In fortlaufenden Texten sind sie weniger gut zu lesen als eine Antiqua, deren »Füßchen« das Auge leiten.

Zudem zeigte sich, daß Texte aus Großbuchstaben – man spricht hier von Versalsatz – im Vergleich zum normalen Satz um »zwölf Prozent« langsamer gelesen werden. Gesperrte Versalienzeilen in großer Häufung werden fast unlesbar. Kursivschriften lassen sich ebensogut lesen wie Antiquaschriften, jedoch ermüdet der Leser bei der Lektüre von kursiv gesetzten Texten

schneller. Die Breite einer Zeile ist nicht unwichtig. Für gute Lesbarkeit und schnelles Erfassen haben sich Zeilen mit sechs bis zehn Wörtern oder 50 bis 55 Buchstaben als komfortabel erwiesen. Wissenschaftliche Texte, die meist langsamer gelesen werden, können einen breiteren Satzspiegel besitzen. Lexikonartikel, Bibliographien, Anmerkungsteile, die nicht Wort für Wort (»linear«) gelesen werden, sondern springend und auswählend (»konsultierend«), erfordern eine andere Typographie, andere Hervorhebungen, eine andere Ökonomie. Sie dürfen durchaus kleinere Schriften und engere Zeilen aufweisen, müssen aber übersichtlich sein, Stichworte und Verweise auf den ersten Blick erkennen lassen. Suchen und Finden gehen hier vor Lesekomfort.

Noch ein Letztes: Typographie interpretiert mit, sie schafft Atmosphäre, für die meisten Leser ganz unbewußt. Die Schriftarten können, je nachdem, eine nüchterne, reiche, verspielte, strenge, geistreiche usw. Wirkung erzeugen. Lyrik ist auf die angemessene optische Präsentation angewiesen. Die Schrift muß den Ton treffen. Der Satz kann den Text inszenieren. Paul Valéry hat die Wirkung von Satz und Schrift aus der Perspektive des Autors folgendermaßen dargestellt: »*Wenn Papier und Druckfarbe harmonieren, die Schrift edel ist und der Satz wohl ausgeführt, die Zurichtung ohne Makel und der Druck vorzüglich, dann begegnet der Autor seiner Sprache und seinem Stil in gewandelter Form. Er glaubt eine klarere, sichere Stimme als die eigene zu hören, eine fehlerlose reine Stimme.*«

Die Deutsche Industrie-Norm (DIN)

Daß die Einführung der *DIN-Formate* in die Zeit der »Funktionalisierung« fällt, ist kein Zufall. Man folgte dem Imperativ der Rationalisierung: die Buchherstellung zu vereinheitlichen, Druckmaschinen besser auszunutzen, Papier leichter herzustellen und zu lagern. Nach Verhandlungen mit Behörden, Industrie, Buchdruckereien und Papierhändlern wurden im Jahre 1922 vom Normenausschuß der Deutschen Industrie die DIN-Formate festgelegt (DIN 476). Ausgangsnorm ist das Format A0, dessen Fläche 1 Quadratmeter beträgt. Das Seitenverhältnis aller Formate ist 1:√2, also gleich dem Verhältnis der Seite eines Quadrats zu seiner Diagonalen. Die Formate aller Reihen gehen – wie beim Falten des klassischen Druckbogens auch – durch Halbieren, Vierteln, Achteln usw. aus dem jeweils größeren Bogen hervor. Für den Schriftverkehr haben sich die DIN-Formate der A-Reihe durchgesetzt. Die Buchherstellung allerdings hat auf die Formenvielfalt der alten Formate nicht verzichten wollen.

Das groteske Ende der Fraktur

Von Vertretern der funktionalen Typographie wurde die Fraktur zwar als provinziell und veraltet angesehen, jedoch besaß sie genug Freunde, die in ihr ein historisches Erbe und kulturellen Reichtum würdigten. Darüber hinaus galt sie, wie der heutige Antiquakonsument dem *Großen Brockhaus* von 1930 mit Staunen entnehmen mag, vielfach noch als die besser lesbare Schrift. Ihr enges Schriftbild macht sie für die deutsche Sprache mit ihren zusammengesetzten, langen Worten besonders geeignet. Tageszeitungen wurden bis Ende der zwanziger Jahre üblicherweise in Fraktur gesetzt, und der Handsatz der Setzer sah vor, daß pro Stunde mehr Buchstaben Fraktur gesetzt werden mußten als Antiqua. Das *Berliner Tageblatt* war die erste deutsche Tageszeitung, die zu Antiqua im ganzen Blatt überging. Zuvor hatten einige Zeitungen bestimmte Teile, etwa den Wirtschaftsteil, in Antiqua gesetzt. International fand für Zeitungen die *Times New Roman* große Verbreitung, die 1932 aus einem Wettbewerb der Londoner Tageszeitung *The Times* hervorging und für deren Entwicklung maßgeblich der englische Schrifttheoretiker und künstlerische Leiter der Monotype Corporation, Stanley Morison (1889–1967), verantwortlich war. Von Anfang an war die *Times New Roman* gleichermaßen für den Handsatz, für die Einzelbuchstaben- und für die Zeilensetzmaschine lieferbar.

Während diese gut lesbare, ausgewogene und relativ neutrale Antiquaschrift ihren Siegeszug im westeuropäischen und amerikanischen Blätterwald antrat, propagierte und bevorzugte das frisch gegründete »Dritte Reich« Gotisch und Fraktur. Der Fraktur wuchs ein völkischer Nimbus zu, von dem sie sich bis auf unsere Tage nicht vollständig befreien konnte, und auf den modernen Leser oft mit Abwehr reagieren. Nicht zum ersten Mal wurde Schrift zum Mittel von Politik und Agitation. Fraktur und Gotisch wurden der Bevölkerung als »arteigene deutsche« Schriften von den nationalsozialistischen Fürsprechern anempfohlen, die Antiqua dagegen als glatt und fremd abgestempelt. »Die gebrochenen Schriften schienen ein für allemal gewonnen zu haben«, schreibt Hans Peter Willberg. »Es wurden neue gebrochene Schriften entworfen, teutonische und solche von höchster Qualität, wie die ›Zentenar-Fraktur‹ von Ernst Schneidler, die 1939 fertiggestellt war«. Die Druckereien deckten sich mit gebrochenen Schriften ein.

Dann, am 3. Januar 1941, erging von Hitlers Stellvertreter Martin Bormann ein als »nicht zur Veröffentlichung« gekennzeichnetes Rundschreiben an die deutschen Behörden, wonach fortan alle Druck-Erzeugnisse des Staates in Antiqua, die plötzlich »Normalschrift« hieß, zu erscheinen hätten. In den Dorfschulen und Volksschulen sollte, sobald eine Umstellung der Unterrichtsbücher möglich sei, »nur mehr die Normalschrift

gelehrt werden.« Den Behörden wurde weniger Zeit gelassen, sie hatten sofortigen Vollzug zu melden. »Ernennungsurkunden für Beamte, Straßenschilder u. dergl.« waren künftig ausnahmslos in Antiqua zu fertigen. Zur Begründung variierte die Anordnung die Legende von der jüdischen Weltverschwörung: »Die sogenannte gotische Schrift als eine deutsche Schrift anzusehen und zu bezeichnen ist falsch. In Wirklichkeit besteht die sogenannte gotische Schrift aus Schwabacher-Judenlettern. Genauso wie sie sich später in den Besitz der Zeitungen setzten, setzten sich die in Deutschland ansässigen Juden bei der Einführung des Buchdrucks in den Besitz der Buchdruckereien, und dadurch kam es in Deutschland zu der starken Einführung der Schwabacher-Judenlettern.« Über die wahren Motive hinter diesem hanebüchenen Unsinn braucht man kaum zu spekulieren. Polen, Frankreich, die Niederlande und Belgien waren zu diesem Zeitpunkt besetzt, aber die Schrift der Besatzer war in diesen Ländern nicht lesbar, behinderte jedenfalls die Verständigung. Die Bevölkerung in den okkupierten

Als Karl Severin 1982 eine Auswahl von *fünfundzwanzig Figurengedichten* aus der Zeit von 1640 bis 1767 herausgab, wollte er an die hohe Kunst der Barockdichter erinnern, Inhalt und Form eines Gedichtes so zu verknüpfen, daß sie auch optisch eine Einheit bilden: der Text wird zum Bild. Um der barocken Ästhetik möglichst nahe zu kommen, wählte man für den Satz dieser Neuausgabe eine gebrochene Schrift, eine 16 p Alt-Schwabacher, deren Handsatz Walter Stähle besorgte. Auf Büttenpapier gedruckt und von Hand gebunden entstand ein kleines Buchkunstwerk, das jedoch zugleich zeigt, auf welche Weise allein gebrochene Schriften heute noch Verwendung finden: als historisches Zitat und damit als eigentlich tote Form. Die erläuternden Begleittexte zu den Gedichten sind denn auch in einer Antiquaschrift gesetzt worden, mit Rücksicht auf den modernen Leser. *Fünfundzwanzig Figurengedichte des Barock* erschienen im Basse & Lechner Verlag, München. 23 × 25 cm. Das abgebildete Gedicht stammt von Johann Rudolf Karst (1667).

Gebieten konnte mangelnde Folgsamkeit allzu leicht mit dem Argument rechtfertigen, man habe die Befehle der neuen Herren doch gar nicht verstehen können. Dieser – aus nationalsozialistischer Sicht – Mißstand mußte abgeschafft werden; außerdem wollten, wie Albert Kapr ergänzt, »Hitler und seine Berater die kulturelle Zusammengehörigkeit des Abendlandes besonders im Hinblick auf England und die USA, doch auch wegen der befreundeten Mächte Mussolini-Italien und Franco-Spanien betonen«.

So fiel die Fraktur der Schriftpolitik zum Opfer; erst durch nationalsozialistische Aneignung, dann durch nationalsozialistisches Verbot. Nach dem Krieg wurde die Fraktur häufig pauschal als »Nazi-Schrift« verunglimpft, sie war für die Besatzungsmächte unlesbar, sank bald zur Bedeutungslosigkeit herab und spielte keine wesentliche Rolle mehr. Was von ihr blieb, gibt die Kritik eines Engländers wieder, den Willberg mit den Worten zitiert: »Die Deutschen machen mit Antiqua-Buchstaben Fraktur-Typographie.« Gemeint war, daß auch die Antiqua als Auszeichnungsschrift g e s p e r r t gesetzt wurde. Nun war aber die Sperrung das typische Auszeichnungsmittel bei der Fraktur, die ja keine oder nur formal unbefriedigende Kursive kennt, keinen Versalsatz, keine Kapitälchen (das sind Buchstaben in der Form von Großbuchstaben und der Größe des Kleinbuchstabens x), und auch keine Kursiv-Versalien. Nur selten gab es einen fetten oder halbfetten Schnitt. Auch die Vergrößerung empfahl sich höchstens für einzelne Worte. Bis Johann Friedrich Unger die Sperrung einführte, hatte man die Fraktur mit der Schwabacher ausgezeichnet.

Kulturbuch oder Massenbuch? – Kulturbuch als Massenbuch!

Die Gegenwartsliteratur zu fördern, das persönliche Verhältnis zum Autor zu pflegen, anspruchsvolle Texte in sorgfältiger Ausstattung zu einem erschwinglichen Preis anzubieten – unter diesen Maximen traten um die Jahrhundertwende Verleger auf den Plan, die nach einer Formulierung von Eugen Diederichs *Kulturverleger* genannt werden. Vom Geist der Reformbewegung angesteckt, verstanden sie unter »schönen Büchern« etwas anderes als die pompösen Produkte der Gründerzeit und suchten wiederholt die Zusammenarbeit mit namhaften Typographen und Privatpressen für die Gestaltung von Massenbüchern. Samuel Fischer, Eugen Diederichs, Anton Kippenberg (Insel-Verlag), Albert Langen und Kurt Wolff wollten keine exklusiven Druckwerke für kleine Käuferkreise, sondern das anspruchsvolle Buch, das viele Leser erreicht. Diese Verleger waren von einer Kulturmission getragen, die »Pflege der Dichtkunst« war ihr Ziel, und sie verstanden sich als Freund und Partner ihrer Autoren, was ihnen über ihren Platz in der Verleger-

Insel-Verlag
Entwurf P. Behrens 1899

Kurt Wolff Verlag

Eugen Diederichs Verlag
Entwurf F. H. Ehmcke 1907

S. Fischer Verlag
Entwurf E. R. Weiß 1904

Verlag Hans von Weber

Officina Bodoni
Entwurf G. Mardersteig

381

geschichte hinaus auch einen Platz in der Literaturgeschichte sichert.

Ihr Erfolg fiel in eine Zeit großer künstlerischer Vitalität und Spannung, begleitet von einem bürgerlichen Individualismus, der neu war und in der Emanzipation des Bürgertums gründete. Der wilhelminische Geist lag nach 1900 in den letzten Zügen: er war neunzehntes, nicht zwanzigstes Jahrhundert. Wie viele junge Intellektuelle, Literaten und Künstler sind begeistert in den Ersten Weltkrieg gezogen, nicht, weil der Ruf »Für Gott, Kaiser und Vaterland!« sie so sehr lockte, sondern weil sie sich vom Krieg die große Reinigung, den Zusammenbruch eines maroden Systems versprachen. Die Erfahrung von Krieg und Revolution führte zu einer Politisierung der Kunstproduktion. Die traditionellen literarischen Techniken und Themen waren mit dem Wilhelminischen Reich am Ende. In rascher Folge lösten Expressionismus, Dadaismus, Neue Sachlichkeit einander ab. Sie standen im Zeichen einer Suche nach unverbrauchten Ausdrucksformen.

Die Kulturverleger:
S. Fischer, Diederichs, Albert Langen, Georg Müller, Kippenberg, Langewiesche

Der aus Ungarn stammende Samuel Fischer (1859–1934) gründete im Jahre 1886 in Berlin seinen Verlag. Sein Motto lautete: *»Dem Publikum neue Werte aufzudrängen, die es nicht will, ist die schönste und wichtigste Mission des Verlegers«.* Fischer widmete sich der Vermittlung moderner ausländischer Literatur. Seine ersten Autoren waren Leo Tolstoi, Émile Zola, F. M. Dostojewski, Max Kretzer und Henrik Ibsen. Ab 1897 erschien die *Nordische Bibliothek*, eine Sammlung von Übersetzungen moderner Erzähler und Dramatiker aus dem Dänischen, Norwegischen und Schwedischen. Bereits 1890 begann der Verlag seine literaturfördernde Tätigkeit mit der Wochenschrift *Freie Bühne für modernes Leben* publizistisch zu unterstützen: Aus ihr wurde die *Neue Rundschau*, die in ihren Anfängen Oskar Bie herausgab, und die sich zur

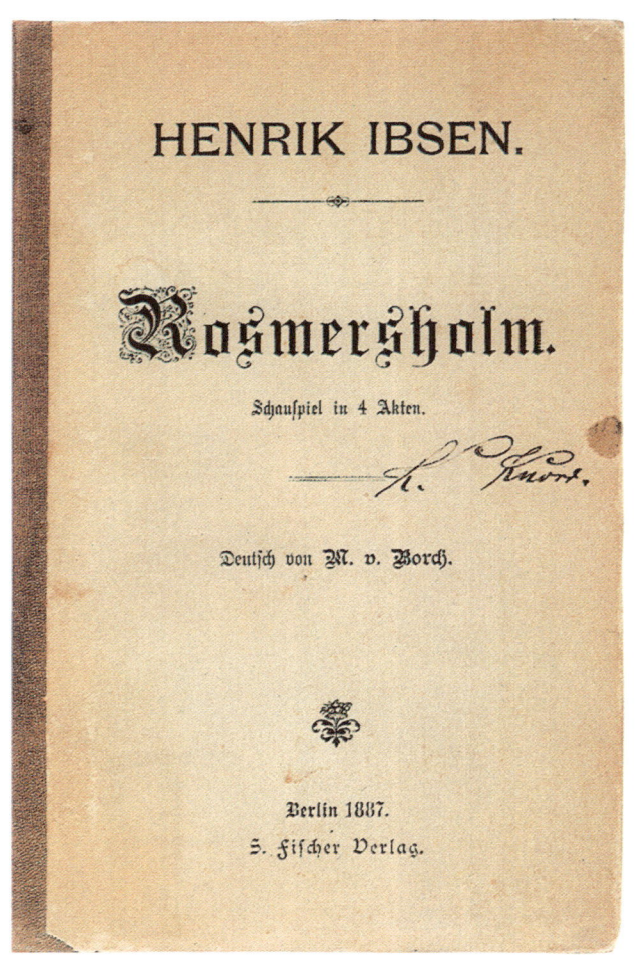

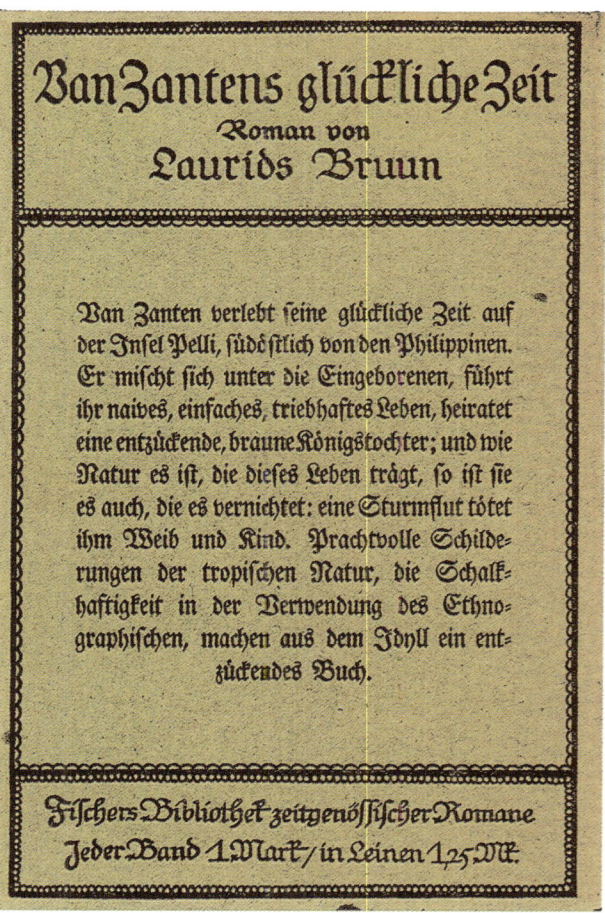

Das erste Buch im Verlag von Samuel Fischer, als Pappband gebunden, erschien 1887.

Fischers Bibliothek zeitgenössischer Romane. Zweite Reihe 1909/1910. Den Schutzumschlag entwarf E. R. Weiß.

bedeutendsten deutschen Literaturzeitschrift entwickelte. 1919 erschien sie unter Mitarbeit Alfred Döblins und wurde von 1921 an von Rudolf Kayser, ab 1932 von Peter Suhrkamp geleitet. Die Zeitschrift trat für die europäische Verständigung ein, sympathisierte mit der Sozialdemokratie und bildete so politisch-kulturell ein Gegengewicht zu der Zeitschrift *Die Tat*. Literarisch hielt man es in der *Neuen Rundschau* mit den modernen Skandinaviern und den Vertretern des Naturalismus. Hugo von Hofmannsthal, Gerhart Hauptmann und Thomas Mann waren mit Vorabdrucken ihrer Arbeiten gern gelitten und erfuhren besondere Aufmerksamkeit. Zum Mittelpunkt und Hauptförderer moderner deutscher Literatur war S. Fischer seit den ersten naturalistischen Werken Gerhart Hauptmanns geworden. Hauptmanns Drama *Vor Sonnenaufgang* hatte im Jahre 1892 die gemeinsame Arbeit angestoßen.

»Für S. Fischer war Hauptmann der bewunderte Freund, dessen Werk die weltanschauliche Basis des Verlages in den Jahren des Beginns gebildet hatte. Die kämpferische Jugend der

Collection Fischer Band VI. von 1898. Kartonumschlag von Wilhelm Schulz.

achtziger Jahre mit ihren neuen sozialen Ideen hatte sich um die beiden großen Dichterrevolutionäre Hauptmann und Ibsen geschart, deren Zugehörigkeit zum S. Fischer Verlag diesen zu einem Zentrum der damaligen sozialen Bewegung gemacht hatte «, erinnert sich der 1897 in Gleiwitz geborene Gottfried Bermann-Fischer in seiner Verlegergeschichte *Bedroht – Bewahrt*. Wie kaum ein anderer verstand es Samuel Fischer, neue Talente zu entdecken und zu fördern. Er gilt deshalb als Autoren-Entdecker, der es überdies vermochte, Begabungen an seinen Verlag zu binden. Er machte sie bekannt. Nie hat er Autoren einem anderen Verlag abgeworben. Sein Verleger-Ethos ist legendär. Thomas Mann, Hermann Hesse, Jakob Wassermann wurden von ihm entdeckt und gedruckt. Nach der Krise der Inflationsjahre begann ab 1923 die erfolgreichste Zeit des Verlages.

Der frühen Reihe *Collection Fischer* (1897 ff.) folgte von 1908 an *Fischers Bibliothek zeitgenössischer Romane*, eine im Sinne der verlegerischen Programmatik anspruchsvolle Buchreihe, in der über zwanzig Jahre lang große europäische Autoren erschienen: neben Gerhart Hauptmann, Hermann Hesse und Thomas Mann auch Björnstjerne Björnsen, Gabriele D'Annunzio, Knut Hamsun, Arthur Schnitzler, Emil Strauß, Eduard von Kayserling. Die *Bibliothek* wurde aufgrund ihrer Ausstattung, dem festen Einband, dem sorgfältigen Druck bei einem niedrigen Preis von einer Mark pro Band schnell erfolgreich. Hermann Hesses *Unterm Rad* hatte eine Auflage von 149 000 Exemplaren. 107 000 waren es bei Thomas Manns erster Buchveröffentlichung, dem Novellenband *Der kleine Herr Friedemann*, und 87 000 bei Arthur Schnitzlers *Frau Berta Garlan*.

Die hohen Auflagen machten die Konkurrenz aufmerksam. Der mit seinen billigen Reihen bekannt gewordene und auf den Kaufhausabsatz spezialisierte Verlag Th. Knaur plante 1929, Thomas Manns *Buddenbrooks* – 1901 erschienen und seitdem ein sich kontinuierlich verkaufender »Steadyseller« – in Millionenauflage als Billigstausgabe auf den Markt zu bringen. Bei Fischer kostete das Buch 17 Mark, für 2,85 Mark wollte es Knaur anbieten. Der Autor sollte durch ein Voraushonorar von hunderttausend Mark geködert werden, doch anstatt seine Zustimmung zu geben, ermunterte Thomas Mann den skeptisch bleibenden Samuel Fischer, das verlegerische Husarenstück selbst zu wagen. Am 7. November 1929 lagen die ungekürzten *Buddenbrooks* in Ganzleinen zum Preis von 2,85 Mark auf den Ladentischen – pünktlich zum Auftakt des Weihnachtsgeschäftes und in einer Startauflage von 150 000 Exemplaren, was in der Eile nur gelingen konnte, indem man den Satz bzw. Duplikate der Druckmatern per Flugzeug an mehrere Druckereien schickte, die gleichzeitig arbeiteten. Dergleichen hatte es vordem für Bücher nicht gegeben. Daß Thomas Mann wenige Tage nach der Auslieferung den Literaturnobelpreis erhielt, kam dem Verlag gerade recht. Bis

Weihnachten fand das Buch 650 000 und bis November 1932 fast eine Million Käufer.

Wesentlichen Anteil am Erfolg des Fischer-Verlages hatte sein engagiertes Lektorat. Die Bindung zwischen Verlag und Autor galt Fischer viel: »*Ein Autor, der sein Werk bald da und bald dort erscheinen läßt, erschwert dem Publikum und dem Sortimentsbuchhandel die Übersicht über sein Gesamtwerk und er erschwert vor allem seinen Verlegern die Stabilisierung seiner Werke auf dem Markt.*« Moritz Heimann, einer von Fischers ersten Lektoren, bewies über drei Jahrzehnte seine Nase als Entdecker junger Talente. Durch die Förderung Hermann Bahrs kamen auch Autoren des Jungen Österreich zum Verlag: Peter Altenberg, Leopold von Andrian, Hugo von Hofmannsthal, Richard Beer-Hofmann und Arthur Schnitzler. In den Jahren 1904 bis 1910 gewann man bedeutende englischsprachige Dichter, darunter George Bernard Shaw, George Meredith und Oscar Wilde. Oskar Loerke, der 1917 Mitarbeiter der Rundschau und zugleich Hauslektor wurde, formte das Verlagsprofil entscheidend mit. Die Schriftsteller Iwan Bunin, Eugen O'Neill, Walt Whitman stießen in den zwanziger Jahren zu Fischer, und im Jahre 1926 kam Joseph Conrad. Ihm folgten Klaus Mann, Walter Mehring, René Schickele, Hermann Broch. 1934 wurde Carl Zuckmayer dem Haus gewonnen.

Samuel Fischer, der 1934 starb, hat die Barbarei der nationalsozialistischen Verfolgung und die Emigration des Verlages im Jahre 1936 nicht mehr erleben müssen. Bis dahin führte sein Schwiegersohn Gottfried Bermann, Mitarbeiter seit 1925, den Verlag S. Fischer weiter. Noch in den Jahren 1933/34 sei das Verlagsprogramm besonders reich und bunt gewesen, erinnert sich Bermann-Fischer. »Als hätte sich nichts verändert, arbeiteten wir weiter.« Doch daß dem Verlag vorerst nicht in die Produktion hineinbefohlen wurde, hatte wenig zu sagen. Schon am 11. April 1933 notierte Oskar Loerke in sein Tagebuch: »Eine entsetzliche Zeit der Leiden und Demütigungen.« Und am 27. April: »Der Bücherabsatz des Verlages war letzte Woche wie abgeschnitten. Die Bücher der neuen Autoren kamen ballenweise zurück.«

Für den S. Fischer Verlag entstand eine schwierige Situation. Er versuchte im Interesse seiner Exilautoren möglichst lange auszuharren. Langwierige Verhandlungen führten 1936 zu dem Ergebnis, daß Johann Heinrich, genannt Peter Suhrkamp (1891–1959), den Verlag als eine »arische« Kommanditgesellschaft übernahm. Suhrkamp gründete, um das Haus für die in Deutschland verbliebenen Autoren zu erhalten, in Berlin die Firma S. Fischer Verlag KG. Die Beibehaltung des Namens war vom Propagandaministerium verlangt worden; 1942 jedoch mußte sich der Verlag auf erneute Anordnung in »Suhrkamp Verlag vorm. S. Fischer« umfirmieren, wenig später durfte er nur noch Suhrkamp Verlag KG heißen. Den schwierigen Zeiten zum Trotz brachte

Suhrkamp bis 1944 noch 178 Neuerscheinungen heraus, gleichwohl war die Situation des Verlages prekär. Denunziationen und Verbote wie bei Hermann Hesses *Glasperlenspiel* im Jahre 1943, schließlich 1944 die Anklage Suhrkamps wegen Hoch- und Landesverrates, die ihn für zehn Monate im KZ verschwinden ließ, brachten den Verlag an den Rand des Ruins.

Während Samuel Fischer bei seiner Tätigkeit eher im Hintergrund wirkte, war Eugen Diederichs (1867–1930) ein Verleger mit Sendungsbewußtsein. Den Lebensreformern und Jugendbewegten zugetan, von neuromantischer und zugleich nationalkonservativer Sinnesart, verfolgte Diederichs volkspädagogische Absichten. Sein Adressat war die Kulturnation, verstanden als klassenlose Geistesgemeinschaft: »sie umfaßt Aristokrat, Bürger und Arbeiter und scheidet sie von der Masse, die nicht bloß im Proletariat, sondern auch in allen anderen Ständen zu finden ist.« Zur Verlagsgründung kam es auf einer Reise durch Italien 1896 in Florenz. Leipzig war Auslieferungsort. Das Impressum »Florenz und Leipzig« erwies sich als äußerst werbewirksam. *Die blassen Kantilenen*, der Verlagserstling, stammte, wie auch das zweite Buch des Programms, von Emil Rudolf Weiß

Die *Monographien zur deutschen Kulturgeschichte* waren die erste Reihe des Eugen Diederichs Verlages. Den 12. und damit letzten Band gestaltete Otto Hupp, der für das Buch auch eine eigene barocke Version des Verlagslöwen entwarf.

(1875–1942), der eigentlich Maler hatte werden wollen und durch Eugen Diederichs angeregt wurde, Bücher zu gestalten, wobei er eine Vorliebe für die Schriften Bodonis und Ungers sowie für Vignetten und Schmuckleisten an den Tag legte. Weiß wurde zu einem bekannten Buchgestalter seiner Zeit; so stattete er für Samuel Fischer die Einzel- und Gesamtausgaben von Hermann Hesse, Gerhart Hauptmann oder Hugo von Hofmannsthal aus und hat auch immer wieder für die Officina Serpentis und den Insel-Verlag gearbeitet.

Im Jahre 1904 übersiedelte der Eugen Diederichs Verlag nach Jena. Die Verlagsarbeit erstreckte sich auf kulturphilosophische, lebensreformerische und kulturpädagogische Werke. Belletristik war mit den Werken des Dänen Jens Peter Jacobsen und der Norwegerin Sigrid Undset vertreten, und Diederichs rühmte, es würden sich unter keinem Verlagssignet so viele Literaturnobelpreisträger versammeln wie unter dem Zeichen des Löwen. Deutsche zeitgenössische Erzähler, abgesehen von Hermann Löns und den Schriften zur Heimatkunst, kamen weniger vor. Einen Verlagsschwerpunkt bildeten die Reihen: die *Monographien zur deutschen Kulturgeschichte, Thule*, die Sammlung zum Sagengut der Germanen und Isländer, *Deutsche Volkheit* und *Deutsche Stammeskunde*. Die *Märchen der Weltliteratur* waren eine seiner erfolgreichsten Reihen. Fritz Helmut Ehmcke gab den über drei Dutzend Büchern ein einheitliches Gesicht und jedem Band sein eigenes individuelles Gepräge. Die Herausgabe älterer deutscher Literatur hatte die Erweckung zu einer deutschen nationalkonservativen Kulturgesinnung zum Ziel. Eine wesentliche Aufgabe fiel dabei der 1907 gegründeten Zeitschrift *Die Tat* zu, die 1912 von Eugen Diederichs herausgegeben und unterstützt wurde, sozial-religiös begann, jedoch in den zwanziger Jahren unter Hans Zehrer eine betont rechtsextreme, antidemokratische Haltung einnahm.

Unter den Neuerern der Buchkultur spielte Diederichs eine führende Rolle. Seine Bücher besitzen ein programmatisches Aussehen: Im Naturleineneinband mit Fadenheftung und markanter Type sind sie das Gegenteil alles schmeichlerisch Gefälligen. Deutlich wird an ihnen das kulturverlegerische Konzept, traditionelle handwerkliche und kunstgewerbliche Buchherstellung für die Massenproduktion zu übernehmen. Ziel der modernen, Imitate verabscheuenden Buchausstattung war ja, den »echten« Materialcharakter zu betonen. Die neuen Buchkünstler beschränkten ihre Tätigkeit oftmals nicht auf die Ausstattung des Buches, sondern betätigten

Reihen- und dazugehöriger Werktitel von 1914, in der Gestaltung von F. H. Ehmcke.

sich auch in der Gebrauchsgrafik sowie als Gestalter von Gebrauchsgegenständen des Alltags. Die Ästhetisierung des Alltäglichen, der Einfluß der Kunst auf Wohn- und Lebensstil sollte umfassend sein und über das Buch hinausreichen. Zu den Mitarbeitern bei Eugen Diederichs zählten E. R. Weiß, F. H. Ehmcke, Johann Cissarz, Peter Behrens und Rudolf Koch. Melchior Lechter, der stärkste Verfechter des Jugendstils und Gestalter der Werke von Stefan George, schuf mit der 1898 bei Diederichs in Florenz erschienenen Ausgabe von Maurice Maeterlincks *Der Schatz der Armen* (1898) ein vielgerühmtes Meisterwerk, das für Liebhaber den Beginn der deutschen Buchkunst des 20. Jahrhunderts markiert. Gedruckt wurde Maeterlincks *Schatz* bei Otto von Holten in Berlin, von Bruno Scheer stammt der Einband: tiefrotes Maroquin, Blindprägung, goldener Rahmen und Titelprägung.

Mit F. H. Ehmcke verband Diederichs eine langjährige Zusammenarbeit und Freundschaft. Das einzige Buch der Steglitzer Werkstatt, die *Sonette nach dem Portugiesischen* der Elizabeth Barrett-Browning wurden für Diederichs gestaltet, und Ehmcke schuf für ihn die *Deutsche Fraktur* für eine Faust-Ausgabe von 1909.

Als sich zu Beginn der zwanziger Jahre der sogenannte *Jungbuchhandel* regte, setzte sich Eugen Diederichs an die Spitze der Reformer. Im Börsenblatt erschien sein Aufruf: »Es muß anders werden. Ein Fehdebrief an den deutschen Buchhandel«. Nach dem Krieg stand es um den buchhändlerischen Nachwuchs schlecht, die jungen selbständigen Buchhändler kämpften mit großen Schwierigkeiten. Der Jungbuchhandel sollte als berufsständische Organistion Bildungsarbeit leisten. Man gründete Sommerakademien und Arbeitsgemeinschaften und brachte Zeitschriften heraus, auf Aufbruch gestimmte Reformblätter wie den *Zopfabschneider*, den *Ochs vom Lauenstein*, den *Jungbuchhändler-Rundbrief* oder *Der neue Stand*. Im Jahre 1927 entstand daraus in der Tautenburger Entschließung ein modern anmutendes Programm eines ersten Berufsbildungsgesetzes – Neuerungen, die unter der Nazidiktatur keine Chance hatten und nach dem Krieg erst mühsam wiederentdeckt werden mußten.

»Sein Tod im Jahr 1930 hat dem selbst keineswegs rassisch verblendeten, stets undogmatischen Diederichs erspart mitzuerleben, wie im dritten Reich sein Verlagscredo von 1912 ›Wir Germanen wollen den Helden, den Qualitätsmenschen als letztes Ziel unserer Entwicklung‹ in die Tat umgesetzt wurde«, schreibt Reinhard Wittmann. 1949 nahm der Eugen Diederichs Verlag Sitz in Düsseldorf und Köln, zum 1. Januar 1988 übersiedelte er nach München. Mit Werken wie *Sozialkunde der Bundesrepublik*, dem *Lexikon der Symbole*, dem *Totenbuch der Tibeter* steht der Verlag dem Programm seines Gründers nicht fern. Die traditionsreiche Märchenreihe und viele die Nachkriegszeit prägende Schriften sind hier erschie-

nen, etwa Helmut Schelskys *Die skeptische Generation*, dazu bibliophile Druckwerke, teilweise von Hegenbarth illustriert, und sorgfältig ausgestattete Regionalliteratur.

Inspiriert von Hans von Weber, schlossen sich Eugen Diederichs, Samuel Fischer, Julius Zeidler und der Drucker Carl Ernst Poeschel zum Tempel-Verlag zusammen. Gemeinsam – um Doppelproduktion zu vermeiden – edierte man wohlfeile Klassikerausgaben. Sie besaßen eine einheitliche Ausstattung, waren handlich, schön gebunden und konnten einzeln erworben werben. Die *Tempel-Klassiker* waren in der Regel zweisprachige Editionen klassischer Texte (Homer, Nibelungenlied, Shakespeare), und erforderten in der Gegenüberstellung von Original und Übersetzung großes typographisches Können. Emil Rudolf Weiß war für Typographie und Ausstattung verantwortlich. Er schuf eigens für die Tempel-Klassiker eine spezielle Schrift, die *Weiß-Fraktur*. Wie einst die Unger-Fraktur lehnte sie sich an die Antiqua an, was sie stark von den zeitgenössischen Frakturschnitten unterschied.

Albert Langen (1869–1909), ein vermögender Patriziersohn aus Köln, gründete 1893 in Paris einen Verlag, in dem als erstes und zunächst einziges Werk *Hunger* von Knut Hamsun erschien. Im Jahre 1894 wechselte Langen nach München. Hier kamen moderne französische und vor allem skandinavische Autoren (Selma Lagerlöf, August Strindberg) heraus: die Bände broschiert, mit plakativen farbigen Schutzumschlägen, bei deren Gestaltung Thomas Theodor Heine Pionierarbeit leistete: »Hier konnte er«, schreibt Jürgen Eyssen über Heine, »den Buchinhalt in pointierte Bildformeln umprägen, hier brauchte er keine Rücksichten auf die Typographie zu üben, hier konnte er ungehemmt Farben zu Hilfe nehmen, sich der suggestiven Kraft des Rot in dem zuckenden Herzen bedienen, das er, auf dem Schutzumschlag zu Hamsuns *Sklaven der Liebe*, der Heldin aus der Brust reißen läßt.« Mit dieser animierend expressiven Aufmachung verkauften sich die Bände wie die sprichwörtlichen warmen Semmeln. 1896 gründete Albert Langen die große satirische Wochenzeitschrift *Simplicissimus*, die auch finanziell ein enormer Erfolg war. Nach wenigen Jahren war die Auflage auf weit über 85 000 gestiegen. Thomas Mann, Ludwig Thoma, Knut Hamsun, Frank Wedekind schrieben für das Blatt, das allerdings nach dem frühen Tod Albert Langens seinen lästerlichen, oppositionellen Charakter verlor und schließlich ins nationale Lager wechselte.

Im Jahre 1931 wurde der Langen Verlag mit dem renommierten 1903 in München gegründeten Georg Müller Verlag fusioniert. Beide Verlage waren 1927 vom kapitalkräftigen Deutschnationalen Handlungsgehilfen-Verband aufgekauft worden. Der DHV betrieb eine nationalistische Medienpolitik, förderte völkische Autoren und strickte mit an der Legende von der jüdisch-kapitalistischen Weltverschwörung. Im Georg Müller-Verlag kam 1926 ein dickleibiger Roman heraus, dessen Titel ein Schlagwort für den NS-Staat werden sollte: Hans Grimms *Volk ohne Raum* erreichte bis 1933 eine Auflage von 265 000 Exemplaren (1940: 480 000).

Für eine besonders glückliche Verbindung von schönem Buch und schöner Literatur, von anspruchsvollem Buchkleid und entsprechendem Inhalt, steht der Insel-Verlag, der im Jahre 1901 an die gleichnamige, von Heymel, Schröder und Bierbaum in Berlin gegründete Zeitschrift *Die Insel* als Unternehmen angeschlossen wurde. Bis zu seinem Tode im Jahre 1904 leitete Rudolf von Pöllnitz den Verlag. Bereits während dieser Zeit wurden die Grundlagen der späteren Entwicklung gelegt. Von Pöllnitz knüpfte die Verbindung mit dem Leipziger Drucker Carl Ernst Poeschel und mit dem Typographen Walter Tiemann, mit den Buchkünstlern E. R. Weiß und Marcus Behmer.

Mit der *Großherzog-Wilhelm-Ernst-Ausgabe* deutscher Klassiker kam bei Insel ein völlig neuer Buchtyp heraus, ein biegsamer Dünndruckband, der zum klassischen Typ der deutschen Dünndruckausgaben wurde, dessen

großer Erfolg sich aber erst später einstellte. 1905 übersiedelte der Verlag vollständig nach Leipzig, wo er bis dahin nur eine Zweigstelle besessen hatte und fand in Anton Kippenberg (1874–1950) einen neuen, vor allem überaus tatkräftigen und couragierten Verleger – zur rechten Zeit, wie Harry Graf Kessler, die »Kraftnatur« Kippenbergs bewundernd, notierte: »Die Insel hatte damals eine Kraft und ein wenig Erdgeruch bitter nötig; denn sie schwamm zu sehr wie eine Insel der Seligen im blauen Äther, wo es zwar unermeßlich viele vergoldete Träume, aber schon lange kein gemünztes Gold mehr gab.« Kippenberg entwickelte ein literarisches Programm für ein größeres Publikum; er sah, daß »der Insel-Verlag gewiß an seinem bescheidenen Theil eine Kulturmission zu erfüllen hat«, daß Verlegen aber zugleich »letzten Endes ein Geschäft ist«, und er trug dieser Aufgabe Rechnung als ein geschäftstüchtiger Verleger, der keine literarischen Zugeständnisse an »minderwertige und schlechte« Bücher machte.

Kippenberg war ein großer Goethe-Freund und -Sammler. An keinem anderen Autor zeigte sich besser die Spannbreite seines Verlagskonzepts: Sie reichte vom Luxusdruck der Folioausgabe der *Italienischen Reise* von 1912, ausgestattet von E. R. Weiß mit faksimilierten

Johann Wolfgang von *Goethe, Romane und Novellen*, Titelseite von Band 1 der Großherzog-Wilhelm-Ernst-Ausgabe. Insel-Verlag 1905.

Zeichnungen des Autors, über die Ausgabe des *Werther*, die ein Abbild der Erstausgabe mit Chodowieckis Kupferstichen (1907) war, über die sechzehnbändige Taschenbuchausgabe als *Großherzog-Wilhelm-Ernst-Ausgabe*, wahlweise in flexiblem Leder oder Leineneinband gebunden, bis schließlich zur sechsbändigen Volksausgabe Goethes, den Band zum Preis von 1 Reichsmark.

Die preiswerte Reihe *Bibliothek der Romane* brachte wichtige Werke der Weltliteratur, Gesamtausgaben der Werke von Balzac, Dostojewski und Dickens, Ausgaben Kleists und Stifters, deren Ausstattung in den Händen von E. R. Weiß lag. Gegenüber der Gegenwartsliteratur blieb Kippenberg reservierter und verfuhr nach der Maxime: »wenig, dafür aber nach Möglichkeit dauerhaft«. Gedruckt wurden Hugo von Hofmannsthal, Rainer Maria Rilke, Ricarda Huch, Rudolf Borchardt, Stefan Zweig, später auch Hans Carossa. Rilkes Werk erfuhr dabei eine besondere Pflege. Eine wahre Huldigung des Insel-Verlages an seinen 1926 verstorbenen Autor war die vierbändige Ausgabe der *Gedichte* Rilkes. Sie kam in den Jahren 1930 bis 1934 in nur 225 Exemplaren heraus, von Kesslers Cranach-Presse in Schwarz und Rot gedruckt, mit Initialen von Aristide Maillol und einem Titel von Eric Gill.

Zu den Luxusdrucken, für die »die Insel« berühmt geworden ist, zählt die Faksimile-Ausgabe der *Gutenberg-Bibel* (1913–1914). Das Faksimile der *Manessischen*

Liederhandschrift, 1927–1929 von Albert Frisch in Berlin ausgeführt, wird als eine Meisterleistung des modernen Lichtdrucks gerühmt. Anton Kippenberg suchte immer wieder Kontakte zu Privatpressen wie der Ernst-Ludwig-Presse und zur Cranach-Presse. Obgleich Schlichtheit und Sparsamkeit ein gestalterisches Markenzeichen des Insel-Verlages waren, war man der Illustration nie abgeneigt. Der Insel-Verlag hat nahezu alle namhaften Illustratoren der Zeit beschäftigt.

Neben den »aristokratischen« Editionen gelang Kippenberg mit der *Insel-Bücherei*, die ab 1912 erschien, eine Demokratisierung des schönen Buches. Hier bewies sich auf vorbildliche Weise der Kulturverleger: Von der anfangs noch gepflegten Unsitte der billigen und rostanfälligen Drahtklammerheftung nahm man bald Abschied, und für 50 Pfennig erhielt der Leser ein fadengeheftetes, festgebundenes, mit Buntpapier bezogenes Pappbändchen, auf gutem holzfreiem Papier und ordentlich gedruckt. Zunächst wurde sogar noch Handsatz gepflegt. Die gute buchkünstlerische Ausstattung wirkte geschmacksbildend in weiteste Kreise des Publikums hinein. Rilkes *Weise von Liebe und Tod des Cornets Christoph Rilke* machte den Auftakt und war der erfolgreichste Band der Reihe, gefolgt von Rudolf G. Bindings *Der Opfergang*. Schon im Jahre 1914 überschritt die Gesamtauflage die Millionengrenze. 1919 war die Reihe auf 250 Titel angewachsen, die in über fünf Millionen Exemplaren verkauft worden waren.

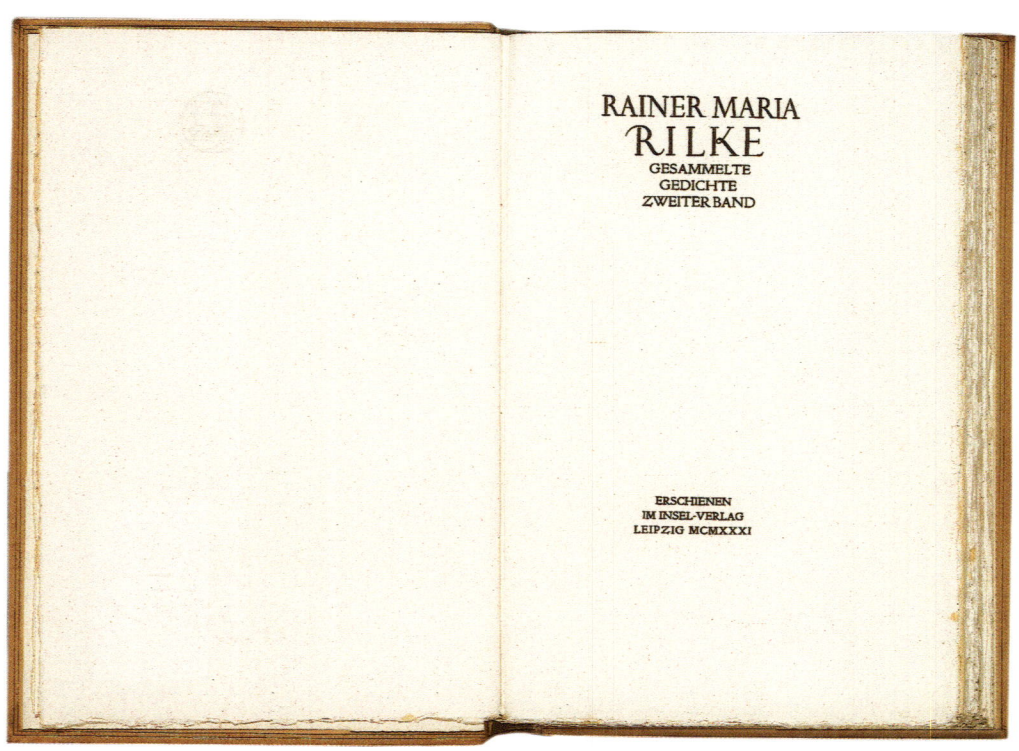

Die vierbändige Ausgabe der *Gesammelten Gedichte* Rilkes kam in den Jahren 1930 bis 1934 in nur 225 Exemplaren heraus, von Kesslers Cranach-Presse in Schwarz und Rot gedruckt, mit Initialen von Aristide Maillol und einem Titel von Eric Gill.

Rainer Maria Rilke, *Gesammelte Gedichte*, 2. Band, Insel-Verlag 1931.

Ein Marken- und Erkennungszeichen war auch der farbige Schnitt. Fast jedes Buch des Insel-Verlages erhielt einen Kopfschnitt in gelber Farbe, die als »Inselgelb« zu einem festen und geläufigen Begriff in den Großbuchbindereien wurde. Leider galt dies nur bis zum Zweiten Weltkrieg. Danach sind Farbschnitte an Büchern weitgehend, nicht nur bei Insel, der Rationalisierung zum Opfer gefallen.

Volkspädagogisch zu wirken, das allgemeine Bildungsniveau zu heben und das kulturelle Nationalbewußtsein zu kräftigen, betrachteten die Brüder Karl Robert (1874–1931) und Wilhelm (1866–1934) Langewiesche als ihre verlegerische Aufgabe. Er wolle, erklärte Karl Robert Langewiesche im Eröffnungsschreiben seiner Düsseldorfer Verlagsbuchhandlung im Jahre 1902, »vornehme Massenartikel zu niedrigen Preisen«, um so »gerade den breiten Massen, also denen, die man die Ungebildeten nennt, durch meine Arbeit dienen zu dürfen«. Sein erstes, sofort erfolgreiches Buch war eine Auswahl von Texten des englischen Reformers Thomas Carlyle unter dem von Langewiesche gewählten Titel *Arbeiten und nicht verzweifeln.*

Achtundzwanzig Jahre zählte Karl Robert Langewiesche, als er als Verleger begann, er sympathisierte mit der Jugendbewegung, wollte sozialreformerischen Ideen Geltung verschaffen und hatte ein Lieblingsthema: Lebensgestaltung. Im Wilhelminischen Kaiserreich

versprachen seine Bücher kleine Sensationen: John Ruskins *Menschen untereinander* erschien 1904, 1906 Hans Wegeners *Wir jungen Männer – Das sexuelle Problem des gebildeten jungen Mannes vor der Ehe*, dann 1907 Friedrich Daab mit *Jesus von Nazareth – wie wir ihn heute sehen.* Im Folgejahr schrieb Maurice Maeterlinck *Von der Inneren Schönheit*, und Heinrich Lhotzky verwies, mit gleicher Blickrichtung, jeden Leser auf *Die Seele deines Kindes.* Das *Buch der Ehe* vom selben Autor vervollständigte 1910 die Liste der familienpädagogischen Handreichungen.

Spätestens seit dem Klassikerjahr 1867, seit *Reclams Universal-Bibliothek* hatte die Edition volkstümlicher Reihen Fuß gefaßt. Wer Literatur mit einem bestimmten inhaltlichen Profil zu einem niedrigen Preis auf den Markt bringen wollte, tat dies klugerweise in einer Reihe. Traf man den Nerv des Publikums, so förderte eine Reihe die Leserbindung – sie versprach Kontinuität. Fischers *Bibliothek zeitgenössischer Romane* von 1909 war eine Reihe – und ein Erfolg. Der Reclam-Verlag unterhielt ab 1913 an den Eingängen von Buchhandlungen, ab 1914 auf 1600 deutschen Bahnhöfen und auf den Lloyd-Dampfern Reclam-Bücherautomaten. Zwölf Titel standen jeweils zur Auswahl zum Preis von je 20 Pfennig. Ullstein gab ab 1910 eine Reihe heraus. Die gelben *Ullstein-Bücher* hatten denselben Einheitspreis, erschienen in einer Auflage von 50000 bis 60000 unter großem Werbeaufwand auf dem Markt. 1912 kam die *Insel-Bücherei* dazu.

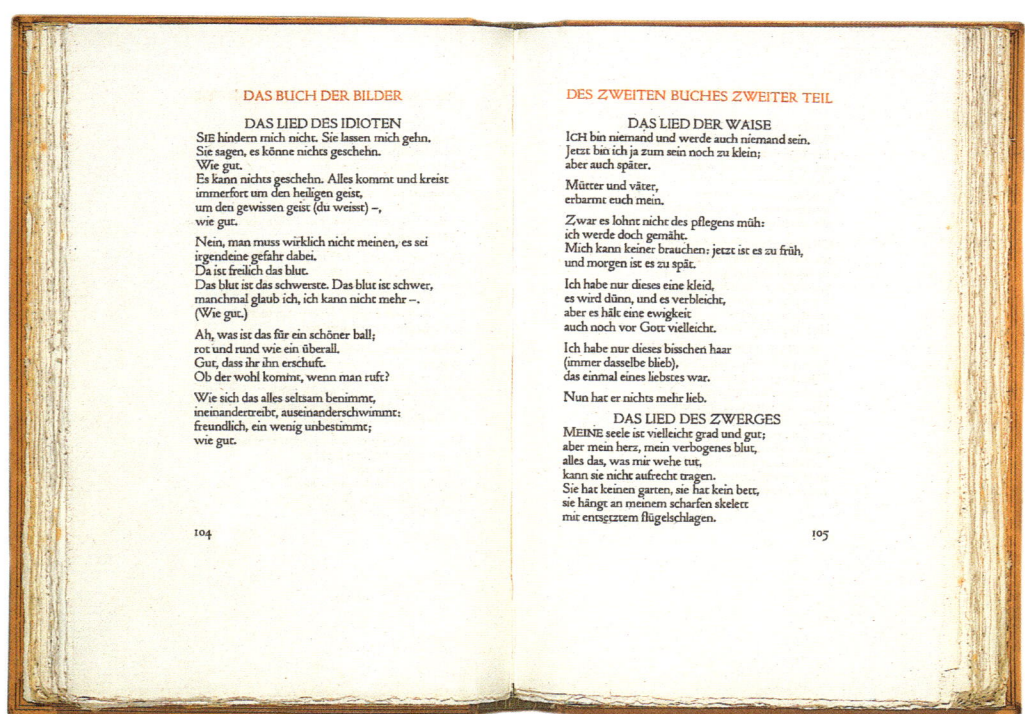

Auch die Langewiesches hatten »ihre« Reihen. Bei Karl Robert waren es *Die Blauen Bücher*. Er wies ihnen die Aufgabe zu, für die Vermittlung von bildender Kunst zu sorgen und schuf damit zugleich einen neuen Kunstbuch-Typ: reich und gut illustrierte Bände zum Einheitspreis, die sich millionenfach verkauften. Der erste Band *Griechische Bildwerke*, im Oktober 1907 erschienen, war nach drei Wochen vergriffen. Sein Bruder Wilhelm, der sich in Ebenhausen niedergelassen hatte, edierte als Gegenstück eine braune Reihe, die *Bücher der Rose*, die sich der Literatur widmeten. Den Anfang machten im Jahre 1906 Will Vespers Anthologie *Die Ernte deutscher Lyrik* und eine Auswahl von Briefen Goethes. Allein diese beiden Ausgaben wurden bis 1915 in 120 000 bzw. 135 000 Exemplaren verkauft. Jeder Band der Reihe, die es in den ersten zehn Jahren auf 33 Titel und eine Gesamtauflage von etwa zwei Millionen brachte, kostete 1,80 Mark.

Verleger und ihre Künstler

Durch die zufällige Begegnung mit dem jungen österreichischen Zeichner Alfred Kubin wurde der Bankkaufmann Hans von Weber (1872–1924) zum Verleger.

Der Inhalt von Kubins Zeichenmappe hatte ihn dermaßen begeistert, daß er beschloß, der junge Künstler müsse gefördert und veröffentlicht werden. Da sich kein Mäzen fand, wechselte von Weber das Fach und wurde Verleger – nicht irgendeiner, sondern »ein Verleger für Bibliophile« (Thomas Mann). 1906 ließ er sein Unternehmen als Hyperion Verlag ins Münchner Handelsregister eintragen.

Zu geförderten »Hauskünstlern« wurden Emil Preetorius und Hans Meid. Emil Preetorius (1883–1973) war mit seinem leicht karikierenden Stil ein idealer Kommentator unter den Illustratoren. Er brachte in »biedermeierlicher« Manier den Schattenrißstil wieder auf und fand dafür mit Claude Tilliers *Mein Onkel Benjamin* das passende, ins Originell-kauzige hinüberschimmernde Sujet. Seine romantischen Lithographien zu Eichendorffs *Aus dem Leben eines Taugenichts* für Hans von Weber erwiesen sich als eingängig und publikumswirksam. Hans Meid (1883–1957), in seinem Stil eher ein Impressionist, schuf für Hans von Weber Lithographien zu Jakob Wassermanns *Donna Johanna von Castilien*.

Von 1908 bis 1910 erschien als Webersches Verlagsperiodikum für Buch- und Dichtkunst die Zweimonatsschrift *Hyperion*, von Franz Blei herausgegeben und von Carl Sternheim finanziert. Das *Hyperion* gehört in eine

390   Rainer Maria Rilke, *Die Weise von Liebe und Tod des Cornets Christoph Rilke*, Insel-Bücherei Nr. 1. Der Band mit dem Schildchen in Antiquaschrift erschien 1912, der Band mit dem Schildchen in Fraktur stammt aus dem Jahre 1934. Der Buchgestalter der Insel-Bücherei war seit 1934 Fritz Kredel.

Reihe mit *Pan* und *Insel*, war genauso ambitioniert und gleichermaßen kostspielig. Hermann Bahr, Rilke, Hofmannsthal und D'Annunzio schrieben in der Zeitschrift, Aubrey Beardsley und Ludwig von Hofmann zählten zu ihren Illustratoren. Man sollte annehmen, daß der bibliophile Hans von Weber ein Bewunderer von Handpressendrucken gewesen sei, aber dies war nicht der Fall. Er fand, es könne »ein auf der Druckmaschine gut gedruckter Bogen jeden Vergleich mit dem besten Handpressendruck aushalten«. Zum Zentrum von Webers Tätigkeit wurden die *Drucke für die Hundert*, eine auf einen festen Subskribentenkreis von nur hundert Mitgliedern beschränkte Edition. Jedes Mitglied erhielt von jedem Druck ein Exemplar mit stets der gleichen, ihm reservierten Nummer. Insgesamt erschienen vierundvierzig Druckwerke, von Band 16 an waren sie illustriert. Das Signet, ein Wassermann mit einem C (für *Centum* = Hundert) entwarf Emil Preetorius. Die Mitglieder konnten Vorschläge für die Titelauswahl machen, die in der Verlagszeitschrift *Zwiebelfisch* vorgestellt und diskutiert wurden. Man darf vermuten, daß der Name der Zeitschrift humorig gemeint war; denn in der Druckersprache sind »Zwiebelfische« Buchstaben aus einer falschen Schrift, die sich beim Setzen im Setzkasten finden, weil etwa ein ausgedruckter Satz in einen falschen Setz-

kasten abgelegt worden ist. Man spricht von einem »verfischten« Setzkasten, wenn entweder »Zwiebelfische« oder »lauter Fische« (Buchstaben der gleichen Schrift, jedoch in den falschen Fächern) zu finden sind. Kurzum, für einen jeden Setzer sind Zwiebelfische eine unerwünschte Spezies, und auch die Lesergemeinde der *Drucke der Hundert* haben sie gewiß nur namentlich beschwören wollen, um Mißgeschicke dieser Art zu bannen.

Daß bei der peniblen Sinnesart des Abnehmerkreises drei Satzfehler ausreichten, um Beschwerdebriefe zu verfassen, erlebte Hans von Weber mit Thomas Manns Novelle *Tod in Venedig*, die im Jahre 1912 als Erstveröffentlichung (ein Jahr vor der Fischer-Ausgabe) und als 12. Druck der Reihe herauskam. Ein »Gewimmel« von Druckfehlern prangerten die aufmerksamen Leser an, die allerdings auch noch manch anderes, Inhaltliches, an der Geschichte vom knabenliebenden Schriftsteller Gustav Aschenbach auszusetzen hatten. Den Schmuck des im übrigen schmucklosen Buches bildete eine elegante Kursivschrift: Der gesamte Text war in Carl Poeschels Leipziger Offizin in der *Tiemann-Kursiv* gesetzt worden. Weber war bestrebt, jedem Text der Reihe ein eigenes, seinem Geist Ausdruck verleihendes Buchgesicht zu geben. Die Formate wechselten, ebenso Schriften und

Die Puderquaste. Verlag Hans von Weber, München 1909. Gedruckt von Poeschel & Trepte, Leipzig. Handeinband von Carl Sonntag jr. 12,5 × 16,5 cm

Umschlagzeichnung von Karl Jakob Hirsch für den Doppelband 25/26 der Sammlung *Die Silbergäule*, Hannover 1919. 14,4 × 22,2 cm.

Schriftgrade, sogar das Papier wechselte in der Tönung und konnte mal ein Japan-, dann wieder ein Velinpapier oder ein russisches Leinenhadernpapier sein. Die *Drucke für die Hundert* wurden nur lose broschiert geliefert, die Arbeit einzelner Einbandmeister konnte vermittelt werden (zum Preis von 20 Mark für einen Ganzlederband). Bevorzugt wurden die Leipziger Einbandmeister Carl Sonntag jr. und E. H. Fikentscher, aber auch Karl Ebert in München und Karl Gerhard Hampe in Hannover haben Einbände geschaffen, des weiteren Franz Weisse, Ignatz Wiemeler, Otto Dorfner und natürlich Frieda Thiersch. Wer Rang und Namen hatte unter den Buchbindermeistern, arbeitete für die Reihe.

Der Impressionismus hat sich buchkünstlerisch wenig geltend gemacht. Das ist kein Wunder, denn genaugenommen bedeutet »impressionistische Buchillustration« einen Widerspruch in sich. Das lateinische *impressio* meint den gefühlsmäßigen Eindruck, Impressionismus ist Stimmungskunst, Dienst an der Empfindung, und sie will den Empfindungscharakter in der Darstellung bewahren. Illustration hingegen ist Dienst am geschriebenen Wort, also an etwas Artikuliertem, Durchgeformtem. Wenn es gleichwohl impressionistische Buchkunst gegeben hat, so mag man dies mit Karl Scheffler

erklären, der in seiner Untersuchung zu diesem Thema schrieb: »Impressionismus schließt zwar das Illustrative aus. Illustration schließt aber keineswegs den Impressionismus aus.« Zwei Verleger, die in diesem Sinne handelten und die Impressionisten Max Slevogt, Max Liebermann und Lovis Corinth dazu brachten, wenn schon nicht Bücher, so doch *in* Büchern zu illustrieren, waren die Cousins Paul (1871–1926) und Bruno (1872–1941) Cassirer aus Berlin.

In der Pan-Presse, die Paul Cassirer 1909 gründete, sollte Weltliteratur ins Bild gesetzt werden. Als erstes traf es James Fenimore Coopers *Lederstrumpf*, der als Riesenfolio mit 312 Illustrationen herauskam. Allein 180 Lithographien, davon 52 ganzseitige Tafeln, steuerte Max Slevogt (1868–1932) bei, hochdramatische, eindrucksvolle Bildszenen, die allerdings auch eine Problematik dieses Unternehmens zeigten: Dem Text wird nicht gedient, er wird besiegt, da Bildkunstwerke eigenen Rangs neben ihm Platz greifen und ihn vergessen machen. Bereits 1903 hatte Slevogt – als sein erstes Buch für Bruno Cassirer – *Ali Baba und die vierzig Räuber* illustriert. Er liebte die große Szene, liebte Märchen- und Abenteuermotive. Slevogts bevorzugtes Medium war die Lithographie, da er am liebsten in einem freien, offenen Stil

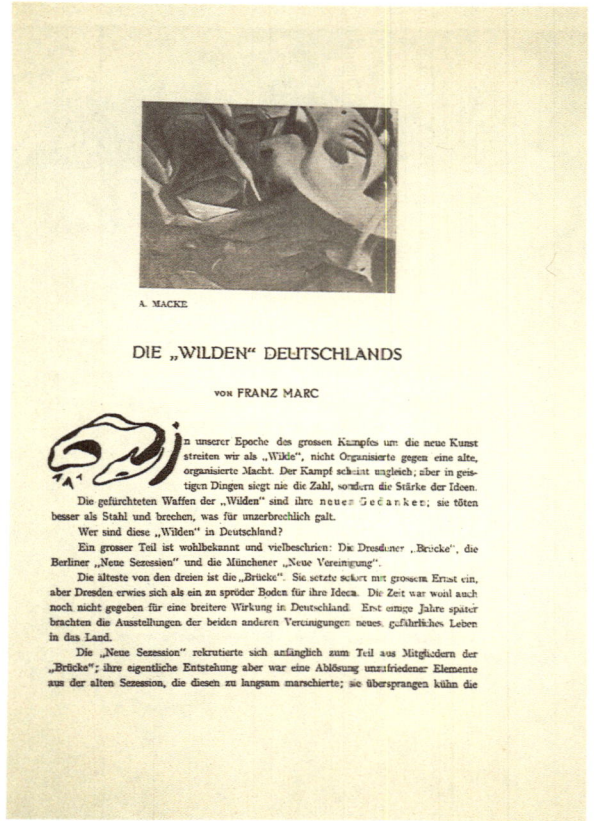

Der Blaue Reiter. Die Holzschnitt-Illustrationen für den Einband entwarf Wassily Kandinsky. Piper Verlag, München 1912. 21 × 29,5 cm.

Der Blaue Reiter, Textseite mit Initiale von Franz Marc. Vorangestellte Reproduktion von August Mackes »Sturm«.

direkt auf den Stein zeichnete. Für Goethes *Faust II. Teil*, 1926 bei Bruno Cassirer in 300 Exemplaren erschienen, schuf er mehr als 500 Lithographien, satzspiegelsprengende Bilder eigenständigen Charakters. Das Publikum war entzückt und kaufte, die Kritik hat auf die überbordende Dynamik der meisten Slevogtschen Buchbilder mit großen Vorbehalten reagiert. Der Tenor lautete: künstlerisch überragend, als Illustration mißlungen. Eine Ausnahme machen Slevogts Radierungen zur *Zauberflöte* von 1920, dem siebzehnten Werk der Pan-Presse. Die 47 Randzeichnungen darin sowie die Illustrationen zum *Don Juan* gelten als seine besten illustrativen Arbeiten.

Ähnlich wie bei Max Slevogt tritt auch in den Illustrationen von Lovis Corinth (1858–1925) die Einheit von Bild und Typographie in den Hintergrund. Illustration ist Auftragskunst, der Autor soll die Führung behalten, aber eben dies schienen die beiden Künstler vergessen machen zu wollen. Für Paul Cassirer schuf Corinth Illustrationen zum *Buch Judith* (1910) und zu Martin Luthers Übersetzung des *Hohen Lieds* (1911). Die Ausgaben erschienen als zweiter und fünfter Druck der Pan-Presse mit 22 bzw. 26 farbigen Lithographien. Bei Fritz Gurlitt erschien *Das Leben des Götz von Berlichingen* und *Reineke Fuchs*. Corinth ist immer wieder vorgeworfen worden, die Illustrationen seien ohne Zusammenhang zum Text und fügten sich nicht gut in den Schriftsatz ein.

Großen Wohlwollens hingegen erfreuen sich unter Illustrations-Ästheten die Arbeiten von Max Liebermann (1847–1935). Der Maler Liebermann kam erst spät zur Buchillustration. Er illustrierte für Bruno Cassirer in Berlin Werke Goethes und Kleists; Heines *Rabbi von Bacharach* kam bei Propyläen heraus. Fontanes *Effi Briest* ist das einzige zeitgenössische Werk, das Liebermann illustriert hat. Er war fast achtzig, als er die Lithographien schuf, und früher mit dem alten Fontane in Freundschaft verbunden gewesen. 1926 wurde das Buch in der Officina Serpentis im Auftrag der Maximilian-Gesellschaft gedruckt. Liebermanns Buchillustrationen gelten als Alterswerk, damit wird seine »Anpassungsfähigkeit« erklärt, die ihn von der extremen Eigenwilligkeit Corinths und Slevogts unterscheidet.

Nach dem Ersten Weltkrieg war es mit dem dekorativen Jugendstil auch in der Buchillustration vorbei. Zartes Kolorit und Ornament verschwanden. Die neue graphische Kunst des Expressionismus begegnete dem Betrachter mit Kontrasten, hartem Schwarzweiß und intensiven, ja grellen Farben. Anders als die Impressionisten haben die expressionistischen Maler die Buchillu-

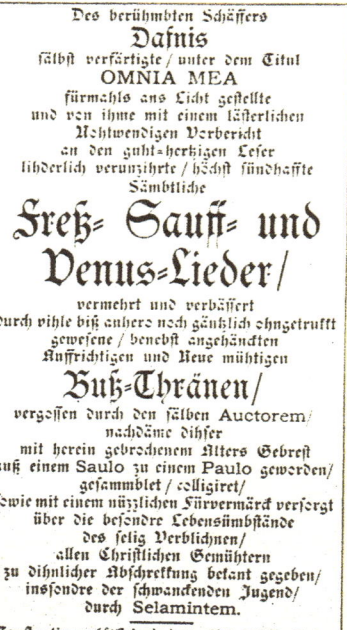

Das erste Buch, das Reinhard Piper verlegte, und eine hübsche Irreführung: Hinter der vorgetäuschten Barockpoesie verbarg sich als Autor der Naturalist Arno Holz. Innentitel. Piper Verlag, München 1904. 11 × 17,3 cm.

stration stark geprägt. Auf den ersten Blick scheinen die expressionistischen Autoren und Buchkünstler ein überwältigendes verlegerisches Entgegenkommen gefunden zu haben: Ungefähr hundert Verlage haben nachweislich expressionistisch illustrierte Bücher herausgebracht. Als verdiente Förderer und programmatisch Anteilnehmende jedoch läßt ein Kenner der Materie wie Lothar Lang nur 17 Verlage gelten, darunter viele, denen nur eine kurze Lebensdauer beschieden war, gerade weil sie ihre Existenz auf Gedeih und Verderb mit der neuen Kunst verbanden. Von Anbeginn dabei war der Schriftsteller Alfred Richard Meyer, Lesern jener Zeit besser bekannt unter dem Pseudonym Munkepunke, der von 1907 bis 1923 in Berlin-Wilmersdorf die *Lyrischen Flugblätter* edierte. 105 Nummern erschienen, die Hälfte davon mit einem gezeichneten Titelbild: schmale, meist 16 Seiten umfassende Hefte, in denen Else Lasker-Schüler, Gottfried Benn, Paul Zech, Max Herrmann-Neiße und andere Expressionisten Proben

ihrer Dichtung gaben. Unter den Illustratoren waren es namentlich Max Odoy (1886–?), Magnus Zeller (1888–1972), Ludwig Kainer (1885–?) sowie Ludwig Meidner (1884–1966) und Ernst Ludwig Kirchner (1880–1938), die Zeichnungen beisteuerten.

Zur bekanntesten und erfolgreichsten Schriftenreihe des Expressionismus wurden die *Silbergäule* des Verlegers Paul Steegemann (1894–1954) in Hannover. Steegemann begann 1919, dem Jahr der Verlagsgründung, mit der Herausgabe der »radikalen Buchreihe« und brachte es bis 1922 auf 60 Hefte (153 Nummern). Versammelt waren hier spätexpressionistische Lyrik, Prosa und Essays über Kunst, Politik und Philosophie. Zeitgenössische Graphik lieferten Karl Jakob Hirsch, Ernst Schütte, Walter O. Grimm, Otto Hohlt, Viktor Josef Kuron und andere. Vor allem durch die Gestaltung der Umschläge nehmen die Hefte einen verdienten Ehrenplatz in der expressionistischen Buchkunst ein. Steegemann ist eigentlich weniger als Parteigänger des Expressionismus

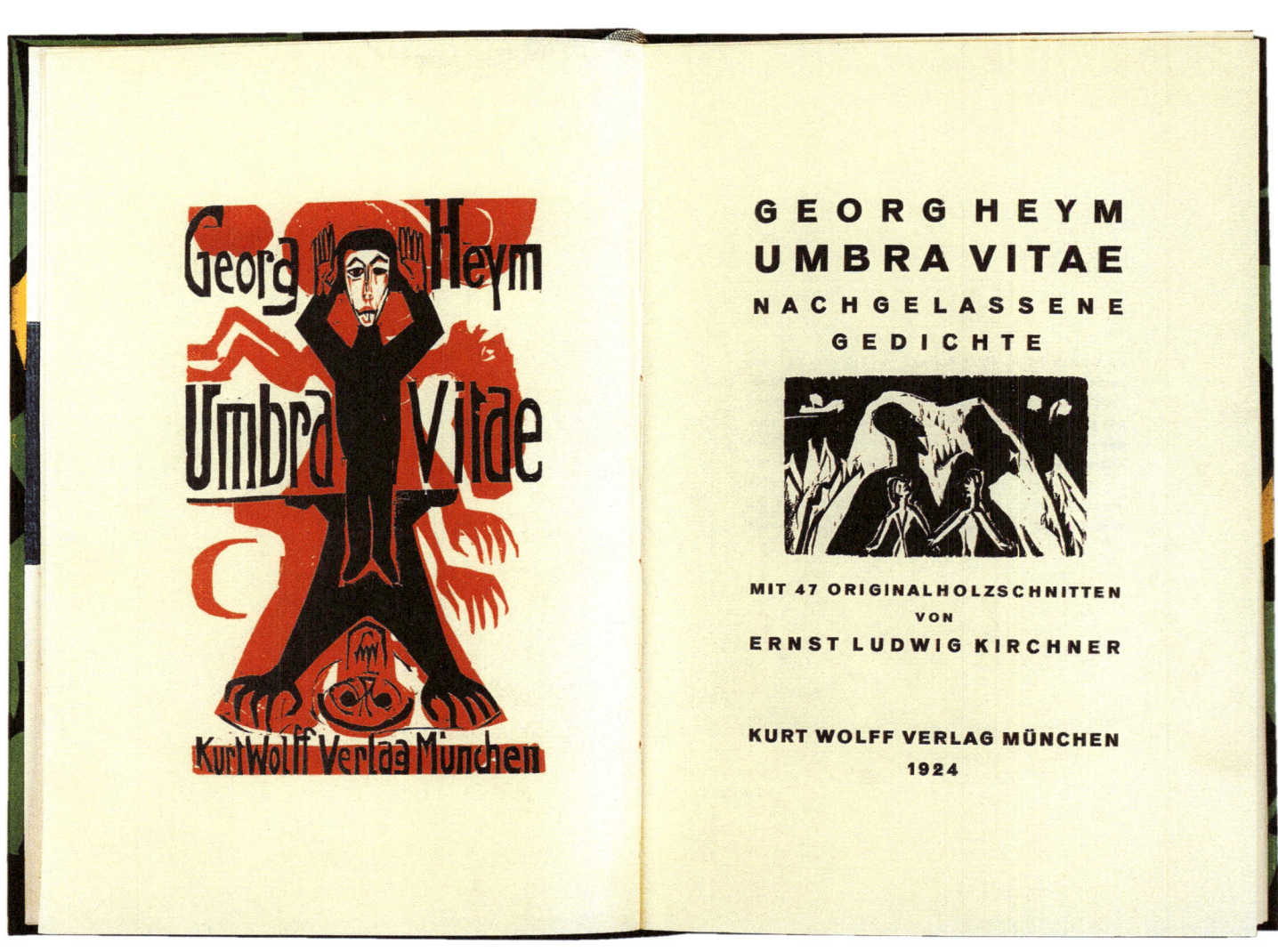

394 Georg Heym, *Umbra vitae*, 1924. Mit 47 Holzschnitten von Ernst Ludwig Kirchner. Die Spamersche Druckerei in Leipzig druckte das Buch in einer Auflage von 510 in der Presse numerierten Exemplaren.

Kirchner hatte angegeben, wie das Werk auszustatten sei und auch Holzschnitte für Einband und Vorsatz geschaffen. Kurt Wolff Verlag, München 1924. 15,7 × 22,9 cm.

denn als Verleger der Dadaisten berühmt geworden, jedoch sind in diesem Fall die Übergänge fließend. Als Nummer 39/40 der *Silbergäule* erschien die legendäre Gedichtsammlung *Anna Blume* des hannoverschen Dadaisten und Merzkünstlers Kurt Schwitters, das meistverkaufte Heft der Reihe (13 000 Exemplare bis 1922), berühmt für das titelgebende Poem *An Anna Blume* und dessen Anfangszeilen: »O du, Geliebte meiner siebenundzwanzig Sinne, ich liebe dir! – Du deiner dich dir, ich dir, du mir. – Wir?« Ausschließlich expressionistische Graphik enthielt die mit acht Steinzeichnungen von Max Buchartz illustrierte Ausgabe von F. M. Dostojewskis Roman *Die Dämonen* aus dem Jahre 1919.

Noch bevor Reinhard Piper (1879–1953) am 19. Mai 1904 seinen Verlag ins Münchner Handelsregister eintrug, schrieb er zuversichtlich seinem ersten Autor, dem Naturalisten Arno Holz: »Fange klein an, habe aber große Rosinen im Sack.« Das Verlagsprogramm der ersten Generation (Reinhard Piper führte den Verlag bis

1946, dann übernahm Sohn Klaus die Regie) wies mit Literatur, Philosophie und Kunst gleich drei Schwerpunkte auf. Das Debüt machten *Des berühmten Schäffers Dafnis Fress-, Sauff- und Venus-Lieder* von Arno Holz, eine Gedichtsammlung, die Barockpoesie vortäuschte, aber natürlich aus Holzens eigener Feder stammte. Noch im Gründungsjahr folgten *Die modernen Illustrationen*. Der Band leitete die vielfältige Reihe der Kunstpublikationen ein: Werke der Kunstschriftsteller und Kunsthistoriker Julius Meier-Graefe, Wilhelm Hausenstein, Richard Benz, Ernst Buschor, Oskar Hagen, Max Dvorák, Wilhelm Worringer. Themen aller Kunstepochen waren vertreten, vom alten Ägypten über den mittelalterlichen Holzschnitt bis zu den Impressionisten und den Meistern der Gegenwart.

Reinhard Piper pflegte einen regen Kontakt zu den expressionistischen Künstlern und suchte sie als Mitarbeiter zu gewinnen. Kokoschka illustrierte für ihn den *Tubutsch* von Albert Ehrenstein, Schneidler eine Aus-

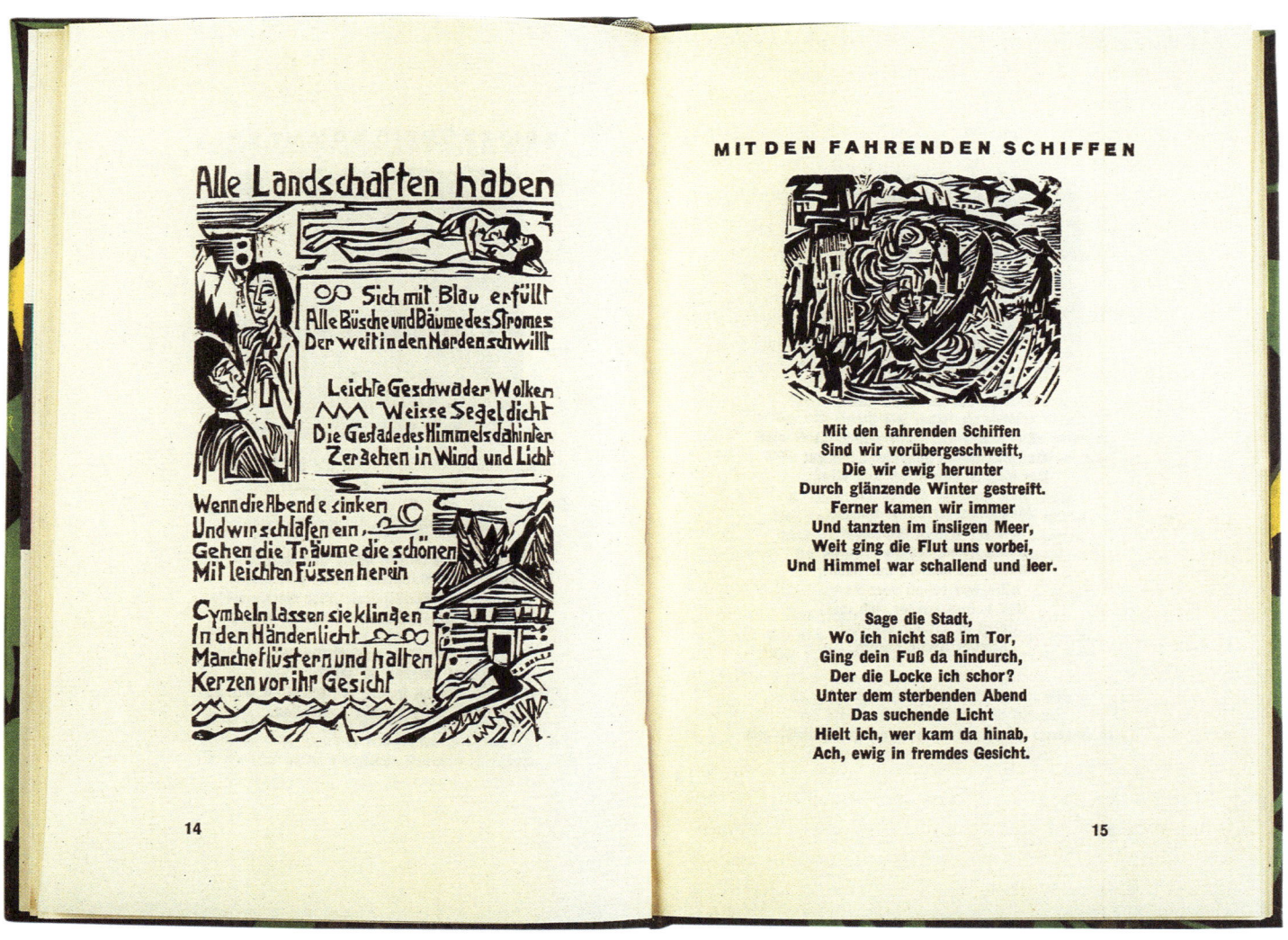

Aus demselben Buch. Georg Heyms *Umbra vitae* gilt als zentrales Werk expressionistischer Buchkunst. Daß auch Kurt Wolff und sein Verlagsprogramm mit dem Expressionismus identifiziert wurden, hat Wolff sehr verdrossen. Rückblickend schrieb er: »Es wurde mein verfluchter, verhaßter Ruhm, Verleger des Expressionismus gewesen zu sein. Seit 35 Jahren wehre ich mich gegen diese Abstempelung, im Gespräch mit Freunden und Feinden. Vergeblich.«

gabe von Heinrich Heines *Atta Troll*, beides im Jahr 1912. Ebenfalls 1912 erschien im Piper Verlag Wassily Kandinskys Schrift *Über das Geistige in der Kunst*, welcher der Autor zehn Holzschnitte beigegeben hatte, sowie eine Publikation von größter ästhetischer Wirksamkeit: der von Kandinsky und Franz Marc redigierte Almanach der Künstlergruppe *Der Blaue Reiter* mit Texten und Illustrationen von heute klassischen Meistern der Moderne wie David Burljuk, August Macke, Franz Marc und Wassily Kandinsky sowie mit Kompositionen und Aufsätzen zur Musik von Alban Berg, Arnold Schönberg, Anton von Weber. »Zwar stört«, schreibt Lothar Lang, »der Widerspruch zwischen Letter und Buchschmuck empfindlich, doch die Tier-Initialen und Signete von Franz Marc und die Initialen von Hans Arp zeigen bereits Möglichkeiten eines expressionistischen Buchschmucks.«

Karl Rössing (1897–1987), ein ehemaliger Ehmcke-Schüler, und Hans Alexander Müller (1888–1962) entdeckten und belebten den Holzstich wieder, sie beherrschten ihn virtuos. Beide begründeten eigene Schulen. Auch Richard Seewald (1889–1976) hat als Holzschneider für die Buchillustration gearbeitet. Der Bildhauer Ernst Barlach (1870–1938) schuf eindringliche Illustrationen von großer Formstrenge. Seine Vorliebe galt dem Holzschnitt, daneben arbeitete Barlach aber auch mit der Lithographie, so für die Illustration seines Buches *Der arme Vetter*, das 1919 in Paul Cassirers Pan-Presse erschien. Ein besonders populärer Graphiker war der Flame Frans Masereel (1889–1972), dessen Holzschnitte die Werke von Stefan Zweig, Romain Rolland, Émile Zola illustrierten. Nach dem zweiten Weltkrieg lehrte Masereel an der Saarbrückener Kunstschule. Charles de Costers *Die Geschichte von Ulenspiegel* (1926) mit 150 Holzschnitten Masereels zählte Kurt Wolff zu den gelungensten Werken seines Verlages. Gedruckt wurde das zweibändige Werk von Carl Ernst Poeschel in einer Fraktur mit »Holzschnittcharakter«.

Die Künstler des Expressionismus, Maler wie Dichter, einte der dramatische Gestus ihrer Werke, ein Gestus der Ekstase, des Anklagens, Demaskierens, Aufspießens, Tabuverletzens. »Ich hab' einen Haß, einen grimmigen Haß / Und weiß doch selbst nicht recht auf was«, dichtete Alfred Lichtenstein. Entstanden zu einer Zeit, in der politische und soziale Spannungen wuchsen, artikulierten sich die Expressionisten als eine radikale, bald als revolutionär eingestufte Bewegung, der es um das »Wesentliche« ging. Es waren die um 1880 bis 1895 Geborenen, die hier ihre Stimme erhoben. Sie hatten die Krise der bürgerlichen Gesellschaft seit der Jahrhundertwende miterlebt. Verfall, Krieg, Untergang, aber auch Aufbruch und Revolution waren ihre Themen. Die *Menschheit* rückte in Georg Trakls gleichnamigem Gedicht an den Abgrund: »Menschheit vor Feuerschlünden

aufgestellt, / Ein Trommelwirbel, dunkler Krieger Stirnen, / Schritte durch Blutnebel; schwarzes Eisen schellt, / Verzweiflung, Nacht in traurigen Gehirnen: / Hier Evas Schatten, Jagd und rotes Geld.« Das war eine Tonlage, die sich mit der Ästhetik der Sezessionisten nicht vertrug.

Am stärksten expressionistisch engagiert zeigten sich auf verlegerischer Seite die Jungverlage, Neugründungen, während die etablierten Kulturverleger der neuen Richtung zunächst skeptisch gegenüberstanden. Aufgeschlossen für expressionistische Illustrationen im Buch waren Erich Reiß sowie Paul und Bruno Cassirer und vor allem Kurt Wolff (1887–1963), der Expressionismus-Verleger schlechthin. Bei Wolff wird man einige Hauptwerke expressionistischer Buchillustration finden: Oskar Kokoschka illustrierte für seinen Verlag 1914 *Die chinesische Mauer* von Karl Kraus mit 8 Lithographien sowie 1923 Victor Dirsztays *Der Unentrinnbare* mit 8 Zeichnungen. 1918 erschien Ludwig Meidners *Im Nacken das Sternenmeer* mit 12 Zeichnungen des Verfassers. Eine Ausgabe von Voltaires *Candide* kam 1920 mit 26 Federzeichnungen Paul Klees im Verlag heraus.

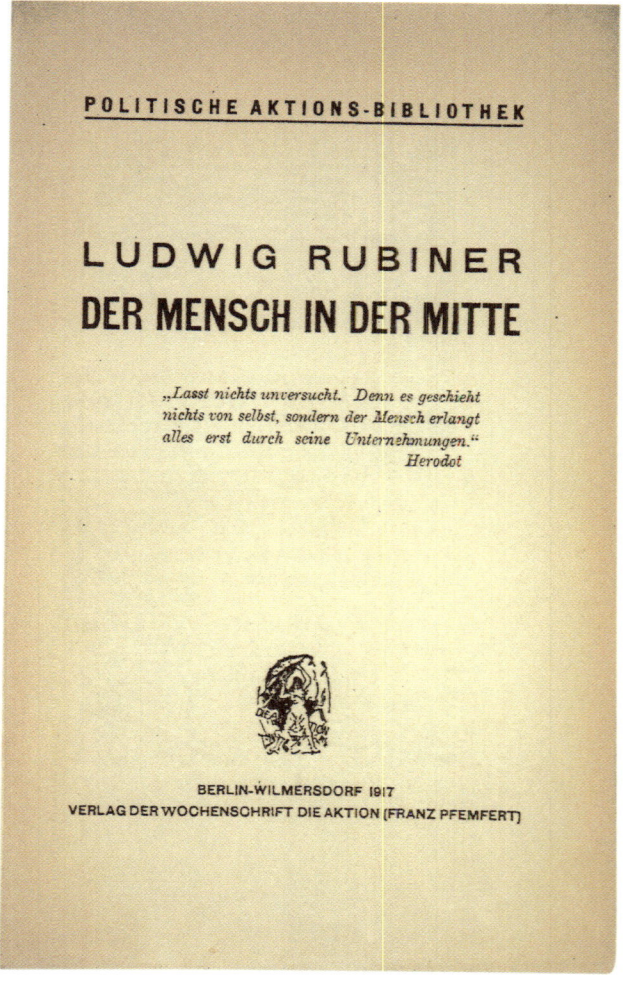

Wie Franz Pfemferts Zeitschrift *Die Aktion,* so war auch der gleichnamige Verlag ein Forum für expressionistische Literaten, vornehmlich solche mit sozialistischer und pazifistischer Tendenz. Berlin-Wilmersdorf 1917. 13 × 21 cm.

Nicht zu vergessen schließlich die nachgelassenen Gedichte des 1912 beim Eislauf auf der Havel ertrunkenen Georg Heym: *Umbra vitae*, 1924 erschienen und mit 47 Holzschnitten von Ernst Ludwig Kirchner ausgestattet, ist nach dem Urteil von Lothar Lang »die geschlossenste und vollkommenste Buchgestaltung des Expressionismus«. Für den Satz hatte man eine fette Groteskschrift gewählt, die Vorsätze waren farbig, der Einband plakativ, und Kirchners expressive Holzschnitte brachen mit jedem Dekorationsstil.

Schon in der Anfangsphase besaß Kurt Wolff einen sicheren Instinkt und ein ästhetisches Urteil für die jungen expressionistischen Talente – für die Bildkünstler so gut wie für die Literaten. Auf Kirchner war er durch Hans Mardersteig aufmerksam geworden. Kurt Wolff begann als Teilhaber des gleichaltrigen Ernst Rowohlt (1887–1960), bevor er im Februar 1913 seinen eigenen Verlag gründete. Die Firma Ernst Rowohlt Paris-Leipzig hatte Anfang des Jahres 1908 in München einen ersten Verlegerversuch mit *Lieder der Sommernächte* von Gustav C. Edzard unternommen. Das Buch erschien in

nur 270 Exemplaren und wurde vom jungen Verleger in Schwabing selbst vertrieben. Kurt Wolff trat Ende des Jahres 1908 als dringend benötigter Geldgeber und »Compagnon« in den Verlag ein. Das Geschäftliche allerdings sah er als zweitrangig an. »Am Anfang war das Wort, nicht die Zahl«, war Wolffs lakonische Antwort an alle, die Rentabilitätserwägungen an die erste Stelle verlegerischer Paxis setzten. Zunächst schien das Gespann Rowohlt-Wolff ein ideales Bündnis zu sein. Der mit ihnen befreundete Emil Preetorius glossierte sie zeichnerisch als »siamesische Zwillinge«. Von 1910 an gaben die beiden Bücherliebhaber auch die *Drugulin-Drucke* heraus, eine erschwingliche und dennoch auserlesene Edition, die nicht nur von der Zeitschrift für Bücherfreunde begeistert gelobt wurde und heute eine gesuchte Rarität ist. Darin erschienen die Briefgedichte des jungen Goethe, Platens *Venezianische Sonette*, Goethes *Iphigenie auf Tauris* und *Torquato Tasso*, Shakespeares Sonette, Gedichte Baudelaires.

Wie der spätere, so hatte auch dieser erste Rowohlt-Verlag ein Auge auf die literarischen Neuerer. Man

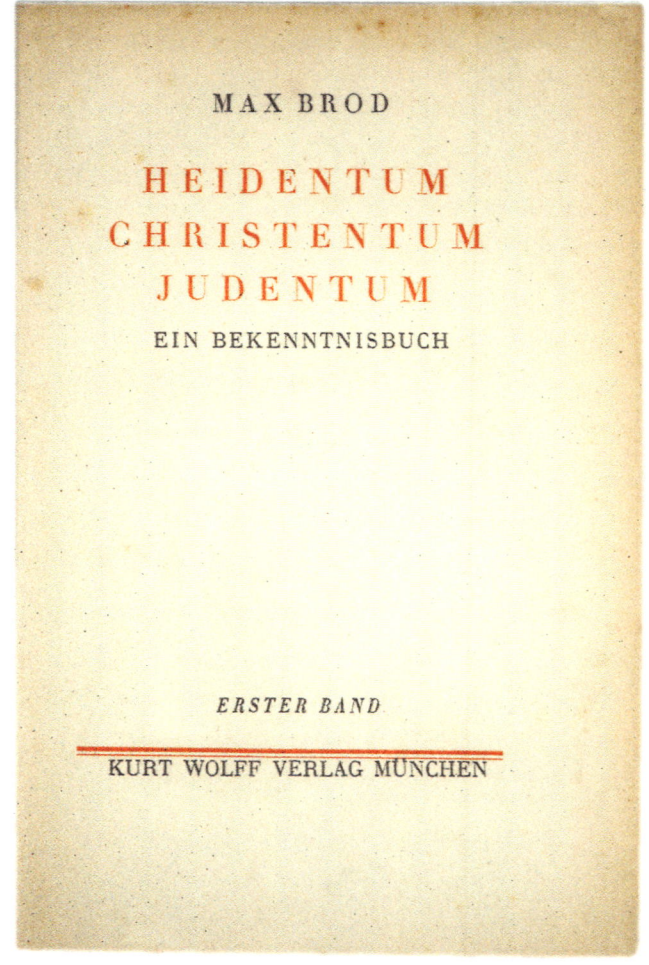

»Der Jüngste Tag soll mehr als ein Buch sein und weniger als eine Bücherei: er ist die Reihenfolge der Schöpfungen der jüngsten Dichter, hervorgebracht durch das gemeinsame Erlebnis unserer Zeit«, hieß es im Verlagsverzeichnis. Leipzig 1916. 132 × 21,7 cm.

Max Brod, *Heidentum, Christentum, Judentum.* Kurt Wolff Verlag, München 1921. 12 × 18,4 cm.

druckte Paul Scheerbart, Herbert Eulenberg, Max Dauthendey. Kurt Pinthus war Lektor. Im November 1912 – Rowohlt hatte den Verlag bereits verlassen – erschien, durch Max Brod vermittelt, das erste Buch des jungen Franz Kafka: *Betrachtung*, achtzehn kurze Prosastücke, in einer numerierten Auflage von 800 Exemplaren. 1913 übernahm Kurt Wolff den Rowohlt-Verlag und die Autoren. Der Verlag wuchs sich zum Forum der jungen expressionistischen Dichter aus. Wolff wurde zu ihrem Mentor. Die Generation ist hier fast vollzählig vertreten: Gottfried Benn, Georg Heym, Franz Kafka, Else Lasker-Schüler, Georg Trakl, Robert Walser, Franz Werfel, Walter Hasenclever. Von den ausländischen Autoren gehörten Émile Zola, Guy de Maupassant, Anton Chechov, Maxim Gorki dazu. 1913 kam Kurt Wolff auf Initiative seines Lektors Franz Werfel mit einer sensationell billigen avantgardistischen Reihe auf den Markt, die *Der jüngste Tag* hieß und pro Nummer 80 Pfennig kostete.

Die oft geäußerte Feststellung, Literaturgeschichte lasse sich auch als Geschichte von Verlagen oder besser Verlegern schreiben, denn schließlich wäre ohne diese unternehmenden Förderer viel versandet und wenig erschienen, gilt gewiß für den Kurt Wolff Verlag, dessen Programm ein Spiegel der literarischen Moderne ist. Freilich bürgt allein der Umstand, ästhetisch die Nase vorn zu haben und die Avantgarde der Zeit zu verlegen, noch nicht für geschäftlichen Erfolg. Wolff hatte das Glück, im Verlagsdirektor Georg Heinrich Meyer (1858–1931) ein ideenreiches »Verkaufsgenie« zu besitzen, das den Verlag bis in die ersten Kriegsjahre mit Geschick führte. Meyer wußte um die Macht der Werbung: »Inserieren, inserieren, inserieren – nur so können wir Bücher verkaufen«, gab er als Parole aus. Das Publikum wurde durch großformatige Zeitungsanzeigen und Plakate an Litfaßsäulen auf Neuerscheinungen aufmerksam gemacht.

Die Blütezeit des Kurt Wolff Verlages fällt mit dem expressionistischen Jahrzehnt zusammen. Als in den zwanziger Jahren die Bewegung abebbte, sah es ganz so aus, als habe Wolff den Anschluß zur Literatur der Folgezeit versäumt. Er verstärkte sein Engagement auf dem Kunstbuchmarkt, verlegte Künstler- und Malerbücher und war an anderen Verlagsprojekten beteiligt. Von Hans von Weber übernahm Wolff den Hyperion-Verlag. Hier erschien 1920 Voltaires *Candide* mit Figurinen von Paul Klee. Für die Edition der Schriften von Karl Kraus gründete Wolff einen eigenen Verlag, der auch genauso hieß: Verlag der Schriften Karl Kraus. Das Aus in Deutschland brachte der Hitlerismus. Nach 1933 durften die meisten seiner Autoren nicht mehr erscheinen; der Verlag war mit einem Schlag zu einem Pandämonium »entarteter« Kunst und Literatur geworden. Kurt Wolff emigrierte in die USA. Er führte dort den Pantheon-Verlag, dessen deutsche und englische Ausgabe des *Tod des Vergil* von Hermann Broch zu den meisterhaften Drucken des Verlages gehört.

Bücherboom, Bücherkrise, Verkaufsschlager

Die ökonomische Blüte im Gefolge der Reichsgründung von 1871, der Fortschritt der Drucktechnik zur Rotationsmaschine und die Verstädterung der Leserschaft ließen die Buchproduktion in bis dahin nicht gekannte Größen steigen. Gegen Ende des 19. Jahrhunderts war es durch die Petroleumlampe auch den ärmeren Bevölkerungsteilen möglich geworden, abends und nachts zu lesen. Das Gasglühlicht und die elektrische Beleuchtung

398   Die *Hansa-Fibel*, 1914 bei Georg Westermann in Braunschweig erschienen, war damals eines der erfolgreichsten Schulbücher. 15 × 23 cm.

– 1879 hatte Edison die Kohlenfadenglühlampe konstruiert – verbesserten in den bürgerlichen Wohnstuben die Voraussetzung für ein Lesen in den Dunkelzeiten.

Um die Wende zum 20. Jahrhundert konnten 95 bis 99 Prozent der Bevölkerung lesen und schreiben. Die Anforderungen, die die arbeitsteilige Industriegesellschaft stellte, veränderte die Bildungsschicht. Die Beamtenschaft, der Kern des alten Bildungsbürgertums der Kaiserzeit, verlor ihre tonangebende Stellung. Theologen, Juristen und Philologen wurden von Naturwissenschaftlern und Nationalökonomen verdrängt. Damit einher ging der Aufstieg Deutschlands zur wirtschaftlichen Führungsmacht. Im Jahre 1900 hatte die Produktion von Wirtschaftsgütern im Deutschen Reich die englische überholt. Das galt auch für Druckerzeugnisse. Von 1869 bis 1901 stieg die jährliche Produktion von 10 600 auf über 25 000 Titel: Deutschland hatte sich an die Spitze der Weltbuchproduktion gesetzt. Im Jahre 1910 betrug sie 31 281 Neuerscheinungen. Auch die Auflagenhöhe wuchs. Im 19. Jahrhundert hatte sie für gebundene Ausgaben durchschnittlich 700 bis 800 Exemplare betragen. Heinrich Manns *Professor Unrat* erschien 1905 in 10 000 Exemplaren, sein Roman *Die Armen* im Jahre 1917 mit einer Auflage von 50 000.

Kolportage und Straßenverkauf blieben zu Beginn des Jahrhunderts für die unteren Schichten die übliche Art und Weise, an ein Buch zu gelangen. Den »vornehmen Buchladen« betrat das Volk, so Karl Bücher 1903, »wie eine Apotheke nur im äußersten Notfall«. Das war auch gar nicht nötig, solange andere den Massenabsatz besorgten. Wenig erkundet ist bis heute, welche Rolle das Aufkommen der Warenhäuser in den Großstädten spielte. Bücherramsch und Modernes Antiquariat waren den Warenabteilungen angegliedert, und hier entfiel die Schwellenangst. Reinhard Wittmanns Buchhandelsgeschichte verweist auf die Verkaufsstatistik eines Berliner Warenhauskonzerns aus dem Jahr 1899, die zwar nur 8000 Werke von Klassikern auflistet, dafür aber 150 000 Bilderbücher, 120 000 Unterhaltungsschriften und 11 000 Kochbücher.

Die Kriegsjahre 1914 bis 1918 belasteten die Wirtschaft schwer. Währung und Kaufkraft verfielen. Verlage und Buchhändler blieben davon nicht verschont. Zwangswirtschaft und Papiermangel hemmten die Produktion. Der alte Konflikt zwischen Handel und Verlag brach wieder auf. Um die Interessen der Sortimenter gegenüber den Verlagen zu vertreten, gründete sich 1916 die »Buchhändlergilde«. Der feste Ladenpreis hatte in den Jahren 1917 bis 1923 keine faktische Grundlage. Die Inflation fraß die Gewinne im Druckgewerbe. Es existierten »unverbindliche« und »Tagespreise«. Der Börsenverein setzte 1918 die Einführung eines Teuerungszuschlages in Höhe von 10 Prozent auf den Verkaufspreis aller Bücher durch. Selbst nach Ende des Krieges blieb diese Regelung in Kraft, im Januar 1920 erhöhte sich der Teuerungszuschlag sogar auf 20 Prozent.

So begann die junge Republik unter schlechten ökonomischen Bedingungen. Mit fortschreitendem Währungsverfall erwiesen sich die festen Teuerungsraten als unzureichend. Sie wurden ab 1922 durch eine vom Börsenverein errechnete und im Börsenblatt bekanntgegebene »Schlüsselzahl« ersetzt. Mit ihr wurde der jeweilige Grundpreis eines Buches multipliziert. Die steigende Schlüsselzahl macht das Ausmaß der Inflation deutlich: Am 13. September 1922 war sie auf 60 festgesetzt, am 27. Dezember betrug sie 600, am 21. Juli 1923 hatte sie sich auf 6300 vervielfacht, am 11. August auf 300 000, am 7. September 1923 auf schwindelerregende 110 Milliarden. Ein Bändchen aus *Reclams Universalbibliothek*, das in den Jahren 1867 bis 1917 für zwei Silbergroschen bzw. 20 Pfennig zu erhalten war, kostete zum Ende der Inflationszeit 330 Milliarden Papiermark.

Das Einkommen der Bevölkerung war gegenüber der Vorkriegszeit stark gesunken. Das betraf nicht nur die Unterschichten, sondern reichte bis weit ins Bürgertum hinein. Für die Autoren hatte die Geldentwertung vernichtende Folgen. Die Bilanz ihrer verkauften Bücher wurde in der Regel halbjährlich oder jährlich gezogen. Das Honorar, das sie dann erhielten, war am Tage der Zahlung kaum noch etwas wert, zumal bei der Berechnung vom Grundpreis der Bücher ausgegangen wurde. Ein Anteil an den Teuerungszuschlägen wurde ihnen verwehrt. Mit der Honorarmisere kamen die Schuldzuweisungen. 1924 resümierte Herbert Eulenberg, Autor bei Bruno Cassirer und Kurt Wolff: »Es herrscht wohl unter sämtlichen Beteiligten keine Meinungsverschiedenheit darüber, daß sich von allen Unternehmern in Deutschland nach dem Kriege die Verleger das Tollste an Ausbeutung geleistet haben. Die wenigen großen Ausnahmen durchleuchten diese trübe Zeit wie ein paar Sterne eine düstere, wolkenüberjagte Novembernacht.« Siegfried Jacobsohns Zeitschrift *Die Weltbühne* sprach 1923 offen aus, was die Schriftsteller sich noch nicht eingestehen mochten: »daß sie proletarisiert sind«. Ihre Bücher würden nicht gekauft, ihre Verleger könnten und wollten nichts für sie tun, in Zeitungen erhielten sie keinen Platz, und wenn doch, so würde schlecht gezahlt.

Bis zur Umstellung der Währung mit der Einführung der Rentenmark am 5. Dezember 1923 und dem Ende der Inflation erlebte der Buchhandel eine schwere Zeit. Kommissions- und Konditionsgeschäfte wollte unter diesen instabilen Umständen kaum noch jemand tätigen. Entsprechend war der Direktbezug mit Vorkasse die bevorzugte Bezugsform. Zuwächse gab es im Außenhandel. Der Buchexport, der im Krieg fast völlig zum Erliegen gekommen war, stieg, bedingt durch die Schwäche der deutschen Währung, steil an. Klagten

399

einerseits Stimmen über den drohenden »Ausverkauf der deutschen Wirtschaft«, so bot der Export andererseits den Verlagen eine dringend benötigte wirtschaftliche Stütze.

An den Konzentrationsbewegungen der Krisenjahre ist zu sehen, wie sich der verschärfte Existenzkampf im Buchhandel strukturell auswirkte. Verlage fusionierten, um Produktionskosten zu senken und Vertriebswege gemeinsam zu nutzen. Beispielhaft dafür ist die »Vereinigung wissenschaftlicher Verleger Walter de Gruyter und Co«, zu der sich, notgedrungen, im Jahre 1919 fünf traditionsreiche Firmen zusammenschlossen: G. J. Göschen'sche Verlagsbuchhandlung, J. Guttentag Verlagsbuchhandlung, Georg Andreas Reimer, Karl J. Trübner und Veit & Comp. Um den Einkauf zentraler und damit günstiger zu organisieren, verbanden sich 1924 die beiden größten Kommissions- und Barsortimenter Köhler und Volckmar. Kleinere und mittlere Firmen gründeten 1922 auf Anregung des Leipziger Verlegers Robert Voigtländer die »Buchhändler-Abrechnungs-Genossenschaft« (BAG). Diese Einrichtung vereinfachte den Rechnungsverkehr, indem sie ihn zentralisierte, und sollte die Firmen von den Kommissionären unabhängig machen.

Während eine Firma wie die 1848 von Eduard Hallberger in Stuttgart gegründete Deutsche Verlags-Anstalt (DVA), die mit den Zeitschriften *Illustrierte Welt*, *Über Land und Meer* und *Zu Hause* groß geworden war, in der Weimarer Zeit weiter expandierte und endgültig unter die Großunternehmen aufrückte, kämpften im Windschatten solcher Riesen Zwerge wie der Malik-Verlag um literarische Präsenz. Beide Verlage hatten durchaus ähnliche Schwerpunkte, verstanden sich als Literaturverlage und gaben dem politischen und historischen Essay Raum. Und beide brachten zeitgenössische Autoren heraus: Die DVA versammelte unter ihrem Dach Erich Kästner und Albrecht Goes, Gottfried Benn, Ricarda Huch, und in Übersetzungen Tania Blixen, Maxim Gorki, André Gide – große Namen. Der Malik-Verlag hingegen bewegte sich auf abseitigem, auf oppositionellem Gelände, politisch und künstlerisch. Ideologisch betrachtet eine lupenreine »Linksgründung«, hielt er es künstlerisch-literarisch mit Dada und dem Expressionismus. Den Geist der Verlagsgründung 1916 in Berlin hat Walter Mehring in seinen Erinnerungen an *Berlin DADA* beschrieben:

»*Als Dadaflugblattdrucker und -verleger taten sich die zwei unzertrennlichen Brüder Vize und Muti hervor (unter diesen ›noms de guerre‹, die Grosz den Brüdern Wieland Herzfelde und John Heartfield verliehen hatte, mögen sie hier auftreten). Noch während des Ersten Weltkrieges hatte Vize, nach einer verwegenen Fahnenflucht vom östlichen Kriegsschauplatz, auf einem Berlin-Charlottenburger Dachboden eine Geheimdruckerei (›Neue Jugend‹ mit Beiträgen von Else Lasker-Schüler, Gottfried Benn, Franz Jung) installiert und*

die von Muti, dem ›Monteurdada‹, vorbildlich ausgestattete, beschlagnahmte ›Kleine Grosz-Mappe‹ herausgebracht: mit einer rot in Silber geprägten Graphik außen; mit zwanzig ätzenden Litographien und der Grosz-Elegie auf rosa Vorsatzpapier:
›Hier kommt der traurigste Mann Europas.‹
Ihn wählten sie sich zum Idol.
Denn sie hatten eine traurige Kindheit gehabt, hatten, früh verwaist, in Kost bei lieblosen Verwandten, in der harten Schule der Wohltätigkeit gelernt, devot und verschlagen zu sein, strebsam und proletarisch anspruchslos, und sich, abhold der bourgeoisen Genußsucht, als höchstes Vergnügen die Schadenfreude am Zerfall der Gesellschaft zu gönnen.
Beides hatten sie sich vom Dadaismus erhofft. Aber angewidert von seinem sozialen Unernst, seinen Privilegien des Talentreichtums, entsetzt von seiner Frivolität – wie der hl. Augustinus von der manichäischen Ketzerei Karthagos –, suchten sie Trost am Busen Allmütterchens Rußland, bei der Zuchtrute eines strengen Vaters des internationalen Arbeitertums, im Parteischoß des Bolschewismus. Daß auch dieser bloß eine Abart des Dadaismus ist, das spürten sie nicht.«*

Vom Flirt mit dem Dadaismus zur Liaison mit dem Kommunismus: gleichwohl bewahrte der Malik-Verlag

Malik-Verlag 1925. Einbandzeichnung von Frans Masereel.

Abstand zur doktrinären Parteilinie. Man publizierte bekennende Marxisten, Johannes R. Becher und Georg Lukács, aber auch linkslibertäre und pazifistische Utopisten wie Oskar Maria Graf, Erich Mühsam, Franz Jung, Leonhard Frank. Großen Erfolg konnte der Verlag ab 1925 mit seinen Übersetzungen des Amerikaners Upton Sinclair verbuchen. Viele Einbände und Schutzumschläge hatte John Heartfield (d. i. Helmut Herzfelde) gestaltet. Seine Photomontagen, die ersten dieser Art, wurden zu einem Markenzeichen und trugen zum publizistischen Erfolg kräftig bei. Zunächst als unseriös verpönt, werden sie heute als Buchkunst hoch gehandelt. 1933 ging der Verlag ins Exil, zunächst nach Prag, dann nach New York, wo Herzfelde 1944 den Aurora-Verlag gründete. Brecht, Bloch, Döblin, Feuchtwanger, Graf und Heinrich Mann waren daran beteiligt.

Weltklug geworden und geschäftstüchtig, dabei unbekümmert, mit einer großen Liebe für das schöne Buch wie ehedem, aber in der Praxis mit einer Verschiebung des Interesses vom Künstlerbuch zum Literarischen hin, als wohlwollender Förderer der Schriftsteller – so erscheint »Autorenvater« Ernst Rowohlt bei seinem zwei-

Malik-Verlag 1925. Einbandzeichnung von George Grosz.

ten Auftritt auf der Verlegerbühne. Nach seiner Trennung von Kurt Wolff war er zunächst auf Initiative Hans von Webers als Prokurist zu Samuel Fischer gegangen und ein Jahr darauf Geschäftsführer des Hyperion-Verlags geworden. Dann kam der Krieg, in den er als Freiwilliger zog. Nach Kriegsende, am 1. Februar 1919, eröffnete Ernst Rowohlt seinen zweiten Verlag in Berlin. Geld hatte er keines, aber bereits einen guten Namen, und so zeichnete Hans Thieme aus der Leipziger Verlegerdynastie für ein Startkapital von 250 000 Mark. Zu einer zweiten sicheren »Bank« wurde – die Inflation hatte ihren Höhepunkt überschritten – die Taschenausgabe der *Gesammelten Werke* Honoré de Balzacs, die von 1923 an in 44 blauen Leinenbändchen erschienen, jeder Band zu 2,50 Mark. Nach den Mondpreisen der Inflationszeit waren mit der Reichsmark reelle Zahlen zurückgekehrt. Das Geschäft ging über Jahre glänzend: »Balzac zahlt alles!« soll Rowohlt ausgerufen haben, wenn neue risikoreiche Unternehmen gegen Bedenkenträger verteidigt und durchgesetzt werden mußten. Mit Emil Ludwig (1881–1948) gewann Rowohlt 1925 einen weiteren, in diesem Fall noch lebenden Erfolgsautor. Ludwigs *Wilhelm II.*, der 1925 in 200 000 Exemplaren herauskam, eröffnete die Ära der historischen Biographie bei Rowohlt. In den dreißiger Jahren wurde Hans Fallada zu einem der Auflagenstürmer des Verlages.

Hinter dem Blühen und Gedeihen des Rowohlt-Verlages standen weniger Konzepte als vielmehr Personen. Da war einmal der rührige Verleger selbst, der seine Autoren beschirmte, Kontakte pflegte, Geldgeber gewann. Und da waren die Lektoren, namentlich Paul Mayer und Franz Hessel, Walter Hasenclever und Kurt Pinthus, die selbst schrieben, und dies erfolgreich, und die ein sicheres Gespür dafür hatten, ob ein Manuskript etwas taugte. Auf die Idee, dem deutschen Publikum noch einmal Übersetzungen Balzacs anzubieten, war Franz Hessel gekommen. Pinthus gab 1920 die *Menschheitsdämmerung. Symphonie jüngster Dichtung* heraus, eine Anthologie expressionistischer Lyrik, die Epoche machte. Ebenfalls von 1920 an erschien die Wochenschrift *Das Tage-Buch*, die sich neben der *Neuen Rundschau* des S. Fischer Verlages und der im Verlag E. Reiß Berlin erscheinenden *Weltbühne* in die Garde der kritischen Intelligenzblätter einreihte.

Der Rowohlt Verlag holte die amerikanische Literatur nach Deutschland. Ernest Hemingway wurde 1928 mit *Fiesta*, Sinclair Lewis im gleichen Jahr mit *Elmer Gantry* und Thomas Wolfe im Jahre 1932 mit *Schau heimwärts, Engel!* für den Verlag gewonnen. Anfang der dreißiger Jahre wurde Ernst Rowohlt Förderer von Robert Musil. Er verlegte Musils Essays, brachte 1931 *Die Verwirrung des Zöglings Törleß* heraus und stützte vor allem das sehr langwierige Projekt von Musils großem Zeit- und Reflexionsroman *Der Mann ohne Eigenschaften*, dessen erster Band 1930 erschien.

401

»Rowohlt fühlte sich keiner Doktrin, keiner Partei-meinung, keiner Richtung verpflichtet«, schreibt Paul Mayer in seiner Biographie des Verlegers. »So ist es zu erklären, daß bei ihm die Bücher des extremen Traditionalisten und Nationalisten Rudolf Borchardt erscheinen konnten und gleichzeitig die Sammlungen *Menschheitsdämmerung* und *Die Entfaltung*, in denen die Lyrik und die Prosa der expressionistischen Zeitgenossen vereinigt waren.« Mehr als die Hälfte des Verlagsprogramms gehörte nach 1933 zu den verfemten Büchern. 1938 wegen Tarnung jüdischer Schriftsteller mit Berufsverbot belegt, verließ Ernst Rowohlt Deutschland und ging nach Brasilien, kehrte jedoch, angeblich überzeugt vom bevorstehenden Zusammenbruch der nationalsozialistischen Herrschaft, schon 1940 wieder zurück. »Ich wollte«, schrieb er in einem Rückblick, »die letzte Phase in Deutschland erleben, um das Recht zu erwerben, sofort wieder Verleger zu sein.«

Die Zeit im Spiegel der Literatur – das ist ein umfängliches Thema für Literaturwissenschaftler. Hier müssen einige Namen und Daten genügen. Voran zwei große Romane der Weimarer Zeit, Heinrich Manns *Der Untertan* (1916) und Thomas Manns *Zauberberg* (1924). Beide ziehen, so unterschiedlich sie sind, die Bilanz ihrer Epoche: *Der Untertan* in offensiv-satirischer, der *Zauberberg* in verschlüsselt-ironischer Art. Gerhart Hauptmann schrieb am 5. Juni 1925 in der Vossischen Zeitung: »Im Zauberberg haben wir den ganzen Thomas Mann. Wir haben aber auch darin den Durchschnitt oder Querschnitt durch unsere kranke Kultur.« Nach der Inflation vom Anfang der zwanziger Jahre war der Republik nur eine kurze Zeit der Prosperität und Blüte beschieden. Im Jahre 1929 begann mit dem Schwarzen Freitag in New York eine neue, eine Weltwirtschaftskrise. Es gab eine totale Wirtschaftsdepression, Massenarbeitslosigkeit und Mangel an Zahlungsmitteln. Die Zahl der Arbeitslosen in Deutschland stieg in nie dagewesener Weise: 1929 waren 1,89 Millionen und damit 9,6 Prozent der Bevölkerung ohne Arbeit, im Jahre 1931 waren es 4,8 Millionen bzw. 26,3 Prozent, im Februar 1932 schließlich über sechs Millionen Menschen. Keine Arbeit zu finden wurde ein Thema für Schriftsteller. Literarisch verarbeitet haben es auf exemplarische Weise Hans Fallada mit *Kleiner Mann, was nun?* von 1932, dem klassischen Buch über die Nöte des brotlos gewordenen kleinen Angestellten, und Erich Kästner in seinem *Fabian* (1931). In Alfred Döblins *Berlin Alexanderplatz* von 1929 blickt der Leser auf das Großstadtpanorama aus der Zentralperspektive des arbeitssuchenden Franz Biberkopf. Die Grenzen der traditionellen Erzählweise wurden gesprengt. In Hermann Brochs *Die Schlafwandler* (1930/1932) und Robert Musils *Der Mann ohne Eigenschaften* (1930/1943) löste sich die epische Form auf in Reflexion, Kommentar, Erörterung, Abschweifung.

Für Musils Roman galt leider das Wort Paul Mayers, das mühelos auf ähnliche Unternehmungen anderer Firmen übertragbar ist: »Außer den tüchtigen Pferden, die das Rennen machten, wie Honoré de Balzac und Emil Ludwig, gab es in unserem Autorenstall zu viele Tiere, die edel waren, aber wenig oder nichts einbrachten.« Der erste Band des *Mannes ohne Eigenschaften* wurde von der Kritik bei Erscheinen hoch gelobt, verkaufte sich jedoch miserabel. Ein Autor wie Emil Ludwig hingegen brachte es bis zum Jahre 1930 auf eine Gesamtauflage seiner deutschsprachigen Bücher von 1 300 000 Exemplaren.

Die Statistik meldet als meistverkaufte Bücher der Jahre 1924 bis 1930: An der Spitze Erich Maria Remarques Antikriegsroman *Im Westen nichts Neues*, der sich von 1929 bis 1930 eine Million Mal verkaufte. Stefan Zweigs *Sternstunden der Menschheit* hatten es vom Erscheinungsjahr 1927 bis 1930 auf 250 000 Exemplare gebracht. Emil Ludwigs Enthüllungsbiographie *Wilhelm II.* über den im holländischen Exil lebenden Kaiser erregte die republikanischen und monarchistischen Leiden-

Georg Salter greift mit seiner Bild-Text-Montage des Schutzumschlages das Konstruktionsprinzip von Döblins Roman auf. S. Fischer 1929.

schaften gewaltig: von 1925 bis 1930 gingen 200 000 Ausgaben des Buches über den Ladentisch. *Krieg* von Ludwig Renn, der zusammen mit Remarque die Phase der Kriegsromane einläutete, kam von 1928 bis 1930 auf 150 000 Exemplare, dicht gefolgt von Emil Ludwigs *Juli 14*, von dem zwischen 1929 und 1930 ganze 140 000 Exemplare abgesetzt wurden. Thomas Manns *Zauberberg* wurde bis 1930 von 125 000 Käufern erworben. Erstaunt notierte daraufhin der Autor: »War zu glauben gewesen, daß ein wirtschaftlich bedrängtes und gehetztes Publikum aufgelegt sein werde, den träumerischen Verknüpfungen dieser in zwölfhundert Seiten ausgebreiteten Gedankenkomposition zu folgen? Würden unter den heutigen Umständen – 1930 – mehr als ein paar tausend Leute sich bereit finden, für eine so wunderliche Unterhaltung, die mit Romanlektüre in irgendeinem gewohnten Sinn fast nichts zu tun hatte, den Preis von sechzehn oder zwanzig Mark zu erlegen?« Daß Mann 1929 den Nobelpreis erhielt, hat gewiß eine unterstützende Rolle gespielt. Der Kuriosität halber sei indes angemerkt, daß er den Preis nicht etwa für den fünf

Jahre zuvor erschienenen *Zauberberg* bekam, sondern daß das Nobelpreiskomitee, literarischen Neuerungen abhold, ausdrücklich den Autor der beinahe dreißig Jahre zurückliegenden *Buddenbrooks* damit ehrte. Werner Beumelburg, der gegen die »zersetzenden« Renn und Remarque die Rolle des nationalistischen Trommelrührers und Kriegsbegeisterers übernahm, fand für sein Buch *Sperrfeuer um Deutschland* binnen Jahresfrist immerhin 120 000 Käufer. Auf der politischen Linken landete Upton Sinclair mit *Petroleum* einen Erfolg. Von 1928 bis 1929 wurde das Buch 100 000mal verkauft.

Die Statistik ist aufschlußreich, aber verbirgt zugleich Wesentliches. Es fehlt die als »trivial« klassifizierte Unterhaltungsliteratur – und damit fehlen die wahren Renner des Buchgeschäftes. Denn diese von der Literaturkritik in hochmögenden Feuilletons wenig beachtete Gruppe fand schon nach dem Ersten Weltkrieg immer mehr Leser. Zielgruppe war die zerrüttete Mittelschicht. Der verlorene Krieg, die Inflation und ihre Folgen schufen ein großes Bedürfnis nach Zerstreuung, Märchenhaftem, Wunderbarem, nach einer Flucht aus der Realität. Ludwig Ganghofer (1855–1920), Peter Rosegger (1843–1918) oder die *Heidi*-Verfasserin Johanna Spyri (1829–1901) überdauerten alle Katastrophen. Die Erfolgsautoren Karl May (1842–1912) und Hedwig Courths-Mahler (1867–1950) sind uns bis heute erhalten geblieben und werden gelesen. 207 Romane hat die erfolgreichste deutsche Autorin Hedwig Courths-Mahler verfaßt, in den Jahren 1924 bis 1930 allein waren es 59. Sie erschienen im kleinen Leipziger Rothbarth-Verlag und bei Ensslin & Laiblin in Reutlingen.

Aus dem angelsächsischen Bereich kamen seit der Weimarer Zeit erstmals auch Abenteuergeschichten, »Western« und Kriminalromane nach Deutschland. Hatten die märchenhaften Romane der Courths-Mahler vor allem Frauen Zerstreuung gebracht, so wurden die Abenteuergeschichten von den männlichen Lesern gesucht. Die starken Helden und Führerfiguren waren in der Krisenzeit sehr gefragt: *Billy Jenkins, John Klings Abenteuer* (Dietsch Verlag, Leipzig), *Nick-Carter, Rolf Torring* und *Jörn Farrow's Abenteuer* (Neues Verlagshaus für Volksliteratur) oder *Jack Colter*, ein Western aus dem Rekord Verlag in Leipzig. Die Detektivromane waren englischen Ursprungs. Hier überragen zwei Namen alle anderen: Agatha Christie und Edgar Wallace. Edgar Wallace, bei Goldmann verlegt, erzielte hohe Auflagen und wurde die tragende Säule des Unternehmens. »Der große Aufstieg des Verlages begann Ende 1925 mit den Büchern von Edgar Wallace«, schreibt Wilhelm Goldmann in seinen Erinnerungen. Die Käufer dieser Gattung scherten sich nicht um das Naserümpfen der literarisch ambitionierten Großkritiker, unter denen es allerdings auch verständige Köpfe wie den in der *Frankfurter Zeitung* schreibenden Siegfried Kracauer gab. »Der Detektiv-Roman, den meisten Gebildeten nur

Ludwig Renn, *Krieg*. Frankfurter Societäts-Druckerei, Frankfurt am Main 1929. 11,6 × 19,5 cm.

als außerliterarisches Machwerk bekannt, das in den Leihbibliotheken sein Dasein auskömmlich fristet, ist allmählich zu einer Stellung aufgerückt, der Rang und Bedeutung nicht abgesprochen werden können«, urteilte er 1925 in seinem »philosophischen Traktat« zum Thema.

Den Nationalsozialisten waren die Romane ein Dorn im Auge. Sie verboten die Bücher, und was sie aus Opportunität gegen die große begeisterte Leserschaft zunächst nicht zu verbieten wagten, wurde im Erscheinen stark beschnitten – die Papierzuteilung war hier ein probates Mittel. Mochten auch die Bücher von Hedwig Courths-Mahler eine Gesamtauflage von 30 Millionen erreichen: ab 1941 wurden sie dem Buchhandel entzogen.

Pressekonzerne der Weimarer Republik: Ullstein und Hugenberg

Mit Ullstein und Hugenberg beherrschten zwei Pressekonzerne die Zeitungs- und Zeitschriftenlandschaft der Weimarer Republik. Von etwas geringerer Bedeutung waren die Berliner Verlagskonzerne von Scherl und Rudolf Mosse. Mosse ist vor allem entwicklungsgeschichtlich interessant. 1867 gründete er eine der ersten Firmen für die sogenannte Anzeigenexpedition, ein Büro, das Annoncenaufträge aller Art entgegennimmt und an die einschlägigen Zeitungen weiterleitet. Die Bedeutung dieses Unternehmens wird deutlich, wenn man bedenkt, daß die heutigen Zeitungen ihre Produktionskosten ganz wesentlich aus Anzeigeneinnahmen bestreiten. Die Bezugsgelder der Abonnenten und Ladenkäufer decken oftmals kaum die Papierkosten. Bis in die siebziger und achtziger Jahre des 19. Jahrhunderts war dieses Verhältnis noch umgekehrt, die Bezugsgelder machten mehr oder weniger den gesamten Etat aus, doch die Zeitungen erkannten rasch die neue Finanzierungsmöglichkeit und ihre innere Logik: Je mehr Leser sie erreichten, desto höhere Anzeigengebühren konnten sie von den Inserenten verlangen, und je mehr Geld sie auf diese Weise einnahmen, desto niedriger konnte ihr eigener Verkaufspreis sein, was ihnen wiederum Leser gewann. Mosses Anzeigenexpedition entwickelte sich zu einem lukrativen Unternehmen mit Zweigstellen im In- und Ausland, sie bildete die Grundlage seiner Verlagsbuchhandlung und Buchdruckerei. Zu Mosse gehörten zahlreiche Zeitungen, darunter das *Berliner Tageblatt*, die *Berliner Volkszeitung* und die *Berliner Morgenzeitung*. Sein Verlag gab Literatur zur Wirtschaftspraxis und vor allem Adreßbücher *(Deutsches Reichsadressbuch für Industrie, Gewerbe und Handel)* heraus. Die Firma existierte bis 1932.

Die Kombination von Anzeigenblatt und Publikumszeitung mit hohen Auflagen sicherte gleichermaßen den Erfolg der Pressekonzerne von Hugenberg

und Ullstein. Beide haben, allerdings weniger aus Liebe zur Literatur denn aus strikt ökonomischem Kalkül, auch Bücher verlegt. Indem erkennbar wurde, wie die Presse wirtschaftlichen und politischen Einfluß verband und überdies einen rentablen Wirtschaftszweig abgab, begannen sich Industrielle direkt im Pressewesen zu engagieren. Der erfolgreichste von ihnen, Alfred Hugenberg (1865-1951), der Generaldirektor der Krupp AG und seit 1918 Abgeordneter der Deutschnationalen im Reichstag, besetzte zunächst entscheidende Positionen im Anzeigengeschäft, übernahm dann den Scherl-Verlag (1919) mit einer Reihe auflagenstarker Tageszeitungen und Zeitschriften und baute die bedeutendste Nachrichtenagentur Deutschlands auf, die Telegrafen-Union. Ab 1919 trat diese in Konkurrenz zum bis dahin bestimmenden Wolffschen Telegraphen-Büro. Zu Hugenbergs Imperium gehörten zahlreiche verschachtelte Pressegesellschaften und von 1927 an auch die größte deutsche Filmgesellschaft, die Universum Film Aktiengesellschaft (UFA) mit Produktionsstätten, Kopierwerk, Verleih und Kinoketten. Durch eigene Korrespondenzbüros und Finanzierungsgesellschaften gewann Hugenberg den maßgeblichen Einfluß auf die rechtsstehende Provinzpresse. 500 bis 600 Provinzzeitungen unterstanden seinem Einfluß. Grob gerechnet gehörte ihm die Hälfte des deutschen Blätterwaldes. Bis 1933, als er für kurze Zeit Hitlers erster Wirtschaftsminister und Minister für Ernährung wurde, hatte Hugenberg sein Medienimperium zu einem beherrschenden Dirigenten der öffentlichen Meinung im Dienste der Schwerindustrie und der Deutschnationalen entwickelt.

Der zweite Riese neben Hugenberg war der so ganz anders geartete Ullstein Verlag. Wo der eine die Stimme der Provinz artikulierte und formte, verbreitete der andere weltstädtisches Flair; war der eine reaktionär, so der andere liberal. Sehr schön hat Arthur Koestler, der 1927 als Korrespondent für Ullstein anfing, in seiner Autobiographie den Berliner Verlag porträtiert. Seine plastische Darstellung, der Rückblick eines Zeitgenossen, hat so viel Farbe, daß sie im Ganzen zitiert sein soll:

»Das Haus Ullstein stand zu jener Zeit auf dem Höhepunkt seines Glanzes. Es war eine Art Übertrust: das größte Unternehmen seiner Art in Europa und vermutlich auf der ganzen Welt. In Berlin allein gab es vier Tageszeitungen heraus: Die im Jahre 1704 gegründete altehrwürdige Vossische Zeitung; *die* Berliner Morgenpost, *die die größte Auflage aller deutschgeschriebenen Zeitungen hatte; die* B. Z. am Mittag, *die alle Nachrichtenschnelligkeitsrekorde brach; und schließlich* Tempo, *eine Abendzeitung im amerikanischen Stil. Weiter verlegte Ullstein über ein Dutzend Wochen- und Monatsschriften, für jeden Geschmack und jede Leserschicht: vom hochintellektuellen* Querschnitt *bis zur volkstümlichen* Grünen Post, *von der populärwissenschaftlichen* Koralle *bis zum Modeblatt* Die Dame, *und vor allem die* Berliner Illustrierte, *die größte Publikation dieser Art. Weiterhin gehörten die*

Ullsteins zu den größten deutschen Buchverlegern; sie hatten ihr eigenes Reisebüro, ihren eigenen Bilderdienst und endlich noch den Ullstein-Nachrichtendienst mit seinen Abonnenten von Skandinavien bis zum Balkan. Es war daher der Traum jedes Zeitungsmannes, Korrespondent des Hauses Ullstein zu werden; man stieg dadurch in die Aristokratie des europäischen Journalismus auf – und fühlte sich sehr wichtig.

Die Atmosphäre des Ullstein-Hauses in der Berliner Kochstraße glich eher der eines Ministeriums als der eines Zeitungsbetriebes.

Fünf Brüder Ullstein, die Söhne des Gründers Leopold Ullstein, waren die Besitzer des Unternehmens, und wie weiland die fünf Brüder Rothschild waren sie gleichfalls Juden. Ihr Motto war politischer Liberalismus und moderne Kultur. Sie waren antimilitaristisch, antichauvinistisch und im besten Sinne europäisch; die große Welle deutsch-französischer Freundschaft der Ära Briand-Stresemann war zum Teil dem Einfluß der Ullstein-Presse zuzuschreiben. Das Haus Ullstein war eine politische Macht und gleichzeitig die Verkörperung des fortschrittlichen und kosmopolitischen Geistes der Weimarer Republik.«

Leopold Ullstein hatte 1877 in Berlin als Zeitungsverleger begonnen. 1903 engagierte sein Sohn Louis Ullstein den Germanisten Emil Hertz, um dem Haus einen Buchverlag anzugliedern. Man wollte nicht länger nur die Vorabdrucke von Romanen in den Zeitungen und Zeitschriften, sondern einen eigenen literarischen Verlag. Die Epoche der großen Erfolge begann für Ullstein 1918 mit dem Untergang des Kaiserreiches. Der Außenminister Gustav Stresemann ließ seine Aufzeichnungen bei Ullstein erscheinen. 1919 übernahm Ullstein die Klassiker-Ausgaben des Verlages Georg Müller und gründete damit den Propyläen-Verlag, der seinen Namen nach der Propyläen-Ausgabe der Werke Goethes erhielt. Anspruchsvolle Werke der Weltliteratur erschienen bei Propyläen: Zuckmayer, Ödon von Horvath, Brecht, Feuchtwanger. Langjährigen Ruhm und Beifall erntete die Propyläen-Kunstgeschichte. Zum Inbegriff leichter Unterhaltungsliteratur wurde die Reihe der gelben Ullsteinbücher.

Der Ullstein-Verlag war der erste Verlag, der Produktwerbung großen Stils betrieb. Seine Illustrierten waren voll von Reklame. Die seit 1891 bestehende, ab 1894 zu Ullstein gehörende *Berliner Illustrirte Zeitung* brachte es bis zum Jahre 1931 auf eine Auflage von zwei Millionen Exemplaren. Das Massenblatt band die Leser mit dem beliebten »gehobenen Zeitroman« in Fortsetzungen – 1929 beispielsweise Vicky Baums *Menschen im Hotel* – und reizte die Augenlust mit bunten Photographien. Durch das Autotypieverfahren war der Druck von Photographien in großer Zahl, hoher Auflage und zu geringen Kosten möglich geworden. Die Photoreportagen, die Erich von Salomon (1886–1944) für das Blatt lieferte, zählen zu den ewigen Glanzpunkten des Photojournalismus.

Ein buchverlegerischer Coup gelang Ullstein mit dem Kriegsroman des jungen Erich Maria Remarque (1898–1970), *Im Westen nichts Neues*. Remarque war seinerzeit Redakteur der Zeitschrift *Sport im Bild*, die beim Konkurrenten Hugendubel erschien, und hatte sein Manuskript Samuel Fischer angeboten, dessen Ansprüchen es offenbar nicht genügte. So landete der Text bei Ullstein, der ihn in der *Vossischen Zeitung* vorabdruckte und Ende Januar 1929 die Buchausgabe nachschob. *Im Westen nichts Neues* wurde der bis dahin größte deutsche Bucherfolg. Eine Million Exemplare waren nach Jahresfrist verkauft, was in der Branche einen regelrechten Kriegsromane-Boom auslöste, getreu dem Wort von Carl Ossietzky: »Erreicht ein Buch, neuartig in Form oder Motiv, in ein paar Tagen Bedeutung, so heißt es gleich in soundsovielen Verlagskontoren: ›So etwas müssen wir auch haben‹«. Von 1928 bis 1932 wurden über zweihundert Kriegsromane veröffentlicht.

Vier Jahre später hatte sich das Blatt gewendet. Eben noch ein Massenerfolg, wurde Remarques Roman auf den Scheiterhaufen der Nationalsozialisten verbrannt. 1938 erkannte man dem Autor die deutsche Staatsbürgerschaft ab. Die Inhaber des Ullstein Verlages wurden 1934 gezwungen, ihr Unternehmen für eine unverhältnismäßig geringe Summe zu verkaufen. Ullstein wurde »arisiert« und hieß von 1937 an Deutscher Verlag. Fritz Ross, Schwiegersohn von Hans Ullstein, rief 1945 in Wien einen Ullstein-Buchverlag ins Leben. Berlin erhielt erst 1952 nach erfolgter Rückgabe an die Familie wieder einen Ullstein Verlag. Ein Taschenbuchverlag kam ein Jahr später in Frankfurt dazu. Nach Übernahme des Unternehmens durch Axel Springer wurden die Buchverlage 1967 in Berlin zusammengefaßt. Ullstein/Propyläen hatte damit als einziger der großen Vorkriegsverlage wieder seinen Sitz in Berlin, der alten Hauptstadt, genommen. Mit der *Propyläen Weltgeschichte*, herausgegeben von Golo Mann, und einer neu konzipierten achtzehnbändigen *Propyläen Kunstgeschichte* knüpfte man an die Traditionen der Vorkriegszeit an.

Zensur im 1. Weltkrieg und in der Weimarer Republik

Mit Beginn des Ersten Weltkriegs wurde die Zensur allumfassend, die freie Information hatte hinter der Wahrung des »Burgfriedens« zurückzustehen. Alle Veröffentlichungen, sofern sie nicht rein wissenschaftlichen Charakter besaßen, unterlagen der militärischen Presseaufsicht. Das *Zensurbuch*, 1915 erstmals vom Kriegspresseamt herausgegeben, definierte: »Der ›Burgfrieden‹ findet seinen Ausdruck in dem Bestreben, den Geist der Geschlossenheit und Hingabe an die großen nationalen Ziele zu erhalten, jede Gefährdung der Einigkeit des deutschen Volkes zu vermeiden und niemals den Eindruck aufkommen zu lassen, als sei der entschlossene Volkswille zum Siege schwankend geworden....« Besonders betroffen vom Reglement der Militärbehörden waren die nonkonformistischen Zeitschriften: René Schickeles pazifistische *Weiße Blätter* wichen in die Schweiz aus, Franz Pfemferts *Aktion* verzichtete auf ihre politischen Artikel und blieb fortan bei Literatur und Kunst. In Wien mußte sich Karl Kraus der Zensurbehörden erwehren, denen die Kriegsgegnerschaft der *Fackel* so wenig paßte wie die hartnäckige Kritik ihres Herausgebers und quasi Alleinautors Kraus an den Sprachlügen der monopolisierten Presse. Andere Blattmacher verhielten sich zuvorkommender. Die Münchner Zeitschrift *Zeit im Bild* stoppte von sich aus bereits zwei Wochen nach Kriegsbeginn den Vorabdruck von Heinrich Manns Roman *Der Untertan*. Man wolle, hieß es, »im gegenwärtigen Augenblick nicht in satirischer Form an deutschen Verhältnissen Kritik üben«. Daraufhin sah Kurt Wolff, der Verleger Heinrich Manns, in Absprache mit dem Autor davon ab, das Buch während des Krieges herauszubringen. *Der Untertan* erschien erst Ende 1918, und innerhalb von sechs Wochen wurden 100 000 Exemplare verkauft.

Der Staat von Weimar gilt allgemein als eine Epoche der Liberalität, aber die Hoffnungen vieler Schriftsteller auf das Ende der Zensur und einen »freien Geist« erfüllte er nicht. Zwar hatte die Nationalversammlung 1919 die Kunst für frei erklärt und die Abschaffung der Zensur in der Reichsverfassung verankert. Jedoch blieben genug Äußerungsformen, die unter das Strafgesetzbuch fielen: Unsittlichkeit und Unzucht, Gotteslästerung, Beleidigung, falsche Anschuldigung. Brachte ein empörter Bürger einen Fall zur Anzeige, hatten Richter und Gerichte zu entscheiden, ob durch ein Kunstwerk ein Gesetz verletzt worden sei. Dieses justizförmige Kunstrichtertum verknüpfte Fragen des Rechts mit solchen der Moral und des Geschmacks – mit der Folge, daß Stücke wie Arthur Schnitzlers *Reigen* Gegenstand von Prozessen wurden. Schnitzler, der sein 1896 enstandenes Theaterstück schon im Kaiserreich nur unter Schwierigkeiten hatte erscheinen sehen, wurde, als auch unter republikanischen Verhältnissen die Attacken kein Ende nahmen, endlich der Sache überdrüssig und wies seinen Verleger S. Fischer an, keine Aufführung des Reigens mehr zu gestatten. Erst im Jahre 1982 wurde das Verbot durch den Sohn Schnitzlers aufgehoben.

Carl Einstein mußte für sein Drama *Die schlimme Botschaft* (1921) wegen Gotteslästerung vor Gericht, ebenso sein Verleger Ernst Rowohlt. George Grosz' Band *Ecce homo*, eine Auswahl seiner Milieuskizzen und Spießbürgerkarikaturen, 1923 im Malik-Verlag erschienen, wurde als »pornographisches Machwerk« beschlagnahmt, ein Teil der Druckplatten konfisziert. Grosz zahlte 6000 Mark Strafe. Im Jahre 1926 ver-

abschiedete der Reichstag das »Gesetz zur Bewahrung der Jugend vor Schund- und Schmutzschriften«. Eine »Reichsschundliste« führte die verbotenen Werke auf, die weder von Kolporteuren noch von Buchhändlern angeboten werden durften. Daß dabei der Schutz von Jugendlichen vorgeschoben wurde, in Wirklichkeit die »Gedankenfreiheit« auf dem Spiel stand, wurde von den vehementen Kritikern und Kämpfern gegen das Gesetz, von Kurt Tucholsky und Heinrich Mann, immer wieder betont. Die Schriftsteller Oskar Maria Graf und Johannes R. Becher hatten bereits ab 1925 unter Repressalien zu leiden. Auch Buchhändler stolperten über die Fallstricke. Rudolf Reimann und Fritz Domning wurden am 5. Februar 1927 wegen Verkaufs »revolutionärer Literatur« (Becher, Kurt Kälber, Berta Lask) angeklagt. »Schund- und Schmutz« fanden also nicht nur als sittliche, sondern zugleich als politische Kategorien strafrechtliche Anwendung.

Artikel 118 der Weimarer Verfassung besagte: »Jeder Deutsche hat das Recht, innerhalb der Schranken der allgemeinen Gesetze seine Meinung durch Wort, Schrift, Druck, Bild oder in sonstiger Weise zu äußern«. Und weiter: »Eine Zensur findet nicht statt«. Die verfassungsmäßig garantierte Meinungsfreiheit stand nur auf dem Papier. Die »Gesetze zum Schutz der Republik«, 1922 nach der Ermordung Walther Rathenaus gegen die nationalistische Rechte erlassen, wurden in der Folgezeit besonders gegen liberale und linksbürgerliche Autoren verwendet und ab 1926 zur Unterdrückung mißliebiger Autoren umgewandelt. Es war der Beginn einer langsamen Zerstörung bürgerlicher Freiheiten. Zu Vorboten der Bücherverbrennungen wurden die Gesetze, als sie 1930 nochmals verschärft und 1931 um den Erlaß einer sogenannten »Pressenotverordnung« ergänzt wurden, die ohne richterliche Anordnung die Beschlagnahme von Druckschriften erlaubte und das Erscheinen von Zeitungen und Zeitschriften für die Dauer von bis zu acht Monaten verbieten konnte.

Die Kunst wurde zum zentralen Kampfplatz. Gegen alles »Undeutsche« in ihr ging man vor, Werke von Dix, Feininger, Klee, Barlach, Heckel verschwanden aus den Museen. Aufführungen der Kompositionen von Hindemith und Strawinsky wurden als »bolschewistische« Musik untersagt, Filme von Eisenstein und Pabst verboten. Welche nationale Literatur fortan Pflichtbestand der öffentlichen Bibliotheken zu sein habe, veröffentlichte das Amtsblatt von Ende 1930.

Das war der Zeitpunkt, von dem an auch ein bürgerlicher Autor wie Thomas Mann öffentlich angegriffen und bedroht wurde. An Carl von Ossietzky, dem nach Siegfried Jacobsohn und Kurt Tucholsky dritten Herausgeber der radikaldemokratischen *Weltbühne*, statuierte das Reichsgericht ein Exempel. Walter Kreiser hatte in der *Weltbühne* am 12. März 1929 einen kritischen Artikel über die Reichswehr verfaßt, der unter dem Titel *Windiges aus der deutschen Luftfahrt* angeblich auch militärische Geheimnisse offengelegt hatte. Kreiser und Ossietzky wurde daraufhin der (nichtöffentliche) Prozeß gemacht, sie wurden der Weitergabe militärischer Geheimnisse an ausländische Regierungen beschuldigt und am 23. November 1931 zu zweieinhalb Jahren Gefängnis verurteilt. »Kein Rechtsspruch«, wie Thomas Mann, der ein Gnadengesuch unterstützt hatte, in einem Schreiben an den Anwalt Ossietzkys urteilte, »sondern ein politischer Akt«.

Eine Gleichschaltung der Presse hatte schon vorher begonnen: Zeitungen und Zeitschriften, die sich dem neuen Kurs nicht anpaßten, wurden kurzerhand verboten, die übrigen wurden zur Anpassung gezwungen, durch Drohungen eingeschüchtert oder mit wirtschaftlichen Sanktionen bedroht. Harry Graf Kessler notierte am 4. Juni 1932 in sein Tagebuch: »*Regierungserklärung Papens. Ein kaum glaubliches Dokument, ein miserabel stilisierter Extrakt finsterster Reaktion, gegen das die Erklärung der kaiserlichen Regierung wie hellste Aufklärung wirken würde. Die Sozialversicherung soll abgebaut, der ›Kulturbolschewismus‹ bekämpft, das deutsche Volk durch Rechristianisierung für den außenpolitischen Kampf gestählt und auf der Grundlage des extremen Rechts-Junkertums ›konzentriert‹ werden; alle anderen Richtungen und Parteien, Sozialdemokratie, liberales Bürgertum, Zentrum, werden als nicht ›national‹ und moralisch zersetzend angeprangert.*« Für Literatur und Kunst bedeutete die Absicht der Regierung Papens, »auf künstlerischem und geistigem Gebiet alle undeutschen Einflüsse auszumerzen«, das Ende jeglicher Freiheit. Im Dezember 1932 erschien im *Völkischen Beobachter* eine Bücherliste, deren Autoren »Repräsentanten einer dekadenten Nachkriegsperiode« genannt wurden. Diese Liste, die unter anderem Bert Brecht, Lion Feuchtwanger, Heinrich Mann, Ernst Toller, Carl Sternheim, Franz Werfel, Frank Wedekind, Stefan Zweig und Carl Zuckmayer aufzählte, lieferte bereits das Muster zu den Bücherverbrennungslisten der Nationalsozialisten.

Das Buch unterm Hakenkreuz

Am 30. Januar 1933 wurde Adolf Hitler vom Reichspräsidenten Hindenburg zum Kanzler einer Koalitionsregierung aus Nationalsozialisten, Deutschnationalen und der Stahlhelmfraktion ernannt. Der Brand des Reichstagsgebäudes kaum einen Monat später, am 27. Februar 1933, bot Anlaß zum Vorgehen gegen die politische Opposition. Getragen von der SA, begann eine Terrorkampagne gegen mißliebige Autoren. Die sozialistische und kommunistische Presse wurde verboten. Tausende Oppositioneller wurden verhaftet. Regimekritische Schriftsteller und Künstler, sofern sie zu diesem Zeitpunkt Deutschland nicht schon verlassen hatten, tauchten unter oder gingen den Weg in die Emigration. Am 24. März

nahm der Reichstag das Ermächtigungsgesetz an, das dem Reichskanzler Hitler gesetzgebende und ausführende Macht auch gegen die Verfassung einräumte. Das war das Ende der parlamentarischen Demokratie und der ersten Republik in Deutschland.

Die Bücherverbrennungen vom 10. Mai 1933 demonstrierten das Ende der Geistesfreiheit und den Willen zur Vertreibung und Verfolgung einer ganzen Kultur. Heinrich Heines Wort sollte wahr werden: »Wo man Bücher verbrennt, verbrennt man am Ende gar auch Menschen«. Die Verbrennungsaktionen kamen weder unvorbereitet noch waren sie spontane Äußerungen, wie die Zensurfälle der vorhergehenden Monate belegen: die Berliner *Nachtausgabe* hatte bereits am 26. April eine Liste ausdrücklich »verbrennungswürdiger« Bücher veröffentlicht. In den deutschen Universitätsorten kamen die Studenten zusammen, um ein Exempel »wider den undeutschen Geist« zu statuieren. Herangekarrte Bücher jüdischer und »Asphaltliteraten« wurden zu Scheiterhaufen aufgetürmt und entzündet. Man warf die Werke der besonders verhaßten Autoren unter namentlicher Nennung in die Flammen – unter Berufung auf deutschen Volksgeist und deutsche Volksgemeinschaft, Zucht, Sitte, Familie und Staat gegen liberale Dekadenz, Marxismus und Autoritätskritik.

Allein in Berlin wurden am Abend des 10. Mai 1933 auf dem Opernplatz Unter den Linden annähernd 20 000 Bücher verbrannt. Alles was von den Nationalsozialisten als »Schriften und Bücher der Unmoral und Zersetzung« bezeichnet wurde, landete im Feuer. Insgesamt wurden in Deutschland mehr als 12 400 Titel ein Opfer der Flammen: Albert Einstein und Sigmund Freud, Anna Seghers, Erich Kästner, Carl von Ossietzky, Ernst Glaeser, Heinrich Mann... Aus der Preußischen Akademie der Künste, »Sektion für Dichtkunst«, wurden von Februar bis Mai 1933 die politischen oder rassisch »untragbaren« Autoren ausgeschlossen: Leonhard Frank, Georg Kaiser, Franz Werfel. Andere zogen es vor, die Unterschrift unter eine von Gottfried Benn verfaßte Loyalitätserklärung an das Regime zu verweigern und freiwillig auszutreten: Thomas Mann, Alfons Paquet, Ricarda Huch und Alfred Döblin. Benn hatte alle Mitglieder mit einer Gretchenfrage bedrängt: »Sind Sie bereit, unter Anerkennung der veränderten geschichtlichen Lage weiter Ihre Person der Preußischen Akademie der Künste zur Verfügung zu stellen? Eine Bejahung dieser Frage schließt die öffentliche politische Betätigung gegen die Regierung aus und verpflichtet Sie zu einer loyalen Mitarbeit an den satzungsgemäß der Akademie zufallenden nationalen kulturellen Aufgaben im Sinne der veränderten Lage.« Zugleich sollte dem Zeitgeist durch Zuwahl neuer Mitglieder gehuldigt werden. Einer der Neuen stand von vornherein fest: der stramm nationalsozialistische Dichter Hanns Johst, späterer Präsident der Reichsschrifttumskammer.

407

Auch der Börsenverein der deutschen Buchhändler bekundete seine Devotion gegenüber den neuen Machthabern und ihrer Hetze. Am 13. Mai, direkt im Anschluß an die Bücherverbrennungen, legte der Vereinsvorstand dem Buchhandel eine Liste mit zwölf Autoren vor, die »für das deutsche Ansehen als schädigend zu erachten seien«. Was zunächst noch einem Appell gleichkam – der Vorstand erwarte, »daß der Buchhandel die Werke dieser Schriftsteller nicht weiter verbreitet« – wurde am 16. Mai, drei Tage später, im Börsenblatt zur offiziellen Marschroute. Das Vereinsorgan enthielt eine Liste, die öffentlichen Bibliotheken das Aussondern mißliebiger Bücher vorschrieb. Einige Autoren waren vollständig auszuräumen, beispielsweise Becher, Brecht, Feuchtwanger, Glaeser, Goll, Hasenclever, Kerr, Kesten, Keun, Kisch, Heinrich und Klaus Mann, Plivier, Remarque, Seghers, Toller, Tucholsky, Wassermann, Wegner, Arnold und Stefan Zweig. Von anderen Autoren wurden einzelne Werke geduldet, so Erich Kästners *Emil und die Detektive* oder Oskar Maria Grafs *Kalendergeschichten*. Tags zuvor, am 15. Mai, hatte Goebbels das Wort an die Buchhändler gerichtet und gefordert, »das deutsche Kulturwesen von allen Schlacken zu reinigen, die im Laufe der letzten vierzehn Jahre und wohl auch schon früher sich eingenistet und sich ihm angeheftet hatten«.

Die Verbotsliste nannte 131 Autoren und vier Anthologien. Sie wurde regelmäßig aktualisiert. Von 1938

an gehörte auch das Gesamtwerk von Emigranten dazu, die gegen die Diktatur schrieben: Thomas Mann, Annette Kolb, »dekadente Zivilisationsliteraten« wie Robert Musil, Arthur Schnitzler und Joseph Roth. Pauschal verboten waren Werke aus den emigrierten Verlagen wie Malik, Bermann-Fischer in Stockholm oder die Firmen von Allert de Lange und Emanuel Querido in Amsterdam, die deutschsprachige Abteilungen eingerichtet hatten und mit den Exilverlagen kooperierten. Emanuel Querido (1871–1943) sollte sein mutiges Eintreten für die Freiheit des Wortes mit dem Leben bezahlen. Nach der deutschen Invasion in Holland von 1940 wurde er in ein Konzentrationslager verschleppt und starb dort.

Seit dem 22. September 1933 unterlag das gesamte kulturelle Leben buchstäblich einem Gesetzesvorbehalt: dem Reichskulturkammergesetz. Ohne Zustimmung der Reichskulturkammer, die Joseph Goebbels' Reichsministerium für Volksaufklärung und Propaganda eingegliedert war, konnte kein Autor, kein Künstler mit einem Werk an die Öffentlichkeit treten. Jeder, der an Herstellung und Vertrieb von Literatur beteiligt war, mußte Mitglied der Reichsschrifttumskammer (RSK) werden, neben den Autoren auch Verleger, Drucker und Buchhändler. Die traditionelle Frankfurter Buchmesse hatte nach 1933 vorläufig ein Ende. Sie wurde ersetzt durch die »Woche des deutschen Buches«; gleichzeitig fand das »Weimarer Dichtertreffen« statt. Buchhandel

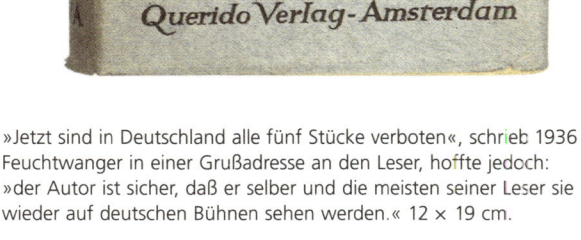

»Jetzt sind in Deutschland alle fünf Stücke verboten«, schrieb 1936 Feuchtwanger in einer Grußadresse an den Leser, hoffte jedoch: »der Autor ist sicher, daß er selber und die meisten seiner Leser sie wieder auf deutschen Bühnen sehen werden.« 12 × 19 cm.

Aus der »Emigranten-Produktion« des Verlags Allert de Lange, Amsterdam o. J., 11,5 × 18,5 cm.

und Organisation verloren alle Unabhängigkeit, Autoren wurden angeleitet, jede intellektuelle Opposition ausgeschaltet. »Völkische« Literatur sollte gefördert werden. Wagner-Festspiele und die Münchener Kunstausstellung »Musik und bildende Kunst« schworen Künstler und Publikum auf das »Nationale« ein.

Ab 1935 konnte nur noch veröffentlichen, wer einen »Ariernachweis« führte und ein Treuegelöbnis ablegte. Für jüdische und politisch andersdenkende Journalisten und Schriftsteller bedeutete dies das amtliche publizistische Aus. Im November 1936 verbot Goebbels endlich gar jede Literatur- und Kunstkritik, die sich bis dahin in der großen bürgerlichen Presse zu einem gewissen Grade noch hatte erhalten können. »Kunstbetrachtung« sollte sie fortan ersetzen. »Die Kritik hörte auf, einen Ort konkurrierender Positionen darzustellen, und diente nur noch den Parteizielen und der Diffamierung des Gegners.« (Russell A. Berman). Unter den 500 000 Menschen, die vor der Diktatur flohen, waren Tausende Künstler, »Kulturschaffende« im weitesten Sinn – eine kulturelle Auszehrung ohnegleichen. Deutschland verlor auf einen Schlag seine gesamte jüdische Intelligenz. Über 1800 Schriftsteller sind namentlich bekannt, die nach der Machtübernahme ihre deutsche Heimat verlassen haben. Für viele war damit ein Lebensnerv abgeschnitten. Getrennt von ihren Lesern, waren sie »draußen vor der Tür«, nicht nur geographisch, auch kulturell: in eine sprachliche Isolierung verbannt.

Im März 1935 wurde mit der »Arisierung« jüdischer Verlage begonnen. Ihre Eigentümer wurden enteignet oder gezwungen, die Firmen für einen Bruchteil ihres Wertes zu verkaufen. Das größte Medienunternehmen in jüdischem Besitz, der Ullstein-Konzern, wurde bereits 1934 »arisiert«. Unter dem Deckmantel einer Finanzierungsgesellschaft schluckte die NSDAP das Presse- und Buchverlagshaus für sechs Millionen Reichsmark, ein Zehntel des tatsächlichen Wertes. Die totalitäre Lenkung der öffentlichen Meinung konnte nur gelingen, wenn die gesamte Presse mit einer Stimme sprach. Zu dieser Gleichschaltung war die Nazifizierung des Ullstein-Imperiums, das ab 1938 Deutscher Verlag hieß, ein wesentlicher Schritt. Die treibende Kraft bei der Gleichschaltung der Massenmedien war Max Amman (1891–1957), Präsident der Reichspressekammer und seit 1922 Leiter des Verlages Franz Eher Nachf., der 1921 in München gegründet worden war. Als offizieller Zentralverlag der NSDAP gab Eher den *Völkischen Beobachter* heraus, der 1926 durch einen *Illustrierten Beobachter* ergänzt worden war. Zudem versorgte er die völkisch gesinnte Leserschaft mit Romanen, Liederbüchern, Kalendern, Rassekunden, alles getrimmt auf Propagandalinie. Auch Hitlers *Mein Kampf* erschien 1925 in diesem Verlag und brachte es schon bis zum April 1933 auf fast 340 000 Exemplare. Max Amman gelang es als Reichspressekammerchef in kurzer Zeit, die verbliebe-

nen bürgerlichen Pressekonzerne zu liquidieren und den nationalsozialistischen Pressetrust um den Eher-Verlag herum aufzubauen.

Daß noch 1937 in Deutschland 27 jüdische Verlage und 61 jüdische Sortimente existierten, lag an Sondergenehmigungen, die gleichsam eine Art von Buchhandel mit aufgeheftetem Judenstern ermöglichten. Danach durften jüdische Firmen weiterarbeiten, wenn sie sich auf den Verkauf ausschließlich jüdischer Schriften an ausschließlich jüdische Leser beschränkten, und dies auch unübersehbar kenntlich machten. Unter ihnen war der weitaus bedeutendste der erst 1931 gegründete Verlag von Salman Schocken (1877–1959). Schocken, der den Gaskammern entkam und später die Hebräische Universität in Jerusalem leitete, war in Deutschland Besitzer einer Warenhauskette und ein bekannter Sammler. Bei Schocken kam fast ein Drittel aller nach 1933 unter dem NS-Regime verlegten jüdischen Bücher heraus, ein anspruchsvolles Programm, das von dem nichtjüdischen Lektor Lambert Schneider verantwortet wurde. Besonders die *Bücherei des Schocken-Verlages*, eine 83 Titel umfassende Reihe mit deutsch-jüdischer Literatur, erfreute sich großer Zustimmung bei der Leserschaft. 1935 konnte sogar eine Gesamtausgabe Franz Kafkas begonnen werden. Nach der Pogromnacht vom 9. auf den 10. November 1938 war es schließlich auch mit der Form des eingeschränkten innerjüdischen Buchhandels vorbei.

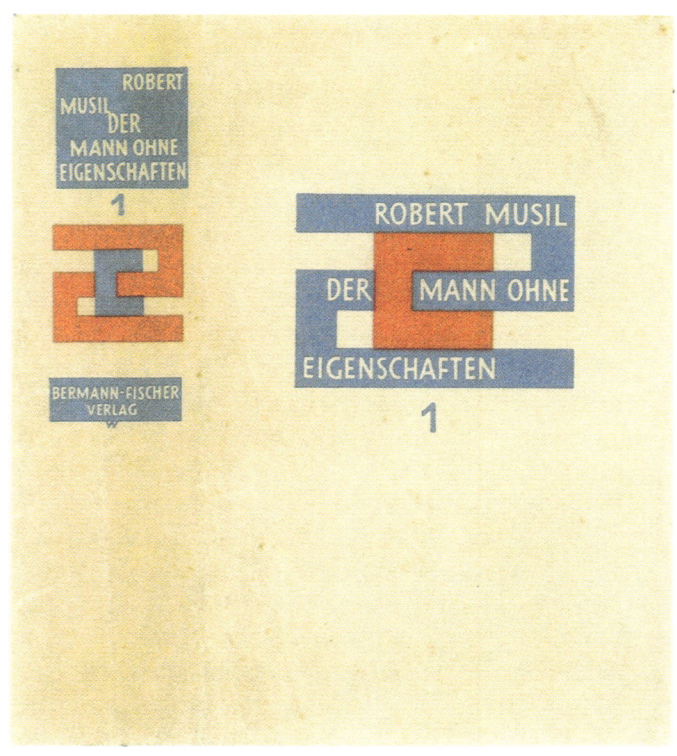

E. R. Weiß überarbeitete den für die Erstausgabe bei Rowohlt (1930) gezeichneten Schutzumschlag, als Gottfried Bermann-Fischer Musils Gesamtwerk 1936/1937 von Rowohlt in den nach Wien emigrierten Verlag übernahm. Band 1 des *Mannes ohne Eigenschaften* wurde 1938 in einer Neuauflage gedruckt.

409

Als fruchtbarster unter den exilierten Verlagen behauptete sich die Bermann-Fischer GmbH. Nach vergeblichem Versuch, sich in der Schweiz niederzulassen, war Gottfried Bermann-Fischer 1936 zunächst nach Wien gegangen. Er hatte nach langem Kampf die Verlagsrechte der »unerwünschten Autoren« und ein Lager von 78 000 Bänden mit nach Österreich nehmen können. Hier erschienen Bücher von Eve Curie, Hugo von Hofmannsthal, Annette Kolb, Thomas Mann, Robert Musil, Jean Giraudoux, Rudolf Borchardt. Der Einmarsch der Deutschen 1938 in Österreich führte zur Beschlagnahme des Bücherlagers. Bermann floh nach Italien. Mit Hilfe des Verlags Albert Bonnier entstand der Verlag 1939 im neutralen Schweden neu. Nach Kriegsbeginn ging Gottfried Bermann-Fischer in die USA, leitete aber weiterhin den Stockholmer Verlag und brachte während des Krieges 120 Titel in Schweden heraus, neben Werken von Zuckmayer, Stefan Zweig, Döblin, Remarque und Thomas Mann *(Stockholmer Ausgabe)* auch Übersetzungen wichtiger Autoren wie Arthur Miller, Tennessee Williams oder Thornton Wilder. 1948 kam der Bermann-Fischer Verlag nach Europa zurück und vereinigte sich mit dem in Amsterdam ansässigen deutschsprachigen Querido Verlag; Rudolf Hirsch (1905–1996) wurde Leiter des Lektorats und der *Neuen Rundschau*.

Was las man im sogenannten Dritten Reich? Verkaufszahlen sind hier trügerisch. Hitlers *Mein Kampf*, das bei Trauungen gleichsam als Familienbibel überreicht wurde, war bis zum Jahre 1940 auf eine Auflagenhöhe von sechs Millionen getrieben worden. Doch nur die allerwenigsten der solcherart Beschenkten und der »Käufer auf Befehl« haben ihr Pflichtlektürepensum erfüllt. *Mein Kampf* oder Alfred Rosenbergs *Mythus des 20. Jahrhunderts* standen im Regal, rezipiert wurde die NS-Ideologie aber eher in belletristischer Aufbereitung. Man denke an Romane wie *Befehl aus dem Dunkel* (1933) oder *Land aus Feuer und Wasser* (1939) von Hans Dominik, wo Scharen deutscher Erbhofbauern aufbrechen, um eine neu entstandene Insel im Atlantik bzw. die australische Wüste für das Deutsche Reich urbar zu machen. Wer diese Art von literarischem Imperialismus nicht lesen mochte, konnte auf die Heimatliteratur ausweichen. Die Liste der meistgekauften Bücher bis 1940 weist Beschauliches von der heimatlichen Scholle auf: *Heideschulmeister Uwe Karsten* von Felicitas Rose, *An heiligen Wassern* von Jakob Christoph Heer, beide 1939 über 500 000 mal verkauft. *Die Soltenkamps und ihre Frauen* von Rudolf Herzog, *Besonnte Vergangenheit* von Carl Ludwig Schleich, *Das zweite Gesicht* von Hermann Löns – sie alle waren Erfolgsbücher mit über 450 000 verkauften Exemplaren. »Gehobene« Unterhaltung boten die tolerierten Hans Fallada, Alexander Lernet-Holenia, Gregor von Rezzori, Werner Bergengruen. Ernst Wiechert fand mit seiner *Hirtennovelle* und dem *Einfachen Leben* jeweils

über 250 000 Leser, Ina Seidels *Wunschkind* kam auf 210 000 Exemplare.

Der Buchmarkt in der Kriegswirtschaft war – wie jeder andere auch – ein Mangelmarkt. Der Rohstoff Holz war knapp. Papier wurde kontingentiert. Die Verleger gingen auf Nummer Sicher und gaben nur Bewährtes heraus. Eine Neuauflage eines beliebten Buches barg weit weniger Risiko, als eine Neuerscheinung zu wagen. Mit Kriegsbeginn durften Werke englischer und französischer Autoren nicht mehr ausgeliefert werden. Ab 1941 durfte kein neuer Verlag gegründet werden. Der Papiermangel verschärfte die Unterdrückung: »nichtkriegswichtige« Literatur hatte das Nachsehen, wenn es um die Zuteilung ging. Von den Papierbeschränkungen ausgenommen war selbstverständlich der Eher-Verlag.

Vom Jahre 1943 an wurde das Zurückgehen der Verlagsproduktion mit offensiven Maßnahmen unterstützt. Ziel war, zwei Drittel der noch bestehenden Verlage für die Dauer des Krieges zu schließen. Die gesamte Wirtschaftskraft wurde auf den Kriegseinsatz konzentriert. Abgesehen von den reinen Parteiverlagen mußte sich die Verlagsproduktion im Reich auf ein Notprogramm beschränken. Die Verknappung des Buchangebotes führte zu einem Nachfrageüberhang, der schießlich nur mehr durch Bestellsperren und ab 1943 durch ein Zuteilungsverfahren reglementiert werden konnte. Die Buchproduktion sank wie die Lebenskurve des intellektuellen Geistes. »Während im Jahre 1927 die deutsche Buchproduktion 24 866 Erstauflagen und 6160 Neuauflagen umfaßt hatte und für 1933 die entsprechenden Zahlen 18 289 beziehungsweise 3375 betrugen, waren es 1939 nur noch 15 585 Erstauflagen und 4703 Neudrucke: im Jahre 1944 wurde mit 7271 Erst- und 4443 Neudrucken ein Tiefpunkt erreicht«, schreibt Hans Widmann. Das wirkliche Leben der deutschen Literatur fand im Ausland statt.

»Als der Krieg zu Ende war«

Deutschland wurde nach der bedingungslosen Kapitulation am 8. Mai 1945 von den Militärbehörden der vier Siegermächte in vier Besatzungszonen aufgeteilt. Der Buchmarkt unterlag wie alle anderen Medien der strengen Kontrolle der Siegermächte. Zunächst war jede verlegerische Unternehmung untersagt, die Buchhandlungen und Leihbibliotheken wurden geschlossen, die Einfuhr ausländischer Druckerzeugnisse verboten. Anordnungen ergingen, alle nationalsozialistische, rassistische und militärische Literatur aus Bibliotheken und Sortimenten zu entfernen und zu vernichten.

Jede Wieder- und Neugründung eines Verlages und jede Eröffnung einer Sortimentsbuchhandlung oder einer Leihbibliothek bedurfte bis zum Jahre 1949 der förmlichen Lizenzierung. In der französischen Zone bestand eine Genehmigungspflicht für jede einzelne Publikation, überdies herrschte Vorzensur. In der amerikanischen Zone wurde die Vorzensur bereits im Oktober 1945 und in der britischen Zone 1947 aufgehoben. Die Militärbehörden der Siegermächte, die Vereinigten Staaten, Großbritannien, die Sowjetunion und Frankreich übten bis zur Gründung der Bundesrepublik im Jahre 1949 in vier Besatzungszonen und Berlin die Regierungsgewalt und auch die Kulturpolitik aus. Ende 1947 wurde die Teilung Deutschlands und Europas in West und Ost absehbar. Die Spannungen zwischen den Siegermächten führten zur Blockbildung. Mit dem »Kalten Krieg« ging auch das kulturelle und damit literarische Leben der beiden deutschen Staaten in unterschiedliche Richtungen.

Von der Kapitulation Deutschlands im Mai 1945 bis zum erfolglosen Ausgang der Moskauer Außenministerkonferenz 1947 verlief die Entwicklung in allen vier Besatzungszonen nach gleichen Vorstellungen. Im Potsdamer Abkommen von 1945 beschlossen Truman, Stalin und Churchill Maßnahmen zur Entnazifizierung, Demokratisierung und Dezentralisierung Deutschlands. Die These von der Kollektivschuld aller Deutschen am Faschismus bestimmte bis 1947 in allen Besatzungszonen die Diskussion über die wirtschaftliche und politische Entwicklung des Landes. Deutschland sollte keine Militärmacht mehr werden können. Jeder wirtschaftlichen Monopolbildung wollten die Besatzungsmächte entschieden entgegentreten, Konzerne sollten aufgelöst werden.

Der erste Programmpunkt der Umerziehung hieß: Säuberung. Listen mit verbotenen nationalsozialistischen und militärischen Schriften wurden angefertigt, Bibliotheken durchstöbert. In einer zweiten, konstruktiven Phase wollte man mit Hilfe lizenzierter Übersetzungen dem deutschen Publikum eine bessere Literatur anbieten, die den Umerziehungszielen entsprach. Bei der »Re-education« kamen dem Rundfunk, den Zeitungen und dem Buch eine führende Rolle zu. Jedes Publikationsorgan und jedes erscheinende Buch bedurfte einer Lizenz. Verleger und Buchhändler hatten um Erlaubnis der Militärregierung nachzusuchen. Lizenzen erhielt nur, wer belegbar politisch unbelastet war und sich für die Demokratisierung engagieren wollte. Freie Hand hatte ein Verleger damit nicht. Was er veröffentlichen wollte, war der Zensurbehörde vorzulegen, und von deren Genehmigung hing ab, ob dem Verlag das zum Druck nötige Quantum Papier zugewiesen wurde. Im Westen Deutschlands war durch die britischen und amerikanischen Alliierten die Höchstauflage von Büchern auf 5000 begrenzt. Neuerscheinungen wurden den Buchhandlungen nicht nach Wunsch und Bestellung ausgeliefert. Auch dafür gab es ein Zuteilungsverfahren.

Die lizenzgestützte Meinungsfreiheit ließ sich nur bedingt strapazieren. Schlugen die deutschen Zöglinge über die Stränge, konnten die demokratischen Vormünder ihre demokratische Contenance leicht verlieren. Dann nutzte es auch nichts, durch und durch freiheitlich gesonnen zu sein. Günther Weisenborn, Schriftsteller und Widerstandskämpfer, durfte eine satirische Monatsschrift, den *Ulenspiegel*, herausgeben. Das seit Weihnachten 1946 erscheinende Blatt erzielte rasch Auflagen zwischen 50 000 und 70 000 Exemplaren, war diskussionsfreudig und fraglos liberal – aber es trimmte seine Leser nicht so auf Westkurs, wie die amerikanische Militärbehörde es wünschte. Als Weisenborn mitgeteilt bekam, die Papierzuteilung für den *Ulenspiegel* müsse bedauerlicherweise vermindert werden, denn das Blatt gehöre nicht mehr zu den unbedingt zu fördernden Periodika, gab er die US-Lizenz zurück. Ähnlich erging es Alfred Andersch und Werner Richter mit ihrer Zeitschrift *Der Ruf*, die als Lagerzeitschrift begonnen hatte und dann außerhalb der Kriegsgefangenenlager fortgesetzt wurde. Die erste Nummer erschien am 15. August 1946. Als »Unabhängige Blätter der jungen Generation« firmierte sie im Untertitel; wohl zu Recht, denn alsbald wurde das Blatt, das gegen den Kollektivschuldgedanken argumentierte und offensiv von der Kulturpolitik der Alliierten abwich, mißtrauisch beäugt. Er fühle sich als Deutscher, schrieb Hans Werner Richter, aber er sei nicht schon deswegen »verantwortlich für Hitlers Verbrechen und den Chauvinismus vergangener Zeiten.« Den Alliierten warf er »imperialistische Ansprüche« vor. Das konnte nicht gutgehen, zumal wenn man, wie es dem *Ruf* gelang, mit dieser Sprache 100 000 Abonnenten in allen vier Besatzungszonen gewann. Der Nummer 17 vom April 1947 wurde die behördliche Genehmigung versagt. *Der Ruf* mußte sein Erscheinen einstellen, bis mit Erich Kuby ein neuer Herausgeber gefunden war. Andersch und Richter verloren ihre amerikanische Lizenz. Mittelbar in Reaktion darauf lud Richter im Herbst desselben Jahres zum ersten seiner später legendären Autorentreffen ein. Die Bildung der *Gruppe 47* zeigte an, wie sich politische Aktivitäten in den literarisch-kulturellen Bereich hinein verlagerten.

Das Buchhandelszentrum Leipzig war nach dem Krieg von den US-Truppen an die Sowjetische Besatzungsmacht übergeben worden. Wiesbaden, Sitz des Alliierten Hauptquartiers, wurde fürs erste die Zweigstelle des Börsenvereins im Westen. Ab 1945 erschien hier vorübergehend auch das Börsenblatt der Westzonen. 1949 verlegte man es nach Frankfurt am Main. Der *Börsenverein Deutscher Verleger- und Buchhändlerverbände* vereinigte sich 1948 schrittweise: erst kam es zu regionalen, dann zonalen Verbindungen, dann schlossen sich die Verbände der englischen und amerikanischen Besatzungszone über die Grenzlinien hinweg zusammen.

Kurz darauf traten auch die französische Zone und (West-)Berlin bei. Die Umwandlung zum *Börsenverein des deutschen Buchhandels* mit Einzelmitgliedschaften, getrennt nach Bundesländern, fand 1955 statt.

Die Buchproduktion hatte bei Kriegsende ihre herstellerische Basis verloren. Hauptverlagsorte wie Berlin, München oder Stuttgart waren bei Luftangriffen schwer getroffen worden, vor allem aber hatte der Bombenhagel das Leipziger Buchhändlerviertel mit seinen riesigen Kommissionslagern und dem »graphischen Viertel«, dem Zentrum der Produktionsanlagen, zerstört. Zahlreiche große und kleine Firmen waren ausgebombt. Es fehlten Lager, Geschäftsunterlagen, Manuskripte, alles, was ein Verlag zum Weiterleben gebraucht hätte. Die Herstellungskapazität war, bedingt durch die historische Entwicklung, in den vier Besatzungszonen höchst ungleich verteilt: Die Westzonen besaßen nur 25 Prozent der Herstellungskapazität im Buchdruck (40 Prozent der Druck- und 60 Prozent der Bindekapazität waren zerstört). Drei Viertel der Druckereien und Buchbindereien befanden sich in der sowjetischen Besatzungszone, vor allem in Leipzig. Zahlreiche bedeutende Verlage übersiedelten auf Veranlassung der Amerikaner aus der anfänglich amerikanisch verwalteten Buchstadt Leipzig in den Westen, hauptsächlich nach Wiesbaden und Stuttgart. Ihnen folgten erstklassige Fachleute, darunter viele, die zum Umfeld C. E. Poeschels in Leipzig gehört hatten.

1947 brach die Allianz der Siegermächte auseinander. In den Westzonen lockerte sich der Umerziehungsdruck, in der Ostzone wurde das Klima schärfer.

Verlage in Ostdeutschland und später in der DDR

In der sowjetischen Besatzungszone lag die Kultur- und Verlagspolitik in den Händen sowjetischer Kulturoffiziere. Sie fanden Unterstützung durch die aus der Emigration und den Konzentrationslagern heimkehrenden Autoren und Verlagsleute. Nicht wenige waren vor 1933 Mitglieder der KPD gewesen. Johannes R. Becher wurde Präsident des 1945 in Ostberlin gegründeten und von ihm initiierten *Kulturbundes zur demokratischen Erneuerung Deutschlands*. Ein *Kultureller Beirat für das Verlagswesen* etablierte sich in Berlin. Man sah sich auch hier einer Situation großen Mangels gegenüber: Abgesehen von der lange entbehrten Belletristik fehlte es am Nötigsten für Bildung und Ausbildung, an Schulbüchern, technischer und medizinischer Literatur.

Im 1945 neugegründeten Aufbau-Verlag in Berlin erschienen innerhalb von drei Jahren über hundertfünfzig belletristische Titel, angefangen von Bechers Roman *Abschied*, der Geschichte einer Jugend in München, über Anna Seghers *Das siebte Kreuz* bis zu Arbeiten von Bert Brecht. »Die antifaschistische Literatur wird zur herrschenden deutschen Literatur, zu einer neuen Nationalliteratur werden«, prognostizierte Becher zuversichtlich. Von Beginn an wurden die Klassiker ins Verlagsprogramm einbezogen: Heine, Storm und Keller, Gogol und Puschkin. Mit dem Leipziger Verlag Volk und Wissen entstand 1945 der zentrale Schulbuchverlag der späteren DDR. Ins gleiche Nachkriegsjahr fielen die Gründungen des Altberliner Verlags, der Kinder- und Jugendbücher herausgab, des Henschelverlages mit den Spezialgebieten Theater und Musik, des Verlages Tribüne Berlin für gewerkschaftspolitische Literatur und eine Neugründung des alten sozialdemokratischen Dietz Verlages, dessen blauleinene Marx-Engels-Ausgaben den Weg auch in westliche (zumal studentische) Regale fanden.

Nach 1946 begann in der Sowjetzone die Verstaatlichung der alten, renommierten Firmen. Der Eigner des vor dem Krieg führenden musikwissenschaftlichen Verlags Breitkopf & Härtel war schon 1945 mit seiner Firma nach Wiesbaden gegangen. Das Leipziger Haus wurde nach der Enteignung im Jahre 1952 in den VEB Breitkopf & Härtel umbenannt. Sogenannte volkseigene Betriebe (VEB) wurden im Jahre 1953 auch F. A. Brockhaus (das westliche Pendant war seit 1952 in Wiesba-

Verlag Volk und Wissen, Berlin / Leipzig 1946. Einbandentwurf: Hans Müller. 14,5 × 20,8 cm.

den), Gustav Fischer (die Gründerfamilie übersiedelte nach Stuttgart und begann dort neu), sodann der Georg Thieme-Verlag (ebenfalls Leipzig/Stuttgart) und der 1780 gegründete Verlag Johann Ambrosius Barth. Der auf Philologie und Geisteswissenschaften spezialisierte, 1870 in Halle gegründete Max Niemeyer Verlag reagierte auf die Umwandlung in einen VEB gleichfalls mit Verlegung des Firmensitzes. Seit 1950 setzt Niemeyer sein Programm in Tübingen fort. Felix Meiner, bekannt für die grünen Bände der Reihe *Philosophische Bibliothek*, verlegte sein 1911 in Leipzig gegründetes Haus 1951 nach Hamburg.

Als Betriebe mit staatlicher Beteiligung bestanden Philipp Reclam jun. und B. G. Teubner fort. Unter staatliche Verwaltung kam der Insel-Verlag Anton Kippenberg. Die Firmen, die sich unter ihrem alten Namen im Westen neu etablierten, haben die geschaffenen Tatsachen teils zur Kenntnis genommen, einige haben sich mit den Namensträgern arrangiert. Andere bestanden auf ihrem Rechtsanspruch, auf Namen und Titel. Bei Reclam Stuttgart beispielsweise hielt man den Gebrauch des Namens *Universal-Bibliothek* in Leipzig für illegal und setzte 1952 durch, daß die Einfuhr der Produkte aus Leipzig in die Bundesrepublik untersagt wurde. Reclam Leipzig begann 1946 mit der Edition der Klassiker Lessing, Goethe, Schiller, Heine, Mörike und Puschkin,

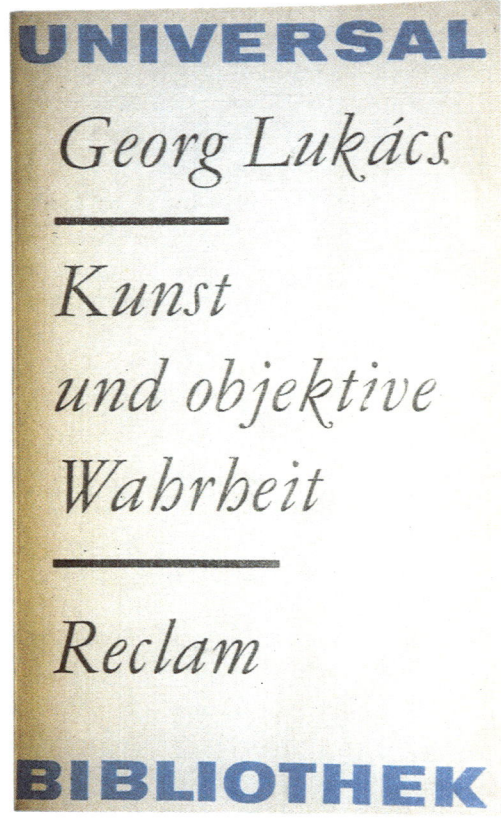

Reclam Leipzig 1977. Reihenentwurf: Irmgard Horlbeck-Kappler. 10,7 × 17,7 cm.

wurde ab 1959 auch zum Verlag (und zeitweise zur Zuflucht) zeitgenössischer Autoren. Christa Wolf gab hier die Reihe *Proben junger Erzähler* heraus. 1963 veränderte der Verlag sein Äußeres: aus den »alten Heftchen« entstand eine Taschenbuchreihe mit modernem Gesicht. Neben dem billigen Buch versuchte man zusammen mit Künstlern wie Beckmann, Kirchner, Maillol, Grieshaber oder Heisig und Hegenbarth an die Tradition des bibliophilen Buchs der Vorkriegszeit anzuknüpfen. 1975 kam eine Graphik-Edition dazu, seit den achtziger Jahren erschienen Drucke der Dürer-Presse.

Am 30. Mai 1949 wurde die Verfassung der Deutschen Demokratischen Republik verabschiedet. Bis dahin waren in der SBZ 160 Verlagslizenzen erteilt worden. Geplant und hergestellt wurden im sozialistischen Verlagswesen nach Themenplänen, an denen sich die Rohstoffverteilung (Papiermenge, aber auch -güte) orientierte. Für eine Konzentrationsbewegung im DDR-Verlagswesen steht das Jahr 1964. Im Verlauf einer »Profilierung« genannten Vereinheitlichung wurden verschiedene mittelgroße Verlage zusammengeschlossen oder fielen an größere Betriebe. So kamen Rütten & Loening an den Aufbau-Verlag, Alfred Holz an den Kinderbuchverlag, und die Verlagsgruppe Kiepenheuer umfaßte fortan auch die Leipziger Dieterich'sche Verlagsbuchhandlung sowie die Verlage Paul List und Insel. Eine Gründung ausschließlich für Geschäfte mit dem »kapitalistischen Ausland« war die Edition Leipzig als Verlag für Kunst und Wissenschaft im Jahre 1960. Ihr Hauptpartner wurde die Bundesrepublik mit der Deutschen Verlags-Anstalt, Kohlhammer, VCH Weinheim, Insel und natürlich den auf Lizenzausgaben abonnierten Buchgemeinschaften. Eine von Hainer Plaul herausgegebene *Illustrierte Geschichte der Trivialliteratur* verkaufte 1983 der Olms Verlag in Hildesheim in Lizenz. Daneben wurden Schaustücke der Buchkunst vertrieben: So etwa 75 faksimilierte historische Karten von Asien, »einzeln gefälzelt, aufgehängt mit jeweils verbundenem Kommentartext deutsch – englisch« oder ein Faksimile des Fest-Epistolars Friedrichs des Weisen von 1507, das in der Universitätsbibliothek Jena aufbewahrt wird.

Westdeutsche und ostdeutsche Verlage haben vielfach miteinander kooperiert. Das reichte vom Literaturaustausch bis zu gemeinsam veranstalteten Editionen. Der damals in Darmstadt ansässige Luchterhand Verlag vertrieb in Lizenz die Werke von DDR-Autoren. Die Sammlung Dieterich kooperierte mit dem westdeutschen Nachfolger Schünemann in Bremen, der Henschelverlag mit dem Kunstverlag Schirmer/Mosel in München und mit Langen-Müller. K. G. Saur in München arbeitete mit dem VEB Verlag der Kunst in Dresden und dem für Reprints zuständigen Zentralarchiv zusammen und brachte unter anderem, zur Freude westlicher Buchhistoriker, zahlreiche Beiträge der ostdeutschen Buchwissenschaftler sowie Klassiker der

413

Buchkunde heraus. Die *Große kommentierte Berliner und Frankfurter Ausgabe* der Werke Bert Brechts unternahm Aufbau gemeinsam mit Suhrkamp, und gemeinsam mit Greno in Nördlingen wurde 1988 die Zeitschrift *Sinn und Form* als Reprint wiederaufgelegt. *Die Bibliothek des 18. Jahrhunderts* erschien zugleich bei Kiepenheuer und C. H. Beck, und für die *Österreichische Bibliothek* kooperierte der Wiener Böhlau Verlag mit Volk und Welt, dem 1947 in Ostberlin gegründeten Verlag, dessen vorzügliche Übersetzungen und kommentierte Editionen osteuropäischer Literatur das Interesse westdeutscher Verlage weckten.

Ein anderer Aspekt war die ideologische Frontstellung, der Kalte Krieg in der Literatur. Autoren der DDR sind im Westen entweder nicht oder aber, wenn sie als Oppositionelle unterdrückt waren, nur dort erschienen. Stephan Hermlin wurde zwischen 1950 und 1965 im Westen nicht gedruckt, Rainer Kunzes *Die wunderbaren Jahre* konnten nur in der Bundesrepublik erscheinen. *Die Blechtrommel* von Günter Grass wiederum, ein Westbuch, erschien erst 1986, siebenundzwanzig Jahre nach der Erstveröffentlichung, in der DDR bei Volk und Welt. Uwe Johnson, der lange als Unperson im eigenen Land galt, wurde bei Aufbau erstmals Ende der achtziger Jahre veröffentlicht. Hier machte sich ein langsamer Wandel deutlich in der Haltung gegenüber den Ausgebürgerten und den daheim Unterschlagenen: Sarah Kirsch und Günter Kunert wurden nun auch gedruckt, obwohl sie außer Landes waren.

Der Buchproduktion in der sowjetisch besetzten Zone Deutschlands (SBZ) und später in der DDR blieb der gesellschaftspolitische Auftrag nicht erspart. Daß Bücher, wiewohl nicht notwendig, etwas mit Bildung zu tun haben, ist eigentlich selbstverständlich. In der DDR war der »Humanismus« offiziell. Das hatte die für Leser erfreuliche Seite, daß Bücher wunderbar (dank staatlicher Subvention) billig waren, und die unerfreuliche, daß dem Publikum gewisse Kost vorenthalten wurden. Das Ministerium für Kultur stand an der Spitze der Kulturpolitik, maßgebend für die Belange von Theater, Musik und Kunst, wobei es ein Auge hatte auf Konzerte, Aufführungen und Ausstellungen. Es erstellte die Richtlinien für die *Hauptverwaltung Verlage und Buchhandel* und leitete das allgemeine Bibliothekswesen, war für Genehmigungen der von den Verlagen vorgeschlagenen Titel zuständig, organisierte Verlegerkonferenzen, erteilte Druckgenehmigungen und verteilte Papierkontingente, koordinierte die Beziehungen der Verlage zur *Polygraphie*, also den Druckereien und sonstigen graphischen Betrieben, sowie zum staatlichen Außenhandelsunternehmen Buchexport, das dem Ministerium Außenhandel zugeordnet war. Der 1953 gegründete *Volkseigene Außenhandelsbetrieb Buchexport* in Leipzig sorgte für den staatlichen Im- und Export von Büchern. Gesamtwirtschaftliche Bedeutung besaßen die Exporte

als Devisenbringer. Für genehmigte Ankäufe von Rechten ausländischer Bücher erhielten die Verlage Devisenzuteilungen vom Ministerium. Besonders hemmend wirkte sich aus, daß die DDR nur über eine unbedeutende und unzureichende Papierfabrikation verfügte und viel Papier importieren mußte.

Der Leipziger Kommissions- und Großbuchhandel (LKG), in dem alle herstellenden und vertreibenden Betriebe organisiert waren, fungierte als Zentralauslieferung. »Alle irgendwo in der Republik hergestellten Bücher wurden nach Leipzig befördert und dort vom LKG an die Buchhandlungen weitergeleitet«, schreibt Horst Kunze. Für die wenigen Privatfirmen wirkte sich dieser Monopolismus höchst nachteilig aus. Der Verteilerschlüssel sah vor, daß 69 Prozent der Lieferungen an die staatlichen Firmen gingen, die 80 Prozent des Branchenumsatzes zu erbringen hatten. Mit 7 Prozent mußten sich die privaten Buchhändler begnügen, die nur einen Umsatz von 5 Prozent erwirtschaften durften. Der immer noch umfängliche Rest verteilte sich auf Export-, Partei- und Armeebuchhandlungen.

Die LKG wurde bereits 1946 gegründet. Im gleichen Jahr wandelte sich der Leipziger Börsenverein zur staatlichen, dem Kultusministerium unterstellten Organisation. Der DDR-Buchhandel war im Leipziger Börsenverein mit eigenem Börsenblatt zusammengefaßt, die Leipziger Frühjahrsmesse diente jeweils als Leistungsschau des Buchgewerbes. Die Verlage stellten in Specks Hof aus. Von 1946 bis 1973 fand die Messe in alter Tradition zweimal jährlich im Herbst und Frühjahr statt, danach nur noch im Frühjahr. Sie entwickelte sich zu einer der bedeutendsten Buchmessen des Ostblocks.

1989, im Jahr der Öffnung der Berliner Mauer, zählte der Buchhandel der DDR 710 Volksbuchhandlungen, davon 17 größere *Häuser des Buches*, 239 Kreis- und 316 Stadtbuchhandlungen sowie 87 Spezialbuchhandlungen, davon 30 Antiquariate, 29 Musikalienbuchhandlungen, 18 Kunst- und 10 Internationale Buchhandlungen. Dem Handel waren als Spezialabteilung das Zentralantiquariat der DDR und das Buchhaus Leipzig angeschlossen. Darüber hinaus gab es noch mehr als 400 meist kleine nichtstaatliche Buchhandlungen. Mißt man die Zahl der Verlage an den nach Kriegsende erteilten Lizenzen, so hatte sich ihr Bestand halbiert. Zum Ende der DDR bestanden 78 Verlage, davon 17 in Privat- bzw. nichtstaatlichem Besitz. Die meisten Verlage hatten ihren Sitz in der Buch- und Messestadt Leipzig (38) und in Berlin (32). Die großen Berliner Verlage produzierten mehr als 4000 Titel jährlich in einer Auflage von etwa 110 Millionen Exemplaren und damit allein fast drei Viertel aller Bücher. Die Titelzahl wuchs von 1998 Titeln im Gründungsjahr 1949 auf 6093 Titel im Jahr 1989. Die Gesamtauflage stieg in diesem Zeitraum von 33,4 Millionen auf 136,8 Millionen.

Endlich wieder Lesestoff:
Rowohlts Rotations Romane

Nach Krieg und zwölfjähriger geistiger Dürre herrschte ein großes kulturelles Nachholbedürfnis. Der Lesehunger, besonders der der jungen Generation, war gewaltig. Es wurde aber noch zu wenig gedruckt und auch die Kaufkraft war äußerst beschränkt. »Bücher hatten einen Tauschwert«, erinnert sich Paul Meyer: »Vielleicht bekam man für einen lebensverneinenden Schopenhauer einen lebenserhaltenden Katenschinken.« Der Nachfrage stand ein äußerst knappes Angebot gegenüber. Die »Literatur der Scheiterhaufen«, die die Jungen nur vom Hörensagen kannten und die allseits gerühmt wurde, war nirgendwo erhältlich. Die Emigrantenliteratur wurde gefeiert, aber niemand konnte sie kaufen. So blieb die Hoffnung auf die »Schubladenliteratur« der Autoren der sogenannten »inneren Emigration«. Ricarda Huch, Ernst Wiechert oder Werner Bergengruen waren in Deutschland geblieben, ohne sich den Machthabern anzubiedern. Und gab es nicht viele, die ihr Dableiben als ein

mühevolles Ausharren beschrieben? Die zwar nicht geographisch, aber geistig im Exil gelebt haben wollten? Wie viele Manuskripte, stille Früchte der Opposition, im Verborgenen verfaßt und gehütet, mußten sich da angesammelt haben! Aber es erwies sich, daß die Schubladen der Dichter leer waren.

Eine ganze Generation war aufnahmebereit und blickte erwartungsvoll auf das, was kommen sollte. Verlagen, Druckereien und Buchbindereien fehlte es an Material. Papier war kontingentiert. Wer in dieser Situation eine Verlegerlizenz und die damit verbundene Papierzuteilung erhielt, besaß beinahe eine Erfolgsgarantie, so gering war das Risiko in Anbetracht der Nachfrage. Immer wieder waren es einzelne Firmen, die in den vier Besatzungszonen besonders gefördert wurden. Sie gewannen schnell als bedeutende Literaturverlage der unmittelbaren Nachkriegszeit Gewicht. In der amerikanischen Zone erhielt Kurt Desch am 17. November 1945 in München die erste Lizenz. Amerikanische Bestseller, vor allem aber deutsche Traditionsautoren ohne nationalsozialistische Vergangenheit bildeten den Haupt-

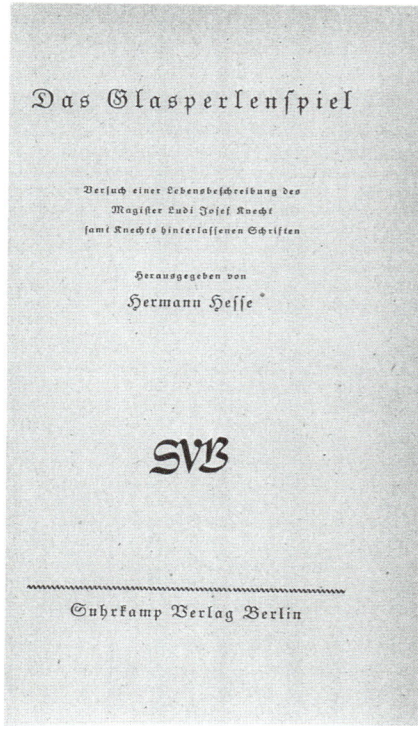

Das erste Buch des Suhrkamp Verlags nach dem Krieg erschien im August 1946.

Nach zwölf Jahren nationalsozialistischer Beschränkung war *story* der Versuch, die heimische Nachfrage nach ausländischen Erzählern zu decken. Die Hefte waren auf Zeitungspapier gedruckt und wurden zum Vorbild der ersten Rowohlt-Rotations-Romane. 22 × 30,5 cm.

bestandteil seines Programms. Allein mit den Schriften Ernst Wiecherts erzielte Desch schon vor der Währungsreform Auflagen von 187 000. Wiechert bot als dagebliebener aber doch »guter« Deutscher die beste Möglichkeit der Identifikation und galt deshalb als der einflußreichste »Umerzieher« für die jüngere Generation, die von der Kollektivschuldthese freigesprochen werden wollte. Peter Suhrkamp bekam im britischen Sektor Berlins am 26. Oktober 1945 und in Frankfurt am Main am 4. Oktober 1946 Lizenzen. In Hamburg eröffnete Eugen Claassen am 31. Oktober 1945 einen Verlag, in der französischen Zone wurde als erster Hermann Leins in Tübingen mit seinem Wunderlich Verlag zugelassen.

Rowohlt, vertreten durch Vater und Sohn, war als erster in allen vier Zonen und somit omnipräsent: Heinrich Maria Ledig-Rowohlt (1908–1992) erhielt noch vor Ablauf des Jahres 1945 Lizenzen für die Teilfirmen in Stuttgart, wo die Amerikaner saßen, und Baden-Baden, das unter französischer Militärverwaltung stand. Ernst Rowohlt bekam am 27. März 1946 in Hamburg, das 1950 Verlagssitz wurde, eine Lizenz für die britische Zone. Wenig später bestand, wenngleich nur vorübergehend,

eine Zweigstelle in Berlin im russischen Sektor. Die französische Lizenz schaffte bald Verbindung zu bedeutenden Autoren wie Jean-Paul Sartre, Albert Camus, Simone de Beauvoir.

Von H. M. Ledig-Rowohlt stammten die Ideen zu einer überaus angemessenen, revolutionär zu nennenden Antwort auf das ringsum drängende Verlangen nach Lektüre. 1946 erschienen zwei Zeitschriften: *Pinguin*, herausgegeben von Erich Kästner, und *story*, eine echte Neuschöpfung mit dem Untertitel *Erzähler des Auslands Ein monatliches Leseheft*, mit Ledig-Rowohlt als Herausgeber. Das Konzept versprach: »Jedes Heft der Story (mit 32 Seiten) entspricht dem Umfang eines 168seitigen Buches. Gesammelt und später gebunden werden sie zu einem billig erworbenen Schatz der modernen Weltliteratur«. *Story* war auf Zeitungspapier gedruckt und erzielte Auflagen von 100 000 Exemplaren.

Das Prinzip stand Pate bei der Idee, Romane auf Rotationsmaschinen im Zeitungsformat zu drucken. Die Situation, die Zeitumstände erforderten ihre eigenen Formen der Verbreitung von Literatur. »Möglichst viel Buchstaben auf möglichst wenig Papier für möglichst wenig Geld« – nach dieser Devise kamen vom Dezem-

416 *Rowohlts-Rotations-Romane (RoRoRo)* im Zeitungsformat. Doppelnummer 13/14, März 1948. Titelillustration: Werner Rebhuhn. 29 × 39 cm.

RoRoRo Nr. 2, Dezember 1946. Titelseite und 20 Illustrationen: Günther T. Schulz. 29 × 39 cm. Schrift und Signet: John A. Krause.

ber 1946 bis Oktober 1949 Bücher im Zeitungsgewand auf den Markt: weder gebunden noch geheftet, auf stark holzhaltigem Papier von der Größe einer halben Zeitungsseite, gesetzt in drei Kolumnen in einer gut leserlichen Antiqua. Geschickt nutzte Rowohlt den Umstand, daß der Schlüssel bei der Papierzuteilung die periodische Presse mit 60:40 gegenüber dem gebundenen Buch bevorzugte. Zudem war ihm ein Betrieb mit Rotationsmaschinen leichter verfügbar als einer mit Buchdruckmaschinen. Die einfache Nummer hatte einen Umfang von 48 Seiten, ein Doppel-, Drei- und Vierfachheft war entsprechend stärker. Die Titelseite, von zeitgenössischen Künstlern wie Wilhelm M. Busch, Werner Rebhuhn, Emil Preetorius oder Rudolf Schlichter gestaltet, schmückte meist eine ganzseitige, häufig zweifarbige Zeichnung. *Rowohlts-Rotations-Romane*, wie die offizielle Bezeichnung lautete, ergab einen werbeträchtigen Stabreim, der sich griffig abkürzen ließ: RoRoRo. Dazu kam der Geist des Aufbruchs. Kurt W. Marek (1915–1972), Nachkriegslektor bei Rowohlt seit 1946, ging mit dem Verlagskonzept forsch in die Offensive: »RORORO bricht mit der Tradition: Der deutschen Neigung zur ›Mumifizierung‹ der Bücher und zur Ein-

richtung von ›Bibliotheken‹ auch im kleinsten Hause. Dem ›mumifizierten‹ Buch wird in RORORO das ›Verbrauchsbuch‹ gegenübergestellt … RORORO macht aus der Not eine Tugend. RORORO resultiert aus der Einsicht, daß es in Zeiten der Beschränkung nicht mehr auf das ›Wie‹, sondern nur noch auf das ›Was‹ ankommt. Es ist im Augenblick nicht wichtig, Bücher für den Schrank herzustellen, sondern Bücher an die Leser zu bringen.«

Bei der Textauswahl bewies sich Ernst Rowohlts vielgerühmter Wirklichkeitssinn. »Es kommt darauf an«, schrieb er, »der Generation der Zwanzig- bis Dreißigjährigen etwas zu bieten, bei der man nichts voraussetzen darf.« Die Klassiker des 18. und 19. Jahrhunderts schieden damit aus, dafür konnten jetzt die bisher verfemten deutschen Autoren und viele bis dahin mißliebige Ausländer erscheinen. »Schubladenliteratur» war keine dabei, und im Exil Verfaßtes nur wenig vertreten, aber zeitgenössisch und grenzüberschreitend war das Programm unbedingt. Bereits 1946 kamen die ersten vier Hefte heraus: Alain Fournier, *Der große Kamerad;* Ernest Hemingway, *In einem anderen Land;* Joseph Conrad, *Taifun* und Kurt Tucholsky, *Schloß Gripsholm.* Von 1947 bis 1949 folgten 26 weitere Titel: André Gide, *Die Verliese*

RoRo-Druck Nr. 9, März 1949. Titelillustration: Otto Rodewald.
Im September 1948 begann Rowohlt, zusätzlich zu den Romanen auch Sachliteratur im Rotationsdruck herauszubringen. Den Titelblättern der RoRo-Drucke fehlt das typische RoRoRo-Signet. 29 × 39 cm.

RoRoRo Nr. 25, April 1949. Titelillustration: Marianne Weingärtner. 29 × 39 cm.

des Vatikans; Theodor Plivier, *Stalingrad;* Ignazio Silone, *Fontamara;* Peter von Zahn, *Schwarze Sphinx, Bericht von Rhein und Ruhr;* Romane von William Faulkner, G. K. Chesterton, John Steinbeck, Antoine de Saint-Exupéry, Jack London, Graham Greene, Erich Kästner, Günter Weisenborn und anderen. Die Auflage betrug durchschnittlich 100 000 Exemplare, Anna Seghers' *Das siebte Kreuz* erschien sogar 150 000fach. Das einfache Heft kostete 50 Pfennig, die Doppel, Drei- und Vierfachhefte entsprechend mehr.

Jedes Exemplar hatte im Schnitt drei Leser. Die Rotationsromane waren sogleich ein überwältigender Erfolg. In der Buchhandlung und am Kiosk regelmäßig ausverkauft, wurden sie sogar auf dem schwarzen Markt gehandelt. Was in Zeiten übersättigter Buchmärkte wie das Geschehen aus einer anderen Welt anmutet, war damals Wirklichkeit: Der Verlag sah sich genötigt, am Romanende eine »Bitte an die Leser« abzudrucken, worin diesen ans Herz gelegt wurde, einen Roman nur dann zu kaufen, wenn sie ihn auch wirklich lesen wollten. Auch solle man keinesfalls versuchen, ihn im Abonnement zu erstehen, denn: *»Jeder Rotationsroman sollte,*

wenn irgend möglich, nur in die Hände eines Käufers gelangen, der wirklich daran intessiert ist.«

Daraus entwickelte sich ein »in der Buchhandelsgeschichte wohl singulärer Kommunikatiosprozeß zwischen einem Verlag, seinen Vermittlern und Rezipienten« (Ziegler). An das Lesepublikum wurde appelliert, »Autorenwünsche« zu äußern. Eine erste Bilanz sah Thomas Mann an der Spitze. Er zog 140 Wünsche auf sich, gefolgt von Hermann Hesse mit 65, Franz Werfel 49, Sinclair Lewis 47, Ernest Hemingway 41, Erich Kästner 41, Ernst Wiechert 41, Honoré de Balzac 40, Jakob Wassermann 39. Bei der Verwirklichung trat allerdings ein Problem auf, denn Thomas Mann und Jakob Wassermann wurden von Gottfried Bermann-Fischer verlegt, der kein deutscher Bürger mehr war, sondern die Staatsbürgerschaft der Vereinigten Staaten erworben hatte. Und bis 1947 galt der *Trading with the Enemy Act,* ein Kontrollratsbefehl, der den »Handel mit dem Feind über die Grenzen hinweg« reglementierte. Verlagsrechte für amerikanische Autoren lagen bei der Kontrollabteilung für Presse und Information, die die US-Besatzungsmacht eingerichtet hatte. Diese Abteilung bewilligte die Druckerlaubnis, wobei sie zum Ärger der deutschen Verleger mehr ihren umerzieherischen Absichten als literarischen Maßstäben folgte. Ein weiteres Hemmnis, ausländische oder Exil-Autoren zu drucken, resultierte aus der Devisenbewirtschaftung. Honorare und Lizenzen durften bis 1947 nicht ins Ausland transferiert werden, und in umgekehrter Richtung wurden Devisen für den Import ausländischer Bücher erst im September 1948 freigegeben.

850 Verlage arbeiteten bis zur Währungsreform Mitte 1948 in den Westzonen und Westberlin, nahezu die Hälfte war von den Amerikanern lizenziert. Während dieser Zeit herrschte im Buchhandel Undurchsichtigkeit und ein Wildwuchs der Verkehrsformen. Der allgemeine Mangel bei gleichzeitigem Geldüberhang verführte zur »Flucht in die Sachwerte«, dazu, Bücher zu horten. Die Produktion war ohnehin eingeschränkt, die Fertigstellung eines Druckwerkes dauerte überdurchschnittlich lange. Der Vertrieb ging irreguläre Wege. Zahlreiche Verlage aller Zonen lieferten nicht über das Sortiment, sondern direkt an die Abnehmer aus. In seinem Vortrag *Die Rolle des Buches im Nachkriegsdeutschland* von 1948 bemerkte dazu Gottfried Bermann-Fischer: *»Die Herstellung eines Buches wird so für den Verleger zu einem abenteuerlichen Unternehmen, dessen Ende er niemals voraussehen kann. Geradezu mysteriös aber gestaltet sich das Schicksal eines Buches in Deutschland, wenn es schließlich fertig geworden ist. Mit dem Moment seiner Auslieferung an den Buchhandel verschwindet es spurlos. Was mit diesen Büchern geschieht, läßt sich nur vermuten. In den zahlreichen Buchhandlungen, die sich in den größeren Städten niedergelassen haben, sind neue Bücher nicht zu finden. Bei der geringen Auf-*

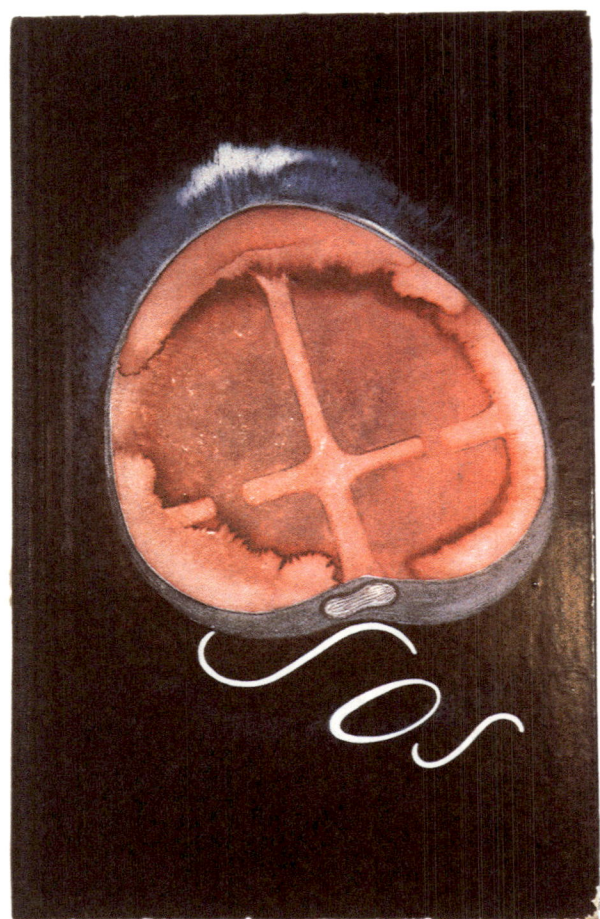

418 Walter Mehring, *Arche Noah SOS.* Alte und neue Gedichte, Lieder und Chansons. Rowohlt Verlag Hamburg, 1951. Einbandzeichnung von Georg Muche. 14,4 × 22,8 cm.

lage des Einzeltitels (5000, höchstens 10 000 Exemplare) entfallen auf den einzelnen Buchhändler nur wenige Exemplare, die er zum Teil an seine ständigen Kunden verkauft, zum anderen Teil aber als wertbeständige Ware auf seinem Lager hält, um sie im schwarzen Markt als Tauschobjekt zu verwenden, oder aber um sie für eine Zeit aufzubewahren, in der die Mark wieder einen stabilen Wert hat. Im schwarzen Markt ist ein Buch eine Ware wie jede andere und wird genauso zu Phantasiepreisen gehandelt. Der Bedarf nach Lese- und Lernstoff ist enorm und das Angebot so gering, daß für ein wissenschaftliches Buch oder das Werk eines bekannten Autors aus der Emigration viele Hunderte Mark bezahlt werden, das Monatsgehalt eines mittleren Angestellten und mehr.«

Die Währungsreform brachte dem Buchmarkt einen völligen Wandel. Am 21. Juni 1949, dem Tag der Geburt der Bundesrepublik, wurde in den drei Westzonen die Reichsmark durch die Deutsche Mark ersetzt. Das Geld wurde auf zehn Prozent des alten Wertes abgewertet. Jeder Bürger erhielt 40 DM. Die Rationierungen aller Waren wurden nach und nach aufgehoben und die Händler gaben ihre gehorteten Bücher auf den Markt. Aber die eben noch so lesehungrigen Menschen hatten mit dem knappen Geld nun lebensnotwendigere Anschaffungen zu tätigen als Bücher zu kaufen. Die Käufer wurden wählerischer und suchten unter den lang entbehrten Waren jene Dinge aus, die ihnen vordringlich erschienen. Eben noch ein heiß begehrtes, rares Gut, blieb der Handel nun auf den Buchbeständen der Vorwährungsreformzeit sitzen. Seit langem gab es wieder Ladenhüter. Der Buchhandel erlebte eine Absatzkrise. Die Leserschaft gab sich bald nicht mehr mit der schlichten Ausstattung zufrieden. Die Erhöhung der Papierpreise machte zu allem Unglück die Bücher teuer. Für die Verlagslandschaft bedeutete die Aufhebung der Lizenzpflicht eine Liberalisierung. Neue Verlage wurden gegründet. Hatte jemand populäre Autoren unter Vertrag oder besaß Verlegerrechte an gefragten Werken, so war dies ein Pfund, mit dem sich wuchern ließ. Für viele, die keine solide »backlist« gängiger Belletristik besaßen, wurden die Jahre von 1948 bis 1952 im Kampf um Angebot und Nachfrage eine Frage des Überlebens. Ein Drittel der 850 lizenzierten Verlage mußte nach der sogenannten »Reinigungskrise« im Jahre 1955 bereits wieder aufgeben. Einige wenige errangen in der Nachkriegszeit eine führende Stellung neben den renommierten Altverlagen. Beliebt und bekannt, wie eine Umfrage beim literarischen Publikum im Jahr 1949 ergab, waren Insel, Suhrkamp, Desch, Rainer Wunderlich, Deutsche Verlags-Anstalt, Piper, Bertelsmann, Rowohlt.

Zur Erfolgsgeschichte des dritten, des bundesrepublikanischen Rowohlt Verlages gehört untrennbar das Buch von C. W. Ceram alias Kurt Marek: *Götter, Gräber und Gelehrte. Roman der Archäologie.* Marek war seinerzeit nicht nur Lektor, sondern schrieb auch Kritiken für Presse und Hörfunk und hatte sich als Kenner moder-

ner und modernster Literatur einen Namen gemacht. Für ein so altertümlich anmutendes Unternehmen wie einen Archäologieroman griff er darum zum Pseudonym und drehte seinen Namen um. Das Werk sollte das erste gut ausgestattete Buch der Nachkriegszeit nach der Währungsreform werden. Es bekam tadelloses Papier, war reich illustriert und schön gebunden (Einband und Umschlag von Werner Rebhuhn). Obgleich es um den Verlag wirtschaflich nicht gut stand, wagte Ernst Rowohlt die damals unerhörte Auflage von 12 000 Exemplaren. Am 15. November 1949 kam *Götter, Gräber und Gelehrte* heraus, drei Tage vor Weihnachten war die Auflage ausverkauft. Das Buch wurde zum größten Erfolg des Verlags überhaupt. 1957 hatte die Auflage das 564. Tausend erreicht. Bis heute wurde das Buch in der Originalausgabe in fast 2 Millionen Exemplaren verkauft und in 26 Sprachen übersetzt.

Mit *Götter, Gräber und Gelehrte* hat Kurt Marek einen neuen Buchtyp geschaffen, der sofort zahlreiche Nachahmer fand: Das Sachbuch war geboren, das, allgemeinverständlich geschrieben, einer breiten Leserschaft

Das erste Sachbuch im Nachkriegsdeutschland. 1949. Schutzumschlag von Werner Rebhuhn. 15,5 × 23,5 cm.

419

Zugang zu verschiedensten Wissensbereichen verschaffen und sie über die Forschungslage eines Fachgebietes informieren soll. Dieses Konzept hat seit seiner Gründung im Jahre 1950 der Econ Verlag mit großem Erfolg verwirklicht. Ursprünglich ein Gemeinschaftsunternehmen des Düsseldorfer Verlegers Erwin Barth von Wehrenalps und des Verlages Handelsblatt GmbH, fiel Econ seit den 1980er Jahren an wechselnde Eigentümer. Die lange Reihe der Econ-Bestseller begann 1955 mit Werner Kellers *Und die Bibel hat doch recht*, das sich über zwei Millionen Mal verkaufte. 1959 folgte Rudolf Pörtners *Mit dem Fahrstuhl in die Römerzeit*, 1964 Wolf Schneiders *Überall ist Babylon*, 1966 Gerhard Prauses *Niemand hat Columbus ausgelacht*. Die Mixtur aus Fachwissen und populärer Darstellung – die Buchtitel schlagen diesen Ton deutlich an – hat sich über Jahrzehnte als sehr verkaufsträchtig erwiesen.

Taschenbücher, die modernen Gebrauchsbücher

Diskussionen um Gebrauchsbücher sind schon in den zwanziger Jahren heftig geführt worden. Um Bücher billiger zu machen, muß man an den Punkten ansetzen und sparen, die sich als Kostentreiber bei der Herstellung besonders niederschlagen, und das ist neben dem Papier die Buchbinderei. Als erster Verlag nach dem Krieg nahm im Jahre 1950 Rowohlt die Produktion preisgünstiger Taschenbücher auf und schuf damit eine für das Nachkriegsdeutschland wegweisende Buchform. Die Idee stammte, wie auch die zu den Rotationsromanen, von H. M. Ledig-Rowohlt. Er hatte in New York die Massenproduktion der *Pocket Books* studiert. Edgar Friedrichsen, dem Leiter der Herstellung, wurde die technische Realisierung übertragen. Im Juni 1950 erschienen die ersten vier Bände der rororo-Taschenbücher auf dem Markt. Gegenüber den bis dahin erschienenen Rotationsromanen in Zeitungsgestalt, an deren Stelle sie traten, versprachen sie mehr Buchkomfort, aber die Ausstattung war schlicht: Bücher auf mittelfeines Rollenpapier mit Rotationsmaschinen gedruckt, ohne Fadenheftung, alsbald im Lumbeck-Verfahren geklebt und als Broschuren mit Leinenfälzelstreifen gebunden. Die Startauflage betrug bei jedem Band 55 000 Exemplare.

Rowohlts Pragmatismus erlaubte ihm, was anderen Verlegern als Verstoß gegen die guten Sitten erschienen wäre: Reklame mitten im Buch. In Zeitungen war die Anzeigen-Praxis einst durch Rudolf Mosse üblich geworden, nun nutzte sie Rowohlt, um die Preise seiner Bücher zu senken. Diese Werbung für Waren und Dienstleistungen wurde von Anfang an anspielungsreich in den Text eingebaut und nahm stets gern Bezug auf die Handlung. *»Macht unsre Bücher billiger!…forderte Tucholsky einst, 1932, in einem ›Avis an meinen Verleger‹ Die Forderung ist inzwischen eingelöst. Man spart viel Geld beim Kauf von Taschenbüchern. Und wird das Eingesparte gut gespart, dann zahlt die Bank oder Sparkasse den weiteren Bucherwerb: Für die Jahreszinsen eines einzigen 100-Mark-Pfandbriefs kann man sich drei Taschenbücher kaufen«*, lautet beziehungsreich die Anzeige für Pfandbriefe und Kommunalobligationen in der rororo-monographie über Ernst Rowohlt.

Der Rowohlt Taschenbuchverlag entstand 1953. Er kümmerte sich um Werke von William Faulkner und

Die erste Nummer

Juni 1950, die zweite Nummer

August 1951

420   Am 17. Juni 1950 erschienen die ersten *rororo-Taschenbücher*, das Buch zu 1,50 DM. Gisela Pferdmenges und Karl Gröning jr. gestalteten die ersten 500 Nummern. 18 × 11 cm.

Die Einbeziehung der Buchrückseite war eine Neuerung, die von anderen Taschenbuchverlagen aufgegriffen wurde.

Thomas Wolfe, James Joyce, Ernest Hemingway und Graham Greene. Die Taschenbücher waren so erfolgreich, daß schon 1955 mit der Reihe *rowohlts deutsche enzyklopädie* ein neuer Schritt gewagt wurde. Angeregt von Ernesto Grassi, der sie auch herausgab, versammelten diese Taschenbücher »Das Wissen des XX. Jahrhunderts« wie in ganz seriösen Buchausgaben, nämlich mit wissenschaftlichem Anhang, Bibliographie und Register. Seit 1957 erscheinen *Rowohlts Klassiker* der Literatur und Wissenschaft und seit 1958 *rowohlts monographie*, eine Galerie berühmter Köpfe und Denker. 1961 kamen die *rororo-thriller* dazu. Im Jahr zuvor, dem Todesjahr Ernst Rowohlts, hatte man im neuen Verlagshaus in Reinbek bei Hamburg das Jubiläum »Zehn Jahre Taschenbuch« feiern können, die letzte große Verlagsfeier, der Rowohlt beiwohnen konnte. Nach dessen Tod am 1. Dezember 1960 führte Heinrich Maria Ledig-Rowohlt den Verlag weiter.

Der überwältigende Erfolg des Rowohlt-Taschenbuches von 1950 rief schnell Nachfolger auf den Plan. Bermann-Fischer setzte wie Ledig-Rowohlt auf das »Buch für jedermann«. 1952 erschienen auch bei S. Fischer Taschenbücher. Goldmann, Ullstein, List, Herder, Heyne, Knaur folgten. Selbst Suhrkamp konnte sich der neuen Form nicht verschließen. Der Deutsche Taschenbuch Verlag dtv trat 1961 als Gemeinschaftsunternehmen von zwölf Verlagen, die ihre fest gebundenen Ausgaben hier nach einer gewissen Zeitspanne noch einmal verwerten wollten, auf den hart umkämpften Markt. Als Band mit der Nummer 1 brachte man Heinrich Bölls *Irisches Tagebuch* heraus. Den Umschlägen gab Celestino Piatti ein ansprechendes, unverkennbares Gesicht. Als einer der ersten Taschenbuchreihen wurde

den dtv-Bänden eine klare, einheitliche Typographie gegeben, die bewies, daß auch Taschenbücher gut und lesefreundlich gestaltet sein können. Die Reihe der Gesamtausgaben wurde mit dem Werk Goethes in 45 Bänden (Artemis-Gedenkausgabe) eröffnet – damals eine kleine Sensation. Die *Sonderreihe dtv* war ab 1962 der literarischen Moderne verpflichtet. Mit der Fischer-Reihe der 100 *Exempla Classica*, 1960 bis 1964 erschienen, setzten die Klassikereditionen ein. Zugleich stieg der Anteil der Originalausgaben zeitgenössischer deutscher Autoren. Damit hörte das Taschenbuch auf, nur eine billige Zweitausgabe von bereits erschienenen Titeln zu sein. Das Taschenbuch entwickelte sich zu einem eigenständigen Medium. Neu waren die Originalausgaben der Taschenbuchatlanten und der zeitgeschichtlichen Bände wie der *dtv-Atlas zur Weltgeschichte* und die *dtv-Weltgeschichte des 20. Jahrhunderts*. 1977, dreizehn Jahre nach Erscheinen des ersten Bandes, zählte der *dtv-Atlas* eine Million verkaufte Exemplare. 1966 erschien erstmals ein Lexikon in Taschenbuchformat, der zwanzigbändige *dtv-Brockhaus*.

Zeitweilig gab es sogar, folgt man dem Anspruch des Verlages, *Bibliophile Taschenbücher.* Zwar »gelumbeckt« und mit flexiblem Einband, jedoch im Vierfarbdruck und auf Kunstdruckpapier, präsentieren sie sich als Gegenteil des Ge- und Verbrauchsbuchs, wollen gesammelt und aufbewahrt werden und suggerieren, Luxus sei auch dem schmalen Geldbeutel möglich. Der Harenberg Verlag, Dortmund, brachte ab 1977 mit diesen in der Regel reich illustrierten Büchern dem Leser vor allem Ausgaben vergangener Jahrhunderte vor Augen. Die Nummer 1 der Reihe mit berühmten Büchern und Dokumenten war eine »Reproduktion« der Gutenberg-

Juni 1957   1972   1976

Rowohlts deutsche enzyklopädie
Umschlagentwurf: Karl Gröning jr. und Gisela Pferdmenges,
Schriftgestaltung von Werner Rebhuhn. 11,5 × 18,8 cm.

Bibel *en miniature*. Neben der regulären Ausgabe der *Bibliophilen Taschenbücher* (700 Nummern waren bis Mitte 1995 erschienen) kamen dann auch Werkverzeichnisse zeitgenössischer Künstler als Vorzugsausgabe heraus, jeweils auf 5000 Exemplare begrenzt, denen eine Originalgraphik beigegeben wurde. Der österreichische Buchbindermeister Ernst Ammering band sie in handgemachtes Marmorpapier.

Hier deuten sich kuriose Auswüchse an: Monumente der Buchkunst, die Wenzels-Bibel, die Gutenberg-Bibel, die Schedelsche Weltchronik schrumpften auf ein Miniformat, um als Taschenbuch verkauft zu werden. Kompreß gesetzte »Bleiwüsten« anderer Taschenbücher versuchten jene Leser zu finden, die nur »billig« kaufen wollen. Verfolgt man die Entwicklung des Taschenbuchs zurück, so ist zunächst festzustellen: Die meisten Taschenbücher waren belletristischen Inhalts. 1951 gehörten 24 von 25 erschienenen Titel in den Bereich Belletristik. Sie garantierten gleichsam die literarische Grundversorgung der Bevölkerung. Einen Sachbuchschub brachte die Studentenbewegung. Im Zuge der Bildungsreformen und der Akademisierung der Gesellschaft wurden seit Anfang der siebziger Jahre vermehrt Sachbücher mit Materialientexten herausge-

Band 1   Band 2   Band 1   Band 54, April 1962

Im März 1952 begründete auch S. Fischer mit der *Fischer Bücherei* eine Taschenbuchreihe. Kartonumschlag von Gerd Grimm.

Mit Goethes *Wilhelm Meister* begann im April 1960 die auf 100 Bände beschränkte Reihe der *Exempla Classica*. Kartonumschlag von Wulf D. Zimmermann.

Nr. 1 bei dtv. September 1962   Sonderreihe. Oktober 1975.   April 1985   September 1983

Der Deutsche Taschenbuchverlag trat vom ersten Buch an mit einem festen Gestaltungskonzept auf. Die dtv-Umschläge von Celestino Piatti wurden für Jahrzehnte unverwechselbar. Neben den Illustrationen war vor allem der Einsatz der Typographie neu und verblüffend: eine rechtsbündig angeordnete Akzidenz-Grotesk von einheitlichem Schriftgrad der Schriftgießerei Berthold, Berlin.

Manuel Gasser schrieb über Celestino Piattis Buchillustrationen: »... man wird feststellen, daß Piatti nur selten eine bestimmte Szene eines Romans oder einer Erzählung illustriert, in den meisten Fällen jedoch darauf ausgeht, das geistige oder sinnliche Klima des Buches durch knappe Andeutungen, manchmal auch nur durch eine farbige Abstraktion zusammenzufassen.«

geben. Beispielhaft dafür waren die Taschenbuchreihe *das neue buch* bei Rowohlt oder das *suhrkamp taschenbuch wissenschaft*. Kultur- und geisteswissenschaftliche Reihen nahmen nahezu alle Taschenbuchverlage in ihr Programm auf. Hierin gewann das Taschenbuch als Gebrauchsbuch eine neue Qualität; es nahm Abschied davon, stets für Massenauflagen und eine Massenleserschaft konzipiert zu sein.

Die Automation in der Buchherstellung schritt in der zweiten Hälfte des 20. Jahrhunderts weit fort. Falzen und Binden wurden längst maschinell ausgeführt. Die Koordination mechanischer Abläufe war bald kein Pro-

Band 2 der Reihe *suhrkamp taschenbuch wissenschaft*. Umschlag nach Entwürfen von Willy Fleckhaus und Rolf Staudt. 1970.

Mit flexiblem Einband, jedoch typographisch sorgfältig gestaltet und in dem für Taschenbücher ungewöhnlichen Format 13,9 × 19,8 cm erschienen Einzelausgaben Gottfried Benns in Max Niedermayers Limes Verlag. Wiesbaden 1952.

blem mehr. Hydraulik und Pneumatik und der Einzelantrieb von Maschinen hatten schon vor Jahrzehnten Einzug gehalten. Das schönste verlegerische Konzept – etwa die rororo-Reihe – hätte ohne die vorausgegangenen technischen Erfahrungen und Entwicklungen ein Luftschloß bleiben müssen. Ohne die Entwicklung der Kunstharzkleber wäre die Klebebindestraße, in der automatisch zusammengetragen und geheftet, eingehängt, beschnitten und verpackt wird, nicht denkbar – und somit auch nicht das Taschenbuch. 1994 erschienen in Deutschland 11 156 Taschenbuchtitel in mehr als 380 Reihen. Die Zahl der »nicht-fiktionalen« Titel, der Sachbücher und Ratgeber, überwog dabei die Belletristik. 50 000 Taschenbuchtitel waren lieferbar. Das Taschenbuch hatte 1994 an der Gesamttitelproduktion einen Anteil von 15,8 Prozent. 1993 waren es 16,5 Prozent. Verglichen mit den USA war das nicht einmal viel: Dort lag der Anteil des Taschenbuchs bei 40 Prozent.

Am Taschenbuch schieden sich von Anfang an die Geister. Einerseits als Beitrag zur Demokratisierung der literarischen Kultur gefeiert, auch als Schritt gegen die »Mumifizierung« der Bücher, wurde es andererseits als Mittel der »Profanierung höchster geistiger Güter« gescholten, von dem Kulturverfall und Qualitätsminderung zu fürchten seien. Nicht nur der Handel hat in der Nachkriegszeit zunächst mit Zögern auf die neue Buchform reagiert. Mit dem Aufstieg des Taschenbuchs ging der Niedergang der Leihbibliotheken einher. »Taschenbücher – Literatur zum Preis von guten Stumpen, das ist ein Fortschritt, kein Zweifel, nur habe ich noch kein rechtes Verhältnis dazu«, bekannte Max Frisch 1957: »Wenn ich in Männedorf, bevor der Zug kommt, geschwind noch Rößli-Brasil kaufe statt Thomas Mann, Plutarch, Lernet-Holenia, Heinrich von Kleist, Dürrenmatt, Thomas von Aquin und was es jede Woche wieder Neues gibt, so finde ich auch, ich sollte weniger rauchen und mehr lesen.«

Das broschierte Buch ist die bevorzugte Präsentationsform für alles, was schnell, in großer Auflage und billig an den Leser kommen soll: Aktuelles, Zeitgeschehen, Wissen, Politisches. Dabei verrät der Kauf der Billigware »Taschenbuch« (die so billig auch nicht blieb) nichts über den sozialen Status des Käufers, nichts darüber, ob sein Geldbeutel dick oder schmal ist, ob es sich um einen Professor, Industriearbeiter oder Angestellten handelt. Das Aufkommen der Taschenbücher fiel mit dem Entstehen der »nivellierten Mittelstandsgesellschaft« (Helmut Schelsky) zusammen. Gegen Ende des Jahrhunderts war fast jedes dritte verkaufte Buch ein Taschenbuch. Und der Anteil der Erst- bzw. Originalausgaben bei Taschenbüchern stieg.

Taschenbücher sind nichts für die Ewigkeit. Man erwirbt sie leichteren Herzens, und sie altern rascher. Das billige Buch von einst bietet heute einen traurigen

Anblick: vergilbte Seiten, sprödes Papier, unschöner Satzspiegel mit wenig Rand, augenstrapazierender kleiner Schriftgrad. Die Unterschiede der Lesefreundlichkeit zwischen der gebundenen Originalausgabe und der Taschenbuchversion eines Verlages können gewaltig sein, aber auch Taschenbuch ist nicht gleich Taschenbuch. Man vergleiche nur einmal die Papier- und Satzqualität der Taschenbuchausgaben eines Thomas Mann oder Franz Kafka aus dem Hause S. Fischer mit dessen noblen gebundenen Werkausgaben. Die gewaltigen Unterschiede, die sich hier – verständlicherweise – auftun, wiederholen sich – was nicht mehr ganz so verständlich ist – in den Taschenbuchreihen selbst, je nachdem, ob es sich um Reihen von Diogenes, dtv, Fischer oder Rowohlt handelt.

Buchgemeinschaften – geboren aus der Idee der Volksbildung

Durch Übertragung des Abonnementsgedankens von Zeitschriften auf Bücher entstanden in Deutschland zur Zeit der Inflation die meisten Buchgemeinschaften. Jedes Mitglied zahlte einen Jahresbeitrag und verpflichtete sich, eine bestimmte Anzahl von Büchern jährlich abzunehmen. Innerhalb des Programms bestand freie Wahl. Das unternehmerische Risiko war gering, die Handelsspanne entfiel, dazu kam häufig eine wirksame Werbung. So konnten die dem Zeitgeschmack angepaßten Bücher oft in großen Auflagen und zu vergleichsweise niedrigen Preisen angeboten werden.

Die ersten deutschen Buchgemeinschaften entstanden noch im 19. Jahrhundert: Der *Allgemeine Verein für deutsche Literatur* von 1872 und, von größerer Bedeutung als dieser, der *Verein der Bücherfreunde* von 1891. Er war dem Arbeiterbildungsgedanken verpflichtet. Die Buchgemeinschaft *Deutschnationale Hausbücherei* wurde 1916 vom Handlungsgehilfenverband und der Hanseatischen Verlagsanstalt gegründet. Ab 1927 nannte sie sich *Deutsche Hausbücherei*. Volksbildung wurde großgeschrieben und war auch hier das Motiv zur Gründung. Dasselbe gilt für die 1924 gegründete Büchergilde Gutenberg, von der noch zu reden sein wird. In der Zeit des Nationalsozialismus erging es den Buchgemeinschaften kaum anders als den Verlagen. Diese wie jene bekamen das Reglement der Goebbels-Administration zu spüren.

In den Wirtschaftswunderjahren der Fünfziger und Sechziger erlebten die Buchgemeinschaften eine erneute Blüte. Regelmäßig ein »gutes Buch« zu erwerben, gehörte zum Gefühl des »Wir sind wieder wer«. Anders als in der Weimarer Zeit stand bei den größeren Klubs keine politische oder ideologische Idee mehr im Hintergrund. Wichtig war der Nachholbedarf an Bildungsliteratur, an Klassikern, Sachbüchern und Ratgebern. Später verschwand dieser Beweggrund. Man suchte

»gehobene« Unterhaltung zu niedrigen Preisen, ein Bedürfnis, das seit 1960 auch von den Taschenbüchern befriedigt wird. Mit deren Erfolgen läßt sich eine Stagnation bei den Buchgemeinschaften erklären. Immer wieder bedarf es großer Anstrengungen, den Mitgliederschwund durch Neukundenwerbung aufzufangen.

Parallel zum Verlagswesen vollzog sich auch auf dem Sektor der Buchgemeinschaften eine Konzentration. Zwei Konzerne bestimmten lange Zeit den Markt: Bertelsmann, der größte Medienkonzern Deutschlands, und Holtzbrinck. Die Bertelsmann AG Gütersloh verdankt ihre führende Marktposition direkt den Buchgemeinschaftsgründungen der Nachkriegszeit. Die Firma selbst ist älter, sie geht auf den Buchbinder Carl Bertelsmann zurück, der 1835 in Gütersloh einen Verlag mit Druckerei und lithographischer Anstalt gegründet hatte. Drei Generationen lang spezialisierte sich das Familienunternehmen auf theologische Literatur und Schulbücher. In den zwanziger Jahren wurde das Programm um Belletristik erweitert. Ab 1928 erschienen volkstümliche Romane zu einem Preis, der für breite Schichten tragbar war. Die *Bertelsmann Volksausgaben* ließen den Verlag prosperieren, im Zweiten Weltkrieg wurde C. Bertelsmann mit Feldpostausgaben zum größten Buchproduzenten für die Wehrmacht. Nach der Wiederaufnahme der Produktion im Jahre 1947 kam 1950 schließlich als neue Nachkriegsbuchgemeinschaft der *Bertelsmann Lesering* hinzu, der später zum *Club Bertelsmann* umgetauft wurde. In seinen besten Zeiten, den 1960er und 1970er Jahren, zählte er über 6 Millionen Mitglieder. Insgesamt gehörten rund 70 Prozent aller deutschen Buchgemeinschaften zum Bertelsmann-Konzern, darunter die *Europäische Bildungsgemeinschaft* mit allein 1,3 Millionen Mitgliedern und Teile der *Deutschen Buchgemeinschaft*, des weiteren der Schweizer *Europaring* und die österreichische Buchgemeinschaft *Donauland*.

Zum zweitgrößten deutschen Verlagskonzern, der Stuttgarter Holtzbrinck-Gruppe, gehörte bis zum Verkauf an den Medienmulti Leo Kirch im August 1989 und seinem Sturz in die Bedeutungslosigkeit der *Deutsche Bücherbund* mit 1,4 Millionen Mitgliedern. Die großen Konzerne beschränken sich nicht auf den Verkauf von Büchern. Sie halten Anteile an Fernsehsendern, sind Besitzer von Kinoketten und haben ihre Finger im Musik- und Zeitschriftengeschäft.

Neben zwei kleinen katholischen Buchgemeinden haben sich nur zwei Buchgemeinschaften ohne Konzernbindung behaupten können, die Büchergilde Gutenberg und die *Wissenschaftliche Buchgesellschaft Darmstadt,* die der Historiker Ernst Anrich 1949 in Tübingen als »Subskriptionsgemeinschaft und Organisation der Selbsthilfe« gründete, vorrangig mit der Absicht, durch Nachdrucke die Lücken zu schließen, die der Krieg und die Zerstörung der Bibliotheken in die literarischen und wissenschaftlichen Bestände gerissen hatten. Später nahm man auch Neuerscheinungen ins Programm, zudem Titel mit gebundenen Ladenpreisen wie jeder kommerzielle Buchversender. Ein angeschlossener Verlag sorgte für eine Eigenproduktion von zeitweilig 2500 lieferbaren Titeln, die auch über den regulären Buchhandel erhältlich waren.

Das Verhältnis zwischen Verlag und Buchklub ist ambivalent. Zunächst mit Mißtrauen als Konkurrenten betrachtet, wurden sie für zahlreiche Verlage als Lizenznehmer interessant. Die Buchgemeinschaft kaufte beim Originalverleger die Rechte für eine Lizenzausgabe, im Gegenzug erhielt der Verleger pro Exemplar etwa vier Prozent vom Mitgliederpreis. Am attraktivsten für den Originalverlag war es, seinen Titel als sogenannten Hauptvorschlagsband beim Buchklub unterzubringen. Dieses Buch wurde jedem Mitglied, das seiner Abnahmeverpflichtung noch nicht nachgekommen war, als Pflichtband zugeschickt. Daraus resultierten hohe Auflagen, die dem Originalverleger mit Garantiehonoraren in zuweilen beträchtlicher Größenordnung (oft mehrere hunterttausend Mark) vergolten wurden. Die mitgliederstarken Klubs besaßen eine große Marktmacht, und es

waren weniger sie als vielmehr die Originalverlage, die hier in eine Abhängigkeit gerieten, weil die Verlage in ihrer Kalkulation auf die garantierten, von Verkaufszahlen unabhängigen Lizenzhonorare angewiesen waren. Zahlreiche lizenzgebende Verlage sind seit den fünfziger Jahren von Bertelsmann und Holtzbrinck aufgekauft worden.

Klein, aber fein: die Büchergilde Gutenberg

Ihre Entstehung im Jahre 1924 verdankte die Büchergilde Gutenberg einem Enthusiasten: dem als Sohn eines Handwebers in Ebersbach in der sächsischen Oberlausitz geborenen Buchdrucker Bruno Dreßler (1879–1952). Dreßler war Leiter des Bildungsverbandes der deutschen Buchdrucker, der das Gründungskapital vorstreckte und unter dessen Dach die Büchergilde angesiedelt wurde. »Wir als Buchdrucker sollten uns die Ausstattung des wirklich guten Buches angelegen sein lassen. Dies bedingt eine sorgfältige Auswahl der Type, eine edle Durchführung der technischen, illustrativen und sonstigen buchgewerblichen Arbeiten«, schrieb

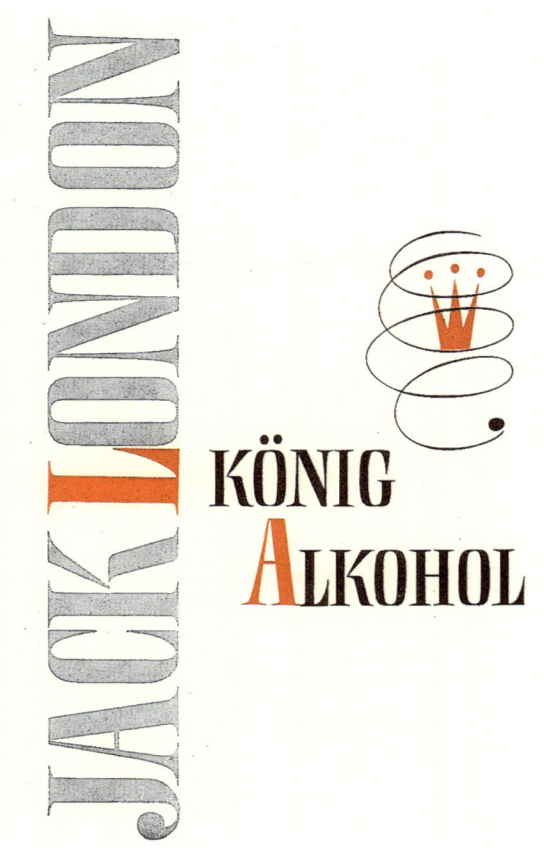

1925 erschienen, war dies das dritte Buch der Büchergilde Gutenberg. Innentitel mit Textbeginn von Herbert Hauschild, der insgesamt 14 Holzschnitte beisteuerte. 16 × 23 cm.

Band 4 der Volksausgabe Jack Londons. Büchergilde Gutenberg 1927. Schutzumschlag von Karl Franke. 13 × 19 cm.

Dreßler in die Satzung des gemeinnützigen Unternehmens, das sich die Pflege des schönen Buches zur Aufgabe machte. Die Büchergilde mit Dreßler an der Spitze verkörperte die sozialdemokratische Variante des Kulturverlegers. Adressat war nicht, wie bei den Privatpressen, eine betuchte bildungsbürgerliche Elite, sondern der lesende Arbeiter und kleine Angestellte. Man wollte den Beweis antreten, daß auch die Bezieher geringer Einkommen für die kulturellen Segnungen der Bibliophilie empfänglich seien. Kompromißlos wurde auf Qualität gesetzt: beim Inhalt, der »gleich dem Äußeren von hoher literarischer Qualität« sein sollte, und bei der Ausstattung über die Talente des Setzens und Druckens hinaus: »Alle Bücher, die ihrem Inhalt nach dazu geeignet sind, werden von Künstlern illustriert«, gebot die Satzung. Gewinne sollten nicht gemacht werden. Jeder erwirtschaftete Überschuß hatte sofort wieder der Druckkunst zu dienen. Der Arbeiterdichter und Redakteur Ernst Preczang (1870–1949), neben Bruno Dreßler die zweite treibende Kraft bei der Gildengründung, brachte die Leitgedanken auf den Nenner: »Was wir wollen, Ihr wißt es: Bücher geben, die Freude machen, Bücher voll guten Geistes und von schöner Ge-

stalt, Bücher, die wir lieben dürfen ihrer inneren und äußeren Echtheit wegen.«

Als am 2. Mai 1933, eine Woche vor der Bücherverbrennung, die Geschäftsräume des Bildungsverbandes in Berlin von SA-Männern gestürmt wurden, war dies das vorläufige Ende der Büchergilde in Deutschland. Bis dahin hatte sie 174 Titel in zweieinhalb Millionen Exemplaren veröffentlicht, angefangen bei Mark Twains Geschichtensammlung *Mit heiteren Augen* über die Romane von Jack London, Martin Andersen Nexö, Oskar Maria Graf. Auch der geheimnisvolle, sein Inkognito wahrende B. Traven gehörte zu den ersten Autoren. Die Gilde überlebte im Exil, fand Niederlassungen und Leser in der Schweiz, wo Dreßler 1952 starb. Sein Sohn Helmut verlegte 1947 den Sitz des Unternehmens zurück nach Deutschland, diesmal nach Frankfurt am Main. Die Gewerkschaft Druck und Papier half beim Neubeginn. Mit dem Wirtschaftswunder begann das erfolgreichste Kapitel der Gildengeschichte. Während Bertelsmanns *Lesering* oder der *Bücherbund* von Georg von Holtzbrinck den Markt agressiv bewarben und auch Trivialliteratur nicht scheuten, blieb die Büchergilde ihren Wertmaßstäben treu. Mitte der sechziger Jahre hatte die Zahl der

426   Nachkriegs-Publikationen der Büchergilde: 1952 erschienen, Ausstattung von Karl Franke. 16,6 × 24 cm.

1953, Schutzumschlag von Ursula Wallberg. 13,5 × 20,5 cm.

Mitglieder nahezu dreihunderttausend erreicht – doch statt wie die Buchgemeinschaften ringsum, die ihre Mitglieder längst nach Millionen zählten, weiter zu expandieren, steckte die Büchergilde aus Sorge um einen möglichen Güteverfall ihre Werbung zurück und bremste die Zuwächse.

In weit stärkerem Umfang als andere Buchgemeinschaften hat sich die Büchergilde immer wieder als Originalverlag betätigt. Den bequemen Ausweg, die »Klassiker zu plündern«, hatte schon Bruno Dreßler ausdrücklich verschmäht und ein eigenes Lektorat eingerichtet, das Ernst Preczang bis zu seiner Emigration 1933 leitete. Auch nach dem Krieg blieb die Büchergilde bei ihrem Konzept, verlegerisch tätig zu werden, wenn sie auf dem Buchmarkt nicht findet, was ihren Ansprüchen genügt. Golo Manns *Deutsche Geschichte des neunzehnten und zwanzigsten Jahrhunderts* (1958) erschien bei ihr zuerst. Für die Illustration und das typographische Gesicht der Bücher gewann man Illustratoren wie Gunter Böhmer, Georg Eisler, Gerhard Kraaz, Henes Maier, Michael Mathias Prechtl, Lieselotte Schwarz, Günther Stiller oder Frydl Zuleeg. Die Liste der Buchgestalter reicht von anakonda ateliers, einer Arbeitsgemeinschaft

zweier weiblicher Künstler, über Klaus Detjen, Jost Hochuli, Heinz Richter und Juergen Seuss bis zu Georg Trump, Hans Peter Willberg und Hermann Zapf.

Einen tiefen Einbruch in der Erfolgsgeschichte brachten die gesellschaftlichen Umwälzungen der sechziger Jahre und vor allem die Gewerkschaftskrise am Ende der siebziger Jahre. 1994 war die Zahl der Mitglieder auf 180000 gesunken. 1998 dann der Verlust des institutionellen Rückhalts: Die Gewerkschaftsholding stieß Deutschlands ältesten Buchklub ab. Der Verkauf an fünf ihrer Mitarbeiter bewahrte die Gilde vor der Übernahme durch den Verlagsriesen Bertelsmann, was ökonomisch vielleicht eine zweifelhafte Entscheidung war, aber von den Mitgliedern als das richtige kulturpolitische Signal begrüßt wurde. Um Ballast abzuwerfen, machte man die Buchhändler, die bis dahin als Angestellte gearbeitet hatten, zu Franchise-Nehmern in selbständigen Vertragsbuchhandlungen, die zusätzlich zum Vollprogramm der Gilde Titel des allgemeinen Sortiments anbieten sollten.

Vom Aussehen der Bücher nach 1945

Nach dem Krieg suchten die Verlage rasch Anschluß an die internationale Entwicklung. Man erinnerte sich an die als »entartet« verfemte Kunst, an Max Beckmann, Max Ernst oder Hans Arp. Picasso und Georges Braque wurden entdeckt. Das deutsche Publikum nahm staunend die *Malerbücher* der französischen Nachbarn zur Kenntnis. Das Malerbuch gab sich meist als Mappenedition, bei der die Graphik Vorrang und der Text allenfalls beiläufig oder untergeordnet präsent war. Es enthielt Originalgraphiken, hatte in der Regel eine kleine Auflage und einen hohen Preis. Eines der bekanntesten Beispiele ist die von Marc Chagall illustrierte Bibel, die 1957 – sechsundzwanzig Jahre, nachdem Chagall das Werk begonnen hatte – in Paris in zwei Bänden mit 105 Radierungen herauskam. Andere Künstler entwickelten eine große Vorliebe für die Lithographie, unter ihnen Pablo Picasso, dessen stilistische Wandlungen auch an seinen Buchillustrationen zu verfolgen sind. Der Holzschnitt fand in Frankreich nach dem Krieg genau wie in Deutschland besondere Wertschätzung, zumal er es den für das Buch arbeitenden Künstlern ermöglichte, Druckplatten selbst herzustellen. Da sich diese Druckstöcke gemeinsam mit dem Satz abdrucken lassen, besitzt der Holzschnitt nach wie vor große Vorzüge, wenn man Bücher mit Originalgraphik herstellen will. Die französischen Maler brachten mit dem Farbholzschnitt Farbe ins Buch. Aus Österreich waren Hans Fronius und Paul Flora, aus der Schweiz Hans Erni, Celestino Piatti und Felix Hoffmann mit ihren Illustrationen in deutschen Büchern vertreten.

1954, Schutzumschlag von Heinrich Wehmeier. 13,6 × 21,5 cm.

427

T H A U M A S T E

428 François Rabelais' *Pantagruel* von 1532, ein französischer Klassiker und
eine der unflätigsten Satiren der Weltliteratur, wurde mit den Farbholzschnitten von André Derain zu einem der prominentesten Malerbücher
(livres des peintres). Die Holzschnitte druckte Roger Lacourière, den
Text der Meisterdrucker Georges Girard. 1946 in Paris bei Albert Skira
erschienen. 28 × 34,4 cm.

Comment un grand clerc de Angleterre vouloit arguer contre

Pantagruel et fut vaincu par Panurge

CHAPITRE XVIII

N ces mesmes jours un sçavant homme nommé Thaumaste oyant le bruict et renommée du sçavoir incomparable de Pantagruel vint du pays de Angleterre en ceste seule intention de veoir Pantagruel et le congnoistre et esprouver si tel estoit son sçavoir comme en estoit la renommée. De faict, arrivé à Paris, se transporta vers l'hostel dudict Pantagruel qui estoit logé à l'hostel Sainct Denys et pour lors se pourmenoit par le jardin avecques Panurge, philosophant à la mode des Peripatéticques. De premiere entrée tressaillit tout de paour, le voyant si grand et si gros ; puis le salua, comme est la façon, courtoysement luy disant :

« Bien vray est il, ce dit Platon, prince des philosophes, que, si l'imaige de science et de sapience estoit corporelle et spectable es yeulx des humains, elle exciteroit tout le monde en admiration de soy ; car seullement le bruyt d'icelle espendu par l'air, s'il est reçeu es aureilles des studieux et amateurs d'icelle qu'on nomme philosophes, ne les laisse dormir ny reposer à leur ayse, tant les stimule et embrase de acourir au lieu et veoir la personne en qui est dicte science avoir establý son temple et produyre ses oracles.

« Comme il nous feust manifestement

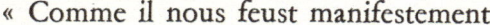

105

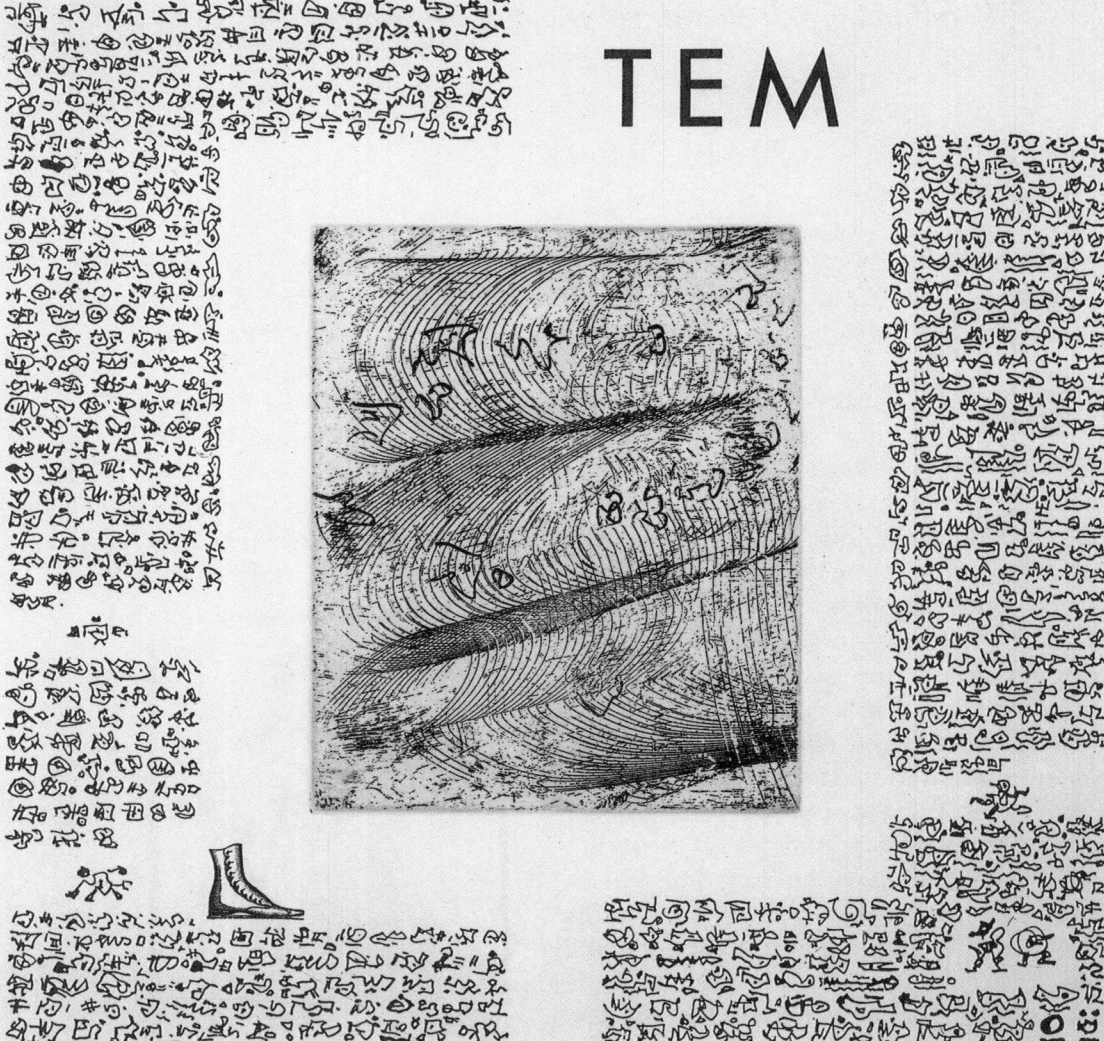

12

ALLER GLOCKEN HELLES TÖNEN   RÜHRT MICH AN GAR WUNDERBAR

FÜHL EIN STILLES MÄCHTGES SEHNEN   WEIL ALS KIND ICH GLÖCKNER WAR

JEDEN LICHTEN FRÜHEN MORGEN   STIEG ICH ZU DEM TURM HINAUF

TEM

430 Max Ernst, *Maximiliana oder die illegale Ausübung der Astronomie*, erschien bei Le Degré Quarante et Un, Paris 1964. Die Geheimschrift von Max Ernst wird von Radierungen Georges Visats begleitet. Das Buch ist dem Leben und Werk Leberecht Tempels gewidmet, einem Dichter, Emigranten und Astronomen ohne Diplom, der in seiner Heimat Deutschland von den Berufsastronomen verachtet wurde. 75 numerierte Exemplare, jedes mit 120 ungebundenen Seiten, die gefalteten Doppelbögen in den Maßen 41 x 61 cm, wurden auf Japan- bzw. Velinpapier gedruckt (Japon ancien oder Vélin d'Arches).

Illustratoren und Buchkünstler

Bibliophile Werkstätten wie vor 1930 gab es in Deutschland nach dem Krieg nicht mehr, und für die, die neu entstanden, waren die Existenzbedingungen eher schlechter geworden. Meist suchten ihre Gründer Verbindung mit Werkkunstschulen und Akademien. Richard von Sichowsky (1911–1975) gründete 1950 in Hamburg die Grillen-Presse neben seiner Lehrtätigkeit an der damaligen Landeskunstschule. Zusammen mit seinem Meisterschüler Otto Rohse (*1925) und dem Bildhauer Gerhard Marcks (1889–1981) entstanden hier Werke voller Ausgewogenheit zwischen Typographie und Holzschnitt. Marcks schuf für Sichowskys Grillen-Presse zahlreiche eindrucksvolle Holzschnitte, für den ersten Druck, die Tierfabeln des Äsop, und für die von ihm gestalteten *Fünf Gesänge der Odyssee* von 1965.

Otto Rohse gründete im Jahre 1962 in Hamburg seine eigene Presse. Er gestaltet seine Bücher als Gesamtkunstwerke, stattet sie mit Holzstichen, ein- und mehrfarbigen Kupferstichen aus und entwirft die Einbände dafür. Die Typographie wird in höchster Qualität im Handsatz ausgeführt. Das erste Buch der Otto-Rohse-Presse, Goethes *Briefe aus Venedig*, erschien 1964 mit 28 Kupferstichen. 1970 und 1977 erschienen die beiden Bände von Andreas Gryphius, *Ausgewählte Sonette, Gedichte und Epigramme* mit 11 Kupferstichen und 11 Holzstichen. 1985 kam mit 25 mehrfarbigen Kupferstichen der Band *Toskana* heraus und 1994 der umfangreiche Druck *Provence – Im mittäglichen Frankreich* mit 34 Kupferstichen.

Eingerichtet und unterhalten von der Schriftgießerei D. Stempel, geleitet von Gotthard de Beauclair (1907–1992), arbeitete die 1951 gegründete Trajanus-Presse in Frankfurt. Gotthard de Beauclair gründete im Jahre 1962 den Verlag Ars Librorum in Frankfurt am Main, der in der Art einer Privatpresse Kunstbücher, Graphikfolgen und illustrierte Bücher herausbrachte. Hier entstanden handgesetzte Pressendrucke und edle Mappenwerke nach allen Regeln der Kunst, als deutsche Varianten den französischen Malerbüchern vergleichbar. Ausgesuchte Texte der klassischen, christlichen oder auch fernöstlichen Überlieferung erschienen, illustriert von einer Elite moderner Künstler, in mustergültiger Typographie und auf schönem Papier, von Kunstbuchbindern gebunden: das *Canticum Canticorum (Hohes Lied)* von 1962, das Gerhart Kraaz mit Lithographien schmückte, *Der Garten im Herbst* von Imre Reiner und Paul Appel (1964) und *Die Frösche* des Aristophanes (1968) mit Kaltnadel-Radierungen des alten Oskar Kokoschka. Beauclairs literarisches Programm reichte von der Genesis und dem Johannes-Evangelium über Sophokles' *Antigone* und Platons *Symposion*, brachte die Klassiker Boccaccio, Goethe und Kleist, und schloß auch die zeitgenössischen Schriftsteller ein, Autoren

wie Hugo von Hofmannsthal, Rudolf Borchardt, Franz Kafka, Albert Camus oder Ezra Pound. Abgeschlossen wurde die repräsentative Reihe 1970 mit Martin Bubers Auswahl aus Tschuang Tse, zu der Ferdinand Springer meditative Farbradierungen schuf.

Ein vielbeschäftigter Illustrator und Zeichner der fünfziger und sechziger Jahre war der Berliner Gerhart Kraaz (1909–1971). Für die Büchergilde Gutenberg schuf er Zeichnungen für Stifters *Bunte Steine*, und für die Bertelsmann-Ausgabe von Andersens *Schönste Märchen* steuerte er 1959 über zweihundert Zeichnungen bei. Die Arbeiten zu *Don Quijote* (Rütten & Loening 1961) oder Kellers *Grüner Heinrich* (Mosaik Verlag Hamburg 1963) gehören zu den Hauptwerken von Kraaz, sie vermitteln am besten einen Eindruck von seiner illustrativen Kraft.

Als ausdrucksstarker Meister des großflächigen Farbholzschnittes ragt unter den Künstlern der Gegenwart HAP (Hellmut Andreas Paul) Grieshaber (1909–1981) hervor. Grieshaber hat mit Büchern und Drucksachen begonnen und vor allem dem großflächigen, plakativen Farbholzschnitt den Vorzug gegeben. Die Formen und Farben des deutschen Expressionismus aufnehmend, ist er weit über das Buch und Plakat hinausgewachsen und hat als Maler und Bildhauer mit dem Holzschnitt »gemalt«. Themen und Technik seiner Arbeiten zeugen von großer Individualität und Vielseitigkeit. Raffinesse bewies Grieshaber bei der Wahl wechselnder Papiersorten und -farben, bei der Variation seiner Farbholzschnitte, beim Druck von Gold auf Schwarz oder Schwarz auf Gold. Die zehn Farbholzschnitte zu Pablo Nerudas Gedicht *Die Höhen von Macchu Picchu* in der 1965 bei Hoffmann und Campe erschienenen Ausgabe erzeugen mit ihren kühlen Blau- und Grautönen und den an die Kunst der Inkas gemahnenden Motiven eine mythische Atmosphäre. In kraftvollem Rot, Orange, Grün und Blau leuchten die für die Stuttgarter Manus-Presse geschaffenen dreizehn Farbholzschnitte zu den *Carmina burana* von Carl Orff aus dem gleichen Jahr. Wieder ganz anders, in allen Farbkombinationen, hell und aggressiv, fahl und morbid, hat Grieshaber die vierzig Farbholzschnitte zu seinem 1966 erschienem Buch *Der Totentanz von Basel* ausgeführt.

Ein Holzschneider mit Leib und Seele war auch Karl Heinz Hansen-Bahia (1915–1978). Er wanderte nach dem Krieg nach Brasilien aus, war Verlags-Hersteller in Sao-Paulo und eröffnete 1956 in der Nähe von Salvador-Bahia eine eigene Werkstatt. Hansen schnitt ohne Vorzeichnung direkt ins Holz. Seine Themen bezog er aus dem Alltag, aus seiner Umgebung, er las sie in der Tradition sozialkritischer Künstler auf der Straße auf. Als eigenwilligen Interpreten literarischer Stoffe zeigen ihn seine Illustrationen zu Bert Brechts *Dreigroschenoper*, 1961 von Ernst L. Hauswedell in Hamburg herausgebracht, oder zu den *Abenteuern des Odysseus*, einer 1962 von der Wissenschaftlichen Buchgesellschaft Darmstadt verlegten Holzschnittfolge zu ausgewählten Texten der *Odyssee*. Der deutsche Holzschneider Hansen-Bahia wurde brasilianischer Staatsbürger, nachdem ihn weder der Aufenthalt in Oberbayern in den Jahren 1959 bis 1963 noch die Professur in Addis Abeba zur Ruhe haben kommen lassen.

Sehr malerisch wirken die Arbeiten Gunter Böhmers (1911–1986). Der in Dresden Geborene studierte bei Emil Orlik und Hans Meid in Berlin, war mit Hermann Hesse befreundet und lebte lange Zeit in dessen Nachbarschaft im Tessin. Seine Aquarelle und Tuschzeichnungen spiegeln die südlichen Landschaften seiner Reisen wider. Meisterhaft sind die 19 Pinselzeichnungen Böhmers in dem von Sichowsky typographisch gestalteten *Hohen Lied Salomonis*, erschienen bei Erich von Hoff-

mann, Heidenheim 1962. Böhmers Illustrationen zum Werk Thomas Manns, wie die zu *Felix Krull* für die Büchergilde Gutenberg von 1981, sind Beispiele für »miterlebtes Zeichnen«, gelungene visuelle Parallelen zum Text. Günther Stiller, 1927 in Hamburg geboren, hat Erich Kästners *Drei Männer im Schnee* (1957) und viele andere Kinderbücher mit Zeichnungen ausgestattet. 1962 schuf er zahlreiche Holzschnitte zu Gogols *Abende auf dem Vorwerk bei Dikanka* und 1967 Handätzungen zu Bert Brechts *Kalendergeschichten*. Beide Bücher gestaltete Stiller für die Büchergilde Gutenberg, die ihn, wie andere Künstler auch, jahrelang durch Aufträge gefördert hat. Stiller gehörte in den sechziger und siebziger Jahren zu den experimentierfreudigsten Buchkünstlern. Er hat mit Laubsägeholzschnitten, mit Kunststoff- und Linolschnitten gearbeitet oder auch direkt auf Offsetplatten gezeichnet und gemalt, so bei seinen mehrfarbigen Bildern für Kinderbücher.

Jung muß man zum Drucken sein.
Drucken ist ein Abenteuer.
»Ich hab's gewagt« sagt der
bedruckte Bogen. Im Prozeß des
Druckens, des Schneidens kann die
Dynamik aus Gewaltsamkeit, Glück
und Verzweiflung ausgelotet werden.
Drucken ist eine Begegnung des
Zufalls mit dem Sinnvollen.
Drucken ist selbst das Erlebnis.
Drucken ist Rausch des Machens
und gleichzeitig Kontrolle darüber.
Spannung, Gewalt des Ausdrucks,
Triebkraft, Radikalität, die uns
das Gesetz des Computers für
immer wegnehmen will. Drucken
ist stets eine junge Kunst gewesen.
Laßt sie euch nicht stehlen!

432 HAP Grieshaber, *Drucken ist ein Abenteuer*, Edition S, Stuttgart 1978. In kämpferischem Ton der programmatische Text, expressiv der Holzschnitt, kräftig die Drucktype – die Doppelseite zeigt, wie sich bei Grieshaber, der sowohl Holzschneider als auch Typograph war, Illustration und Schrift zu einer kompakten Bildwirkung zusammenschließen,

und dies trotz figürlicher Dynamik und der Bewegtheit des Flattersatzes, trotz des Kontrastes von Schwarz und leuchtendem Rot. Hans Peter Willberg brachte dies zu dem Urteil: »Vitalität braucht das Buch nicht zu sprengen, sie kann es auch zusammenhalten.« 17,5 x 26,8 cm.

Neben Holzschnitt und Holzstich gewann in der Buchgraphik zunehmend die Zeichnung an Gewicht, je mehr sich der Offsetdruck verbesserte und größere Verbreitung fand.

Der aus Böhmen stammende Josef Hegenbarth (1884–1962) studierte in Dresden und arbeitete hier den größten Teil seines Lebens. Begonnen hat der noch zur Generation der Expressionisten zählende Hegenbarth 1916 mit Lithographien und Radierungen, so zu *Wieland der Schmied*, *Gilgamesch* oder dem *Nibelungenlied*, beides frühe Mappenwerke, die ihn bereits als zeichnenden Erzähler ausweisen. Bewegung und Dramatik wußte Hegenbarth ausdrucksvoll darzustellen, auffällige Kontraste und die starke Dynamik in seinen Blättern ziehen den Betrachter förmlich in die Bildhandlung. Nach dem Krieg, als er zu einem der führenden Meister der deutschen Zeichenkunst wurde, begann seine fruchtbarste Zeit als Illustrator. Über hundert Bücher hat Hegenbarth

auf seine eigenwillige Art illustriert, Ausgaben von Cervantes, Swift, Dickens, E.T.A. Hoffmann, Puschkin, Gogol. Goethes *Reineke Fuchs* mit Federzeichnungen von Hegenbarth erschien 1950 bei E. Wunderlich in Leipzig, die zweite Fassung folgte 1964 im Insel Verlag Leipzig. Die Fabel entsprach seiner Neigung, denn Hegenbarths großes Interesse gehörte der Tierzeichnung. Im Gegensatz zu den expressionistisch inspirierten Arbeiten Hegenbarths sind die Arbeiten Max Schwimmers (1895–1960) vom Impressionismus beeinflußt.

Ein Illustrator von großem Können, Charme und Bildwitz war Werner Klemke (1917–1994). Der gebürtige Berliner hatte sich zum Trickfilmzeichner ausbilden lassen und auch in diesem Metier gearbeitet, ehe er in der Nachkriegszeit begann, sein zeichnerisches Talent an Buchumschläge und damals erscheinende Berliner Zeitschriften zu wenden. Klemke bildete sich autodidaktisch fort und arbeitete zunächst in den Techniken Holz-

Thomas Mann, *Thamar*. Der Textauszug aus Manns Roman *Joseph und seine Brüder* wurde für den S. Fischer Verlag 1956 bei Johannes Weisbecker in der Linotype Aldus-Buchschrift gedruckt, die Pinselzeichnung stammt von Gunter Böhmer. Aufgeschlagenes Buch: 36,5 × 26,5 cm

schnitt und -stich. 1947 erhielt er seinen ersten größeren Illustrationsauftrag: Für die zwei Jahre später im Berliner Verlag Volk und Welt erschienene, von Bruno Kaiser herausgegebene Ausgabe von Georg Weerths *Humoristische Skizzen aus dem deutschen Handelsleben* schuf er 126 Holzstiche. Große Popularität erlangte sein Schaffen unter den jungen und jüngsten Lesern. Mit beschwingtem Stift und heiteren, oft leuchtenden Farben illustrierte er Kinderbücher wie *Hirsch Heinrich* und *Das Wolkenschaf* mit Texten von Fred Rodrian. Seine Zeichnungen verraten eine wunderbar leichte Hand. Ein wahrer Herzensbrecher, international preisgekrönt, gelang ihm mit *Ferdinand, der Stier* von Munroe Leaf, ein Bestseller im Programm des Berliner Kinderbuchverlags.

1951 wurde Werner Klemke zum Dozenten für Holzstich, später für Buchillustration und 1956 Professor für Buchgraphik und Typographie an der Hochschule für bildende und angewandte Künste in Berlin-Weißensee. Er sprach von sich selbst bescheiden als »Gebrauchsgrafiker« und folgte der Maxime: »alle Illustra-

tion hat dem Text zu dienen« – doch was entstand, ist Kunst. Literarisch hoch gebildet, war er ein Bilderzähler von sprudelndem Einfallsreichtum. Klemke hat viele Werke der Weltliteratur illustriert: *Onkel Toms Hütte, Till Eulenspiegel,* Christian Reuters *Schelmuffsky,* Boccaccios *Decamerone,* Grimms Märchen, Geoffrey Chaucers *Canterbury-Erzählungen* und immer wieder Kinderbücher. Dank seiner überragenden künstlerischen Stellung und der über Jahrzehnte dauernden materiellen Förderung einer eigenen DDR-Buchkunst war es Klemke möglich, auch die ersten mehrfarbigen Buchillustrationen zu gestalten, die im Buchdruck und im Offsetdruck in hohen Auflagen verwirklicht werden konnten: zarte mehrfarbige Strichzeichnungen zu Johann Christian Günthers *Gedichte und Studentenlieder* (Reclam Leipzig 1962), *Neue Belustigungen und fröhliche Plaudereien, Französische Geschichten aus Mittelalter und Renaissance,* mit mehrfarbigen Kreidezeichnungen (Reclam Leipzig 1962) sowie mehrfarbige Schabzeichnungen in Holzschnittmanier zu Carl Michael Bellman: *Fredmans Episteln an diese und jene, aber hauptsächlich an Ulla Winblad* (Müller & Kiepenheuer Leipzig 1965).

Das waren Chancen, die Buchillustratoren in Westdeutschland zu dieser Zeit nicht bekamen. Die Arbeiten Hegenbarths, Klemkes und Schwimmers haben stilbildend auf andere, jüngere Künstler gewirkt.

Die 1990er Jahre sahen die Buchillustration am Abgrund. Von den großen westdeutschen Publikumsverlagen wurde sie kaum noch gepflegt, dort galt sie als unerwünschter Kostenfaktor. Geblüht hat die Illustration in der DDR, wo die Buchgraphik Teil einer sorgsam kultivierten, hochsubventionierten Buchkunst war, zugleich erstaunlich frei von den Schemata des »sozialistischen Realismus«. Leichter als den anderen Künsten war es der Buchkunst möglich, undogmatisch und ohne das Gängelband verordneter Ideologien zu arbeiten. Substanzreich und im Vergleich mit dem Westen ungewöhnlich stark vertreten wurde sie u. a. durch Klaus Ensikat, Gerhard Großmann, Horst Hussel, Karl-Georg Hirsch, Christa Jahr, Elisabeth Shaw, Werner Schinko, Baldwin Zettl. Mit dem Wegfall der Mauer und dem Einzug der Marktgesetze verloren die meisten Buchgestalter und Illustratoren ihr Arbeitsgebiet.

Eine Neugründung nach dem Mauerfall war die Sisyphos-Presse in Berlin, ein Verlag, der 1990 von Elmar Faber, dem langjährigen Direktor des Aufbau-Verlages, ins Leben gerufen wurde. Die Sisyphos-Presse bemühte sich in bester Pressendruck-Tradition um die Einheit von Text und Schrift, Papier und Druck, Illustration und Einband. Bei ihr erschienen deutsche Erstausgaben in limitierter Auflage, Bücher von Wolfgang Hilbig, Gabriel García Márquez und Christoph Hein, ausgestattet mit Originalgraphiken zeitgenössischer Künstler wie Bernhard Heisig oder Alfred Hrdlicka.

434   Federzeichnung von Josef Hegenbarth zu Flaubert, *Die Legende von St. Julian dem Gastfreien*, 1957.

Den unkonventionellen Pressendrucken widmeten sich auch weiterhin kleine Werkstätten. Die Katzengraben-Presse, nach der Adresse in Berlin-Köpenick benannt, wäre als solcher Kleinst-Verlag zu nennen. Christian Ewald und Ralf Liersch, Graphiker der eine, gelernter Buchbinder der andere, edierten in Kleinauflagen von 999 Exemplaren ab 1990 Bücher mit bewußt randständigen Themen als Künstlerbücher oder Unikate. Jan Silberschuhs *Ostberliner Treppengespräche* vom Oktober 1990, das letzte Buch, das noch aus DDR-Zeiten stammt, wurde gefragtes Sammlergut.

Im Westen haben Roswitha Quadflieg und Wolfgang Tiessen Pressen und Verlage gegründet, um individuell gestaltete Bücher zu drucken. Roswitha Quadflieg (*1949) mit ihrer 1973 in Hamburg gegründeten Raamin-Presse errang als Pressendruckerin einen ausgezeichneten Ruf, und unter den Frauen ist sie die wohl bekannteste Buchkünstlerin. Anders als die gruppenorientierten Pressen der sechziger Jahre arbeitet die ehemalige Graphikstudentin und Schülerin von Richard

v. Sichowsky als Einzelgängerin. Sie sucht selbst die Texte aus, entwirft Typographie, Illustration und Buchgestaltung, schneidet die Holzstiche und radiert die Illustrationen, wählt aus einem gesammeltem Letternbestand passende Schriften aus, setzt und druckt alles selbst. Einbände entwirft sie gemeinsam mit dem Hamburger Buchbinder Christian Zwang (*1932), der auch für die Otto-Rohse-Presse in Hamburg und für Gunnar Kaldewey in Postenkill (New York) arbeitet.

In der Edition Tiessen erschien 1977 als erster Druck in 115 Exemplaren Adalbert Stifters *Über das Große und Kleine* mit farbigen Radierungen von Ferdinand Springer. Es war Gotthard de Beauclair, der künstlerische Leiter des Insel Verlages und der Schriftgießerei Stempel, der dem 1930 geborenen Wolfgang Tiessen den Weg in das Buchgewerbe wies. Auf seinen Rat hin lernte der neunzehnjährige Tiessen den Schriftsetzerberuf. Nach abgeschlossener Lehre kam er in die Hausdruckerei der Stempel AG, von wo ihn de Beauclair in sein Atelier holte. Tiessen hat viele Jahre für den Insel Verlag Bücher

Holzstich von Werner Klemke, Titelblatt zu Boccaccio, *Decameron*, 1957/58. 7,5 × 14 cm.

Federzeichnung von Werner Klemke zu Voltaire, *Candide oder der Optimismus*, Rütten & Loening, Berlin (Ost) 1958. 10,8 × 17,6 cm.

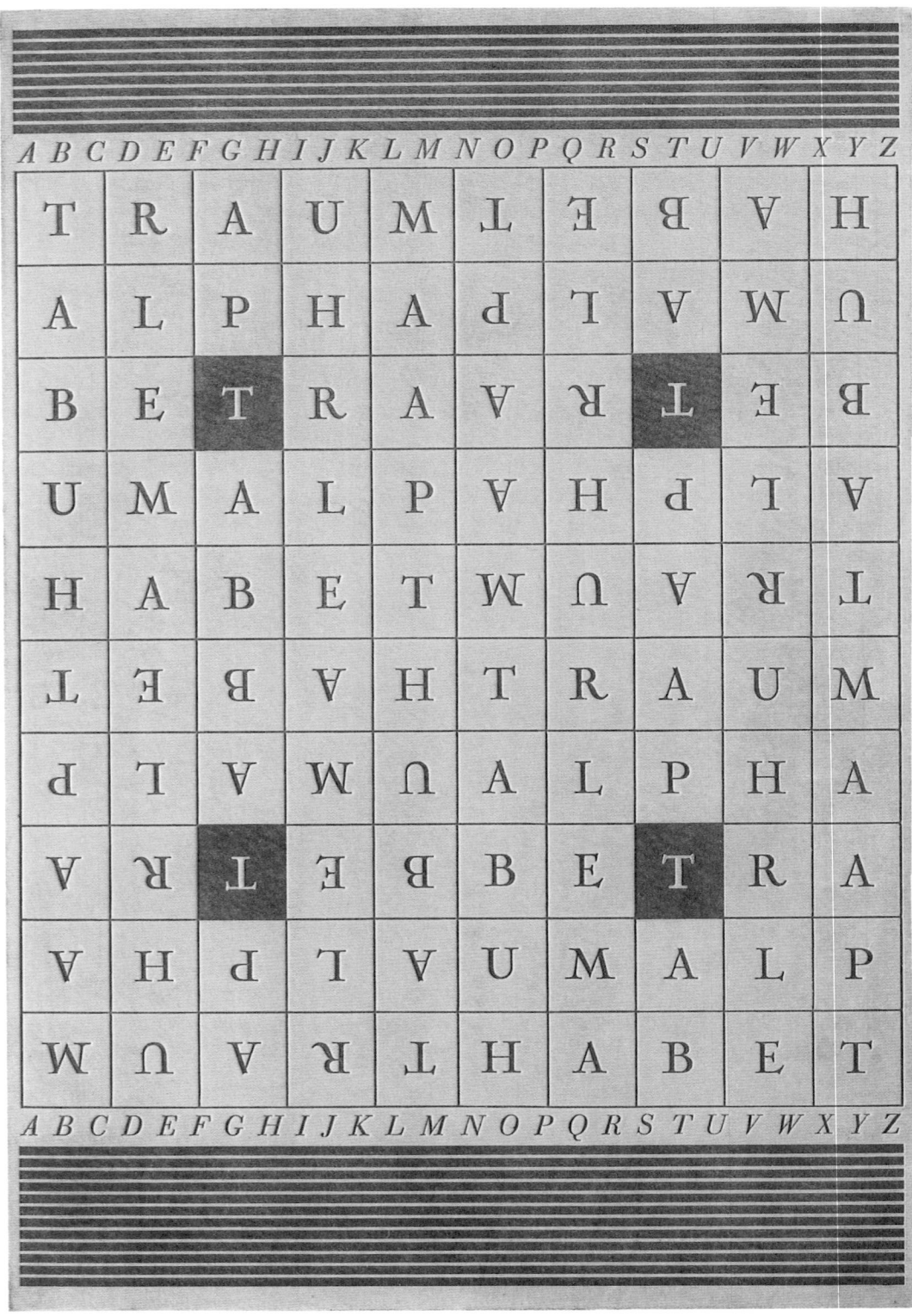

436   Für Roswitha Quadfliegs *Traumalphabet,* das »Schrift-Bilder-Buch, das dreizehn wirklich geträumte Träume in dreizehn Bildern und verschiedenen Schriften von A–Z geordnet auf sechzig Seiten sichtbar macht«, schuf Christian Zwang einen taubenblauen Einband aus geglättetem Kalbleder (22,4 × 31,6 × 1,4 cm) mit blindgeprägten dunkelblaugrauen Partien. Zwang folgte dabei Quadfliegs Entwurf. Das Buch erschien 1986 in 195 numerierten Exemplaren als 15. Druck der Raamin-Presse, dreizehn Jahre, nachdem R. Quadflieg begonnen hatte, »in Büchern zu denken«, sie zu illustrieren und herzustellen.

gestaltet. Diese Arbeit, so hat er einmal geäußert, habe ihn mehr beeindruckt als das Vorbild der künstlerisch extravaganten kleinen Pressen: »Hier ging es ja darum, scharf kalkulierte Bücher aus normaler Verlagsproduktion bis hin zur Insel-Bücherei so angenehm lesbar, so vorzüglich in der Herstellung, so schön in der Erscheinung wie möglich zu machen.« Buchgestaltung heißt für ihn: Dienst am Leser und Achtung vor dem Text. »Heute noch weniger als früher kann ich die mir aufgegebenen Texte als Material betrachten, dem der Stempel eigener Subjektivität aufzudrücken sei. Ich bin nicht davon überzeugt, daß dem Leser damit gedient ist, und schon gar nicht, wenn die individualisierende Absicht des Buchgestalters zu deutlich wird oder sie gar das Werk des Autors überwältigt und zu Spielmaterial herabwürdigt.« Die Edition Tiessen in Neu-Isenburg war ein »Ein-Mann- und Ein-Frau-Betrieb«; Wolfgang Tiessen arbeitete, unterstützt von seiner Frau, als sein eigener Verleger, Buchgestalter und Schriftsetzer. Alle Werke seiner Editionen sind in der von ihm »geliebten Original-Janson-Antiqua« handgesetzt und sämtlich von Heinz Sparwald gedruckt worden.

Massenwirksam hat sich der Verlag Zweitausendeins, eine Nachgeburt der Studentenbewegung, auf das Gebiet der illustrierten Bücher gewagt. Der Versand für Bücher und Tonträger mit mehreren Filialen im Bundesgebiet wurde für seine preiswerten Editionen bekannt. Experimentelles kam populär daher wie 1982 im *Fliegenpapier* von Dashiell Hammet und Hans Hillmann, oder in Eckhard Henscheids *Geht in Ordnung – sowieso – genau* mit Illustrationen von Robert Gernhardt. Im *Fliegenpapier*, einer Kriminalgeschichte, hat sich das klassische Text-Bild-Verhältnis umgekehrt: Die Illustration dominiert mit doppelseitigen Bildern, Hammets Erzählung ist zur Bildlegende geschrumpft. Wo das Bild für sich genug aussagt, wurde der originale Text gekürzt, er liegt jedoch als Ganzes noch einmal gesondert bei. Als Schrift wählte der für die Typographie verantwortliche Franz Greno eine Antiqua *Old Style*, gesetzt wurde auf der Monotype. Das Buch wurde im Offsetverfahren gedruckt.

Im Kontrast zu der Bedeutungslosigkeit, zu der – abgesehen vom Kinderbuch – die zeitgenössische Buchillustration verkümmert ist, steht die vermehrte Faksimileproduktion der postmodernen Zeit. Für philosophische und soziologische Gegenwartsdiagnostiker freilich liegt die Antwort auf der Hand: In einer beschleunigten Moderne, in der das heute Aktuelle schon morgen veraltet ist, greift man zu den Dingen, die so alt sind, daß sie bereits historische Patina angesetzt haben. Im Unterschied zu den Werken von gestern haftet den Schöpfungen vergangener Jahrhunderte ein Zauber an, ein Versprechen auf Unvergänglichkeit. Besonders seit den goldenen achtziger Jahren ließ sich diese wachsende Vorliebe

für kostbare Faksimiles beobachten, die sinnigerweise gleichzeitig als »Sammlerschatz und Wertanlage« angeboten wurden. Auch wenn manche ein kleines Vermögen kosten, scheinen einige dieser Ausgaben doch erfolgreich zu sein. Aufsehen erregten in den 1990ern die faksimilierten Stundenbücher des Herzogs von Berry aus dem 15. Jahrhundert, die der Luzerner Faksimile Verlag herstellte. Der Insel Verlag faksimilierte das Evangeliar Heinrichs des Löwen, der Urs-Graf-Verlag in Bern bildete irische Handschriften nach, S. Fischer und die Wissenschaftliche Buchgesellschaft boten einzelne Seiten und ganze Werke im Faksimile an. Die wissenschaftliche Faksimilierung wertvoller Handschriften betrieb und betreibt die Akademische Druck- und Verlagsanstalt in Graz, die mit ihrem Programm »Codices selecti« zu den größten Faksimile-Verlagen zählt. Faksimilierte Bücher stießen auf eine Kaufbereitschaft, die durch die Liebe zur Illustration bzw. Illumination oder mit dem Interesse an der Geschichte Europas kaum hinreichend erklärt werden dürfte.

Schriftentwurf und Buchgestaltung

Die Nachkriegstypographen waren bemüht, an die weltoffene Typographie der zwanziger und dreißiger Jahre anzuknüpfen. Die Emigration bedeutender Gestalter war für die Buchkunst ein großer Verlust. Hans Schmoller, Berthold Wolpe, Fritz Kredel oder Imre Reiner hatten im Ausland Zuflucht gesucht. Reiners *Corvinus* von 1934, die wohl bekannteste Schrift des vielbegabten Illustrators, Buchtypographen und Gebrauchsgraphikers, entstand fern der Heimat am Luganer See. Die Ideen des Bauhauses waren im Dritten Reich mundtot gemacht, ihre Verfechter vertrieben worden. Paul Renner und Jan Tschichold, die Neuerer der deutschen Typographie, lebten nun in der Schweiz.

Von den Vorkriegsmeistern lehrten noch Walter Tiemann in Leipzig und Ernst Schneidler in Stuttgart. In Offenbach wurde die Tradition Kochs fortgeschrieben. Georg Trump leitete als Direktor die Akademie für das graphische Gewerbe in München. Die Buchgestalter Gotthard de Beauclair in Frankfurt und Richard von Sichowsky in Hamburg gehörten zu denen, die in der Blütezeit der deutschen Buchkunst ihre Ausbildung erfahren hatten und nach Kriegsende jung genug waren, um auf die Typographie und Ausstattung von Büchern der Nachkriegszeit zu wirken.

Gotthard de Beauclair, ein Enkel von Christian Heinrich Kleukens, hatte bei Rudolf Koch in Offenbach die Kunst der Kalligraphie erlernt und bei Klingspor das Handwerk des Setzens. 1928 war er als Hersteller zu Anton Kippenberg gegangen und hatte die Insel-Bücherei betreut. Nach Kippenbergs Tod gewann ihn der Insel Verlag erneut als Mitarbeiter, und Beauclair leitete

437

das Haus in Wiesbaden von 1951 bis 1962. In diese Zeit seines Wirkens fallen die schönen neuen Gesamtausgaben von Rainer Maria Rilke, Adalbert Stifter und Hans Carossa sowie viele prämiierte Kleinodien der Buchkunst, darunter das Faksimile der *Bamberger Apokalypse*, das 1958 im Wettbewerb der *Schönsten Bücher des Jahres* ausgezeichnet wurde. Die nächste Station war der Propyläen Verlag in Berlin. Daneben arbeitete Beauclair selbständig, so mit der bereits erwähnten, 1951 gegründeten Trajanus-Presse, seit 1962 mit dem Ars Librorum Verlag in Frankfurt. Für den reduzierten Stil der »Hamburger Schule« stand das Schaffen von Richard von Sichowsky, der an der Kunstakademie lehrte. Sichowsky war um Lesbarkeit bemüht, getreu dem Bauhaus-Gedanken von der Funktionalität der Typographie. Von ihm gestaltete Bücher sind frei von Bildornamenten und dekorativem Schmuck.

In den fünfziger Jahren erlebte die Kalligraphie, in der Tradition der Kunstgewerbeschulen der zwanziger und dreißiger Jahre, noch einmal eine kurze, vorläufig letzte Blüte. Für die erste Nachkriegsgeneration von Graphikern gehörte das Studium der Handschrift noch zur Grundlage ihrer Ausbildung. Nicht wenige Buchumschläge dieser Zeit gleichen kunstvollen Schriftblättern. Sie tragen handschriftliche, wie spontan geschrie-

bene Titel oder Antiquaschriften mit kalligraphischem Charakter, die den Duktus eines mit dem Pinsel oder der Feder geschriebenen Titels nachahmen. Das verlieh ihnen den individuellen Zug. Sie drückten Temperament und Gefühl aus und entsprachen dem »existentiellen« Empfinden der Nachkriegszeit. Beispiele für diese Mode finden sich auch in der Typographie, die ihre Drucklettern schreibschriftähnlich zu machen suchte. Beispiele sind: Roger Excoffons *Mistral* von 1954 für die Fonderie Olive, Paul Zimmermanns *Impuls* 1954 für Typoart, Peter Schneidlers *Maxim* 1956 für die Bauersche Gießerei oder Georg Trumps *Time-Script* von 1959 für Stempel.

Herbert Thannhaeuser (1896–1963), der künstlerische Leiter der Dresdener Schriftgießerei Typoart, hat mit Hellmuth Tschörtner (1911–1979) in den ersten Jahren der DDR die Schriftgestaltung geprägt. Die *Tschörtner-Antiqua* (1955) variierte die Renaissance-Antiqua und wurde bevorzugt für Belletristik eingesetzt. Thannhaeusers Antiquaschrift *Liberta* von 1956 ist eine ebenso eigenwillige Antiquavariante wie Albert Kaprs *Faust-Antiqua* von 1962. Die Grundlage ihrer Entwürfe war das Studium historischer Schriften. Handwerkliche Qualität war ihnen das A und O. An der hohen Qualität der typographischen Buchausstattung der späteren DDR hatte der Typograph und Schneidler-Schüler Albert Kapr (1918–1995) maßgeblichen Anteil. Vor dem Krieg Assistent für Schrift an der Technischen Hochschule Stuttgart, wurde er 1948 Dozent für Gebrauchsgrafik in Weimar. 1951 berief ihn die Hochschule für Grafik und Buchkunst in Leipzig. Über alle Grenzen hinweg machte sich Kapr als Schriftkünstler, Typograph und Schrifthistoriker einen Namen. Markante Schöpfungen auf seinem Weg zur Nummer eins unter den DDR-Schriftkünstlern waren neben der *Faust-Antiqua* die *Neutra*, eine serifenbetonte Linearantiqua von 1968, und seine *Leipziger Antiqua*, die Kapr 1971 entwarf und 1973 um einen kursiven und fetten Schnitt ergänzte. Die von ihm gestalteten Werke über *Schriftkunst* setzten Maßstäbe für die Typographie. Nach dem Tode Thannhaeusers übernahm Albert Kapr von 1964 bis 1987 die künstlerische Leitung von Typoart. In jüngerer Zeit hatte sich Kapr besonders mit der Überarbeitung historischer Schriften befaßt. Der nachfolgenden Generation von Typographen der DDR gehört der 1933 geborene Gert Wunderlich an, auch er ein geschätzter Schriftentwerfer. Seine *Maxima*-Grotesk (1964–71) kam 1972 auf dem Markt.

Zu den erfolgreichsten Schriftentwerfern der jungen Bundesrepublik entwickelten sich Georg Trump und Hermann Zapf. Georg Trump (1896–1985), einst Schüler Ernst Schneidlers, dann im September 1934 Nachfolger des politisch mißliebigen Paul Renner als Leiter der Münchner Meisterschule, hat Stuttgarter Typographengeist in die bayerische Landeshauptstadt getragen. Den

438   Beispiel eines kalligraphischen Titels. Schutzumschlag gestaltet von Imre Reiner. Erstausgabe 1965 im Stahlberg Verlag, Karlsruhe, Reprint bei S. Fischer 1985.

widrigen Zeitumständen zum Trotz bewahrte Trump Modernität und ein hohes künstlerisches Niveau und führte die Münchner Schule sicher über Jahrzehnte. Er arbeitete wie viele seiner Kollegen nicht nur als Schriftschöpfer, sondern gleichermaßen als Buchgestalter. Für die Verlage Desch, Piper und Biederstein schuf er Umschläge, für verschiedene Firmen auch Signete. Wesentliche Beiträge zur Typographie sind seine für die Schriftgießerei C. E. Weber in Stuttgart entworfenen Druckschriften wie die beliebte *Trump-Mediäval* (1954), die *Codex* (1955), die den Duktus einer weichen Pinselschrift besitzt und für den Einsatz in der Werbung gedacht war, oder die *Delphin*, die halb wie eine Kursiv-, halb wie eine Schreibschrift wirkt und bei der die Versalien nur etwa die Höhe von Kapitälchen besitzen und gerade stehen, im Gegensatz zu den kursiv laufenden Kleinbuchstaben.

Hermann Zapf (*1918), in dem man immer wieder den meisterlichen Kalligraphen gerühmt hat, ging es bei seinen Druckschriften doch nie so sehr um den individuell gesteigerten Ausdruck der Buchstaben, wie dies extrem bei den Anhängern der Handschrift der Fall war, sondern um die vergleichsweise zurückhaltende Typisierung des Alphabets. Eine ganze Reihe Zapfscher Werkschriften bestechen durch Ausgewogenheit und klare Linienführung und erklären, warum ihr Schöpfer weit häufiger kopiert wurde als das Gros der Typographen seiner Zeit. Schon als junger Mann hatte Zapf seine Frakturschrift *Gilgengart* entworfen, die nach dem Krieg bei D. Stempel gegossen wurde. 1950 folgte die *Palatino*, eine Antiqua im Renaissancestil, die modifiziert als *Aldus-Buchschrift* auf die Linotype übertragen wurde, um eine schmallaufende, gut leserliche, aber platzsparende Textschrift für Taschenbücher zu haben, sodann *Michelangelo* und *Sistina* noch im gleichen Jahr. Mit der serifenlosen *Optima* (1958) zeichnete er eine zwischen Antiqua und Grotesk ausbalancierte Schrift. Vieles vom Können Hermann Zapfs verdankt sich autodidaktischer Schulung. Von 1934 bis 1938 hatte er eine Ausbildung als Positiv-Retuscheur durchlaufen. Zehn Jahre später, 1948, hatten ihn seine schriftschöpferischen Neigungen bereits dahin gebracht, daß er für zwei Jahre als Lehrer für Schrift an der Werkkunstschule Offenbach unterrichtete. Parallel dazu, von 1947 bis 1956, hatte er zusammen mit Gotthard de Beauclair die künstlerische Leitung der Schriftgießerei D. Stempel in Frankfurt inne. Die namhaftesten bundesdeutschen Verlage, von der Büchergilde Gutenberg über Carl Hanser, S. Fischer und Rowohlt bis zu Suhrkamp und Insel vertrauten ihm die Gestaltung ihrer Bücher an. Auch in jüngster Zeit, als Photosatz und digitale Satzsysteme in die Buchherstellung Einzug hielten, blieb Hermann Zapf ein Schöpfer zahlreicher Buchschriften – auf der Höhe der technischen Gegebenheiten, und ohne im ästhetischen Anspruch nachzulassen.

Wir müssen arbeitsfreudige Unterne
und idealistische Künstler in einem se
sten auch die Aufgabe unserer Meister
Verbindung des künstlerischen, techn

Georg Trump   Trump-Mediäval

Ferner Freunde gedenkt und der Jugendz
Immerquillend und frisch, rauschen an d
Still in dämmriger Luft ertönen geläutete
Und der Stunden gedenk rufet ein Wächt

Georg Trump   Schadow Antiqua

MEISTER AUF SOUVERÄNITÄT.
Einfache noch vor den Lebenskonflikten, in
hier ist das Einfache der Siegespreis für den

Georg Trump   Delphin

gießer, Setzer, Drucker und Buchbinder aus Aber
dürftig wäre für andere, höhere Dinge, sondern w
In der still zurückhaltenden, edel durchgebildeten,
uns und unser Zeitgefühl auszudrücken. Die stolze

Hermann Zapf   Gilgengart

ersten Buchstaben auf seine Schultafel malt
die ersten Leseversuche macht, tut damit
ersten Schritt in eine künstliche und höchst k
plizierte Welt, deren Gesetze und Spielre
ganz zu kennen und vollkommen zu üben

Hermann Zapf   Palatino

München leuchtete. Über festlichen Plät
Säulentempeln, all den antikisierenden
und Barockkirchen, springenden Brunn
und Gartenanlagen der Residenz spannt

Hermann Zapf   Optima

439

An den Büchern der Nachkriegszeit war unter Schweizer Einfluß bald ein Wandel zu beobachten: Zunächst herrschte noch eine »klassische Typographie« in englischer Tradition vor, wie sie um die Jahrhundertwende über Leipzig nach Deutschland gekommen war. Sie bestimmte mit den Idealen von Zurückhaltung, Bescheidenheit und Schönheit die Auffassung vieler Nachkriegstypographen. Benutzt wurden fast ausschließlich Antiqua-Schriften. Bei der Gestaltung der Buchseite folgte man der Mittel- oder Linksachse. Weit nüchterner als ihre Vorgänger, war die neue Generation von Buchgestaltern in erster Linie um die Lesefreundlichkeit bemüht.

Der vom Bauhaus betriebene typographische Stil der »elementaren Gestaltung« mit den serifenlosen Linearschriften erfuhr aus der Schweiz einen neuen Anstoß. Die Schweiz hatte früh, nicht zuletzt durch Emigranten wie Imre Reiner und Jan Tschichold, einen guten Ruf in Sachen Typographie erlangt. Vor allem die ausgefeilten Linearantiquaschriften *Helvetica* und *Univers*, beide zwischen 1957 und 1961 entstanden, eröffneten neue Schrifthorizonte und gaben die Richtung an. Der Schöpfer der *Helvetica* ist anonym, doch läßt sich ihr Werdegang auf die *Haas-Grotesk* oder *Neue Haas-Grotesk* zurückverfolgen, eine für die Haas'sche Schriftgießerei in Münchenstein bei Basel entwickelte Akzidenzschrift, die Max Miedinger zur Buchschrift formte. Erst als die Frankfurter Firma Stempel und ihr Dachkonzern, die Mergenthaler Linotype, die Schweizer Typen in den Handel brachten, erhielt die Schriftfamilie den Namen *Helvetica*. Sie trat sehr schnell die Nachfolge der weltweit verbreiteten *Futura* an.

Zur gleichen Zeit schuf der Schweizer Adrian Frutiger für die Pariser Firma Deberny & Peignot die *Univers*. In der Radikalität ihres Schnitts kommen *Univers* und *Helvetica* überein, allerdings hat Frutiger – was bei der Helvetica erst nachträglich hinzukam – seine Neuschöpfung von vornherein als Schriftfamilie geplant, also mit den heute bekannten Varianten von kursiv, schmal, breit mit Abstufungen unterschiedlicher Fetten. Halbfette und fette Schriften waren Neuerungen aus dem 19. Jahrhundert. Eine *Garamond* oder *Baskerville* hatten diese Auszeichnungsformen noch nicht. Im Industriezeitalter mit seiner steigenden Warenproduktion und prosperierenden Werbung wirkten neue Zwänge und Motive. Die ins Auge springenden neuen Auszeichnungsformen wurden begierig aufgenommen.

Ohne serifenlose Linear-Schriften war die aus der Schweiz kommende *integrale* oder *programmierte*, kurz *Schweizer Typographie* nicht denkbar. Emil Ruder lehrte in Basel diese neue, auf Leser und klassische Typographen anfangs schockierend wirkende Buchgestaltung mit ihren asymmetrisch angeordneten Seitenpaaren, dem Satzspiegel inmitten der Seite mit überall gleichem Abstand zum Rand, den vom Text wie losgelöst scheinenden Überschriften. Seiten wurden gestaltet, indem man ihnen einen Raster unterlegte, ein festes Schema, das vorgibt, an welcher Stelle ein Bild oder eine Textgruppe stehen soll. Texte, Bildmaterial, Tabellen, Zeichen und Formeln werden wie in die Felder eines Schachbrettes eingetragen. Dabei können Bilder wohl ein, zwei oder mehrere dieser Felder beanspruchen, aber die möglichen Bildproportionen und Bildabstände liegen fest. Der Text, ob er nun zu breiten oder schmalen

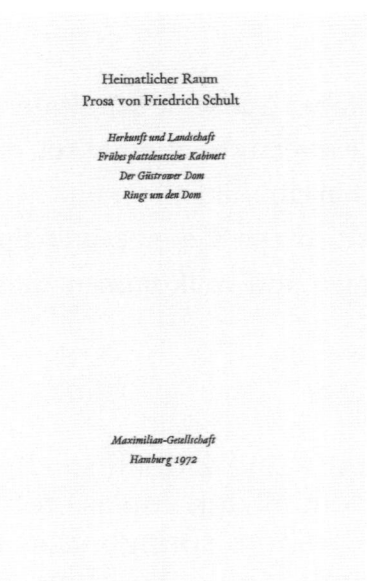

440 Klassische Typographie.
Buchgestalter: Richard von Sichowsky. 13 × 20,4 cm.

Bildern gestellt wird, ob es viel oder wenig Text ist, wird immer gleich behandelt – ein unerbittlich durchstrukturiertes Buch. So wie Emil Ruder es verstand, standen Schrift und Bild nicht einfach nebeneinander, sondern waren spannungsreich aufeinander bezogen, bildeten ein Ganzes (daher »integrale Typographie«). In Deutschland wurde die strenge Form der Rastertypographie an der 1951 gegründeten Ulmer Hochschule für Gestaltung gelehrt. In Architektur- und Kunstbücher, Kataloge und Sachbücher hielt das Prinzip bald Einzug. Geblieben ist der Anspruch einer erkennbaren Ordnung und Struktur im Buch, und damit hat die programmierte Rasterung ihren festen Platz neben der klassischen Typographie gefunden.

Über Amerika, wohin einige Bauhauskünstler, unter ihnen Herbert Bayer, emigriert waren, kam eine dritte Richtung der Buchgestaltung zurück nach Deutschland. Sie griff die Ansätze der aktivierenden Typographie von Marinetti und Tschichold wieder auf. Zunächst war sie vor allem in Zeitschriften und Magazinen vertreten, und fand dann, wenn auch zögernd, Eingang ins Buch. Voran ging ein von Bayer gestalteter Weltatlas, der *World Geographic Atlas* von 1953. Das Gesicht der Schul- und Sachbücher haben die neuen Formen in der Folgezeit entscheidend mitgeprägt. Der unbekümmert und lebendig wirkenden Gestaltung lagen didaktische Gesichtspunkte zugrunde. Sie wollte die Aufmerksamkeit lenken und tat dies durch ein völlig verwandeltes, auf den ersten Blick regellos erscheinendes Ordnungsprinzip. Es erlaubte Schriftmischungen, Farb- und Rasterunterlegungen, Rahmungen, Unterstreichungen und hervorgehobene Überschriften nebeneinander. Den

»festen Regeln der klassischen Typographie« und der »unverrückbaren Vorausplanung der Schweizer Typographie« stand nun, erinnert sich Hans Peter Willberg, die Devise gegenüber: »erlaubt ist was gefällt«. Aber eben doch »mit großem typographischen Feingefühl«. Ohne die technischen Neuerungen des Lichtsatzes wäre diese Befreiung der Typographie von ihren festen Regeln nicht möglich gewesen.

Jan Tschichold, der in seinen jungen Jahren ein engagierter Verfechter der elementaren Richtung gewesen war, ging inzwischen schon wieder andere Wege. Über die Schweiz war Tschichold nach England gekommen und hatte in den Jahren 1945 bis 1949 die typographische Neugestaltung der *Penguin Books*, jener seit 1935 von Allen Lane in London herausgebrachten billigen Buchreihe, übernommen. Tschichold »mauserte sich zum überzeugten und überzeugenden Apologeten der klassischen Typographie« (Willberg). Er entwickelte in den sechziger Jahren eine Neuzeichnung der Garamond-Antiqua, die gleichzeitig von der Schriftgießerei Stempel, den Firmen Monotype und Linotype als *Sabon-Antiqua* (1965) herausgebracht wurde. Bis dahin war es so gewesen, daß das Druckbild einer Schrift jeweils anders ausfiel, wenn sie in unterschiedlichen Verfahren gesetzt worden war – mochte auch die Type stets die gleiche sein. Die *Sabon* hingegen ergab in beiden Maschinensatzsystemen wie auch im Handsatz eine völlig übereinstimmende Laufweite der Schrift.

Mit der bleilosen Zeit veränderte sich die Typographie ständig. Der Gebrauch von Satzcomputern mit Bildschirm-Umbruch und Scanner-Reproduktion ließ befürchten, daß viele klassische Schriften durch die

Rastertypographie.
Buchgestalter: Otl Aicher und Hans Neucecker. 21,1 × 29,5 cm.

Befreite Typographie. **441**
Wie man, scheinbar regellos, die Regieanweisungen eines Dramas, die Verteilung der Rollen und die Betonung bzw. Lautstärke des zu sprechenden Textes typographisch anzeigen kann, demonstriert hier der französische Typograph Massin. 21 × 27 cm.

reichste Stadt Europas gemacht hatten, die
Wollkaufleute, lebten in trutzigen Häusern
Parteifehden und Volksaufstände gewappne
lassen nichts von der großartigen Epoche
schichte der Zivilisation ahnen, die als Ren

Max Miedinger   Helvetica

U

U   UU   UU

UU   UU   UU

UU   U   UU

UUU

U

Die 21 Schriften der Univers-Familie von Adrian Frutiger

Es ist schon ein großer Unterschied, ob man S
beurteilt nach der formalen Schönheit ihres A
oder nach ihrem Gebrauch, in ihrer Anwendu
als Buch oder Zeitung. Hat man große Schrift

rotis grotesk

Es ist schon ein großer Unterschied, ob man S
beurteilt nach der formalen Schönheit ihres A
oder nach ihrem Gebrauch, in ihrer Anwendu
als Buch oder Zeitung. Hat man große Schrift

rotis semi grotesk

It is one thing assessing type according to its
attributes and quite another judging it in ac
with functional criteria, i.e. its use, say, in a b
in a newspaper. Large script, on posters or in

rotis semi antiqua

It is one thing assessing type according to i
attributes and quite another judging it in a
with functional criteria, i.e. its use, say, in a
in a newspaper. Large script, on posters or i

rotis antiqua

442   Otl Aicher   rotis

Digitalisierung ihre schönen Charakteristika einbüßen
könnten. Einer der antrat, diesen Einbußen entgegenzuwirken, war der Ulmer Graphiker und Designer Otl
Aicher (1922–1991). Der Mitbegründer der berühmten
Ulmer Hochschule für Gestaltung prägte den Begriff
»visuelle Kommunikation« für den Beruf des Graphi-
kers. Die *rotis*, benannt nach einem Ort im Allgäu, ist
eine speziell für den Computer entwickelte, sozusagen
»maschinenresistente« Schrift, der die elektronische Auflösung nichts mehr anhaben kann. Dreißig Jahre lang
soll Aicher sich mit ihrer Entwicklung beschäftigt haben,
bis er 1989 die *rotis* dem Publikum vorstellte. Zeitgemäße Schrift – das hieß für ihn: »Sie darf nicht in der
Ästhetik der industriellen Revolution von Kreis, Dreieck und Quadrat gefangen bleiben. Sie muß Teil eines
fließenden Prozesses werden und mit dem Lesen mit-
gehen.« Die rotis sollte schnell lesbar sein, sie ist eine
für Bücher und Zeitungen gleichermaßen geschaffene
Schrift mit schmalen Typen. Aicher wollte Wortbildlichkeit und schrieb: »Wörter sind wie Stadtsilhouetten,
wir sehen das Bild einer Stadt, nicht die einzelnen Häuser.« Der Berliner Verlag von Gerhard Wolf ließ alle
seine Bücher mit der *rotis* setzen. Bis Mitte der neunziger Jahre war die digitale Auflösung so weit fortgeschritten, daß weit über 1000 Satzschriften in guter Wiedergabequalität zur Verfügung standen.

Für die Schriften des späten 20. Jahrhunderts könnte
sich dereinst Adrian Frutiger als die zentrale Figur erweisen. Mit der *OCR-B* gelang ihm die erste automatentaug-
liche, von Maschinen lesbare Schrift, und seine *Frutiger*
von 1976 wurde die Erfolgsschrift der achtziger Jahre.

Politik und Anti-Ästhetik:
Das Buch, die 68er und die Folgen

Nachdem in den fünfziger Jahren Kunst und Politik
strikt getrennt wurden, folgte in den sechziger Jahren die
Politisierung der Literatur. Die »Arbeitswelt« wurde
Thema. Max von der Grün, Mitbegründer der *Dort-
munder Gruppe 61*, einer Gegengründung zur Gruppe 47,
wollte sich »literarisch-künstlerisch mit der industriellen
Arbeitswelt und ihren sozialen Problemen« auseinandersetzen und tat dies in Büchern wie *Männer in zwei-
facher Nacht* von 1962 und *Irrlicht und Feuer* von 1963.
Günter Wallraff arbeitete unter falschem Namen in
Betrieben und Firmen und berichtete später, was er beobachtet hatte. Seine *13 unerwünschten Reportagen*, im Re-
bellionsjahr 1969 erschienen, heizten die antikapitalisti-
sche Stimmung in der politischen Linken an. Zum Mittel
der Dokumentation griff Erika Runge. Ihre *Bottroper
Protokolle* ließen die von der Wirtschaftskrise 1966/67
betroffenen Arbeiter selbst zu Wort kommen.

Die studentische Protestbewegung gegen Ende der
sechziger Jahre stand der »etablierten« Literatur skep-

tisch bis feindlich gegenüber. »Bürgerlich« – was als Schimpfwort gemeint war – sei sie und nicht in der Lage gewesen, in dem Zeitraum zweier Jahrzehnte die gesellschaftlichen Verhältnisse zu verändern. Das aber wurde nun von Literatur erwartet und ihr als zentrale Aufgabe anempfohlen. Wer dem nicht folgen wollte, galt schnell als Bewohner des Elfenbeinturms (wie Helmut Heißenbüttel, Jürgen Becker oder Peter Handke). Es blieben genug Autoren, die sich politisch engagierten. Über ihre literarische Arbeit hinaus mischten sich Schriftsteller wie Günter Grass, Peter Härtling oder Martin Walser ein. Sie hielten Reden, kommentierten das Zeitgeschehen und gaben politische Stellungnahmen ab. Heinrich Böll (1917–1985) wuchs die Rolle einer »moralischen Institution« zu. Die Theoretiker erklärten das Ende der Literatur: Den »Tod der Literatur« hatte das *Kursbuch* Nummer 15 vom November 1968 zum Thema. In der 1965 von Hans Magnus Enzensberger

gegründeten Zeitschrift fanden die theoretischen Diskussionen statt. Karl Markus Michel formulierte im Jargon der Zeit: »Die heute lebenden Schriftsteller finden ihre Legitimation durch die großen Toten, deren Werk sie fortsetzen, das offenbar unendliche Kunstwerk Literatur, das sich durch Glanz und Elend und Hader seiner zahllosen Moleküle reproduziert.« Auf der Suche nach einer anderen Ästhetik sollten mit Agitproplyrik, Dokumentarliteratur und dem Mittel des Protokolls überlebte Formen aufgebrochen werden, sollte die »tote«, weil funktionslose bürgerliche Literatur erneuert werden.

Eine kollektive, anonyme, anarchische »Underground«-Literatur trat dem Individualismus der bürgerlichen Kunsttheorie entgegen. Schockierende, pornographische, bewußt formlose und häßliche Texte kamen aus der Sponti- und Subkultur. Alternativpressen wurden ihr Forum. Die Raubdrucke linker theoretischer Texte umgingen die traditionellen Vertriebswege und reklamier-

Doppelseite aus *Klau mich* von Rainer Langhans und Fritz Teufel, Edition Voltaire, Frankfurt, Berlin 1968, (12 x 21,2 cm.) Eine agressive Ästhetik, die von dem Kontrast lebt, den die nüchterne Groteskschrift auf der linken Seite und die Collagen auf der rechten erzeugen. Der fortlaufende Text gibt das Protokoll der Gerichtsverhandlung gegen Rainer Langhans und Fritz Teufel wieder. Dem haben die Herausgeber rechts Zeitungs-

ausschnitte, Flugblätter und Agitationszettel gegenübergestellt, unorthodox und regellos, als Verhöhnung der Justiz und der bürgerlichen Presse, als Ulk und Provokation. In seiner ganzen Aufmachung dokumentiert *Klau mich* den rebellischen Geist am Ende der sechziger Jahre, die Mischung aus revolutionärer politischer Rhetorik, antibürgerlicher Ästhetik und Lebensart.

ten, »Gegenöffentlichkeit« herzustellen. Alternative Kleinverlage entstanden, belebten den Buchmarkt und wurden teilweise in den Folgejahren selbst zu Marktfaktoren wie Wagenbach, Rotbuch, Zweitausendeins. Der genossenschaftlich organisierte *Verlag der Autoren* entstand, eine Gründung von Lektoren, die den Suhrkamp Verlag hatten verändern wollen und ihn dann nach mißglückter Rebellion verließen.

Voller Optimismus betrachtete man die Kunst als ein gesellschaftsveränderndes Medium. Die ästhetischen oder vielmehr antiästhetischen Konsequenzen für die Buchkunst hat HAP Grieshaber formuliert, als er schrieb: »Die Moral einer gut gesetzten Seite formt die Gesellschaft, die Kunst sprengt sie auf.« Die Aufbruchstimmung der »68er« ließ auch im Buchgewerbe eine Kluft zwischen den althergebrachten und den neuen Verlagen entstehen. 1968 fand auf dem Frankfurter Römer die erste »Literarische Pfingstmesse« statt. Hier gab es Bücher zu sehen, die man in normalen Buchhandlungen nie hätte finden können und die keine normale Buchmesse gezeigt hätte. Hans Peter Willberg hat berichtet, wie sie auf ihn, den geschulten Typographen, wirkten: »Von diesen Büchern sah keines wie das andere aus, aber alle sahen sie anders aus als ›unsere‹ Bücher. Gemeinsam hatten sie eines: ihre Subjektivität. Es ging den neuen Büchermachern offensichtlich nicht um Perfektion, um buchkünstlerische Vollkommenheit, sondern um spontanen Ausdruck, um Verdichtung der jeweiligen individuellen Sprache. Dazu waren alle Mittel recht, wenn sie nur keine Ähnlichkeit mit bürgerlichen Büchern, keinen Geruch nach bürgerlicher Ästhetik hatten. Heute zeigt sich, daß sie durchaus ›ästhetisch‹ waren, nur folgten sie anderen Vorstellungen von Buchgestaltung – das Wort ›Buchkunst‹ wagte man schon gar nicht mehr zu benutzen. Subtile Kenner behaupteten sogar, man könne die verschiedenen politischen Gruppen – Marxisten/Leninisten, Spartakus, SDS – an der speziellen Ästhetik ihrer Veröffentlichungen erkennen. Den einen ging es um verletzend agressive Collagen, andere ließen einen kauzig-verqueren Humor verspüren, andere verdrehten die Bildsprache der kommerziellen Super-Helden-Comics in ihr kritisches Gegenteil, wieder andere agitierten direkt und unkompliziert in ihren Drucksachen und Büchern.« Die offizielle Frankfurter Buchmesse wurde in den Jahren 1967 bis 1970 gestört und für einige Jahre durch eine »Gegenbuchmesse« bereichert. Seit 1970, dem Todesjahr ihres Inspirators V.O. Stomps, verfügten die alternativen Verlage über eine eigene Messe, die Mainzer Minipressen-Messe, die alle zwei Jahre ausgerichtet wird und viele Experimente erlaubt. Träger dieser wohl beständigsten Veranstaltung ihrer Art im deutschsprachigen Raum ist die Stadt Mainz.

Auch die Neuerer, ob sie sich nun als Antiästheten oder künstlerische Avantgarde verstanden, hatten ihre Handpressen und ein eigenes Materialbewußtsein – wenngleich eines, auf das Bibliophile mit Abwehr reagieren mußten. Die Lust an der Provokation war immer dabei. Man druckte auf ordinärem Packpapier und jubilierte, wenn sich die Kritiker prompt entsetzten. Ihre Autoren und Illustratoren bezogen die Pressendrucker in die Herstellung ein. Für ein Jahrzehnt waren diese Pressen mit Witz und Frische aktiv, ruppig und frech, fröhlich und skurril, poppig und stets antiklassisch und experimentell: die Rixdorfer, die Gulliver-Presse, Rainer Pretzell und die Berliner Handpresse und – allen schon früh voran – V. O. Stomps (1897–1970) mit seiner *Eremiten-Presse* in Stierstadt im Taunus. VauO (Viktor Otto) Stomps Interesse galt nicht den etablierten Größen der Literatur und Kunst, sondern Autoren und Künstlern, die noch keinen Namen erlangt hatten wie Gabriele Wohmann oder Botho Strauß. Der 1935 in Berlin geborene Christoph Meckel wurde durch seine Arbeiten für die Eremiten-Presse zu einem bekannten Autor und Illustrator. Die Darstellungsformen der Bürger- und Bücherschreckproduzenten reichten von Dada und Surrealismus bis zur Pop-Art.

Die bisher geltenden Maßstäbe von Qualität und Solidität der seriösen Buchkünstler wurde durch die Minipressen wenn schon nicht revolutioniert, so doch grundlegend beeinflußt. Immerhin stiftete die Gutenbergstadt Mainz 1979 einen V. O. Stomps-Preis für außergewöhnliche kleinverlegerische Leistungen. Spontaneität und Intensität des Ausdrucks galten viel. Man nahm die Materialien, deren man habhaft werden konnte. Waren die Typen für den Satz schon etwas ramponiert – nun, das Gedicht würde trotzdem noch zu lesen sein. Außerdem würde der Leser auf diese Weise mit der Nase auf den »Produktionsprozeß« – ein damals beliebtes Wort – gestoßen: den Druckwerken sei ihre Machart anzusehen, sie kämen nicht glatt und vollendet daher. Das Experiment wurde großgeschrieben. Die Visualisierung von Texten war Programm. Aber der Elan des Aufbruchs dauerte nur wenige Jahre. Die Risikobereitschaft erschöpfte sich. Zu den Ausnahmen, die die Zeit überdauerten, gehört die Werkstatt Rixdorfer Drucke. Anno 1964 von dem Literaten und Zeichner Günter Bruno Fuchs und den vier Graphikern Johannes Vennekamp, Uwe Bremer, Albert Schindehütte und Arno Waldschmidt in Berlin-Rixdorf gegründet, erhielt die Presse 2005, nach mehr als vierzigjährigem Bestehen, für ihre langanhaltende typographische Kreativität den V. O. Stomps-Preis.

Einige Vertreter der revolutionären Kunstszene haben später ihre Kunst dem Markt angepaßt. Als ein »kinetisches« Objekt verstand der Plastiker Günter Uecker (*1930) das Buch. Ueckers Lieblingsmaterial und Markenzeichen, Eisennägel, hinterließen mittels Prägedruck ihre Spuren im Buch: *einsam gemeinsam* von Eugen Gomringer erschien 1971 mit fünf Prägedrucken von Uecker. Besonders zu erwähnen ist sein Mappenwerk *Vom Licht* (1973) mit zwölf Prägedrucken, unter anderem zu Texten der Bibel. Bezeichnenderweise trat dafür ein Kunsthändler, die Galerie Wolfgang Rothe in Heidelberg, als Verleger auf. Die Abdrücke der ins weiche Büttenpapier geprägten Nägel stehen leicht erhaben, tastbar, auf der Seite. Durch Licht und Schatten entstehen Kontraste, und durch das Blättern kommt Bewegung auf die Seiten des Buches. Ueckers Arbeiten berühren sich mit denen der »konkreten« oder »visuellen Poesie«, die Ende der fünfziger Jahre aufkam und die als historische Ahnherren mal die Dadaisten, mal den französischen Dichter Stéphane Mallarmé (1842–1898) und sein letztes Poem *Un coup de dés* beanspruchte. Mallarmé hat dieses Gedicht über den Zufall, den »Würfelwurf«, graphisch strukturiert: Zeilen laufen als Treppen diagonal über die Seite, und es wird mit verschiedenen Auszeichnungsformen gearbeitet, mit Kursiven, veränderten Schriftgraden und Versalien. Ähnlich rückten die Visuellen Poeten des 20. Jahrhunderts den Buchstaben, das Alphabet in den Mittelpunkt. Die Typographie wurde Thema. Das Ganze firmierte unter der Devise »Reflexion des Materials« und behauptete, es sei die zeitgenössische Gestalt, in der Dichtung auftreten müsse. Ein Beispiel gibt Franz Mons (*1926) *ainmal nur das alphabet gebrauchen,* erschienen in der Edition Hansjörg Mayer, Stuttgart 1967. Mons Textlabyrinthe sind stellenweise übereinandergedruckt, unleserlich, unvermutete Wortkonstellationen sollen die Phantasie des Lesers aktivieren, der Text wird dabei un-

versehens ornamental. Das Credo der »Interdisziplinarität« verkündend, haben diese Bücher die Grenze zur bildenden Kunst so weit überschritten, daß für sie genaugenommen weder von Literatur noch von Buchkunst die Rede sein kann. Vielmehr sind sie Kunst im Buchformat und spekulieren auf einen Käufer- und Sammlerkreis, der bereit ist, ihre Arbeiten durch »Ankäufe« entsprechend zu honorieren.

Wenn auch vieles von den etablierten Verlagen als typographischer Dilettantismus angesehen wurde, hatte die Aufbruchstimmung auch für sie Konsequenzen. Unkonventionelle lebendige Typographie fand sich nun auch in Büchern und Reihen von Rowohlt *(das neue buch)*, bei Kiepenheuer *(pocket)* bei Luchterhand *(Sammlung Luchterhand)*, bei Hanser und Suhrkamp. *Das neue buch* erhielt sein Gesicht von Christian Chruxin, *pocket* und die *Sammlung Luchterhand* wurden von Hannes Jähn gestaltet. Besonders die 1963 gegründete *edition suhrkamp* gehörte nach 1968 zu den führenden Vermittlern der *Kritischen Theorie.* Programmatische Texte der intellektuellen Opposition wurden hier unter einprägsamem Design der regenbogenfarbigen Reihe versammelt.

Willy Fleckhaus (1925–1983), langjähriger Buchgestalter des Suhrkamp Verlages, ein Meister der Typographie, der sich bereits in den sechziger Jahren als Zeitschriftengestalter bei der legendären *twen* einen Namen gemacht hatte, schuf für Suhrkamp unverkennbare Buchumschläge mit dem Mittel von »zu eng« gesetzten Wörtern: ein rhythmisches Gesamt-Schrift-Bild, eine zum Lesen einladende Typographie. Bei der Gestaltung

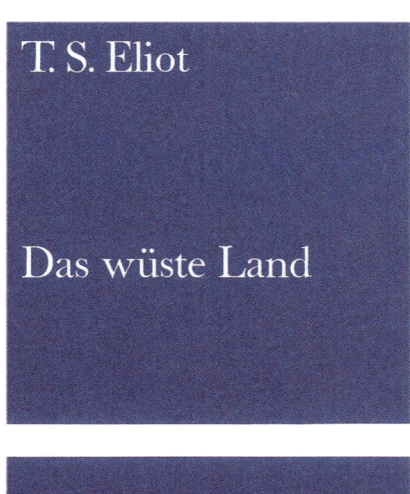
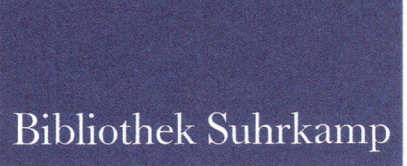

Die *Bibliothek Suhrkamp,* wie sie seit der Neugestaltung durch Willy Fleckhaus im Jahre 1959 erscheint.

Reinbek bei Hamburg, Februar 1973. Der Umschlagentwurf stammt von Christian Chruxin und Hans-Gert Winter.

Darmstadt im September 1973. Hannes Jähn konzipierte den Umschlag.

445

der Taschenbuchreihen waren schon seit Beginn der sechziger Jahren »Image« und »Design« in den Vordergrund getreten. Das Gesicht dieser Bücher spiegelte nicht mehr das individuelle Werk, sondern es stand für eine Tendenz, ein Programm und den Verlag. Für die seit 1951 bestehende *Bibliothek Suhrkamp*, das Lieblingsprojekt Peter Suhrkamps, entwickelte Willy Fleckhaus das neue Aussehen: systematischer Aufbau, klare Farben auf glänzendem Papier. Im September 1959, dem Todesjahr von Peter Suhrkamp, erschienen die ersten Bände in der neuen Ausstattung. Die *edition suhrkamp* wurde so angelegt, daß die 48 Bände eines Jahrgangsprogramms nebeneinander das Spektrum der Farben des Regenbogens wiedergeben. Die Einheitlichkeit der Gestaltung wurde fortan unter dem Schlagwort *Corporate Design* zum wichtigsten Markenzeichen eines Verlages.

Als die Kunst in den späten Sechzigern »poppig« wurde, beinflußte dies die professionelle Buchgestaltung. *Pop-Art* auch hier: Einbände mit grellbunten Farben bekleideten Bücher aller Art, Belletristik und Kochanleitung gleichermaßen. Sogar die chamoisfarbenen Reclam-Hefte wechselten 1970 zu Signalgelb. Wenige Jahre später brachte die Nostalgiewelle der siebziger Jahre Anklänge an den Jugendstil, weiche, müde Farben und viel kunstgewerbliche Dekorations-Typographie, dazu Linien, Rahmungen und Ornamente. Neue Anstöße kamen in den Siebzigern von Heinz Edelmann: Schriftmischungen aus harten, klaren Antiquaversalien mit malerischen »Pinselschriften«, extrem weite Sperrungen, fette Punkte, Balken und große Initialen. Auf Edelmann, der mit seinen Zeichnungen für den Zeichentrickfilm der Beatles *Yellow Submarine* bekannt gewor-

den war, wurde der Klett-Cotta Verlag aufmerksam. Der Graphiker, Typograph und Hersteller Juergen Seuss gab den Büchern der Büchergilde Gutenberg seit 1974 ein zeitgemäßes Gesicht. Für Seuss zählt der Umschlag eindeutig zum Gesamtkonzept eines Buches.

Daß Einbände – bei Taschenbüchern: Umschläge – den Moden unterliegen, ist eine Binsenweisheit; wie sie es tun, belegt die Einbandgeschichte. Einbände spiegeln immer den Geschmack der Zeit. Form und Farbe sollen dynamisch oder gediegen erscheinen, je nachdem, aber stets unverwechselbar. Farbenfrohe Vignetten entwarf Celestino Piatti für dtv, auf die Wirkung von Farbphotographien setzte Hannes Jähn für Kiepenheuer & Witsch, und zur Text-Bild-Montage griff Juergen Seuss für die Büchergilde. Für den Carl Hanser Verlag entwickelte Klaus Detjen Umschläge, auf denen farbige Zeichnungen und Photographien eine innige Verbindung mit der Titelzeile eingehen. Die *Postmoderne* gefiel sich, von Mitte der achtziger Jahre an, im Zitieren und Variieren vergangener Stile und Schriften. Auch in der Buchgestaltung war dieses Phänomen zu beobachten. Nach den Zeiten der vorrangig reinen typographischen Gestaltung zieren nun wieder »Bildchen« die Umschläge. Motive und Stile der Malerei werden kopiert, Künstler haben pseudoimpressionistische Farbsymphonien auf Umschläge zu zaubern oder man bedient sich bei der Porträtmalerei eines Dante Gabriel Rossetti, den Szenen eines Toulouse-Lautrec, den Phantasien eines René Magritte. Kleinverlage entdecken die Schriften und Zierstücke Bodonis für ihre Bücher. Drapierte Linien, Punkte, Balken, dekorative Initialen und absichtsvoll schöne Seitenzahlen huldigen dem visuellen Zeitalter. Nach-

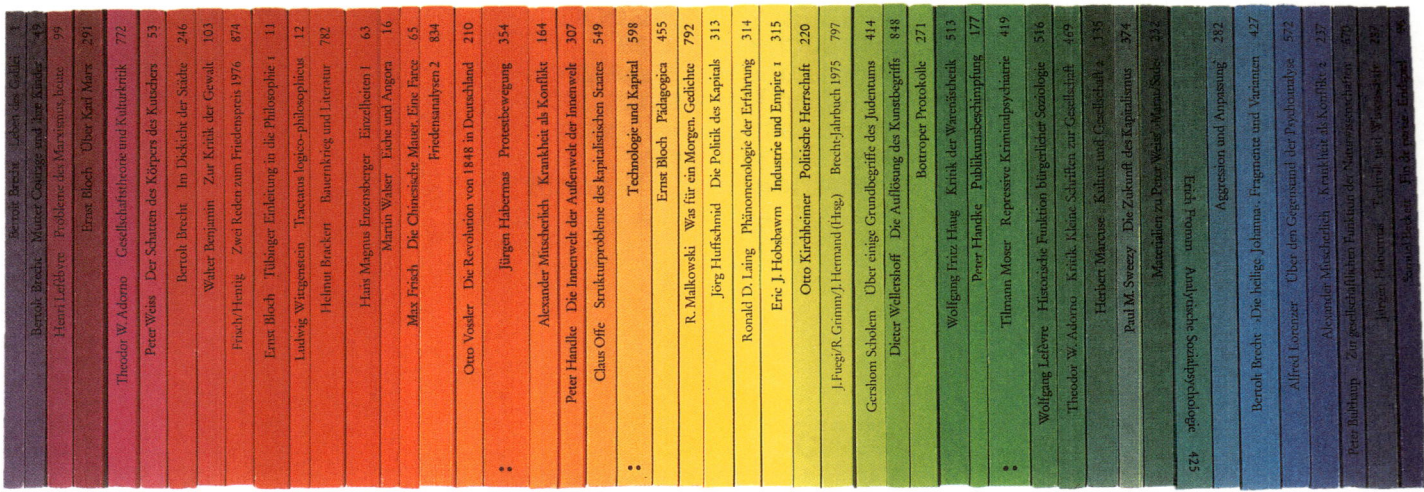

Die 1963 gegründete *edition suhrkamp*, die »Regenbogenreihe«.
Gestaltung: Willy Fleckhaus.

dem der 1944 in Zürich gegründete Manesse Verlag vier Jahrzehnte lang mit einem Signet aus den Initialen MV ausgekommen war, schuf ihm Hans Peter Willberg eine klassische Verlegermarke, den Manesse-Löwen, der aussieht, als sei er nicht frisch von gestern, sondern bereits so alt wie der Verlag. Auch zwei neue Reihen haben Brigitte und H. P. Willberg (1930–2003) für den Verlag gestaltet: die *Manesse Bibliothek der Weltgeschichte* und die *Manesse Bücherei*.

Dem Wandel des Buchäußeren korrespondierten gewandelte Inhalte: Nach der starken Politisierung folgte in den Siebzigern die neue Innerlichkeit, das Interesse für Subjektivität und alternative Selbsterfahrung. Das literarische Genre der Autobiographie wurde belebt und uferte bald aus, so daß vom Schauspieler bis zum Sportler und Politiker jeder glaubte mitteilen zu müssen, was ihm Wichtiges und Unwichtiges widerfahren sei. Dieser Hang zur populären Memoirenliteratur ist ungebrochen. Die Emanzipationsbewegung brachte »Frauenliteratur« hervor, nebst Frauenbuchläden und Frauenverlagen wie *Frauenoffensive*, und renommierte Verlage erweiterten ihr Programm um Frauenreihen. Bei Rowohlt erschien die Reihe *neue frau*, bei S. Fischer *die Frau in der Gesellschaft*. Auffallend viele historische Romane wurden verfaßt, die Gestalten teils erfunden, teils der Geschichte entlehnt. Daneben blühten *Science fiction, Fantasy*, Mythen und Märchen, die in Reihen wie der bei Suhrkamp in den siebziger Jahren begründeten *Phantastischen Bibliothek* mit großen Erzählern aufwarten konnten, man denke nur an den polnischen Schriftsteller und »Futurologen« Stanislaw Lem.

Die achtziger Jahre brachten mit der Postmoderne die Pluralität der Stile, vielfach als Beliebigkeit kritisiert. Die Architektur machte es vor. Da bekamen die modernen Glas- und Stahlbetonbauten plötzlich klassizistische Giebel und mittelalterliche Türmchen aufgesetzt, und dorische Säulen stützten neugebaute Arkaden. »Mehrfachcodierung« hieß dieser Stilmix in der Sprache des Architekturtheoretikers Charles Jencks. Das Phänomen griff über in die anderen Künste. Die Formen lösten sich auf, und mit ihnen die kanonische Unterscheidung zwischen hoher und niederer, ernster und unterhaltender Literatur: »*Cross the border, close the gap –* Überquert die Grenze, schließt den Graben!« forderte der Literaturkritiker Leslie Fiedler, der auch gleich mit gutem Beispiel voranging, indem er sein Pamphlet für eine Vermischung der Formen nicht etwa in einer seriösen literaturwissenschaftlichen Zeitschrift veröffentlichte, sondern im *Playboy*.

Was hatten die gestrengen Modernisten, die James-Joyce-Adepten, die Propheten des »Bewußtseinsstroms«, die Anhänger der experimentellen und konkreten Poesie – was hatten sie, für die Literatur reflexiv, gebrochen, schwierig sein mußte, nicht alles an Regeln

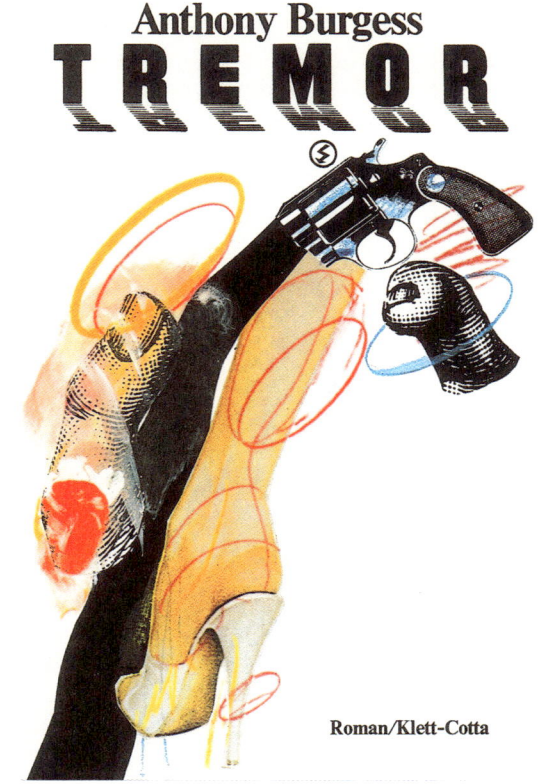

Schutzumschlag von Heinz Edelmann, 1980.

Umschlaggestaltung von Klaus Detjen, 1988, unter Verwendung eines Bildes von Lowell Nesbitt

447

aufgestellt: Den allwissenden Erzähler in der Literatur durfte es nicht mehr geben, das erzählerische »Ich« wurde zur Fiktion erklärt und hatte zu verschwinden. Das Fabulieren war außer Kurs geraten. Wer als Intellektueller bekannte, er suche in seiner Lektüre Unterhaltung, trat in ein Fettnäpfchen. Und was taten die Postmodernen? Sie wollten, schreibt ihr Vertreter Umberto Eco, »ganz einfach die Schranke niederreißen, die zwischen Kunst und Vergnügen errichtet worden war«. Es wurde wieder erzählt, phantasievoll und abschweifend in ferne Gefilde. Ecos *Der Name der Rose*, Christoph Ransmayers *Die letzte Welt*, Patrick Süskinds *Das Parfum* sind Bestseller geworden.

Abschied vom Blei

Offsetdruck, Manuldruck, Siebdruck

Mit dem *Offsetdruck* erwuchs dem ehrwürdigen Buchdruck im 20. Jahrhundert eine ernsthafte Konkurrenz. In den USA 1904 entwickelt, kam das Verfahren im Jahre 1907 durch Caspar Hermann, einen Deutschamerikaner, nach Deutschland. Noch im selben Jahr stellte Hermann in Leipzig die erste nach seinen Angaben gebaute Offsetpresse auf. Zunächst folgenlos. Lange blieb beim Buchdruck alles bei der alten Hochdrucktechnik. Erst nach dem Ersten Weltkrieg setzte sich das neue Verfahren allmählich durch, wurde weiter verbessert und errang in der Buchproduktion, ja in der gesamten Druckindustrie die vorherrschende Stellung.

Der Offsetdruck gehört wie die Lithographie zu den Flachdruckverfahren. Beide machen sich die chemische Abstoßung von Fett und Wasser zunutze, und entsprechend sind Offsetdruckmaschinen mit einem Farbwerk und einem Feuchtwerk ausgerüstet, die dafür sorgen, daß die druckfertige Platte abwechselnd durch Wischwalzen mit Wasser befeuchtet und durch Farbwalzen eingefärbt wird. Druckträger – Träger von Schrift und Zeichnung – sind meist biegsame Zinkplatten, 0,1 bis 0,6 mm dünn, die um einen rotierenden Formzylinder gespannt werden. Entscheidend ist, daß es sich beim Offsetdruck um ein *indirektes* Druckverfahren handelt. Anders als in der Lithographie, wo direkt vom Stein abgedruckt wird, ist dem Druckvorgang ein mit Gummituch bespannter Zylinder zwischengeschaltet, der die Farbe von der eingefärbten Platte übernimmt und sie in der Rotationsbewegung auf das zugeführte Papier überträgt. Vom Absetzen der Farbe auf das Gummituch stammt die englische Bezeichnung *Offsetdruck* (Absetz-Druck). Das Drucken über ein Gummituch ergibt einen gleichmäßigeren Flächendruck, der sogar das Bedrucken von rauheren oder genarbten Papieren ermöglicht.

Mit seinen dünnen Zinkplatten ist der Offsetdruck ein vergleichsweise handliches Verfahren. Die zentner-

schweren Bleischrift- und Klischee-Druckformen des Buchdrucks ließen sich viel schwerer bewegen. Große Vorteile bietet das Offsetverfahren bei komplizierten Mehrfarbendrucken. Die qualitative Verbesserung der Druckplatten (Zink- oder Bimetallplatten) und der Reproduktionsverfahren sowie die Verbesserung der Druckfarben und der Wasserführung erlaubt die Verwendung von Kunstdruckpapieren und ermöglicht es, zarte Töne und Verläufe auch schwieriger Originale virtuos wiederzugeben.

Zur Herstellung von *Reprints* erschien das *Manuldruckverfahren* (Reflexkopierverfahren) wie geschaffen. Im Jahre 1913 von Max Ullmann erfunden, löste es das Problem, ein Werk, von dem sich weder Satz noch Druckplatten erhalten haben, noch einmal und unverändert in seiner ursprünglichen Gestalt zu drucken. Voraussetzung für einen solchen Neudruck ist freilich, daß noch ein Exemplar der Originalausgabe existiert. Das Original wird mit der Zeichnung auf eine lichtempfindlich beschichtete (Chromgelatine) Glasplatte gelegt und von der Gegenseite aus belichtet. Nach der Entwicklung erscheint der Grund gedeckt, während die Zeichnung durchsichtig hervortritt – also in der Art eines Photonegativs. Übertragen auf eine dünne Zinkplatte, erhält man eine photographisch genaue Druckform, die in einem der üblichen Flachdruckverfahren abgedruckt werden kann. Auf diese Weise können seltene Handbücher, die man für den allgemeinen Gebrauch schon verloren glaubte, wissenschaftliche und literarische Werke oder Zeitschriften in großen Auflagen wiedererstehen. Der Manuldruck gab der Reprintherstellung einen Anstoß, seine Technik hat sich aufgrund mangelhafter Wiedergabequalität allerdings nicht durchsetzen können.

Der *Siebdruck*, auch unter der englischen Bezeichnung *Silk Screen* geläufig, ist in Deutschland etwa seit 1940 bekannt. Wie der Offsetdruck stammt das Verfahren aus den USA. Bei dieser Technik wird die pastose Druckfarbe durch ein feinmaschiges Sieb, das entsprechend dem Druckmotiv präpariert ist, übertragen *(Durchdruck-Verfahren)*. Dem Buchkäufer begegnet der Siebdruck in Form von farbigen bedruckten Büchern mit Textileinband. Er stellt häufig die einzige Methode dar, die neuen kunststoffbeschichteten oder -veredelten Einbandmaterialien zu bedrucken. Der künstlerische Siebdruck für graphische Blätter oder Plakate in kleinen Auflagen heißt *Serigraphie*.

Nach dem Krieg liebte man zunächst das »blütenweiße« Papier. Nach der Zeit der grauen Feldpostausgaben sollte mit der Währungsreform alles frisch, hell und neu aussehen. Man mußte aber bald erkennen, daß das extrem strahlende Weiß, das meist durch Beimischung von Blau oder sog. Weißmachern »geschönt« wurde, die Schrift überstrahlte und beim Lesen anstrengte. Als ideal erwies sich ein leicht gelblich gebrochenes Weiß, außer für Farbabbildungen, die für eine originalgetreue Wiedergabe hochweiße Papiere erfordern. Eine Veränderung des Buchkörpers bewirkte Mitte der sechziger Jahre die Einführung des *mattgestrichenen Offsetpapiers*, einer neuen Papiersorte, auf die sich Bild und Text gleichermaßen gut drucken ließen, nuancenreich und farbintensiv. Damit war erstmals eine leserfreundliche Anordnung von Bildern im Buch möglich: Das Bild kam zum Text. Vordem hatte man die Photographien oder den Abbildungsteil separat, auf extra glattem Papier im Buch als »Insel« angeordnet oder an den Schluß verbannt. Der Text war auf ein normales, mattes Papier gedruckt worden. Im Gegensatz zu hochglänzenden Papieren stören beim mattgestrichenen Offsetpapier keine Reflexe beim Lesen.

Um Bücher mit wenigen Seiten dennoch einigermaßen respektabel aussehen zu lassen (wer zahlt schon gern gutes Geld für ein dünnes Werk), kann man die Buchblockstärke durch die Wahl eines auftragenden Werkdruckpapiers künstlich verdicken. Sogenanntes *Federleichtpapier* ermöglicht eine verbesserte »Verkaufsoptik«. Das Papier ist – bei geringem Raumgewicht – sehr voluminös, aufgeblasen, so daß die daraus hergestellten Druckwerke auffallend dick erscheinen. Erkauft wird das Volumen allerdings mit einer schlechteren Bedruckbarkeit, denn dieses Papier ist sehr weich und staubt, was sich gerade im Offsetdruck nachteilig auswirkt. Dünndruckausgaben wiederum nutzen den gegenteiligen Effekt, die Eigenschaft der feinen, sehr dünnen, opaken (nicht durchscheinenden) Dünndruck- oder Bibelpapiere, um bei einem großen Seitenumfang eine nur geringe Rückenbreite zu erreichen. Auf diese Weise hat der eine oder andere Schriftsteller eine Ausgabe »Werke in einem Band« erfahren, jedoch geht hier in der Regel der Nutzen auf Kosten des Lesekomforts, da bei den dünnen Seiten der rückseitige Satz doch immer leicht dunkel durchschimmert.

Das elektronische Zeitalter:
Vom Photosatz zu Lichtsatz und Desktop-Publishing

Die jahrhundertealte Kunst des Setzens mit beweglichen Bleilettern ist innerhalb weniger Jahre von elektronischen Techniken verdrängt worden. Langwieriges Schneiden und Gießen der Bleilettern, Ausschließen der Zeilen mit Blindmaterial, Zusammenfügen zur Seite, Einspannen der fertig gesetzten Kolumnen in die Druckform, das Ätzen der Bilder in Metall – all das hat sich erübrigt.

Begonnen hat der Abschied vom Blei mit der Photosetzmaschine. Die große Zeit der imposanten und schweren Gieß- und Setzmaschinen, der Wunderwerke der Mechanik, war damit vorbei. Die *Lumitype*, 1946 erfunden, machte seit Ende der fünfziger Jahre erstmals Bleilettern überflüssig. Bald erfaßte die Entwicklung

ebenso die Schriftgießereien und die qualifizierten Hand- und Maschinensetzer. Gutenbergs Bleisatz-Welt war zwar noch einige Jahre in Ordnung, seit aber 1964 das kleine Photosatzgerät *Diatype* für den Akzidenzsatz auf den Markt kam, verstärkte sich der Gebrauch des Photosatzes Jahr für Jahr. Die Berliner H. Berthold AG entwickelte als erste Schriftgießerei Photosatzgeräte. Doch nicht jeder Firma der Branche gelang es, mit der Modernisierung Schritt zu halten. Bereits 1964, sinnfälligerweise im Geburtsjahr der *Diatype*, erlosch die seit 1833 in Hamburg bestehende renommierte Schriftgießerei Genzsch & Heyse. 1970 mußte die Gießerei C. E. Weber in Stuttgart aufgeben. Zu den Problemen, die sich durch den Abschied vom Blei und damit vom Stempelschnitt verschärft haben, gehört der urheberrechtliche Schutz von Druckschriften. Ihn zu gewährleisten war eines der Ziele des *Komitees der Schriftgießereien*, das 1962 unter dem Dach der *Internationalen Typographischen Vereinigung* gegründet wurde.

Der *Photosatz* macht sich Prinzipien der Photographie zunutze. Was einst der Winkelhaken war, in dem der Setzer Letter an Letter fügte, ist nun ein Film, der mit Buchstaben belichtet wird, und zwar jeweils durch ein photographisches Buchstabennegativ hindurch. Man stelle sich eine Scheibe vor, in die alle Formen des Alphabets und die Sonderzeichen eingeschnitten sind (genauer: sie sind ausgeschnitten). Ein Lichtstrahl, meist von einem Elektronenblitz, zielt auf ein gewähltes Zeichen, fällt hindurch, wird von einer optischen Linse aufgenommen und auf den Film fokussiert *(Filmmatrizendurchleuchtung)*. Die Größe des Negatives auf der Scheibe ist für die Größe, mit der der Buchstabe auf dem Film stehen soll, unerheblich. Sie wird von der optischen Linse bestimmt und kann stufenlos verändert werden. Der fertige Film dient zur Druckvorlagenherstellung für die einzelnen Druckverfahren.

Ein Photosatzbelichter wie die *Linotron 505*, der automatisch steuert, welche Buchstaben in welcher Reihenfolge belichtet werden, konnte einige hunderttausend Zeichen pro Stunde verarbeiten. Zum Vergleich: Ein versierter Handsetzer brachte es mit seinem Winkelhaken in dieser Zeitspanne auf 1500 gesetzte Lettern. Ende der achtziger Jahre wurde auch die Leistung der Linotron

überholt, denn belichtet werden konnten dann komplette Zeitungsseiten mit Text, Rasterbildern und Strichzeichnungen. Die hohe Belichtungsgeschwindigkeit (mehrere Millionen Zeichen pro Stunde) und die Integration von Text und Bild bahnten dem Desktop-Publishing (DTP) den Weg.

Unter *Lichtsatz* werden alle Belichtungssysteme zusammengefaßt, bei denen es keine materiellen Schriftbildträger mehr gibt, keine Schrift-Negative. Lichtsatz ist Computersatz. Für die Eingabe in den Rechner müssen alle Zeichen digitalisiert, d. h. in Punkte oder Linien zerlegt werden, die der Computer als elektronische Impulse speichert. Beim Setzvorgang werden sie vom Speicher abgerufen und zusammengesetzt: Aus Abertausenden von Punkten formt sich ein Zeichen. Seit 1967 wird in Deutschland mit einer Digital-Lichtsetzmaschine gearbeitet. Belichtet wird die Schrift durch eine Kathodenstrahlröhre oder einen Laserstrahl. Der Lichtsatz mit Kathodenstrahlröhre wurde Anfang der fünfziger Jahre von Rudolf Hell (1901–2002) entwickelt. In der Anfangsphase sah die »digitalisierte« Schrift merkwürdig »getreppt« aus, besonders auffällig bei Rundungen und Diagonalen, zum Beispiel bei Buchstaben wie O oder W. Der Grund war die geringe digitale Auflösung des einzelnen Buchstabens; die Buchstabenhöhe bestand zu Beginn aus nur 48 Einheiten. Avancierte Lichtsatzmaschinen lösten jeden Zentimeter in 1000 Linien auf und boten äußerst präzise Schriften.

Die Lichtsetzmaschinen sind nur ein Teil der Satzanlage. 1962 begann der Einsatz von EDV für die Satzherstellung. Schon *vor* dem Satz entscheidet sich, wie gut eine Buchseite lesbar ist. Die Qualität des Satz- und Umbruchprogramms des elektronischen Satzrechners ist dafür ausschlaggebend. Ihm obliegt, die Zeilen gut auszuschließen und Worte korrekt und dem Satzspiegel bekömmlich zu trennen, denn die vorangehende Texterfassung verfährt ohne Rücksicht auf Zeilenlänge und Schriftgrößen. Die Satzanweisungen des Rechnerprogramms bestimmen Schriftart, Schriftgrad, Satzspiegel usw. Mit einer computergesteuerten Lichtsatzanlage ist es ohne weiteres möglich, für den erfaßten Text die

Schriftart oder -größe, die Satzbreite oder den Durchschuß zu verändern, um den Umfang des Buches zu erweitern bzw. zu verringern. Im Anschluß an diese Korrekturen und Modifikationen des Satzrechners beginnt die Belichtung auf Film. Die fertigen Seitenfilme, sozusagen die Stereotypien des bleilosen Zeitalters, gehen in die Druckerei, wo sie zu einer Bogenmontage zusammengestellt werden – in der Regel ist dies ein Druckbogen von 16 Druckseiten. Von dieser »durchsichtigen« und durchleuchtbaren Montage wird die Druckplatte für den Offsetdruck belichtet.

Im Sinne der digitalen Entwicklungslogik lag, sich in einem nächsten Schritt den Umweg über die Belichtung analoger Filme zu sparen. Bei der digitalen Druckplattenbelichtung, die am Ende des Jahrhunderts unter der englischen Bezeichnung *Computer-to-Plate (CTP)* Einzug in die Druckvorstufe hielt, wird die thermisch sensitive Offsetplatte direkt von den digitalen Daten aus belichtet.

Die neuen Techniken haben das alte System von Schriftgraden aufgehoben. Die modernen Satzsysteme greifen zwar gern auf bewährte Schriften zurück, aber die historischen Formen der von Hand in Metall geschnittenen Buchstaben werden jetzt digitalisiert. Als Lichtsatzschriften lassen sie sich beliebig vergrößern oder verkleinern, die Form der Buchstaben bleibt dabei immer dieselbe, die Zurichtung und Laufweite der Schrift wird ohne Rücksicht auf die Proportionen egalisiert. Das ist nicht allen Schriften gut bekommen. Problematischer sind noch die elektronischen Veränderungen: Aus einer englaufenden Schrift kann eine breitlaufende werden, sie kann dünn oder fett ausfallen. Aus einem normalen senkrechten Schnitt läßt sich eine künstliche (falsche) Kursive erzeugen, eine elektronisch »verschrägte« Form der normalen. Was zuvor vom Können der Schriftentwerfer und Stempelschneider und der Erfahrung der Schriftgießerei abhing, geriet durch die elektronischen Satzcomputer in das Aktionsfeld des Setzers. Auch dessen Berufsbild hat sich seit den siebziger Jahren grundlegend verändert. Aus dem Handwerker mit typographischem Gespür wurde der Operator an komplizierten elektronischen Satzsystemen.

Der technische Fortschritt hat seine Schattenseiten, nicht nur für die hochqualifizierten Schriftsetzer und Typographen, deren Arbeitsplätze vernichtet wurden, sondern für die Schwarze Kunst selbst. »Angesehene deutsche Verlage«, klagte etwa Hans Magnus Enzensberger 1990, »legen Bücher vor, in denen die einfachsten Regeln der Typographie umstandslos ignoriert werden. Billige Lichtsatzverfahren führen zu einer Art Text-Verödung. Der Fließsatz wirkt löchrig, unausgeglichen und fleckig und zeigt das typisch holprige Bild, das man von der Composertechnik her kennt. Die Schrift wird beliebig aufgeblasen oder reduziert, als hätte uns nicht die Arbeit von vierhundert Jahren vor Augen ge-

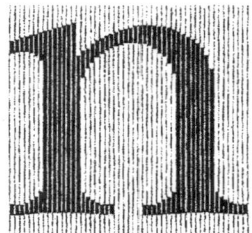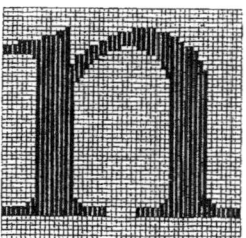

450   Zerlegen des Buchstabens mit dem Kathodenstrahl in der Photosetzmaschine Linotron 505 und in digital gespeicherte Impulse durch ein Lichtsatzsystem.

führt, daß jeder Grad einzeln geschnitten werden muß, wenn die Lettern optisch ausgewogen bleiben sollen.« Einen Gewinn an Lesbarkeit brachte die neue Technik gegenüber dem Bleisatz durch ein Ästhetikprogramm, das die »Löcher« beseitigt, die im Bleisatz bei Buchstabenkombinationen wie We, Vo, Tu etc. fast zwangsläufig entstehen mußten, weil die aus rechteckigen Matrizen gegossenen Buchstaben nicht in den nächsten Buchstaben hineinragen konnten. Aus Wort und Technik wurde Wort, Technik.

In den 1990er Jahren wurde die Buchgestaltung am Bildschirm für viele Büchermacher alltägliche Praxis. Leistungsfähige Layoutprogramme wie PageMaker und vor allem QuarkXPress revolutionierten die Prozesse der Druckvorstufe. Sie vereinfachten das Bearbeiten von Texten und Bildern und ihre Zusammenführung zu gestalteten Seiten enorm, und direkt aus den Layouts heraus ließen sich perfekte Laserbelichtungen machen, zunächst auf Offsetfilm, später direkt im digitalen Druckplattenbelichter. *Desktop-Publishing (DTP)* wurde das Schlagwort der Stunde. Erstmals war es möglich, alle Bestandteile eines Dokuments am selben Arbeitsplatz zu entwickeln; nötig dazu waren nur ein Computer mit möglichst großem Bildschirm und ein Scanner zum Einlesen graphischer Vorlagen, schließlich ergänzend ein Drucker für Probedrucke, um an ihnen allfällige Korrekturen auszuführen.

Neue Bildreproduktionstechniken

Die Technik der Bildreproduktion, der Herstellung der Druckformen zur Wiedergabe und Vervielfältigung von Bildern, eilte im 20. Jahrhundert auf dem zunächst eingeschlagenen Weg der photographischen Reproduktion rasch weiter. Bei der *Reproduktionsphotographie* konnten die Bildvorlagen »Durchsichtvorlagen« sein, wie zum Beispiel Diapositive, oder auch »Aufsichtvorlagen«, also Photoabzüge, Zeichnungen und sogar Gemälde. Die Arbeitsschritte waren, angefangen bei der Vorlage: Aufnahme mit der riesigen, schwingungsfrei auf Schienen gelagerten Reprokamera – Entwicklung des Negativfilms – Filmkopie im Kontakt-Kopierverfahren – Positivfilm. (Das Negativ konnte zur Herstellung von Strichätzungen oder Autotypien für den Buchdruck dienen.) Mit den Positivfilmen besaß die Druckerei die nötigen Vorlagen für Buchdruckklischees und Offset-Druckplatten; jedenfalls der Theorie nach, denn in der Praxis mußte der Lithograph die Leistung der Kamera regelmäßig nachbessern, den Film überarbeiten, Rasterpunkte spitzer ätzen oder durch Umkopieren vergrößern. Die komplizierten Techniken und Arbeitsschritte erforderten viel Können, Erfahrung und großes Fingerspitzengefühl. Von der Qualität der Reproduktion hing entscheidend das spätere Druckergebnis ab.

Ab Mitte der sechziger Jahre vollzog sich auf dem Gebiet der Reproduktionstechnik ein immer schnellerer Wandel. Zunächst wurde die konventionelle, photographische Technik weiter perfektioniert. Dann schlugen die rasanten Neuerungen auf dem Gebiet der Elektronik durch. Die Reproduktionsphotographie mit der Kamera bekam Konkurrenz durch die elektronische Scanner-Technik. Die Erfindung des *Scanners* (engl. = Abtaster) geht auf Alex Murray (*1937) zurück. Der an ein Computersystem angeschlossene Scanner tastet die Vorlage mit einem Lichtstrahl ab, mißt die Farb- oder Grauwerte und rastert sie als Punkte, der Rechner speichert die dabei entstehenden elektronischen Daten.

Der digitale Punktraster entspricht dem photographischen Rasterprinzip: je kleiner ein Punkt, desto heller, je größer, desto dunkler. Diese Entsprechung war nötig, denn das Endprodukt der Reprotechnik sollte bis zur Einführung digitaler Plattenbelichtung (s. o. CTP) ja wieder ein kopierfähiger Film sein. Die Klischeevorlage – ein mit Bildern und Schriften belichteter Film – blieb also in der Scannertechnologie zunächst dieselbe wie in der Reproduktionsphotographie, nur der Weg dahin hat sich geändert. Digitale Bildbearbeitungssysteme erlauben die reinste Zauberei. So lassen sich die gescannten Farbbilder noch vor der Filmfertigstellung am Bildschirm kontrollieren und korrigieren, auch manipulieren. Ganze Bildteile können entfernt oder hinzugefügt, Farben und Kontraste verändert werden. Ohne teure Retuschen läßt sich ein Farbstich entfernen. Mit den Flachbett-Scannern für Schwarzweiß wurde es Mitte der achtziger Jahre möglich, auch Schwarzweiß-Halbtonabbildungen zu reproduzieren, Bilder mit Tonabstufungen vom tiefsten Schwarz bis zum hellsten Grau. Für die Vierfarbreproduktion, für Farbabstufungen innerhalb der einzelnen Farben vom dunkelsten bis zum hellsten Farbton, trat der *Farbauszugsscanner* in den Vordergrund, so daß die Reprokamera fast nur noch für Strich- oder Volltonaufnahmen eingesetzt wurde. Mit der stark vereinfachten Bildkorrektur sanken die Herstellungskosten. Die digitale Photographie brachte weitere Erleichterungen. Der Anteil der Farbreproduktionen in Büchern und Zeitungen stieg dann auch in der Folge beträchtlich.

Schriftstellervereinigungen – »Einigkeit der Einzelgänger«

Schon im Jahre 1800 forderte Friedrich Schlegel: »Wie die Kaufleute im Mittelalter, so sollten die Künstler jetzt zusammentreten zu einer Hanse, um sich einigermaßen gegenseitig zu stützen.« Aber es dauerte noch vier Jahrzehnte, bis es – um mit Heinrich Böll zu reden – erstmals zu einer »Einigkeit der Einzelgänger« kam. Anläßlich der Gutenbergfeier 1840 wurde die Idee einer körperschaftlichen Interessenvertretung geboren. Daraufhin gründete sich zwei Jahre später, 1842, der *Leipziger Literatenverein*. Hundertdreißig Autoren und Verleger wollten endlich den Schriftsteller als legitimen bürgerlichen Beruf anerkannt wissen. Der Leipziger Literatenverein wandte sich mit Resolutionen an die sächsische Regierung, um Zensur und Nachdruck zu bekämpfen. Die Erfolge waren bescheiden. Forderungen nach Pressefreiheit im Jahre 1845 zogen es nach sich, daß der Verein observiert wurde: er durfte fortan nur noch in Gegenwart eines Beamten zusammentreten.

Eine Standesorganisation von berufsmäßigen Einzelgängern zu etablieren ist keine leichte Sache. Der »freie« Autor versteht sich als höchst individuelles Wesen, dem jeder Verein und jede Gilde wesensfremd sein muß. Als es nach der revolutionären Episode von 1848/1849 erneute Versuche gab, die Autoren unter einem Dach zu versammeln, gelangten die Bestrebungen nicht über die *Schillerstiftung* hinaus. Sie war nicht viel mehr als eine Art Fürsorgeverein, der verarmte aber »ehrenwert strebende Autoren« unterstützte. Der wenig einflußreiche *Deutsche Schriftsteller-Verein* von 1865 und der *Allgemeine Deutsche Schriftsteller-Verband* von 1878 schlossen sich im Jahre 1887 zusammen. Nun konkurrierte man nicht mehr untereinander, aber zu einem wirkungsmächtigen Auftreten fehlten diesem neuen *Deutschen Schriftsteller-Verband* die renommierten, vielgedruckten Autoren. Kaum besser war es um den 1899 von Max Hirschfeld gegründeten *Allgemeinen Schriftstellerverein* bestellt. Statt machtvoll Verbandsinteressen nach außen zu vertreten, wurde er zur Anlaufstelle für dilettierende Talente, die sich von der Institution Rat, Hilfe und Unterstützung erhofften.

Ausgerechnet mit einer Vereinigung von Lyrikern begann in Deutschland die Geschichte wirkungsvoller Schriftstellerorganisationen. Arno Holz und Richard Dehmel gründeten 1902 das *Cartell lyrischer Autoren*. Gemeinsam mit anderen Lyrikern waren sie entschlossen, das unbezahlte Abdrucken von Gedichten in Anthologien nicht länger hinzunehmen. Die »Erlangung eines bestimmten materiellen Mindestentgelts für den Nachdruck literarischer Produkte« war das angestrebte Ziel. Nicht nur die mittellosen Dichter traten dem »Kartell« bei, sondern auch Autoren vom Range Hugo von Hofmannsthals – zum Entsetzen Stefan Georges. Der Vorstand, dem unter anderem Otto Julius Bierbaum angehörte, zog bei den Anthologieverlagen das Entgelt ein (1904 waren es pro gedruckter Zeile 25 Pfennig) und gab es an den Autor weiter. 1906 war die Zahl der Mitglieder schon auf 123 angewachsen, und so mußten die Verleger, die auf die Honorarforderungen einzelner mit Achselzucken reagiert hatten, gute Miene machen, sich fügen und zahlen.

Die zweite, weit mitgliederstärkere Vereinigung, der 1909 in Berlin gegründete *Schutzverband Deutscher Schriftsteller* (SDS), wurde in der Weimarer Zeit zur wichtigsten Interessenvertretung der literarischen Zunft. Er bezweckte den »Schutz, die Vertretung und Förderung der wirtschaftlichen, rechtlichen und geistigen Berufsinteressen seiner Mitglieder«. Ein neues Kampffeld entstand nach Einführung des Rundfunks. Es galt, die Vergütung für Radioübertragungen literarischer Texte zu erstreiten. 1924 wurde Alfred Döblin zum Vorsitzenden gewählt, zu seinen Nachfolgern zählten Arnold Zweig, Theodor Heuß und Heinrich Mann. Im SDS waren nahezu alle Autoren der Zeit organisiert, das machte ihn zur bis dahin bedeutendsten Schriftstellervereinigung und zu einer kräftigen Stimme im Kulturleben der Weimarer Republik. Die Mitgliederzahl stieg von 1400 im Jahr 1920 auf 2404 im Jahr 1932. Seine politische Neutralität bewahrte den SDS nicht davor, 1933 sogleich von den Nationalsozialisten zerschlagen und in den *Reichsverband Deutscher Schriftsteller* (RDS) überführt zu werden. Ebenso erging es der deutschen Sektion des PEN. Sie wurde umbesetzt, politisch mißliebige Autoren wurden ausgeschlossen.

Der *PEN-Club* wurde 1921 in London von der englischen Schriftstellerin C. A. Dawson Scott gemeinsam mit John Galsworthy gegründet. PEN – das englische Wort für Feder oder auch Federhalter – steht als Kürzel für die Vereinigung von **p**oets, **e**ssayists und **n**ovelists. Im Unterschied zu anderen Schriftstellervereinigungen ging es nicht um eine wirtschaftliche Interessenvertretung. Den Ersten Weltkrieg und seine blutigen Stellungskämpfe noch in frischer Erinnerung, wollte man sich für den »Weltfrieden« und »gegen Völker- und Rassenhaß« engagieren. John Galsworthy war der erste Präsident dieser Union, die konsequenterweise als internationales Forum auftrat. Der PEN gründete weltweit nationale Zentren, kämpft noch immer unbeirrt für die Freiheit des Wortes und setzt sich für inhaftierte und mißhandelte Autoren ein.

In der Bundesrepublik fanden sich 1969 im Zuge der Politisierung der Literatur Autoren zur Gründung des *Verbandes deutscher Schriftsteller* (VS) zusammen. Heinrich Böll ermunterte die Kollegen und sprach vom »Ende der Bescheidenheit«. Zentrale Forderung, von Dieter Lattmann, dem ersten Vorsitzenden formuliert, war eine berufseigene Altersversorgung für Autoren. Sie konnte erst 1983 mit dem lange umstrittenen Künstlersozialversicherungsgesetz geregelt werden. Bis dahin galt für ältere Schriftsteller in der Bundesrepublik vielfach, daß sie ohne Absicherung lebten. 1972 erschien eine Sammlung mit Interviews, die die Situation erhellte. Marianne Langewiesche, gefragt, ob sie eine Altersversorgung besitze, antwortete mit »Ja, Veronal«.

Die politische Einflußnahme des VS war mehrfach erfolgreich. Im Zuge einer Novellierung des Urheberrechtsgesetzes im Jahre 1972 wurde der »Schulbuchparagraph«, der den Abdruck von Texten in Schulbüchern kostenfrei erlaubte, aufgehoben, und es kam zur Einführung des Bibliotheksgroschens. Danach erhalten Autoren und Verlage für die Ausleihe ihrer Bücher Tantiemen, seit 1985 besteht auch für Fotokopien aus urheberrechtlich geschützten Büchern eine Vergütungspflicht. Organisatorische Veränderungen brachten interne Zerwürfnisse. 1973 schloß sich der VS der IG Druck und Papier an, bis auf einige konservative Schriftsteller, die sich abspalteten und den *Freien Deutschen Autorenverband* gründeten. Ungleich mehr Federn ließ der VS, als er 1985 nach heftigen Debatten in die Kartellgewerkschaft IG Medien übertrat, die sich als Organisation aller in den Medien Beschäftigten versteht. Zahlreiche Austritte von Autoren waren die Folge. Erneut Mißmut gab es, als die IG Medien im Jahre 2001 mit vier weiteren Einzelgewerkschaften zur damals 2,8 Millionen Mitglieder starken *Vereinten Dienstleistungsgewerkschaft* verschmolz. Hier bildeten die organisierten Schriftsteller neben Bankern, Busfahrern und Postbediensteten eine winzige Minderheit.

Eine Autorenorganisation, in die man nicht einfach eintreten konnte, in die ein Autor nur durch persönliche Einladung aufgenommen wurde, war die *Gruppe 47*. Im Herbst 1947 lud der Schriftsteller Hans Werner Richter erstmals zu einem Treffen ein. Richter hatte mit Alfred Andersch die bereits erwähnte, im April 1947 verbotene Zeitschrift *Der Ruf* herausgegeben. Als man damals in Bannwaldsee bei Füssen im Allgäu zum ersten Mal auf Privatinitiative zusammenkam, ahnte niemand, daß die zu dieser Zeit noch namenlose Gruppe 47 in die Literaturgeschichte der jungen Bundesrepublik eingehen würde. Die Teilnehmer trafen sich zunächst mehrmals im Jahr, dann alljährlich an unterschiedlichen Orten zu Tagungen, Lesungen aus unveröffentlichten Manuskripten, mit anschließender spontaner Kritik und (zu Beginn noch politischer) Diskussion. Unter Richters Leitung wurde daraus eine Institution im kleinen, ein intellektueller und literarischer Gegenpol zur offiziellen Kulturpolitik. Die moderne junge deutsche Literatur wurde hier vorgetragen und gelangte durch die Literaturvermittler in die Öffentlichkeit. Alfred Andersch, Walter Kolbenhoff und Wolfdietrich Schnurre waren vertreten, zu Preisträgern der Gruppe wurden Günter Eich (1950), Heinrich Böll (1951), Ilse Aichinger (1952), Ingeborg Bachmann (1953), Martin Walser (1955), Günter Grass (1958), Uwe Johnson (1961). Verleger, Kritiker und Lektoren durften anwesend sein, später waren sie sogar in der Überzahl. Besonders zur Zeit der Restauration, Ende der fünfziger, Anfang der sechziger Jahre, bot die Gruppe Schriftstellern eine kritische literarische Öffentlichkeit, sie ersetzte durch ihre Institutionalisierung das Fehlen von Urbanität. Die Medien – so geschickt war man bereits – wurden früh mit einbezogen. Spätere Groß- und Berufskritiker wie Hans Mayer, Joachim Kaiser, Marcel Reich-Ranicki oder Walter Jens verdienten sich

erste Sporen. Verleger saßen an der Quelle, hörten die »junge Generation« lesen und konnten Texte weit risikoloser als sonst für eine Veröffentlichung kalkulieren, denn die Autoren, die Einlaß in den Kreis gefunden und die »Rituale« von Lesung und rücksichtsloser Kritik überstanden hatten, waren im Nu bekannt. Peter Handkes provokantes Auftreten im Jahre 1966 in Princeton, als er eben diese Ritualisierung der Diskussion angriff, fiel bereits in die Endphase der Gruppe. Ein Jahr später fand, schon im Zeichen des Protests der außerparlamentarischen Opposition und verhöhnt von einer (»Dichter! Dichter!« rufenden) studentischen Abordnung, in der Pulvermühle bei Würzburg das letzte Gruppentreffen statt.

»Eine Zensur findet nicht statt«

»Jeder hat das Recht, seine Meinung in Wort, Schrift und Bild frei zu äußern und zu verbreiten und sich aus allgemein zugänglichen Quellen ungehindert zu unterrichten. Die Pressefreiheit und die Freiheit der Berichterstattung durch Rundfunk und Film werden gewährleistet. Eine Zensur findet nicht statt.

Diese Rechte finden ihre Schranken in den Vorschriften der allgemeinen Gesetze, den gesetzlichen Bestimmungen zum Schutze der Jugend und in dem Recht der persönlichen Ehre.

Kunst und Wissenschaft, Forschung und Lehre sind frei. Die Freiheit der Lehre entbindet nicht von der Treue zur Verfassung.«

So lautet der Artikel 5 des Grundgesetzes der Bundesrepublik Deutschland, das am 23. Mai 1949 in Kraft trat. Einschränkende Gesetze folgten bald: Am 9. Juni 1953 verabschiedete der Bundestag »Gesetzliche Bestimmungen zum Schutze der Jugend«. 1954 wurde die *Bundesprüfstelle für jugendgefährdende Schriften* (BPS) gegründet. Immer wieder entbrannten in der Folgezeit Diskussionen um den literarischen Wert eines auf den Index gesetzten Buches. Die *Bischöfliche Arbeitsstelle für Fragen der Volkssittlichkeit* sorgte in den fünfziger und sechziger Jahren dafür, daß literarische Werke wie Vladimir Nabokovs *Lolita*, D. H. Lawrences *Lady Chatterley* oder Christiane Rocheforts *Das Ruhekissen* als »unzüchtig« abgestempelt wurden.

Die Versuche, sich radikaler Ideen, seien es politische oder erotische, durch Indizierung zu erwehren, führten immer wieder zu Prozessen, in denen um Verbote einzelner Bücher gestritten wurde. Die Begründungen schwankten. In den fünfziger und sechziger Jahren wurde Literatur mit Vorliebe der Pornographie beschuldigt. 1956 traf ein Verbot Jean Genets Roman *Querelle*, sechs Jahre später stritt man in Hamburg vor Gericht um sein Buch *Notre Dame des Fleurs*. Das Werk hatte Glück, denn der Staatsanwalt bewies Kunstverstand, lobte den französischen Autor als »großartigen Gestalter von leidenschaftlichem Ernst« und gab zum

Vorwurf der Unsittlichkeit zu bedenken: »Kunst soll nicht mit einem außerkünstlerischen Maßstab gemessen werden.« So gab es in diesem Fall einen Freispruch, doch wurden, wie der kleine Melzer Verlag (Olympia-Press) zu spüren bekam, weiterhin regelmäßig Verlagsprodukte als pornographisch inkriminiert.

Juristisch bedenklich erscheint der Umstand, daß in der Praxis nicht die beschlagnahmende Behörde den Beweis zu führen hat, das verbotene Werk sei unkünstlerisch, sondern daß vielmehr der Angeklagte, der Verleger, den Kunstrang des Werkes und damit seine Unschuld beweisen muß. Für die Novelle *Katz und Maus* von Günter Grass mußten 1961 zehn Gutachter aufgeboten werden (u. a. Walter Jens, H. M. Enzensberger, Walter Höllerer, Joachim Kaiser), um einem Verbotsantrag des Hessischen Ministers für Arbeit, Volkswohlfahrt und Gesundheitswesen zu begegnen. »Stellen« waren beanstandet worden, die »nur des obszönen Reizes willen aufgenommen« worden seien, und die Sittenwächter waren der Ansicht, die Schilderungen verdienten »weder vom Stil noch vom Stoff her ein besonderes literarisches Interesse.« Ein Grundsatzurteil des Bundesverfassungsgerichts aus dem Jahre 1990 betont, daß Kunst und Pornographie einander nicht ausschlössen. Was ist anstößig, unsittlich, dekadent? Für Zeitgenossen waren dies auch Baudelaires *Fleurs du mal* und Flauberts *Madame Bovary* (beide 1857). 220 Jahre nach Ersterscheinen wurde 1969 *Fanny Hill*, die Geschichte des »nobelsten Freudenmädchens der Literatur« (Ludwig Marcuse), endlich freigegeben. Doch bevor es dazu kam, hatte man fünf Jahre vor dem Bundesgerichtshof in Karlsruhe prozessiert.

Der Konflikt zwischen Kunstfreiheit und dem Schutz der Persönlichkeit führte zum Verbot von Klaus Manns *Mephisto. Roman einer Karriere*. Der Roman, 1936 geschrieben und im selben Jahr im Amsterdamer Querido Verlag erschienen, erzählt die Erfolgsgeschichte des begabten und ehrgeizigen Komödianten Hendrik Höfgens im Dritten Reich. In ihm meinten Zeitgenossen den Schauspieler und Intendanten des Berliner Staatsschauspiels Gustaf Gründgens, einst ein Schwager Klaus Manns, zu erkennen. Die Verbreitung des Romans wurde 1965 gerichtlich untersagt, das Urteil in der Revision 1968 vom Bundesgerichtshof bestätigt, eine Verfassungsbeschwerde des Nymphenburger Verlages beim Bundesverwaltungsgericht am 24. Februar 1971 abgewiesen. Gründgens Adoptivsohn Peter Gorski hatte auf Unterlassung geklagt, weil er *Mephisto* für einen Schlüsselroman hielt, im Widerspruch zu der dem Buch beigegeben Vorbemerkung, alle Personen darin seien »Typen, nicht Porträts«. Das Gericht folgte der Auffassung des Klägers: der Leser werde Höfgens mit Gründgens identifizieren, die Darstellung sei ehrenrührig, sie verletze das Persönlichkeitsrecht des Schauspielers auch über seinen Tod hinaus. Der Rowohlt Verlag wagte 1981 trotz bestehen-

den Verbots eine Neuausgabe (und verkaufte in den ersten zwei Jahren über 500 000 Exemplare).

Politisch motivierte Verbote, Beschlagnahmungen und Prozesse traten in den siebziger Jahren in den Vordergrund. Das *Rotbuch 29: Über den bewaffneten Kampf in Westeuropa* (das politische Manifest der RAF), das bei Klaus Wagenbach 1971 erschien, wurde beschlagnahmt, ebenso erging es dem *Roten Kalender für Lehrlinge und Schüler* des Berliner Verlages. Es kam in beiden Fällen zum Prozeß und zu Gefängnisstrafen von je acht und vier Monaten, außerdem waren die von Wagenbach zu tragenden Verfahrens- und Anwaltskosten enorm und hätten den Verlag fast ruiniert. Gegen das Buch *Unsere Siemens-Welt* von F. C. Delius, 1972 wiederum zuerst bei Wagenbach und in der 2. Auflage bei Rotbuch erschienen, wurde vom Siemens-Konzern eine Klage auf Unterlassung von neunzehn angeblich unrichtigen »Behauptungen« und auf Schadensersatz erhoben. Delius hatte in seinem Buch, das als fingierte Festschrift zum 125jährigen Bestehen des Konzerns auftrat, auf die Rolle der Firma in Auschwitz und auf die Zusammenarbeit auf dem Rüstungssektor mit Westinghouse im Zweiten Weltkrieg hingewiesen. Verlag und Autor wurden zu Schadensersatz verurteilt; ein außergerichtlicher Vergleich ersparte den Parteien den Gang in die Revision.

Daß Verleger im Zweifelsfall gut daran tun, in vorauseilendem Gehorsam auf die Publikation politisch bedenklicher Schriften zu verzichten, erlebte der Trikont Verlag mit dem Buch des Terrorismusaussteigers B. Baumann: *Wie alles anfing*. Der Prozeß wegen »Gewaltverherrlichung« endete zwar mit Freispruch, aber der Antrag des Verlages, ihn für seine durch die Beschlagnahme entstandenen Kosten zu entschädigen, wurde zurückgewiesen. Wahrhaft freien Geist bewies das Landgericht München mit seiner Begründung der Ablehnung. Im Beschluß vom 30. Mai 1979 wurde Trikont mitgeteilt: »Die Antragsteller mußten schon aufgrund der Tatsache, daß die Druckschrift überhaupt einen strafbaren Inhalt haben konnte, mit behördlichen Maßnahmen rechnen. Sie haben diese grob fahrlässig herbeigeführt.« Das Gericht war offenbar der Ansicht, Freispruch sei nicht gleich Freispruch, und man könne nicht nur fahrlässig schuldig, sondern auch fahrlässig unschuldig werden – eine logische Kuriosität, die allerdings vor dem Hintergrund des § 88 a Strafgesetzbuch verständlich wird. Mit ihm war 1976 unter dem Eindruck des RAF-Terrors ein neuer Straftatbestand geschaffen worden: die verfassungsfeindliche Befürwortung von Straftaten.

Bis zur Rücknahme dieses Paragraphen durch den Deutschen Bundestag im Jahre 1980 wurden, wie Jürgen Schütz vermerkt, fast 9000 Titel auf den Index der Bonner Bundesprüfstelle gesetzt, gerechnet von 1954 an, dem Tätigkeitsbeginn der Behörde. Von 1981 bis 1986 waren es noch einmal 415 Titel. In den achtziger Jahren wurden Buchhandlungen und Verlage wieder vermehrt nach »Schmutz und Schund« durchsucht und der Verbreitung von Pornographie bezichtigt. Dorne in den Augen der Sittenwächter waren besonders so vielversprechende Publikationen wie *Die sexuellen Phantasien der Männer* von Nancy Friday, *Perlen der Lust* von C. W. Fenton, das *Sexbuch* von Günter Amendt, *Joy of Sex* und *More of Sex* von Alex Comfort. Die betroffenen Verlage – in den genannten Fällen Rowohlt, Droemer/Knaur, Weltkreis und Ullstein –, der Buchhandel und ebenso der Börsenverein haben diese Praxis wiederholt beklagt. Eine »insgesamt eher geringe Aktivität institutioneller Zensur« meint Reinhard Wittmann resümieren zu können, aber auch er setzt hinzu, dies dürfe »nicht darüber hinwegtäuschen, daß in der Bundesrepublik phasenweise ein Klima intellektueller Repression herrschte, wie es sich etwa an den Auseinandersetzungen um Heinrich Bölls *Ehre der Katharina Blum* manifestierte. Informelle Selbstzensur und ›vorauseilender Gehorsam‹ haben sich vor allem in den audiovisuellen Medien unter dem Diktat der ›Ausgewogenheit‹ und der parteipolitischen wie privatwirtschaftlichen Einflußnahme etabliert. Auch an den Zulassungsverfahren für Schulbücher wurde unter diesem Aspekt mehrfach Kritik geübt.«

Ein unerhörter Zensurfall war der Aufruf zum Mord an dem englischen Schriftsteller Salman Rushdie. Der iranische Ajatollah Chomeini publizierte im Jahre 1989 eine »Fatwa«, ein islamisches Rechtsgutachten, welches Hardliner wiederholt bekräftigten. Jeder Moslem war aufgerufen, Rushdie wegen seines Romans *Satanische Verse*, der in den Augen der religiösen iranischen Führer ihren Glauben auf »obszöne« und »blasphemische« Weise schände, zu liquidieren.

Organisationsstrukturen in Verlag und Buchhandel

Der Typus des »Verleger-Verlags« mit dem Besitzer an der Spitze, der sein Haus als Kaufmann und Programmchef selbst führt, ist eine Ausnahme geworden. In der Regel wurde der Verlag des späten 20. Jahrhunderts von einem oder zwei Verlagsleitern geführt – Angestellten mit Managementaufgaben. Das Büchermachen, Edieren und Vertreiben war auf einzelne Abteilungen verteilt: Das Cheflektorat wachte über Einzellektorate für Belletristik und Sachbuch, die Herstellung steuerte den Weg der Bücher vom Manuskript zum fertigen Buch, und für den Verkauf und Vertrieb arbeiteten Marketing- und Verkaufsfachleute. Werbung, Pressebetreuung, Lizenzen und Rechnungswesen bekamen ebenfalls ihr eigenes Fachpersonal. Die Buchgestaltung oblag immer weniger den Druckern: Die Verlagsleitung machte Vorgaben zum allgemeinen Erscheinungsbild der hauseigenen Produktion, von der graphischen Abteilung kamen Vorschläge zu Buchformat, Typographie

und Papierqualität. Die komplizierter werdenden technischen Verfahren ließen den Beruf des *Herstellers* entstehen, zunächst im Wissenschaftsverlag, seit den zwanziger Jahren auch im Publikumsverlag. Der Hersteller plant, kalkuliert und gestaltet häufig die Bücher; er koordiniert und prüft die Arbeit von Setzerei, Repro-Anstalt, Druckerei und Binderei. Das Lektorat gewann seit etwa 1920 an Bedeutung. Oft waren es namhafte Schriftsteller und Wissenschaftler, die in dieser Funktion Verlage literarisch und fachwissenschaftlich berieten, die Manuskripte korrigiert, den Verleger über Trends informiert und Autoren gewonnen und betreut haben. Werbung und Vertrieb wurden zu selbständig arbeitenden Bereichen eines Verlages. Mit den sich ausweitenden Geschäftsbeziehungen etablierte sich der Verlagsvertreter als Mittler zwischen Verlag und Sortimentsbuchhandel.

Auch die Kalkulation wandelte sich im Laufe des 20. Jahrhunderts. Zunächst galt eine »Drittel-Faustregel«: Ein Drittel des Ladenpreises eines Buches ging an den Buchhandel, der damit seine Vertriebskosten bestreiten und seinen Gewinn zu erwirtschaften hatte. Ein zweites Drittel wurden für das Autorenhonorar und die Buchherstellung veranschlagt. Das letzte Drittel blieb dem Verlag für seine interne Bilanz. Als Herstellungskosten, Kapitalzinsen und Durchschnittsrabatte für Zwischenhandel und Sortiment von 33 1/3 auf 45 Prozent stiegen, traf dies besonders die zweite Gruppe, die Schriftsteller und den Herstellungsbereich: Honorare schrumpften, und die Verlage begannen, an Druck-, Papier- und Bindequalität zu sparen, Produktionen ins Ausland zu verlegen oder den inländischen Herstellungsbetrieben die Preispistole auf die Brust zu setzen.

Mit der Einführung der Internationalen Standard-Buchnummer (ISBN) im Jahre 1969 wurde ein Rationalisierungsmittel für die Bibliotheken und den Buchhandel geschaffen. Die ISBN, ein Code aus anfänglich zehn, seit 2007 dreizehn Ziffern, findet sich im Impressum des Buches eingedruckt. Das vorliegende Buch erhielt die Nummer 978-3-89993-805-0; dabei resultiert das Präfix 978 aus dem EAN-Strichcode, die Ziffer 3 steht für „Deutsches Sprachgebiet", die Ziffernfolge 89993 gibt den Verlag an, 805 ist die Bestellnummer des Titels *Das Buch vom Buch*, und die 0 eine EDV-Prüfziffer.

1946 gründete der Rheinisch-Westfälische Verleger- und Buchhändlerverband in Köln eine Berufsschule, in der die Auszubildenden des Buchhandels gegen Ende ihrer Ausbildung sechswöchige Lehrgänge und eine Abschlußprüfung (»Gehilfenprüfung«) zu absolvieren hatten. Der Schulbesuch war Pflicht, erfaßte allerdings bindend nur die Lehrlinge des Verbandsbereiches. Dies änderte sich 1952, als der Börsenverein die Institution übernahm. Der erste Schritt zu einer Vereinheitlichung der Buchhändlerausbildung auf Bundesebene war damit getan. 1954 wurde der Beruf des Buchhändlers ein staatlich anerkannter Lehrberuf mit eigenem Berufsbild, einer Zuschreibung von Ausbildungserfordernissen und Qualifikationen. Ihre Bestimmungen wurden in den Jahren 1973 und 1979 jeweils neu gefaßt und den Zeitläufen angepaßt. Seit 1981 ist auch der Beruf des Verlagskaufmannes anerkannt.

Frauen haben im Buchhandel bis zum Ende des 19. Jahrhunderts, von seltenen Ausnahmen abgesehen, keine Rolle gespielt. Danach stieg ihr Anteil im Sortiment kontinuierlich und provozierte bereits 1903 erste Unmutsäußerungen: Karl Bücher bezeichnete die »rasch wachsende Inanspruchnahme der Frauenarbeit« als »stark pathologische Erscheinung«. Leitende Positionen hatten aber nach wie vor männliche Fachkräfte inne, und im Börsenverein konnten Frauen zwar Mitglied werden, waren aber in den Hauptversammlungen nicht stimmberechtigt und mußten sich bis 1922 durch einen Mann vertreten lassen. Ihr Anteil an Ämtern und Ehrenämtern des Börsenvereins, ebenso auf den gut dotierten Stühlen des Managements der Verlage, fiel auch dann noch verschwindend gering aus, als Frauen längst die Mehrzahl der Beschäftigten im Buchhandel stellten. Der Anteil der weiblichen Lehrlinge stieg stetig an: 1930 waren es noch knapp die Hälfte, 1953 jedoch schon 68 Prozent, Ende der sechziger Jahre ganze 80 Prozent. Sollte dies ein Symptom für den Vitalitätsverlust eines Marktes sein? Wenn Männer beginnen, einen jahrhundertelang Gewinn und Ansehen bringenden Wirtschaftszweig zu meiden, so darf man annehmen, daß die Pfründe abgeschöpft und Gewinn und Prestige in andere Branchen abgewandert sind.

Zwischenbuchhandel

Als Mittler zwischen Verlag und Sortiment fungieren die Zwischenbuchhändler, wobei *Grossobuchhändler, Kommissionäre* und *Barsortimenter* zu unterscheiden sind. Sie entlasten die Verlage davon, jeden Buchhändler und jede Buchverkaufsstelle einzeln zu beliefern. Den Buchhandlungen wiederum ermöglichen sie, eine größere Zahl von Titeln aus unterschiedlichen Verlagen von einer Stelle zu beziehen. Kein Buchhändler kann bei der heutigen Titelflut alle Novitäten, geschweige denn alle lieferbaren Titel vorrätig halten, er kann seinen Kunden jedoch sehr viele Bücher von einem Tag auf den anderen besorgen. Diesen Service, den es nur in Deutschland gibt, ermöglichen die *Barsortimente*, Firmen wie Lingenbrink (Libri) oder Koch, Neff, Oetinger & Co. Sie kaufen direkt beim Verlag auf eigene Rechnung und eigenes Risiko ein, unterhalten umfangreiche Lager und geben die Bücher an den Einzelhändler weiter, der von ihnen – in größeren Städten meist zweimal täglich – eine Sendung mit dem Bücherwagen erhält. Das Barsortiment lebt davon, daß die Verlage für die Abnahme

größerer Titelmengen einen sogenannten Grossorabatt gewähren, der über dem Originalrabatt liegt, wie ihn der Buchhändler erhält.

Der *Kommissionär* arbeitet in fremdem Namen und auf fremde Rechnung. Er übernimmt insbesondere die Abwicklung des Bestell- und Lieferverkehrs zwischen Verleger und Sortiment. Das *Grossogeschäft* beliefert in der Regel kleinere Betriebe wie Buchverkaufsstellen, die neben Zeitschriften und Papierwaren auch Bücher verkaufen. Es bedient also hauptsächlich die buchhändlerischen Nebenbetriebe, unterhält Lager gängiger Titel und führt auch Besorgungsgeschäfte aus.

Wenn ein Verlag mit der Auslieferung eines Titels begonnen hat, so heißt dies noch lange nicht, daß das Buch auch im Handel käuflich ist. Um möglichst gleiche Wettbewerbsbedingungen unter den Buchhändlern zu gewährleisten, liegt zwischen Erstauslieferungstag und Erstverkaufstag eine Frist, die dann wichtig werden kann, wenn ein potentieller Bestseller auf den Markt kommt. Würde eine zuerst belieferte Buchhandlung einen solchen, vom Publikum mit Spannung erwarteten Titel sofort verkaufen dürfen, käme dies einer groben Bevorzugung gleich.

Bücherfreunde neigen dazu, nicht nur die Macht des Kulturgutes Buch, sondern auch seine Bedeutung als Wirtschaftsgut zu überschätzen. Der *Gesamtumsatz* des Buchhandels für Bücher und wissenschaftliche Zeitschriften belief sich 1993 auf rund 15,4 Milliarden DM. Denselben Betrag gaben die Deutschen für Kosmetika aus – eine denkwürdig ausgewogene Bilanz der Aufwendungen für die Pflege von Körper und Geist.

Feste Preise für das Kulturgut Buch

Eine Preisbindung, wie sie dank der Krönerschen Reform von 1887 in Deutschland üblich geworden war, war nach 1945 aus kartellrechtlichen Gründen im Westen zunächst nicht durchzusetzen gewesen. Erst im Jahre 1957 erließ die Bundesregierung ein Kartellgesetz, das den Verlagen erlaubte, über einen Sammelrevers die Buchhändler zur Einhaltung fester Ladenpreise vertraglich zu verpflichten. Diese Regelung macht Bücher zu einer exklusiven, von allen anderen Gütern unterschiedenen Ware. Die Verankerung der Preisbindung für Schulbücher folgte 1977. Da das europäische Recht Absprachen, welche die Konkurrenz einschränken, im Handel zwischen Mitgliedstaaten untersagt, kam es in den späten 1990er Jahren zu einer langwierigen Kontroverse zwischen den Wettbewerbshütern der Europäischen Union und der deutschen sowie österreichischen Buchbranche, die dabei von ihren Regierungen unterstützt wurde. Es zeigte sich, daß das von Brüssel als Kartell attackierte privatrechtliche Modell der Preisbindung, der Sammelrevers, nicht zu halten war. So blieb eine Verankerung im nationalen Recht der einzige Rettungsweg. Reguläre Gesetze zum Schutz der Buchpreisbindung mußten her und traten im Jahre 2000 in Österreich und 2002 in Deutschland in Kraft.

1961 hatten die Bestrebungen des Börsenvereins zur Senkung der Umsatzsteuer für Bücher Erfolg. Der Normalsatz von damals noch 4 Prozent wurde auf 1,5 Prozent gesenkt. Kulturpolitisch gewollt war auch der verminderte Satz der Mehrwertsteuer, die 1968 eingeführt wurde. Bücher sind damit steuerlich den Lebensmitteln gleichgestellt. So wären Bücher nötig wie Brot und Käse? Und die Leselust als Grundbedürfnis, dem Nahrungstriebe vergleichbar, anerkannt? Kein unsympathischer Gedanke.

Ohne die genannten Privilegien wären Klein- und Einzelbestellungen ohne Preisaufschlag überall in Deutschland nicht möglich. Der feste Ladenpreis ist im übrigen »verbraucherfreundlicher«, als seine traditionellen Gegner, die Verfechter des »freien Wettbewerbs«, wahrhaben wollen. Die zum Schutz des Buchhandels getroffenen Ausnahmeregelungen verpflichten im Gegenzug den Sortimenter zu Auskünften und bibliographischen Recherchen. Eine Monopolisierung des Marktes durch einige Großfirmen, denen Preisdumping und damit das Verdrängen der kleineren Konkurrenten möglich wäre, wird erschwert. Daß in Deutschland das Netz aus Buchhandlungen so eng geknüpft ist wie nirgendwo sonst, hat wesentlich mit der Preisbindung zu tun. Für den Kunden bedeutet dies: Gleichheit vor der Ladenkasse, unabhängig davon, ob er seine Buchkäufe in den Metropolen oder in abgelegenen Ortschaften tätigt. Schweden und Frankreich mußten nach der Aufhebung fester Ladenpreise einen Rückgang der Verbreitung von Literatur verzeichnen. Frankreich führte deshalb Anfang 1982 die Preisbindung wieder ein. England hob sie 1995 auf, blieb jedoch das einzige Land der Europäischen Union, in dem sowohl Bücher als auch Zeitungen und Zeitschriften überhaupt nicht besteuert werden. Die lange Tradition einer Steuerfreiheit für das gedruckte Wort geht auf den Schatzkanzler Gladstone zurück. Bis 1861 hatte es auch in England die »Steuer auf Wissen« gegeben, die in Form einer Papierabgabe erhoben wurde. Besonders die Zeitungsmacher hatten sie als Hemmnis einer freien Presse empfunden.

Marktstrategien: Literaturagenten, kalkulierte Bestseller, *Vanity Press*

Mit dem Wachsen internationaler Verflechtungen im Buchgeschäft, dem Transfer von Rechten und der Vermarktung von Bestsellern durch Medien wie den Film gewinnen literarische Agenturen immer stärker an Gewicht. In den USA und in England hat, anders als in Deutschland, heute jeder halbwegs renommierte Autor seinen Literaturagenten, der für ihn das Geschäftliche erledigt: Der Agent verhandelt mit Verlegern über Vertragskonditionen und ist ganz wie ein Makler mit einer Provision von 10 bis 15 Prozent am Garantiehonorar und den Tantiemen beteiligt. Kein Wunder, daß er für seinen Autor das Beste herauszuholen versucht. Wer einen Schriftsteller mit Rang und Namen vertritt, kann es sich leisten, unter den Offerten der Verlage auszuwählen. In den USA, wo das System am weitesten gediehen ist, gleicht der geschäftstüchtige Agent einem Auktionator: Der Verlag, der am meisten bietet, erhält den Zuschlag.

Mutterland der Agenten und Agenturen ist England. Im Jahre 1875 entstand in London die erste europäische Agentur, die Firma A. P. Watts. Ihr Ruf gründet sich auf den Erfolg ihres Autors Rudyard Kipling. Die pragmatischen Engländer hatten vermutlich schon früh Sinn für ein kaufmännisch ausgewogenes Verhältnis zwischen Autor und Verleger. 1898 wurde die erste Literaturagentur auf dem Kontinent gegründet, die *Agenzia Letteraria Internazionale* (ALI) in Mailand. Zu einer der einflußreichsten Agenturen wurde die ALI, nachdem sie der Wiener Erich Linder 1946 übernommen hatte. Im Jahre 1962 gründete er eine Filiale in Zürich, zu deren Geschäftsführer er Paul Fritz ernannte und die zu Beginn der siebziger Jahre mit geschickter Verhandlung die Memoiren von Hildegard Knef für 500 000 Mark an den Wiener Verleger Fritz Molden verkaufte. Molden verpflichtete sich zusätzlich, noch einmal die gleiche Summe für Werbung für das Buch auszugeben. Dergleichen hatte die Branche bis dahin noch nicht erlebt.

Die Firmen Fritz, Liepman, Mohrbooks und Niedeck, die wichtigsten Agenturen für den deutschsprachigen Raum, befinden sich alle in Zürich. Ihre Hauptaufgabe besteht darin, ausländische Literatur für Übersetzungen ins Deutsche zu vermitteln. Auf ihre Tätigkeit gehen nach Schätzung von Fachleuten siebzig bis achtzig Prozent der Übersetzungslizenzen zurück. Die Fritz AG hat unter der Leitung von Peter Fritz als erste der Zürcher Vier ihren Betrieb computerisiert. Ruth und Heinz Liepmann haben 1949 als Agenten zu arbeiten begonnen, zunächst in Hamburg, wohin der in die USA emigrierte Heinz Liepmann zurückgekehrt war. In seinem Gepäck hatte er eine Liste von Autoren und Büchern, für die er deutsche Verlage finden sollte. Bald vertraten die Liepmanns so erfolgreiche Schriftsteller wie James Jones mit *Verdammt in alle Ewigkeit* oder J. D. Salinger und seinen *Fänger im Roggen*. Später kam *Das Tagebuch der Anne Frank* hinzu und das zum geflügelten Wort gewordene Buch von Eric Malpass: *Morgens um sieben ist die Welt noch in Ordnung*, das bei Rowohlt zum Bestseller wurde. Die Agentur Mohrbooks gründete Lothar Mohrenwitz, der Verlagsleiter bei Kurt Wolff gewesen war, bevor er 1934 emigrieren mußte. In London wurde er Agent für deutsche Buchrechte. 1950 ging er nach Zürich und drehte den Spieß um. Nun war es die ihm vertraute englische Literatur, die ins Deutsche transferiert werden sollte. Dem Scherz Verlag, dem er die Rechte für Agatha Christie und Winston Churchill vermittelte, verhalf Mohrenwitz auf diese Weise zur Existenz. Bei Gerda Niedeck liegt das Schwergewicht auf den italienischen Autoren. Sie hat maßgeblich dazu beigetragen, daß Italo Svevo, Primo Levi, Italo Calvino und Leonardo Sciascia heute auch für deutsche Leserohren klangvolle Namen besitzen.

So kommerzialisiert das Agentenwesen anmutet, so wichtig ist die Autorenpflege, die ein guter Agent betreiben muß. Ist er kompetent, so hat er den Überblick, welcher Autor, welches Buch zu welchem Verlag paßt. Tradition und Ruf des Verlages spielen für die Unterbringung eines Buches eine große Rolle. Mit der Abgebrühtheit eines Andrew Wylie, dem smarten New Yorker Agenten, der für Manuskripte von Salman Rushdie oder Philip Roth hoch pokerte und Millionenverträge abschloß, möchten die europäischen Kollegen nicht gern verglichen werden. Freilich gilt auch für sie: Wo Autoren wie an der Börse gehandelt werden, bleibt die »verlegerische Heimat«, die Samuel Fischer für unerläßlich hielt, auf der Strecke. Vorbei die Zeit, als ein Verlag mit seinem Autor und der Autor mit seinem Verlag identifiziert wurde. Ein großes Problem ist der ständige Verlagswechsel für die Edition von Werk- oder Gesamtausgaben. Die Rechte an den Büchern, einst fest in einer Verlegerhand, sind nunmehr verstreut und müssen mühsam (und teuer) zusammengekauft werden.

Die Tätigkeit der Agenten ist in der Öffentlichkeit wenig bekannt, obgleich sie zu einer Macht des Literaturbetriebes geworden sind. Sie ziehen im Hintergrund die Fäden und erregen gegebenenfalls Aufsehen, wenn die spektakuläre Höhe ihrer Vertragsabschlüsse ruchbar wird. Die Memoiren von Nelson Mandela vermittelte die Agentur Mohrbooks an S. Fischer. Das Garantiehonorar betrug 1,8 Millionen Mark. Für Oriana Fallacis Roman *Inschallah*, in Italien bereits ein Bestseller, zahlte Kiepenheuer & Witsch eine Million Mark. Das Land der Rekordsummen ist Amerika: 12,3 Millionen Dollar für zwei noch nicht geschriebene Bücher des Thriller-Autors Ken Follet; fünf Millionen im voraus für die unbekannte Autorin Alexandra Ripley, die eine Fortsetzung des Margaret Mitchell Romans *Vom Winde verweht* verfaßte.

Vom Winde verweht aus dem Jahre 1936 von Margaret Mitchell war und ist ein Weltbestseller. Der Roman mußte immer wieder neu gedruckt werden. Mit 28 Millionen Exemplaren in 28 Sprachen ist es das erfolgreichste Buch nach der Bibel. Nicht immer sind die Gesetze des Erfolgs zu ergründen, aber man kann sie manipulieren: Der Erfolg des *Vom-Winde-verweht*-Nachfolgers, *Scarlett*, ist präzise geplant und international perfekt vermarktet worden. Bevor die Urheberrechte an Mitchells Werk im Jahre 2011 auslaufen und der Stoff jedermann

zur Verfügung stehen wird, autorisierten ihre Erben die New Yorker Agentur William Morris, eine Fortsetzung des Romans verfassen zu lassen. Aus einer Anzahl Probekapitel verschiedener Verfasserkandidaten wählte man 1987 Alexandra Ripley aus. Warner Books zahlte 4,94 Millionen Dollar für die Rechte an der Originalausgabe. Für die deutsche Ausgabe zahlte Hoffmann und Campe 1,3 Millionen Mark. Ein riesiger Werbeetat sorgte für Publicity. Warner Books hatte 600 000 Dollar zur Verfügung, Hoffmann & Campe 500 000 Mark. Das Buch wurde nach seinem Erscheinen im Herbst 1991 von der Kritik verrissen – und verkaufte sich gut. Die Strategie, einzelne Titel mit viel Reklame zu Erfolgsbüchern hochzujubeln, hat mittlerweile Tradition. Reinhard Wittmann bemerkt: »1973 konzentrierte der Verlag Hoffmann & Campe vierzig Prozent seines gesamten Werbeetats auf die Verkaufsförderung von nur drei Titeln seines fünfzig Novitäten umfassenden Programms, auf Kosten weniger umsatzträchtiger Autoren.« Aber das Verfahren ist nicht risikolos, selbst dann nicht, wenn es sich um Bücher handelt, die auf fremden Märkten bereits ihre Qualität als Verkaufsschlager bewiesen haben. »Nach etwa zehn Jahren geriet auch die Bestsellerstrategie an ihre Grenzen – die Preise für US-Erfolge wurden unbezahlbar, zugleich wurden die Risiken unkalkulierbar«, berichtet Wittmann. »Immer häufiger erwies sich teuer eingekaufte, hoch aufgelegte und massiv beworbene amerikanische Boulevard-Literatur auf dem deutschen Markt als Mißerfolg.« Um so wichtiger ist es geworden, finanzielle Einbußen durch die Verwertung von *Nebenrechten* auszugleichen. Publikumsverleger tun gut daran, sich um den Vorabdruck eines neuen Romans in einer Zeitung zu bemühen, der Hardcoverausgabe eine verbilligte Sonderausgabe oder die Ausgabe als Taschenbuch folgen zu lassen sowie das Interesse des Auslands an einer lizenzierten Übersetzung zu wecken. Die Übertragung von Verwertungslizenzen an Rundfunk, Film und Fernsehen schafft weitere Einnahmequellen. Anders als noch in den fünfziger Jahren ist heute der Umsatz der Originalausgabe eines Titels kaum noch maßgeblich, wenn Kosten und Ertrag kalkuliert werden sollen. Vielfach machen überhaupt erst die Gewinne aus Nebenrechten ein Buch für den Verleger lukrativ.

Ein Schattenmarkt existiert neben dem regulären Buchmarkt, der von Marktgesetzen regiert wird, dem Profitgier nicht weniger fremd ist als anderen Wirtschaftsbranchen. Publizistische Neulinge und Möchtegernschriftsteller werden von diesem sonst eher hartleibigen Milieu mit Anzeigen geködert wie »Schreiben Sie?« oder »Verlag sucht Autoren«. *Vanity Press* – das sind jene Verlage, die Autoren auf deren eigene Kosten drucken. Der Autor zahlt also, anstatt ein Honorar zu erhalten – aus Eitelkeit, *vanity*, sich gedruckt zu sehen. Die Verzeichnisse der Vanity-Verlage enthalten neben seriösen Kongreßberichten und Dissertationen auch Titel wie *Gedichte über Ostpreußen, den Schwarzwald und die Bundesbahn.* Das Geschäft blüht und gedeiht, auch dieser Buchmarkt wächst. »In ihm verbergen sich Texte von größter Verwegenheit, anmutig verschlungenen Gedanken, in Herzblut marinierte Klischees und Metaphern, auf die man erst mal kommen muß. Eine Anthologie, in die sich Literaten mit relativ kleiner Münze einkaufen können, verweist mit funebrem Pomp auf den unirdischen Horizont, an dessen Überschreitung die Autoren auf eigene Kosten emsig arbeiten. Der Titel heißt: ›Dorthin, wo die Worte schlafen‹.« (Christian Marquart)

Preiswürdig: »Schönste Bücher« und »vorzüglichste Werke«

Was später die *Stiftung Buchkunst* als Konzept verfolgte, hatte es bereits in der Weimarer Zeit gegeben. Angeregt von Hugo Steiner-Prag im Jahre 1927, fand von 1929 bis 1932 in Leipzig ein Wettbewerb statt, auf dem »Die fünfzig schönsten Bücher« ausgezeichnet wurden, um typographische und buchbinderische Leistungen zu würdigen und so zu neuer Meisterschaft anzuspornen. Aber schon die prämierten Bücher des Jahrgangs 1932 durften der Öffentlichkeit nicht mehr vorgestellt werden, da sich die Ergebnisse nicht mit dem Kunstbegriff vertrugen, den die neuen Machthaber 1933 propagierten. Nach dem Krieg, 1951, wurde der Wettbewerb in Frankfurt am Main von Ernst Ludwig Hauswedell wiederbelebt. Auch in Leipzig trat eine Jury zusammen, um für die DDR die »Schönsten Bücher« zu prämieren. Auf bundesdeutscher Seite war zunächst der Börsenverein Veranstalter des Wettbewerbs, bis dieser 1966 in die Hände der Stiftung Buchkunst überging. Die Stiftung, eine Neugründung des Jahres 1965 »zu Förderung des Gebrauchsbuches von Dauerwert in technischer und künstlerischer Hinsicht«, wurzelte in der *Sammlung Buchkunst*, der Abteilung für Buchgestaltung der Deutschen Bibliothek in Frankfurt. Spiritus rector war auch hier Ernst Hauswedell. Nach der Vereinigung Deutschlands am 3. Oktober 1990 wurde der jährliche Wettbewerb von der Stiftung Buchkunst gesamtdeutsch unter der Bezeichnung »Die schönsten deutschen Bücher« durchgeführt. Als Träger und Förderer engagierten sich der Börsenverein, die Deutsche Bibliothek, die Städte Frankfurt und Leipzig, der Bundesverband Druck, das Land Hessen und der Freistaat Sachsen. Prämierte Bücher werden auf den Buchmessen ausgestellt und treten dann als Kandidaten gegen die Preisträger anderer Länder an. »Schönste Bücher aus aller Welt«, der internationale Wettbewerb der Stiftung Buchkunst, findet in Leipzig statt.

Teilnehmen kann jedermann, ob Minipresse oder Großverlag, nur müssen für den nationalen Wettbewerb die eingesandten Bücher in Deutschland gefertigt sein.

Die Bücher werden nach zehn Gruppen getrennt bewertet. Die Juroren unterscheiden wissenschaftliche Bücher und Lehrbücher, Sachbücher, Schaubücher, Kinder- und Jugendbücher, Bibliophile Ausgaben, Kataloge, allgemeine Literatur und Sonderfälle. Bewertet werden Gestaltung (Typographie, Graphik), Technik (Satz, Umbruch, Papier, Reproduktion und Druck) und buchbinderische Verarbeitung.

Der Name des Wettbewerbs und die Bewertungskriterien wurden im Lauf der Jahrzehnte mehrfach geändert. Ab 1971 machte sich der Einfluß der steigenden Zahl von Taschenbüchern bemerkbar, und auch die ruppig-rotzige Ästhetik der experimentellen Pressen und Kleinverleger brachte die festen Maßstäbe der Buchkunst ins Rutschen. Der Anspruch, die schönsten Bücher zu küren, wurde fallengelassen: Man gab sich zwischenzeitlich mit dem schlichten Titel »Die Fünfzig Bücher« zufrieden, in Anlehnung an die amerikanischen »Fifty Books«. 1975 gelang es Dieter Roth, daß eine seiner extremen Schöpfungen in der Rubrik der Sonderfälle prämiert wurde: Das Œuvre trug den für sich sprechenden Namen *Die die die die verdammte gesamte Scheiße* und gab in der Erstausgabe für 180 Mark Ladenpreis dem Leser den sinnigen Rat: »Bring dein Deutsch auf Vordermann.« Später krönte man wieder »Schönste Bücher«, der experimentelle Spuk war vorbei, was freilich nicht ausschloß, daß sich die Buchgestalter kleine Delikatessen erlauben, Buchdecken polstern oder Liebesgeschichten in roten Samt einschlagen – so gesehen 1993 in der alljährlichen Ausstellung *Buchkunst International.*

Die deutsche Teilung brachte es mit sich, daß der wohl bedeutendste Buchkunstpreis, der *Gutenberg-Preis,* jahrzehntelang ohne interne Abstimmung an zwei verschiedenen Orten vergeben wurde – eine zwar nicht begrüßte, aber politisch wohl unvermeidbare Konkurrenz. In Leipzig wurde die Würdigung alljährlich seit 1959 durch die Stadt verliehen, in Mainz kam es erstmals 1968 zur Preisverleihung. Hier nahm man die Wiederkehr des 500. Todestages von Johannes Gutenberg zum Anlaß, einen mit 20 000 DM dotierten Preis einzurichten, der von der Stadt Mainz gemeinsam mit der bereits 1901 gegründeten Gutenberg-Gesellschaft vergeben wurde. Anders als die Leipziger, denen die jährliche Buchmesse einen vorzüglichen internationalen Rahmen für die offizielle Preisverleihung bot, beschränkten sich die Mainzer auf eine Vergabe im Dreijahresrhythmus. Damit aber hören die Unterschiede auch schon auf. Inhaltlich verfolgten beide Städte, wie ein Blick auf die Statuten verrät, nahezu identische Ziele: »Der Preis wird verliehen für hervorragende künstlerische, technische oder wissenschaftliche Leistungen maßstabsetzenden Charakters auf dem Gebiet der Buchkunst – besonders der Schriftgestaltung, der Typographie, der Buchillustration sowie der Buchkunstedition und der Buchherstellung«. So formulierten

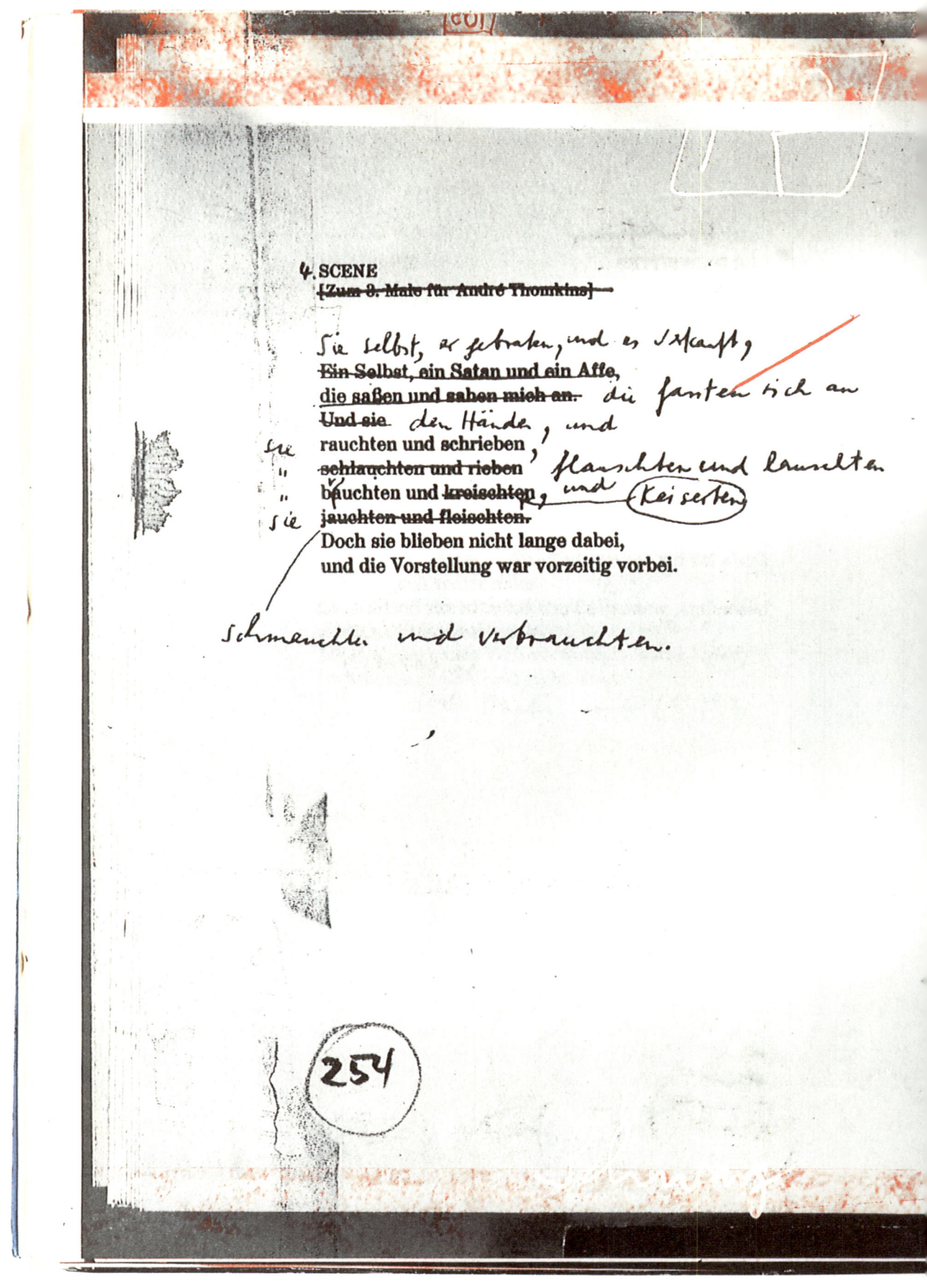

460 Dieter Roth, *Die die die die verdammte gesamte Scheiße*. Dr. Cantz'sche Druckerei, Stuttgart Edition Hansjörg Meyer, Stuttgart, London, Reykjavik 1975. 18 × 25,5 cm.

Ein Buch vom Büchermachen: Das Dichten, Setzen, Korrigieren, Zeichnen, Reproduzieren und Falzen wird Thema. Dieter Roth radikalisiert seine künstlerischen Vorgänger. Dichter wie Apollinaire, Marinetti und Majakowski nutzten die Typographie, um dichterische Vorstellungen

zu verstärken. Künstler wie Schwitters, Picabia, van Doesburg und Lissitzky setzten Schrift als Bildmittel ein, in Collagen und Gemälden. Auch für Roth sind Material und Technik, Buchstaben und Papier, Satz und Druck nicht mehr einfach untergeordnete, dienende Elemente des Textinhaltes. Für ihn besitzt der visuelle Witz große Bedeutung, der verbale Witz weniger. Das Buch wird zur plastischen Gesamtheit, Buchkunst wird zur Kunst in und mit dem Buch.

461

die Leipziger in ihrer Präambel, und die gleiche Dreiheit, nämlich sowohl künstlerische und technische als auch wissenschaftliche Leistungen zu prämieren, betonten die Mainzer Statuten. Auch erhoben beide Stifter Anspruch auf Internationalität: Der Preis sollte »auf europäischer Ebene« ausgeschrieben bzw. »sowohl national als auch international« vergeben werden.

Meister ganz unterschiedlicher Disziplinen sind auf diese Weise in die Annalen des Gutenberg-Preises eingegangen: Leipzig ehrte Illustratoren, Schriftentwerfer, Buchhistoriker, Buchkünstler oder Gestalter. Mehrfach wurde der Preis geteilt und man bedachte mit ihm auch Offizinen. In Mainz erhielt der Meisterdrucker Giovanni Mardersteig als erster den Gutenberg-Preis. In Konsequenz aus der deutschen Einheit begann man, den Preis in beiden Städten und nach den je eigenen herkömmlichen Kriterien zu vergeben, stimmte sich aber nunmehr auf die Preisträger ab, und die Preisvergabe erfolgte im jährlichen Ortswechsel, 1994 beginnend in Mainz, 1995 in Leipzig und so fort.

Buchkunstpreise sind Gestalterpreise: Ob das schön gemachte Buch auch inhaltlich etwas zu bieten hat, ist unmaßgeblich. Für die Literaturförderung sind die Autorenpreise da, so etwa der *Friedenspreis des Deutschen Buchhandels*, mit dem alljährlich ein Schriftsteller, gleich welcher Sprache, ausgezeichnet wird, dessen Werk einen Beitrag zur internationalen Verständigung liefert. Der renommierte und 1995 mit 25 000 DM (2006: 25 000 Euro) dotierte Preis wird zum Abschluß der Buchmesse in der Frankfurter Paulskirche verliehen. Erster Preisträger war im Jahre 1950 der Autor Max Tau.

Als der bedeutendste deutsche Literaturpreis gilt der *Georg-Büchner-Preis*. Laut Satzung ist er Autoren vorbehalten, die durch »ihre Arbeiten und Werke in besonderem Maße hervorgetreten sind und an der Gestaltung des gegenwärtigen deutschen Kulturlebens wesentlichen Anteil haben.« 1923 vom Land Hessen in Andenken an Georg Büchner, den großen Dichtersohn der Stadt Darmstadt, eingerichtet, wird der Preis seit 1951 als Literaturpreis der Deutschen Akademie für Sprache und Dichtung, Darmstadt, vergeben. Zu ihrem ersten Preisträger erkor die Akademie 1951 Gottfried Benn. Neben großen Preisen wurden 2006 von privaten Förderern und aus der öffentlichen Hand allein in Deutschland über 370 Literaturpreise verliehen, dazu kamen 61 Stadtschreiberstellen (mit freier Wohnung und monatlicher Grundsicherung) sowie diverse Stipendien.

Der zweifellos angesehenste Literaturpreis ist der internationale *Nobelpreis für Literatur*, den Alfred Nobel (1833–1896), der Erfinder des Dynamits, als einen unter fünf verschiedenen Nobelpreisen gestiftet hat. Er wurde erstmals im Jahre 1901 an den Franzosen Sully Prudhomme durch die Schwedische Akademie der Wissenschaften vergeben. Seitdem hat die Verleihungspraxis immer wieder Irritationen ausgelöst. Kein Preis ist so prestigeträchtig, so hoch dotiert (1995: 7,2 Mio./2006: 10 Mio. Schwedische Kronen) – und so umstritten. Dem Komitee in Stockholm, das immer wieder für Überraschungen gut ist, werden zahlreiche Mißgriffe vorgehalten. Kritiker monierten, es würde darauf geachtet, Länderquoten zu erfüllen. Statt literarische Maßstäbe anzulegen, würden die Preise im Hinblick darauf vergeben, daß auf Dauer keine Nation zu kurz komme. Dabei gerät im hitzigen Streit der Feuilletons der eigentliche Ausgangspunkt des Preises, Alfred Nobels Verfügung aus dem Jahr 1895, meist aus dem Blick. Nobel hatte testamentarisch angewiesen, daß das angelegte Kapital jährlich »als Preisbelohnung an diejenigen verteilt werden soll, die im vorangegangenen Jahr der Menschheit den größten Nutzen erwiesen haben«. Das galt als Obersatz für alle Preisträger, gleich ob sie nun die Physik, die Chemie oder die Medizin vertraten. Für das den Schriftstellern reservierte Fünftel des Preisgeldes hieß es näherhin, es solle an den gehen, »der in der Literatur das vorzüglichste Werk idealistischer Prägung geschaffen hat«.

Diese Bestimmung konnte alles mögliche bedeuten, und tatsächlich ist die Auslegung des Stifterwillens die seltsamsten Wege gegangen. Das modernismusfeindliche Nobelpreiskomitee der ersten Jahre machte aus der »idealistischen Prägung« kurzerhand »hohe und gesunde Idealität«. Nicht allein Kunstfertigkeit, auch sogenannte positive Gesinnung war gefragt. Tolstoi, Ibsen und Zola schienen in dieser Perspektive nicht nobelpreisfähig; Strindberg wurde gar nicht erst vorgeschlagen. Eine im Rückblick nicht minder kuriose Interpretation brachte die Akademie in den dreißiger Jahren zuwege. Bestsellerautoren wie John Galsworthy oder Pearl S. Buck *(Die gute Erde)* wurden mit der Begründung gekürt, die Auflagenstärke ihrer Bücher beweise, wie sehr ihre Literatur ein allgemein menschliches Interesse befriedige. Darin wiederum sah man die generelle Anforderung des Nobelpreises erfüllt – ihn an den zu vergeben, der »der Menschheit den größten Nutzen erwiesen« habe.

Es hat lange gedauert, bis mit dem Japaner Jasunari Kawabata im Jahre 1968 der erste Autor mit einem in einer außereuropäischen Sprache verfaßten Werk den Nobelpreis erhielt. Wenn die Akademie in der jüngeren Vergangenheit dazu übergegangen ist, Versäumtes nachzuholen und nunmehr besonders die früher wenig beachteten Sprach- und Kulturgebiete fördert, so muß man nicht gleich vermuten, literarische Gütekriterien würden ein Opfer kulturpolitischer Strategien. Gewiß hat sich das Nobelkomitee immer wieder von der Ideologie und Ästhetik seiner Zeit lenken lassen – und tut dies noch heute. Da hat alle Kritik einen kontinuierlichen Ansatzpunkt. Aber wer das Komitee strikt auf literarische Maßstäbe verpflichten will, vergißt die grundlegende Problematik des Preises. Als Stiftung bleibt er an gewisse Auflagen gebunden. »Tatsächlich«, so schreibt Kjell Espmark, Akademiemitglied und Verfasser einer Monographie über den Nobelpreis, »erscheint die Geschichte des Literaturpreises zu einem wesentlichen Teil als eine Reihe von Versuchen, ein unklares Testament auszulegen.« Zu seiner Unklarheit gehört, daß Nobel literarische Prinzipien überhaupt nicht formuliert hat.

Fast genauso alt wie der internationale Nobelpreis und im eigenen Lande von vielleicht gar größerer Reputation ist der *Prix Goncourt*, Frankreichs wichtigster Buchpreis. Als die Ehrung 1903 erstmals vergeben wurde, ging sie an John-Antoine Nau für seinen Roman *Force ennemie*. Der Autor ist heute vergessen wie viele seiner Nachfolger, aber der Preis traf auch haltbare Literaten wie Marguerite Duras, Patrick Modiano, Simone de Beauvoir und André Malraux. Der Schriftsteller Edmond de Goncourt hatte die Auszeichnung 1896 in Erinnerung an seinen verstorbenen Bruder Jules gestiftet. Er wollte damit ein Gegengewicht zur Académie Française schaffen, die es in ihrem Konservatismus versäumt hatte, Neuerer wie Stendhal, Balzac und Flaubert in ihre Reihen aufzunehmen. Ursprünglich mit 5000 Goldfrancs dotiert, ist der Preis ein Opfer der Inflation geworden und beschert dem Geehrten heute bloß noch ein symbolisches Trinkgeld von zehn Euro. Jedoch sind die Folgen für den Autor sehr einträglich, denn die rote Bauchbinde mit dem Schriftzug »Prix Goncourt« verschafft seinem Buch stets einen reißenden Absatz.

Unter den amerikanischen Literaturpreisen mag der *Pulitzer Prize* derjenige sein, dessen Ruf sich am weitesten in die Welt hinaus verbreitet hat – doch daheim in den USA genießt der *National Book Award* den größten Respekt. Ein Konsortium aus Verlegern verleiht den Preis seit 1950. Dabei wird nicht nur ein einziger Preisträger gekürt, sondern man ermittelt Gewinner in den Kategorien Roman, Lyrik, Sachbuch und Kinderbuch. Zeitweilig gab es auch Ehrungen für Genres wie Autobiographie, Philosophie oder Westernromane, indes war diesen Versuchen, das Terrain auszuweiten, keine Dauer beschieden. Der Preis ist mit 10 000 Dollar dotiert, was vergleichsweise wenig ist, allerdings steigert er den Marktwert des Autors enorm. Wem es – wie William Faulkner, Saul Bellow und Philip Roth – gelingt, die Ehrung mehr als einmal zu erhalten, ist aus dem Kanon der amerikanischen Nationalliteratur nicht mehr zu vertreiben.

Um den großen französischen und amerikanischen Literaturpreisen mit einem britischen Gegenstück zu begegnen, wurde 1969 der *Booker Prize* ins Leben gerufen. Als Sponsor ließ sich der gleichnamige Lebensmittelkonzern Booker PLC gewinnen. Der international agie-

rende Konzern besaß damals Rechte an Autoren wie Agatha Christie oder Ian Fleming, dem Erfinder von James Bond, und verdiente daran rund zwei Millionen britische Pfund im Jahr. Der Verlag Jonathan Cape überzeugte das Unternehmen, Teile dieser Gewinne für einen Preis zu stiften, der ambitiös genug war, um sowohl der Buchbranche wie auch dem Sponsor Respekt zu verschaffen. Indem man beschloß, jährlich »den besten englischsprachigen Roman« (»the best novel written in english«) zu prämieren, waren Gedichte, Erzählungen oder Krimis von vornherein ausgeschlossen. Vom Geist des British Empire zeugte die Auflage, daß der Autor aus England, dem Commonwealth oder der Republik Irland kommen mußte – was zugleich amerikanische Preisträger verhinderte. So mischen sich Gewinner englischer Herkunft (Graham Swift, Ian McEwan) mit anderen Nationalitäten aus dem Vereinigten Königreich, sei es der Südafrikanerin Nadine Gordimer und ihrem Landsmann John M. Coetzee, dem aus Trinidad stammenden V. S. Naipaul, dem gebürtigen Inder Salman Rushdie oder dem Iren Roddy Doyle.

Seit 2002 hat der *Booker Prize* einen neuen Sponsor, das Investmentunternehmen Man, und daher streng genommen auch einen neuen Namen: *The Man Booker Prize*. An den Regularien für die Vergabe der anfänglich mit 5000, zuletzt mit 50 000 Pfund Sterling dotierten Auszeichnung änderte sich jedoch nichts. Um für höchste Qualitätsstandards zu sorgen, bestimmt zunächst ein pluralistischer Beirat (dort sitzen ein Schriftsteller, zwei Verleger, ein Literaturagent, ein Buchhändler, ein Bibliothekar sowie jemand aus der Stiftung) die Jury. Diese wiederum muß aus renommierten Literaturkritikern, Schriftstellern, Literaturwissenschaftlern und Persönlichkeiten des öffentlichen Lebens bestehen. Die Wahl des Preisträgers erfolgt in einem dreistufigen Verfahren: Ein größerer Kreis von Kandidaten gelangt auf die sogenannte Longlist, dann wird eine Shortlist gesiebt. Von beiden Listen, der umfänglichen wie der kurzen, erhält die Öffentlichkeit Kenntnis. Wird dann endlich der Preisträger gekürt, ist dank der Vorrunden die Aufmerksamkeit des Publikums bereits hinreichend gespannt, um die Vergabe zu einem wirklich großen Ereignis zu machen. Außerdem bringt es die geschickte publizistische Bewirtschaftung des Preises mit sich, daß es bereits genügt, auf eine der Listen gekommen zu sein, um den Buchabsatz der betreffenden Autoren zu steigern.

In Deutschland versucht die Verlagsbranche seit dem Jahre 2002 in teils fehlgeschlagenen Anläufen, an den Messen in Frankfurt und Leipzig prestigeträchtige Buchpreise nach dem Muster des *Booker Prize* zu etablieren. Der Rang dieser Auszeichnungen steht dahin.

An der Wende zum 21. Jahrhundert

Der Eindruck, die Welt verändere sich schnell, ist nichts Neues. Die Entwicklung der Technik spielte dabei für das Gefühl der Menschen stets eine entscheidende Rolle. Daß »die Welt« schneller werde, heißt ja in der Regel nichts anderes, als daß das Machen an Tempo gewinnt. Wer als Zeitgenosse Gutenbergs über die von der neuen Kunst des Druckens hervorgebrachte Menge an Büchern klagte, klagte auch über den Beschleunigungsfaktor, der in der Technik steckt. Allerdings ließ sich damals der technische Fortschritt noch unmittelbar dem Tun der Mitmenschen zurechnen. Damit ist es seit geraumer Zeit vorbei. In dem Maße, wie die technische Entwicklung zur technologischen wurde und sich beschleunigte, anonymisierte sie sich. Das rasante Aufeinanderfolgen von Telegraphie, Telefon, Schallplatte, Radio, Film, Fernsehen, Video, Internet und interaktiven Medien vermittelt nicht einfach die Vorstellung, hier würde der Mensch, als Souverän seiner Schöpfungen, einfach mal eben ein paar Hilfsmittel ausprobieren. Die technische Entwicklung erscheint nicht als Vollzug von Handlungen, sondern als Abfolge von Ereignissen. Und so wirkt auch die Medienrevolution nicht als Revolution des tätigen Menschen, sondern als eine Revolution der Dinge – als Geschehen, das wohl von uns angestoßen, uns aber doch auch längst entglitten ist.

Von dem, was das 21. Jahrhundert dem Buch bringt, lässt sich prognostisch nur eines sagen: Die Entwicklung wird sich nicht steuern lassen. Tendenzen freilich zeichnen sich ab. Globalisierung und Digitalisierung, diese beiden in der Informationstechnologie eng miteinander verbundenen Triebkräfte, wirken mit Macht sowohl auf das Medium Buch wie auf seinen Markt. Viele Verlage wurden internationalen Konzernen einverleibt. Größe ist das, was zählt – auch im Buchhandel, wo Handelsketten die kleinen unabhängigen Sortimenter verdrängen. Elektronische Lesegeräte haben es in einem ersten Anlauf nicht vermocht, das auf Papier gedruckte und zwischen Deckel gebundene Buch zu ersetzen. Das sogenannte Hörbuch hingegen boomt erst richtig, seit seine Inhalte in digitalisierter Form angeboten werden: auf CD oder, was sich wachsender Beliebtheit erfreut, als Internet-Download. Für den Schutz von Urheberrecht und Copyright stellt die digitale Kopie eine Provokation dar; auf diesem Feld dürfte es noch manchen Kampf geben.

Schon in den 1990er Jahren kauften in den USA die Medienkonzerne keine Manuskripte, sie kauften »Ideen« ein und verstanden sich weniger als Büchermacher denn als Anbieter von Inhalten, als »content provider«. Galt das Verlagswesen einst in der angelsächsischen Welt als »Profession for Gentlemen«, so wurde es nun zur »content industry«. Alle Großen der Branche verfolgten das gleiche, bald auch in Europa eingeführte Grundkonzept. Dabei ging es darum, interessante Rechte zu erwerben und diese in möglichst vielen, am besten kataraktartigen Stufen zu verwerten. Also aus der Hardcover-Ausgabe eines Titels erst eine solide ausgestattete, dann eine niedrigpreisige Taschenbuchausgabe zu machen, parallel eine Lizenz an einen Buchklub zu vergeben, ein Hörbuch zu produzieren, den Stoff zum Drehbuch umzuschreiben, an Filmrechten zu profitieren und zusätzlich ein Buch zum Film auf den Markt zu werfen. »*Full-line-publishing*« hieß im amerikanischen Verlagsjargon dieses Ideal einer Totalverwertung, die ihre Krönung erfuhr, wenn der Verlag nicht nur alle Editionsformen, sondern überdies den gesamten Vertrieb und Verkauf in die Hand bekam. Keinen Dritten in das Geschäft einbeziehen, wenn man alle Glieder der Wertschöpfungskette allein zu fassen kriegt, vom Erwerb des Manuskriptes bis zur Abgabe des Endproduktes an den Konsumenten via Versand oder in der eigenen Ladenkette – dieser konzerntypische Traum scheint auch im 21. Jahrhundert nicht ausgeträumt zu sein.

Konzentrationsprozesse im Buchmarkt

Sie sind die Riesen unter den Büchermachern, und sie agieren weltweit: Was Verlagsgruppen wie Reed Elsevier und Thomson für den Bereich Fachinformation und Wissenschaft, bedeuten MacGraw-Hill und Pearson Education als Produzenten von Schulbüchern und Lernhilfen. Dem Leser sind die Namen dieser Konzerne nur selten geläufig. Allenfalls, daß er vielleicht einige Publikumsverlage – so heißen im Unterschied zu den Fachverlagen die Häuser für Belletristik und Sachbuch – ihren Mutterkonzernen zuzuordnen weiß. Daß Rowohlt und S. Fischer zur Verlagsgruppe Holtzbrinck gehören oder daß Bertelsmann seine gesamte Buchsparte seit dem Jahre 2001 zur Gruppe Random House zusammenfaßt, hat sich unter einigen Eingeweihten vielleicht herumgesprochen. Zum Lebensgesetz der Großen gehört, daß sie immer weiter wachsen. In Spanien beherrschte um die Jahrtausendwende die Gruppe Planeta die Verlagslandschaft, in Italien sind seit längerem Mondadori und Rizzoli die dominierenden Publikumsverlage, in Frankreich führt Hachette mit großem Abstand die Spitze an (und hat zudem in Spanien mittlerweile Planeta überflügelt), in Japan nehmen Kondansha und Shogakukan Ausnahmepositionen ein. Ihre Marktstellung stärken diese Verlagsgruppen außerdem oft genug durch Joint-Ventures untereinander. So ist die weltweit größte Gruppe der Publikumsverlage, das ursprünglich nur in Amerika und England mächtige Unternehmen Random House, auch mit Kondansha und Mondadori verbandelt. Der Anteil, den die genannten Verlagshäuser in den nationalen Buchmärkten Frankreichs, Italiens, Spaniens, Englands oder den USA besitzen, liegt deutlich im zweistelligen Prozentbereich. Deutschland markiert hier – vorerst? – noch eine Ausnahme. Der deutsche Buchmarkt ist traditionell kleinteilig organisiert, so daß dort ein internationaler Gigant wie Bertelsmann/Random House in Verlagsgruppen wie Holtzbrinck, C.H. Beck oder Klett-Cotta halbwegs ebenbürtige Konkurrenten findet. Überdies müssen sich diese Großen das Feld mit einer ganzen Reihe potenter mittelständischer Firmen teilen. Zwar zeigen sich klare Dominanzen, wenn man den Taschenbuchmarkt isoliert betrachtet: Hier machten schon im Jahre 2004 die Verlage von Random House (34 % Marktanteil) und Holtzbrinck (23 %) zusammen mehr als die Hälfte des Umsatzes. Aufs Ganze gesehen jedoch kann von der beherrschenden Stellung eines Einzelnen in Deutschland keine Rede sein. Die Tendenz freilich weist auf lange Sicht dahin, denn der Konzentrationsprozeß unter den Verlagen schreitet fort. Der Buchhandel bietet das gleiche Bild.

Verlage: Literatur im Mischkonzern

Das 20. Jahrhundert hat sich in der Verlagswelt mit einem Fusionsfieber verabschiedet. Vor allem 1998 war heftig davon infiziert. Allein in den USA wurden in den ersten sechs Monaten jenes Jahres 8,5 Milliarden Dollar nur für Konzernübernahmen und Zusammenschlüsse ausgegeben. Den größten Donnerschlag setzte es, als die Bertelsmann AG die New Yorker Verlagsgruppe Random House kaufte, das »Kronjuwel« unter den Verlagen der englischsprachigen Welt, und so vom größten Medienkonzern Europas zum größten Publikumsverlag der Welt aufstieg. Aufmerksamkeit verdient, daß der Gütersloher Buchmogul nicht nur einfach auf Größenzuwachs bedacht war, sondern zugleich für Qualität votierte. Größe hätte sich auch anders erzielen lassen, mit dem Erwerb von Harper Collins etwa. So jedoch fielen traditionsreiche hochkarätige Verlage an den Konzern aus der westfälischen Provinz. Zur Random House Inc. gehören traditionsreiche Firmen mit anspruchsvollem

Sachbuch- und Belletristikprogramm, Häuser wie die von Alfred A. Knopf und dem Kafka-Verleger Salman Schocken, oder so ungleiche Unternehmen wie Pantheon Books mit seinem humanwissenschaftlichen und Ballantine mit seinem auf Massenabsatz berechneten Taschenbuch- und Bestsellerprogramm. Nicht zu vergessen die Ableger in Großbritannien: Methuen, der als Theaterverlag beispielsweise die Stücke von Bert Brecht, Thomas Bernhard und Peter Handke herausgebracht hat, und Secker & Warburg, wo Jurek Becker, H. M. Enzensberger und Martin Walser in Suhrkamp-Lizenz erschienen sind.

Betrachten wir die Dynamik des Jahre 1998 allein für den deutschen Markt: Im Juni schluckte der Gütersloher Konzern den Berlin Verlag, einen kleinen Fisch, aber eine erste Adresse für Qualitätsliteratur. Im August schob sich unerwartet der Axel Springer Verlag unter die Riesen der Buchbranche vor, als er das Münchner Verlagshaus Goethestraße erwarb, das bis dahin auf dem besten Weg gewesen war, mit Verlagen wie Ullstein, Heyne, List, Claassen und Econ seinerseits ein Imperium zu werden. Im September tat sich die Holtzbrinck Verlagsgruppe, die Nummer zwei hinter Bertelsmann, mit der Augsburger Weltbild GmbH zusammen, um die Verlagsgruppe Droemer Weltbild als gemeinschaftliches Tochterunternehmen zu installieren. Anfang November wurde Holtzbrinck Teilgesellschafter beim renommierten Literaturverlag Kiepenheuer & Witsch, und Mitte November schlug bereits wieder Bertelsmann zu: mit dem Kauf des Springer-Wissenschaftsverlages, den einst Julius Springer gegründet hat und der nicht mit dem Axel-Springer-Konzern zu verwechseln ist. Dank dieser Erwerbung rückten die Gütersloher zeitweilig auch in der Sparte Fachinformation in die Weltspitze vor.

Einige Jahre später präsentierten sich die Mächte auf dem Markt in neuer Verteilung. Denn zwischenzeitlich hatte eine hartnäckige Konjunkturflaute, einsetzend mit dem Anschlag auf die Zwillingstürme in New York und bestärkt durch die Währungsumstellung von Deutscher Mark auf Euro, die zum Jahreswechsel 2001/2002 abgeschlossen wurde, dem Buchhandel die stärkste Umsatzkrise seit langem beschert. Der hitzige Drang der Konzerne, ihr Portfolio durch Imprints zu erweitern, war spürbar abgekühlt. Als Imprint-Verlage bezeichnet man solche Zukäufe und Neugründungen, die in Verlagsgruppen als unselbständige Unternehmen ohne eigene Abteilungen für Vertrieb und Marketing geführt werden, oft auch ohne eigenes Lektorat. Ihre Funktion beschränkt sich im wesentlichen darauf, ihren ehrwürdigen oder einfach nur zugkräftigen Namen für ein Programm herzugeben. In den Krisenjahren 2001 bis 2004 wurde mancher Imprint wieder abgestoßen oder bis auf weiteres stillgelegt. Selbst der prosperierende Springer-Wissenschaftsverlag, nach einem Strategie-

465

wechsel von Bertelsmann verkauft, erhielt 2003 neue Herren. Im Bereich Belletristik und Sachbuch blieb Bertelsmanns Spitzenstellung mit Random House unangefochten. Jedoch hatte sich der Axel-Springer-Konzern auf sein Traditionsgeschäft, Zeitungen und Zeitschriften, zurückgezogen und seine Buchsparte veräußert. Der Fall erregte seinerzeit Aufsehen, weil Random House begehrte, die gesamte Verlagsgruppe im Paket zu erwerben. Michael Krüger, Leiter des Carl Hanser Verlages, sprach aus, was viele in der deutschen Branche meinten: »Daß selbst Verlage mit einer ehrwürdigen literarischen Tradition wie Claassen oder List hin und her geschoben werden, ist nicht neu; daß aber nun alle diese Verlage unter dem Dach von Bertelsmann vereinigt werden sollen, ist alarmierend. Wenn es noch mit rechten Dingen zugehen sollte in diesem Land, müßte das Kartellamt den Verkauf von Springer an Bertelsmann verhindern.« So kam es dann auch. Random House mußte sich unter dem Druck der Wettbewerbshüter mit dem Erwerb von Heyne zufrieden geben. Ullstein und List gingen an den schwedischen Konzern Bonnier, der, seit er mit Wirkung zum 1.1.1995 den Piper Verlag aufgekauft hat, seine Position in Deutschland beständig ausbaut.

Es fehlt nicht an kulturkritischen Klagen über die Fusionitis. Der amerikanische Verleger André Schiffrin hat in seinem auch als Buch erschienenen Essay *Verlage ohne Verleger* ein tiefschwarzes Bild gemalt. Danach beherrschen gewissenlose Profitmaximierer die Chefetagen der Verlagskonzerne. Sie würden Umsatzrenditen von 12 bis 15 Prozent verlangen, wo Verleger alten Schlages sich mit 2 bis 4 Prozent zufrieden gäben. Über ihre Buchprogramme ließen sie nicht Lektoren entscheiden, sondern ein »publishing board«, in welchem Finanzexperten und Marketingfachleute den Ton angeben. Jeder Titel müsse einen »Deckungsbeitrag« zu den laufenden Geschäftskosten abwerfen; lasse sich seine Auflage nicht optimistisch kalkulieren, bleibe er unpubliziert. So habe die politisch-ideologische Zensur, die es in jedem Verlag gibt, eine nicht weniger häßliche Schwester bekommen: die kommerzielle oder auch »Marktzensur«, der es gleichgültig sei, ob ein Buch interessante Ideen zu bieten hat. Und die Folge? »Wir stehen vor einer riesigen kulturellen Wüste«, urteilt Schiffrin.

Das ist für die USA gewiß übertrieben, für Deutschland wäre es sogar falsch. Und dennoch: Mit jeder Fusion wird ein Rest der alten Verlagswelt zu Grabe getragen – jener Verlagswelt, in der ein guter Verleger zwar auch ein guter Kaufmann sein mußte, wo man ihn aber zugleich wegen anderer Qualitäten schätzte: als Freund und Förderer seiner Autoren, als Klagemauer für ihre Seelenpein und als Zuchtmeister, wenn sie mit dem Manuskript nicht von der Stelle kamen. Dieser Typus stirbt aus. Nicht, daß überhaupt alle engagierten Verleger von

der Bildfläche verschwänden. Anders als ihre Altvorderen jedoch können sie keine Patriarchen mehr sein. Zu denen, die am Beginn des 21. Jahrhunderts mit der Verlegerei das große Geld machen, die Autorität mit Kapital verbinden, zählen sie äußerst selten. Das große Geld fließt in den großen Imperien, den Verlagsgruppen und Buchkonzernen, wo nicht Verleger, die mit ihrem Eigentum haften, sondern Verlagsmanager das Sagen haben. Der Verlagsmanager führt das ihm unterstellte Haus als Profitcenter, achtet im Interesse der eigenen Karriere strikt auf Gewinnmaximierung, kann Bestseller exzellent vermarkten, scheut aber Risiken und ist deshalb für unbekannte Schriftsteller oder Verfasser so schlechtverkäuflicher Kost wie Lyrik oder Essays kein Ansprechpartner.

Bertelsmann, Holtzbrinck, Bonnier, die drei führenden Global Player des deutschen Buchmarktes – sie alle haben mehr als nur ein Standbein: Zusätzlich zum Buchgeschäft sind sie teils Zeitungsverleger, teils Musikverleger, teils Eigner von Fernsehkanälen oder Produktionsfirmen für Film, ihnen gehören Vertriebsgesellschaften und Verkaufsstellen. Als Medienmischkonzerne sind sie sehr profitable Verwertungsindustrien. Doch sind sie auch schöpferisch? Eben darin unterscheiden sich die Lebensgesetze von kleinen wie mittelständischen Verlagen und Buchkonzernen sinnfällig: Die Kleinen und die Mittelständler müssen sich Beachtung erkämpfen, indem sie Autoren entdecken; die Großen begnügen sich damit, das bereits Entdeckte einzukaufen und konzentrieren ihre Innovationsfähigkeit auf Ökonomie und Technologie. Kein Kleinverleger, der das Geschäft der schönen Literatur betreibt, kommt aus ohne die heiße Lust am Text – und ohne das Sitzfleisch, das er beim Prüfen von Manuskripten braucht. Den Großen ist Literaturfieber eher fremd. Kluge Konzernchefs wissen das auch und handeln danach. Sie lassen, anstatt zentral zu lenken, die vielen unter ihrem Dach versammelten Verlage an der langen Leine laufen, belassen ihnen ihren Namen, ihre verlegerische Eigenständigkeit und damit die Lust am Neuen. Keineswegs erstaunen muß daher, wenn nach Aufkäufen verlautbart, das übernommene Haus werde auch weiterhin als selbständiges Unternehmen fortbestehen, der Verlagsleiter bleibe an Bord und programmatische Änderungen seien nicht geplant.

Vieles am Konzerngebaren kann man kritisch sehen. Aber zu einer Transaktion gehören immer zwei, der eine, der kauft, und der andere, der sich kaufen läßt. Für den Kleinen heißt die Flucht unter die Fittiche des Großen ironischerweise oft genug, daß er auf diese Weise seine Identität als engagierter Entdecker neuer oder auch randständiger Literatur erhalten kann. Der Konzern erscheint ihm dann keineswegs als der böse neue, alles bestimmende Herr, sondern als Mittel zum Zweck: als Finanzier im Rücken, als Sprungbrett für Transaktionen im Globalmaßstab, als Koproduzent »synergetischer« Effekte. Vom Konzern kommt das Geld für Programmerweiterungen, und dank des Konzerns wird es möglich, bei dem oft irrwitzigen Preispoker um Buchrechte und Lizenzen im internationalen Geschäft mitzuhalten. Mehr noch aber als diese Überlegung bewegt den Literaturverleger die Frage aller Fragen: Ist sichergestellt, daß seine Bücher ihr Publikum erreichen? Die Buchhandelslandschaft befindet sich in rasantem Umbruch, und der Verdrängungswettbewerb wird dort nicht ohne Brutalität ausgetragen. Bestimmend für alle Zukunftsplanung ist daher der Zugang zum Markt.

Handel: Ladenketten und Buchkaufhäuser

Der mit Buchhandlungen dicht besetzte deutsprachige Raum ist seit langem ein gesättigter Markt. Wirtschaftswachstum kann, da sich der zu verteilende Kuchen insgesamt kaum vergrößern läßt, in gesättigten Märkten nur in der Form stattfinden, daß bestimmte Marktteilnehmer auf Kosten der anderen prosperieren. Statistiken des Börsenvereins belegen seit den 1990er Jahren, daß jene Umsatzsteigerungen, die der Handel trotz aller Einbußen immer noch meldete, ganz wesentlich auf das Konto der Versandbuchhändler gingen. Der Siegeszug des Internets forcierte diese Tendenz, freilich zu Lasten des klassischen Versandbuchhandels, der gegenüber einem Online-Händler wie Amazon ins Hintertreffen geriet. Im Verein mit Groß- und Kettenbuchhandlungen, deren Filialen das Land überzogen, setzte der Online-Handel dem herkömmlichen – also stationärem und mittelständischem – Sortimentsbuchhandel kräftig zu. Wie im Verlagswesen war und ist auch im Handel der Konsolidierungsprozeß gleichbedeutend mit einem Konzentrationsprozeß. Und erneut bekräftigen internationale Vergleiche die Kleinteiligkeit des deutschen Buchmarktes. Nach internen Statistiken der Holtzbrinck-Geschäftsleitung machten im Jahre 2003 die zehn größten US-Buchhändler mehr als die Hälfte des Geschäfts (51,3 %) unter sich aus; in Großbritannien kamen die Top Ten des Buchhandels sogar auf einen Marktanteil von 64,6 Prozent; in Deutschland hingegen bestritten Amazon, Weltbild und Weltbildplus, Thalia, Hugendubel, Club Bertelsmann, die Mayersche Buchhandlung, das Schweitzer Sortiment (ein Verbund rechtlich selbständiger Fach- und Universitätsbuchhandlungen) und die Buchabteilungen der Kaufhäuser Karstadt und Kaufhof zusammen nur 28,6 Prozent des Umsatzes.

Blickt man auf das Jahrzehnt um die Jahrhundertwende, so verzeichneten die Firmen Weltbild, Thalia und Amazon das wohl rasanteste Wachstum aller Buchhändler in Deutschland. Die Drei stehen dabei für je eigene Geschäftsmodelle. (zu Amazon und zum Internetbuchhandel im allgemeinen s. S. 468 f.).

Die Augsburger Verlagsgruppe *Weltbild* befindet sich im Besitz von vierzehn deutschen Diözesen sowie der Soldatenseelsorge Berlin und ist damit eine hundertprozentige Tochter der katholischen Kirche. Ursprünglich aus einem Verlag für Erbauungsschriften hervorgegangen, hat man sich den Zeitläufen geschmeidig angepaßt und zu einem Medienhändler entwickelt, der beim Publikum mit einem billigen Massenangebot punktet. Für die Vertriebsleistung der Weltbild-Gruppe zeichnet ihr Geschäftsführer Carel Halff verantwortlich. Als er in den 1970er Jahren anfing, war »Weltbild« bloß der Titel einer Kirchenzeitung. Doch mit seinen Methoden hat Halff die Buchhandelslandschaft so nachhaltig verändert, daß sich Insider an das Wirken des Bertelsmann-Gründers Reinhard Mohn erinnert fühlen. Weltbilds Stärke liegt im Ausnutzen vieler Vertriebswege und im direkten Zugehen auf Kunden, und sein Schatz war für lange hauptsächlich die ständig wachsende Datei mit Adressen und Informationen zum Kaufverhalten aller, die schon einmal etwas aus dem Katalog des Hauses bestellt haben. Allein in Deutschland (man operierte auch in Österreich, der Schweiz, Polen, Rußland und den Niederlanden) erhielten im Jahre 2005 jeden Monat rund vier Millionen Haushalte diesen Katalog zugeschickt, der längst nicht mehr bloß Bücher offerierte, sondern überdies Musik, Videos, Software und Geschenkartikel. Zusätzlich zum Versandhandel eröffnete Weltbild 1994 die Ladenkette Weltbildplus, gemeinsam betrieben mit dem Münchner Buchhändler Hugendubel. Die Anzahl seiner anfangs drei Filialen vermochte Weltbildplus bis 2006 auf über dreihundert zu steigern. Das Angebot war im ersten Jahrzehnt überall gleich schmal und billig: Kochbücher, Bestseller, Lexika – Stapelware in Sonderausgaben zu Dumpingpreisen. Irgendwann im Zuge der Expansion hob man die Beschränkung auf Billigware auf und bot den Kunden die Möglichkeit, zusätzlich Bücher aus dem allgemeinem Sortiment zu kaufen, preisgebunden und in regulärer Edition, gerade so wie in einer normalen Buchhandlung. Eine enorme Verschärfung des Konzentrationsprozesses bedeutete es, als Weltbild und das Familienunternehmen Hugendubel im August 2006 ihre Buchhandlungen zusammenlegten. Unter das Dach der neu gegründeten Holding, der DBH Buch Handels GmbH & Co. KG in München, schlüpften auch die Buchhandelsketten Habel (Darmstadt) und Gustav Weiland Nachf. (Lübeck). 451 Buchhandlungen nannte der so geschaffene Titan sein eigen. Das war eine bis dahin in Deutschland unbekannte Größenordnung.

Anders als Weltbild führte der Buchhändler *Thalia*, der 1919 als kleiner Eckladen im Hause des Hamburger Thalia Theaters begann und 2001 zum deutschen Marktführer aufstieg (er blieb es bis zur Fusion von Weltbild und Hugendubel), stets ein Vollsortiment. Seine Strategie war und ist es auch nicht, dem Kunden mit

Billigangeboten Schwellenängste zu nehmen. Vielmehr lockt Thalia die Käufer mit einer Erlebniswelt nach dem Muster amerikanischer Superstores. Der Gang in seine immer weitläufigeren Buchkaufhäuser mit ihren Kaffeebars und Sitzecken soll zum Einkaufsbummel gehören. Die Konkurrenz lehrte Thalia das Fürchten, als das Unternehmen im Jahre 2001 mit dem Großbuchhändler Phönix verschmolz. Danach legte die Filialisierung an Tempo enorm zu, so daß die Thalia Holding zum Jahresende 2005 in Deutschland, Österreich und der Schweiz 145 Buchhandlungen zählte. Galt zunächst die Maxime, Buchkaufhäuser nur in Städten mit über einhunderttausend Einwohnern zu eröffnen, so setzte Thalia später diese Grenze drastisch herunter – mit der Folge, daß auch in kleineren Städten kein mittelständischer Buchhändler, und mag er noch so sehr alteingesessen und Platzhirsch sein, mehr vor dem Riesen sicher war. Thalia gehört zur Douglas AG, einem Konzern, der Bücher neben Parfum, Schmuck, Süßwaren und Mode verkauft. Man hält das bei Douglas keineswegs für eine disparate Mischung. Die verschiedenen Geschäftsbereiche, erklärte die Konzernleitung, stünden in »ihrer Gesamtheit für eine gemeinsame Idee: Lifestyle«. Es gehe um »Einkaufserlebnisse, durch die das Leben schöner wird«. Offenbar macht der Einkauf des Lifestyleprodukts Buch das Leben besonders schön, denn dieser Geschäftsbereich wuchs rasanter als etwa der Umsatz mit Parfum. Für die Expansion spielt eine gewichtige Rolle, daß der Buchhandelsprimus Konzernmacht in seinem Rücken versammelt. Dies sorgt für gut gefüllte Kriegskassen und ausgedehnte Wirkungskreise und erlaubt überdies, die Risiken und Finanzlasten im Notfall auf mehrere Sparten zu verteilen.

Was soll all dies Ringen um Größe, wird der Laie fragen, welchen Wert hat Marktführerschaft? Am besten sagt man es mit der Verlegerin Antje Kunstmann, kurz und knapp in einem Wort: »Ellenbogen.« Je größer ein Buchhändler ist, desto mächtiger ist er auch und kann den Verlagen Konditionen diktieren: höhere Rabatte verlangen, mehr kostenfreie Werbemittel oder gar Prämien für die Neueröffnung oder Beihilfen bei der Renovierung von Buchläden fordern. Mit seinen Konzentrationsprozessen holte der Buchhandel nach, was im Verlagswesen längst an der Tagesordnung war. Man kann eine notwendige Reaktion auf die Zusammenballung unter den Verlagen darin sehen und zugleich langfristig »amerikanische Verhältnisse« fürchten. Die Verleger in den USA sind von den Superstores einiges gewohnt: Sie müssen zahlen, um mit ihren Büchern in die Regale der dortigen Großbuchhandlungen zu gelangen; sie legen noch etwas drauf, damit ein Verkäufer ein Buch persönlich vorstellt und empfiehlt; und generöse Rabatte sowie die üppige Bereitstellung kostenloser Werbemittel erwartet der Großbuchhändler ohnehin

von ihnen. Ein Riese wie Barnes & Noble hat Macht genug, um Titel zu blockieren und in die Programmplanung der Verlage hineinzuwirken. Auch die Großen des deutschen Buchhandels haben sich auf Gedeih und Verderb (an Verderb gemahnt die gescheiterte, 2002 mit dem Konkurs beendete Expansion der Buch- und Medienhandelskette Libro, eines österreichischen Discounters) der Strategie verschrieben, Filiale auf Filiale zu eröffnen und die Verkaufsflächen drastisch zu erweitern. Diese Etablierung von Großflächen in den sogenannten 1a-Lagen der Innenstädte ist wohl das augenfälligste Kennzeichen des dramatischen, mittelständische Buchhandelsfirmen vertreibenden Strukturwandels, und nicht von ungefähr erinnert die Entwicklung an den Kinomarkt und den Siegeszug der Multiplex-Arenen. So droht das »Overscreening«, die Überbesetzung eines Standortes mit konkurrierenden Häusern, seit dem Anfang des 21. Jahrhunderts auch im Buchhandel.

Der Buchhandel geht online

Recht spät, erst 1999, befragte der Börsenverein des Deutschen Buchhandels erstmals seine Mitglieder nach ihren Online-Aktivitäten. Bis dahin hatte sich der Verband mit Spekulationen über die geschäftliche Bedeutung des Internethandels mit Büchern begnügt – und die Auswirkungen dieser neuen Angebotsplattform gern kleingeredet. Ein Marktanteil von unter einem Prozent schien damals nicht darauf hinzuweisen, daß das Internet die Kraft haben könnte, den Strukturwandel im Buchhandel zum Strukturbruch zu verschärfen. Doch befand man sich bereits inmitten eines sprunghaften Wachstums. Buchhändler begannen, zusätzlich zu ihrem Ladengeschäft noch einen Internet-Shop oder wenigstens eine Website für Bestellungen (die Bücher mußten dann immer noch im Laden abgeholt werden) einzurichten. Die beiden dominierenden Barsortimente der Bundesrepublik, die Grossisten Lingenbrink (Libri) sowie Koch, Neff, Oetinger & Co. (KNO) plazierten ihre Kataloge im Netz. Einst waren sie nur Bestelladressen für Buchhändler, nun wurden sie es auch für Buchkäufer. Das Endglied in der Handelskette, das Sortiment, lief vermehrt Gefahr, umgangen zu werden. Einen Fingerzeig darauf gab auch der beständig wachsende Anteil des sogenannten Direktverkaufs, einer zwar nicht verbotenen, aber in der überschaubaren deutschen Buchbranche traditionell als sittenwidrig verpönten Praxis, bei welcher Verlage ihre Bücher direkt an die Leser verkaufen. Daß sie auf diese Weise ja auch die Buchhandelsrabatte selbst einstreichen, bekümmerte die Sortimenter vor allem. Gerade im Wissenschaftsbereich gingen Verlage dazu über, nicht nur digitalisierte Zeitschriftenaufsätze, sondern ganze Bücher abrufbereit ins Netz zu stellen und diesen Service direkt mit dem Leser abzurechnen. Was für die Belletristik ein triftiges Argument ist: daß niemand Lust hat, einen Roman am Bildschirm zu lesen, entfällt in der wissenschaftlichen Literatur. Hier ist die elektronische Volltextrecherche ein willkommenes Hilfsmittel. Radikale Prognosen wollten deswegen dem wissenschaftlichen Fachbuchhändler nur noch als «Info-Broker», als Rechercheur im Kundenauftrag, eine Zukunft zugestehen. Mehr als nur lukrativ, nämlich lebenswichtig wurde der Direktverkauf für kleinere oder solche Häuser, die Spezialinteressen bedienten und deren Editionen dem Zwischen- wie auch den Sortimentsbuchhandel als so wenig absatzträchtig erschienen, daß sie diese Bücher nicht vorrätig halten. Die schon erwähnten Wissenschaftsverlage etwa klagten oft über Buchhändler, die für Kundenbestellungen nur noch die an Umsatz und Aktualität orientierten Kataloge des Großhandels konsultierten. In denen aber kam zum Beispiel das Angebot der auf Geisteswissenschaften spezialisierten Verlage de Gruyter, Klostermann, Meiner oder Mohr-Siebeck nur mit einem Bruchteil vor.

An diesem Punkt traf die Stärke des Internets auf eine Schwäche des traditionellen Buchhandels, die man überspitzt in den Satz fassen könnte: Das Sortiment sortiert nicht mehr. Das stimmt in dieser Pauschalität natürlich nicht, noch immer bemühten sich Buchhändler, ihre Ware geordnet zu präsentieren und dem Kunden beratend zur Seite zu stehen. Aber die Fülle an lieferbaren Titeln, ja nicht einmal mehr die jährlichen Neuerscheinungen konnten sie überblicken, geschweige denn in ihre Regale stellen. Verglichen mit den stetig verbesserten Serviceleistungen der Online-Anbieter war die persönliche Beratung im Buchladen vielerorts kein Pfund mehr, mit dem es sich wuchern ließ. Da Personal teuer ist, delegierten immer mehr Sortimenter die Bedienung der Kunden an die Lehrlinge – auf gründlich ausgebildete Buchhändler traf der Kunde im frühen 21. Jahrhundert selten, dementsprechend dürftig stand es um Kompetenz und Auskunftsfreudigkeit der Angestellten. Ausgerechnet also zu Zeiten, da der ökonomische Druck zum Sparen beim Service nötigte, rüstete die elektronische Konkurrenz auf. Man sollte meinen, dieses Dilemma hätte die Sortimentsbuchhandlungen bitter getroffen, aber statt Selbstkritik laut werden zu lassen, tröstete man sich lieber, daß kein »virtueller« den »echten« Besuch eines Buchladens ersetzen könne: Zu schwer wögen das Stöbern in Regalen, das Herausgreifen und Aufschlagen der Bände, das Blättern darin und die Möglichkeit, Leseproben zu nehmen.

Was die Leseproben angeht, so waren diese bald und besser auch im Internet zu finden; beim sinnlichen Kontakt mit der Ware Buch hat der klassische Buchladen freilich die Nase vorn. Der Boom der Buchkaufhäuser belegt überdies, daß der Einkauf im Laden Reize besitzt, die von der Bestellung am Bildschirm daheim nicht ab-

gegolten werden. Im übrigen aber sind die Bequemlichkeiten des Netzes ein großer Trumpf: Das Internet kennt keine Öffnungszeiten, der Kunde kann rund um die Uhr recherchieren und bestellen. Trifft er auf eine gut geführte Homepage, ist der Service vortrefflich. Hunderttausende von Titeln sind in den Datenbanken versammelt, die er nach Belieben aufrufen kann: über Schlagworte, über den Namen des Autors oder über Rubriken, die ihm helfen, themenspezifische Literatur zu sondieren. Versierte Online-Buchversender offerieren den Benutzern ein Forum, Bücher zu rezensieren und ihre Rezension bekannt zu machen. Mit wenigen Mausklicken kann der Kunde ein Buch bestellen, er kann aber auch den Querverweisen folgen, die ihn zu sachverwandten Themen und Titeln führen. Monatliche E-Mails versorgen ihn, wenn er es wünscht, mit Informationen über die Neuerscheinungen seines Interessengebietes. Bestellte Titel läßt er ins traute Heim liefern; einige Firmen erheben nicht einmal Gebühren für den Versand.

Amazon ist der Internetbuchhändler schlechthin: zwar keineswegs der einzige auf diesem Feld, aber der weltweit führende. Das war auch das erklärte Ziel, mit welchem Firmengründer Jeff Bezos 1995 im US-Staat Seattle angetreten war. Seine an die Mitarbeiter ausgegebene Maxime verlangte, »das am stärksten kundenorientierte Unternehmen der Welt« zu werden. Als der deutsche Ableger von Amazon im Oktober 1998 in Regensburg seinen Betrieb aufnahm, hielt der Börsenverein in Frankfurt eine Wiederholung des amerikanischen Erfolgs auf deutschem Boden für abwegig. In den USA hatte der Internet-Buchhändler vom Fleck weg seinen Umsatz jedes Vierteljahr und seinen Kundenkreis jedes halbe Jahr verdoppelt, so daß die Wall Street den Marktwert des Unternehmens schon 1998 euphorisch auf 4,2 Milliarden Dollar taxierte. Nach dem Urteil deutscher Branchenkenner war dieser Erfolg nur in einem Land mit schwacher buchhändlerischer Infrastruktur möglich – schließlich müssen in den ländlichen Gebieten der USA die Leser manchmal Hunderte von Kilometern reisen, bis sie zu etwas gelangen, was einem Buchladen halbwegs ähnlich sieht. Dennoch sah die Lage im Jahre 2003 so aus, daß Amazon in den USA klar hinter den stationären Grossbuchhändlern Barnes & Noble, Borders und Bookspan rangierte, in Deutschland jedoch etwa gleichauf mit den Marktriesen Weltbild und Thalia lag. Mancher Beobachter war gar der Ansicht, in Deutschland habe Amazon sämtliche Konkurrenten längst hinter sich gelassen, doch bleibt man auf Schätzungen angewiesen, da das Unternehmen seine deutschen Buchumsätze grundsätzlich nicht veröffentlicht.

Preisschlachten – die neue Schleuderei

»Unverkennbar ist seit einigen Jahren im deutschen Buchhandel eine Unruhe, ein Drängen, Treiben und Jagen bemerkbar geworden, von welchem die frühere Geschichte desselben wohl schwerlich ein Beispiel aufzustellen hat.« So hatte 1834 der Hamburger Buchhändler und Verleger Friedrich Christoph Perthes das Aufmischen des Marktes durch Billigdrucke kommentiert (vgl. S. 302 ff.). Es folgten Jahrzehnte des Umbruchs und eine Erhitzung der Konkurrenz durch die Schleuderei, durch das ruinöse wechselseitige Unterbieten der Buchhändler, bis die Krönersche Reform von 1887 mit der Einführung des festen Ladenpreises für geordnete Verhältnisse sorgte. Noch einmal hundertzwanzig Jahre später ließ sich beobachten, wie der Buchhandel in Ländern ohne Preisbindung agierte. Die Bücherstapel im Eingangsbereich der Superstores genauso wie die Websites der großen amerikanischen Händler Amazon und Barnes & Noble lockten die Kundschaft, indem sie Rabatte in zweistelliger Höhe versprachen. Banner verkündeten »Sparen Sie 40 % bei Bestsellern«, Aufkleber priesen »Um 37 % reduziert«. Die Händler, die einen Massenmarkt zu bedienen trachteten, orderten große Mengen, doch was kein »Schnelldreher« war – sich nicht schnell verkaufte – ging auch in großen Mengen retour an die Verlage. Novitäten mußten nach vier bis acht Wochen an den Kunden gebracht sein, eine längere Verweildauer im Bookstore wurde ihnen kaum zugestanden. Immer wieder kam es vor, daß Verlage mit einer Remissionsquote von bis zu vierzig Prozent zu kämpfen hatten.

Der von einer gesetzlich verankerten Buchpreisbindung geschützte deutsche Markt war von solchen Zuständen ein gutes Stück entfernt, doch zu glauben, es sei auf ihm behaglich zugegangen, wäre irrig. Ein zeitgenössischer F. Chr. Perthes hätte erneut Drängen, Treiben, Jagen konstatieren müssen. Vergangen die Zeit, als ein Buchhändler seine Ware ein oder gar zwei Jahre in den Regalen führte, bevor er sie remittierte. Ein halbes Jahr, wenn es hoch kam, immer häufiger aber auch nur die Frist einiger Wochen blieb den Büchern nunmehr. Was bis dahin nicht verkauft war, wurde makuliert oder wanderte in den Ramsch. Die Konjunkturkrise der Jahre 2002 ff. und eine geschwächte Kaufkraft trugen zum Boom des Modernen Antiquariats bei. Billigbücher überschwemmten den Markt. Oft waren es tadellose Exemplare, nur durch einen Strich am unteren Schnitt markiert, die dann palettenweise als »Mängelexemplare« feilgeboten wurden. Ein laxer Umgang mit der Preisbindung, aus welcher diese Werke mit einem einzigen Strich herausfielen, zeigte sich da, jedoch vermochten die gelegentlichen Abmahnungen des Preisbindungstreuhänders, der bei allzu dreisten Verkaufsaktionen eingriff, den Usus nicht zu ändern. Insider der Branche wollten gar wissen, daß Novitäten, bei denen sich früh ein Mangel an Nachfrage abzeichnete, schon gleich am Lager zu Mängelexemplaren umgewidmet und als Ramsch verhökert wurden. So suchte man zu umgehen, daß das Preisbindungsgesetz verlangte, Verlagserzeugnisse müßten achtzehn Monate lang zum festen Ladenpreis angeboten werden, bevor der Verleger berechtigt sei, den Preis freizugeben. Dieser Passus im Gesetz biß sich mit der faktischen Umschlagsgeschwindigkeit im Handel. Wie sollte man ein Buch achtzehn Monate zum ursprünglichen Preis anbieten, wenn das Interesse des Publikums an einer Neuerscheinung oft schon nach einigen Wochen erlahmte? Ganz abgesehen davon, daß die Verlage mindestens zweimal im Jahr ein neues Programm unters Volk gebracht sehen wollten und ständig frische Ware lieferten.

Der Fachjournalist und ehemalige Verleger Gerhard Beckmann, ein Buchhandelsexperte, zählte 2004 in Deutschland allein zehn namhafte Großhändler, welche das Moderne Antiquariat mit Nachschub versorgten (nicht gerechnet kleinere Firmen). Mit kräftigem Preisnachlaß gehandelt wurden aber längst nicht mehr bloß Mängelexemplare und jene unverkauften Restauflagen, welche die Verlage abstießen, um ihr Lager zu entlasten. Die Schleuderei als »Mittel der Lager-Entschüttung«, wie der Buchhistoriker Johann Goldfriedrich das genannt hatte, kannte schon das 19. Jahrhundert. Das Moderne Antiquariat hingegen bietet überdies verlagsneue Produkte an. Es war dies eine dritte Warengruppe neben den Remittenden und Resten: Sonderausgaben, die von Spezialverlagen extra für den Ramsch hergestellt wurden. Viele Kunden schätzten gerade diese Offerte. Mit den Sondereditionen, meist waren es Lizenzausgaben älterer bzw. vergriffener Werke, erhielten sie zwar bescheiden ausgestattete, jedoch taufrische Ware. So gesehen, ist das Moderne Antiquariat nichts für Bibliophile, denen der Sinn nach Gediegenheit und historischer Patina steht, und die es darum ins klassische Antiquariat zieht. Allerdings zollten auch die klassischen Antiquariate dem Zug der Zeit Tribut. Die Sonderausgaben fürs Moderne Antiquariat waren hier wie dort gängige Handelsware.

Das größte Unternehmen für den Verlag und den Großhandel mit Billigbüchern in Europa war bis zu seiner Insolvenz im Jahre 2005 der in Köln ansässige Buch- und Medienversand Zanolli. Das rasch, vermutlich allzu rasch gewachsene Unternehmen operierte nicht nur als Händler und Zwischenhändler, sondern hatte auch die Verlagsgruppe Karl Müller übernommen, die sich auf die Produktion von Originaleditionen extra für das Moderne Antiquariat spezialisiert hatte. Zanolli, der kurz vor dem Crash noch ein riesiges, 35 000 Quadratmeter großes Lager eröffnet hatte, bediente die Nebenmärkte gleich mit und bestückte den Lebensmittelhandel mit Billigbüchern. Die Insolvenz des Kölner Großantiquars zog viele Gläubiger in Mitleidenschaft: Druckereien, die Buchhändlerische Abrechnungsgesellschaft, Verlage (»Fast jeder Verlag hat mehr oder weniger regelmäßig Reste nach Köln verkauft«, hieß es in der Branche) sowie Großabnehmer aus dem Buchhandel, darunter auch die Warenhauskonzerne Karstadt und Kaufhof. Besonders hart waren ausländische Druckereien betroffen, woran man sieht, wie ausgreifend der »größte Ramscher der Nation« sein Geschäft betrieben hatte.

Mitbewerber, die ihnen prompt Umsatzeinbußen bescherten, erhielten die Modernen Antiquariate in Deutschland ab März 2004: die Zeitungsverlage. Als erstes deutsches Blatt trat die *Süddeutsche Zeitung (SZ)* an, sich mit Büchern ein Nebengeschäft zu erschließen, welches ihr Unternehmen aus den damals tiefroten Zahlen herausführen sollte. Begleitet jeweils von einem halb werbenden, halb rezensierenden Artikel der Feuilletonredaktion, die für die Auswahl verantwortlich zeichnete, erschien Woche für Woche ein Band aus einer Reihe »50 große Romane des 20. Jahrhunderts«. Vorbild war eine Aktion der römischen Tageszeitung *La Repubblica* aus dem Jahr zuvor. Diese hatte als Beilage zu ihrem Blatt zunächst berühmte Romane, später auch Enzyklopädien, Comics und Lyrik zum Tiefpreis herausgebracht, angeblich innerhalb eines Jahres 25 Millionen Bücher verkauft, damit 84 Millionen Euro erlöst und die Zahl der Abonnements um ein Viertel steigern können. Auch der Absatz der *SZ-Bibliothek* übertraf alle Erwartungen, wiewohl er die sensationellen italienischen Zahlen nicht erreichte. Da Kopplungsgeschäfte in Deutschland verboten waren, durften die Bücher nicht wie in Italien den Zeitungen beigelegt werden. Sie erreichten die Interessenten separat auf dem Postweg oder über den Buchhandel, der von Beginn an einbezogen wurde und, trotz Unbehagen über den Dumpingpreis, die Reihe in großen Stückzahlen orderte. Die Bände waren sauber gedruckt und fest gebunden und kosteten ein Drittel oder Viertel dessen, was für vergleichbare Hardcover zu bezahlen gewesen wäre. Und sie waren, was das eigentlich Pikante daran war, sogar deutlich billiger als die Taschenbuchausgabe des gleichen Titels. Konform mit der Preisbindung war die Aktion gleichwohl, da diese Bücher sämtlich schon vor Jahren erschienen, also die für Novitäten geltende Preisbindungsfrist von achtzehn Monaten für sie längst abgelaufen war. Daher fanden sich auch genügend Buchverlage, um der *SZ* Lizenzen zu überlassen: Die Edition bot ihnen die Gelegenheit, ihre Backlist neu zu verwerten. Das Beispiel machte Schule. Bald folgten die *Bild-Zeitung*, die mit dem Weltbild-Verlag kooperierte, das Nachrichtenmagazin *Der Spiegel* und die Wochenzeitung *Die Zeit* mit eigenen Buchreihen, wobei man bestrebt war, das Passende für den Geschmack der hauseigenen Klientel finden. Die seriöse *Zeit* etwa brachte Lexika heraus, das Massenblatt *Bild* populäre Romane, Krimis und Erotik.

Wer das weite Feld der Sonderausgaben überblickt, mag sich wundern, was da alles möglich war, ohne gegen das Gesetz zu verstoßen: Der gleiche Titel desselben Autors in vielerlei Gestalt, also nur jeweils anders aufgemacht, tummelte sich im Sortiments- und Kaufhausbuchhandel, im Modernen Antiquariat, in Buchgemeinschaften, in Supermärkten, Gartencentern und Baumärkten. Parallelausgaben von Büchern sind preisrechtlich außerordentlich heikel. Wenn ein Titel dort teurer, hier billiger angeboten wird, unterläuft das dann nicht die Preisbindung? Wie sind Buchklubausgaben zu rechtfertigen? Antwort auf diese alte Frage gab in Deutschland das Potsdamer Abkommen, eine Vereinbarung innerhalb der Buchbranche, die 1995 geschlossen und auch vom Kartellamt abgesegnet wurde. Danach rechtfertigt sich die Preisdifferenz zwischen Original- und Parallelausgabe durch merkliche Unterschiede in der Ausstattung, dem Zeitpunkt des Erscheinens und durch die Verpflichtung der Mitglieder zur periodischen Abnahme einer Anzahl von Titeln. Anfangs dienten diese Kriterien, um den Umgang mit den Ausgaben von Buchgemeinschaften zu regeln, später wurden sie zur Bewertung jeglicher Parallelausgaben, also auch etwa von Taschenbüchern, herangezogen. Es sind Abstandsgebote: Je billiger die Parallelausgabe, desto schlichter muß sie ausgestattet sein oder desto später muß sie nach dem Original erscheinen. Dabei kommt es auf das Zusammenspiel der Merkmale an, die wie ein System kommunizierender Röhren betrachtet werden. Ist ein Abstandsgebot in besonders starker Weise erfüllt, darf ein anderes ruhig schwächer ausfallen. Die Abnahmeverpflichtung in einem Buchklub beispielsweise gilt als traditionell besonders starkes Kriterium, was dazu führt, daß man in Buchgemeinschaften relativ rasch und ziemlich günstig Bücher erhält, die dennoch gut ausgestattet sind, meistens als Hardcover wie das Original.

War der Preisverfall jener Jahre das Begleitphänomen der Wirtschaftskrise? Sicherlich paßten der Boom des Modernen Antiquariats und die Billigbuchreihen der Zeitungsverlage gut zu der Haltung »Geiz ist geil«, wie sie damals die Marketingkampagne eines Elektrogroßhändlers propagierte. Man könnte aber in jenem Trend auch einen grundsätzlichen Wandel in der Einstellung zum Buch erkennen: Es hatte an kulturellem Nimbus verloren, wurde auf der Skala der Medien, die Distinktionswert versprechen (plump gesagt: mit denen man angeben kann), nicht mehr so hoch und folglich auch nicht mehr so teuer gehandelt. Den USA zum Beispiel ging es zur selben Zeit, als Europa noch über eine Krise stöhnte, konjunkturell wesentlich besser – ohne daß dort deswegen auf die moderne Schleuderei verzichtet worden wäre. Amerikanischen Ursprungs war überdies ein weiterer Billigtrend: der wachsende *Second-Hand-Handel* mit gebrauchten Büchern im Internet. Nicht nur die Firma eBay, ein weltweit tätiger Anbieter von Internetauktionen, dessen Geschäftsidee es ohnehin war, dem Gütertransfer zwischen Privatleuten ein Forum zu bieten, sondern auch ein Buchhändler wie Amazon hatte dafür einen »Marktplatz« eingerichtet. Leser verkaufen an Leser, war das Prinzip, und eBay und Amazon hielten die Hand auf für eine prozentuale Beteiligung. Den Schaden hatten die Urheber und Verlage, die zusehen mußten, wie ein Buch mehrmals einen Käufer fand, statt daß jeder Käufer für sich ein neues Exemplar erwarb. Proteste der amerikanischen Autorenvereinigung, der *Authors Guild*, nutzten nichts, ihr Aufruf zum Boykott des Second-Hand-Buchs-per-Mausklick blieb wirkungslos. In Deutschland haderten beim Start der *SZ-Billigbibliothek* vor allem die kleinen Verlage und Buchhändler damit, daß nunmehr gut ausgestattete Hardcover billiger als Taschenbücher zu haben sind. Über Jahre hin hatte die Branche den Preisverfall beklagt. Ein anständig gebundenes Buch müsse eigentlich so viel wie ein Paar ordentliche Schuhe kosten, hieß es gern. Diese Vorstellung mußte man begraben – endgültig, wie es schien.

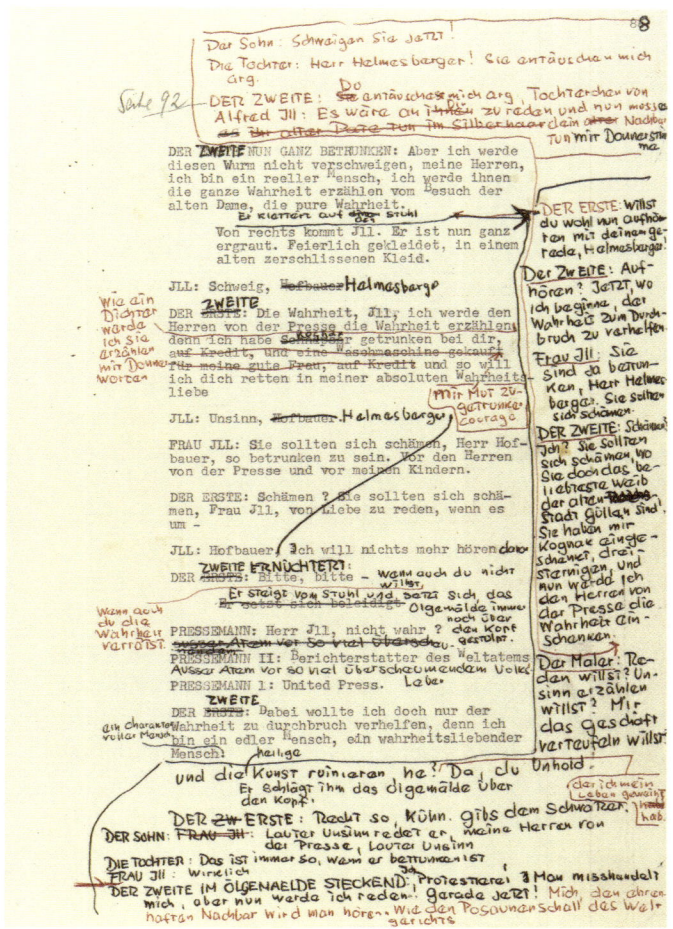

Aus dem Typoskript von Friedrich Dürrenmatt, *Der Besuch der alten Dame*, 1956. Handschriftliche Korrekturen des Autors wie diese, an denen sich die Entwicklungsstufen seines Textes nachvollziehen lassen, sind im Zeitalter digitalen Publizierens vom Verschwinden bedroht. Schreibmaschinenseite DIN-A4.

Das Buch verläßt den Buchkörper

Seit dem Mittelalter denken wir bei Büchern unwillkürlich an die Form des Codex, an Seiten, die man blätternd umschlägt, die geheftet oder geklebt und zwischen Deckel gebunden sind. Auch der Abschied von der Blei-Welt Gutenbergs änderte daran zunächst wenig. Doch zum Ausgang des 20. Jahrhunderts kamen Begrifflichkeiten auf, die mit jener klassischen Assoziation nichts mehr gemein hatten. Verlage begannen, neue Medien in ihr Programm aufzunehmen. Die Digitalisierung brachte das elektronische Buch hervor, erst auf dem Speichermedium CD-Rom, dann auf zu Lesegeräten umfunktionierten Kleincomputern, schließlich auch als über das Internet abrufbare Datei. Dichterlesungen und Hörspiele, die für lange Zeit eine Domäne der Tonträgerindustrie gewesen waren, fanden sich zunehmend im Angebot des Buchhandels wieder. Die Rede von »E-Books« und »Hörbüchern« etablierte sich. Man könnte darüber streiten, ob das überhaupt zulässige Bezeichnungen sind, da hier dem Begriff »Buch« allenfalls metaphorische Bedeutung zukommt. Aber so ein Streit trüge scholastische Züge. Die Buchbranche hat ihn für sich pragmatisch entschieden, indem sie diese Medien in ihr Geschäft aufnahm.

Die technologische Zukunft scheint offen, Datenträger und Publikationstechniken unterliegen raschem Wandel. Indessen stellen sich unsere Namen für die Dinge langsamer um als diese selbst. Auch als Autoren längst dazu übergegangen waren, ihre Texte am Computer zu schreiben und den Verlagen als digitale Dateien zu liefern, sprachen sie noch von der Arbeit am »Manuskript«. Ähnlich hielten es die im Umfeld der Harvard University und des Massachusetts Institute of Technology (MIT) angesiedelten Firmen, die seit den 1990er Jahren an der Entwicklung von »E-Ink« (elektronischer Tinte) arbeiteten. Eine Marktreife war um das Jahr 2000 erreicht. Die Tinte, von allem Gebrauch in Füllfederhaltern weit entfernt, bestand aus Millionen mikroskopisch kleiner Kapseln, die mit einer dunklen Flüssigkeit gefüllt waren. In der Flüssigkeit schwammen weiße Partikel. Wurden sie in einem elektrischen Feld unter Spannung gesetzt, gerieten die Farbpartikel in Bewegung, stiegen auf und verdrängten dabei an der Oberfläche die eingefärbte Flüssigkeit. Je nach der Verteilung der elektrischen Spannung gruppierten sich helle und dunkle Punkte so, daß Bilder und Buchstaben entstanden. US-Firmen wie die alteingesessenen Bell Laboratories oder das junge Unternehmen E-Ink Corporation traten an, faltbare Plastik-Displays für elektronische Tinte zu entwickeln. Dabei hoffte man, Vorgängerversionen, die unter dem Namen »E-Paper« (elektronisches Papier) bereits Ende der neunziger Jahre entwickelt worden waren, an Schnelligkeit in der Bildpunktbildung zu übertreffen. Die ursprüngliche Idee datiert zurück sogar bis ins Jahr 1973. Das über Jahrzehnte unerreichte Ziel lautete schon damals: einen Bildschirm zu schaffen, der leicht und biegsam ist wie Papier, sich aber löschen und neu beschreiben läßt wie eine Computeranzeige. Daß diese Neuerungen es je dazu bringen würden, Bücher auf herkömmlichem Papier rundweg überflüssig zu machen, schien unwahrscheinlich. Alle Medien, die ein »E« für »elektronisch« im Namen tragen, sind auf Stromversorgung angewiesen. Das macht sie abhängig und bleibt ihr Nachteil.

Digitale Datenträger und elektronisches Publizieren

Wer schmökert schon gern am Bildschirm? Kaum jemand. Leser von Romanen, Erzählungen und Gedichten halten sich ans Buch – diese Gewißheit bestätigte sich immer wieder. Es ist lästig, Belletristik in digitaler Form zu konsumieren. Auch Philosophie, die Konzentration und Kontemplation verlangt, möchte man nicht auf irgendeinem Display rezipieren. Genuß und Nachdenklichkeit scheinen daran zu hängen, daß man sich über ein Druckbild beugt. Die Sinnlichkeit von Papier und Einband, die augenfreundliche Drucktiefe (gemessen in Bildpunkten: dpi – *dots per inch*) der gedruckten Schrift, die Selbstgenügsamkeit des klassischen Buches, das man in die Tasche steckt und unterwegs oder daheim einfach wieder hervorholt, um weiterzulesen, all dies läßt sich nicht leicht übertreffen. Und doch mehrten sich in den 1990er Jahren die Ausgaben der Weltliteratur erst auf C-Rom, dann in den Online-Archiven des Internets. Es gab kaum einen berühmten Autor, den es digital nicht gab. Ob Goethe oder Heinrich Heine, ob Shakespeares *Complete Works* oder die Romane von Jane Austen – sie alle wurden digital ediert.

Sie wurden auch gekauft. Aber sie wurden nicht eigentlich gelesen, sondern: genutzt. Der Haupttrumpf jeder digitalen Edition war ihre Suchfunktion. Was sagt der Philosoph Adorno Verächtliches über den Jazz? Sprechen die Figuren in Fontanes Romanen je offen über die Liebe? Wie lautet dieses oder jenes Zitat korrekt und was ist sein ursprünglicher Zusammenhang? Mit der digitalen Werkedition wurden Autoren insgesamt verfügbar, prüfbar, zitierbar. Immer dann, wenn es ums Konsultieren ging, um den fakultativen Zugriff, schlug die große Stunde dieses Mediums. Dem konnten sich nicht einmal die Literatur- und Geisteswissenschaften entziehen, denen man nachsagte, gegenüber den neuen Trends weniger aufgeschlossen als die Naturwissenschaften zu sein. Nachschlagewerke wie *Killys Literatur Lexikon*, das Lexikon der Antike und die *Propyläen Weltgeschichte*, die in Buchform Standardwerke waren, gab es bald auch digital. Zudem boten sich Chancen, Vergriffenes in dieser Form kostengünstiger herauszubringen. So etwa erfreuten sich Buchwissenschaftler einer CD-Rom mit der längst nicht mehr lieferbaren, in vier

Bänden von 1886 bis 1913 erschienenen *Geschichte des deutschen Buchhandels* von Friedrich Kapp und Johann Goldfriedrich. Auch die Altphilologen nutzten Texte der lateinischen und griechischen Antike auf CD-Rom, beispielsweise mit dem *Thesaurus Linguae Graecae*. Diese von der University of California in Irvine herausgegebene Edition präsentiert 3500 griechische Schriftsteller mit etwa 10 000 Werken. Über die CD-Rom *Latin Texts*, die römische Literatur bis etwa 200 n. Chr. versammelt, schrieb der Buchhistoriker Stephan Füssel: »Man findet darin anonym überlieferte Texte und Fragmente von Autoren, die sonst nicht einmal in bedeutenden Literaturgeschichten begegnen. Auch hier gilt, daß vermutlich niemand die Homerischen Epen auf dem Bildschirm lesen, aber sie dort zur Textrecherche nutzen möchte. Die elektronische Suchmöglichkeit bietet eine erheblich größere Genauigkeit und Schnelligkeit, als die Tausenden von Seiten der gedruckten Konkordanzen aus den sechziger und siebziger Jahren, die mit Lochkartensystemen erstellt worden waren.«

Zweierlei muß man bei den Veröffentlichungen auf digitalen Datenträgern auseinander halten: das Edieren des Alten und das Publizieren von Neuem. Wenn zum Beispiel der Verlag Stroemfeld im Verein mit der *Neuen Zürcher Zeitung* die Werke des Schweizer Nationalautors Gottfried Keller parallel in einer Buchausgabe und als CD-Rom herausbrachte, welche es ermöglichte, alle Entstehungsvarianten eines Textes bis hin zu den Handschriften, die als Bilddateien eingespeist werden, nachzuvollziehen, so war dies ein Fest für die Editionsphilologie. Wenn aber der Arbeitskreis Elektronisches Publizieren (AKEP) des Verleger-Ausschusses im Börsenverein zu Frankfurt im Jahre 2006 die *Brockhaus Enzyklopädie digital* mit einem Preis auszeichnete, so ging es um die innovativsten Entwicklungen bei der Veröffentlichung neuer Inhalte. Das zum zweihundertjährigen Bestehen des Verlags erschienene Nachschlagewerke bestach die Juroren durch Multimedia und vielfältige Funktionen. Wer die auf dreißig Bände angelegte Druckausgabe erwarb, erhielt zusätzlich zwei DVD mit Bild- und Tondokumenten sowie das ganze Werk noch einmal auf einem kleinen Datenträger (einem USB-Stick). Die zur Software gehörende Suchmaschine reagierte auf natürliche Fragesätze mit korrekten Antworten, sofern der Benutzer nicht allzu diffizil fragte (»Welcher Mensch betrat als erster den Mond?« – »Neill Armstrong«). Schriftliche Informationen waren mit Tönen, Videos und Animationen verknüpft. Man konnte etwa einen Artikel zum Mauerbau 1961 lesen und dann die Rede des damaligen Berliner Bürgermeisters Willy Brandt dazu hören. Tippte man die Wörter »Frankreich« und »Nationalhymne« im Suchfenster ein, erklang die Marseillaise.

Verheerende Folgen für Verlage und Bibliotheken erwarteten Schwarzseher von der Digitalisierung, als Vertreter der deutschen Buchbranche 1995 in Bonn zu einem Symposium zusammen kamen, um sich über ihren Platz in der Informationsgesellschaft klar zu werden. Fünf Jahre später, bei einer Nachfolgeveranstaltung unter der Überschrift »Wissenschaftspublikation im digitalen Zeitalter«, waren die apokalyptischen Fanfarenstöße verstummt. Niemand behauptete mehr den Tod des Buches. Nicht Medienkonkurrenz, sondern »Medienkonvergenz« wurde propagiert. Untergangsszenarien, wonach Verlage, Bibliotheken und Buchhandlungen überflüssig seien, sobald Texte vom Autor zum Leser elektronisch vermittelt flössen, wurden nicht mehr gemalt. Viel jedoch war, besonders im Blick auf das Internet, vom »Datenmüll« die Rede. Die Informationsgesellschaft brauche, hieß es, Mediatoren für den Umschlag ihrer Informationsquantitäten und zugleich die um Qualität besorgten Torwächter. Vor diesem Hintergrund warfen Verlage und Bibliotheken ihre Existenzangst ab und sahen sich als Informationsvermittler in ihrem Dasein bestätigt.

Daß elektronisches Publizieren vor allem ein Metier der Wissenschaftler war, nicht der Romanciers, und daß folglich vor allem die Fachverlage hier Geld verdienten, bestätigte 2005 eine Umfrage des Börsenvereins. Danach machten Verlage, die Belletristik als Programmbereich angegeben haben, »tendenziell einen überdurchschnittlich kleinen Teil ihres Umsatzes mit elektronischen Produkten«. In hohem Maße positiv hingegen äußerten sich »Verlage mit den Segmenten Lehrbuch (50 % machten Gewinne und hohe Gewinne), Wissenschaft (dort sahen sich 38,8 % auf der Gewinnstraße), Fachbuch (36,3 % fanden elektronische Produkte sehr profitabel), Loseblattwerke (hier trugen sich 36,3 % in die Gewinnzone ein) und Fachzeitschrift (35,7 %)«. Nicht verschweigen läßt sich die Kehrseite dieser Prosperität. Die Verlage hatten mit dem E-Publishing nicht einfach ein weiteres Geschäftsfeld für sich entdeckt, sondern mußten damit auf Einbrüche beim Verkauf ihrer herkömmlichen Druckwerke reagieren. Deckungsauflagen für wissenschaftliche Monographien wurden kaum noch erreicht. Schmerzlich machte sich bemerkbar, daß die Bibliotheken seit Jahren mit stagnierenden Etats zu wirtschaften hatten und weniger Bücher anschafften. Wie in einem Brennglas bündelten sich die Probleme auf dem Gebiet der wissenschaftlichen Zeitschriften. Fachzeitschriften sind für die Naturwissenschaften das Hauptmedium der Erkenntnisvermittlung, und für den einzelnen Wissenschaftler ist die Veröffentlichung von Zeitschriftenaufsätzen die Basis aller Reputation. Doch Abonnements sind seit jeher teuer. Ein Beispiel: Etatfressende 35 544 Gulden verlangte der Verlag Elsevier Science in Amsterdam, der holländische Ableger des amerikanischen Großverlages Reed-Elsevier, für den 1999er Jahrgang des Periodikums *Nuclear Physics;* lieferte dafür freilich

auch Regalmeter füllende 56 Bände mit 185 Ausgaben nebst Tagungsberichten. Drastische Preissprünge machten um die Jahrhundertwende die Zeitschriften für Bibliotheken zunehmend unbezahlbar. Eine Spirale aus Preiserhöhungen, Abonnementkündigungen, rückläufigen Zeitschriftenverkäufen und daraus resultierenden erneuten Preiserhöhungen begann sich zu drehen. Auf Online-Ausgaben umzustellen, erschien als das Gebot der Stunde. Dafür sprachen nicht nur die niedrigeren Produktionskosten, sondern aus Sicht der Wissenschaftler zudem, daß ihre Forschungen und Erkenntnisse im Internet schneller zirkulierten. Verlage begannen zunächst, die gedruckte Ausgabe ihrer Zeitschriften um eine digitale zu ergänzen, jedoch gewannen in der Folge die reinen E-Journale, also die auschließlich online zu beziehenden wissenschaftlichen Periodika, die Oberhand. Die wissenschaftlichen Autoren reagierten mit eigenen Online-Angeboten. Unter dem Schlagwort »Open Access« (Freier Zugang) offerierten sie Publikationen, die für den Leser kostenfrei waren. Die Präsentationskosten im Internet trugen sie teils selber, teils konnten sie auf die Subventionierung durch Steuergelder zurückgreifen. Open-Access-Publishing verstanden sie als Notwehr gegenüber der teils schamlosen Preispolitik der Zeitschriftenverlage und ihrer privilegierten Stellung als Anbieter, die oligopolartige Züge trug. Gewinne ließen sich mit Open Access nicht machen, doch immerhin verblieb dabei das Copyright beim Autor.

Ein großer Vorzug elektronischer Publikationen im Internet ist ihre Verknüpfbarkeit. Über Hyperlinks können Texte miteinander verschränkt und vielfältige Bezüge hergestellt werden. Eine Lektüre, die diesen Links folgt, vollzieht sich nicht mehr linear, sondern gleichsam

---

Die Haltbarkeit von Informationen nach Trägermedien

Felsmalerei ca. 20 000 Jahre
Steintafeln ca. 10 000 Jahre
Papyrus ca. 2000 Jahre
Pergament ca. 1000 Jahre
Entsäuertes Papier ca. 300 Jahre
Magnetplatte ca. 50 bis 100 Jahre
Tonband/Video ca. 50 bis 100 Jahre
CD ca. 20 bis 100 Jahre
Elektronischer Chip ca. 20 Jahre

(nach Rafael Capurro: *Vom Buch zum Internet. Nachhaltige Wissenstradierung).* Über die Haltbarkeit von Datenbanken im Internet – tendenziell unendlich, aber auch ständiger Veränderung unterworfen – läßt sich nur spekulieren.

hüpfend, zwischen Ebenen wechselnd. Die Online-Publikation steht dem gedruckten Buch denkbar fern. Wo sie virtuell und tendenziell unendlich ist, ist das Buch »handgreiflich« da, hat einen Anfang und ein Ende. Internet-Veröffentlichungen sind flüchtig, lassen sich leicht korrigieren, manipulieren oder fortschreiben, ohne daß für den Nutzer erkennbare Spuren davon zeugen. Die Möglichkeit beständigen Aktualisierens ist nicht nur eine Chance, sondern auch ein Fluch. Der Philosoph Hans Poser hat dies einmal an einer Edition aus seinem Fachgebiet verdeutlicht, einer philosophischen Enzyklopädie, welche in Kalifornien herausgegeben wurde – und zwar nur als Online-Version, ohne das Pendant einer Druckausgabe. Beständig erfuhr dies Werk Korrekturen, wurden Artikel bearbeitet oder durch neue ersetzt. Naiverweise erscheint uns das ausschließlich löblich, schließlich wird die Enzyklopädie ja dabei immer besser. Poser wies darauf hin, was außerdem geschieht: Mit dieser Vernichtung früheren Wissens berauben wir uns alle der Spur der Erkenntnis und damit unserer eigenen Grundlage und Geschichte.

Analog zu den E-Journalen der Wissenschaftler sprechen die Freunde des elektronischen Publizierens vom E-Book, dem elektronischen Buch. In der Regel meinen sie damit beides: Software und Hardware. Zu deutsch: Den digitalen Text, der buchtypisch formatiert sein muß (mit Inhaltsverzeichnis, Seitenzahlen, Kapiteleinteilungen etc.), und das Lesegerät, ein Kleincomputer, der mit diesem Text geladen wird. Jedoch hatten es diese Geräte sehr schwer, Abnehmer zu finden. Es nutzte ihnen auch nichts, daß sie Funktionen boten, mit denen sich das Leseverhalten, wie man es vom gedruckten Buch kannte, imitieren ließ: Blättern, Randnotizen machen, Lesezeichen setzen. Einer der ersten dieser Minicomputer wurde unter dem Namen *Rocket-E-Book* zunächst in den USA vermarktet, wagte 1998 den Sprung über den großen Teich, präsentierte sich mit viel Werberummel an der Frankfurter Buchmesse – und zog sich nach rundum enttäuschenden Geschäften 2003 vom deutschen Markt zurück. Die E-Books hatten mehrere Geburtsfehler: Sie waren mit einem Gewicht zwischen einem halben und einem Kilogramm eindeutig zu schwer; ihr Anschaffungspreis war zu hoch; ihre auf die Buchpräsentation beschränkte Funktion hielt dem Vergleich mit anderen, multifunktionalen Kleincomputern nicht stand. Und was Verlage und Autoren als Kopierschutz begrüßten, fanden die Nutzer wenig einladend: Die Inhalte für das Rocket-E-Book konnten nicht weitergegeben oder verliehen werden, sie waren immer nur auf dem individuellen Gerät lesbar, für das ein Anwender sie gekauft hatte.

Bücher nach Bedarf – Print on Demand

Jeder Autor kennt sie: die Wonne, das erste Werk endlich gedruckt zu sehen. »Habe das Blatt zwanzigmal mit süßen, liebevollen Blicken der Vaterfreude angeguckt«, schrieb E. T. A. Hoffmann ins Tagebuch. Ähnlich Friedrich de la Motte Fouqué, der Schöpfer der »Undine«, der sich seiner literarischen Anfänge mit den Worten erinnerte: »Ich war dazumal wie besessen von einer albernen Lust, mich gedruckt zu sehen; und zwar in ausnehmend eleganter Form«. So war es stets, so schlägt der Autoren Herz auf ewig. Nur findet leider, zum Mißvergnügen aller Talente und solcher, die sich dafür halten, die Sehnsucht nach Erscheinung im Druckbild allzu selten die spontane Gegenliebe der Verlage, die in einer Flut von Manuskripten ertrinken und folglich zum Abwimmeln neigen. Rund neunzig Prozent, eher gar mehr, soll die Ablehnungsrate für unverlangt eingesandte Texte betragen – diese Zahl jedenfalls wurde beharrlich genannt, wann immer man in den 1990er Jahren und auch später danach fragte.

Sein eigener Verleger müßte man sein? Mit *Print on Demand* – wahlweise: *Books on Demand* – erhielt der Wunschtraum eine realistische Perspektive. Hinter den branchenüblichen Kürzeln *PoD* und *BoD* verbirgt sich die Möglichkeit, Bücher nach Bedarf (»on demand«) zu drucken, ohne auf breiten Absatz rechnen zu müssen. Basis ist ein integriertes System aus digitalem Satz und Druck nebst Maschinen für den Beschnitt des Buchkörpers und für die Klebebindung. Dank Print on Demand wurden Kleinstauflagen in Höhe von nur einem Exemplar finanzierbar, und da die Produktion erst bei Bestellung des Titels anzulaufen brauchte, entfiel das Risiko, etwas herzustellen, was der Markt nicht will. So brach die neue Technologie mit einem eisernen Grundgesetz der Verlagskalkulation: daß Bücher erst ab Auflagen einer bestimmten Größenordnung rentabel herzustellen sind und es aberwitzig wäre, von einem Buch nur ein einziges Exemplar zu drucken. Eben diesen Aberwitz aber macht BoD ohne ökonomischen Ruin möglich. Anstatt gezwungen zu sein, von einem Titel auf einen Schlag mehrere tausend Stück herzustellen, diese Auflage zu lagern und sie *peu à peu* und ohne sichere Hoffnung auf Ausverkauf im Buchhandel unterzubringen, erlaubte die digitale Drucktechnologie, auf akute Nachfrage zu reagieren. Print on Demand kennt Vorratshaltung für Bücher nur in virtueller Form: als elektronische Druckvorlage. Physisch Gestalt nehmen sie erst an, wenn es auch einen Käufer für sie gibt. Was für herrliche Aussichten, die Kosten zu drücken: keine Lagerhaltung mehr, keine Kapitalbindung, keine Remission, kein Ramsch, kein Makulieren unverkäuflicher Ware.

Das Konzept des Buchdrucks nach Bedarf wurde 1997 entwickelt. Joachim Desler, ein ehemaliger Mitarbeiter von Rank Xerox, hatte erfahren, daß der Kopiergeräte-Spezialist Abnehmer für seine Digitaldrucker suchte. Verlage, an die man zunächst gedacht hatte, schieden als Interessenten rasch aus, da sie nicht in der Lage waren, diese High-End-Computerdrucker bedarfsgerecht auszulasten. Desler kam die Idee, daß sich die Sache doch rentieren müßte, »wenn so eine Maschine beim Buchgroßhändler stände, dessen Geschäft es ist, Kleinstmengen zu verteilen und Hunderte von Verlagen zu bündeln«. In der Folge bewies sich die Richtigkeit dieser Überlegung. In den USA spezialisierte sich beispielsweise die Firma Lightning Press zeitig auf die BoD-Technologie. Namhafte Verlage nutzten sie als Dienstleister. Aufgekauft aber wurde das Unternehmen dann von Barnes & Noble, dem größten Buchhandelskette des Landes, der auf diese Weise eine Schlüsselstellung im Vertrieb der lasergedruckten Schnellbücher einzunehmen gedachte. In Deutschland spielte der Zwischenbuchhändler Lingenbrinck (Libri) die Vorreiterrolle. Der Hamburger Grossist hatte mit den Verlagen, denen er sich 1998 als High-Tech-Drucker anbot, ein Problem gemeinsam: große Buchlager, deren Unterhalt viel Geld kostet. Diese Lager, dachte man, könnten minimiert werden, würden Bücher vermehrt auf Abruf hergestellt, als »just-in-time«-Produkte. Allerdings erwies sich das als eher utopische Vorstellung. Zur Entlastung der Buchlager konnte Print on Demand nicht beitragen, solange es die Ausnahme von der Regel, dem Offsetdruck, blieb. Sein Reiz bestand ja gerade in der Herstellung geringer Mengen. Die Strategen bei Libri ließen sich in ihren Überlegungen von dreierlei leiten: Gehe man davon aus, daß sich kein Verleger bei der neuen Technik noch länger den Kopf über die Kalkulation von Auflagenhöhen zerbrechen müsse, so erlaube dies erstens, vergriffene Titel wieder zum Leben zu erwecken, zweitens könnten Bücher beliebig oft nachgedruckt und so ihre Lebensdauer verlängert werden, und drittens bekomme die notorisch umsatzschwache Nischenliteratur eine Chance.

Einleuchtende Vorzüge. In ihnen verschränkte sich das ökonomische Interesse, das Nachdrucken billiger zu machen, mit dem kulturellen Wunsch nach Lektürevielfalt und der Rettung von Büchern vor dem Vergessen. Libri gewann mit seinem Vorstoß einen neuen Geschäftsbereich. Der Grossist, dessen Domäne der Vertrieb vom Verlag zum Sortiment war, operierte in dieser Mittlerfunktion nun zusätzlich als Drucker. Andere Zwischenbuchhändler wie Koch, Neff, Oetinger & Co. (KNO) oder die Vereinigte Verlagsauslieferung (VVA) folgten bald, indem sie Kooperationen mit Digitaldruckanbietern eingingen, um den Verlagen gleichfalls neben dem gewohnten logistischen Service bei der Auslieferung auch den Druck in kleinen Auflagen offerieren zu können. Die nach Veröffentlichung dürstenden Autoren tauchten in diesem Konzept nur als kleine Fische auf. Doch wider Erwarten wurden sie die Haupt-

klientel der Lingenbrinck-Tocher BoD, die sich im Norden Hamburgs, in Norderstedt, niedergelassen hatte. Zu Hunderten waren all jene, die es zur Veröffentlichung drängte, die aber keinen Verlag gefunden hatten, der hauseigenen Werbekampagne gefolgt. Zwar bat auch BoD seine künftigen Autoren zunächst einmal zur Kasse und verlangte die Übernahme der Herstellungskosten, unterschied sich jedoch durch Transparenz der Vertragsbedingungen wohltuend von der übrigen »Vanity Press« (s. S. 458). Verlockend war, daß hier nicht nur Bücher gedruckt wurden, sondern BoD in seiner Eigenschaft als Ableger eines Zwischenbuchhändlers auch für den Vertrieb einstand und die Auslieferung an die Buchläden übernahm. All dies nur als Dienstleister, wohlgemerkt. Die Verlagsrechte blieben beim Autor. Auf der Homepage des Unternehmens leiteten weiterführende Links zur Praxis über: Erläutert wurde, was mit einem Text passieren mußte, damit er druckfähig war. Welche Gestaltungshilfen BoD dabei anbot. Auch, in welcher Ausstattung das Werk erscheinen konnte – auf weißem oder chamoisfarbenem Papier, als Paperback, als in Efalin gebundenes Hardcover mit geradem Buchrücken oder als »Hardcover Premium« mit rundem Rücken und Lesebändchen. Die Kosten konnte man für jede Variante sogleich online kalkulieren und, was seine eigenen Reize hat, dabei schon einmal Verleger spielen: nämlich den künftigen Ladenpreis festlegen und sich anzeigen lassen, wie viel dann jedes verkaufte Exemplar für das eigene Portemonnaie abwerfen würde.

622 Titel zählte BoD am Ende des Geschäftsjahres 1999; 2666 waren es im Jahr 2000; 5201 Ende 2001; und zur Halbzeit des Jahres 2002 wurde der Server der zentralen Steuerungseinheit mit der 6500sten Druckvorlage gefüttert. Typisch für die Möglichkeit, mit kleinen Auflagen Spezialinteressen bedienen zu können, waren die vielen Regionalia, Stadt- und Dorfchroniken, Vereins- und Firmengeschichten. Wissenschaftler ließen hier ihre akademischen Qualifikationsschriften drucken, Universitäten nutzten BoD für die Herstellung von Sammelwerken oder Seminarunterlagen, und es gab eine eigene Rubrik für Business-Literatur. Doch als stärkstes Genre behauptete sich mit Abstand die Belletristik: Fast die Hälfte aller Titel, die Autoren hier unterbrachten, waren Romane, Erzählungen, Memoiren oder Gedichte. Zunehmend bedachte auch die eigentliche Zielgruppe, das Verlagswesen, das Norderstedter Unternehmen mit Aufträgen. Dreihundert Verlage zählte BoD im Jahre 2006 zu seinen Kunden. Damit hatten sie den Anteil der Autorenpublikationen, der anfangs drei Viertel des Umsatzes ausgemacht hatte, auf fünfzig Prozent zurückgedrängt. Der Campus-Verlag in Frankfurt beispielsweise, eine erste Adresse für Publikationen aus Geschichte, Politik, Wirtschaft, Finanzen und Humanwissenschaften, hatte rund hundert Titel in die BoD-Datenbank eingestellt. Der Deutsche Taschenbuchverlag wiederum ar-

beitete mit einem Digitaldruckpartner des Grossisten KNO zusammen, um seine sogenannten Langsamdreher, also die Titel, die sich durch eine zwar schwache, aber anhaltende Nachfrage auszeichneten, lieferbar zu halten. Automatisch wurde dafür täglich eine Bestandsaufnahme am Lager gemacht und gegebenenfalls die Nachproduktion ausgelöst. Die Druckerfirma produzierte in der Regel Auflagen in der Höhe von 30 bis 2500 Exemplaren in klebegebundenen harten und flexiblen Covern. Zugleich bot man eine »hybride Herstellung« an, was bedeutete, daß ab vierhundert Exemplaren im Offsetdruck produziert wurde.

Diese Alternative für größere Auflagen verweist auf den wunden Punkt des digitalen Drucks: Dank seiner wurden zwar kleine und kleinste Auflagen bis hin zur »Auflage 1« möglich, doch die Stückkosten lagen so hoch, daß Print on Demand für den Massenmarkt keine Alternative war. Das galt für Schwarz-Weiß-, aber erst recht für Farbdruck. Außerdem hatte PoD im Sortimentsbuchhandel lange Zeit mit einem schlechten Image zu kämpfen. Die Buchhändler ließen sich von den qualitativen Fortschritten der Drucktechnik nur schwer überzeugen. Laserdrucker sind ja doch nichts anderes als bessere Fotokopierer; sie schwärzen das Papier mittels Toner, welcher an einer mit einem Laserstrahl bestrichenen Walze haften bleibt, die dann über das Papier geführt wird. Sodann bestanden, sofern sich mit dem Titel kein renommierter Verlag verband, Vorbehalte gegenüber den Autoren. Immerhin war bekannt, daß ein Autor, der für seine Veröffentlichung die Druckkosten übernimmt, selbst darüber bestimmt, ob er lektoriert wird. BoD in Norderstedt vermittelte zwar freie Lektoren und baute mit den Jahren selber ein eigenes Lektorat auf. Man konnte aber, anders als ein regulärer Verlag, den Autor nicht bedrängen, sein Opus verbessern, straffen, kürzen zu lassen. Im Zweifelsfall hatte es der Handel also mit einem Elaborat der Sorte Möchtegernliteratur zu tun. Für den Verband deutscher Schriftsteller waren die Kollegen Selbstzahler als Mitglieder inakzeptabel. Wiederholt bekräftigte die größte Autorengewerkschaft der Bundesrepublik Punkt zwei ihrer Geschäftsordnung, wonach Mitglied zwar jeder werden kann, der sein »fachliches Können hinreichend ausweist«, eine Buchveröffentlichung jedoch nur dann als Ausweis gilt, wenn sie »nicht durch Einsatz eigener Geldmittel erkauft« ist.

Die zweite Schwachstelle des Selbstverlags bei BoD war das Marketing. Zum Konzept gehörte, daß die Autoren selber die Trommel rühren mußten. Vielen war nicht klar, was es bedeutet, daß ihnen die Verlegerrolle zufällt. Lesungen mußten sie selbst organisieren, Werbemittel selbst bezahlen und verteilen (BoD bot gegen Entgelt den Druck von Postkarten und Plakaten an), es gab keine Verlagsvorschauen, und niemand schaltete Anzeigen für ihre Bücher. Andererseits: Welche Titel eines regulären Verlags kamen denn überhaupt noch in den Genuß eines intensiven Marketings? Höchstens eine Handvoll voraussichtlicher Bestseller. Gleichwohl blieb das Manko auf seiten der Autorenverleger schmerzlich spürbar. Da Buchhandlungen die »on demand« bestellten Titel anfangs nicht remittieren konnten, standen sie auch nicht in den Regalen, zeigten keine Präsenz, und die Rezensenten des Feuilletons fühlten sich allemal zu Höherem berufen, als Produkte zu würdigen, von denen sie annahmen, daß sie ungeprüft den Markt erreichen. Im Juni 2004 hatte BoD ein Einsehen und gewährte auf seine Titel Remissionsrecht. Das war ein Tribut an den Markt, lief aber doch der Kernidee eines stets bedarfsgerechten, nie überflüssigen Produzierens entgegen.

Die Zukunft des Print on Demand entscheidet sich an den Kosten: Wird es dem Digitaldruck gelingen, günstiger als der Offsetdruck zu produzieren? Klare Vorteile zeigte er bei Kleinauflagen, und das favorisierte ihn für Test- und Nachauflagen, für Vertreter- und Leseexemplare. PoD erschien als die Lösung schlechthin überall dort, wo es Spezialinteressen, Fachliteratur für einen eng begrenzten Kundenkreis, zu befriedigen galt. Für Verleger bot PoD auch hinsichtlich des Copyrights verlockende Aussichten. Das Verlagsrecht an einem Titel nämlich besitzen sie nur solange, wie sie das Buch lieferbar halten – ist es vergriffen und scheut der Verlag das Wagnis, es neu aufzulegen, fallen sämtliche Rechte an den Autor zurück. Wie nun, wenn das Vorhandensein des Textes im digitalen Satz und seine Abrufbarkeit mittels BoD die herkömmliche Pflicht zur Lieferbarkeit ersetzen könnten? Dann behielte man die Verlagsrechte auf ewig reserviert, und ganz nebenbei würde die Pflege der Backlist so leicht wie nie zuvor.

Vom Boom des Hörbuches

Noch in den 1990er Jahren hatte man das Hörbuch als Medium für Lesefaule und Analphabeten bezeichnet. Der deutschsprachige Buchhandel tat sich schwer mit den Tonträgern, die in den USA bereits die Gunst des Publikums erobert hatten. Damals mußten sich Verlage, die darauf setzten, mit Dichterlesungen auf Kassette und CD-Rom ein neues Geschäftsfeld zu erschließen, »als Totengräber der Literatur beschimpfen« lassen. Die gegenüber der Buchvorlage oft stark gekürzte Hörfassung stand im Ruf, das gedruckte Werk um der leichteren Konsumierbarkeit willen verstümmelt zu präsentieren: die zu Häppchen aufbereitete, gleichsam vorverdaute *Digest-Version* als Absturz in die Anspruchslosigkeit.

Zehn Jahre später waren die kulturkritischen Vorbehalte wie verpufft. Als die Zuwachsraten zweistellig wurden, folgte dem wirtschaftlichen Erfolg die kultu-

477

relle Aufwertung auf dem Fuße. Hörbücher hatten Fans bekommen, die sich aufs intellektuelle Schönreden verstanden. Man betonte die Reize des Auditiven und Oralen. Nobilitierend hieß es, im Hörbuch kehre die Literatur zu ihrem Ursprung zurück. Die »Mündlichkeit des Erzählens« beschwor Volker Lilienthal, einer der Juroren der Hörbuch-Bestenliste des Hessischen Rundfunks, in einem Beitrag für das *Gutenberg-Jahrbuch 2003*. Andere taten es ihm nach, sahen sich kraft dieses Mediums gleichsam in archaische Zeiten versetzt, als dichterische Vorträge noch mit einer Aufführungspraxis verknüpft waren, und raunten von der Wiederkehr »der alten Barden«. Der Vergleich hinkt zwar mächtig, denn eine Hörbuchproduktion folgt keiner oralen Tradition, sondern ist, wenn es sich nicht gerade um einen Live-Mitschnitt etwa einer Dichterlesung oder eines Literaturfestivals handelt, eine hochartifizielle Angelegenheit. Tontechniker sorgen für High-Fidelity und ausgeklügelte Sound-Effekte, und der Einsatz der Sprechenden folgt einer exakten Regie. Hier läuft nichts ohne Skript, von freiem Geschichtenerzählen kann nun wirklich nicht die Rede sein. Aber die Hörbuch-Szene liebt Vorstellungen, wonach die Stimme authentischer sei als die Schrift und das Hören ursprünglicher als das Lesen. Kaum eine ambitionierte Apologie des Audiobooks läßt den Hinweis ungenutzt, daß unser Hörsinn der erste ist, den das Kind im Mutterleib entwickelt, und der letzte, der im Sterben erlischt. So wäre denn der Boom des Hörbuchs kulturanthropologisch legitimiert.

Auch die allfälligen Kürzungen, welche das gedruckte Werk bei seiner Verwandlung in ein gesprochenes erfährt, sah man zunehmend entspannt. »Digest-Fassung« war selbst dann kein Schimpfwort, wenn die Edition als Hörbuch von der Vorlage nur ein Fünftel übrig ließ. Drastische Kürzungen waren nun einmal nötig – technisch bedingt: Hörfunkredakteure rechnen herkömmlich, daß auf eine Manuskriptseite zwei Minuten Sprechzeit entfallen. Bei dickleibigen engbedruckten Werken, brächte man sie ungekürzt sie auf Tonkassetten heraus, ergäbe das raumgreifende Editionen. Also wird gekürzt, und nicht nur dies, es wird auch um der Zuhörer willen in den Satzbau und die Komposition eingegriffen und umgestellt. Natürlich nur mit Zustimmung der Autoren, deren Urheberrecht berührt ist. Die Digitalisierung der Speichermedien änderte die Situation, sie löste das Platzproblem, denn sie schuf hinreichend große Kapazitäten bei gleichzeitiger Verkleinerung der Tonträger. Gleichwohl blieben die Hörbuchverlage dabei, Kurzfassungen zu edieren, mochte dies auch gestrengen Literaturfreunden ein Graus sein. Das zum Teil generöse Abweichen von der Druckvorlage lag daran, daß sich die rezeptionsästhetische Perspektive verschob. Es mehrten sich die Stimmen, die darauf pochten, daß das Hörbuch ein Kunstwerk eigenen Ranges sei. Ob es gelungen sei, bemesse sich an seinen eigenen technischen und drama-

turgischen Kriterien und eben nicht im Vergleich zum gedruckten Buch. Motto: Eine »tolle Produktion« ist eine tolle Produktion, und nur das zählt. Beim langjährigen deutschen Marktführer, dem Hörverlag, rangierte der Eigenwert des Hörbuchs schließlich so hoch, daß man es nicht länger als Zweitverwertung bezeichnen mochte. Anzumerken wäre allerdings, daß es dem Hörbuch in der öffentlichen Wahrnehmung keineswegs gelang, sich vollständig aus der Abhängigkeit vom gedruckten Buch zu lösen. Die Verlage waren auch nicht konsequent genug, dieses Wechselspiel, von dem sie sich Werbeeffekte erwarteten, zu beenden. Gut zu sehen war das daran, daß das Cover des Audiobooks meistens genauso daherkam wie der Umschlag des Buches gleichen Titels. Die Hörfassung sollte von der Bekanntheit des bereits gedruckten Werks profitieren. Wo diese Beziehung fehlte, wie zum Beispiel bei den zunächst für das Radio produzierten, dann als Audiobook herausgebrachten Hörspielen, gingen auch die Geschäfte schlechter. Das reine Hörspiel hatte es schwer im Buchmarkt. Seine Autoren hatten dort keinen Namen, und einen gedruckten Vorläufer, auf dessen Renommee sich ein Hörspiel-Hörbuch hätte stützen können, gab es nicht. Ebenso wenig gab es Schriftsteller, die sich hätten hinstellen und erklären können, sie seien reine Hörbuch-Autoren und schrieben für kein anderes Medium. Mit dem euphorisch beschworenen Image als »Kunstwerk eigenen Ranges« haperte es also.

Die oben erwähnten zweistelligen Zuwachsraten verzeichnete der Hörbuchmarkt in Deutschland ab 2004. Das blieb auch die nächsten Jahre so, jedoch reichte sein Boom vorerst nicht, um aus ihm ein Massenprodukt zu machen. Sein Marktanteil in Deutschland belief sich 2005 auf 3,4 Prozent; in den USA war er zur selben Zeit dreimal so hoch (stagnierte dort allerdings auch, so daß man glaubte, bei rund zehn Prozent Marktanteil sei das Wachstumspotential ausgeschöpft). Die Sprünge in der Umsatzentwicklung machen staunen: Gute Monate zeigten ein Plus von weit über dreißig Prozent gegenüber dem Vorjahr. 2001 wurden in Deutschland mit Hörbüchern 30 Mio. Euro umgesetzt, 2005 waren es schon 150 Millionen, und auf 300 Millionen kamen Schätzungen für das Jahr 2010. Eine rasante Bergfahrt. Über 15 000 Titel waren 2006 lieferbar, mehr als doppelt so viele wie noch zwei Jahre zuvor, und fünfhundert Anbieter mischten mit in diesem Geschäft, von welchem die zehn größten Verlage siebzig Prozent für sich verbuchen können. Diese großen Zehn waren: Der Hörverlag, Random House Audio, Jumbo Neue Medien, Lübbe Audio, Deutsche Grammophon, Der Audio Verlag, Steinbach Sprechende Bücher, Kein & Aber, Argon, Patmos.

Aufschlußreich ist die Geschichte des Hörverlags. Der deutsche Branchenführer war zugleich der Pionier in schwieriger Zeit. Als Der Hörverlag 1995 seine ersten

Titel herausbrachte, standen ihm die trüben Beispiele gescheiterter ähnlicher Unternehmungen noch frisch vor Augen. 1986 hatte der Verlag Klett-Cotta mit Hörspielen, die der Südwestfunk produziert hatte, und Autorenlesungen seine »Hörbühne« eröffnet. Unter anderem erschienen Goethes *Novelle* in der Bearbeitung von Max Ophüls, Wolfgang Borcherts Kriegsheimkehrerelegie *Draußen vor der Tür* und weitere Hörspiele von Alfred Andersch, Ingeborg Bachmann, Friedrich Dürrenmatt, Günter Eich, Ror Wolf. Die Kritiker applaudierten, doch die Nachfrage der Käufer lahmte. 1987 lancierte auch Rowohlt einen Verlag für Hörbücher, mußte aber nach einiger Zeit ebenfalls die Segel streichen. Anders als bei »Cottas Hörbühne«, wo man immerhin so klug war, auf die Zusammenarbeit mit dem Rundfunk zu bauen, hatte Rowohlt den Ehrgeiz, Eigenproduktionen zu präsentieren. Das verteuerte die Sache enorm. Erst bei einer verkauften Auflage von zehntausend Exemplaren wäre ein solches Hörbuch rentabel gewesen. Dafür fehlte es seinerzeit aber nicht nur an Käufern, sondern auch an engagierten Verkäufern. Im Buchhandel waren die Tonkassetten und CDs anfangs ungeliebte Kinder. Sie unterlagen weder der Preisbindung noch profitierten sie wie Bücher vom ermäßigten Mehrwertsteuersatz. Auch bescherte ihr Format den Händlern Probleme. Wie und wo sollte man sie aufstellen? So wurde die teuren Hörbücher in Vitrinen weggeschlossen und verdämmerten dort, oder man stellte sie wie Bücher mit dem Rücken zum Publikum ins Regal. Nun mag zwar die sogenannte Rückenpräsentation von CDs Platz sparen, den Absatz jedoch bremst sie stark. Mit anderen Worten: Verlage, die sich in den 1990er Jahren an das Geschäft mit Hörbüchern wagten, standen vor einer durch massive Erschwernisse gekennzeichneten Situation. Es gab keine Präsentationsflächen im Handel, keine Vertriebsstruktur, kein verkaufsförderndes Image, keine staatliche Subventionierung. Überdies waren die Produktions- und Lizenzkosten hoch. Der junge, 1993 initiierte Hörverlag reagierte darauf mit emsigem Klinkenputzen bei den Buchhändlern und setzte, um sich von der aufwendigen Herstellung der Tonkonserven zu entlasten, auf enge Kooperation mit den Rundfunkanstalten. Die Lizenzkosten zu drücken, war schon der Gründung selbst eingeschrieben gewesen, denn Der Hörverlag ist eine Gründung nach dem Modell des Deutschen Taschenbuchverlags. Wie schon gut dreißig Jahre zuvor bei dtv fanden sich hier mehrere Verlage – teils die identischen wie einst – zu einem Gemeinschaftsprojekt zusammen. Der Verlag der Autoren, der Bühnenverlag Stefanie Hunzinger, der Österreichische Bundesverlag, Piper, Schotts Musikverlag, Suhrkamp, Hanser und Klett-Cotta fungierten als Gesellschafter und zugleich Lizenzgeber. So verschafften sie dem Hörverlag einerseits eine solide finanzielle Basis, andererseits einen Pool aus Buchrechten. Als dann auch noch das

Glück mitspielte und die Neugründung mit den Audiofassungen von Umberto Ecos Bestseller *Im Namen der Rose* und Jostein Gaarders Philosophie-Roman *Sophies Welt* vom Fleck weg Erfolg hatte, schienen die Jahre des Scheiterns für Hörbuchverlage in Deutschland endlich überwunden.

Zur gleichen Zeit, als Klett-Cotta und Rowohlt in Deutschland ihr unrentables Geschäft mit Hörbüchern begannen, wirkten in den USA bereits achtzig Verlage in diesem Sektor, und es existierte auch schon ein Netz von Tankstellen, an denen Autofahrer Audiobooks leihen und zurückgeben konnten. Die stärkere amerikanische Nachfrage wird gemeinhin mit dem schlechteren privaten Radioprogramm dort und den längeren Wegstrecken, auf denen Autofahrer viel Muße zum Zuhören finden, erklärt. Allerdings kamen auch die europäischen Autofahrer auf den Geschmack. Zudem verfügt der öffentlichrechtliche Rundfunk, sei es der deutsche oder die englische BBC, nicht nur über das bessere Programm, sondern auch über ausgezeichnete Archive voller grandioser Hörspiele und legendärer historischer Autorenlesungen. Diese Schätze zu heben, ist Sache des Hörbuchs geworden, und die Verlage, die sich die aufwendigen Produktionen des gebührenfinanzierten Rundfunks nie und nimmer leisten könnten, profitieren von der Kooperation mit den Sendern enorm. Umgekehrt haben Sendeanstalten, die als öffentlichrechtliche keine Gewinne mache dürfen, Tochterfirmen gegründet, um als Gesellschafter ins Hörbuch-Geschäft einzusteigen. Die Zusammenarbeit zwischen Sendern und Verlagen wurde vielgestaltig und schritt weit fort, sie beschränkte sich keineswegs mehr auf die Übernahme von Hörfunkproduktionen. Vielmehr traten Verlagslektorate auch mit eigenen Projekten an die Rundfunkredaktionen heran, um sie dort realisieren zu lassen.

Der jähe deutsche Aufstieg der Audiobooks trug bisweilen fast kultische Züge. Als sich etwa die Autoren der Jugendbuch- und Hörspielreihe »Die 3 Fragezeichen« auf Lesereise begaben, füllten sie Hallen und hatten mehr Zuhörer als mancher Popstar. Es gab Hörbuch-Spektakel in »Hörbars«, Planetarien, Kinos – oft in abgedunkelten Räumen, um den Reiz des Zuhörens zu erhöhen. Dazu kamen Festivals und ständig größer werdende Hörbuch-Foren an den Buchmessen. Wie läßt sich der Erfolg erklären? Medientheoretisch ambitionierte Deutungen sehen darin eine Gegenbewegung zu unserer mit Bildern überreich gesättigten Kultur. Demnach gäbe es eine Wendung von der Augen- zur Ohrenlust. Pragmatiker verweisen auf den für die Hörbuchwerbung zentralen Slogan »Double your time« (Verdopple deine Zeit): Daß man beim Hören eines Audiobooks gleichzeitig bügeln oder autofahren könne, sei ein maßgeblicher Vorzug. Sodann wird der Reiz der Stimme betont: »Stimmen machen Stimmung«. Der mündliche Vortrag schafft mit der spezifischen Atmosphäre auch eine Auslegung des Gesagten, eine Interpretationshilfe. Lyrik etwa, in gedruckter Form eher ein Ladenhüter, kommt als Hörbuch sehr gut beim Publikum an. Nicht zu unterschätzen ist, was man den Intimitätsfaktor der Stimme nennen könnte. Der Hörbuchfreund mit dem Kopfhörer auf den Ohren, gleichsam eingekapselt in sich und sein Hörerlebnis, erweist sich als typisches Kind der Individualisierung, das in seiner Vereinzelung persönliche Nähe durch mediale Intimität ersetzt: Der Sprecher des Hörbuchs wohnt mit seiner zunehmend vertrauten Stimme dominant im Ohr und dicht am Herzen seines Zuhörers. Wenn die Sprecher Idole sind, bekannt als Schauspieler aus Film und Fernsehen, um so besser. Als der Verlag Random House Audio zusammen mit einer Frauenzeitschrift im Jahre 2005 eine Hörbuchreihe vorlegte, die »Starke Stimmen« betitelt und sämtlich von Schauspielerinnen besprochen worden war, landete er einen Kassenschlager, der seinen Umsatz um 61 Prozent erhöhte.

Schließlich läßt sich die Erfolgsgeschichte des Hörbuchs auch als Technikgeschichte schreiben. Die Anfänge dieses Mediums reichen zurück bis zur Erfindung von Phonograph und Schellackplatte im späten 19. Jahrhundert, als man Geräusche, Musik und gesprochene Worte zu akustischen Szenen, zu Hörbildern, montierte. Für die Sprechplatte des 20. Jahrhunderts waren die Blindenbibliotheken Hauptabnehmer. Darbietungsformen je nach Literaturgattung schälten sich heraus: Belletristik wurde bevorzugt als Dichterlesung genossen, das Kin-

---

Wer hört was?

Studien zum Leseverhalten der Geschlechter brachten es immer wieder an den Tag: Der Buchmarkt der Jahrtausendwende war weiblich. Frauen griffen weit öfter zum Buch als Männer. Anders beim Hörbuch, hier herrschte ungefähr Parität. Grenzte man die Betrachtung auf die Nutzung von Download-Portalen ein, so war sogar, angeblich wegen der geforderten Technik-Affinität, das männliche Publikum in der Überzahl. Nach Auskunft von Audible, einem erfolgreichen Hörbuch-Portal, schlug sich dieser Umstand in den nachgefragten Stoffen nieder: Männer orderten eher Fantasy und Crime; zudem setzte Audible überproportional viele Sachbücher ab. Ein Übergewicht an Sachbüchern kennzeichnete übrigens auch den US-Hörbuchmarkt, und zwar generell, nicht geschlechtsspezifisch. In Deutschland hingegen rangierte nach absoluten Zahlen die Schöne Literatur vorn. Die Statistik des Börsenvereins machte für das Jahr 2005 zur Aufteilung des Hörbuchmarkts nach Warengruppen folgende Angaben: 51 % Belletristik, 22,5 % Kinder- und Jugendbuch, 12 % Schule und Lernen, 7 % Sachbuch und Ratgeber, 7,5 % Sonstige.

derbuch aufbereitet als Hörspiel, das Sachbuch meist in Form einer Dokumentation, als Redenmitschnitt zum Beispiel. Die Deutsche Grammophon, die 1954 die erste Box mit Sprechplatten auf den Markt gebracht hatte – Goethes Faust I in der Inszenierung von und mit Gustav Gründgens –, setzte 1987 erneut eine Wegmarke, diesmal sprachlich: Sie legte den Begriff »Sprechplatte« ad acta und führte den Namen »Hörbuch« ein, weil sie damit ihre ungekürzten Lesungen großer Romane treffender gewürdigt fand. Mit dem Aufkommen von Tonkassette und CD befreite sich das Hörbuch aus seiner Nischenexistenz. Doch sein eigentlicher Boom begann erst mit dem Siegeszug der MP3-Player. Die Zahl der Download-Portale im Internet wuchs ab 2004 beständig, desgleichen der Kreis der Wiedergabegeräte (zum iPod, dem legendären MP3-Player der Firma Apple, kamen Handy und Smart-Phone). Fast so mobil wie ein Taschenbuch war das Hörbuch geworden – und eher noch leichter am Leibe zu tragen. Die Industrie jubelte über neue Käuferschichten: Das Hörbuch, verlautete aus den USA, ziehe Bevölkerungskreise an, welche einen Buchladen nie betreten hätten. Der Internet-Download befriedigt das Verlangen nach sofortigem Konsum, und solange die Quelldatei eines Titels existiert, ist das Hörbuch nie ausverkauft. Schwarz sehen mußte man für die Zukunft des Sortimentsbuchhandels. Da hatte der stationäre Handel nach zögerlichem Beginn das Audiobook zu einem seiner Lieblingsprodukte erhoben – und schon drohte er diese Ware an die Online-Anbieter zu verlieren. Verlage verstärkten diese Abwanderung noch, indem sie eigene Portale eröffneten und mit Direktverkäufen an den Endkunden den Handel umgingen. Aber auch sie, die Hauptnutznießer des Hörbuch-Geschäfts, fanden in der Entwicklung Grund zur Sorge. Das digitale Hörbuch eignet sich vorzüglich für Raubkopien. Bei einer Aktion gegen die Audiobook-Piraterie im Internet deckte der britische Verlegerverband im Mai 2006 auf Anhieb fast tausend Titel auf, die geklaut, also kopiert und massenhaft illegal als Download verkauft worden waren.

Digitalisierungsprojekte contra Urheberrechte

Im Jahre 2005 meldete die Musikindustrie zum siebten Mal in Folge einen Umsatzrückgang. Seit dem Jahr 1998 war der Absatz von Tonträgern um 45 Prozent gesunken, ein Drittel der Arbeitsplätze verloren gegangen. Als Ursache wurde der kostenlose Download in Internet-Tauschbörsen angegeben, das sogenannte File-Sharing zwischen den Konsumenten. Der im Prinzip weltweit unbegrenzte Austausch von Musikdateien über das Internet hatte Ausmaße angenommen, die für die Industrie verheerend waren. Ahnden aber ließ sich das Delikt kaum; Justitia zeigte sich überfordert. Die vielen Gratis-Angebote des Internets hatten mit der Zeit auch eine allgemeine Gratis-Mentalität geschaffen, so daß Raubkopien als läßliche Sünde galten. Auf eine gesamtgesellschaftliche Verpönung dieser Form der Urheberrechtsverletzung war nicht zu hoffen. Im Gegenteil propagierte eine aus den USA kommende, unter der Flagge »Free Culture« segelnde Bewegung die Abschaffung des Copyrights. Hochtrabend nahmen diese Anhänger der ungenierten Selbstbedienung für sich in Anspruch, die Kultur und ihre Schöpfungen von dem ausbeuterischen Zugriff der Konzerne zu befreien. Dieselbe Gesinnung wie die Musikpiraten teilten die Kollegen von der Abteilung digitaler Bücherklau. Mit Sätzen wie »Der Begriff des geistigen Eigentums ist ein Kampfbegriff, der gegen die kollektive Organisation von Arbeit und Eigentum gerichtet ist« veredelte die Free-Culture-Bewegung eine Ideologie, die demokratisch tat, aber im wesentlichen bloß das Schnorren schönredete. Zumindest theoretisch sah man auch in diesen Kreisen ein, daß die Urheber ja doch wohl etwas mit ihrer Arbeit verdienen müßten. Allerdings war, was dabei an Überlegungen herauskam, durchaus nicht nach dem Geschmack der geschädigten Kreativen. Einer von ihnen, Thomas Wollermann vom Verband deutscher Übersetzer, kommentierte sarkastisch: »Es kursieren Honorierungsmodelle, die auf Freiwilligkeit bauen und darauf hinauslaufen, Künstler in den Status von Straßenmusikanten zu versetzen: Wer von etwas begeistert ist, wirft ein paar Groschen in den Hut.«

Mit Vervielfältigung von Literatur an Photokopiergeräten, wie sie in um 1980 besonders in Studentenkreisen aufgekommen war, hatte die neue Praxis wenig gemein. Die analoge Kopie war im Grunde nichts gewesen, womit man sich hätte befreunden können – eine Notlösung für den schmalen Geldbeutel, ein schaler Ersatz für das Echte. Und dann dieser Aufwand, dieses lange lästige Stehen im Copy-Shop an den Geräten… Das Digitale brachte eine Wende. Es scheint nicht übertrieben, von einem Kulturbruch zu sprechen. Die Digitalisierung veränderte den Status von Kopien grundsätzlich. Ein Datentransfer ohne Qualitätsverlust wurde möglich, denn zwischen digitaler Vorlage und digitalem Doppel besteht kein grundsätzlicher Unterschied mehr. Da fällt es leichter, sich mit Kopien zufrieden zu geben, zumal wenn die Kopie im Unterschied zum Original gratis da ist und man nur ein paar Mausklicks benötigt, um sich in ihren Besitz zu bringen. Gleichwohl sah es 2005 nicht so aus, als müsse die Buchbranche das Schicksal der Musikindustrie teilen. Dazu waren die Umsatzeinbußen nicht spürbar genug. Doch wer sich im Internet auf die Suche nach solchen Büchern begab, deren Text in vollem Umfang und kostenfrei zu haben war, wurde reichlich fündig. Die Bestseller waren komplett versammelt. Selbst bei Titeln, die fast tausend Seiten zählten, hatten

die Piraten sich nicht gescheut, alles zu scannen und ins Netz zu stellen. Vieles lief, wie etwa die Raubkopie von Frank Schätzings dickleibigem Bestseller »Der Schwarm«, über russische Websites – unerreichbar für eine Strafverfolgung von Deutschland aus.

Die Raubkopierer in den Tauschbörsen waren stolz auf die Leistung, die es braucht, um ein Buch zu scannen, den Scan Korrektur zu lesen, neu zu layouten und abrufbereit ins Netz zu stellen. Sie hatten ein gutes Gewissen, denn bei ihrem Tun sagten sie sich: Wir sind nicht kommerziell. Verglichen mit Firmen wie Google, Amazon und Microsoft, die eigene Anstrengungen zur Digitalisierung von Büchern unternahmen, die ihnen nicht gehörten, stimmte das sogar. Die Buchverlage haben denn auch lange Zeit die Tauschbörsen nicht für voll genommen. Als hingegen der kommerzielle Internet-Suchdienst Google im Dezember 2004 feierlich sein Projekt *Google Print for Libraries* ankündigte, wuchs die Unruhe der Verleger rasch zu heller Aufregung. 15 Millionen Bücher aus den Beständen von zehn amerikanischen Bibliotheken wollte Google innerhalb von sechs Jahren scannen und ins Internet stellen. Als ab Mai 2005 erste Kostproben zu begutachten waren, erwies es sich, daß nicht nur gemeinfreie Literatur digitalisiert worden war, sondern auch Titel, deren Copyright noch lief. Autoren und Verleger, vertreten durch ihre Verbände *Authors Guild* und *Association of American Publishers*, empörten sich, sie seien als Betroffene nicht um Zustimmung gefragt worden, und verklagten den börsennotierten Internet-Riesen. Dieser konterte, allein das Anfertigen digitaler Kopien in Zusammenarbeit mit den Bibliotheken sei noch kein Verstoß gegen das amerikanische Copyright. Zweitens sei, welche Informationen aus den Büchern Google dann online preisgebe, durch das Prinzip des »fair use« legitimiert. Ohnehin zeige man bei geschützten Titeln nur die bibliographischen Angaben sowie kurze Textschnipsel an. Diese »Snippets« entsprächen der Fundstellen-Information, wie sie Suchmaschinen bei Internet-Recherchen immer lieferten: das Suchwort im Kontext einiger weniger Zeilen – mehr nicht. Im übrigen stehe einem jeden frei, die Entfernung seines Buches aus der neuen großen Online-Bibliothek zu verlangen.

Aber diese Antwort stellte die Kritiker nicht zufrieden, denn Google hatte mit der Option auf nachträgliche Tilgung, dem sogenannten Opt-Out-Modell, die Spielregeln verkehrt: Wenn vorher galt, das der Copyright-Inhaber ausdrücklich das Recht dazu erteilen muß, wenn jemand sein Buch zu wirtschaftlichen Zwecken nutzen möchte, so bezog Google den Standpunkt, dies sei im Internet zuviel verlangt. Es müsse reichen, wenn das Unternehmen auf nachträglichen Protest reagiere.

In der Folge benannte Google sein Projekt um: Aus *Google Print* wurde *Google Book Search*. Dort, wo es sich nicht vermeiden ließ, zeigte sich der populäre Internet-

481

Suchdienst einsichtig. Kein Problem bildeten Titel, deren Copyright erloschen war. Insofern konnte Google im August 2006 gefahrlos damit beginnen, ganze Bücher von Klassikern wie Äsop, Dante, Shakespeare, Victor Hugo sowie weiteren gemeinfreien Autoren zum kostenlosen Download anzubieten. Solche Volltext-Offerten ohne Zustimmung durch Verlage wären bei geschützten Titeln glatter Raub. Das war auch Google klar. Urheber müßten sich keine Sorgen machen, hieß es. Sei man im Zweifel, ob ein Autor schon gemeinfrei sei, dann gebe es von ihm allenfalls Snippets zu lesen. Überdies setzte Google verstärkt auf Kooperation. 2006 hatte sich Google bereits mit mehr als zehntausend Verlagen über die Konditionen der Verwertung geschützter Titel geeinigt und entsprechende Verträge abgeschlossen. Vor allem Fachverlage erhofften sich von der Erfassung ihrer Bücher ein Mehr an Beachtung, und selbst die mehrseitige Beigabe von Online-Leseproben begrüßten sie als Marketing-Hilfe. Wer in jenem Jahr die deutsche Website von Google frequentierte und dort die neue Büchersuchfunktion ausprobierte, fand daher die Frage nach dem Lektüreangebot sehr differenziert beantwortet: »Wenn das Buch nicht den urheberrechtlichen Beschränkungen unterliegt und öffentlich zugänglich ist, können Sie das komplette Buch lesen. Bei Bibliotheksbüchern, die urheberrechtlich geschützt sind, werden nur einige wenige Sätze angezeigt. In Büchern von Verlegern können Sie eine begrenzte Anzahl an Seiten lesen. Prinzipiell soll Google Book Search Ihnen dabei helfen, Bücher zu entdecken, und nicht, sie von Anfang bis Ende zu lesen.« Doch die Verleger blieben misstrauisch.

Anders als erwartet, kam die schärfste Polemik gegen Google allerdings nicht von Verlegerseite, sondern von Jean-Noël Jeanneney, dem Präsidenten der französischen Nationalbibliothek. Wo Verleger von Volltext-Scans im Internet eine Vermehrung digitaler Raubdrucke fürchteten, witterten die Bibliothekare, die sich als »Info-Brooker« und Verwalter des schriftlichen kulturellen Erbes definierten, einen unliebsamen Konkurrenten. Mit einer Kampfschrift, die unter dem Titel *Quand Google défie l'Europe* erschien (dtsch. *Googles Herausforderung*), machte sich Jeanneney zu ihrer Stimme. Der Bibliothekar argumentierte keineswegs gegen Digitalisierung, er polemisierte vielmehr kulturkritisch und warnte vor angloamerikanischer »Arroganz« und privatem Gewinnstreben. Er wolle keine böse Absicht unterstellen, schrieb Jeanneney, jedoch führe allein schon die Fixierung auf die englische Sprache im Verein mit der Unlust der Amerikaner, eine andere Weltsicht als die eigene anzuerkennen, zu einer einseitigen Auswahl von Büchern. Und da Google sich durch Werbeanzeigen finanziere, müsse diese digitale Bibliothek vornehmlich den Massengeschmack bedienen. So appellierte Jeanneney »an die Europäer, sich einer gefährlichen kulturellen Homogenisierung zu widersetzen«.

Er forderte eine eigene europäische Suchmaschine im Dienste einer »europäischen Nationalbibliothek«, rief nach staatlicher Aufsicht und skizzierte eine von Bibliothekaren und Wissenschaftlern gebildete Dachorganisation, die von Brüssel aus Sorge zu tragen hätte, daß die Auflistung der zu digitalisierenden Werke den richtigen Kriterien gehorcht.

In den USA wurde, aus durchaus nachvollziehbaren Gründen, Jeanneneys Kampfschrift als Neidreaktion abgetan. Richtig ist aber auch, daß Google mit seinem Projekt nichts Neues erfunden hatte. Schon in den frühen 1990er Jahren hatten Vertreter der Nationalbibliotheken Englands, Finnlands, der Niederlande und Deutschlands darüber beraten, wie sie die Idee einer virtuellen Bibliothek auf der Basis des WorldWideWeb in die Praxis umsetzen könnten. Unter dem Namen GABRIEL *(Gateway to and Bridges for European Libraries)* schufen sie ein Internetportal, wo ihre Bibliotheken gemeinsam Dienste anboten. Später wurde daraus TEL (The European Library), doch trotz des Anspruchs, damit eine Europäische Bibliothek geschaffen zu haben, blieb die Einrichtung Flickwerk – kein Vergleich mit der Popularität, die dann Google widerfuhr. Abhängig von Geldern der öffentlichen Hand und von der Unterstützung durch die Europäische Kommission, lahmte die Initiative. Mit Googles Auftritt gewann auch das Konzept einer europäischen digitalen Bibliothek an Fahrt. Die Politik reagierte. Im März 2006 kam es zum ersten Treffen einer zwanzigköpfigen Expertengruppe. Beschirmt von der Europäischen Union, sollte man sich über eine Bündelung bestehender nationaler Projekte verständigen. Erster Arbeitspunkt war, wie nicht anders zu erwarten: das Urheberrecht und die kontroversen Auffassungen, welche die von einer Digitalisierung Betroffenen darüber hegten.

Daß es nicht möglich sein würde, Digitalisierungsprojekte zu stoppen, war zu diesem Zeitpunkt bereits allen klar. Nach Google hatten auch die Firmen Yahoo, Hewlett-Packard, Adobe und Microsoft die Schaffung einer digitalen Bibliothek angekündigt. Der Buchhändler Amazon bot auf seiner amerikanischen Website zwei neue Dienste an: Als *Amazon-Pages* firmierte die Option für Leser, Bücher seitenweise in digitaler Form online zu erwerben. *Amazon-Upgrade* hieß, daß Kunden, die ein gedrucktes Buch im Versand kauften, gegen eine geringen Aufpreis Zugriff auf eine Online-Version erhielten. Für die deutsche Buchbranche suchte die vom Verleger Matthias Ulmer initiierte Arbeitsgruppe *Volltextsuche Online* ein zentrales Netzwerk zu entwickeln. Große Verlagsgruppen wie Random House, Holtzbrinck und Harper Collins setzen auf eigene Entwicklungen. In summa: Das Rad der Entwicklung ließ sich nicht mehr zurückdrehen. Es konnte nur noch darum gehen, sowohl praktikable wie gerechte Lösungen für Urheber, Verwerter und Nutzer zu finden.

Verzeichnisse

Die Teile des Buches und ihre Bezeichnungen

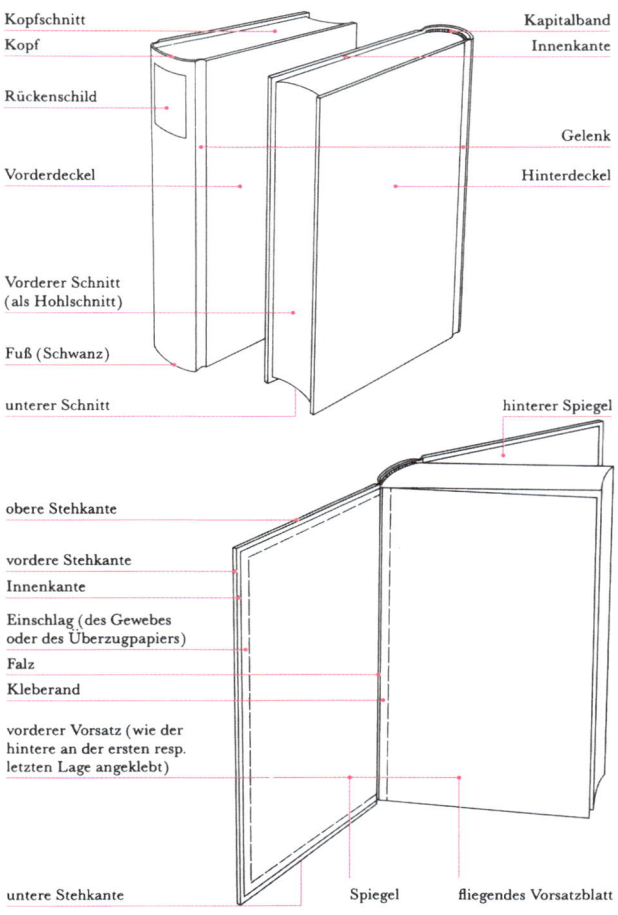

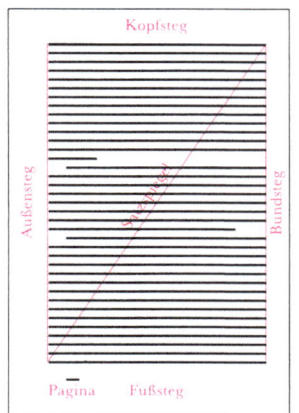

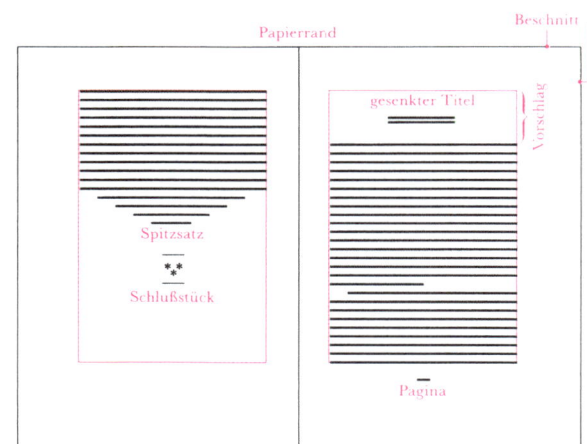

Das *Vorsatzpapier,* das der Buchbinder vorn und hinten ins Buch einklebt, ist Teil des Bucheinbandes. Bestehend aus *Spiegel* und *fliegendem Blatt,* verbindet das *Vorsatz* die *Buchdecke* (Rücken, Vorder- und Hinterdeckel) mit dem *Buchblock,* zu dem die einzelnen Lagen zusammengefaßt werden. Nicht zu sehen in der obigen Abbildung ist der *Schmutztitel,* auch Respektblatt genannt, mit dem die erste Lage beginnt und der noch aus der Zeit stammt, als Bücher ungebunden und damit ungeschützt in den Handel kamen. Dem Schmutztitel, der oft nur aus einer einzigen Zeile oder auch dem Verlagssignet besteht, folgt das eigentliche *Titelblatt.*

Die satztechnischen Fachbegriffe, die die Teile der *Doppelseite* betreffen, stammen aus der Zeit des Bleisatzes. Obwohl *Stege* im Offsetdruck überholt sind, werden die *Papierränder* immer noch als solche bezeichnet; der Kürze halber unterscheidet man auch einfach *Oben, Außen, Unten* und *Bund.* Von einem *lebenden Kolumnentitel* spricht man, wenn der Seitenzahl (fachsprachlich *Pagina* oder *toter Kolumnentitel*) ein kurzer Text beigegeben wird, der nicht auf allen Seiten den gleichen Inhalt hat. Je nachdem, wie stark das Buch gegliedert ist, besteht er aus dem Titel des Buches und den Überschriften der Kapitel oder, wie in *Das Buch vom Buch,* aus Überschriften der Haupt- und Unterabschnitte. Dabei trägt die linke Seite immer die übergeordneten, die rechte die untergeordneten Titel.

Weiterführende Literatur

Gegenüber den ersten beiden Auflagen des *Buchs vom Buch* ist die nachstehende Aufstellung um einige neue Titel erweitert, im ganzen aber sehr stark gekürzt. Wir haben uns auf eine subjektive Auswahl von Werken beschränkt, die entweder geschätzte Klassiker des Genres sind, Überblick bieten oder von uns mit besonderem Gewinn rezipiert wurden.

Arnim, Manfred von: Europäische Einbandkunst aus sechs Jahrhunderten. Beispiele aus der Bibliothek Otto Schäfer, Schweinfurt 1992.

Barge, Hermann: Geschichte der Buchdruckerkunst. Leipzig: Reclam 1940.
Bauer, Konrad F.: Aventur und Kunst. Frankfurt am Main: Privatdruck der Bauerschen Gießerei 1940.
Bogeng, G. A. E.: Geschichte der Buchdruckerkunst. 2 Bde. (Neudruck) Hildesheim: Georg Olms 1973.
Bologna, Giulia: Handschriften und Miniaturen. Das Buch vor Gutenberg. München: Südwest 1989.
Buchkultur im Mittelalter. Schrift – Bild – Kommunikation. Hrsg. von Michael Stolz und Adrian Mettauer. Berlin: de Gruyter 2006.

Chartier, Roger: Lesewelten. Buch und Lektüre in der frühen Neuzeit. Frankfurt am Main, New York: Campus 1990.

Dohmen, Walter: Die Lithographie. Geschichte, Kunst, Technik. Köln: DuMont 1982.

Eberlein, Johann Konrad: Miniatur und Arbeit. Das Medium Buchmalerei. Frankfurt am Main: Suhrkamp 1995.
Eyssen, Jürgen: Buchkunst in Deutschland. Hannover: Schlütersche 1980.

Frutiger, Adrian: Der Mensch und seine Zeichen. 2 Bde., hrsg. von der D. Stempel AG. Eichzell: Horst Heiderhoff Verlag, 1979.
Funke, Fritz: Buchkunde. 5. Aufl. München, London, New York, Paris: K. G. Saur 1992.

Geck, Elisabeth: Grundzüge der Geschichte der Buchillustration, Darmstadt: Wiss. Buchgesellschaft 1982.
Geldner, Ferdinand: Inkunabelkunde. Eine Einführung in die Welt des frühesten Buchdrucks. Elemente des Buch- und Bibliothekswesens, Bd. 5. Wiesbaden: Ludwig Reichert 1978.
Gerhardt, Claus W.: Der Buchdruck. Geschichte der Druckverfahren Teil 2. Stuttgart: Anton Hiersemann 1975.
Geschichte des deutschen Buchhandels im 19. und 20. Jahrhundert. Im Auftrag der Historischen Kommission des Börsenvereins hrsg. von Georg Jäger u. a., Bd. 1: Das Kaiserreich 1871–1918, Bd. 2: Weimarer Republik. Frankfurt am Main: Buchhändler Vereinigung 2001ff. (jetzt im Verlag KG Saur, München).
Giesecke, Michael: Der Buchdruck in der frühen Neuzeit. Eine historische Fallstudie über die Durchsetzung neuer Informations- und Kommunikationstechnologien. Frankfurt am Main: Suhrkamp 1991.
Gutenberg. Aventur und Kunst. Vom Geheimunternehmen zur ersten Medienrevolution. Hrsg. von der Stadt Mainz. Mainz: Hermann Schmidt 2000.

Haarmann, Harald: Universalgeschichte der Schrift. Frankfurt am Main, New York: Campus 1990.
Hansers Sozialgeschichte der deutschen Literatur vom 16. Jahrhundert bis zur Gegenwart. Bd. 3: Deutsche Aufklärung bis zur Französischen Revolution, hrsg. von Rolf Grimminger. Bd. 4: Klassik und Romantik, hrsg. von Gert Ueding. München: Hanser 1984 u.1987.
Hiller, Helmut; Füssel, Stephan: Wörterbuch des Buches. Frankfurt am Main: Vittorio Klostermann 2002.

Hunger, Herbert; Stegmüller, Otto; Erbse, Hartmut, u. a.: Geschichte der Textüberlieferung der antiken und mittelalterlichen Literatur. 2 Bde, Zürich: Atlantis 1961.

Jäger, Georg; Schönert, Jörg: Die Leihbibliothek als Institution des literarischen Lebens im 18. und 19. Jahrhundert. Hamburg: Ernst Hauswedell 1980.

Kapr, Albert: Fraktur – Form und Geschichte der gebrochenen Schriften. Mainz: Hermann Schmidt 1993.
Kapr, Albert: Johannes Gutenberg, Persönlichkeit und Leistung. München: C. H. Beck 1987.
Kapr, Albert: Schriftkunst. Geschichte, Anatomie und Schönheit der lateinischen Buchstaben. Dresden: Verlag der Kunst 1971. Lizenzausgabe München / New York / London: K. G. Saur 1983.
Kunze, Horst: Geschichte der Buchillustration in Deutschland. Das 15. Jahrhundert. 2 Bde. Leipzig: Insel 1975.
Kunze, Horst: Geschichte der Buchillustration in Deutschland. Das 16. und 17. Jahrhundert. 2 Bde. Frankfurt am Main: Insel 1993.

Lang, Lothar: Buchkunst und Kunstgeschichte im 20. Jahrhundert. Graphik, Illustration, Malerbuch. Stuttgart: Hiersemann 2005.
List, Claudia; Blum, Wilhelm: Buchkunst des Mittelalters. Ein illustriertes Handbuch. Stuttgart: Belser 1994.
Lorck, Carl Berend: Handbuch der Geschichte der Buchdruckerkunst. München, New York, London: K. G. Saur 1988. (Reprint der 1882/83 bei J. J.Weber in Leipzig erschienenen Originalausgabe).

Mazal, Otto: Buchkunst der Gotik. Graz: Akademische Druck- und Verlagsanstalt 1975.
Mazal, Otto: Geschichte der Buchkultur. Bd.1 Die griechisch-römische Antike, Bd. 3: Frühmittelalter, Bd. 4: Romanik. Graz: Akademische Druck- und Verlagsanstalt 1999ff.

Pächt, Otto: Buchmalerei des Mittelalters. München: Prestel 1984.
Paret, Oscar: Die Überlieferung der Bibel. 3. Auflage. Stuttgart: Württembergische Bibelgesellschaft 1963.
Plachta, Botho: Zensur. Stuttgart: Philipp Reclam jun. 2006.

Sandermann, Wilhelm: Die Kulturgeschichte des Papiers. Berlin, Heidelberg, New York: Springer 1988.
Schenda, Rudolf: Die Lesestoffe der kleinen Leute. München: C. H. Beck 1976.
Schottenloher, Karl: Bücher bewegten die Welt. 2 Bde. Stuttgart: Anton Hiersemann 1952.
Schrift und Schriftlichkeit. Writing and Its Use. Ein interdisziplinäres Handbuch. Hrsg. von Hartmut Günther und Otto Ludwig. Berlin, New York: de Gruyter 1994.
Schütz, Hans J.: Verbotene Bücher. Eine Geschichte der Zensur von Homer bis Henry Miller. München: C. H. Beck 1990.
Seine Welt wissen. Enzyklopädien in der frühen Neuzeit. Hrsg. von Ulrich Johannes Schneider. Darmstadt: Primus 2006.
Stein, Peter: Schriftkultur. Eine Geschichte des Schreibens und Lesens. Darmstadt: Primus 2006.
Steinberg, S. H.: Die Schwarze Kunst. München: Prestel 1958 /1988.

Widmann, Hans (Hrsg.): Der deutsche Buchhandel in Urkunden und Quellen. 2 Bde. Hamburg: Ernst Hauswedell 1964.
Willberg, Hans Peter: Buchkunst im Wandel. Die Entwicklung der Buchgestaltung in der Bundesrepublik Deutschland. Frankfurt am Main: Stiftung Buchkunst 1984. H. Schmidt 1996.
Wittmann, Reinhard: Geschichte des deutschen Buchhandels. München: C. H. Beck 1991.

Verzeichnis der Abbildungen

Ohne die Unterstützung der im Abbildungsverzeichnis genannten Bildgeber, die uns Reproduktionsvorlagen zur Verfügung stellten und Genehmigungen zum Abdruck erteilten, hätte dieses Buch nicht entstehen können. Ihnen allen sei herzlich gedankt.

Eine zuvorkommende Bildrecherche an Ort und Stelle besorgten namentlich Frau Antje Keller, Kunstsammlung der Akademie der Künste Berlin, Frau Carola Staniek, Deutsches Buch- und Schriftmuseum Leipzig, sowie Herr Dr. Wild, Gutenberg-Museum Mainz. Geduldige Hilfe leisteten wiederholt das Deutsche Literaturarchiv in Marbach am Neckar, die Herzog August Bibliothek in Wolfenbüttel und die Niedersächsische Staats- und Universitätsbibliothek in Göttingen.

Den Verlagen Insel/Suhrkamp, Westermann und Reclam, dem Kestner-Museum Hannover sowie den Privatarchiven Heinz J. Galle, Leverkusen, und Alex W. Hinrichsen, Höxter-Stahle, gilt für unkonventionelle und großzügige Bildgaben unser besonderer Dank. Die Dr. Otto-Schäfer-Stiftung, Schweinfurt, verhalf uns zu einer repräsentativen Auswahl von Abbildungen europäischer Einbandkunst.

Gesondert bedanken möchten wir uns auch bei Henning Wendland, Hamburg, sowie Brigitte und Hans Peter Willberg, Eppstein, die uns tatkräftig beraten und manches schöne Stück aus eigener Sammlung beigesteuert haben.

331 Hieronymus Kniphof, *Botanica in Originali*. Magdeburg 1759. Abbildung nach: Konrad F. Bauer, *Aventur und Kunst*. Privatdruck der Bauerschen Gießerei, Frankfurt am Main 1940.

333 Jacques Christophe LeBlon, *L'art d'imprimer les tableaux*. Paris 1756. Gutenberg-Museum Mainz.

335 Thomas Rowlandson, *The Tour of Doctor Syntax*, London 1817. Gutenberg-Museum Mainz.

337 Umrißstich von John Flaxman. Abbildung nach: Arthur Rümann, *Das illustrierte Buch des 19. Jahrhunderts in England, Frankreich und Deutschland. 1790–1860*. Leipzig: Insel 1930.

338 Jonathan Swift, *Gulliver's Reisen*. Stuttgart: Verlag Adolph Krabbe, 1839. Gutenberg-Museum Mainz.

339 *Aventures du baron Munchhausen. Traduction nouvelle par Théophile Gautier fils*. Paris: Charles Furne 1862. Gutenberg-Museum Mainz.

340 Johann Wolfgang von Goethe, *Faust*. Mappenwerk mit Illustrationen von Moritz Retzsch. Stuttgart: Cotta 1816. Schiller-Nationalmuseum, Deutsches Literaturarchiv Marbach am Neckar.

342 Johann Wolfgang von Goethe, *Reineke Fuchs*. Mit Illustrationen von Wilhelm von Kaulbach. München: Literarisch-artistische Anstalt 1846. Schiller-Nationalmuseum, Deutsches Literaturarchiv Marbach am Neckar.

343 Johann Gottfried Herder, *Cid*. Mit Holzstichillustrationen von Eugen Napoleon Neureuther. Stuttgart: Cotta 1838. Schiller-Nationalmuseum, Deutsches Literaturarchiv Marbach am Neckar.

344/345 Heinrich Kinderlieb (Heinrich Hoffmann), *Lustige Geschichten und drollige Bilder*. Frankfurt am Main: Literarische Anstalt Rütten, 2. Auflage von 1846. Gutenberg-Museum Mainz.

347 J. F. Wilhelm Zacharia, *Der Renommist*, ein scherzhaftes Heldengedicht. Berlin: Gustav Bethge 1840. Gutenberg-Museum Mainz.

348 Otto Hupp, *Münchener Kalender*. München: Max Huttler 1885–1935. Abbildung nach: Konrad F. Bauer, *Aventur und Kunst*. Privatdruck der Bauerschen Gießerei, Frankfurt am Main 1940.

350 Friedrich Schiller, *Gedichte*. Jubiläums-Prachtband. Stuttgart: Cotta 1859–1862. Schiller-Nationalmuseum, Deutsches Literaturarchiv Marbach am Neckar.

350 *Der Handschuh*. Gedruckte Vignettenkartusche mit eingeklebtem Photo nach einer Vorlage von Hans Makart. Schiller-Prachtausgabe. Schiller-Nationalmuseum, Deutsches Literaturarchiv Marbach am Neckar.

352/353 *The Works of Geoffrey Chaucer*, edited by F. S. Ellis. (London-) Hammersmith: Kelmscott-Press 1896. Mit 87 Holzstichen nach Edward Burne-Jones. Niedersächsische Staats- und Universitätsbibliothek Göttingen.

354 Vorzugseinband der Doves Bindery für *The Works of Geoffrey Chaucer*. (London-) Hammersmith, 1897. Dr. Otto-Schäfer-Stiftung, Schweinfurt.

356 Einband von T. J. Cobden-Sanderson, 1890. Dr. Otto-Schäfer-Stiftung, Schweinfurt.

358/359 Zwei Federzeichnungen von Aubrey Beardsley für die Zeitschrift *The Savoy* No. 2. Gutenberg-Museum Mainz.

361 Innentitel des ersten Bandes der Zeitschrift *Die Insel* von 1899. Archiv Insel Verlag Frankfurt am Main.

362 Otto Eckmann, Eckmann-Schrift. Abbildung nach: Julius Rodenberg, *In der Schmiede der Schrift. Karl Klingspor und sein Werk*. Büchergilde Gutenberg, Berlin 1940.

363 Goethes *Hermann und Dorothea*. Druck der Ernst-Ludwig-Presse 1908. Abbildung nach Jürgen Eyssen, *Buchkunst in Deutschland*. Schlütersche Verlagsanstalt und Druckerei, Hannover 1980.

365 Luthers *Biblia*. Druck der Bremer Presse, 1926 bis 1928. Gutenberg-Museum Mainz.

366 Vergil, *Eclogen und Georgica*. Handpressendruck der Cranach-Presse in Weimar. Verlegt vom Insel-Verlag, Leipzig 1926. Lose Bogen in Umschlag und Kassette. Gutenberg-Museum Mainz.

366 Einband von Georges Cretté, Paris um 1935, für den Handpressendruck der Cranach-Presse der *Eclogen* des Vergil. Dr. Otto-Schäfer-Stiftung, Schweinfurt.

366 Signet der Cranach-Presse. Gutenberg-Museum Mainz.

367 Druckbogen des Vergil, *Eclogen und Georgica*. Handpressendruck der Cranach-Presse in Weimar. Verlegt vom Insel-Verlag, Leipzig 1926. Lose Bogen in Umschlag und Kassette. Gutenberg-Museum Mainz. Foto: Jürgen Hölzer, Mainz.

368 *Andria oder das Mädchen von Andros*. Eine Komödie des Terentius. Übertragen von Felix Mendelssohn Bartholdy, mit fünfundzwanzig Illustrationen von Albrecht Dürer. Verona: Officina Bodoni 1971. Gutenberg-Museum Mainz. Foto: Jürgen Hölzer, Mainz.

369 Johann Wolfgang von Goethe, *Die Belagerung von Mainz*. Mainz: Eggebrecht-Presse 1961. Gutenberg-Museum Mainz.

370 Signet der Maximilian-Gesellschaft. Gutenberg-Museum Mainz.

371 Peter Behrens, Behrens-Antiqua, 1908. Abbildung nach: Julius Rodenberg, *In der Schmiede der Schrift. Karl Klingspor und sein Werk*. Büchergilde Gutenberg, Berlin 1940.

371 Fritz Helmut Ehmcke, Ehmcke-Antiqua. Abbildung nach: F. H. Ehmcke, *Persönliches und Sachliches. Gesammelte Aufsätze und Arbeiten aus fünfundzwanzig Jahren*. Verlag Hermann Reckendorf, Berlin 1928.

371 F. H. Ehmcke, Ehmcke-Schwabacher. Abbildung nach: *Ehmcke-Schwabacher mit dazugehörigem Schmuck / Vignetten, Initialen und halbfetter Auszeichnungsschrift*. Heft Nummer 35 a. Gesetzt und gedruckt in der Hausdruckerei der Schriftgießerei D. Stempel AG, Frankfurt am Main.

372 Rudolf Koch, Halbfette Wallau, 1925–1930. Schriftmuster Gebr. Klingspor, Offenbach am Main o. J.

372 Rudolf Koch, Kabel, 1926 ff. Abbildung nach: *Grobe Kabel*. Nach Zeichnung von Rudolf Koch geschnitten von Gebr. Klingspor in Offenbach am Main. Schriftmuster Gebr. Klingspor, Offenbach am Main o. J.

372 Rudolf Koch, Claudius, um 1930. Abbildung nach: Julius Rodenberg, *In der Schmiede der Schrift. Karl Klingspor und sein Werk*. Büchergilde Gutenberg, Berlin 1940.

372 Rudolf Koch, Marathon, 1930. Abbildung nach: Julius Rodenberg, *In der Schmiede der Schrift. Karl Klingspor und sein Werk*. Büchergilde Gutenberg, Berlin 1940.

372 Rudolf Koch, Peter-Jessen-Schrift, 1923. Abbildung nach: Julius Rodenberg, *In der Schmiede der Schrift. Karl Klingspor und sein Werk*. Büchergilde Gutenberg, Berlin 1940.

373 Emil Rudolf Weiß, Weiß-Antiqua, 1928. Abbildung nach: *Weiß-Schriften nach Entwürfen von Professor E. R. Weiß*. Schriftmuster Bauersche Gießerei, Frankfurt am Main o. J.

373 Emil Rudolf Weiß, Weiß-Kapitale kräftig. Abbildung nach: *Weiß-Schriften nach Entwürfen von Professor E. R. Weiß*. Schriftmuster Bauersche Gießerei, Frankfurt am Main 1931.

373 Emil Rudolf Weiß, Weiß-Gotisch, 1936. Abbildung nach: *Deutsche Buchkunst 1890–1960*. Bd. 1. Hamburg: Maximilian-Gesellschaft 1963.

373 Walter Tiemann, Orpheus, 1928. Abbildung nach: *Orpheus*. Gezeichnet von Walter Tiemann. Geschnitten von Gebr. Klingspor in Offenbach am Main. Schriftmuster Gebr. Klingspor, Offenbach am Main o. J.

373 Walter Tiemann, Euphorion, 1935. Abbildung nach: Julius Rodenberg, *In der Schmiede der Schrift. Karl Klingspor und sein Werk*. Büchergilde Gutenberg, Berlin 1940.

373 Walter Tiemann, Kleist-Fraktur, 1928; aus: *Geschichte der Buchdrucker-Kunst*. Abbildung nach: *Hoffmanns Schriftatlas. Ausgewählte Alphabete und Anwendungen aus Vergangenheit und Gegenwart*. Hrsg. von Alfred Finsterer. Julius Hoffmann, Stuttgart 1952.

374 Ernst Schneidler, Schneidler-Mediaeval, 1938 (Bauersche Gießerei). Abbildung nach dem Druck von Gottfried Benn, *Aus dem Oratorium. Das Unaufhörliche*. Maximilian-Gesellschaft, Hamburg 1971.

374 Ernst Schneidler, Zentenar-Fraktur, 1937 (Bauersche Gießerei). Abbildung nach: *Hoffmanns Schriftatlas. Ausgewählte Alphabete und Anwendungen aus Vergangenheit und Gegenwart*. Hrsg. von Alfred Finsterer. Julius Hoffmann, Stuttgart 1952.

374 Ernst Schneidler, Legende, 1938 (Bauersche Gießerei). Abbildung nach: *Deutsche Buchkunst 1890–1960*. Bd. 1. Hamburg: Maximilian-Gesellschaft 1963.

374 Ernst Schneidler, Deutsch-Römisch. Abbildung nach: *Deutsche Buchkunst 1890–1960*. Bd. 1. Hamburg: Maximilian-Gesellschaft 1963.

374 Ernst Schneidler, Deutsch-Römisch kursiv. Abbildung nach: Deutsche Buchkunst. Bd. 1. Hamburg: Maximilian-Gesellschaft 1963.

375 Italienne. Abbildung nach: *Specimens or Printing Types made at Bruce's New-York Type-Foundry*. George Bruce's Son & Co. New York 1882.

375 Egyptienne. Abbildung nach: *Specimens or Printing Types made at Bruce's New-York Type-Foundry.* George Bruce's Son & Co. New York 1882.

375 Eric Gill, Sans Serif. Abbildung nach: *Schriften Probe 1 Schumacher Gebler.* Studio für Typographie und Reprosatz. München 1973.

376/377 Vladimir Majakovski, *Dlja golosa* (Für die Stimme). Moskau/Berlin: Gosudarstvennoe izdatel'stvo R.S.F.S.R., 1923. Gutenberg-Museum Mainz.

378 Herbert Bayer, Universal-Alfabet. Abbildung nach: Schrift im Bauhaus / Die Futura von Paul Renner. Mit einer Einführung von Hans Peter Willberg. Verlag Wolfgang Tiessen, Neu-Isenburg 1969.

378 Paul Renner, Futura. Seite aus der ersten Futura-Schriftprobe, 1928. Abbildung nach: Max Caflisch, *Die Schriften von Renner, Tschichold und Trump.* Typographische Gesellschaft, München 1991.

378 Stanley Morison, Times Roman. Abbildung nach: *Fototypographie / Fototronic 1200.* Typographische Anstalt Adolph Fürst & Sohn, Berlin/Düsseldorf/Frankfurt am Main 1971.

380 Karl Severin, *Fünfundzwanzig Figurengedichte des Barock.* München: Basse & Lechner Verlag 1982. Gutenberg-Museum Mainz.

381 Signete der Verlage Insel, Kurt Wolff, Eugen Diederichs, Hans von Weber und der Officina Bodoni Abbildung nach: Jürgen Eyssen, *Buchkunst in Deutschland.* Schlütersche Verlagsanstalt und Druckerei, Hannover 1980.

381 Signet des S. Fischer Verlages. Abbildung nach: S. Fischer Verlag. *Von der Gründung bis zur Rückkehr aus dem Exil.* Marbacher Katalog 80. 2. Aufl. Marbach am Neckar: Deutsche Schillergesellschaft 1986.

382 Henrik Ibsen, *Rosmersholm.* Berlin: S. Fischer 1886. Abbildung nach: Friedrich Pfäfflin, *100 Jahre S. Fischer Verlag, 1886–1986. Buchumschläge – Über Bücher und ihre äußere Gestalt.* S. Fischer, Frankfurt am Main 1986.

382 Fischers Bibliothek zeitgenössischer Romane, Zweite Reihe: Laurids Bruun, *Van Zantens glückliche Zeit.* Berlin: S. Fischer 1909/1910. Abbildung nach: Friedrich Pfäfflin, *100 Jahre S. Fischer Verlag, 1886–1986. Buchumschläge – Über Bücher und ihre äußere Gestalt.* S. Fischer, Frankfurt am Main 1986.

383 Collection Fischer Band VI.: Thomas Mann, *Der kleine Herr Friedeman.* Berlin: S. Fischer 1898. Abbildung nach: Friedrich Pfäfflin, *100 Jahre S. Fischer Verlag, 1886–1986. Buchumschläge – Über Bücher und ihre äußere Gestalt.* S. Fischer, Frankfurt am Main 1986.

384 Monographien zur deutschen Kulturgeschichte: Paul Drews, *Der evangelische Geistliche.* Eugen Diederichs Verlag, Jena 1905. Bildvorlage: Eugen Diederichs Verlag München.

385 Reihen- und Werktitel zu *Das Zeitalter der Renaissance.* Eugen Diederichs Verlag, Jena 1914. Bildvorlage: Eugen Diederichs Verlags München.

387 Johann Wolfgang von Goethe, *Romane und Novellen.* Band 1 der Großherzog-Wilhelm-Ernst-Ausgabe. Insel-Verlag, Leipzig 1905. Archiv Insel Verlag Frankfurt am Main.

388/389 Rainer Maria Rilke, Gesammelte Gedichte, 2. Band der vierbändigen Ausgabe, Insel-Verlag 1931. Druck der Cranach-Presse. Archiv Insel-Verlag Frankfurt am Main.

390 Zwei Ausgaben von Rainer Maria Rilke, *Die Weise von Liebe und Tod des Cornets Christoph Rilke,* Insel-Bücherei Nr. 1. 1912 und 1934. Archiv Insel-Verlag Frankfurt am Main.

391 *Die Puderquaste.* Verlag Hans von Weber, München 1909. Gedruckt von Poeschel & Trepte, Leipzig. Antiquariat Die Silbergäule, Hannover.

391 *Die Silbergäule.* Doppelband 25/26. Hannover 1919. Antiquariat Die Silbergäule, Hannover.

392 Einband und Textseite aus: *Der Blaue Reiter.* München: Piper Verlag 1912. Abbildung nach dem Faksimile des Piper Verlages München.

393 Arno Holz, *Des berühmten Schäffers Dafnis Fress-Sauff- und Venus-Lieder.* München: Piper Verlag 1904. Abbildung nach dem Faksimile des Piper Verlages München.

394/395 Georg Heym, *Umbra vitae.* München: Kurt Wolff Verlag, Leipzig 1924. Gutenberg-Museum Mainz. Foto: Jürgen Hölzer, Mainz.

396 Ludwig Rubiner, *Der Mensch in der Mitte.* Berlin-Wilmersdorf: Verlag Die Aktion 1917. Antiquariat Die Silbergäule, Hannover.

397 Albert Ehrenstein, *Nicht da.* Aus der Reihe »Der Jüngste Tag«. Leipzig: Kurt Wolff Verlag 1916. Antiquariat Die Silbergäule, Hannover.

397 Max Brod, *Heidentum, Christentum, Judentum.* München: Kurt Wolff Verlag 1921. Antiquariat Die Silbergäule, Hannover.

398 *Hansa-Fibel,* Braunschweig: Georg Westermann 1914. Archiv Georg Westermann Verlag Braunschweig.

400 Upton Sinclair, *Der Industriebaron.* Malik Verlag, Berlin 1925. Sammlung J. Güntner.

401 Georg Grosz und Wieland Herzfelde, *Die Kunst ist in Gefahr.* Berlin: Malik Verlag 1925. Sammlung J. Güntner.

402 Alfred Döblin, *Berlin Alexander-Platz.* Berlin: S. Fischer, 1929. Abbildung nach: Friedrich Pfäfflin, *100 Jahre S. Fischer Verlag, 1886–1986. Buchumschläge – Über Bücher und ihre äußere Gestalt.* S. Fischer, Frankfurt am Main 1986.

403 Ludwig Renn, *Krieg.* Frankfurt am Main: Frankfurter Societäts-Druckerei 1929. Antiquariat Die Silbergäule, Hannover.

408 Lion Feuchtwanger, *Stücke in Prosa.* Amsterdam: Querido 1936. Antiquariat Die Silbergäule, Hannover.

408 René Schickele, *Liebe und Ärgernis des D. H. Lawrence.* Amsterdam: Allert de Lange o. J. Antiquariat Die Silbergäule, Hannover.

409 Entwurf eines Schutzumschlags für die »Emigrationsausgabe« von Robert Musils *Mann ohne Eigenschaften.* Bermann-Fischer Verlag, Wien 1938. Abbildung nach: Friedrich Pfäfflin, *100 Jahre S. Fischer Verlag, 1886–1986. Buchumschläge – Über Bücher und ihre äußere Gestalt.* S. Fischer, Frankfurt am Main 1986.

412 Johannes R. Becher, *Erziehung.* Berlin, Leipzig: Verlag Volk und Wissen 1946. Antiquariat Die Silbergäule, Hannover.

413 Georg Lukács, *Kunst und objektive Wahrheit.* Philipp Reclam jun. Leipzig 1977. Sammlung M. Janzin.

415 Hermann Hesse, *Das Glasperlenspiel.* Frankfurt am Main: Suhrkamp Verlag August 1946. Sammlung M. Janzin.

415 *Story. Erzähler des Auslands. Ein monatliches Leseheft.* Erster Jahrgang. Hrsg. von H. M. Ledig-Rowohlt. Stuttgart ab 1946. Antiquariat Die Silbergäule, Hannover.

416 *Rowohlts-Rotations-Romane* (RORORO), Doppelnummer 13/14, März 1948: Anna Seghers, Das siebte Kreuz. Rowohlt Verlag Berlin/ Hamburg/Stuttgart/Baden-Baden. Antiquariat Die Silbergäule, Hannover.

416 *Rowohlts-Rotations-Romane* (RORORO) Nr. 2, Dezember 1946: Joseph Conrad, *Taifun.* Rowohlt Verlag Hamburg/Stuttgart. Antiquariat Die Silbergäule, Hannover.

417 *RORO-Druck* Nr. 9, März 1949: Peter von Zahn, *Schwarze Sphinx.* RORO-Druck Rowohlt Verlag Hamburg/Stuttgart. Antiquariat Die Silbergäule, Hannover.

417 *Rowohlts-Rotations-Romane* (RORORO), Nr. 25, April 1949: Erich Kästner, *Die verschwundene Miniatur.* Rowohlt Verlag Berlin/Hamburg/Stuttgart/Baden-Baden. Antiquariat Die Silbergäule, Hannover.

418 Walter Mehring, *Arche Noah SOS.* Alte und neue Gedichte, Lieder und Chansons. Hamburg: Rowohlt Verlag 1951. Antiquariat Die Silbergäule, Hannover.

419 C. W. Ceram, *Götter, Gräber und Gelehrte* Hamburg: Rowohlt 1949. Sammlung M. Janzin.

420 rororo-Taschenbuch: Hans Fallada, *Kleiner Mann – was nun.* Rowohlt Verlag, Hamburg 1950. Antiquariat Die Silbergäule, Hannover.

420 rororo-Taschenbuch: Graham Greene, *Am Abgrund des Lebens.* Rowohlt Verlag, Hamburg 1950. Antiquariat Die Silbergäule, Hannover.

420 rororo-Taschenbuch: Heinrich Mann, *Der blaue Engel.* Antiquariat Die Silbergäule, Hannover.

421 *Rowohlts deutsche enzyklopädie:* Juni 1957. Nicola Abbagnano, *Philosophie des Menschlichen Konflikts.* Sammlung M. Janzin.

421 *Rowohlts deutsche enzyklopädie:* 1972. Albert Jean-Paul Sartre, *Was ist Literatur?* Sammlung M. Janzin.

421 *Rowohlts deutsche enzyklopädie:* 1976. Albert Camus, *Der Mythos von Sisyphos.* Sammlung M. Janzin.

422 Fischer Bücherei: Thornton Wilder, *Die Brücke von St. Louis Rey.* S. Fischer Verlag, Frankfurt am Main 1952. Abbildung nach: Friedrich Pfäfflin, *100 Jahre S. Fischer Verlag, 1886–1986. Buchumschläge – Über Bücher und ihre äußere Gestalt.* S. Fischer, Frankfurt am Main 1986.

422 Fischer Bücherei: Thomas Mann, *Königliche Hoheit.* S. Fischer Verlag, Frankfurt am Main 1952. Abbildung nach: Friedrich Pfäfflin, *100 Jahre S. Fischer Verlag, 1886–1986. Buchumschläge – Über Bücher und ihre äußere Gestalt.* S. Fischer, Frankfurt am Main 1986.

422 Exempla classica: J. W. Goethe, *Wilhelm Meister.* S. Fischer Verlag, Frankfurt am Main 1960. Abbildung nach: Friedrich Pfäfflin, *100 Jahre S. Fischer Verlag, 1886–1986. Buchumschläge – Über Bücher und ihre äußere Gestalt.* S. Fischer, Frankfurt am Main 1986.

422 Exempla classica: Friedrich Hölderlin, *Hyperion.* S. Fischer Verlag, Frankfurt am Main 1962. Abbildung nach: Friedrich Pfäfflin, *100 Jahre S. Fischer Verlag, 1886–1986. Buchumschläge – Über Bücher und ihre äußere Gestalt.* S. Fischer, Frankfurt am Main 1986.

422 Heinrich Böll, *Irisches Tagebuch.* Nr. 1 bei dtv, München 1962. Deutscher Taschenbuch Verlag München.

422 Sonderreihe dtv: Else Lasker-Schüler, *Helles Schlafen, dunkles Wachen.* 1975. Deutscher Taschenbuch Verlag München.

422 Botho Strauß, *Der Park.* dtv 1985. Deutscher Taschenbuch Verlag München.

422 Charles Bukowski, *Pittsburgh Phil & Co.* dtv 1983. Deutscher Taschenbuch Verlag München.

423 Gottfried Benn, *Die Stimme hinter dem Vorhang,* Limes Verlag Wiesbaden 1952. Antiquariat Die Silbergäule, Hannover.

423 suhrkamp taschenbuch wissenschaft (stw), Band 2: Theodor W. Adorno, *Ästhetische Theorie.* Suhrkamp Verlag Frankfurt am Main 1970. Sammlung J. Güntner.

425 Ernst Preczang, *Der leuchtende Baum und andere Novellen.* Büchergilde Gutenberg 1925. Abbildung nach: *Bücher voll guten Geistes.* 30 Jahre Büchergilde Gutenberg. Frankfurt am Main: Büchergilde Gutenberg 1954.

425 Jack London, *König Alkohol.* Büchergilde Gutenberg 1927. Abbildung nach: *Bücher voll guten Geistes.* 30 Jahre Büchergilde Gutenberg. Frankfurt am Main: Büchergilde Gutenberg 1954.

426 Gerhard von Frankenberg, *die natur und wir.* Büchergilde Gutenberg 1952. Abbildung nach: *Bücher voll guten Geistes.* 30 Jahre Büchergilde Gutenberg. Frankfurt am Main: Büchergilde Gutenberg 1954.

426 Pearl S. Buck, *Drachensaat.* Büchergilde Gutenberg 1953. Abbildung nach: *Bücher voll guten Geistes.* 30 Jahre Büchergilde Gutenberg. Frankfurt am Main: Büchergilde Gutenberg 1954.

427 Herman Melville, *Moby Dick.* Büchergilde Gutenberg 1954. Abbildung nach: *Bücher voll guten Geistes.* 30 Jahre Büchergilde Gutenberg. Frankfurt am Main: Büchergilde Gutenberg 1954.

428/429 *Pantagruel,* neu verfaßt von Alcofybas Nasier (= François Rabelais), mit Farbholzschnitten von André Derain. Paris: Albert Skira 1946. Gutenberg-Museum Mainz.

430 Max Ernst, *Maximiliana oder die illegale Ausübung der Astronomie.* Paris: Le Degré Quarante et Un, 1964. Klingspor Museum Offenbach am Main.

432 HAP Grieshaber, *Drucken ist ein Abenteuer.* Edition S, Stuttgart 1978. Sammlung Hans Peter Willberg.

433 Thomas Mann, *Thamar.* Mit Pinselzeichnung von Gunter Böhmer. Frankfurt am Main: S. Fischer Verlag 1956. Gutenberg-Museum Mainz.

434 Federzeichnung von Josef Hegenbarth zu Flaubert, *Die Legende von St. Julian dem Gastfreien,* 1957. Bildvorlage: Kunstsammlung der Akademie der Künste Berlin.

435 Holzstich von Werner Klemke, Titelblatt zu Boccaccio, *Decameron,* 1957/58. Bildvorlage: Kunstsammlung der Akademie der Künste Berlin.

435 Federzeichnung von Werner Klemke zu Voltaire, *Candide oder der Optimismus,* Rütten & Loening, Berlin (Ost) 1958. Bildvorlage: Kunstsammlung der Akademie der Künste Berlin.

436 Hellgraublauer Kalbleder-Einband von Christian Zwang für Roswitha Quadfliegs *Traumalphabet, Ein Schrift-Bilder-Buch.* Hamburg: Raamin-Presse 1986. Dr. Otto-Schäfer-Stiftung, Schweinfurt.

438 Arno Schmidt, *die ritter vom geist.* Erstausgabe 1965 Stahlberg Verlag, Karlsruhe; Reprint bei S. Fischer 1985. Sammlung M. Janzin.

439 Georg Trump, Trump-Mediäval, 1954–1962. Abbildung nach: *Vita activa. Georg Trump. Bilder, Schriften & Schriftbilder.* Typographische Gesellschaft, München 1967.

439 Georg Trump, Schadow Antiqua, 1937–1952. Abbildung nach: *Vita activa. Georg Trump. Bilder, Schriften & Schriftbilder.* Typographische Gesellschaft, München 1967.

439 Georg Trump, Delphin, 1951, 1955. Abbildung nach: *Delphin. Die neue Schrift nach Entwurf von Prof. Georg Trump.* Schriftmuster C. E. Weber Schriftgießerei und Messinglinienfabrik, Stuttgart o. J.

439 Hermann Zapf, Gilgengart, 1941. Abbildung nach: *Hoffmanns Schriftatlas. Ausgewählte Alphabete und Anwendungen aus Vergangenheit und Gegenwart.* Hrsg. von Alfred Finsterer. Julius Hoffmann, Stuttgart 1952.

439 Hermann Zapf, Palatino, 1948, 1954. Abbildung nach: *Die Schrift im Buch. Aldus-Buchschrift und Palatino in ihrer Verwendung im Werksatz.* Schriftgiesserei D. Stempel AG, Frankfurt am Main o. J.

439 Hermann Zapf, Optima, 1958. Abbildung nach: *Schriften Probe 1 Schumacher Gebler.* Studio für Typographie und Reprosatz. München 1973.

440 Beispiel für »Klassische Typographie«: Friedrich Schult, *Heimatlicher Raum.* Maximilian-Gesellschaft, Hamburg 1972. Sammlung Hans Peter Willberg.

441 Beispiel für »integrale« oder auch »Rastertypographie«: *Deutschlandbilder 3. Grüne Patriarchen – von den ältesten Bäumen der Bundesrepublik Deutschland.* Fotos von Wilfried Bauer, Texte von Peter Schille. Ausstellungskatalog. Institut für Auslandsbeziehungen und Autoren 1985. Sammlung Hans Peter Willberg.

441 Beispiel für »Befreite Typographie«: Eugène Ionesco, *La Cantatrice chauve.* Éditions Gallimard 1964. Sammlung Hans Peter Willberg.

442 Max Miedinger, Helvetica. Abbildung nach: *Schriften A – Z.* Clausen & Bosse, Leck 1992.

442 Adrian Frutiger, Abstufungen der Univers-Schriftfamilie von Deberny & Peignot. Abbildung nach: Albert Kapr und Walter Schiller, *Gestalt und Funktion der Typografie.* VEB Fachbuchverlag, Leipzig 1983.

442 Otl Aicher, rotis-Schriften. Abbildung nach: otl aicher, *typographie.* ernst & sohn/edition druckhaus maack, Lüdenscheid 1988.

443 Rainer Langhans und Fritz Teufel, *Klau mich.* Edition Voltaire, Frankfurt, Berlin 1968. Sammlung M. Janzin.

445 Bibliothek Suhrkamp, Band 425: T. S. Eliot, *Das wüste Land.* Frankfurt am Main 1951; 5. Aufl. 1991. Sammlung M. Janzin.

445 das neue buch rowohlt: Heinz Brüggemann, *Literarische Technik und soziale Revolution.* Reinbek bei Hamburg: Rowohlt, Februar 1973. Sammlung J. Güntner.

445 Friederike Mayröcker, *Tod durch Musen. Poetische Texte.* Luchterhand Verlag, Darmstadt 1973. Sammlung J. Güntner.

446 Die »Regenbogenreihe« *edition suhrkamp.* Bildvorlage: Suhrkamp Verlag Frankfurt am Main. Foto: Karl-Heinz Feuerstein.

447 Anthony Burgess, *Tremor.* Klett-Cotta Verlag, Stuttgart 1980. Archiv Klett-Cotta.

447 Umberto Eco, *Über Spiegel.* Carl Hanser Verlag, München 1988. Sammlung M. Janzin.

449 Buchstabennegativ. Abbildung nach: Philipp Luidl, *Typografie,* Schlütersche Verlagsanstalt und Druckerei, Hannover 1989.

450 Zerlegen eines Buchstabens mit dem Kathodenstrahl. Abbildung nach: Philipp Luidl, *Typografie,* Schlütersche Verlagsanstalt und Druckerei, Hannover 1989.

460/461 Dieter Roth, *Die die die die verdammte gesamte Scheiße.* Dr. Cantz'sche Druckerei, Stuttgart Edition Hansjörg Mayer, Stuttgart, London, Reykjavik 1975. 18 × 25,5 cm. Sammlung Hans Peter Willberg.

465 Die Teile des Buches und ihre Bezeichnungen. Abbildung nach: Jost Hochuli, *Bücher machen.* Eine Einführung in die Buchgestaltung, im besonderen in die Buchtypografie. Agfa Corporation, Wilmington (Mass.) 1989.

472 Friedrich Dürrenmatt, *Der Besuch der alten Dame.* Typoskript mit handschriftlichen Änderungen und Collagen, 1956. SLA-Signatur: FD-A-m23. Schweizerisches Literaturarchiv (SLA) Bern.

Register

501

Das Buch vom Buch   3., überarbeitete und erweiterte Auflage

Bibliographische Information Der Deutschen Bibliothek
Die Deutsche Bibliothek verzeichnet diese Publikation in der Deutschen
Nationalbibliographie; detaillierte bibliographische Daten sind im Internet
über http://dnb.ddb.de abrufbar.

ISBN   978-3-89993-805-0

© 2007 Schlütersche Verlagsgesellschaft mbH & Co. KG
Hans-Böckler-Allee 7, 30173 Hannover

Typographie:
Brigitte Willberg und
Hans Peter Willberg (†), Eppstein

Lektorat:
Henning Wendland, Hamburg

Schutzumschlag:
Bildmotiv s. Seite 76

Schrift:
Bembo, Frutiger (Berthold)

Belichtung:
70er Raster
Creo Lotem Quantum II

Druckplatten:
Fujifilm Europe, Düsseldorf

Druckmaschine:
Heidelberger SM 102 8 P6

Druckfarben:
Epple Druckfarben, Neusäß

Papier:
100 g/m² Alster Werkdruck
bläul.-weiß 1,5f. Vol.
Geese, Hamburg

Einbandbezug:
Mattleinen, Ernstmeier

Vorsatzpapier:
F-color, Schabert

Druck:
Rasch Druckerei und Verlag,
Bramsche

Buchbinderische Verarbeitung:
Bramscher Buchbinder Betriebe,
Bramsche